Die Beteiligung der Arbeitnehmer in der Europäischen Privatgesellschaft –SPE

Schriften zum Arbeitsrecht und Wirtschaftsrecht

Herausgegeben von Abbo Junker

Band 89

PL ACADEMIC RESEARCH

Hendrik Schulte-Wrede

Die Beteiligung der Arbeitnehmer in der Europäischen Privatgesellschaft –SPE

PL ACADEMIC RESEARCH

Bibliografische Information der Deutschen Nationalbibliothek
Die Deutsche Nationalbibliothek verzeichnet diese Publikation
in der DeutschenNationalbibliografie; detaillierte bibliografische
Daten sind im Internet über http://dnb.d-nb.de abrufbar.

Zugl.: Siegen, Univ., Diss., 2014

Bei diesem Buch handelt es sich um eine Dissertation, die an der Fakultät III der Universität Siegen – Wirtschaftswissenschaften, Wirtschaftsinformatik und Wirtschaftsrecht, Fachrichtung Deutsches und Europäisches Wirtschaftsrecht, angenommen wurde.

Dekan: Prof. Dr. Volker Wulf
Erstgutachter: Prof. Dr. Peter Krebs, Universität Siegen
Zweitgutachter: Prof. Dr. Rüdiger Krause, Georg-August Universität Göttingen
Tag der Promotion: 11. Juli 2014

D 467
ISSN 1433-4666
ISBN 978-3-631-66236-6 (Print)
E-ISBN 978-3-653-05285-5 (E-Book)
DOI 10.3726/ 978-3-653-05285-5

PL Academic Research ist ein Imprint der Peter Lang GmbH.

Peter Lang – Frankfurt am Main · Bern · Bruxelles · New York · Oxford · Warszawa · Wien

Diese Publikation wurde begutachtet.

www.peterlang.com

Meinen Eltern

Vorwort

Die Europäische Privatgesellschaft, SPE, ist wahrscheinlich eines der bedeutendsten Projekte der Europäischen Union. Zum einen in ihrer Eigenschaft als passgenaue supranationale Rechtsform, vor allem für den Mittelstand, aber auch als Konzernbaustein. Zum anderen als Wegmarke für ein immer weiter integriertes europäisches Recht. Die Frage, wie in einer solchen supranationalen Gesellschaft mit den europaweit sehr unterschiedlichen Modellen der nationalen Arbeitnehmerbeteiligung, und insbesondere der unternehmerischen Mitbestimmung, umgegangen werden sollte, hat sich hier bislang als eine hohe Hürde erwiesen. Tatsächlich sogar als so hoch, dass die entsprechenden Planungen vorerst zu einem zwischenzeitlichen Stillstand gekommen sind. Angesichts des gleichwohl nach wie vor uneingeschränkt bestehenden Bedarfs besteht aber die berechtigte Hoffnung, dass die Entwicklungen wieder in Bewegung kommen werden. Diese Arbeit befasst sich mit der Suche nach einer kompromissfähigen Lösung, unter Berücksichtigung der unterschiedlichen Interessen und der heute gelebten (europäischen) Realitäten.

Die Darstellung zielt u.a. darauf, die Arbeitnehmerbeteiligung in ihren unterschiedlichen Facetten in die Gesamtheit der aktuellen industriellen Beziehungen einzubetten. Da sich die Thematik als in dieser Form weitgehend unbearbeitet erwies, gab die Arbeit auch den Anstoß dazu, das komplette Mitbestimmungsrecht (Organisationsrecht, betriebliche und unternehmerische Mitbestimmung) aller 28 Mitgliedstaaten und supranationalen europäischen Rechtsformen systematisiert zusammenzutragen. Diese gesonderte Zusammenstellung ist zwischenzeitlich als separates Praxishandbuch „Arbeitnehmerbeteiligung in Europa“ im Verlag de Gruyter erschienen.

Die hier vorliegende Arbeit entstand berufsbegleitend zwischen Herbst 2009 und Herbst 2013. Sie wurde im Wintersemester 2013/2014 von der Fakultät für Wirtschaftswissenschaften, Wirtschaftsinformatik und Wirtschaftsrecht der Universität Siegen als Dissertation angenommen und befindet sich grundsätzlich auf dem Stand November 2013, das Nachwort stammt vom November 2014.

Ein derart umfassendes und langfristiges Projekt lässt sich nicht ohne vielfältige Unterstützung bewerkstelligen, für die ich mich herzlich bedanken möchte.

Mein Dank gilt zunächst meinem Doktorvater Prof. Dr. Peter Krebs, der nicht nur dazu bereit war, mich als externen Doktoranden an seinem Lehrstuhl anzunehmen, sondern der auch den entscheidenden Hinweis gab, der mich zum Thema der supranationalen Arbeitnehmerbeteiligung führte. Nicht zuletzt durch seine wertvollen Impulse konnte die Arbeit in ihrer jetzigen Form entstehen. Mein Dank gilt außerdem Prof. Dr. Rüdiger Krause für die rasche Erstellung des Zweitgutachtens. Prof. Dr. Abbo Junker danke ich sehr herzlich für die Aufnahme der Arbeit in seine „Schriften zum Arbeitsrecht und Wirtschaftsrecht“.

Für die freundliche Genehmigung, einige Abschnitte aus dem Praxishandbuch auch in dieser Arbeit verwenden zu dürfen, danke ich dem Verlag de Gruyter, insbesondere Christian Klinkert.

Schließlich danke ich Anje Gering, Daniela Lüdemann und Bernhard Klein für das ebenso ausdauernde wie hilfreiche Lektorat.

Jeder Dank wäre unvollständig, ohne das private Umfeld zu nennen. Ich hatte über die Jahre das große Glück, von vielen, die mir nahestehen, begleitet und unterstützt zu werden. Dies gilt insbesondere für meine Eltern, Hermann Schulte-Wrede und Ingrid Schulte-Wrede-Schmeing. Ihnen ist diese Arbeit gewidmet.

Attendorn, im November 2014 Hendrik Schulte-Wrede

Inhaltsübersicht

Teil 5 – SPE 403

Teil 6 – Zusammenfassung 579

Inhaltsverzeichnis

Literaturverzeichnis

Teil 1 – Schrifttum

Adams, Michael: Monstro Simile – Das Ende der Mitbestimmung. Hamburg, Dezember 2003; abrufbar unter: http://www.wiso.uni-hamburg.de/fileadmin/bwl/rechtderwirtschaft/institut/Veroeffentlichungen/Das_Ende_der_Mitbestimmung.pdf (zit.: Adams, Ende, S.)

Andersen, Paul Krüger: Employees' Co-Determination in Danish Companies in: Baums, Theodor/Ulmer, Peter (Hrsg.), Unternehmens-Mitbestimmung der Arbeitnehmer im Recht der EU-Mitgliedstaaten Employees' Co-Determination in the Member States of the European Union, S. 11–24 Heidelberg, 2004 (zit.: Andersen, Co-Determination DK, S.)

Anzinger, Heribert M.: Fällt der Schlagbaum für das Europäische Gesellschaftsrecht? – SE, SPE & Co. nach dem Lissabon-Urteil des BVerfG in: Die Aktiengesellschaft 2009, S. 739–740 (zit.: Anzinger, AG 2009, S.)

–: Die Europäische Privatgesellschaft – vom Vollstatut zum tragfähigen Kompromiss in: Betriebs-Berater 2009, S. 2606–2612 (zit.: Anzinger, BB 2009, S.)

Arbeitskreis Aktien- und Kapitalmarktrecht (AAK) [Mitglieder: Bachmann, Gregor; Bücker Thomas; Casper, Matthias; Ihrig, Hans-Christoph; Jannott, Dirk; Kiem, Roger; Schäfer, Carsten; Seibt, Christoph; Schiessl, Maximilian; Teichmann, Christoph; Veil, Rüdiger; Weller, Marc-Philippe]: Die 8 wichtigsten Änderungsvorschläge zur SE-VO in: ZIP-Zeitschrift für Wirtschaftsrecht 2009, S. 698–699 (zit.: AAK, ZIP 2009, S.)

Arbeitskreis „Europäisches Unternehmensrecht" (Hrsg.) [Mitglieder, nach Eigendarstellung: Arnold, Bachmann, Casper, Dauner-Lieb; Drygala; Grunewald; Habersack; Hennrichs; Hirte; Kersting; Maul; Müller; Noack; Royla; Schäfer; Siems; Teichmann; Veil; Vetter; Weller]: Comments and Suggestions in response to the Proposal for a Council Regulation on the Statute for a European private company (SPE). 10.10.2008; abrufbar unter: http://www.europeanprivatecompany.eu/working_papers/download/Comments-EUAK-EPG.pdf [später veröffentlichte deutsche Version „Thesen zum Vorschlag einer EPG (SPE)" in NZG 2008, S. 897–901] (zit.: AKEUR, Stellungnahme 2008, Rn.)

Arbeitskreis „Unternehmerische Mitbestimmung" [Mitglieder: Bachmann, Gregor; Baums, Theodor; Habersack, Mathias; Henssler, Martin; Lutter, Marcus; Oetker, Hartmut, Ulmer, Peter]: Entwurf einer Regelung zur Mitbestimmungsvereinbarung sowie zur Größe des mitbestimmten Aufsichtsrats in: ZIP-Zeitschrift für Wirtschaftsrecht 2009, S. 885–899 (zit.: AK Mitbestimmung, ZIP 2009, S.)

Arens, Tobias: Zweifelsfragen „in SPE" – Die Gründung einer „Societas Privata Europaea" (SPE) durch Umwandlung bestehender Gesellschaften in: Der Konzern 2010, S. 395–404 (zit.: Arens, Der Konzern 2010, S.)

Banspach, Dirk/Nowak, Karsten: Der Aufsichtsrat der GmbH – unter besonderer Berücksichtigung kommunaler Unternehmen und Konzerne in: Der Konzern 2008, S. 195–207 (zit.: Banspach/Nowak, Der Konzern 2008, S.)

Baumbach/Hopt: Baumbach, Adolf (Begr.)/Hopt, Klaus J./Merkt, Hanno/ Roth, Markus Handelsgesetzbuch (Kommentar) 35. Aufl. 2012 (zit.: (Bearbeiter) in Baumbach/Hopt, HGB, §, Rn.)

Baums, Theodor: Reform der unternehmerischen Mitbestimmung in Deutschland in: Neue Juristische Wochenschrift-Spezial 2009, S. 410–411 (zit.: Baums, NJW-Spezial 2009, S.)

Becht, Marco/Mayer, Colin/Wagner, Hannes f.: Where Do Firms Incorporate? Deregulation and the Cost of Entry European Corporate Governance Institute – Law Working Paper No. 70/2006. August 2007 (zit.: Becht/Mayer/Wagner, ECGI 2007, S.)

Berlin Center of Corporate Governance – BCCG (Hrsg.): Modernisierung der Mitbestimmung. – Diskussionspapier, Axel von Werder. Berlin, 2003 (zit.: BCCG 2003, S.)

Bertelsmann Stiftung, Hans-Böckler-Stiftung (Hrsg.): Bericht der Kommission Mitbestimmung. Gütersloh, 1998; abrufbar unter: http://www.bertelsmann-stiftung.de/cps/rde/xbcr/SID-9F3D61AA-05C42BA2/bst/Abschlussbericht1.pdf (zit.: Kommission Mitbestimmung 1998, S.)

Blanke, Thomas: „Vorrats-SE" ohne Arbeitnehmerbeteiligung. Gutachten im Auftrag der Hans-Böckler-Stiftung, Düsseldorf, 2005; abrufbar unter: http://www.boeckler.de/pdf/p_edition_hbs_161.pdf (zit.: Blanke, Vorrats-S. 2005, S.)

Bobrzyński Michał/Oplustil Krzysztof: Formation of the European Private Company (SPE) in the Light of the CEE Company Law in: Hirte, Heribert/Teichmann, Christoph (Hrsg.), The European Private Company – Societas Private Europaea (SPE), ECFR Special Volume 3, S. 129–145 Berlin, 2013 (zit.: Bobrzyński/Oplustil in Hirte/Teichmann SPE 2013, S.)

Bohnic, Rado/Bainbridge, Stephen M.: Corporate Governance in Post-Privatized Slovenia in: The American Journal of Comparative Law 2001, S. 49 ff.; als 34-seitiges Einzeldokument; abrufbar unter: http://ecgr.org/research/accession/991207305.pdf (zit.: Bohnic/Bainbridge, CG Slovenia, S.)

Boneberg, Franziska: Die Drittelmitbestimmungslücke im Dienstleistungssektor: Ausmaß und Bestimmungsgründe (Universität Lüneburg, Working Paper No. 114), Januar 2009; abrufbar unter: http://www.leuphana.de/fileadmin/

user_upload/Forschungseinrichtungen/ifvwl/WorkingPapers/wp_114_Upload.pdf (zit.: Boneberg, Drittelmitbestimmungslücke, S.)

Bormann, Jens/Böttcher, Leif: Vermeidungsstrategien bei der unternehmerischen Mitbestimmung in der SPE auf der Grundlage des ungarischen Kompromissvorschlags in: Neue Zeitschrift für Gesellschaftsrecht 2011, S. 411–416 (zit.: Bormann/Böttcher, NZG 2011, S.)

Bormann, Jens/König, David C.: Der Weg zur Europäischen Privatgesellschaft in: Recht der Internationalen Wirtschaft 2010, S. 111–119 (zit.: Bormann/König, RIW 2010, S.)

Brandes, Stephan: Mitbestimmungsvermeidung mittels grenzüberschreitender Verschmelzungen in: ZIP – Zeitschrift für Wirtschaftsrecht 2008, S. 2193–2199 (zit.: Brandes, ZIP 2008, S.)

Braun, Susanne: The European Private Company: A Supranational Company Form for Small and Medium-Sized Enterprises? in: German Law Journal 2004, S. 1393–1408 (zit.: Braun, GLJ 2004, S.)

Bremer, Jan: Neuere Entwicklungen in Brüssel in: Neue Zeitschrift für Gesellschaftsrecht 2013, S. 813 (zit.: Bremer, NZG 2013, S.)

Brems, Michael/Cannivé, Klaus: Die Europäische Privatgesellschaft (SPE) als Baustein des internationalen Konzerns in: Der Konzern 2008, S. 629–638 (zit.: Brems/Cannivé, Der Konzern 2008, S.)

Brouwer, Tobias: Unternehmensrechtliche Herusforderungen der 18. Legislaturperiode aus Sicht der Realwirtschaft in: Neue Zeitschrift für Gesellschaftsrecht 2014, S. 201–206

Bücker, Thomas: Die Organisationsverfassung der SPE in: Zeitschrift für das gesamte Handels- und Wirtschaftsrecht 173 (2009), S. 281–308 (zit.: Bücker, ZHR 173 (2009), S.)

Bundesministerium für Arbeit und Soziales (Hrsg.): Mitbestimmung – eine gute Sache. Bonn, 2008 (zit.: BMAS, Mitbestimmung 2008, S.)

Bundesvereinigung der Deutschen Arbeitgeberverbände (BDA), Bundesverband der Deutschen Industrie (BDI) (Hrsg.): Mitbestimmung modernisieren – Bericht der Kommission Mitbestimmung. Berlin, 2004 (zit.: BDA/BDI 2004, S.)

Cannivé, Klaus/Seebach, Daniel: Unternehmergesellschaft (haftungsbeschränkt) versus Europäische Privatgesellschaft (SPE): Wettbewerb der Ein-Euro-Gesellschaften? in: GmbHRundschau, 2009, S. 519–526 (zit.: Cannivé/Seebach, GmbHR 2009, S.)

Casper, Matthias/Weller, Marc-Philippe: Mobilität und grenzüberschreitende Umstrukturierung der SE in: Neue Zeitschrift für Gesellschaftsrecht 2009, S. 681–686 (zit.: Casper/Weller, NZG 2009, S.)

Cerioni, Luca: Das Statut der Europäischen Gesellschaft (SE) und das Statut der Europäischen Genossenschaft (SCE): Ein Vergleich zwischen den zwei neuen supranationalen Statuten in: European Legal Forum 2004, S. 296–302 (zit.: Cerioni, EuLF 2004, S.)

–: The possible introduction of a European Private Company in: European Legal Form 2005, S. I-137–141 (zit.: Cerioni, EuLF 2005, S.)

Cerny, Josef (Hrsg.): Arbeitsverfassungsrecht – Band 3: Betriebsverfassung II, Befugnisse der Arbeitnehmerschaft, Rechte der Betriebsratsmitglieder [Österreich]. 4. Aufl. 2009 (zit.: (Bearbeiter) in Cerny, ArbVR, §, Rn.)

Chiu, Yen-Lin Agnes: The SPE as a Corporate Form for International Investors in: Hirte, Heribert/Teichmann, Christoph (Hrsg.), The European Private Company – Societas Private Europaea (SPE), ECFR Special Volume 3, S. 47–69, Berlin, 2013 (zit.: Chiu in Hirte/Teichmann SPE 2013, S.)

Däubler, Wolfgang/Heuschmid, Johannes: Cartesio und MoMig – Sitzverlagerung ins Ausland und Unternehmensmitbestimmung in: Neue Zeitschrift für Gesellschaftsrecht 2009, S. 493–496 (zit.: Däubler/Heuschmid, NZG 2009, S.)

Dauses, Manfred A. (Hrsg.): Handbuch des EU-Wirtschaftsrechts. München, September 2013 (33. EL) (zit.: (Bearbeiter) in Dauses, EUWR, (Kapitel), Rn.)

Davies, Paul L.: The European Private Company (SPE): Uniformity, Flexibility, Competition and the Persistence of National Laws. European Corporate Governance Institute – Law Working Paper No. 154/2010, Mai 2010 (zit.: Davies, ECGI 2010, S.)

Davulis, Tomas: Worker board-level representation in Lithuania in: Social Development Agency asbl and European Trade Union Institute for Research, Education and Health and Safety (Hrsg.). Worker board-level representation in the new EU Member States: Country reports on the national systems and practices, S. 67–72, Brüssel, 2005 (zit.: Davulis, LT-System, S.)

Den Boogert, M.W./Hendrix, E.H.J./Krol, A.N./Oostwouder, W.J./Stevens, A.J.A./Viersen, A.C.J./Zaman, D.F.M.M./Wennekes, A. G. (Red.): De Wet Bestuur en Toezicht. Newsletter Loyens & Loeff Nr. 93, März 2013; abrufbar unter: http://www.loyensloeff.com/nl-NL/Documents/Nieuws/Publicaties/Nieuwsbrieven/Genoteerd93_E.pdf (zit.: Den Boogert et al., Bestuur en Toezicht 2013, S.)

Dejmek, Paulina: Das künftige Europa und die Europäische Privatgesellschaft in: Neue Zeitschrift für Gesellschaftsrecht 2001, S. 878–884 (zit.: Dejmek, NZG 2001, S.)

Donges, Juergen B./Eekhoff, Johann/Franz, Wolfgang/Fuest, Clemens/Möschel, Wernhard/Neumann, Manfred J.M. (Kronberger Kreis): Unternehmensmitbestimmung ohne Zwang. Stiftung Marktwirtschaft Schriftenreihe: Band 47, Berlin, 2007 (zit.: Donges et al., Unternehmensmitbestimmung, S.)

Doralt, Peter/Nowotny, Christian/Kalss, Susanne (Hrsg.): Kommentar zum Aktiengesetz in 2 Bänden, Band I (§§ 1–136) [Österreich]. 2. Aufl. 2012 (zit.: (Bearbeiter) in Doralt/Nowotny/Kalss, AktG, §, Rn).

Dorresteijn, Adriaan/Uziahu-Santcroos, Odeaya: The Societas Privata Europaea under the Magnifying Glass (Part 2) in: European Company Law 2009, S. 152–159 (zit.: Dorresteijn/Uziahu-Santcroos, ECL 2009, S.)

Dragsbæk, Peter: Denmark in: Hans Böckler Stiftung/European Trade Union Institute (Ed.), Workers' participation at board level in the EU-15 countries; S. 19–25; abrufbar unter: http://www.seeurope-network.org/homepages/seeurope/file_uploads/eu_15_reports_blr.pdf Brüssel, 2004 (zit.: Dragsbæk, Country Report DK, S.)

Drury, Robert: The EPC versus the UK Private Limited Company. Berlin, 28.06.2007; abrufbar unter: http://www.ecgi.org/presidency/presentations/2007_berlin_drury_speech.pdf (zit.: Drury, Vergleich SPE-Ltd. 2007, S.)

–: Why Do We Need The European Private Company (Societas Privata Europaea)? in: Hirte, Heribert/Teichmann, Christoph (Hrsg.), The European Private Company – Societas Private Europaea (SPE), ECFR Special Volume 3, S. 33–46, Berlin, 2013 (zit.: Drury in Hirte/Teichmann SPE 2013, S.)

Drygala, Tim: Europäische Niederlassungsfreiheit vor der Rolle rückwärts? in: Europäische Zeitschrift für Wirtschaftsrecht 2013, S. 569–573 (zit.: Drygala, EuZW 2013, S.)

–: What's SUP? Der Vorschlag der EU-Kommission zur Einführung einer europäischen Einpersonengesellschaft (Societas Unius Personae, SUP) in: Europäische Zeitschrift für Wirtschaftsrecht 2014, S. 491–497 (zit.: Drygala, EuZW 2014, S.)

Eberspächer, Friedemann: Unternehmerische Mitbestimmung in zugezogenen Auslandsgesellschaften: Regelungsmöglichkeiten des deutschen Gesetzgebers? in: ZIP-Zeitschrift für Wirtschaftsrecht 2008, S. 1951–1958 (zit.: Eberspächer, ZIP 2008, S.)

Ehricke, Ulrich: Konzeptionelle Probleme der Europäischen Privatgesellschaft in: Kölner Schrift zum Wirtschaftsrecht 2010, S. 6–14 (zit.: Ehricke, KSzW 2010, S.)

Eidenmüller, Horst/Engert, Andreas/Hornuf, Lars: Incorporating under European Law: The Societas Europaea as a Vehicle for Legal Arbitrage in: European Business Organization Law Review 2009, S. 1–33 (zit.: Eidenmüller/Engert/Hornuf, EBOR 2009, S.)

Eidenmüller, Horst/Lasák, Jan: Das tschechische *Societas Europaea*-Rätsel in: Festschrift für Peter Hommelhoff (herausgegeben von Bernd Erle, Wulf Goette, Detlef Kleindiek, Gerd Krieger, Hans-Joachim Priester, Christian Schubel, Martin Schwab, Christoph Teichmann, Carl-Heinz Witt), S. 187–204, Köln, 2012 (zit.: Eidenmüller/Lasák, FS Hommelhoff 2012, S.)

Erfurter Kommentar zum Arbeitsrecht: Müller-Glöge, Rudi; Preis, Ulrich; Schmidt, Ingrid (Hrsg.). München, 13. Auflage 2013 (zit.: ErfK/Bearbeiter, §, Rn. S.)

European Foundation for the Improvement of Living and Working Conditions – Eurofound (Hrsg.): Employee involvement in companies under the European Company Statute. März 2011; abrufbar unter: http://www.eurofound.europa.eu/pubdocs/2010/78/en/1/EF1078EN.pdf (zit.: Eurofound, SE-Studie 2011, S.)

European Industrial Relations Observatory – EIRO (Ed.): european industrial relations observatory on-line/EIROnline [Eigenschreibweise] 1997–2013: Darstellungen in Form von Länderprofilen (*Country Profile*) und Berichten zu den jeweiligen nationalen industriellen Beziehungen (*Article*); abrufbar unter http://www.eurofound.europa.eu/eiro/ (englisch) (zit.: (Bearbeiter), (Artikel); S. [jeweils in Eigenschreibweise])

Fauver, Larry/Fuerst, Michael E.: Does Good Corporate Governance Include Employee Representation? – Evidence from German Corporate Boards in: Journal of Financial Economics, Nr. 82, 2006, S. 673–710 (zit.: Fauver/Fuerst, JFE 2006, S.)

Ficker, Hans-Claudius: Die europäische Entwicklung zu einem Aufsichtsratssystem für Großgesellschaften in: Lutter, Marcus/Kohlhosser, Helmut/Trusen, Winfried (Hrsg.), Recht und Wirtschaft in Geschichte und Gegenwart, Festschrift für Johannes Bärmann zum 70. Geburtstag, S. 299–320, München,1975 (zit.: Ficker, FS Bärmann, S.)

Fischer zu Cramburg, Ralf: Europäische Privatgesellschaft: EP-Rechtsausschuss lässt Statut ohne Gegenstimme passieren in: Neue Zeitschrift für Gesellschaftsrecht 2009, S. 217 (zit.: Fischer zu Cramburg, NZG 2009, S.)

Fitting, Karl/Wlotzke, Otfried/Wißmann, Hellmut/Koberski, Wolfgang/Kleinsorge, Georg/Freis, Gerhild: Mitbestimmungsrecht – Mitbestimmungsgesetz, Drittelbeteiligungsgesetz, Wahlordnungen, Mitbestimmung auf europäischer Ebene (Kommentar). 4. Auflage, 2011 (zit.: (Bearbeiter) in Fitting/Wlotzke/Wißmann/Koberski/Kleinsorge, MitbestR, Abschnitt, (§), Rn.)

Forst, Gerrit: Die Beteiligung der Arbeitnehmer in der Vorrats-SE in: Neue Zeitschrift für Gesellschaftsrecht 2009, S. 687–692 (zit.: Forst, NZG 2009, S.)

Franzen, Martin: Niederlassungsfreiheit, internationales Gesellschaftsrecht und Unternehmensmitbestimmung in: Recht der Arbeit 2004, S. 257–263 (zit.: Franzen, RdA 2004, S.)

Frobenius, Tilmann: „Cartesio“: Partielle Wegzugsfreiheit für Gesellschaften in Europa in: Deutsches Steuerrecht 2009, S. 487–492 (zit.: Frobenius, DStR 2009, S.)

Fromholzer, Ferdinand: Die SE als Rechtsformalternative für den Mittelstand in: Gesellschaftsrechtliche Vereinigung (Hrsg.), Gesellschaftsrecht in der Diskussion 2012, Jahrestagung der Gesellschaftsrechtlichen Vereinigung (VGR), Band 18, S. 59–78, Köln, 2013 (zit.: Fromholzer, VGR 2013, S.)

Fuchs, Maximilian/Marhold, Franz: Europäisches Arbeitsrecht. 3. Auflage, 2010 (zit.: Fuchs/Marhold, EuArbR, S.)

Fulton, Lionel (Ed.): Worker representation in Europe. Labour Research Department and ETUI [= European Trade Union Institute] 2009–2013 in Form von fortlaufend aktualisierten Länderberichten; abrufbar unter: http://www.worker-participation.eu/National-Industrial-Relations/Countries (zit.: Fulton, ETUI (Landeskürzel, Kapitel), S.)

–: UK in: Hans Böckler Stiftung/European Trade Union Institute (Ed.), Workers' participation at board level in the EU-15 countries; S. 126–134; abrufbar unter: http://www.seeurope-network.org/homepages/seeurope/file_uploads/eu_15_reports_blr.pdf Brüssel, 2004 (zit.: Fulton, Country Report UK, S.)

Funke, Susann: Die Arbeitnehmerbeteiligung im Rahmen der Gründung einer SE – Praktische Tipps zu Planungsschritten und anzustellenden Überlegungen im Vorfeld in: Neue Zeitschrift für Arbeitsrecht 2009, S. 412–416 (zit.: Funke, NZA 2009, S.)

Gahleitner, Helmut: Mitwirkung im Aufsichtsrat – Grundzüge des Gesellschaftsrechts für ArbeitnehmervertreterInnen II [Österreich]. Stand März 2012, Nachdruck September 2013; abrufbar unter: http://www.voegb.at/cs/Satellite?c=Content&cid=1342534391425&n=S08_4.1.4.a&pagename=S08%2Findex, S. 1–76 (zit.: Gahleitner, H., Mitwirkung AR 2012, S.)

Gahleitner, Siegline: The essentials of corporate law for workers' representatives II – Supervisory board participation (Österreich). Juli 2003; abrufbar unter: http://de.worker-participation.eu/content/download/760/4164/file/austria_mitbestimmungimarenglisch1.pdf (zit.: Gahleitner, MB-AT, S.)

Götze, Cornelius/Winzer, Thomas/Arnold, Christian: Unternehmerische Mitbestimmung – Gestaltungsoptionen und Vermeidungsstrategien in: ZIP- Zeitschrift für Wirtschaftsrecht 2009, S. 245–254 (zit.: Götze/Winzer/Arnold, ZIP 2009, S.)

Greif, Wolfgang: Country Report Austria – Workers' participation at board level (Österreich). 2004; abrufbar unter: http://de.worker-participation.eu/content/download/762/4174/file/eu_15_reports_blr_austria.pdf (zit.: Greif, MB-AT, S.)

–: Die neu gefasste Richtlinie zum Europäischen Betriebsrat in Fragen und Antworten. GPA-djp/Österreich, März 2009; abrufbar unter: http://www.worker-participation.eu/european_works_councils/ (zit.: Greif, EBR-RL, S.)

Guidotti, Rolandino: The European Private Company: The Current Situation in: German Law Journal 2012, S. 331–344 (zit.: Guidotti, GLJ 2012, S.)

Habersack, Mathias: Grundsatzfragen der Mitbestimmung in SE und SCE sowie bei grenzüberschreitender Verschmelzung in: Zeitschrift für das gesamte Handels- und Wirtschaftsrecht 171 (2007), S. 613–643 (zit.: Habersack, ZHR 171 (2007), S.)

Hall, Mark/Purcell, John: Information and consultation practice across Europe five years after the EU Directive in: European Industrial Relations Observatory (EIRO) – EIROnline, 19.01.2011, Dokument-Nr. TN1009029S; http://www.eurofound.europa.eu/eiro/studies/tn1009029s/tn1009029s.htm (zit.: Hall/Purcell, EIRO I&C 2011, S.)

Hanau, Peter: Die Verpflichtung zur Abführung von Aufsichtsratsvergütungen an die Hans-Böckler-Stiftung. Hans-Böckler-Stiftung, Arbeitspapier 254, Düsseldorf, Februar 2012; abrufbar unter: http://www.boeckler.de/pdf/p_arbp_254.pdf (zit.: Hanau, Abführungsverpflichtung 2012, S.)

Hansen, Hone L./Werlauff, Erik: Employee Representation on the Board of Directors of a Company with its Registered Office in a Nordic Country in: European Company Law 2009, S. 68–81 (zit.: Hansen/Werlauff, ECL 2009, S.)

Hansen, Jesper Lau: The New Danish Companies Act of 2009 in: European Business Organisation Law Review 2010, S. 87–94 (zit.: Hansen, EBOR 2010, S.)

Havel, Bohumil: An Outline of Czech Company Law in: European Business Organisation Law Review 2005, S. 581–623 (zit.: Havel, EBOR 2005, S.)

Heidemann, Winfried: Weiterentwicklung von Mitbestimmung im Spiegel betrieblicher Vereinbarungen. Hans-Böckler-Stiftung 45, Düsseldorf, 2000 (zit.: Heidemann, Weiterentwicklung, S.)

Hellsten, Jari: Finland in: Hans Böckler Stiftung/European Trade Union Institute (Ed.), Workers' participation at board level in the EU-15 countries; S. 26–32; abrufbar unter: http://www.seeurope-network.org/homepages/seeurope/file_uploads/eu_15_reports_blr.pdf Brüssel, 2004 (zit.: Hellsten, Country Report Finland, S.)

Helms, Dietmar: Die Europäische Privatgesellschaft – Rechtliche Strukturen und Regelungsprobleme einer supranationalen Gesellschaft des Gemeinschaftsrechts. Köln, 1998 (zit.: Helms, EPG 1998, S.)

–: Die Societas Private Europaea (SPE) – Zur Weiterentwicklung des Ursprungskonzepts im Wandel der Zeit in: Festschrift für Peter Hommelhoff (herausgegeben von Bernd Erle, Wulf Goette, Detlef Kleindiek, Gerd Krieger, Hans-Joachim Priester, Christian Schubel, Martin Schwab, Christoph Teichmann, Carl-Heinz Witt), S. 369–382, Köln, 2012 (zit.: Helms, FS Hommelhoff 2012, S.)

Hemström, Carl: Swedish Company Legislation over Six Decades – A Brief Outline in: Scandinavian Studies in Law 2004, S. 193–201; abrufbar unter: http://www.scandinavianlaw.se/pdf/45-11.pdf (zit.: Hemström, Swedish Company Legislation, S.)

Henssler, Martin: Arbeitnehmermitbestimmung im deutschen Gesellschaftsrecht in: Baums, Theodor/Ulmer, Peter (Hrsg.), Unternehmens-Mitbestimmung der

Arbeitnehmer im Recht der EU-Mitgliedstaaten Employees' Co-Determination in the Member States of the European Union, S. 133–158, Heidelberg, 2004 (zit.: Henssler, Arbeitnehmermitbestimmung, S.)

–: Bewegung in der deutschen Unternehmensmitbestimmung – Reformdruck durch Internationalisierung der Wirtschaft in: Recht der Arbeit 2005, S. 330–337 (zit.: Henssler, RdA 2005, S.)

–: Erfahrungen und Reformbedarf bei der SE – Mitbestimmungsrechtliche Reformvorschläge in: Zeitschrift für das gesamte Handels- und Wirtschaftsrecht 173 (2009), S. 222–249 (zit.: Henssler, ZHR 173 (2009), S.)

–: Conference „European Company Law: the way forward" – Panel Discussion „Workers' Participation", 16./17.05.2011; abrufbar unter: http://ec.europa.eu/internal_market/company/docs/modern/conference201105/henssler_en.pdf (zit.: Henssler, Zukunftskonferenz 2011, S.)

Henssler, Martin/Braun, Axel: Arbeitsrecht in Europa. 3. Auflage 2011 (zit.: (Bearbeiter) in Henssler/Braun, EuropArbR, Rn.)

Hexel, Dietmar: Mitbestimmung und Beteiligung – fester Bestandteil Sozialer Marktwirtschaft (Vortrag bei der Fachtagung der Stiftung Marktwirtschaft). Berlin, 02.03.2010; abrufbar unter: http://www.stiftung-marktwirtschaft.de/uploads/media/Folien_Dietmar_Hexel_02_03_2010.pdf (zit.: Hexel, Mitbestimmung und Beteiligung 2010, S.)

Hexel, Dietmar/Pütz, Lasse: Compliance aus gewerkschaftlicher Sicht in: Audit Committee Quarterly II/2012, S. 40–43; abrufbar unter: http://www.audit-committee-institute.de/docs/aci_quarterly_2012_2.pdf#page=40 (zit.: Hexel/Pütz, ACQ II/2012, S.)

Hörisch, Felix: Unternehmensmitbestimmung im nationalen und internationalen Vergleich – Entstehung und ökonomische Auswirkungen. Berlin, 2009 (zit.: Hörisch, Vergleich, S.)

Hojnik, Janja: Croatia – The employee representation system in Croatia. Juni 2006; abrufbar unter: http://www.seeurope-network.org/homepages/seeurope/file_uploads/croatiacountryreport.pdf (zit.: Hojnik, Country report Croatia, S.)

–: Slovenian Law on Employee Co-decision-making and the European Company Statute. Juni 2006; abrufbar unter: http://www.seeurope-network.org/homepages/seeurope/file_uploads/sloveniareport2006.pdf (zit.: Hojnik, Slovenian Law 2006, S.)

Hommelhoff, Peter: Die „Europäische Privatgesellschaft" am Beginn ihrer Normierung – Referat im Rahmen der Vortragsreihe „Rechtsfragen der Europäischen Integration" in: Zentrum für Europäisches Wirtschaftsrecht (Hrsg.) Vorträge und Berichte Nr. 163, Bonn, 12.11.2007 [englische Fassung „The European Private Company Before its Pending Legislative Birth" in GLJ 2008, S. 799–818] (zit.: Hommelhoff, ZEW 2007, S.)

–: Die Gesetzgebungsinitiative des Europäischen Parlaments zur Europäischen Privatgesellschaft in: Festschrift für Hans-Joachim Priester (herausgegeben von Peter Hommelhoff, Peter Rawert, Karsten Schmidt), S. 245–257, Köln, 2007 (zit.: Hommelhoff, FS Priester 2007, S.)

–: Bruchstellen im Kommissionsentwurf für eine SPE-Verordnung in: Festschrift für Karsten Schmidt (herausgegeben von Georg Bitter, Marcus Lutter, Hans-Joachim Priester, Wolfgang Schön, Peter Ulmer), S. 671–680, Köln, 2009 (zit.: Hommelhoff, FS K. Schmidt 2009, S.)

–: SPE-Mitbestimmung: Strukturen, Wertungen und rechtspolitische Kompromisslinien in: Zeitschrift für Europäisches Privatrecht 2011, S. 7–40 (zit.: Hommelhoff, ZEuP 2011, S.)

–: SPE-Mitbestimmung bei grenzüberschreitenden Sitzverlegungen nach dem schwedischen Verordnungsentwurf in: Festschrift für Uwe H. Schneider (herausgegeben von Ulrich Burgard, Walther Hadding, Peter O. Mülbert, Michael Nietsch, Reinhard Welter), S. 547–557, Köln, 2011 (zit.: Hommelhoff, FS Schneider 2011, S.)

Hommelhoff, Peter/Helms, Dietmar (Hrsg.): Neue Wege in die Europäische Privatgesellschaft. Köln, 2001 (zit.: (Bearbeiter) in Neue Wege 2001, S.)

Hommelhoff, Peter/Krause, Rüdiger/Teichmann, Christoph: Arbeitnehmerbeteiligung in der Europäischen Privatgesellschaft (SPE) nach dem Verordnungsvorschlag in: GmbHRundschau 2008, S. 1193–1204 (zit.: Hommelhoff/Krause/Teichmann, GmbHR 2008, S.)

Hommelhoff, Peter/Teichmann, Christoph: Auf dem Weg zur Europäischen Privatgesellschaft (SPE) in: Deutsches Steuerrecht 2008, S. 925–933 (zit.: Hommelhoff/Teichmann, DStR 2008, S.)

–: Eine GmbH für Europa: Der Vorschlag der EU-Kommission zur Societas Privata Europaea (SPE) in: GmbHRundschau 2008, S. 897–911 (zit.: Hommelhoff/Teichmann, GmbHR 2008, S.)

–: Bundesrat bremst Europa-GmbH: Erwiderung auf seine Stellungnahme zum SPE-Verordnungsvorschlag in: GmbHRundschau 2009, S. 36–38 (zit.: Hommelhoff/Teichmann, GmbHR 2009, S.)

–: Die SPE vor dem Gipfelsturm – Zum Kompromissvorschlag der schwedischen EU-Ratspräsidentschaft in: GmbHRundschau 2010, S. 337–349 (zit.: Hommelhoff/Teichmann, GmbHR 2010, S.)

–: Societas Privata Europaea (SPE) – General Report in: Hirte, Heribert/Teichmann, Christoph (Hrsg.), The European Private Company – Societas Private Europaea (SPE), ECFR Special Volume 3, S. 1–32, Berlin, 2013 (zit.: Hommelhoff/Teichmann in Hirte/Teichmann SPE 2013, S.)

–: Die Wiederbelebung der SPE in: GmbHRundschau 2014, S. 177–186 (zit.: Hommelhoff/Teichmann, GmbHR 2014, S.)

Hüffer, Uwe: Aktiengesetz (Kommentar). 10. Auflage, München 2012 (zit.: Hüffer, AktG, §, Rn.)

Ilossi, Dario: Italy in: Hans Böckler Stiftung/European Trade Union Institute (Ed.), Workers' participation at board level in the EU-15 countries; S. 61–75; abrufbar unter: http://www.seeurope-network.org/homepages/seeurope/file_uploads/eu_15_reports_blr.pdf Brüssel, 2004 (zit.: Ilossi, Country Report Italy, S.)

Jacobs, Matthias: Privatautonome Unternehmensmitbestimmung in der SE in: Festschrift für Karsten Schmidt (herausgegeben von Georg Bitter, Marcus Lutter, Hans-Joachim Priester, Wolfgang Schön, Peter Ulmer), S. 795–816, Köln, 2009 (zit.: Jacobs, FS K. Schmidt 2009, S.)

Jirjahn, Uwe: Ökonomische Wirkungen der Mitbestimmung in Deutschland – Ein Update. Hans-Böckler-Stiftung, Arbeitspapier 186, Februar 2010; abrufbar unter: http://www.boeckler.de/pdf/p_arbp_186.pdf (zit.: Jirjahn, Ökonomische Wirkungen 2010, S.)

Jung, Stefanie: Welche SPE braucht Europa? – Eine Analyse und Bewertung der Verordnungsentwürfe von Kommission, Parlament und Präsidentschaft im Hinblick auf die Kapitalverfassung in: Deutsches Steuerrecht 2009, S. 1700–1709 (zit.: Jung, DStR 2009, S.)

–: Die „schwedische" Societas Privata Europaea in: Betriebs-Berater 2010, S. 1233–1239 (zit.: Jung, BB 2010, S.)

–: Das Normanwendungsregime der SPE im Spannungsverhältnis zwischen Verordnung, Satzung und nationalem Recht in: Der Gesellschafter 2012, S. 153–162 (zit.: Jung, GesRZ 2012, S.)

–: Tendenzen der Corporate Governance: Diskussion um die fachliche Qualifikation von Aufsichtsratsmitgliedern in: WM – Wertpapiermitteilungen – Zeitschrift für Wirtschafts- und Bankrecht 2013, S. 2110–2121 (zit.: Jung, WM 2013, S.)

–: Societas Unius Personae (SUP) – Der neue Konzernbaustein in: GmbHRundschau 2014, S. 579–591 (zit.: Jung, GmbHR 2014, S.)

Junker, Abbo: Sechsundsiebzig verweht – Die deutsche Mitbestimmung endet in Europa in: Neue Juristische Wochenschrift 2004, S. 728–730 (zit.: Junker, NJW 2004, S.)

–: Unternehmensmitbestimmung in Deutschland – Anpassungsbedarf durch internationale und europäische Entwicklungen in: Zeitschrift für Arbeitsrecht 2005, S. 1–44 (zit.: Junker, ZfA 2005, S.)

Kalss, Susanne: Die Arbeitnehmermitbestimmung in Österreich in: Baums, Theodor/Ulmer, Peter (Hrsg.), Unternehmens-Mitbestimmung der Arbeitnehmer im Recht der EU-Mitgliedstaaten Employees' Co-Determination in the Member States of the European Union, S. 95–124, Heidelberg, 2004 (zit.: Kalss, Arbeitnehmermitbestimmung, S.)

–: Das österreichische Gesellschaftsrecht im Spiegel der Entwicklung des deutschen Rechts in: Neue Zeitschrift für Gesellschaftsrecht 2012, S. 161–167 (zit.: Kalss, NZG 2012, S.)

Kalss, Susanne/Burger/Eckert: Die Entwicklung des österreichischen Aktienrechts, Geschichte und Materialien. 2003 (zit.: Kalss/Burger/Eckert, Entwicklung östAktR, S.)

Kastner, Walther/Doralt, Peter/Nowotny, Christian: Grundriss des Österreichischen Gesellschaftsrechts. 5. Auflage, Wien 1990 (zit.: Kastner/Doralt/Nowotny, GesR, S.)

Katuoka, Sauliaus/Česnulevičiūtė, Vaida: European Private Company: Perspectives of Legal Regulation in: Mykolas Romeris University – Research Papers „Jurisprudencija", 2012, No. 19 (1), S. 159–178; abrufbar unter: http://www.mruni.eu/en/mokslo_darbai/jurisprudencija/paskutinis_numeris/dwn.php?id=312626 (zit.: Katuoka/Česnulevičiūtė, MRU 2012, S.)

Kindler, Peter: Ende der Diskussion über die so genannte Wegzugsfreiheit in: Neue Zeitschrift für Gesellschaftsrecht 2009, S. 130–132 (zit.: Kindler, NZG 2009, S.)

Kisker, Olaf: Unternehmerische Mitbestimmung in der Europäischen Gesellschaft, der Europäischen Genossenschaft und bei grenzüberschreitender Verschmelzung im Vergleich in: Recht der Arbeit 2006, S. 206–212 (zit.: Kisker, RdA 2006, S.)

–: Unternehmensmitbestimmung bei Auslandsgesellschaften mit Verwaltungssitz in Deutschland. 2007 (zit.: Kisker, Auslandsgesellschaften, S.)

Klinkhammer, Heiner/Welslau, Dietmar: Mitbestimmung in Deutschland und Europa – Eine Einführung für Praktiker. Neuwied u.a., 1996 (zit.: Klinkhammer/Welslau, S.)

Kluge, Norbert/Stollt, Michael: Unternehmensmitbestimmung in den neuen EU-Mitgliedstaaten: Überblick und kurze Länderberichte in: Kluge, Norbert/Stollt, Michael (Hrsg.), Die Europäische Aktiengesellschaft (SE) – Perspektiven für eine europäische Unternehmensmitbestimmung, Brüssel 2006 (zit.: Kluge/Stollt, MB in den neuen EU-MS, S.)

Kneisel, Katharina: Die Europäische Privatgesellschaft (SPE) im Konzern. Frankfurt, 2012 (zit.: Kneisel, SPE-Konzern 2012, S.)

Knobbe-Keuk, Brigitte: Umzug von Gesellschaften in Europa in: Zeitschrift für das gesamte Handels- und Wirtschaftsrecht 154 (1990), S. 325–356 (zit.: Knobbe-Keuk, ZHR 154 (1990), S.)

Koberski, Wolfgang/Heuschmid, Johannes: Die Beteiligung der Arbeitnehmer in der Europäischen Privatgesellschaft – Eine kritische Zwischenbilanz in: Recht der Arbeit 2010, S. 207–216 (zit.: Koberski/Heuschmid, RdA 2010, S.)

Köster, Anna-Elisabeth: Die Kodifizierung des Internationalen Gesellschaftsrechts – Bedeutung für die Unternehmensmitbestimmung in: Zeitschrift für Rechtspolitik 2008, S. 214–217 (zit.: Köster, ZRP 2008, S.)

Kommission zur Modernisierung der deutschen Unternehmensmitbestimmung (Hrsg.) [Mitglieder: Biedenkopf, Kurt; Streeck, Wolfgang; Wißmann, Hellmut [wissenschaftliche Mitglieder]/Gentz, Manfred; Hundt, Dieter; Thumann, Jürgen [Vertreter der Unternehmen]/Peters, Jürgen; Reppien, Günter; Sommer, Michael [Vertreter der Arbeitnehmer]]: Bericht der wissenschaftlichen Mitglieder der Kommission mit Stellungnahmen der Vertreter der Unternehmen und der Vertreter der Arbeitnehmer. Dezember 2006; abrufbar unter: http://kohte.jura.uni-halle.de/recht/Kommissionsbericht_Endfassung.pdf (zit.: *Biedenkopf*-Bericht, S.)

Kornack, Daniel: The European Private Company – Entering the Scene or Lost in Discussion? in: German Law Journal 2009, S. 1321–1332 (zit.: Kornack, GLJ 2009, S.)

Krause, Rüdiger: Co-determination by Workers under the proposed European Private Company (SPE) in: Hirte, Heribert/Teichmann, Christoph (Hrsg.), The European Private Company – Societas Private Europaea (SPE), ECFR Special Volume 3, S. 375–395, Berlin, 2013 (zit.: Krause in Hirte/Teichmann SPE 2013, S.)

Krejci, Heinz: Societas Privata Europaea – SPE – Zum Kommissionsvorschlag einer Europäischen Privatgesellschaft. Wien, 2008 (zit.: Krejci, SPE 2008, Rn.)

Kuck, Sebastian: Die Europäische Privatgesellschaft nach dem Votum des Europäischen Parlaments in: Der Konzern 2009, S. 131–136 (zit.: Kuck, Der Konzern 2009, S.)

Kuhlmann, Jens/Ahnis, Erik: Konzern- und Umwandlungsrecht. 2. Auflage, 2007 (zit.: Kuhlmann/Ahnis, KonzernR, Rn.)

Lehne, Klaus-Heiner: Entwicklungen und Perspektiven eines Europäischen Gesellschaftsrechts in: Kölner Schrift zum Wirtschaftsrecht 2010, S. 3–5 (zit.: Lehne, KSzW 2010, S.)

–: Conference on European Company Law: The way forward – Eine Perspektive aus dem Europäischen Parlament. 16.05.2011; abrufbar unter: http://ec.europa.eu/internal_market/company/docs/modern/conference201105/lehne_de.pdf (zit.: Lehne, Zukunftskonferenz 2011, S.)

Leupold, Andreas: Die Europäische Aktiengesellschaft unter besonderer Berücksichtigung des deutschen Rechts: Chancen und Probleme auf dem Weg zu einer supranationalen Gesellschaftsform. Aachen, 1993 (zit.: Leupold, S.)

Lévi, Aristide: De la „SARL européenne" à la „Societa Privata Europaea": Étapes d'un long cheminement – Histoire et souvenirs d'un making of in: Festschrift für Peter Hommelhoff (herausgegeben von Bernd Erle, Wulf Goette, Detlef Kleindiek, Gerd Krieger, Hans-Joachim Priester, Christian Schubel, Martin Schwab, Christoph Teichmann, Carl-Heinz Witt), S. 661–682, Köln, 2012 (zit.: Lévi, FS Hommelhoff 2012, S.)

Levinson, Klas: Employee representatives on company boards in Sweden in: Industrial Relations Journal 2001, S. 264–274 (zit.: Levinson, IRJ 2001, S.)

Lorz, Rainer: Die GmbH & Co. KGaA und ihr Weg an die Börse in: Gesellschaftsrechtliche Vereinigung (Hrsg.), Gesellschaftsrecht in der Diskussion – Jahrestagung 1998 der Gesellschaftsrechtlichen Vereinigung (VGR), Band 1, S. 57–85, Köln, 1999 (zit.: Lorz, VGR 1999, S.)

Lutter, Marcus/Bayer, Walter/Schmidt, Jessica: Europäisches Unternehmens- und Kapitalmarktrecht. 5. Auflage 2012 (zit.: Lutter/Bayer/J. Schmidt, EuropUR 2012, §, Rn.)

Lutter, Marcus/Hommelhoff Peter (Hrsg.): GmbH-Gesetz (Kommentar). 18. Auflage 2012 (zit.: (Bearbeiter) in Lutter/Hommelhoff, GmbHG, §, Rn.)

Mävers, Gunther: Die Mitbestimmung der Arbeitnehmer in der Europäischen Aktiengesellschaft. Baden-Baden, 2002 (zit.: Mävers, SE-Mitbestimmung 2002, S.)

Malmberg, Jonas: Conference on European Company Law: The Way Forward – Panel 2 Workers' Participation. 17.05.2011; abrufbar unter: http://ec.europa.eu/internal_market/company/docs/modern/conference201105/malmberg_en.pdf (zit.: Malmberg, Zukunftskonferenz 2011, S.)

Maul, Silja/Röhricht, Victoria: Die Europäische Privatgesellschaft – Überblick über eine neue supranationale Rechtsform in: Betriebs-Berater 2008, S. 1574–1579 (zit.: Maul/Röhricht, BB 2008, S.)

Müller-Bonanni, Thomas/Müntefering, Michael: Grenzüberschreitende Verschmelzung ohne Arbeitnehmerbeteiligung? – Praxisfragen zum Anwendungsbereich und Beteiligungsverfahren des MgVG in: Neue Juristische Wochenschrift 2009, S. 2347–2353 (zit.: Müller-Bonanni/Müntefering, NJW 2009, S.)

Münchener Handbuch des Gesellschaftsrechts: Priester, Hans-Joachim/Mayer, Dieter/Wicke, Hartmut (Hrsg.): Band 3 Gesellschaft mit beschränkter Haftung. München, 4. Auflage, 2012 (zit.: (Bearbeiter) in Priester/Mayer/Wicke, HbGesR III, §, Rn.)

Münchener Kommentar zum Aktiengesetz: Goette, Wulf/Habersack, Mathias/Kalss, Susanne (Hrsg.): Band 7 – Europäisches Aktienrecht, SE-VO, SEBG, Europäische Niederlassungsfreiheit. München, 3. Auflage 2012 (zit.: (Bearbeiter) in MüKo-AktG 2012, §, Rn.)

Münchener Kommentar zum Bürgerlichen Gesetzbuch: Säcker, Franz Jürgen/Rixecker, Roland (Hrsg.): Band 11 – Internationales Privatrecht, Internationales Wirtschaftsrecht, Einführungsgesetz zum Bürgerlichen Gesetzbuche; Redakteur Hans Jürgen Sonnenberger. München, 5. Auflage 2010 (zit.: (Bearbeiter) in MüKo-BGB 2010, IntGesR, Rn.)

Münchener Kommentar zum GmbHG: Fleischer, Holger/Goette, Wulf. München, 1. Auflage 2010 (zit.: (Bearbeiter) in MüKo-GmbHG 2010, Bd., Rn.)

Milutinov, Christine: Industrielle Beziehungen und Interessenvertretung in Osteuropa. München, 2006; abrufbar unter http://edoc.ub.uni-muenchen.de/6176/1/Milutinov_Christine.pdf (zit.: Milutinov, S.)

Naumann, Reinhard: Country Report Portugal: Workers' participation at board level in: Hans Böckler Stiftung/European Trade Union Institute (Ed.), Workers' participation at board level in the EU-15 countries; S. 88–101, Brüssel 2004; abrufbar unter: http://www.seeurope-network.org/homepages/seeurope/file_uploads/eu_15_reports_blr.pdf (zit.: Naumann, Country Report Portugal, S.)

Neubauer, Michael: Arbeitsrecht in den neuen EU-Ländern. Wien, September 2008; abrufbar unter: http://www.wu.ac.at/executiveeducation/other/we4u/text/AR-20.pdf (zit.: Neubauer, ArbR, S.)

Neubürger, Heinz-Joachim: Modernisierungsbedarf der Mitbestimmung – Beitrag zur Verbesserung der Rahmenbedingungen des Standorts Deutschland in: Zukunft der Unternehmensmitbestimmung – ZAAR Schriftenreihe Band 1, S. 124–133, München, 2004 (zit.: Neubürger, ZAAR 2004, Rn.)

Neumann, László: The Hungarian System of worker board-level-representation in: Social Development Agency asbl and European Trade Union Institute for Research, Education and Health and Safety (Ed.), Worker board-level representation in the new EU Member States: Country reports on the national systems and practices, S. 11–14, Brüssel, 2005 (zit.: Neumann, HU-System, S.)

–: Employee Board representation in Hungary's new company law. Oktober 2006; abrufbar unter: http://www.seeurope-network.org/homepages/seeurope/file_uploads/hungary_changesincompanylaw112006final.pdf (zit.: Neumann, HU-CL, S.)

Neye, Hans-Werner: Die Entwicklung des Europäischen Gesellschaftsrechts im Spiegel der Brüsseler Konsultationsverfahren und Parlamentsentschließungen in: Festschrift für Hans-Joachim Priester (herausgegeben von Peter Hommelhoff, Peter Rawert, Karsten Schmidt), S. 543–556, Köln 2007 (zit.: Neye, FS Priester 2007, S.)

–: Die Europäische Privatgesellschaft: Uniformes Recht ohne Harmonisierungsgrundlage? in: Festschrift für Uwe Hüffer zum 70. Geburtstag (herausgegeben von Peter Kindler, Jens Koch, Peter Ulmer, Martin Winter), S. 717–722, München, 2010 (zit.: Neye, FS Hüffer 2010, S.)

Niemeier, Wilhelm: What Kinds of Companies will a „One-Euro-EPC" generate? – Market data and observations from the German „laboratory" in: Hirte, Heribert/Teichmann, Christoph (Hrsg.), The European Private Company – Societas Private Europaea (SPE), ECFR Special Volume 3, S. 293–347, Berlin, 2013 (zit.: Niemeier in Hirte/Teichmann SPE 2013, S.)

Nilsson, Roger: Sweden in: Hans Böckler Stiftung/European Trade Union Institute (Ed.), Workers' participation at board level in the EU-15 countries; S. 111–125, Brüssel, 2004; abrufbar unter: http://www.seeurope-network.org/homepages/seeurope/file_uploads/eu_15_reports_blr.pdf (zit.: Nilsson, Country Report Sweden, S.)

O'Kelly, Kevin/Compton, Pat: Ireland in: Hans Böckler Stiftung/European Trade Union Institute (Ed.), Workers' participation at board level in the EU-15 countries; S. 56–60, Brüssel, 2004; abrufbar unter: http://www.seeurope-network.org/homepages/seeurope/file_uploads/eu_15_reports_blr.pdf (zit.: O'Kelly/Compton, Country Report IRL, S.)

Palandt: Bürgerliches Gesetzbuch – Kommentar. 72. Auflage, 2013 (zit.: Palandt/(Bearbeiter), §, Rn.)

Pandova, Mariya: The European Private Company Statute – SMEs vs. Big Companies. 08.09.2010; abrufbar unter: http://www.europeanprivatecompany.eu/working_papers/download/SPE-Pandova.pdf (zit.: Pandova, EPC-Statute 2010, S.)

Peltzer, Martin: Unternehmerische Mitbestimmung und gute Corporate Governance: Führt die Unvereinbarkeit zur Nachbesserungspflicht des Gesetzgebers? in: Festschrift für Karsten Schmidt (herausgegeben von Georg Bitter, Marcus Lutter, Hans-Joachim Priester, Wolfgang Schön, Peter Ulmer), S. 1243–1264, Köln, 2009 (zit.: Peltzer, FS K. Schmidt 2009, S.)

Popescu-Cruceru, Anca/Leuciuc, Eugenia-Gabriela/Bănulescu Viorel: Present and Future of European Normative Constructions: Societas Europaea and Societas Privata Europaea in: Ovidius University Annals – Economic Sciences Series, Volume XII, Issue 1, 2012, S. 270–274; abrufbar unter: http://stec.univ-ovidius.ro/html/anale/ENG/cuprins%20rezumate/volum2012p1.pdf (zit.: Popescu-Cruceru/Leuciuc/Bănulescu, Ovidius 1/2012, S.)

Puntuža, Agnese: Worker board-level representation in Lativa in: Social Development Agency asbl and European Trade Union Institute for Research, Education and Health and Safety (Ed.), Worker board-level representation in the new EU Member States: Country reports on the national systems and practices, S. 60–64, Brüssel, 2005 (zit.: Puntuža, LV-System, S.)

Radwan, Arkadiusz: 25 Thoughts on European Company Law in the EU of 25 in: European Business Law Review 2006, S. 1169–1179 (zit: Radwan, EBLR 2006, S.)

–: European Private Company and the Regulatory Landscape in the EU – An Introductory Note in: European Business Law Review 2007, S. 769–780 (zit.: Radwan, EBLR 2007, S.)

Raiser, Thomas: Unternehmensmitbestimmung vor dem Hintergrund europarechtlicher Entwicklungen – Gutachten (B) für den 66. Deutschen Juristentag 2006 in: Verhandlungen des 66. DJT, Bd. I, B 107, München 2006 (zit.: Raiser, 66. DJT 2006, B (S.))

Raiser, Thomas/Veil, Rüdiger: Mitbestimmungsgesetz und Drittelbeteiligungsgesetz. 5. Aufl., Berlin, 2009 (zit.: Raiser/Veil, MitbestG, §, Rn.)

Rauscher, Thomas: Internationales Privatrecht. 3. Aufl., 2009 (zit.: Rauscher, IPR, Rn.)

Rebhahn, Robert: Unternehmensmitbestimmung in Deutschland – ein Sonderweg im Rechtsvergleich in: Zukunft der Unternehmensmitbestimmung – ZAAR Schriftenreihe Band 1, S. 42–85, München, 2004 (zit.: Rebhahn, ZAAR 2004, Rn.)

–: Das Kollektive Arbeitsrecht im Rechtsvergleich in: Neue Zeitschrift für Arbeitsrecht 2001, S. 763–774 (zit.: Rebhahn, NZA 2001, S.)

Reichold, Hermann: Durchbruch zu einer europäischen Betriebsverfassung – Die Rahmen-Richtlinie 2002&14/EG zur Unterrichtung und Anhörung der Arbeitnehmer in: Neue Zeitschrift für Arbeitsrecht 2003, S. 289–299 (zit.: Reichold, NZA 2003, S.)

Richardi, Reinhard (Hrsg.): Betriebsverfassungsgesetz mit Wahlordnung (Kommentar). 13. Auflage 2012 (zit.: (Bearbeiter) in Richardi, BetrVG, §, Rn.)

Rieble, Volker: Mitbestimmung zwischen Legitimationslast und Modernisierungsdruck in: Zukunft der Unternehmensmitbestimmung – ZAAR Schriftenreihe Band 1, S. 10–32, München, 2004 (zit.: Rieble, ZAAR 2004, Rn.)

–: Schutz vor paritätischer Unternehmensmitbestimmung in: Betriebs-Berater 2006, S. 2018–2023 (zit.: Rieble, BB 2006, S.)

–: Unternehmensmitbestimmung vor dem Hintergrund europarechtlicher Entwicklungen in: Neue Juristische Wochenschrift 2006, S. 2214–2217 (zit.: Rieble, NJW 2006, S.)

–: Reformbedarf in der betrieblichen Mitbestimmung in: Institut der deutschen Wirtschaft (Hrsg.) – Perspektiven der Mitbestimmung in Deutschland, S. 127–140, 2008 (zit.: Rieble, IW 2008, S.)

–: Vereinbarte Mitbestimmung in der Europäischen AG – from status to contract in: Ritsumeikan Law Review – International Edition, Nr. 26 (2009), S. 209–241; abrufbar unter: http://www.ritsumei.ac.jp/acd/cg/law/lex/rlr26/VolkerRIEBLE-2.pdf (zit.: Rieble, RLR 2009, S.)

–: Mitbestimmung und Corporate Governance (Vortrag bei der Fachtagung der Stiftung Marktwirtschaft). Berlin, 02.03.2010; abrufbar unter: http://www.stiftung-marktwirtschaft.de/fileadmin/user_upload/_temp_/Folien_Prof._Dr._Volker_Rieble_02_03_2010.pdf, S. 1–3 (zit.: Rieble, Corporate Governance 2010, S.)

Riesenhuber, Karl: Europäisches Arbeitsrecht. Heidelberg, 2009 (zit.: Riesenhuber, EuArbR, §, Rn.)

–: (Hrsg.): Europäische Methodenlehre – Handbuch für Ausbildung und Praxis. 2. Aufl., Berlin, 2010 (zit.: (Bearbeiter) in Riesenhuber, EuMethodenlehre 2010, S.)

Roelofs, Erwin R.: Shelf SEs and Employee Participation in: European Company Law 2010, S. 120–127 (zit.: Roelofs, ECL 2010, S.)

Roesener, Astrid: Das Warten auf Aktion: Der Aktionsplan zum Europäischen Gesellschaftsrecht und die Societas Privata Europaea in: Neue Zeitschrift für Gesellschaftsrecht 2013, S. 241–244 (zit.: Roesener, NZG 2013, S.)

Roth, Christian: Entwicklung des Gesellschaftsrechts: Kündigt die Europäische Gesellschaft die Europäische Privatgesellschaft an? in: European Legal Forum 2000 /2001, S. 396–403 (zit.: Roth, EuLF 2000/2001, S.)

Roturier, Patrick: Country Report France: Workers' participation at board level in: Hans Böckler Stiftung/European Trade Union Institute (Ed.), Workers' participation at board level in the EU-15 countries; S. 33–39, Brüssel, 2004; abrufbar unter: http://www.seeurope-network.org/homepages/seeurope/file_uploads/eu_15_reports_blr.pdf (zit.: Roturier, Country Report France, S.)

Rudolf, Stanislaw: Die Mitbestimmung nach der EU-Erweiterung – Die Situation in den neuen Mitgliedstaaten; Referat im Rahmen der 7. Int. Konferenz der Otto-Brenner-Stiftung „Mitbestimmung im vereinten Europa", 30.05.–01.06.2006, von Prof. Stanislaw Rudolf, Universität Łódź; abrufbar unter: http://www.otto-brenner-stiftung.de/fileadmin/dokumente_moc_2006_einf_ref_rudolf_de.pdf (zit.: Rudolf, OBS 2006, S.)

Rüdiger Sebastián de Erice, Pablo/Gaude, Frank: Societas Privata Europaea – Unternehmensleitung und Haftung in: Deutsches Steuerrecht 2009, S. 857–862 (zit.: Rüdiger/Gaude, DStR 2009, S.)

Salomon, Pascal Alexander: Regelungsaufträge in der Societas Privata Europaea – Einführung in eine neue Rechtsform unter besonderer Berücksichtigung des Gesetzgebungsinstruments des Regelungsauftrags. Frankfurt am Main, Berlin, Bern, Bruxelles, New York, Oxford, Wien, 2010 (zit.: Salomon, Regelungsaufträge 2010, S.)

Sandberg, Annica/Skog, Rolf: SPE – a company law dead-end? in: Die Aktiengesellschaft 2010, S. 580–583 (zit.: Sandberg/Skog, AG 2010, S.)

Schilfgaarde, Peter van/ Winter, Jaap: Van de BV en de NV (Niederlande), 15. Auflage 2009 (zit.: Schilfgaarde/Winter, BV/NV, S.)

Schmidt, Jessica: Der Vorschlag für eine Societas Unius Personae (SUP) – super oder suboptimmal? In: GmbHRundschau 2014, S. R129 – R130; abrufbar unter http://www.gmbhr.de/media/JESSICASCHMIDT_0914.pdf (zit.: J. Schmidt, GmbHR 2014, S.)

Schmidt-Versteyl, Michael: Vorschlag für eine Verordnung über das Statut der Europäischen Privatgesellschaft in: jurisPR-HaGesR 6/2008, Anm. 4 (zit.: Schmidt-Versteyl, jurisPR 2008, S.)

Schmoldt, Hubertus: Mitbestimmung und Reformbedarf aus gewerkschaftlicher Sicht in: Zukunft der Unternehmensmitbestimmung – ZAAR Schriftenreihe Band 1, S. 142–149, München, 2004 (zit.: Schmoldt, ZAAR 2004, Rn.)

Schubert, Claudia: Die Mitbestimmung der Arbeitnehmer bei grenzüberschreitender Verschmelzung in: Recht der Arbeit 2007, S. 9–17 (zit.: Schubert, RdA 2007, S.)

–: Die Bestellung der Arbeitnehmer im Aufsichts- und Verwaltungsorgan bei grenzüberschreitenden Verschmelzungen – Insbesondere zur Übertragbarkeit ihrer Bestellung auf den Europäischen Betriebsrat in: ZIP – Zeitschrift für Wirtschaftsrecht 2009, S. 791–799 (zit.: Schubert, ZIP 2009, S.)

Schulte-Wrede, Hendrik: Arbeitnehmerbeteiligung in Europa. Berlin/Boston, 2014 (zit.: Schulte-Wrede, Europ. Arbeitnehmerbeteiligung, S.)

Schulten, Thorsten/Zagelmeyer, Stefan: Board-level employee representation in Europe in: European Industrial Relations Observatory (EIRO) – EIROnline, 28.09.1998, Dokument-Nr. TN9809201S; http://www.eurofound.europa.eu/eiro/1998/09/study/tn9809201s.htm (zit.: Schulten/Zagelmeyer, EIRO 1998, S.)

Schulze, Reiner/Zuleeg, Manfred/Kadelbach, Stefan (Hrsg.): Europarecht – Handbuch für die deutsche Rechtspraxis. 2. Auflage 2010 (zit.: (Bearbeiter) in Schulze/Zuleeg/Kadelbach, EuropaR 2010, §, Rn.)

Schwarze, Jürgen (Hrsg.): EU-Kommentar. Baden-Baden, 3. Aufl. 2012 (zit.: (Bearbeiter) in Schwarze, EU-Komm 2012, Art., Rn.)

Seweryński, Michał: Employee Involvement in Poland (ohne Datum; jedenfalls nach 2002); abrufbar unter: http://www.seeurope-network.org/homepages/seeurope/file_uploads/poland_employeeinvolvement_sewerynski.pdf (zit.: Seweryński, PL Employee Involvement, S.)

Sick, Sebastian: Mitbestimmungsrelevante Unternehmen mit ausländischen/kombiniert ausländischen Rechtsformen. Düsseldorf, Januar 2010; abrufbar unter: http://www.boeckler.de/pdf/mbf_2010_01_20_sick.pdf, S. 1 –5 (zit.: Sick, Mitbestimmungsrelevanz 2010, S.)

Sick, Sebastian/Thannisch, Rainald: Die Europäische Privatgesellschaft – Damoklesschwert für die Mitbestimmung? in: Arbeit und Recht 2011, S. 155–159 (zit.: Sick/Thannisch, AuR 2011, S.)

Siems, Mathias/Herzog, Leif/Rosenhäger, Erik: The European Private Company (SPE): An attractive New Legal Form of Doing Business? in: Butterworths Journal of International Banking and Financial Law 2009, S. 247–250 (zit.: Siems/Herzog/Rosenhäger, JIBFL 2009, S.)

Siems, Mathias/Rosenhäger, Erik/Herzog, Leif: Aller guten Dinge sind zwei: Lehren aus der Entwicklung der SE für die EPG in: Der Konzern 2008, S. 393–401 (zit.: Siems/Rosenhäger/Herzog, Der Konzern 2008, S.)

Sigeman, Tore: Insiders and Outsiders in the Labour Market – Experiences of a Nordic Welfare State in Labour Law Perspective in: Scandinavian Studies in Law 1999, S. 265–278; abrufbar unter: http://www.scandinavianlaw.se/pdf/38-12.pdf (zit.: Sigeman, Experiences, S.)

Spindler, Gerald/Stilz, Eberhard: Kommentar zum Aktiengesetz. Band 2, 2. Aufl. 2010 (zit.: (Bearbeiter) in Spindler/Stilz, AktG, §, Rn.)

Stelina, Jakub: The Polish system of worker board-level representation in: Social Development Agency asbl and European Trade Union Institute for Research, Education and Health and Safety (Ed.), Worker board-level representation in the new EU Member States: Country reports on the national systems and practices, S. 26–30, Brüssel, 2005 (zit.: Stelina, PL-System, S.)

Stiftung Marktwirtschaft (Hrsg.): Die deutsche Mitbestimmung – Stärke oder Schwäche in der Krise? (Tagungsbericht); abrufbar unter: http://www.stiftung-marktwirtschaft.de/uploads/tx_ttproducts/datasheet/Tagungsbericht_Mitbestimmung_2010_06_17_internet.pdf, S. 1–8, Berlin, 02.03.2010 (zit.: (Teilnehmer), Tagungsbericht Stiftung Marktwirtschaft 2010, S.)

Stollt, Michael/Wolters, Elwin: Worker involvement in the European Company (SE) – A handbook for practitioners; abrufbar unter: http://www.etui.org/content/download/4705/47789/file/SE-Handbook-BD.pdf, Oktober 2011 (zit.: Stollt/Wolters, SE Handbook 2011, S.)

Strasser, Rudolf/Jabornegg, Peter: *Arbeitsrecht*: Kollektives Arbeitsrecht (Arbeitsverfassungsrecht) Band 2 [Österreich], Wien, 4. Auflage 2001 (zit.: Strasser/Jabornegg, Arbeitsverfassungsrecht, §, Rn.)

Streinz, Rudolf (Hrsg.): EUV/AEUV – Vertrag über die Europäische Union und Vertrag über die Arbeitsweise der Europäischen Union (Kommentar). München, 2. Aufl. 2012 (zit.: (Bearbeiter) in Streinz, EUV/AEUV, Art., Rn.)

Stroinski, Rafal/Stanuch, Slawomir: Employee Participation on Companies' Boards in Poland and Selected CEE Jurisdictions in: European Company Law 2009, S. 82–87 (zit.: Stroinski/Stanuch, ECL 2009, S.)

Taylor, Robert: Unternehmensmitbestimmung in den EU-15-Ländern – Ein Überblick. Aktualisierung Dezember 2005: Norbert Kluge, Michael Stollt in: Kluge, Norbert; Stollt, Michael (Hrsg.), Die Europäische Aktiengesellschaft (SE) – Perspektiven für eine europäische Unternehmensmitbestimmung, Brüssel, 2006 (zit.: Taylor, Überblick, S.)

Teichmann, Christoph: The European Private Company in: European Company Law 2004, S. 162–165 (zit.: Teichmann, ECL 2004, S.)

–: Stellungnahme vor dem Rechtsausschuss des Europäischen Parlaments. 22.06.2006; abrufbar unter: http://www.jura.uni-wuerzburg.de/uploads/media/EP-Stellungnahme-Teichmann.pdf, S. 1–5 (zit.: Teichmann, EP-Stellungnahme 2006, S.)

–: Mitbestimmung und grenzüberschreitende Verschmelzung in: Der Konzern 2007, S. 89–98 (zit.: Teichmann, Der Konzern 2007, S.)

–: Zur Regelung der Europäischen Privatgesellschaft. Wo verläuft die Grenzlinie zwischen europäischem und nationalem Recht? 10.03.2008; abrufbar unter: http://ec.europa.eu/internal_market/company/docs/epc/presentations/teichmann_de.pdf, S. 1–3 (zit.: Teichmann, Kommission-Stellungnahme 2008, S.)

–: Die Societas Privata Europaea (SPE) als ausländische Tochtergesellschaft in: Recht der Internationalen Wirtschaft 2010, S. 120–127 (zit.: Teichmann, RIW 2010, S.)

Teichmann, Christoph/Limmer, Peter: Die Societas Privata Europaea (SPE) aus notarieller Sicht – eine Zwischenbilanz nach dem Votum des Europäischen Parlaments in: GmbHRundschau 2009, S. 537–540 (zit.: Teichmann/Limmer, GmbHR 2009, S.)

Thüsing, Gregor: Europäisches Arbeitsrecht. München, 2008 (zit.: Thüsing, EuropArbR, §, Rn.)

–: Europäische Perspektiven der deutschen Unternehmensmitbestimmung in: Zukunft der Unternehmensmitbestimmung – ZAAR Schriftenreihe Band 1, S. 96–113, München, 2004 (zit.: Thüsing, ZAAR 2004, Rn.)

–: Deutsche Unternehmensmitbestimmung und europäische Niederlassungsfreiheit – Eine Skizze nach Centros, Überseering und Inspire Art in: ZIP- Zeitschrift für Wirtschaftsrecht 2004, S. 381–388 (zit.: Thüsing, ZIP 2004, S.)

Timmermann, Levinus/Spanjaard, Salco-Jean: Arbeitnehmermitbestimmung in den Niederlanden in: Baums, Theodor/Ulmer, Peter (Hrsg.), Unternehmens-Mitbestimmung der Arbeitnehmer im Recht der EU-Mitgliedstaaten Employees' Co-Determination in the Member States of the European Union, S. 75–94, Heidelberg, 2004 (zit.: Timmermann/Spanjaard, Arbeitnehmermitbestimmung, S.)

Toiviainen, Heikki: Employees' Co-Determination in Finnish Companies in: Baums, Theodor/Ulmer, Peter (Hrsg.), Unternehmens-Mitbestimmung der Arbeitnehmer im Recht der EU-Mitgliedstaaten Employees' Co-Determination in the Member States of the European Union, S. 25–46, Heidelberg, 2004 (zit.: Toiviainen, Co-Determination Finland, S.)

Tóth, András: The New Hungarian Labour Code – Background, Conflicts, Compromises. Budapest, Juni 2012; abrufbar unter: http://www.fesbp.hu/common/pdf/Nachrichten_aus_Ungarn_june_2012.pdf, S. 1–10 (zit.: Tóth, Background 2012, S.)

Triangle, Luc: Country Report Belgium: Workers' participation at board level in: Hans Böckler Stiftung/European Trade Union Institute (Ed.), Workers' participation at board level in the EU-15 countries; S. 14–18 Brüssel, 2004; abrufbar unter: http://www.seeurope-network.org/homepages/seeurope/file_uploads/eu_15_reports_blr.pdf (zit.: Triangle, Country Report Belgium, S.)

Troch, Sebastian: Drittelbeteiligung im Aufsichtsrat – Gesetzliche Regelung versus Unternehmenspraxis; Ausmaß und Bestimmungsgründe der Umgehung des Drittelbeteiligungsgesetzes in Industrieunternehmen (Universität Lüneburg, Working Paper No. 128). Mai 2009; abrufbar unter: http://www.leuphana.de/fileadmin/user_upload/Forschungseinrichtungen/ifvwl/WorkingPapers/wp_128_Upload.pdf (zit.: Troch, Drittelbeteiligung, S.)

Ulmer, Peter/Habersack, Mathias/Henssler, Martin: MitbestG – Kommentar. 2. Aufl., München, 2006 (zit.: Ulmer/Habersack/Henssler, MitbestG, §, Rn.)

Van het Kaar, Robbert H.: Employee Board-Level Representation in the EU: A Contested Subject in: European Company Law 2009, S. 55–61 (zit.: Van het Kaar, ECL 2009, S.)

Victorin, Anders: Employee participation on the company board: The Swedish experience in: Baums, Theodor/Ulmer, Peter (Hrsg.), Unternehmens-Mitbestimmung der Arbeitnehmer im Recht der EU-Mitgliedstaaten Employees' Co-Determination in the Member States of the European Union, S. 125–132, Heidelberg, 2004 (zit.: Victorin, Board Participation Sweden, S.)

Wachter, Thomas: Wettbewerb des GmbH-Rechts in Europa – Vergleich der Rechtslage in ausgewählten Ländern in: GmbHRundschau 2005, S. 717–730 (zit.: Wachter, GmbHR 2005, S.)

Walk, Werner/Burger, Stefan: Konzernmitbestimmung ohne Konzern? – Zur Reichweite des § 5 Abs. 3 MitbestG in: Recht der Arbeit 2009, S. 373–376 (zit.: Walk/Burger, RdA 2009, S.)

Wedemann, Frauke: Die Europa-GmbH ante portas in: Europäische Zeitschrift für Wirtschaftsrecht 2010, S. 534–538 (zit.: Wedemann, EuZW 2010, S.)

Weiss, Manfred/Seifert, Achim: Der europarechtliche Rahmen für ein „Mitbestimmungserstreckungsgesetz“ in: Zeitschrift für Unternehmens- und Gesellschaftsrecht 2009, S. 542–580 (zit.: Weiss/Seifert, ZGR 2009, S.)

Werlauff, Erik: A „Copenhagen Effect“?: Denmark's answer to Centros: a far-reaching company law reform aimed at strengthening the 'free movemet of companies' in: European Company Law 2009, S. 160–168 (zit.: Werlauff, ECL 2009, S.)

Zaman, Niek/Schwarz, Christiaan A./Lennarts, Loes/de Kluiver, Harm-Jan/Dorresteijn, Adriaan (Hrsg.): The European Private Company (SPE) – A Critical Analysis of the EU Draft Statute. Antwerpen, 2009 (zit.: (Bearbeiter) in Zaman/Schwarz, EPC 2009, S.)

Zimmer, Daniel: Internationales Gesellschaftsrecht – Das Kollisionsrecht der Gesellschaften und sein Verhältnis zum Internationalen Kapitalmarktrecht und zum Internationalen Unternehmensrecht (Schriftenreihe Recht der Internationalen Wirtschaft, Bd. 50). Heidelberg, 1996 (zit.: Zimmer, IntGesR 1996, S.)

–: Nach „Inspire Art“: Grenzenlose Gestaltungsfreiheit für deutsche Unternehmen? in: Neue Juristische Wochenschrift 2003, S. 3585–3592 (zit.: Zimmer, NJW 2003, S.)

–: Zwischen Theorie und Empirie: Zur Konkurrenz der Gesetzgeber im Gesellschaftsrecht in: Festschrift für Karsten Schmidt (herausgegeben von Georg Bitter, Marcus Lutter, Hans-Joachim Priester, Wolfgang Schön, Peter Ulmer), S. 1789–1804, Köln, 2009 (zit.: Zimmer, FS K. Schmidt 2009, S.)

Zweigert, Konrad/Kötz, Hein: Einführung in die Rechtsvergleichung. 3. Auflage, Tübingen, 1996 (zit.: Zweigert/Kötz, S.)

Teil 2 – Materialien

(Anmerkung: So weit möglich wurde jeweils die deutsche Sprachfassung verwendet. War eine solche zum Zeitpunkt der Manuskripterstellung nicht vorhanden, wurde auf die englische, ggf. die französische Fassung zurückgegriffen. Die jeweiligen, mitunter wechselnden, Schreibweisen entsprechen den Quellen.)

I. „Allgemein“

Kommission (Hrsg.)

Die Industriepolitik der Gemeinschaft: Memorandum der Kommission an den Rat. Brüssel, Luxemburg, 1970 (zit.: Memorandum der Kommission zur Industriepolitik, S.)

Abschlussbericht der Sachverständigengruppe „European Systems of Worker Involvement“ (with regard to the European Company Statute and the other pending proposals). [Mitglieder: Davignon, Etienne; Breit, Ernst; Pichot, Evelyne; Sciarra, Silvana; Thüsing, Rolf, Viandier, Alain] Luxemburg, Mai 1997 (veröffentlicht auch als BR-Drs. 572/97) (zit.: *Davignon*-Bericht, S.)

Bericht der Hochrangigen Gruppe von Experten auf dem Gebiet des Gesellschaftsrechts über Moderne gesellschaftsrechtliche Rahmenbedingungen in Europa [Mitglieder: Winter, Jaap; Garrido Garcia, José Maria; Hopt, Klaus J.; Rickford, Jonathan; Rossi, Guido; Schans Christensen, Jan; Simon, Joëlle]. 04.11.2002; abrufbar unter: http://ec.europa.eu/internal_market/company/docs/modern/report_de.pdf (zit.: *Winter*-Bericht 2002, S.)

Empfehlung der Kommission vom 6. Mai 2003 betreffend die Definition der Kleinstunternehmen sowie der kleinen und mittleren Unternehmen 2003/361/EG. 06.05.2003, ABl. L. 124 vom 20.05.2003; abrufbar unter: http://eur-lex.europa.eu/LexUriServ/LexUriServ.do?uri=OJ:L:2003:124:0036:0041:de:PDF (zit.: Kommission-KMU-Def. 2003, S.)

Mitteilung der Kommission an den Rat, das Europäische Parlament, den Europäischen Wirtschafts- und Sozialausschuss und den Ausschuss der Regionen, Binnenmarktstrategie Vorrangige Aufgaben 2003–2006. 07.05.2003, KOM(2003) 238 endg.; abrufbar unter: http://eur-lex.europa.eu/LexUriServ/site/de/com/2003/com2003_0238de01.pdf (zit.: Kommission, Binnenmarktstrategie 2003, S.)

Mitteilung der Kommission an den Rat und das Europäische Parlament: Modernisierung des Gesellschaftsrechts und Verbesserung der Corporate Governance in der Europäischen Union – Aktionsplan. 21.05.2003, KOM (2003) 284, endg. (zit.: Kommission, Aktionsplan 2003, S.)

Rapport Final – Etude de faisabilite d'un statut européen de la PME. Juli 2005; abrufbar unter: http://ec.europa.eu/enterprise/policies/sme/files/craft/doc/spe_feasibility_final_rapport_2005_fr.pdf (französisch) (zit.: Kommission, Machbarkeitsstudie 2005, S.)

Benutzerhandbuch „Die neue KMU Definition“. 2006; abrufbar unter: http://ec.europa.eu/enterprise/policies/sme/files/sme_definition/sme_user_guide_de.pdf (zit.: Benutzerhandbuch KMU-Definition 2006)

Mitteilung der Kommission über ein vereinfachtes Unternehmensumfeld in den Bereichen Gesellschaftsrecht, Rechnungslegung und Abschlussprüfung. 10.07.2007, KOM(2007), 394 endg.; abrufbar unter: http://ec.europa.eu/internal_market/company/docs/simplification/com2007_394_de.pdf (zit.: Kommission, Vereinfachtes Unternehmensumfeld 2007, S.)

Antwortstatistiken für Europäische Privatgesellschaft. 09.10.2007–19.11.2007; abrufbar unter: http://ec.europa.eu/yourvoice/ebtp/consultations/epc/epc_de.pdf (zit.: Kommission, Test Panel 2007, S.)

Mitteilung der Kommission an das Europäische Parlament, den Rat, den Europäischen Wirtschafts- und Sozialausschuss und den Ausschuss der Regionen – Vorfahrt für KMU in Europa – Der „Small Business Act“ für Europa. 25.06.2008, KOM(2008)0394, endg.; abrufbar unter: http://eur-lex.europa.eu/LexUriServ/LexUriServ.do?uri=COM:2008:0394:FIN:DE:PDF (zit.: Kommission, SBA 2008, S.)

Mitteilung der Kommission zur Überprüfung der Richtlinie 2001/86/EG des Rates vom 8. Oktober 2001 zur Ergänzung des Statuts der Europäischen Gesellschaft hinsichtlich der Beteiligung der Arbeitnehmer. 30.09.2008, KOM (2008) 591 endg.; abrufbar unter: http://eur-lex.europa.eu/LexUriServ/LexUriServ.do?uri=COM:2008:0591:FIN:DE:PDF (zit.: Kommission, Mitteilung SE-RL 2008, S.)

Study on the operation and the impacts of the Statute for a European Company (SE) – Final report. 09.12.2009. Erstellt durch Ernst & Young – Société d'avocats im Auftrag der Kommission; abrufbar unter: http://ec.europa.eu/internal_market/consultations/docs/2010/se/study_SE_9122009_en.pdf (englisch) (zit.: Ernst & Young, SE-Studie 2009, S.)

Eine neue Strategie für den Binnenmarkt – Im Dienste der Wirtschaft und Gesellschaft Europas Bericht an den Präsidenten der Europäischen Kommission José Manuel Barroso, verfasst von Mario Monti. 09.05.2010; abrufbar unter: http://ec.europa.eu/bepa/pdf/monti_report_final_10_05_2010_de.pdf (zit.: *Monti*-Bericht 2010, S.)

European SMEs under Pressure – Annual report on EU Small and Medium-sized Enterprises 2009. 11.05.2010; abrufbar unter: http://ec.europa.eu/enterprise/policies/sme/facts-figures-analysis/performance-review/pdf/dgentr_annual_report2010_100511.pdf (englisch) (zit.: Jahresreport 2010 GD Wettbewerb und Industrie, S.)

Study on the implementation of the Regulation 1435/2003 on the Statute for European Cooperative Society – Final Study; Executive Summary and Part I: Synthesis and comparative report. 05.10.2010. Erstellt durch Cooperatives Europe, Euricse – European Research Institute on Cooperative and Social Enterprises, EKAI Center im Auftrag der Kommission abrufbar unter: http://ec.europa.eu/enterprise/policies/sme/files/sce_final_study_part_i.pdf (englisch) (zit.: Cooperative Europe et al., SCE-Studie 2010, S.)

Mitteilung der Kommission an das Europäische Parlament, den Rat, den Europäischen Wirtschafts- und Sozialausschuss und den Ausschuss der Regionen: Auf dem Weg zu einer Binnenmarktakte. 27.10.2010, KOM(2010) 608 endg.; abrufbar unter: http://eur-lex.europa.eu/LexUriServ/LexUriServ.do?uri=COM:2010:0608:FIN:DE:PDF (zit.: Mitteilung Binnenmarktakte 2010, S.)

Bericht der Kommission an das Europäische Parlament und den Rat über die Anwendung der Verordnung (EG) Nr. 2157/2001 des Rates vom 8. Oktober 2001 über das Statut der Europäischen Gesellschaft (SE). 17.11.2010, KOM (2010) 676 endg.; abrufbar unter: http://eur-lex.europa.eu/LexUriServ/LexUriServ.do?uri=COM:2010:0676:FIN:DE:PDF (zit.: Kommission, SE-Bericht 2010, S.)

Mitteilung der Kommission an das Europäische Parlament, den Rat, den Europäischen Wirtschafts- und Sozialausschuss und den Ausschuss der Regionen – Überprüfung des „Small Business Act“ für Europa. 23.02.2011, KOM(2011) 78, endg.; abrufbar unter: http://eur-lex.europa.eu/LexUriServ/LexUriServ.do?uri=COM:2011:0078:FIN:DE:PDF (zit.: Kommission, SBA 2011, S.)

Report of the Reflection Group On the Future of EU Company Law [Mitglieder: Antunes, José Engrácia; Baums, Theodor; Clarke, Blanaid; Conac, Pierre-Henri; Enriques, Luca; Hanák, András; Hansen, Jesper Lau; Kluiver, Harm-Jan de; Knapp, Vanessa; Lenoir, Noëlle; Linnainmaa, Leena; Soltysinski, Stansislaw; Wymeersch, Eddy]. 05.04.2011; abrufbar unter http://ec.europa.eu/internal_market/company/docs/modern/reflectiongroup_report_en.pdf (englisch) (zit.: Bericht Reflexionsgruppe 2011, S.)

Große Projekte für kleine und mittlere Unternehmen – Wie die EU den Mittelstand unterstützt. 2011; abrufbar unter: http://ec.europa.eu/enterprise/newsroom/cf/_getdocument.cfm?doc_id=6645 (zit.: Kommission, Mittelstandsbericht 2011, S.)

Neuregelungen für Europäische Betriebsräte – Einblick in Richtlinie 2009/38/EG (Neufassung 2011). 2011; abrufbar unter: http://ec.europa.eu/social/BlobServlet?docId=6647&langId=de (zit.: Kommission, EBR-RL 2011, S.)

Öffentliche Konsultation über die Zukunft des europäischen Gesellschaftsrechts. 20.02.2012; abrufbar unter: http://ec.europa.eu/yourvoice/ipm/forms/formpdf/companylaw2012.pdf (zit.: Kommission, Konsultation EuGesR 2012, S.)

Mitteilung der Kommission an das Europäische Parlament, den Rat, den Europäischen Wirtschafts- und Sozialausschuss und den Ausschuss der Regionen; Aktionsplan: Europäisches Gesellschaftsrecht und Corporate Governance – ein moderner Rechtsrahmen für engagierte Aktionäre und besser überlebensfähige Unternehmen. vorläufige Fassung, vorgelegt am 12.12.2012, COM(2012) 740/2; abrufbar unter: http://ec.europa.eu/internal_market/company/docs/modern/121212_company-law-corporate-governance-action-plan_de.pdf (zit.: Kommission, Aktionsplan 2012, S.)

Communication from the Commission to the European Parliament, the Council, the European Economic and Social Committee and the Committee of the Regions; Regulatory Fitness and Performance (REFIT): Results and Next Steps. 02.10.2013,

COM(2013) 685 final; abrufbar unter: http://ec.europa.eu/commission_2010–2014/president/news/archives/2013/10/pdf/20131002-refit_en.pdf (zit.: Kommission, Mitteilung Refit 2013, S.)

Annex to the Communication from the Commission to the European Parliament, the Council, the European Economic and Social Committee and the Committee of the Regions; Regulatory Fitness and Performance (REFIT): Results and Next Steps. 02.10.2013, COM(2013) 685 final; abrufbar unter: http://ec.europa.eu/commission_2010–2014/president/news/archives/2013/10/pdf/20131002-refit-annex_en.pdf (zit.: Kommission, Refit-Annex 2013, S.)

Vorschlag für eine Richtlinie des Europäischen Parlaments und des Rates über Gesellschaften mit beschränkter Haftung mit einem einzigen Gesellschafter. 09.04.2014, COM(2014) 212 final; abrufbar unter: http://eur-lex.europa.eu/resource.html?uri=cellar:100dbdec-c08b-11e3–86f9–01aa75ed71a1.0001.01/DOC_1&format=PDF (zit: Kommission, SUP-RLE, S.)

Proposal for a Directive on single-member private limited liability companies – frequently asked questions. 09.04.2014, European Commission MEMO/14/274; abrufbar unter: http://europa.eu/rapid/press-release_MEMO-14-274_en.htm?locale=EN (zit: Kommission, SUP-Memo, Pkt.)

Wirtschafts- und Sozialausschuss (Hrsg.)

Stellungnahme des Wirtschafts- und Sozialausschusses zum Thema „Ein europäisches Rechtsstatut für KMU". 27.05.2002, 2002/C 125/19; abrufbar unter: http://eur-lex.europa.eu/LexUriServ/LexUriServ.do?uri=CELEX:52002IE0363:DE:HTML (zit.: Stellungnahme WSA. 2002, S.)

Stellungnahme des Europäischen Wirtschafts- und Sozialausschusses zu dem Vorschlag für eine Richtlinie des Europäischen Parlaments und des Rates über Gesellschaften mit beschränkter Haftung mit einem einzigen Gesellschafter. 10.09.2014, INT/744, Berichterstatter: Oliver Röpke; abrufbar unter http://eescopinions.eesc.europa.eu/eescopiniondocument.aspx?language=de&docnr=2794&year=2014 (zit: EWSA, Stellungnahme SUP 2014, Pkt.)

Europäisches Parlament

Entschließung des Europäischen Parlaments mit Empfehlungen an die Kommission zum Statut der Europäischen Privatgesellschaft. 01.02.2007, 2006/2013(INI), P6_TA(2007)0023 [= BR-Drucksache 182/07]; abrufbar unter: http://www.europarl.europa.eu/sides/getDoc.do?pubRef=-//EP//TEXT+TA+P6-TA-2007-0023+0+DOC+XML+V0//DE&language=DE#BKMD-15 (zit.: Entschließung Europäisches Parlament 2007, S.)

Rat (Hrsg.)

Working Document – Proposal for a Council Regulation on the Statute for a European private company (SPE). 06.04.2009, 8524/09, DRS 29, SOC 241 [Tschechische Ratspräsidentschaft]; abrufbar unter: http://register.consilium.europa.eu/pdf/en/09/st08/st08524.en09.pdf (englisch) (zit.: Questionnaire Cz)

Progress Report – Proposal for a Council Regulation on the statute for a European private company (SPE) [Tschechische Ratspräsidentschaft]. 08.05.2009, 9658/09, DRS 41, SOC 316; abrufbar unter: http://register.consilium.europa.eu/pdf/en/09/st09/st09658.en09.pdf (englisch) (zit.: Fortschrittsbericht Cz, S.)

Working Document – Draft Regulation on the Statute for a European private company – Questionnaire from the Presidency on Chapters VI and VII [Schwedische Ratspräsidentschaft]. 29.09.2009, 13581/08, DRS 38, SOC 543; abrufbar unter: http://register.consilium.europa.eu/pdf/en/08/st13/st13581.en08.pdf (englisch) (zit.: Questionnaire Sw)

II. SPE (Entwürfe)

Kommission

Vorschlag für eine Verordnung des Rates über das Statut der Europäischen Privatgesellschaft). 25.06.2008, KOM (2008)396; abrufbar unter: http://ec.europa.eu/internal_market/company/docs/epc/proposal_de.pdf (zit.: SPE-VOE-KOM, Art.)
(englische Fassung abrufbar unter http://ec.europa.eu/internal_market/company/docs/epc/proposal_en.pdf,
französische Fassung abrufbar unter http://ec.europa.eu/internal_market/company/docs/epc/proposal_fr.pdf)

Europäisches Parlament

Bericht mit Empfehlungen an die Kommission zum Statut der europäischen Privatgesellschaft. 29.11.2006, A6-0434/2006; abrufbar unter: http://www.europarl.europa.eu/sides/getDoc.do?pubRef=-//EP//NONSGML+REPORT+A6-2006-0434+0+DOC+PDF+V0//DE (zit.: EP-SPE-Bericht 2006)

Entwurf einer Stellungnahme des Ausschusses für Beschäftigung und soziale Angelegenheiten für den Rechtsausschuss zu dem Vorschlag für eine Verordnung des Rates über das Statut der Europäischen Privatgesellschaft. Berichterstatter: Harald Ettl, 23.09.2008, PA744734/PE412.345v02-00; abrufbar unter: http://www.europarl.europa.eu/RegData/commissions/empl/projet_avis/2008/412345/EMPL_PA%282008%29412345_DE.pdf (zit.: EP-EMPL-Entwurf 1)

Änderungsanträge 16–59 – Entwurf einer Stellungnahme. Berichterstatter: Harald Ettl, 15.10.2008, AM749044/PE413.988v03-00; abrufbar unter: http://www.europarl.europa.eu/RegData/commissions/empl/amendments/2008/413988/EMPL_AM%282008%29413988_DE.pdf (zit.: EP-EMPL-Entwurf 2)

Stellungnahme des Ausschusses für Beschäftigung und soziale Angelegenheiten für den Rechtsausschuss zu dem Vorschlag für eine Verordnung des Rates über das Statut der Europäischen Privatgesellschaft. 05.11.2008, AD750855/PE412.345v03-00; abrufbar unter: http://www.europeanprivatecompany.eu/working_papers/download/750855DE.pdf (zit.: EP-EMPL-Stellungnahme)

Stellungnahme des Ausschusses für Wirtschaft und Währung für den Rechtsausschuss – Vorschlag für eine Verordnung des Rates über das Statut der Europäischen Privatgesellschaft. Berichterstatterin: Donata Gottardi, 03.12.2008 in: EP-JURI-Stellungnahme, S. 48 ff. (zit.: EP-ECON-Stellungnahme)

Entwurf eines Berichts über den Vorschlag für eine Verordnung des Rates über das Statut der Europäischen Privatgesellschaft. Berichterstatter: Klaus-Heiner Lehne, 09.09.2008, PR741439/PE412.151v01-00; abrufbar unter: http://www.europarl.europa.eu/RegData/commissions/juri/projet_rapport/2008/412151/JURI_PR(2008)412151_DE.doc (zit.: EP-JURI-Entwurf)

Bericht über den Vorschlag für eine Verordnung des Rates über das Statut der Europäischen Privatgesellschaft (KOM(2008)0396 – C6-0283/2008–2008/0130(CNS)) – Rechtsausschuss. Berichterstatter: Klaus-Heiner Lehne, 04.02.2009, A6-0044/2009/PE412.151v02-00; abrufbar unter: http://www.europarl.europa.eu/sides/getDoc.do?pubRef=-//EP//NONSGML+REPORT+A6-2009-0044+0+DOC+PDF+V0//DE (zit.: EP-JURI-Stellungnahme)

Legislative Entschließung des Europäischen Parlaments vom 10. März 2009 zu dem Vorschlag für eine Verordnung des Rates über das Statut der Europäischen Privatgesellschaft. 10.03.2009, P6_TA(2009)0094; abrufbar unter: http://www.europarl.europa.eu/sides/getDoc.do?pubRef=-//EP//NONSGML+TA+P6-TA-2009-0094+0+DOC+PDF+V0//DE (zit.: EP-Legislative Entschließung 2009)

Rat

Französische Ratspräsidentschaft

Vermerk – Vorschlag für eine Verordnung des Rates über das Statut der Europäischen Privatgesellschaft (SPE). 11.12.2008, 17152/08, DRS 78, SOC 782; abrufbar unter: http://register.consilium.europa.eu/pdf/de/08/st17/st17152.de08.pdf (zit.: SPE-VOE-Fr)

Tschechische Ratspräsidentschaft

Note – Proposal for a Council Regulation on the Statute for a European private company (SPE). 27.04.2009, 9065/09, DRS 34, SOC 277; abrufbar unter: http://www.europeanprivatecompany.eu/legal_texts/download/Council-April2009.pdf (englisch) (zit.: SPE-VOE-Cz)

Schwedische Ratspräsidentschaft

Note – Proposal for a Council Regulation on the Statute for a European private company (SPE). 09.09.2009, 13048/09, DRS 57, SOC 503; abrufbar unter: http://www.eufagligt.dk/images/uploads/SPEfirmaer.pdf (englisch) (zit.: SPE-VOE-Sw-ArbGr1)

Note – Proposal for a Council Regulation on the Statute for a European Private Company (SPE). 22.10.2009, 14783/09, DRS 64, SOC 611; abrufbar unter: http://register.consilium.europa.eu/pdf/en/09/st14/st14783.en09.pdf (englisch) (zit.: SPE-VOE-Sw-ArbGr2)

Note – Preparation of the Council meeting ("Competitiveness") on 3–4 December 2009 – Proposal for a Regulation on a European Private Company (SPE) = Political Agreement. 09.11.2009, 15355/09, DRS 66, SOC 646; abrufbar unter: http://register.consilium.europa.eu/pdf/en/09/st15/st15355.en09.pdf (englisch) (zit.: Vorbereitender Bericht Sw)

Addendum zu dem Vermerk – Vorbereitung der Tagung des Rates (Wettbewerbsfähigkeit) am 3. und 4. Dezember 2009 – Vorschlag für eine Verordnung des Rates über die Europäische Privatgesellschaft (SPE) = Politische Einigung. 09.11.2009, 15355/09 ADD1, DRS 66, SOC 646; abrufbar unter: http://register.consilium.europa.eu/pdf/de/09/st15/st15355-ad01.de09.pdf (zit.: SPE-VOE-Sw-ArbGr3)

Note – Preparation of the Council meeting ("Competitiveness") on 3–4 December 2009 – Proposal for a Regulation on a European private company = Political agreement. 20.11.2009, 16155/09, DRS 72, SOC 713; abrufbar unter: http://register.consilium.europa.eu/pdf/en/09/st16/st16155.en09.pdf (englisch) (zit.: SPE-VOE-Sw-ArbGr4)

Addendum to the Note – Preparation of the Council meeting ("Competitiveness") on 3–4 December 2009 – Proposal for a Regulation on a European private company (SPE) = Political agreement. 20.11.2009, 16155/09 ADD1, DRS 72, SOC 713; abrufbar unter: http://register.consilium.europa.eu/pdf/en/09/st16/st16155-ad01.en09.pdf (englisch) (zit.: SPE-VOE-Sw-ArbGr4-Add1)

Note – Preparation of the Council meeting ("Competitiveness") on 3–4 December 2009 – Proposal for a Council Regulation on a European private company (SPE). 24.11.2009, 16606/09, DRS 76, SOC 738; abrufbar unter: http://register.consilium.europa.eu/pdf/en/09/st16/st16606.en09.pdf (englisch) (zit.: SPE-VOE-Sw-ArbGr5)

Vermerk – Vorschlag für eine Verordnung über die Europäische Privatgesellschaft – Politische Einigung (Öffentliche Beratung nach Artikel 7 der Geschäftsordnung des Rates). 27.11.2009, 16115/09, DRS 71, SOC 711; abrufbar unter: http://register.consilium.europa.eu/pdf/de/09/st16/st16115.de09.pdf (zit.: SPE-VOE-Sw)

Addendum zu dem Vermerk – Vorschlag für eine Verordnung des Rates über die Europäische Privatgesellschaft – Politische Einigung. 27.11.2009, 16115/09 ADD 1, DRS 71, SOC 711; abrufbar unter: http://register.consilium.europa.eu/pdf/de/09/st16/st16115-ad01.de09.pdf (zit.: SPE-VOE-Sw-Add1)

Korrigendum zu Addendum zum Vermerk – Vorschlag für eine Verordnung des Rates über die Europäische Privatgesellschaft – Politische Einigung. 02.12.2009, 16115/09 ADD 1 COR 1, DRS 71, SOC 711; abrufbar unter: http://register.consilium.europa.eu/pdf/de/09/st16/st16115-ad01co01.de09.pdf (zit.: SPE-VOE-Sw-Add1Cor1)

Ungarische Ratspräsidentschaft

Note – Proposal for a Council Regulation on a European private company – Presidency discussion paper. 15.02.2011, 6572/11, DRS 17, SOC 130; abrufbar unter: http://register.consilium.europa.eu/pdf/en/11/st06/st06572.en11.pdf (englisch) (zit.: SPE-VOE-Hu-ArbGr1)

Note – Proposal for a Council Regulation on a European private company – Political agreement. 25.03.2011, 8083/11, DRS 42, SOC 275; abrufbar unter: http://register.consilium.europa.eu/pdf/en/11/st08/st08083.en11.pdf (englisch). Der vollständige Text des Kompromissvorschlags ist in Dok.-Nr. 8084/11, DRS 43, SOC 276, vom gleichen Tag niedergelegt; der Text ist abrufbar unter http://register.consilium.europa.eu/pdf/en/11/st08/st08084.en11.pdf (englisch) einheitlich (zit. als: SPE-VOE-Hu-ArbGr2)

Note – Proposal for a Council Regulation on a European private company – Presidency compromise suggestion. 06.05.2011, 9684/11, DRS 68, SOC 382; abrufbar unter: http://register.consilium.europa.eu/pdf/en/11/st09/st09684.en11.pdf (englisch) (zit.: SPE-VOE-Hu-ArbGr3)

Note – Proposal for a Council Regulation on a European private company – Political agreement. 16.05.2011, 9713/11, DRS 69, SOC 384; abrufbar unter: http://register.consilium.europa.eu/pdf/en/11/st09/st09713.en11.pdf (englisch) (zit.: SPE-VOE-Hu-ArbGr4)

Vermerk – Vorschlag für eine Verordnung des Rates über die Europäische Privatgesellschaft – Politische Einigung. 23.05.2011, 10611/11, DRS 84, SOC 432; abrufbar unter: http://register.consilium.europa.eu/pdf/de/11/st10/st10611.de11.pdf (zit.: SPE-VOE-Hu)

(Kompromisstext von SPE-VOE-Hu inhaltsgleich mit: Note – Proposal for a Council Regulation on a European private company – Preparation for political agreement. 20.06.2011, 11786/11, DRS 89, SOC 580; abrufbar unter: http://register.consilium.europa.eu/pdf/en/11/st11/st11786.en11.pdf (englisch))

Anhang: Stellungnahmen (alphabetisch/chronologisch)

Bundesarbeitskammer [Österreich]: AK Positionspapier – Vorschlag der Europäischen Kommission für eine Richtlinie über Gesellschaften mit beschränkter Haftung mit einem einzigen Gesellschafter (Societas Unius Personae – SUP). Juni 2014 (Verfasser nicht namentlich genannt); abrufbar unter: http://www.akeuropa.eu/_includes/mods/akeu/docs/main_report_de_341.pdf (zit: AK, Stellungnahme SUP, S.)

Bundesrechtsanwaltskammer: Stellungnahme der Bundesrechtsanwaltskammer zum Entwurf einer Verordnung des Rates über das Statut der Europäischen Privatgesellschaft (Nr. 41/2008). Oktober 2008 (Ausschuss Gesellschaftsrecht und Europa-Ausschuss) (zit.: Stellungnahme BRAK 2008, S.)

Bundesverband der Deutschen Industrie/Bundesvereinigung der Deutschen Arbeitgeberverbände (BDI/BDA): Positionspapier – Vorschlag für eine Verordnung des Rates über das Statut der Europäischen Privatgesellschaft – (KOM(2008) 396). 11.09.2008 (Verfasser nicht namentlich genannt); abrufbar unter: http://www.arbeitgeber.de/www/arbeitgeber.nsf/res/Stellungnahme%20EPG.pdf/$file/Stellungnahme%20EPG.pdf (zit.: BDI/BDA, Positionspapier vom 11.09.2008, S.)

Bundesverband der Deutschen Industrie/Bundesvereinigung der Deutschen Arbeitgeberverbände/Deutscher Industrie- und Handelskammertag (BDI/BDA/DIHK): Gemeinsame Stellungnahme zum Vorschlag für eine Richtlinie über Gesellschaften mit beschränkter Haftung mit einem einzigen Gesellschafter, COM(2014) 212 final. 18.07.2014 (Verfasser nicht namentlich genannt); abrufbar unter: http://www.arbeitgeber.de/www/arbeitgeber.nsf/res/Stn-SUP.pdf/$file/Stn-SUP.pdf (zit.: BDI/BDA/DIHK, Stellungnahme SUP-RLE, S.)

Bundesverband mittelständische Wirtschaft (BVMW): Eine gemeinsame Basis für den Mittelstand – Plädoyer für eine einheitliche Rechtsform in Europa. April 2011 (Verfasser nicht namentlich genannt); abrufbar unter: http://www.bvmw.de/uploads/media/Denkanstoesse-SPE_01.pdf (zit.: BVMW, Stellungnahme 2011, S.)

BusinessEurope [Eigenschreibweise „BUSINESSEUROPE"]: Position Paper: BusinessEurope comments on the Commission Proposal for a Regulation on the Statute for a European Private Company (Societas Privata Europaea – SPE). 22.09.2008 (Verfasser nicht namentlich genannt); abrufbar unter: http://www.

businesseurope.eu/DocShareNoFrame/docs/1/ANGGJAOCOGEIEBKDJNJ-POLDDPDBW9DWNCN9LTE4Q/UNICE/docs/DLS/2008-01686-E.pdf (zit.: BusinessEurope, Stellungnahme 2008, S.)

BusinessEurope/Eurochambres: European Private Company Statute – Joint letter from BusinessEurope and Eurochambres to Members of the European Parliament. 04.03.2009 (Unterzeichner de Buck/Abruzzini); abrufbar unter: http://www.businesseurope.eu/DocShareNoFrame/docs/6/ANGGJAOCOGEI EBKDJNJPOLDDPDBG9DB1CW9LTE4Q/UNICE/docs/DLS/2009-00588-E.pdf (zit.: BusinessEurope/Eurochambres, Stellungnahme 2009, S.)

BusinessEurope: BusinessEurope policy briefing – Company law: European private company statute (SPE). 20.07.2010 (Verfasser nicht namentlich genannt); abrufbar unter: http://www.businesseurope.eu/DocShareNoFrame/docs/1/HPBKC JIDBPBBAEHMKDGDKAACPDWD9DWNEN9LTE4Q/UNICE/docs/DLS/2010-01666-E.pdf (zit.: BusinessEurope, SPE Policy Briefing 2010, S.)

–: Employee Involvement in the European Company SE. 06.10.2011 (Verfasser nicht namentlich genannt); abrufbar unter: http://www.businesseurope.eu/Content/Default.asp?PageID=568&DocID=29273 (zit.: BusinessEurope, Stellungnahme SE 2011, S.)

–: BusinessEurope policy briefing – European Private Company Statute (SPE). 28.10.2011 (Verfasser nicht namentlich genannt); abrufbar unter: http://www.businesseurope.eu/content/default.asp?PageID=568&DocID=29390 (zit.: BusinessEurope, SPE Policy Briefing 2011, S.)

Confédération Européenne des Associations de Petites et Moyennes Entreprises/Europäische Vereinigung der Verbände Kleiner und Mittlerer Unternehmen (CEA-PME): Public Statement on the „Small Business Act for Europe". (ohne Datum; Verfasser nicht namentlich genannt); abrufbar unter: http://www.cea-pme.org/images/stories/cea-pme%20statement%20sba.pdf (zit.: CEA-PME, Stellungnahme SBA, S.)

Deutscher Anwaltverein: Stellungnahme des Deutschen Anwaltvereins durch den Handelsrechtausschuss zum Vorschlag der Kommission für eine Verordnung des Rates über das Statut der Europäischen Privatgesellschaft. Februar 2009 (Nr. 17/2009) (Verfasser nicht namentlich genannt); abrufbar unter: http://anwaltverein.de/downloads/Stellungnahmen-09/sn17-09b.pdf (zit: Stellungnahme DAV 2009, Rn.)

Deutscher Gewerkschaftsbund: Stellungnahme des DGB zum Vorschlag für eine Verordnung des Rates über das Statut der Europäischen Privatgesellschaft. 29.07.2008, Verfasser: Dietmar Hexel; abrufbar unter: http://www.dgb.de/themen/++co++mediapool-1e0c6dcbef55647f82afa16fdc929e1b (zit.: Hexel, Stellungnahme DGB 2008, S.)

–: Europa-GmbH droht Mitbestimmung zu gefährden. 18.02.2011, Verfasser: Dietmar Hexel; abrufbar unter: http://www.dgb.de/themen/++co++c1bee086-3b41-11e0-5d64-00188b4dc422/@@index.html?tab=Alle&display_page=5&k:list=Mitbestimmung (zit.: Hexel, Stellungnahme DGB 2011, S.)

Deutscher Industrie- und Handelskammertag (DIHK): Stellungnahme zum Thema: Vorschlag für eine Verordnung des Rates über das Statut der Europäischen Privatgesellschaft, KOM (2008) 396. 28.08.2008 (Verfasser nicht namentlich genannt); abrufbar unter: http://www.dihk.de/ressourcen/downloads/internati onal_stellungnahmen/spe.pdf/at_download/file?mdate=1292338067149 (zit.: Stellungnahme DIHK 2008, S.)

Deutscher Notarverein: Stellungnahme Deutscher Notarverein zum Vorschlag für eine Verordnung des Rates über das Statut einer Europäischen Privatgesellschaft – KOM (2008) 396 endg. 31.07. /01.08.2008, Verfasser: Oliver Vossius; abrufbar unter: http://www.dnotv.de/_files/Dokumente/Stellungnahmen/2008-07-31StellungnahmeSPEfinal.pdf (zit.: Vossius, Stellungnahme DNotV 2008, S.)

Deutscher Richterbund: Stellungnahme des Deutschen Richterbundes zum Entwurf einer Verordnung des Rates über das Statut der europäischen Privatgesellschaft. Oktober 2008 (Nr. 27/08), Verfasserin: Brigitte Kamphausen; abrufbar unter: http://www.drb.de/cms/index.php?id=497&L=0 (zit.: Kamphausen, Stellungnahme DRB 2008)

European Trade Union Confederation – ETUC: European private company statute must respect workers' participation rights. 21.10.2008 (Verfasser nicht namentlich genannt) (zit.: ETUC, Stellungnahme SPE 2008, S.)

–: ETUC response to European Commmission's First phase consultation of Social Partners under Article 154 TFEU on the possible review of Directive 2001/86/EC supplementing the Statute for a European company with regard to the involvement of employees. 28.10.2011 (Verfasser nicht namentlich genannt); abrufbar unter: http://www.etuc.org/IMG/pdf/DG_EMPL_re_SE_Directive_FINAL_EN.pdf (zit.: ETUC, Stellungname SE 2011, S.)

–: ETUC position on single-member private limited liability companies. 11./12.06.2014 (Verfasser nicht namentlich genannt); abrufbar unter: http://www.etuc.org/documents/etuc-position-single-member-private-limited-liabili ty-companies (zit.: ETUC, Stellungnahme SUP-RLE, S.)

Österreichische Notariatskammer: Europäische Privatgesellschaft – Outline Draft Statute der Europäischen Kommission. 09.05.2008, Verfasser: Klaus Woschnak; abrufbar unter: http://www.notar.at/uploads/stellungnahmeepg.pdf (zit.: Woschnak, Stellungnahme ÖNK 2008, S.)

Schunk, Kristina I.: Redebeitrag im Rahmen der SPE-Konferenz. 10.03.2008; abrufbar unter: http://ec.europa.eu/internal_market/company/docs/epc/presentations/schunk_de.pdf (zit.: Schunk, SPE-Konferenz 2008, S.)

Verband Deutscher Maschinen- und Anlagenbau (VDMA): Europäische Privatgesellschaft (SPE). August 2010, Verfasserin: Claudia Schöler; abrufbar unter: http://www.vdma.org/wps/wcm/connect/bd3bd8804dd1eff389f6e9d1f693e3d9/Argu_EPG.pdf?MOD=AJPERES&CACHEID=bd3bd8804dd1eff389f6e9d1f693e3d9 (zit: Schöler, Stellungnahme VDMA 2010)

Letztes Abrufdatum der Internetquellen war der 25.11.2013, bzgl. Nachwort der 21.11.2014.

Teil 1 – Einleitung

Entgegen einem Kernelement der Europäischen Union, der programmatischen Verpflichtung auf einen einheitlichen Binnenmarkt[1], sieht sich der europäische Mittelstand immer noch einer beträchtlichen Vielfalt an regulatorischen Gestaltungen gegenüber. Will sich ein Unternehmen grenzüberschreitend betätigen, wird es gegenwärtig immer noch mit höchst unterschiedlichen mitgliedstaatlichen Vorgaben konfrontiert.

Um den großen Unternehmen die grenzüberschreitende Tätigkeit zu erleichtern hat die Union im Jahr 2004 die *Societas Europaea, SE* eingeführt[2]. Hiermit war es erstmals möglich, Aktiengesellschaften supranational zu organisieren. Gesetzt war somit auch der Eckstein im bisweilen bisher so genannten „28. Regime", dem EU-Gesellschaftsrecht[3]. Konzeptionell wie praktisch richtet sich die SE jedoch vor allem an große Unternehmen[4]. Seit 2008 plant die Kommission nun, zusätzlich eine den Bedürfnissen der KMU entsprechende Gesellschaftsrechtsform zu etablieren, die *Societas Privata Europaea, SPE*[5]. Mit ihr soll eine unionsweit grundsätzlich einheitlich geregelte, leicht handhabbare Rechtsform geschaffen werden. Neben einer schnellen und kostengünstigen Neugründung im Ausland ermöglicht sie auch die Bildung eines Unternehmensnetzwerks von ausländischen Tochtergesellschaften und Zweigniederlassungen, die gebündelt an einem Punkt verwaltet werden können. Die SPE ist damit als eigene Gesellschaftsform

---

1 Art. 3 III UAbs. 1 EUV; 3 I b), 4 II a), 26 ff. AEUV.

2 Verordnung (EG) Nr. 2157/2001 des Rates vom 8. Oktober 2001 über das Statut der Europäischen Gesellschaft (SE), ABl. L 294/1, 10.11.2001, nachfolgend abgekürzt SE-VO; Richtlinie 2001/86/EG des Rates vom 8.Oktober 2001 zur Ergänzung des Status der Europäischen Gesellschaft hinsichtlich der Beteiligung der Arbeitnehmer ABl. L 294/22, 10.11.2001, nachfolgend abgekürzt SE-RL. Umgangssprachlich hat sich für die SE auch die Bezeichnung *„Europa-AG"* etabliert.

3 Zum „28 Regime" z.B. Bericht Reflexionsgruppe 2011, S. 29 f. (*„EU law as a 28th company law regime"*), oder auch Kommission, Konsultation EuGesR 2012, S. 8. Nach dem Beitritt Kroatiens ist künftig vom „29. Regime" zu sprechen. Zum europäischen Gesellschaftsrecht als einem *„Eckpfeiler des Binnenmarkts"* Kommission, Aktionsplan 2012, S. 4.

4 Näher zur SE unter Teil 4 B.

5 Neben der lateinischen Bezeichnung haben sich auch die jeweiligen Übersetzungen verbreitet. So wird die SPE im englischen Sprachraum als *European Private Company* bezeichnet, in Frankreich kennt man die Rechtsform als *Société Privée Européenne*, in Spanien als *Sociedad privada europaea* etc. Teilweise werden auch die Bezüge zur jeweiligen nationalen kleinen Kapitalgesellschaft betont, z.B. findet sich in den Niederlanden meist die Bezeichnung *Europese besloten vennootschap*. Im Deutschen wird häufig der Begriff *Europäische Privatgesellschaft – EPG* verwendet, schlagwortartig wird auch von der *„Europa-GmbH"* gesprochen.

vornehmlich ein Angebot für den europäischen Mittelstand, steht aber gleichzeitig auch den großen Unternehmen offen. Auch im Bereich der grenzüberschreitenden Zusammenarbeit von europäischen Unternehmen wird entsprechendes Potential gesehen. Übergeordnet kann sie so die allgemeine Debatte im europäischen Gesellschaftsrecht fördern und möglicherweise einen Beitrag zur dessen weiterer Integration leisten.

Im Nachgang zur SE begannen die Beratungen zur SPE energisch, ja geradezu verheißungsvoll. Ursprünglich sollte das entsprechende Statut bereits zum 1. Juli 2010 in Kraft treten[6]. Nationale Interessen im Hinblick auf einige gesellschaftsrechtliche Kernfaktoren haben bislang jedoch eine Einigung verhindert. Insbesondere die sehr unterschiedlichen Ansichten zur Mitwirkung der Arbeitnehmer an der Unternehmensleitung erwiesen sich, wie schon bei der SE, als ein entwicklungstechnischer Stolperstein, der das gesamte Projekt zu Fall zu bringen droht. Denn bei der SPE werden die vermeintlich gelösten Probleme erneut akut. Die in den Mitgliedstaaten höchst unterschiedliche Priorisierung der Arbeitnehmerbeteiligung insgesamt, und insbesondere der Mitwirkung auf Unternehmensebene, ihre jeweiligen Ansatzpunkte und Reichweiten, aber auch die zwischenzeitlichen Entwicklungen auf europäischer Ebene werfen alte und neue Fragen auf, die sich gleichermaßen auf rechtliche wie politische Gesichtspunkte erstrecken, aber im Bereich der „kleinen“ Kapitalgesellschaften grundsätzlich andere Dimensionen entwickeln. All diese Unterschiede gilt es zu überbrücken, nun jedoch, gegenüber der SE, in geänderter Ausgangslage.

Trotz eines zuletzt wahren Trommelfeuers von Kompromisstexten erscheint eine Einigung weiter entfernt denn je. Noch im Juni 2012 identifizierte EU-Binnenmarktkommissar *Barnier* die Frage der Arbeitnehmerbeteiligung als den Hauptgrund für die Blockade bei der SPE[7].

Die vorliegende Arbeit versucht daher, die bisherigen Entwicklungen im Kontext des aktuellen nationalen[8] und europäischen Umfelds[9] systemisch nachzuzeichnen, kritisch zu analysieren und für einige Stellen, an denen ein Dissens erkannt wurde, eigene Lösungsansätze zu formulieren[10]. Die Überlegungen münden in einen eigenen Vorschlag einer rechtsformspezifischen Arbeitnehmerbeteiligung[11]. Die

---

6 Art. 48 SPE-VOE-KOM. Der erste Arbeitsentwurf der schwedischen Ratspräsidentschaft nennt den 1. Juli 2011; Art. 49 I 2 SPE-VOE-Sw-ArbGr1. Die folgenden Entwürfe benutzen die flexible Grenze „2 Jahre nach Inkrafttreten“.

7 *„[L]e mot de participation des travailleurs [...] on voit bien, d'ailleurs, que c'est sur ce sujet-là, [...], qu'on bloque actuellement le texte sur la SPE“*; *Barnier* in: Protokoll der Aussprache im Europäischen Parlament vom 13.06.2012, CRE 13/06/2012–15. Ähnlich auch *Krause* in *Hirte/Teichmann* SPE 2013, S. 375, 377 (*“crucial stumbling block“*).

8 Teil 3.

9 Teil 4.

10 Teil 5.

11 Teil 5 G. 6.

Arbeit endet mit zusammenfassenden Darstellungen der gefundenen Ergebnisse[12]. Im Anhang finden sich zudem einige tabellarische Übersichten für den raschen Vergleich[13].

Auf diese Weise soll ein kleiner Beitrag zum Fortkommen dieses bemerkenswerten und wichtigen Projekts geleistet werden.

12 Teil 6. *Aufgrund der nach Abgabe der Dissertationsschrift im November 2013 eingetretenen aktuellen Entwicklungen wurde im November 2014 als Teil 7 ein ergänzendes Nachwort hinzugesetzt; der bisherige Teil 7 wird hierdurch zu Teil 8.*

13 Teil 8.

Teil 2 – Begrifflichkeiten

Bevor die einzelnen Entwicklungen im Detail untersucht werden sollen zunächst einige der wesentlichsten Begrifflichkeiten dargelegt werden.

A. Arbeitnehmerbeteiligung – Ausprägungen

I. Grundsätzlich

„Die Arbeitnehmerbeteiligung" meint allgemein die kollektive Interessenwahrnehmung der Arbeitnehmer gegenüber dem Arbeitgeber[14]. Sie kann grundsätzlich auf zwei Ebenen stattfinden. Erste Ebene ist der Betrieb als Stätte zur Verfolgung arbeitstechnischer Zwecke (Produktion, Vertrieb, Verwaltung, Dienstleistungen). Hierzu übergeordnet liegt die Ebene des Unternehmens als rechtsfähige organisatorische Einheit zur Verfolgung wirtschaftlicher oder ideeller Ziele. Diese Aufteilung wird auch auf europäischer Ebene anerkannt[15] und ist u.a. im Rahmen der SE-RL übernommen worden[16]. Die teils als „Dritte Ebene des Zusammenwirkens von Arbeitgebern und Arbeitnehmern" bezeichnete Tarifautonomie[17] bleibt im Rahmen dieser Darstellung grundsätzlich ebenso außer Betracht wie finanzielle Beteiligungsformen der Arbeitnehmer.

---

14 Grundlegend ist der Ansatz, dass zur wirksamen Interessenwahrnehmung wegen der „strukturellen Unterlegenheit" des einzelnen Arbeitnehmers gegenüber seinem Arbeitgeber ein kollektiver Mechanismus notwendig ist; für Deutschland vgl. zuletzt BVerfG vom 23.11.2006, 1 BvR 1909/06, insbes. Rn. 51 f., Text unter http://www.bverfg.de/entscheidungen/rk20061123_1bvr190906.html; *Wißmann* in *Fitting/Wlotzke/Wißmann/Koberski/Kleinsorge*, MitbestR, MitbestG, Vorbem., Rn. 5.

15 Vgl. die Begriffsbestimmungen des Anhangs II zum *Davignon*-Bericht zu den Begriffen „Beteiligung", „Information", „Anhörung" und „Mitbestimmung" der Arbeitnehmer. Vgl. auch Europäisches Parlament, Bericht zum *Davignon*-Bericht vom 06.11.1997, A4-0354/97, (PE 224.250/endg.), S. 5. Dort wird zunächst noch auf die Unterscheidung von „Einbindung" und „Einbeziehung" hingewiesen, wodurch *„jeder Versuch einer Angleichung extrem schwierig wird"*. Konsequent wird im Anschluss nur noch von „Beteiligung der Arbeitnehmer" gesprochen.

16 Vgl. Art. 2 (h)–(k) SE-RL.

17 Tarifverträge gelten grundsätzlich nur zwischen den jeweiligen Vertragsparteien. Sie behandeln grundsätzlich solche Fragen, die das Arbeitsverhältnis und die Organisation der Arbeit im jeweiligen Betrieb betreffen, geben also gewisse Rahmendaten vor und beeinflussen die unternehmerische Entscheidung lediglich mittelbar. Betriebliche Beteiligung und Unternehmensmitbestimmung hingegen wirken unmittelbar und allgemein für alle Arbeitnehmer, d.h. vor allem auch ohne Rücksicht auf eine etwaige Gewerkschaftszugehörigkeit; für Deutschland *Wißmann* in *Fitting/Wlotzke/Wißmann/Koberski/Kleinsorge*, MitbestR, MitbestG, Vorbem., Rn. 6, 9 f.; *Richardi* in *Richardi*, BetrVG, § 2, Rn. 24 ff.

II. Betriebliche Beteiligung

Die Beteiligung auf betrieblicher Ebene zielt auf die Teilhabe der Arbeitnehmer an den personellen, sozialen und wirtschaftlichen Auswirkungen, die aus konkreten unternehmerischen Leitungs- und Organisationsentscheidungen folgen. Hierzu bestehen grundsätzlich Unterrichtungs- und Anhörungsrechte. Zudem gibt es bisweilen auch Mitwirkungs- und Mitbestimmungsrechte.

„Unterrichtung" meint hierbei allgemein, dass die Unternehmensleitung die Arbeitnehmer bzw. deren Vertretung vor der Durchführung bestimmter Maßnahmen informiert. Hierzu müssen Zeitpunkt, Form und Inhalt der Unterrichtung der Arbeitnehmerseite die eingehende Prüfung der möglichen Auswirkungen der beabsichtigten Maßnahme und gegebenenfalls die Vorbereitung von Anhörungen mit der Unternehmensleitung ermöglichen[18].

Die „Anhörung" bezieht sich auf die Errichtung eines mehr oder minder ständigen Dialogs und Meinungsaustauschs zwischen der Arbeitnehmer- und der Arbeitgeberseite, der es den Arbeitnehmervertretern auf der Grundlage der erhaltenen Informationen ermöglicht, eine eigene Stellungnahme zu den geplanten Maßnahmen abzugeben, die dann im Rahmen des Entscheidungsprozesses durch die Arbeitgeberseite berücksichtigt werden kann[19].

„Mitwirkung" schließlich bedeutet Beratung und Mitsprache bei der Entscheidung des Arbeitgebers. Hängt diese in ihrer Wirksamkeit von einer Zustimmung der Arbeitnehmerseite ab, wird allgemein von „Mitbestimmung" gesprochen. Die Mitbestimmungsrechte sind unterschiedlich abgestuft, je nachdem, ob sie ein Initiativ- und Zustimmungsrecht, nur ein Zustimmungsrecht oder ein Zustimmungsverweigerungsrecht gewähren. Die genauen Übergänge sind oft fließend[20].

Inhaltlich geht es bei der Beteiligung auf betrieblicher Ebene vor allen Dingen um solche Aspekte, die die Arbeitnehmer an ihrem jeweiligen Arbeitsplatz unmittelbar betreffen. Die Vertretungsgremien gleichen dabei auch die unterschiedlichen Interessen unter den jeweiligen Arbeitnehmern, bzw. unter den verschiedenen Betriebsteilen, aus und sichern ggf. ein regelkonformes Verhalten[21].

---

18 Vgl. Art. 2 (f) RL 2002/14/EG, 2 (i) SE-RL, Art. 2 (i) SCE-RL, Erwägungsgrund 21 f., Art. 2 (f) EBR-RL 2009.

19 Vgl. Art. 2 (g) RL 2002/14/EG, 2 (j) SE-RL, Art. 2 (j) SCE-RL, Erwägungsgrund 23, Art. 2 (g) EBR-RL 2009.

20 Zur Unterscheidung in Deutschland *Richardi* in *Richardi*, BetrVG, Vorbemerkung, Rn. 21, 27 ff.

21 Vgl. allgemein zur Compliance die Darstellung von *Mengel* unter http://www.soldan.de/WebRoot/SoldanDB/Shops/Soldan/Sample/Grobys_B.pdf, zur Mitbestimmung des deutschen Betriebsrats bei der Einführung von Compliance-Regeln dort insbes. S. 9 f.; *Richardi* in *Richardi*, BetrVG, § 77, Rn. 88, § 87, Rn. 181, 196; aus gewerkschaftlicher Sicht *Hexel/Pütz*, ACQ II/2012, S. 40 ff.

III. Unternehmerische Mitbestimmung

Die Mitbestimmung auf Unternehmensebene hingegen zielt auf die unmittelbare Einflussnahme der Arbeitnehmerseite auf alle zentralen Planungs-, Leitungs- und Organisationsentscheidungen der Gesellschaft. Sie beruht auf dem Recht, einen Teil der Mitglieder des gesellschaftlichen Aufsichts- oder Verwaltungsorgans zu wählen oder zu bestellen, bzw. eine entsprechende Wahl oder Bestellung zu empfehlen oder abzulehnen[22].

Es geht hier also um Einwirkung auf solche Entscheidungen, welche die unternehmerische Substanz betreffen, mithin um Beeinflussung der Unternehmenspolitik. Hierdurch sollen die Interessen der Arbeitnehmer insgesamt, also insbesondere auch losgelöst von der Zugehörigkeit zu einer bestimmten Interessengruppe wie einer Gewerkschaft, berücksichtigt und soziale Belange möglichst frühzeitig einbezogen werden.

Umgesetzt wird dies durch ein Stimmrecht im Gesellschaftsorgan, Zustimmungsvorbehalte bei bestimmten Angelegenheiten oder Initiativrechte als erzwingbare Regelungen durch Dritte. Grundsätzlich bedeutet sie, dass bestimmte unternehmerische Maßnahmen nur dann durchgeführt werden können, wenn die Arbeitnehmerseite tatsächlich zustimmt. In diesem Sinne bildet die Mitbestimmung einen Teilaspekt der industriellen Beziehungen und damit auch der Corporate Governance[23].

In rechtlicher Hinsicht stehen betriebliche und unternehmerische Mitbestimmung selbständig nebeneinander, funktional ergänzen sie sich und sind tatsächlich oft miteinander verwoben[24].

---

22 Vgl. Art. 2 (k) SE-RL, Art. 2 (k) SCE-RL, Erwägungsgrund 13 RL 2005/56/EG.

23 Corporate Governance meint dabei *„das Verhältnis zwischen der Führung eines Unternehmens, seinem Verwaltungsrat, Aktionären und anderen Interessengruppen“*; Kommission, Aktionsplan 2012, S. 3. Demnach ist der europäische Rahmen für eine Corporate Governance eine Kombination aus Rechtsvorschriften und unverbindlichen Bestimmungen wie nationalen Corporate Governance Kodices; ebd. Allerdings findet die Mitbestimmung in diesen Kodices keinesfalls durchgängig Eingang. Wo dies der Fall ist, wird im Zuge der weiteren Untersuchungen darauf hingewiesen. Vgl. auch *Van het Kaar*, ECL 2009, S. 55, 55 (*„Employee Board-Level representation is part of a larger whole“*).

24 Vgl. *Wißmann* in *Fitting/Wlotzke/Wißmann/Koberski/Kleinsorge*, MitbestR, MitbestG, Vorbem., Rn. 5, 9 f.; *Rebhahn*, ZAAR 2004, Rn. 1; *ders.*, NZA 2001, S. 763, 770 ff.; BMAS Mitbestimmung 2008, S. 11 f.

IV. Arbeitnehmerbegriff

Für diese beiden Beteiligungsformen bestehen also mittlerweile unionsweit autonome Begriffsbestimmungen. Das gilt allerdings (zumindest derzeit noch) nicht für eine entsprechende Definition des „Arbeitnehmers“ selbst, sofern das für die Beteiligungsrechte relevant wird.

In vielen Bestimmungen des primären und sekundären Unionsrechts wird der Begriff in unterschiedlichem Sinne verwendet und kann, je nach systematischem Zusammenhang, verschieden ausfallen[25]. Um gleichwohl einen einheitlichen Geltungsbereich des Unionsrechts zu gewährleisten, kann aber nicht auf die Begriffsbildung in den Mitgliedstaaten zurückgegriffen werden, da diese sonst darin frei wären, über entsprechende nationale Definitionen auch den entsprechenden unionsrechtlichen Schutz auszudehnen oder zu beschneiden. Für den primärrechtlichen Arbeitnehmerbegriff ist daher eine unionsrechtlich autonome Begriffsauslegung geboten, die in den unterschiedlichen Rechtsakten auch verschiedene Bedeutung entfalten kann[26]. Auf sekundärrechtlicher Ebene, insbesondere in den verschiedenen Richtlinien, wird hingegen teilweise auf die Definition des nationalen Rechts zurück verwiesen[27]. Die Union bestimmt den Begriff in diesem Zusammenhang also nicht notwendig selbst, sondern setzt ihn voraus.

---

25 Z.B. hat die Arbeitnehmerfreizügigkeit gem. Art. 45 AEUV einen anderen personalen Geltungsbereich als Art 48 AEUV, der die sozialen Sicherungssysteme regelt; *Schlachter/Seifert* in *Schulze/Zuleeg/Kadelbach*, EuropaR 2010, § 39, Rn. 6 ff.

26 So hat der EuGH im Zusammenhang mit der Arbeitnehmerfreizügigkeit gem. Art. 45 ff. AEUV auch den Begriff des Arbeitnehmers definiert und legt ihn hier gemeinschaftsautonom und weit aus. Nach der Entscheidung in Rs. C-66/85 vom 03.07.1986 (*Deborah Lawrie-Blum/Baden-Württemberg*), dort insbes. Rn. 17, ist in diesem Sinne ein Arbeitnehmer jeder EU-Bürger, der a) während eines bestimmten Zeitraums Leistungen erbringt, b) diese Leistungen für eine andere Person oder Firma erbringt, c) weisungsgebunden gegenüber einem anderen ist und d) ein Arbeitsentgelt für diese Leistungen erhält. Das EU-Recht sieht für die Definition einer Person als „Arbeitnehmer“ keine weiteren Bedingungen vor (vgl. auch EuGH Rs. C.197/86, Urteil vom 21.06.1988 (*Steven Malcolm Brown/The Secretary of State for Scotland*), insbes. Rn. 22). Auch Personen, die eine Vorbereitungszeit im Rahmen der Berufsausbildung absolvieren, sind u.U. als „Arbeitnehmer“ zu betrachten, nämlich wenn die Vorbereitungszeit unter den gleichen Bedingungen einer tatsächlichen und echten Tätigkeit absolviert wird. Geringere Produktivität und niedrigeres Entgelt ändern daran nichts (EuGH Rs. C-3/90, Urteil vom 26.02.1992 (*M.J.E. Bernini/Minister van Onderwijs en Wetenschappen*), dort Rn. 14 ff., insbes. Rn. 16); vgl. auch *Riesenhuber*, EuArbR, § 3, Rn. 9 ff.; *Schlachter/Seifert* in *Schulze/Zuleeg/Kadelbach*, EuropaR 2010, § 39, Rn. 7 ff. Die EuGH-Urteile sind abrufbar unter http://curia.europa.eu/jcms/jcms/j_6/.

27 Art. 3 Ia RL 2008/114/EG; *Schlachter/Seifert* in *Schulze/Zuleeg/Kadelbach*, EuropaR 2010, § 39, Rn. 6.

Vor allem, soweit es die rein nationalen Gestaltungen angeht, ist die Konkretisierung den Mitgliedstaaten überlassen. Sie entscheiden somit z.B. auch über die Einbeziehung von Auszubildenden oder Teilzeitbeschäftigten in „ihren" jeweiligen beteiligungsrelevanten Arbeitnehmerbegriff. Naturgemäße Folge sind Abweichungen im Einzelfall.

B. Organisationsverfassung der Kapitalgesellschaften

Die konkrete Umsetzung und Wirkung jeder Arbeitnehmerbeteiligung hängt davon ab, wie das betroffene Unternehmen selbst strukturiert ist. In den Mitgliedstaaten bestehen für die Organisation der Leitungsstruktur von Kapitalgesellschaften vereinfacht zwei Möglichkeiten, das monistische und das dualistische Modell.

Beim monistischen Modell (*one-tier-system*) ist die Geschäftsleitung institutionell nicht von der Überwachung der Geschäfte getrennt. Beide Funktionen werden von einem einzigen Organ wahrgenommen, dem Verwaltungsrat (*board of directors*). Namentlich in größeren Gesellschaften wird er noch personal aufgeteilt in operativ geschäftsführende *executive directors* und eher beratende bzw. überwachende nicht-geschäftsführende *non-executive directors*[28]. Für die geschäftsführenden Verwaltungsratsmitglieder ist auch die Bezeichnung *Chief Officer* gebräuchlich.

Im dualistischen Modell (*two-tier-system*) werden Geschäftsführung und Kontrolle separiert. Neben dem Leitungsorgan existiert ein weiteres Organ zur Kontrolle. Das Kontrollorgan bestellt die Mitglieder des Leitungsorgans und beruft sie auch ab, es überwacht die Führung der Geschäfte durch das Leitungsorgan, ist aber seinerseits nicht berechtigt, die Geschäfte der Gesellschaft zu führen.

Traditionell herrscht in den Mitgliedstaaten jeweils eine dieser Varianten vor. So ist das monistische Modell besonders im angelsächsischen Rechtskreis verbreitet, während sich in Zentraleuropa vornehmlich das dualistische Modell findet. Im nordischen Rechtskreis existieren Mischformen, die in der Literatur gelegentlich als *one-and-a-half-tier*-System bezeichnet werden[29].

Mit Einführung der SE begann die ursprünglich scharfe Trennung zu verwischen. Gem. Art. 38 (b) SE-VO verfügt die SE wahlweise[30] über *„entweder ein Aufsichtsorgan und ein Leitungsorgan (dualistisches System) oder ein Verwaltungsorgan, das die Aufgaben von Unternehmensleitung und -kontrolle in sich vereint (monistisches System)"*.

---

28 Schon 1975 wies *Ficker* darauf hin, dass sich diese Unterscheidung auch in der Honorierung widerspiegelt; *Ficker*, FS Bärmann, S. 299, 313 f.

29 Die Terminologie ist uneinheitlich. Die Reflexionsgruppe zur Zukunft des EU-Gesellschaftsrechts z.B. verwendet den Begriff *„dual executive system"*; Bericht Reflexionsgruppe 2011, S. 55.

30 Art. 38 (b) 2. HS SE-VO; die Festlegung erfolgt in der Satzung, so dass die Entscheidung durch eine spätere Satzungsänderung u.U. wieder abänderbar ist.

Die hier vorgesehene Wahlfreiheit bedeutete unter den Gesichtspunkten des *effet utile* und des Anwendungsvorrangs des Unionsrechts, dass nunmehr alle Mitgliedstaaten unabhängig von ihren jeweiligen Traditionen zumindest für die SE beide Strukturvarianten zu Verfügung stellen mussten. Einige Mitgliedstaaten haben diesen Anstoß aufgenommen und auch für die übrigen Kapitalgesellschaften entsprechende Wahlmöglichkeiten eröffnet[31]. Konsequent spricht sich nun auch die Reflexionsgruppe zur Zukunft des EU-Gesellschaftsrechts dafür aus, die Wahlmöglichkeit durchgängig in allen Mitgliedstaaten zu etablieren[32]. Demgegenüber erkennt die Kommission die Koexistenz beider Strukturvarianten an und will diese weder in Frage stellen, noch ändern[33].

Ohnehin erweist sich die rechtlich rigide Unterscheidung in der unternehmerischen Praxis zunehmend als nicht ganz so scharf. So ist im dualistischen System oftmals eine enge Zusammenarbeit zwischen Vorstand und Aufsichtsrat zu beobachten, was bis zur Beratung der Unternehmensleitung im Tagesgeschäft durch das an sich nur für die Kontrolle zuständige Organ reicht. Im monistischen System hingegen kommt es innerhalb des einen Organs in der Regel zu einer Aufteilung der Funktionen und Verantwortlichkeiten bezüglich Führung und Überwachung[34]. Die theoretischen Unterschiede relativieren sich also, die Systeme konvergieren zunehmend[35]. Eine namentlich in den 1970er Jahren intensiv geführte Diskussion darüber, welches System vorteilhafter als das andere ist[36], ist zwischenzeitlich

---

31 Zu den entsprechenden Entwicklungen näher unter Teil 3 B. Zur Einführung des monistischen Systems für die österreichische AG im Zuge der Umsetzung des SE-Statuts vgl. *Kalss*, Arbeitnehmermitbestimmung, S. 95, 98, 105.

32 Bericht Reflexionsgruppe 2011, S. 56.

33 Kommission, Aktionsplan 2012, S. 6.

34 Wobei allerdings auch die Ansicht vertreten wird, dass im monistischen System die nicht-geschäftsführenden Direktoren aufgrund ihrer Nähe zu den geschäftsführenden Direktoren über den allgemeinen Gang der Ereignisse besser informiert sein sollen, als die Aufsichtsräte im dualistischen System (*Den Boogert et al.*, Bestuur en Toezicht 2013, S. 12: *„Het monistisch bestuursmodel heeft het voordeel dat het interne toezicht berust bij niet uitvoerende bestuurders die in de regel beter geïnformeerd zullen zijn over de gang van zaken dan commissarissen in een dualistisch bestuursmodel"*). Nach *Van het Kaar*, ECL 2009, S. 55, 59, ist die Mitbestimmungsqualität in einem monistischen System höher als in einem dualistischen.

35 *Ficker* sprach darum bereits 1975 von einer *„Gegenüberstellung [...] nur formaler Art"*, *Ficker*, FS Bärmann, S. 299, 305; *Leupold*, S. 74 f.; *Rebhahn*, ZAAR 2004, Rn. 7, spricht von einem *„Kontinuum"*; die Reflexionsgruppe zur Zukunft des EU-Gesellschaftsrechts sieht „eine ganze Palette von Varianten innerhalb des sogenannten „one tier-Systems" (*„...a whole panoply of variations within the socalled ‚one tier system'"*), Bericht Reflexionsgruppe 2011, S. 55 f.; für Österreich *Kalss*, Arbeitnehmermitbestimmung, S. 95, 95.

36 Vgl. hierzu *Leupold*, S. 74 ff. m.w.N. Die Reflexionsgruppe zur Zukunft des EU-Gesellschaftsrechts beobachtet dann auch, dass die praktisch bestehende Vielfalt weit über die bloße Zweiteilung eines one tier/two tier-Systems hinausgeht (*„...this*

mehr oder weniger eingeschlafen[37]. Der Deutsche Corporate Governance Kodex[38] stellte fest, dass sich das duale Führungssystem und das monistische Verwaltungsratssystem *„wegen des intensiven Zusammenwirkens von Vorstand und Aufsichtsrat im dualen Führungssystem in der Praxis aufeinander zu [bewegen] und gleichermaßen erfolgreich [sind]"*[39].

C. Kleine und mittlere Unternehmen – KMU

Erklärte Hauptzielgruppe der SPE sind die kleinen und mittleren Unternehmen, KMU[40]. Dabei ist man sich nicht ganz einig, wann genau ein Unternehmen in diese Gruppe fällt. Einigkeit besteht insoweit, als dass es nicht auf die jeweilige Rechtsform des Unternehmens ankommt. Zur weiteren Eingrenzung werden verschiedene Kriterien herangezogen. In der Regel bemüht man die Parameter „Mitarbeiterzahl", „(Jahres)Umsatz" und/oder „(Jahres)Bilanzsumme". Meist müssen hier zwei von drei Kriterien gegeben sein, um in eine bestimmte Gruppe zugeordnet zu werden.

---

diversity far transcends the simple dichotomy of a one-tier/two-tier system..."); Bericht Reflexionsgruppe 2011, S. 11.

37 *Mävers*, SE-Mitbestimmung 2002, S. 36.

38 Der Deutsche Corporate Governance-Kodex (DCGK) wird von der Regierungskommission Deutscher Corporate Governance Kodex erstellt. Er soll das Corporate Governance System für nationale und internationale Anleger, Arbeitnehmer, Kunden und Öffentlichkeit transparent machen und hierdurch das Vertrauen in die Unternehmensführung deutscher Gesellschaften stärken. Die Kommission hatte den ausdrücklichen Regierungsauftrag, die Mitbestimmung in ihre Überlegungen nicht mit einzubeziehen. Dementsprechend wird sie nur ein einziges Mal, im Zusammenhang mit der SE, erwähnt. Im Einzelnen gibt der DCGK Verhaltensempfehlungen für Vorstand, Aufsichtsrat, Abschlussprüfer und deren Zusammenarbeit untereinander. Er ist grundsätzlich freiwillig und eine Art Selbstregulierung der Wirtschaft. Gem. § 161 AktG sind Vorstand und Aufsichtsrat von börsennotierten Gesellschaften aber zu einer jährlichen Erklärung verpflichtet, dass den Empfehlungen des DCGK entsprochen wurde und weiterhin wird, oder welche Empfehlungen nicht angewendet wurden. Wollen Vorstand oder Aufsichtsrat vom Kodex abweichen, müssen sie die Anteilseigner darauf hinweisen (vgl. auch Erwägungsgrund 10, Art 1 VII, VIII; 2 II, III Richtlinie 2006/46/EG). Der DCGK entfaltet damit zwischenzeitlich nahezu Gesetzeswirkung, was vor dem Hintergrund der demokratischen Legitimation durchaus kritisch gesehen werden kann, an dieser Stelle aber nicht weiter ausgeführt werden soll. Zur möglichen Nichtigkeit von Beschlüssen bei Verstößen gegen den Kodex vgl. OLG München, Urteil vom 06.08.2008, 7 U 5628/07; BGH, Urteil vom 21.09.2009, II ZR 174/08; Volltextveröffentlichungen über http://dejure.org/.

39 Vgl. DCGK in der Fassung vom 15.05.2012, Präambel, S. 2; aktuell ist die Fassung vom 13.05.2013, unter http://www.corporate-governance-code.de/ger/download/kodex_2013/D_CorGov_Endfassung_Mai_2013.pdf.

40 Vgl. nur Erwägungsgründe 1, 2, 4, 6 SPE-VOE-KOM.

Diese Werte wurden und werden in den Mitgliedstaaten allerdings unterschiedlich festgelegt[41], was wiederum zu Inkonsistenzen führte. Die Gemeinschaft führte darum 1996 eine eigene Definition ein, die 2003 an die aktuellen Gegebenheiten angepasst wurde.

Demnach sind KMU alle Einheiten, unabhängig von ihrer Rechtsform, die eine wirtschaftliche Tätigkeit ausüben, dabei weniger als 250 Personen beschäftigen und die entweder einen Jahresumsatz von höchstens 50 Mio. Euro erzielen oder deren Jahresbilanzsumme sich auf höchstens 43 Mio. Euro beläuft. Zudem müssen sie eigenständig sein. Dazu müssen sie entweder vollkommen unabhängig sein, oder es bestehen Partnerschaften mit anderen Unternehmen mit einer oder mehreren Minderheitsbeteiligungen von jeweils unter 25%. Alle Gemeinschaftsprogramme, in denen auf die KMU abgestellt wird, beziehen sich auf diese Definition[42].

---

41 Vgl. z.B. für Deutschland die Unterscheidung in § 267 HGB (Kleine Kapitalgesellschaft: 50 Beschäftigte, 4.840.000 Euro Bilanzsumme, 9.680.000 Euro Umsatz; Mittelgroße Kapitalgesellschaft: 250 Beschäftigte, 19.250.000 Euro Bilanzsumme, 38.500.000 Euro Umsatz; Große Kapitalgesellschaft: wenn sie mindestens zwei der Kriterien für die mittelgroße Kapitalgesellschaft überschreitet. Bei den Beschäftigten werden die Auszubildenden jeweils nicht einberechnet, ebd. Abs. 4). Für Frankreich vgl. Art. 51 *Loi de modernisation de'l économie* und das entsprechende *Décret No. 2008–1354* (demnach handelt es um *petites et moyennes entreprises, PME,* bei Unternehmen mit weniger als 250 Beschäftigten und entweder einem Jahresumsatz von höchstens 50 Mio. Euro oder einer Bilanzsumme von nicht mehr als 43 Mio. Euro). Da nach derartigen Werten teilweise sämtliche Unternehmen eines Landes als KMU gelten würden, gibt es auch abweichende Herangehensweisen. Beispielsweise stellt der dänische *Håndværksrådet* (englische Bezeichnung *Danish Federation of Small and Medium-Sized Enterprises*) ausschließlich auf die Mitarbeiterzahl ab. Demnach liegt bei unter zehn Beschäftigten ein „kleines" (*små*) Unternehmen vor, bei unter hundert Arbeitnehmern hingegen ein „mittleres" (*mellemstore*), vgl. entsprechende Darstellung des *Folketinget* vom 18.08.2005, abrufbar unter http://www.ft.dk/samling/20042/almdel/ERU/Bilag/230/196590.PDF (dänisch). Ähnlich die Betrachtungsweise in Schweden. Dort wurde mit Verweis auf den Umstand, dass von den insgesamt ca. 800.000 schwedischen Unternehmen 99,8 % weniger als 200 Arbeitnehmer beschäftigen und insgesamt 75 % aller Unternehmen über gar keine Angestellten verfügen, schon grundsätzlich eine stärkere Fokussierung auf den Einzelunternehmer beworben (*Soloföretag*), vgl. *Motion 2000/01:N317* beim *Sveriges Riksdag*, abrufbar unter http://www.riksdagen.se/sv/Dokument-Lagar/Forslag/Motioner/Soloforetag_GO02N317/?text=true (schwedisch). Rumänien hingegen passte die finanziellen Anforderungen an. Nach den Vorgaben des rumänischen *Legea 346 din 14 iulie 2004 (Legea 346/2004),* dort Art. 3 I b), fällt ein Unternehmen in die Gruppe der *întreprinderile mici și mijlocii, IMM,* wenn der Jahresumsatz bei acht Mio. Euro bzw. die Bilanzsumme bei fünf Mio. Euro liegt; Gesetzestext abrufbar unter http://www.cdep.ro/proiecte/2004/300/90/6/leg_pl396_04.pdf (rumänisch).

42 Art. 1, 2, 3 Kommission-KMU-Def. 2003, S. 36 ff. Sie löste die Definition nach Empfehlung 96/280/EG ab und trat am 01.01.2005 in Kraft. Innerhalb dieser Definition wird noch weiter differenziert. Demnach sind Kleinunternehmen solche,

Vereinzelt wird mit Blick auf die außerordentliche Heterogenität dieser Unternehmensgruppe gefordert, ggf. eine flexiblere Definition heranzuziehen[43].

Unabhängig von diesen Definitionsversuchen soll die SPE aber gerade nicht ausschließlich den KMU, sondern auch größeren und großen Unternehmen zur Verfügung stehen[44].

---

die weniger als 50 Personen beschäftigen und deren Jahresumsatz oder Jahresbilanz 10 Mio. Euro nicht übersteigt. Kleinst- oder Mikrounternehmen beschäftigen weniger als 10 Personen und haben einen Jahresumsatz oder eine Jahresbilanz bis zu 2 Mio. Euro. Zur Berechnung der Mitarbeiterzahl vgl. ebd. Art. 5, zur Bezugnahme Art. 8. Zur Kombination der Kriterien Mitarbeiterzahl und finanzielle Leistungsfähigkeit vgl. Erwägungsgründe 4 ff. Zur neuen Definition insgesamt vgl. Kommission, Benutzerhandbuch KMU-Definition 2006.

43 *CEA-PME*, Stellungnahme SBA, S. 1.

44 Mit den Worten der Kommission hat die SPE *„das Potenzial, auch größeren Unternehmen und Gruppen zu Gute zu kommen“*, SPE-VOE-KOM, S. 2. Hierzu näher Teil 5 C.

Teil 3 – Entwicklungen in den Nationalstaaten

A. Konkurrenz der Rechtsordnungen

Die Konkurrenz unter den Gesellschaftsrechtsordnungen ist eine historische Tatsache. Schon 1884 stellte der Reichstagsabgeordnete *Justus Wilhelm Oechelhäuser* bei der Ersten Lesung der Aktienrechtsnovelle fest *„[...], dass dasjenige Land, welches die sichersten, einfachsten und mannigfachsten Rechtsformen für die Vereinigung von Kapital und Personen bietet, vor anderen Nationen, die hierin zurückbleiben, einen wirthschaftlichen Vorsprung gewinnen muß.“*[45]

Tatsächlich waren die Länder jedoch jahrzehntelang von den anderen Staaten isoliert und in der Ausgestaltung „ihrer“ Rechtsformen untereinander relativ unbeeinflusst[46].

Das begann sich aber für die Mitgliedstaaten ab 1999 zu ändern. Den ersten Impuls setzte der EuGH mit seiner Rechtsprechung zur Niederlassungsfreiheit der Kapitalgesellschaften i.S. *Centros* et al.[47]. In deren Folge waren Gesellschaftsformen anderer Mitgliedstaaten auch im Heimat-Mitgliedstaat möglich geworden. Es entstand so ein grenzüberschreitender Markt für Rechtsformen[48].

---

45 Stenographische Berichte über die Verhandlungen des Reichstags, V. Legislaturperiode, IV. Session, Sitzung vom 21.03.1884, S. 221, abrufbar unter http://www.reichstagsprotokolle.de/Blatt3_k5_bsb00018445_00000.html. *Oechelhäuser* verwies bereits damals ausdrücklich als Referenzmodell auf die englische *„kleine Aktiengesellschaft (limited)“*, die als einfache Rechtsform genutzt würde, während das deutsche Recht nicht die passenden Regeln bereit hielte, ebd. Wenig später bezeichnete er die *Limited* als *„gefährlichsten Konkurrenten im Wettbewerb der Regelgeber“*; *Oechelhäuser*, Denkschrift an die preußischen Handelskammern und kaufmännischen Korporationen vom 28. April 1888, in: Schriften des Vereins zur Wahrung der wirtschaftlichen Interessen von Handel und Gewerbe (Die Erweiterung des Handelsrechts durch Einfügung neuer Gesellschaftsformen), Heft Nr. 25, 1891, S. 58, zit. nach *Fleischer* in MüKo-GmbHG 2010, Bd. 1, Einl., Rn. 217, Fn. 2.

46 Die Staaten nahmen untereinander allerdings schon früh gewisse Regelungsideen auf. So wurde das Konzept der deutschen GmbH nach Inkrafttreten des GmbH-Gesetzes 1892 in der Folge z.B. auch in Österreich (1906), Portugal (1917), Frankreich (1925), Belgien (1935), Griechenland (1955), den Niederlanden (1971) und Dänemark (1973) übernommen. Näher zu den jüngeren Entwicklungen in den Nationalstaaten sogleich Teil 3 B.

47 Zur EuGH-Rechtsprechung i.S. *Centros* et al sogleich näher unter Teil 3 D. I. 8. ii.

48 Das galt aber nicht nur für die Mitgliedstaaten der EU. Erfasst waren auch Gesellschaften aus den Mitgliedstaaten des EWR, da auch auf diese die Niederlassungsfreiheit Anwendung findet; Art. 31 des Abkommens über den Europäischen Wirtschafts-

Ein zweiter europäischer Anstoß lag in der Einführung der SE im Jahr 2001[49]. Mit ihr steht eine zusätzliche, konkurrierende Rechtsform zu den bereits bestehenden nationalen Rechtsformen zur Wahl. Zudem kann sich eine SE alternativ monistisch oder dualistisch organisieren[50]. Sie bietet insofern also eine organisatorische Wahlmöglichkeit, die bei den mitgliedstaatlichen Formen nicht (immer) gegeben war (und ist). Da die SE aber grundsätzlich einheitlich in allen Mitgliedstaaten verfügbar ist, entstand so ein „Konkurrenzprodukt" zu den lokalen Aktiengesellschaften.

Von diesen Entwicklungen betroffen waren indes nicht nur die börsennotierten „großen" Kapitalgesellschaften, sondern namentlich auch die „kleinen" Gesellschaften mit beschränkter Haftung, was sich alsbald auch im „unternehmerischen Alltag" zeigen sollte. Denn obwohl nun im Rahmen der Niederlassungsfreiheit grundsätzlich[51] die Rechtsformen aller Mitgliedstaaten gleichermaßen verfügbar waren, erschienen namentlich den Unternehmensgründern einige Formen attraktiver als andere. Faktisch erfreute sich insbesondere die britische *Limited* großer Beliebtheit[52]. Nach einer Untersuchung des *European Corporate Governance Instituts – ECGI* stieg die Anzahl der jährlichen *Limited*-Gründungen von 4.400 „vor-*Centros*" auf 28.000 „nach-*Centros*", was einer Steigerung von mehr als 636 Prozent entspricht. Insgesamt wurden zwischen 1997 und 2006 fast 120.000

raum, ABl. EU Nr. L 1 vom 03.01.1994, S. 3, http://eur-lex.europa.eu/LexUriServ/LexUriServ.do?uri=CELEX:21994A0103(01):DE:HTML; vgl. auch *Wachter*, GmbHR 2005, S. 717, 717.

49 Zur SE sogleich näher unter Teil 4 B.

50 Art. 38, 39, 43 SE-VO.

51 Voraussetzung ist, dass das nationale Recht des Gründungsstaats dies gestattet. Zur Problematik Sitztheorie/Gründungstheorie sogleich näher unter Teil 3 D. I. 8. i.

52 Maßgebliche Rechtsquelle ist inzwischen der *Companies Act 2006*, im Folgenden *ukCA* (näher dazu sogleich unter Teil 3 B. I. 14.). Als Gesellschaftsformen, deren Kapital in Anteile zerlegt ist, stehen darin ausschließlich Aktiengesellschaften zur Verfügung (*companies*). Diese haben entweder einen privaten oder einen öffentlichen Charakter und werden dann als *private companies* und *public companies* bezeichnet, Sec. 4 ukCA, für die hauptsächlichen Unterschiede zwischen beiden vgl. Sec. 4 Abs. 4 i.V.m. Sec. 755 ff. ukCA. Die Haftung der Eigner kann durch die Satzung beschränkt werden, Sec. 3 ukCA. Gilt dies auf den Nennwert der Gesellschaftsanteile, die *shares*, wird dem Unternehmensnamen ein *limited by shares* hinzugesetzt (auch *Limited, Ltd.* oder *ltd.*, in Wales ist alternativ *cyf.* für *cyfyngedig* möglich), vgl. Sec. 59 ukCA. Hierbei sind auch Einpersonengesellschaften möglich, Sec. 7 Abs. 1, 123 ukCA. Funktional ähneln sich auf der einen Seite die *private company limited by shares* und die GmbH bzw. die „kleine" AG, auf der anderen Seite die *Public Limited Company* und die „große" AG. Die Literatur verwendet statt der Langform *private company limited by shares* meist lediglich die Bezeichnung *Limited*, etablierte Abkürzungen sind *Ltd.* bzw. *PLC.*

„Auslands-*Limited*" gegründet[53]. Zurückgeführt wird das vor allem auf die im Vergleich einfachen Gründungsvoraussetzungen und ein fehlendes vorgeschriebenes Mindestkapital[54].

Die *Limited* hatte sich so binnen kurzer Zeit zu einem überaus bedeutenden Mitbewerber entwickelt – und das sowohl auf nationaler, als auch auf supranationaler Ebene. Denn auch nach Ansicht der Kommission kommt der *Limited* eine nicht unbeträchtliche Modellwirkung im Hinblick auf Einfachheit und Praktikabilität zu. Faktisch erachtet sie sie auch als eine ernsthafte Konkurrenz, wenn nicht sogar als „Referenzmodell" für die anderen Gesellschaftsformen, vor allem auch im Hinblick auf die SPE[55].

Dieser Bedeutungsgewinn auf der einen Seite ging naturgemäß mit einem Bedeutungsverlust der „heimischen" Rechtsformen auf der anderen Seite einher. Die Mitgliedstaaten reagierten mit zahlreichen Anpassungen „ihrer" Rechtsordnungen[56]. Oft beeinflussten dabei die Entwicklungen in dem einen Staat diejenigen in einem anderen. In der Folge führte das zu einem (durchaus gewollten[57])

---

53 *Becht/Mayer/Wagner*, ECGI 2007, S. 23. Angesichts dieser Zahlen konstatierten die Autoren einen *„dramatic effect on the legal geography of new company formation"*.

54 Die Gründung einer *Company* erfolgt durch Eintragung der Gesellschaft in das jeweilige nationale Register (in Großbritannien *Companies House*), Sec. 16 ukCA. Für die verschiedenen Gesellschaftsformen bestehen Standardvorlagen, *model articles*, deren Vorgaben ggf. übernommen werden können, bzw. die bei etwaigen Lücken als Standardvorgabe gelten (in Großbritannien *Table A – F*). Insbesondere kleinere Gesellschaften, die keine Notwendigkeit für individuelle Anpassungen sehen, können geschlossen auf die *model articles* zurückgreifen, vgl. für die *Ltd.* Sec. 20 ukCA. Die *Companies Act 2006 model articles* vom 16.12.2008 sind im Internet abrufbar unter http://www.legislation.gov.uk/uksi/2008/3229/pdfs/uksi_20083229_en.pdf. Zu ihrer Anwendung und den erfolgten Änderungen vgl. *Companies Act 2006 final implementation – changes to constitutional documents, including model articles: a summary of what the new approach means*; abrufbar beim britischen Wirtschaftsministerium, dem *Department for Business, Innovation and Skills – BIS* unter http://www.bis.gov.uk/files/file53041.pdf (beide englisch). Ein Mindestkapital ist gesetzlich nur für die *PLC* vorgeschrieben, hier liegt es bei 50.000 £ bzw. dem Äquivalent in Euro (ca. 60.000 Euro). Für die *Ltd.* wird lediglich geregelt, dass jeder Anteil einen bestimmten Nominalwert haben muss, Sec. 542 ukCA, für die *PLC* vgl. Sec. 542 Abs. 3 UAbs. 2 i.V.m. Sec. 765, 761, 763 Abs. 1 ukCA.

55 Kommission, Machbarkeitsstudie 2005, S. 54 f., wo es mit Bezug zur *Limited* heißt: *„Celle-ci constitue le plus sérieux concurrent des autres formes de société et peut être leur référence."*

56 Zu diesbezüglichen Reformen in England, Frankreich, Italien, den Niederlanden, Polen, Spanien und der Schweiz bis zum Jahr 2005 ausführlich *Wachter*, GmbHR 2005, S. 717, 717 ff.

57 Vgl. die Schlussanträge von Generalanwalt *La Pergola* in Rs. C-212/97 (*Centros*) vom 16.07.1998, S. 19: *„Solange eine Harmonisierung fehlt, muß letztlich der Wettbewerb zwischen den normativen Systemen („competition among rules") unbehindert zum*

„Regulierungswettbewerb der Gesellschaftsrechtsgesetzgeber"[58]. Dieser Wettbewerb, gerichtet nicht nur auf eine möglichst ansprechende kleine Kapitalgesellschaft sondern auch auf ein insgesamt möglichst attraktives unternehmerisches Umfeld, gewann rasant an Fahrt und ist mittlerweile *„voll entbrannt"*[59]. In jüngster Zeit sorgt namentlich auch die geplante Einführung der SPE für eine diesbezüglich erhöhte Aufmerksamkeit unter den Mitgliedstaaten.

B. Gesetzgeberische Reaktionen

I. Länderdarstellungen – Entwicklungen in chronologischer Folge

Ohne Anspruch auf Vollständigkeit seien im Folgenden die wesentlichen gesetzgeberischen Maßnahmen, die in den Mitgliedstaaten in Reaktion auf diese Entwicklungen erfolgten, in grundsätzlich chronologischer Reihenfolge skizziert[60].

1. Frankreich

Frankreich nahm bereits ab dem Jahr 1999 umfangreiche Überarbeitungen an seinem Gesellschaftsrecht vor. In diesem Zusammenhang wurde u.a. Anfang 2004

Zug kommen, selbst im Recht der Handelsgesellschaften." Die EuGH-Urteile sowie die Schlussanträge sind abrufbar unter http://curia.europa.eu/jcms/jcms/j_6/.

58 *Fleischer* in MüKo-GmbHG 2010, Bd. 1, Einl., Rn. 226. Zur ursprünglich in den Jahren zwischen 1973 und 1990 in Deutschland vorgebrachten Ansicht, ein Wettbewerb der europäischen Regelgeber sei unmöglich, da eine gesellschaftsrechtliche Gesetzgebung sowohl für die Mitgliedstaaten als auch für die handelnden politischen Akteure kein gewinnbringendes Geschäft sei, jedenfalls aber sei das Wettbewerbsprinzip kein sachgerechter Maßstab für den Gesetzgeber und die Rechtsangleichung im Europäischen Gesellschaftsrecht solle gerade einen Wettbewerb unter den Mitgliedstaaten verhindern ebd., Rn. 224. Vgl. auch *Zimmer*, FS K. Schmidt 2009, S. 1789, 1800: *„Wir haben ihn also unbestreitbar, den Wettbewerb der Gesellschaftsrechte"*, sowie *Eidenmüller* in FAZ vom 25.03.2009 (Kampf um die Ware Recht): *„Es herrscht ein Wettbewerb um das beste Recht. Schlechtes Recht wird abgewählt."* In diesem Wettbewerb schneide *„das deutsche [...] Recht nicht gut ab"*, ebd. Auch international scheinen inzwischen entsprechende Wahrnehmungen zu bestehen. So heißt es z.B. im Abschlussbericht des *Secretary of State* zur Reform des englischen Gesellschaftsrechts vom Juli 2002: *„When British company law was created in the nineteenth century, it was a source of advantage. Now it has become a* competitive disadvantage. *It has failed to adapt to meet the changing role of small enterprises, IT and international markets"*, zit. nach *Wachter*, GmbHR 2005, S. 717, 718, *Radwan*, EBLR 2006, S. 1169, 1179 (*„... recently increasingly fashionable notion of* regulatory competition *in European company law..."*), knapp auch *Drury* in *Hirte/Teichmann* SPE 2013, S. 33, 45: *„This* competition *does exist..."* (Hervorhebungen durch Verf.).

59 *Fleischer* in MüKo-GmbHG 2010, Bd. 1, Einl., Rn. 227.

60 Zusammenfassend sogleich Teil 3 B. II.

faktisch die Ein-Euro-GmbH eingeführt, um damit die Errichtung von Unternehmen zu erleichtern und die nationale Wirtschaft zu fördern (*Société à responsabilité limitée,* abgekürzt *SARL*)[61]. Es kam daneben aber auch zu einigen weiteren Vereinfachungen[62] und der Schaffung von Wahlmöglichkeiten, insbesondere für die Aktiengesellschaft (*Société Anonyme,* abgekürzt *S.A.*)[63].

---

61 Maßgebliche Rechtsquelle ist das französische Handelsgesetzbuch, *Noveau Code de Commerce,* im Folgenden *frCCom.* Es unterteilt sich seinerseits in Gesetzbuch (*Partie législative*) und Durchführungsbestimmungen (*Partie règelementaire*). Die französischen Gesetze sind im Internet abrufbar bei *Légifrance,* der offiziellen Website der französischen Regierung zur Veröffentlichung von Gesetzen und Rechtstexten; http://www.legifrance.gouv.fr/, dort unter *Lois et règlements, Les codes en vigueur, Nom du Code* (Suchmaske). Neben konsolidierten Texten in französischer Sprache finden sich u.a. auch einige englische Übersetzungen. Eine englische Fassung des *Code de Commerce* ist abrufbar unter http://www.legifrance.gouv.fr/Traductions/en-English/Legifrance-translations (Stand 20.03.2006). Die *SARL* orientiert sich grundsätzlich an der deutschen GmbH und wurde in Frankreich erstmals 1925 eingeführt, vgl. im Einzelnen Art. L. 223–2 ff. frCCom, zu den Durchführungsbestimmungen vgl. Art. R. 223–1 ff. frCCom, zur Abkürzung *SARL* Art. L. 223–2 , Abs. 4 frCCom. Die hier beschriebene Änderung erfolgte durch *Loi No. 2003–721 du 1 août 2003 pour l'initiative économique,* Text unter http://www.legifrance.gouv.fr/affichTexte.do?cidTexte=LEGITEXT000005634924. Das Stammkapital einer *SARL* kann seitdem in der Satzung frei vereinbart werden, Art. L. 223–2 frCCom. Es lag ursprünglich bei mindestens 20.000 Francs (1967), dann bei 50.000 Francs (1984) und dann bei 7.500 Euro (2003).

62 Als weiterer eigenständiger Typ kann eine „vereinfachte Aktiengesellschaft" gegründet werden (*Société par Actions Simplifiée,* abgekürzt *S.A.S.,* Art. L. 227–1 ff. frCCom), die seit 1999 auch natürlichen Personen zur Verfügung steht. Auf sie finden die Vorschriften über die Aktiengesellschaft *S.A.* grundsätzlich entsprechende Anwendung. Anders als diese kann die *S.A.S.* von bereits einer einzigen juristischen oder natürlichen Person gegründet werden. Da sie nicht den strikten und umfangreichen Transparenzpflichten der *S.A.* unterliegt und auch hinsichtlich der Satzung nur wenige Voraussetzungen verlangt werden, ist sie flexibler als die *S.A.* Sie kann jedoch nicht an der Börse notiert werden, Art. L. 227–2 frCCom. Für die *S.A.S.* bestand ursprünglich ein Mindestkapitalerfordernis von 37.000 Euro. Durch ein Gesetz aus dem Jahr 2008 ist dieses Erfordernis mittlerweile weggefallen; *Loi de la modernisation de l'économie No. 2008-776 du 4 août 2008,* Text unter http://www.legifrance.gouv.fr/affichTexte.do?cidTexte=JORFTEXT000019283050.

63 Die *S.A.* (Art. L. 225–1 ff. frCCom; zu den Durchführungsbestimmungen vgl. Art. R. 225–1 ff. frCCom) kann sich mittlerweile wahlweise (Art. L. 225–57 frCCom) monistisch (Art. L. 225–17 ff. frCCom) oder dualistisch (Art. L. 225–58 ff., L. 225–68 frCCom) organisieren, was auch als *type français* bzw. *type allemand* bezeichnet wird. Eingeführt wurde diese Möglichkeit durch *Loi n° 2003–7 du 3 janvier 2003 modifiant le livre VIII du code de commerce.* Praktisch soll die weit überwiegende Mehrheit der französischen Kapitalgesellschaften bis heute monistisch organisiert sein; *Roturier,* Country Report France, S. 33, 33; freilich ohne nähere Angaben.

Weitere Neuerungen in unternehmensrelevanten Gesetzeswerken[64] und bei den Sozialnormen sollten folgen[65].

Zuletzt wurde im Januar 2013 zwischen den Sozialpartnern ein „Nationales Übereinkommen für ein neues Wirtschafts- und Sozialmodell im Dienst der Wettbewerbsfähigkeit der Unternehmen, der Arbeitsplatzsicherheit und der Karrieremöglichkeiten für die Beschäftigten“[66] unterzeichnet[67], das sodann in Gesetzesform gebracht wurde.

---

64 Das gilt beispielsweise für das Arbeitsgesetzbuch, *Code du Travail*, im Folgenden *frCT*. Das Gesetz stammt ursprünglich aus dem Jahr 1973 und wurde 2007/2008 mit dem Ziel der Vereinfachung grundlegend überarbeitet. Die Änderungen betreffen jedoch nicht den Inhalt, sondern die Systematik. Die Neufassung trat zum 01.05.2008 in Kraft (*Loi No. 2008–67 du 21 janvier 2008 ratifiant l'ordonnance No. 2007–329 du 12 mars 2007 relative au code du travail (partie législative)*). Soweit ersichtlich existiert keine frei zugängliche englische Version des frCT.

65 Im April 2009 wurden die Regelungen zur Kurzarbeit ausgeweitet, hier allerdings noch auf eher freiwilliger Basis; vgl. *Jolivet, Improvement in partial unemployment allowances* (05.08.2009), unter http://www.eurofound.europa.eu/eiro/2009/05/articles/fr0905029i.htm (englisch).

66 *Accord National Interprofessionnel du 11 Janvier 2013 pour un nouveau modèle économique et social au service de la compétitivité des entreprises et de la sécurisation de l'emploi et des parcours professionnels des salariés*; Text unter http://direccte.gouv.fr/IMG/pdf/ANI_securisation_de_l_emploi-2.pdf. Ein *Accord National Interprofessionel*, allgemein kurz *ANI*, ist ein auf nationaler Ebene geschlossener, umfassender Tarifvertrag, der im Gegensatz zu Regional- oder Branchentarifverträgen eine bestimmte Kohärenz garantieren soll. (Zu den *Accords interprofessionels* vgl. Art. L. 2232–1 ff. frCT.) Die durch die Sozialpartner ausgehandelten Positionen sollten sodann quasi unverändert in Gesetzesform gegossen werden, zwischenzeitlich als *LOI n° 2013–504 du 14 juin 2013 relative à la sécurisation de l'emploi* abrufbar bei legifrance.gouv.fr. Obwohl dieses Verfahren grundsätzlich schon seit Januar 2008 in Art. L. 1 frCT verankert war, ist allein schon diese Vorgehensweise für die französische Politik bemerkenswert und blieb kontrovers diskutiert;. Zur Diskussion vgl. z.B. die Stellungnahmen von *Favier* bzw. *Leconte* im *Sénat, Projet de loi relatif à la sécurisation de l'emploi* – Mitteilung des Rechtsausschusses (10.04.2013), hier Abschnitt *Examen en commission*, abrufbar unter http://www.senat.fr/rap/a12-494 / a12-4943.html. Dessen ungeachtet soll eben dieses Verfahren vorheriger Verhandlungen unter den Sozialpartnern in die Verfassung aufgenommen werden; zukünftiger Art. 51–3 im Titel V („Die Beziehungen zwischen Parlament und Regierung“) der Verfassung von 1958; *Projet de Loi constitutionnelle N° 813* (14.03.2013); vgl. dazu http://www.assemblee-nationale.fr/14/projets/pl0813.asp (alle französisch).

67 Hierzu zusammenfassend *Cette/Turlan, Landmark agreement paves the way for labour market reform* (03.04.2013), unter http://www.eurofound.europa.eu/eiro/2013/02/articles/fr1302011i.htm (englisch). Unterzeichner waren drei national repräsentative Arbeitgeber- und drei Gewerkschaftsverbände. Auf Arbeitgeberseite neben *MEDEF – Mouvement des entreprises de France* (nach Eigenangaben 750.000 Mitgliedsunternehmen) auch *CGPME – Confédération Générale des Petites et Moyennes Entreprises* (Allgemeiner Verband der Kleinen und Mittleren Unternehmen, repräsentiert nach Eigenangaben 1,5 Mio. KMU) und *UPA – Union professionnelle*

Materiell sieht es einschneidende Veränderungen u.a. die Einführung von Kurzarbeit vor sowie allgemeine Flexibilisierungen und Verhandlungsoptionen, namentlich für Unternehmen in wirtschaftlichen Schwierigkeiten. Auch die Arbeitnehmerbeteiligung auf betrieblicher Ebene wird, allerdings eher behutsam, weiterentwickelt[68]. Daneben wird auch eine verbindliche unternehmerische

---

artisanale (etwa „Handwerksverband", repräsentiert nach Eigenangaben 1,2 Mio. Unternehmen), auf Gewerkschaftsseite *CFDT, CFTC* und *CFE-CGC.* Demgegenüber weigerten sich *CGT* und *FO,* das Dokument ebenfalls zu unterzeichnen, da es „zu viel Flexibilität für die Arbeitgeber" bedeute, bei „weniger Rechten für die Arbeitnehmer"; vgl. *Cette/Turlan*, ebd., Abschnitt *Background.*
[*CFDT* (*Confédération française démocratique du travail,* Französischer Demokratischer Gewerkschaftsbund, ursprünglich dem linken Spektrum zuzuordnen, jetzt politisch weitgehend ungebunden, nach Eigenangaben 833.108 Mitglieder), *CFTC* (*Confédération française des travailleurs chrétiens,* Französischer Bund christlicher Arbeiter, politisch weit rechts orientiert, nach Eigenangaben 132.000 Mitglieder), *CFE-CGC* (*Confédération française de l'encadrement – Confédération générale des cadres,* Französischer Bund der Leitenden Angestellten, nach Eigenauskunft unpolitisch, 177.000 Mitglieder), *CGT* (*Confédération générale du travail,* Allgemeiner Gewerkschaftsbund, traditionell der Kommunistischen Partei nahe stehend, nach Eigenangaben 711.000 Mitglieder), *FO* (ursprünglich *Confédération générale du travail – Force ouvrière (CGT-FO),* heute in aller Regel *Force ouvrière,* sinngemäße Übersetzung „Arbeitermacht", traditionell gemäßigt links, zur Mitgliederzahl liegen keine verlässlichen Angaben vor, das *CIA World Factbook* geht von 300.000 Mitgliedern aus, https://www.cia.gov/library/publications/the-world-factbook/geos/fr.html). Diese sind auf nationaler Ebene als „repräsentativ" anerkannt, was ihnen die Befugnis verleiht, zu verhandeln und bei Wahlen Kandidaten vorzuschlagen; zu den diesbezüglich seit 2008 geltenden Voraussetzungen vgl. Art. L. 2121–1 ff. frCT. Es gibt daneben drei weitere bedeutende Gewerkschaftsbünde, die beträchtlichen Einfluss haben, allerdings nicht auf nationaler Ebene repräsentativ sind (*UNSA, SUD* und *FSU*). Grundsätzlich ist der Organisationsgrad aber gerade in KMU sehr niedrig.].

68 Titel II des *ANI* vom 11.01.2013 (oben Fn. 66). Insbesondere sollen die Arbeitnehmer vertiefte Einblicke in die unternehmerischen Strategien bekommen. In diesem Zusammenhang sollen künftig grundsätzlich alle Unternehmen verpflichtet werden, eine zentrale Datenbank für bestimmte soziale und wirtschaftliche Informationen einzurichten. In ihr werden die relevanten Daten zusammengeführt und beständig aktualisiert, so dass sowohl Arbeitgeber- als auch Arbeitnehmervertreter auf sie zugreifen können. Mittelfristig soll durch diese Datenbank die regelmäßige Berichterstattung an die Arbeitnehmergremien abgelöst werden, wobei aber die Informationspflichten über besondere Ereignisse unberührt bleiben. Die dortigen Daten sollen als Basis für eingehende Konsultationen über verschiedene strategische Optionen und ihre Auswirkungen auf die unternehmerischen Aktivitäten und die Beschäftigten dienen. Nach der entsprechenden Diskussion sollen die Arbeitnehmervertreter mögliche Alternativvorschläge unterbreiten können, auf die der Arbeitgeber schriftlich reagieren muss. Betroffen sind hiervon zunächst alle Unternehmen mit mindestens 300 Beschäftigten, später auch die kleineren; vgl. aber ebd. Art. 12 I, UAbs. 6, wonach einheitlich eine Umsetzungsfrist von einem Jahr

Mitbestimmung in Großunternehmen eingeführt. Dies geschah ausdrücklich, „um die Einbeziehung der Arbeitnehmersicht auf die Unternehmensstrategie zu fördern"[69]. Die strategische Einbindung der Arbeitnehmer könne, so die grundsätzliche Konzeption, auch zur Verbreitung und Entwicklung einer Kultur des Kompromisses und des Dialogs in den Arbeitsbeziehungen der Unternehmen beitragen. Angeführt wird in diesem Zusammenhang ausdrücklich das deutsche Modell als Beispiel für grundsätzlich weniger konfliktreiche und konstruktive Beziehungen[70].

---

vorgesehen ist, aber „Anpassungsmöglichkeiten" für die kleineren Unternehmen mit weniger als 300 Beschäftigten bestehen.

69 Art. 13 *ANI* vom 11.01.2013 (oben Fn. 66) (*Représentation des salariés dans l'organe de gouvernance de tête qui définit la stratégie de l'entreprise (conseil d'administration ou conseil de surveillance)*), dort Abs. 1, 1. HS (*„Afin de favoriser la prise en compte du point de vue des salariés sur la stratégie de l'entreprise, ..."*). Betroffen sind demnach Unternehmen mit mindestens 10.000 Beschäftigten weltweit oder mindestens 5.000 Beschäftigten in Frankreich, die als Aktiengesellschaft bzw. als Kommanditgesellschaft auf Aktien organisiert sind und die noch keine Unternehmensmitbestimmung auf freiwilliger Basis etabliert haben. Ansatzpunkt ist jeweils das Gremium, in dem die relevanten Strategieentscheidungen getroffen werden, bei Unternehmensgruppen also nur die jeweils leitende Einheit. Die erfassten Unternehmen müssen binnen 26 Monaten den Arbeitnehmervertretern eine bestimmte Sitzzahl im Gremium garantieren, abhängig von der Größe des Restgremiums. Konkret sind dies zwei Sitze wenn das Gremium insgesamt mehr als 12 Sitze hat, sonst ein einzelner Sitz. Gerechnet wird ab dem Zeitpunkt der Veröffentlichung der jeweiligen Gesetze. Die vergleichsweise lange Frist erklärt sich dadurch, dass zunächst die entsprechenden Modalitäten durch die betroffenenen Generalversammlungen genehmigt werden müssten. Zudem sollen etwaige laufende Amtszeiten berücksichtigt werden. Der Schwellenwert von 5.000 Beschäftigten entspricht dabei nahezu demjenigen des *Décret n° 2008–1354 du 18 décembre 2008 relatif aux critères permettant de déterminer la catégorie d'appartenance d'une entreprise pour les besoins de l'analyse statistique et économique* zur Festlegung von „Großunternehmen"/*„Grandes Entreprises (GE)"*, ist aber nicht vollständig deckungsgleich. Denn anders als in diesem *Décret* wird hier auf zusätzliche Kriterien wie Umsatz oder Bilanzsumme verzichtet, so dass es ausschließlich auf die Mitarbeiteranzahl ankommt. Nach Angaben des französischen *Sénat* gab es im Jahr 2011 ca. 200 Unternehmen mit mehr als 5.000 Arbeitnehmern in Frankreich und ca. 20 Unternehmen mit weniger als 5.000 französischen, aber weltweit mehr als 10.000 Beschäftigten, meist als Holding; vgl. hierzu und zur Umsetzung des *ANI* insgesamt die Darstellungen bei der Nationalversammlung, Mitteilung des Rechtsausschusses, *Avis N° 839 Assemblée Nationale* (26.03.2013), unter http://www.assemblee-nationale.fr/14/rapports/r0839.asp#P125_11568, sowie Mitteilung des Rechtsausschusses des *Sénat, Projet de loi relatif à la sécurisation de l'emploi – Avis n° 494* (2012–2013) vom 10.04.2013, unter http://www.senat.fr/rap/a12-494/a12-494.html, hier *Examen des Articles 5* http://www.senat.fr/rap/a12-494/a12-4942.html#fnref5 (beide französisch).

70 *Sénat, Projet de loi relatif à la sécurisation de l'emploi,* (oben Fn. 66), hier Abschnitt *Examen des Articles*: *„...mais peut aussi contribuer à diffuser et développer*

2. *Spanien*

Spanien hat ebenfalls im Juni 2003 eine neue Form der GmbH eingeführt und in dieser die Gründungsdauer auf gerade einmal 48 Stunden verkürzt (*sociedad limitada nueva empresa,* abgekürzt *SLNE*)[71]. Damit hatten die Reformbemühungen jedoch gerade erst begonnen. Waren die spanischen Kapitalgesellschaften ursprünglich in jeweils eigenen Gesetzen normiert, trat zum 1. September 2010 ein neues Regelwerk in Kraft, das *Ley de Sociedades de Capital*[72]. Es schaffte die bis dahin bestehende Gesetzespluralität zugunsten einer umfassenden einheitlichen Regelung ab. Zudem enthält die Neuregelung beträchtliche Deregulierungen und Vereinfachungen. Insbesondere die umfangreichen Protokollierungsvorschriften wurden abgeschafft. Selbst dieses Gesetz gilt aber nur als Provisorium und soll erklärtermaßen kurzfristig ersetzt werden[73].

---

une culture de compromis et de dialogue dans les relations du travail au sein des entreprises. Dans cette perspective, le système allemand dit de la cogestion est cité en exemple, pour ses relations sociales généralement apaisées et constructives." Näher zum „Modell Deutschland" für die französischen Regelungen sogleich unter Teil 3 E. III. 2. b.

71 *Wachter*, GmbHR 2005, S. 717, 718, spricht daher von „Blitz-GmbH". Voraussetzung für die schnelle Eintragung war, dass die Gründer die Anmeldung in einer elektronischen Urkunde vornehmen. Dies geschieht mittlerweile beim *CIRCE – Centro de Información y Red de Creación de Empresas*; Eigendarstellung und weitere Informationen unter http://portal.circe.es/en-US/Paginas/home.aspx (englisch). Zum Stand von 2003 *Wachter*, ebd., S. 719.

72 *Real Decreto Legislativo 1/2010, de 2 de julio, por el que se aprueba el texto refundido de la Ley de Sociedades de Capital, (BOE)*, Nr. 161 vom 03.07.2010, S. 58472, zuletzt geändert in *BOE* Nr. 210 vom 30.08.2010, im Folgenden *esLSC*. Die offiziellen Versionen der spanischen Gesetzestexte sind auf den Webseiten des Amtsblatts, dem *Boletín Oficial del Estado (BOE)*, abrufbar unter http://www.boe.es (spanisch). Einige offiziöse englische Übersetzungen finden sich beim Justizministerium unter http://www.mjusticia.gob.es/cs/Satellite/es/1288774502225/TextoPublicaciones.html, hier konkret Titel *Corporate Enterprises Act* (Stand 2013). Für die *SLNE* (Art. 434 ff. esLSC) wurde ursprünglich ein Minimumkapital von 3.012,– Euro und (bemerkenswerterweise) ein Maximalkapital von 120.202,– Euro vorgeschrieben, 2011 wurden die Werte auf 3.000,– bzw. 120.000 Euro geglättet; Art. 443 I esLSC. Neben der *SLNE* sind noch die Aktiengesellschaft (*Sociedad Anónima*, abgekürzt *S.A.*), die GmbH (*Sociedad de Responsabilidad Limitada*, abgekürzt *S.L.* oder *S.R.L.*) und die KGaA (*Sociedad Comanditaria por Acciones*) vorgesehen, Art. 1 I esLSC. Europäische Gesellschaften sind unter Titel XIII, Art. 455 ff. normiert. Geregelt wird dort derzeit allerdings nur die SE. Das Mindestkapital beträgt in der *S.A.* 60.000,– Euro, bei einer *S.R.L.* liegt es bei 3.000,– Euro, Art. 4 esLSC. Diese Anforderungen wurden quasi nicht verändert.

73 Präambel esLSC, Abs. V, S. 1: *„Be it said, and stressed, that the consolidated text was drafted as a clearly provisional solution, the aim being for it to be superseded in the short term, thereby constituting just one more rung on the ladder to the*

Im Februar 2012 wurde zudem ein Gesetz verabschiedet, wodurch sich Unternehmen in wirtschaftlich schwierigen Zeiten leichter von den Tarifverträgen lösen können, so dass sie die Arbeitszeit und auch die Entlohnung modifizieren dürfen[74].

3. *Italien*

In Italien trat Anfang 2004 die größte Reform des Kapitalgesellschaftsrechts insgesamt seit dem Jahr 1942 in Kraft[75]. Sie schuf zunächst eine Wahlmöglichkeit zwischen monistischem und dualistischem System[76]. Zudem sah sie neben eigenständigen Regelungen für die GmbH eine gegenüber der Aktiengesellschaft deutlich größere Gestaltungsfreiheit für die Gesellschafter vor und führte erstmals Vorschriften über eigenkapitalersetzende Gesellschafterdarlehen ein[77].

---

perfection of Law." U.a. sollen detailliertere Regelungen für börsennotierte Gesellschaften sowie ein einheitliches und umfassendes Konzernrecht geschaffen werden.

74 Vgl. *Sanz de Miguel, Spain: Industrial relations profile* (z.T. 18.04.2013), bei Eiro online abrufbar unter http://www.eurofound.europa.eu/eiro/country/spain.htm, hier Abschnitt *Legal context; ders., Unions oppose new law sanctioning greater flexibility*, 05.03.2012, abrufbar unter http://www.eurofound.europa.eu/eiro/2012/02/articles/es1202021i.htm (beide englisch).

75 Maßgebliche Rechtsquelle ist hier das italienische Zivilgesetzbuch, der *Codice Civile*; *Regio Decreto 16 marzo 1942, n. 262 – Approvazione del testo del Codice civile – pubblicato nella edizione straordinaria della Gazzetta Ufficiale n. 79 del 4 aprile 1942. Testo coordinato ed aggiornato con le successive modifiche ed integrazioni*, im Folgenden *itCC*. Eine deutsche Übersetzung ist abrufbar bei der Autonomen Provinz Bozen unter http://www.provinz.bz.it/anwaltschaft/download/ProvBZ_ZGB_Fassung_Stand_24_11_2010_de.pdf. Hier sind im 5. Buch über das Arbeitsrecht im 5. Titel auch die Gesellschaften geregelt, Art. 2247 ff. itCC.

76 Dies betraf zunächst die Aktiengesellschaft (*Società per azioni*, abgekürzt *S.p.a.*), Art. 2325 ff. itCC. Auf die GmbH (*Società a responsabilità limitata*, abgekürzt *S.r.l.*), Art. 2462 ff. itCC, werden die Vorschriften über die AG allerdings grundsätzlich entsprechend angewendet, sofern nicht besondere Regeln bestehen. Seit 2003 kann auf Satzungsgrundlage neben der traditionellen Organisationsstruktur (Art. 2325 ff. itCC) auch eine „moderne" dualistische (Art. 2409*octies* ff. itCC) oder eine monistische (Art. 2409*sexiesdecies* f. itCC) Organisationsform gewählt werden, 6*bis*. Teil, Art. 2380 ff., hier Art. 2380 Abs. 2, §§ 5, 6 itCC.

77 Art. 2467 itCC (*finanziamenti dei soci*). Der italienische Gesetzgeber hat sich insofern ausdrücklich an den deutschen Regelungen orientiert; *Wachter*, GmbHR 2005, S. 717, 719.

4. *Schweden*

Auch Schweden reformierte seine Gesellschaftsrechtsgesetzgebung. Das neue Aktiengesellschaftsgesetz von 2005, das *Aktiebolagslag*[78], trat zum 01.01.2006 in Kraft und löste das Aktiengesellschaftsgesetz von 1975 ab[79].

Das neue Gesetz hält im Vergleich zur Vorgängerregelung inhaltlich einige umfassende Flexibilisierungen und Vereinfachungen bereit. Erklärtes Ziel der Reform war, das neue Gesetz so transparent und leicht zugänglich wie möglich zu gestalten, ausdrücklich auch für kleine und mittlere Gesellschaften[80].

Im Zuge der Reform wurden auch die Mindestkapitalanforderungen bei der privaten Aktiengesellschaft herabgesetzt (*privat aktiebolag*, abgekürzt *AB*). Es lag ursprünglich bei 100.000 *SEK* und wurde zum 01.04.2010 auf 50.000 *SEK* (ca. 5.700 Euro) halbiert[81,82].

---

78 *Aktiebolagslag* (SFS 2005:551), zuletzt geändert durch SFS 2010:2071 [*SFS* = *Svensk författningssamming*, schwedisches Gesetzblatt], im Folgenden *swCA* für *Swedish Companies Act.* (Offizielles Länderkürzel für Schweden ist nach IS. 3166 „SE". Aus Lesbarkeitsgründen und zur besseren Abgrenzung mit der Societas Europaea wird hier „Sw" verwendet.) Der swCA besteht aus 32 Kapiteln, die ihrerseits eine wechselnde Zahl von Einzelnormen enthalten. Zitiert wird zunächst das Kapitel und dann die Einzelnorm, die jeweiligen Nummern werden vorangestellt. Der Gesetzestext ist abrufbar beim schwedischen Parlament, http://www.riksdagen.se/webbnav/index.aspx?nid=3911&bet=2005:551 (schwedisch). Soweit ersichtlich existiert keine frei zugängliche Übersetzung.

79 Die Aktiengesellschaft (*Aktiebolag*) ist die einzige schwedische Kapitalgesellschaftsform. Unterschieden werden insofern jedoch die private Aktiengesellschaft (*privat aktiebolag*), die funktional der deutschen GmbH entspricht, und die Publikumsaktiengesellschaft (*publikt aktiebolag*, abgekürzt *AB (publ)*), die auf Wunsch börsennotiert ist, aber allgemein strengeren Anforderungen unterlieg; vgl. 1 kap. 2 § swCA. Näher dazu sogleich unter Teil 3 D. VII. 3.

80 Technisch wurden im Vergleich zur Vorgängerregulierung so weit möglich die Formulierungen vereinfacht, Kreuzverweisungen reduziert und die Übersichtlichkeit verbessert. Konsequent wurden diejenigen Vorschriften, die vor allem die größeren (börsennotierten) Gesellschaften betreffen, an das Ende der jeweiligen Kapitel gesetzt.

81 1 kap. 4 §; 1 kap. 14 § 1 *stck.*; 1 kap. 5 § 1 *stck.* swCA. Der Halbierung des Mindestkapitals für die private *AB* vorangegangen ist eine entsprechende Untersuchung durch eine Kommission unter Vorsitz von *Svernlöv.* Deren Bericht vom Mai 2008 unter dem Titel *Aktiekapital i privata aktiebolag* (etwa „Stammkapital in der GmbH") ist als Regierungsdokument SOU 2008:49 abrufbar unter http://data.riksdagen.se/fil/446e78d0-970e-4983-bcc7-bb39e5ce95eb, eine englischsprachige Zusammenfassung findet sich dort auf S. 24 ff. [SOU = *Statens offentliga utredningar*, etwa „Offizielle Berichte der Regierung"]

82 Es kann auch auf Euro lauten, muss dann aber dem jeweiligen Wert entsprechen; 1 kap. 5 § 2, 3 *stck.*, 1 kap. 14 § 2 *stck.* swCA. Die schwedische Krone unterliegt nicht dem Europäischen Wechselkursmechanismus II, obwohl der Beitrittsvertrag zur EU, anders als bei Dänemark und Großbritannien, keine entsprechende

Aktuell sind weitere Vereinfachungen geplant, „um das schwedische Recht für haftungsbeschränkte Kapitalgesellschaften so wettbewerbsfähig wie möglich zu machen“[83]. Dies soll nach den Empfehlungen einer entsprechenden Kommission vom April 2009 vor allem durch umfangreiche Vereinfachungen bei der Gründung, bei den Formalien, aber auch bei der Kapitalausstattung geschehen, zudem wird eine einfachere Liquidierung vorgeschlagen. Jedoch wird die Einführung einer gänzlich neuen haftungsbegrenzten Kapitalgesellschaftsform, zugeschnitten insbesondere auf kleine und mittlere Unternehmen, abgelehnt. Es sei nicht ersichtlich, welche zusätzlichen Vorteile hieraus erwachsen sollten, die sich nicht bereits aus dem *Aktiebolagslag* und dessen jüngsten Flexibilisierungen ergäben.

Daneben wird im Abschlussbericht der Kommission auch ausdrücklich Bezug auf den Kommissionsvorschlag zur SPE genommen[84]. Hierdurch könnte den schwedischen Unternehmen bereits in naher Zukunft eine weitere Rechtsform zur Verfügung stehen. Daher sollten zunächst die Auswirkungen der vorgeschlagenen Vereinfachungen und das Ergebnis des SPE-Vorschlags abgewartet werden, bevor über eine neue Gesellschaftsform nachgedacht würde[85].

5. *Finnland*

Nahezu zeitgleich mit der schwedischen Neuregelung wurde auch das finnische Aktiengesellschaftsgesetz, das *Osakeyhtiölaki*[86], reformiert. Die dortige Neuregelung trat am 21.07.2006 in Kraft.

Opt-out-Klausel enthält. Da sich die Schweden in einer Volksabstimmung 2003 jedoch gegen den Euro ausgesprochen haben, tritt das Land dem Wechselkursmechanismus nicht bei und verletzt so absichtlich eines der Konvergenzkriterien. Es gilt 1 *SEK* ≈ 0,1142 Euro/1 Euro ≈ 9,11 *SEK*.

83 Vgl. hierzu den Abschlussbericht einer Kommission unter Vorsitz von *Svernlöv* mit dem Titel *Slutbetänkande av Utredningen om ett enklare aktiebolag* (etwa „Abschlussbericht zur Untersuchung über eine einfachere *Aktiebolag*“) vom April 2009. Der Bericht ist als Regierungsdokument SOU 2009:34 abrufbar unter http://data.riksdagen.se/fil/0630edad-4e2f-4b17-a922-3012872c0630; eine englischsprachige Zusammenfassung findet sich auf S. 27 ff.] Die Zielvorgabe „*to make Swedish law on limited companies as competitive as possible*“ findet sich dort auf S. 28.

84 Zum Kommissionsvorschlag zur SPE näher sogleich unter Teil 5 E.

85 SOU 2009:34 (oben Fn. 83), S. 28 f.

86 *Osakeyhtiölaki/Aktiebolagslag* (FFS 624/2006), zuletzt geändert durch FFS 756/2012 [*FFS = Finlands Författningssamling*, das finnische Gesetzblatt]; im Folgenden *fiCA* für *Finnish Limited Liability Companies Act*. Traditionell ist das finnische Rechtssystem stark vom schwedischen Recht beeinflusst. Neben Finnisch ist auch nach wie vor Schwedisch offizielle Landessprache. Aus Gründen der Übersichtlichkeit wird im Folgenden gleichwohl auf die Nennung des jeweiligen schwedischen Äquivalents verzichtet. Die finnischen Rechtstexte sind, zum Teil übersetzt, abrufbar unter http://www.finlex.fi/en/. Der Text des *fiCA* findet sich unter

Ähnlich wie in Schweden halten auch die finnischen Vorgaben umfassende Vereinfachungen und Flexibilisierungen bereit. Eine Unterscheidung zwischen kleinen und großen Gesellschaften wurde weitestgehend abgeschafft. Insbesondere aber weist das neue Gesetz für die Gesellschaften im Vergleich zur Vorgängerregelung erweiterte Gestaltungsmöglichkeiten durch Satzung auf. Unter anderem ist auch die Wahl zwischen dem monistischen und dem dualistischen Modell möglich. Dort, wo die Satzung keine Entscheidungen trifft, hält das Gesetz entsprechende Vorgaben bereit, was namentlich kleinen Unternehmen entgegenkommen soll. Zudem wurde das Mindestkapital für die, funktional der deutschen GmbH ähnelnde, private Aktiengesellschaft (*yksityinen osakeyhtiö*, abgekürzt *Oy* bzw. *Ab*[87]) von 8.000 Euro auf gegenwärtig 2.500 Euro reduziert[88].

Das neue Gesellschaftsrecht, insbesondere die reduzierten Mindestkapitalanforderungen, haben zu einem „Gründungsboom“ geführt. Im ersten Jahr nach Einführung der Neuregelung wurden 60% mehr haftungsbeschränkte Kapitalgesellschaften registriert als in dem Jahr davor, 70 % davon mit dem Minimumkapital[89].

---

http://www.finlex.fi/fi/laki/alkup/2006/20060624. Eine vom finnischen Justizministerium *Oikeusministeriö – OM* erstellte, offiziöse englische Übersetzung, Stand 2012, ist abrufbar unter http://www.finlex.fi/en/laki/kaannokset/2006/en20060624.pdf. Der fiCA besteht aus 26 Kapiteln (*luku*), die ihrerseits eine wechselnde Zahl von Einzelnormen enthalten. Zitiert wird zunächst das Kapitel und dann die Einzelnorm, die jeweiligen Nummern werden vorangestellt. Zum neuen Recht vgl. die Darstellungen beim finnischen Patent- und Registeramt, dem *Patentti- ja rekisterihallitus*, kurz *PRH, The new Finnish Limited Liability Companies Act enters into force* (22.07.2006), unter http://www.prh.fi/en/uutiset/602.html, sowie *Virkkunen, New Finnish Companies Act designed to increase Finland's competitiveness* (29.09.2006), unter http://www.lmr.fi/publications/companies_act_290906.pdf (alle englisch).

87 Anders als in Schweden ist die übliche Schreibweise in Finnland *Ab*. Mit Registrierung erlangt die Gesellschaft ihre Rechtspersönlichkeit; 1 kap. 2 § *n.* 1, 2 kap. 8 ff. §§ fiCA. Die konstitutive Wirkung der Eintragung wurde ebenfalls erst 2006 eingeführt, zuvor war ein Gründerkonzept vorgesehen.

88 1 kap. 3 § *n.* 1 fiCA. Zum Grundkapital für eine *Oy* im Aktiengesetz von 1997 vgl. Außenwirtschaft Österreich (Herausgeber), Exportbericht Finnland, Mai 2010, S. 16, abrufbar unter http://www.auwi-bayern.de/awp/inhalte/Laender/Anhaenge/Exportbericht-Finnland.pdf. Der Arbeitgeberverband *Suomen Yrittäjät* nimmt die Absenkung als Erfolg seiner Lobbyarbeit in Anspruch, vgl. *FFE Presentation 2010*, S. 4, unter http://www.yrittajat.fi/File/fe8f5dbc-0219-46ee-a9da-02ea9c710ee9/FFE_presentation_2010_lisaykset.ppt (englisch).

89 Darstellungen beim *PRH, Enormous number of new limited liability companies*, unter http://www.prh.fi/en/uutiset/812.html und Statistik *Number of businesses in the Trade Register*, unter http://www.prh.fi/en/kaupparekisteri/tilastot/lkm.html, *FFE [Federation of Finnish Enterprises] Presentation 2010*, S. 12 f., unter http://www.yrittajat.fi/File/fe8f5dbc-0219-46ee-a9da-02ea9c710ee9/FFE_presentation_2010_lisaykset.ppt, *ders., Presentation 2011* unter http://www.yrittajat.fi/File/90415155-2989-41dd-a338-1dab4fb16d55/ytilastot2011_ENG.pdf (alle englisch).

6. *Slowenien*

Slowenien folgte in seinem Wirtschaftsgesellschaftsrecht ursprünglich ausschließlich dem dualistischen Modell[90]. Im April 2006 wurde im Zuge der Einführung der SE – zunächst übergangsweise – eine Wahlmöglichkeit für die lokale AG *(Delniška družba,* abgekürzt *d.d.)* geschaffen[91]. Demnach konnten sich die Unternehmen zwischen der dualistischen und der monistischen Struktur entscheiden. Ein Jahr später wurde die Wahlmöglichkeit dauerhaft etabliert[92].

7. *Luxemburg*

Ähnliches geschah in Luxemburg, allerdings unter umgekehrten Vorzeichen. Traditionell ist das luxemburgische Gesellschaftsrecht monistisch ausgerichtet[93]. Im August 2006 wurde die SE ins luxemburgische Recht eingeführt. Seitdem ist auch

---

90 Maßgebliche Rechtsquelle ist das Gesetz über die Wirtschaftsgesellschaften, *Zakon o gospodarskih družbah, ZGD* von 1993. Der Text des *ZGD* findet sich in slowenischer Sprache auf den Webseiten des Amtsblattes *Uradni list* unter http://www.uradni-list.si/1/content?id=93580.

91 Das entsprechende Gesetz wird als *„ZGD – 1"* abgekürzt, sein Text ist in englischer Sprache abrufbar beim Ministerium für wirtschaftliche Entwicklung und Technologie – *Ministrstvo za gospodarski razvoj in tehnologijo – MGRT* unter http://www.mg.gov.si/fileadmin/mg.gov.si/pageuploads/predpisi/ZGD-1_prevod_AN.pdf; die Wahlmöglichkeit für die *d.d.* ist in Art. 253 II *ZGD-1* normiert. Das *ZGD-1* wiederum wurde zuletzt im Mai 2009 durch das *ZDG-1C* geändert, eingearbeitet wurde die Gemeinschaftsrichtlinie 2007/36/EG; der Gesetzestext ist abrufbar unter http://www.mg.gov.si/fileadmin/mg.gov.si/pageuploads/DNT/Microsoft_Word_-_025_13_78-2009-1_edit_FINAL2.pdf (englisch).

92 Ziel war eine Steigerung der Attraktivität und Wettbewerbsfähigkeit der slowenischen Rechtsformen. Der Gesetzgeber orientierte sich insoweit an den baltischen Staaten; *Hojnik*, Slovenian Law 2006, S. 4.

93 Maßgeblich ist der einheitliche Gesellschaftsrechtskodex, das Gesetz über die Handelsgesellschaften vom 10.08.1915 (*Loi du 10 août 1915 concernant les sociétés commerciales*), zuletzt geändert durch *L. du 6 avril 2013 (doc. parl. 6327), Mémorial A No. 71 du 15 avril 2013),* im Folgenden *luxHGB.* [Mit voran gesetztem „L." werden Gesetze bezeichnet (L = *Loi*). Es folgt das Datum der Verabschiedung im Parlament sowie eine kurze Inhaltsbeschreibung. Großherzogliche Verordnungen sind durch ein vorangestelltes „Règl.gd." gekennzeichnet (*Règlement grand-ducal*), Erlasse durch ein vorangestelltes „Arr. gd." (*arrêté grand-ducal*). Die Veröffentlichung erfolgt im luxemburgischen Amtsblatt, dem *Mémorial*, das sich wiederum in die Abteilungen *A, B, C* und *PL* untergliedert.] Die luxemburgischen Gesetze sind in französischer Sprache abrufbar unter http://www.legilux.lu, eine Zusammenstellung *„Sociétés et Associations"* findest sich unter http://www.legilux.public.lu/entr/index.php (französisch), eine ausführliche Darstellung (Stand 15.04.2013) unter http://www.legilux.public.lu/leg/textescoordonnes/recueils/recueil_societes/SOC_ASSOC.pdf (französisch).

für die heimische Aktiengesellschaft (*Société Anonyme*, abgekürzt *S.A.*)[94] optional das dualistische Modell möglich[95].

Zum Sommer 2013 sind auch bei der betrieblichen Beteiligung einschneidende Reformen geplant[96]. Sie zielen auf die Anpassung der Gegebenheiten an die veränderten ökonomischen Rahmenbedingungen und orientieren sich ausdrücklich am deutschen Modell[97]. Erklärte Absicht ist die Vereinfachung der Verfahren. In diesem Zusammenhang werden v.a. die bestehenden betrieblichen Vertretungsgremien zusammengelegt[98]. Übernommen wird auch der deutsche Mechanismus der Einigungsstelle, um in diesem Zusammenhang mögliche Konflikte zu lösen (*Commission de médiation*)[99].

8. Ungarn

Ebenfalls 2006 führte auch Ungarn eine umfassende Reform durch und ersetze sein ursprüngliches Gesetz Nr. CXLIV/1997[100] „über die Wirtschaftsgesellschaften" (*a gazdasági társaságokról*), das sich noch eng am deutschen Recht orientiert hatte, durch das Gesetz Nr. IV/2006[101].

---

94 Art. 23 ff. luxHGB.

95 *L. du 25 août 2006 1. concernant la société européenne (SE), la société anonyme à directoire et conseil de surveillance et la société anonyme unipersonnelle [etc.], (Mémorial A No. 152 du 31 août 2006)*, abrufbar unter http://www.legilux.public.lu/leg/a/archives/2006/0152/a152.pdf#page=2; vgl. Art. 60*bis*-1 luxHGB.

96 *Projet de loi portant réforme du dialogue social à l'interieur des entreprises* (12.03.2013), anhand der Dossier-No. 6545 abrufbar bei der luxemburgischen Abgeordnetenkammer, der *Chambre des Députés* unter http://www.chd.lu, Rubrik *Travail à la Chambre*, Unterrubrik *Recherche – Rôle des affaires.*

97 Dossier-No. 6545 (oben Fn. 96), Abschnitt *Exposé de Motifs*, S. 2: *„Le modèle allemand de la codétermination et de la cogestion est généralement considéré comme particulièrement efficace à la fois pour garantir la paix sociale mais aussi pour engager des changements dans l'entreprise en vue d'en garantir sa compétitivité."* Ausdrücklich erwähnt werden der deutsche *„Betriebsrat"* und die *„Einigungsstelle"*, ebd., S. 4.

98 Insbesondere ist vorgesehen, den Unternehmensausschuss *comité mixte* abzuschaffen und seine Aufgaben in das, dann einzige, Vertretungsgremium *délégations du personel* zu überführen, das so auch ausdrückllich dem deutschen Betriebsrat angeglichen wird. Überführt werden auch die Mitbestimmungsrechte des *comité mixte* (*participation à certaines décisions de l'entreprise*), die aber wie zuvor auch weiterhin an ein Minimum von 150 Beschäftigten geknüpft bleiben werden, vgl. Dossier No. 6545 (oben Fn. 96), Art. L. 414–9 .

99 Dossier-No. 6545 (oben Fn. 96), Art. L. 417–3.

100 Die ungarischen Gesetze werden üblicherweise jeweils in der Fassung ihrer letzten Änderung angegeben und unter Angabe der Gesetzesnummer (römische Zahl) und der Jahreszahl zitiert.

101 Das ungarische Gesetz über die Wirtschaftsgesellschaften Nr. IV/2006, im Ungarischen meist schlicht *Gazdasági törvény* genannt und *„Gt."* abgekürzt, ist in einer

In der Neufassung wurde u.a. die Satzungsautonomie der Gesellschaften in den Vordergrund gerückt und für die börsennotierte AG eine Wahlmöglichkeit zum monistischen Modell eingeführt[102]. Zudem wurde in der GmbH (*korlátolt felelősségű társaság*, abgekürzt *kft.*) das Mindeststammkapital von zuvor drei Millionen *HUF* (ca. 10.034,– Euro) auf nur noch 500.000 *HUF* (ca. 1.672,– Euro) reduziert[103], in der Einpersonen-*kft.* liegt es nur noch bei 100.000 *HUF* (ca. 334 Euro)[104]. Parallel wurden im Handelsregistergesetz Mustersatzungen eingeführt[105].

Vereinfacht wurden auch die Verfahren[106]. Die Eintragung im Handelsregister erfolgt seit Juli 2008 ausschließlich auf elektronischem Weg[107].

Die Änderungen zielten insbesondere auf Vereinfachungen für die KMU ab und geschahen ausdrücklich „*mit Rücksicht auf die gemeinsamen Eigenheiten der Entwicklung des Gesellschaftsrechts in den Mitgliedsstaaten der Europäischen Union*

---

deutschen Übersetzung abrufbar beim Regierungs-Webportal *Magyarország.hu* unter https://hirkozpont.magyarorszag.hu/srv/letolt?id=943004&lang=hu. Zur Entwicklung vgl. *Neumann*, HU-System, S. 11, 12 ff. m.w.N., zur ursprünglichen Orientierung am deutschen Recht ebd. sowie *ders.; New company act reduces role of board-level employee representatives* (18.12.2006), unter http://www.eurofound.europa.eu/eiro/2006/11/articles/hu0611039i.htm (englisch), Abschnitt *Commentary („...Hungarian company law has followed the logic of relevant German legislation since 1988...“)*, zu den bedeutendsten Änderungen *Hahn, Latest Revision of the Hungarian Company Act* (Stand 11.12.2008), abrufbar unter http://www.hg.org/article.asp?id=5771 (englisch).

102 Zum Wahlrecht für die börsennotierte AG (*nyilvánosan működı részvénytársaság*, abgekürzt *nyrt.*) vgl. § 21 IV *Gt.*

103 § 114 I 2 *Gt.* Möglich ist auch, zur Hälfte eine Sacheinlage zu erbringen (*apport*), §§ 114 II, III, 116 *Gt.* 1 Euro ≈ 298 ungarische Forint/100 ungarische Forint ≈ 0,34 Euro. Ungarn nimmt nicht am Wechselkursmechanismus II teil. Die Einführung des Euro ist nicht vor 2020 geplant, vgl. Interview mit dem damaligen ungarischen Wirtschaftsminister und jetzigem Gouverneur der Ungarischen Zentralbank *Matolcsy* (02.03.2011) unter http://derstandard.at/1297819390029/Ungarns-Wirtschaftsminister-Euro-Beitritt-nicht-vor-2020.

104 § 167 III *Gt.*; Einpersonengesellschaften sind „*egyszemélyes társaság*“.

105 Die Mustersatzungen finden sich im Gesetz Nr. V/2006 über die Firmenpublizität, das handelsgerichtliche Verfahren und die Liquidation (*bírósági cégeljárásrol és a végelszámolásról szóló*), hier Anlagen 4 bis 7. Eine englische Übersetzung ist abrufbar unter https://hirkozpont.magyarorszag.hu/srv/letolt?id=943203&lang=hu.

106 So ist beispielsweise die Beteiligung eines Notars bei der Gründung nicht mehr unbedingt vorgeschrieben, Ausnahme ist die Beglaubigung der Geschäftsführerunterschrift zur Vorlage bei Behörden und Banken, vgl. § 11 III *Gt.* Demnach kann der Gesellschaftsvertrag (bzw. Satzung oder Gründungsurkunde) auch in einer Privaturkunde abgefasst werden, die jedoch von einem Rechtsanwalt oder Rechtsbeistand des Gründers gegenzuzeichnen ist.

107 Vgl. *Hahn* (oben Fn. 101), ebd.

[und] *unter Verwendung der Ergebnisse der Rechtsanwendungspraxis des ungarischen Wirtschaftsrechts*"[108].

Auch hier folgten weitere Vereinfachungen in wirtschaftsrelevanten Gesetzeswerken[109].

9. *Rumänien*

Rumänien zog kurz darauf nach. Hier gilt grundsätzlich das monistische System. Seit 2007 kann sich die lokale Aktiengesellschaft (*Societatea pe acțiuni,* abgekürzt *S.A.)* wahlweise auch dualistisch organisieren[110].

Im Mai 2011 folgten Gesetzesänderungen zum Sozialen Dialog, mit dem neben allgemeinen Flexibilisierungen des Arbeitsmarkts u.a. auch die Bestimmungen zu den nationalen Tarifvereinbarungen sowie die Anforderungen an die allgemeine Repräsentativität der Sozialpartner geändert wurden[111].

---

108 Das Zitat stammt aus der Vorbemerkung zum *Gt.*, dort Abs. 2. Technisch wurden hier vor allem die „Gemeinsamen Regeln der Wirtschaftsgesellschaften" vorangestellt und der Zugang so erleichtert.

109 Vor allem im Arbeitsrecht wurden die Vorgaben über die Jahre immer weiter flexibilisiert. Das neue Arbeitsgesetzbuch vom Juli 2012 öffnet vielfältige Verhandlungsräume und sieht faktisch nur noch Mindestvorgaben vor. Vor allem die Befugnisse der Gewerkschaften wurden in ihm noch weiter begrenzt. Maßgebliche Rechtsgrundlage ist nunmehr das Gesetz Nr. I/2012 „über das Arbeitsgesetzbuch" (- *a munka törvénykönyvéről*). Die Neuregelung ist in einer inoffiziellen englischen Übersetzung abrufbar unter http://www.ilo.org/dyn/natlex/docs/MONOGRAPH/89886/103369/F-622727815/HUN89886.pdf. Nach Regierungsangaben soll das neue Arbeitsgesetzbuch vor allem mehr Flexibilität bringen. Gewerkschaftsbeobachter halten die Änderungen insgesamt für politisch motiviert; vgl. *Tóth*, Background 2012, S. 8 f.; *Rindt/Krén; Changes to Hungarian Labour Code in 2010* (04.10.2010), abrufbar unter http://www.eurofound.europa.eu/eiro/2010/08/articles/hu1008021i.htm (englisch).

110 Maßgebliche Rechtsquelle ist das Gesetz über Handelsgesellschaften (*Legea nr. 31 din 16 noiembrie 1990 privind societăţile comerciale*), *M. Of. [= Monitorul Oficial,* das rumänische Amtsblatt*] Nr. 33* vom 29.01.1998, zuletzt geändert durch Gesetz Nr. 88/2009, *M. Of.* Nr. 246 vom 14.04.2009), im Folgenden *ruHGG.* Der Text ist abrufbar bei der Registerbehörde *Oficiul Naţional al Registrului Comerţului – ONRC* unter http://www.onrc.ro/documente/legislatie/LEGE_Nr_31.pdf (rumänisch), eine englische Übersetzung (Stand 1997) findet sich bei der Abgeordnetenkammer *Camera Deputaţilor* unter http://www.cdep.ro/legislatie/eng/vol32eng.pdf. Vgl. hier im einzelnen Art. 137 ff. (*S.A.; Sistemul unitar*) bzw. 153 ff. (*S.A.; Sistemul dualist*) ruHGG.

111 *Legea nr. 62/2011 – Legea dialogului social,* Text unter http://www.paginasindicatelor.ro/images/stories//Legea-62-2011.pdf (rumänisch). Insgesamt wurde hierdurch die Position der Gewerkschaften signifikant geschwächt. Unter anderem wurden durch das Gesetz bei den Tarifverträgen die nationale und die Branchenebene gestrichen; vgl. Darstellung *Law on Social Dialogue No. 62/2011 removed the*

10. Bulgarien

Auch das bulgarische Wirtschaftsrecht, grundsätzlich monistisch orientiert, führte für die Aktiengesellschaft (*акционерно družestvo/ aktionerno družestvo,* abgekürzt *AD*) die Wahlmöglichkeit zwischen monistischem und dualistischem Modell ein[112]. Zudem wurde im Zuge der Wirtschaftskrise für die GmbH (*družestvo с ograničena отговорност/ družestvo s ograničena otgovornost,* abgekürzt *OOD*)[113] das Mindeststammkapital deutlich gesenkt. Betrug es ursprünglich 5.000 *BGN* (ca. 2.500 Euro), liegt es nun bei nur noch 2 *BGN* (ca. 1 Euro)[114].

11. Griechenland

In Griechenland wurde im Zusammenhang mit der Umsetzung zweier Gemeinschafts-Richtlinien zunächst das Recht für die Aktiengesellschaft (*Ανώνυμη Εταιρεία/ Anónimi Etaireía,* abgekürzt *A.E.*) überarbeitet. Hierbei wurden insbesondere die Verfahren drastisch vereinfacht[115]. Daneben wurde Mitte 2008 das

national and branch level of collective negotiation (07.02.2012; ohne Autorenangabe) unter http://www.labourlawnetwork.eu/national_labour_law/legislative_developments/prm/109/v__detail/id__1820/category__29/size__1/index.html; ferner *Ciutacu, National unique collective agreement ended by law* (24.08.2011), unter http://www.eurofound.europa.eu/eiro/2011/07/articles/RO1107029I.htm (alle englisch).

112 Maßgebliche Rechtsquelle ist das bulgarische Handelsgesetzbuch (*Търговски закон* bzw. *Türgovski zakon)* vom 16.05.1991, veröffentlicht im Staatsanzeiger *„Daržaven Vestnik"* Nr. 48/1991, letzte Änderung: DV Nr. 14/2011 vom 15.02.2011, eine englische Übersetzung findet sich beim bulgarischen Handelsregister *Търговският регистър* bzw. *Türgovskiyat registür* unter http://www.brra.bg/CielaDocuments.ra, dort Seite 4 unter der Überschrift *„Нормативна уредба"* (= *Normativna uredba,* „Gesetzgebung"); im Folgenden *bgHGB.* Vgl. hier Art 158 ff. (*AD*), 219 (Wahlmöglichkeit) bgHGB.

113 Vgl. Art. 113 ff. (*OOD*), 116 II (Einpersonen-*OOD*) bgHGB.

114 Bei der *AD* liegt das Mindestkapital unverändert bei 50.000 *BGN* (ca. 25.000 Euro). 1 Bulgarischer *Lew* = 100 *Stotinki* = 0,51129 Euro/1 Euro = 1,95583 *Lewa.* Der *Lew* wurde 1999 an die Deutsche Mark gebunden, was mit der Euro-Einführung beibehalten wurde (sog. *Currency Board*). Die ursprünglichen Pläne zur Euro-Einführung 2009 wurden mehrfach verschoben, zuletzt wurde ein Beitritt für 2013 angepeilt. Näher *„Bulgarien verzichtet auf schnellen Beitritt zur Eurozone"* (12.04.2010), unter http://www.euractiv.com/de/euro/bulgarien-verzichtet-auf-schnellen-beitritt-zu-eurozone-news-438556 (Text englisch, deutsche Zusammenfassung).

115 Die griechischen Gesellschaftsformen sind in Einzelgesetzen geregelt, die jeweiligen Kapitalgesellschaften sind monistisch organisiert. Maßgebliche Rechtsquelle ist hier das Gesetz Nr. 2190/1920 über die Aktiengesellschaft, *Νόμος 2190/1920 Περί Ανωνύμων Εταιρειών/ Nomos 2190/1920 Peri Anonymon Etairireion;* zuletzt in der Fassung des Gesetzes Nr. 3604/2007. Der Gesetzestext findet sich bei http://

Mindestkapital für eine GmbH *(Εταιρεία Περιορισμένης Ευθύνης/Etaireía Periorismenis Efthinis*, abgekürzt Ε.Π.Ε./*E.P.E.*)[116] um 75 % reduziert. Es beträgt nun noch 4.500 Euro, wovon mindestens die Hälfte in bar eingezahlt sein muss[117].

12. Deutschland

Der deutsche Gesetzgeber reagierte auf den hierzulande besonders grassierenden „*Limited*-Boom"[118] mit dem „MoMiG" von 2008[119]. Dies sah neben einer Reihe

---

www.1924.gr/downloads/N2190_1920.pdf. Eine inoffizielle englische Übersetzung ist bei der dänischen *Aarhus School of Business* abrufbar unter http://www.asb.dk/fileexplorer/fetchfile.aspx?file=13384. Abgeschafft wurden z.B. verschiedene Berichts- und Protokollierungsvorschriften. Daneben wurde die Stellung der Anteilseigner gestärkt, hierzu wurden v.a. verschiedene Individualisierungen durch Satzung ermöglicht; vgl. näher die Auflistung von 30 einzelnen Änderungen unter http://www.naftemporiki.gr/story/165256 (griechisch). Unverändert blieben die Anforderungen an das Mindestkapital. Es liegt für eine *A.E.* grundsätzlich bei 60.000 Euro, kann aber je nach Einzelgesetzen in bestimmten Fällen auch signifikant höher sein (z.B. bei Banken, Factoringgesellschaften, Exportgesellschaften, solchen Aktiengesellschaften, die aus Fusionen und Umstrukturierungen hervorgegangen sind, etc.), vgl. für die *A.E.* Art. 7a Abs. 1–6 und 7b Abs. 1–15; 8 Abs.2 Gesetz 2190/1920.

116 Maßgebliche Rechtsquelle ist hier das Gesetz Nr. 3190/1955 über Gesellschaften mit beschränkter Haftung, *Νόμος 3190/1955 Περί Εταιρειών Περιορισμένης Ευθύνης/ Nomos 3190/1955 Peri Etaireion Periorismenis Eythynis*, griechisches Amtsblatt *Filo Efimeridas Kivernisis* FEK A' 91 /16.04.1955. Der Gesetzestext ist abrufbar unter http://nomothesia.ependyseis.gr/eu-law/getFile/%CE%9D+3190+1955.pdf?bodyId=561110. Eine inoffizielle deutsche Übersetzung findet sich bei der griechischen Anwaltsgesellschaft *Kosmidis & Partner* unter http://www.gesellschaftsrecht.gr/gmbh-gesetz_uebersicht.html. Gem. Art. 43a ist auch eine Einpersonengesellschaft möglich. Sie wird dann als Μονοπρόσωπη Ε.Π.Ε./*Monoprosopi E. P . E.* bezeichnet.

117 Art. 8 Abs. 1–6; 4 Gesetz 3190/1955.

118 Von den binnen zehn Jahren gegründeten 120.000 „Auslands-*Limited*" stammten ca. 48.000 aus Deutschland, wobei ca. 40.000 von diesen allein zwischen 2004 und 2006 gegründet wurden. Bezogen auf solche *Limited*, bei denen die Mehrheit, aber nicht alle, der *dirctors* in Deutschland residierte, lagen die Werte für Deutschland im Jahr 2004 bei 10.263, im Jahr 2005 bei 13.728 und im Jahr 2006 bei 16.438 Gründungen; *Becht/Mayer/Wagner*, ECGI 2007, S. 23, 28 f. Für 2006 entsprach das einem Anteil an den Unternehmensgründungen von deutlich über zehn Prozent. Hätten sich diese starken Wachstumsraten fortgesetzt, hätte die „deutsche *Limited*" möglicherweise die Marktführerschaft vor der GmbH übernommen; *Niemeier* in *Hirte/Teichmann* SPE 2013, S. 293, 306. Zur quasi faktischen Beschränkung des Wettbewerbs auf Deutschland *Wachter*, GmbHR 2005, S. 717, 718 f.

119 Gesetz zur Modernisierung des GmbH-Rechts und zur Bekämpfung von Missbräuchen vom 23.10.2008, BGBl. I S. 2026, in Kraft getreten am 01.11.2008.

von Vereinfachungen[120] vor allem die Einführung der „Unternehmergesellschaft (haftungsbeschränkt)“[121] vor[122], einer Sonderform der GmbH mit einem im Vergleich geringeren Mindeststammkapital, die allerdings in gewissem Umfang zwangsthesaurierend ist[123]. Erstmals wurde auch die Gründung einer Gesellschaft in einem vereinfachten Verfahren unter Verwendung von Musterprotokollen möglich gemacht[124].

Zudem kann seitdem der reale Verwaltungssitz einer Gesellschaft, sowohl von AG als auch von GmbH, frei gewählt werden und muss nun nicht mehr mit dem Satzungssitz übereinstimmen[125]. Damit kann eine solche Gesellschaft ihre

---

120 Möglich ist z.B. eine variable Einteilung der Geschäftsanteile, §§ 3 I Nr. 4; 5 II, III GmbHG. Geändert wurden durch das MoMiG daneben diverse weitere Regelungen, z.B. zu den Geschäftsführern (vgl. § 6 GmbHG), zur Führungslosigkeit einer Gesellschaft (vgl. § 25 I 2 GmbHG), zum Fortfall der Vorlage von Genehmigungen bei der Anmeldung (vgl. § 8 I Nr. 6 a.F. GmbHG), sowie einige Vorschriften in weiteren Gesetzen. Diese Neuerungen sollen hier nicht vertieft dargestellt werden.

121 § 5a GmbHG.

122 Das geschah ausdrücklich angesichts des *„zunehmenden Wettbewerb[s] der Gesellschaftsrechtsformen in Europa“*, um die Wettbewerbsfähigkeit der deutschen GmbH im europäischen Vergleich zu erhalten und zu stärken, BT-Drucks. 16/6140 vom 25.07.2007, S. 25. Tatsächlich wurde die UG (haftungsbeschränkt) sehr gut angenommen, wobei allerdings *Niemeier* in *Hirte/Teichmann* SPE 2013, S. 293, 306 ff., insoweit feststellt, dass der „Trend zur *Ltd.*“ bereits ab dem Sommer 2006 abzuflauen begann. Insolvenzen und Löschungen taten ein Übriges. Zum Juli 2012 lag der Anteil an den Unternehmensgründungen von „kleinen“ Kapitalgesellschaften für die GmbH bei ca. 71 %, für die UG (haftungsbeschränkt) bei mehr als 27% und für die *Ltd.* bei nur noch ca. 2%; *Niemeier*, ebd., S. 329.

123 Bei der UG (haftungsbeschränkt) muss das Stammkapital mindestens einen Euro betragen, allerdings ist in der Bilanz zwangsweise eine gesetzliche Rücklage von 25% des Jahresüberschusses zu bilden, die wiederum nur zum Ausgleich von Verlustvorträgen bzw. Fehlbeträgen oder für eine Kapitalerhöhung verwendbar ist, bis das Stammkapital auf mindestens 25.000,– Euro (und damit das normale Stammkapital der GmbH) erhöht worden ist, § 5a II, III, V GmbHG. Anders als in der „normalen“ GmbH sind in der UG (haftungsbeschränkt) keine Sacheinlagen möglich, § 5 II 2 GmbHG, was wohl auch für „sonstige“ GmbH nach Musterprotokoll gilt, vgl. insoweit die Formulierung in der Anlage, hier Nr. 3, wonach die Einlagen „in Geld zu erbringen“ sind.

124 Dies gilt, sofern die Gesellschaft höchstens drei Gesellschafter und einen Geschäftsführer hat, § 2 Ia i.V.m. der Anlage GmbHG. Wird eine Gesellschaft im vereinfachten Verfahren gem. § 2 Ia GmbHG gegründet, ist diese Gründung kostenprivilegiert, § 41d KostO, wobei jedoch die weiterhin bestehenden Kosten für die Anmeldung zum Handelsregister und die Registrierung unberücksichtigt bleiben.

125 §§ 4a GmbHG, 5 AktG Streichung der Bestimmungen im jeweiligen Abs. 2. Allerdings ist eine inländische Geschäftsanschrift anzugeben, § 8 IV Nr. 1 GmbHG.

geschäftlichen Aktivitäten nunmehr auch ausschließlich außerhalb des deutschen Hoheitsgebiets entfalten[126].

Weitere Überarbeitungen im Gesellschaftsrecht sollten folgen[127].

13. Polen

Das polnische Wirtschaftsrecht, voran das Gesetzbuch über Handelsgesellschaften aus dem Jahr 2000, wurde in den letzten Jahren wiederholt geändert. Erklärtes Ziel waren Erleichterungen für die KMU[128]. Erwähnenswert ist in diesem Zusammenhang insbesondere, dass das Mindestkapital für GmbH und AG zum Januar 2009 signifikant gesenkt wurde, bei der GmbH (*Spółka z ograniczoną odpowiedzialnością*, abgekürzt *Sp. z o.o.*) von bisher 50.000 *PLN* auf nunmehr 5.000 *PLN* (ca. 1.200 Euro) bzw. bei der AG (*Spółka Akcyjna*, abgekürzt *S.A.*) von bisher 500.000 *PLN* auf 100.000 *PLN* (ca. 24.000 Euro)[129].

---

126 Vgl. auch BT-Drucks. 16/6140 vom 25.07.2007, S. 29.

127 Letzte erfolgte Umsetzung ist die Änderung der §§ 4, 7 V und 8 IV PartGG im Juli 2013, wodurch eine Partnerschaftsgesellschaft mit beschränkter Berufshaftung geschaffen wurde. Hierdurch sollte dem auch in den freien Berufen wahrnehmbaren Trend zum Rechtsformwechsel (hier zur britischen *Limited Liability Partnership, LLP*) entgegengewirkt werden. Zur *LLP* vgl Darstellung beim *Companies House* unter http://www.companieshouse.gov.uk/infoAndGuide/llp.shtml (englisch). Zum Art. 10 ff. EGBGB-Referentenentwurf für das Internationale Gesellschaftsrecht sogleich näher unter Teil 3 D. I. 8. d.

128 Maßgebliche Rechtsquelle ist das Gesetzbuch über Handelsgesellschaften aus dem Jahr 2000 (*Kodeks spółek handlowych – KSH*), Dz. U. [*Dziennik Ustaw* = Gesetzblatt] 2000 Nr. 94 poz.1037 in der Fassung vom 03.08.2009, Dz. U. 2009 Nr. 13 poz. 69; im Internet in polnischer Sprache abrufbar unter http://lex.pl/bap/student/Dz.U.2000.94.1037.html. Vgl. auch *Stelina*, PL-System, S. 26, 26.

129 Art. 154 § 1 (*Sp. z o. o.*) bzw. Art. 308 § 1 (*S.A.*) *KSH.* 1 polnischer *Złoty* ≈ 0,24 Euro/1 Euro ≈ 4,19 *Złotych.* Eine zwischenzeitlich geplante Einführung des Euro zum Jahr 2015 bewertete Ministerpräsident *Tusk* im Januar 2012 als „nicht realistisch"; Meldung „Polen sagt Einführung des Euros im Jahr 2015 ab" (31.01.2012), abrufbar unter http://www.finanzen.net/nachricht/aktien/Eurokrise-Polen-sagt-Einfuehrung-des-Euros-im-Jahr-2015-ab-1605215.

14. Vereinigtes Königreich

Auch im Vereinigten Königreich wurde das Gesellschaftsrecht umfassend modernisiert. Bedeutendste Neuerung war hier der *Companies Act 2006*[130], der sukzessive bis Oktober 2009 in Kraft gesetzt wurde[131].

Im *Companies Act 2006* wurden die Regelungen des *Companies Act 1985*, des *Companies Act 1989* und des *Companies (Audit, Investigations and Community Enterprise) Act 2004* zusammengefasst. Zudem wurde hier das über die Jahre entwickelte Richterrecht, beispielsweise zur Verantwortlichkeit der Verwaltungsratsmitglieder, umfassend kodifiziert. Das Gesetzeswerk ist mit ca. 1.300 Normen nebst diverser Anhänge für angelsächsische Verhältnisse äußerst umfangreich und reguliert nunmehr eine Vielzahl von Eventualfällen. Leitgedanke war die Vereinfachung bei Gründung und Verwaltung, insbesondere für die kleinen und mittleren Gesellschaften[132]. Mit dem *Companies Act 2006* wurde die *private company* zum

---

130 Die offizielle Bezeichnung lautet *Companies Act 2006 Chapter 46 – An Act to reform company law and restate the greater part of the enactments relating to companies; to make other provision relating to companies and other forms of business organisation; to make provision about directors' disqualification, business names, auditors and actuaries; to amend Part 9 of the Enterprise Act 2002; and for connected purposes. [8th November 2006].* Der konsolidierte Text ist abrufbar bei *The National Archives*, einer *Executive Agency* des Justizministeriums, unter http://www.legislation.gov.uk/ukpga/2006/46/contents. Allgemein muss bezüglich des britischen Rechtssystems zwischen den einzelnen Landesteilen (England, Wales, Schottland, Nordirland) unterschieden werden. Der *Companies Act 2006* findet aber im Wesentlichen im gesamten Vereinigten Königreich gleichermaßen Anwendung und schafft erstmals ein einheitliches Gesellschaftsrechtsregime für das gesamte Land, für die Details vgl. die *Explanatory Notes* des Wirtschaftsministeriums, damalige Bezeichnung *Department of Trade and Industry – DTI*, Rubrik *Territorial Extent and Devolution*, unter http://www.legislation.gov.uk/ukpga/2006/46/notes/division/5. Instruktiv zum ukCA auch die Darstellung bei der Registerbehörde *Companies House* unter http://www.companieshouse.gov.uk/companiesAct/companiesAct.shtml (alle englisch).

131 Da der ukCA eine Vielzahl von Änderungen vorsah wurde er über einen Zeitraum von drei Jahren in Teilstücken in Kraft gesetzt, um den Unternehmen Zeit für etwaige Anpassungen zu lassen. Im Wesentlichen abgeschlossen wurde die Einführung zum Oktober 2009. Derzeit ist die Einführung von drei kleineren Abschnitten aufgeschoben worden, für einen aktuellen Überblick vgl. die Informationen unter http://www.bis.gov.uk/policies/business-law/company-and-partnership-law/company-law/company-law-faqs/company-law-what-is-in-force (englisch).

132 Dies gilt z.B. für die Form des *memorandum of association*, Sec. 8 ukCA; die Form wird geregelt in *Companies (Registration Regulations 2008 (S.I. 2008/3014).* Sie wurde stark vereinfacht und besteht im Wesentlichen nunmehr lediglich aus der Erklärung, dass jeder Unterzeichner beabsichtigt, ein Mitglied der zu gründenden

gesellschaftsrechtlichen Grundmodell. Diese grundsätzliche Ausrichtung wird zusammengefasst in der Maxime „*think small first*"[133].

15. *Dänemark*

Traditionell gab es in Dänemark nur die Aktiengesellschaft (*Aktieselskab*, abgekürzt *A/S*). Mit dem EG-Beitritt 1973 wurde daneben die GmbH eingeführt (*Anpartsselskab*, abgekürzt *ApS*). Normiert waren sie jeweils in Einzelgesetzen[134]. Im Zuge einer umfassenden Gesellschaftsrechtsreform im Juni 2009 wurden beide Regelungen überarbeitet und zusammengefasst in einem neuen, einheitlichen Gesetz über Aktiengesellschaften und Gesellschaften mit beschränkter Haftung, *Lov om aktie- og anpartsselskaber (selskabsloven)*[135]. Auch dieses Gesetz wurde sukzessive

---

Company zu werden und bereit ist, mindestens einen Anteil zu zeichnen. Insbesondere die Angabe des Unternehmensgegenstands ist nicht mehr erforderlich. Es dient nunmehr lediglich als „*historic document*"; vgl. dazu die *Explanatory Notes, Chapter 2, Articles of Association*, Nr. 65, abrufbar unter http://www.legislation.gov.uk/ukpga/2006/46/notes/division/5/9 (englisch). Abgeschafft wurde z.B. auch die verpflichtende Bestellung eines Schriftführers (*(company) secretary*), Er ist aufgrund der umfangreicheren Berichtspflichten nur noch bei der *PLC* obligatorisch, Sec. 270, 271 ukCA.

133 Vgl. dazu statt vieler die Darstellungen des *DTI* in den *Explanatory Notes*, insbesondere Nr. 3, 4, unter http://www.legislation.gov.uk/ukpga/2006/46/notes und diejenige beim *Companies House* unter http://www.companieshouse.gov.uk/infoAndGuide/compLawReform.shtml (englisch).

134 Zuletzt *Bekendtgørelse af lov om aktieselskaber – Aktieselskabsloven, Bekendtgørelse* [= Gesetzesbekanntmachung, abgekürzt *BEK*] Nr. 649 vom 15.06.2006 bzw. *Bekendtgørelse af lov om anpartsselskaber – Anpartsselskabsloven, BEK* Nr. 650 vom 15.06.2006. Als rechtsverbindlich gelten nur diejenigen Gesetze, die im amtlichen Gesetzesanzeiger *Lovtidende* veröffentlicht wurden.

135 Gesetz Nr. 470 vom 12.06.2009, zuletzt geändert durch *LOV* Nr. 477 vom 30.05.2012; englische Bezeichnung *Danish Companies Act*, im Folgenden *dkCA*. Konsolidierter Text abrufbar unter https://www.retsinformation.dk (Suchmaske). Eine offiziöse englische Übersetzung findet sich bei der Registerbehörde *Erhvervsstyrelsen*/damalige englische Bezeichnung *Danish Commerce and Companies Agency, DCCA*, seit 01.01.2012 *The Danish Business Authority, DBA* unter http://erhvervsstyrelsen.dk/file/249079/danish_companies_act.pdf Technisch weist der *dkCA* in seinen jeweiligen Kapiteln mit insgesamt schlanken 375 Einzelnormen drei Ebenen auf. Auf der ersten Ebene finden sich Regelungen, die allgemein auf die *kapitalselskab* Anwendung finden, also gleichermaßen die *A/S* und die *ApS* erfassen. Die zweite Ebene enthält Bestimmungen, in denen die beiden Rechtsformen unterschiedlichen Regelungen unterworfen werden; meist sind für die *A/S* striktere und verbindlichere Regelungen vorgesehen, während die *ApS* Wahlmöglichkeiten und Flexibilisierungen genießt. Die dritte Ebene schließlich regelt die börsengehandelten *A/S*. Flankierend ergingen durch das *Committee on Corporate Governance in Denmark/Komitéen for god selskabsledelse* im April

in Kraft gesetzt, der erste Teil zum 01.03.2010. Grundgedanke der Reform war, dass die dänischen Kapitalgesellschaften (*kapitalselskaber*) auch zukünftig keinen strengeren Anforderungen unterliegen sollten als die vergleichbaren Gesellschaften im europäischen Umfeld. Die Vorgaben zielen gleichermaßen auf dänische wie auf ausländische Unternehmen und wurden stark am „*End-User-Approach*" orientiert. Erklärtes Ziel ist die „Schaffung der weltweit wirkungsvollsten wirtschaftlichen Rahmenbedingungen"[136].

Die Neuregelungen halten unter anderem umfangreiche Deregulierungen und Wahlmöglichkeiten bereit. Galt in beiden Rechtsformen traditionell ein leicht abgewandeltes dualistisches Modell bestehen nun insbesondere bei der Führungsstruktur mehrere Gestaltungsmöglichkeiten, da grundsätzlich das „dänische"[137],

---

2010 neue Empfehlungen zur Corporate Governance. Sie richten sich vornehmlich an die börsennotierten Gesellschaften, jedoch sollen sie, oder Teile davon, auch für die nicht-öffentlich gehandelten Gesellschaften als Inspiration dienen. Dies wurde auch in der Neufassung vom August 2011 beibehalten; *Committee on Corporate Governance in Denmark/Komitéen for god selskabsledelse, Recommendations on Corporate Governance*, http://www.corporategovernance.dk/graphics/Corporategovernance/20110816_Recommendations_on_Corporate_Governance.pdf (englisch), dort S. 3.

136 Mittlerweile übernommen in die Darstellungen bei der *DBA*: „*The aim [...] is to create the world's most effective business framework*"; unter http://erhvervsstyrelsen.dk/english/#. Vgl. auch den Entbürokratisierungsplan *Debureaucratisation plan for business regulation* der Dänischen Regierung (März 2009) unter http://www.dcca.dk/graphics/publikationer/Administrative%20lettelser/Afbureaukratiseringsplan%20%28Eng%29.pdf, hier S. 11 f. (*"Company law will be modernised to make it as easy as possible for businesses to administer and comply with. Modernisation of the Danish law for limited companies will follow international developments, and better exploit the opportunities contained in EU regulations to ensure dynamic, flexible and balanced regulation, which provides the best possible advantages and competitiveness for Danish businesses."*) Zu Zielsetzung und Reform des dänischen Gesellschaftsrechts insgesamt auch *Werlauff*, ECL 2009, S. 160, 160 ff. („*... serious intention of being the natural choice of country of domicile within the EU/EEA...*") sowie *Hansen*, EBOR 2010, S. 87 ff., der nicht ohne Enthusiasmus resümiert „*... the new Danish Act is about as good as it gets*" (S. 94).

137 Beim „dänischen Modell" wird das Unternehmen vom Verwaltungsrat (*bestyrelse*) und dem Vorstand geleitet (*direktion*, das einzelne Vorstandsmitglied wird als *direktør* bezeichnet). Der Verwaltungsrat verantwortet die strategische Ausrichtung und die Gesamtleitung, der Vorstand besorgt das Tagesgeschäft und muss den Leitlinien und Weisungen des Verwaltungsrats folgen. Die Gremien sind hier allerdings personal nicht strikt getrennt, die Literatur spricht insofern gelegentlich vom „*one-and-a-half tier*"-Modell. Die Reflexionsgruppe zur Zukunft des EU-Gesellschaftsrechts verwendet auch den Begriff „*dual executive system*", weil dort zwei Ebenen exekutive Befugnisse haben; Bericht Reflexionsgruppe 2011, S. 55 f.

das „deutsche“ und das „angelsächsische“ Modell zur Auswahl steht[138]. In vielen Bereichen sind nun mehr individuelle Gestaltungen möglich. Namentlich bei der *ApS* ist vieles der Satzungsfreiheit überlassen worden[139].

Diskutiert wurden auch die Mindestkapitalanforderungen. Gegenwärtig beträgt es bei der *A/S* unverändert 500.000 *DKK* (ca. 67.000 Euro). Das der *ApS* lag ursprünglich bei 125.000 *DKK* (ca. 16.800 Euro), seit 2010 beträgt es nur noch 80.000 *DKK* (ca. 10.750 Euro)[140]. In beiden Fällen müssen mindestens 80.000 *DKK* eingezahlt sein[141].

Noch das Grünbuch zum *selskabsloven* aus dem Jahr 2008 und der erste Gesetzesentwurf hatten vorgesehen, das Mindestkapital bei der *ApS* vollständig abzuschaffen und so die *„1-DKK-Company“* zu ermöglichen. Dies geschah nicht nur in Reaktion auf ähnliche Entwicklungen in Deutschland und Frankreich sondern auch und gewissermaßen „vorauseilend“ im Hinblick auf die SPE, für die in den damaligen Entwürfen ebenfalls kein Mindestkapital vorgesehen war. In den parlamentarischen Beratungen wurde noch eine Summe von 50.000 *DKK* erörtert und sodann das jetzige Minimum beschlossen. Gleichzeitig, und insoweit ausgesprochen ungewöhnlich für das dänische Recht, wurde aber eine Evaluierungsklausel aufgenommen, nach der das Wirtschaftsministerium die Mindestkapitalanforderungen zwei Jahre nach Inkrafttreten des Gesetzes überprüfen wird[142].

---

138 § 111 dkCA.

139 Näher dazu sogleich unter Teil 3 D. VI. 3.

140 § 4 *Stk.* 2 dkCA.

141 §§ 33 *Stk.* 1, 1. *pkt*; 40 *Stk.* 2 dkCA. Dänemark trat 1973 der EG bei, hat aber in verschiedenen Bereichen des Vertrags von Maastricht von einem *opting-out* Gebrauch gemacht, unter anderem bei der Europäischen Währungsunion. Obwohl die Konvergenzkriterien eingehalten (und teilweise übertroffen) wurden, hielt das Land an der Dänischen Krone, *DKK* fest. Die *DKK* unterliegt aber dem Europäischen Wechselkursmechanismus II, der Leitkurs liegt bei 1 Euro = 7,46038 *DKK*, die Schwankung darf maximal ± 2,25% betragen.

142 § 374 i.V.m. § 4 dkCA; *Werlauff*, ECL 2009, S. 160, Fn. 25; *Hansen*, EBOR 2010, S. 87, 90 ff., insbes. 91 (*„wait-and-see“-Approach*), demnach stehe zu erwarten, dass mittelfristig zumindest in der *ApS* das Mindestkapitalerfordernis gänzlich aufgegeben würde. Auf Anfrage durch d. Verf. kommentierte *Werlauff* im August 2012: *„Everyone here was disappointed by the capital requirements in the new Danish company law.“*

16. Belgien

Belgien hat zum Juni 2010 eine gänzlich neue Rechtsform eingeführt[143]. Neben AG (*Société Anonyme*, abgekürzt *S.A./naamloze vennootschap*, abgekürzt *NV*)[144] und GmbH (*Société privée à responsabilité limitée*, abgekürzt *S.p.r.l./besloten vennootschap met beperkte aansprakelijkheid*, abgekürzt *bvba*)[145] ist es seit Juni 2010 auch möglich, eine so genannte *„Starter-bvba"*, abgekürzt *SPRL-S/S-bvba*, zu gründen, in der das Mindestkapital lediglich 1 Euro beträgt[146]. Das Angebot richtet sich insbesondere an Unternehmensgründer, die eine Gesellschaft im Bereich der KMU gründen wollen. Die *S-bvba* hält neben dem reduzierten Mindestkapital bestimmte Vereinfachungen bereit, hauptsächlich bei der Registrierung. Allerdings gelten auch Beschränkungen; so kann eine *S-bvba* nur durch natürliche Personen gegründet werden, darf nicht über Anteile an einer anderen GmbH verfügen, die 5% überschreiten, ist nach fünf Jahren in eine „normale" *bvba* umzuformen und darf lediglich vier vollzeitbeschäftigte Arbeitnehmer anstellen[147].

---

143 Maßgebliche Rechtsgrundlage ist das belgische Gesellschaftsgesetzbuch (*Code des societés (C.Soc)/Wetboek van vennootschappen (W. Venn.)*, Gesetz vom 07.05.1999, zuletzt geändert am 28.07.2011, im Folgenden *beGGB*. Die belgischen Gesetzestexte sind in französischer und niederländischer Sprache abrufbar auf der Website des Verkündungsorgans belgischer Gesetze *Moniteur Belge/Belgisch Staatsblad* unter http://www.ejustice.just.fgov.be/cgi/welcome.pl. Vom beGGB existiert auch eine offizielle deutsche Version aufgrund Königlichen Beschlusses; *Koninklijk besluit tot vaststelling van de officiële Duitse vertaling van de wet van 7 mei 1999 houdende het Wetboek van vennootschappen*, (vom 08.10.2002). Ferner können einige inoffizielle deutsche Versionen beim Föderalen Übersetzungsdienst *ZDDÜ (Zentrale Dienststelle für Deutsche Übersetzungen)/SCTA (Service central de traduction allemande)* abgerufen werden unter http://www.scta.be/Ubersetzungen.aspx (Suchmaske). Das beGGB (Stand 28.07.2011) findet sich unter http://www.scta.be/MalmedyUebersetzungen/downloads/19990507_CodeSoci%C3%A9t%C3%A9s.doc.

144 Art. 2 § 2, fünfter Spiegelstrich, Art. 437 ff. (Buch VIII) beGGB.

145 Art. 2 § 2, dritter Spiegelstrich, Art. 210 ff. (Buch VI) beGGB.

146 Art. 211bis ff. beGGB. Vgl. *Koninklijk besluit tot vaststelling van de essentiële criteria van het financiële plan van de besloten vennootschap met beperkte aansprakelijkheid „Starter"*, vom 31.05.2010, abrufbar unter http://www.ejustice.just.fgov.be/cgi_loi/change_lg.pl?language=nl&la=N&cn=2010052701&table_name=wet (niederländisch). Im Vergleich dazu liegt das Mindestkapital für eine *bvba* bei 18.550,– Euro, Art. 214 I beGGB.

147 Gesetz vom 12.01.2010: *Wet tot wijziging van het Wetboek van vennootschappen en tot vaststelling van de modaliteiten van de besloten vennootschap met beperkte aansprakelijkheid „Starter"; M.B.* Nr. 2010009047, S. 3158. Vgl. auch die Darstellung *BVBA Starter/S-BVBA/een overzicht*, abrufbar unter http://www.bvbastarter.be/site/bvba-starter.html (niederländisch).

17. Estland

Estland hat ebenfalls das Mindestkapital für seine Kapitalgesellschaften geringfügig gesenkt[148]. Seit Juli 2010 liegt es in der Aktiengesellschaft (*aktsiaselts*, abgekürzt *AS*) bei 25.000 Euro (davor 400.000 *EEK* ≈ 25.565 Euro)[149], in der GmbH (*osaühing*, abgekürzt *OÜ*) bei 2.500 Euro (davor 40.000 *EEK* ≈ 2.556, 50 Euro)[150].

18. Niederlande

Auch der niederländische Gesetzgeber hat zuletzt einige bedeutende Vereinfachungen im Recht der GmbH (*Besloten vennootschap met beperkte aansprakelijkheid*, abgekürzt *BV*) vorgenommen[151]. Diese war ursprünglich weitestenteils der Aktiengesellschaft (*Naamloze vennootschap*, abgekürzt *NV*) entsprechend ausgestaltet[152].

Zunächst wurde bereits ab Juli 2011 auf die, zuvor obligate, Unbedenklichkeitsbescheinigung durch das niederländische Justizministerium bei einer Unternehmensgründung verzichtet (sog. *verklaring van geen bezwaar*)[153].

---

148 Maßgebliche Rechtsquelle ist das Handelsgesetzbuch von 1995 (Äriseadustik), RT [= *Riigi Teataja;* „Staatsanzeiger"] I 1995, 26, 355 zuletzt geändert am 07.12.2011 durch RT I, 28.12.2011, 1; im Folgenden *estHGB*. Eine englische Übersetzung der estnischen Gesetzestexte findet sich unter http://www.legaltext.ee/indexen.htm, die des estHGB (Stand 01.01.2012) ist abrufbar unter http://www.legaltext.ee/en/andmebaas/ava.asp?m=022.

149 § 222 estHGB.

150 § 136 estHGB. Estland trat 2004 dem Wechselkursmechanismus II im EWS II bei. Die Einführung des Euro, zuletzt mehrfach verschoben, erfolgte am 01.01.2011. Der offizielle Wechselkurs liegt bei 15,6466 estnischen Kronen für 1 Euro.

151 Maßgebliche Rechtsquelle ist das Bürgerliche Gesetzbuch *(Burgerlijk Wetboek, BW)*. Das *BW* besteht aus derzeit neun Büchern, ein zehntes Buch zum IPR soll zum 01.01.2014 in Kraft treten. Materialien hierzu finden sich im Internet unter https://zoek.officielebekundmakingen.nl/dossier/32137 (niederländisch). Der konsolidierte Text des hier maßgeblichen 2. Buchs *BW* (*Boek 2 Rechtspersonen*) ist abrufbar unter http://wetten.overheid.nl, Rubrik *Wet- en regelgiving*. Die Artikel des *BW* werden durch die Buchnummer, gefolgt von einem Doppelpunkt, der Artikelnummer und den Nummern eventueller Artikelabsätze angegeben. Soweit ersichtlich existiert keine allgemein frei zugängliche Übersetzung.

152 Art. 2:64 ff. *BW* (*NV*) bzw. 175 ff. *BW* (*BV*). Während die AG eine lange Tradition hat – die erste niederländische Aktiengesellschaft „*Verenigde Oost-Indische Compagnie*" aus dem Jahr 1602 wird gemeinhin als die erste „moderne" Aktiengesellschaft überhaupt angesehen – wurde die GmbH erst 1971 zur Umsetzung der ersten EEG-Gesellschaftsrechtsrichtlinie eingeführt. Daraus erklären sich weitgehende Entsprechungen. Vgl. *Timmermann/Spanjaard*, Arbeitnehmermitbestimmung, S. 75, Fn. 5 f. Das Mindestkapital beträgt bei der *NV* 45.000 Euro, Art. 2:67 Abs. 2 S.2 *BW*, für die *BV* lag es seit September 2000 bei 18.000 Euro.

153 An ihre Stelle trat eine laufende Kontrolle, näher Darstellung des *Ministerie van Veiligheid en Justitie „De Wet controle op rechtspersonen"*, unter http://www.

Zum 1. Oktober 2012 trat zudem das Gesetz zur Flexibilisierung und Vereinfachung der *BV* in Kraft[154]. Damit wird die „traditionelle" *BV* durch eine einfachere Rechtsform „abgelöst", zur Abgrenzung meist als *„Flex-BV"* bezeichnet. Dabei handelt es sich aber nicht um eine neue, ergänzende Rechtsform, sondern nur um einen „Umbau" an der bereits bestehenden *BV*.

In der *Flex-BV* ist das zuvor notwendige Mindestkapital von 18.000 Euro entfallen. Stattdessen können die Unternehmensgründer nun selbst entscheiden, welchen Betrag sie wie einbringen wollen. Die Gesellschaft darf allerdings keine Gewinne ausschütten, wenn absehbar ist, dass die Gesellschaft danach ihre Schulden nicht mehr bedienen kann. Ggf. haften die Direktoren und die Anteilseigner[155]. Aufgrund des Wegfalls des Stammkapitalerfordernisses sind auch die zuvor notwendigen Vorlagen einer Bankbescheinigung über das eingezahlte Stammkapital (*bankverklaring*) bzw. der Erklärung eines Wirtschaftsprüfers zum Wert des als Sacheinlagen eingebrachten Stammkapitals (*accountantsverklaring*) fortgefallen[156].

Überarbeitet wurden auch die Satzungserfordernisse. Der Minimalinhalt der Unternehmenssatzung wurde drastisch gekürzt. Zudem wurden mehrere Gestaltungsoptionen aufgenommen, die es den Unternehmensgründern ermöglichen sollen, die Rechtsform weitgehend nach ihren individuellen Bedürfnissen zuzuschneiden. Möglich ist mittlerweile auch die Ausgabe von Anteilen ohne Stimmrecht bzw. ohne Recht auf Gewinnausschüttung[157]. Zur Beschleunigung von Entscheidungen können Gesellschafterbeschlüsse auch außerhalb der Hauptversammlungen ergehen[158].

Die Entwicklungen sind noch nicht abgeschlossen. Demnächst soll auch die notarielle Beurkundung, zumindest bei Verwendung der „Standardregelungen" wegfallen. Künftige Satzungsänderungen sollen so noch einfacher und schneller wirksam werden. Zudem wird hier ein Einsparpotential von bis zu 90% an laufenden Kosten gesehen.

---

rijksoverheid.nl/bestanden/documenten-en-publicaties/brochures/2011/07/14/factsheet-wet-controle-op-rechtspersonen/factsheet-wet-controle-op-rechtsper.sonen.pdf (14.07.2011) (niederländisch).

154 *Wet van 18 juni 2012 tot wijziging van Boek 2 van het Burgerlijk Wetboek in verband met de aanpassing van de regeling voor besloten vennootschappen met beperkte aansprakelijkheid (Wet vereenvoudiging en flexibilisering bv-recht)* unter http://www.eerstekamer.nl/behandeling/20120705/publicatie_wet_4/document3/f=/vj0wemkv47zl.pdf (niederländisch).

155 Vgl. Art. 2:178 Abs. 2 S.1 *BW* a.F. und Art. 2:178 ff. *BW* n.F.

156 Falls Sachwerte eingebracht werden, müssen diese aber beschrieben werden, Art. 2:204a bzw. 204b *BW*.

157 Art. 2:228 Abs.5; 2:216 Abs. 7 *BW*.

158 Notwendig ist allerdings, dass alle stimmberechtigten Mitglieder diesem Verfahren zugestimmt haben, Art. 2:238, hier insbes. Abs. 1 *BW*.

Die Regierung erhofft sich dadurch, die *BV* für die Unternehmer, insbesondere die Neugründer, zu attraktivieren[159].

Seit Januar 2013 können sich zudem sowohl die *NV* als auch die *BV* wahlweise dualistisch oder monistisch organisieren[160]. Diese Gesetzesänderung brachte daneben neue Regelungen zur Begrenzung der Anzahl von Vorstands-/Aufsichtsratsposten[161] und zur Inkompatibilität bei unmittelbaren oder mittelbaren Interessenkonflikten (*direct of indirect persoonlijk belang*)[162].

19. Tschechische Republik

In der Tschechischen Republik wurde das gesamte Zivilrecht inklusive des Handelsrechts neu kodifiziert. Die entsprechenden Änderungen wurden am 22.03.2012 im Gesetzblatt veröffentlicht und treten zum 01.01.2014 in Kraft[163]. Damit wird das gesamte tschechische Handels- und Gesellschaftsrecht auf eine neue rechtliche Grundlage

---

159 Darstellung *„Flex-bv"* bei der niederländischen Regierung *Rijksoverheid*, Abschnitt *Overzicht* unter http://www.rijksoverheid.nl/onderwerpen/flexibele-bv (niederländisch, ohne Datum) (*„Door de regels voor een bv te versoepelen verwacht de overheid de besloten vennootschap als rechtsvorm interessanter te maken voor ondernemers."*) Der Verweis auf die Neugründer (*„(startende) ondernemers"*) findet sich im Abschnitt *Inhoud*. Explizit möglich ist die Verwendung der *Flex-BV* im Ausland, da sich die Anteilseigner auch außerhalb der Niederlande versammeln können (*„De aandelhouders van de bv mogen buiten Nederland vergaderen."*). Zu den geplanten Änderungen im Hinblick auf die notariellen Beurkundungen vgl. ebd., Abschnitt *Voorstel vervallen notariële akte.*

160 *Wet van 6 juni 2011 tot wijziging van boek 2 van het Burgerlijk Wetboek in verband met de aanpassing van regels over bestuur en toezicht in naamloze en besloten vennootschappen* (etwa „Gesetz vom 6. Juni 2011 zur Änderung des Zweiten Buchs des Bürgerlichen Gesetzbuchs in Verbindung mit der Anpassung der Regelungen zur Leitung und Aufsicht bei der AG und der GmbH"), Text unter https://zoek.officielebekendmakingen.nl/stb-2011-275.html, in Kraft ab 01.01.2013 aufgrund Beschlusses vom 04.10.2010, *Besluit tot vaststelling van het tijdstip van inwerkingtreding van de wet van 6 juni 2011*, Text unter https://zoek.officielebekendmakingen.nl/stb-2012-455.html (beide niederländisch); vgl. Art. 2:129a i.V.m. 164a (*NV*) sowie Art. 2:239a i.V.m. 274a (*BV*) *BW*, zur Haftung der Direktoren vgl. Art. 2:9 *BW*.

161 Art. 2:132a und 142a (*NV*) bzw. Art. 2:242a und 252a (*BV*) *BW*.

162 Art. 2:129, Abs. 6 und 140, Abs. 5 (*NV*) bzw. Art. 2:239, Abs. 6 und 250, Abs. 5 (*BV*) *BW*. Näher zu den Gesetzesänderungen *Den Boogert et al.*, Bestuur en Toezicht 2013, S. 1 ff., Zusammenfassung auf S. 11 f.

163 Nähere Informationen unter http://obcanskyzakonik.justice.cz/ (tschechisch) [*„Občanský zákoník"* ist das tschechische BGB; die betreffende Website wird vom tschechischen Justizministerium, *Ministerstvo spravedlnosti CR*, verwaltet]. Die Neufassungen finden sich dort im Abschnitt „Gesetzestexte" (*Texty zákonů*). So weit ersichtlich existiert keine frei zugängliche Übersetzung.

gestellt[164]. Erklärtes Ziel ist neben allgemeinen umfangreichen Vereinfachungen auch die Schaffung eines attraktiven Umfelds im europäischen Wettbewerb[165].

In diesem Zusammenhang wird neben generellen Vereinfachungen für die GmbH (*Společnost s ručením omezeným*, abgekürzt *s.r.o.*) auch das dortige Mindestkapital auf 1 *Kč*[166] gesenkt[167]. Die Aktiengesellschaft (*Akciová společnost*, abgekürzt *a.s.*), traditionell dualistisch organisiert, kann nun auch eine monistische Struktur wählen[168].

---

164 Das bisherige, deutsch-österreichisch inspirierte, tschechische HGB *Obchodní zákoník* (Gesetz Nr. 513/1991, letzte Änderung: 202/2012 Sb. [= *Sbírka zákonů*, „Gesetzessammlung"]) wird abgelöst, einerseits durch das „Neue" tschechische BGB, Gesetz Nr. 89/2012 Sb. (*Nový občanský zákoník*, abgekürzt *NOZ*), sowie andererseits durch das Gesetz über Handelskorporationen Nr. 90/2012 Sb. (*Zákon o obchodních korporacích*, abgekürzt *ZOK*, offizieller Langtitel *„Zákon ze dne 25. ledna 2012 o obchodních společnostech a družstvech (zákon o obchodních korporacích)"*, „Gesetz vom 25. Januar 2012 über Handelsgesellschaften und Genossenschaften (Gesetz über Handelskorporationen)"). Die „alten" Regelungen gelten für eine Übergangszeit weiter fort. Zum *NOZ* ebd. (Fn. 163), Abschnitt „Allgemeiner Teil" (*Obecná čast*) ff.

165 In der entsprechenden Darstellung zu den „Handelskorporationen" (*Obchodní Korporace*) heisst es ebd. (oben Fn. 163) im Bereich „Konzeptionelle Veränderungen" (*Koncepční změny*): *„Hlavním cílem změn je přitom vytvoření moderního a podnikatelsky atraktivního právní prostředí, které by dokázalo konkurovat jiným státům EU, a které by dostatečně motivovalo obchodní korporace k působení v ČR"*, übersetzt etwa „Hauptziel der Änderungen ist die Schaffung eines modernen und attraktiven rechtlichen und wirtschaftlichen Umfelds, das in der Lage ist, mit anderen EU-Staaten zu konkurrieren und das für Wirtschaftsunternehmen einen Anreiz setzt, um in der Tschechischen Republik tätig zu werden." Hierzu wurden im Zuge der allgemeinen Überarbeitung hin zu einer geschlossenen Regelung u.a. Defintionen überarbeitet, Vorschriften gekürzt sowie Anzahl und Ausmaß der Verweisungen reduziert.

166 Die Tschechische Republik ist nicht Mitglied im Wechselkursmechanismus II, der Euro soll nach Angaben des Gouverneurs der Tschechischen Nationalbank Česká národní banka, *Singer*, nicht vor 2019 eingeführt werden, vgl. Artikel *Tschechien: Euro-Einführung nicht vor 2019* (31.05.2013) unter http://www.owc.de/2013/05/31/tschechien-euro-einfuehrung-nicht-vor-2019/. 1 *Koruna česká* ≈ 0,04 Euro/1 Euro ≈ 25,75 tschechische Kronen (nach ISO auch „*CZK*").

167 Ebd., (oben Fn. 163), Darstellung zu den „Handelskorporationen" (*Obchodní Korporace*), Bereich „Konkrete Veränderungen" (*Konkrétní změny*), hier Abschnitt „GmbH" (*Společnost s ručením omezeným (s.r.o.)*), Unterabschnitt „Stammkapital" (*Základní kapitál*), zukünftiger § 142 *ZOK*. Verwiesen wird hier ausdrücklich auf die entsprechenden polnischen, französischen und deutschen Vorgaben (*„Tuto skutečnost ZOK akcentuje a stejně jako např. právo* polské, francouzské či německé stanoví, *že základní kapitál může být i jen 1 Kč"*, Hervorhebung durch Verf.).

168 Vgl. für das dualistische Modell (*Dualistický systém*) §§ 435 ff., hier für den Aufsichtsrat (*Dozorčí rada*) §§ 446 ff., für das monistische Modell (*Monistický systém*) §§ 456 ff. *ZOK*.

Daneben werden die Vorschriften zur unternehmerischen Mitbestimmung für den privaten Sektor insgesamt aufgehoben[169].

20. Kroatien

Das jüngste EU-Mitglied Kroatien hat im Zuge des Beitrittsverfahrens auch sein Wirtschaftsrecht überarbeitet. In diesem Zusammenhang wurde bei der heimischen Aktiengesellschaft (*dioničko društvo*, abgekürzt *d.d.*) die Wahlmöglichkeit zwischen monistischer und dualistischer Struktur geschaffen[170].

Im Oktober 2012 wurden zudem einige Vereinfachungen, vor allem im Hinblick auf die Verfahren, eingeführt. Vermutlich wichtigste Neuerung ist hier die

---

169 Vgl. zur alten Rechtslage § 200 I, V, VI čHGB; erfasst waren Aktiengesellschaften mit mindestens 50 Arbeitnehmern, vorgesehen war eine Drittelparität. (Eine, teilweise kommentierte, englische Übersetzung des čHGB (Stand 2001) findet sich unter http://adamek.in/Commercial%20Code%20English.pdf,) Zur neuen Rechtslage vgl. ebd., (oben Fn. 163), Darstellung zu den „Handelskorporationen" (*Obchodní Korporace*), Bereich „Konkrete Veränderungen" (*Konkrétní změny*), hier Abschnitt „AG" (*Akciová společnost (a.s.)*), Unterabschnitt „Organe" (*Orgány a.s.*). Dort heißt es: *„Za další změny s výrazně praktickými dopady je možné označit* zrušení povinnosti volit část *členů* dozorčí rady zaměstnanci, *uvolnění pravidel rozhodování na valné hromadě (např. možnost snížit kvórum usnášeníschopnosti či možnost kumulace funkcí) či připuštění, aby členem orgánu byla přímo právnická osoba"*, übersetzt etwa: „Als weitere Änderungen mit weitreichenden praktischen Folgen können die *Abschaffung der Pflicht der Wahl eines Teils des Aufsichtsrats durch die Arbeitnehmer*, die Auflockerung der Entscheidungsregeln bei Hauptversammlungen (zB. die Möglichkeit, die Entscheidungsquote zu senken, oder die Möglichkeit der Funktionenkummulation), als auch die künftige Zulassung einer juristischen Person als Mitglied des Organs, bezeichnet werden"; Hervorhebung durch Verf.

170 Maßgebliche Rechtsquelle ist das Gesetz über die Handelsgesellschaften, *Zakon o trgovačkim društvima, ZTD*, NN 111/93, 34/99, 121/99, 52/00, 118/03, 107/07, 146/08. Stand NN 152/11, abrufbar unter http://narodne-novine.nn.hr/clanci/sluzbeni/2011_12_152_3144.html, seinerseits zuletzt geändert durch *Zakon o izmjenama i dopunama Zakona o trgovačkim društvima* (etwa „Gesetz zur Änderung des Gesetzes über die Handelsgesellschaften"), NN 111/12, abrufbar unter http://narodne-novine.nn.hr/clanci/sluzbeni/2012_10_111_2392.html und durch *Prijelazne odredbe iz Kaznenog zakona na snazi* (etwa „Übergangsbestimmungen zum Inkrafttreten des Strafgesetzbuchs"), NN 144/12, abrufbar unter http://www.zakon.hr/cms.htm?id=279 (alle kroatisch). [NN = *Narodne Novine*, „Amtsblatt", es folgt die jeweilige Gesetzesnummer und das Jahr; anhand dieser Angaben sind die Gesetzestexte abrufbar unter http://narodne-novine.nn.hr/ (kroatisch, Suchmaske; soweit ersichtlich existiert keine frei zugängliche Übersetzung). Zur Aktiengesellschaft *d.d.* allgemein vgl. *Čl.* 159–384c *ZTD*, zur Wahlmöglichkeit vgl. *Čl.* 272.a *ZTD*. [*Članak* = „Artikel", Plural *„članci"*, *stavak*, kurz *st.* = „Absatz"]

Etablierung einer vereinfachten Form der Gesellschaft mit beschränkter Haftung, der sog. *jednostavnog društva s ograničenom odgovornošću*, abgekürzt *j.d.o.o.*[171]. Technisch ist sie mit der deutschen UG (haftungsbeschränkt) vergleichbar, die wohl auch Regelungsvorbild gewesen ist. Die *j.d.o.o.* darf maximal drei Gesellschafter und nicht mehr als einen Geschäftsführer haben[172]. Anders als die „normale" GmbH (*društvo s ograničenom odgovornošću* abgekürzt *d.o.o.*)[173] verfügt sie über ein deutlich reduziertes, bar zu erbringendes, Mindestkapital von nur noch 10,– *HRK* (ca. 1,40 Euro)[174]. Ebenso wie die deutsche UG (haftungsbeschränkt) ist auch die *j.d.o.o.* in gewissem Maße zwangsthesaurierend und muss ein Viertel des Jahresüberschusses für eine gesetzliche Rücklage verwenden. Wird auf diese Weise das Mindestkapital einer *d.o.o.* erreicht, fallen diese Beschränkungen weg[175]. In zwei Anhängen hält das Gesetz Musterprotokolle für die Gründung einer Ein-Personen-*j.d.o.o.* und einer „normalen" *j.d.o.o.* bereit[176].

Daneben wurden bereits ab 2008 in mittlerweile 61 Orten Servicestellen der Regierung unter der Bezeichnung „*Hitro*" etabliert. Diese sollen bei Bewältigung der notwendigen, immer noch recht umfangreichen, Formalien helfen. Ausgenommen sind Versicherungen und notarielle Beurkundungen[177].

21. Österreich

Zuletzt überarbeitete Österreich sein GmbH-Recht. Erklärtes Ziel war es, die *„österreichische GmbH für Gründer im Vergleich zu den Gesellschaftsformen anderer Mitgliedstaaten attraktiv zu halten und im Wettbewerb der europäischen*

---

171 Dies geschah durch das Änderungsgesetz *NN 111/12*. Vgl. hier *Čl.* 1 *NN 111/12*.

172 *Čl.* 13 *NN 111/12* (Einführung eines neuen *Čl.* 390.a in das *ZTD*.).

173 Vgl. *Čl.* 385–472a *ZTD*.

174 Für eine *d.o.o.* liegt es bei 20.000,– *HRK* (ca. 2.800,– Euro), *Čl.* 389 *st.* 2 *ZTD*. Der Kurs des kroatischen *Kuna* wird durch die Kroatische Nationalbank *Hrvatska Narodna banka – HNB* festgelegt, ist aber stark an den Euro angelehnt. Die Schwankungsbreite zu Deutscher Mark/Euro lag nach Angaben der *HNB* zwischen 1994 und 2012 bei ± 6%. Nähere Darstellung unter http://www.hnb.hr/tecajn/etecajn.htm, Abschnitt *About the Exchange Rate* (englisch). Stand April 2013: 1 Euro ≈ 7,60 *Kuna*/1 *Kuna* = 100 *Lipa* ≈ 0,14 Euro.

175 *Čl.* 13 *NN 111/12* (Hier: *Čl.* 390.a, *st.* 4, 5, 7; zu den Stimmrechten pro Anteil vgl. *čl.* 22 *NN 111/12*.).

176 Anhänge *NN 111/12* („*Prilog 1. Zapisnik o osnivanju jednostavnog društva s ograničenom odgovornošću s jednim članom*" bzw. „*Prilog 2. Zapisnik o osnivanju jednostavnog društva s ograničenom odgovornošću s najviše tri člana*", übersetzt etwa „Anhang 1. Protokoll zur Gründung einer einfachen Gesellschaft mit beschränkter Haftung mit einem Mitglied" bzw. „Anhang 2. Protokoll zur Gründung einer einfachen Gesellschaft mit beschränkter Haftung mit bis zu drei Personen".).

177 Englischer Webauftritt unter http://www.hitro.hr/Default.aspx?sec=18, insbes. Abschnitt „*How to start a company*".

Rechtsordnungen zu stärken", insbesondere als Reaktion auf das deutsche MoMiG, aber auch im Hinblick auf die Einführung der SPE[178].

Die Reformbestrebungen gestalteten sich zunächst eher zögerlich[179]. Nach diversen Ankündigungen, zuletzt für den Sommer 2012[180], kam es im Frühjahr 2013 zu einer Gesetzesvorlage, die alsbald das Parlament passierte[181]. Das Änderungsgesetz trat dann rückwirkend zum 01.07.2013 in Kraft[182].

Die wichtigste Neuerung ist wohl die Reduzierung des (bis dahin europaweit höchsten) Mindeststammkapitals von 35.000,– auf 10.000,– Euro[183]. Zudem wurden

178 GmbH-Reform – Vorblatt und Erläuterungen, beim österreichischen Bundesministerium für Justiz abrufbar unter http://www.justiz.gv.at/web2013/file/2c94848 53d643b33013d92140125696b.de.0/erl.pdf, hier S. 9. Zum Regierungsziel der Attraktivierung der GmbH im Hinblick auf die SPE vgl. auch Regierungsprogramm für die XXIV. Gesetzgebungsperiode (02.12.2008), unter http://www.bka.gv.at/DocView.axd?CobId=43769, hier S. 138 f.

179 Ein für Anfang 2010 angekündigter Gesetzesentwurf wurde aufgrund massiver politischer Widerstände der *Arbeiterkammer*, des Finanzministeriums und des Bundeskanzleramts nicht veröffentlicht. Die *AK* kritisierte insbesondere die geplante Senkung des Mindeststammkapitals und sah die Seriositätsschwelle für Unternehmensgründungen gefährdet. Ferner wurden Steuerausfälle und eine geminderte Transparenz durch den Wegfall von Veröffentlichungspflichten prognostiziert sowie die Reform generell als *„Murks"* charakterisiert; vgl. entsprechende Meldung vom 26.02.2010 bei *GmbH-Recht.at*, unter http://www.gmbhrecht.at/gmbh-reform/osterreich-vor-dem-scheitern/ sowie vom 03.03.2010 bei der *Wirtschaftskammer Wien/Junge Wirtschaft* unter http://twentyfourseven.cc/2010/03/gmbh-reform-stagniert-moglicherweise-vor-dem-aus/. Später ging die Regierung von einer Einführung Anfang 2011 aus, wobei aber auch die Rolle der Aufsichtsräte noch überarbeitet werden sollte um ihnen *„mehr Verantwortung"* zu geben; Interview mit der damaligen österreichischen Justizministerin *Bandion-Ortner* vom 26.09.2010 im *WirtschaftsBlatt*, abrufbar unter http://www.wirtschaftsblatt.at/home/oesterreich/wirtschaftspolitik/die-gmbh-light-kommt-anfang-2011-439783/index.do.

180 Vgl. Darstellung „Aus der Regierungsklausur vom 30. bis 31. Mai 2011–7 Arbeitspakete Fahrplan 2011–2013" unter http://www.bka.gv.at/DocView.axd?CobId=43769 sowie Bericht „Regierung ist sich einig: Es gibt diese sieben Pakete" im *Wirtschafts-Blatt* (30.05.2011), abrufbar unter http://www.wirtschaftsblatt.at/home/oesterreich/wirtschaftspolitik/474721/index.do; *Kalss*, NZG 2012, S. 161, 164 ff.

181 Vgl. Darstellung Gesellschaftsrechts-Änderungsgesetz 2013 beim Parlament unter http://www.parlament.gv.at/PAKT/VHG/XXIV/ME/ME_00500.

182 Bundesgesetz, mit dem das GmbH-Gesetz, die Insolvenzordnung, das Notariatstarifgesetz, das Rechtsanwaltstarifgesetz und das Körperschaftsteuergesetz 1988 geändert werden (Gesellschaftsrechts-Änderungsgesetz 2013 – GesRÄG 2013), BGBl I Nr 109/2013.

183 § 6 I östGmbHG a.F./n.F.; vgl. auch *Kalss*, NZG 2012, S. 161, 165. Davon muss die Hälfte bei Leistung der Einlagen bar einbezahlt werden, § 10 I östGmbHG. Das Mindestkapital der AG wurde bei 70.000,– Euro belassen, §§ 6, 7 östAG. Die

auch die allgemeinen Gründungskosten abgesenkt[184] und einige weitere Vereinfachungen[185] beschlossen.

Eine über diese Veränderungen hinausreichende, umfassende Reform des GmbH-Rechts soll indes ggf. erst nach Annahme des SPE-Statuts geprüft werden[186].

II. Zusammenfassung

Das europäische Gesellschaftsrecht ist im Fluss. In Folge der bisherigen Entwicklungen auf europäischer Ebene – und teilweise auch schon mit Blick auf die SPE[187] – brachten und bringen immer mehr Mitgliedstaaten ihre jeweiligen nationalen Rechtsordnungen „in Stellung". Beobachten lässt sich hier – bei allen beträchtlichen Unterschieden im Detail – eine allgemein bestehende Tendenz zur Deregulierung. Daneben lässt sich auch eine (zunehmende) Fokussierung auf KMU erkennen.

Die bereits bewirkten Änderungen im rechtlichen Ordnungsrahmen reichen von zugänglicheren Regelungen in mitunter vollkommen neuen Gesetzeswerken[188], vereinfachten Verfahren und umfangreichen Flexibilisierungen durch immer weiter individualisierbare Satzungsgestaltungen[189] oder die Schaffung von

österreichischen Gesetze sind im Volltext abrufbar unter http://www.jusline.at/gesetze.html.

184 Z.B. gilt dies für die Notariatsgebühren und die gewöhnlichen Rechtsanwaltskosten bei einer GmbH-Gründung, vor allem bei Ein-Personen-GmbHs, die mit der Mustersatzung gegründet werden, § 5 VIII Notariatstarifgesetz – NTG, § 10 Z 5 c) und d) Rechtsanwaltstarifgesetz – RATG.

185 Z.B. ist die Verpflichtung zur Veröffentlichung der Eintragung einer Neugründung im Amtsblatt der Wiener Zeitung weggefallen.

186 Begründet wird das mit den bislang im SPE-Statut enthaltenen zahlreichen Verweisen auf das nationale Recht, was dann wiederum einen *„neuerlichen und weitergehenden Änderungsbedarf mit sich bringen"* würde; GmbH-Reform – Vorblatt und Erläuterungen (oben Fn. 178), ebd. Gegen eine Absenkung des Mindestkapitals insgesamt und gegen eine *„vorauseilende Anpassung des österreichischen GmbH-Rechts auf eine künftige SPE, deren endgültige Fassung noch gar nicht vorliegt"* auch *Krejci* in seiner Stellungnahme zum GesRÄG 2013 (22.04.2013), abrufbar unter http://www.parlament.gv.at/PAKT/VHG/XXIV/ME/ME_00500_16/fname_300979.pdf, hier S. 18.

187 Z.B. Dänemark, Österreich, Schweden.

188 Z.B. Dänemark, Finnland, Italien, Schweden, Spanien, Tschechische Republik (ab 2014), Ungarn, Vereinigtes Königreich.

189 Z.B. Dänemark, Deutschland, Finnland, Frankreich, Griechenland (AG) Italien, Kroatien, Niederlande, Österreich, Schweden, Spanien, Tschechische Repubik (ab 2014), Ungarn. Bei nahezu allen Genannten werden zunehmend auch die Möglichkeiten moderner Technik berücksichtigt.

Wahlmöglichkeiten[190] über – bisweilen deutliche – Abschläge beim notwendigen Mindestkapital[191] bis hin zur Ergänzung des „Kanons der Rechtsformen“[192]. Nicht selten werden auch mehrere „Stellschrauben“ gleichzeitig bedient, um in Kombination der Regelungen nicht nur eine einzelne attraktivere Rechtsform, sondern eine insgesamt überzeugende Gesellschaftsrechtsordnung zu schaffen. Geändert werden darum auch zunehmend häufiger „benachbarte“ Bereiche, wie das Arbeitsrecht[193].

Hierbei bestimmen nicht etwa irgendwelche Zufälligkeiten das Bild, sondern sehr bewusste Entscheidungen der nationalen Gesetzgeber im gesamten System der jeweiligen Corporate Governance in all ihren Teilen und Korrelationen, insbesondere auch unter Beobachtung der entsprechenden Maßnahmen in den Nachbarstaaten. Die Mitgliedstaaten stehen insofern in wechselseitiger Abhängigkeit und beeinflussen sich gegenseitig. Mit gutem Grund steht zu erwarten, dass der Trend zu Vielfalt und Flexibilisierung anhalten wird.

Dabei wirkten die regulatorischen Entwicklungen auf europäischer Ebene zumindest auch als mittelbarer Katalysator auf nationale Regelungen. Ein besonders prägnantes Beispiel für dieses „mitgliedstaatliche Echo“ ist die Schaffung der Wahlmöglichkeiten zwischen monistischem und dualistischem Modell bei der Organisationsverfassung der Kapitalgesellschaften in solchen Staaten, in denen ursprünglich nur jeweils eine Variante vorgesehen war. Dies dürfte als Reaktion auf die entsprechende Regelung in der SE zu sehen sein. Insofern könnte man wohl von einer „mittelbar harmonisierenden Wirkung des Unionsrechts“ sprechen[194]. Das Unionsrecht ist im regulatorischen Wettbewerb insoweit gleichermaßen Teilnehmer wie Impulsgeber.

---

190 Z.B. Bulgarien (AG), Finnland, Frankreich (AG), Italien, Luxemburg (AG), Niederlande (AG/GmbH); Rumänien (AG), Slowenien (AG), Tschechische Republik (AG, ab 2014), Ungarn (börsennotierte AG).

191 Z.B. Bulgarien (GmbH), Dänemark (GmbH), Estland, Frankreich (GmbH), Finnland (GmbH), Griechenland (GmbH), Niederlande (GmbH), Österreich (GmbH), Polen, Schweden (GmbH), Tschechische Republik (GmbH, ab 2014), Ungarn (GmbH).

192 Z.B. Belgien (*S-bvba*), Deutschland (*UG (haftungsbeschränkt)*), Frankreich (*S.A.S.*), Kroatien (*j.d.o.o.*), Spanien (*SLNE*). Tatsächlich handelt es sich hier meist nicht um „neue“ Rechtsformen, sondern um (mitunter allerdings äußerst weitreichende) Modifizierungen bereits bestehender Formen.

193 Z.B. Frankreich, Luxemburg, Rumänien, Spanien, Tschechische Republik (hier: Abschaffung der Mitbestimmung in der AG ab 2014), Ungarn. Näher zum Aspekt der Arbeitnehmerbeteiligung sogleich Teil 3 C. und D.

194 Indirekt kann so eine vereinheitlichende Wirkung am grundsätzlichen Fundament entstehen, bei denen die Mitgliedstaaten in den Ausdifferenzierungen für ihre eigenen Priorisierungen frei bleiben, gleichzeitig aber auch in einem permanenten Wettbewerb stehen. Öffnen sie sich in ihren nationalen Entwicklungen für die entsprechenden Ansätze des jeweils anderen scheint, auf sehr lange Sicht, auch eine faktische Harmonisierung ohne weiteres Zutun der Union möglich.

Resultat des Ganzen ist eine gewachsene Vielzahl an gestalterischen Optionen für die Unternehmen, die nun zunehmend individualisierbarer geworden sind. Der zwischenstaatliche Wettbewerb funktioniert nicht nur, er nimmt zunehmend an Fahrt auf[195].

C. Teilaspekt Arbeitnehmerbeteiligung

Ein relevanter Einzelfaktor im rechtlichen Ordnungsrahmen ist die Arbeitnehmerbeteiligung. Auch in diesem Bereich hat sich in den Mitgliedstaaten im Laufe der Zeit eine beachtliche Vielfalt von Regelungsmodellen entwickelt.

Schon die im Rahmen der Beratungen zur SE eingesetzte Sachverständigengruppe „Europäische Systeme der Beteiligung der Arbeitnehmer" (nach ihrem Vorsitzenden auch „*Davignon*-Gruppe" genannt) erwies sich in ihrem Abschlussbericht vom Mai 1997 *„von der Tatsache beeindruckt, dass sich die nationalen Systeme der Information, Anhörung und Mitwirkung der Arbeitnehmer derart stark voneinander unterscheiden"*[196]. Durch die Erweiterungen auf mittlerweile 28 Mitgliedstaaten und den zunehmenden Wettbewerb haben die Gegensätze seitdem sogar noch zugenommen. Quantitativ und qualitativ schwanken Vorgaben und reale Auswirkungen beträchtlich, sowohl auf der betrieblichen als auch auf der unternehmerischen Beteiligungsebene[197].

---

195 Vgl. auch *Radwan*, EBLR 2006, S. 1169, 1179 (*„... recently increasingly fashionable notion of regulatory competition in European company law..."*).

196 Abschlussbericht der Sachverständigengruppe „Europäische Systeme der Beteiligung der Arbeitnehmer" (*Davignon*-Bericht) (C4-0455/97), S. 12, Rn. 94 c.

197 Für einen Überblick vgl. *Schulten/Zagelmeyer*, EIRO 1998; *Taylor*, Überblick, S. 68 ff.; *Hörisch*, Vergleich, S. 19 ff., 32 ff.; BDA/BDI 2004, S. 11 ff., sowie nunmehr auch *Schulte-Wrede*, Europ. Arbeitnehmerbeteiligung, S. 27 ff. Aktualisierte Darstellungen finden sich im Internet v.a. beim *European Trade Union Institute – Research, Education, Health and Safety – ETUI-REHS* (einer Einrichtung des Europäischen Gewerkschaftsbundes *European Trade Union Confederation – ETUC*), das unter http://www.worker-participation.eu/National-Industrial-Relations ein Portal mit Überblicksdarstellungen und umfangreichen Länderinformationen bereit hält (aktuellste Fassung jeweils englisch), im Folgenden jeweils ETUI-[*Länderkürzel*]-[*Abschnitt*, hierbei steht *„BI"* für die jeweilige Darstellung zur Betrieblichen Interessenvertretung und *„MB"* für den Bereich zur Unternehmensmitbestimmung]; ein allgemeiner Vergleich der europäischen Vorgaben ist dort abrufbar unter http://www.worker-participation.eu/National-Industrial-Relations/Across-Europe, dort vor allem die Abschnitte *Workplace Representation* und *Board-level Representation*. Hilfreich ferner die Darstellungen bei *Eurofound – European Foundation for the Improvement of Living and Working Conditions/Europäische Stiftung zur Verbesserung der Lebens- und Arbeitsbedingungen. Eurofound* ist eine EU-Agentur die 1975 vom Rat gegründet wurde und über den Gesamthaushalt der Europäischen Kommission finanziert wird (Verordnung (EWG)

Auch hier sollen die wesentlichen Parameter kurz skizziert werden. Zur Übersicht findet sich am Ende dieses Teilabschnitts eine zusammenfassende Darstellung[198]. Zum konkreten Vergleich findet sich im Anhang jeweils eine Tabelle über die betriebliche Beteiligung sowie über die unternehmerische Mitbestimmung[199].

I. Betriebliche Beteiligung

1. Nationale Standards – Überblick

Bereits auf der betrieblichen Ebene reicht die Skala von „quasi geduldeten" Einzelvertretern, deren ohnehin begrenzten Rechte faktisch oft ignoriert werden[200] bis zu selbstbewusst agierenden und eigenständig budgetierten Gremien mit weitreichenden Befugnissen[201].

Schon die formalen Organisationen unterscheiden sich erheblich.

Sporadisch gibt es bereits ein direktes Recht auf individuelle Beteiligung des einzelnen Arbeitnehmers[202]. Vor allem aber existieren indirekte Vertretungsformen

---

Nr. 1365/75 des Rates vom 26. Mai 1975 über die Gründung einer Europäischen Stiftung zur Verbesserung der Lebens- und Arbeitsbedingungen, ABl. L 139/1, 30.05.1975). Nach den Verordnungsvorgaben arbeitet sie so eng wie möglich mit den spezialisierten Einrichtungen in den Mitgliedstaaten und auf internationaler Ebene zusammen. Sie unterhält auch selbst verschiedene Spezialorganisationen, darunter die für diese Darstellung bedeutendste *European Industrial Relations Observatory/Europäische Beobachtungsstelle für Arbeitsbeziehungen – EIRO.* Eine kurze Eigendarstellung zu *Eurofound* ist abrufbar unter http://www.eurofound.europa.eu/about/index_de.htm, zu EIRO unter http://www.eurofound.europa.eu/eiro/about_index.htm (englisch), die einzelnen Informationen von *EIRO* sind zugänglich unter http://www.eurofound.europa.eu/eiro/ (englisch). Die mitunter wechselnden Schreibweisen entsprechen den jeweiligen Quellen.

198 Teil 3 E.

199 Teil 8 A. und B.

200 Z.B. Litauen.

201 Z.B. Frankreich.

202 So z.B. in Frankreich, sog. *„Droit d'expression directe"*, Art. L. 2281–1 ff. frCT (zum frCT oben Fn. 64). Die Mitarbeiter behalten dieses Recht, selbst wenn andere (indirekte) Repräsentanzen bestehen. Wie das *„Droit d'expression directe"* im Einzelfall genutzt werden kann, ist jedoch mit den Gewerkschaften auf betrieblicher Ebene auszuhandeln. Das *Droit d'expression* hängt also faktisch an den Gewerkschaften, deren Ausgestaltung im konkret betroffenen Betrieb wiederum von den entsprechenden Ergebnissen bei den Betriebsratswahlen abhängt, die ihrerseits aber verpflichtend nur in Unternehmen mit mindestens elf Beschäftigten durchgeführt werden müssen. Auch in Großbritannien sollen direkte Beteiligungen die bevorzugte Variante sein. Teilweise sollen die indirekten Gremien durch die direkte Beteiligung bewusst „verdrängt" werden, *Hall/Purcell*, EIRO I&C 2011, S. 27 (*„crowded out"*). Zu den in-

durch Betriebsräte sowie lokale Gewerkschaftsvertretungen. Diese Gremien wiederum bestehen in den einzelnen Betrieben mal parallel (*dual-channel*)[203], mal in ausdrücklicher Konkurrenz zueinander[204], mal quasi oder vollständig isoliert (*single-channel*)[205], wobei sich die jeweiligen Mitglieder personell dann aber oft aus den Gewerkschaften rekrutieren[206]. Teilweise ist die Trennung auch nur nominell, weil die Gewerkschaftsvertretungen nicht nur ihre Mitglieder repräsentieren sondern einen universellen Vertretungsanspruch für die Gesamtbelegschaften haben[207].

---

dividuellen Beteiligungsrechten auf betrieblicher Ebene in Deutschland vgl. §§ 81–86a BetrVG.

203 In Belgien, Frankreich, Griechenland, Irland, Kroatien, Polen, Portugal, Spanien, der Tschechischen Republik und Ungarn. In Griechenland genießen Betriebsräte allerdings praktisch Exotenstatus, ähnlich wohl auch in Polen. Irland bietet theoretisch fast schon ein Vertretungspanoptikum und legt den Schwerpunkt auf verhandelte Lösungen.

204 In der Slowakischen Republik, Slowenien und (eingeschränkt) Ungarn überschneiden sich die Befugnisse. Insbesondere in Ungarn besteht auch eine ausgesprochene Rivalität zwischen den Betriebsräten und den Gewerkschaftsvertretungen wie auch bei den Gewerkschaften untereinander; vgl. hierzu auch *Rudolf*, OBS 2006, S. 7 ff. Zwischen 2007 und 2013 wurden in Ungarn und in der Slowakischen Republik die Befugnisse mehrfach zwischen den Betriebsräten und den Gewerkschaftsvertretungen hin und her verschoben, abhängig von den jeweiligen politischen Mehrheiten.

205 In Bulgarien, Dänemark, Estland, Finnland, Italien, Lettland, Litauen, Malta, Rumänien, Schweden, dem Vereinigten Königreich und Zypern. Die Unterrichtungs- und Anhörungsrichtlinie (hierzu näher sogleich unter Abschnitt 2. sowie unter Teil 4 C.) hat insofern zwar dafür gesorgt, dass neben den Gewerkschaftsvertretungen zumindest theoretisch auch andere Arbeitnehmervertretungen etabliert werden können, faktisch ist dies gleichwohl längst nicht immer der Fall. So können in Finnland nur dann Betriebsräte eingesetzt werden, wenn es keine Gewerkschaftsvertretung gibt oder die nicht-gewerkschaftlich organisierten Arbeitnehmer die Mehrheit im Unternehmen stellen. In Malta endet das Vertretungsmandat, sobald sich eine Gewerkschaftsvertretung bildet. Genau das war auch in der Tschechischen Republik vorgesehen, jedoch wurde diese Vorgabe im März 2008 durch das tschechische Verfassungsgericht *Ústavní soud České republiky* als verfassungswidrig beurteilt und verworfen.

206 So in Deutschland, Österreich, Luxemburg und den Niederlanden, wo ausschließlich Betriebsräte, aber keine separaten Gewerkschaftsvertretungen vorgesehen sind. In Belgien, Bulgarien, Dänemark, Frankreich, den Niederlanden, Luxemburg, Polen, Slowenien und Ungarn spielen die Gewerkschaftsvertreter in den Betriebsräten zumindest die Hauptrolle.

207 Italien, Polen, in kleineren Betrieben auch Belgien. Genau dieser universelle Vertretungsanspruch der Gewerkschaften wurde in Ungarn durch das Verfassungsgericht *Magyar Köztársaság Alkotmánybíróság* als verfassungswidrig beurteilt (näher dazu sogleich unter Teil 3. D. III. 2.).

Bisweilen, vor allem in Südeuropa, stehen in ein und demselben Betrieb mehrere Gewerkschaften in Rivalität[208].

Im Rahmen der Gründung ist das rechtliche Bezugsobjekt mal der Betrieb[209], bisweilen auch das Unternehmen[210]. Teilweise beginnt und endet die betriebliche Beteiligung bereits auf der untersten Ebene[211], teilweise sind ausdrücklich betriebsübergreifende Gremien vorgesehen[212].

Mal ist die direkte Einführung von betrieblichen Unterrichtungs- und Anhörungsmechanismen ab einem bestimmten Schwellenwert gesetzlich vorgeschrieben[213], mal bedarf es dazu mehr oder minder aufwändiger Schritte von Arbeitnehmern oder Gewerkschaften (*„trigger mechanism"*)[214].

Die jeweiligen Bestellungs- und Abberufungsverfahren weichen z.T. gravierend und mitunter bereits für ein und dasselbe Gremium voneinander ab. So beispielsweise im Hinblick auf die jeweils Vorschlagsberechtigten und die notwendigen Mehrheiten, jeweils unter unterschiedlicher Einbeziehung der verschiedenen Arbeitnehmergruppen[215]. Die Anzahl der letztlichen Vertreter wiederum ist teilweise auch nach oben begrenzt[216], teilweise ausschließlich von der Größe des jeweiligen Bezugsobjekts abhängig, so dass sich nicht zuletzt auch sehr unterschiedliche Stimmgewichte und Repräsentationsquoten der letztlichen Amtsinhaber ergeben[217].

---

208 Dies gilt z.B. für Italien und Spanien, wo es in einem einzigen Betrieb z.T. vier oder mehr untereinander konkurrierende Gewerkschaften gibt, die jeweils beteiligt werden müssen. Aus deutschem Blickwinkel kommentierte *Kannegiesser*, seinerzeit Präsident des Gesamtverbands der Arbeitgeberverbände der Metall- und Elektro-Industrie, diesen Zustand mit *„Würgerei"*; in *Schneyink/Wolf-Doettinchem, Stern* 11/2012, S. 64.

209 Z.B. Deutschland.

210 Litauen; Dänemark beim *Samarbejdsudvalg* („Kooperationsausschuss"), der paritätisch mit Arbeitgeber- und Arbeitnehmervertretern besetzt wird und funktional in etwa dem deutschen Betriebsrat entspricht.

211 Rumänien.

212 Deutschland, Frankreich, skandinavische Staaten.

213 Z.B. Luxemburg, Niederlande; nominell auch Österreich, wo aber praktisch die Arbeitnehmer über ihre Einführung entscheiden und etwaige Verstöße nicht sanktioniert sind.

214 Z.B. Bulgarien, Deutschland, Irland, Italien.

215 Z.B. kennen Spanien und Österreich noch eine Trennung zwischen Arbeitern und Angestellten, in Dänemark bestehen beim Kooperationsausschuss Sonderrechte der Leitenden Angestellten. Teilweise sind Wahlkommissionen und Delegationen vorgesehen, etc.

216 Z.B. Tschechische Republik, Ungarn, Niederlande, Frankreich, Vereinigtes Königreich.

217 In den Staaten mit parallelen Vertretungen regeln die Gewerkschaften die betreffenden Fragen meist in ihren jeweiligen Satzungen auf Grundlage der nationalen Gewerkschaftsgesetze. In den Staaten mit Einzelvertretungen gelten z.B.

Einmal etabliert setzen sich die Unterschiede bei den Befugnissen und praktischen Möglichkeiten der Gremien fort. Manchmal bedarf bereits ihr Vertretungsanspruch einer vorherigen Anerkennung durch den Arbeitgeber[218] oder dem Erreichen bestimmter Quoren[219] (sog. Repräsentativität). Teilweise operieren die Vertretungen im regulatorischen Korsett umfangreicher gesetzlicher Regelungen[220], mal nahezu ausschließlich auf Grundlage tariflicher Vereinbarungen[221], bisweilen sind auch Anpassungsmöglichkeiten vorgesehen[222]. Manchmal sind auch nur die Verfahren vorgegeben, während die nähere inhaltliche Ausgestaltung offen bleibt[223]. Mitunter genießen die Vertretungen hieraus umfangreiche Rechte bis hin zu Vetomöglichkeiten[224], mal bestehen ohnehin nur begrenzte Möglichkeiten faktisch quasi nur auf dem Papier[225].

Sitzungen werden zuweilen mindestens monatlich[226], andernorts allenfalls einmal im Jahr abgehalten[227]. Die entsprechenden Treffen finden zum Teil ausschließlich

---

Listenwahlen (Österreich, Niederlande) oder Direktwahlen (z.B. Ungarn, Polen), teilweise bestehen diesbezüglich auch keine ausdrücklichen Regelungen (z.B. Lettland, Litauen; Griechenland sieht ähnlich wie Malta nur eine „geheime" Wahl vor und überlässt die Einzelheiten dem Arbeitgeber).

218 Das gilt grundsätzlich im gesamten angelsächsischen Rechtskreis, sog. *recognition.* Erst wenn und soweit der Arbeitgeber zu Anhörung und Verhandlung mit der Gewerkschaft bereit ist, findet eine gewerkschaftliche Vertretung überhaupt statt. Die „Vertretungsreichweite" schwankt so zwischen Verhandlungen über Lohn und Arbeitsbedingungen einerseits und (bloßen) Disziplinarfragen und Einzelbeschwerden andererseits, das Spektrum ist also beträchtlich. Im Vereinigten Königreich gibt es seit November 2000 eine gesetzliche Regelung, über die der Arbeitgeber für Betriebe mit mehr als 21 Beschäftigten zur Anerkennung der Gewerkschaft gezwungen werden kann. In Irland und Malta hingegen bestehen bislang kein Verfahren zur zwangsweisen Anerkennung, Zypern kennt generell keine *recognition.*

219 Z.B. Gewerkschaften in Frankreich, Polen oder Zypern.

220 Deutschland, für Betriebsräte auch Slowenien.

221 Dänemark, Schweden.

222 Z.B. Estland.

223 So z.B. in den skandinavischen Staaten, wo die nähere Ausgestaltung der Unterrichtungs- und Anhörungsgremien durch Tarifverträge (auf wiederum unterschiedlichen Ebenen) erfolgt. In Estland sind Unterrichtung und Anhörung zwar verbindlich, aber nicht bestimmten Gremien zugewiesen, ggf. ist die Belegschaft direkt zu informieren. In Zypern hängen die Unterrichtungs- und Anhörungsverfahren insgesamt an einer entsprechenden Vereinbarung.

224 Z.B. Deutschland, Österreich, Niederlande. Die jeweiligen Abstufungen sind im Detail durchaus umfangreich, so dass es vorkommen kann, dass nicht einmal das fragliche Gremium ohne weiteres weiß, welche Befugnisse im konkreten Fall gegeben sind.

225 Bulgarien, Litauen.

226 Z.B. Slowenien, Schweden.

227 Polen.

als Arbeitnehmergremium statt[228], mal unter mehr oder weniger weitreichender Einbeziehung des Arbeitgebers[229]. In den Sitzungen gelten dann im Hinblick auf den Zugang zu Informationen, ihre Vertraulichkeit bzw. ihre mögliche Weitergabe unterschiedlichste Standards[230]. Im Alltag sichtbar werden die Differenzen letztlich u.a. auch bei den sehr verschiedenen Sachausstattungen und Freistellungen für die Arbeitnehmervertreter sowie deren Zugang zu Weiterbildungsmaßnahmen und externen Beratern, da so ihre tatsächlichen Wirkungsmöglichkeiten determiniert werden[231].

Und abschließend bestehen mitunter deutliche Abweichungen auch bei der rechtlichen Durchsetzbarkeit, dem Zugang zu (Arbeits-)Gerichten und Schiedsstellen und den Sanktionsmöglichkeiten[232].

---

228 Deutschland, Niederlande.

229 Z.B. Belgien, Dänemark im Kooperationsausschuss.

230 Z.B. sind in Deutschland Vorbesprechungen üblich, der Arbeitgeber muss von sich aus bestimmte Informationen erteilen und bereitstellen. In Österreich sind die jeweiligen Beschlussvorlagen mit einer entsprechenden Frist vorab bereit zu stellen, allerdings muss der Betriebsrat eine entsprechende Anfrage stellen. In Frankreich werden die unternehmerischen Vorschläge mit Beginn der Sitzungen vorgestellt, in der Tschechischen Republik werden betreffende Informationen oft erst im Nachhinein erteilt.

231 Z.B. Frankreich einerseits bzw. Lettland andererseits. In Frankreich muss der Arbeitgeber dem Betriebsrat ein eigenes Budget gewähren, das 0,2% der gesamten jährlichen Lohnkosten umfasst. Daneben hat der Arbeitgeber Räume und Ausstattung zur Verfügung zu stellen. Zudem haben die jeweiligen Arbeitnehmervertreter einen Anspruch auf Freistellung in einem bestimmten Umfang. In Lettland erfolgen etwaige Freistellungen und Aussattatungen ausschließlich auf der Grundlage von tarifvertraglichen Vereinbarungen.

232 Z.B. können im Vereinigten Königreich die Vereinbarungen nur durchgesetzt werden, wenn sie auch entsprechende Klauseln enthalten. Praktisch wurden binnen fünf Jahren lediglich zwölf Beschwerden erhoben, von denen wiederum drei Geldstrafen von unter 75.000,– GBP (ca. 90.000,– Euro) nach sich zogen. In Frankreich, wo sowohl die Gremien als auch die einzelnen Repräsentanten vor Gericht ziehen können, gab es 2008 insgesamt 92 entsprechende Entscheidungen, 69 davon auf der Eingangsebene des *Tribunal correctionel* und 25 im *Cour d'appel*. Die durchschnittliche Geldstrafe betrug 1.953,– Euro, theoretisch wären aber auch Freiheitsstrafen möglich. In Polen wurden bis zum Februar 2007 insgesamt 34 Fälle gezählt, von denen sieben zu Beanstandungen durch die Aufsichtsbehörde führten, fünf vor Gericht verhandelt und zwei vor Gericht zu Geldstrafen von insgesamt 2.000,– PLN (ca. 500,– Euro) verurteilt wurden. In der Tschechischen Republik wurden 2009 insgesamt 29 Beanstandungen erhoben, von denen aber keine bis vor Gericht langte, da die entsprechenden Verfahren als „sehr anspruchsvoll, kompliziert und langwierig" bewertet werden (*„very demanding, complicated and lengthy"*); *Hall/Purcell*, EIRO I&C 2011, S. 22 f. Zum Vergleich: Deutschland sieht in § 121 II BetrVG für bestimmte Verstöße eine Geldbuße bis maximal 10.000,– Euro vor.

2. *Vereinheitlichung durch die Unterrichtungs- und Anhörungsrichtlinie?*[233]

Eine gewisse Vereinheitlichung wurde hierbei durch die Unterrichtungs- und Anhörungsrichtlinie 2002/14/EG angestrebt. Je nach Tradition hatte sie auf die Mitgliedstaaten aber real höchst unterschiedliche Auswirkungen. Länder, die bereits seit längerem über ein Konzept der betrieblichen Arbeitnehmerbeteiligung verfügten, sei es durch die Gewerkschaften oder die Betriebsräte, wurden von ihr kaum betroffen. Andere Staaten, insbesondere viele neuere EU-Mitglieder aus Mittel- und Osteuropa aber auch die dezidiert voluntaristischen Länder Großbritannien und Irland, mussten aufgrund ihrer Vorgaben ein teilweise vollkommen neues Vertretungsinstrumentarium schaffen.

Die Richtlinienvorgaben haben dazu beigetragen, dass sich die Spektren weiter auffächerten. Denn mal wurden sie nur in ihren Mindesterfordernissen umgesetzt[234], mal wurden weitergehende Rechte und Abweichungsmöglichkeiten durch Vereinbarungen vorgesehen, so dass die Richtlinie faktisch nur als „Auffangregelung" wirkt[235]. Dennoch wurde das angestrebte Ziel bislang nicht wirklich erreicht. *Hall/Purcell* unterscheiden nach ihren Beobachtungen aus der Praxis auch fünf Jahre nach Ende der Umsetzungsfrist noch drei Großgruppen, nämlich Länder mit einem „stabilen" System von Unterrichtung und Anhörung, sodann solche, in denen entsprechenden Arrangements zunehmende Bedeutung beikommen und schließlich solche, in denen deren Bedeutung schwach ausgeprägt ist oder sogar zurückgeht[236].

---

233 Näher zur Richtlinie sogleich Teil 4 C.

234 Z.B. Tschechische Republik.

235 Z.B. in den skandinavischen Staaten, Großbritannien und Irland. Gerade im angelsächsischen Rechtskreis bestehen für die Vereinbarungslösungen aber kaum inhaltliche Vorgaben (meist nur, dass sie jeweils alle Beschäftigten einbeziehen müssen), so dass zwischen den faktischen Wirkungen beträchtliche Unterschiede bestehen können. Aus der Praxis wird berichtet, dass im Vereinigten Königreich die Auffangregelungen zwischen 2005 und 2010 in lediglich drei Fällen zum Tragen gekommen sind, in Irland gar nicht, weil immer Vereinbarungslösungen erzielt werden konnten; *Hall/Purcell*, EIRO I&C 2011, S. 6 f.

236 Gem. Art. 11 I RL 2002/14/EG lief die Umsetzungsfrist bis zum 23.03.2005. *Hall/Purcell* zählen zu den Staaten mit einem stabilen System Belgien, Dänemark, Deutschland, die Niederlande, Österreich und Schweden (*„stable pattern of I&C arrangements"*), zunehmende Bedeutung wird für Estland, Frankreich, Luxemburg, Polen, die Slowakische Republik, Slowenien, Spanien und das Vereinigte Königreich festgestellt (*„growing incidence (or use) of I&C arrangements"*), geringe oder sogar abnehmende Bedeutung wird für Bulgarien, Griechenland, Irland, Italien, Litauen, Malta, Portugal und Rumänien konstatiert (*„declining incidence, or very low take up, of I&C arrangements"*); *Hall/Purcell*, EIRO I&C 2011, S. 12 f., 28 f. (*Commentary*). In der Studie blieben Finnland und Lettland unberücksichtigt, ebenso Kroatien, jedoch wurde der EWR-Staat Norwegen hinzugenommen. Dieser wird von den Autoren ebenfalls zu den Ländern mit stabilem System gezählt.

Dabei bedeutet die Einführung entsprechender Mechanismen aber immer noch nicht, dass ihren Anforderungen in der gelebten Wirklichkeit jeweils umfassend nachgekommen wird. Verallgemeinerungen sind naturgemäß schwierig. Grundsätzlich, und gerade auch in den Staaten mit einem „stabilen System", ist zumindest ein eindeutiger Größeneffekt feststellbar. Etablierte Informations- und Unterrichtungsverfahren finden sich EU-weit vor allem in den größeren Betrieben, wo sie dann aber aufgrund der jeweiligen nationalen Wirtschaftsstruktur mitunter nahezu die gesamte Erwerbsbevölkerung erfassen[237]. KMU hingegen verhalten sich schon hier mindestens reserviert, wenn nicht (offen) ablehnend[238]. Praktisch (und immer noch) bedeutet aber selbst das Zurverfügungstellen noch lange keine gleichzeitige (geschweige denn allgemeine) Akzeptanz der Maßnahmen und Mittel. Cum grano salis gilt wohl, dass in den Betrieben bereits die Informationsrechte nur bedingt beachtet werden und sich inhaltlich dann eher auf Fragen der Arbeitsorganisation als auf solche der Unternehmensstrategie erstrecken. Konsultationen sind noch weniger üblich und beschränken sich dann ebenfalls eher auf Abläufe als auf wirtschaftliche Fragen.

Die faktische Resonanz schwankt also, sowohl unter den Staaten als auch unter den Wirtschaftsteilnehmern und sogar auch unter den Sozialpartnern. Denn eine mitunter zögerliche Annahme des Instrumentariums lässt sich keinesfalls nur bei den Arbeitgebern beobachten. Je nach Ausgestaltung der nationalen Regelungen überwiegt viel mehr selbst bei den Gewerkschaften ein gewisser Argwohn, fürchten sie doch um eine Einschränkung ihrer Positionen und Privilegien[239]. Da aber

---

237 *Hall/Purcell*, EIRO I&C 2011, S. 8 ff. Ausgehend von Unternehmen mit mindestens zehn Beschäftigten gab es entsprechende Verfahren z.B. in Finnland in 68% der Unternehmen, wodurch 90% der Erwerbsbevölkerung abgedeckt wurden. In Deutschland waren zwar nur 28% der Unternehmen, aber 69% der Arbeitnehmer erfasst. Schlusslicht in dieser Hinsicht war Portugal mit 3% der Unternehmen und 15% der Beschäftigten. Der EU-Durchschnitt wird mit 37% der Unternehmen und 63% der Erwerbsbevölkerung angegeben. Die jeweils größten Unternehmen (>250 bzw. >500 Beschäftigte) hatten in ca. 75% entsprechende Verfahren etabliert, niedrige Raten bestehen vor allem in den Unternehmen mit bis zu 50, in mittel- und osteuropäischen Staaten auch in denen mit bis zu 100 Beschäftigten.

238 Vgl. *Hall/Purcell*, EIRO I&C 2011, S. 14 zu einigen Hinderungsgründen, zur Praxis S. 15 ff., dort auch zu den Unterschieden hinsichtlich „bloßer" Information und „tatsächlicher" Konsultation, zusammenfassend S. 29 („*...the problem of the non-implementation of I&C rights guaranteed by the directive being particularly acute in small workplaces*").

239 *Hall/Purcell*, EIRO I&C 2011, S. 14, 27 f., konstatieren für eine Reihe von Ländern aus verschiedensten Gründen eine „mangelnde Begeisterung der Gewerkschaften zur Errichtung von Unterrichtungs- und Anhörungsgremien" *(„lack of enthusiasm on the part of trade unions [...] for establishing I&C bodies")*, hier vor allem aber nicht nur, Bulgarien, Großbritannien, Irland und Italien. In Portugal besteht

oft die Gewerkschaften eine zentrale Rolle bei der Etablierung und Umsetzung von Arbeitnehmerbeteiligungsmodellen spielen, fehlt der notwendige „Nährboden“[240]. Zumal quer durch Europa auch die Gewerkschaften zunehmend an Rückhalt verlieren[241] und die reine Mitgliedschaft in einer Gewerkschaft nicht zwangsläufig alleine auf das Motiv der kollektiven Interessenwahrnehmung reduziert werden kann. Viel mehr dürfte bei den einzelnen Mitgliedern zumindest teilweise ein

---

Widerstand sowohl bei den Arbeitgebern als auch bei den Arbeitnehmern. *Kovácz, A participação no contexto de competitividades*, in *Organizações e Trabalho*, Nr. 12, S. 11 ff., Lissabon Oktober 1994, führt insofern aus: *„The large majority of employers does not want to promote workers' involvement. Workers' representatives themselves have similar positions“;* zit. nach *Naumann*, Country Report Portugal, S. 97 f.

240 Vgl. auch *Fulton* im Rahmen der Überblicksdarstellung *National Industrial Relations, Workplace Representation*, hier Abschnitt *The role of unions*, unter http://www.worker-participation.eu/National-Industrial-Relations/Across-Europe/Workplace-Representation2 (englisch). („... *evidence suggests that without unions, there is little workplace representation – a situation which the legislation implementing the EU directive on information and consultation has not changed.*“).

241 Der gewerkschaftliche Organisationsgrad, d.h. der Anteil der Arbeitnehmer, die einer Gewerkschaft angehören, schwankt in den einzelnen Mitgliedstaaten beträchtlich. Er reicht von ca. 70% in Finnland bis zu ca. 8% in Frankreich (*Fulton*, ETUI-FI-Landesübersicht, hier Abschnitt *Trade Unions*, gibt für Finnland für das Jahr 2008 einen Wert von 74% an, für das Jahr 2011 von 69%, *Jokivuori, Finland: Industrial relations profile* (18.04.2013) unter http://www.eurofound.europa.eu/eiro/country/finland.htm, hier Abschnitt *Facts and figures*, spricht für 2011 von einem Organisationsgrad von 68%; für Frankreich nennen *Fulton*, ETUI-FR-Landesübersicht und *Tissandier, FRANCE Industrial relations profile* (17.05.2013) unter http://www.eurofound.europa.eu/eiro/country/france.htm, hier Abschnitt *Facts and Figures*, jeweils acht Prozent, fünf Prozent im Privatsektor. Nach dem auf soziale Bewegungen spezialisierten Historiker *Sirot* liegt der Wert bei fünf bis sieben Prozent, jedenfalls habe *„Frankreich [...] die niedrigste Gewerkschaftszugehörigkeits-Quote in der OECD“*, zit. nach Wüpper, Welt am Sonntag, 17.10.2010, S. 42, *„Arbeit ohne Kampf“*.). Der EU-Durchschnittswert lag 2012 bei 24%. Insgesamt geht die Zahl der Gewerkschaftsmitglieder in den meisten Ländern seit Jahren zurück. Dort, wo sie zuletzt anstieg, ging sie gleichwohl nicht mit dem gleichzeitigen Anstieg der Beschäftigtenzahlen konform, so dass die Quote letztlich sank. Höchst unterschiedlich sind dann auch das jeweilige Selbstverständnis und nicht zuletzt auch die Beweggründe der Gewerkschaften wie auch ihrer Mitglieder. Näher dazu *Fulton*, allgemeine Darstellung *Trade Unions* unter http://www.worker-participation.eu/National-Industrial-Relations/Across-Europe/Trade-Unions2 sowie im Detail nach Ländern und Sektoren bei *EIRO* unter http://www.eurofound.europa.eu/cake/eiro_subject?key=39 (alle englisch).

gewisser „Motiv-Mix“ für eine Gewerkschaftszugehörigkeit bestehen[242]. Der reine Zahlenwert des Organisationsgrads spiegelt die Bedeutung der Gewerkschaften also nicht uneingeschränkt wider.

Skepsis und schwindender Rückhalt lassen sich insbesondere in den mittel- und osteuropäischen Beitrittsländern beobachten (meist als *CEE*-Staaten für *„Central and Eastern Europe“* bezeichnet). Vor allem hier bedeutet das Vorhandensein von grundlegenden Beteiligungsbestimmungen noch nicht automatisch, dass diese Gesetze auch in der gelebten Praxis umgesetzt und beachtet würden[243]. Im Gegenteil besteht Beobachtern zufolge in den Ländern des ehemaligen sowjetrussischen Einflussraums (immer noch) ein allgemeines und tief sitzendes Misstrauen gegenüber kollektiven Interessenvertretungen. Diese Haltung wird zumindest teilweise auf die Erfahrungen in den kommunistischen Regimen zurückgeführt, in denen der nominelle „Einfluss der Arbeiterschaft“ vor allem ein Politikum war, mit den tatsächlichen Gegebenheiten aber nicht Schritt halten konnte[244]. Zu durchgreifenden Veränderungen ist es in dieser Hinsicht trotz der EU-Beitritte nicht gekommen. Die meisten Gewerkschaften sträubten sich, traditionelle monopolistische

---

242 Beispielsweise findet in Belgien die Arbeitnehmerbeteiligung ausschließlich auf der betrieblichen Ebene statt. Sie obliegt Betriebsräten und Gewerkschaftsvertretungen (*dual-channel*). Der gewerkschaftliche Organisationsgrad liegt in Belgien bei beachtlichen 54% (so *Fulton*, ETUI-BE-Landesübersicht; *Michel, Belgium: Industrial relations profile* (z.T. 18.04.2013) nennt für das Jahr 2009 eine Zahl von 52%, unter http://www.eurofound.europa.eu/eiro/country/belgium.htm, hier Abschnitt *Facts and Figures*). Dieser hohe Wert deutet für sich genommen auf eine hohe Akzeptanz der Gewerkschaften und damit auch von deren Rolle im Bereich der Arbeitnehmervertretung hin. Er lässt sich aber zumindest partiell auch darauf zurückführen, dass in Belgien das Arbeitslosengeld teilweise von den Gewerkschaften ausgezahlt wird, so dass viele Arbeitslose gewerkschaftlich organisiert sind (nach der flämischen Stadt wird dieses Modell auch als „*Gent*-System“ bezeichnet. Das *Gent*-System hatte sich zwischenzeitlich zum „Exportschlager“ entwickelt. In seiner Reinform ist es vor allen Dingen in den nordischen Staaten etabliert, Belgien selbst verfügt mittlerweile über ein „Quasi-*Gent*-System“, in dem der Regierung eine gewisse Rolle bei der Mittelverteilung zukommt.). Nach einer Studie aus dem Jahr 2012 waren zwischen 2001 und 2010 durchschnittlich 31,1% der Mitglieder der drei größten belgischen Gewerkschaftsbünde nicht erwerbstätig (*Faniel/Vandaele*, 2012, *Implantation syndicale et taux de syndicalisation* (2000–2010), *Courrier hebdomadaire*, N°2146–2147 , zitiert nach *Fulton* unter http://www.worker-participation.eu/National-Industrial-Relations/Countries/Belgium/Trade-Union).

243 *Radwan*, EBLR 2006, S. 1169, 1172, spricht namentlich für die Tschechische Republik von einer breiten Lücke zwischen dem *„law on books“* und dem *„law in action“*. Hinzu käme in den meisten CEE-Ländern ein institutionelles Versagen; ebd. S. 1171.

244 Vgl. z.B. für Polen *Seweryński*, PL Employee Involvement, S. 17: *„The idea of employee participation in enterprise management has been considered in Poland for a long time as a political instrument.“*

Denkmuster und Privilegien aufzugeben. Konkurrierende Formen der Arbeitnehmervertretung wurden durch sie mehr oder weniger offen abgelehnt und bekämpft. Fehlende Wandlung und Aufarbeitung wirkt aber nicht attraktiv. Infolge dieser Kontroversen ging der gewerkschaftliche Organisationsgrad in den CEE-Staaten insgesamt seit den 1990er Jahren beständig zurück. Viele dortige Gewerkschaften haben seitdem zwischen 50 und 70 Prozent ihrer Mitglieder verloren. Namentlich in der großen Mehrheit von kleinen und mittleren privaten Unternehmen bestehen fast keine Gewerkschaften mehr[245]. Zudem wird in diesen Ländern allgemein

---

245 *Stroinski/Stanuch*, ECL 2009, S. 82 ff.; *Radwan*, EBLR 2006, S. 1169 ff.; *Rudolf*, OBS 2006, S. 2 ff., 7 f., 17 f. Der höchste gewerkschaftliche Organisationsgrad in den CEE-Staaten besteht aktuell wohl in Bulgarien. Er wird für 2011 mit 21,1% angegeben; *Tomev/Daskalova/Mihaylova, Bulgaria: Industrial relations profile* (z.T. 18.04.2013) unter http://www.eurofound.europa.eu/eiro/country/bulgaria.htm, hier Abschnitt *Trade Unions*. Dieser Wert sagt aber nichts über die „gelebte Praxis der Arbeitnehmerbeteiligung". Insbesondere die Regelung zur Wahl von Arbeitnehmervertretern zur Unterrichtung und Anhörung nach der Richtlinie 2002/14/EG soll tatsächlich bislang nur geringe Relevanz haben. Offizielle Statistiken zu diesem Thema werden nicht erhoben. Nach Daten des bulgarischen Gewerkschaftsbundes *KNSB (Конфедерация на независимите синдикати в България (КНСБ)/Konfederatsiya na nezavisimite sindikati v Bŭlgariya (KNSB)*, „Konföderation der Unabhängigen Gewerkschaften in Bulgarien") haben bis Mitte 2010 überhaupt nur 137 Unternehmen dieses Verfahren angewandt, bei immerhin 2.400 Unternehmen, die von den gesetzlichen Regelungen erfasst wären. Das gilt selbst in den größeren Betrieben mit mehr als 50 Beschäftigten. Gründe für diese eher ernüchternde Bilanz sollen in einer allgemeinen Passivität der Gewerkschaften liegen, die sich von solchen zusätzlichen Systemen keine weiteren Vorteile versprächen. Daneben sollen den meisten bulgarischen Arbeitnehmern diese Möglichkeiten schlicht unbekannt sein. Schließlich sollen auch Arbeitgeber und Staat der Implementierung dieser Regelungen eher *„gleichgültig"* gegenüber stehen; vgl. Darstellung bei der *KNSB „Problems of Implementation of Domestic Legislation on informing and consulting employees"* unter http://www.knsb-bg.org/index.php?option=com_content&view=article&id=1213:2010-07-12-09-00-25&catid=78:2010-07-14-11-40-42&Itemid=136 (bulgarisch). Dort heißt es im Abschnitt über die Umsetzungsprobleme unter anderem *„дистанциране и незаинтересованост от страна на държавата и работодателите от приложението на закона за информиране и консултиране на работниците и служителите"/„distantsirane i nezainteresovanost ot strana na dŭrzhavata i rabotodatelite ot prilozhenieto na zakona za informirane i konsultirane na rabotnitsite i sluzhitelite"* übersetzt etwa „Distanziertheit und Gleichgültigkeit von Staat und Arbeitgebern bei der Umsetzung des Gesetzes für die Unterrichtung und Anhörung der Arbeitnehmer". In der Tschechischen Republik liegt der Organisationsgrad derzeit bei nur noch ca. 16% und sinkt weiter, allerdings nicht so stark wie in den anderen Transformationsländern; *Fulton*, ETUI, Landesübersicht CZ; *Milutinov*, S. 116; *Pojer, Czech Republic: Industrial relations profile* (z.T. 18.04.2013) unter http://www.eurofound.europa.eu/eiro/country/czech.republic.htm, hier

eine Einflussnahme durch die Arbeitnehmer als ein Widerspruch zu den „erst vor kurzem“ eingeführten Prinzipien der Marktwirtschaft wahrgenommen, was einer allgemeinen Akzeptanz eher unzuträglich ist[246]. Die Erfahrungen sind daher insgesamt noch vergleichsweise neu, einiges ist im Fluss[247].

Abschnitt *Main actors.* In der Slowakei lag der gewerkschaftliche Organisationsgrad noch 2007 bei 20%, im Jahr 2010 bei 16%, auch hier ist der Trend rückläufig;. *Cziria, Slovakia: Industrial relations profile* (z.T. 18.04.2013), unter http://www.eurofound.europa.eu/eiro/country/slovakia.htm, hier Abschnitt *Main Actors.* In Polen lag er 2012 bei gerade noch 12%, bei ebenfalls rückläufiger Tendenz. Viele KMU, die in Polen inzwischen die industriellen Beziehungen dominieren, sind vollständig gewerkschaftsfrei; *Milutinov,* S. 92, 108, vgl. auch *Czarzasty/Mrozowicki, Poland: Industrial relations profile* (z.T. 18.04.2013) unter http://www.eurofound.europa.eu/eiro/country/poland.htm, hier Abschnitt *Trade unions.* Dieser Durschschnittswert von 12% wird auch für Lettland genannt, allerdings liegen die Zahlen im öffentlichen Sektor höher als im privaten Bereich, die Werte betragen 38% zu 8%. Zudem ist die lettische Gewerkschaftslandschaft stark zersplittert. Wo Gewerkschaften bestehen, sind sie klein: 75% von ihnen haben weniger als 50 Mitglieder und nur 9% haben mehr als 100 Mitglieder; *Puntuža,* LV-System, S. 60, 60 f., *Karnite Latvia: Industrial relations profile* (z.T. 18.04.2013), unter http://www.eurofound.europa.eu/eiro/country/latvia.htm. In Litauen liegt der gewerkschaftliche Organisationsgrad derzeit bei gerade noch 10%, Betriebsräte bestehen in ca. 4% aller Unternehmen. In knapp 90% aller litauischen Betriebe existiert keinerlei Struktur der Arbeitnehmervertretung. Dort, wo sie bestehen, sollen die Befugnisse aber durch die Arbeitgeber praktisch häufig missachtet werden; *Blažiene Lithuania: Industrial relations profile* (z.T. 18.04.2013) unter http://www.eurofound.europa.eu/eiro/country/lithuania.htm, hier Abschnitte *Trade Unions* bzw. *Workplace representation;* ETUI-LT-BI, S.1; Zahlen des litauischen Ministeriums für soziale Sicherheit und Arbeit *Socialinės apsaugos ir darbo ministro* unter http://www.socmin.lt/index.php?1290552955. In Estland ist der allgemeine Organisationsgrad sowohl der Arbeitgeber als auch der Arbeitnehmer bemerkenswert gering: *„Different sources give different figures, but according to estimations from Estonia's Ministry for Social Affairs, trade union density was less than 8 % in 2007. There is no reliable statistics on the rate of organisation on the employers' side, but obviously it is low“, Ahlberg/Braun, The future of extension of collective agreements in Estonia* (15.01.2009), im Internet abrufbar auf den Seiten des estnischen *Sotsiaal Ministeerium* unter http://www.sm.ee/fileadmin/meedia/Dokumendid/Toovaldkond/Extension_of_collective_agreements.Bruun_Ahlberg_2009.pdf, hier S. 26. Sogar ihre eigenen Mitglieder bewerten die estnischen Gewerkschaften als „nützlich aber schwach“, *Osila/Nurmela, Study shows mixed reaction to trade unions* (23.06.2010), unter http://www.eurofound.europa.eu/eiro/2010/05/articles/ee1005029i.htm (alle englisch).

246 Vgl. *Stroinski/Stanuch,* ECL 2009, S. 82, 87 (*„Most importantly, in all jurisdictions the enthusiasm for promoting codetermination provisions seems to be swaying away.“*).

247 *Kluge/Stollt,* MB in den neuen EU-MS, S. 90 f.; *Milutinov,* S. 115 ff.; *Seweryński,* PL Employee Involvement, S. 17 ff.

II. Mitbestimmung auf Leitungsebene

Noch gravierender als auf der betrieblichen Ebene fallen die konzeptionellen Unterschiede im Bereich der Unternehmensmitbestimmung aus. Ebenso wie dort gilt dies gleichermaßen quer durch Europa, sowohl für den Europäischen Wirtschaftsraum[248]

---

248 Norwegen kennt z.B. sowohl eine betriebliche Arbeitnehmerbeteiligung als auch eine Unternehmensmitbestimmung, wobei letztere teilweise verpflichtend ausgestaltet ist. Für das ebenfalls dem nordischen Rechtskreis zuzuordnende Island wird es hingegen als besonderes Ausprägungsmerkmal beschrieben, dass keine gesetzliche Verpflichtung zur Arbeitnehmerbeteiligung in den Leitungsgremien existiert und weder Gewerkschaften noch andere Arbeitnehmerorganisationen derartige Regelungen etablieren wollen *(Björgvinsdóttir,* S. 51 f.: *„Trade unions and workers' associations have not taken the initiative on such rules and indeed do not appear strongly interested in introducing stipulations of this sort“)*; vgl. im Einzelnen für Norwegen *Hansen/Werlauff,* ECL 2009, S. 68, 69 f., 76; *Fulton,* ETUI-NO-MB/BI; *Nergaard, Norway: Industrial Relations Profile* (z.T. 18.04.2013), unter http://www.eurofound.europa.eu/eiro/country/norway.htm; Løken/Aarvaag Stokke, Labour relations in Norway (FAFO. Report 2009), unter http://www.fafo.no/pub/rapp/20123/20123.pdf; für Island *Hansen/Werlauff,* ECL 2009, S. 68, 74 f.; Júlíusdóttir, Icelandic Labour Law in: *Scandinavian Studies in Law 2002,* S. 357 ff., insbes. S. 361 f., 369 ff., unter http://www.scandinavianlaw.se/pdf/43-13.pdf; *Icelandic Confederation of Labour (ASI)* (Hrsg.), *Icelandic Labour Law* (2009), S. 10 f., 34 ff., unter http://www.vsfk.is/resources/Files/Icelandic_labour_law_-4_utg_14102009.doc; *Björgvinsdóttir, Icelandic Company Law* in: *Scandinavian Studies in Law 2004,* S. 45 ff., S. 51 f., unter http://www.scandinavianlaw.se/pdf/45-3.pdf; Darstellung *„Employment“* beim isländischen Wohlfahrtsministerium *Velferðarráðuneytið* unter http://eng.velferdarraduneyti.is/information/employment/ (alle englisch). Liechtenstein, dem zentraleuropäischen Rechtskreis zuzurechnen, hat eine gesetzliche Regelung zur Mitwirkung auf betrieblicher Ebene getroffen, eine Mitbestimmung auf Unternehmensebene ist nicht vorgesehen; vgl. im Einzelnen das Mitwirkungsgesetz (*MWG*), Gesetz vom 23. Oktober 1997 über die Unterrichtung und Anhörung der Arbeitnehmerschaft in den Betrieben, 822.11; zuletzt geändert durch LGBl. 2006 Nr. 39, unter http://www.lanv.li/Portals/0/Content/Dienstleistungen/Gesetze/Mitwirkungsgesetz.pdf sowie die Darstellung „Die Arbeitnehmervertretung“ beim *Liechtensteinischen ArbeitnehmerInnenVerband – LANV,* unter http://www.lanv.li/Dienstleistung/Arbeitnehmervertretung/tabid/115/Default.aspx.

(und die Schweiz[249]), als auch für die Mitgliedstaaten der Europäischen Union[250].

In manchen Staaten wird die Mitbestimmung schon generell als „kulturfremd" angesehen[251]. Das betrifft z.T. auch und gerade die Gewerkschaften, die eine

---

249 In der Schweiz existiert lediglich eine Arbeitnehmerbeteiligung auf betrieblicher Ebene, Regelungen zu einer Unternehmensmitbestimmung bestehen nicht. Entsprechende parlamentarische Initiativen wurden im Dezember 2003 und im Juni 2012 abschlägig beschieden. Vgl. zur bestehenden Rechtslage Bundesgesetz über die Information und Mitsprache der Arbeitnehmerinnen und Arbeitnehmer in den Betrieben (Mitwirkungsgesetz) vom 17.12.1993, Nr. 822.14, Stand 01.01.2011, unter http://www.admin.ch/ch/d/sr/8/822.14.de.pdf; ferner *Fulton*, ETUI-CH-MB/BI sowie Darstellung „Mitwirkung" beim Schweizerischen Staatssekretariat für Wirtschaft *SECO*, unter http://www.seco.admin.ch/themen/00385/00420/00422/index.html?lang=de. Zur vorgeschlagenen Ausweitung vgl. Amtliches Bulletin Nationalrat vom 18.12.2003 unter http://www.parlament.ch/ab/frameset/d/n/4701/96505/d_n_4701_96505_96681.htm bzw. vom 11.06.2012 unter http://www.parlament.ch/ab/frameset/d/n/4904/383434/d_n_4904_383434_383726.htm.

250 Vgl. auch *Hommelhoff*, ZEuP 2011, S. 7, 8 (*„weit spreizende Mitbestimmungskulturen in den EU-Mitgliedstaaten"*).

251 Das gilt vor allem in den Staaten Ost- und Südeuropas. In Rumänien wird die Mitbestimmung nicht einmal bei den Gewerkschaften diskutiert; *Stroinski/Stanuch*, ECL 2009, S. 82, 87. Für Lettland wird allgemein ein *„lack of information, interest and experience in employee representation"* konstatiert; *Puntuža*, LV-System, S. 60, 64. Die Mehrheit der litauischen Bevölkerung soll die Mitbestimmung als *„Fremdkörper"* empfinden, der die unternehmerische Initiative bremse *(Kluge/Stollt)*, und der sich *„als Hindernis in einer marktorientierten Wirtschaft"* (*Davulis*) erweisen könnte; *Kluge/Stollt*, MB in den neuen EU-MS, S. 94; *Davulis*, LT-System, S. 68 ff, Zitat auf S. 72. Für Spanien stellen *Schulten/Zagelmeyer*, EIRO 1998, S. 15, fest „... *it* [= eine Unternehmensmitbestimmung, Anm. d. Verf.] *falls outside the normal culture of labour relations in Spanish private companies"*. In Portugal besteht ebenfalls eine vergleichsweise grundsätzliche Skepsis hinsichtlich einer Arbeitnehmerbeteiligung auf Leitungsebene, vgl. auch *Schulten/Zagelmeyer*, EIRO 1998, S. 16 (*„...the issue does not seem to be particularly, ‚live'"*). Das gilt aber auch im angelsächsischen Rechtskreis. In Irland können die Arbeitnehmer in einigen staatlichen Unternehmen auf Grundlage eines Gesetzes aus dem Jahr 1977 bis zu einem Drittel der Mitglieder des Leitungsorgans stellen (*worker directors*) (der Kurztitel lautet *Worker Participation (State Enterprises) Act 1977*, abrufbar unter http://www.irishstatutebook.ie/1977/en/act/pub/0006/print.html (englisch)), eine Übertragung der Gesetze auf den privaten Sektor erfolgte jedoch nie und ist auch nicht geplant, die Regierung *„setzte auf Freiwilligkeit"* (*Taylor*, Überblick, S. 74; ähnlich auch *O'Kelly/Compton*, Country Report IRL, S. 56, 56 ff.), und tut dies auch heute noch. Soweit ersichtlich hat sich eine Mitbestimmung auf Leitungsebene aber im privaten Sektor nicht etablieren können. Die Sozialpartner befürchten unisono einen negativen Effekt auf die ausländischen Direktinvestitionen, insbesondere aus dem nordamerikanischen Raum, und halten sich ihrerseits mit entsprechenden Forderungen

Mitbestimmung mehr oder minder „traditionell“ als „hausgemachte Konkurrenz“ wahrnehmen[252]. Andere Staaten stehen solchen Regelungen offener gegenüber, bei graduell bemerkenswerten Abstufungen.

---

zurück; vgl. *Schulten/Zagelmeyer*, EIRO 1998, S. 16, 22. In Zypern scheint die Einführung entsprechender Normen derzeit weder geplant noch gewünscht. Selbst die maßgeblichen Gewerkschaftsorganisationen fordern allenfalls eine Ausweitung des dort traditionell etablierten sozialen Dialogs, wogegen die Regierung eine weitere Deregulierung der industriellen Beziehungen befürwortet; vgl. *Soumeli, Unions push for social dialogue on modernising industrial relations* (25.09.2006), unter http://www.eurofound.europa.eu/eiro/2006/07/articles/CY0607019I.htm, sowie *dies., Unions seek social dialogue on modernisation of industrial relations* (01.03.2006), unter http://www.eurofound.europa.eu/eiro/2006/02/feature/CY0602104F.htm (englisch).

252 Beispielhaft Malta: *„Trade union officials tend to be wary of (such) bodies at enterprise level fearing that they can be used by employers as proxy representatives of workers, thereby undermining the activity and legitimacy of trade union power“*, Zitat nach *Hall/Purcell*, EIRO I&C 2011, S. 13. Ähnlich auch Italien. Dort kann eine Mitbestimmung allenfalls auf tarifvertraglicher Grundlage eingeführt werden, was nur in Einzelfällen vorgekommen sein soll. Die Gewerkschaften begegneten selbst diesen Minderheitsrepräsentanzen im Hinblick auf Wirksamkeit und Opportunität mit einer generellen Skepsis. Die Rolle der Arbeitnehmervertreter erschien weder als hinreichend klar abgegrenzt, noch als besonders effektiv. Daher verließen in mehreren Fällen die Arbeitnehmervertreter die Leitungsgremien wieder, nachdem entsprechende Gewerkschaftsbeschlüsse gefasst worden waren; *Ilossi*, Country Report Italy, S. 61, 65 f. Die britschen Gewerkschaften forderten 1975 im Rahmen eins Gewerkschaftskongresses die volle paritätische Beteiligung, nahmen dem ungeachtet aber gleichzeitig einen Antrag an, in dem jede Beteiligungsform zurückgewiesen wurde, die sich dahin auswirken würde, die als essentiell betrachtete gewerkschaftliche Unabhängigkeit zu schwächen; vgl. *Fulton*, Country Report UK, S. 126, 130.

Von 28 EU-Mitgliedstaaten kennen zehn bereits keinerlei gesetzliche Vorschriften[253] zur Mitbestimmung auf Leitungsebene[254]. Fünf weitere Länder beschränken sie auf staatliche und teilweise privatisierte Unternehmen[255].

In 13 Staaten bestehen zwar entsprechende Regelungen auch für private Gesellschaften[256], in fünf Fällen erfassen sie aber lediglich die jeweils „große" nationale Kapitalgesellschaft.

Mitbestimmungsgesetze für die GmbH und deren jeweilige nationale Äquivalente gibt es jedoch nur (noch) in acht Mitgliedstaaten. Diese acht sind, nach

---

253 In manchen Mitgliedstaaten kann eine Organbeteiligung auch auf freiwilliger Basis etabliert werden. So auf Satzungsbasis z.B. in Frankreich bei der privaten Aktiengesellschaft (*Ordonnance No. 86–1135 du 21 octobre 1986*; hier ist die Zahl der Arbeitnehmervertreter auf vier (in börsennotierten Unternehmen auf fünf) begrenzt, maximal möglich ist eine Drittelbeteiligung, Art. L. 225–22 Abs. 3, 225–27 (Verwaltungsrat) bzw. L. 225–79 (Aufsichtsrat) frCCom). Teilweise beruhen derartige Beteiligungen auf besonderen Vereinbarungen, z.B. in Polen (hier sind gesetzlich nur staatliche bzw. mehrheitlich staatliche Unternehmen mitbestimmt, bestehende Arrangements werden grundsätzlich sukzessive mit dem Vollzug der Privatisierung abgeschafft, in Einzelfällen wurden auf Gewerkschaftsinitiative jedoch sog. „Wohlfartspakte" unterzeichnet, die u.a. das Recht umfassten, Vertreter in den Aufsichtsrat zu entsenden; ETUI-PL-MB, S. 1; *Kluge/Stollt,* MB in den neuen EU-MS, S. 96). In Großbritannien soll es sehr ausnahmsweise eine Mitbestimmung bei solchen Unternehmen geben, die (vollständig) im Besitz der Belegschaft sind (ETUI-UK-MB, S. 1, bezeichnet eine *„tiny handful of exceptions"*, freilich ohne nähere Angaben. In der Literatur finden sich als Beispiele ausschließlich die Einzelhandelskette *John Lewis Partnership PLC,* das drittgrößte private Unternehmen im Vereinigten Königreich mit ca. 68.000 Mitarbeitern, sowie zwei öffentliche Buslinien (*Nottingham City Transport* und *Lothian Buses plc,* beide befinden sich (nahezu) vollständig im Besitz der jeweiligen lokalen Kommunen), wobei jedoch nicht immer klar wird, ob die Mitbestimmung hier ebenfalls auf Satzungsgrundlage etabliert wurde oder Folge eines gesonderten *Gentlemen Agreement* ist; vgl. *Fulton,* Country Report UK, S. 126, 129). Praktisch haben derartige fakultative Beteiligungen bislang kaum Bedeutung erlangt. Diese freiwillige Arbeitnehmerbeteiligung soll daher im Rahmen der Darstellung weitestgehend außer Betracht bleiben.

254 Bulgarien, Estland, Großbritannien, Italien, Lettland, Litauen, Malta, Portugal, Rumänien, Zypern.

255 Belgien, Griechenland, Irland, Polen (eingeschränkt, Rückbau der Mitbestimmung mit zunehmender Privatisierung), Spanien. Faktisch sind mitbestimmte Unternehmen in allen hier genannten Staaten außerordentlich selten.

256 Dänemark, Deutschland, Finnland, Frankreich (eingeschränkt, Regeln ab 2013 betreffen nur Großunternehmen mit mindestens 5.000 Beschäftigten in Frankreich oder mindestens 10.000 Beschäftigten weltweit), Kroatien, Luxemburg, Niederlande, Österreich, Schweden, Slowakische Republik, Slowenien, (bis 31.12.2013 noch) Tschechische Republik, Ungarn.

Rechtskreisen sortiert[257], Deutschland, Österreich, Ungarn, Kroatien, die Niederlande, Dänemark, Schweden und Finnland. Hier liegt das große Konfliktpotential zur SPE. Die Arbeitnehmerbeteiligungsmodelle dieser acht Staaten sollen daher im Folgenden näher betrachtet werden.

D. Teilaspekt Mitgliedstaaten mit Mitbestimmung in der „kleinen" Kapitalgesellschaft

Im Einzelnen werden hierzu, dem primären Gedanken der Rechtsvergleichung folgend, zunächst die relevanten nationalen positiven Regelungen identifiziert und einander systematisch gegenüber gestellt[258]. Wo dies sinnvoll erscheint wird in einem zweiten Schritt der Betrachtungswinkel auf die „praktische Lebenswirklichkeit" ausgedehnt[259].

Untersucht werden dabei zunächst die jeweiligen gesellschaftsrechtlichen Kernfaktoren, da diese die Mitbestimmung determinieren. Es bestehen beträchtliche Differenzen aufgrund der unterschiedlichen Unternehmensverfassungen in den Mitgliedstaaten, je nachdem, ob diese das monistische oder das dualistische System nutzen und, weitergehend, wie in diesen Systemen jeweils verfahren wird. Da die Mitbestimmungsformen in der GmbH oft auf derjenigen in der AG aufbauen wird auch diese berücksichtigt.

Im Anschluss wird die Arbeitnehmerbeteiligung erörtert. Um ein ansatzweise stimmiges Gesamtbild der „gelebten Beteiligung" zu erhalten werden dabei sowohl die betriebliche Beteiligung als auch die Mitbestimmung insgesamt in den Blick

---

257 Die Zuweisung einer Rechtsordnung zu einem bestimmten Rechtskreis und die Unterteilung der Rechtskreise selbst erfolgt hierbei nach den sie prägenden Stilelementen; vgl. im Einzelnen *Zweigert/Kötz,* S. 6 ff., 14. Auch wenn im kollektiven Arbeitsrecht kaum Rechtskreise auszumachen sind, finden sich dennoch ähnliche Strukturen, die eine Abgrenzung ermöglichen; *Rebhahn,* NZA 2001, S. 763, 763 f. („*Bausteine der Systeme*"). Gleichwohl verbergen sich aber auch hinter scheinbar vergleichbaren Bezeichnungen beträchtliche Unterschiede in der tatsächlichen qualitativen Reichweite der Beteiligung; so sind beispielsweise der deutsche und der niederländische Betriebsrat hinsichtlich Einfluss und Gestaltungsmöglichkeiten kaum vergleichbar. Aufgrund dieser Unterschiede in den Rechtsordnungen wird im Bereich der Rechtsvergleichung jedenfalls von der h.M. das Funktionalitätsprinzip angewendet. Demzufolge ist der jeweils untersuchte Aspekt unabhängig von den Systembegriffen der eigenen Rechtsordnung zu erörtern. Analysiert wird, welche „Lösung" zu einem bestimmten „Problembereich" angeboten wird; *Zweigert/Kötz,* S. 33, 43.

258 Vgl. *Zweigert/Kötz,* S. 14; *Schwartze* in *Riesenhuber,* EuMethodenlehre 2010, S. 123 ff., 128 f.; *Rebhahn,* ZAAR 2004, Rn. 3; zu den für das Arbeitsrecht maßgeblichen Bestimmungen des Unionsrechts *ders.* in *Riesenhuber,* EuMethodenlehre 2010, S. 511 ff.

259 Vgl. *Rebhahn,* ZAAR 2004, Rn. 3.; *ders.* NZA 2001, S. 763, 764.

genommen. Denn diese beiden Einflussmöglichkeiten stehen nicht isoliert. Viel mehr ergänzen sie sich in ihren Funktionen und durchdringen sich wechselseitig. Dies gilt namentlich für die „kleinen" Kapitalgesellschaften. Denn gerade hier ist der tatsächliche Einfluss der Arbeitnehmer auf der betrieblichen Stufe oftmals so erheblich, dass faktische Wirkungen bis auf die unternehmerische Ebene bestehen.

I. Deutschland[260]

1. *Abriss*

Die Bundesrepublik Deutschland weist eine außerordentlich dichte Gesetzgebung zur Arbeitnehmerbeteiligung auf, die gleichzeitig auch eine beträchtliche Mitbestimmung ermöglicht. Die Unternehmensmitbestimmung selbst wird durch vier verschiedene Gesetze grundsätzlich rechtsformbezogen sowie unter Berücksichtigung der Beschäftigtenanzahl und der Unternehmensbranche ausgestaltet. Das führt zu drittelparitätischen bis paritätischen Beteiligungen. Daneben sieht ein weiteres Gesetz auch auf betrieblicher Ebene eine bedeutsame Arbeitnehmerbeteiligung mit Unterrichtungs-, Anhörungs- und Mitwirkungsbefugnissen vor.

2. *Hintergrund*[261]

Die institutionalisierte Arbeitnehmerbeteiligung hat in Deutschland eine lange Tradition. Entsprechende Gedanken reichen bis in die Anfänge der Industrialisierung zurück[262]. Vereinzelte Bestrebungen zu ihrer Etablierung finden sich bereits in den 1840er Jahren[263]. 1849 behandelte die Paulskirchenversammlung den

---

260 Zum Überblick *Raiser/Veil,* MitbestG, Einl., Rn. 1 ff.; BCCG 2003, S. 8, *Biedenkopf*-Bericht, S. 7 f., zur Entwicklung der Gesetzeslage ebd., S. 81 ff., aus betriebsverfassungsrechtlicher Sicht *Richardi* in *Richardi,* BetrVG, Einl., Rn. 6 ff.; ferner BMAS, Mitbestimmung 2008, S. 13 ff.; *Hörisch,* Vergleich, S. 17 ff. vgl. auch *Fulton,* ETUI-DE-Betriebliche Interessenvertretung bzw. ETUI-DE-Unternehmensmitbestimmung unter http://www.worker-participation.eu/National-Industrial-Relations/Countries/Germany sowie *Vogel, Germany: Industrial relations profile* (z.T. 18.04.2013) bei Eiro online unter http://www.eurofound.europa.eu/eiro/country/germany.htm (englisch).

261 Vgl. zum historischen Überblick Kommission Mitbestimmung 1998, S. 29 ff.; *Raiser/Veil,* MitbestG, Einl., Rn. 1–5; zur Ideengeschichte der Mitbestimmung ebd., Rn. 6–8; BCCG 2003, S. 8, *Biedenkopf*-Bericht, S. 7 f., zur Entwicklung der Gesetzeslage ebd., S. 81 ff., aus betriebsverfassungsrechtlicher Sicht *Fitting/Engels/Schmidt,* BetrVG, Einl. sowie *Richardi* in *Richardi,* BetrVG, Einl., Rn. 6 ff.; ferner BMAS, Mitbestimmung 2008, S. 13 ff.; *Donges et al.,* Unternehmensmitbestimmung, S. 11 f.; *Hörisch,* Vergleich, S. 17 ff.

262 Vgl. BVerfGE 50, 290, 294 (sog. „Mitbestimmungsurteil").

263 Bereits 1837 forderte der Badener Professor und Politiker *Franz Joseph Buß* in seiner berühmt gewordenen „Fabrikrede", der wohl ersten sozialpolitischen Rede vor einem deutschen Parlament, dass der Staat die Arbeitsverhältnisse

Minderheitenentwurf einer Gewerbeordnung, die eine paritätische Besetzung der Gewerbekammern vorsah[264]. 1891 wurde durch die Novelle zur Gewerbeordnung[265] erstmals eine gesetzliche Grundlage für freiwillig gebildete Arbeiterausschüsse geschaffen. 1919 erkannte die Weimarer Reichsverfassung[266] in ihrem Art. 165 die „Arbeiterräte“[267] an, bereits 1920 wurde das erste Betriebsrätegesetz[268] erlassen. Demnach mussten in Betrieben und Verwaltungen mit mehr als 20 Beschäftigten Betriebsräte errichtet werden, die Mitwirkungs- und Mitbestimmungsrechte in verschiedenen sozialen und personellen, aber nicht wirtschaftlichen Angelegenheiten erhielten. Zwei Jahre später wurde die Entsendung von bis zu zwei Betriebsratsmitgliedern in die Aufsichtsräte der Kapitalgesellschaften gesetzlich vorgeschrieben; die Arbeitnehmervertreter hatten dort die gleichen Rechte wie die übrigen Aufsichtsratsmitglieder[269].

---

in den Fabriken gesetzlich regeln und durch *„eine besondere Abteilung im Ministerium des Innern [...], welches als Zentralbehörde für die Gewerkspflege überhaupt durch diese Abteilung die Fabrikation des Landes in polizeilicher Beziehung überwachen soll“*; Text unter http://www.kath-musterhausen.de/lib/download.php?key=be66cc6ea9a3&file=/dynamic/datei/fabrikrede.pdf&name=franz_josef_ritter_von_buss&mp=sesam; das Zitat findet sich dort auf S. 30.

264 Zum Entwurf einer entsprechenden „Fabrikordnung“ mit „Fabrikausschüssen“ als erste institutionalisierte Form der Arbeitnehmervertretung vgl. Darstellungen *Müller-Jentsch, Geschichte der Mitbestimmung: 1848–1916 , Magazin Mitbestimmung* 12/2007, bei der *Böckler*-Stiftung unter http://www.boeckler.de/20376_20381.htm sowie *Michaels, Die Kirche stand Pate – Hundert Jahre Kampf um Gleichberechtigung von Arbeit und Kapital, Die Zeit,* 02.05.1969, unter http://www.zeit.de/1969/18/die-kirche-stand-pate.

265 Gesetz betreffend Abänderung der Gewerbeordnung vom 01.06.1891, RGBl. S. 261.

266 Verfassung des Deutschen Reichs vom 11.08.1919, RGBl. S. 1383.

267 Diese waren die „Nachfolger“ der Fabrikausschüsse (vgl. oben Fn. 264), sind aber nicht deckungsgleich mit den „Räten“ einer Räterepublik. Nach Art. 165 I 1 WRV waren die Arbeiter und Angestellten dazu berufen, gleichberechtigt in Gemeinschaft mit den Unternehmern an der Regelung der Lohn- und Arbeitsbedingungen sowie an der gesamten wirtschaftlichen Entwicklung der produktiven Kräfte mitzuwirken. Hierzu erhielten sie zur Wahrnehmung ihrer sozialen und wirtschaftlichen Interessen gem. Art. 165 II WRV gesetzliche Vertretungen in Betriebsarbeiterräten sowie in nach Wirtschaftsgebieten gegliederten Bezirksarbeiterräten und in einem Reichsarbeiterrat. Zur Entwicklung vgl. Darstellung beim Bundesarchiv unter http://www.bundesarchiv.de/aktenreichskanzlei/1919-1933/0100/sch/sch1p/kap1_2/kap2_37/para3_1.html.

268 Betriebsrätegesetz vom 04.02.1920, RGBl. S. 147, zuletzt geändert durch Reichsgesetz vom 28.02.1928, RGBl. S. 46.

269 Gesetz über die Entsendung von Betriebsratsmitgliedern in den Aufsichtsrat vom 15.02.1922, RGBl. S. 209. Erfasst waren nach dessen § 1 die Aufsichtsräte der AG, der KGaA, der GmbH, der eG, des VVaG und der bergrechtlichen Gewerkschaft; zur Entsendung dort § 4.

In der NS-Zeit wurde die Arbeitnehmerbeteiligung in den Unternehmen wieder abgeschafft[270]. Nach dem Zweiten Weltkrieg kam es auch zu einer Neuordnung der Wirtschaft. Das Kontrollratsgesetz Nr. 22 vom 10. April 1946[271], das sich am Betriebsrätegesetz von 1920 orientierte, setzte einheitliche Maßstäbe zu Bildung und Tätigkeit von Betriebsräten fest. Gleichzeitig kam es zu gewerkschaftlichen Forderungen nach Vertretung der Arbeitnehmer in den Vorständen und Aufsichtsräten, zunächst nur in der Montanindustrie, später für alle Wirtschaftszweige[272].

Ab 1951 schließlich kam es, nach vorherigen massiven Streikandrohungen der Gewerkschaften[273], zu einer bundesdeutschen gesetzlichen Regelung der Mitbestimmung in der Montanindustrie. Diese Regelungen galten zunächst nur für die Montangesellschaften selbst, wurden später aber auch auf solche Konzerne ausgedehnt, die selbst keine Montanproduktion ausübten, aber solche Unternehmen beherrschten[274]. Das erste branchenübergreifende Betriebsverfassungsgesetz trat 1952 in Kraft[275]. Es übernahm die Grundgedanken des Gesetzes von 1920 und regelte die Mitbestimmung für die anderen Wirtschaftsbereiche und kleineren Kapitalgesellschaften. Demnach waren die Aufsichtsräte bestimmter Kapitalgesellschaften mit mehr als 500 Beschäftigten zu einem Drittel mit Arbeitnehmervertretern zu besetzen[276]. Dieses Gesetz wurde 1972 um weitere Regelungen zur Beteiligung auf betrieblicher Ebene ergänzt. 1976 wurde das Mitbestimmungsgesetz verabschiedet, das eine paritätische unternehmerische Mitbestimmung in allen deutschen Kapitalgesellschaften mit mehr als 2.000 Beschäftigten vorsieht[277]. 2001 wurde durch ein Reformgesetz das Betriebsverfassungsgesetz von 1972 an die zwischenzeitlich veränderten Gegebenheiten angepasst[278]. Im Mai 2004 löste das Drittelbeteiligungsgesetz das Betriebsverfassungsgesetz von 1952 ab[279].

Diese Gesetze wurden ihrerseits durch weitere gesetzgeberische Maßnahmen, etwa im Hinblick auf die Wahlverfahren der Arbeitnehmervertreter, flankiert.

---

270 „Gesetz zur Ordnung der nationalen Arbeit" vom 20.01.1934, in Kraft von 1934 bis 1945; geprägt vom „Führerprinzip" ließ es für Mitbestimmungsbefugnisse der Arbeitnehmer keinen Raum.

271 ABl. AHK, S. 133.

272 Die besondere Rolle, die die deutsche Mitbestimmung spielt, erklärt sich daher auch aus den gesellschaftlichen und sozialen Umbrüchen nach den beiden Weltkriegen, vgl. BDA/BDI 2004, S. 2.

273 Vgl. den Briefwechsel zwischen Bundeskanzler *Adenauer* und dem DGB-Vorsitzenden *Böckler* vom November 1950 unter http://germanhistorydocs.ghi-dc.org/sub_document.cfm?document_id=2846.

274 Es folgten verschiedene Gesetze, die auf die Absicherung dieses einmal erreichten Mitbestimmungsstatus zielten (u.a. sog. *„Lex Mannesmann"*, *„Lex Rheinstahl"*). Zur Montanmitbestimmung solgleich näher unter Abschnitt 4 a.

275 BGBl. I, S. 681; 2004.

276 Vgl. §§ 76 ff. BetrVG 1952.

277 Zum Mitbestimmungsgesetz von 1976 sogleich näher unter Abschnitt 4 b.

278 Zum Betriebsverfassungsgesetz von 2001 sogleich näher unter Abschnitt 4 d.

279 Zum Drittelbeteiligungsgesetz von 2004 sogleich näher unter Abschnitt 4 c.

In ihren jeweiligen historischen Erscheinungsformen war die Arbeitnehmerbeteiligung aber niemals *„ein einheitliches System aus einem Guss“*[280]. Insbesondere haben sich die betriebliche Mitbestimmung und die Mitbestimmung auf Unternehmensebene lange weitgehend unabhängig voneinander entwickelt. Die aktuelle Rechtslage ist also das Ergebnis eines entsprechend langen Prozesses.

3. Organisationsverfassung der Kapitalgesellschaften

i. Grundsätzlich

Deutschland vertritt hinsichtlich der Organisationsverfassung der Kapitalgesellschaften das dualistische System. Die bedeutendsten Kapitalgesellschaftsformen sind die Aktiengesellschaft, AG[281], und die Gesellschaft mit beschränkter Haftung, GmbH[282].

Beide verfügen über drei Organe: die Anteilseignerversammlung[283], das Leitungsorgan und ein Kontrollorgan. Geschäftsführendes Leitungsorgan ist in der Aktiengesellschaft der Vorstand[284], bei der GmbH ein oder mehrere Geschäftsführer[285]. Gesetzliches Kontrollorgan ist der Aufsichtsrat[286]. Er ist gleichzeitig der Ansatzpunkt für die unternehmerische Mitbestimmung, weshalb seine wesentlichen Charakteristika sogleich gesondert dargestellt werden.

Das Mindestkapital liegt für die AG bei 50.000,– Euro[287] und für die GmbH bei 25.000,– Euro[288].

---

280 So Kommission Mitbestimmung 1998, S. 29.

281 Aktiengesetz vom 6. September 1965 (BGBl. I S. 1089), zuletzt geändert durch Artikel 26 des Gesetzes vom 23. Juli 2013 (BGBl. I S. 2586), im Folgenden AktG. Konsolidierte Fassungen der deutschen Gesetze finden sich im Internet unter http://www.gesetze-im-internet.de/index.html.

282 Gesetz betreffend die Gesellschaften mit beschränkter Haftung in der im Bundesgesetzblatt Teil III, Gliederungsnummer 4123-1 , veröffentlichten bereinigten Fassung, zuletzt geändert durch Artikel 27 des Gesetzes vom 23. Juli 2013 (BGBl. I S. 2586), im Folgenden GmbHG.

283 In der Aktiengesellschaft die sog. Hauptversammlung, §§ 118 ff. AktG, in der GmbH die Gesellschafterversammlung, §§ 45, 48 GmbHG.

284 §§ 76 ff. AktG.

285 §§ 35 ff. GmbHG.

286 §§ 95–116 AktG. Ergänzend zum Aufsichtsrat können auf freiwilliger Basis weitere Kontrollgremien wie Aktionärsausschüsse, Verwaltungsräte oder Beiräte eingerichtet werden. Vgl. zur Abgrenzung *Marsch-Barner/Diekmann* in *Priester/Mayer,* HbGesR III, § 48, Rn. 5 ff., zum GmbH-Beirat *Lutter* in *Lutter/Hommelhoff,* GmbHG, § 52, Rn. 109 ff.

287 § 7 AktG.

288 § 5 I GmbHG.

ii. Aufsichtsrat – Grundsättze

Der Aufsichtsrat vertritt die Gesellschaft gegenüber dem Vorstand[289], ernennt die Vorstandsmitglieder und beruft sie auch ab[290]. Daneben überwacht er die Geschäftsführung[291]. Hierzu bestehen seitens der Unternehmensleitung Auskunfts- und Berichtspflichten[292]. Maßnahmen der Geschäftsführung können dem Aufsichtsrat nicht übertragen werden[293]. Jedoch muss er nach dem Deutschen Corporate Governance Kodex, DCGK[294], in Entscheidungen von grundlegender Bedeutung

---

289 § 112 AktG.

290 § 84 AktG. Die Vertretung durch den Aufsichtsrat ist Gesamtvertretung. In der Regel nimmt sie der Aufsichtsratsvorsitzende für den Aufsichtsrat wahr; vgl. *Marsch-Barner/Diekmann* in *Priester/Mayer*, HbGesR III, § 48, Rn. 61.

291 § 111 I AktG. Zu überprüfen sind deren Rechtmäßigkeit, Ordnungsmäßigkeit und Wirtschaftlichkeit. Überwachungsgegenstand sind alle Leitungsmaßnahmen sowie die wesentlichen Einzelmaßnahmen, die von der Geschäftsführung oder einer mit Führungsaufgaben betrauten nachgeordneten Ebene getroffen werden. Konkret wird im Rahmen der Rechtmäßigkeit die Einhaltung insbesondere wirtschaftsrechtlicher, steuerrechtlicher und arbeitsrechtlicher Vorschriften sowie die Einhaltung der Satzung überprüft. Die Ordnungsmäßigkeit der Geschäftsführung umfasst u.a. den Nachweis über eine angemessene Unternehmensplanung und eine entsprechende interne Kontrolle aufgrund eines effektiven Rechnungs- und Betriebswesens, das sich an der Größe und der Struktur der Gesellschaft zu orientieren hat. Zur Wirtschaftlichkeit zählt die Sicherung der Lebensfähigkeit der Gesellschaft, wozu insbesondere die Sicherung der Zahlungsfähigkeit und, je nach Größe des Unternehmens, Vorkehrungen zur Früherkennung existenzgefährdender Risiken gehören, vgl. § 91 II AktG; *Marsch-Barner/Diekmann* in *Priester/Mayer*, HbGesR III, § 48, Rn. 49; *Lutter* in *Lutter/Hommelhoff*, GmbHG, § 52, Rn. 16 ff., 51; *Banspach/Nowak*, Der Konzern 2008, S. 201 ff.; *Hüffer*, AktG, § 111, Rn. 3; *Banspach/Nowak*, Der Konzern 2008, S. 201 f. Zeitlich bezieht sich die Überwachung gleichermaßen auf die Vergangenheit wie auf die Zukunft. Eine wirksame Kontrolle ist nur gegeben, wenn unternehmerische Entscheidungen nicht erst im Nachhinein hinterfragt, sondern bereits im Vorfeld der Planung und Entscheidungsfindung begleitet werden. Zur zukunftsgerichteten Kontrolle zählt daher auch die Beratung der Geschäftsführung; BGH, Urteil vom 25.03.1991, Az. II ZR 188/89; *Hüffer*, AktG, § 111, Rn. 5; *Marsch-Barner/Diekmann* in *Priester/Mayer*, HbGesR III, § 48, Rn. 55; *Lutter* in *Lutter/Hommelhoff*, GmbHG, § 52, Rn. 18; *Banspach/Nowak*, Der Konzern 2008, S. 202.

292 §§ 90, 111, insbes. II, S. 1, 3 AktG, 290 HGB Die Ausübung des Informationsrechts muss für die Gesellschaft zumutbar sein und den Grundsätzen der Erforderlichkeit und der Verhältnismäßigkeit entsprechen; *Marsch-Barner/Diekmann* in *Priester/Mayer/Wicke*, HbGesR III, § 48, Rn. 59.

293 § 111 IV 1 AktG.

294 Der DCGK ist ein durch eine Regierungskommission erarbeitetes Regelwerk, in dem neben geltendem Gesetzesrecht auch Empfehlungen und Anregungen im Sinne einer „best practice“ zusammengestellt sind, die auf eine „gute

eingebunden werden[295]. Zudem kann er im Rahmen seiner Überwachungstätigkeit Geschäftsführungsmaßnahmen bei Geschäften von existenzieller Bedeutung von seiner Zustimmung abhängig machen[296]. Ihm kommt daher eine signifikante strategische Bedeutung zu.

Die Arbeitsweise des Aufsichtsrats wird durch die jeweilige Satzung der Gesellschaft geregelt[297]. In der Regel geben sich die Aufsichtsräte aber auch eigene Geschäftsordnungen[298]. Entscheidungen erfolgen durch Beschluss, welcher in der Regel im Rahmen der Aufsichtsratssitzungen und grundsätzlich mit einfacher Mehrheit ergeht. Zulässig ist eine Satzungsregelung, wonach bei Stimmengleichheit der Aufsichtsratsvorsitzende entscheidet, ihm kann aber kein Vetorecht eingeräumt werden[299].

Zur Beratung über einzelne Gegenstände können zu den Aufsichtsratssitzungen Sachverständige oder andere Auskunftspersonen hinzugezogen werden[300].

Um Verhandlungen und Beschlüsse vorzubereiten sowie um die Ausführung seiner Beschlüsse zu überwachen, kann der Aufsichtsrat aus seiner Mitte

---

Unternehmensführung" zielen. Die Regelungen des DCGK gelten vor allem für börsennotierte Unternhmen. Während von den dortigen Anregungen abgewichen werden kann muss den Empfehlungen grundsätzlich gefolgt werden, etwaige Abweichungen sind zu begründen und offenzulegen, sog. Entsprechenserklärung, § 161 AktG.Jedoch hat der DCGK nach h.M. keinen Rechtsnormcharakter i.S.v. Art. 2 EGBGB. Eigendarstellung der Kommission und aktuellste Fassung des DCGK unter http://www.corporate-governance-code.de/.

295 Vgl. DCGK 5.1.1., S. 2.

296 Vgl. § 111 IV 2 AktG, seit Inkrafttreten des Gesetzes zur weiteren Reform des Aktien- und Bilanzrechts, zu Transparenz und Publizität (TransPuG) im Jahr 2002 ist dies verpflichtend. Als solche Geschäfte von grundlegender Bedeutung gelten solche Vorgänge, die nach den Planungen oder Erwartungen die Ertragsaussichten der Gesellschaft oder ihre Risikoexposition grundlegend verändern und damit eine existentielle Bedeutung für das künftige Schicksal der Gesellschaft haben; Regierungsbegründung zum TransPuG, BT-Drucks. 14/8769, S. 17. Eine Zustimmungsverweigerung wirkt dann faktisch wie ein Vetorecht. Hierdurch wird die Unternehmensleitung gezwungen, eine geplante Handlung so lange zurückzustellen, bis der Aufsichtsrat seine Zustimmung erteilt hat. Ggf. kann der Vorstand aber verlangen, dass die Hauptversammlung über die Zustimmung beschließt, § 111 IV 3–5 AktG.

297 § 107 I 1 AktG; vgl. *Lutter* in *Lutter/Hommelhoff*, GmbHG, § 52, Rn. 27 ff.

298 Vgl. DCGK 5.1.3; *Marsch-Barner/Diekmann* in *Priester/Mayer*, HbGesR III, § 48, Rn. 64 ff.

299 *Hüffer*, AktG, § 108, Rn. 8, *Marsch-Barner/Diekmann* in *Priester/Mayer*, HbGesR III, § 48, Rn. 133; *Lutter* in *Lutter/Hommelhoff*, GmbHG, § 52, Rn. 31; für MitbestG: BGHZ 83, 106, 117.

300 § 109 I 2 AktG.

eigenverantwortlich einen oder mehrere Ausschüsse bestellen[301]. Diesen Ausschüssen können auch Entscheidungskompetenzen übertragen werden.

Der Aufsichtsrat besteht grundsätzlich aus drei Mitgliedern, wobei die Satzung eine höhere Zahl festlegen kann, die aber durch Drei teilbar sein muss. Die Höchstzahl staffelt sich nach dem jeweiligen Grundkapital der Gesellschaft und liegt maximal bei 21 Aufsichtsratsmitgliedern für mehr als 10 Mio. Euro Grundkapital[302].

Da der Aufsichtsrat seine Funktionen von der Gesamtheit aller Anteilseigner ableitet werden personell zunächst auch nur deren Vertreter in ihn entsandt. Unterliegt die Gesellschaft jedoch dem Anwendungsbereich der Mitbestimmungsgesetze, werden zusätzlich Arbeitnehmervertreter bzw. weitere Mitglieder delegiert, abhängig davon, welches weitere Gesetz im Einzelfall anwendbar ist[303]. Der Aufsichtsrat ist daher *„der traditionelle Ansatzpunkt für die Arbeitnehmerbeteiligung“*[304]. Welches mitbestimmungsrelevante Gesetz genau angewendet wird richtet sich nach drei Faktoren, nämlich der Rechtsform des Unternehmens, der Unternehmensgröße und seinem Wirtschaftsbereich. Je nach der gesetzlicher Grundlage ist auch der Grad des Arbeitnehmereinflusses unterschiedlich (näher dazu sogleich unter Abschnitt 4)[305].

Im Anwendungsbereich der Mitbestimmungsgesetze werden aber jedenfalls alle Aufsichtsratsmitglieder gleich behandelt, unabhängig von ihrer jeweiligen „Herkunft“ aus Anteilseigner- oder Arbeitnehmerseite. Sie sind gleichermaßen

---

301 § 107 III AktG, DCGK 5.3. Üblich ist vor allem die Bestellung eines Prüfungsausschusses zur Überwachung der Rechnungslegung, des internen Kontrollsystems, des Risikomanagements, des Revisionssystems und der Abschlussprüfung. Zur Zusammensetzung der Ausschüsse, ihren Kompetenzen und den Abstimmungsmodi in ihnen vgl. *Henssler*, Arbeitnehmermitbestimmung, S. 142 m.w.N.; *Marsch-Barner/Diekmann* in *Priester/Mayer*, HbGesR III, § 48, Rn. 81, 136 ff.; BGHZ 83, 106, insbesondere 115 ff., 122, 342, 358.

302 § 95 I AktG.

303 §§ 95 S. 5, 96 I AktG.

304 So BMAS, Mitbestimmung 2008, S. 12.

305 Über die Zusammensetzung und die Abstimmungsmodi entscheidungsbefugter Ausschüsse enthalten weder die einschlägigen Gesetze noch der DCGK ausdrückliche Vorgaben. Insbesondere gibt es keinen Zwang zur „Spiegelbildlichkeit“, also zur Besetzung entsprechend dem Verhältnis im Aufsichtsrat insgesamt. Allgemein anerkannt ist aber wohl, dass die Mitbestimmung im Aufsichtsrat in ihrer Wirksamkeit nicht durch die Bildung ohne Arbeitnehmervertreter zusammengesetzter Ausschüsse unterlaufen werden „soll“ und es für einen Ausschluss jedenfalls „erheblicher sachlicher Gründe“ bedarf; vgl. zu einem möglichen Teilnahmerecht § 109 II AktG; daneben BGH, Urteil vom 17.05.1993, II ZR 89/92; *Hüffer*, AktG, § 109, Rn. 6; *Biedenkopf*-Bericht, S. 42; *Lutter* in *Lutter/Hommelhoff*, GmbHG, § 52, Rn. 58, nach denen zumindest einem Arbeitnehmervertreter mindestens ein Teilnahmerecht dann zustehen soll, wenn im Ausschuss über solche Angelegenheiten beraten und beschlossen wird, die in engem sachlichem Zusammenhang mit unentziehbaren Kompetenzen des Gesamtaufsichtsrats stehen.

ausschließlich dem Interesse des Unternehmens verpflichtet[306], nicht an Aufträge oder Weisungen gebunden und haben alle die gleichen Rechte und Pflichten, namentlich im Hinblick auf Information, Überwachung und Mitwirkung[307], aber auch im Hinblick auf die notwendige Sorgfalt und die Verantwortlichkeiten[308]. Insbesondere teilen die Arbeitnehmervertreter die Befugnisse des Gremiums insgesamt; es wird also nicht danach differenziert, ob spezifische Arbeitnehmerinteressen betroffen sind. Dessen ungeachtet sollen sich die Arbeitnehmervertreter in der gelebten Praxis nahezu ausschließlich auf die Behandlung arbeits- und sozialrelevanter Fragen beschränken[309]. In mitbestimmten Aufsichtsräten sind zudem Vorbesprechungen der jeweiligen „Bänke" von Arbeitnehmern und Anteilseignern üblich[310]. Alle Aufsichtsratsmitglieder unterliegen auch gleichermaßen der gesellschaftsrechtlichen Treuepflicht und der Pflicht zur Verschwiegenheit gegenüber Dritten[311]. Die Aufsichtsratsmitglieder können ihre Aufgaben nicht durch andere wahrnehmen lassen[312]. Sie müssen an den Sitzungen des Aufsichtsrats teilnehmen.

---

306 Vgl. hierzu statt vieler *Hüffer*, AktG, § 116 Rn. 1 ff., § 93 Rn. 1 ff.; § 76, Rn. 13 ff.; DCGK 5.5.1 Der DCGK bezieht in 4.1.1 die Belange „seiner" Arbeitnehmer in das Unternehmensinteresse ein. Kritisch hierzu *Ulmer/Habersack/Henssler*, MitbestG, Einl., Rn. 71; die antagonistische Besetzung des Aufsichtsrats sei für die gemeinsame Förderung des Unternehmensinteresses nur beschränkt funktionsfähig, hierin läge ein *„‚Geburtsfehler' des MitbestG"*.

307 Zum Recht zur Teilnahme an der Anteilseignerversammlung vgl. §§ 118 III 1 AktG, 1 I Nr. 3 DrittelbG, 25 I Nr. 2 MitbestG, 3 II MontanMitbestG. Dieses Teilnahmerecht umfasst das Rederecht, jedoch kein Antragsrecht; *Marsch-Barner/Diekmann* in *Priester/Mayer/Wicke*, HbGesR III, § 48, Rn. 121.

308 Bei ihrer Tätigkeit haben alle Aufsichtsratsmitglieder die Sorgfalt einer ordentlich und gewissenhaft handelnden Person in vergleichbarer Lage zu beachten, vgl. §§ 116, 93 AktG; *Henn*, HdBAktR, Rn. 1577; *Hüffer*, AktG, § 116, Rn. 2 ff.; *Banspach/Nowak*, Der Konzern 2008, S. 199 ff.

309 Vgl. *Ulmer/Habersack/Henssler*, MitbestG, Einl., Rn. 70 m.w.N.

310 Nach 3.6 DCGK „können" die jeweiligen Seiten die Sitzungen des Aufsichtsrats jeweils gesondert, ggf. mit Mitgliedern des Vorstands vorbereiten. Praktisch werden im Rahmen der Vorbesprechungen (ggf. auch in offener Auseinandersetzung) Informationen erteilt, etwaige ausstehende Fragen erörtert und die spätere endgültige Position festgelegt. In diesem Zusammenhang wird vorgebracht, dass diese Vorbesprechungen ein „Denken in Bänken" festigen würden und der offenen Diskussion in der folgenden Aufsichtsratssitzung abträglich seien. Vgl. statt vieler Kommission Mitbestimmung 1998, S. 102 ff.; DGB, Mitbestimmung aktuell Ausgabe 1/2012, S. 1, unter http://www.igbau.de/Binaries/Binary11906/120228_DCGK_mitbest_akt_V3_1.pdf.

311 Der DCGK betont die entscheidende Bedeutung der umfassenden Wahrung der Vertraulichkeit, DCGK 3.5 I 2. Vgl. auch *Hüffer*, AktG, § 116, Rn. 6; *Marsch-Barner/Diekmann* in *Priester/Mayer*, HbGesR III, § 48, Rn. 87; *Lutter* in *Lutter/Hommelhoff*, GmbHG, § 52, Rn. 22 ff., 66 ff.; *Banspach/Nowak*, Der Konzern 2008, S. 199 f.; zum Auskunfts- und Einsichtsrecht der GmbH-Gesellschafter vgl. § 51a GmbHG.

312 § 111 V AktG; *Banspach/Nowak*, Der Konzern 2008, S. 195, 203.

Dritte, also Nicht-Organmitglieder, haben kein Teilnahmerecht und können es auch nicht durch Satzung erlangen[313].

Für alle Aufsichtsratsmitglieder gelten auch die gleichen allgemeinen gesellschaftsrechtlichen Vorschriften über die Wählbarkeit[314]. Mit Blick auf die Mitbestimmung wird hierzu gefordert, dass jedes Aufsichtsratsmitglied gleichermaßen kompetent und motiviert sein soll, im Einzelfall das Unternehmensinteresse zu konkretisieren und in der Folge zu beurteilen, ob eine anstehende Maßnahme der Unternehmensleitung diesem Interesse dient. Dies sei eine Voraussetzung effizienter Überwachung. Wählbar sollen daher nur solche Personen sein, die diese Anforderungen erfüllen; sog. Prinzip der anforderungsgerechten Besetzung des Aufsichtsrats[315]. Ein so konsequenter individueller Ansatz wird praktisch allerdings nicht gelebt. Der DCGK schreibt seit seiner Fassung vom 26. Mai 2010 vor, dass der Aufsichtsrat so zusammenzusetzen ist, dass *„seine Mitglieder insgesamt"* über die zur ordnungsgemäßen Wahrnehmung der Aufgaben erforderlichen Kenntnisse, Fähigkeiten und fachlichen Erfahrungen verfügen[316].

---

313 *Hüffer*, AktG, § 109, Rn. 4.

314 §§ 100, 105 AktG. Zur fachlichen Eignung insbesondere im Hinblick auf eine etwaige internationale Tätigkeit des Unternehmens vgl. DCGK 5.4.1, zur Unabhängigkeit vgl. DCGK 5.4.2. Eine einzelne Person darf nur bei höchstens zehn Gesellschaften mit gesetzlich vorgeschriebenem Aufsichtsrat Mitglied des Aufsichtsrats sein, § 100 II AktG; ein Posten als Aufsichtsratsvorsitzender wird dabei doppelt gezählt, § 100 II 3 AktG, jedoch werden maximal fünf Aufsichtsratsposten bei Konzerngesellschaften nicht mitgerechnet. § 100 II 2 AktG. Für ehemalige Vorstandsmitglieder besteht seit dem Inkrafttreten des VorstAG grundsätzlich eine zweijährige Karenzzeit, bevor sie in den Aufsichtsrat wechseln dürfen, § 100 II Nr. 4 AktG. Vgl. auch DCGK 5.4.5, der empfiehlt, als Vorstand einer börsennotierten Gesellschaft insgesamt nicht mehr als drei konzernexterne Aufsichtsratsmandate wahrzunehmen. Für Berufsaufseher gilt diese Empfehlung allerdings nicht.

315 Neben persönlicher Unabhängigkeit und individuellem Engagement sei dies eine Frage der fachlichen Qualifikation; BCCG 2003, S. 15 f. Insbesondere seien die Zugehörigkeit zu einer Partei, die Mitgliedschaft in einer Interessengemeinschaft oder die Wahrnehmung eines öffentlichen Amtes keine hinreichenden Kriterien, um die Aufgaben eines Aufsichtsrats ordnungsgemäß erfüllen zu können; *Banspach/Nowak*, Der Konzern 2008, S. 195, 205. Zur aktuellen Diskussion vgl. *Jung*, WM 2013, S. 2110, 2110.

316 DCGK 5.4.1, Abs. 1. In der Fassung von 2008 „sollte" bei den Wahlvorschlägen darauf geachtet werden, dass dem Aufsichtsrat jederzeit Mitglieder angehören, die über die notwendigen Kenntnisse etc. verfügen. Nach der Rechtsprechung muss jedes Aufsichtsratsmitglied, das sein Amt annimmt, die Mindestkenntnisse besitzen oder sich aneignen, die erforderlich sind, *„um alle normalerweise anfallenden Geschäftsvorgänge auch ohne fremde Hilfe verstehen und sachgerecht beurteilen zu können"*, BGHZ 85, 293, 295 f. Mangelnde Kenntnisse führen nicht zu einer Haftungsbefreiung. Ggf. schulden die Aufsichtsratsmitglieder der Gesellschaft, u.U. als Gesamtschuldner, Schadensersatz, §§ 48, 116, 117 II AktG, und sehen sich u.U

Nach dem Aktiengesetz haben die Aufsichtsratsmitglieder auch einen grundsätzlich gleichen Anspruch auf Vergütung[317]. Die dortigen Vorschriften beziehen sich aber ausschließlich auf Tätigkeiten, die dem gesetzlichen Aufgabenbereich des Aufsichtsrates zuzuordnen sind. In einem Pflicht-Aufsichtsrat nach dem DrittelbG haben die Aufsichtsratsmitglieder demgegenüber keine aus dem Gesetz folgenden Vergütungsansprüche. Vielmehr müssen diese in der Satzung oder durch die Gesellschafterversammlung festgelegt werden. Sie können dann für die jeweiligen Mitglieder (je nach Funktion) unterschiedlich hoch sein, wobei aber sachliche Gründe zu beachten sind. Insbesondere darf es nicht zu einer Diskriminierung der Arbeitnehmervertreter kommen[318]. Es bleibt daneben grundsätzlich möglich, außerhalb der gesetzlichen und satzungsmäßigen Aufgaben des Aufsichtsrats weitere Verträge zwischen einem Aufsichtsratsmitglied und der Unternehmensleitung zu schließen[319].

Faktisch werden die Aufsichtsratsbezüge in den DAX-Konzernen mittlerweile individuell ausgehandelt[320]. Der DCGK schlägt insoweit neben der festen

---

auch strafrechtlichen Sanktionen ausgesetzt, §§ 404 AktG, 85 GmbHG. Da § 52 GmbHG nicht auf § 117 AktG verweist, ist die Außenhaftung von Aufsichtsratsmitgliedern bei der GmbH insgesamt von untergeordneter Bedeutung.Vgl. *Lutter* in *Lutter/Hommelhoff*, GmbHG, § 52, Rn. 32, 63, 102 f.; *Banspach/Nowak*, Der Konzern 2008, S. 195, 205 f.; zur Außenhaftung ebd., S. 206. Für den fakultativen Aufsichtsrat einer GmbH vgl. BGH, Urteil vom 20.09.2010, II ZR 78/09, insbes. S. 9 ff.(fehlender Verweis in § 52 I GmbHG auf § 93 III AktG). Für unterschiedliche Sorgfaltspflichten je nach Art und Größe des Unternehmens bzw. besonderer Qualifikationen der jeweiligen Person *Henssler*, Arbeitnehmermitbestimmung, S. 133, 146 m.w.N.

317 Vgl. § 113 AktG.

318 Vgl. §§ 52 I GmbHG, 1 I Nr. 3 DrittelbG, 25 I 1 Nr. 2 MitbestG, *Lutter* in *Lutter/Hommelhoff*, GmbHG, § 52, Rn. 70. So weit „professionelle" Aufsichtsratsmitglieder berufen werden dürfte zudem an eine „übliche" Vergütung iSv. § 612 BGB zu denken sein.

319 § 114 AktG. In der Regel handelt es sich hierbei dann um ergänzende Beraterverträge. Die Wirksamkeit eines solchen Vertrags hängt von der Zustimmung des gesamten Aufsichtsrats ab, § 114 I a. E., II AktG. Dies gilt allerdings nicht z.B. für das Arbeitsverhältnis, das zwischen einem Arbeitnehmervertreter im Aufsichtsrat und der Gesellschaft besteht; *Marsch-Barner/Diekmann* in *Priester/Mayer*, HbGesR III, § 48, Rn. 84. In der Praxis sind solche Sonderverträge sehr beliebt, da so die Sachkunde der einzelnen Aufsichtsratsmitglieder für die Gesellschaft fruchtbar gemacht werden kann; *Lutter* in *Lutter/Hommelhoff*, GmbHG, § 52, Rn. 74.

320 Bei den Aufsichtsratsvorsitzenden lagen sie 2010 zwischen 45.833,– und 592.800,– Euro. Oft wird zudem eine Zulage für die Tätigkeit in den Ausschüssen gewährt. Daneben zahlen 18 der 30 DAX-Konzerne Sitzungsgelder in unterschiedlicher Höhe aus, die sich im Einzelfall auf bis zu 26.000 Euro summieren; Handelsblatt, 14.04.2011, S. 21 f. *(Aufseher gehen auf Nummer sicher* und *Sitzungsgeld: Zu wenig Transparenz).* Nicht zulässig ist jedoch die Gewährung von Aktienoptionen

Vergütung einen erfolgsorientierten Vergütungsbestandteil vor, basierend auf dem langfristigen Unternehmenserfolg[321].

Von DGB-Gewerkschaften werden aufgrund eines Beschlusses des Bundesausschusses des DGB v. 10.10.2000 für die Vertretung im Aufsichtsrat nur solche Personen vorgeschlagen, die sich dazu verpflichten, ihre Bezüge nach Abzug eines Selbstbehalts an die *Hans-Böckler-Stiftung* abzuführen[322]. Im Jahr 2009 wurde der Abführungsbeschluss auf Aufsichtsratswahlen in Unternehmen europäischer oder ausländischer Rechtsform ausgedehnt[323].

Diejenigen Aufsichtsratsmitglieder, die Beschäftigte des Unternehmens sind, dürfen wegen ihrer Tätigkeit nicht benachteiligt werden[324].

Aktiengesellschaften, Kommanditgesellschaften auf Aktien und bestimmte Genossenschaften haben verpflichtend stets einen Aufsichtsrat nach diesem Muster[325].

---

an Aufsichtsratsmitglieder. Nach der Rechtsprechung kommt es hierbei unvermeidlich zu Interessenkollisionen, die Kontrollfunktion wird untergraben; BGH, Urteil vom 16.02.2004, II ZR 316/02. Vgl.auch DCGK 4.2.3 bzw. 5.4.6. Ein Missbrauch lässt sich hierdurch aber auch nicht gänzlich vermeiden, z.B. wenn Teile der variablen Vergütung an die Höhe der Dividende gekoppelt werden, worüber wiederum der Aufsichtsrat entscheidet.

321 DCGK 5.4.6. Dessen ungeachtet zahlen 20 der 30 DAX-Konzerne aber nur eine Jahrestantieme; Handelsblatt, 08.04.2010, S. 1 f., *„Traumberuf Aufsichtsrat"*. Der Trend geht entgegen der Empfehlungen des DCGK zur Pauschalvergütung, was als *„Abschied der Praxis vom Praxis-Kodex der Wirtschaft"* kritisiert wird; Handelsblatt, 14.04.2011, S. 20 (*„Aufseher gehen auf Nummer sicher*).

322 Dieser Selbstbehalt staffelt sich seinerseits nach der Höhe der Vergütung. Er liegt pro Jahr für einfache Aufsichtsratsmitglieder bei max. 4.600,– Euro, für stellvertretende Aufsichtsratsvorsitzende bei 6.900,– Euro und für Aufsichtsratsvorsitzende bei 9.200,– Euro; *Hanau*, Abführungsverpflichtung 2012, S. 9 f. Der Gesamthaushalt der *Hans-Böckler-Stiftung* lag im Haushaltsjahr 2008/2009 bei 56,9 Mio. Euro, davon stammen 35 Mio. Euro aus den Abführungen und aus nicht näher aufgeschlüsselten „Zuwendungen sonstiger Förderinnen"; vgl. Jahresbericht 2009, S. 10; abrufbar unter http://www.boeckler.de/pdf/hbs_jahresbericht_2009.pdf . Die Abführungsregelung selbst wurde in mehreren gerichtlichen Entscheidungen seit dem Jahr 2000 jedenfalls für den Fall gebilligt, dass die satzungsmäßige Abführungsverpflichtung der Gewerkschaft von einer individuellen Verpflichtungserklärung begleitet wird; vgl. z.B. OLG Frankfurt/Main vom 22.08.2001, 23 U 177/00, OLG Stuttgart vom 05.02.2008, 12 U 122/07, OLG Hamburg vom 22.04.2008, 11 U 267/07; zu weiterer Rechtsprechung durch die Landgerichte vgl. *Hanau*, ebd. S. 28 f.

323 *Hanau*, Abführungsverpflichtung 2012, S. 16 f.

324 §§ 9 DrittelbG, 26 MitbestG.

325 §§ 95 ff., 287 AktG; 9 Genossenschaftsgesetz in der Fassung der Bekanntmachung vom 16. Oktober 2006 (BGBl. I S. 2230), zuletzt geändert durch Artikel 8 des Gesetzes vom 15. Juli 2013 (BGBl. I S. 2379) (GenG).

iii. Aufsichtsrat in der mitbestimmten GmbH

Bei einer GmbH kann ein Aufsichtsrat grundsätzlich freiwillig eingerichtet werden[326].

Außerhalb des GmbHG gibt es jedoch einige gesetzliche Vorschriften, nach denen auch eine GmbH unter bestimmten Voraussetzungen obligatorisch einen Aufsichtsrat bilden muss. Zu diesen Bestimmungen gehören insbesondere die Mitbestimmungsgesetze[327]. In diesen Fällen sind die Vorschriften des Aktiengesetzes grundsätzlich entsprechend anzuwenden[328]. Dies führt zu einer Strukturveränderung in der Binnenorganistion der GmbH und zu einer gewissen, jedoch nicht umfassenden, Angleichung an die Rechtsform der AG.

Entsprechend zum Aufsichtsrat in der AG hat auch der GmbH-Aufsichtsrat die Aufgabe, die Geschäftsführung zu überwachen[329]. Er vertritt die Gesellschaft aber nur ausnahmsweise[330] und ist an der Geschäftsführung nicht beteiligt.

Zudem spielen die Gesellschafter eine bedeutendere Rolle. So steht es der Gesellschafterversammlung auch in einer mitbestimmten GmbH grundsätzlich frei, die Geschäftsführer zu bestellen[331]. Bedeutende Ausnahmen hiervon sind die nach dem MitbestG mitbestimmte GmbH, also diejenige mit mehr als 2.000 Beschäftigten, und die montanmitbestimmte GmbH (näher dazu sogleich unter Abschnitt 4).

---

326 Zum fakultativen Aufsichtsrat und seinen Aufgaben vgl. *Marsch-Barner/Diekmann* in *Priester/Mayer*, HbGesR III, § 48, Rn. 12 ff.; *Lutter* in *Lutter/Hommelhoff*, GmbHG, § 52, Rn. 3 ff.; *Banspach/Nowak*, Der Konzern 2008, S. 197.

327 §§ 3 I, 1 I MontanMitbestG; 3 I 2 MontanmitbestErgG; 6 I, 1 I MitbestG; 1 I Nr. 3 S. 2 DrittelbG. Ein Aufsichtsrat ist außerdem obligatorisch für GmbHs, die Kapitalanlagegesellschaften sind (§ 6 II InvestmG); *Lutter* in *Lutter/Hommelhoff*, GmbHG, § 52, Rn. 1.

328 § 52 I GmbHG bzw. die wechselnden Vorgaben der jeweiligen Mitbestimmungsgesetze, näher dazu sogleich unter Abschnitt 4. Allerdings bestehen hinsichtlich der jeweiligen Reichweite der Verweise Unterschiede im Detail; teils wird auf das AktG verwiesen, teils auf das jeweilige Organisationsrecht, vgl. §§ 3 II MontanMitbestG, 25 I 1 Nr. 2 MitbestG, 1 I Nr. 3 DrittelbG. Während § 3 II MontanMitbestG „die Vorschriften des Aktienrechts" für sinngemäß anwendbar erklärt, werden im MitbestG und im DrittelbG die entsprechend anwendbaren Normen im Einzelnen aufgeführt. Auch dort besteht keine Deckungsgleichheit bzgl. der Verweise. Die Reichweite der Verweise ist aber jedenfalls zwingend; vgl. *Lutter* in *Lutter/Hommelhoff*, GmbHG, § 52, Rn. 37. Kritisch zu sich so mitunter ergebenden Auslegungsproblemen *Ulmer/Habersack/Henssler*, MitbestG, Einl., Rn. 10; vgl. auch *Banspach/Nowak*, Der Konzern 2008, S. 195, 197.

329 § 52 I GmbHG i.V.m. § 111 AktG.

330 Vgl. § 112 AktG i.V.m. § 52 I GmbHG.

331 § 46 Nr. 5 GmbHG. Auf § 84 AktG wird in § 52 I GmbHG, § 1 I Nr. 3 S.2 DrittelbG nicht verwiesen, so dass es insbesondere in der drittelparitätisch mitbestimmten GmbH bei der Ernennungskompetenz der Gesellschafterversammlung bleibt. Vgl. *Ulmer/Habersack/Henssler*, MitbestG, § 1 DrittelbG, Rn. 34, *Raiser/Veil*, MitbestG, § 1 DrittelbG, Rn. 22.

Hier obliegt die Kompetenz zur Entscheidung über Bestellung und Abberufung des Geschäftsführers zwingend dem Aufsichtsrat[332].

Weitergehend als im Aktienrecht können die Gesellschafter der GmbH auch die innere Verfahrensordnung des Aufsichtsrats bestimmen und z.B. festlegen, dass vor bestimmten Entscheidungen die Gesellschafter anzuhören sind oder die Gesellschafterversammlung zuständig wird, wenn im Aufsichtsrat kein Beschluss zustande kommen sollte[333]. Daneben kann die Gesellschafterversammlung den Geschäftsführern grundsätzlich am Aufsichtsrat vorbei Weisungen erteilen[334], jede Maßnahme der Geschäftsführung an sich ziehen und selbst entscheiden[335]. Anders als die Hauptversammlung der AG kann die Gesellschafterversammlung Beschlüsse des Aufsichtsrats jederzeit, ggf. mit satzungsändernder Mehrheit, ändern oder aufheben. Das gilt allerdings insoweit nicht, als der Aufsichtsrat aufgrund zwingender gesetzlicher Regelung ausschließlich zuständig ist, z.B. also bei der erwähnten Bestellung und Abberufung der Geschäftsführer nach dem MitbestG und den Montanmitbestimmungsgesetzen.

Dieser Vorrang der Gesellschafter gilt vor allem auch für den Bereich der Überwachung der Geschäftsführung, für die die Gesellschafter neben dem Aufsichtsrat zuständig sind[336], sowie ferner für die zustimmungsabhängigen Geschäfte[337]. Für die Kontrollfunktionen des Aufsichtsrats besteht dann kein Raum mehr[338]. Die Grenze erreicht das Weisungsrecht der Gesellschafterversammlung erst dort, wo anderenfalls die von den Mitbestimmungsgesetzen verfolgten Zwecke nicht mehr erreicht werden können[339].

Auch die höchstrichterliche Rechtsprechung belässt den Gesellschaftern der mitbestimmten GmbH über ihr Letztentscheidungsrecht hinaus die GmbH-spezifischen Kontroll- und Weisungsbefugnisse[340]. Die Grenze erreicht das Weisungsrecht der Gesellschafterversammlung erst dort, wo anderenfalls die von den Mitbestimmungsgesetzen verfolgten Zwecke nicht mehr erreicht werden können[341]. Der Aufsichtsrat der GmbH steht mithin zwischen den Geschäftsführern und der Gesellschafterversammlung[342].

---

332 §§ 25 I Nr. 2, 31 I 1 MitbestG; 12, 13 MontanMitbestG; 13 S. 1 MontanMitbestErgG, 84 AktG; vgl. *Marsch-Barner/Diekmann* in *Priester/Mayer*, HbGesR III, § 48, Rn. 10.

333 *Marsch-Barner/Diekmann* in *Priester/Mayer*, HbGesR III, § 48, Rn. 10.

334 §§ 37 I, 45 I, 46 Nr. 6 GmbHG.

335 *Raiser/Veil*, MitbestG, § 25, Rn. 88; *Marsch-Barner/Diekmann* in *Priester/Mayer*, HbGesR III, § 48, Rn. 120; *Henssler*, Arbeitnehmermitbestimmung, S. 135 f.; *Banspach/Nowak*, Der Konzern 2008, S. 197 f.

336 §§ 46 Nr. 6, 51a GmbHG.

337 Vgl. §§ 15 I Nr. 2 MitbestG, 1 I Nr. 3 S. 2 DrittelbG, jeweils i.V.m. § 111 IV AktG.

338 Vgl. BVerfGE 50, 290, 346 ff. (sog. „Mitbestimmungsurteil"); BGHZ 89, 48, 57.

339 *Henssler*, Arbeitnehmermitbestimmung, S. 136.

340 BVerfGE 50, 290, 346 ff. (sog. „Mitbestimmungsurteil"); BGHZ 89, 48, 57.

341 *Henssler*, Arbeitnehmermitbestimmung, S. 133, 136.

342 Er ist somit konzeptionell zunächst ein reines Innenorgan. Durch seine Kontrollfunktion, die regelmäßig auch die Beratung einschließt, ist er allerdings den Ge-

Diese Vormachtstellung der Gesellschafter ist essentiell, auch und vor allem in der mitbestimmten Gesellschaft. Die Beseitigung des Weisungsrechts beträfe ein Wesensmerkmal der GmbH nach deutschem Verständnis und würde eine Einheitslösung für mitbestimmte Unternehmen schaffen, ohne Berücksichtigung der rechtsformspezifischen Rollen der Anteilseigner. Das wiederum würde auch den grundsätzlichen rechtsformbezogenen Ansatz der Mitbestimmung prinzipiell in Frage stellen.

4. Formen der Arbeitnehmerbeteiligung

a. Montanmitbestimmung

i. Montan-Mitbestimmungsgesetz 1951

Grundstein der Mitbestimmung in Deutschland, gleichzeitig auch die älteste heute noch gültige Form der Unternehmensmitbestimmung in Europa, ist das Montan-Mitbestimmungsgesetz von 1951[343]. Alle weiteren Mitbestimmungsgesetze basieren darauf, so dass die wesentlichen Grundlagen kurz skizziert werden.

Das MontanMitbestG ermöglicht über eine Vorrangsregelung die paritätische, also gleich starke, Mitbestimmung in den Aufsichtsräten von Unternehmen aus dem Bereich Bergbau sowie aus der Eisen und Stahl erzeugenden Industrie, sofern sie als AG oder als GmbH organisiert sind und in der Regel mehr als 1.000 Beschäftigte haben[344]. Insgesamt sind inzwischen nur noch sehr wenige Unternehmen

---

schäftsführern übergeordnet, die wiederum ihrerseits die Gesellschaft nach außen vertreten und die Geschäfte führen; vgl. §§ 35, 36, 37 GmbHG; *Banspach/Nowak*, Der Konzern 2008, S. 195, 197 f.; *Marsch-Barner/Diekmann* in *Priester/Mayer/Wicke*, HbGesR III, § 48, Rn. 8.

343 Gesetz über die Mitbestimmung der Arbeitnehmer in den Aufsichtsräten und Vorständen der Unternehmen des Bergbaus und der Eisen und Stahl erzeugenden Industrie vom 21.05.1951 (BGBl. I S. 347), zuletzt geändert durch Verordnung vom 31.10.2006 (BGBl. I S. 2407). Ein maßgeblicher Hintergrund war der nahezu zeitgleich abgeschlossene Vertrag über die Europäische Gemeinschaft für Kohle und Stahl vom 18.04.1951, der ersten supranationalen Organisation überhaupt und Vorläuferorganisation der EU.

344 §§ 1, 2 MontanMitbestG. § 1 I 1 b), II MontanMitbestG schreibt die Anwendung auch für sog. „Einheitsgesellschaften" vor. Dieser Begriff geht auf ein Gesetz der Alliierten Hohen Kommission vom 16.05.1959 zurück. Er bezeichnet die seinerzeit für die Konzernentflechtung im Montanbereich gebildeten Gesellschaften, AHK-Gesetz Nr. 27, ABl. AHK, S. 299. Es ist nicht ohne Ironie, dass die starke Repräsentanz der deutschen Arbeitnehmer ausgerechnet auf die der Mitbestimmung traditionell eher nicht zugeneigten Briten zurückgeht. Der *Economist* beobachtete 2004: *„Workers' representatives make up as much as half of a German supervisory board, depending on company size. This is largely thanks to the British, who, as post-war occupiers, allowed industry and unions in the Ruhr to adopt „equal representation", partly in the hope of putting Germany's military-industrial*

montanmitbestimmt. Diese beschäftigen jedoch eine beträchtliche Anzahl von Arbeitnehmern[345].

Bei variierender absoluter Größe des Aufsichtsrats[346] werden zunächst jeweils gleich viele Mitglieder von den Anteilseignern und von den Arbeitnehmern benannt. Zu jeder Seite kommen noch ein bis zwei „weitere Mitglieder" hinzu[347]. Zusätzlich bestimmt der Aufsichtsrat noch ein so genanntes „neutrales Mitglied", das in Streitfragen für eine gütliche Einigung sorgen soll[348]. Durch ein recht komplexes Verfahren besteht für die Wahl dieses neutralen Mitglieds ein gewisser

---

complex in a straitjacket." (*Economist*, 18.11.2004, *Goodbye consensus? – An overdue debate about reforming German co-determination* [*The Economist* verzichtet bei seinen Artikeln traditionell grundsätzlich auf die Namensnennung der jeweiligen Autoren.]). Der Anwendungsbereich des MontanMitbestG wurde mehrfach angepasst. So wurde durch die Rechtsprechung klargestellt, dass auch solche Unternehmen erfasst werden, die nicht im AHK-Gesetz Nr. 27 namentlich aufgeführt sind, weil sie erst später gegründet wurden, aber dieselben sachlichen Merkmale wie diese Unternehmen aufweisen; BGH Beschluss vom 28.02.1983, II ZB 10/82. Die ursprünglich ebenfalls mitgeregelte Gesellschaftsform der „bergrechtlichen Gewerkschaft" hingegen wurde mit Wirkung zum 31.12.1985 abgeschafft, vgl. §§ 163 ff. BBergG. Weitere Ausführungen zum Anwendungsbereich sollen hier unterbleiben.

345 Der Montanmitbestimmung unterlagen bis Ende der 1980er Jahre noch 31 Unternehmen. Aufgrund der Wiedervereinigung stieg die Quote 1991 auf 46 Unternehmen und lag 1998 bei 45. Seinerzeit waren in ihnen ca. 400.000 Arbeitnehmer tätig; Kommission Mitbestimmung 1998, S. 43, zur Berechnung vgl. ebd., Anhang 6, S. 137 f. Aktuell werden nach Arbeitgeberinformationen von dieser Mitbestimmungsform zusammen mit dem Montanmitbestimmungsergänzungsgesetz noch ca. 50 Unternehmen erfasst; BDA/BDI 2004, S. 4.

346 Entscheidend ist insoweit das Nennkapital der Gesellschaft; §§ 4, 9 MontanMitbestG. Die Aufsichtsräte der erfassten Unternehmen bestehen meist aus 21 Mitgliedern, bei kleineren Unternehmen aus elf oder 15 Mitgliedern.

347 Für diese gelten besondere Wählbarkeitsvoraussetzungen. Konkret dürfen sie weder in den Unternehmen als Arbeitnehmer oder Arbeitgeber tätig, noch dürfen sie Gewerkschafts- bzw. Arbeitgebervertreter sein. Darüber hinaus dürfen sie auch nicht in größerem Umfang am Unternehmen beteiligt sein; § 4 II MontanMitbestG (hier insbesondere Buchstabe d) *„wirtschaftlich wesentlich interessiert"*). Durch diese Vorgaben soll erreicht werden, dass potentielle Konflikte zwischen der Arbeitgeber- und der Arbeitnehmerseite vermindert werden. Daneben sollen die „weiteren Mitglieder" eventuelle „übergeordnete Interessen" in die Entscheidungsfindung des Unternehmens einbringen können.

348 Für Aufsichtsräte mit 21 Mitgliedern ergibt sich ein Verhältnis von 8+2:8+2:1, bei elf bzw. fünfzehn Mitgliedern gelten Verhältnisse von 4+1:4+1:1 bzw. von 6+1:6+1:1, es ändert sich also nur die absolute Größe, nicht das Verhältnis; vgl. §§ 4 I, 6 I – III, 9 I MontanMitbestG.

Einigungszwang[349]. Aufgrund seiner Funktion und der insgesamt ungeraden Anzahl der Aufsichtsratsmitglieder hat es eine sehr starke Position.

Die Vertreter der Anteilseignerseite werden durch das per Gesetz, Satzung oder Gesellschaftsvertrag zur Wahl von Aufsichtsratsmitgliedern berufene Wahlorgan nach Maßgabe der Satzung oder des Gesellschaftsvertrags gewählt[350].

Die eine Hälfte der Arbeitnehmervertreter stammt direkt aus dem Unternehmen. Die andere Hälfte sowie die „weiteren Mitglieder" der Arbeitnehmerseite werden von den Spitzenorganisationen der im Betrieb vertretenen Gewerkschaften vorgeschlagen. Alle Arbeitnehmervertreter, auch diejenigen externen, die von den Gewerkschaften vorgeschlagen werden, werden von den Betriebsräten gewählt. Anschließend schlagen die Betriebsräte die Mitglieder der Arbeitnehmerseite der Anteilseignerversammlung zur Bestätigung vor. Bei dieser Bestätigung handelt es sich aber lediglich um einen formalen Akt. Abgelehnt werden können die Vorschläge nicht[351].

Im Geltungsbereich des MontanMitbestG muss dem Vorstand ein Arbeitsdirektor angehören[352]. Dieser kann nicht gegen die Stimmenmehrheit der Arbeitnehmervertreter berufen werden[353] und hat als Ressortchef des Personal- und Sozialwesens die Aufgabe, auftretende Sozialprobleme gleichberechtigt neben den weiteren Bereichen in die Unternehmensplanung einzubringen. Diese Aufgaben hat er wie die übrigen Mitglieder des zur gesetzlichen Vertretung berufenen Organs im engsten Einvernehmen mit dem Gesamtorgan auszuüben[354].

---

349 §§ 4 I c), 8 MontanMitbestG. Das „neutrale Mitglied" ist auf Vorschlag der übrigen Aufsichtsratsmitglieder durch das zur Wahl von Aufsichtsratsmitgliedern berufene Organ (Wahlorgan, vgl. § 5) zu wählen. Dieser Vorschlag wird mit der Mehrheit aller Stimmen der Aufsichtsratsmitglieder beschlossen und bedarf der Zustimmung von mindestens je drei Mitgliedern der Arbeitgeber- und der Arbeitnehmerseite. Kommt ein Vorschlag nicht zustande oder wird die vorgeschlagene Person nicht gewählt, ist ein Vermittlungsausschuss zu bilden, der seinerseits drei Personen zur Wahl vorschlägt. Werden auch diese Vorschläge abgelehnt, entscheidet über die Berechtigung der Ablehnung das für das Unternehmen zuständige OLG. Wird die Ablehnung von diesem für unberechtigt erklärt, so hat das Wahlorgan einen der Vorgeschlagenen zu wählen, erfolgte die Ablehnung zu Recht so wählt das Wahlorgan von sich aus das weitere Mitglied. Durch dieses Verfahren soll sichergestellt werden, dass das neutrale Mitglied das Vertrauen möglichst vieler, mindestens aber der Mehrheit der Aufsichtsratsmitglieder genießt. Das ist notwendig, da seinem Stimmverhalten bei Aufsichtsratsbeschlüssen die entscheidende Rolle zukommen kann, sollten sich die Vertreter von Anteilseignern und Arbeitnehmern nicht einigen können.

350 § 5 MontanMitbestG.

351 §§ 4–8, 9 MontanMitbestG.

352 § 13 I 1 MontanMitbestG.

353 § 13 I 2 MontanMitbestG.

354 §§ 13 MontanMitbestG, 84 IV AktG. *Klinkhammer/Welslau* bezeichnen die Installation eines Arbeitsdirektors neben der paritätischen Mitbestimmung als

ii. Montanmitbestimmungsergänzungsgesetz 1956
Das Mitbestimmungsergänzungsgesetz von 1956[355] sieht eine leicht abgeschwächte Form der Montanmitbestimmung für die beherrschenden Obergesellschaften von Montan-Konzernen (in Form einer AG oder einer GmbH) vor, die ihrerseits selbst keine Montanunternehmen sind[356].

Dieses Gesetz wurde für notwendig erachtet, weil es im Laufe der Zeit in der Montanindustrie zunehmend zu Konzentrationen und Umstrukturierungen gekommen war, aufgrund derer immer mehr Unternehmen aus dem Geltungsbereich des MontanMitbestG heraus zu fallen drohten, die Montanmitbestimmung als Institution aber gesichert werden sollte[357].

Die Aufsichtsräte bestehen hier grundsätzlich aus 15 Mitgliedern[358]: jeweils sieben Vertreter von Arbeitnehmer- und Anteilseignerseite und ein neutrales Mitglied. Von den sieben Vertretern der Arbeitnehmer müssen fünf in den Konzernunternehmen beschäftigt sein, während die zwei weiteren von den Spitzenorganisationen der im Betrieb vertretenen Gewerkschaften vorgeschlagen werden[359]. Das „neutrale Mitglied"[360] ist funktional mit demjenigen nach dem MontanMitbestG vergleichbar.

Die Arbeitnehmervertreter werden in einem recht komplexen Verfahren bestellt[361].

„das wohl wichtigste Strukturprinzip der Montanmitbestimmung", *Klinkhammer/Welslau*, S. 62.

355 Gesetz zur Ergänzung des Gesetzes über die Mitbestimmung der Arbeitnehmer in den Aufsichtsräten und Vorständen der Unternehmen des Bergbaus und der Eisen und Stahl erzeugenden Industrie (Mitbestimmungs-Ergänzungsgesetz) vom 07. August 1956 (BGBl. I S. 707), zuletzt geändert durch Gesetz vom 23.07.2013 (BGBl. I S. 2586), vulgo aus gegebenem Anlass auch als *„Lex Mannesmann"* bezeichnet.

356 §§ 1–3 MontanMitbestErgG.

357 Das Gesetz wurde wiederholt geändert, vor allem wurde die sog. Auslauffrist für ein Ausscheiden aus der Montanmitbestimmung mehrfach verlängert. Das BVerfG billigte das Bestreben des Gesetzgebers, die Montanmitbestimmung angesichts veränderter Verhältnisse zu sichern, setzte sich allerdings auch kritisch mit den Legitimationsgründen auseinander; BVerfG 1 BvL 2/91vom 02.03.1999, insbes. Rn. 82 ff. Vgl. zur Entwicklung *Mävers*, SE-Mitbestimmung 2002, S. 43 ff. m.w.N., *Raiser/Veil*, MitbestG, Einl., Rn. 20 ff.

358 § 5 MontanMitbestErgG; bis zu 21 Mitglieder sind möglich, notwendig ist dann ein Gesellschaftskapital in Höhe von mehr als 25 Millionen Euro; § 5 I 2 MontanMitbestErgG.

359 § 6 MontanMitbestErgG; bei 21 Mitgliedern: sieben Arbeitnehmer aus dem Konzern, drei Gewerkschaftsvertreter; § 6 I 2 MontanMitbestErgG.

360 § 5 I c MontanMitbestErgG. Für seine Bestellung gilt grundsätzlich § 8 MontanmitbestG, für seine Abberufung § 11 III MontanMitbestG, § 5 III MontanMitbestErgG.

361 §§ 7 ff. MontanMitbestErgG. Es wird grundsätzlich nach der Unternehmensgröße differenziert und entweder eine Wahl durch Delegierte oder eine unmittelbare Wahl durchgeführt, wobei auch ein Wechsel des Wahlverfahrens möglich ist.

Im MontanMitbestErG bestehen einige beteiligungsrelevante Besonderheiten. In seinem Anwendungsbereich obliegen auch bei der GmbH Bestellung und Abberufung der Mitglieder des Vertretungsorgans dem Aufsichtsrat und nicht den Gesellschaftern[362]. Zudem gilt hier die Zuständigkeit des Aufsichtsrats für den Fall einer Beteiligung an einem anderen Unternehmen bereits ab einem Viertel[363]. Daneben kann der Arbeitsdirektor auch gegen die Stimmen der Arbeitnehmervertreter berufen werden[364].

Trotz der allgemein kaum bestreitbaren Bedeutung des Montansektors soll auf weitere Ausführungen zu diesem Spezialbereich im Rahmen der weiteren Darstellung verzichtet werden[365].

b. Mitbestimmungsgesetz 1976

In den 1970er Jahren sollte die Mitbestimmung auch auf Unternehmen anderer Wirtschaftszweige, außerhalb der Montanindustrie, ausgedehnt werden. In den Anwendungsbereich des Mitbestimmungsgesetzes vom 04. Mai 1976[366] fallen darum branchenunabhängig bestimmte, im Einzelnen aufgezählte Kapitalgesellschaften mit mehr als 2.000 Beschäftigten. Das Gesetz schreibt hier eine paritätische Besetzung des (verpflichtend zu bildenden[367]) Aufsichtsrats durch Arbeitnehmer- und Anteilseignervertreter vor[368]. Bemerkenswert ist, dass die Arbeitnehmer auf diese Vertretung nicht einmal freiwillig verzichten dürfen; so ist ein an sich mitbestimmter Aufsichtsrat ohne Arbeitnehmervertreter nicht ordnungsgemäß zusammengesetzt. Der Staat sorgt damit im Zuge der Registereintragung von Amts wegen für den faktischen Normvollzug[369].

Mit *Henssler* gilt das MitbestG allgemein als *„das Herzstück der Unternehmensmitbestimmung"*[370].

---

362 § 13 S. 1 MontanMitbestErgG i.V.m. §§ 76 III und 84 AktG; vgl. § 46 Nr. 5 GmbHG.

363 § 15 MontanMitbestErgG.

364 Vgl. den fehlenden Verweis auf § 13 I 2 und 3 MontanMitbestG in §§ 13 MontanMitbestErgG, 84 IV AktG.

365 Vgl. weiterführend zu diesbezüglichen europarechtlichen Entwicklungen und namentlich zur Montan-SE *Henssler*, RdA 2005, S. 330, 336 f.; *Rieble*, NJW 2006, S. 2214, 2216.

366 Gesetz über die Mitbestimmung der Arbeitnehmer (Mitbestimmungsgesetz – MitbestG) vom 04. Mai 1976 (BGBl. I S. 1153), zuletzt geändert durch Gesetz vom 22.12.2011 (BGBl. I S. 3044). Die Regelung wurde 1976 im Bundestag mit den Stimmen aller Parteien bei nur 22 Gegenstimmen beschlossen; *Rebhahn,* ZAAR 2004, Rn. 9, vgl. auch *Hörisch,* Vergleich, S. 25 f.

367 § 6 I MitbestG.

368 § 1 I MitbestG.

369 Vgl. §§ 37 IV Nr. 3, 3a, 4; 38 AktG; *Rieble* in *Rebhahn,* ZAAR 2004, Rn. 89; *Raiser/Veil,* MitbestG, § 1, Rn. 49; vgl. auch *Rebhahn,* ZAAR 2004, Rn. 88.

370 *Henssler,* Arbeitnehmermitbestimmung, S. 133, 133. Nach der jährlichen Erhebung der *Hans-Böckler-Stiftung* gab es in Deutschland Ende 2010 insgesamt 681

i. Geltungsbereich

Das MitbestG verfolgt einen rechtsformspezifischen Ansatz. Es gilt für grundsätzlich alle Unternehmen, die als AG, KGaA[371], Genossenschaft oder GmbH organisiert sind. Erfasst werden auch GmbHs, die kein Unternehmen im materiellen Sinn betreiben, z.B. wenn sie keinen eigenen Geschäftsbetrieb haben[372]. Das MitbestG gilt jedoch nicht für die Unternehmen, die bereits unter das MontanMitbestG oder das MontanMitbestErgG fallen sowie für sog. Tendenzbetriebe nach näherer Kennzeichnung des Gesetzes[373].

ii. Berechnung der Arbeitnehmerzahl

Neben der Rechtsform muss im Unternehmen auch die notwendige Arbeitnehmerzahl von mehr als 2.000 Beschäftigten gegeben sein[374]. Zur Bemessung werden

---

Unternehmen, die dem MitbestG unterliegen. Hiervon waren 280 AG und 345 GmbH, daneben gab es elf mitbestimmte SE; der Rest verteilt sich auf Kapitalgesellschaft & Co. KG, KGaA und Genossenschaften. Von den mitbestimmten Unternehmen hatten 446 einen 12-köpfigen Aufsichtsrat, 108 einen 16-köpfigen und 127 einen 20-köpfigen, was insgesamt 4.810 Aufsichtsratsmandaten für die Arbeitnehmer entspricht. Die Gesamtzahl der nach dem MitbestG mitbestimmten Unternehmen lag im Jahr 1977 bei 462 und erreichte im Jahr 2002 mit 767 Stück ihren Höhepunkt. Sie ist seitdem kontinuierlich leicht rückläufig; http://www.boeckler.de/38347.htm. Wie viele Beschäftigte konkret betroffen sind lässt sich nur schätzen. Für 1996 konnten für die Unternehmen im Anwendungsbereich des MitbestG etwa 5,2 Mio. Arbeitnehmer ermittelt werden, 1992 hatten die Arbeitnehmer insgesamt 4.922 Aufsichtsratsmandate; Kommission Mitbestimmung 1998, S. 48.

371 In der Kommanditgesellschaft auf Aktien, §§ 278 ff. AktG, verfügt der Aufsichtsrat weder über Personalkompetenz, noch über Zustimmungsrechte zur Geschäftsführung; § 111 IV 2 AktG ist nicht anwendbar. Zusätzlich sind bestimmte Normen des MitbestG auf die KGaA nicht anwendbar, so diejenige über die Bestellung des Arbeitsdirektors, § 33 I 2 MitbestG, sowie die über die Bestellung des zur Vertretung berufenen Organs durch den mitbestimmten Aufsichtsrat, § 31 I 2 MitbestG (mitbestimmungsrechtliche Privilegierung der KGaA, für die GmbH & Co. KGaA klargestellt durch BGHZ 134, 392, 400). Begründet wird diese Privilegierung mit der Natur dieser Gesellschaftsform und insbesondere der Rechtsstellung der persönlich haftenden Gesellschafter, die als ihre gesetzlichen Vertreter fungieren. Vgl. *Hüffer*, AktG, § 278, Rn. 11, 15; *Ulmer/Habersack/Henssler*, MitbestG, § 1, Rn. 38 ff.; *Lorz*, VGR 1999, S. 57, 65; a.A. wohl *Raiser/Veil*, MitbestG, § 31, Rn. 45.

372 *Marsch-Barner/Diekmann* in *Priester/Mayer/Wicke*, HbGesR III, § 48, Rn. 142.

373 § 1 II–IV MitbestG. Für diese Tendenzbetriebe gilt eine absolute Freistellung von der Arbeitnehmermitbestimmung. Zum betriebsverfassungsrechtlichen relativen Tendenzschutz vgl. § 118 BetrVG; demnach können in Tendenzunternehmen zwar Betriebsräte gebildet werden, eine Mitbestimmung ist aber ausgeschlossen, wenn Tendenzaspekte berührt werden.

374 Zum Arbeitnehmerbegriff vgl. §§ 3 MitbestG, 5 f. BetrVG. Im Ausland beschäftigte Arbeitnehmer werden berücksichtigt, wenn sie dorthin nur vorübergehend

die Mitarbeiterzahlen in den jeweiligen Betrieben addiert. Entscheidend ist der regelmäßige Stand der Belegschaft[375]. Eine etwaige Veränderung ist relevant, wenn sie dauerhaft und nicht nur kurzfristig ist[376].

In einer GmbH & Co. KG werden die Arbeitnehmer der Kommanditgesellschaft der Komplementär-GmbH zugerechnet, wenn die Mehrheit der Kommanditisten auch die Mehrheit der Anteile bzw. der Stimmen in der GmbH innehat und die GmbH keinen eigenen Geschäftsbetrieb mit in der Regel mehr als 500 Arbeitnehmern betreibt[377].

iii. Konzern

Mag es schon einige Unternehmen geben, die bereits für sich genommen den Schwellenwert erreichen, folgt die eigentliche Bedeutung des MitbestG aus der Konzernregelung des § 5 MitbestG. Ohne zu sehr ins Detail zu gehen sollen hier die wesentlichsten Punkte angerissen werden.

Grundsätzlich ist ein Konzern ein Zusammenschluss mehrerer rechtlich selbständiger Unternehmen zu einer wirtschaftlichen Einheit unter der einheitlichen Leitung eines herrschenden Unternehmens[378].

Unterschieden werden insoweit der Vertragskonzern und der sog. faktische Konzern[379]. Bei einem Vertragskonzern beruht die Verbindung der beteiligten Unternehmen auf einem Beherrschungsvertrag bzw. einer Eingliederung[380], wobei letztere aber ausschließlich zwischen AGs möglich ist. Ein faktischer Konzern liegt vor, wenn sich ein oder mehrere Unternehmen ohne Beherrschungsvertrag und ohne Eingliederung einem (meist aufgrund Mehrheitsbeteiligung) herrschenden Unternehmen gegenübersehen; unter Umständen übt das herrschende Unternehmen auch tatsächliche Leitungsmacht aus.

Durch § 5 MitbestG werden die Arbeitnehmer sämtlicher zu berücksichtigender Konzernunternehmen dem herrschenden Unternehmen zugerechnet. Es wird also fingiert, dass die Konzernspitze selbst alle konzernangehörigen Arbeitnehmer beschäftigt. Damit wird der für das MitbestG relevante Schwellenwert auch dann erreicht, wenn die jeweiligen einzelnen, beherrschten Unternehmen für

---

entsandt wurden, z.B. als Montagearbeiter. Dauerhaft im Ausland Beschäftigte werden hingegen nicht mitgezählt. Es kommt darauf an, ob die Tätigkeit im Ausland als Ausstrahlung eines inländischen Arbeitsverhältnisses und der Zugehörigkeit zu einem inländischen Betrieb des Unternehmens anzusehen ist, sog. Ausstrahlungstheorie; *Raiser/Veil*, MitbestG, § 1, Rn. 16 ff., 19; vgl. auch ebd. § 5, Rn. 29; *Ulmer/Habersack/Henssler*, MitbestG, § 3, Rn. 8 ff., 36 ff., 46 ff.; 52 ff.

375 Vgl. 1 I Nr. 2 MitbestG.

376 *Marsch-Barner/Diekmann* in *Priester/Mayer/Wicke*, HbGesR III, § 48, Rn. 95 f., 143; *Raiser/Veil*, MitbestG, § 1, Rn. 18.

377 § 4 I 1 MitbestG.

378 Vgl. §§ 17 I, 18 I AktG.

379 *Kuhlmann/Ahnis*, KonzernR, Rn. 11 ff., 232 ff.

380 §§ 291 I 1 (1), 308, 319 ff. AktG.

sich genommen unter der Schwelle liegen. Bemerkenswerterweise kommt es im Rahmen dieser Zurechnung auf die Rechtsform der abhängigen Unternehmen nicht an. Als abhängige Unternehmen kommen daher insbesondere auch Personengesellschaften in Betracht, die sonst im Rahmen des MitbestG nicht erfasst werden[381]. Daneben kommt es für das MitbestG bei der Zurechnung auch nicht auf die Unterscheidung zwischen einem Vertragskonzern und einem faktischen Konzern an. Stattdessen wird die Abhängigkeit widerleglich vermutet (sog. Konzernvermutung)[382]. Durch welche Beherrschungsmittel die Abhängigkeit bewirkt wird, ist hier also unerheblich.

Eine Zurechnung erfolgt darum auch bei rein faktischer Konzernierung im GmbH-Konzern. Ist also eine GmbH herrschendes Unternehmen eines Konzerns, werden sämtliche in den Konzernunternehmen beschäftigten Arbeitnehmer zusammengezählt. Erreicht die Gesamtzahl mehr als 2.000 Beschäftigte, ist die GmbH nach dem MitbestG mitbestimmungspflichtig.

Wenn die Konzernspitze ihrerseits nicht in einer der aufgezählten Rechtsformen verfasst wäre oder ihren Sitz im Ausland hätte, würde eine Gesetzeslücke entstehen. Darum bestimmt § 5 III MitbestG, dass der mitbestimmte Aufsichtsrat dann bei dem der Konzernleitung am nächsten stehenden und unter den Anwendungsbereich des MitbestG fallenden Unternehmens gebildet werden muss, falls die Konzernspitze andere Konzernunternehmen „über dieses Unternehmen beherrscht" (Teilkonzernregelung). Hierdurch soll eine Flucht von Konzernen ins Ausland oder in andere Rechtsformen verhindert werden[383].

Ist eine GmbH & Co. KG herrschendes Unternehmen und wird die Komplementär-GmbH von der Mehrheit der Kommanditisten beherrscht, sind die Arbeitnehmer ebenfalls der GmbH zuzurechnen mit der Folge, dass ein mitbestimmter Aufsichtsrat zu bilden ist[384]. An Umfang und Intensität der einheitlichen Leitung werden dabei grundsätzlich die gleichen Anforderungen gestellt wie bei einem

381 *Ulmer/Habersack/Henssler*, MitbestG, § 5, Rn. 18; *Walk/Burger*, RdA 2009, S. 373, 373.

382 Vgl. LG Nürnberg-Fürth, Beschluss vom 22.11.2007, 1 HK O 6803/06; zur Widerlegung der Konzernvermutung *Walk/Burger*, RdA 2009, S. 373, 373.

383 *Ulmer/Habersack/Henssler*, MitbestG, § 5, Rn. 55 ff., 65, die gleichwohl konstatieren, dass durch die Teilkonzernregelung ein Einfluss einer mitbestimmungsfreien ausländischen Konzernleitung auf die inländische Unternehmenstätigkeit nicht verhindert werden kann, ebd., Einl., Rn. 73; *Walk/Burger*, RdA 2009, S. 373, 373 f.

384 § 5 II MitbestG. Die h.M in der Literatur wendet § 5 MitbestG generell neben § 4 MitbestG an, da beide auf den gleichen Zweck gerichtet sind, die Mitbestimmung bei Kombination mehrerer Gesellschaften zu sichern. Ob die KG von der Komplementärgesellschaft abhängig ist, hängt von der Ausgestaltung des Gesellschaftsvertrags der KG ab; *Raiser/Veil*, MitbestG, § 5, Rn. 20 f.; *Ulmer/Habersack/Henssler*, MitbestG, § 5, Rn. 9.

aktienrechtlichen Konzern[385]. Sollte das herrschende Unternehmen – z.B. als Unternehmen im Ausland – nicht unter das MitbestG fallen, die Konzernleitung aber über eine GmbH ausüben, würden dieser GmbH als Teilkonzernspitze die Arbeitnehmer des beherrschten Unternehmens zugerechnet[386].

Ist ein zum Konzern gehörendes Unternehmen seinerseits mitbestimmungspflichtig, ist auch in diesem ein mitbestimmter Aufsichtsrat zu bilden.

Für eine tatsächlich beherrschende Holding bedeutet das praktisch, dass es auch dann zur Bildung eines mitbestimmten Aufsichtsrats kommt, wenn keines der beteiligten Einzelunternehmen die Mindestzahl von 2.000 Beschäftigten erreicht. Überschreitet eines der abhängigen Unternehmen die Schwelle zum Großunternehmen, so unterliegt es als solches ebenfalls der Mitbestimmung. Den Arbeitnehmern wird dann eine Vertretung sowohl im eigenen Unternehmen als auch in dem Unternehmen eingeräumt, das die eigentliche Leitungsmacht ausübt. Man kann bildhaft von einer „Beteiligungskaskade" sprechen.

Zu einem solchen Kaskadeneffekt kommt es auch, wenn das abhängige Unternehmen selbst ein Konzern ist, es also zur Bildung eines „Konzerns im Konzern" kommt. Hier ist die Zwischenkonzernspitze ebenso wie eine freistehende Holding auch dann mitbestimmungspflichtig, wenn sie selber und ihre abhängigen Unternehmen einzeln jeweils unterhalb des Schwellenwerts liegen, aber zusammen genommen mehr als 2.000 Arbeitnehmer beschäftigen. Begründet wird dies mit dem Gesetzeszweck, nach dem die Mitbestimmung nach § 5 MitbestG überall dort eingerichtet werden soll, wo maßgebliche, die Arbeitnehmerschaft betreffende Entscheidungen fallen. Das kann rein praktisch auch auf den Zwischenstufen eines Konzerns der Fall sein, je nachdem, wie weit der Konzern dezentralisiert ist[387]. Auf diese Weise kann die Umstrukturierung eines einzigen mitbestimmten Unternehmens zu einer beträchtlichen Erhöhung der Zahl der mitbestimmten Aufsichtsräte führen, auch wenn sich die Gesamtzahl der Beschäftigten nicht verändert oder sogar sinkt.

Allerdings ist im Einzelfall entscheidend, wann genau eine Tochtergesellschaft neben der Mutter eine einheitliche Leitungsmacht ausübt. In der Rechtsprechung wurde, so weit ersichtlich, der Tatbestand noch nie bejaht. Die ordentlichen Gerichte unterscheiden insoweit zwischen eigenverantwortlicher und lediglich abgeleiteter Führung eines Konzernteils als wesentliches Kriterium. Bei der Überprüfung des Einzelfalls kommen sie stets zu dem Ergebnis, dass nur eine abgeleitete

---

385 Vgl. *Raiser/Veil*, MitbestG, § 5, Rn. 9.

386 § 5 III MitbestG; *Marsch-Barner/Diekmann* in *Priester/Mayer/Wicke*, HbGesR III, § 48, Rn. 144.

387 *Raiser/Veil*, MitbestG, § 5, Rn. 22 ff. Die Existenz des „Konzerns im Konzern" ist umstritten. Namentlich im aktienrechtlichen Schrifttum wird die Figur für „nicht denkbar" bzw. für „nicht praktikabel" gehalten, die überwiegende Meinung in der Literatur und die Rechtsprechung der Arbeitsgerichte bejaht aber das Bestehen der Rechtsfigur, vgl. *Raiser/Veil*, MitbestG, § 5, Rn. 22, Fn. 51 ff.; LAG Düsseldorf DB 1978, 987, 988; BAG DB 1981, 895.

Führung vorliegt. Der mitbestimmungsrechtliche Konzern im Konzern dürfte daher nur in seltenen Ausnahmefällen und unter ganz bestimmten Umständen zu bejahen sein[388].

Ein ähnliches Problem stellt sich, wenn zwei oder mehr Obergesellschaften ein Unternehmen gemeinsam leiten, sog. Mehrmütterkonzern. Bei Streitigkeiten zu Einzelaspekten überwiegt hier zum Bereich des MitbestG in Literatur und Rechtsprechung die Meinung, dass auch bei solchen Gemeinschaftsunternehmen die Mitbestimmung nach § 5 MitbestG in allen herrschenden Unternehmen in Betracht kommt. Begründet wird dies auch hier mit dem Gesetzeszweck. Ähnlich wie bei der Konstellation des Konzerns im Konzern ist aber in jedem Einzelfall zu prüfen, wo konkret die Leitung ausgeübt wird, wer also herrschendes Unternehmen ist. Unter Umständen kann sich die Repräsentanz der Arbeitnehmer dann vervielfältigen, wenn die Muttergesellschaften den Konzern tatsächlich gemeinsam leiten[389].

iv. Größe und Besetzung des Aufsichtsrats

Der Aufsichtsrat nach dem MitbestG wird paritätisch mit Arbeitgeber- und Arbeitnehmervertretern besetzt. Seine absolute Größe ist proportional zur Gesamtbelegschaft. Bei bis zu 10.000 Beschäftigten hat der Aufsichtsrat zwölf Mitglieder im Verhältnis 6:6, bis 20.000 Beschäftigte ist das Verhältnis 8:8, bei mehr als 20.000 Beschäftigten dann 10:10[390]. Die Satzung, bzw. der Gesellschaftsvertrag, kann bereits im Vorfeld eine Erweiterung des Aufsichtsrats auf maximal zwanzig Mitglieder vorsehen[391]. Weitere Mitglieder mit beratender Funktion können nicht bestellt werden[392].

Die Arbeitnehmerbank wird ihrerseits noch weiter nach Interessengruppen aufgeteilt. Die Gewerkschaften, – sie müssen im Unternehmen selbst oder in einer Konzerntochter vertreten sein – erhalten hier in einem 12- oder 16-köpfigen Aufsichtsrat zwei Sitze, in einem 20-köpfigen drei. Dabei kommt es aber auf den tatsächlichen gewerkschaftlichen Repräsentationsgrad der Belegschaft nicht an.

---

388 *Raiser/Veil*, MitbestG, § 5, Rn. 24, unter Nennung der einzelnen überprüften Beispiele und zu Recht durchaus kritisch zum dogmatischen Ansatz der Judikatur.

389 BAGE 22, 390; 53, 287; *Ulmer/Habersack/Henssler*, MitbestG, § 5, Rn. 47 f., 53; *Raiser/Veil*, MitbestG, § 5, Rn. 25 ff, die zur etwaigen Vervielfältigung von einem *„unbefriedigenden, aber unvermeidlichen Nebeneffekt"* sprechen, der in Kauf genommen werden müsse.

390 § 7 I 1 MitbestG.

391 § 7 I 2 MitbestG. Kritisch hierzu *Rieble*, RLR 2009, S. 209, 212. Bei nachträglichen Änderungen der Arbeitnehmerzahl, die sich auch auf die Größe des Aufsichtsrats auswirken würden, ist das förmliche Statusverfahren gem. §§ 96 ff. AktG durchzuführen, es sei denn, dass die Vergrößerung bzw. Verkleinerung des Aufsichtsrats alleine auf einer Satzungsänderung beruht; *Marsch-Barner/Diekmann* in *Priester/Mayer/Wicke*, HbGesR III, § 48, Rn. 145; vgl. OLG Hamburg DB 1988, 1941.

392 BGH, Beschluss vom 30.01.2012, II ZB 20/11.

Die übrigen Sitze der Arbeitnehmerseite besetzen die im Unternehmen Beschäftigten[393]. Einer von diesen Plätzen wird (im Gegensatz zur Montanmitbestimmung) den leitenden Angestellten garantiert[394].

Ein „neutrales Mitglied“ zur Vermeidung von Pattsituationen ist nicht vorgesehen, stattdessen kommt dem Aufsichtsratsvorsitzenden u.U. ein Doppelstimmrecht zu (hierzu sogleich).

v. Bestellung und Wahlmodalitäten

Die Aufsichtsratsmitglieder der Anteilseigner werden durch das je nach Rechtsform zur Wahl von Mitgliedern des Aufsichtsrats befugte Wahlorgan nach Maßgabe der Satzung oder des Gesellschaftsvertrags bestellt[395].

Für die Arbeitnehmervertreter hingegen ist ein sehr komplexes und formalistisches Wahlverfahren anzuwenden. Es gibt, abhängig von der Unternehmensgröße, zwei grundsätzliche Wahlprinzipien. Bei Unternehmen mit bis zu 8.000 Beschäftigten sieht das Gesetz die unmittelbare Wahl vor. In größeren Unternehmen erfolgt die Wahl durch Delegierte. Die Mehrheit der Belegschaft kann aber einen Wechsel des jeweils einschlägigen Wahlverfahrens beschließen, sofern sich an dieser Abstimmung mindestens die Hälfte der Wahlberechtigten beteiligen[396].

Wahlberechtigt sind ausschließlich die Arbeitnehmer der in Deutschland gelegenen Betriebe. Ausländische Arbeitnehmer, und zwar sowohl in einer ausländischen Tochtergesellschaft als auch in einer ausländischen Zweigniederlassung, zählen weder bei der für die §§ 1, 5, 9 etc. MitbestG maßgeblichen Zahl der Arbeitnehmer mit, noch haben sie das aktive oder passive Wahlrecht[397].

Für die Arbeitnehmervertreter bestehen verschiedene Wählbarkeitsvoraussetzungen[398]. Wahlvorschläge müssen für die leitenden Angestellten und die übrigen Arbeitnehmer getrennt eingereicht werden. Auf der Kandidatenliste für den Sitz der leitenden Angestellten müssen zwei Bewerber aufgeführt sein, die in einer

---

393 § 7 II, IV MitbestG.

394 § 15 I 2 MitbestG; zur Wählbarkeit eines Prokuristen als Arbeitnehmervertreter vgl. § 6 II 1 a.E. MitbestG.

395 § 8 MitbestG. Die Verweisung in § 8 II MitbestG auf das Entsendungsrecht nach § 101 II AktG gilt nicht für die GmbH; *Marsch-Barner/Diekmann* in *Priester/Mayer*, HbGesR III, § 48, Rn. 146; *Raiser/Veil*, MitbestG, § 8, Rn. 7.

396 § 9 MitbestG; vgl. zum Verfahren grundsätzlich §§ 7 ff. MitbestG.

397 *Raiser/Veil*, MitbestG, § 1, Rn. 29; vgl. LG Düsseldorf DB 1979, 1451. Begründet wird dies mit mangelnder Praktikabilität. Es soll aber nach *Raiser/Veil* generell möglich sein, die betroffenen ausländischen Arbeitnehmer freiwillig aktiv und passiv an den Wahlen zu beteiligen, sofern nicht die ausländischen Rechtsvorschriften entgegenstehen, MitbestG, § 5, Rn. 29 a.E; a.A. *Ulmer/Habersack/Henssler*, MitbestG, § 5, Rn. 55.

398 § 7 III MitbestG; sie müssen das 18. Lebensjahr vollendet haben, mindestens ein Jahr dem Unternehmen angehören und die weiteren Voraussetzungen des § 8 BetrVG erfüllen.

Vorabstimmung aufgrund eigener Vorschläge von den leitenden Angestellten gewählt werden. Die Wahlvorschläge für die übrigen Arbeitnehmervertreter sind von einem Fünftel oder 100 der dort wahlberechtigten Arbeitnehmer zu stützen.

Zur Wahl der Gewerkschaftsvertreter können nur die im Unternehmen tatsächlich vertretenen Gewerkschaften Vorschläge machen[399], wobei es aber nicht auf den gewerkschaftlichen Repräsentationsgrad der Belegschaft ankommt. Aufgrund dieses Vorschlagsmonopols besitzen die Gewerkschaften ein faktisches Entsenderecht[400]. Ungeachtet einer etwaigen Inkompatibilität kann hier auch ein Gewerkschaftsvertreter zum Aufsichtsrat bestellt werden, der bereits Mitglied im Aufsichtsrat eines konkurrierenden Unternehmens ist[401].

Bei der unmittelbaren Wahl sieht das Gesetz drei Wahlgänge vor, in denen die wahlberechtigten Arbeitnehmer gemeinsam die Vertreter für die Gewerkschaftssitze, den Vertreter der leitenden Angestellten und die Vertreter der übrigen Arbeitnehmer in den Aufsichtsrat wählen[402].

Im Delegiertenverfahren müssen zunächst die Delegierten gewählt werden. Hierbei entfällt auf 90 wahlberechtigte Arbeitnehmer je ein Delegierter. Die ermittelte Gesamtzahl wird entsprechend dem zahlenmäßigen Verhältnis zwischen leitenden Angestellten und übrigen Beschäftigten aufgeteilt[403]. Die Wahlvorschläge für die Delegierten der leitenden Angestellten und für diejenigen der übrigen Arbeitnehmer müssen von einem Zwanzigstel oder 50 wahlberechtigten Arbeitnehmern der jeweiligen Gruppe unterzeichnet sein[404]. Alle Wahlberechtigten wählen gemeinsam die Delegierten der leitenden Angestellten und der übrigen Arbeitnehmer. Die so bestimmten Delegierten wählen den Aufsichtsrat in gleicher Weise wie bei der unmittelbaren Wahl in drei Wahlgängen[405].

Die Wahlvorschriften des MitbestG werden ergänzt durch drei jeweils recht umfangreiche Wahlordnungen[406].

---

399 §§ 15, 16 MitbestG.

400 Kritisch darum statt vieler *Donges et al.*, Unternehmensmitbestimmung, S. 16 f.; *Junker*, NJW 2004, S. 728, 728.

401 *Marsch-Barner/Diekmann* in *Priester/Mayer/Wicke*, HbGesR III, § 48, Rn. 147; zur Inkompatibilität vgl. ebd. Rn. 21 ff.

402 §§ 18, 15–17 MitbestG.

403 §§ 10, 11 MitbestG.

404 § 12 MitbestG.

405 §§ 15–17 MitbestG.

406 § 39 MitbestG. Erste, Zweite und Dritte Wahlordnung zum Mitbestimmungsgesetz vom 27.05.2002. Die Erste Wahlordnung (1. WOMitbestG, BGBl. I S. 1682) regelt im Wesentlichen das Verfahren zur Wahl und Abberufung der Arbeitnehmervertreter in Unternehmen mit nur einem Betrieb, die Zweite Wahlordnung (2. WOMitbestG, BGBl. I S. 1708) entsprechend in Unternehmen mit mehreren Betrieben, die dritte Wahlordnung (3. WOMitbestG, BGBl. I S 1741) gilt, wenn an der Wahl Arbeitnehmer mehrerer Unternehmen (Konzernstruktur) teilnehmen. Die 1. WOMitbestG enthält 95 Vorschriften, die 2. und die 3. enthalten jeweils 117 Vorschriften.

Mängel des Wahlverfahrens berechtigen grundsätzlich zur Anfechtung der Wahl[407], es sei denn der Hauptwahlvorstand hat die Mängel bereits korrigiert[408].

Nach dem Gesetz trägt das Unternehmen die Kosten der Wahlen[409].

vi. Amtszeit und Abberufung

Die Amtszeit der Aufsichtsratsmitglieder beginnt mit der Annahme der Wahl und dauert längstens bis zur Beendigung der Hauptversammlung bzw. der Gesellschafterversammlung, die über die Entlastung für das vierte Geschäftsjahr nach dem Beginn der Amtszeit beschließt. Das Geschäftsjahr, in dem die Amtszeit beginnt, wird dabei nicht mitgerechnet[410].

Die Abberufung von Anteilseignervertretern ist nach § 6 II MitbestG i.V.m § 103 AktG zulässig, die von Arbeitnehmervertretern auf Antrag von drei Vierteln der jeweiligen Entsendeberechtigten[411].

Darüber hinaus bleibt stets eine gerichtliche Abberufung aus wichtigem Grund möglich[412], ebenso wie eine Niederlegung des Mandats. Endet das Arbeitsverhältnis der unternehmensangehörigen Arbeitnehmervertreter, führt dies automatisch zu deren Ausscheiden aus dem Aufsichtsrat[413].

Wechselt ein Arbeitnehmervertreter seine Gruppenzugehörigkeit als Arbeiter/Angestellter oder leitender Angestellter, verliert er hierdurch nicht sein Mandat als Aufsichtsratsmitglied[414].

---

407 §§ 21, 22 MitbestG.

408 Vgl. BAG DB 1991, 2550 ff.; *Marsch-Barner/Diekmann* in *Priester/Mayer/Wicke*, HbGesR III, § 48, Rn. 149; *Ulmer/Habersack/Henssler*, MitbestG, § 22, Rn. 1 ff.

409 § 20 III 1 MitbestG.

410 § 6 II 1 MitbestG i.V.m. § 102 I AktG. Die Satzung kann nur eine Verkürzung der Amtszeit regeln; die dann für alle Aufsichtsratsmitglieder gilt. Wiederbestellung ist zulässig, solange die Höchstdauer des Mandats nicht umgangen wird; *Marsch-Barner/Diekmann* in *Priester/Mayer/Wicke*, HbGesR III, § 48, Rn. 112 f.

411 § 23 MitbestG.

412 § 6 II 1 MitbestG i.V.m. § 103 III AktG. Ein wichtiger Grund ist gegeben, wenn der Verbleib eines Mitglieds im Aufsichtsrat für die Gesellschaft unzumutbar ist, z.B. weil das betreffende Mitglied seine Aufsichtsratspflichten (etwa die zur Verschwiegenheit) nicht unerheblich verletzt hat. Ein Grund zur außerordentlichen Kündigung des Arbeitsverhältnisses mit einem Arbeitnehmer ist dabei aber nicht auch gleichzeitig ein wichtiger Grund zur Abberufung aus dem Aufsichtsrat; vgl. dazu BGHZ 39, 116, 123.

413 *Marsch-Barner/Diekmann* in *Priester/Mayer/Wicke*, HbGesR III, § 48, Rn. 117. Ggf. kommt dann das Ersatzmitglied nach § 101 III AktG zum Zug. Ist ein solches nicht bestellt worden bedarf es grundsätzlich einer außerordentlichen Hauptversammlung, allerdings kann ein Aufsichtsratsmitglied auf Antrag auch durch das Registergericht bestellt werden, § 104 AktG. Das Verfahren lässt sich so abkürzen.

414 § 24 II MitbestG.

vii. Innere Ordnung und Beschlussfassung

Der Aufsichtsrat wählt aus seiner Mitte mit einer Zweidrittelmehrheit seinen Vorsitzenden und einen Vertreter. Da keine der beiden Seiten über diese Mehrheit verfügt, müsste es grundsätzlich zu einem zweiten Wahlgang kommen. Für diesen ist dann gesetzlich vorgeschrieben, dass die Vertreter der Anteilseigner den Aufsichtsratsvorsitzenden und die Arbeitnehmervertreter den Stellvertreter wählen[415]. Dieses Verfahren hat in der Praxis dazu geführt, dass der Aufsichtsratsvorsitzende auch bei der Wahl im ersten Wahlgang immer ein Vertreter der Anteilseigner ist.

Die Beschlüsse des Aufsichtsrats werden grundsätzlich mit einfacher Mehrheit gefasst[416]. Er ist beschlussfähig, wenn mindestens die Hälfte der Mitglieder, aus denen er insgesamt besteht, an der Beschlussfassung teilnimmt[417]. Die Satzung kann grundsätzlich Regelungen zur Beschlussfähigkeit vorsehen; es ist jedoch nicht möglich, die Beschlussfähigkeit an die Anwesenheit des Aufsichtsratsvorsitzenden, seines Stellvertreters oder eine bestimmte Zahl von Anteilseignervertretern zu knüpfen[418].

Kommt es bei Abstimmungen wegen Stimmengleichheit zu einer Pattsituation, hat der Aufsichtsratsvorsitzende eine zweite Stimme. Wird eine Abstimmung über denselben Gegenstand wiederholt und dabei immer noch Stimmengleichheit erzielt, kann der Aufsichtsratsvorsitzende von seinem Doppelstimmrecht Gebrauch machen. Er ist hierzu aber nicht verpflichtet und darf auch nicht dazu gezwungen werden, bei der Abgabe der Zweitstimme in Übereinstimmung mit der Erststimme zu votieren[419]. Die zweite Stimme ist an die Person des Vorsitzenden gebunden, d.h. sie kann bei dessen Verhinderung nicht auf den Stellvertreter übertragen werden[420].

---

415 § 27 I, II MitbestG. Zweidrittelmehrheiten sind nur bei der Wahl des Aufsichtsratsvorsitzenden und seines Stellvertreters sowie bei der Bestellung und Abberufung der Unternehmensleitung notwendig. Dieses Mehrheitserfordernis ist nicht durch die Satzung oder die Geschäftsordnung des Aufsichtsrats auf weitere Fälle ausdehnbar; vgl. dazu *Raiser/Veil,* MitbestG, § 29, Rn. 7; *Marsch-Barner/Diekmann* in *Priester/Mayer/Wicke,* HbGesR III, § 48, Rn. 161.

416 § 29 I MitbestG.

417 § 28 S. 1 MitbestG. Der Beschlussfähigkeit steht nicht entgegen, dass dem Aufsichtsrat weniger Mitglieder als die durch Satzung oder Gesetz festgelegte Zahl angehören, §§ 28 S. 2 MitbestG, 108 II 4 AktG.

418 OLG Hamburg BB 1984, 1763, 1766; BGHZ 83, 151, 155; *Marsch-Barner/Diekmann* in *Priester/Mayer/Wicke,* HbGesR III, § 48, Rn. 160. Um gleichwohl Zufallsmehrheiten zu vermeiden, kann die Satzung Vertagungsklauseln vorsehen. Solche Klauseln sind zulässig, wenn sie die Grundsätze der Parität und der Gleichbehandlung der Aufsichtsratsmitglieder beachten und die Aufsichtsratsarbeit nicht blockiert wird; vgl. dazu LG Hamburg, BB 1979, 1367; *Marsch-Barner/Diekmann* in *Priester/Mayer/Wicke,* HbGesR III, § 48, Rn. 163.

419 *Hörisch,* Vergleich, S. 28.

420 § 29 II MitbestG.

Dieses Doppelstimmrecht des Aufsichtsratsvorsitzenden stellt im Ergebnis ein *„leichtes Übergewicht“*[421] der Anteilseignerseite sicher und rechtfertigt sich aus dem gesetzgeberischen Ziel, die Anteilseigner als die Eigentümer des Unternehmens nicht in ihren Eigentumsrechten zu beschneiden; sie sollen die grundsätzliche Entscheidungsgewalt behalten[422]. Insofern wird auch von „Quasi-Parität“ gesprochen.

Die Mitglieder des Vorstands bzw. die Geschäftsführer, inklusive des Arbeitsdirektors[423], werden mit Zwei-Drittel-Mehrheit der anwesenden Aufsichtsratsmitglieder gewählt und abberufen. Kann diese Mehrheit im ersten Wahlgang nicht erreicht werden, muss ein Vermittlungsausschuss eingerichtet werden, dem der Aufsichtsratsvorsitzende, sein Vertreter und ein weiteres Aufsichtsratsmitglied jeder Seite angehören[424]. Über den Vorschlag für das weitere Aufsichtsratsmitglied entscheidet der Aufsichtsrat dann mit absoluter Mehrheit. Sollte auch diese nicht erreicht werden, so hat in einer dritten Abstimmung der Aufsichtsratsvorsitzende das Doppelstimmrecht[425]. Dieses Wahlverfahren bewirkt, dass im Unterschied zum Montanmitbestimmungsgesetz der Arbeitsdirektor auch gegen den Willen der Arbeitnehmervertreter berufen werden kann[426].

---

421 BVerfGE 50, 290, 323.

422 *Henssler*, Arbeitnehmermitbestimmung, S. 133, 140 f., der zugleich darauf hinweist, dass es in der Praxis ausgesprochen unbeliebt sei, sich auf das Zweitstimmrecht zu berufen, so dass seine Ausübung bislang Extremkonstellationen vorbehalten geblieben sei; ebd., S. 141. Auch die Gewerkschaften kritisieren dieses ausschlaggebende Zweitstimmrecht, wenn auch aus anderen Gründen. Dadurch, und durch die Zuordnung eines Leitenden Angestellten zur Arbeitnehmerbank, könne von einer echten Parität nicht gesprochen werden; *Finzer* in Handelsblatt, 16.04.2009, *„Mitbestimmung in der Europa-AG“*. Demgegenüber berichtet *Peltzer*, FS K. Schmidt 2009, S. 1243, 1259 f., dass die Arbeitnehmerseite in der Praxis schon aus ihrem Selbstverständnis heraus stets einheitlich votiere. Umso gefährlicher würden einzelne Abweichler, denn auch die entscheidende Zweitstimme kann nur zum Zuge kommen, wenn zuvor ein „Patt“ bestanden hat, nicht aber, wenn die Entscheidung schon gefallen ist.

423 § 33 MitbestG.

424 §§ 31 III, 27 III MitbestG.

425 § 31 II–IV MitbestG. Gem. § 31 V MitbestG sind die Abs. II–IV für den Widerruf der Bestellung entsprechend anzuwenden.

426 *Klinkhammer/Welslau*, S. 91, merken hierzu zutreffend an, dass diese Möglichkeit in der Praxis nicht überbewertet werden sollte, da ohne eine entsprechende Akzeptanz des Arbeitsdirektors durch die Arbeitnehmerseite ein vertrauensvolles Zusammenwirken nicht möglich ist, was aber wiederum Sinn und Zweck der Stellung des Arbeitsdirektors unterlaufen würde; in diese Richtung auch *Donges et al.*, Unternehmensmitbestimmung, S. 17. Nicht nachvollziehbar darum *Eberhard* in BT-Ausschussdrucks. 17(11)501, S. 52 f.

Als Annexkompetenz zu Bestellung und Abberufung der Geschäftsleitung ist der Aufsichtsrat auch für Abschluss, Änderung und Beendigung der Anstellungsverträge mit den einzelnen Mitgliedern der Geschäftsleitung zuständig[427].

c. Drittelbeteiligungsgesetz 2004

Das Drittelbeteiligungsgesetz vom 18. Mai 2004[428] hat das Betriebsverfassungsgesetz von 1952 abgelöst. Es bietet eine im Vergleich zum Mitbestimmungsgesetz abgeschwächte Form der Unternehmensmitbestimmung.

In seinem Geltungsbereich werden die Aufsichtsräte zu einem Drittel mit Vertretern der Arbeitnehmer und zu zwei Dritteln mit Vertretern der Anteilseigner besetzt, sog. Drittelparität[429]. Auch die Vorgaben des DrittelbG sind grundsätzlich zwingend.

i. Geltungsbereich

Die erfassten Unternehmen sind enumerativ aufgezählt. Das Gesetz gilt demnach für AG, KGaA, GmbH, VVaG sowie die Erwerbs- und Wirtschaftsgenossenschaften, falls diese Gesellschaften in der Regel mehr als 500 Arbeitnehmer beschäftigen[430]. Die Drittelbeteiligung gilt aber auch für AGs und KGaAs mit weniger als 500 Arbeitnehmern, wenn sie vor dem 10. August 1994 eingetragen wurden und keine Familiengesellschaften sind[431].

---

427 *Raiser/Veil*, MitbestG, § 31, Rn. 24 ff.; *Marsch-Barner/Diekmann* in *Priester/Mayer*, HbGesR III, § 48, Rn. 153; dort auch zu Übertragungsmöglichkeiten auf einen Ausschuss.

428 Gesetz über die Drittelbeteiligung der Arbeitnehmer im Aufsichtsrat (Drittelbeteiligungsgesetz – DrittelbG) vom 18. Mai 2004 (BGBl. I S. 974), zuletzt geändert durch Gesetz vom 22. Dezember 2011 (BGBl. I S. 3044).

429 § 4 I DrittelbG. Nach den Erhebungen der *Hans-Böckler-Stiftung* waren im Jahr 2009 insgesamt 1.477 Unternehmen drittelparitätisch mitbestimmt, davon waren 715 GmbH, 695 AG, 34 eG, 24 VVaG und neun KGaA; http://www.boeckler.de/32015_102453.html.

430 § 1 I DrittelbG. Erfasst ist als Sonderform der GmbH auch die Unternehmergesellschaft gem. § 5a GmbHG, was freilich praktisch nicht relevant sein dürfte. Vgl. auch §§ 29, 35, 53 I 1 VAG für den VVaG, sowie 9 I GenG für die Genossenschaft.

431 Als Familiengesellschaften gelten solche Aktiengesellschaften, deren Aktionär eine einzelne natürliche Person ist oder deren Aktionäre untereinander i.S.v. § 15 I Nr. 2–8, II AO verwandt oder verschwägert sind, § 1 I Nr. 1 S. 3 DrittelbG. Hintergrund für diese Regelung ist das Gesetz für kleine Aktiengesellschaften und zur Deregulierung des Aktiengesetzes vom 02. August 1994 (BGBl. I S. 1961). Mit diesem Gesetz wurden AGs mit weniger als 500 Beschäftigten, die neu gegründet oder aus anderen Rechtsformen umgewandelt werden, von der Drittelbeteiligung der Arbeitnehmer im Aufsichtsrat freigestellt. Damit wurde die kleine Aktiengesellschaft der GmbH gleicher Größe (Maßstab ist nur die Beschäftigtenzahl) gleich gestellt. AGs, die vor dem 10.08.1994 eingetragen wurden und keine Familiengesellschaften sind, bleiben also mitbestimmungspflichtig, selbst wenn sie

Nicht erfasst hingegen sind diejenigen Unternehmen, für die das Mitbestimmungsgesetz oder die Montanmitbestimmung gelten sowie bestimmte Tendenzbetriebe nach näherer Kennzeichnung des Gesetzes[432].

Ebenfalls nicht erfasst ist die „Kapitalgesellschaft und Co. KG"[433]; gemäß dem Grundprinzip des „Gleichlaufs von Herrschaft und Haftung" wäre es unverhältnismäßig, den persönlich haftenden Gesellschaftern einer Personengesellschaft eine Fremdbestimmung durch Arbeitnehmervertreter aufzuerlegen[434].

Der regelmäßige Anwendungsbereich des DrittelbG beschränkt sich also auf Kapitalgesellschaften mit 501 bis 2000 Arbeitnehmern.

ii. Berechnung der Arbeitnehmerzahl

Bei der Berechnung des Schwellenwerts werden leitende Angestellte nicht gezählt[435]. Ebenso wie beim MitbestG werden im Ausland beschäftigte Mitarbeiter einberechnet, wenn sie sich nicht dauernd sondern nur vorübergehend dort aufhalten[436].

iii. Konzern

Für die Zurechnung in Konzernen gilt beim DrittelbG eine Sonderregel[437]. Hier besteht ein wichtiger Unterschied zum MitbestG. Ähnlich wie nach § 5 MitbestG werden die in den konzernverbundenen Unternehmen beschäftigten Arbeitnehmer der Konzernobergesellschaft bei der Berechnung des Quorums zwar grundsätzlich zugerechnet, so dass sie sich auch an der Wahl der Aufsichtsratsmitglieder der Konzernobergesellschaft beteiligen können. Allerdings unterscheidet das DrittelbG die Zurechnung von Konzernarbeitnehmern und deren Wahlrecht.

Eine Arbeitnehmerbeteiligung im Aufsichtsrat des herrschenden Unternehmens findet nach dem DrittelbG statt, wenn die Summe der in den Konzernunternehmen beschäftigten Arbeitnehmer den Schwellenwert von 500 übersteigt und

---

weniger als 500 Arbeitnehmer beschäftigen, vgl. hierzu aktuell BGH, Beschluss vom 07.02.2012, II ZB 14/11, für eine solche Gesellschaft mit gerade einmal fünf Arbeitnehmern. *Henssler* bezeichnet diese Vorgabe zu Recht als *„wenig stringente Regelung"*, *Henssler*, Arbeitnehmermitbestimmung, S. 133, 137.

432 § 1 II DrittelbG; vgl. *Raiser/Veil*, MitbestG, § 1, Rn. 27 ff., 37 ff., § 1 DrittelbG, Rn. 17 f.

433 Insofern entgegen der Empfehlung der wissenschaftlichen Mitglieder der Biedenkopf-Kommission und entsprechenden Forderungen der Gewerkschaften, *Sick*, Mitbestimmungsrelevanz 2010, S. 4.

434 Vgl. BT-Drucks. 6/344, S. 116 f.; *Ulmer/Habersack/Henssler*, MitbestG, DrittelbG, Einl., Rn. 3.

435 § 3 I DrittelbG i.V.m. § 5 III BetrVG.

436 *Marsch-Barner/Diekmann* in *Priester/Mayer/Wicke*, HbGesR III, § 48, Rn. 96; *Raiser/Veil*, MitbestG, § 1 DrittelbG, Rn. 15 f.

437 § 2 II DrittelbG.

zwischen den Unternehmen ein Beherrschungsvertrag besteht oder das abhängige Unternehmen in das herrschende Unternehmen eingegliedert ist.

Nach der Rechtsprechung gilt diese Arbeitnehmerzurechnung aber nicht bei GmbHs im Rahmen der faktischen Konzernierung[438]. Bei einem Vertragskonzern beruht die Verbindung der beteiligten Unternehmen auf einem Beherrschungsvertrag gem. § 291 I 1 (1) AktG, der der Obergesellschaft ein Weisungsrecht i.S.v. § 308 I AktG verschafft. Hinsichtlich dieses Weisungsrechts steht dem Beherrschungsvertrag eine Eingliederung i.S.v §§ 319 ff. AktG gleich. Die Eingliederung gem. §§ 319 ff. AktG ist aber ausschließlich zwischen AGs möglich. Nach der gesetzlichen Terminologie meint „Konzern" lediglich denjenigen mit einer einheitlichen Leitung[439].

Ein etwaiger Gewinnabführungsvertrag spricht zwar für eine faktische Konzernierung, reicht aber für eine Zurechnung i.S.d. § 2 II DrittelbG angesichts des dortigen klaren Wortlauts „Beherrschungsvertrag" (vgl. § 291 AktG) ebenso wenig aus wie eine Beherrschung der Tochtergesellschaften in anderer Weise, etwa nach Weisungsrecht gem. § 37 I GmbHG. Für Zwecke der Zurechnung bleiben Arbeitnehmer sonstiger abhängiger Konzernunternehmen i.S.v. § 18 I AktG daher außer Betracht, eine Ausdehnung der Norm ist nicht möglich[440].

Für die Berechnung sind also die Arbeitnehmer von nur faktisch abhängigen Unternehmen nicht hinzuzuzählen[441]. Dies gilt auch, wenn eine GmbH &Co. KG von ihrer Komplementär-GmbH beherrscht wird[442]. Damit kann aber ein Konzern durch entsprechende „Verteilung" seiner Arbeitnehmer selbst mit entsprechender Gesamtbelegschaft der Anwendung des DrittelbG ausweichen.

Das Gesetz sagt nichts darüber aus, ob die Konzernunternehmen neben dem Mutterunternehmen selbst mitbestimmungspflichtig bleiben. Aus seinem Schweigen wird geschlossen, dass es bei den allgemeinen Regeln des DrittelbG bleiben soll. Auch die Grundsätze über den „Konzern im Konzern" finden Anwendung. Daraus folgt dann, dass in Konzernunternehmen auf mehreren Stufen ein sich u.U. nach verschiedenen Vorschriften richtendes Mitbestimmungsrecht anzuwenden ist[443].

---

438 LG Düsseldorf, Beschluss vom 20.12.2007, 31 O 142/06 (AktE); KG Berlin, Beschluss vom 07.06.2007, 2 W 8/07; OLG Zweibrücken, Beschluss vom 18.10.2005, 3 W 136/05; alle unter http://www.dejure.org.

439 *Kuhlmann/Ahnis,* KonzernR, Rn. 11 ff., 232 ff.

440 Anders aber bei der Bestimmung des Wahlkörpers, § 2 I DrittelbG.

441 *Marsch-Barner/Diekmann* in *Priester/Mayer/Wicke,* HbGesR III, § 48, Rn. 97; *Ulmer/Habersack/Henssler,* MitbestG, DrittelbG, Einl, Rn. 4; § 2, Rn. 5 ff., 12 ff; *Rieble,* BB 2006, S. 2018, 2018; vgl. BayObLG vom 10.12.1992, 3 Z BR 130/92, unter http://www.dejure.org.

442 *Marsch-Barner/Diekmann* in *Priester/Mayer/Wicke,* HbGesR III, § 48, Rn. 97.

443 Vgl. *Raiser/Veil,* MitbestG, § 5, Rn. 1; *Ulmer/Habersack/Henssler,* MitbestG, DrittelbG, § 2, Rn. 8 ff.

iv. Größe und Besetzung des Aufsichtsrats

Im Gegensatz zu den anderen Mitbestimmungsgesetzen benennt das DrittelbG keine exakte Zahl der Aufsichtsratsmitglieder. Die absolute Größe des jeweiligen Aufsichtsrats hängt daher von der Satzung ab, deren Gestaltungsspielraum sich wiederum nach den zugrunde liegenden gesellschaftsrechtlichen Normen richtet. Vorgeschrieben sind mindestens drei Aufsichtsratsmitglieder, danach eine durch drei teilbare Anzahl, unter Berücksichtigung des Stammkapitals maximal 21[444].

Die Arbeitnehmermandate werden dem Aufsichtsrat nicht etwa zugeschlagen, so dass sich die Gesamtzahl der Mandate erhöht. Vielmehr sind die Arbeitnehmer berechtigt, ein Drittel der nach der Satzung zu wählenden Aufsichtsratsmitglieder zu bestimmen. Ergeben sich hieraus dann unter Berücksichtigung der Drittelparität lediglich ein oder zwei Arbeitnehmermandate, so müssen die Arbeitnehmervertreter dem jeweiligen Unternehmen angehören[445]. Ab drei Mandaten können auch unternehmensfremde Personen, also beispielsweise Gewerkschaftsvertreter, gewählt werden. Vorschläge hierfür dürfen Betriebsräte und ein Zehntel oder 100 der wahlberechtigten Arbeitnehmer des Unternehmens machen[446]. Nach Beobachtungen aus der Praxis soll hiervon aber kein Gebrauch gemacht werden[447].

v. Bestellung und Wahlmodalitäten

Es gelten die allgemeinen persönlichen Wählbarkeitsvoraussetzungen[448]. Begrenzend wirken neben den Vorschriften zur sog. Überkreuzverflechtung und zur Karenzzeit vor allem diejenigen über die Höchstzahl der Aufsichtsratsmandate, die von einer Person wahrgenommen werden können[449].

Die Vertreter der Anteilseigner werden von diesen gewählt bzw. entsandt[450].

Die Arbeitnehmervertreter werden von den Beschäftigten nach den Grundsätzen der Mehrheitswahl in unmittelbarer Wahl unter Berücksichtigung der

444 § 95 S. 1, 3, 4 AktG.

445 § 4 II 1 DrittelbG; vgl. *Ulmer/Habersack/Henssler*, MitbestG, DrittelbG, § 4, Rn. 9 ff.

446 § 4 II 2, § 6 DrittelbG.

447 *Rieble*, RLR 2009, S. 209, 211.

448 Insbesondere hindert die Aufsichtsratstätigkeit bei einem Konkurrenzunternehmen es nicht, Aufsichtsratsmitglied zu werden. Allenfalls kann im Einzelfall bei Eintritt in den Aufsichtsrat konkurrierender Unternehmen eine Abberufung in Betracht kommen. Zu etwaigen Inkompatibilitäten vgl. *Marsch-Barner/Diekmann* in *Priester/Mayer/Wicke*, HbGesR III, § 48, Rn. 103 ff., 21 ff.; *Ulmer/Habersack/Henssler*, MitbestG, § 7, Rn. 34 ff., DrittelbG, § 4, Rn. 14 ff.

449 § 100 II 1 Nr. 1, 3, 4 AktG.

450 Vgl. *Marsch-Barner/Diekmann* in *Priester/Mayer/Wicke*, HbGesR III, § 48, Rn. 106.

Wahlordnung zum DrittelbG[451] gewählt[452]. Für Konzernsachverhalte ist eine bestimmte Sitzverteilung auf die Arbeitnehmer aus herrschenden und beherrschten Unternehmen nicht vorgeschrieben[453].

Eine Anfechtung der Wahl ist nur bei groben Verstößen gegen Wahlvorschriften, die Wahlberechtigung, die Wählbarkeit oder das Wahlverfahren möglich und hat innerhalb von zwei Wochen seit Bekanntgabe des Ergebnisses durch entsprechenden Antrag beim Arbeitsgericht zu erfolgen. Anfechtungsberechtigt sind mindestens drei Wahlberechtigte, die Betriebsräte und die Geschäftsleitung[454]. Die Wahl soll bei schwerwiegenden Verstößen nichtig sein, namentlich, wenn der „Anschein einer Wahl" nicht mehr vorliegt[455].

vi. Amtszeit und Abberufung

Zu Amtszeit[456] und Abberufung[457] gilt im Wesentlichen dasselbe wie beim MitbestG. Anders als dort scheiden die unternehmensangehörigen Arbeitnehmervertreter aber auch aus dem Aufsichtsrat aus, wenn sie zu leitenden Angestellten ernannt werden[458], was im Hinblick auf die Nichtwählbarkeit der leitenden Angestellten nach § 3 I DrittelbG konsequent ist.

vii. Innere Ordnung und Beschlussfassung

Auch hier gelten keine gesonderten Bestimmungen, allerdings ergeben sich gravierende Unterschiede in der Praxis. Aufgrund ihrer Zwei-Drittel-Mehrheit können die Vertreter der Anteilseigner letztlich unabhängig von der Arbeitnehmerseite entscheiden. In der GmbH bleibt zudem für Bestellung und Abberufung der Geschäftsführung die Gesellschafterversammlung zuständig[459]. Auch ein Arbeitsdirektor ist im Geltungsbereich des DrittelbG nicht vorgesehen.

---

451 Verordnung zur Wahl der Aufsichtsratsmitglieder der Arbeitnehmer nach dem Drittelbeteiligungsgesetz vom 23.06.2004 (Wahlordnung zum Drittelbeteiligungsgesetz – WODrittelbG, BGBl. I, S. 1393); sie enthält insgesamt 51 Vorschriften.

452 § 5 DrittelbG. Die Möglichkeit der mittelbaren Wahl durch Delegierte, die noch im BetrVG 1952 vorgesehen war, besteht im DrittelbG nicht mehr.

453 BAG DB 1982, 755; *Marsch-Barner/Diekmann* in *Priester/Mayer/Wicke,* HbGesR III, § 48, Rn. 104.

454 § 11 DrittelbG.

455 *Marsch-Barner/Diekmann* in *Priester/Mayer/Wicke,* HbGesR III, § 48, Rn. 110.

456 § 1 I Nr. 3 DrittelbG i.V.m. § 102 I AktG.

457 Vgl. §§ 12 DrittelbG, 32 ff. WODrittelbG.

458 *Marsch-Barner/Diekmann* in *Priester/Mayer/Wicke,* HbGesR III, § 48, Rn. 119; vgl. BGHZ 39, 116, 120.

459 Vgl. zu einer diesbezüglichen Kompetenzverlagerung auf den Aufsichtsrat *Biedenkopf*-Bericht, S. 46 f. Demnach ist ein so tiefgehender Eingriff in die Kompetenzverteilung zwischen Gesellschafterversammlung und Aufsichtsrat und damit in geschützte Positionen der Anteilseignerseite für ein gutes Funktionieren der Arbeitnehmervertretung nicht erforderlich und daher nicht gerechtfertigt.

Die Mitwirkungsmöglichkeiten sind also im Rahmen des DrittelbG wesentlich begrenzter. Bei einem drittelmitbestimmten Aufsichtsrat handelt es sich damit funktional in erster Linie um ein Informationsorgan.

viii. Praxis: Drittelbeteiligungslücke

(a) Forschung

Die Bestimmungen des DrittelbG sind zwingend, so dass sie weder durch Satzung noch durch Tarifvertrag oder Betriebsvereinbarung geändert werden können[460]. Trotz dieser gesetzlichen Verpflichtung bilden aber offenbar zahlreiche Unternehmen keinen bzw. keinen mitbestimmten Aufsichtsrat, was insbesondere bei der GmbH gilt.

In jüngerer Zeit wurden hierzu zwei Studien vorgestellt. Die dortigen Beobachtungen sind naturgemäß heterogen, besitzen in ihrem empirischen Teil aber durchaus eine beachtliche Indizwirkung für allgemeine Entwicklungen. *Boneberg* kommt bei einer entsprechenden empirischen Untersuchung aus dem Jahr 2009 zu dem Ergebnis, dass mehr als die Hälfte der an sich vom DrittelbG erfassten GmbHs im westdeutschen Dienstleistungssektor keinen Aufsichtsrat haben, nicht alle existierenden Aufsichtsräte mitbestimmt sind und bei mitbestimmten Aufsichtsräten nicht immer Drittelbeteiligung vorliegt[461]. Im Verarbeitenden Gewerbe haben nach Auswertungen von *Troch* vom selben Jahr rund 40 Prozent entsprechender GmbHs keinen Aufsichtsrat[462].

In jedem Unternehmen fänden sich für das Fehlen eines Aufsichtsrats unterschiedliche, teilweise sehr individuelle Motive[463]. Als mögliche Gründe werden in den genannten Studien neben der unternehmerischen Motivation, Aufwand und Kosten zu sparen, zunächst die Organisationsform des Hauptgesellschafters und die Belegschaftsstärke genannt.

Ist demnach der Hauptgesellschafter des untersuchten Unternehmens eine GmbH oder eine AG, liegt nach den Studien auch häufiger ein Aufsichtsrat vor. Steht die untersuchte GmbH aber in Familienbesitz ist die Bildung eines Aufsichtsrats seltener[464]. Ein Hauptgrund hierfür soll in deren grundsätzlicher Öffentlichkeitsscheu und tiefen generellen Skepsis liegen, Informationen teilen zu

---

460 Vgl. ErfK/*Oetker*, Einführung DrittelbG, Rn. 6. Zur Betriebsvereinbarung sogleich näher unter Abschnitt 4. d. x.

461 *Boneberg*, Drittelmitbestimmungslücke, S. 6 ff., zu Erklärungsmöglichkeiten S. 8 ff; um Schwelleneffekte zu vermeiden, wurden in den letztlich berücksichtigten Datensatz nur Unternehmen ab einer Beschäftigungsgröße von 550 Arbeitnehmern aufgenommen.

462 *Troch*, Drittelbeteiligung, S. 9 ff.; auch hier wurden Schwelleneffekte vermieden.

463 *Boneberg*, Drittelmitbestimmungslücke, S. 10.

464 *Troch*, Drittelbeteiligung, S. 15. Nach *Boneberg* haben in der Dienstleistungsbranche nur 7,02 % der untersuchten Unternehmen in Familienbesitz einen Aufsichtsrat, siehe *Boneberg*, Drittelmitbestimmungslücke, S. 7 ff.

müssen[465]. Oft soll es sich auch um Unternehmen handeln, die hochspezialisiert in einer wirtschaftlichen Nische tätig sind und schon insofern ein gesteigertes Interesse daran haben, ihre Interna unbedingt im Unternehmen zu halten.

Ebenso haben Unternehmen in der Hand eines ausländischen Hauptgesellschafters im Vergleich deutlich seltener einen Aufsichtsrat etabliert, sind aber häufiger auf betrieblicher Ebene mitbestimmt[466]. Gründe hierfür werden in der eingeschränkten öffentlichen Beobachtung im Vergleich zu inländischen Gesellschaften gesehen, einer möglichen Orientierung am jeweiligen Heimatrecht, das u.U. keine Mitbestimmung kennt, aber auch einer möglichen gezielten Umgehungsabsicht der deutschen Mitbestimmungsregelungen[467].

Die im Vergleich höhere Wahrscheinlichkeit für die Etablierung eines Aufsichtsrats, wenn der Hauptgesellschafter eine GmbH zu 100 % oder eine AG ist, wird auf Spillovereffekte zurückgeführt[468]. In diesen Fällen seien die untersuchten GmbHs meist Tochtergesellschaften von anderen Unternehmen, in denen bereits Mitbestimmung nach dem MitbestG vorliegt. Für die Hauptgesellschafter in Form einer AG käme hinzu, dass diese aufgrund des AktG mit der Bildung und dem Umgang mit Aufsichtsräten vertraut sein sollten. Dieses Wissen würde sich auf die Tochterunternehmen übertragen, weswegen auch häufiger ein Aufsichtsrat eingerichtet werde. Die Industrie messe aufgrund ihrer langlebigeren und homogeneren Struktur der Mitbestimmung bereits traditionell mehr Bedeutung bei als die Dienstleistungsbranche, weshalb dort Aufsichtsräte noch verbreiteter seien[469].

Troch hebt zusätzlich die verstärkten Kontrollmöglichkeiten und Berichtspflichten bei Kapitalgesellschaften hervor. Durch die besonderen Informationspflichten der Geschäftsführungen gegenüber ihren Anteilseignern entstehe bereits *„ein gewisses Mindestmaß an Transparenz“*, was wiederum eine natürliche Grenze zur Umgehung des DrittelbG bewirken könnte[470].

Auch eine „automatische“ Einführung bei einem lediglich knappen Erreichen des maßgeblichen Schwellenwerts sei nicht gegeben. Zudem wird auf mögliche Kompetenzüberschneidungen zwischen Aufsichtsrat und Betriebsrat verwiesen. Dies gelte insbesondere, falls die Arbeitnehmer über einen gut funktionierenden Betriebsrat verfügten, über den, beispielsweise durch den Wirtschaftsausschuss nach §§ 106 ff. BetrVG, ihre Belange wahrnehmbar an die Geschäftsführung gelangen. Oft gebe es, namentlich in den

---

465 *Boneberg*, Drittelmitbestimmungslücke, S. 7 ff. Eine Sorge, die insbesondere dann akut werden dürfte, wenn gem. § 4 II DrittelbG der Aufsichtsrat mit einem unternehmensexternen Arbeitnehmervertreter besetzt wird; vgl. auch *Götze/Winzer/Arnold*, ZIP 2009, S. 245 u. 254.

466 Zur betrieblichen Mitwirkung sogleich näher Abschnitt d.

467 *Boneberg*, Drittelmitbestimmungslücke, S. 9 f., 14; *Götze/Winzer/Arnold*, ZIP 2009, S. 245 ff. Zur Mitbestimmungsvermeidung sogleich näher Abschnitt 8. c. ii.

468 *Boneberg*, Drittelmitbestimmungslücke, S. 9; *Troch*, Drittelbeteiligung, S. 15.

469 *Troch*, Drittelbeteiligung, S. 19.

470 *Troch*, Drittelbeteiligung, S. 15.

Familienunternehmen bzw. den KMU, auch informelle Kontakte zwischen Anteilseignern und Geschäftsführung. Da der Informations- und Kommunikationsfluss dann aber bereits gewährleistet sei, könnte jegliches weiteres Interesse am Gremium Aufsichtsrat entfallen[471]. Die Motivationswirkung eines zusätzlichen Mitbestimmungsgremiums für den einzelnen Arbeitnehmer sei insbesondere bei größeren Unternehmen gering.

Auch ist ein mehr oder minder geschlossenes Abstimmungsverhalten der Arbeitgeberseite, wie es in großen Unternehmen die Regel sein dürfte, in Familienunternehmen nicht immer gewährleistet. Kommt es zum Streit unter den Gesellschaftern, so kann sich via Drittelbeteiligung die Arbeitnehmerseite ungleich weiter durchsetzen, als in einem Konzern, was ebenfalls Grund für eine gewisse Skepsis sein dürfte[472]. Für die Familienunternehmen sei außerdem zu überlegen, ob ein aktienrechtlich geprägter Aufsichtsrat die spezifischen Besonderheiten eines Familienunternehmens möglicherweise zu wenig berücksichtigt. Demgegenüber kann ein Beirat den individuellen Strukturen besser angepasst werden. Die so gewonnene Flexibilität würde die Entscheidungsprozesse beschleunigen, wogegen ein mitbestimmter Aufsichtsrat diese Vorteile beseitigte[473].

(b) Folgen?

Ungeachtet der jeweiligen Motivationen, in einer GmbH keinen Aufsichtsrat nach dem DrittelbG einzurichten, scheinen sich zumindest die betroffenen Arbeitnehmer daran nicht so sehr zu stören, dass sie auch gerichtliche Schritte in Erwägung zögen, obwohl dies durchaus möglich wäre.

Für den Fall, dass entgegen der gesetzlichen Vorgabe in einer aufsichtsratslosen GmbH oder einer Genossenschaft kein Aufsichtsrat gebildet werden sollte, verweist § 1 DrittelbG auf das gerichtliche Statusverfahren über die Zusammensetzung des Aufsichtsrats gem. § 98 AktG[474]. Antragsberechtigt sind u.a. der Betriebsrat sowie mindestens ein Zehntel oder 100 der Arbeitnehmer, die nach den gesetzlichen Vorschriften, deren Anwendung streitig oder ungewiss ist, selbst oder durch Delegierte an der Wahl von Aufsichtsratsmitgliedern der Gesellschaft teilnehmen[475]. Die Anforderungen sind also nicht besonders hoch.

---

471 Vgl. *Troch*, Drittelbeteiligung, S. 14 ff.; *Boneberg*, Drittelmitbestimmungslücke, S. 13 f.; vgl. auch Böcklerimpulse 3/2009, S. 4 „Zonen der Ratlosigkeit". Das dürfte wohl insbesondere bei den (eignergeführten) Unternehmen mit eher flachen Hierarchien gelten.

472 In diese Richtung wohl auch *Boneberg*, die ableitet, dass die *„unternehmerische Mitbestimmung für Familienunternehmen um ein vielfaches gefährlicher ist als für einen anonymen Konzern"*, *Boneberg*, Drittelmitbestimmungslücke, S. 13.

473 Vgl. *Boneberg*, Drittelmitbestimmungslücke, S. 12.

474 Vgl. §§ 1 I Nr. 3 DrittelbG, 27 EGAktG; BAG, Beschluss vom 16.04.2008, 7 ABR 6/07; *Ulmer/Habersack/Henssler*, MitbestG, § 6, Rn. 11.

475 § 98 II Nr. 4, 8 AktG.

Dass es insoweit zu umfangreichen Rechtsstreitigkeiten gekommen wäre, ist jedoch nicht ersichtlich[476]. Ggf. betrafen sie dann nahezu ausschließlich das Bestellungsverfahren. Es ging also lediglich um das „wie“ der Einrichtung. Dies scheint auch für die sonstige insoweit vorliegende Rechtsprechung zu gelten[477].

Das spräche dafür, dass der Stellenwert eines GmbH-Aufsichtsrats nach dem DrittelbG in der Praxis als nicht sehr hoch bewertet wird und die oben angeführten Überlegungen jedenfalls nicht direkt von der Hand zu weisen sind. Davon unabhängig genießen die Arbeitgeber grundsätzlich ein überaus beträchtliches Vertrauen[478]. Offenbar scheint also bei den Betroffenen kein gesteigerter Bedarf für eine derartige Mitbestimmung in den mittelständischen Unternehmen zu bestehen.

d. Betriebsverfassungsgesetz 1972

Das Betriebsverfassungsgesetz[479] regelt auf der betrieblichen Ebene die Zusammenarbeit zwischen Arbeitgeber und Belegschaft und deren kollektiven Interessenvereinigungen. Hierzu sieht es als institutionalisierte Form der Arbeitnehmervertretung den Betriebsrat vor. Seine Errichtung ist freiwillig, praktisch aber namentlich in größeren Unternehmen äußerst weit verbreitet. So gut wie alle

---

476 *Ulmer/Habersack/Henssler*, MitbestG, DrittelbG, Einl. Rn. 7.

477 BAG, Beschluss vom 16.04.2008, 7 ABR 6/07. Zur Berechnung der Schwellenwerte OLG Hamburg vom 29.10.2007, 11 W 27/07, und LG Hamburg vom 21.10.2008, 417 O 171/07, zur Zurechnung im faktischen Konzern OLG Zweibrücken vom 18.10.2005, 3 W 136/05, zur Wahl von Arbeitnehmervertretern in den Aufsichtsrat einer AG – Konzernvermutung gem. § 18 I 3 AktG BAG vom 15.12.2011, 7 ABR 56/10, zur Anfechtung der Wahl der Arbeitnehmervertreter LAG Hessen vom 05.08.2010, 9 TaBV 26/10, zum Mitbestimmungsrecht in der Alt-AG mit weniger als 500 Beschäftigten OLG Düsseldorf vom 27.07.2011, 26 W 7/10 und BGH II vom 07.02.2012, ZB 14/11. Das Statusverfahren muss auch durchgeführt werden, wenn eine drittelparitätisch mitbestimmte GmbH durch dauerhaftes Absinken der Arbeitnehmerzahl mitbestimmungsfrei wird, OLG Frankfurt vom 02.11.2010, 20 W 362/10; vgl. auch LAG Hessen vom 29.07.2010, 9 TaBVGa 116/10, alle unter http://www.dejure.org.

478 In einer entsprechenden jährlichen *Forsa*-Umfrage zur Erforschung des Vertrauens der Deutschen in gesellschaftliche Institutionen durch das Magazin *„stern“* erreichte „der eigene Arbeitgeber“ im Jahr 2012 einen Vertrauenswert von 81 Prozent. Konstatiert wird *„ein blendendes Zeugnis vor allem für Mittelständler und Familienunternehmen“*; so *Jörges*; *Stern* 06/2012, S. 64. Vgl. auch *Steltzner*, *FAZ* 15.07.2010, S. 9 (*„Vielfalt statt Einheitskodex“*).

479 Betriebsverfassungsgesetz in der Fassung der Bekanntmachung des Gesetzes vom 25. September 2001 zuletzt geändert durch Artikel 3 des Gesetzes vom 20. April 2013 (BGBl. I S. 868) (BetrVG).

Betriebe, die zu mitbestimmten Unternehmen gehören, haben auch Betriebsräte[480]. Insofern hat sich der Begriff der *„doppelten Mitbestimmung“*[481] eingebürgert.

In ihrem gedanklichen Ansatz überschneiden sich die Mitbestimmungsgesetze und das BetrVG nicht, da sich das letztere in seinen Wirkungen auf die betriebliche Sphäre beschränkt und in die unternehmerischen Entscheidungen, auf die die Mitbestimmungsgesetze abzielen, gerade nicht eingreift[482]. Gleichwohl umfasst es in Ausmaß und Anzahl beträchtliche und im Detail weitreichende Beteiligungsrechte, so dass die Mitbestimmungsformen vielleicht nicht direkt kumulieren, sich aber jedenfalls in ihren Wirkungen ergänzen. Dies gilt vor allem bei der Mitbestimmung in wirtschaftlichen Angelegenheiten. Wo die Vertretungsformen nebeneinander bestehen, haben sie sich zum Teil so eng miteinander verwoben, dass *„beide Versionen der Mitbestimmung in der Praxis der Betriebe und Unternehmen [...] zusammengewachsen und heute nicht mehr voneinander zu trennen sind“*[483].

Dies ist unter anderem auch darauf zurückzuführen, dass in der unternehmerischen Praxis die leitenden Betriebsratsmitglieder oft auch in (fast schon institutionalisierter[484]) Personalunion die Arbeitnehmervertretung im Aufsichtsrat stellen

---

480 Nach der Betriebsgrößenstatistik der *BA* gab es 2010 ca. 1,1 Mio. Betriebe mit mehr als fünf Arbeitnehmern. Insgesamt verfügen aber nur knapp 10% dieser Betriebe auch tatsächlich über einen Betriebsrat. Die Verbreitung steigt mit der Betriebsgröße. Die gewerkschaftlich sog. *„Kernzone im System der industriellen Beziehungen“* sind Großbetriebe mit mehr als 500 Beschäftigten. Sie hatten im Jahr 2010 in Westdeutschland zu 89 Prozent Betriebsräte, im Osten lag die Quote bei 90 Prozent. Bei 51 bis 100 Beschäftigten betrugen die Werte 37 bzw. 36 Prozent, bei 5 bis 50 Beschäftigten aber lediglich sechs und sieben Prozent. Damit hat nur ca. jeder 14. Kleinbetrieb auch einen Betriebsrat; in: *Hans-Böckler-Stiftung, Zahlen und Fakten – Betriebsräte und Personalräte in Deutschland* (ohne Datum, jedoch unter Rückgriff auf Datenmaterial von 2010), http://www.boeckler.de/5306.htm. *Dribbusch* schätzt unter Rückgriff auf Zahlen des *IAB* dass es 2009 in Deutschland insgesamt 97.000 Betriebsräte gab, die ca. 11 Millionen Arbeitnehmer vertraten, in: *Germany: „The effect of the information and consultation directive on Industrial Relations in the EU Member States five years after its transposition“* (19.01.2011), unter http://www.eurofound.europa.eu/eiro/studies/tn1009029s/de1009029q.htm (englisch). Insgesamt sinkt die Quote der durch Betriebsräte vertretenen Arbeitnehmer in der privaten Wirtschaft seit Beginn der 1980er Jahre ständig; siehe Kommission Mitbestimmung 1998, S. 50 ff., ETUI-D-BI, S. 1 f.

481 Kommission Mitbestimmung 1998, S. 52.

482 Vgl. *Raiser/Veil*, MitbestG, Einl., Rn. 56 ff.; vgl. auch Kommission Mitbestimmung 1998, S. 34.

483 So bereits die Kommission Mitbestimmung 1998, S. 22. Nach *Rieble* sind unternehmerische und betriebliche Mitbestimmung *„rechtlich und phänomenologisch Subsysteme eines einheitlichen Systems Mitbestimmung“*, ZAAR 2004, Rn. 41.

484 *Rieble*, ZAAR 2004, Rn. 42.

und ihre dortige Position zur Erweiterung ihrer betriebsverfassungsrechtlichen Informations- und Handlungsmöglichkeiten nutzen[485].

Im *Biedenkopf*-Bericht sprachen die Vertreter der Arbeitnehmer daher auch von einer *„künstlichen Trennung der Mitbestimmungsebenen“*[486].

i. Geltungsbereich

Der sachliche Geltungsbereich des BetrVG erstreckt sich auf Betriebe des privaten Rechts[487].

Der räumliche Anwendungsbereich des BetrVG ist gesetzlich nicht geregelt. Es umfasst aber auf der Grundlage des Territorialitätsprinzips, nach dem ein Staat innerstaatliche Vorgänge eigenem Recht unterwerfen kann, unstreitig sämtliche – aber auch ausschließlich – in Deutschland belegenen Betriebe inländischer und ausländischer Unternehmen. Auf die jeweilige Staatsangehörigkeit der Arbeitgeber, der Arbeitnehmer oder der Eigner kommt es nicht an[488].

---

485 Vgl. *Raiser/Veil*, MitbestG, Einl., Rn. 74. Die Kommission Mitbestimmung 1998 pointiert: *„Die Mitbestimmung auf Unternehmensebene wurde in der Praxis zum ‚verlängerten Arm‘ der betrieblichen Mitbestimmung“*, ebd., S. 7, vgl. auch S. 22, 30. Mit *Troch* liegt in solchen Kompetenzüberschneidungen zwischen Aufsichtsrat und Betriebsrat ein Grund, im Rahmen von drittelmitbestimmten GmbHs auf die (zusätzliche) Einrichtung eines Aufsichtsrats zu verzichten, da über den Wirtschaftsausschuss die Belange der Arbeitnehmer an die Geschäftsführung gelangen und die Interessen der Anteilseigner in jedem Fall durch die Gesellschafterversammlung vertreten werden; siehe *Troch*, Drittelbeteiligung, S. 5, 14.

486 *Biedenkopf*-Bericht, S. 69.

487 Der Begriff „Betrieb“ ist im Gesetz nicht definiert sondern als bekannt vorausgesetzt. Da er der Einflussnahme durch das Unternehmen unterliegt, können sich im Einzelfall beträchtliche Abgrenzungsschwierigkeiten ergeben, vgl. dazu *Richardi* in *Richardi*, BetrVG, § 1, Rn. 3 ff., 15 ff. Tendenzbetriebe und Religionsgemeinschaften unterliegen gewissen Einschränkungen; zwar können in ihnen Betriebsräte gebildet werden, jedoch sind deren Rechte vor allem in personellen und wirtschaftlichen Angelegenheiten begrenzt, um diesen Betrieben die unbehinderte Ausübung ihrer im Grundgesetz gewährten Grundrechte zu ermöglichen, vgl. § 118 BetrVG. Daneben gelten Sonderbestimmungen für Seeschifffahrts- und Luftfahrtunternehmen, §§ 114–117 BetrVG.

488 BAG, NZA 2000, 1119; *Richardi* in *Richardi*, BetrVG, Einl., Rn. 66 ff.; *Henssler*, Arbeitnehmermitbestimmung, S. 133, 140. Auf die Arbeitnehmer im Ausland gelegener Betriebe deutscher Unternehmen findet das deutsche BetrVG nur dann Anwendung, wenn die Auslandstätigkeit eine Ausstrahlung des inländischen Betriebs darstellt, BAG NZA 90, 658; 97, 493. Entscheidend ist, ob der betreffende Arbeitnehmer weiterhin in einen inländischen Betrieb integriert geblieben ist. Vgl. auch *Eberspächer*, ZIP 2008, S. 1951; 1952 m.w.N.

ii. *Aufgaben und Befugnisse des Betriebsrats*

Die Aufgaben des Betriebsrats sind im Gesetz festgelegt[489]. Nach ihrer ursprünglichen Konzeption sollte die betriebliche Mitbestimmung allein soziale und personelle Fragen betreffen, mittlerweile erstreckt sie sich jedoch auch auf wirtschaftliche Angelegenheiten[490].

Sie umfasst es vor allem, darüber zu wachen, dass die zugunsten der Arbeitnehmer erlassenen Vorschriften eingehalten werden. Zudem sollen sie die Beschäftigung im Betrieb umfassend fördern und sichern. Der Anwendungsbereich ist inzwischen also eher übergreifender Art.

Zur Wahrung dieser Aufgaben hat der Betriebsrat bei allen Fragen der betrieblichen Ordnung sowohl Mitwirkungsrechte (Informations-, Vorschlags-, Anhörungs- und Beratungsrechte) als auch Mitbestimmungsrechte (Initiativ- und Zustimmungsverweigerungsrechte), wobei die Begriffe jedoch nicht klar voneinander abzugrenzen sind und auch in der Literatur uneinheitlich gebraucht werden[491]. Die Reichweite dieser Beteiligungsrechte ist mitunter beträchtlich und umfasst Befugnisse bis ins Detail. Beispielsweise gibt es Mitbestimmungsrechte bei der betrieblichen Entgeltgestaltung, bei der Anordnung von Mehrarbeit bzw. Überstunden sowie bei allgemeinen personellen Angelegenheiten. Hierbei müssen sich Betriebsrat und Arbeitgeber einigen. Kommt eine Einigung nicht zustande, entscheidet eine Einigungsstelle, deren Kosten der Arbeitgeber zu tragen hat[492]. Bei konkreten personellen Einzelmaßnahmen, wie etwa Einstellungen, Versetzungen und Eingruppierungen, hat der Arbeitgeber die Zustimmung des Betriebsrats einzuholen; vor jeder Kündigung ist er zu hören und kann ggf. widersprechen[493]. Korrespondierend zu diesen Rechten besteht eine Geheimhaltungspflicht für Betriebs- und Geschäftsgeheimnisse[494]. Materiell gesehen ist die Betriebsverfassung einseitig zwingend, die Mitbestimmungsrechte sind nicht dispositiv. Möglich ist allenfalls eine Erweiterung der Mitbestimmungsrechte[495].

---

489 § 80 BetrVG. Vgl. hierzu *Richardi* in *Richardi*, BetrVG, vor § 74, Rn. 2 ff.

490 BDA/BDI 2004, S. 3, bezeichnen diese Ausweitung als *„systemwidrig"*.

491 §§ 80I, 87, 91, 93, 94, 95, 98, 99, 102, 104, 112 BetrVG; bei gravierenden Betriebsänderungen wie Stilllegungen, Verlegungen und Zusammenschlüssen besteht ein erzwingbares Mitbestimmungsrecht, §§ 111 ff. BetrVG. Alleine in der Zentralnorm zur Mitbestimmung in sozialen Angelegenheiten, § 87 BetrVG, finden sich 13 Tatbestände, die jeweils dahingehend ausgelegt werden müssen, ob eine bestimmte „Angelegenheit" insgesamt oder in Teilaspekten mitbestimmungspflichtig ist. Zum ggf. ersatzweisen Spruch der Einigungsstelle vgl. § 87 II BetrVG, kritisch hierzu *Rieble*, IW 2008, S. 127, 137. Vgl. auch *Rieble*, RLR 2009, S. 209, 212 f.; BAG vom 22.07.2008, 1 ABR 40/07, NZA 208, 1248.

492 §§ 76, 76a BetrVG.

493 Vgl. §§ 87, 90 ff., 102 ff., 106 ff. BetrVG; zu den allgemeinen Aufgaben des Betriebsrats vgl. *Richardi* in *Richardi*, BetrVG, vor 4. Teil, Rn. 2 ff., § 80, Rn. 5 ff.

494 § 79 BetrVG.

495 *Rieble*, RLR 2009, S. 209, 213.

Tatsächlich sind bereits die gesetzlichen Befugnisse des Betriebsrats derart umfangreich, dass es in Deutschland keiner gesonderten Umsetzung der Unterrichtungs- und Anhörungsrichtlinie 2002/14/EG[496] bedurfte; die dort vorgesehenen Befugnisse zu Information und Konsultation bleiben hinter den bereits bestehenden Rechten zurück.

Gesetzliche Leitlinie für die Ausübung der Aufgaben ist die vertrauensvolle Zusammenarbeit zwischen Arbeitgeber und Betriebsrat[497]. Dass die rechtlichen Möglichkeiten der Betriebsräte nicht nur zur Unterstützung, sondern auch zur Behinderung von Veränderungen eingesetzt werden können, legt aus Sicht der Unternehmen ein kooperatives Vorgehen nahe[498].

Die durch die Tätigkeit des Betriebsrats entstehenden Kosten trägt der Arbeitgeber, der auch die notwendigen sachlichen Mittel zur Verfügung zu stellen hat[499].

iii. Größe und Besetzung des Betriebsrats

Das BetrVG räumt den Arbeitnehmern von Betrieben ab einer gewissen Größe das Recht ein, einen Betriebsrat zu wählen. Hierzu müssen mindestens fünf wahlberechtigte Arbeitnehmer ständig beschäftigt sein. Von diesen wiederum müssen drei zum Betriebsrat wählbar sein[500]. Leitende Angestellte sind weder aktiv noch passiv wahlberechtigt[501], für sie gibt es als eigene Vertretung den Sprecherausschuss[502]. Ein Betriebsrat wird also schon eingerichtet, wenn mindestens drei Arbeitnehmer es verlangen. Er ist mithin von einer deutlichen Minderheit erzwingbar[503].

---

496 Richtlinie 2002/14/EG des Europäischen Parlaments und des Rates vom 11. März 2002 zur Festlegung eines allgemeinen Rahmens für die Unterrichtung und Anhörung der Arbeitnehmer in der Europäischen Gemeinschaft, ABl. L 80 vom 23.03.2002, S. 29 ff. Näher dazu sogleich unter Teil 4 C.

497 § 2 I BetrVG.

498 Vgl. Kommission Mitbestimmung 1998, S. 73.

499 § 40 BetrVG, zum diesbezüglichen Umlageverbot vgl. § 41 BetrVG. Im Jahr 2003 lagen die Kosten der Betriebsratsarbeit pro Mitarbeiter und Jahr bei 338,– Euro, die Freistellungskosten allein betrugen 187,– Euro, BDA/BDI 2004, S. 49.

500 § 1 I BetrVG. Freilich gibt es noch andere Wege, um einen Betriebsrat zu gründen, vgl. z.B. § 17 I 1 BetrVG.

501 § 5 III BetrVG.

502 Gesetz über Sprecherausschüsse der leitenden Angestellten (Sprecherausschussgesetz – SprAuG) vom 20. Dezember 1988 (BGBl. I S 2312) zuletzt geändert durch Verordnung vom 31. Oktober 2006 (BGBl. I 2407).

503 *Donges et al.* kritisieren, dass es *„potentiellen ausländischen Investoren kaum vermittelbar [sei], dass ein verschwindend geringer Anteil der Belegschaft gegen den erklärten Willen der überwältigenden Anzahl der Beschäftigten auf der Basis geltenden Rechts einem Unternehmen die Einrichtung eines Betriebsrats aufzwingen kann"* und führen hierzu das Beispiel des Softwareunternehmens *SAP Deutschland AG & Co. KG* an; *Donges et al.*, Unternehmensmitbestimmung, S. 8. Vgl. auch BDA/BDI 2004, S. 47; *Rieble*, IW 2008, S. 127, 132 f.

Die Größe des Betriebsrats hängt von der Anzahl der regelmäßig beschäftigten wahlberechtigten Arbeitnehmer ab und liegt zwischen einer Person in Betrieben mit 5–20 Arbeitnehmern und 35 Mitgliedern bei 7.001–9.000 Arbeitnehmern. Darüber erhöht sich die Zahl der Betriebsratsmitglieder um zwei für jeweils angefangene weitere 3.000 Beschäftigte[504].

In Betrieben, die einen Betriebsrat mit mindestens drei Mitgliedern haben, d.h. die regelmäßig zwischen 21 und 50 Arbeitnehmer beschäftigen, muss das Geschlecht, das in der Belegschaft in der Minderheit vertreten ist, mindestens entsprechend seinem zahlenmäßigen Verhältnis in der Belegschaft im Betriebsrat vertreten sein[505].

Ab 200 Arbeitnehmern im Betrieb ist mindestens ein Betriebsratsmitglied von seiner beruflichen Tätigkeit unter Fortzahlung des Arbeitsentgelts dauerhaft freizustellen. Auch dieser Wert staffelt sich weiter nach der Betriebsgröße. Er erreicht bei bis zu 10.000 Arbeitnehmern im Betrieb zwölf freizustellende Betriebsratsmitglieder, darüber jeweils ein weiteres für je 2.000 angefangene Arbeitnehmer[506].

Die freizustellenden Betriebsratsmitglieder werden nach Beratung mit dem Arbeitgeber vom Betriebsrat aus seiner Mitte grundsätzlich in geheimer Verhältniswahl gewählt[507].

iv. Bestellung und Wahlmodalitäten

Die Betriebsratswahl ist ein im Grundsatz ebenfalls eher komplexes Verfahren[508], von dem in Kleinbetrieben mit bis zu 50 Wahlberechtigten, nach Vereinbarung mit dem Arbeitgeber auch in Betrieben mit bis zu 100 Wahlberechtigten, abgewichen

504 § 9 BetrVG; die Zahl der Betriebsratsmitglieder wurde durch gesetzliche Änderungen 2001 für fast alle Kategorien erhöht, ETUI-D-BI, S. 2.

505 § 15 II BetrVG.

506 § 38 I BetrVG. In der Praxis werden in 23 % der Betriebe außerdem Freistellungen über den gesetzlichen Anspruch hinaus gewährt. Dies gilt auch für kleine und mittlere Betriebe; Zweite Repräsentative WSI-Befragung von Betriebs- und Personalräten in Deutschland (2001), dort S. 3; http://www.mitbestimmt.de/dokumente/?no_cache=1&cid=157&did=200&sechash=e746e4ab.

507 § 38 II BetrVG.

508 §§ 7–20 BetrVG, näher präzisiert durch die Erste Verordnung zur Durchführung des Betriebsverfassungsgesetzes (Wahlordnung – WO) vom 11.12.2001, zuletzt geändert am 23.06.2004; sie umfasst 43 Einzelnormen. Die Wahl wird durch einen Wahlvorstand eingeleitet, der aus drei Mitgliedern besteht; in Großbetrieben ist die Zahl höher, aber stets ungerade, § 16 I BetrVG. Jede im Betrieb vertretene Gewerkschaft kann zusätzlich einen dem Betrieb angehörenden Beauftragten als nicht stimmberechtigtes Mitglied in den Wahlvorstand entsenden, sofern ihr nicht ein stimmberechtigtes Wahlvorstandsmitglied angehört, § 16 I 6 BetrVG. Der Wahlvorstand stellt eine Wählerliste auf und wacht über die ordnungsgemäße Wahldurchführung. Abschließend lädt er die Mitglieder des Betriebsrats zur konstituierenden Sitzung ein, §§ 18, 21 BetrVG.

werden kann[509]. Normalerweise erfolgt die Betriebsratswahl nach dem Grundsatz der Verhältniswahl aus mehreren Vorschlagslisten[510]. Wahlvorschläge für diese stammen von den wahlberechtigten Arbeitnehmern oder den im Betrieb vertretenen Gewerkschaften[511].

Die Wahl des Betriebsrats gilt als ein wesentliches Element der Betriebsverfassung, es besteht ein umfassender Schutz durch den Gesetzgeber. So steht z.B. eine Behinderung oder Beeinflussung der Wahl unter Strafe[512].

v. Amtszeit und Abberufung

Die regelmäßige Amtszeit des Betriebsrats beträgt vier Jahre[513]. Besteht bei Spaltung des Betriebs der Betriebsrat fort, oder werden Betriebe oder Betriebsteile zu einem neuen Betrieb zusammengefasst, gilt zunächst ein Übergangsmandat bis zur Wahl eines neuen Betriebsrats. Geht ein Betrieb durch Stilllegung, Spaltung oder Zusammenlegung unter, bleibt der Betriebsrat so lange im Amt, wie dies noch zur Aufgabenwahrnehmung erforderlich ist[514].

Bei grober Verletzung seiner Pflichten kann ein Viertel der wahlberechtigten Arbeitnehmer, der Arbeitgeber selbst oder eine im Betrieb vertretene Gewerkschaft beim Arbeitsgericht den Ausschluss eines Mitglieds aus dem Betriebsrat oder die Auflösung des Betriebsrats insgesamt beantragen. Der Ausschluss eines Einzelmitglieds kann auch vom Betriebsrat selbst beantragt werden. Erst mit der gerichtlichen Entscheidung über den Ausschluss erlischt die Mitgliedschaft[515].

vi. Arbeitsweise

Der Betriebsrat ist als Kollektivorgan nur in seiner Gesamtheit handlungsfähig. Er trifft seine Entscheidungen aufgrund von Mehrheitsbeschlüssen[516].

509 § 14 a BetrVG. Es gilt ein vereinfachtes Wahlverfahren mit zwei Stufen. In der ersten Stufe wird der Wahlvorstand gewählt und die Wahlvorschläge werden vorgelegt. Nach einer Woche wird in der zweiten Stufe der Betriebsrat in geheimer und unmittelbarer Wahl nach dem Prinzip der Mehrheitswahl gewählt.

510 § 14 BetrVG.

511 Vgl. § 14 IV, V BetrVG.

512 §§ 119 ff. BetrVG. Zudem sieht 23 III BetrVG vor, dass dem Betriebsrat bei groben Verstößen des Arbeitgebers gegen Pflichten aus dem BetrVG ein Unterlassungsanspruch zusteht. Das BAG bejaht zudem und über den Wortlaut des § 23 III BetrVG hinaus seit 1994 das Bestehen eines eigenständigen Unterlassungsanspruchs, soweit Mitbestimmungsrechte des Betriebsrats nach § 87 BetrVG verletzt sind; BAG vom 03.05.1994, 1 ABR 24/93. Dies setzt jedoch voraus, dass die Gefahr der Wiederholung vermutet wird; BAG vom 29.02.2000, 1 ABR 4/99.

513 § 21 S. 1 BetrVG; unter Effiziensgesichtspunkten für eine Ausweitung auf fünf Jahre *Rieble*, IW 2008, S. 127, 137.

514 §§ 21 a, 21 b BetrVG.

515 §§ 23, 24 Nr. 5 BetrVG.

516 § 33 BetrVG.

Der Betriebsratsvorsitzende, er wird vom Betriebsrat aus seiner Mitte gewählt[517], spielt aber eine zentrale Rolle, u.a. vertritt er den Betriebsrat und führt die laufenden Geschäfte, darf jedoch keine eigenständigen Entscheidungen treffen.

Bei mehr als acht Mitgliedern, d.h. in Betrieben mit mehr als 201 Arbeitnehmern, muss der Betriebsrat einen Betriebsausschuss bilden, der dann die laufenden Geschäfte führt[518]. Daneben kann der Betriebsrat in Betrieben mit mehr als 100 Arbeitnehmern weitere Ausschüsse bilden[519].

vii. Wirtschaftsausschuss

Hat ein Unternehmen mehr als 100 ständig beschäftigte Arbeitnehmer, ist die Bildung eines Wirtschaftsausschusses zwingend vorgeschrieben[520]. Dieser setzt sich dann aus mindestens drei und höchstens sieben Mitgliedern zusammen, die dem Unternehmen angehören und von denen mindestens eines ein Betriebsratsmitglied sein muss. Dem Wirtschaftsausschuss können auch leitende Angestellte angehören. Die Mitglieder des Wirtschaftsausschusses werden vom Betriebsrat oder, sofern ein Gesamtbetriebsrat besteht, von diesem bestellt[521].

Der Wirtschaftsausschuss verfügt über weitreichende Informations- und Beratungsrechte in wirtschaftlichen und finanziellen Angelegenheiten des Unternehmens und informiert seinerseits den Betriebsrat detailliert über seine Arbeit[522]. An den einmal monatlich stattfindenden Beratungen muss ein Mitglied der Unternehmensleitung teilnehmen[523].

viii. Vergütung

Nach der gesetzlichen Konzeption ist das Betriebsratsamt ein unentgeltliches privatrechtliches Ehrenamt; der grundsätzliche Charakter ist der eines (nur) vorübergehend ausgeübten Wahlamts[524]. Das Rechtsverhältnis des einzelnen Betriebsratsmitglieds zum Arbeitgeber bleibt also ein „normales" Arbeitsverhältnis, dessen Inhalt allerdings durch die Normen des BetrVG teilweise modifiziert wird. Dementsprechend gilt hinsichtlich der Vergütung das Entgeltausfallprinzip, nach

517 § 26 BetrVG.

518 § 27 BetrVG. Der Betriebsausschuss setzt sich aus dem Betriebsratsvorsitzenden, seinem Stellvertreter und drei bis maximal neun weiteren Mitgliedern zusammen, je nach Größe des eigentlichen Betriebsrats.

519 §§ 27 f. BetrVG.

520 § 106 I BetrVG.

521 § 107 BetrVG.

522 § 106 II, III BetrVG. Allerdings ist im Konzern ein Wirtschaftsausschuss beim herrschenden Unternehmen auch nur für dieses, nicht aber für die untergeordneten Einheiten zuständig.

523 § 108 II 1 BetrVG.

524 Vgl. §§ 7 ff. BetrVG; BGH Urteil vom 17.09.2009, 5 StR 521/08 (*Klaus Volkert*); dort insbes. Rn. 32 ff. (Volltext unter http://juris.bundesgerichtshof.de/cgi-bin/rechtsprechung/document.py?Gericht=bgh&Art=en&nr=49565&pos=0&anz=1).

dem die Betriebsräte so zu bezahlen sind, als hätten sie in ihrem angestammten Beruf gearbeitet[525]. Daher verstößt aber auch jede (gesonderte) Bezahlung für die Betriebsratsarbeit als solche als eine unzulässige Betriebsratsbegünstigung gegen das Gesetz und ist strafbar[526]. Unzulässig ist daher auch die Gewährung einer Vergütung durch die Arbeitnehmer selbst oder durch eine Gewerkschaft, wie auch jede (kollektiv-)vertragliche Vergütungsregelung[527].

ix. Gesamt-/Konzernbetriebsrat

In Unternehmen mit mehreren Betrieben muss ein Gesamtbetriebsrat gebildet werden[528], in einem Konzern mit mehreren Unternehmen mit Gesamtbetriebsräten kann dann zusätzlich fakultativ ein Konzernbetriebsrat etabliert werden[529].

Diese sind für die sozialen, personellen und wirtschaftlichen Aufgaben zuständig, die das Gesamtunternehmen, mehrere Betriebe oder den ganzen Konzern betreffen. Dabei werden aber die Angelegenheiten, die der einzelne Betriebsrat wahrnehmen kann, von der Zuständigkeit des Gesamt- bzw. des Konzernbetriebsrats nicht berührt. Die Gesamtbetriebsräte treten neben die Betriebsräte, haben eigene Aufgabenbereiche und sind nicht untergeordnet[530].

Konzeptionelles Ziel ist es hier, auch dann ein Verhandeln von Arbeitnehmervertretung und Arbeitgeber auf „gleicher Augenhöhe" zu erlauben, wenn es zu einer Verlagerung der unternehmerischen Leitungsmacht auf die anderen Ebenen kommt[531]. Daneben soll der Konzernbetriebsrat den Ausgleich der zwischen einzelnen Konzernunternehmen unter Umständen divergierenden Arbeitnehmerinteressen fördern, und so ein einheitliches Vorgehen gegenüber der

---

525 § 37 I BetrVG; für langjährige Betriebsratsmitglieder vgl. § 37 IV BetrVG, nach dem die hypothetische berufsübliche Entwicklung vergleichbarer Arbeitnehmer maßgeblich ist.

526 §§ 78 S. 2, 119 I Nr. 3 BetrVG; *Thüsing* in *Richardi*, BetrVG, § 37, Rn. 5 ff., insbes. Rn. 7 ff.; LG Braunschweig vom 27.02.2007, 6 KLs 48/06 (*Peter Hartz*); BGH (*Klaus Volkert*) (oben Fn. 524) (Beeinträchtigung *„der inneren Unabhängigkeit der Amtsführung"*, ebd. Rn. 34).

527 §§ 41, 78 S. 2 BetrVG, 134 BGB; *Rieble*, IW 2008, S. 127, 128.

528 §§ 47 ff. BetrVG; die Errichtung ist gem. § 47 I BetrVG zwingend vorgeschrieben, wenn ein Unternehmen mehrere Betriebsräte hat, etwaige Einwände einzelner Betriebsräte sind unerheblich; vgl. *Annuß* in *Richardi*, BetrVG, vor § 47, Rn. 1.

529 §§ 54 ff. BetrVG. Trotz einer beträchtlichen praktischen Bedeutung ist die Errichtung eines Konzernbetriebsrats fakultativ und praktisch eher selten; vgl. *Annuß* in *Richardi*, BetrVG, § 57, Rn. 2; ETUI-D-BI, S. 5. Allerdings kann bei einem Konzern ggf. nur einziger, beim herrschenden Unternehmen angesiedelter, Konzernbetriebsrat errichtet werden. Die Bildung mehrerer nebeneinander bestehender Konzernbetriebsräte ist gesetzlich ebenso wenig vorgesehen, wie die Errichtung eines Konzernbetriebsrats für einen Teil des Konzerns; BAG Beschluss vom 09.02.2011, 7 ABR 11/10.

530 §§ 50 I 2, 58 I 2 BetrVG.

531 Vgl. *Fitting/Engels/Schmidt*, BetrVG, § 54, Rn. 3.

Konzernleitung ermöglichen[532]. Für die Arbeitgeberseite liegt in einer solchen Bündelung von Abstimmungs- und Entscheidungsprozessen ein Geschwindigkeitsvorteil. In der Praxis wird von den Betriebsräten teilweise ein zu geringer Informationsfluss zwischen dem Arbeitgeber und ihnen geltend gemacht[533].

In Zonen mit doppelter Mitbestimmung werden die Arbeitnehmer somit nicht nur durch ihre Vertreter in den Aufsichtsräten, sondern noch zusätzlich auf mehreren Stufen (kaskadenartig) durch Betriebsräte vertreten. Dementsprechend schwierig ist die Zuständigkeitsabgrenzung[534].

x. Praxis: Betriebsvereinbarung

Im praktischen Alltag ist eine Entwicklung hin zur kooperativen Ausübung zu beobachten. Instrument hierzu ist die Betriebsvereinbarung gem. § 77 BetrVG[535]. Sie gilt als „geschaffenes Gesetz des Betriebs" unmittelbar und zwingend[536] und dient in erster Linie der Umsetzung der Mitbestimmungsrechte.

Mit ihr *„verwirklicht und wandelt sich das ‚Alltagsgeschäft der Mitbestimmung"*[537]. Selbst viele tarifgebundene Betriebe arbeiten mit Öffnungsklauseln und individuellen Vereinbarungen, die teils bis hinunter zum einzelnen Arbeitsplatz reichen.

In diesen Vereinbarungen werden zunehmend neue Gestaltungsbereiche der Mitbestimmung erschlossen, namentlich in Fragen der Arbeits- und der Unternehmensorganisation, z.B. im Bereich Outsourcing und Beschäftigungssicherung. In jüngster Zeit werden auch unternehmensangepasste Verhaltenskodizes im Sinne einer Compliance etabliert[538]. So gewinnt die betriebliche Ebene der

---

532 BAG Urteile vom 21.10.1980, 6 ABR 41/78 und vom 22.11.1995, 7 ABR 9/95.

533 Zweite Repräsentative WSI-Befragung von Betriebs- und Personalräten in Deutschland (2001), dort S. 4; http://www.mitbestimmt.de/dokumente/?no_cache=1&cid=157&did=200&sechash=e746e4ab.

534 Zu Recht kritisch *Rieble*, RLR 2009, S. 209, 212.

535 Die Bestimmung gilt für Betriebsvereinbarungen mit dem Gesamt- bzw. dem Konzernbetriebsrat entsprechend, §§ 51 V, 59 I BetrVG.

536 § 77 IV 1 BetrVG; vgl. *Richardi* in *Richardi*, BetrVG, § 77, Rn. 126 ff.

537 So *Heidemann,* Weiterentwicklung, S. 67.

538 *Mengel* spricht in diesem Zusammenhang von einer *„viel genutzte[n] Möglichkeit zur Implementierung von Compliance-Regeln"*, u.a., da bereits auf diesem Weg ggf. bestehende Mitbestimmungsrechte des Betriebsrats (vgl. § 87 I Nr. 1 BetrVG) erfüllt würden und auch weil die Überzeugungskraft des Compliance-Management-Programms höher ausfiele, wenn die Zustimmung der Arbeitnehmergremien vorläge; Darstellung unter http://www.soldan.de/WebRoot/SoldanDB/Shops/Soldan/Sample/Grobys_B.pdf, hier S. 4. *Hexel/Pütz* sehen insoweit eine *„kulturverändernde"* Wirkung; ACQ II/2012, S. 40, 42. Zur Betriebsratsmitbestimmung bei einem Verhaltenskodex vgl. Hessisches LAG, Beschluss vom 18.01.2007, 5 TaBV 31/06, BAG, Beschluss vom 22.07.2008, 1 ABR 40/07 (*Honeywell*); zur dann ggf. bestehenden Zuständigkeit des Gesamt- bzw. Konzernbetriebsrats BAG, a.a.O, Rn. 51 ff.; BAG vom 17.05.2011, 1 ABR 121/09, alle unter http://www.dejure.org; *Mengel*, ebd., S 9 f.

Interessenregulierung immer mehr an Bedeutung, während die Unterschiede zwischen einer reinen betrieblichen Interessenvertretung und der Beteiligung an der Unternehmensleitung (weiter) verschwimmen.

Im Rahmen einer Studie der *Hans-Böckler-Stiftung* aus dem Jahr 2000 wurden 38 eigenständige Vereinbarungen zur Organisation der Mitbestimmung und weitere ca. 1.600 Vereinbarungen zu verschiedenen fachlichen Regelungsbereichen daraufhin untersucht, wie sich Bereiche, Inhalte und Verfahren der betrieblichen Mitbestimmung ändern[539]. Zwar erhebt die Studie keinen streng wissenschaftlich repräsentativen Anspruch, macht aber Entwicklungen deutlich, die sich cum grano salis durchaus verallgemeinern lassen.

In der Zusammenschau fallen drei charakteristische Faktoren besonders auf[540].

1) Zunächst lässt sich zunehmend der Abschluss von Vereinbarungen beobachten, in denen nicht materielle Festlegungen dominieren, sondern das Verfahren von Information, Beratung und Entscheidung geregelt wird. Hier werden insbesondere gemeinsame Kommissionen von Arbeitgeber und Betriebsrat (oft in Form paritätischer Ausschüsse nach § 28 BetrVG) eingerichtet, die zum Teil mit Entscheidungskompetenzen ausgestattet[541] sind[542]. Die Beteiligung bleibt durch solche Verfahrensvereinbarungen offen für Entwicklungen. Im Streitfall finden wieder die gesetzlichen Mitbestimmungsrechte des Betriebsrats Anwendung.
2) Zunehmend üblich ist auch die Einbeziehung der betrieblichen Interessenvertretungen in Vorbereitung und Umsetzung von Entscheidungen. Basis sind „Gegengeschäfte", in denen sich die Interessenvertretungen auf eine Mitarbeit an der Modernisierung einlassen, an der Akzeptanzsicherung mitwirken und sich im Gegenzug hierdurch Einflussmöglichkeiten für die Zukunft sichern[543]. Während das Gesetz noch klar zwischen Information, Beratung und Mitbestimmung unterscheidet finden sich in den Vereinbarungen fließende Übergänge zwischen diesen Beteiligungsformen[544]. Das Gesetz stellt als Grundlage aber die Basis für die wechselseitige Verlässlichkeit des Handelns der Betriebsparteien dar.
3) Schließlich nimmt auch die individuelle Beteiligung durch die Verlagerung von Mitgestaltungs- oder Mitentscheidungsrechten auf die Beschäftigten in Arbeits- und Projektgruppen bzw. auf die individuelle Aushandlung von

---

539 *Heidemann,* Weiterentwicklung, S. 1 ff.
540 *Heidemann,* Weiterentwicklung, S. 5 f.
541 Vgl. *Thüsing* in *Richardi,* BetrVG, § 28, Rn. 23 ff.
542 *Heidemann,* Weiterentwicklung, S. 26 ff.
543 *Heidemann,* Weiterentwicklung, S. 67; Beispiele sind Beschäftigungssicherungen und Sozialplanabfindungen, vgl. Böckler Impuls 17/2008, „Bittere Pillen für Betriebsräte", http://www.boeckler.de/32015_93292.html.
544 *Heidemann,* Weiterentwicklung, S. 35 ff., zur Mitbestimmung insbesondere S. 41 ff.

Arbeitsbedingungen an Bedeutung zu[545]. In segmentierten Unternehmensstrukturen kommt es zur Bildung von Standortsbetriebsräten oder gemeinsamen Betriebsratsgremien[546].

Die Betriebsräte sind also zunehmend bereit, einen Teil ihrer Kompetenzen an Gruppen von Arbeitnehmern zu delegieren, was im Ergebnis wie eine direkte Beteiligung wirkt.

Bei kleineren Unternehmen sind formale Vereinbarungen offenbar noch schwächer ausgeprägt, es wird häufiger auf der Basis tagtäglichen Zusammenwirkens von Arbeitgeber und Betriebsrat (oder sogar: von individuellen Beschäftigten) gehandelt[547].

Die Rolle der Betriebsräte wird durch diese Entwicklungen zunehmend differenzierter. Die soziale Sicherung wird mit gestaltenden Aufgaben verknüpft, die bis in die strategische Ebene hinein reichen, was in letzter Konsequenz zu einem Zielkonflikt führen kann. Die Regelungsthematik, mit der sich die Betriebsräte auseinander setzen müssen, wird breiter und fachlich anspruchsvoller, weshalb des Öfteren auch von einem „Co-Management" gesprochen wird[548]. Gleichzeitig stellen solche Entwicklungen aber auch erhöhte Anforderungen an die Qualifikation.

Während die gesetzliche Grundlage die Basis für die wechselseitige Verlässlichkeit im Handeln der Betriebsparteien darstellt und gleichzeitig die allseitige Akzeptanz sichert bleibt die Beteiligung so offen für zukünftige Entwicklungen. Das formale Recht wirkt dann, nicht mehr und nicht weniger, als „Sicherheitsnetz", in das sich beide Seiten fallen lassen können, sollte dies notwendig werden und sichert einen „Mindeststandard".

Der vermehrte Abschluss solcher teilweise hochindividueller Vereinbarungen verdeutlicht eine offenbare Unzufriedenheit der Unternehmen mit den (zu) starren gesetzlichen Vorgaben. Hingegen erscheinen individuell auf die jeweiligen Unternehmen angepasste Regelungen zunehmend vorzugswürdig.

5. *Mitbestimmungsurteil 1979/Entwicklung in der Rechtsprechung*

a. Mitbestimmungsurteil

Inhalt und Reichweite der Mitbestimmungsrechte waren bereits im Vorfeld der Gesetzgebung zum MitbestG 1976 zwischen den politischen Parteien und den

---

545 *Heidemann,* Weiterentwicklung, S. 49 ff., 54 ff.; Kommission Mitbestimmung 1998, S. 39.

546 Kommission Mitbestimmung 1998, S. 81.

547 *Heidemann,* Weiterentwicklung, S. 68.

548 Kommission Mitbestimmung 1998, S. 77; der Begriff ist bei Gewerkschaften und Arbeitgebern gleichermaßen umstritten, dürfte aber als rein funktionale Umschreibung zutreffen.

Sozialpartnern heftig umstritten[549]. Nach Verabschiedung des Gesetzes legten u.a. neun Unternehmen und 29 Arbeitgebervereinigungen Verfassungsbeschwerde ein. Die Beschwerdeführer sahen verschiedene Verstöße, insbesondere gegen die Eigentumsgarantie und den Schutz der Vereinigungsfreiheit[550]. Gerügt wurde namentlich, dass das MitbestG im Zusammenwirken mit dem BetrVG zum Übergewicht der Beschäftigten und damit zur „Überparität" führe.

Mit Urteil vom 01.03.1979 entschied das BVerfG, dass die erweiterte Mitbestimmung der Arbeitnehmer nach dem MitbestG mit den Grundrechten der vom Gesetz erfassten Gesellschaften, der Anteilseigner und der Koalitionen der Arbeitgeber vereinbar ist[551].

Das Gericht bekräftigte, dass das Grundgesetz wirtschaftspolitisch neutral sei und keine bestimmte Wirtschaftsordnung festlege oder gewährleiste. Der Gesetzgeber könne die Wirtschaftsordnung gestalten, wenn er die individuellen Freiheiten der Bürger respektiere[552]. Auch insofern besünde ein gewisser Spielraum. Sollte sich jedoch seine positive Beurteilung über die Auswirkungen des Gesetzes später als Irrtum erweisen, wäre er *„zur Korrektur verpflichtet"*[553].

Die Mitbestimmung nach dem MitbestG bliebe unterhalb der Parität, da der Anteilseignerseite durch das Doppelstimmrecht des Vorsitzenden ein leichtes Übergewicht zukomme[554]. Dieses Übergewicht könne durch die Anteilseigner im Rahmen gesellschaftsrechtlicher Gestaltungsmöglichkeiten *„wenn nicht verstärkt, so doch abgesichert werden"*[555], was auf entsprechende Vorschriften in der Satzung bzw. der Geschäftsordnung für den Aufsichtsrat zielt. Auch das Nebeneinander der unternehmerischen und der betrieblichen Mitbestimmung ändere daran nichts, da

549 Nach Inkrafttreten des MitbestG schätzte *Fabricius* die Zahl der hierzu insgesamt veröffentlichten Diskussionsbeiträge auf 15.000 Stück; *Junker*, NJW 2004, S. 728, 728. Vgl. auch BVerfGE 50, 290, 296 f.; *Hörisch*, Vergleich, S. 25 ff., *Donges et al.*, Unternehmensmitbestimmung, S. 15.

550 BVerfGE 50, 290, 303 ff.

551 BVerfGE 50, 290 ff. Kritisch z.B. *Rieble*, der das Mitbestimmungsurteil als *„wolkig bis nebulös"* bezeichnet; *Rieble*, NJW 2006, S. 2214, 2214.

552 BVerfGE 50, 290, 338; 7, 377, 400.

553 BVerfGE 50, 290, 335, ähnlich bei 352 und 377 f. Nach Ansicht des ehemaligen Bundesverfassungsrichters *Helmut Simon*, der seinerzeit am Mitbestimmungsurteil beteiligt war, ist damit aber keinesfalls eine Abschaffung der Mitbestimmung selbst gemeint. Allenfalls geht es um Änderungen nachteiliger Regelungen, etwa der Verkleinerung übergroßer Aufsichtsräte oder Maßnahmen zur Beschleunigung des Entscheidungsverfahrens; siehe *Simon* in Magazin Mitbestimmung 04/2004, „Vor 25 Jahren – Bundesverfassungsgericht stärkt Mitbestimmung", http://www.boeckler.de/163_30352.html. Der Wortlaut freilich erscheint nicht derart begrenzt.

554 BVerfGE 50, 290, 323 ff. Der *Biedenkopf*-Bericht stellt daher fest, dass *„wegen des Zweitstimmrechts des Aufsichtsratsvorsitzenden von Parität nur in numerischer Hinsicht die Rede sein kann"*, *Biedenkopf*-Bericht, S. 28.

555 BVerfGE 50, 290, 324.

sich die beiden Mitbestimmungsformen nicht kumulieren ließen, sie sich vielmehr in Organen verschiedener Funktion und in verschiedenen Verfahren vollziehe[556].

Der Schutz des Eigentums sei differenziert zu beurteilen. Das Eigentum genieße dort einen besonders ausgeprägten Schutz, wo es als persönliches Eigentum ein Element zur Sicherung der persönlichen Freiheit des Einzelnen sei. Jedoch werde der Eigentumsschutz immer schwächer, je mehr das Eigentumsobjekt in einem sozialen Bezug und einer sozialen Funktion stehe, denn hier berühre seine Nutzung die Belange anderer[557].

Die Grundrechte der Arbeitnehmer verdeutlichten und verstärkten die durch den Gesetzgeber zu konkretisierende Bindung des Anteilseigentums, sie enthielten aber keinen verbindlichen Verfassungsauftrag zur Einführung einer Unternehmensmitbestimmung wie derjenigen des MitbestG[558].

Die Anwesenheit von gesellschaftsexternen Gewerkschaftsvertretern im Aufsichtsrat wurde vom Gericht als im Interesse des Unternehmens erachtet, weil dadurch zusätzliche Qualifikationen in den Aufsichtsrat eingebracht würden und einem möglichen *„Betriebsegoismus"* entgegengewirkt werden könne. Das Zusammenwirken interner und externer Arbeitnehmervertreter sei sachgerecht[559].

Verfassungsrechtlich ist daher geklärt, dass die Mitbestimmung nicht geboten ist, weil es kein Grundrecht auf Mitbestimmung gibt; sie ist aber ebenso wenig verboten[560].

b. Politische Erwägung

Davon zu trennen ist die Frage der Verfassungspolitik[561].

Das BVerfG betont, dass die durch die unternehmerische Mitbestimmung angestrebte Kooperation und Integration, die eine Berücksichtigung auch anderer als der unmittelbar eigenen Interessen erforderten, allgemeine gesellschaftspolitische Bedeutung habe. Namentlich wurde die Mitbestimmung als geeignet angesehen, die Marktwirtschaft politisch zu sichern. Sie stelle damit einen Weg unter vielen möglichen dar.

Das Mitbestimmungsurteil bezeichnet es auch als unerheblich, wenn Veränderungen der Organisation und des Verfahrens der Willensbildung im Aufsichtsrat zu gewissen faktischen Erschwerungen führen. Primäres Ziel des MitbestG war

---

556 BVerfGE 50, 290, 326 ff. (327).

557 BVerfGE 50, 290, 339 ff.

558 BVerfGE 50, 290, 349.

559 BVerfGE 50, 290, 361.

560 *Rieble,* ZAAR 2004, Rn. 4; vgl. auch *Ulmer/Habersack/Henssler,* MitbestG, Einl., Rn. 67, nach denen sich die in den 1970er Jahren geführten verfassungsrechtlichen Auseinandersetzungen *„im Wesentlichen als grundlos erwiesen"* hätten.

561 *Simon* unterscheidet darum feinsinnig, dass eine völlige Abschaffung der Mitbestimmung unvereinbar mit der gesellschafts- und verfassungs*politischen* Bedeutung sei, die das BVerfG der Mitbestimmung beimesse (Hervorhebung durch Verf.); *Simon,* ebd. (oben Fn. 553).

aber auch nicht eine Steigerung der wirtschaftlichen Leistungsfähigkeit der Unternehmen, sondern die Gewährleistung der Rechte der Belegschaften großer Unternehmen auf wirksame Beteiligung an den sie betreffenden Entscheidungen.

Konsequent wird von den Gewerkschaften die Mitgliedschaft von hauptamtlichen Gewerkschaftsfunktionären als externe Arbeitnehmervertreter in mitbestimmten Aufsichtsräten auch heute noch vor allem mit und durch deren Beitrag als Experten und Berater der Arbeitnehmerseite gerechtfertigt. Sie sehen sich als Repräsentanten allgemeiner, über das Unternehmen hinausreichender Interessen, insbesondere an der Beschäftigungspolitik und der langfristigen Entwicklung des Unternehmens in seinem regionalen Bezug. Naturgemäß gibt es hierzu auch eine andere Ansicht. Von Unternehmensseite wird eingewendet, dass hauptamtliche Gewerkschaftsfunktionäre unternehmensfremde politische oder ideologische Gesichtspunkte in die Aufsichtsräte hineintragen würden[562]. Zumindest dürfte aber von einem gestiegenen Einfluss und jedenfalls reflexhaften Wirkungen auf Willensbildung und Marktverhalten des Unternehmens gesprochen werden können. Ob man mit Blick auf die mitbestimmten KMU von einem (derart) weit ausgreifenden sozialen Bezug sprechen kann, scheint gleichwohl hinterfragenswert.

c. Neuere Rechtsprechung

Im Gegensatz zur ursprünglichen gesellschaftspolitischen Brisanz der Unternehmensmitbestimmung sind nach dem Gesetzerlass nur wenige Rechtsstreitigkeiten vor die Gerichte gebracht worden. In der amtlichen Sammlung des BGH finden sich bis zum Jahr 2001 nur neun Urteile, die sich überhaupt unmittelbar mit dem MitbestG oder den durch seine Anwendung aufgeworfenen gesellschaftsrechtlichen Fragen beschäftigen. Für die Folgezeit sind lediglich sechs Entscheidungen mit (auch nur eingeschränktem) Bezug zum MitbestG gelistet, nur zweimal ist das DrittelbG aufgeführt. In der Rechtsprechung des BAG spielt das MitbestG eine noch geringere Rolle[563]. Hier datieren die wesentlichen mitbestimmungsrelevanten Entscheidungen mehr als ein Vierteljahrhundert zurück[564].

---

562 Vgl. BMAS, Mitbestimmung 2008, S. 56 f.; *Mävers*, SE-Mitbestimmung 2002, S. 49 f.; *Biedenkopf*-Bericht, S. 7 ff., 10; *Raiser/Veil*, MitbestG, Einl., Rn. 40 ff.; *Ulmer/Habersack/Henssler*, MitbestG, Einl., Rn. 26 f., 67; Kommission Mitbestimmung 1998, S. 95 ff.

563 *Henssler*, Arbeitnehmermitbestimmung, S. 133, 150; *Raiser/Veil*, MitbestG, Einl., Rn. 71.

564 Vgl. die drei zeitgleich am 25.02.1982 ergangenen Entscheidungen BGHZ 83, 106 ff.; 144 ff. und 153 ff.; BGH AG 1983, 134 (Nichtannahmeentscheidung in der bereits entschiedenen Frage der Ausschussbesetzung); BGH DB 1984, 104 (Anstellungskompetenz des Aufsichtsrats; Unzulässigkeit eines Vetorechts der Geschäftsführung). Zum Beschluss des BVerfG vom 12.10.2004, 1 BvR 2130/98 zu den verfassungsrechtlichen Anforderungen an ein Unterschriftenquorum bei Wahlen von Arbeitnehmervertretern zum Aufsichtsrat (§ 12 I 2 MitbestG) vgl.

In seinen Entscheidungen hat der BGH die auf Umgehung des Mitbestimmungsgedankens gerichteten Maßnahmen und Praktiken konsequent verworfen, im Übrigen aber die gesellschaftsrechtliche Gestaltungsautonomie der Unternehmen so weit wie möglich beibehalten. *Henssler* spricht insoweit von der *„Vorhersehbarkeit der höchstrichterlichen Entscheidungspraxis"*, was auch dafür spreche, *„dass sich viele deutsche Unternehmen mit der Unternehmensmitbestimmung arrangiert haben"*[565].

Jedenfalls hat sich die Diskussion um die „Institution Mitbestimmung" entemotionalisiert. Daher sollen hier auch weitere Überlegungen in dieser Richtung dahinstehen.

6. Wirtschaftliche Auswirkungen der Mitbestimmung

Weiteren Anlass für Debatten bieten die ökonomischen Wirkungen der Mitbestimmung. Über die Jahre versuchte eine Vielzahl von Betrachtungen, die wirtschaftlichen Folgen der Arbeitnehmerbeteiligung zu bewerten. Ab 2005 gilt das verstärkt. Seitdem ist innerhalb kurzer Zeit eine beachtliche Zahl von empirischen Studien zur ökonometrischen Mitbestimmungsforschung in Deutschland publiziert worden[566]. Der Schwerpunkt der Darstellungen liegt wohl immer noch bei der betrieblichen Mitbestimmung, während die Unternehmensmitbestimmung im Vergleich deutlich weniger Beachtung gefunden hat. Die in den betreffenden Untersuchungen jeweils angeführten Argumente betreffen aber häufig die Mitbestimmung insgesamt, unabhängig davon, auf welcher Ebene sie angesiedelt ist. Sie zeigen, wie schwierig die jeweiligen Effekte zu fassen sind[567].

Allen diesen Studien ist allerdings gemeinsam, dass sie bisher zu keinen klaren Erkenntnissen geführt haben. Die Ergebnisse divergieren oft und sind statistisch angreifbar; insbesondere monokausale Zusammenhänge lassen sich nicht feststellen. Selbst ausgewiesene Mitbestimmungsbefürworter erkennen daher an, dass sich die Mitbestimmung *„einer rein betriebswirtschaftlichen Bewertung entzieht"*[568]

BMAS, Mitbestimmung 2008, S. 58 f.; *Ulmer/Habersack/Henssler*, MitbestG, Einl., Rn. 59.

565 *Henssler*, Arbeitnehmermitbestimmung, S. 133, 150, 156; kritisch *Rieble*, ZAAR 2004, Fn. 3; *ders.* ebenso bildhaft wie drastisch in *Neubürger*, ZAAR 2004, Rn. 33 als Reaktion auf den Kommentar, man könne von einer „guten Ehe" sprechen: *„Ich hatte von einer alten und nicht von einer guten Ehe gesprochen, das ist vielleicht schon ein Unterschied; wo Gewöhnung und nicht Partnerschaft dominiert"*.

566 Vgl. statt vieler die Aufzählung bei *Jirjahn*, Ökonomische Wirkungen 2010, S. 7 f.

567 Vgl. statt vieler *Jirjahn*, Ökonomische Wirkungen 2010, S. 7 ff.; *Fauver/Fuerst*, JFE 2006, S. 673 ff.; Kommission Mitbestimmung 1998, S. 55 ff., 98 ff.; *Donges et al.*, Unternehmensmitbestimmung, S. 23 ff.; *Ulmer/Habersack/Henssler*, MitbestG, Einl., Rn. 68; *Raiser/Veil*, MitbestG, Einl., Rn. 73; aus US-Perspektive *Bohnic/Bainbridge*, CG Slovenia, S. 21 ff.

568 So das Mitglied der Regierungskommission Deutscher Corporate Governance Kodex und des DGB-Bundesvorstands *Dietmar Hexel*, zit. nach *Donges et al.*, Unternehmensmitbestimmung, S. 23.

und sprechen trotz gestiegener Zahl der Untersuchungen derzeit immer noch von einer „*gewissen Heterogenität der Resultate*“[569], was auch auf europäischer Ebene zu gelten scheint[570].

Diese unterschiedlichen Bewertungen folgen zum einen bereits aus der subjektiven Bevorzugung einzelner Wertungsmerkmale[571], wobei jedes dieser Wertungsmerkmale in den verschiedenen Studien dann individuell gewichtet und interpretiert wird, woraus wiederum selbst bei gleicher Basis unterschiedliche (zum Teil sogar widersprüchliche) Ergebnisse folgen[572]. Schon der *Biedenkopf*-Bericht stellte in diesem Zusammenhang fest, eine eindeutige Zurechnung von Folgen sei „*wegen der hohen Komplexität der Wirkungszusammenhänge und der Vielzahl anderer einwirkender Faktoren streng genommen unmöglich*“[573].

---

569 *Jirjahn*, Ökonomische Wirkungen 2010, S. 3, 8, 13, 50.

570 Die Reflexionsgruppe zur Zukunft des EU-Gesellschaftsrechts hält fest: „*Empirically it has not been proved so far that systems which rely completely on contract and labour law are superior to models which provide for codetermination rights on the board level and vice versa. Nor has it been proved that companies without codetermination on the board level fare comparatively better or worse than companies without such a governance structure although numerous empirical econometric studies have tried to find marked differences in the performance of these types of company*“; Bericht Reflexionsgruppe 2011, S. 53.

571 In den Studien finden sich als jeweils entscheidende Kriterien zur Beurteilung der Effizienz von Mitbestimmungsregelungen – z.B. und ohne Anspruch auf Vollständigkeit – Tarifbindung des Betriebs, Querschnittschätzungen, technische Effizienz, Umsatz, Wertschöpfung [berechnet als „Umsatz – Vorleistungen“, Anm. d. Verf.], Gewinnbeteiligung der Belegschaft, Betriebsgröße, Personalfluktuation, Profitabilität, Prozess- und Produktinnovationen, Beschäftigungswachstum, Weiterbildungsmöglichkeiten, organisationale Lernprozesse, Vorhandensein von Manageranreizen, allgemeine und Umweltinvestitionen, Shareholder Value, Firmenwert, Eigenkapitalrendite, „*Tobin's Q*“ [deutsch „Tobins Quotient“, eine Kennzahl zur Unternehmensbewertung, berechnet nach „(Marktwert Eigenkapital + Buchwert Vermögensgegenstände – Buchwert Eigenkapital)/Buchwert Vermögensgegenstände“, Anm. d. Verf.], durchschnittliche jährliche Steigerung des BIP in Staaten mit und ohne Arbeitnehmerbeteiligung und wirtschaftliche Situation des Unternehmens (wobei letzteres im Ergebnis eine tautologische Argumentationsweise darstellen dürfte, weil ja gerade die wirtschaftliche Situation und die Auswirkungen der Mitbestimmung darauf untersucht werden sollen).

572 Vgl. *Jirjahn*, Ökonomische Wirkungen 2010, S. 15, Fn. 37, wonach drei Studien zwischen 2008 und 2010 zu vollkommen gegenteiligen Ergebnissen kommen, obwohl sie allesamt mit dem „*IAB Betriebspanel*“ arbeiten, einer repräsentativen Arbeitgeberbefragung zu betrieblichen Bestimmungsgrößen der Beschäftigung durch das *Institut für Arbeitsmarkt- und Berufsforschung*, einer Dienststelle der *Bundesagentur für Arbeit*.

573 *Biedenkopf*-Bericht, S. 14.

Die Bewertungsunterschiede folgen daneben aber auch aus inhärenten methodischen Problemen[574]. Unklar sind vor allem die jeweilige Vergleichbarkeit[575] und die Frage, welche konkreten Wirkungen sich nun an der Unternehmensmitbestimmung und welche sich an der betrieblichen Arbeitnehmerbeteiligung festmachen lassen müssen (oder gar an keiner von beiden)[576].

Zuletzt wird durch die Neue Institutionenökonomik bzw. die ökonomische Theorie des Rechts anhand von theoretischen Modellen zu Verhalten und Entscheiden ein weiterer Versuch unternommen, die Arbeitnehmerbeteiligung „objektiv" zu bewerten[577]. Auch hier gelangen die jeweiligen Autoren zu unterschiedlichen Aussagen[578]. Das Problem aller Ableitungen aus einem ökonomischen Modell ist, dass es mit bestimmten Annahmen über die Verhaltenspräferenzen der Beteiligten und deren Reaktion auf Anreize arbeiten muss. Dann aber bestimmen die Annahmen oft schon das Ergebnis[579].

Fraglich bleibt auch die Praxis. Die meisten bisherigen Studien gehen, so weit ersichtlich, implizit davon aus, dass die Unternehmen bei Erreichen der fraglichen Schwellenwerte auch tatsächlich den gesetzlichen Bestimmungen folgend einen Aufsichtsrat etabliert haben. Darum werden in den Studien dann Unternehmen,

---

574 Vgl. die methodischen Überlegungen bei *Jirjahn,* Ökonomische Wirkungen 2010, S. 9 ff.; *Peltzer,* FS K. Schmidt 2009, S. 1243, 1260 ff.; Kommission Mitbestimmung 1998, S. 61 ff.; *Donges et al.,* Unternehmensmitbestimmung, S. 32 f.

575 Eine Studie, die nur ein oder mehrere Unternehmen mit Unternehmensmitbestimmung untersucht, hat nur begrenzte Aussagekraft, weil die ja gerade fraglichen Effekte der Mitbestimmung dann nicht isoliert werden können. Große Unternehmen ohne Mitbestimmung, die man den großen Unternehmen mit Mitbestimmung gegenüberstellen könnte, sind innerhalb Deutschlands kaum zu finden, so dass es schon hier an einer Vergleichsmasse fehlt. Ausländische Unternehmen aber sind nur bedingt vergleichbar, weil sie insgesamt unter anderen (gesetzlichen) Rahmenbedingungen operieren, so dass sich auch hier die Mitbestimmungseffekte nicht isolieren lassen.

576 Insofern schwierig *Donges et al.,* Unternehmensmitbestimmung, S. 25, die unter Effizienzaspekten klären wollen, ob es sowohl einer betrieblichen als auch einer unternehmerischen Mitbestimmung bedürfe oder ob nicht eine der beiden hinreichend sei. So wohl auch Kommission Mitbestimmung 1998, S. 61. Nach Ansicht von Beobachtern soll die betriebliche Mitwirkung nicht nur für die einzelnen Arbeitnehmer wichtiger als die Organbeteiligung sein, sondern auch beschwerlicher für das Management und die Anteilseigner. Positive oder negative Effekte könnten daher auch vorrangig der Betriebsverfassung zuzuschreiben sein. Eine saubere (und statistisch haltbare) Aufteilung scheint kaum möglich; vgl. *Rebhahn,* ZAAR 2004, Rn. 65. *Wißmann* in *Fitting/Wlotzke/Wißmann/Koberski/Kleinsorge,* MitbestR, MitbestG, Vorbem., Rn. 60, spricht von einer *„hohen Komplexität der Wirkungszusammenhänge"*.

577 Vgl. hierzu *Rebhahn,* ZAAR 2004, Rn. 56 ff.

578 Vgl. die Nachweise bei *Rebhahn,* ZAAR 2004, Fn. 94.

579 *Rebhahn,* ZAAR 2004, Rn. 62; Kommission Mitbestimmung 1998, S. 63.

die mehr als 2000 Arbeitnehmer beschäftigen, mit Unternehmen verglichen, die zwischen 500 und 2000 Beschäftigte haben, was dann wiederum mit einem Vergleich von paritätisch mitbestimmten und drittelparitätisch mitbestimmten Aufsichtsräten gleichgesetzt wird[580]. Jüngere Studien zeigen, dass diese Annahmen nicht unbedingt mit den gegebenen Realitäten einhergehen[581], werden jedoch ihrerseits wiederum bezüglich der untersuchten Datengrundlagen kritisiert[582].

Zu allen Ansätzen finden sich unterschiedliche Stellungnahmen. Gemein ist ihnen allen eine, jedenfalls derzeit noch, begrenzte Aussagekraft. De facto gibt es (immer noch) keine empirisch überzeugende Methode, etwaige Vor- oder Nachteile objektiv zu beziffern.

Die Mitbestimmung selbst zeigt sich von diesen wissenschaftlichen Bewertungsversuchen vergleichsweise unbeeindruckt, die Betroffenen haben sich offenbar (konzeptionell) mit ihr arrangiert. Auch ihre Kritiker sind bei allen Schwierigkeiten einer exakten wirtschaftlichen Bemessung bereit, grundsätzlich die friedensstiftenden und produktiven Wirkungen von Konsens und Kooperation anzuerkennen, die ihrerseits von der Mitbestimmung gestützt werden[583]. Als ein Element der Corporate Governance wird sie auch von Arbeitgeberseite gutgeheißen.

Man wird insgesamt wohl davon sprechen dürfen, dass die Beteiligung der Arbeitnehmer in Form der betrieblichen wie auch der unternehmerischen Mitbestimmung in Deutschland seit mehr als fünf Jahrzehnten fest etabliert ist und auch entsprechend gelebt wird, mithin grundsätzlich nicht mehr in Frage gestellt wird.

Dies gilt aber nicht notwendig für ihre konkrete Ausgestaltung. Denn während in unmittelbarer Folge des Mitbestimmungsurteils die Positionen mehr oder weniger gefestigt erschienen[584] kam gegen Ende der 1990er Jahre unter dem Eindruck der Globalisierung und der europarechtlichen Entwicklungen eine (mit wachsender Intensität geführte) Diskussion um eine Neuordnung der Mitbestimmung auf. Katalytisch wirkte insbesondere die Einführung der europäischen Rechtsformen

580 *Jirjahn*, Ökonomische Wirkungen 2010, S. 47.

581 *Boneberg*, Drittelmitbestimmungslücke, S. 6 ff.; *Troch*, Drittelbeteiligung, S. 9 ff.

582 Zur Kontroverse vgl. die Darstellung bei *Jirjahn*, Ökonomische Wirkungen 2010, S. 48. *Boneberg* hat eine Replik verfasst, die gleichzeitig die Vorwürfe aufgreift; http://www.leuphana.de/fileadmin/user_upload/Forschungseinrichtungen/ifvwl/WorkingPapers/wp_158_Upload.pdf. Insgesamt dürfte sich dieser Kritikpunkt vermutlich durch weitere empirische Untersuchungen entkräften lassen.

583 Kommission Mitbestimmung 1998, S. 98.

584 Der DGB erhob 1981 und 1982 einige weitergehende Forderungen (u.a. Halbierung des Schwellenwerts, Einführung der zusätzlichen Kriterien Bilanzsumme und Jahresumsatz, Einbeziehung eines Unternehmens in den Anwendungsbereich des MitbestG, wenn von drei Kriterien mindestens zwei erfüllt sind). Aufgegriffen wurden diese Vorschläge u.a. durch die Arbeitnehmerseite 2006 im Zuge des *Biedenkopf*-Berichts, ebd., S. 72 f., neue Initiativen auf politischer Ebene konnten sie aber nicht auslösen; *Wißmann* in *Fitting/Wlotzke/Wißmann/Koberski/Kleinsorge*, MitbestR, MitbestG, Vorbem. Rn. 57.

SE und SCE, denn hier wurde erstmals die Verhandlungslösung etabliert. Sie ermöglicht es, unter Einbeziehung der ausländischen Beschäftigten, die Mitbestimmung der Arbeitnehmer für die Unternehmen individuell zu regeln und auch die Größe des Aufsichtsrats zu reduzieren. Noch weitergehend sind die Möglichkeiten, die sich aufgrund der Verschmelzungsrichtlinie[585] und des deutschen Umsetzungsgesetzes MgVG[586] ergeben, da hier, gewissermaßen durch die zuvor supranational geöffnete Hintertür, die Verhandlungslösung nicht nur für die supranationalen Rechtsformen, sondern auch in das deutsche Gesellschaftsrecht eingeführt wurde. Beide Neuerungen sind europarechtlich zwingend, so dass sie nicht zur Disposition des deutschen Gesetzgebers stehen[587].

Zuletzt steigt der Reformdruck immer weiter an. Dies lässt sich zum einen an einem immer lauter werdenden Ruf nach Reformen[588], zum anderen an der zunehmenden Nutzung ausländischer Gestaltungen[589] ablesen. Tatsächlich sind die rechtspolitischen Positionen von Arbeitgebern und Gewerkschaften über die Jahre immer weiter auseinander gerückt. Gefeilscht wird immer mehr um Positionen statt um Interessen.

7. *Reformvorschläge*[590]

a. Kritikpunkte

Wie beschrieben mehren sich vor allem in jüngerer Zeit die kritischen Stimmen zur konkreten Ausgestaltung der deutschen Mitbestimmung. In den entsprechenden Beiträgen finden sich einige Kritikpunkte immer wieder.

Infolge der jahrzentelangen, inkonsistenten Entwicklungen hätten sich zwischenzeitlich einige Systemwidersprüche ergeben, die beseitigt werden müssten. Dies gelte z.B. für die Montanmitbestimmung und die Art und Weise der Einbeziehung bestimmter Gesellschaften in die Mitbestimmungsgesetze[591].

---

585 Richtlinie 2005/56/EG des Europäischen Parlaments und des Rates vom 26.10.2005 über die Verschmelzung von Kapitalgesellschaften aus verschiedenen Mitgliedstaaten, ABl. EU L 310/1 (auch 10. [gesellschaftsrechtliche] Richtlinie oder Fusionsrichtlinie genannt). Näher dazu sogleich unter Teil 4 D.

586 Gesetz über die Mitbestimmung der Arbeitnehmer bei einer grenzüberschreitenden Verschmelzung (MgVG) vom 21.12.2006 (BGBl. I S. 3332).

587 Zu den Entwicklungen durch die EuGH-Rechtsprechung sogleich näher Abschnitt 8 a, b, zur supranationalen Rechtsetzung näher unter Teil 4.

588 Hierzu sogleich Abschnitt 7.

589 Hierzu sogleich Abschnitt 8 c.

590 Zusammenfassend *Wißmann* in *Fitting/Wlotzke/Wißmann/Koberski/Kleinsorge*, MitbestR, MitbestG, Vorbem., Rn. 57 ff.; *Ulmer/Habersack/Henssler*, MitbestG, Einl. Rn. 69; *Raiser/Veil*, MitbestG, Einl., Rn. 74, 80 ff.

591 Zur Montanmitbestimmung z.B. *Raiser*, 66. DJT 2006, B, S. 79; zur Einbeziehung der „kleinen“ AG mit Eintragungsdatum vor dem 10.08.1994 und des „großen“ VVaG auch mit mehr als 2.000 Beschäftigten in den Geltungsbereich des DrittelbG *Biedenkopf*-Bericht, S. 40, zur Nichteinbeziehung des faktischen Konzerns

Kritisiert wird auch die Doppelung der Beteiligungsebenen. Die Kumulation von Einflussmöglichkeiten auf Grund von betrieblicher und unternehmerischer Beteiligung führe zu einer Vermischung von strategischen Fragen der Unternehmensführung mit solchen der betrieblich-operativen Ebene, was insbesondere bei einer Personenidentität der Arbeitnehmervertreter auf den verschiedenen Stufen gelte[592]. Das bewirke ernsthafte Einbußen der Überwachungseffizienz[593]. Zudem entstünden bei den Vorständen Abhängigkeiten gegenüber der Arbeitnehmerseite, die ihre Amtsführung beeinträchtigen könnten. Dem Unternehmen schädliche Interessenkonflikte auf Grund der Aufsichtsratsmitgliedschaft hochrangiger Gewerkschaftsrepräsentanten seien nicht beherrschbar[594].

In Bezug auf das MitbestG wird insbesondere die paritätische Mitbestimmung im Aufsichtsrat gerügt. Diese habe übergroße Überwachungsorgane zur Folge, die

---

im Rahmen des DrittelbG ebd. S. 41, zur Kapitalgesellschaft & Co. KG ebd. S. 42, 64 f.

592 Zudem fehle den Arbeitnehmervertretern aus systematischen Gründen oft die erforderliche Qualifikation und die persönliche Unabhängigkeit, was dem Prinzip der anforderungsgerechten Besetzung des Aufsichstrats widerspreche. Auch Haftungsfragen seien ungeklärt, was insbesondere vor dem Hintergrund der faktischen Abführungspflicht großer Teile der Aufsichtsratsvergütung an die *Hans-Böckler*-Stiftung gelte. In der Praxis seien sich vor allem die Arbeitnehmervertreter ihrer persönlichen Haftungsrisiken oft nicht bewusst; BCCG 2003, S. 14 f. Kritisch zur Zwangsabgabe *Rieble*, ZAAR 2004, Rn. 68: durch diese *„Tributpflicht“* würde die Gleichbehandlung der Arbeitgeber- und der Arbeitnehmervertreter unterlaufen und mittelbar das Ehrenamtsprinzip eingeführt, was der Professionalität entgegenlaufe. Teils seien als Kompensation völlig überzogene, vorstandsähnliche Betriebsratsbezüge zu beobachten; *ders.*, Tagungsbericht Stiftung Marktwirtschaft 2010, S. 7. Zum Problem der Weitergabe von Informationen *Neubürger*, ZAAR 2004, Rn. 14.

593 Es dürfte auch unbestritten sein, dass Besprechungen desto weniger greifbare Ergebnisse zeigen, je mehr Teilnehmer einzubinden sind. Nicht umsonst wird daher die gesetzlich vorgegebene Größe des Aufsichtsrats mit vielfach 20 Mitgliedern als für eine effiziente Überwachungstätigkeit *„übermäßig“* kritisiert; vgl. § 7 MitbestG; dazu *Ulmer/Habersack/Henssler*, MitbestG, Einl., Rn. 70. Wiederholt wird im bei der SE auf die mögliche Größenbegrenzung als Motiv zur Rechtsformwahl hingewiesen; vgl. z.B. *Habersack*, ZHR 171 (2007), S. 613, Fn. 75; *Baums*, NJW-Spezial 2009, S. 410, 410.

594 Kommission Mitbestimmung 1998, S. 121 ff.; BCCG 2003, S 10 f.; BDA/BDI 2004, S. 41 (namentlich zur Verzögerung von notwendigen Entscheidungen durch die Beteiligug S. 8 f.); *Neubürger*, ZAAR 2004, Rn. 10 ff.; nach *Rieble*, Tagungsbericht Stiftung Marktwirtschaft 2010, S. 7, widerspricht die intransparente Verfahrensverdoppelung durch betriebliche und unternehmerische Mitbestimmung einer guten Unternehmensführung und führt letztlich zu einer *„Über-Mitbestimmung“* (so schon *ders.*, RLR 2009, S. 209, 215).

entsprechenden Verfahren zur Besetzung[595] wie auch bei der tatsächlichen Aufsichtsratsarbeit[596] seien deutlich zu komplex und anfällig.

Ganz grundsätzlich sei es nicht mehr zeitgemäß und unter Legitimationsgesichtspunkten fragwürdig, wenn ein mitbestimmtes deutsches Unternehmen einen Großteil oder gar die Mehrheit seiner Arbeitnehmer im Ausland beschäftigt, im Aufsichtsrat aber nur deutsche Arbeitnehmervertreter sitzen. Dieses Legitimationsdefizit falle umso gravierender aus, je größer der Anteil der ausländischen Arbeitnehmer an der Gesamtbelegschaft sei[597].

b. Lösungsvorschläge[598]

Während es früher noch um Vereinheitlichung der gesetzlichen Systeme ging ist dieses Ziel angesichts der europäischen Entwicklungen und der dort möglichen Formenvielfalt mittlerweile eher in den Hintergrund gerückt. Dementsprechend

---

595 Z.B. BCCG 2003, S. 12 f., 17; bei der Besetzung gelte tatsächlich eine Klientelpolitik. Dabei schwäche aber die Delegiertenwahl gleichzeitig die Repräsentation der Minderheiten, auf die so nur unzulänglich repräsentierten Mitarbeiter wirke die Mitbestimmung dann sogar demotivierend. Vgl. auch BDA/BDI 2004, S. 43; *Rieble*, ZAAR 2004, Rn. 40 ff., 59 ff. (zur Kritik an den Entsendeprivilegien der Gewerkschaften insbes. Rn. 64 f.); *Biedenkopf*-Bericht, S. 27, 62.

596 Die hier üblichen Vorbesprechungen verstärkten faktisch das *„Denken in Bänken"*. Innerhalb der eigentlichen Aufsichtsratssitzung würden die schon zuvor getroffenen Entscheidungen nur noch *„abgenickt"*, wodurch wiederum die eigentliche Aufsichtsratssitzung inhaltlich entleert werde. Der letztlich meist erzielte Konsens zwinge bereits im Vorfeld zu Kompromissen, weshalb entweder direkt von allzu konfliktträchtigen Fragen Abstand genommen oder die Zustimmung der Arbeitnehmerseite zu bestimmten Plänen durch ein Nachgeben in anderen Punkten erkauft werde, was letztlich *„suboptimale Resultate bei der Unternehmensführung"* bedeute; BCCG 2003, S 10 f. Zur reinen Größe des Überwachungsorgans kritisch auch *Raiser*, 66. DJT 2006, B 89 ff., a.A. *Schmoldt*, ZAAR 2004, Rn. 30, zu den Vorbesprechungen ebd. Rn. 8.

597 Kommission Mitbestimmung 1998, S. 121 ff.; BCCG 2003, S. 13 f.; *Neubürger*, ZAAR 2004, Rn. 9 ff. Vgl. auch BDA BDI 2004, S. 21, 42 ff., wonach diejenigen Arbeitnehmervertreter im Aufsichtsrat, die zugleich Mitglieder des Betriebsrats seien, ihre Arbeit an den Interessen derjenigen ausrichteten, die sie wählten, die anderen Teile, insbesondere die nicht wahlberechtigten ausländischen Belegschaften, aber ausblendeten. Für ein aktives und passives Wahlrecht auch der ausländischen Beschäftigten, orientiert an den tatsächlichen Belegschaftszahlen, *Schmoldt*, ZAAR 2004, Rn. 28, wobei dann aber problematisch sei, wie die begrenzte Anzahl von Mandaten verteilt werden könne, insbesondere sei fraglich, wie die leitenden Angestellten ihren einzelnen Sitz aufteilen wollten, ebd., Rn. 30.

598 Zusammenfassend *Wißmann* in *Fitting/Wlotzke/Wißmann/Koberski/Kleinsorge*, MitbestR, MitbestG, Vorbem., Rn. 64 ff.

„erscheinen Einheitslösungen nicht mehr erreichbar und auch nicht mehr erstrebenswert“[599].

Im Kern dreht sich die gegenwärtige Diskussion daher darum, ob das geltende System in seinen Grundzügen als bewährt beizubehalten und lediglich in einer Reihe von Teilaspekten zu korrigieren bzw. weiterzuentwickeln sei, oder ob das geltende Mitbestimmungsrecht und insbesondere das MitbestG durch ein vollständig anderes Modell ersetzt werden müsse.

i. Fortentwicklung des bestehenden Systems

Mit Blick auf die auf europäischer Ebene möglichen flexiblen Vereinbarungslösungen wird zunehmend häufiger die Öffnung auch der deutschen Mitbestimmungsgesetze für ein entsprechendes Modell diskutiert[600]. Uneinigkeit besteht dann meist noch dahingehend, wie weit diese Öffnungen reichen sollen[601] und welche

---

599 So *Wißmann* in *Fitting/Wlotzke/Wißmann/Koberski/Kleinsorge*, MitbestR, MitbestG, Vorbem., Rn. 64.

600 Vgl. Kommission Mitbestimmung 1998, S. 34, 39, 81 ff., 104 ff., 126 ff.; BDA/BDI 2004, S. II f., 27 ff., 33 f., 43 ff. (Verhandlungslösungen auf beiden Beteiligungsebenen innerhalb eines gesetzlichen Rahmens, sog. *„Leitplanken“*, was im Wesentlichen dem Modell der SE entsprechen dürfte); *Rieble*, ZAAR 2004, Rn. 72 ff., 89 (unter Kritik eines *„Mitbestimmungszwangskorsett[s] mit Einheitsgröße ohne Anpassungsmöglichkeit“*, ebd., Rn. 72, für eine Europäisierung der Mitbestimmung auf betrieblicher und unternehmerischer Ebene, ebd. Rn. 57 ff., 77 f.); *Schmoldt*, ZAAR 2004, Rn. 17 ff., 28 ff.; *Raiser*, 66. DJT 2006, B 94 f.; Empfehlungen der wissenschaftlichen Mitglieder im *Biedenkopf*-Bericht, S. 20 ff. sowie der Arbeitgeberseite, ebd., S. 55, 60 f., kritisch allerdings die Sicht der Arbeitnehmervertreter, ebd., S. 69 ff., 77; *Donges et al.*, Unternehmensmitbestimmung, S. 53 ff. (allerdings sei das Verhandlungsmodell nur die *„zweitbeste Lösung“*, vorzugswürdig sei ein *„freiheitliches Modell der Unternehmensmitbestimmung“*, in dem es ausschließlich den Anteilseignern überlassen werden soll, ob und in welcher Form eine überbetriebliche Mitbestimmung etabliert werde; ebd., S. 50 f.); AK Mitbestimmung, ZIP 2009, S. 885, 886 ff.; *Franz*, Tagungsbericht Stiftung Marktwirtschaft 2010, S. 5. Im Hinblick auf eine etwaige Diskriminierung ausländischer Belegschaften auch Bericht Reflexionsgruppe 2011, S. 53 f.

601 Z.B. wollen die Mitglieder des *Arbeitskreises Unternehmerische Mitbestimmung* (*Bachmann, Baums, Habersack, Henssler, Lutter, Oetker* und *Ulmer*) die Verhandlungslösung bei AG und GmbH nur für Konzernsachverhalte zulassen; AK Mitbestimmung, ZIP 2009, S. 885, 886 ff. Für eine entsprechende Begrenzung auch schon die wissenschaftlichen Mitglieder in der Kommission Mitbestimmung 2006; *Biedenkopf*-Bericht, S. 20 ff. Die Vertreter der Arbeitnehmer in der Kommission Mitbestimmung 2006 wollen Verhandlungen generell nur ermöglichen, soweit es um Verbesserungen der bestehenden Mitbestimmung gehe, ein Abweichen nach unten solle aber nur bei einem einstimmigen Votum im Verhandlungsgremium möglich sein und sei selbst dann auf die Tochtergesellschaften im Konzern zu beschränken; *Biedenkopf*-Bericht 2006, S. 69 ff., 77. Probleme bestehen dann auch im Detail, beispielsweise im Hinblick auf die Einbeziehung

Auffanglösung beim Scheitern der Verhandlungen zum Zuge kommen soll[602]. Dabei steht allgemein nicht mehr eine Erhöhung der Mitbestimmungsintensität im Fokus, sondern eher deren Verminderung oder eine Modifikation des Instrumentariums bei gleichbleibender Intensität[603]. Anders hingegen die letzten Vorschläge

---

der ausländischen Belegschaften in eine solche Vereinbarung. Hier schlug *Raiser* u.a. vor, das dann nötige Verhandlungsgremium aus der internationalen Belegschaft zu bilden und die ausländischen Beschäftigten im Zuge von Vereinbarungen einzubeziehen; *Raiser*, 66. DJT 2006, B, S. 79. Für eine entsprechende Einbeziehung der ausländischen Beschäftigten auch die wissenschaftlichen Mitglieder im Rahmen der Kommission Mitbestimmung 2006; konkret sollen das deutsche Arbeitnehmergremium und die deutsche und die ausländische Unternehmensleitung über die Einbeziehung der ausländischen Arbeitnehmer in den deutschen Aufsichtsrat verhandeln. Die Zustimmung (einer Vertretung) der im Ausland beschäftigten Belegschaft sei *„wünschenswert"*, aber nicht Voraussetzung für die Wirksamkeit der Vereinbarung, da eine entsprechende Regelung praktisch kaum zu verwirklichen sei; *Biedenkopf*-Bericht, S. 35 ff. Kritisch dazu *Rieble*, da neben der weiterbestehenden Privilegierung der leitenden Angestellten und Anrechnungsfragen auch die nähere zivilrechtstechnische Ausgestaltung des Wahlrechts im Dunkeln bliebe und nicht klar sei, wie die international-privatrechtlichen Hindernisse überwunden werden sollten; NJW 2006, S. 2215 a.E. Gänzlich gegen eine Integration von Beschäftigten im Ausland in die Arbeitnehmervertreter im Aufsichtsrat auf Kosten der Sitze und gegen die Stimmen der Gewerkschaftsvertreter die Vertreter der Arbeitnehmer in der Kommission Mitbestimmung 2006; vorzugswürdig sei die Festschreibung eines passiven Wahlrechts; *Biedenkopf*-Bericht, S. 71, 74.

602 Nach den wissenschaftlichen Mitgliedern der Kommission Mitbestimmung 2006 sei eine eigene Auffangregelung unnötig, da ggf. bei Scheitern der Verhandlungen das jeweils einschlägige Mitbestimmungsgesetz anwendbar sei; *Biedenkopf*-Bericht; S. 22. Demgegenüber wollen die Arbeitgebervertreter lediglich die Drittelbeteiligung vorsehen, ebd., S. 60 f. *Donges et al.* plädieren für ein modifiziertes DrittelbG, wo der Schwellenwert von 500 Beschäftigten unterschiedslos für alle Kapitalgesellschaften gelten soll und die ausländischen Belegschaften in die Wahl der Arbeitnehmervertretung einbezogen würden; *Donges et al.*, Unternehmensmitbestimmung, S. 56 ff. *Raiser* möchte grundsätzlich die bestehende gestufte Mitbestimmung beibehalten, jedoch sollen die Gewerkschaften keine Entsendeprivilegien genießen; *Raiser*, DJT 2006, B, S. 94 f., 98 ff.

603 Kommission Mitbestimmung 1998, S. 121 ff.; BDA/BDI 2004, S. 36 ff.; *Rieble*, ZAAR 2004, Rn. 57 ff., 77 f., zurückhaltend *Schmoldt*, ZAAR 2004, Rn. 3, 5, 7, 10 f., 28, 30; *Raiser*, DJT 2006, B, S. 94 ff. (zum monistischen Modell ebd. S. 109 f.); wissenschaftliche Mitglieder und Vertreter der Unternehmen in der Kommission Mitbestimmung 2006, *Biedenkopf*-Bericht, S. 12 ff., 20 ff., 60 f.; *Donges et al.*, Unternehmensmitbestimmung, S. 50 ff, 53 ff.; AK Mitbestimmung, ZIP 2009, S. 885, 886 ff.; a.A. die Vertreter der Arbeitnehmer in der Kommission Mitbestimmung 2006, *Biedenkopf*-Bericht, S. 69 ff.

der Parteien *SPD* und *Die Linke*, die sich noch 2010 in zwei Anträgen auf eine massive Fortentwicklung der Unternehmensmitbestimmung festgelegt haben[604].

604 Beide Bundestagsfraktionen fordern die Erstreckung der deutschen Mitbestimmung auch auf Scheinauslandsgesellschaften. Die SPD-Fraktion plädiert darüber hinaus für einen gesetzlichen Mindestkatalog zustimmungsbedürftiger Geschäfte im Aufsichtsrat. Die Schwellenwerte seien vor dem Hintergrund steigender Produktivität nicht mehr zeitgemäß und daher zu verringern. Das MitbestG solle demnach bereits bei 1.000 Beschäftigten zum Zuge kommen, das DrittelbG bereits bei 250 Arbeitnehmern. Gefordert wird zudem eine „echte Parität" durch eine neutrale Person im Aufsichtsrat unter gleichzeitiger Abschaffung des Doppelstimmrechts des Aufsichtsratsvorsitzenden. Beispielhaft sei insofern die Montanmitbestimmung; Antrag der Abgeordneten *Jutta Kramme, Sahra Wagenknecht* et al. und der Fraktion „Die Linke", „Unternehmensmitbestimmung lückenlos garantieren", BT-Drucks. 17/1413 vom 21.04.2010 sowie Antrag der Abgeordneten *Ottmar Schreiner, Anette Kramme* et.al. und der Fraktion der SPD, „Demokratische Teilhabe von Belegschaften und ihren Vertretern an unternehmerischen Entscheidungen stärken", BT-Drucks. 17/2122 vom 16.06.2010. Zu beiden Anträgen fand am 09.05.2011 eine öffentliche Anhörung von Sachverständigen vor dem Ausschuss für Arbeit und Soziales statt; Stellungnahmen erfolgten vom *Deutschen Gewerkschaftsbund*, der *Bundesvereinigung der Deutschen Arbeitgeberverbände*, dem *Berlin Center of Corporate Governance*, dem *Institut der deutschen Wirtschaft*, den Experten *Henssler, Säcker, Merkt, Sick, Ladzinski, Bontrup, Eberhard* sowie zusätzlich *Rieble*, dem *Deutschen Aktieninstitut*, dem *Deutschen Führungskräfteverband – ULA* und dem *dbb beamtenbund*. Inhaltlich werden im Wesentlichen die bereits bekannten Positionen wiederholt und ausgebaut. Es findet sich erneut die gesamte Bandbreite, von einer vollständigen Ablehnung der Anträge als nicht zielführend und zumindest verfassungsrechtlich bedenklich wenn nicht verfassungswidrig (*BDA, BCCG, IdW, Henssler, Säcker, Merkt, Rieble, DAI*) bis zu ihrer Akzeptanz (*DGB, Sick, Eberhard*) und auch ihrer Ausweitung (*Ladzinski, Bontrup*). Etwas differenzierter fallen die Stellungnahmen von *ULA* und *dbb* aus. Der Schwerpunkt in den Darstellungen liegt bei den Scheinauslandsgesellschaften. Die Entwicklungen auf supranationaler Ebene werden kaum behandelt, SE und SCE lediglich kursorisch genannt. Unter allen Genannten erwähnt lediglich *Sick* die möglichen mitbestimmungstechnischen Folgen einer SPE. Ihm zufolge würden hierdurch die bereits bestehenden Inkonsistenzen im deutschen Mitbestimmungssystem noch verschärft. Er plädiert daher für einen der SE entsprechenden Mitbestimmungsschutz bzw. eine Größenbeschränkung des Rechtsmodells allein auf KMU, was also auf eine Verwendungsbeschränkung hinausläuft; *Sick* in BT-Ausschussdrucks. 17(11)501, S. 40, 42. Die einzelnen Details können an dieser Stelle dahinstehen, da relevante und neue Weiterentwicklungsvorschläge grundsätzlich fehlen. Zusammenstellung der schriftlichen Stellungnahmen in Bundestag – Ausschuss für Arbeit und Soziales, Ausschussdrucks. 17(11)501 vom 14.04.2011, abrufbar unter http://www.bundestag.de/bundestag/ausschuesse17/a11/anhoerungen/2011/64_Sitzung/17_11_501.pdf.

ii. „Systemwechsel"

Diskutiert wird aber auch ein vollständiger Systemwechsel. Ein entsprechender Vorschlag wurde vom *Berlin Center of Corporate Governance* (BCCG)[605] vorgelegt. Demnach soll die Mitbestimmung aus dem Aufsichtsrat herausgenommen und stattdessen einem gesonderten Vertretungsorgan der in- und ausländischen Gesamtbelegschaft des Unternehmens übertragen werden, einem „Konsultationsrat". Dieser würde gegenüber dem Vertretungsorgan und dem Aufsichtsrat mit Unterrichtungs- und Beratungsrechten ausgestattet, seine Mitglieder seien aber nicht mit eigenem Stimmrecht in die Beschlussfassung von Unternehmensorganen einbezogen[606].

iii. „Aussichten"

Ungeachtet all dieser Vorschläge stehen sich die Sozialpartner im Hinblick auf eine tatsächliche Weiterentwicklung der deutschen Mitbestimmung vergleichsweise unversöhnlich gegenüber. Das gilt gleichermaßen für eher allgemeine Anregungen[607] wie insbesondere auch für konkrete Empfehlungen[608].

---

605 Der *Round Table* des *Berlin Center of Corporate Governance* ist ein Netzwerk von Betriebswirten und Juristen der Berliner Universitäten. Zu Zusammensetzung und Verfahren vgl. BCCG 2003, S. 7.

606 Konzeptionell liege der Konsultationsrat als Fortschreibung des Betriebsrats-Konzepts auf der Linie des Vertretungsorgans der Arbeitnehmer i.S.d. SE-RL, sei aber auf die Vertretung der *„Weltbelegschaft"* angelegt; BCCG 2003, S. 3, 22 ff., 27. Unterstützend *Neubürger,* ZAAR 2004, Rn. 18 ff., sowie BDA/BDI 2004, S. 36 ff. Ebenfalls für eine Trennung von Aufsichtsfunktion und Mitbestimmung *Rieble,* ZAAR 2004, Rn. 52, der sich allerdings gegen die Einführung eines Konsultationsrats als Neugremium mit eigener Verfahrensordnung wendet. Für dasselbe Ergebnis sei vorzugsweise der Gesamt-/Konzernbetriebsrat bzw. der Wirtschaftsausschuss fruchtbar zu machen, die Unternehmensmitbestimmung sei in die betriebliche Mitbestimmung zu überführen, die Zuständigkeiten seien auf einen mitbestimmungsrelevanten Kern zu beschränken, ebd. Rn. 57 ff., 69; vgl. aber *ders.*, Tagungsbericht Stiftung Marktwirtschaft 2010, S. 7.

607 Das gilt z.B. für die von der Kommission Mitbestimmung 1998, nach deren expliziten Arbeitsauftrag die Mitbestimmung selbst als *„fester Bestandteil der institutionellen Ausstattung von Wirtschaft und Gesellschaft der BRD"* nicht zu hinterfragen war; Kommission Mitbestimmung 1998, S. 21 f.

608 So konnten sich die neun Mitglieder der Kommission Mitbestimmung 2006 (jeweils drei wissenschaftliche Mitglieder, drei Vertreter der Arbeitgeber und drei Vertreter der Gewerkschaften) nicht auf einen gemeinsamen Abschlussbericht einigen. Dem Bericht der wissenschaftlichen Mitglieder sind daher ausführliche Stellungnahmen der Arbeitgeber bzw. der Arbeitnehmer beigefügt worden; *Biedenkopf*-Bericht, S. 55 ff., 67 ff. *Donges et al.*, Unternehmensmitbestimmung, S. 9, 50, sprechen darum vom *„faktischen Scheitern"* der *Biedenkopf*-Kommission. Beim Deutschen Juristentag 2006 wurden nach der Diskussion der Referate von *Raiser* und *Rebhahn* aufgrund der offenkundig gewordenen gegensätzlichen Positionen

Auch die Bundesregierung hat bislang keinen der Reformvorschläge aufgegriffen. Im Gegenteil erklärte *Ralf Brauksiepe*, seinerzeit Parlamentarischer Staatssekretär bei der Bundesministerin für Arbeit und Soziales, im Rahmen einer Tagung der Stiftung Marktwirtschaft im März 2010, es bestehe aufgrund der gegensätzlichen Positionen *„für die Bundesregierung kein Veränderungsbedarf"*[609].

8. Grenzüberschreitende Sachverhalte

Angesichts der so festgefahrenen Situation gewinnen zuletzt zunehmend internationale Gestaltungen an Bedeutung, was namentlich für die Verwendung von ausländischen Rechtsformen im Inland gilt. In diesem Abschnitt soll daher etwas genauer betrachtet werden, wie sich die deutschen Mitbestimmungsregelungen mit solchen Auslandsgestaltungen vereinbaren lassen.

a. Personalstatut juristischer Personen

Bei Sachverhalten mit Auslandsberührung stehen grundsätzlich mehrere mögliche Privatrechtsordnungen zur Verfügung. In so einem Fall bestimmt das Internationale Privatrecht, welche dieser Rechtsordnungen anwendbar ist. Es besteht aus sog. Kollisionsnormen, die mit Hilfe bestimmter typischer Anknüpfungspunkte das in einer Sache anwendbare Recht bezeichnen. Maßstab ist insoweit diejenige Rechtsordnung, mit der ein Sachverhalt die engste Berührung hat[610].

Die diesbezüglichen deutschen Regelungen für eine natürliche Person sind u.a. in Art. 3–46 EGBGB niedergelegt[611]. Relevant sind hier namentlich Staatsangehörigkeit, Wohnsitz und gewöhnlicher Aufenthalt. Auf diese Anknüpfungspunkte kann bei juristischen Personen nicht zurückgegriffen werden. Es besteht aber Einigkeit, dass auch eine juristische Person ein „Heimatrecht" besitzt, das die

---

von Arbeitgebern und Arbeitnehmern von einer Beschlussfassung über die Vorschläge mit entsprechenden Empfehlungen an den Gesetzgeber abgesehen, was wohl in der knapp 150jährigen Geschichte des DJT ein gänzliches Novum darstellte; vgl. *Busse*, Der 66. Deutsche Juristentag in Stuttgart, S. 6, http://www.boorberg.de/sixcms/media.php/77/Berichte vom 66. DJT.pdf. Gelinde verwunderlich darum auch die optimistische Einschätzung des Vorsitzenden der DJT Abteilung Arbeitsrecht, *Thüsing*, der die Verhandlungen als *„wichtigen Schritt"* auf den Weg zu einer zukünftigen Gestaltung der Mitbestimmung wertete; Darstellung *Keine Beschlüsse in der Abteilung Arbeitsrecht* in den offiziellen Beschlussmitteilungen, S. 6; unter http://www.djt.de/files/djt/66/66_DJT_Beschlüsse.pdf.

609 *Brauksiepe*, Tagungsbericht Stiftung Marktwirtschaft 2010, S. 4; vgl. auch *Connemann*, ebd., S. 8.

610 Vgl. Art. 3 EGBGB; *Palandt/Thorn*, vor Art. 3 EGBGB, Rn. 1.

611 Gem. Art. 3 Nr. 1 EGBGB bleiben die Regelungen in Rechtsakten der Europäischen Union unberührt, gehen also Art. 3 ff. vor. Aufgrund des ohnehin geltenden Anwendungsvorrangs des Gemeinschaftsrechts hat diese Norm aber lediglich deklaratorischen Charakter, vgl. *Palandt/Thorn*, Art. 3 EGBGB, Rn. 1.

inneren Beziehungen und die gesellschaftsrechtlichen Außenbeziehungen regelt, – das Gesellschaftsstatut[612].

Das Gesellschaftsstatut entscheidet über Vorhandensein und Charakteristika einer juristischen Person. Es bestimmt über alle inneren Verhältnisse der Gesellschaft, ihre Gründung, die Voraussetzungen der Rechtsfähigkeit und das Verhältnis der juristischen Person zu ihren Mitgliedern. Es entscheidet darüber, welche Organe die Gesellschaft hat und wie diese bestimmt bzw. zusammengesetzt sind. Es ist daher maßgeblich für die körperschaftliche Verfassung, die innere Willensbildung der Gesellschaft und die Geschäftsführung[613]. Es ist insbesondere aber auch maßgeblich für die unternehmerische Mitbestimmung der Arbeitnehmer in den Gesellschaftsorganen[614]. Hingegen unterliegt die betriebliche Arbeitnehmerbeteiligung dem Recht am Sitz der Betriebsstätte[615].

Für das Gesellschaftsstatut ist von der Einheitstheorie auszugehen, d.h., für jede Gesellschaft gilt ein einheitliches Gesellschaftsstatut, nach dem sich die gesellschaftsrechtlichen Beziehungen richten. Alle gesellschaftsrechtlichen Fragen werden also nach einem einheitlichen Recht beurteilt[616].

Bislang ist in Deutschland das internationale Gesellschaftsrecht nicht kodifiziert. Die Bestimmung der Rechtsordnung, die für die Rechtsverhältnisse einer juristischen Person maßgeblich ist, blieb daher der Entwicklung durch Rechtsprechung und Lehre überlassen[617].

i. Gründungstheorie/Sitztheorie

Für die Bestimmung des Gesellschaftsstatuts juristischer Personen bestehen international im Wesentlichen[618] zwei unterschiedliche Ansätze.

---

612 Es finden sich auch die Bezeichnungen *„Personalstatut“*, *„lex societatis“* und *„statut de la societé“*; *Kindler* in MüKo – BGB 2010, IntGesR, Rn. 351, Fn. 1; *Rauscher*, IPR, Rn. 613.

613 Im Einzelfall kann es schwierig sein zu bestimmen, ob ein Sachverhalt dem Gesellschaftsstatut oder einem anderen Statut (Vertrags-, Orts- oder Deliktsstatut) unterfällt. Vgl. die Darstellung bei *D. Jasper/Wollbrink* in *Priester/Mayer/Wicke*, HbGesR III, § 75, Rn. 6 ff., 35; *Kindler* in MüKo – BGB 2010, IntGesR, Rn. 351 ff.

614 Vgl. *Ulmer/Habersack/Henssler*, MitbestG, Einl. MitbestG, Rn. 43 ff.; § 1 MitbestG, Rn. 6 ff.; § 1 DrittelbG, Rn. 5; *Palandt/Thorn*, Anhang zu Art. 12 EGBGB, Rn. 12; *Franzen*, RdA 2004, S. 257, 258; *Köster*, ZRP 2008, S. 214, 214; *Kindler* in MüKo – BGB 2010, IntGesR, Rn. 589 ff.; *Junker*, NJW 2004, 728 f., *ders.*, ZfA 2005, S. 1, 5 ff.

615 *Palandt/Thorn*, Anhang zu Art. 12 EGBGB, Rn. 10 f.; *Rauscher*, IPR, Rn. 627 ff.

616 Alles andere würde zu Rechtsunsicherheit und Anpassungsproblemen führen. Vgl. BGH Beschluss vom 30.03.2000, VII ZR 370/58, S. 8; *Kindler* in MüKo – BGB 2010, IntGesR, Rn. 543.

617 MüKo/*Kindler*, IntGesR, Rn. 4 f.; *Palandt/Thorn*, vor Art. 3 EGBGB, Rn. 17, Anhang zu Art. 12 EGBGB, Rn. 1; *D. Jasper/Wollbrink* in *Priester/Mayer/Wicke*, HbGesR III, § 75, Rn. 3 f.

618 Vgl. alternativ zu Einschränkungen der Gründungstheorie, zur Differenzierungslehre und zur Überlagerungstheorie *D. Jasper/Wollbrink* in *Priester/Mayer/Wicke*,

Juristische Personen können entweder derjenigen Rechtsordnung unterstellt werden, nach der sie gegründet worden sind (Gründungstheorie), oder derjenigen, in deren Bereich der tatsächliche Sitz ihrer Hauptverwaltung liegt (Sitztheorie).

Die Gründungstheorie stammt aus dem kolonialen England des 18. Jahrhunderts[619]. Dementsprechend wird sie insbesondere im anglo-amerikanischen Rechtskreis vertreten, sie gilt aber unter anderem auch in Dänemark, Italien und der Schweiz[620].

Nach ihr spielt der Gründungsort nur insoweit eine Rolle, als konstitutive staatliche Akte zur Inkorporierung ausschließlich in dem Land erfolgen können, nach dessen Rechtsordnung die Gründung erfolgt. Wo sich der tatsächliche Verwaltungssitz befindet, ist unerheblich. Sie führt daher dazu, dass eine Gesellschaft nach einer bestimmten Rechtsordnung gegründet werden kann, obwohl sie ihre gesamte geschäftliche Aktivität inklusive der Geschäftsleitung in einem anderen Land entfaltet (sog. *„overseas"* oder *„offshore company"* bzw. *„Scheinauslandgsgesellschaft"*). Sie ermöglicht auch, dass eine Gesellschaft im Gründungsstaat ihre Geschäfte aufnehmen, später aber umziehen kann. Länder, die der Gründungstheorie folgen, stellen es den einheimischen Unternehmern frei, sich als Gesellschaft ausländischen Rechts zu gründen.

Diese Anknüpfung kommt den Interessen der Gründer entgegen, die mit dem Gründungsort auch die gewünschte Rechtsordnung wählen können. Kritiker bemängelten, dass die Gründungstheorie daher aber auch die Möglichkeit der Manipulation biete und darum die Interessen Dritter, inklusive der Minderheitsgesellschafter, der Aktionäre und der Arbeitnehmer, gefährdet seien. Hierin lag nach der bisherigen deutschen Rechtsprechung auch die entscheidende Schwäche der Gründungstheorie[621]. Der BGH führte aus: *„Wenn eine derart einfache*

HbGesR III, § 75, Rn. 9 ff.; ferner *Kindler* in MüKo – BGB 2010, IntGesR, Rn. 387 ff.; *Palandt/Thorn,* vor Art. 3 EGEBG, Rn. 2. Diese Modelle dürften im Wesentlichen Modifikationen der Gründungstheorie darstellen; vgl. *D. Jasper/Wollbrink* in *Priester/Mayer/Wicke,* HbGesR III, § 75, Rn. 8; kritisch zur Überlagerungstheorie im Hinblick auf die Mitbestimmungsproblematik *Knobbe-Keuk,* ZHR 154 (1990), S. 325, 345.

619 Sie sollte England als Kolonialmacht helfen, den in England gegründeten Gesellschaften einen effektiven Schutz für deren wirtschaftliche Aktivitäten in Übersee zu garantieren; *D. Jasper/Wollbrink* in *Priester/Mayer/Wicke,* HbGesR III, § 75, Rn. 12; *Kindler* in MüKo – BGB 2010, IntGesR, Rn. 359 f.

620 Art. 154 schweizerisches IPRG (der Gesetzestext ist abrufbar bei den Bundesbehörden der Schweizerischen Eidgenossenschaft unter http://www.admin.ch/ch/d/sr/291/a154.html).

621 *Kindler* in MüKo – BGB 2010, IntGesR, Rn. 368 ff. Diese Schwächen werden in den Ländern, in denen die Gründungstheorie angewandt wird, durch öffentlich rechtliche Aufsichts- und Eingriffsvorschriften (Großbritannien) bzw. durch Einzelfallrechtsprechung der Gerichte (USA) korrigiert; *Kindler* in MüKo – BGB 2010, IntGesR, Rn. 370, Fn. 13; *D. Jasper/Wollbrink* in *Priester/Mayer,* HbGesR III, § 75, Rn. 13; vgl. auch *Knobbe-Keuk,* ZHR 154 (1990), S. 325, 347.

Umgehungsmöglichkeit bestünde, liefen den Gründern unangenehme Schutzvorschriften im Ergebnis leer. Es ist zu befürchten, dass sich im dergestalt eröffneten ‚Wettbewerb der Rechtsordnungen' gerade die Rechtsordnung mit dem schwächsten Schutz dritter Interessen durchsetzen würde (‚race to the bottom')"[622]. Schlagwortartig wird auch vom „*Delaware*-Effekt" gesprochen[623].

Daher hatte sich Deutschland wie auch überwiegend sonst der kontinentaleuropäische Rechtskreis[624] vor allem für die Sitztheorie entschieden, die im 19. Jahrhundert in Belgien und Frankreich entwickelt wurde[625].

Nach dieser ist Gesellschaftsstatut und damit Anknüpfungspunkt das Recht des Staates, in dem die Gesellschaft ihren effektiven Verwaltungssitz hat. Das wiederum richtet sich nach den tatsächlichen Umständen. Anwendbar ist jeweils das Recht des Staates, in dem die Unternehmensleitung, der Vorstand oder der Geschäftsführer, tatsächlich die Geschäfte der juristischen Person führt. Entscheidend ist also nicht der Sitz, der in der Satzung als solcher bezeichnet ist, sondern der Schwerpunkt des körperschaftlichen Lebens, an dem *„die grundlegenden*

---

622 BGH, Beschluss vom 30.03.2000, VII ZR 370/58, S. 8.

623 Auch *„race for laxity"* genannt. Der „*Delaware*-Effekt" beschreibt eine Folge des Gesellschaftsrechts in den USA, bei dem es unter den amerikanischen Bundesstaaten zu einem Wettlauf um das liberalste Unternehmensrecht und damit um die meisten Unternehmensgründungen kam. Der Bundesstaat *Delaware*, der zweitkleinste der USA, tat sich insoweit mit besonders flexiblen rechtlichen Lösungen und der Etablierung einer speziellen Wirtschaftskammer hervor, dem *Delaware Court of Chancery*. Hierdurch bestehen Vorteile im Hinblick auf Rechtssicherheit und Vorhersagbarkeit, insbesondere für amerikanische Verhältnisse. Diese Attraktivitätssteigerung hat insgesamt zu einer immer noch bestehenden Vormachtstellung geführt, auch wenn sich die Gesellschaftsrechte der US-Bundesstaaten infolgedessen weitgehend angenähert haben; vgl. näher *Fleischer* in MüKo-GmbHG 2010, Bd. 1, Einl., Rn. 222 ff.; *Drury*, Vergleich SPE-Ltd. 2007, S. 3; *Zimmer*, FS K. Schmidt 2009, S. 1789, 1801 f. Aktuell sind ausweislich der *Delaware Division of Corporations* über 50% der börsengehandelten Unternehmen in den USA in Delaware ansässig, davon 63% der *Fortune 500*; vgl. Darstellung *About Agency* (Stand: 19.01.2011), http://www.corp.delaware.gov/aboutagency.shtml (englisch). Der Begriff *„Delaware-Effekt"* selbst dürfte auf den ehemaligen Präsidenten der *US Securities and Exchange Commission (SEC)*, *William L. Cary* zurückgehen, der in seinem Artikel *„Federalism and Corporate Law: Reflections upon Delaware"* von 1974 das Problem beschrieb. Bereits 1956 hatte freilich *Charles Tiebout* in seiner Studie *„A Pure Theory of Local Expenditures"* eine erste Theorie zum Wettbewerb der (fiskalischen) Rechtsordnungen erstellt. Zu einer aktuellen Beobachtung aus der Praxis vgl. *Richter*, Welt am Sonntag vom 13.12.2009 („Die kuriose Balkanisierung Amerikas").

624 Für Deutschland vgl. BGHZ 51, 27, 28; 53, 181, 183; 78, 318, 334. Daneben Belgien, Frankreich, Österreich, Polen, Portugal und Spanien; *Götze/Winzer/Arnold*, ZIP 2009, S. 245, Fn. 20.

625 *D. Jasper/Wollbrink* in *Priester/Mayer/Wicke*, HbGesR III, § 75, Rn. 12 f.; *Kindler* in MüKo – BGB 2010, IntGesR, Rn. 359 ff.

Entscheidungen der Unternehmensleitung effektiv in laufende Geschäftsführungsakte umgesetzt werden"[626]. Das galt nach der Sitztheorie auch dann, wenn eine Gesellschaft in einem anderen Staat wirksam gegründet worden war und sie sodann ihren tatsächlichen Verwaltungssitz nach Deutschland verlegte. Nach der Sitzverlegung setzte sich die einmal erworbene Rechtsfähigkeit der juristischen Person nicht ohne weiteres (identitätswahrend) fort. Vielmehr begründete die Sitzverlegung einen Statutenwechsel und eine Überleitung in eine andere, lokale Rechtsform. Wollte ein im Ausland in einer ausländischen Rechtsform gegründetes Unternehmen seinen Verwaltungssitz in Deutschland nehmen, musste es in Deutschland in einer Rechtsform deutschen Rechts neu gegründet werden. Es unterlag dann ggf. auch der (rechtsformbezogenen) deutschen Mitbestimmung[627].

Hierdurch sollte verhindert werden, dass eine in einem Staat mit vergleichsweise einfacheren und liberaleren Strukturen gegründete Gesellschaft Vorteile gegenüber den heimischen Gesellschaften hat und so das innerstaatliche Rechtsgefüge beeinträchtigt[628]. Anders hingegen nach der Gründungstheorie: Wenn ein Unternehmen seinen tatsächlichen, aber nicht seinen eingetragenen Sitz aus einem Staat mit Gründungstheorie in einen anderen Staat mit Gründungstheorie verlegt, haben die betroffenen Staaten kein eigenes Interesse daran, diese zu verhindern. Insofern bietet die Gründungstheorie eine erhöhte Flexibilität.

Ein Vorteil der Sitztheorie lag in ihrer Sachnähe. Daneben ermöglichte sie die wirksame Kontrolle der Gesellschaft durch den hauptbeteiligten Staat[629]. Für ein in Deutschland ansässiges Unternehmen war es also nicht möglich, der deutschen Mitbestimmung durch Rückgriff auf eine ausländische Gesellschaftsrechtsform auszuweichen. Abgesichert wurde so auch die Geltung der Mitbestimmung insgesamt.

---

626 BGHZ 97, 269, 272. Hierbei soll der effektive Verwaltungssitz für jede einzelne juristische Person selbständig zu bestimmen sein, so dass sie auch als Konzerntochter einen eigenen, von der Muttergesellschaft verschiedenen Sitz haben kann; *Palandt/Thorn,* Anhang zu Art. 12 EGBGB, Rn. 3; *Kindler* in MüKo – BGB 2010, IntGesR, Rn. 420 ff.; *D. Jasper/Wollbrink* in *Priester/Mayer/Wicke,* HbGesR III, § 75, Rn. 16 ff., 18.

627 Vgl. BGH, Urteil vom 21.03.1986, V ZR 10/85 (entschieden für eine liechtensteinische AG); praktisch wurde eine nach ausländischem Recht gegründete Gesellschaft mit tatsächlichem Verwaltungssitz in Deutschland freilich meist wie eine GbR oder eine OHG behandelt; *Franzen,* RdA 2004, S. 257, 258. Die Frage der Mitbestimmung stellt sich dann ohnehin nicht.

628 *D. Jasper/Wollbrink* in *Priester/Mayer/Wicke,* HbGesR III, § 75, Rn. 14. *Junker,* ZfA 2005, S. 1, 4, bezeichnet die Sitztheorie daher auch als den *„Schutzzaun um die deutsche Unternehmensmitbestimmung"*.

629 Vgl. BayObLG 3Z BR 14/92, Urteil vom 07.05.1992; *Kindler* in MüKo – BGB 2010, IntGesR, Rn. 420 ff., 423 (*„Wächteramt"*); *Palandt/Thorn,* Anhang zu Art. 12 EGBGB, Rn. 1; *D. Jasper/Wollbrink* in *Priester/Mayer/Wicke,* HbGesR III, § 75, Rn. 15.

ii. Entwicklung EuGH-Rechtsprechung

Die Sitztheorie ist jedoch, zumindest teilweise, mit der Niederlassungsfreiheit gem. Art. 49, 54 AEUV unvereinbar. Dies folgt aus einer Reihe von Entscheidungen des EuGH, beginnend mit der sog. *Centros*-Entscheidung vom 09.03.1999[630].

Art. 49 AEUV verbietet den Mitgliedstaaten grundsätzlich die Beschränkung der freien Niederlassung von Staatsangehörigen eines Mitgliedstaats im Hoheitsgebiet eines anderen Mitgliedstaats. Er gewährleistet insbesondere die Gründung von Agenturen, Zweigniederlassungen oder Tochtergesellschaften durch Angehörige eines Mitgliedstaats, die in einem anderen Mitgliedstaat ansässig sind. Art. 54 AEUV stellt insoweit Gesellschaften, die nach den Rechtsvorschriften eines Mitgliedstaats gegründet wurden und ihren satzungsmäßigen Sitz, ihre Hauptverwaltung oder ihre Hauptniederlassung innerhalb der Gemeinschaft haben, natürlichen Personen gleich, die Angehörige der Mitgliedstaaten sind[631].

Ziel ist nach ständiger Rechtsprechung des EuGH insoweit, den Staatsangehörigen eines Mitgliedstaats zu erlauben, in einem anderen Mitgliedstaat eine Zweigniederlassung zu gründen, um dort ihren Tätigkeiten nachzugehen, und so die gegenseitige wirtschaftliche und soziale Durchdringung auf dem Gebiet der selbständigen Erwerbstätigkeit innerhalb der Gemeinschaft zu fördern. Hierzu will die Niederlassungsfreiheit den Staatsangehörigen der Union ermöglichen, in stabiler und kontinuierlicher Weise am Wirtschaftsleben eines anderen Mitgliedstaats als desjenigen ihrer Herkunft teilzunehmen und daraus Nutzen zu ziehen[632].

---

630 EuGH Rs. C-212/97, Urteil vom 09.03.1999 *(Centros)*. Näher dazu und zu den folgenden Entscheidungen sogleich. Die EuGH-Urteile sind abrufbar unter http://curia.europa.eu/jcms/jcms/j_6/.

631 Hauptunterschied zwischen einer Niederlassung und einer Tochtergesellschaft ist, dass letztere eine eigene Rechtspersönlichkeit hat. Sie verfügt damit über eigene Vermögenswerte, kann Verträge mit Dritten im eigenen Namen abschließen und muss für diese haften. Eine Niederlassung hingegen bleibt ein integraler Bestandteil des Gründungsunternehmens. Sowohl Tochtergesellschaften als auch Zweigniederlassungen operieren auf der Grundlage der Niederlassungsfreiheit nach Art. 49 AEUV, die gem. Art. 54 AEUV auch auf die Unternehmen Anwendung findet. Art. 49 AEUV spricht in Satz 1 von der Niederlassung und stellt in Satz 2 die Gründung von Agenturen, Zweigniederlassungen und Tochtergesellschaften gleich, sog. primäre und sekundäre Niederlassungsfreiheit. Eine primäre Niederlassung liegt demnach vor, wenn in einem anderen Mitgliedstaat ein Unternehmen neu gegründet oder übernommen wird oder wenn eine Standortverlegung (Verlagerung der Betriebsmittel oder Produktionsanlagen) erfolgt. Sekundäre Niederlassungen können entweder rechtliche selbständige (Tochtergesellschaften) oder unselbständige (Agenturen, Zweigniederlassungen) Einheiten sein Zu dieser Unterscheidung vgl. z.B. *Behrens* in *Dauses*, EUWR, E III, Rn. 2, zu wirtschaftlichen Entwicklungsmöglichkeiten vgl. Bericht Reflexionsgruppe 2011, S. 33 f.

632 Vgl. EuGH Rs. C-196/04, Urteil vom 12.09.2006 (*Cadbury Schweppes*), Rn. 53; EuGH Rs. 2/74, Urteil vom 21.06.1974 (*Reyners*), Rn. 21; EuGH RS. C-55/94, Urteil vom 30.11.1995 (*Gebhard*), Rn. 25.

Ob sich hieraus eine Festlegung auf die Gründungstheorie im Verhältnis der Mitgliedstaaten oder eine die Sitztheorie einschränkende Anerkennungspflicht ergibt, ist seit langem strittig. Bis zu einer 1999 beginnenden Folge von Entscheidungen des EuGH wurde die Sitztheorie wohl überwiegend als mit Gemeinschaftsrecht vereinbar angesehen[633].

(a) Daily Mail 1988

Ausgangspunkt für die gegenteilige Entwicklung war die sog. *Daily Mail*-Entscheidung vom 27.09.1988[634]. In dieser hatte der EuGH zunächst einen direkten Einfluss der damaligen Art. 52, 58 EWGV auf steuerrechtliche Wegzugsbeschränkungen abgelehnt. Das wurde dahingehend verstanden, dass auch ein den Umzug hinderndes Gesellschaftsstatut im IPR der Mitgliedstaaten nicht vom EWG-Vertrag betroffen sei.

Im Gegensatz zur natürlichen Person würden Gesellschaften auf Grund einer Rechtsordnung gegründet. Und zwar, beim gegenwärtigen Stand des Gemeinschaftsrechts, aufgrund einer nationalen Rechtsordnung. Jenseits dieser jeweiligen nationalen Rechtsordnungen, die ihre Gründung und Existenz regelten, hätten die Gesellschaften keine Realität[635].

(b) Centros 1999

Diese Sicht begann sich mit der sog. *Centros*-Entscheidung vom 09.03.1999[636] zu ändern.

In dieser Entscheidung ebnete der EuGH den Weg für eine identitätswahrende Sitzverlegung innerhalb der EU. Er hielt Erschwerungen des dänischen Rechts bei Gründung einer dänischen Zweigniederlassung einer mit Satzungssitz in England gegründeten Gesellschaft für mit Art. 52, 58 EGV aF nicht vereinbar. Ein Mitgliedstaat ist zwar berechtigt, Maßnahmen zu treffen, die verhindern sollen, dass sich einige seiner Staatsangehörigen unter Missbrauch der gemeinschaftsrechtlich geschaffenen Möglichkeiten der Anwendung des nationalen Rechts entziehen, denn die missbräuchliche Berufung auf Gemeinschaftsrecht sei nicht gestattet. Es stelle für sich alleine aber gerade keinen Missbrauch der Niederlassungsfreiheit dar, eine Gesellschaft auswärtig zu gründen, weil das dortige Recht vorteilhafter ist oder scheint[637].

---

633 *Rauscher,* IPR, Rn. 619 ff.; *D. Jasper/Wollbrink* in *Priester/Mayer,* HbGesR III, § 75, Rn. 20 ff. Zur Sonderregelung durch EU-Recht auch *Palandt/Thorn,* Anhang zu Art. 12 EGBGB, Rn. 6 ff.

634 EuGH Rs. 81/87, Urteil vom 27.09.1988 *(Daily Mail).*

635 EuGH Rs. 81/87, Urteil vom 27.09.1988 *(Daily Mail),* Rn. 19. Bildhaft wird das Unternehmen auch als *„creature of national law"* beschrieben.

636 EuGH Rs. C-212/97, Urteil vom 09.03.1999 *(Centros).*

637 EuGH Rs. C-212/97, Urteil vom 09.03.1999 *(Centros),* Rn. 16, 18, 24, 26, 27. Die *Centros*-Gründer haben offen eingeräumt, dass es das Gründungsziel war, die

Teilweise wurde dies bereits als Signal gegen die Sitztheorie verstanden[638]. Da aber sowohl das dänische wie auch das englische IPR die Gründungstheorie vertreten, ist dieser Schluss nicht zwingend. Das dänische Recht sah die englische Gesellschaft nach ihrem Gründungsrecht unbeschadet ihres Verwaltungssitzes als existent an. Daher verstieß auch aus Sicht der Vertreter der Sitztheorie eine Zuzugsbeschränkung gegen die Niederlassungsfreiheit[639].

(c) Überseering 2002

In der Überseering-Entscheidung vom 05.11.2002[640] sah der EuGH einen Verstoß gegen Art. 43, 48 EGV aF darin, dass deutsche Gerichte einer in den Niederlanden wirksam gegründeten Gesellschaft, die ihren Verwaltungssitz nach Deutschland verlegt hatte, die Parteifähigkeit versagten.

Er entschied, dass die Mitgliedstaaten verpflichtet sind, im Fall einer Sitzverlegung die Rechts- und Parteifähigkeit einer nach dem Recht eines anderen Mitgliedstaates wirksam gegründeten Gesellschaft zu achten, *„die diese Gesellschaft nach dem Recht ihres Gründungsstaats besitzt"*[641].

Verlegt eine nach dem Recht eines Mitgliedstaats rechtswirksam gegründete Gesellschaft ihren Sitz in einen anderen Mitgliedstaat, besteht darum diese vom Gründungsstaat verliehene Rechts- und Parteifähigkeit unverändert fort[642].

Eine in einem Mitgliedstaat nach dessen Vorschriften wirksam gegründete Gesellschaft ist also unabhängig vom Ort ihres tatsächlichen Verwaltungssitzes in jedem anderen Mitgliedstaat in der Rechtsform anzuerkennen, in der sie auch gegründet wurde. Die Gewährung der Parteifähigkeit in anderer Rechtsform, etwa als OHG deutschen Rechts, genügt nicht, weil sie damit in eine andere Gesellschaftsform mit besonderen Risiken, wie z.B. im Bereich der Haftung, gedrängt wird[643]. Dies gilt selbst dann, wenn die betreffende Gesellschaft ihre unternehmerische Tätigkeit von vornherein nur im Inland entfaltet[644]. Andererseits stellte der EuGH auch klar, dass bei einem Wegzug der Gesellschaft etwaige Beschränkungen durch den Wegzugstaat weiterhin möglich seien[645].

---

strengere Rechtsordnung zu unterlaufen und die Einhaltung hinderlicher Rechtsvorschriften zu vermeiden, ebd. Rn. 18. Vgl. auch *Kindler* in MüKo – BGB 2010, IntGesR, Rn. 117 ff.

638 OGH EuZW 2000, 156.

639 *Rauscher*, IPR, Rn. 620.

640 EuGH Rs. C-208/00, Urteil vom 05.11.2002 *(Überseering BV).*

641 EuGH Rs. C-208/00, Urteil vom 05.11.2002 *(Überseering BV),* Rn. 95.

642 Vgl. BGHZ, 97, 269; *Palandt/Thorn,* Anhang zu Art. 12 EGBGB, Rn. 5; wohl a.A. *Kindler* in MüKo – BGB 2010, IntGesR, Rn. 123.

643 BGHZ 154, 185, 189 (Abschlussentscheidung zu Überseering).

644 BGH NJW 2005, 1648 ff. und 3351 f.

645 EuGH Rs. C-208/00, Urteil vom 05.11.2002 *(Überseering BV),* Rn. 70 ff.

(d) Inspire Art 2003

Mit der *Inspire Art*-Entscheidung vom 30.09.2003[646] stellte der EuGH schließlich klar, dass Art. 43, 48 EGV aF jeden EU-Mitgliedstaat verpflichten, eine Gesellschaft, die nach dem Recht eines anderen Mitgliedstaates wirksam gegründet ist und fortexistiert, anzuerkennen, und ihr den Zuzug durch Gründung einer Zweigniederlassung zu gestatten, auch wenn diese Gesellschaft seit ihrer Gründung ihre Geschäftstätigkeit ausschließlich im Zuzugstaat ausübt. Kollisionsrechtlich bleibt es dem Wegzugstaat allerdings möglich, einer (vollständig) wegziehenden Gesellschaft Beschränkungen aufzuerlegen[647]. Das gilt also selbst dann, wenn die „Zweigniederlassung" das eigentliche oder auch das einzige Unternehmen der Gesellschaft ist.

Seitdem geht die nunmehr h.M. davon aus, dass im Verhältnis zu Gesellschaften, die nach dem Recht eines anderen EU-Mitgliedstaats gegründet worden sind, das Gesellschaftsstatut nach der Gründungstheorie zu bestimmen ist[648]. Der EuGH hat so auch den Export von Gesellschaften und Gesellschaftsrecht ermöglicht[649]. Zwar hat der EuGH sich nie ausdrücklich gegen die Sitztheorie und für die Gründungstheorie im IPR erklärt, sondern die Problematik immer als Teil der Niederlassungsfreiheit behandelt. Jedoch lassen sich die Anforderungen, die der EuGH aus der Niederlassungsfreiheit herleitet, zumindest für Zuzugsfälle nicht mit der Sitztheorie vereinbaren.

(e) Sevic 2005

Im Rahmen der *Sevic*-Entscheidung vom 13.12.2005[650] dehnte der EuGH die Mobilität der Gesellschaften aus. Anlass war hier eine grenzüberschreitende (Hinein-) Verschmelzung, die Entscheidung erwähnt aber auch andere Umwandlungen[651].

---

646 EuGH Rs. C-167/01, Urteil vom 30.09.2003 *(Inspire Art)*, insbesondere Rn. 95 ff., 103, 105, 137 ff., 143.

647 Vgl. *D. Jasper/Wollbrink* in *Priester/Mayer/Wicke*, HbGesR III, § 75, Rn. 30. Kritisch zur Unterscheidung zwischen Wegzugs- und Zuzugsstaat bis zur Rs. *Cartesio* z.B. *Frobenius: „Methodologisch war dieses ‚Distinguishing' möglich, [...] mit Blick auf ein kohärentes Verständnis der Grundfreiheiten aber kaum überzeugend"*, DStR 2009, S. 487 a.E.

648 BGHZ 154, 185. Da Art. 31 EWR-Vertrag eine Art. 43 EGV aF vergleichbare Niederlassungsfreiheit gewährt, gilt dies auch gegenüber Gesellschaften aus EWR-Mitgliedstaaten; BGHZ 164, 148, 149 (für eine liechtensteinische Aktiengesellschaft); vgl. auch *Rauscher*, IPR, Rn. 621, nicht aber für solche aus der Schweiz; *Palandt/Thorn*, Anhang zu Art. 12 EGBGB, Rn. 6.

649 *Thüsing*, ZAAR 2004, Rn. 3; *Braun*, GLJ 2004, S. 1393, 1402 ff.; *Frobenius*, DStR 2009, S. 487, 487.

650 EuGH Rs. C-411/03, Urteil vom 13.12.2005 *(Sevic Systems AG)*; hier geht es um einen Zuzugsfall; *Kindler*, NZG 2009, S. 130, 131 f.; *ders.* in MüKo – BGB 2010, IntGesR, Rn. 126 ff.; *Palandt/Thorn*, Anhang zu Art. 12 EGBGB, Rn. 7a.

651 EuGH Rs. C-411/03, Urteil vom 13.12.2005 *(Sevic Systems AG)*, Rn. 21.

Der EuGH entschied, dass eine unterschiedliche Behandlung von Gesellschaften, je nachdem, ob es sich um eine innerstaatliche oder um eine grenzüberschreitende Verschmelzung handelt, eine Beschränkung der Niederlassungsfreiheit darstelle, die nur zulässig sein kann, wenn sie durch zwingende Gründe des Allgemeinwohls gerechtfertigt, sowie zusätzlich zur Erreichung der verfolgten Ziele geeignet und erforderlich ist. Die generelle Verweigerung der Eintragung einer Verschmelzung einer Gesellschaft mit Sitz im Ausland mit einer Gesellschaft mit Sitz im Inland ins Handelsregister gehe darüber hinaus[652].

Ist also eine Verschmelzung zwischen zwei innerstaatlichen Gesellschaften erlaubt, muss dies auch bei der Beteiligung einer Gesellschaft aus einem anderen Mitgliedstaat möglich sein.

(f) Cartesio 2008

Nicht betroffen ist aber der Wegzug deutscher Gesellschaften. Der EuGH entschied in der Rechtssache *Cartesio* am 16.12.2008[653], übrigens entgegen der Schlussanträge des Generalanwalts *Poiares Maduro*[654], dass Wegzugsbeschränkungen in Form der Sitztheorie nicht gegen die Niederlassungsfreiheit verstoßen.

Beim gegenwärtigen Stand des Gemeinschaftsrechts seien die Art. 43 und 48 EGV aF dahin auszulegen, dass sie Rechtsvorschriften eines Mitgliedstaats nicht entgegenstehen, die es einer nach dem nationalen Recht dieses Mitgliedstaats gegründeten Gesellschaft verwehren, ihren Sitz in einen anderen Mitgliedstaat zu verlegen, und dabei ihre Eigenschaft als Gesellschaft des nationalen Rechts des Mitgliedstaates zu behalten, nach dessen Recht sie gegründet wurde.

In Ermangelung einer gemeinschaftsrechtlichen Anknüpfung für das auf eine Gesellschaft anwendbare Recht bestimme die nationale Rechtsordnung, ob sich die Gesellschaft auf Art. 43, 48 EGV aF berufen könne. Ein Mitgliedstaat könne daher sowohl die Voraussetzungen festlegen, die für die Gründung einer Gesellschaft erfüllt sein müssten, als auch die Anknüpfung für den Erhalt dieser Eigenschaft. Das nationale Recht bestimme, ob überhaupt ein Rechtssubjekt besteht, das sich dann auf die Niederlassungsfreiheit berufen kann. Das nationale Recht bestimme aber auch, was bei einem späteren Wegfall der Anknüpfungstatsache geschehen soll. Daher könne es die nationale Rechtsordnung auch untersagen, dass sich eine Gesellschaft durch Verlegung ihres Sitzes in Ausland neu organisiert und damit

---

652 EuGH Rs. C-411/03, Urteil vom 13.12.2005 *(Sevic Systems AG)*, Rn. 17 ff., 23, 28 (unter Bezug auf EuGH Rs. C-208/00, Urteil vom 05.11.2002 *(Überseering BV)*, Rn. 92), 30 f.

653 EuGH Rs. C-210/06, Urteil vom 16.12.2008 *(Cartesio)*, Rn. 124, 105, 108 ff.

654 Schlussanträge ebenfalls abrufbar unter http://curia.europa.eu/jcms/jcms/j_6/. *Poiares Maduro* hatte dafür plädiert, die Grundsätze aus *Daily Mail* aufzugeben und so einen Gleichlauf von Zuzugs- und Wegzugsfreiheit zu bewirken, vgl. ebd. Rn. 27 ff., insbesondere Rn. 31, 35.

ihre Anknüpfung an das nationale Recht löst[655]. Kürzer gewendet, ein Sitzstaat darf den Wegzug nach seinem Gesellschaftsrecht verhindern, ohne hierdurch die Grundfreiheiten der Gesellschaft zu verletzen[656].

Insgesamt erlaubt die Entscheidung also die Sitzverlegung unter Änderung des Gesellschaftsstatuts (beispielsweise durch Umwandlung in eine Gesellschaftsform des Zuzugsstaats, ohne dass sie hierbei abgewickelt und aufgelöst werden muss, sofern das Recht des Aufnahmemitgliedstaats dies gestattet[657]), stellt aber die (identitätswahrende) Sitzverlegung unter Beibehaltung des Statuts in die Kompetenz der Mitgliedstaaten. Deutschland kann daher im Wegzugsfall die Sitztheorie auf Gesellschaften deutschen Rechts weiter anwenden und bei der Verlegung des Verwaltungssitzes einer einheimischen Gesellschaft ins Ausland deren Auflösung anordnen[658].

(g) Vale 2012

Zuletzt wurde auch die grenzüberschreitende Umwandlung behandelt. In der Rechtssache *Vale* entschied der EuGH am 12.07.2012[659], dass, sofern ein Mitgliedstaat für inländische Gesellschaften die Möglichkeit einer Umwandlung vorsieht, er diese Möglichkeit auch einer dem Recht eines anderen Mitgliedstaats unterliegenden Gesellschaft einräumen muss.

Einmal mehr weist der EuGH in seiner Entscheidung darauf hin, dass Gesellschaften in Ermangelung einer einheitlichen unionsrechtlichen Definition nur vermittels der nationalen Rechtsvorschriften existieren, die für ihre Gründung und

---

655 Vgl. EuGH Rs. C-210/06, Urteil vom 16.12.2008 (*Cartesio*), Rn. 110, 124. Demnach kann ein Mitgliedstaat sowohl die Anknüpfung bestimmen, die eine Gesellschaft aufweisen muss, um nach seinem innerstaatlichen Recht als gegründet angesehen zu werden, als auch die Anknüpfung für den Erhalt dieser Eigenschaft.

656 Vgl. auch *Frobenius,* DStR 2009, S. 487, 487 f.; *Kindler,* NZG 2009, S. 130 ff.

657 Vgl. EuGH Rs. C-210/06, Urteil vom 16.12.2008 (*Cartesio*), Rn. 112.

658 So auch (herkömmlich) Belgien, Frankreich, Österreich, Polen, Portugal, Spanien und Ungarn, *Götze/Winzer/Arnold,* ZIP 2009, S. 245, Fn. 20. Für Deutschland vgl. §§ 4a GmbHG, 5 AktG i.d.F. des MoMiG von 2008, *Däubler/Heuschmid,* NZG 2009, S. 493, 494, Fn. 17; *D. Jasper/Wollbrink* in *Priester/Mayer/Wicke,* HbGesR III, § 75, Rn. 32. *Frobenius,* DStR 2009, S. 487, 488, kommentiert die Entscheidung als *„kartesisch anmutenden Dualismus"*.

659 EuGH Rs. C-378/10, Urteil vom 12.07.2012 *(VALE Építési kft.); Palandt/Thorn,* Anhang zu Art. 12 EGBGB, Rn. 7a; *Noack,* EuGH zur grenzüberschreitenden Umwandlung, Handelsblatt, 16.07.2012, unter http://blog.handelsblatt.com/rechts.board/2012/07/16/eugh-zur-grenzuberschreitenden-umwandlung-vale/. Im zu entscheidenden Fall ging es um eine Hinein-Umwandlung (konkret von Italien nach Ungarn). Soweit eine Heraus-Umwandlung betroffen ist kommt es dann weiter darauf an, ob das nationale Gesellschafts-/Umwandlungsrecht eine Löschung der Kapitalgesellschaft ohne Abwicklung vorsieht. Dies ist in Deutschland aber nicht der Fall, bzw. nur, wenn in eine inländische Rechtsform gewandelt wird; *Noack,* ebd.

ihre Funktionsweise maßgebend sind. Daher darf ein Aufnahmemitgliedstaat im Rahmen der grenzüberschreitenden Umwandlung das maßgebende innerstaatliche Recht festlegen und somit die Bestimmungen seines nationalen Rechts über innerstaatliche Umwandlungen anwenden. Der Äquivalenzgrundsatz und der Effektivitätsgrundsatz gebieten jedoch eine Gleichbehandlung zwischen der Umwandlung einer inländischen und der (grenzüberschreitenden) einer ausländischen Gesellschaft[660].

Zurückgewiesen hat der EuGH auch die (u.a. von Deutschland vertretene) Ansicht, dass eine grenzüberschreitende Umwandlung nicht zur Niederlassungsfreiheit gehöre, da sie im Unterschied zur grenzüberschreitenden Verschmelzung (*Sevic*) zur Gründung einer Gesellschaft im Aufnahmemitgliedstaat führe[661]. Auch diese Möglichkeit ist also von der Niederlassungsfreiheit umfasst.

b. Derzeitiger Stand

Demnach stellt sich die Niederlassungsfreiheit für Gesellschaften derzeit wie folgt dar:

Die Mitgliedstaaten haben eine weitreichende „Kreationshoheit" für Gesellschaften des eigenen Rechts (*Daily Mail, Cartesio*). Die Niederlassungsfreiheit sichert, dass die so gegründeten Gesellschaften unionsweit anerkannt sind (*Centros, Überseering, Inspire Art*). Sie schützt außerdem das Recht einer Gesellschaft zum Wechsel ihres Statuts: Der Wegzug darf zwar mitgliedstaatlich an die Aufgabe des bisherigen Statuts geknüpft werden (*Cartesio*)[662], jedoch darüber hinaus nicht ungerechtfertigt behindert werden. Ein im Inland vorgesehener Zugang zu den eigenen Gesellschaftsformen muss grundsätzlich auch Gesellschaften aus der Union gewährt werden (*Sevic, Vale*)[663].

All das gilt allerdings wohl nur bei der tatsächlichen Ausübung einer wirtschaftlichen Tätigkeit mittels einer festen Einrichtung im Aufnahmemitgliedstaat auf unbestimmte Zeit (*Vale*)[664]. Das wiederum stützt sich auf die Feststellung objektiver, von dritter Seite nachprüfbarer Anhaltspunkte. Nicht erfasst sind hingegen rein künstliche Gestaltungen, insbesondere nicht Tochtergesellschaften, die „Briefkastenfirmen" oder „Strohfirmen" sind (*Cadbury Schweppes*)[665].

---

660 EuGH Rs. C-378/10, Urteil vom 12.07.2012 *(VALE Építési kft.)*, Rn. 27 ff., 41, 42 ff., insbes. 48, 50 f., 56 ff.

661 EuGH Rs. C-378/10, Urteil vom 12.07.2012 *(VALE Építési kft.)*, Rn. 24 ff.

662 Generalanwalt *Maduro* spricht in seinen Schlussanträgen bildhaft von einem mitgliedstaatlichen *„Freibrief"*, *„nach Belieben die ‚Todesstrafe' über eine nach ihrem Recht gegründete Gesellschaft zu verhängen"*; Schlussanträge (oben Fn. 654), Rn. 31.

663 *Frobenius*, DStR 2009, S. 487, 491; Bericht Reflexionsgruppe 2011, S. 13 ff., bewertend S. 18: *„paradoxical outcomes"*.

664 EuGH Rs. C-378/10, Urteil vom 12.07.2012 *(VALE Építési kft.)*, Rn. 34.

665 Vgl. EuGH Rs. C-196/04, Urteil vom 12.09.2006 (*Cadbury Schweppes*), Rn. 54, 55, 61, 67, 68, 75. Auch Generalanwalt *Maduro* hatte das in seinen Schlussanträgen i. S. *Cartesio* aufgegriffen; vgl. ebd. (oben Fn. 654), Rn. 29.

Im Bereich der Niederlassungsfreiheit ist somit mittlerweile von der Gründungstheorie auszugehen[666]. *„Gesellschaftsgründer in der EU können – wie aus einer Speisekarte – irgendeine Gesellschaftsform aus irgendeinem anderen Mitgliedstaat wählen"*[667]. Faktisch sind die Unternehmen so bedeutend mobiler geworden – das allerdings unter Inkaufnahme eines beträchtlichen Aufwands aufgrund der mitgliedstaatlichen Unterschiede[668].

Im Übrigen, also bei Staaten, die nicht der EU oder dem EWR[669] angehören (und die auch nicht nach dem Recht eines US-Bundesstaats gegründet sind[670]), bleibt aber aus deutscher Sicht das Recht des effektiven Verwaltungssitzes maßgeblich.

Daneben bleibt der deutsche Gesellschaftsrechtsgeber aber in seiner Hoheit über die eigenen Gesellschaften unberührt. Das deutsche Recht muss zwar Gesellschaften aus der Gemeinschaft mit Blick auf die Niederlassungsfreiheit nach ihrem Gründungsstatut behandeln, muss das aber nicht auch für seine eigenen Gesellschaften tun[671]. Es kommt zu einer gespaltenen Anknüpfung des Gesellschaftsstatuts.

---

666 BGH NJW 2003, 1461; 2004, 3706; 2005, 1648 ff. und 3351 f., zuletzt auch II ZR 158/06 (*Trabrennbahn*), dort insbesondere Rn. 19; vgl. OGH ZIP 03, 1086; *Köster*, ZRP 2008, S. 214, 215.

667 *Zimmer*, FS K. Schmidt 2009, S. 1789, 1790.

668 Vgl. auch Bericht Reflexionsgruppe 2011, S. 13: *„As a result of the case law of the Court of Justice, considerable cross-border mobility is now available for companies despite continuing differences among the national company law regimes of the Member States."* Zu den Folgen des dadurch forcierten Wettbewerb der Rechtsformen *Becht/Mayer/Wagner*, ECGI 2007, S. 1 ff.

669 Die Einbeziehung der EWR-Gesellschaften ergibt sich aus dem Beschluss des Gemeinsamen EWR-Ausschusses Nr. 93/2002 vom 25.06.2002 zur Änderung des Anhangs XXII (Gesellschaftsrecht) des EWR-Abkommens, ABl. L 266 vom 03.10.2002, S. 69, sowie Art. 31 des Abkommens über den Europäischen Wirtschaftsraum, ABl. EU Nr. L 1 vom 03.01.1994, S. 3, http://eur-lex.europa.eu/LexU.riServ/LexUriServ.do?uri=OJ:L:2002:266:0069:0070:DE:PDF bzw. http://eur-lex.europa.eu/LexUriServ/LexUriServ.do?uri=CELEX:21994A0103(01):DE:HTML. Für eine Aktiengesellschaft nach liechtensteinischem Recht BGH, NJW 2005, 3351.

670 Aufgrund Art. XXV Abs. 5 S. 2 des Freundschafts-, Handels- und Schifffahrtsvertrag zwischen Deutschland und den Vereinigten Staaten von Amerika vom 29.10.1954 (BGBl. 1956 II, S. 487) gelten Gesellschaften, die gemäß den Gesetzen und sonstigen Vorschriften des einen Vertragsteils in dessen Gebiet errichtet sind, auch als Gesellschaften dieses Vertragsteils (Meistbegünstigung). Das legt das Heimatrecht der Gesellschaft auf das Gründungsrecht fest. Aus deutscher Sicht hat daher eine in einem Bundesstaat der USA nach dortigem Recht inkorporierte Gesellschaft das Personalstatut dieses Bundesstaates; *Rauscher*, IPR, Rn. 618; *Merkt* in BT-Ausschussdrucks. 17(11)501, S. 34; BGH vom 29.01.2003, VIII ZR 155/02 (für eine AG aus Florida mit Sitz in Deutschland).

671 Vgl. BGH vom 27.10.2008, II ZR 158/06 (*Trabrennbahn*), Rn. 21 ff.; *D. Jasper/Wollbrink* in *Priester/Mayer*, HbGesR III, § 75, Rn. 21; *Frobenius*, DStR 2009, S. 487, 491.

Diese unterschiedliche Anknüpfung wird damit sachlich gerechtfertigt, dass auf der Ebene des Unionsrechts die Möglichkeit bestünde, einer Flucht in die jeweils *„laxesten Anforderungen bei der Gesellschaftsgründung"* durch richtliniengesteuerte Harmonisierung des internationalen oder der materiellen Gesellschaftsrechts entgegen zu wirken[672]. Während die Niederlassungsfreiheit aus Art. 49, 54 AEUV auf gemeinsamen gesellschaftsrechtlichen Mindeststandards und wechselseitigem Vertrauen in die Rechtsordnungen der EU-Mitgliedstaaten gründe, bestehe gegenüber den Rechtsordnungen von Drittstaaten für ein solches Vertrauen keine Grundlage, weshalb dem durch die Sitztheorie gewährten Schutz Dritter insoweit weiterhin der Vorzug gegenüber den Mobilitätsinteressen der Gesellschaft zu geben sei[673]. Somit führen in Deutschland die Sitz- und die Gründungstheorie (noch) eine *„friedliche Koexistenz"*[674].

Differenzierende Lösungsansätze verursachen aber Abgrenzungsprobleme und Rechtsunsicherheit. Insbesondere Gläubiger und andere Dritte werden ein beträchtliches Interesse daran haben, zu wissen, worauf genau sie sich einlassen. Das aber dürfte bei einer einheitlichen Anknüpfung im Sinne eines „entweder/oder" ungleich leichter zu erreichen sein. Die Mischung von Normen aus verschiedenen Rechtsordnungen jedenfalls kann zu erheblichen Anpassungsproblemen führen, z.B. und gerade bei der Verwirklichung der Mitbestimmung[675].

c. Deutsche Mitbestimmung und internationale Sachverhalte

i. Status Quo de lege lata/keine Analogie

Was folgt aus diesen Entwicklungen für die Anwendung der deutschen Mitbestimmungsgesetze? Die deutsche Mitbestimmung ist streng territorial und *„gesellschaftsrechtlich qualifiziert"*[676]. Das MitbestG knüpft ebenso wie das DrittelbG seine Anwendbarkeit an bestimmte Rechtsformen, erfasst aber de lege lata nur deutsche Kapitalgesellschaften[677].

Dass die Regelungen diesem klaren Wortlaut entsprechend zu interpretieren sind, entspricht der ganz h.M in der Literatur: *„enumeratio unius est exclusio*

672 *Palandt/Thorn,* Anhang zu Art. 12 EGBGB, Rn. 9.

673 *Rauscher,* IPR, Rn. 625.

674 *D. Jasper/Wollbrink* in *Priester/Mayer/Wicke,* HbGesR III, § 75, Rn. 33. Zur Notwendigkeit einer einheitlichen Anknüpfung vgl. aber noch BGH vom 30.03.2000, VII ZR 370/98.

675 *Palandt/Thorn,* Anh zu Art. 12 EGBGB, Rn. 2; vgl. auch BGH VII ZR 370/98; *Kindler* in MüKo – BGB 2010, IntGesR, Rn. 543, Einl. IPR, Rn. 593 ff. Kritisch zumindest der Bericht Reflexionsgruppe 2011, S. 24, nach dem es fraglich sei, ob die notwendige Anknüpfung an den Sitz zu den damit verbundenen Einschränkungen der Mobilität und den möglichen Störungen des Wettbewerbs im Verhältnis stehe, auch im Hinblick auf die jeweils eigenen Staatsangehörigen.

676 So *Junker,* NJW 2004, S. 728, 729.

677 §§ 1 I Nr. 1 MitbestG, 1 I Nr. 1–5 DrittelbG.

alterius"[678]. Gestützt wird diese Sichtweise auch durch die Materialien zum MitbestG. Nach der Begründung der Beschlussempfehlung des federführenden Bundestagsausschusses für Arbeit und Sozialordnung hat seinerzeit Einmütigkeit bestanden, dass sich das Gesetz auf Unternehmen beschränkt, die ihren Sitz im Geltungsbereich des Grundgesetzes haben, und Gesellschaften ausländischen Rechts nicht erfasst[679]. Das gilt auch dann, wenn ein ausländisches Unternehmen einen Betrieb auf deutschem Gebiet hat, da es auf den Sitz des Unternehmens und seiner zentralen Organe ankommt[680]. Dieser gesetzgeberische Wille dürfte auch vor einem gewandelten Verständnis zur Sitztheorie immer noch zu respektieren sein[681], denn auch im DrittelbG aus dem Jahr 2004 wird dieser rechtsformbezogene Ansatz der Arbeitnehmerbeteiligung unter konkreter Aufzählung der einbezogenen Gesellschaften weiter verfolgt.

Gewissen Schwierigkeiten begegnet derzeit noch der Fall eines nach nicht-EU-ausländischem Recht gegründeten Unternehmens, das seinen formalen Sitz zwar im Ausland, seinen tatsächlichen Sitz aber im Inland hat[682].

---

678 Zit. nach *Thüsing*, ZAAR 2004, Rn. 4. Eigentlich wohl „*Expressio unius est exclusio alterius*" – „Die ausdrückliche Erwähnung von einem ist der Ausschluss alles anderen", eine Form der wörtlichen Auslegungsregel. Vgl. weiter *Raiser/Veil*, MitbestG, § 1, Rn. 10, 13 f.; *Merkt* in BT-Ausschussdrucks. 17(11)501, S.30; ErfK/*Oetker*, MitbestG § 1, Rn. 3, DrittelbG Einführung, Rn. 3 f.; OLG Stuttgart, Beschluss vom 30.03.1995, 8 W 355/93, (zur Pflicht der deutschen Zwischen-Holding einer schweizerischen AG zur Bildung eines miztbestimmten Aufsichtsrats); *Ulmer/Habersack/Henssler*, MitbestG, § 1, Rn. 8a, 31; *Junker*, ZfA 2005, S. 1, 5 ff.

679 BT-Drucksache 7/4845, S. 4, 7.

680 *Raiser/Veil*, MitbestG, § 1, Rn. 13.

681 So zustimmungswürdig *Thüsing*, ZAAR 2004, Rn. 5, wohl auch *Junker*, ZfA 2005, S. 1, 7; a.A. *Franzen*, RdA 2004, S. 257, 259.

682 Hierfür gilt derzeit noch die Sitztheorie, so dass es für das Organisationsstatut der juristischen Person auf den Verwaltungssitz ankommt. Im Einzelfall kann sich aber die Frage stellen, wann noch eine hinreichende Bindung an den Gründungsstaat als sog. *genuine link* vorliegt, so dass der Verwaltungssitz nicht nur im Inland liegt, woraus ggf. eine Mitbestimmungspflicht folgen könnte. Selbst wenn ein Inlandssitz bejaht wird, lehnt die wohl überwiegende Ansicht in der Literatur aber eine Mitbestimmungspflicht ab. Sie argumentiert zustimmungswürdig damit, dass eine nach ausländischem Recht organisierte Gesellschaft praktisch kaum gezwungen werden kann, einen Aufsichtsrat zu bilden, der in ihrem Heimatrecht eventuell nicht einmal vorgesehen ist, und diesen dann auch noch ggf. paritätisch zu besetzen. Deshalb soll auch in diesem Fall daran festzuhalten sein, dass eine ausländische Gesellschaft nicht mitbestimmungspflichtig sein kann. Etwaige Lücken seien in Kauf zu nehmen. Praktische Bedeutung soll diese Frage vor allem in den Fällen des § 4 MitbestG bei einer GmbH & Co. KG mit einer Komplementärgesellschaft nach Schweizer Recht haben. Vgl. BGHZ 53, 182; 97, 269; 151; 204; II ZR 158/06, Rn. 13; NZG 2009, 94; OLG Düsseldorf 6 U 59/94, Urteil vom 15.12.1994 (keine Anerkennung einer „*Delaware-Corporation*" ohne Aktivitäten/*genuine link* im ameri-

Für ausländische Unternehmen aber, die nach dem Recht eines Mitgliedstaats gegründet worden sind, verlangt die Niederlassungsfreiheit nach dem EuGH, diese auch im Inland uneingeschränkt anzuerkennen und nach dem Gründungsrecht zu behandeln. Dies gilt gerade auch dann, wenn dieses Unternehmen seinen tatsächlichen Sitz im Inland hat und ausschließlich hierzulande tätig ist, also für Scheinauslandsgesellschaften. Aus deutschem Blickwinkel bleibt also beispielsweise eine englische *Private Limited Company* eine *Limited* und eine französische *Société à responsabilité limitée* eine *SARL*, ohne dass es darauf ankommt, wo die Gesellschaft geschäftlich aktiv ist. Hieraus folgt dann die Unanwendbarkeit der deutschen Mitbestimmungsgesetze, weil diese die ausländischen Rechtsformen nicht erfassen[683].

In diesem Zusammenhang wurde früher vereinzelt eine analoge Anwendung der deutschen Unternehmensmitbestimmung auf Scheinauslandsgesellschaften vertreten. Argumentiert wurde hier insbesondere mit einem Parallelschluss zur betrieblichen Mitbestimmung[684].

---

kanischen Gründungsstaat); *Raiser/Veil*, MitbestG, § 1, Rn. 14 ff.; § 1 DrittelbG, Rn. 14.

683 Ein anderer Aspekt ist die Frage der Zurechnung. Hat in einem Konzern die nach dem Recht eines Mitgliedstaats gegründete Tochtergesellschaft ihren Verwaltungssitz im Inland, wird sie auch hierdurch nicht mitbestimmungspflichtig. Das hindert es allerdings nicht, ihre Arbeitnehmer im Zusammenhang mit der Konzernmitbestimmung einer deutschen Muttergesellschaft zuzurechnen. Eine Zurechnung nach § 5 I MitbestG erfolgt auch, wenn eine im Ausland gelegene Tochtergesellschaft wiederum eine im Inland gelegene Enkelgesellschaft hat, da diese gem. § 17 I AktG mittelbar auch von der Muttergesellschaft abhängig ist und so zu dem von ihr geführten Konzern gehört. Ebenso sollen wegen der Parallelität der Interessenlage aus Sicht der Belegschaft auch die in einem im Inland gelegenen Betrieb einer ausländischen Tochtergesellschaft beschäftigten Arbeitnehmer bei der Konzernzurechnung zu berücksichtigen sein. Wird die Konzernleitung von einer Obergesellschaft mit Sitz im Ausland ausgeübt, wird für die im Inland gelegenen Teile des Konzerns die Zurechnung nach § 5 III MitbestG angewendet, was aber nicht ausreichen soll, beim Vorliegen eines Beherrschungsvertrags zugunsten der ausländischen Mutter deren Weisungsrechte auszuhebeln. Eine Beschränkung dieses Weisungsrechts dürfte mit der Niederlassungsfreiheit nicht vereinbar sein; *Raiser/Veil*, MitbestG, § 1, Rn. 49; § 5, Rn. 30 f.; *Ulmer/Habersack/Henssler*, MitbestG, § 5, Rn. 55 f.

684 Für eine analoge Anwendbarkeit des MitbestG wohl *Knobbe-Keuk*, ZHR 154 (1990), S. 325, 347 f., die insofern von einer *„anderweitigen Erstreckung"* spricht. Vgl. auch noch *Zimmer*, IntGesR 1996, S. 146 ff; der allerdings zwischenzeitlich diese Meinung aufgegeben hat *„angesichts der im Ganzen bestehenden Schwierigkeiten der Anwendung deutschen Mitbestimmungsrechts auf Gesellschaften einer abweichenden Organisationsstruktur"*, und eine analoge Anwendung nunmehr als *„fragwürdiges Unterfangen"* bewertet, *Zimmer*, NJW 2003, S. 3585, 3590, Fn. 56.

Mittlerweile jedoch geht wohl die ganz h.M in der Literatur davon aus, dass eine analoge Anwendung ausscheidet[685]. Dem ist zuzustimmen, schon weil es an der für eine Analogie notwendigen planwidrigen Regelungslücke fehlt. Bereits nach dem deutsch-amerikanischen Freundschaftsvertrag von 1954 gilt in diesem Verhältnis die Gründungstheorie, das Problem ist spätestens seitdem bekannt. Hätte der Gesetzgeber eine entsprechende Regelung gewollt, hätte er sie seit langem und zuletzt im Zusammenhang mit dem DrittelbG von 2004 treffen können. Schon deswegen kann von einer Planwidrigkeit nicht die Rede sein. Dies dürfte umso mehr angesichts des aktuellen Referentenentwurfs zum EGBGB gelten[686]

Hieraus folgt, dass ausländische Rechtsformen nach zutreffender Ansicht weder direkt noch analog von den Mitbestimmungsgesetzen erfasst werden[687].

ii. Mitbestimmungsvermeidungsmöglichkeiten

Aus den strikten Vorgaben folgt aber auch, dass es Wege gibt, die deutsche Mitbestimmung zu umgehen, falls das gewünscht wird.

(a) Vor der EuGH-Rspr. i.S. Centros et al.

Allerdings sind Vermeidungsgestaltungen alleine nicht neu. Entsprechende Wege waren auch schon vor der jüngeren Rechtsprechung des EuGH gangbar. Dabei bieten sich mehrere „Stellschrauben“ als Ansatzpunkte an.

• *Rechtsformbezogenheit*

Von den Mitbestimmungsgesetzen betroffen sind, wie gesehen, deutsche Kapitalgesellschaften.

Personenhandelsgesellschaften hingegen unterfallen schon grundsätzlich nicht dem Geltungsbereich der Mitbestimmungsgesetze (ggf. unter Beachtung von § 4 MitbestG)[688]. Relevant ist hier insbesondere die Gestaltung als GmbH &

685 Vgl. nur *Rieble* in *Thüsing*, ZAAR 2004, Rn. 33; *Junker*, ZfA 2005, S. 1, 7; *Merkt* in BT-Ausschussdrucks. 17(11)501, S. 30; a.A. *Sick* in BT-Ausschussdrucks. 17(11)501, S. 37.

686 Hierzu sogleich näher unter Abschnitt 8.e.

687 Vgl. dazu *Ulmer/Habersack/Henssler*, MitbestG, § 1, Rn. 8a; *Raiser/Veil*, MitbestG, § 1, Rn. 10, 13; § 1 DrittelbG, Rn. 14; *Hüffer*, AktG, § 1, Rn. 44; *Junker*, NJW 2004, S. 728, 729; *Götze/Winzer/Arnold*, ZIP 2009, S. 245, 248. Vereinzelt wird in der Literatur diskutiert, ob die Mitbestimmungsgesetze angewendet werden können, wenn ein Unternehmen sich rechtsmissbräuchlich alleine darum einer ausländischen Rechtsform bedient, um so der Mitbestimmung auszuweichen. Dies dürfte im Hinblick auf die EuGH-Rechtsprechung abzulehnen sein, solange es sich nicht ausschließlich um eine Briefkastengesellschaft handelt. Vgl. dazu EuGH Rs. C-167/01 (*Inspire Art*), Rn. 139, *Raiser/Veil*, MitbestG, § 1, Rn. 15a f.

688 Zur auch aus verfassungsrechtlichen Gesichtspunkten getroffenen Entscheidung des Gesetzgebers, die typischen Personengesellschaften mitbestimmungsfrei zu lassen s. BVerfGE 50, 290, 348; *Ulmer/Habersack/Henssler*, MitbestG, § 1, Rn. 32; *Habersack*, ZHR 171 (2007), S. 613, 638.

Co. KG, da bei dieser im Bereich des DrittelbG eine Zurechnung nur stattfindet, wenn auch ein Beherrschungsvertrag abgeschlossen wird (vgl. § 2 II DrittelbG)[689]. Bei einer entsprechenden Unternehmensgröße liegt schon darin eine Vermeidungsoption.

Bei einer entsprechenden Branchenzugehörigkeit ist es auch möglich, den Tendenzbezug des Unternehmens so weit auszudehnen, dass es schon deshalb aus dem Anwendungsbereich der Mitbestimmungsgesetze fällt.

- *Größe*

Bei genügend unternehmerischer Flexibilität bietet es sich an, im Zuge der geschäftlichen Aktivitäten die gesetzlichen Schwellenwerte von mehr als 500 bzw. 2.000 Beschäftigten nicht zu überschreiten und ggf. auch eine entsprechende Zurechnung im Konzern zu vermeiden. Beides ist durch entsprechende Gestaltungen möglich. Die Mitarbeiterzahl z.B. lässt sich u.a. durch den Rückgriff auf Leiharbeitnehmer steuern. Diese dürfen im Rahmen der betrieblichen Beteiligung „wählen aber nicht zählen“, bei der Mitbestimmung aber „weder wählen, noch zählen“[690]. Eine Konzernzurechnung ist u.a. durch den Rückgriff auf den Gleichordnungskonzern vermeidbar.

- *Auslandsgestaltungen*

Mit dem Territorialitätsprinzip ist es dem deutschen Gesetzgeber nicht möglich, Regelungen zur Wahlberechtigung im Ausland zu schaffen. Will ein Unternehmen eine Mitbestimmung umgehen, kann zukünftiges Personalwachstum gezielt ins Ausland verlagert werden[691].

---

689 Theoretisch denkbarer Sonderfall ist hier die Form einer Stiftung und Co. KG. Auch in ihr ist kein mitbestimmter Aufsichtsrat zu errichten. Allerdings unterliegt eine Stiftung der staatlichen Aufsicht und bedarf der Anerkennung durch die zuständige Behörde des Landes, in dem die Stiftung ihren Sitz haben soll, § 80 I BGB. Eine Genehmigung zu rein wirtschaftlichen Zwecken ist aber schwierig. Schon alleine darum soll diese Konstellation kaum praxisrelevant sein, vgl. *Götze/Winzer/Arnold*, ZIP 2009, S. 245, 247; s. auch *Palandt/Ellenberger*, § 80, Rn. 6, 9; *Rieble*, BB 2006, S. 2018, 2019.

690 §§ 3 MitbestG, 3 DrittelbG. Vgl. *Rieble*, BB 2006, S. 2018, 2019 (*„strategische Randbelegschaft“*); *Götze/Winzer/Arnold*, ZIP 2009, S. 245, 246; *Ulmer/Habersack/Henssler*, MitbestG, § 3, Rn. 31; BAG vom 16.04.2003, 7 ABR 53/02.

691 *Henssler* sieht darum in der fehlenden Einbeziehung der im Ausland tätigen Beschäftigten einen *„bemerkenswerten Anreiz des deutschen Gesetzgebers, Produktionsstätten ins Ausland zu verlagern“*, *Henssler*, RdA 2005, S. 330, 331. Zu diesen Auslandsgestaltungen s. *Thüsing*, ZAAR 2004, Rn. 28 *Koberski* in *Fitting/Wlotzke/Wißmann/Koberski/Kleinsorge*, MitbestR, MitbestG, § 3, Rn. 28 ff.; *Rieble*, BB 2006, S. 2018, 2019; differenzierter *Raiser/Veil*, MitbestG, § 1, Rn. 20; vgl. auch *Donges et al.*, Unternehmensmitbestimmung, S. 17, Kommission Mitbestimmung 1998, S. 107.

Möglich ist weiterhin die Gründung einer ausländischen Holdinggesellschaft als Obergesellschaft für in Deutschland befindliche Tochterunternehmen. Haben die deutschen Töchter dann jeweils weniger als 500 Arbeitnehmer, gibt es auch keine Mitbestimmung. Eine Zurechnung der Arbeitnehmer in den Konzernunternehmen nach § 5 MitbestG gilt nur für nationale Konzerne und greift nicht im internationalen Bereich. In einem Nebeneffekt fällt auch der deutsche Konzernbetriebsrat weg[692].

Auch für die unselbständige Zweigniederlassung eines ausländischen Unternehmens in Deutschland stellt sich die Mitbestimmungssituation anders dar. Als nicht eigenständige Unternehmen werden bloße Niederlassungen nicht von den Mitbestimmungsgesetzen erfasst, mangels deutscher Gesellschaftsform ist dort also auch keine Anknüpfung für die deutsche Mitbestimmung möglich[693].

Eine weitere Variante, sich zumindest der paritätischen Mitbestimmung nach dem MitbestG zu entziehen, lag bereits früher in der Gründung einer „Ausländischen Kapitalgesellschaft und Co. KG". Hierbei ist die deutsche Konzernmutter in Gestalt einer KG organisiert, deren einzige Komplementärin eine juristische

---

692 Ggf. ist aber gem. § 5 III MitbestG die Mitbestimmung im internationalen Konzern bei dem der Konzernleitung am nächsten stehenden Unternehmen i.S.v. §§ 1 I Nr. 1, 5 I MitbestG anzusiedeln, was sogar dann gilt, wenn es sich nur um eine bloße Zwischenholding handelt und die Mitbestimmung im Ergebnis leer läuft. Zur Mitbestimmungsvermeidung müssen die Beteiligungen an den deutschen Gesellschaften ggf. direkt von ausländischen Gesellschaften gehalten werden; vgl. *Götze/Winzer/Arnold*, ZIP 2009, S. 245, 247; *Rieble*, BB 2006, S. 2018, 2019; *Thüsing*, ZAAR 2004, Rn. 6; *Ulmer/Habersack/Henssler*, MitbestG, § 5, Rn. 55; *Henssler*, RdA 2005, S. 330, 332; a.A. *Raiser/Veil*, MitbestG, § 5, Rn. 30; vgl. auch OLG Düsseldorf, Beschluss vom 30.10.2006, I-26 W 14/06; OLG Frankfurt, Beschluss vom 21.04.2008, 20 W 342/07. Zum fehlenden Konzernbetriebsrat bei ausländischer Konzernleitung auch BAG, Beschluss vom 14.02.2007, 7 ABR 26/06; alle unter http://www.dejure.org.

693 Praktisch möglich ist dieses Vorgehen z.B., indem ein der Mitbestimmung unterliegendes deutsches Unternehmen sein Betriebsvermögen im Zuge eines *„asset deals"* auf ein ausländisches Unternehmen überträgt, das anschließend das deutsche Unternehmen als Zweigstelle weiterbetreibt, *Siems/Rosenhäger/Herzog*, Der Konzern 2008, S. 393, Fn. 81. Die mitbestimmungsrelevante Schwelle von 500 Arbeitnehmern überschritten im Januar 2010, so weit ersichtlich, 16 solcher Unternehmen, im Jahr 2006 waren es noch sechs. Zwei dieser Unternehmen beschäftigen mehr als 2.000 Arbeitnehmer, nämlich *McDonald's Deutschland Inc.* und *Deere Company.* Diesen ist es aber als US-Unternehmen bereits aufgrund des bilateralen Staatsvertrags zwischen Deutschland und den USA möglich, hierzulande mitbestimmungsfrei tätig zu sein, da die dortigen Bundesstaaten eine Mitbestimmung nicht kennen; *Sick*, Mitbestimmungsrelevanz 2010, S. 4 f.; *Rauscher*, IPR, Rn. 618. Vgl. auch *Neubürger*, ZAAR 2004, Rn. 23, 47. *Götze/Winzer/Arnold*, ZIP 2009, S. 245, Fn. 13, nennen als weitere Beispiele *McKinsey & Company Inc., Federal Express Europe Inc., Cortal Consors S.A.* und *Mitsubishi Electric Europe B.V.*

Person ausländischen Rechts ist, die ihren Registersitz im Ausland hat. Bei einer deutschen GmbH und Co. KG werden im Anwendungsbereich des Mitbestimmungsgesetzes die Arbeitnehmer der KG der als Komplementärin fungierenden GmbH zugerechnet, § 4 MitbestG. Bei einer ausländischen Kapitalgesellschaft gilt dies aber gerade nicht, so dass das Unternehmen mitbestimmungsfrei bleibt[694].

Es zeigt sich also, dass es bereits vor den Entwicklungen durch die neuere EuGH-Rechtsprechung zu einer mindestens uneinheitlichen Mitbestimmungsanwendung kommen konnte und auch tatsächlich kam.

(b) Seit der EuGH-Rspr. i.S. Centros et al.

Mittlerweile können die mitgliedstaatlichen Kapitalgesellschaften auch in ihrer ursprünglichen Rechtsform in Deutschland unter Anwendung des ausländischen Gesellschaftsstatuts tätig werden. Hierdurch haben die Unternehmen neue Wahlmöglichkeiten erhalten. Die Gesellschaftsformen des nationalen Rechts können durch Alternativen aus anderen Ländern substituiert werden. Darüber hinaus können sie auch mobilisiert, also gezielt verlagert, werden[695].

Wie gesehen gilt nunmehr grundsätzlich für alle Fälle des Zuzugs von Gesellschaften in einen Mitgliedstaat, die nach dem Recht eines anderen Mitgliedstaates gegründet worden sind, auch im Bereich der Niederlassungsfreiheit das Herkunftslandprinzip. Hieraus folgt, dass ein aufnehmender Mitgliedstaat es

694 Vgl. *Zimmer*, NJW 2003, S. 3585, 3590 f.; *Henssler*, RdA 2005, S. 330, 332, *ders.* in BT-Ausschussdrucks. 17(11)501, S. 21 f.; *Thüsing*, ZAAR 2004, Rn. 6; *Weiss/Seifert*, ZGR 2009, S. 544; *Merkt* in BT-Ausschussdrucks. 17(11)501, S. 34; *Sick* in BT-Ausschussdrucks. 17(11)501, S. 37 ff.; *Ulmer/Habersack/Henssler*, MitbestG, § 4, Rn. 11; *Raiser/Veil*, MitbestG, § 4, Rn. 5; vgl. auch OLG Stuttgart, Beschluss vom 30.03. 1995, 8 W 355/93, unter http://www.dejure.org. Zur Komplementärfähigkeit einer ausländischen Kapitalgesellschaft *Baumbach/Hopt*, HGB, Anh. § 177 a, Rn. 11. *Rieble*, BB 2006, S. 2018, 2019 weist zudem darauf hin, dass hier auch eine ausländische Stiftung Komplementär sein kann. Je nach gewähltem Stiftungsrecht ergeben sich so weitere, mitunter recht preiswerte Ausweichmodelle; vgl. auch *dens.* in BT-Ausschussdrucks. 17(11)501, S. 58. Prominente Beispiele für das hier genannte Vermeidungsmodell stellen nach Angaben der *Hans-Böckler-Stiftung* die Fluggesellschaft *Air Berlin PLC & Co Luftverkehrs KG* mit ca. 8.000 Beschäftigten, das Logistikunternehmen *Dachser GmbH (Österreich) & Co. KG* mit ca. 8.500 Beschäftigten und die Drogeriekette *Müller Ltd. & Co. KG* mit ca. 15.000 Beschäftigten dar; http://www.boeckler.de/32015_103063.html. Eine explizite Flucht vor der Mitbestimmung soll nach Gewerkschaftsangaben bei der deutschen Tochter der schwedischen Modehandelskette *H&M* aufgetreten sein. Als Reaktion auf die dortige Belegschaftsforderung nach gesetzlicher Mitbestimmung im Aufsichtsrat habe sich das Unternehmen zwischenzeitlich von der GmbH zur B.V. & Co. KG organisiert; *Hexel*, DGB-Stellungnahme 2011, S. 1; *Sick* in BT-Ausschussdrucks. 17(11)501, S. 39.

695 *Frobenius*, DStR 2009, S. 487, 487.

solchen Unternehmen, die nach dem Recht eines anderen Mitgliedstaats gegründet worden sind, grundsätzlich nicht verwehren kann, ihren Verwaltungssitz unter Wahrung ihrer gesellschaftsrechtlichen Identität in diesen Mitgliedstaat zu verlegen. Der Aufnahmestaat hat dann die Pflicht, die zuziehende Gesellschaft ausländischen Rechts im Rechtsverkehr anzuerkennen.

Das Gesellschaftsstatut bestimmt sich auch in solchen Zuzugsfällen nach dem Recht des Gründungsstaats. Wenn eine (dann) in Deutschland tätige Gesellschaft einem ausländischen Gesellschaftsstatut unterliegt, ist auch das ausländische Mitbestimmungsrecht anzuwenden. Das setzt allerdings voraus, dass es im Gründungsstaat der Gesellschaft überhaupt Mitbestimmungsregelungen gibt.

Ein Unternehmen, das in Deutschland seine Hauptverwaltung hat, kann die Anwendung der deutschen Unternehmensmitbestimmung somit also auch dadurch ausschließen, dass es sich einer mitbestimmungsfreien Gesellschaftsform aus einem anderen Mitgliedsstaat der EU bzw. des EWR bedient, ggf. auch in einer Mischform[696]. Hierin liegt mit der Rechtsprechung des EuGH kein Missbrauch, sondern eine legitime Nutzung[697].

Technisch möglich ist dies, neben der bereits erwähnten ausländischen Holding, indem eine bestehende Gesellschaft aus einem anderen Mitgliedstaat ihre Hauptverwaltung nach Deutschland verlegt, indem ein deutscher Unternehmensgründer direkt eine ausländische Gesellschaftsform wählt oder indem das Unternehmen der deutschen Gesellschaft in eine ausländische Zielgesellschaft eingebracht wird[698].

---

696 Denkbar ist z.B. eine Ltd. & Co. KG. Derartige Mischformen zwischen Kapital- und Personengesellschaften sind in Deutschland möglich, im Ausland jedoch entweder ausdrücklich verboten (z.B. in der Schweiz, Art. 594 OR [„Bundesgesetz betreffend die Ergänzung des Schweizerischen Zivilgesetzbuches (Fünfter Teil: Obligationenrecht) vom 30.03.1911, Stand 01.01.2013 unter http://www.admin.ch/opc/de/classified-compilation/19110009/index.html]) oder haben sich in der Praxis nicht durchgesetzt, z.B. in Frankreich; *Wachter*, GmbHR 2005, S. 717, 721.

697 Vgl. oben Abschnitte 8. a., b. vgl. auch Bericht Reflexionsgruppe 2011, S.15: *„[...] Nor does it constitute abuse to form a company in a certain Member State to take advantages of more favourable legislation in that Member State. Thus, it does not constitute abuse to take advantage of differences between Member States in respect of taxes or legislation in force, for example company law.“*

698 Vgl. *D. Jasper/Wollbrink* in *Priester/Mayer/Wicke*, HbGesR III, § 75, Rn. 73 ff.; *Zimmer*, NJW 2003, S. 3585, 3586 f.; BDA/BDI 2004, S. 15; *Cerioni*, EuLF 2005, S. I-137, I-140; *Henssler*, RdA 2005, S. 330, 332 f.; *Rieble*, BB 2006, S. 2018, 2019; *Weiss/Seifert*, ZGR 2009, S. 542, 543; *Götze/Winzer/Arnold*, ZIP 2009, S. 245, 248 ff., dort auch zum Sonderfall der (grenzüberschreitenden) Anwachsung bei einer Personengesellschaft nach dem Prinzip von § 738 I 1 BGB; hierzu auch *Müller-Bonanni/Müntefering*, NJW 2009, S. 2347, 2350.

(c) Supranational

- *SE/SCE*

Weitere Gestaltungsmöglichkeiten bieten sich durch die Entwicklungen auf supranationaler Ebene, beginnend mit der, noch näher zu behandelnden, SE[699].

Mit der SE wurde auch die monistische Organisationsverfassung in Deutschland etabliert. Bereits das bedeutet ein Mehr an Gestaltungsoptionen.

Wesentlichste Neuerung aus Beteiligungssicht ist aber, dass hier die Mitbestimmung grundsätzlich privatautonom gestaltet wurde. Über ein (vergleichsweise aufwändiges) Verhandlungsverfahren nebst gesetzlicher Auffangregelung lassen sich zwischen Unternehmen und Arbeitnehmern individuelle Mitbestimmungsvereinbarungen aushandeln, und zwar, da insofern Einheitlichkeit herrscht, grundsätzlich auch unter Einschluss der betrieblichen Beteiligung[700]. Die entsprechenden Arbeitnehmervertreter werden nicht mehr nur von den deutschen Arbeitnehmern bestimmt, sondern von der Gesamtbelegschaft. Schon das kann zu einem grundsätzlich anderen Modell der gelebten Beteiligung führen.

Ist eine Mitbestimmungsvereinbarung getroffen, geht diese vor. Die SE wird gegen weitere Entwicklungen immunisiert. Anders als in den deutschen Kapitalgesellschaften sind dort keine, schon gar keine dynamischen, Schwellenwerte vorgesehen[701]. Ein einmal gefundenes Modell bleibt also gültig, unabhängig davon, wie sich die Arbeitnehmerzahl der SE entwickelt. Sieht die Mitbestimmungsvereinbarung ihrerseits keine Anpassungsklauseln vor, bleiben etwaige Zuwächse in der Belegschaft ebenso unberücksichtigt wie deren Abschmelzen. Auf diese Weise lässt sich ein in den Gründungsunternehmen vorhandenes Mitbestimmungsniveau „einfrieren". Je nach gewählter Gründungsart bedeutet das mitunter auch eine Zementierung der Mitbestimmungsfreiheit[702]. Die Auffangregelung sorgt aber dafür, dass ein etwa bestehender Status quo in seinen Grundzügen geschützt wird. Insofern ist es nur bedingt richtig, von einer „Flucht aus der Mitbestimmung" zu sprechen, die durch die SE ermöglicht wird. Treffender wäre wohl „grundsätzliche Konservierung".

Für Unternehmen unterhalb der jeweiligen Schwellenwerte liegt hierin die Möglichkeit, sich vor einem Anwachsen der Mitbestimmung zu schützen, indem

---

699 Näher dazu sogleich unter Teil 4 B.

700 Vgl. Art. 4 I, II SE-RL; §§ 1 II, 21, 22 SEBG.

701 Das entsprechende deutsche Umsetzungsgesetz SEBG ist lex specialis zu MitbestG und DrittelbG. Es hält seinerseits keine Schwellenwerte vor, deren Über- oder Unterschreiten zu einem Wechsel des Mitbestimmungsstatus führen könnte. Ein Rückgriff auf die nationalen Schwellenwerte ist aber ausgeschlossen, § 47 I Nr. 1 SEBG.

702 *Rieble*, BB 2006, S. 2018, 2020 f. für eine Gestaltung durch Umwandlung mit einem bislang nicht mitbestimmten deutschen Unternehmen und einem mitbestimmungsfreien Partner aus dem Unionsgebiet.

„rechtzeitig" ein Formwechsel zur SE vollzogen wird[703]. Aber auch als Holding im Konzern ergeben sich Gestaltungsmöglichkeiten[704].

Inhaltlich ist die Bandbreite der Gestaltungen beträchtlich. Sie reicht von individuellen Anpassungen bis hin zu einer vollständigen Abschaffung einer bereits bestehenden Mitbestimmung, wobei letzteres allerdings an qualifizierte Mehrheitserfordernisse geknüpft ist. Möglich ist auch eine Verkleinerung des Leitungsgremiums. Entscheidet sich die SE für ein kleineres Leitungsorgan als es das deutsche Recht vorsieht, kann auf diesem Weg zwar nicht der Anteil, aber die absolute Anzahl der Arbeitnehmervertreter im Gremium reduziert werden. Möglich ist dann auch eine Umgehung der Sitzplatzreservierungen für Gewerkschaftsvertreter und leitende Angestellte[705].

Falls gewünscht kann die SE nach Ablauf von zwei Jahren in eine dem Recht des Sitzstaats unterliegende nationale Aktiengesellschaft umgewandelt werden. Wählt

---

703 *Ulmer/Habersack/Henssler*, MitbestG, Einl. SEBG, Rn. 193 ff.; *Götze/Winzer/Arnold*, ZIP 2009, S. 245, 250 ff.; *Rieble*, RLR 2009, S. 209, 240 f.; *ders.*, NJW 2006, S. 2214, 2216 f. Zum praktischen Verfahren *Funke*, NZA 2009, S. 412 ff. Das gilt vor allem für bereits drittelparitätisch bestimmte Unternehmen, die kurz vor dem Schwellenwert des MitbestG stehen. Für eigentümerzentrierte mitbestimmungsfreie Kapitalgesellschaften soll auch die monistische SE praktische Relevanz besitzen, vgl. *Finzer*, Handelsblatt, 16.04.2009, *„Mitbestimmung in der Europa-AG"* sowie die Darstellung bei „Börse ARD" vom 17.03.2010, „SE – Darf's eine Prise Europa sein?".

704 Beispiel nach *Henssler*, RdA 2005, S. 330, 335: Aus der Verschmelzung einer französischen *S.A.* und einer deutschen, nicht mitbestimmten AG geht eine SE mit Sitz in Deutschland hervor. Diese übernimmt anschließend vollständig die Anteile einer drittelparitätisch mitbestimmten GmbH mit 1.800 Beschäftigten und einer nicht mitbestimmten AG mit 400 Arbeitnehmern. Mitbestimmungsrechtlich ändert sich nichts. Die SE bleibt ebenso mitbestimmungsfrei wie die Tochter-AG, die GmbH behält die Drittelparität. Eine Zurechnung zur SE findet nicht statt.

705 Das gilt sogar bei der ggf. greifenden Auffangregelung, da diese den Arbeitnehmervertretern keine absolute Anzahl an Plätzen garantiert, sondern nur einen entsprechenden Anteil, § 35 II 2 SEBG. Die Größe des Organs selbst wird aber durch Satzung festgelegt. Vorgegeben ist nur eine Mindestzahl von drei Mitgliedern und eine danach durch drei teilbare Zahl, § 17 I SEAG. § 36 SEBG bestimmt zwar die Verteilung, ggf. auch für Gewerkschaftsvertreter und leitende Angestellte, § 36 III i.V.m. 6 III, IV SEBG, das läuft aber leer, wenn das Unternehmen die Gesamtzahl der Sitze auf sechs begrenzt. Vgl. hierzu *Rieble*, BB 2006, S. 2018, 2021; *Habersack*, ZHR 171 (2007), S. 613, 631 ff.; *Jacobs*, FS K. Schmidt 2009, S. 795, 803 ff. 809 ff.; *Jacobs* in MüKo-AktG 2012, § 2 SEBG, Rn. 21, § 35 SEBG, Rn. 9. *Habersack*, ZHR 171 (2007), S. 613, Fn. 75, sieht *„vor allem"* in der Größenbegrenzung das Motiv für die Rechtsformwahl zur SE in den prominenten Fällen *BASF*, *Fresenius* und *Porsche Holding*. *Baums* erachtet es in diesem Zusammenhang als *„bezeichnend"*, dass sich die börsennotierten SE durchweg für einen Aufsichtsrat mit zwölf Mitgliedern entschieden hätten, *Baums*, NJW-Spezial 2009, S. 410, 410.

man hier eine entsprechende Rechtsform, lässt sich auch Mitbestimmungsfreiheit erreichen[706].

Entsprechende Regelungen bestehen bei der Europäischen Genossenschaft (SCE)[707].

• *Verschmelzungsrichtlinie*

Eine Verhandlungslösung gilt auch bei der grenzüberschreitenden Verschmelzung auf eine deutsche Kapitalgesellschaft nach der sog. Verschmelzungsrichtlinie[708]

Die Verschmelzungsrichtlinie regelt die grenzüberschreitende Verschmelzung von Kapitalgesellschaften aus verschiedenen EU-Mitgliedstaaten. Sie geht dabei von der Anwendung des jeweiligen Gründungsrechts auf die zu verschmelzenden Gesellschaften aus und gibt lediglich für das Verfahren unionsrechtliche Rahmenvorgaben. Am Ende steht dann wieder eine Gesellschaft nationalen Rechts, aber gerade keine genuin europäische Rechtsform. Hinsichtlich der Mitbestimmung bestehen konzeptionell deutliche Parallelen zur SE. Auch in diesem Fall gilt ein Verhandlungsverfahren nebst Auffangregelung. Letztere orientiert sich grundsätzlich am bereits bestehenden Mitbestimmungssystem mit dem höchsten Mitbestimmungsniveau. Allerdings bleibt anders als bei der SE die betriebliche Beteiligung im Rahmen der Verschmelzungsrichtlinie außen vor. Insoweit bleibt es beim nationalen Recht des Sitzstaats und den einschlägigen Richtlinien[709]. Daneben hält die Verschmelzungsrichtlinie im Vergleich zur SE-RL einige bedeutende Vereinfachungen bereit.

Mittels der Verschmelzung einer ausländischen Tochtergesellschaft auf die deutsche Mutter kann also erreicht werden, dass eine deutsche AG oder GmbH

---

706 Art. 66 SE-VO; vgl. z.B. *Kisker*, RdA 2006, S. 206, 208.

707 Richtlinie 2003/72 EG des Rates vom 22. Juli 2003 zur Ergänzung des Statuts der Europäischen Genossenschaft hinsichtlich der Beteiligung der Arbeitnehmer, ABl. L 207 vom 18.08.2003, S. 25, näher dazu sogleich Teil 4 B. IV.

708 Richtlinie 2005/56/EG des Europäischen Parlaments und des Rates vom 26. Oktober 2005 über die Verschmelzung von Kapitalgesellschaften aus verschiedenen Mitgliedstaaten, ABl. L 310 vom 25.11.2005, S. 1, zuletzt geändert durch Richtlinie 2009/109/EG des Europäischen Parlaments und des Rates vom 16. September 2009 zur Änderung der Richtlinien 77/91/EWG, 78/855/EWG und 82/891/EWG des Rates sowie der Richtlinie 2005/56/EG hinsichtlich der Berichts- und Dokumentationspflicht bei Verschmelzungen und Spaltungen, ABl. L. 259 vom 02.10.2009, S. 14. Zur Umsetzung in Deutschland vgl. das Gesetz über die Mitbestimmung der Arbeitnehmer bei einer grenzüberschreitenden Verschmelzung vom 21. Dezember 2006 (BGBl. I S. 3332), zuletzt geändert durch Gesetz vom 30.07.2009 (BGBl. I 2479), MgVG, daneben die §§ 122a ff. UmwG. Näher dazu sogleich Teil 4 D.

709 Art. 16 Verschmelzungsrichtlinie. Vgl. die entsprechende Regierungsbegründung, BR-Drucksache 540/06, S. 30 ff.

ihr spezifisches Mitbestimmungsmodell mit der Belegschaft aushandeln kann; der *„Krücke"* des Formwechsels in die SE bedarf es dann gar nicht (mehr)[710].

Da es nach dem abstrakt-generellen Gesetzeswortlaut auch nicht darauf ankommt, ob der aufnehmende Rechtsträger oder der untergehende ausländische Rechtsträger im Zeitpunkt des Wirksamwerdens der Verschmelzung ausländische Arbeitnehmer beschäftigt, besteht für interessierte Unternehmen die Möglichkeit, kurzfristig im Ausland einen arbeitnehmerlosen Mantel zu gründen oder zu erwerben und diesen dann als „Verschmelzungsvehikel" einzusetzen[711].

Die Vorgaben bzgl. SE/SCE und Verschmelzungsrichtlinie sind europarechtlich zwingend. Da sie damit der Disposition des deutschen Gesetzgebers entzogen sind bieten sich neue Wege, die deutsche Mitbestimmung zumindest abzumildern.

(d) Alternative Sitzverlegung?

Insbesondere für KMU kann diese Variante interessant sein, da sie weniger aufwendig ist als z.B. eine grenzüberschreitende Verschmelzung[712]. Statt den Weg einer grenzüberschreitenden Verschmelzung oder einer SE-Gründung zu gehen und so mit einer Verhandlungslösung wertvolle Zeit zu verlieren bzw. die Auffangregelung in Kauf nehmen zu müssen, würde man statt dessen lediglich den Satzungssitz in einen Mitgliedstaat ohne Mitbestimmung verlegen müssen[713]. Im Hinblick auf die Mitbestimmung führt die Annahme eines generellen „Rechts auf Statutenwechsel" im Ergebnis dazu, dass sich so ganz neue, u.U. auch deutlich „einfachere" Umgehungsmöglichkeiten ergeben.

Gegenwärtig muss für eine Sitzverlegung noch zunächst unterschieden werden, ob sie im Geltungsbereich der Sitz- oder in dem der Gründungstheorie stattfindet. Weiter muss differenziert werden, ob der Verwaltungs- und/oder der Satzungssitz verlegt wird und schließlich, ob der Sitz innerhalb der EU oder ins Nicht-EU-Ausland verlegt wird.

---

710 *Baums*, NJW-Spezial 2009, S. 410, 410; *Götze/Winzer/Arnold*, ZIP 2009, S. 245, 249, 252 ff.; anschaulich zu Hinaus- bzw. Hineinverschmelzung *Habersack*, ZHR 171 (2007), S. 613, 620 ff.; *Teichmann*, Der Konzern 2007, S. 89, 96 (*„ein europäisch abgesicherter Weg [...], um der deutschen Mitbestimmung zu entgehen"*).

711 § 5 Nr. 3 MgVG. *Brandes*, ZIP 2008, S. 2193, 2196.

712 Vgl. z.B. Bericht Reflexionsgruppe 2011, S. 20: *„A merger is a particular form of restructuring, because it entails a mingling of assets, a combination of liabilities and an exchange of ownership rights that requires certain kinds of information to be disclosed and difficult estimations of comparative value to be performed. Thus, the Directive* [= die Verschmelzungsrichtlinie, Anm. d. Verf.] *is a more complicated and costly procedure compared to the more simple transfer from one regime to another, which is of importance for SMEs."*

713 *Däubler/Heuschmid*, NZG 2009, S. 493, 495 f. Ein Anschlussproblem sei aber, wem das aktive und passive Wahlrecht zukommen soll, wenn eine deutsche Gesellschaft ihren Verwaltungssitz ins Ausland verlegt und so Führungskräfte und Belegschaften aus dem Wahlrecht herausfallen.

• *Sitzverlegung bei Sitztheorie*
Im Geltungsbereich der Sitztheorie führt eine Sitzverlegung zu einem Statutenwechsel[714]. Die juristische Person untersteht dann dem Recht des neuen Sitzstaats. Hierzu muss aber das alte Recht der Gesellschaft den identitätswahrenden Wegzug erlauben. Die Gesellschaft kann also nur dann fortbestehen, wenn sowohl das alte als auch das neue Gesellschaftsstatut die Sitzverlegung zulassen. Hierbei kann das alte Gesellschaftsstatut in den Fortbestand der Gesellschaft eingreifen, z.B. indem es anlässlich der Sitzverlegung die Gesellschaft auflöst oder ihre Auflösung durch Auflösungsbeschluss und Liquidation als zwingende Folge anordnet. Das neue Gesellschaftsstatut kann evt. einen identitätswahrenden Zuzug verbieten und eine Neugründung in einer Rechtsform des neuen Gesellschaftsstatuts verlangen[715].

• *Sitzverlegung bei Gründungstheorie*
Soweit die Gründungstheorie gilt, wirkt sich die Verlegung des Verwaltungssitzes nicht auf die Rechtspersönlichkeit einer Gesellschaft oder sonstigen juristischen Person aus. Innerhalb der EU und des EWR darf der Zuzugsstaat die Existenz der Gesellschaft nicht davon abhängig machen, dass sie sich in seinen zur Verfügung stehenden Rechtsformen neu gründet. Ein Wechsel des anwendbaren Rechts ist mit der Sitzverlegung nicht verbunden; die zuziehende Gesellschaft bleibt rechtsfähige Gesellschaft ihres Gründungsrechts und wird nicht identitätswahrend zu einer Gesellschaft des Zuzugstaates. Viel mehr besteht die vom Gründungsstaat verliehene Rechts- und Parteifähigkeit unverändert fort. Allerdings darf der Wegzugstaat die Sitzverlegung (sachrechtlich) mit der Auflösung der Gesellschaft sanktionieren, was de facto auch den Zuzug in einen anderen EU-Mitgliedstaat verhindert (*Cartesio*).

• *Situation in Deutschland*
In Deutschland konnte bisher der Satzungssitz nicht frei gewählt werden; vielmehr musste er auch an dem Ort sein, an dem sich die Geschäftsleitung befindet. Eine Verlegung des Verwaltungssitzes, also des Ortes, an dem die grundlegenden Entscheidungen der Unternehmensleitung in die laufenden Geschäftsführungsakte umgesetzt werden, hatte bislang aufgrund der Sitztheorie und der Anknüpfung

---

714 BGHZ 97, 269; die juristische Person besteht aber unter Wahrung ihrer Identität fort, wenn dies nach dem Recht sowohl des alten wie des neuen Sitzes statthaft ist.

715 Vgl. die vom II. ZS des BGH entwickelte Lösung, eine nach dem Recht des Gründungsstaats rechtsfähige ausländische Gesellschaft nach Sitzverlegung ins deutsche Inland unter Anwendung der Sitztheorie nach deutschem Recht als rechtsfähige BGB-Gesellschaft zu behandeln, BGHZ 151, 204; dazu *Palandt/Thorn,* Anhang zu Art. 12 EGBGB, Rn. 5 f.; *Kindler* in MüKo – BGB 2010, IntGesR, Rn. 519 ff.

des Satzungssitzes an den Verwaltungssitz technisch ein Amtslöschungsverfahren und somit die Auflösung der Gesellschaft zur Folge.

Seit Inkrafttreten des MoMiG hat sich in Deutschland für die AG und die GmbH eine neue Ausgangssituation ergeben.

Durch dieses Gesetz wurden in § 5 AktG und in § 4a GmbHG die jeweiligen Absätze 2, die einen inländischen Verwaltungssitz verlangten, gestrichen. Gleichzeitig wurde im bisherigen Absatz 1 bei den Anforderungen an die Satzung ein Sitz „im Inland" vorausgesetzt. Es ist daher möglich, den Verwaltungssitz ins Ausland zu verlegen (und dabei das Statut zu wechseln)[716], solange nur die in der Satzung vorgesehen Verankerung im Inland aufrechterhalten bleibt. Hierfür reicht die Angabe eines Registersitzes und einer Geschäftsanschrift im Inland[717]. Damit fiele die Anknüpfung an den Sitz „im Geltungsbereich des Grundgesetzes" weg und es entfiele auch die deutsche Mitbestimmung[718]. Es macht aber nur eine Verlegung in einen solchen Staat Sinn, der auch der Gründungstheorie folgt, da es bei Ländern mit Sitztheorie automatisch zu einem Statutenwechsel käme und das dortige Gesellschaftsrecht eingreifen würde[719]. Die Zugehörigkeit zum inländischen Recht geht erst dann verloren, wenn der Satzungssitz ins Ausland verlegt wird. In diesem Fall wäre, wie bisher, die Gesellschaft aufzulösen und im anderen Staat nach dessen Vorschriften neu zu gründen. Ein etwaiger Beschluss, der die Auflösung der Gesellschaft bewusst verneint, würde gegen zwingendes Recht und die Intention des deutschen Gesetzgebers verstoßen, einen Anknüpfungspunkt für die Satzung im Inland zu halten; er wäre daher nichtig gem. § 241 Nr. 3 AktG (ggf. analog)[720].

---

716 Dazu *Frobenius*, DStR 2009, S. 487, 492.

717 §§ 39 I 1 AktG, 10 I 1 GmbHG.

718 Zur Ankübpfung an den Sitz „im Geltungsbereich des Grundgesetzes" BT-Drucks. 7/4845 vom 10.03.1976, S. 4, zur Nichteinbeziehung einer solchen GmbH/AG *Krause* in *Hirte/Teichmann* SPE 2013, S. 375, 390 f. (*„To be absolutely precise, it could happen under § 4a of the [...] GmbHG or § 5 of the [...] AktG as amended by the [...] MoMiG that if there is only a linkage to the Member State where the central administration is located, that a company (GmbH or AG) registered in Germany which had its workforce in Germany but its central administration abroad would not fall under German co-determination law."*).

719 Vgl. *Däubler/Heuschmid*, NZG 2009, S. 493, 494; *Kindler*, NZG 2009, S. 130, 133.

720 *Däubler/Heuschmid*, NZG 2009, S. 493, 494; *D. Jasper/Wollbrink* in *Priester/Mayer/Wicke*, HbGesR III, § 75, Rn. 85. Noch anders ist die Situation aber für die übrigen Gesellschaftsformen des deutschen Rechts. Personengesellschaften haben neben dem Sitz der Verwaltung keinen Satzungssitz, *Hopt* in Baumbach/*Hopt*, HGB, § 106, Rn. 8. Ferner fehlt eine entsprechende Vorschrift zu §§ 4a GmbHG, 5 AktG nF. Daher führt die Sitztheorie für sie bislang dazu, dass eine Sitzverlegung ins Ausland als Auflösung betrachtet wird, *Hopt* in *Baumbach/Hopt*, HGB, vor §§ 105 ff., Rn. 29. Das aber ist mittlerweile nicht mehr uneingeschränkt zulässig. Das nationale Recht bleibt nur insoweit frei, wie eine Gesellschaft nicht das Statut des Zuzugsstaats annehmen will; hier kann es auch an der zwangsläufigen Auflösung festhalten. Das gilt aber nicht mehr im Fall

Soll nun isoliert der Satzungssitz in ein anderes Land verlegt werden, ohne dass sich an den tatsächlichen gesellschaftlichen Aktivitäten, insbesondere am Verwaltungssitz, irgendetwas ändert, würde hierdurch die Niederlassungsfreiheit nicht berührt, da – abgesehen von einer eventuellen Registereintragung – gerade keinerlei Aktivitäten in einen anderen Staat verlegt würden. Man würde sich gerade nicht dort „niederlassen". Es gilt demnach sowohl bei inner- als auch bei außereuropäischen Sachverhalten deutsches Sachrecht, wegen der aus deutscher Sicht (noch) anzuwendenden Sitztheorie hat die Verlegung des Satzungssitzes keinerlei Auswirkungen auf das für das Gesellschaftsstatut maßgebende Recht[721].

Problematischer ist der Fall der Verlegung von Satzungs- und Verwaltungssitz. Nach *Cartesio* haben die Mitgliedstaaten einen Spielraum dahingehend, dass sie einen Wegzug durch Verlegung des Verwaltungssitzes nicht nur erschweren sondern auch ganz ausschließen können[722]. Letztlich könnten so aber die Mitgliedstaaten über die Reichweite der (primären) Niederlassungsfreiheit entscheiden, im denkbaren Extremfall sogar *„mit einem Federstrich"*[723] alle nach ihrem jeweiligen Recht gegründeten Gesellschaften von dieser ausschließen und so *„die ‚Todesstrafe' über eine nach ihrem Recht gegründete Gesellschaft (...) verhängen"*[724]. Da so ein essentieller Teil des Gemeinschaftsrechts zur Disposition der Mitgliedstaaten stehen würde, erklärt der EuGH, es gebe *„keinesfalls irgendeine Freistellung des nationalen Rechts über die Gründung und Auflösung von Gesellschaften von der Beachtung der Vorschriften des EG-Vertrags über die Niederlassungsfreiheit"*[725]. Daher sieht der EuGH ein Recht auf Sitzverlegung mit Statutenwechsel vor[726]. Hierbei wird aber gleichzeitig die Eigenständigkeit der Mitgliedstaaten dahingehend betont, zu bestimmen, wer ihnen konkret als Subjekt zugerechnet werden kann. Diese Entscheidungskompetenz würde aber ausgehebelt, wenn man ein generelles, in beliebigen

---

eines Statutenwechsels (bei grenzüberschreitender Sitzverlegung), der ebenfalls möglich sein muss; *Frobenius,* DStR 2009, S. 487, 492; hier auch näher zu den steuerlichen Konsequenzen. Von diesen Vorgaben ausgenommen sind auch all jene Gesellschaften, die keinen Erwerbszweck verfolgen, so dass es für sie bei den Vorgaben des nationalen Rechts bleibt.

721 *Kindler* in MüKo – BGB 2010, IntGesR, Rn. 520 f.; *D. Jasper/Wollbrink* in *Priester/Mayer/Wicke,* HbGesR III, § 75, Rn. 84 f.; mit *Däubler/Heuschmid,* NZG 2009, S. 493, 494 gibt es *„keine von wirtschaftlichen Aktivitäten losgelöste Freiheit der Rechtswahl im Gemeinschaftsrecht."*

722 Freilich eingeschränkt; die mitgliedstaatliche Hoheit erlaubt es nicht, eine Gesellschaft in ihrer eigenen Rechtsordnung festzuhalten, wenn diese bereit sein sollte, ihr Statut zu wechseln. Die Mitgliedstaaten haben zwar die Hoheit über die rechtliche Anerkennung als eine eigene Gesellschaft, aber nicht die Befugnis, eine Gesellschaft *„als tatsächliches Substrat"* im eigenen Land zu halten; *Frobenius,* DStR 2009, S. 487, 488.

723 *Däubler/Heuschmid,* NZG 2009, S. 493, 495.

724 Generalanwalt *Poiares Maduro,* Schlussanträge (oben Fn. 654), Rn. 31.

725 EuGH Rs. C-210/06 (*Cartesio*), Rn. 112.

726 *Däubler/Heuschmid,* NZG 2009, S. 493, 495; *Kindler,* NZG 2009, S. 130, 131.

Situationen eingreifendes Recht auf Sitzverlegung mit Statutenwechsel annehmen würde. Um diese Spielräume der Mitgliedstaaten zu achten, wird der Statutenwechsel ausdrücklich unter den Vorbehalt gestellt, dass die „Umwandlung" nach dem Recht des Aufnahmestaats „möglich" sein muss[727].

Was geschehen würde, wenn weder der bisherige Sitzstaat den Wegzug noch der Zuzugsstaat die Aufnahme der Gesellschaft in seine Rechtsordnung gestatten würde, wird nicht angesprochen. Der Gerichtshof beschränkt sich darauf zu verbieten, dass eine Auflösung und Liquidation verlangt wird, lässt dabei aber die entscheidenden Fragen offen. Eine Umwandlung in eine Gesellschaft nach dem Recht des Zuzugsstaats ist ein (grenzüberschreitender) Formwechsel, ein solcher vollzieht sich aber nach den Grundsätzen des Umwandlungsrechts unter Wahrung der Identität des Rechtsträgers, somit also ganz allgemein ohne Auflösung und Liquidation. Es bleibt offen, welche Voraussetzungen das Recht des Wegzugstaats konkret aufstellen darf. Fest steht nur, dass die Durchsetzung nicht deswegen unmöglich gemacht werden darf, weil ein Verfahren hierfür nicht vorgesehen ist, ein *„Verfahrensvakuum"* besteht[728].

Insoweit wird vertreten dass es jedenfalls für die deutsche Sicht hierauf nicht ankäme, da der deutsche Gesetzgeber das seinerseits Notwendige getan hätte, um die Niederlassungsfreiheit der Unternehmen zu sichern. Eines Rückgriffs auf die „Hilfslösung" des EuGH bedürfe es daher nicht. Würde man unterstellen, dass immer auch ein Recht auf Sitzverlegung mit Statutenwechsel möglich sein müsse, wären die Mitgliedstaaten in einer Intensität gebunden, die von den Zielen der Gemeinschaft her nicht geboten und schon daher nicht zu rechtfertigen sei; das Subsidiaritätsprinzip sei verletzt, der EuGH würde zum *„Übergesetzgeber"*[729]. Schon alleine unter den Gesichtspunkten der Verfahrenssicherheit sei es aber u.a. wünschenswert, den primärrechtlich geschützten grenzüberschreitenden Formwechsel durch eine sekundärrechtliche Regelung zur Sitzverlegung zu flankieren[730].

In der Literatur finden sich weiter Stimmen, nach denen die gleichzeitige Verlegung von Verwaltungs- und Satzungssitz zwar der Niederlassungsfreiheit unterfalle, diese aber mit Blick auf die Interessen von Gläubigern oder Minderheitsgesellschaftern jederzeit beschränkt werden könne. Daher bestehe für das deutsche Recht kein Änderungsbedarf und die Verlegung des Satzungssitzes könne

727 EuGH Rs. C-210/06 (*Cartesio*), Rn. 112 a.E.; *Däubler/Heuschmid,* NZG 2009, S. 493, 495. Nach *Frobenius,* DStR 2009, S. 489, besteht ein Stufenverhältnis zwischen der statutenwahrenden Sitzverlegung und der umwandelnden Sitzverlegung, wobei sich der Grad der abschreckenden Wirkung maßgeblich nach den Modalitäten des Statutenwechsels bemessen soll.

728 *Frobenius,* DStR 2009, S. 487, 489; zu Gläubigerschutz und steuerlichen Konsequenzen ebd., S. 490 f.

729 *Däubler/Heuschmid,* NZG 2009, S. 493, 495.

730 *Frobenius,* DStR 2009, S. 487, 491; allerdings hat die Kommission nach einer entsprechenden Folgenabschätzung die Arbeiten an der sog. Sitzverlegungsrichtlinie/14. [gesellschaftsrechtliche] Richtlinie vorerst zurückgestellt; ebd., Fn. 52 f.

problemlos auch von belastenden Bedingungen wie einer Liquidation der Gesellschaft abhängig gemacht werden[731].

Auf Unionsebene war zwischenzeitlich geplant, auch die grenzüberschreitende Sitzverlegung durch eine (dann 14. gesellschaftsrechtliche) Richtlinie zu harmonisieren. Entsprechende Überlegungen in diesem Bereich wurden allerdings im Dezember 2007 eingestellt[732]. Dessen ungeachtet hat das Europäische Parlament aber am 02.02.2012 eine Entschließung verabschiedet, nach der die Kommission zu einem entsprechenden Richtlinienvorschlag aufgefordert wird. Sie begründet dies u.a. damit, dass der EuGH im Zuge der *Cartesio*-Entscheidung die entsprechende Klarstellung eben nicht vorgenommen habe, wovon die Kommission seinerzeit aber noch ausgegangen war[733]. Die weitere Entwicklung in diesem Bereich bleibt also abzuwarten.

(e) Empirie

Die Zahl dieser mitbestimmungsrelevanten Fälle nimmt beständig zu[734]. Gleichwohl kann von einer von Mitbestimmunsgbefürwortern bisweilen

---

731 Vgl. *Kindler*, NZG 2009, S. 130, 131; *Knopf/Mock*, ZIP 2009, S. 33, anders *Leible/Hoffmann*, BB 2009, S. 62.

732 Kommissar *McCreevy* sah *„kein[en] Bedarf für ein Tätigwerden auf EU-Ebene in diesem Bereich“*, vgl. die Rede vor dem Rechtsausschuss des Europäischen Parlaments am 03.10.2007, dort S. 5, unter http://www.europarl.europa.eu/comparl/juri/events/20071003/mccreevy_en.pdf (englisch) sowie die Kommissionsdarstellung unter http://ec.europa.eu/internal_market/company/seat-transfer/index_de.htm.

733 Verfahren 2011/2064(INI), die angeführte Erwägung findet sich unter D.; Resolutionstext unter http://www.europarl.europa.eu/sides/getDoc.do?pubRef=-//EP//TEXT+TA+P7-TA-2012-0019+0+DOC+XML+V0//DE#BKMD-4. Zu den Mitbestimmungsrechten vgl. dort Empfehlung 7. Grundsätzlich favorisiert das Parlament eine Anknüpfung an das Recht des Aufnahmemitgliedstaats, es sei denn, dort ist nicht der gleiche Grad an Mitbestimmung vorgesehen wie im Herkunftsmitgliedstaat, oder die Arbeitnehmer in den Niederlassungen des Unternehmens haben nach der Verlegung nicht mehr den gleichen Anspruch auf Ausübung der Mitbestimmungsrechte wie vor der Verlegung. Darüber hinaus sollte der acquis gelten. Auch die Reflexionsgruppe fordert eine entsprechende Richtlinie. Hinsichtlich der Arbeitnehmerrechte sollten die Vorgaben der Verschmelzungsrichtlinie leitend sein; Bericht Reflexionsgruppe 2011, S. 19 ff.

734 Im Jahr 2006 gab es 17 Fälle, 2009 bereits 37, im Jahr 2010 waren es insgesamt 43 Unternehmen. Betroffen waren hiervon insgesamt ca. 110.000 Arbeitnehmer; *Sick*, Mitbestimmungsrelevanz 2010, S. 3.; http://www.boeckler.de/32015_103063.html; *Sick/Pütz*, „Der deutschen Unternehmensmitbestimmung entzogen: Die Zahl der Unternehmen mit ausländischer Rechtsform wächst“, in: WSI Mitteilungen 1/2011, S. 34 ff. Vgl. hierzu auch DGB-Pressemitteilung vom 09.05.2011, „Flucht aus der Unternehmensmitbestimmung stoppen“, http://www.dgb.de/presse/++co++340c1f74-7a1e-11e0-7eb6-00188b4dc422/@@index.html?tab=Alle&display_page

befürchteten *„Sturmflut von Auslandsgesellschaften zur Vermeidung der deutschen Mitbestimmung"*[735] bislang keine Rede sein[736]. Insbesondere spielt (besser „spielte") die englische *Limited* in der Praxis vor allem bei Existenzgründungen eine Rolle; dort stellt sich eine Mitbestimmungsproblematik aber bereits wegen der (zunächst) geringen Beschäftigtenzahl ohnehin nicht[737]. Ein Grund hierfür wird in den durchaus komplexen praktischen Folgen im Unternehmensalltag gesehen. Ggf. sollte man also nicht nur auf die Mitbestimmungsregelungen achten. Vielmehr muss das gesamte rechtliche und tatsächliche Umfeld in die Entscheidung für die optimale Rechtsform einbezogen werden[738].

Und auch eine – zuweilen behauptete – weitflächige Flucht mitbestimmter Unternehmen in die SE lässt sich durch die ersichtliche Faktenlage nicht stützen[739].

=1&k:list=Mitbestimmung&sort-order=rel sowie die DGB-Stellungnahme zu den Anträgen von SPD und „Die Linke" zur Unternehmensmitbestimmung vom 04.05.2011, in der als Gegenmaßnahme neben einer Mitbestimmungserstreckung unter anderem eine grundsätzliche Orientierung an der Montanmitbestimmung als *„Blaupause für die Zukunft"* (S. 4) und eine allgemeine Absenkung der Schwellenwerte gefordert wird; http://www.dgb.de/presse/++co++12a6e6b6-7a20-11e0-7eb6-00188b4dc422. Vgl. auch Handelsblatt, 18.02.2011, S. 16, *„DGB bangt um die Mitbestimmung"*.

735 Zit. nach *Sick*, Mitbestimmungsrelevanz 2010, S. 2.

736 So auch *Weiss/Seifert*, ZGR 2009, S. 542, 543 f., *Sick* in BT-Ausschussdrucks. 17(11)501, S. 39, der an anderer Stelle ein *„Stetig wachsendes, aber immer noch überschaubares Feld"* konstatiert; *Sick/Pütz*, WSI Mitteilungen 1/2011, (oben Fn. 734), ebd. Vgl. auch *Thüsing*, ZAAR 2004, Rn. 6; *Götze/Winzer/Arnold*, ZIP 2009, S. 245, 249. *Rieble* sieht dennoch eine *„Mitbestimmungsfluchtindustrie"* als Folge des Wettbewerbsdrucks; *Rieble*, Corporate Governance 2010, S.1.

737 Vgl. *Weiss/Seifert*, ZGR 2009, S. 542, 544; *Götze/Winzer/Arnold*, ZIP 2009, S. 245, 249 f. Aus britischer Perspektive mit Blick auf Kosten, Sicherheit und Reputation auch *Drury*, Vergleich SPE-Ltd. 2007, S. 2 f.: demnach ist über einen Zeitraum von 8–10 Jahren die GmbH die günstigere Variante.

738 Je nach gewählter Unternehmensform kommt der Zwang zur doppelten Rechnungslegung nach ausländischem Handels- und inländischem Steuerrecht, eine fremde Publizität, fremdsprachige Kommunikation mit den Behörden des Gründungsstaats, ein anspruchsvolles registerrechtliches Verfahren und ein zusätzlicher Gerichtsstand hinzu; *Götze/Winzer/Arnold*, ZIP 2009, S. 245, 250.

739 Von im Juli 2013 insgesamt 124 operativ tätigen SE in Deutschland haben 37 eine monistische und 87 eine dualistische Struktur. Von diesen 87 waren zwölf vorher dem MitbestG unterworfen und haben auch nunmehr eine paritätische Mitbestimmung, bei 27 gibt es eine Drittelbeteiligung, in 46 gibt es keine Arbeitnehmerbeteiligung, in 36 der 37 monistischen SE gibt es lediglich Verfahren der Information und Konsultation, Sonderfall ist der Sportartikelkonzern *Puma* SE mit einem Drittel Arbeitnehmer im Verwaltungsrat. Von den 124 lagen vorher nur 63 über den Schwellenwerten für eine Arbeitnehmerbeteiligung im Aufsichtsrat; *Köstler/Pütz* in Europäische Aktiengesellschaft – Die Fakten (Stand 01.07.2013), unter http://www.boeckler.de/pdf/bb_mitbestimmung_se_2013_07_01.pdf.) Dessen ungeachtet

Aktuell wird derzeit von maximal 70 Unternehmen ausgegangen, die sich von ehemals deutscher Rechtsform kommend durch einen Wechsel in eine alternative mitgliedstaatliche oder europäische Rechtsform der vollständigen Anwendung der deutschen Mitbestimmungsgesetze entzogen haben. Demgegenüber stehen insgesamt ca. 2.194 mitbestimmte Unternehmen (694 paritätisch mitbestimmte Unternehmen plus ca. 1.500 Unternehmen, die unter das DrittelbG fallen). Selbst gewerkschaftliche Beobachter halten es daher für *„verfehlt, von einer verbreiteten Mitbestimmungsflucht zu sprechen“*[740].

Meist wird es aber auch gar nicht um eine vollständige Vermeidung bzw. Flucht aus einer bestehenden Mitbestimmung gehen, sondern eher um eine Flexibilisierung und Anpassung der Strukturen[741].

d. Kodifizierung des Internationalen Gesellschaftsrechts: Art. 10 ff. EGBGB-Referentenentwurf

i. Inhalt

Auch das Bundesjustizministerium hat aus der EuGH-Rechtsprechung Konsequenzen gezogen und will die kaum sinnvolle „friedliche Koexistenz“ von Sitz- und Gründungstheorie beenden. Nach einem im Januar 2008 veröffentlichten Referentenentwurf für ein Gesetz zum Internationalen Privatrecht der Gesellschaften, Vereine und juristischen Personen (EGBGB-RefE) soll in einem neuen Art. 10 EGBGB das Gesellschaftsstatut grundsätzlich der Gründungstheorie unterstellt werden[742].

---

werden verschiedentlich Muster erkannt. *Köstler/Pütz,* ebd., weisen darauf hin, dass von den 124 SE nur 75 zuvor eine AG waren, nur 43 börsennotiert sind, aber 35 aktivierte Vorrats-SE waren (zur Problematik der Vorrats-SE näher Teil 4 B. V. 1.) Nach *Sick/Thannisch* waren von den Ende 2010 in Deutschland registrierten operativen S. 27 so nahe an den Schwellenwerten, dass sie den Effekt des „Einfrierens der Mitbestimmung“ *„genutzt haben könnten“*, *Sick/Thannisch,* AuR 2011, S. 155, 156 (*„Gefahr der präventiven Mitbestimmungsflucht“*). *Rieble* zufolge machen verstärkt mittelständische Unternehmen von dieser Rechtsform Gebrauch; *Rieble,* RLR 2009, S. 209, 240, freilich ohne Angabe von Zahlenmaterial. Ebenso *Brandes,* ZIP 2008, S. 2193, 2193. *Henssler* sieht in den mitbestimmungsrechtlichen Möglichkeiten der SE einen Hauptgrund für ihren Erfolg. Auch große familiengeführte Unternehmen griffen zunehmend auf die SE zur Vermeidung der Drittelparität zurück; ZHR 2009, S. 223 f. Nach *Baums* handelt es sich hierbei *„hin und wieder um* das *Motiv für den Formwechsel“* zur SE; *Baums,* NJW-Spezial 2009, S. 410, 410 (Hervorhebung auch im Original).

740 So *Sick/Thannisch,* zit. nach *Bormann/Böttcher,* NZG 2011, S. 411, 416.

741 Vgl. auch *Köstler/Pütz,* Die Europäische Aktiengesellschaft – Die Fakten (oben Fn. 739), S. 2, Abschnitt „AR-Größe“, wo auf eine im Zuge der SE-Gründung erfolgte Anpassung der jeweiligen Aufsichtsratsgröße hingewiesen wird (Verkleinerungen bzw. Flexibilisierungen gab es demnach in insgesamt nur sieben Fällen); *Habersack,* ZHR 171 (2007), S. 613, 643.

742 Text z.B. unter http://www.der-betrieb.de/content/pdfft,227,344412. Der Fortgang des Gesetzgebungsverfahrens scheint derzeit offen. Allerdings war der

Art. 10 I EGBGB-RefE legt fest, dass Gesellschaften dem Recht des Staates unterliegen, in dem sie in ein öffentliches Register eingetragen sind, bzw., sofern das noch nicht der Fall ist, nach dem sie organisiert sind. In Art. 10 II EGBGB-RefE wird beispielhaft aufgezählt, für was diese Rechtswahl maßgebend ist, so u.a. die Rechtsnatur, Gründung und Auflösung, die Haftung der Gesellschaft und insbesondere die Organisationsverfassung.

Die Arbeitnehmerbeteiligung ist nicht explizit genannt. Zur Organisationsverfassung zählen aber nach der Begründung des Referentenentwurfs insbesondere auch die Ernennung, Zusammensetzung und Abberufung von Organen, deren Rechte und Pflichten sowie die Fassung und Wirksamkeit von Organisationsbeschlüssen[743]. Das wiederum schließt auch die Größe und Zusammensetzung der Verwaltungsorgane sowie die Rechte auf Mitwirkung ein – und damit auch die unternehmerische Mitbestimmung[744].

Flankierend bestimmt Art. 10a EGBGB-RefE das auf Umwandlungen anwendbare Recht. Geregelt werden Verschmelzung, Spaltung und Vermögensübertragung als Ganzes. Voraussetzungen, Verfahren und Wirkungen einer solchen Umwandlung sollen sich für jede der beteiligten Gesellschaften nach ihrem Gesellschaftsstatut richten. Dies soll auch für Zulässigkeit, Voraussetzungen und Wirkungen eines Formwechsels gelten. Die Zulassung internationaler Verschmelzungen unter Beteiligung von Gesellschaften aus Nicht-EU/EWR-Staaten ist damit nicht präjudiziert, sondern dem jeweiligen nationalen Recht, hierzulande dem UmwG, überlassen[745].

Art. 10b EGBGB-RefE regelt schließlich den Statutenwechsel, also unter welchen Voraussetzungen eine Gesellschaft sich einem anderen Recht unterstellen können soll. Hierzu kann sich die Gesellschaft nach dem Entwurf entweder in einem anderen Staat in ein öffentliches Register eintragen lassen, oder sie kann ihre Organisation nach außen erkennbar dem Recht eines anderen Staates unterstellen. Hierzu müssen nach der Begründung des Referentenentwurfs aber beide beteiligten Rechtsordnungen den Statutenwechsel generell und auf dem konkret gewählten Weg zulassen. Ist das nicht der Fall, bleibt es bei der auch bisher anwendbaren Rechtsordnung, so dass die Gesellschaft ggf. aufzulösen und nach dem Recht des anderen Staates neu gegründet werden muss. Daneben müssen auch die sachrechtlichen Vorschriften der beteiligten Rechtsordnungen für einen Statutenwechsel

Gesetzgebungsprozess für den BGH in der Entscheidung *Trabrennbahn* (BGH vom 27.10.2008, II ZR 158/06), ein Grund davon abzusehen, seine bisherige Rechtsprechung zur Sitztheorie zu ändern, dabei aber gleichzeitig die Gründe für die (Nicht-)Entscheidung offen zu legen, so dass zukünftig jedes Vertrauen auf einen bestimmten Stand des Rechts ausscheiden soll; *Frobenius,* DStR 2009, S. 487, 491 a.E.

743 EGBGB-RefE, S. 10.

744 Vgl. *Eberspächer,* ZIP 2008, S. 1951; 1951; zumindest missverständlich *Köster,* ZRP 2008, S. 214, 215.

745 *Rauscher,* IPR, Rn. 652 ff.

eingehalten sein, anderenfalls soll es bei der Anwendung der bisherigen Rechtsordnung bleiben[746].

Die Regelungen sollen ausdrücklich auch Gesellschaften aus Drittstaaten außerhalb von EU und EWR bzw. solchen mit Staatsverträgen erfassen. Nach der Begründung des Referentenentwurfs soll eine einheitliche Anknüpfung einen Gleichlauf herstellen sowie die Rechtsanwendung erleichtern und sachlich nicht gerechtfertigte Differenzierungen zwischen Gesellschaften aus verschiedenen Staaten vermeiden. Ausdrückliches Ziel ist ein *„einheitlicher Rechtszustand für alle Gesellschaften, Vereine und juristischen Personen des Privatrechts"*[747].

Ebenso ausdrücklich heißt es in der Begründung, *„[d]er Entwurf regelt weiterhin nicht, welche Rechtsordnung auf die Beteiligung der Arbeitnehmer in den Organen einer Gesellschaft anzuwenden ist."*[748] Es wird aber für grenzüberschreitende Sachverhalte auf die EG-Richtlinien zur Beteiligung der Arbeitnehmer in SE und SCE, auf die Verschmelzungsrichtlinie und die entsprechenden deutschen Umsetzungsgesetze verwiesen[749]. In diesen ist zur Sicherung der jeweils bestehenden Arbeitnehmerbeteiligung eine Verhandlungslösung mit einer Auffangregelung vorgesehen[750].

Insbesondere die Organisationsverfassung einer Gesellschaft unterliegt also daher dem Recht, nach dem die betreffende Gesellschaft gegründet worden ist. Die deutsche unternehmerische Mitbestimmung findet dann auf Auslandsgesellschaften mit tatsächlichem Verwaltungssitz in Deutschland keine Anwendung.

ii. Offene Fragen

Es bestehen insoweit offene Fragen im Hinblick auf Sitzverlegungen. Die benannten Richtlinien und Umsetzungsgesetze gelten explizit ausschließlich für die Rechtsformen SE und SCE bzw. für die aus einer grenzüberschreitenden Verschmelzung hervorgehende Gesellschaft. Weder die Richtlinien noch die deutschen Umsetzungsgesetze sehen aber eine Regelung für den Fall der Verlegung des Verwaltungssitzes vor, so dass im Referentenentwurf nicht geklärt wird, welche Mitbestimmungsregelung maßgeblich sein soll, wenn eine Auslandsgesellschaft in anderer Rechtsform ihren Verwaltungssitz ins Inland verlegt bzw. wenn eine deutsche Gesellschaft ihren tatsächlichen Sitz ins Ausland verlegt[751].

Einerseits soll sich also das Gesellschaftsstatut samt dem „ob" und „wie" der Arbeitnehmerbeteiligung nach dem ausländischen Gründungsrecht richten, Art. 10

---

746 EGBGB-RefE, S. 12 ff.

747 EGBGB-RefE, S. 7, 9.

748 EGBGB-RefE S. 7; *„weiterhin"* dürfte den Anschluss zur systematisch vorangegangenen Aufzählung bilden, nach der der Entwurf auf Bestimmungen zum anwendbaren Recht für die Rechnungslegung von Unternehmen verzichtet, vgl. EGBGB-RefE, ebd.

749 EGBGB-RefE, S. 7 f.

750 Vgl. §§ 1 I 2 SEBG, 1 I 2 MgVG.

751 Richtig *Köster*, ZRP 2008, S. 214, 215.

I EGBGB-RefE, andererseits soll das Verhandlungsmodell der europäischen Richtlinien maßgeblich sein. Hier wird also vorausgesetzt, dass stets mindestens zwei Gesellschaften mit unterschiedlichen Mitbestimmungsniveaus involviert sind, die dann zu einer Gesellschaft zusammengeführt werden.

Verlegt nun aber eine einzelne EU- bzw. EWR-Auslandsgesellschaft ihren Verwaltungssitz nach Deutschland, kann diese sich aber auf die entsprechende EuGH-Rechtsprechung zur Niederlassungsfreiheit berufen. Demnach kann sich eine Auslandsgesellschaft in einem anderen Mitgliedstaat so niederlassen, wie sie gegründet wurde, ggf. also ohne Mitbestimmung der Arbeitnehmer auf Leitungsebene und auch ohne entsprechende Verhandlungen. Sollte ihr beim Zuzug zusätzlich die Anwendung eines Mitbestimmungsmodells nach den Richtlinien oktroyiert werden, läuft dies letztlich auf eine Mitbestimmungserstreckung und damit auf (zumindest irgend)eine Änderung der Organisationsverfassung der zuziehenden Gesellschaft hinaus.

Das begegnet aber bereits für sich in mehrerlei Hinsicht beträchtlichen Bedenken[752] und steht zudem nicht im Einklang mit der Vorgabe nach Art. 10 II Nr. 4 EGBGB-RefE, nach dem sich die Organisationsverfassung der zuziehenden Gesellschaft allein nach ihrem Gründungsrecht regeln soll[753].

Noch weitergehende Probleme stellen sich aber dann, wenn eine Auslandsgesellschaft aus einem Staat hinzuzieht, der nicht zur EU gehört und auch nicht im EWR liegt. Aufgrund der territorialen Beschränkung der EuGH-Rechtsprechung könnte eine solche Gesellschaft sich nicht auf die Niederlassungsfreiheit berufen. Sofern ein entsprechender Staatsvertrag besteht, ergeben sich durch die vorgesehenen Regelungen keine Änderungen; gem. Art. 3 Nr. 2 EGBGB gehen völkerrechtliche Regelungen denen des EGBGB vor, was auch nach dem Referentenentwurf unverändert gelten soll. Eine zuziehende US-amerikanische Gesellschaft beispielsweise könnte sich also weiterhin auf Art. XXV Abs. 5 S. 2 des Freundschafts-, Handels- und Schifffahrtsvertrag zwischen Deutschland und den Vereinigten Staaten von Amerika berufen und somit letztlich mitbestimmungsfrei bleiben.

Die Lage stellt sich aber für solche zuzugswillige Auslandsgesellschaften ganz anders dar, bei denen kein solcher Staatsvertrag existiert. Der Referentenentwurf differenziert gerade nicht danach, bei welchen grenzüberschreitenden Sachverhalten die EG-Richtlinien angewendet werden sollen[754]. Jedoch können die Richtlinien nicht angewendet werden, wenn nicht mit dem Staat, aus dem die Gesellschaft wegziehen will, entsprechende völkerrechtliche Verträge geschlossen wurden. Soll dann aber, um einen einheitlichen Rechtzustand für alle Gesellschaften zu erreichen, auch bei Nicht-EU/EWR-Auslandsgesellschaften der Gründungstheorie gefolgt werden, dürften an sich ausschließlich die Bestimmungen der Gründungsrechtsordnung maßgeblich sein. Sähen diese dann keinerlei

752 Hierzu sogleich näher Abschnitt 8 e.

753 *Köster*, ZRP 2008, S. 214, 216.

754 EGBGB-RefE, S. 7 f., vgl. *Köster*, ZRP 2008, S. 214, 215 f.

Arbeitnehmerbeteiligung auf der Leitungsebene vor, bliebe die Gesellschaft auch nach Zuzug mitbestimmungsfrei. Diese Gesellschaften dann ebenfalls in den Geltungsbereich der Gemeinschaftsrichtlinien einzubeziehen durchbricht aber den Ansatz des einheitlichen Rechtzustandes. Eine zuzugswillige Gesellschaft aus der Schweiz z.B. müsste also zunächst eine Verhandlungslösung vorweisen, obwohl die Schweizer Rechtsordnung gerade gar keine Arbeitnehmerbeteiligung auf der Unternehmensebene kennt[755].

Konsequent müsste die Gründungstheorie dann aber auch für wegziehende deutsche Gesellschaften gelten. Verlegt eine deutsche mitbestimmte GmbH ihren tatsächlichen Verwaltungssitz z.B. in die USA, wäre sie, sofern sie im deutschen Handelsregister eingetragen ist, weiterhin nach deutschem Recht zu behandeln und damit auch weiterhin mitbestimmt. Neben Wettbewerbsunterschieden ergäben sich so auch beträchtliche Rechtsunsicherheiten, da kaum prognostiziert werden kann, wie ein ausländisches Gericht im Zuzugsstaat Streitigkeiten zur Mitbestimmung entscheiden würde[756].

e. Anwendbarkeit der deutschen Mitbestimmung auf ausländische Gesellschaften de lege ferenda?

Es entstehen auf diese Weise aber unterschiedliche Mitbestimmungsniveaus.

Zur Abhilfe wird überlegt, die deutschen Vorschriften über die Arbeitnehmerbeteiligung auch auf ausländische Gesellschaftsrechtsformen anzuwenden.

Insofern muss zwischen den Beteiligungsebenen differenziert werden. Die Beteiligung auf betrieblicher Ebene als arbeitsrechtliche Mitbestimmung unterliegt dem Territorialprinzip. Sie findet uneingeschränkt Anwendung, auch wenn eine ausländische Rechtsform verwendet wird. Bei einer etwaigen Ausdehnung kann es also nur um die gesellschaftsrechtlich vermittelte Unternehmensmitbestimmung gehen.

i. Keine Ausdehnung auf Gesellschaften mit tatsächlichem Verwaltungssitz im Ausland

Eine Ausdehnung der deutschen Mitbestimmungsgesetze auch auf Gesellschaften mit tatsächlichem Verwaltungssitz im Ausland lässt sich mit zwingenden Grundsätzen des Kollisions- und des Völkerrechts nicht vereinbaren. Viel mehr fehlt dem deutschen Gesetzgeber die Befugnis, eine ausländische Gesellschaft in ihren Aktivitäten zu beschränken; alles andere würde einen Eingriff in die Hoheitsmacht eines anderen Staates darstellen und unzulässige exterritoriale Wirkungen des deutschen Mitbestimmungsrechts nach sich ziehen. Dasselbe gilt für

755 Vgl. *Köster*, ZRP 2008, S. 214, 216, die in dieser Vorgabe zugleich einen praktischen Abschreckungseffekt sieht. Zur Arbeitnehmerbeteiligung in der Schweiz näher oben Fn. 249.

756 Zutreffend *Köster*, ZRP 2008, S. 214, 216 a.E.

Auslandsgesellschaften, die nicht ihren Verwaltungssitz sondern lediglich eine Zweigniederlassung in Deutschland haben[757].

ii. Mitbestimmungserstreckungsgesetz für Inlandssachverhalte?

Zuziehende Unternehmen dazu zu zwingen, sich entweder in eine AG bzw. GmbH umzuwandeln oder eine solche Rechtsform als Tochtergesellschaft „zwischenzuschalten", um die Anwendung des deutschen Mitbestimmungsrechts zu sichern, ist gemeinschaftsrechtlich unzulässig und daher ebenfalls nicht möglich[758].

Die Gewerkschaften forderten aber bereits im Rahmen der *Biedenkopf*-Kommission 2006 eine gesetzliche Erstreckung der deutschen Unternehmensmitbestimmung auf Unternehmen ausländischer Rechtsform mit inländischem Verwaltungssitz, also für Scheinauslandsgesellschaften („Erstreckungs-Gesetz"/„*Outreach Statute*")[759].

Die wissenschaftlichen Mitglieder der *Biedenkopf*-Kommission wiesen hierfür zunächst darauf hin, dass zwar eine Legitimation der Arbeitnehmervertreter im Aufsichtsrat durch die im Ausland Beschäftigten fehlen würde, sich das deutsche Mitbestimmungsrecht aber insoweit nicht von ausländischen Vorschriften über die Arbeitnehmervertretung im Aufsichtsrat unterscheide[760]. Weiter stellten sie dazu fest, dass die gesetzliche Erstreckung der deutschen Mitbestimmung auch auf die betreffenden Auslandsgesellschaften mit inländischem Verwaltungssitz europarechtlich zulässig sei, wenn sich die betriebliche Organisation einschließlich der Arbeitnehmer im Wesentlichen im Inland befinde und diese Arbeitnehmer nicht nach dem Recht des Gründungsstaats ein Mitbestimmungsrecht hätten[761]. Sie erachteten die Zahl der relevanten Fälle aber seinerzeit als zu gering

757 *Thüsing*, ZAAR 2004, Rn. 8; *ders.*, ZIP 2004, S. 381, 382; *Koberski* in *Fitting/Wlotzke/Wißmann/Koberski/Kleinsorge*, MitbestR, MitbestG, § 1, Rn. 17 ff.; *Raiser/Veil*, MitbestG, § 1, Rn. 13 ff.; vgl. aber *Zimmer*, IntGesR 1996, S. 151 ff., nach dem es völkerrechtlich allein unzulässig sein soll, die Regeln des eigenen Rechts durch Hoheitsakte auf fremdem Staatsgebiet durchzusetzen; so wohl auch *Knobbe-Keuk*, ZHR 154 (1990), S. 325, 348 f.

758 EuGH Rs. C-167/01 *(Inspire Art)*, Rn. 137 f.; vgl. *Zimmer*, IntGesR 1996, S. 165; *Junker*, NJW 2004, S. 728, 729 f.; *Eberspächer*, ZIP 2008, S. 1951; 1952; *Ulmer/Habersack/Henssler*, MitbestG, § 1, Rn. 8a.

759 *Biedenkopf*-Bericht, S. 33; 73 f.; vgl. *Ulmer/Habersack/Henssler*, MitbestG, § 1, Rn. 8 a. E.; *Zimmer*, NJW 2003, S. 3585, 3591; *Junker*, NJW 2004, S. 728, 729 f.; *Weiss/Seifert*, ZGR 2009, S. 542, 545, Fn. 10; *Adams*, Ende, S. 2; aktuell vgl. die entsprechenden Anträge der SPD-Bundestagsfraktion vom 16.06.2010 (BT-Drucks. 17/2122, insbesondere S. 2) und der Fraktion „Die Linke" vom 21.04.2010 (die von einem *„drängenden Problem"* spricht, BT-Drucks. 17/1413, S. 2) sowie die entsprechende Stellungnahmen vor dem Ausschuss für Arbeit und Soziales, BT-Ausschussdrucks. 17(11)501 vom 14.04.2011, oben Abschnitt 7.b. i. sowie Fn. 604).

760 *Biedenkopf*-Bericht, S. 34.

761 *Biedenkopf*-Bericht, S. 35. So auch *Weiss/Seifert*, ZGR 2009, S. 542, 542 ff.

und sahen darum von einer entsprechenden Aufforderung des Gesetzgebers ab[762]. Was sie gleichwohl empfahlen war, die Entwicklung zu beobachten und für den Fall, dass solche Unternehmen „*in nennenswerter Zahl in mitbestimmungsrelevanter Größenordnung auftreten, geeignete und gemeinschaftsrechtlich zulässige Maßnahmen zur Aufrechterhaltung der Funktionsfähigkeit der Mitbestimmung zu treffen*"[763].

Die Vertreter der Unternehmen sprachen sich gegen eine Erstreckung aus. Eine solche Abschottung im Wettbewerb der Gesellschaftssysteme sei nicht nur unzweckmäßig und kontraproduktiv, sie verstieße auch gegen die Niederlassungsfreiheit[764].

Die in der Literatur vertretenen Auffassungen zur Zulässigkeit eines solchen Mitbestimmungserstreckungsgesetzes erweisen sich naturgemäß als gespalten[765]. Fast alle Darstellungen gehen aber nur im Allgemeinen auf die Frage einer Mitbestimmungserstreckung ein ohne auch die hiermit verbundenen Einzelfragen zu thematisieren[766].

(a) Kollisionsrechtliche Sonderanknüpfung

Fraglich wäre damit die ausnahmsweise Überlagerung des Gründungsstatuts mit inländischen gesellschaftsrechtlichen Beschränkungen, sog. Sonderanknüpfungen von Rechtsvorschriften des Destinationsstaats[767].

Rein kollisionsrechtlich dürfte für solche Inlandssachverhalte eine unbeschränkte Regelungsmacht des deutschen Gesetzgebers bestehen, so dass eine entsprechende Sonderanknüpfung möglich wäre[768]. Technisch müsste der deutsche Gesetzgeber mit seinen Regelungen an der grundsätzlichen Anwendbarkeit des ausländischen Gesellschaftsstatuts festhalten, aber einzelne Bereiche abändern und so eine Arbeitnehmerbeteiligung zu bewirken[769].

---

762 *Biedenkopf*-Bericht, S. 35, vgl. auch *Sick*, Mitbestimmungsrelevanz 2010, S. 2.

763 *Biedenkopf*-Bericht, S. 35.

764 *Biedenkopf*-Bericht, S. 56 f.; ebenso auch BDA/BDI 2004, S. 16.

765 Vgl. die umfangreichen Nachweise bei *Weiss/Seifert*, ZGR 2009, S. 542, Fn. 12 und bei *Eberspächer*, ZIP 2008, S. 1951, Fn. 8, 9.

766 Richtig *Weiss/Seifert*, ZGR 2009, S. 542, 546.

767 Vgl. *Palandt/Thorn*, Anhang zu Art. 12 EGBGB, Rn. 8; *Kindler* in MüKo – BGB 2010, IntGesR, Rn. 430 ff., 147; *Junker*, NJW 2004, S. 728, 729, *ders.*, ZfA 2005, S. 1, 8 f.; *Thüsing*, ZIP 2004, S. 381, 382; *Merkt* in BT-Ausschussdrucks. 17(11)501, S. 30.

768 *Thüsing*, ZIP 2004, S. 381, 383, *ders.* ZAAR 2004, Rn. 8; so auch noch *Franzen*, der sich für eine analoge Anwendung von Art. 34 EGBGB aussprach, RdA 2004, S. 258 f. Art. 27–37 EGBGB sind jedoch zwischenzeitlich aufgehoben mit Wirkung vom 17.12.2009 durch Art. 1 Gesetz vom 25.06.2009 (BGBl. I S. 1574). Mindestens skeptisch *Merkt* in BT-Ausschussdrucks. 17(11)501, S. 30.

769 *Eberspächer*, ZIP 2008, S. 1951; 1952; *Thüsing*, ZIP 2004, S. 381, 382 f., *ders.*, ZAAR 2004, Rn. 8 f.; *Knobbe-Keuk*, ZHR 154 (1990), S. 325, 345 ff.

(b) Vereinbarkeit mit der Niederlassungsfreiheit?

Unsicher ist aber die unionsrechtliche Zulässigkeit. Denn neben den Vorgaben spezieller bilateraler völkerrechtlicher Verträge wäre ein solches Mitbestimmungserstreckungsgesetz vor allem an der Niederlassungsfreiheit zu messen[770].

Ebenso wie die anderen Grundfreiheiten ist auch die Niederlassungsfreiheit durch den EuGH von einem reinen Diskriminierungsverbot zu einem allgemeinen Beschränkungsverbot fortgebildet worden[771]. Nach seiner Rechtsprechung verbieten die Art. 49, 54 AEUV alle Maßnahmen, welche die Ausübung der Niederlassungsfreiheit *„unterbinden, behindern oder weniger attraktiv machen"*[772] (sog. weiter Beschränkungsbegriff).

• *Eingriff*

Wenn einer nach ausländischem Recht wirksam gegründeten Gesellschaft in einem anderen Mitgliedstaat zusätzliche Pflichten auferlegt werden, die sie nach dem Gesellschaftsrecht ihres Gründungsstaats nicht zu befolgen hat, stellt dies eine Beschränkung der Niederlassungsfreiheit dar[773].

Ein deutsches Mitbestimmungserstreckungsgesetz würde, z.B. über die Vorschriften zur Errichtung und Zusammensetzung eines Aufsichtsrats, die Binnenstruktur von zugezogenen Gesellschaften modifizieren und ihre Entscheidungsprozesse beeinflussen. Eine solche Modifizierung der Binnenstruktur von Auslandsgesellschaften kann sich auch auf deren Stellung im Gemeinsamen Markt auswirken und in der Folge ihre Niederlassungsfreiheit beschränken. Potentiell betroffene ausländische Gesellschaften könnten hierdurch davon abgehalten werden, ihren tatsächlichen Verwaltungssitz auf deutschem Gebiet zu nehmen. Gerade das Recht der Sitzverlegung ohne gleichzeitige Aufgabe der bisherigen gesellschaftsrechtlichen Struktur ist aber nach dem EuGH ein zentraler Bestandteil der primären Niederlassungsfreiheit[774].

---

770 *Jung* in *Schwarze*, EU-Komm 2012, Art. 54 AEUV, Rn. 32; *Eberspächer*, ZIP 2008, S. 1951; 1952; *Köster*, ZRP 2008, S. 214, 216; *Henssler* in BT-Ausschussdrucks. 17(11)501, S. 21 ff.; *Merkt* in BT-Ausschussdrucks. 17(11)501, S. 30 ff.; *Sick* in BT-Ausschussdrucks. 17(11)501, S. 37 ff.

771 Vgl. *Weiss/Seifert*, ZGR 2009, S. 542, 547; *Schlag* in *Schwarze*, EU-Komm 2012, Art. 49 AEUV, Rn. 45 ff. *Müller-Graff* in *Streinz*, EUV/AEUV, Art. 49 EGV, Rn. 39 ff.

772 EuGH Rs. C-465/05, Urteil vom 13.12.2007 *(Kommission/Italien)*, Rn. 17; EuGH Rs. C-439/99, Urteil vom 15.01.2002 *(Kommission/Italien)*, Rn. 22.

773 EuGH Rs. C-167/01 *(Inspire Art)*; vgl. *Thüsing*, ZAAR 2004, Rn. 12; *Franzen*, RdA 2004, S. 257, 262; *Eberspächer*, ZIP 2008, S. 1951; 1953; *Weiss/Seifert*, ZGR 2009, S. 542, 548; *Henssler* in BT-Ausschussdrucks. 17(11)501, S. 22.

774 EuGH Rs. C-208/00, Urteil vom 05.11.2002 *(Überseering BV)*, Rn.82. Vgl. *Weiss/Seifert*, ZGR 2009, S. 542, 548 f., die die entsprechenden Grundsätze der EuGH-Entscheidung zum *Volkswagen*-Gesetz (Rs. C-112/05) zur Kapitalverkehrsfreiheit auf die Niederlassungsfreiheit übertragen wollen.

Dementsprechend bestehen in der Literatur auch keine Zweifel, dass die gesetzliche Erstreckung der deutschen Mitbestimmung auf EU-Auslandsgesellschaften mit Sitz im Inland einen Eingriff in deren primäre Niederlassungsfreiheit darstellen würde[775]. Zwar bliebe ihnen noch die Inanspruchnahme der sekundären Niederlassungsfreiheit. Eine ausländische Gesellschaft könnte also auf dem Gebiet der Bundesrepublik eine mitbestimmungsfreie Zweigniederlassung errichten. Hierdurch entfällt aber nicht der Eingriffscharakter eines Mitbestimmungserstreckungsgesetzes. Wollten sich die ausländischen Gesellschaften nicht der dann verpflichtenden Struktur anpassen, wären sie ausschließlich auf den Weg der Zweigniederlassung angewiesen. Die deutsche Regelung würde also die Freiheit der ausländischen Gesellschaften beschränken, zwischen der Inanspruchnahme der primären oder der sekundären Niederlassungsfreiheit zu wählen. Die Möglichkeit eines Ausweichens ändert daher nichts am Eingriffscharakter[776].

- *Rechtfertigung nach der* Gebhard-*Formel?*

Ein solcher Eingriff ist aber nicht immer unzulässig, da die Niederlassungsfreiheit auch über die ausdrücklichen Ausnahmen des Art. 52 AEUV hinaus begrenzt werden kann. Bereits in der Entscheidung *Cassis de Dijon* hatte der EuGH festgestellt, dass Beschränkungen der Grundfreiheiten hingenommen werden müssen, soweit sie notwendig sind, um zwingenden Erfordernissen des Allgemeininteresses gerecht zu werden[777].

Nähere Anforderungen zur Bestimmung der immanenten Schranken der Niederlassungsfreiheit formulierte der EuGH erstmals in der Rs. *Gebhard*[778], dort noch für natürliche Personen. Diese Grenzen wurden dann im *Centros*-Urteil auf die juristischen Personen übertragen[779] und u.a. in der Rechtssache *Inspire Art* herangezogen[780].

Nach dieser Rechtsprechung des Gerichtshofs sind nationale Maßnahmen, die die Ausübung der unionsrechtlich garantierten Grundfreiheiten behindern oder weniger attraktiv machen können, gerechtfertigt, wenn kumulativ vier Voraussetzungen erfüllt sind (sog. *Gebhard*-Formel)[781]: Die fraglichen nationalen Maßnahmen müssen in nichtdiskriminierender Weise angewandt werden, sie müssen aus

775 Vgl. *Eberspächer*, ZIP 2008, S. 1951; 1953; *Kisker*, Auslandsgesellschaften, S. 178 ff.

776 Vgl. *Weiss/Seifert*, ZGR 2009, S. 542, 549; EuGH Rs. 270/83 vom 28.01.1986 (*Kommission/Frankreich*), Rn. 22.

777 EuGH Rs.120/78, Urteil vom 20.02.1979 *(Cassis de Dijon)*; vgl. auch EuGH Rs. 71/76, Urteil vom 28.04.1977 *(Thieffry)*, Rn. 12, 15; Bericht Reflexionsgruppe 2011, S. 15.

778 EuGH Rs. C-55/94, Urteil vom 30.11.1995 *(Gebhard)*, Rn. 37. *Weiss/Seifert* sprechen daher auch vom *„leading case zur Niederlassungsfreiheit"*, ZGR 2009, S. 547.

779 EuGH Rs. C-212/97 *(Centros)*, Rn. 34.

780 EuGH Rs. C-167/01 (*Inspire Art*), Rn. 133.

781 *Kindler* in MüKo – BGB 2010, IntGesR, Rn. 118, 124, 443 ff., spricht auch vom *„Vier-Konditionen-Test"*.

zwingenden Gründen des Allgemeininteresses gerechtfertigt sein, sie müssen zur Erreichung des verfolgten Ziels geeignet sein und sie dürfen nicht über das zur Zielerreichung erforderliche Maß hinausgehen[782].

- *Nichtdiskriminierende Anwendung*

Bereits im Rahmen der Vorgabe der nichtdiskriminierenden Erstreckung wären diverse Fallstricke zu beachten.

Der nationale Gesetzgeber darf hierfür einen Sachverhalt mit Unionsbezug nicht schlechter behandeln, als er einen reinen Inlandssachverhalt behandeln würde. Das bedeutet, dass durch eine etwaige Mitbestimmungserstreckung weder eine rechtliche noch eine tatsächliche Schlechterstellung von anderen mitgliedstaatlichen Unternehmen erfolgen darf. Maßgebliche Vergleichsgruppe ist das entsprechende deutsche mitbestimmte Unternehmen, nicht die ggf. mitbestimmungsfreie Auslandsgesellschaft[783]. Die fragliche Regelung darf sich also im Ergebnis nicht belastender auswirken als die Parallelregelung für die inländischen Gesellschaften[784].

Von dieser Voraussetzung erfasst sind offene Diskriminierungen; das sind Regelungen, die tatbestandlich an die Zugehörigkeit des Wirtschaftssubjekts zu einer bestimmten Rechtsordnung anknüpfen. Demgegenüber stehen sog. versteckte Diskriminierungen, die formal unterschiedslos wirken und sich nach der Rechtsprechung des EuGH mit zwingenden Allgemeininteressen rechtfertigen lassen[785].

In rechtlicher Hinsicht würde durch ein Erstreckungsgesetz eine unterschiedslose Gleichbehandlung von inländischen Gesellschaften und ausländischen Gesellschaftsformen mit inländischem Verwaltungssitz überhaupt erst herbeigeführt.

Tatsächlich müsste sich eine Erstreckung unterschiedslos auf genau die ausländischen Gesellschaftsrechtsformen beschränken, die den jeweiligen deutschen, den Mitbestimmungsgesetzen unterworfenen, Rechtsformen strukturell vergleichbar sind[786]. Konkret müsste der deutsche Gesetzgeber daher einen Typenvergleich der in den Mitgliedstaaten jeweils existierenden Gesellschaftsformen vornehmen.

---

782 EuGH Rs. C-55/94 *(Gebhard)*, Rn. 37; EuGH Rs. C-167/01 (*Inspire Art*), Rn. 133 ff. In der Literatur wird bisweilen zusätzlich eine Verhältnismäßigkeitsprüfung im engeren Sinn gefordert. Diese findet sich auch in einigen Entscheidungen des EuGH, allerdings solchen zur Dienstleistungsfreiheit und nicht zur Niederlassungsfreiheit. Zudem findet diese Forderung keine Stütze im Wortlaut der *Gebhard*-Formel, nach dem die Angemessenheit einer Einschränkung kein eigenständiger Prüfungspunkt ist. Vgl. *Müller-Graff* in *Streinz*, EUV/AEUV, Art. 49 AEUV, Rn. 81 ff.; *Thüsing*, ZIP 2004, S. 381, 384, *ders.*, ZAAR 2004, Rn. 22.

783 Vgl. *Müller-Graff* in *Streinz*, EUV/AEUV, Art. 49 AEUV, Rn. 42.

784 Vgl. *Eberspächer*, ZIP 2008, S. 1951; 1953.

785 Vgl. *Müller-Graff* in *Streinz*, EUV/AEUV, Art. 49 AEUV, Rn. 43 ff.; *Eberspächer*, ZIP 2008, S. 1951; 1953.

786 Sog. Substitution; hier geht es um die Frage, ob bei einem Sachverhalt mit Auslandsberührung die Verwendung eines inländischen Rechtsbegriffs ersetzt, also substituiert, werden kann, vgl. *Franzen*, RdA 2004, S. 257, 260.

Die Mitbestimmung dürfte er dann jeweils nur auf die entsprechenden funktionalen Äquivalente erstrecken[787].

Für diesen Vergleich könnte er auf gemeinschaftsrechtliche Grundlagen zurückgreifen. So ist in der SE-VO aufgelistet, was in den einzelnen Mitgliedstaaten als jeweiliges Äquivalent der AG und der GmbH gelten soll[788]. In der sog. Publizitätsrichtlinie[789] findet sich eine abschließende Aufzählung der Gesellschaftsformen, die als Kapitalgesellschaften angesehen werden. Und bezüglich der mit dem VVaG vergleichbaren Rechtsformen ließe sich an die Vorarbeiten der Kommission zu einer Europäischen Gegenseitigkeitsgesellschaft (EUGGES)[790] anknüpfen[791].

Allerdings dürfte sich eine Erstreckung nicht lediglich auf einen unterschiedslosen Anwendungsbefehl der Mitbestimmungsgesetze auf Auslandsgesellschaften beschränken[792]. Denn auch eine Gleichbehandlung kann eine Diskriminierung darstellen, wenn sie sich ungleich auswirkt[793].

Namentlich bestünde das Problem der *„Aufpfropfung"* der deutschen Mitbestimmungsordnung auf ausländische Gesellschaftsrechtsstrukturen[794]. Daran wird man schon denken können, wenn in einem Unternehmen bestehende internationale Regelungen zugunsten rein deutscher Vorgaben gekippt würden[795]. Insbesondere aber bei

---

787 *Franzen*, RdA 2004, S. 257, 260; *Weiss/Seifert*, ZGR 2009, S. 542, 559.

788 Art. 2 I, II i.V.m. Anhang I, II SE-VO.

789 Richtlinie 68/151/EWG vom 9. März 1968 zur Koordinierung der Schutzbestimmungen, die in den Mitgliedstaaten den Gesellschaften im Sinne des Artikels 58 Abs. 2 im Interesse der Gesellschafter sowie Dritter vorgeschrieben sind, um diese Bestimmungen gleichwertig zu gestalten (ABl. EG Nr. L 65/8), dort Art. 1. Auf diese Liste verweist auch Art. 2 I Nr. 1 a) der Verschmelzungsrichtlinie. Für die SPE vgl. zuletzt das Verzeichnis der Privatgesellschaften mit beschränkter Haftung nach Anhang II zur Anlage, SPE-VOE-Hu (hierzu näher Teil 5 G. VIII.).

790 Art. 2 I a) i.V.m. Anhang I des Geänderten Vorschlags des Rates über das Statut der Europäischen Gegenseitigkeitsgesellschaft vom 31. August 1993 (ABl. EG Nr. C 236/40).

791 *Weiss/Seifert*, ZGR 2009, S. 542, 559.

792 *Thüsing* spitzt zu: *„Wenn zwei das Gleiche tun müssen, ist es nicht dasselbe"*, ZIP 2004, S. 381, 384.

793 *Müller-Graff* in *Streinz*, EUV/AEUV, Art. 49 AEUV, Rn. 48; EuGH Rs. 270/83 *(Kommission/Frankreich)*.

794 *Weiss/Seifert*, ZGR 2009, S. 542, 560 m.w.N.; *Junker*, ZfA 2005, S. 1, 12.

795 Beispiel nach *Henssler* in BT-Ausschussdrucks. 17(11)501, S. 22 f.: Eine nach niederländischem Recht drittelparitätisch mitbestimmte *B.V.* mit insgesamt 3.000 Beschäftigten, davon 550 in Deutschland, verfügt über einen Aufsichtsrat mit Arbeitnehmervertretern aus mehreren Ländern. Verlegt diese *B.V.* unter Beibehaltung ihrer Rechtsform ihren Verwaltungssitz nach Deutschland, würde sie in den Anwendungsbereich eines Mitbestimmungserstreckungsgesetzes fallen. Dann müssten alle Arbeitnehmervertreter aus dem Aufsichtsrat entfernt werden, die 550 deutschen Beschäftigten hingegen könnten alleine eine Neubesetzung vornehmen und ihre ureigenen Interessen in den Aufsichtsrat tragen, die

den monistisch verfassten Gesellschaften ergeben sich weiterführende Fragen. Eine Mitbestimmungserstreckung könnte hier zu beträchtlichen Friktionen mit dem Recht des Gründungsstaats führen und letztlich auch darauf hinauslaufen, dass – insoweit auch entgegen dem Mitbestimmungsurteil des BVerfG[796] – der Arbeitnehmerseite faktisch ein Übergewicht im Leitungsorgan zukommen kann. In einer streng monistisch verfassten Gesellschaft würde die Mitbestimmungserstreckung (mangels Aufsichtsrat) am Leitungsorgan ansetzen, im Beispiel der englischen *Limited* beim *board of directors*. Geht man von einer Gleichstellung der einzelnen *directors* aus, so ist schon hiermit ein wesentlich weiter gehender Einfluss auf die Geschäftsführung der Gesellschaft verbunden, als mit einer Mitbestimmung im lediglich kontrollierenden und überwachenden Aufsichtsrat[797]. Eine solche Erstreckung hätte in der Substanz eine ganz andere Bedeutung für die Gesellschaft, sie würde einen *„Umschlag von Quantität in Qualität“*[798] und damit faktisch eine Schlechterstellung bewirken. In einem paritätisch mitbestimmten Unternehmen entstünde aus einer „Parität in der Kontrolle“ systemwidrig eine „Parität in der Unternehmensführung“ (*Henssler*). Letztlich würde in die Entscheidungszuständigkeit des anderen Mitgliedstaats eingegriffen[799]. Dies gilt umso mehr in dem theoretischen Fall, in dem der Arbeitnehmerseite aufgrund von Entsendevorschriften bei der Beschlussfassung im *board* ein Übergewicht zukommen kann, weil dort durch die Satzung nur ein einziger Geschäftsführer vorgesehen ist, sich mitbestimmungsrechtlich aber zwei Arbeitnehmermandate ergeben.

Nach *Weiss/Seifert* soll sich an dieser Bewertung auch nichts ändern, wenn man von einer immer weiter gehenden Annäherung von monistischem und dualistischem System ausgeht. Die Regeln der Corporate Governance forderten auch für monistisch verfasste Kapitalgesellschaften eine Kontrollinstanz, was meist durch eine Differenzierung innerhalb des *boards* zwischen *executive* und *non-executive directors* erreicht wird[800]. Diese Corporate Governance-Regelwerke würden aber nur

---

Interessen der ausländischen Arbeitnehmer würden vernachlässigt, sie würden ergo diskriminiert. Auch etwaige, passgenaue Vereinbarungen, wären aufgrund der starren Vorgaben der deutschen Gesetze nicht mehr anwendbar.

796 BVerfGE 50, 290 ff.

797 Statt vieler *Raiser/Veil*, MitbestG, § 25, Rn. 104 m.w.N.

798 *Weiss/Seifert*, ZGR 2009, S. 542, 560; vgl. *Henssler*, ZHR 173 (2009), S. 222, 246 f. Vgl. auch *Hommelhoff/Krause/Teichmann*, GmbHR 2008, S. 1193, 1201, sowie *Van het Kaar*, ECL 2009, S. 55, 59, demnach ist die Mitbestimmungsqualität in einem monistischen System höher als in einem dualistischen.

799 Auch *Riesenhuber*, EuArbR, § 30, Rn. 21, erachtet die Arbeitnehmermitwirkung im Verwaltungsorgan als qualitativ weitergehend zu der im Aufsichtsrat, ebenso *Merkt* in BT-Ausschussdrucks. 17(11)501, S. 33, nach dem die Folgeprobleme weit in materielle Wertungsfragen hinein reichten; ähnlich auch *Hommelhoff*, FS K. Schmidt 2009, S. 671, 678.

800 Vgl. z.B. für Großbritannien Section A. 4 *The UK Corporate Governance Code* (September 2012) unter https://frc.org.uk/Our-Work/Publications/Corporate-Governance/UK-Corporate-Governance-Code-September-2012.pdf (englisch).

für börsennotierte Gesellschaften und nicht für sämtliche jeweiligen monistischen Gesellschaften gelten, die möglicherweise von einer Mitbestimmungserstreckung betroffen sein könnten. Schon alleine darum dürfte es nicht in allen betroffenen Gesellschaften auch tatsächlich eine entsprechende Binnendifferenzierung geben[801]. Dies dürfte erst recht gelten, wenn in einem Mitgliedstaat überhaupt keine Mitbestimmungsregelungen vorgesehen und schon darum keine *non-executive directors* der Arbeitnehmerseite zu bestellen sind. Offen bleibt auch, was gelten soll, wenn das ausländische Recht einen Einfluss anderer Personen als der Anteilseigner explizit verbietet.

Zuzustimmen ist *Weiss/Seifert* dahingehend, dass sich gegen diese Bedenken auch nicht die deutsche Rechtslage zur SE ins Feld führen lässt. Mit den §§ 34 ff. SEBG hat der deutsche Gesetzgeber erstmals ein Modell für die Mitbestimmung in einer monistisch strukturierten Gesellschaft geschaffen. Sie findet innerhalb des SE-Verwaltungsrats statt und orientiert sich in ihrer Intensität am sog. „Vorher-Nachher-Prinzip“[802]. In der deutschen monistischen SE sind die Arbeitnehmervertreter vollwertige Mitglieder des Leitungsorgans. Sie sind somit nicht nur an allen Führungsentscheidungen beteiligt (und haben bereits hierdurch einen weit beträchtlicheren Einfluss auf die Unternehmensleitung), sondern haben auch eine ungleich höhere Verantwortung und ein höheres Haftungsrisiko.

Der hier für die Rechtsform SE mühevoll errungene Kompromiss lässt sich aber nicht bruchlos auf alle anderen ausländischen Gesellschaften mit monistischer Struktur übertragen. Auch die §§ 34 ff. SEBG ändern nichts daran, dass die Übertragung der für das dualistische Modell konzipierten (und aufwändig austarierten) Unternehmensmitbestimmung auf das *board of directors* in qualitativer Hinsicht eine Erweiterung bedeutet[803].

Ob eine Auslagerung der Arbeitnehmermitwirkung in einen gesonderten Konsultationsrat diesen Bruch beseitigen könnte[804], ist für die Frage der Nichtdiskriminierung zumindest nicht offensichtlich. Ein Konsultationsrat ist bislang gesetzlich nicht vorgesehen. Er würde also von deutschen Regelungen abweichen und ein Spezialregime für Auslandsgesellschaften darstellen. Dieses müsste dann aber offen an die Rechtsordnungszugehörigkeit des jeweiligen Unternehmens anknüpfen und sich dann in jedem Einzelfall weniger belastend auswirken als die Mitbestimmung in einer vergleichbaren deutschen Gesellschaft um zu vermeiden, dass diese

---

801 *Weiss/Seifert*, ZGR 2009, S. 542, 561; ähnlich *Sick* in BT-Ausschussdrucks. 17(11)501, S. 40.

802 Näher dazu sogleich Teil 4 B.

803 *Weiss/Seifert*, ZGR 2009, S. 542, 561. *Rieble* forderte darum eine Inkompatibilitätsregelung, die Arbeitnehmervertreter im Verwaltungsrat von Geschäftsführungsaufgaben generell ausschließt; *Rieble*, NJW 2006, S. 2214, 2215.

804 Ablehnend *Weiss/Seifert*, ZGR 2009, S. 542, 561 f., es sei in einem Konsultationsrat schon keine echte Mitbestimmung möglich sondern lediglich eine Unterrichtung und Anhörung.

nationale Regelung als offene Diskriminierung schon per se gemeinschaftswidrig wäre. Das bedeutet auf jeden Fall einen deutlich gestiegenen Regelungsaufwand und würde es erfordern, die Auswirkungen der Vorschriften auf sämtliche einbezogenen Rechtsformen der Gemeinschaft abzuschätzen[805].

Die Lösung soll stattdessen darin liegen, auch diesen monistisch strukturierten Gesellschaften ausländischen Rechts die Bildung eines Aufsichtsrats gesetzlich zur Pflicht zu machen, vgl. §§ 1, 6 I MitbestG, 1 I Nr. 3 S. 2 DrittelbG. Nur indem diesen eine dualistische Struktur aufgezwungen würde, könne die mit einer Implementierung der Mitbestimmung in einem *board of directors* verbundene tatsächliche Schlechterstellung dieser Gesellschaften vermieden werden[806]. Das begegnet Bedenken. Auf diesem Weg würde das monistische Modell zwangsweise zu einem dualistischen Modell. Das wäre aber nicht mehr bloß eine Erweiterung der Unternehmensverfassung sondern ein Umbau an der grundsätzlichen gesellschaftsrechtlichen Architektur. Es würde nicht mehr nur die Mitbestimmung „aufgepfropft", sondern das gesamte dualistische Konzept. Mittelbar würde so auch die prinzipielle gesetzgeberische Entscheidung eines Mitgliedstaats für ein monistisches Modell und damit gerade das Gründungsrecht konterkariert. Betroffen wäre neben dem individuellen Unternehmen auch der jeweilige Mitgliedstaat[807].

Weitergehend ließen sich aber auch etwaige Friktionen zumindest im dann erstreckten Anwendungsbereich des MitbestG nicht gänzlich ausschließen. Die Rechtstellung und die Befugnisse der Mitglieder des Aufsichtsgremiums folgen hier aus §§ 25 ff. MitbestG. Wegen der dortigen Verweisung richten sie sich inhaltlich im Wesentlichen aber nach dem jeweils anwendbaren Gesellschaftsstatut, also nach ausländischem Recht[808]. Mögen die grundlegendsten Strukturen insofern vielleicht noch sehr grundsätzlich vergleichbar sein ist damit keinesfalls gesagt, dass das auch für die gesellschaftsrechtlichen Details gilt.

---

805 Richtig *Eberspächer,* ZIP 2008, S. 1951; 1953 f.

806 *Weiss/Seifert,* ZGR 2009, S. 542, 562; vgl. auch *Franzen,* RdA 2004, S. 257, 261.

807 *Zimmer,* NJW 2003, S. 3585, 3591, spricht von einer *„erheblich veränderten Kompetenzzuordnung"*. A.A. *Franzen,* RdA 2004, S. 257, 261 f., nach dem hierin gerade kein *„überschießender"* Eingriff in die Geschäftsführung des Unternehmens liegen soll. Auch *Thüsing* weist zunächst auf die *„nicht unerheblichen Umgestaltungen"* hin, greift aber auf das Beispiel der SE zurück. Diese ist aber per se eine supranationale Gesellschaft, so dass die Maßstäbe insofern nicht vergleichbar sind. Zuzustimmen ist ihm darin, dass sich das Problem jedenfalls dann stellt, wenn durch den deutschen Gesetzgeber eine Ausgestaltung vorgeschrieben wird, die von der ausländischen Rechtsordnung nicht nur nicht vorgesehen ist, sondern sogar ausdrücklich zurückgewiesen wird; *Thüsing,* ZIP 2004, S. 381, 383.

808 Vgl. *Franzen,* RdA 2004, S. 257, 261.

Auch dürfte für eine solche *„Chimäre des Gesellschaftsrechts“*[809] die Gefahr bestehen, dass sie von den Gerichten ihres Heimatrechts anders behandelt wird, als von deutschen Gerichten, was bis zur vollständigen Handlungsunfähigkeit der Gesellschaft führen kann. Hat eine ausländische Gesellschaft auch einen ausländischen Gerichtsstand, Art. 1, 60 EuGVO[810], können Klagen auch dort erhoben werden. Bei einer ausländischen Gesellschaft mit einem inländischen Verwaltungssitz bestimmt Art. 22 Nr. 2 S. 1 EuGVO eine ausschließliche Zuständigkeit der Gerichte des Mitgliedstaats, in dem die Gesellschaft ihren Sitz hat, sofern es sich um Klagen handelt, welche u.a. die Gültigkeit, Nichtigkeit oder Auflösung einer Gesellschaft oder die Gültigkeit der Beschlüsse ihrer Organe zum Gegenstand haben. Gem. Art. 60 I a)–c) EuGVO haben Gesellschaften ihren Sitz an dem Ort, an dem sich entweder ihr satzungsmäßiger Sitz, ihre Hauptverwaltung oder ihre Hauptniederlassung befindet[811]. Nach dem Übergang zur Gründungstheorie führt dies für ausländische Gesellschaften zunächst zur Zuständigkeit der Gerichte des Satzungssitzes und damit zur Zuständigkeit ausländischer Gerichte.

Dann kann aber ein ausländisches Gericht über die Berechtigung und die Wirksamkeit deutscher Eingriffsnormen entscheiden. Weil eine einheitliche Regelung, inwieweit Eingriffsnormen ausländischer Staaten zu berücksichtigen sind, wie wohl auch eine europarechtliche Verpflichtung zur Anerkennung[812] fehlt, könnte das ausländische Gericht anders entscheiden, als ein deutsches Gericht. Entscheidend hierfür sind die (ihrerseits äußerst umstrittenen) Sonderanknüpfungen drittstaatlicher Eingriffsnormen[813].

---

809 *Thüsing*, ZAAR 2004, Rn. 9, vgl. *dens.*, ZIP 2004, S. 381, 383, der etwas optimistisch davon ausgeht, dass die Gesellschafter, die sich in Deutschland für eine Auslandsgesellschaft entscheiden, *„solche Konflikte im eigenen Interesse vermeiden“*. Das dürfte freilich voraussetzen, dass ein entsprechendes Konfliktbewusstsein besteht, was aber selbst bei einem klaren Wortlaut angesichts der aufgezeigten Unwägbarkeiten keinesfalls sicher scheint.

810 Verordnung (EG) Nr. 44/2001 des Rates über die gerichtliche Zuständigkeit und die Anerkennung und Vollstreckung von Entscheidungen in Zivil- und Handelssachen vom 22. Dezember 2000 (ABl. L 12/01 S. 1), zuletzt geändert durch VO (EG) Nr. 280/2009 vom 6.4.2009 (ABl. L 93 S. 13).

811 Für Fälle des Vereinigten Königreichs bzw. Irlands ist unter dem Ausdruck „satzungsmäßiger Sitz“ das *registered office* oder, wenn ein solches nirgendwo besteht, der *place of incorporation* (Ort der Erlangung der Rechtsfähigkeit) oder, wenn ein solcher nirgendwo besteht, der Ort, nach dessen Recht die *formation* (Gründung) erfolgt ist, zu verstehen; Art. 60 II EuGVO.

812 Vgl. MüKo/*Sonneberger*, EGBGB Einl., Rn. 52, *Thüsing*, ZAAR 2004, Rn. 34, 43 ff.

813 *Thüsing*, ZAAR 2004, Rn. 10, 34; *Franzen*, RdA 2004, S. 257, 261. *Franzen* schlägt als Ausweg vor, das Statusverfahren nach § 98 AktG fruchtbar zu machen. Da es als solches nicht in den Anwendungsbereich der ausschließlichen Zuständigkeit nach Art. 22 Nr. 2 EuGVO falle, würden deren allgemeine Vorschriften gelten, so dass grundsätzlich ein Gerichtsstand nach Art. 5 Nr. 5 EuGVO in Deutschland begründbar sei. Örtlich zuständig sei dann das Landgericht des Bezirks, in dem

Der Vollständigkeit halber sei noch erwähnt, dass sich im Zuge dieser praktischen Schwierigkeiten auch nicht unbeträchtliche pekuniäre Transaktionskosten ergeben dürften, die bei den inländischen Gesellschaften nicht entstehen[814].

Der deutsche Gesetzgeber soll daher für den Fall, dass solche Mitbestimmungsregeln miteinander kollidieren, die einander gleichwertig oder doch vergleichbar seien, nicht am Geltungsanspruch des eigenen Rechts festhalten und das ausländische Mitbestimmungsstatut gewähren lassen. Konflikte könnten bereits durch eine modifizierte Erstreckung des deutschen Rechts, bei der solche Fälle berücksichtigt würden, vielfach vermieden werden. In allen anderen Fällen sei zu beobachten, ob solche Konflikte tatsächlich bestehen würden oder ob sich die verschiedenen Rechtsordnungen nicht versöhnen ließen[815]. Dies dürfte in der (gesetzgeberischen wie unternehmerischen) Praxis schwer abzuschätzen und letztlich oft genug vom Richter zu entscheiden sein. Die schon prinzipiell wünschenswerte Vorhersehbarkeit und Planungssicherheit für Unternehmen würde dann aber gerade nicht gewährleistet. Dies wird in der Sache umso mehr gelten, als keineswegs sicher ist, inwiefern eine vermeintliche „Gleichwertigkeit" von Mitbestimmungsregelungen sich tatsächlich als solche erweist und in ihren jeweiligen Feinheiten vom jeweils berufenen ausländischen Gericht auch anerkannt wird, bzw. umgekehrt, wann ein deutsches Gericht eine ausländische, funktionell entsprechende Arbeitnehmerbeteiligung anzuerkennen bereit ist, die sich nicht im Aufsichtsrat abspielt. Wie noch zu zeigen sein wird sind allein die normativen Ausprägungen in den EU27 ausgesprochen mannigfaltig. Von deren faktischer Beurteilung gar nicht zu reden. Dementsprechend dürfte es schwierig abzuschätzen sein, wann es zu einer modifizierten Erstreckung kommen soll und wann nicht. Der Aspekt verschärft sich vor dem Hintergrund einer sich auch in den jeweiligen Mitgliedstaaten stets ändernden Gesellschaftsrechtsgesetzgebung. Es wäre dann notwendig, die jeweiligen ausländischen Entwicklungen zu beobachten und das deutsche Erstreckungsgesetz entsprechend anzupassen um eine fortdauernde Nichtdiskriminierung zu gewährleisten. Eine Wahlfreiheit zwischen den Arbeitnehmerschutzregimen würde aber immerhin verhindern, dass der Arbeitnehmerschutz kumuliert wird[816].

---

die Gesellschaft ihren Satzungssitz i.S.v. § 5 AktG hat, was allerdings nur gelte, wenn nicht Satzungssitz und Verwaltungssitz auseinander fallen, was wiederum bei den hier in Frage stehenden Konstellationen stets der Fall wäre. Dann aber soll an den tatsächlichen Verwaltungssitz angeknüpft werden; *Franzen,* ebd.; vgl. auch *Knobbe-Keuk,* ZHR 154 (1990), S. 325, 349.

814 Allerdings sollen Kostenbelastungen aufgrund unterschiedlicher Rechtsregeln alleine als Argument für eine Schlechterstellung ausländischer Marktteilnehmer gegenüber Inländern nicht ausreichen, weil das Gemeinschaftsrecht insoweit die Unterschiedlichkeit der mitgliedstaatlichen Rechtsordnungen grundsätzlich akzeptieren soll; *Franzen,* RdA 2004, S. 257, 262.

815 *Thüsing,* ZAAR 2004, Rn. 8 f.

816 Vgl. *Thüsing,* ZIP 2004, S. 381, 384.

Insgesamt könnte man hier wohl schon aus mehreren Gründen feststellen, dass rechtfertigungsfähige nichtdiskriminierende Regelungen allenfalls unter erheblichen Schwierigkeiten möglich sind, nämlich wenn sie Auslandsgesellschaften unterschiedslos in die deutsche Mitbestimmung einbeziehen, dass sie jedenfalls aber einen beträchtlichen regulatorischen und überwachenden Aufwand erfordern[817].

- *Zwingendes Allgemeininteresse*

Aber auch wenn man von einer faktischen Schlechterstellung ausgehen würde, soll darin nicht notwendig ein Hindernis zur Rechtfertigung durch zwingende Gründe des Allgemeininteresses liegen. Die Fortentwicklung der Grundfreiheit vom Diskriminierungsverbot zum Beschränkungsverbot bedeutet auch, dass explizit diskriminierende Beeinträchtigungen der Grundfreiheiten nur an den ausdrücklich genannten Ausnahmebestimmungen zu messen sind, während unterschiedslose Beeinträchtigungen an den zwingenden Allgemeininteressen zu prüfen sind. Weil durch die Fortentwicklung der Schutzbereich erweitert worden ist, gibt es auch erweiterte Eingriffsmöglichkeiten. Zum Teil wird der EuGH dahingehend verstanden, dass eine verdeckte Diskriminierung keine Diskriminierung im Sinne der *Gebhard*-Formel sein soll, mit der Folge, dass die sonstigen Beschränkungen der verdeckten (formal unterschiedslosen) Diskriminierung gleichgestellt werden[818]. Die Mitbestimmungserstreckung müsste also der Verfolgung zwingender Gründe des Allgemeininteresses dienen.

Wann genau ein solches Allgemeininteresse vorliegt ist vertraglich nicht verbindlich geregelt. Art. 52 I AEUV erlaubt solche Eingriffe in die Niederlassungsfreiheit, die aus Gründen der öffentlichen Ordnung, Sicherheit oder Gesundheit erfolgen, legt aber nicht abschließend die möglichen Zielsetzungen durch die Mitgliedstaaten fest. Diese verfügen daher über einen gewissen Ermessensspielraum dahingehend, was sich als zwingendes Allgemeininteresse gegenüber den Grundfreiheiten durchsetzen soll[819].

Der EuGH hat in verschiedenen Urteilen inzwischen diverse solcher Allgemeininteressen anerkannt[820]. Letztlich ausgeschlossen sind hier allein wirtschaftliche

---

817 Etwas überraschend darum die Nonchalance von *Weiss/Seifert*, nach denen ohne weitere Begründung *„daraus möglicherweise resultierende Folgeprobleme eines solchen mitbestimmungsrechtlichen Implantats zu bewältigen sein dürften“*, ZGR 2009, S. 562. So auch *Franzen*, RdA 2004, S. 257, 260, nach dem die praktischen Schwierigkeiten *„häufig überschätzt“* würden, zumal sich diese Probleme *„kaum flächendeckend“* stellen würden. Gerade das macht das Problem aber nicht geringer, wenn man im Interesse der Rechtssicherheit einen tatsächlichen Gleichlauf erreichen will. Vgl. auch *Knobbe-Keuk*, ZHR 154 (1990), S. 325, 349; *Köster*, ZRP 2008, S. 214, 215 f.

818 Vgl. *Müller-Graff* in *Streinz*, EUV/AEUV, Art. 49 AEUV, Rn. 43 ff.; *Thüsing*, ZIP 2004, S. 381, 384 f.

819 Vgl. *Weiss/Seifert*, ZGR 2009, S. 542, 550.

820 Vgl. *Müller-Graff* in *Streinz*, EUV/AEUV, Art. 49 AEUV, Rn. 98.

Gründe, weil wirtschaftspolitische Zielsetzungen infolge ihrer protektionistischen Wirkungen dem Ziel der Verwirklichung eines Gemeinsamen Marktes entgegenlaufen[821].

Notwendig ist damit folglich ein legitimes Interesse, das mit dem Gemeinschaftsrecht vereinbar ist.

Diese Vereinbarkeit lässt sich jedenfalls leichter und sicherer nachweisen, wenn das vom Mitgliedstaat verfolgte Regelungsziel seinerseits bereits durch das Europarecht anerkannt ist[822].

Eine explizite Entscheidung zu der genauen Frage, ob die Unternehmensmitbestimmung selbst als zwingender Grund des Allgemeininteresses gesehen wird, liegt noch nicht vor. Allerdings erkennt der EuGH seit den 1980er Jahren in ständiger Rechtsprechung an, dass der Schutz der Arbeitnehmer ein zwingender Grund des Allgemeininteresses sein kann[823].

In der Rs. *Überseering* erklärt er, es lasse sich nicht ausschließen, *„dass zwingende Gründe des Allgemeinwohls, wie der Schutz der Interessen [...] der Arbeitnehmer [...] unter bestimmten Umständen und unter Beachtung bestimmter Voraussetzungen Beschränkungen der Niederlassungsfreiheit rechtfertigen können"*[824].

Hierin wird ein Anhaltspunkt dafür gesehen, dass der EuGH die unternehmerische Mitbestimmung als zwingenden Grund des Allgemeinwohls werten würde[825] – auch wenn aus der Entscheidung keinesfalls eindeutig hervorgeht, ob sich der Gerichtshof nun auf die individuelle oder gerade auf die kollektive Dimension des Arbeitnehmerschutzes bezieht.

Zumindest existieren aber im Primär- und Sekundärrecht Regelungen, aus denen sich folgern lässt, dass die Unternehmensmitbestimmung jedenfalls kein Schutzanliegen darstellt, das mit den Zielsetzungen des Vertrages unvereinbar ist und daher schon von vornherein für eine Rechtfertigung ausscheidet[826]. So zielt im Primärrecht die Kompetenzvorschrift des Art. 151 AEUV u.a. auf die Förderung der Beschäftigung und die Verbesserung der Lebens- und Arbeitsbedingungen, ferner auf einen angemessenen sozialen Schutz und auf den sozialen Dialog. Gem.

---

821 Z.B. grundlegend EuGH Rs. C-352/85, Urteil vom 26.04.1988, (*Bond van Adverteerders*), Rn. 34; EuGH Rs. C-398/95, Urteil vom 05.06.1997, (*Syndesmos ton en Elladi Touristikon kai Taxidiotikon Grafeion*), Rn. 23; vgl. *Thüsing*, ZAAR 2004, Rn. 14, *Müller-Graff* in *Streinz*, EUV/AEUV, Art. 49 AEUV, Rn. 98.

822 *Weiss/Seifert*, ZGR 2009, S. 542, 550.

823 Vgl. *Weiss/Seifert*, ZGR 2009, S. 542, 551 f., Fn. 27; *Thüsing*, ZIP 2004, S. 381, 385; EuGH Rs. C-411/03 *(Sevic Systems AG)*, Rn. 28, EuGH Rs. C-208/00 (*Überseering BV*), Rn. 92.

824 EuGH Rs. C-208/00 *(Überseering BV)*, Rn. 92.

825 *Franzen*, RdA 2004, S. 257, 262; *Weiss/Seifert*, ZGR 2009, S. 542, 551 f., die zur Beurteilung der Rechtsprechungstendenz auch dem Umstand größeres Gewicht beimessen, dass die Überseering-Entscheidung nicht lediglich von einer Kammer sondern vom Plenum des EuGH entschieden wurde.

826 *Thüsing*, ZIP 2004, S. 381, 386 f.; *Eberspächer*, ZIP 2008, S. 1951; 1954.

Art. 153 I f) AEUV unterstützt und ergänzt die Union im Hinblick auf die Ziele des Art. 151 AEUV die Tätigkeit der Mitgliedstaaten auf dem Gebiet der Vertretung und kollektiven Wahrnehmung der Arbeitnehmer- und Arbeitgeberinteressen *„einschließlich der Mitbestimmung"*.

Bereits aus diesen Vorschriften lässt sich ein durch die Union selbst anerkanntes Allgemeininteresse an der Mitbestimmung folgern. Erfasst sind hiervon beide Ebenen, die betriebliche und die unternehmerische Mitbestimmung, allerdings kein bestimmtes Modell[827]. Die Mitbestimmung hat in ihrer ursprünglichsten Lesart zum Ziel, die Arbeitnehmer durch Teilhabe an den sie betreffenden Entscheidungen zu schützen. Dass sie darüber hinausgehend eventuell auch eine gesellschaftspolitische Zielsetzung verfolgt[828], sie in der sozialen Marktwirtschaft nicht nur ein Wirtschaftsmodell darstellt, sondern auch ein Gesellschaftsmodell, in dem sich die grundlegende Entscheidung zur Sozialpflichtigkeit des Eigentums zeigt, dürfte der Anerkennung als Allgemeininteresse nicht entgegen stehen. Hielte die Union sie nicht für geeignet, den sozialen Schutz des Arbeitnehmers zu bewirken, hätte sie ihn wohl nicht selbst in den Vertragstext aufgenommen[829].

Auch im Sekundärrecht hat die Frage der Mitbestimmung, insbesondere der Erhalt des jeweiligen mitgliedstaatlichen Status quo, immer wieder eine bedeutende Rolle gespielt. Entsprechende Regelungen finden sich bei den zur Harmonisierung ergangenen Richtlinien[830] ebenso wie bei den supranationalen Gesellschaftsformen EWIV, SCE und SE[831].

---

827 Vgl. auch die sprachliche Fassung in Art. 153 I e) bzw. f) AEUV; *Eichenhofer* in *Streinz*, EUV/AEUV Art. 153 AEUV, Rn. 14 ff., 21; *Rebhahn/Reiner* in *Schwarze*, EU-Komm 2012, Art. 153 AEUV, Rn. 49.

828 Vgl. *Thüsing*, ZAAR 2004, Rn. 14; *Roth*, IPrax 2003, 117, 125; a.A. *Eidenmüller*, ZIP 2002, 2232, 2242.

829 *Thüsing*, ZAAR 2004, Rn. 18; vgl. auch *Franzen*, RdA 2004, S. 257, 262, wohl a.A. *Merkt* in BT-Ausschussdrucks. 17(11)501, S. 31 f.

830 Vgl. Art. 11 Richtlinie 90/434/EWG des Rates vom 23. Juli 1990 über das gemeinsame Steuersystem für Fusionen, Spaltungen, die Einbringung von Unternehmensteilen und den Austausch von Anteilen, die Gesellschaften verschiedener Mitgliedstaaten betreffen (ABl. EG Nr. L 225/1; sog. steuerliche Fusionsrichtlinie) und das dazu in Deutschland ergangene Mitbestimmungs-Beibehaltungsgesetz vom 23. August 1994 (BGBl. I 2228), ferner Erwägungsgrund 23 und Art. 14 der Richtlinie 2004/25/EG vom 21. April 2004 betreffend Übernahmeangebote (ABl. EG Nr. L 142/12, sog. Übernahmerichtlinie) sowie Art. 16 der Verschmelzungsrichtlinie.

831 Vgl. Erwägungsgrund 15 und Art. 3 II b) und c) der VO Nr. 2137/85 vom 25. Juli 1985 über die Schaffung einer Europäischen Wirtschaftlichen Interessenvereinigung (EWIV), ABl. EG Nr. L 1999/1; Art. 4 i.V.m. dem Anhang der Richtlinie 2003/72/EG des Rates vom 22. Juli 2003 zur Ergänzung des Statuts der Europäischen Genossenschaft hinsichtlich der Beteiligung der Arbeitnehmer, ABl. EG Nr. L 207/25; Erwägungsgründe 7, 8, 18 und Art. 1, 3, 7 i.V.m. dem Anhang der SE-RL; Art. 42 S.2, 45 S. 2 SE-VO.

Allerdings folgt ein Allgemeininteresse nicht aus den Grundrechten bzw. den gemeinsamen Verfassungsüberlieferungen der Mitgliedstaaten, die als allgemeine Rechtsgrundsätze Bestandteil des Gemeinschaftsrechts sind (vgl. Art. 6 I, UAbs. 3 EU).

Zunächst gibt es bereits kein Grundrecht auf unternehmerische Mitbestimmung. Sie ist explizit auch nur in vier Mitgliedstaaten verfassungsrechtlich gewährleistet[832] und kann schon deshalb auch nicht als eine gemeinsame Verfassungsüberlieferung der Mitgliedstaaten angesehen werden.

Auch die Charta der Grundrechte der EU garantiert nicht die Mitbestimmung, sondern nur die Unterrichtung und Anhörung der Arbeitnehmer unter den Voraussetzungen, die nach dem Gemeinschaftsrecht und den einzelstaatlichen Rechtsvorschriften und Gepflogenheiten vorgesehen sind[833].

Ferner findet sie sich auch nicht in den einschlägigen völkerrechtlichen Verträgen, die von den Mitgliedstaaten unterzeichnet worden sind, insbesondere nicht in der EMRK, der ESC oder den Übereinkommen der Internationalen Arbeitsorganisation (ILO).

Nur in solchen Fällen aber kann sich aber ein zwingender Grund des Allgemeininteresses auch aus den Grundrechten ergeben[834].

Sofern argumentiert wird, dass es bislang nicht gelungen ist, zu einer vollständigen europäischen Angleichung des Rechts der Unternehmensmitbestimmung zu

832 Diese vier sind Slowenien, Frankreich, Italien und Kroatien. Vgl. im Einzelnen Art. 75 der slowenischen Verfassung von 1991 (*Ustava Republike Slovenije*); der Verfassungstext ist in deutscher Übersetzung abrufbar auf den Webseiten des Verfassungsgerichts *Ustavno Sodišče Republikje Slovenije* unter http://www.us-rs.si/o-sodiscu/pravna-podlaga/ustava/?lang=2.), Abs. 8 der Präambel der französischen Verfassung vom 27.10.1946, offizielle deutsche Übersetzung beim Verfassungsrat/*Conseil Constitutionnel* unter http://www.conseil-constitutionnel.fr/conseil-constitutionnel/deutsch/verfassung/praambel-von-1946.25774.html. (Die Präambel der gegenwärtig aktuellen Verfassung der V. Republik vom 04.10.1958 bezieht sich ihrerseits u.a. auf die Präambel der Verfassung von 1946 sowie auf die Erklärung der Menschen- und Bürgerrechte von 1789. Zusammen bilden sie den sog. *„Bloc de constitutionnalité"*; deutsche Übersetzung der Verfassung von 1958 abrufbar unter http://www.conseil-constitutionnel.fr/conseil-consti.tutionnel/root/bank_mm/allemand/constitution_allemand.pdf), Art. 46 der italienischen Verfassung von 1948 (*La Costituzione della Repubblica italiana*), der Verfassungstext findet sich in einer offiziellen deutschen Übersetzung auf den Webseiten der *Regione Autonoma Trentino-Aldige*/Südtirol unter http://www.regione.taa.it/normativa/costituzione.pdf (Stand 2002) sowie *Čl.* 56 *st.* 4 der Verfassung der Republik Kroatien von 1990, *Ustav Republike Hrvatske*, zuletzt geändert am 16.06.2010; offizielle englische Übersetzung abrufbar beim Parlament, dem *Sabor*, unter http://www.sabor.hr/fgs.axd?id=17074, inoffizielle deutsche Übersetzung bei der *Konrad-Adenauer*-Stiftung unter http://www.kas.de/wf/doc/kas_2764-1442-1-30.pdf?110114141431.

833 Art. 27 der Charta der Grundrechte der EU.

834 *Weiss/Seifert*, ZGR 2009, S. 542, 552 f.

gelangen, dürfte dies unschädlich sein. Insbesondere hat auch Art. 153 I f) AEUV kein bestimmtes Modell im Blick[835]. Zudem ist im Zusammenhang mit der mühevollen Kompromissfindung zur SE-RL deutlich geworden, dass es kein unionsweit verfestigtes, einheitliches Verständnis von Umfang und Reichweite der Arbeitnehmermitbestimmung gibt.

Fehlende Einheitlichkeit muss aber einer Anerkennung der Mitbestimmung als zwingendes Allgemeininteresse nicht entgegenstehen, da eine (völlige) Kongruenz der Regelungen im europäischen Rechtsraum hierzu nicht notwendig ist. Viel mehr respektiert der EuGH die Vielfalt der nationalen Rechtsordnungen; die Union erkennt ein Allgemeininteresse an und überlässt es den einzelnen Mitgliedstaaten, wie weit sie in dessen Realisierung bzw. Schutz vorangehen[836].

Dass die Unternehmensmitbestimmung nur einen äußerst selektiven und punktuellen Schutz bewirkt (nämlich ausschließlich für diejenigen Arbeitnehmer, die in einem Unternehmen in der betreffenden Gesellschaftsform mit dem betreffenden Schwellenwert und eventuell auch nur in der entsprechenden Branche arbeiten) und dass sie mitunter generell als ineffizient und wenig sinnhaft kritisiert wird, dürfte ebenfalls nichts daran ändern, dass man sie dennoch als zwingendes Allgemeininteresse anerkennen könnte.

Etwaige Zweifel an der Effizienz einer Regelung zur Erreichung eines Regelungsziels änderten nichts an einem bestehenden Allgemeininteresse zur Regelung[837]. Das überzeugt. Ein falscher Weg ändert nichts an der Richtigkeit des Ziels.

In keinem Fall, in dem der EuGH zur Rechtfertigung eines Eingriffs in Grundfreiheiten auf den sozialen Schutz des Arbeitnehmers rekurriert hat, hat er auch die Einheitlichkeit dieses Schutzes oder eine Einheitlichkeit dieses Schutzstandards für alle Arbeitnehmer gefordert. Viel mehr reicht es, wenn die Beschränkungen auch nur einen Bruchteil der möglichen Fälle betreffen[838].

Man wird insgesamt daher mit der wohl überwiegenden Ansicht in der Literatur[839] nicht bestreiten können, dass die Mitbestimmung im Europarecht im Grundsatz anerkannt ist und ihr Erhalt als ein grundlegendes Allgemeininteresse gesehen werden kann, das wiederum eine Beschränkung der Niederlassungsfreiheit rechtfertigen kann.

Dabei muss das nationale Recht die vorgegebene Zielsetzung aber mit einer gewissen Konsequenz verfolgen, damit der EuGH es als ein Allgemeininteresse anerkennt. Mit dieser weiteren Anforderung soll gewährleistet werden, dass es sich bei

---

835 Vgl. *Eichenhofer* in *Streinz*, EUV/AEUV, Art. 153 AEUV, Rn. 14 ff., 18, 21. *Junker*, ZfA 2005, S. 1, Fn. 48, schließt aus der bloßen Erwähnung der Mitbestimmung, entgegen *Thüsing*, ZIP 2004, S. 381, 386, dass sich daraus keinesfalls ein *„zwingendes“* Allgemeininteresse herleiten lasse.

836 *Thüsing*, ZIP 2004, S. 381, 386; *ders.*, ZAAR 2004, Rn. 16.

837 Vgl. *Thüsing*, ZIP 2004, S. 381, 386; *ders.*, ZAAR 2004, Rn. 18.

838 Vgl. *Thüsing*, ZAAR 2004, Rn. 15 ff., Fn. 24.

839 *Kisker*, Auslandsgesellschaften, S. 187 ff.; *Thüsing*, ZIP 2004, S. 381, 385 f.; *Eberspächer*, ZIP 2008, S. 1951; 1954; vgl. auch *Henssler*, RdA 2005, S. 330, 332 f.

dem vorgebrachten Anliegen nicht lediglich um eine Schutzbehauptung handelt und der Mitgliedstaat mit seiner Regelung eigentlich ganz andere Motive verfolgt. Denn es reicht nicht bloß „irgendein" Allgemeininteresse, es muss sich um ein „zwingendes" Allgemeininteresse handeln[840]. Differenzierungen und Abstufungen müssen mit einem sachlichen Grund erfolgen. Ein deutsches Erstreckungsgesetz müsste demnach nicht ausnahmslos alle Auslandsgesellschaften erfassen, sondern dürfte (und müsste) sich auf Kapitalgesellschaften mit einer bestimmten Arbeitnehmerzahl und mit einem inländischen Verwaltungssitz beschränken; erst hieraus folgt das besondere Regelungsinteresse des deutschen Gesetzgebers[841]. Alle weiteren Ausnahmen aber, die mit Rücksicht auf ausländische Rechtsordnungen oder bilaterale Staatsverträge notwendig sein sollten, schmälern die Chance, den EuGH von der angeführten Zielsetzung zu überzeugen[842].

- *Geeignetheit*

Die Eignung einer nationalen Maßnahme entfällt erst dann, wenn von ihr keinerlei signifikanter Beitrag zur Zielerreichung zu erwarten ist[843].

Eine Einbeziehung ausländischer Gesellschaften in die deutsche Unternehmensmitbestimmung wäre im Hinblick auf einen möglichst umfassenden Schutz der Arbeitnehmer wohl geeignet, eine etwaige Umgehung zu verhindern. Zumindest aber wird man ein entsprechendes mitgliedstaatliches Ermessen nicht von vornherein ausschließen können[844].

- *Erforderlichkeit*

Fraglich erscheint aber, ob oder inwieweit eine Mitbestimmungserstreckung auch erforderlich ist.

Sie müsste, in Übereinstimmung mit der EuGH-Rechtsprechung, das relativ mildeste Mittel zur Verwirklichung des angestrebten Ziels darstellen. Der Gerichtshof prüft, ob der nationale Gesetzgeber auch eine mildere Regelung hätte treffen können, die die Grundfreiheiten weniger beeinträchtigt[845].

Anders als in der deutschen Grundrechtsdogmatik wird hierbei eine weniger belastende Alternative nicht nur dann als ausreichend gesehen, wenn sie ihr Regelungsziel gleich effektiv verwirklicht. Denn selbst, wenn die alternative Maßnahme

840 *Eberspächer*, ZIP 2008, S. 1951; 1954, *Junker*, ZfA 2005, S. 1, 11; *Thüsing*, ZIP 2004, S. 381, 386.

841 *Eberspächer*, ZIP 2008, S. 1951; 1954; *Kisker*, Auslandsgesellschaften, S. 193 f., 229 ff.; vgl. auch *Ulmer/Habersack/Henssler*, MitbestG, § 1, Rn. 32.

842 Zutreffend *Eberspächer*, ZIP 2008, S. 1951; 1954, 1957.

843 *Müller-Graff* in *Streinz*, EUV/AEUV, Art. 49 AEUV, Rn. 94 (Ausschluss *„gänzlich untaugliche[r] Mittel"*).

844 Vgl. *Biedenkopf*-Bericht, S. 34 f.; *Kisker*, Auslandsgesellschaften, S. 195; pointiert *Thüsing*, ZIP 2004, S. 381, 387: *„Dass sie stets versagt, glauben wohl auch ihre schärfsten Kritiker nicht"*; (Hervorhebung auch im Original).

845 EuGH Rs. C-212/97 *(Centros)*, Rn. 37; EuGH Rs. C-167/01 *(Inspire Art)*, Rn. 133.

weniger effektiv ist, gelangt der Gerichtshof immer noch nicht automatisch zu dem Ergebnis, dass das mitgliedstaatliche Vorgehen erforderlich und darum mit den Grundfreiheiten vereinbar ist. Denn sonst könnte ein Mitgliedstaat unter dem Vorwand eines zwingenden Allgemeininteresses einen quasi-automatischen Vorrang vor der Niederlassungsfreiheit konstruieren und damit letztlich den AUEV unterminieren. Vielmehr muss der Mitgliedstaat daher auch einen milderen Weg vorziehen, der einen zwar geringeren, aber doch *„im Wesentlichen vergleichbaren Schutz"* verspricht[846].

Hiermit ist also zunächst zu fragen, ob die mildere Maßnahme gleich effektiv ist. Wenn dies der Fall sein sollte, entfällt bereits automatisch die Erforderlichkeit der untersuchten Regelung. Im Weiteren ist dann zu prüfen, in welchem Ausmaß die geprüfte Maßnahme im Vergleich zu ihren Alternativen die Niederlassungsfreiheit des betroffenen Unternehmens verkürzt[847].

Der Gerichtshof verlangt hierfür eine Gegenüberstellung des konkreten Effektivitätsgewinns der jeweiligen Maßnahme mit den zusätzlichen Belastungen für den Binnenmarkt[848].

Bereits die faktische Eingrenzung der Maßnahme begegnet gravierenden Schwierigkeiten.

So ist die Erforderlichkeit einer Mitbestimmungserstreckung vor allen Dingen bereits dann fraglich, wenn der ausländische Gesetzgeber seinerseits bereits Regeln zur Unternehmensmitbestimmung vorsieht und dem fraglichen Allgemeininteresse bereits hierdurch Rechnung getragen wird.

Der EuGH erkennt an, dass in Fällen, in denen das Herkunftsland bereits den gleichen oder einen im Wesentlichen vergleichbaren Schutz vorsieht, weitere Schutzvorschriften des Bestimmungslandes die auch für Unternehmen aus anderen Mitgliedstaaten gelten, nicht erforderlich sind, da es dann zu Doppelbelastungen käme, die zu einer erheblichen Einschränkung der Grundfreiheiten und damit auch des Gemeinsamen Marktes führen würden[849]. Hierzu hat der Gerichtshof im

846 EuGH Rs. C-49/98, Urteil vom 25.10.2001, (*Finalarte Sociedade de Construção Civil Lda* et al.), Rn. 45, 53; EuGH Rs. C-272/94, Urteil vom 28.03.1996, (*Michel Guiot,* und *Climatec SA*), Rn. 17; *Eberspächer,* ZIP 2008, S. 1951; 1954 f.

847 Vgl. *Müller-Graff* in *Streinz,* EUV/AEUV, Art. 49 AEUV, Rn. 95, nach dem eine *„Abwägung zwischen dem Schweregrad der Beeinträchtigung der Niederlassungsfreiheit und dem Grad und der Gewichtigkeit des Zielgewinns der Maßnahme unter Einbeziehung sämtlicher relevanter Gesichtspunkte"* zu erfolgen hat.

848 *Eberspächer* gebraucht die Kurzformel *„Vergleich des Gewinns an Arbeitnehmerschutz mit dem Verlust an Niederlassungsfreiheit"*, ZIP 2008, S. 1955, und merkt weiter zutreffend an, dass dieses zweite Prüfungselement in funktionaler Hinsicht der Angemessenheitsprüfung der deutschen Grundrechtsdogmatik entspricht.

849 Siehe etwa EuGH Rs. 279/80, Urteil vom 17.12.1981, (*Webb*), Rn. 17; EuGH Rs. C-272/94, Urteil vom 28.03.1996, *(Michel Guiot* und *Climatec SA),* Rn. 11, 17; EuGH Rs. C-369, 376/96, Urteile vom 23.01.1999, (*Arblade, Leloup*), Rn. 34; vgl. *Franzen,* RdA 2004, S. 257, 263; *Weiss/Seifert,* ZGR 2009, S. 542, 569 f.

Laufe der Zeit den sog. Grundsatz der gegenseitigen Anerkennung weiterentwickelt. Demnach ist aufgrund einer unterstellten Gleichwertigkeit aller mitgliedstaatlichen Rechtsordnungen davon auszugehen, dass die Schutzinstrumente des jeweiligen Herkunftsstaats ausreichen, um das Schutzanliegen auch zu verwirklichen[850]. Eine Mitbestimmungserstreckung kann also nicht auf solche Gesellschaften erfolgen, die aus Mitgliedstaaten stammen, die ein vergleichbares Niveau der unternehmerischen Mitbestimmung wie in Deutschland vorsehen.

Damit stellt sich die Frage, wie genau man einen solchen Vergleich der nationalen Beteiligungssysteme im konkreten Einzelfall bewerkstelligen will.

Im Laufe der Zeit hat sich in den 28 Mitgliedstaaten ein ganzes Vertretungspanoptikum mit sehr individuellen Ausprägungen entwickelt. Die möglichen Abgrenzungskriterien in ihren Feinheiten und Gewichtungen sind Legion. Stellt man beispielsweise strikt darauf ab, ob eine Mitbestimmung ausschließlich in den Aufsichtsräten vorgesehen wird, oder soll es reichen, wenn es bereits „irgendeine" Form der Mitbestimmung gibt (die aber wiederum aus deutschem Blickwinkel nicht zu weit reichen darf, um nicht in Konflikt mit den verfassungsrechtlichen Vorgaben zu geraten). Hat man sich insoweit geeinigt ist zu klären, ob man einen etwaigen Einfluss der Sozialpartner in dem Vergleich berücksichtigen will, und wenn ja, als positiven oder negativen Effekt oder ggf. nur anteilig, weil der Einfluss der jeweiligen „heimatlichen" Sozialpartner wegfällt, wenn die Auslandsgesellschaft ihren Sitz in Deutschland nimmt. Danach werden die Einzelheiten relevant. Z.B., ob die jeweiligen Wahl- bzw. Entsendeverfahren in ihren Details umfassend berücksichtigt oder gleich gestellt werden, etc.

Bereits *Weiss/Seifert* stellen in ihrem Gutachten für die *Hans-Böckler-Stiftung* zu Recht fest, dass eine Sichtweise, die nur die institutionalisierte Form unternehmerischer Mitbestimmung in den Blick nimmt, *„bei weitem nicht ausreicht"* um den tatsächlichen Einfluss der Arbeitnehmer zu erfassen[851]. Sie schlagen darum zunächst vor, für die Mitbestimmungserstreckung *„nur auf die Qualität der institutionalisierten Mitbestimmung abzustellen"*[852]. Das wäre aber ein logischer Zirkelschluss, denn es geht ja gerade darum, die jeweilige „Qualität" zu ermitteln. Nicht umsonst hat sich der europäische Gesetzgeber bei der supranationalen SE auch für eine Beurteilung streng nach der Quantität entschieden.

Zuzustimmen ist ihnen aber in der Beobachtung, dass es jedenfalls schwierig werden wird, angesichts der Vielzahl der denkbaren Mitbestimmungsregelungen schon alleine für die Vergleichbarkeit national institutionalisierter Mitbestimmungsformen konsensfähige Kriterien zu entwickeln. Selbst wenn man sich einigen sollte ist damit noch lange nicht gesagt, dass im Streitfall auch die Gerichte

---

850 *Eberspächer*, ZIP 2008, S. 1951, 1955 f., nach dem die wissenschaftliche Diskussion allgemein davon ausgehen soll, dass der EuGH dieses strenge Herkunftsprinzip auch auf die Arbeitnehmermitbestimmung anwenden würde.

851 So aber wohl noch *Franzen*, RdA 2004, S. 257, 263.

852 *Weiss/Seifert*, ZGR 2009, S. 542, 572.

den gefundenen Konsens teilen, insbesondere, ob nicht der EuGH eine solche Selektion als eine nicht zu rechtfertigende Beschränkung der Niederlassungsfreiheit einstufen wird[853]. Im Einzelfall lässt sich die qualitative Vergleichbarkeit zweier Regelungen zudem nur mit Blick auf die konkreten Regelungen im Gesamtkontext der Rechtsordnung bestimmen[854].

Zwar wäre eine ausnahmslose Durchsetzung der deutschen Mitbestimmungsordnung zweifellos effektiver, als ein Verweis auf etwaige ausländische Regelungen, allerdings wäre letzteres eindeutig milder, weil es zu keinen Eingriffen in die ausländische Organisationsverfassung käme.

Als pragmatischen Ausweg schlagen *Weiss/Seifert* daher – insofern wohl auch mit der herrschenden Literatur[855] – vor, all die Unternehmen nicht in eine Mitbestimmungserstreckung einzubeziehen, die schon nach dem Recht ihres Herkunftslandes über (irgend)eine unternehmerische Mitbestimmung durch eigene Arbeitnehmervertreter verfügen. Rechtstechnisch solle dies durch eine gesetzliche Vorrangklausel geschehen, in der bestimmten, abschließend aufgezählten, Mitbestimmungsordnungen anderer Mitgliedstaaten ein Vorrang gegenüber der deutschen Mitbestimmungsordnung eingeräumt wird[856].

Voraussetzung wäre dann aber wohl auch, dass das jeweils ausländische Mitbestimmungsrecht auch „seine" Gesellschaften mit Sitz in Deutschland erfasst. Eine Anforderung, die aber mit dem Territorialprinzip brechen dürfte, nach dem die deutschen Mitbestimmungsgesetze für Gesellschaften im Ausland ja gerade nicht anwendbar sind[857]. Die praktische Durchsetzbarkeit bliebe damit ungewiss. Überdies bliebe die Unsicherheit der Beurteilung durch die Gerichte.

Weitergehend wäre fraglich, was gelten soll, wenn in einer Auslandsgesellschaft mit Sitz im Inland eine Mitbestimmung zwar nicht auf gesetzlicher, aber auf rein privatautonomer Grundlage vorgesehen ist[858]. Auch hier solle nach der Literatur eine Mitbestimmungserstreckung *„nur sehr behutsam"* und ausschließlich dann erfolgen, wenn die privatautonom verankerte Mitbestimmung hinter derjenigen der zu erstreckenden Mitbestimmung zurückbleiben würde, da anderenfalls in nicht mehr erforderlicher Weise in die gesellschaftsrechtliche Gestaltungsfreiheit von Gesellschaften nach der Rechtsordnung ihres Gründungsstaats eingegriffen werde[859]. Es bliebe aber auch in diesem Fall bei den genannten Problemen und Unwägbarkeiten. Hinzu kämen hier noch Umgehungsmöglichkeiten, denn einmal

---

853 Vgl. *Weiss/Seifert*, ZGR 2009, S. 542, 572.

854 *Eberspächer*, ZIP 2008, S. 1951; 1956.

855 Vgl. *Eberspächer*, ZIP 2008, S. 1951; 1956, Fn. 55; *Kisker*, Auslandsgesellschaften, S. 197 ff., 225.

856 *Weiss/Seifert*, ZGR 2009, S. 542, 572 a.E.

857 Vgl. ErfK/*Oetker*, MitbestG, § 1, Rn. 3; *Raiser/Veil*, MitbestG, § 1, Rn. 13.

858 *Weiss/Seifert*, ZGR 2009, S. 542, 573 mit Blick auf *Limited* nach englischem Recht, wo auf diesem Weg vereinzelt die Einbeziehung von Arbeitnehmervertretern ins *board of directors* vorgesehen wurde (sog. *employee* oder *worker directors*).

859 *Weiss/Seifert*, ZGR 2009, S. 542, 573 a.E.

mehr wäre fraglich, ob „jede“ Form der privaten Mitbestimmung reicht oder ob es zusätzlich qualitativer Erwägungen bedarf und wenn ja, welcher.

Eine letztlich überzeugende Normierung begegnet also beträchtlichen Schwierigkeiten. Umgekehrt kommt auch eine abstrakte Regelung in Gestalt einer ausfüllungsbedürftigen Generalklausel nur eingeschränkt in Betracht, da eine zu unbestimmte Norm gerade im gesellschaftsrechtlichen Kernbereich der Organisationsverfassung dem Ziel der Rechtssicherheit diametral zuwider läuft.

Aber auch, ob es nicht eventuell mildere Mittel als eine automatische und vollständige gesetzliche Erstreckung gibt, ist keineswegs eindeutig.

Ein vergleichbarer Schutz könnte sich möglicherweise bereits dadurch verwirklichen lassen, dass an die Stelle der Aufsichtsratsmitbestimmung ein Konsultationsrat gesetzt wird, in dem die Arbeitnehmer nicht mehr unmittelbar mit Sitz und Stimme an den gesellschaftsrechtlichen Organen und Gremien beteiligt sind[860]. Da sowohl die Organgröße als auch die Organbesetzung unberührt blieben, ergäben sich so die geringsten Belastungen für die betroffenen Unternehmen. Zudem würde so die Integration in die bestehende Unternehmensverfassung erleichtert, was insbesondere dann der Fall sein dürfte, wenn das jeweilige ausländische Organisationsrecht seinerseits vielfältige Gestaltungsmöglichkeiten vorsieht, die bei „Aufpfropfen“ des deutschen Organisationsmodells mit seinen zwingenden Regeln für die Organkompetenzen und Binnenorganisation deutlich eingeschränkt werden müssten (z.B. erlauben die dänischen, schwedischen und finnischen Regelungen entsprechende Gestaltungen)[861].

Weiss/Seifert bemerken hierzu in ihrem Gutachten für die *Hans-Böckler-Stiftung* mit Recht, dass ein Konsultationsrat aus der gesellschaftsrechtlichen Struktur des Unternehmens herausgelöst würde. Schon daher soll kein gleichwertiges Substitut zur Aufsichtsratsmitbestimmung vorliegen.

Bereits die Annahme, in mitbestimmten Aufsichtsräten stimme die Anteilseignerbank immer geschlossen ab, so dass sich der Einfluss der Arbeitnehmervertreter aufgrund des letztlichen Übergewichts der Anteilseigner faktisch auf ein Anhörungsrecht innerhalb des Aufsichtsrats reduziere, sei in dieser Pauschalität nicht aufrecht zu erhalten. Jedenfalls aber würde den Arbeitnehmern so die Möglichkeit genommen, unmittelbar auf die Entscheidungsfindung des Aufsichtsrats Einfluss zu nehmen; es sei ein großer Unterschied, ob die Arbeitnehmer in unmittelbarer Präsenz die Diskussion und Willensbildung beeinflussen könnten, oder ob sie in einem von der gesellschaftsrechtlichen Entscheidungsstruktur entkoppelten Gremium säßen, das auf Vorgänge innerhalb des Aufsichtsrats nur noch reagieren könne. Dies gelte ganz besonders für die Berufung des Leitungsorgans. Ein Konsultationsrat würde darum eine echte unternehmerische Mitbestimmung auf die

860 Vgl. BCCG 2003, S. 3, 22 f., 27; *Eberspächer*, ZIP 2008, S. 1951; 1956.

861 *Eberspächer*, ZIP 2008, S. 1951; 1956; zu den entsprechenden Regelungen in Skandinavien näher Teil 3 D., VI, VII und VIII.

Information und Konsultation der Arbeitnehmer zurückschrauben[862]. Es stimmt, dass es einen Unterschied darstellt, ob eine Entscheidungsfindung beeinflusst werden kann, oder nicht. Gerade das ist aber schon fraglich, wenn die tatsächlichen Entscheidungen wirklich bereits in den Vorbesprechungen getroffen werden sollten und es im Aufsichtsrat selbst nur noch zu einem (noch dazu geschlossenen) „Abnicken“ kommt. Dies wird umso mehr angesichts des vorhandenen Übergewichts der Anteilseigner gelten. Zwar wäre wohl durchaus eine Ausgestaltung des Konsultationsmodells möglich, in der diese Kritikpunkte weitgehend vermieden werden. Es bleibt aber bei dem Problem, dass alle Reformmodelle, die ihrerseits eine Verminderung des bestehenden Arbeitnehmereinflusses beinhalten, es umso schwerer haben dürften, den EuGH von einem ihnen innewohnenden ausreichenden zusätzlichen Schutzgewinn für die Arbeitnehmer zu überzeugen[863].

Ein Anschlussproblem wäre darüber hinaus, dass der Konsultationsrat nur für die Gesellschaften ausländischer Rechtsform zur Verfügung stehen würde. Damit wären aber die inländischen Gesellschaften schlechter gestellt, da sie diese Möglichkeit nicht hätten. Es käme somit zu einer Inländerdiskriminierung.

Das Problem der Inländerdiskriminierung ist im Primärrecht nicht geregelt. Da die Grundfreiheiten aber nur bei zwischenstaatlichen Sachverhalten greifen und die Regelung rein innerstaatlicher Sachverhalte dem ausschließlichen Zuständigkeitsbereich der Mitgliedstaaten unterfällt, sind Benachteiligungen von Inländern letztlich unter Rückgriff auf die nationalen Verfassungen der Mitgliedstaaten zu beurteilen[864]. Maßstab wären hier also die Art. 3 I, 12, 14 und wohl auch 2 I GG. Die Details können hier offen bleiben, allerdings wird sich kaum bestreiten lassen, dass sich so in der Praxis weitere Konfliktpotentiale ergeben würden.

Eine Orientierung, wie eine angemessene Arbeitnehmerbeteiligung an unternehmerischen Entscheidungen aussehen könnte, bietet hingegen die europäische Warte[865].

Aus diesem Blickwinkel besteht eine Erforderlichkeit der weitgehenden deutschen Mitbestimmung wohl nicht.

So respektiert bereits der EuGH in Zuzugsfällen die Entscheidung der Herkunftsordnung für die Gründungstheorie[866]. Eine Sichtweise, der sich der Referentenentwurf zum Internationalen Privatrecht angeschlossen hat[867]. Damit

---

862 *Weiss/Seifert*, ZGR 2009, S. 542, 568 f.

863 Zutreffend *Eberspächer*, ZIP 2008, S. 1951; 1956.

864 Vgl. *Streinz* in *Streinz*, EUV/EGV, Art. 18 AEUV, Rn. 6, 62 ff., 63; *Roth* in *Dauses*, EUWR, E. I, Rn. 19 ff.; zur fehlenden Justiziabilität auf europäischer Ebene EuGH, Rs. C-29.35/94 *(Aubertin)*, Rn. 9 ff.

865 *Thüsing* merkt zutreffend an: *„Das Problem einer Umgehung der Mitbestimmung ist europarechtlich geschaffen worden und sollte auch europarechtlich gelöst werden“*, ZAAR 2004, Rn. 23. Vgl. auch *Junker*, NJW 2004, S. 728, 729 f.

866 *Frobenius*, DStR 2009, S. 487, 489.

867 Art. 10 I EGBGB-RefE.

respektiert er auch die autonomen Entscheidungen eines Mitgliedstaats zur konkreten Ausgestaltung.

Auch wenn man sich die supranationale SE ein wenig näher anschaut, scheint die Erforderlichkeit nicht geboten. Hier gilt zunächst das Primat einer Verhandlungslösung mit einer für den Fall der Nichteinigung greifenden Auffangregelung. Schon darin lässt sich erkennen, dass man unter Umständen auch von der Mitbestimmung vollkommen abrücken kann. Wenn die Mitbestimmung so aber zum Verhandlungsobjekt gemacht worden ist, erscheint eine automatische vollständige Erstreckung widersinnig. Das gilt umso mehr, als dass selbst im Rahmen der Auffangregelung nicht zwangsläufig eine Mitbestimmung vorgesehen ist. Vielmehr gilt insofern das „Vorher-Nachher-Prinzip". Hatten danach die Arbeitnehmer eines der an der Gründung der SE beteiligten Unternehmen Mitbestimmungsrechte, ist von diesen Mitbestimmungssystemen das nach der Anzahl der Arbeitnehmer im Verwaltungs- bzw. Aufsichtsorgan weitest gehende auf die SE anzuwenden (Vorher-Nachher-Prinzip). Bestehen aber in keiner der beteiligten Gesellschaften vor der Eintragung der SE Vorschriften über die Mitbestimmung, ist die SE nicht verpflichtet, eine Vereinbarung über die Mitbestimmung der Arbeitnehmer einzuführen[868]. Das ist in zwei Aspekten bedeutsam: Das europäische Recht hat damit nicht nur ein (hier quantitatives) Vergleichbarkeitskriterium gefunden. Es respektiert auch die Entscheidung eines Mitgliedstaats, für „seine" Gesellschaften ggf. keine Mitbestimmungsregelungen vorzusehen.

Auch im Rahmen der Verschmelzungsrichtlinie gilt keine pauschale Erstreckung, sondern der Vorrang einer Verhandlungslösung wie bei der SE, hier aber im Ergebnis für eine Gesellschaft nationalen Rechts[869]. Mitbestimmungsrechtlich enthält die Verschmelzungs-RL keine umfassende eigene Regelung, sondern bezieht sich weitgehend auf die SE-RL, und damit auch auf den dort vorgesehenen Schutz aus Verhandlungslösung und Auffangregelung[870]. Diese Vorgaben zur Verhandlungslösung wiederum sind europarechtlich zwingend und stehen darum nicht zur Disposition des deutschen Gesetzgebers, weshalb die Verhandlungslösung hier auch für deutsche Gesellschaften gilt. Verschmilzt also z.B. eine englische *Public Limited Company* grenzüberschreitend auf eine deutsche AG sind bezüglich der Mitbestimmung Verhandlungen vorgesehen. Diese richten sich nach dem diesbezüglichen deutschen Umsetzungsgesetz zur Verschmelzungs-RL, dem MgVG[871]. Das MgVG regelt parallel zu den gesellschaftsrechtlichen Regelungen der §§ 122 a – 123 UmwG das Mitbestimmungsrecht, das bei einer grenzüberschreitenden Verschmelzung auf eine Gesellschaft mit Sitz in Deutschland greift. Auch eine

868 Vgl. Erwägungsgründe 7, 8, 18, Art. 7 I, II, Anhang Teil 3 (b) UAbs. 2 SE-RL.

869 Näher zur Verschmelzungsrichtlinie sogleich Teil 4 D.

870 Art. 16 RL 2005/56 EG; vgl. *Götze/Winzer/Arnold*, ZIP 2009, S. 245, 249, 252 ff.

871 Gesetz zur Umsetzung der Regelungen über die Mitbestimmung der Arbeitnehmer bei einer grenzüberschreitenden Verschmelzung von Kapitalgesellschaften aus verschiedenen Mitgliedstaaten vom 21.12.2006, BGBl. I, 3332.

deutsche AG oder GmbH kann darum ihr spezifisches Mitbestimmungsmodell mit ihren Arbeitnehmern aushandeln[872]. Kommt es zu einer Einigung, gelten die in der Mitbestimmungsvereinbarung getroffenen Absprachen, falls nicht gelten die Auffangregelungen der §§ 23 ff. MgVG. Als lex specialis geht das MgVG dem MitbestG und dem DrittelbG vor. Obwohl also die deutsche AG auch nach der Eintragung der grenzüberschreitenden Verschmelzung ins Handelsregister eine von den Mitbestimmungsgesetzen erfasste Rechtsform aufweist[873], gelten diese für sie nicht mehr[874]. Es sind also auch nicht paritätisch mitbestimmte Aktiengesellschaften deutschen Rechts mit mehr als 2.000 Arbeitnehmern denkbar[875].

Verhandlungsmodelle mit letztlich funktionierenden Lösungen sind also bereits erfolgreich etabliert. Die bisherigen Erfahrungen in der Praxis zeigen, dass eine solche „Erweiterung der Gestaltungsfreiheit" zwar umfangreiche Verfahrensregelungen braucht, aber zu funktionierenden und befriedigenden Lösungen führt, die offenbar einen hinreichenden Schutz gewährleisten, auch wenn es insoweit gerade nicht zu einer stets einheitlichen Erscheinungsform der Mitbestimmung kommt.

Dem wird aber entgegnet, dass in einer Verhandlungslösung nicht notwendig ein gleich effektives Instrument zur Sicherung liegt[876]. Die alternativen Schutzmechanismen mögen zwar eine bestimmte Wirkung haben, diese bliebe jedoch hinter der deutschen Mitbestimmung zurück, so dass es nur zu einer „Teilerstreckung" käme, die hinter einer „Vollerstreckung" zurückbliebe. Insbesondere reiche eine paritätische Mitbestimmung weiter als eine Drittelparität und eine sichere Mitbestimmung sei effektiver als eine Mitbestimmung, die erst erhandelt werden müsse.

Wenn man nur die betriebliche Mitbestimmung einbeziehen wollen würde, weil hierdurch der Konsens zwischen den Sozialpartnern bereits hinreichend gefördert werde, würde dies den grundlegend verschiedenen Schutzzweck der beiden Mitbestimmungsformen verkennen. Diese Verschiedenheit werde schon in der gesetzgeberischen Entscheidung deutlich, beide Institute in unterschiedlichen Gesetzen zu regeln. Die betriebliche Mitbestimmung sei eine Form der arbeitsrechtlichen Mitbestimmung. Sie knüpfe an die bilaterale Arbeitgeber-Arbeitnehmer-Beziehung an, in der sich die Parteien in einem dualistischen Modell getrennt gegenüber stehen. Bei der unternehmerischen Mitbestimmung hingegen gehe es nicht um

872 Vgl. AK Mitbestimmung, ZIP 2009, S. 885, 886.

873 §§ 1 I Nr. 1 (1) MitbestG, 1 I Nr. 1 DrittelbG.

874 Auch ein späterer Beteiligungserwerb oder ein Betriebsübergang sollen dann mitbestimmungsrechtlich unerheblich sein. Dies gilt allerdings nicht (mehr) für eine innerstaatliche Verschmelzung nach Eintragung der grenzüberschreitenden Verschmelzung. Hierfür gelten gem. § 30 MgVG die nationalen Regelungen und damit das DrittelbG bzw. das MitbestG. Vgl. *Götze/Winzer/Arnold*, ZIP 2009, S. 245, 253 f.

875 Vgl. AK Mitbestimmung, ZIP 2009, S. 885, 886, unter zusätzlichem Hinweis darauf, dass über das MgVG sogar die Regelung der Aufsichtsratsgröße gem. § 7 MitbestG einseitig durch die Unternehmen gestaltbar ist.

876 Vgl. *Weiss/Seifert*, ZGR 2009, S. 542, 574.

eine arbeitsrechtliche Form der Mitbestimmung sondern um die Beteiligung der Arbeitnehmer an Auswahl und Kontrolle der Unternehmensleitung, hier gelte ein Einheitsmodell[877].

Es müsse unterschieden werden zwischen dem Schutz, den Europa selbst der Mitbestimmung zukommen lassen will und dem mitgliedstaatlichen Schutz, den es noch zu akzeptieren bereit ist. Bei den Richtlinien im Arbeitsrecht sei anerkannt, dass der nationale Gesetzgeber zum Schutz der Arbeitnehmer auch darüber hinausgehen darf, was übertragen auch hier gelten soll[878].

Der EuGH hat aber in der Vergangenheit zahlreiche nationale Regelungen, die die Grundfreiheiten einschränkten, letztlich an der Erforderlichkeit scheitern lassen[879]. Auch in der Rs. *Centros* bemängelte der EuGH die fehlende Erforderlichkeit; so reichten im konkreten Fall Missbrauchsregeln aus, anstatt generell die Eintragung einer Zweigniederlassung einer ausländischen Gesellschaft zum Schutz der Gläubiger zu versagen[880]. Die Hürden sind hier also recht hoch.

Selbst wenn zwingende Allgemeinwohlinteressen ein Mindestmaß an kollektiver Vertretung der Arbeitnehmer gebieten, rechtfertigt dies wohl keine Beschränkung der Niederlassungsfreiheit, die in einer derart maximalen Erstreckung läge.

Arbeitnehmer selbst in nicht mitbestimmten (auch „ausländischen“) Unternehmen arbeiten in Deutschland nicht außerhalb jeglicher kollektivrechtlicher Regelungsbefugnis. Aufgrund des Territorialitätsprinzips gilt auch für sie das BetrVG. Dieses erfasst alle in Deutschland gelegenen Betriebe, gleichgültig, ob der Betrieb einer in- oder ausländischen Gesellschaft gehört. Die weitreichenden Befugnisse des Betriebsrats in sozialen, personellen und wirtschaftlichen Angelegenheiten bieten bereits einen nicht unbeachtlichen Schutz der Arbeitnehmerinteressen. Gewiss bestehen nach wie vor deutliche Unterschiede zwischen der unternehmerischen und der betrieblichen Mitbestimmung. Allerdings hat letztere im Laufe der Zeit eine beachtliche Entwicklung durchgemacht. Von einer *„verfahrensförmigen Sicherung des Persönlichkeitsrechts der abhängig Beschäftigten“* (*Weiss/Seifert*) hat sie sich weiter entwickelt, so dass auch wirtschaftliche Angelegenheiten erfasst sind. Die dem Betriebsrat heute zur Verfügung stehenden Beteiligungsrechte beschränken sich eben nicht mehr nur auf das *„ureigene Anliegen der Betriebsverfassung“*, die Gestaltung des betrieblichen Arbeitsverhältnisses an die Teilhabe der betrieblichen Arbeitnehmerschaft zu knüpfen, sondern eröffnet weitreichende Möglichkeiten, die Unternehmenspolitik zu beeinflussen[881]. So *„grundlegend verschieden“* wie man meinen könnte, sind die Schutzzwecke also wohl nicht mehr. Stellt man auf den letztlichen Zweck

877 Vgl. *Thüsing*, ZIP 2004, S. 381, 387, *ders.*, ZAAR 2004, Rn. 21; *Weiss/Seifert*, ZGR 2009, S. 542, 564.

878 *Thüsing*, ZAAR 2004, Rn. 20.

879 *Müller-Graff* in *Streinz*, EUV/AEUV, Art. 49 AEUV, Rn. 85 ff., 95, Art. 52 AEUV, Rn. 18.

880 EuGH Rs. C-212/97 *(Centros)*, Rn. 37.

881 *Weiss/Seifert*, ZGR 2009, S. 542, 564, 566 f.

der historisch gewachsenen Regelungen ab, den Arbeitnehmer nicht zum Objekt unternehmerischer Entscheidungen zu machen sondern ihm Partizipation und Teilhabe an den ihn betreffenden Angelegenheiten zu gewähren, erscheint eine pauschale Erstreckung der vollständigen deutschen Mitbestimmung wohl als nicht notwendig. Dabei soll gar nicht in Abrede gestellt werden, dass eine (am Ende gar paritätische) Mitbestimmung möglicherweise einen *„teilhaberechtlichen Mehrwert"*[882] darstellt. Ob es dieser Mehrwert aber ausreicht, ein „zwingendes Allgemeininteresse" zu schaffen, ob er es rechtfertigt, die Niederlassungsfreiheit ausländischer Gesellschaftsrechtsformen derart zu beschneiden bzw. ob sich ein solcher Mehrwert nicht ebenso gut (und passgenauer) im Wege einer Verhandlungslösung gleichberechtigter Partner erzielen lässt, ist damit gerade nicht gesagt.

Berücksichtigt man zudem, dass der EuGH im Hinblick auf die Erforderlichkeit eben nicht nur die Effizienz der Regelungen untersucht, sondern diese zugleich in Relation zu den erwarteten Auswirkungen auf die Niederlassungsfreiheit der betroffenen Unternehmen setzt, ergeben sich weitere Unwägbarkeiten. Während die betriebliche Mitbestimmung lediglich auf der betrieblichen Ebene ansetzt und die Organisationsverfassung der betroffenen Unternehmen ja gerade unberührt lässt, werden durch die unternehmerische Mitbestimmung entscheidende Bereiche modifiziert, namentlich bei der Größe und der personellen Besetzung des mitbestimmten Organs, der dortigen Aufgabenverteilung, den Entscheidungsverfahren, der Informationsweitergabe an die Arbeitnehmerseite und nicht zuletzt der Haftung der Arbeitnehmervertreter für unternehmerische Entscheidungen. Jedes einzelne dieser Kriterien dürfte bereits für sich genommen geeignet sein, die Frage der Rechtsformwahl in die eine oder in die andere Richtung zu beeinflussen. Durch ein Erstreckungsgesetz könnte das betroffene Unternehmen aber über diese Punkte nicht mehr entscheiden. Es erscheint auch darum fraglich, ob der EuGH in dieser Erstreckung im Vergleich zur betrieblichen Mitbestimmung einen zusätzlichen Schutzgewinn für die Arbeitnehmerseite erkennen würde, der eine derart gravierende Verkürzung der Niederlassungsfreiheit rechtfertigen könnte[883].

Dies dürfte erst recht gelten, wenn man sich vergegenwärtigt, dass schon in Deutschland selbst die Erforderlichkeit der jeweiligen Mitbestimmungsregelungen keineswegs unumstritten ist. Es liegen zahlreiche mehr oder minder weit reichende Reformvorschläge zur Gesetzeslage vor[884]. Diesen bereits innerstaatlich kritisierten Regelungen dann aber auch noch unionsweit vollständige Geltung verschaffen zu wollen wirkt nicht nur auf den ersten Blick befremdlich.

Weiterhin darf man wohl bezweifeln, ob eine „sichere" Mitbestimmung tatsächlich in jedem Fall uneingeschränkt effektiver ist, als eine maßgeschneiderte Lösung, die von gleichberechtigten Partnern in Kenntnis der Umstände und Bedürfnisse im

---

882 So *Weiss/Seifert*, ZGR 2009, S. 542, 567.
883 *Eberspächer*, ZIP 2008, S. 1951; 1955.
884 Vgl. oben Abschnitt 7.

jeweiligen Unternehmen verhandelt wird. Einigen sich beide Seiten, sind auch ihre wechselseitigen Interessen hinreichend gewahrt. Ein Aspekt, der sich auch auf den Gedanken der Subsidiarität stützen lässt[885].

Schließlich geht auch das Bundesjustizministerium in seinem Referentenentwurf zum Internationalen Gesellschaftsrecht zunächst von einem Vorrang des Gründungsrechts aus und verweist ansonsten auf die Richtlinien zur Verhandlungslösung. Weiterhin betont er die Absicht, einen *„einheitlichen Rechtszustand für alle Gesellschaften, Vereine und juristische Personen des Privatrechts zu schaffen"*[886]. Wäre ihm in Vorwegnahme solcher Verhandlungen an einer einheitlichen Erstreckung der Mitbestimmung gelegen, hätte er diese wohl in den Entwurf aufgenommen.

Wenn man nun aber von der generellen Sinnhaftigkeit einer gleichberechtigten Verhandlung ausgeht, ist es schwer verständlich, als Ergebnis dieser Verhandlungen nur eine Maximallösung hinzunehmen (was übrigens für beide Seiten gelten dürfte). Viel mehr braucht es Spielraum für eine Abweichung nach unten wie nach oben. Auch im Rahmen einer Auffanglösung bei Scheitern der Verhandlungen kann die Lösung daher nicht in der automatischen Anwendung der einen oder der anderen Extremposition liegen, worauf es aber bei einer Erstreckung hinauslaufen würde[887]. Es besteht ein Unterschied zwischen der Sicherung erworbener Rechte und einer darüber hinausgehenden Ausweitung.

Ein verhandlungsoffenes System, verbunden mit einer Auffangregelung, die für sich genommen mit der Niederlassungsfreiheit vereinbar ist, schmälert den Schutzgewinn für die Arbeitnehmerseite also nicht[888]. Vor diesem Hintergrund erscheint eine Verhandlungslösung mit Auffangregelung im Vergleich zur völligen automatischen Einbeziehung als das mildere Mittel, mithin letztere als nicht erforderlich[889].

Ein weiteres milderes Mittel würde wohl auch in einem Optionsmodell liegen. Der Gesetzgeber müsste dann verschiedene Regelungsvarianten bereit stellen, beispielsweise zu dem etablierten dualistischen Modell mit der Mitbestimmung

---

885 *Thüsing*, ZAAR 2004, Rn. 25.

886 EGBGB-RefE, S. 7, 9.

887 Schon die *Davignon*-Gruppe erkannte als Ziel einer Auffangregelung, die Vorteile von Verhandlungen für die Beteiligten deutlich zu machen, ein Verfahren zu schaffen, das in allen Situationen praktikabel erscheint und schließlich eine ausgewogene, für alle Beteiligten annehmbare Lösung zu schaffen; *Davignon*-Bericht, S. 9, Rn. 71. *Davignon* selbst formulierte an anderer Stelle: *„Die Auffangregelungen müssen so gefasst sein, dass sie die Verhandlungspartner an den Tisch zwingen, und zwar mit dem Willen, ein Verhandlungsergebnis zu erzielen. Die Verhandlung muss attraktiv, die Auffangregelung hingegen unattraktiv sein"*, in *Hans-Böckler-Stiftung*, Mitbestimmung international edition 2001, „Wir haben uns durch dickstes Packeis gearbeitet".

888 Vgl. *Eberspächer*, ZIP 2008, S. 1951; 1957.

889 Vgl. *Thüsing*, ZAAR 2004, Rn. 19; *Merkt* in BT-Ausschussdrucks. 17(11)501, S. 32.

im Aufsichtsrat auch ein monistisches Modell, das sich an die entsprechenden Regelungen zur SE anlehnen könnte, aber die grundsätzlichen Rechtsformunterschiede berücksichtigen müsste.

Unter diesen Modellen könnte die mitbestimmungspflichtige Auslandsgesellschaft dann frei dasjenige auswählen, das mit ihrer sonstigen Organisationsverfassung am weitesten kompatibel wäre[890]. Ggf. könnten hier auch, bei einem gewissen zwingenden mitbestimmungsrechtlichen Kernbestand, Regelungsermächtigungen vorgesehen werden, damit die betroffene Auslandsgesellschaft die notwendigen Anpassungen für ihre Rechtsform selbst vornehmen kann[891].

Man wird also bereits bezweifeln können, dass überhaupt ein sinnvoller Regelungsspielraum für eine Erstreckung der deutschen Unternehmensmitbestimmung auf zugezogene Auslandsgesellschaften besteht. Rein technisch müssten die organisationsrechtlichen Vorschriften für sämtliche ausländischen Gesellschaftsrechtsformen anschlussfähig sein und bleiben. Gleichzeitig müsste eine Vorbehaltsklausel sicherstellen, dass vergleichbare Mitbestimmungsregelungen des Herkunftsstaats berücksichtigt werden. Umgekehrt ist aber auch ein hinreichend konsequentes Vorgehen notwendig, da sonst bereits die Geeignetheit einer Maßnahme wegfällt[892]. Bereits das erscheint als *„schlechterdings nicht normierbar" (Eberspächer);* Generalklauseln hingegen bieten kaum das im Bereich der Organisationsverfassung notwendige und vorzugswürdige Maß an Rechtssicherheit[893]. Der aktuelle Referentenentwurf zum Internationalen Privatrecht schweigt sich jedenfalls insofern aus.

Das Problem verschärft sich noch weiter, wenn man, etwa aus Legitimationsgründen, eine Erstreckung daneben für Gesellschaften aus Drittstaaten verlangen will, die sich nicht auf die Niederlassungsfreiheit berufen können, aber auch insoweit einen „Gleichlauf" erzielen möchte.

Auch die Beurteilung der Erforderlichkeit begegnet damit erheblichen Bedenken. Das deutsche System aus betrieblicher und unternehmerischer Mitbestimmung mag gerade aufgrund dieser Kombination einen überaus effektiven Schutz der Arbeitnehmer bewirken. Der durch eine Erstreckung erkaufte Schutzgewinn müsste aber mit einer gravierenden Verkürzung der Niederlassungsfreiheit der ausländischen Unternehmen erkauft werden. Will der deutsche Gesetzgeber aber die dortigen Belastungen minimieren, sinkt damit auch der Schutzgewinn und

---

890 Vgl. *Thüsing*, ZIP 2004, S. 381, 384; *Eberspächer*, ZIP 2008, S. 1956 f., *Kisker*, Auslandsgesellschaften, S. 225 f.

891 *Eberspächer*, ZIP 2008, S. 1951; 1957.

892 *Müller-Graff* in *Streinz*, EUV/AEUV, Art. 49 AEUV, Rn. 85 ff., 94.

893 So zutreffend *Eberspächer*, ZIP 2008, S. 1951; 1958. Vgl. auch *Junker*, NJW 2004, S. 728, 729; demzufolge bei einer Erstreckung dem deutschen Gesetzgeber *„die Hände gleich dreifach gebunden"* wären, sowie *Henssler* in BT-Ausschussdrucks. 17(11)501, S. 24 (*„nicht umsetzbar"*) und *Götze/Winzer/Arnold*, ZIP 2009, S. 245, die auf die Einpassungsprobleme eines Mitbestimmungssystems in dafür nicht vorgesehene Corporate Governance-Strukturen hinweisen. A.A. *Sick* in BT-Ausschussdrucks. 17(11)501, S. 39 f.

damit generell die Erforderlichkeit. Mit *Thüsing* lässt sich folglich zumindest feststellen, dass in der Beurteilung der Erforderlichkeit ein *„erhebliches Konfliktpotential zu einer etwaigen nationalen Gesetzgebung"* liegt[894].

(c) Opportunität?

Von der reinen Zulässigkeit zu trennen ist die Frage, ob eine derartige Erstreckung angebracht wäre. Nach Beobachtern würde hierdurch auch die Verlegung des Verwaltungssitzes ins Ausland ungleich verlockender erscheinen[895]. Wichtiger noch als ein sichtbarer Wegzug dürfte aber eine schon im Vorfeld erfolgende Ablehnung des „Unternehmensstandorts Deutschland" sein. Hiermit wird bei einer Erstreckung gerechnet, da die deutschen Unternehmenskontrollstrukturen auf Ablehnung stoßen würden. Ein weiterer Zwang würde die Fluchttendenzen nur verstärken[896]. Das wiederum würde irgendwann die Legitimation der Mitbestimmung insgesamt noch weiter in Frage stellen.

Auch die politischen Erfolgsaussichten eines Erstreckungsgesetzes sind keinesfalls gewiss. Zuletzt wurde das Thema im Rahmen der 43. Sitzung des Deutschen Bundestags vom 20.05.2010 auf Antrag der Fraktion *Die Linke* behandelt[897]. Nach Ansicht der Bundesregierung besteht nach wie vor kein gesetzgeberischer Handlungsbedarf. Die aktuelle Zahl von insgesamt 43 relevanten Fällen lasse noch immer nicht die Schlussfolgerung zu, dass die Gefahr einer Flucht aus der deutschen Mitbestimmung droht[898]. Zu einer Abstimmung kam es nicht. Beschlossen wurde lediglich die Überweisung der Vorlage an die Ausschüsse für Arbeit und Soziales bzw. für Wirtschaft und Technologie[899].

---

894 *Thüsing,* ZAAR 2004, Rn. 20 a.E.

895 So wohl auch *Rieble,* ZAAR 2004, Rn. 77; vgl. *Adams,* Ende, S. 3.

896 Vgl. *Köster,* ZRP 2008, S. 214, 216; *Adams,* Ende, S. 1 f., freilich ohne nähere Begründung; kritisch hierzu z.B. auch *Knobbe-Keuk,* ZHR 154 (1990), S. 325, 349 sowie *Henssler* in BT-Ausschussdrucks. 17(11)501, S. 24; *Rieble* in BT-Ausschussdrucks. 17(11)501, S. 59.

897 BT-Plenarprotokoll 17/43, S. 4352 ff., abrufbar unter http://dip21.bundestag.de/dip21/btp/17/17043.pdf. Dort nicht nur für eine Erstreckung sondern auch für eine massive Ausweitung der Mitbestimmung der Abgeordnete *Ottmar Schreiner (SPD),* ebd., S. 4355. Zur diesbezüglichen Position der Bundesregierung BT-Drucks. 17/5414, S. 6 f.

898 Vgl. insoweit auch die Antwort der Bundesregierung auf eine entsprechende Kleine Anfrage der SPD-Bundestagsfraktion, BT-Drucks. 17/5414 vom 07.04.2011, S. 2 f., 3 f. Demnach wird die Bundesregierung geeignete und rechtlich zulässige Maßnahmen ergreifen, falls sich der Anteil der Unternehmen, die anstelle einer deutschen Rechtsform eine ausländische Rechtsform wählen und ihre wirtschaftliche Betätigung in Deutschland haben, *„signifikant erhöhen"* sollte.

899 Dessen ungeachtet haben einige Abgeordnete sowie die Fraktion der SPD am 16.06.2010 einen Antrag eingebracht, nachdem nicht nur ein Mitbestimmungserstreckungsgesetz beschlossen, sondern auch die bestehenden Mitbestimmungsregeln ausgeweitet werden sollten, BT-Drucks. 17/2122.

Bei all diesen Überlegungen wird außer Acht gelassen, dass sich eine etwaige Mitbestimmungserstreckung unternehmerisch recht simpel umgehen lassen würde, nämlich indem man „sicherheitshalber" direkt auf die Möglichkeiten der sekundären Niederlassungsfreiheit zurückgreift, in denen unstreitig eine Mitbestimmungserstreckung gar nicht erst zum Tragen kommt.

Wenn eine gesetzliche Wirkung aber derart leicht zu vermeiden ist, muss man auch die Frage der Sinnhaftigkeit eines solchen Gesetzes stellen dürfen. Wenn man einem Unternehmen eine *„Chimäre des Gesellschaftsrechts"*[900] mit all ihrer Unkalkulierbarkeit zumutet, und auf die sich die Unternehmen dann angeblich sehenden Auges einlassen sollen, muss dahinter schon ein handfester Vorteil stehen. Es kann, insbesondere im Hinblick auf den Wettbewerb der Rechtsordnungen, nicht angehen, eine gesetzliche Regelung nur um ihretwillen durchzusetzen und dann mit dieser „in Schönheit zu sterben". Damit entwertet man irgendwann auch die „Ressource Recht" selbst. Insgesamt stößt die spezifische deutsche Mitbestimmung faktisch also nun mehr denn je an ihre Grenzen.

II. Österreich[901]

1. *Abriss*

Das österreichische System der Arbeitnehmerbeteiligung basiert auf Betriebsräten in allen Unternehmen mit mindestens fünf Beschäftigten und sieht zusätzlich für bestimmte Kapitalgesellschaften eine unternehmerische Mitbestimmung vor, die quantitativ einer Drittelparität entspricht.

2. *Hintergrund*

Auch in Österreich hat die Arbeitnehmerbeteiligung eine lange Tradition. Ein erstes Gesetz zur Einrichtung von Betriebsräten wurde bereits 1919 erlassen. Es sah vor, dass der Betriebsrat genau zwei seiner Mitglieder in den Verwaltungs- bzw. Direktionsrat entsenden konnte, unabhängig von der Größe des Restgremiums. Erfasst waren Aktiengesellschaften, Kommanditgesellschaften auf Aktien und auch

900 So *Thüsing*, ZAAR 2004, Rn. 9.

901 *Taylor*, S. 76 f.; *Kalss*, Arbeitnehmermitbestimmung, S. 95 ff.; *Gahleitner*, MB-AT, S. 1 ff.; *Greif*, MB-AT, S. 1 ff.; *Gahleitner, H.*, Mitwirkung AR 2012, S. 1 ff.; *Fulton*, ETUI-AT-Betriebliche Interessenvertretung (im Folgenden: ETUI-AT-BI) bzw. ETUI-AT-Unternehmensmitbestimmung (im Folgenden: ETUI-AT-MB) unter http://www.worker-participation.eu/National-Industrial-Relations/Countries/Austria sowie *Allinger/Adam, Austria: Industrial relations profile* (z.T. 18.04.2013) bei Eiro online unter http://www.eurofound.europa.eu/eiro/country/austria.htm (englisch). Ein Überblick findet sich ferner beim Österreichischen Gewerkschaftsbund ÖGB unter http://www.oegb.at/servlet/ContentServer?pagename=OEGBZ/Page/OEGBZ_Index&n=OEGBZ_3.2.a.

bereits die GmbH, letztere allerdings nur ab einem gewissen Mindestkapital. Die Betriebsräte hatten dort die gleichen Rechte und Pflichten wie die übrigen Mitglieder des Gremiums[902]. Da seinerzeit noch das monistische Organisationsmodell galt, erstreckten sich die Mitwirkungsbefugnisse auch auf Geschäftsführungsmaßnahmen. Soweit es mit den Interessen der Belegschaft vereinbar war, hatten die Arbeitnehmervertreter das Wohl des Unternehmens zu verfolgen, mussten Geschäftsgeheimnisse wahren und alles unterlassen, was dem Unternehmen zum Nachteil gereichen konnte.

Das Betriebsrätegesetz 1919 wurde 1934 im „Ständestaat"[903] durch das Werksgemeinschaftsgesetz[904] ersetzt, welches wiederum seinerseits nach der Annektierung Österreichs 1938 im Nazi-Regime aufgehoben wurde[905]. Das Betriebsrätegesetz 1947[906] führte die Mitbestimmung wieder ein und knüpfte am nunmehr gültigen dualistischen Modell an. Das Gesetz sah die (starre) Entsendung von zwei Arbeitnehmervertretern in den Aufsichtsrat vor, unabhängig von der dort vorhandenen Zahl der Anteilseignervertreter[907].

---

902 Gesetz über die Errichtung von Betriebsräten vom 15. Mai 1919, StGBl. 283/1919, dort v.a. § 3 Z 11; abrufbar unter http://alex.onb.ac.at/cgi-content/alex?aid=sgb&datum=19190004&seite=00000651. Die Tradition reicht noch weiter zurück bis in die Zeit der Herrschaft der Habsburger, gefolgt von den sog. „konstitutionellen Unternehmen", die der Staatsverfassung nachgebildet waren, und den „Fabriksräten" bzw. „Fabriksparlamenten", denen unmittelbar nach dem Ersten Weltkrieg bereits Mitwirkungsrechte eingeräumt waren. Die Mitwirkung umfasste dort Disziplinarfragen und Lohnfestsetzungen, ferner die Verwaltung von Sozialkassen. Letzteres wurde auch im Betriebsrätegesetz von 1919 aufgegriffen und weitergeführt (ebd. § 3, Z 1, 2, 3, 6, 8). Die GmbH war mitbestimmt, wenn ihr Stammkapital eine Million Kronen überstieg und ein Aufsichtsrat bestand, § 3 Z 11 a.E. Näher *Kalss/Burger/Eckert*, Entwicklung östAktR, S. 353.

903 Diese Bezeichnung wird gewöhnlich verwendet, der offizielle Terminus war „Bundesstaat Österreich". Gegen die Verwendung beider Begriffe wird von Historikern vorgebracht, dass damit eine ideologisch und propagandistisch begründete Selbstbezeichnung des damaligen diktatorischen Systems distanzlos fortgeführt werde, vgl. *Binder:* Der „christliche Ständestaat", Österreich 1934–1938. In: *Steininger/Gehler (Hrsg.)*: Österreich im 20. Jahrhundert, Wien u.a. 1997, S. 244 m.w.N.

904 Werksgemeinschaftsgesetz vom 12. Juli 1934, BGBl. 1934/153. Dessen ideologischer Grundsatz war, dass Unternehmer und Belegschaft *„eine durch den Berufstand bedingte Schicksalsgemeinschaft bilden sollten, die aus der vielfach gegebenen Gemeinschaft ihrer Interessen heraus ein Mit- und Füreinander bedinge"*, *Kalss/Burger/Eckert*, Entwicklung östAktR, S. 35.

905 „Gesetz zur Ordnung der nationalen Arbeit", in Österreich in Geltung von 1938 bis 1945; geprägt vom „Führerprinzip" ließ es für Mitbestimmungsbefugnisse der Arbeitnehmer keinen Raum.

906 Bundesgesetz vom 28. März 1947 über die Errichtung von Betriebsvertretungen (Betriebsrätegesetz), BGBl. 97/1947.

907 *Kastner/Doralt/Nowotny*, GesR, S. 247.

Mittlerweile findet die österreichische Arbeitnehmerbeteiligung ihre normative Regelung im Arbeitsverfassungsgesetz 1974 (ArbVG)[908]. Es normiert vorrangig die Mitwirkung auf betrieblicher Ebene, bildet aber auch den *„gesetzlichen Grundstein"*[909] für die Mitwirkung im Aufsichtsorgan, wo es eine drittelparitätische Besetzung vorsieht. Der Österreichische Corporate Governance Codex bezeichnet die beiden Beteiligungsebenen gleichermaßen als gesetzlich geregelten Teil des österreichischen Corporate Governance Systems[910].

Inzwischen hat sich in Österreich ein System der Sozialpartnerschaft etabliert. Die industriellen Beziehungen beruhen auf enger und konsensorientierter, aber grundsätzlich freiwilliger, Kooperation zwischen Arbeitgebern, Arbeitnehmern und dem Staat[911]. Sie erstreckt sich über konkrete arbeitsbezogene Themen bis auf allgemeine Wirtschafts- und Sozialfragen. Die Arbeitnehmerbeteiligung wird hier als integrativer Bestandteil wahrgenommen.

3. *Organisationsverfassung der Kapitalgesellschaften*

Bis 1938 war in Österreich für Aktiengesellschaften ein einstufiges Verwaltungssystem (Verwaltungsrat) vorgeschrieben[912]. Mit dem deutschen Aktiengesetz wurde dann auch das dualistische Modell eingeführt, das nach dem Zweiten Weltkrieg in der Zweiten Republik beibehalten wurde[913]. Mit der SE allerdings wurde auch das monistische Modell teilweise wieder „rück-eingeführt". Die jeweiligen Rechtsformen sind in Einzelgesetzen geregelt. Daneben besteht eine Vielzahl von ergänzenden Vorschriften[914].

---

908 Bundesgesetz vom 14. Dezember 1973 betreffend die Arbeitsverfassung (Arbeitsverfassungsgesetz – ArbVG), BGBl. Nr. 22/1974 zuletzt geändert durch BGBl. I Nr. 71/2013, in Kraft seit dem 01.07.1974. Die österreichischen Gesetze sind im Volltext abrufbar unter http://www.jusline.at/gesetze.html.

909 So *Kalss*, Arbeitnehmermitbestimmung, S. 95.

910 Österreichischer Corporate Governance Kodex, Fassung Jänner 2012; unter http://www.wienerborse.at/corporate/pdf/CG%20Kodex%20deutsch_Jan_2012_v3.pdf. Die Mitbestimmung findet sich dort unter Rn. 59 als sog. „L-Regel". L-Regeln übernehmen die Vorgaben aus den Gesetzen *(„law")* und werden ergänzt durch „C-Regeln" *(„comply or explain")* und empfehlenden „R-Regeln" *(„recommend").*

911 Vgl. auch Art. 120a II Bundes-Verfassungsgesetz. Zur österreichischen Sozialpartnerschaft vgl. *Adam, Constitutional amendmendt endorses role of social partners* (21.04.2008), unter http://www.eurofound.europa.eu/eiro/2008/02/articles/at0802019i.htm (englisch).

912 *Kalss/Burger/Eckert*, Entwicklung östAktR, S. 265.

913 Vgl. *Kalss/Burger/Eckert*, Entwicklung östAktR, S. 328.

914 Zu den jüngsten Entwicklungen vgl. oben Teil 3 B. I. 21.

In Aktiengesellschaften[915] und in Versicherungsvereinen auf Gegenseitigkeit[916] sind Aufsichtsräte obligatorisch kraft Rechtsform vorgeschrieben. Bei der GmbH[917] sind Aufsichtsräte grundsätzlich fakultativ[918]. Liegen jedoch weitere unterschiedliche Faktoren vor, wird die Etablierung eines Aufsichtsrats durch Sonderbestimmung verpflichtend[919]. Hat die GmbH einen Aufsichtsrat, egal ob fakultativ oder obligatorisch eingerichtet, ist dieser in jedem Fall mitbestimmt[920]. Die Bestimmungen über die Mitwirkung im Aufsichtsrat der Aktiengesellschaft werden dann sinngemäß angewendet[921].

---

915 Aktiengesetz 1965 (AktG), BGBl. 98/1965 zuletzt geändert durch BGBl. I Nr. 35/2012.

916 Bundesgesetz vom 18. Oktober 1978 über den Betrieb und die Beaufsichtigung der Vertragsversicherung (Versicherungsaufsichtsgesetz – VAG), BGBl. 569/1978 zuletzt geändert durch BGBl. I Nr. 35/2012; dort §§ 43 I, 47 VAG.

917 Gesetz vom 06. März 1906 über die Gesellschaften mit beschränkter Haftung (GmbH-Gesetz), RGBl. 58/1906 zuletzt geändert durch BGBl. I Nr. 53/2011 (GmbHG).

918 § 29 VI GmbHG; *Gahleitner*, MB-AT, S. 11 ff. Ebenso bei der Genossenschaft und der Privatstiftung, vgl. Gesetz vom 09. April 1873, über Erwerbs- und Wirthschaftsgenossenschaften (GenG), RGBl. Nr. 70/1873 zuletzt geändert durch BGBl. I Nr. 70/2008; dort § 24 III 1, I 1 bzw. Privatstiftungsgesetz (PSG), BGBl. Nr. 694/1993 zuletzt geändert BGBl. I Nr. 111/2010; dort § 22 I.

919 *Kalss* in *Doralt/Nowotny/Kalss*, AktG, vor § 86, Rn. 27. Die österreichische Wirtschaft insgesamt ist stark von KMU geprägt. Nach aktuellen Schätzungen verfügen in Österreich 1.500 Unternehmen über Aufsichtsräte mit Arbeitnehmerbeteiligung. Betroffen hiervon sind bis zu 400.000 Arbeitnehmer, was wiederum 12 Prozent der gesamten erwerbstätigen Bevölkerung des Landes entspricht. Von insgesamt ca. 90.000 GmbHs haben 2,3% einen Aufsichtsrat, *Taylor*, S. 77; ETUI-AT-MB, S. 1; *Allinger/Adam*, oben Fn. 901 Abschnitt *Economic context*.

920 Das gilt nach der Rechtsprechung des OGH auch in dem Fall, wenn ein anders bezeichnetes Gremium geschaffen wird, dem jedoch die Kernkompetenzen des Aufsichtsrats zugeordnet werden; OGH vom 27.09.2006, Az. 9 ObA 130/05s, Entscheidungstext abrufbar beim Rechtsinformationssystem des österreichischen Bundeskanzleramts unter http://www.ris.bka.gv.at/Dokumente/Justiz/JJT_20060927_OGH0002_009OBA00130_05S0000_000/JJT_20060927_OGH0002_009OBA00130_05S0000_000.pdf; *Kalss*, Arbeitnehmermitbestimmung, S. 98; *Preiss* in *Cerny*, ArbVR, § 110, Rn. 44; *Strasser/Jabornegg*, Arbeitsverfassungsrecht, § 110, Fn. 59; *Gahleitner*, MB-AT, S. 11.

921 § 110 V ArbVG. Daneben gibt es eine Reihe von Spezialgesetzen, die eine gesetzliche Aufsichtsratspflicht für Unternehmen verankern, die entweder einem besonderen öffentlichen Interesse dienen oder die aus dem öffentlichen Bereich ausgegliedert wurden (z.B. Österreichische Postsparkasse, Sparkassen, Österreichischer Rundfunk, Bundestheater), sowie für Rechtsträger eigener Art (z.B. Österreichische Bundesbahn) mit eigenen Entsendungsregelungen. Vgl. *Preiss* in *Cerny*, ArbVR, § 110, Rn. 82, *Strasser/Jabornegg*, Arbeitsverfassungsrecht, § 110, Fn. 2; *Gahleitner*, MB-AT, S. 3; *Greif*, MB-AT, S. 8 f. Auf diese Spezialfälle soll hier nicht näher eingegangen werden.

Eine GmbH wird von Gesetzes wegen aufsichtsratspflichtig, wenn ihr Stammkapital 70.000 Euro und, kumulativ, die Anzahl ihrer Gesellschafter fünfzig Personen übersteigt[922]. Daneben außerdem, wenn sie – selbst oder als Konzernobergesellschaft – mehr als 300 Arbeitnehmer beschäftigt[923]. Fungiert eine GmbH als persönlich haftende Gesellschafterin einer KG, und werden in dieser Gesellschaft insgesamt mehr als 300 Arbeitnehmer beschäftigt, ist ebenfalls ein Aufsichtsrat einzurichten[924]. Ist eine GmbH allerdings ihrerseits Tochtergesellschaft einer aufsichtsratspflichtigen und mitbestimmten Gesellschaft, d.h. einer AG oder einer GmbH bei Vorliegen der Voraussetzungen, besteht eine Aufsichtsratspflicht erst bei mehr als 500 Arbeitnehmern[925].

Schließlich muss im Falle einer grenzüberschreitenden Verschmelzung ein Aufsichtsrat bestellt werden, wenn zuvor Mitwirkungsrechte bestanden haben[926].

4. Arbeitnehmerbeteiligung

Rechtsgrundlage ist das Arbeitsverfassungsgesetz von 1974 (ArbVG), das sowohl eine betriebliche Beteiligung als auch die Mitwirkung im Aufsichtsorgan vorsieht.

---

922 § 29 I Z 1 GmbHG. Damit soll ein taugliches Überwachungsinstrument etabliert werden, da eine zu große Gruppe von Gesellschaftern dazu nicht mehr in der Lage sein soll; *Kalss*, NZG 2012, S. 161, 166. Praktisch soll diese Gestaltung indes kaum relevant sein, *Gahleitner*, MB-AT, S. 11; *Gahleitner, H.*, Mitwirkung AR 2012, S. 22.

923 § 29 I Z 2, 3 GmbHG. Entscheidend ist gem. Z. 3, dass die Gesellschaft AGs bzw. aufsichtsratspflichtige GmbHs i.S.d. Abs. 2 Z. 1 einheitlich leitet (§15 I AktG 1965) oder auf Grund einer unmittelbaren Beteiligung von mehr als 50 Prozent beherrscht und in beiden Fällen die Anzahl der Arbeitnehmer jener Gesellschaft und dieser Gesellschaften zusammen im Durchschnitt dreihundert übersteigt. *Gahleitner, H.*, Mitwirkung AR 2012, S. 22, spricht in diesem Zusammenhang von *„relevanten Töchtern“*.

924 § 29 I Z 4 GmbHG. In Genossenschaften ist die Einrichtung eines mitbestimmten Aufsichtsrats bei mehr als 40 Mitarbeitern vorgeschrieben, unter dieser Schwelle bleibt der (fakultative) Aufsichtsrat mitbestimmungsfrei, §§ 24 I GenG, 110 V Z 4 ArbVG; *Preiss* in *Cerny*, ArbVR, § 110, Rn. 47. Hierin liegt ein wesentlicher Unterschied zur GmbH, bei der nur auf das Bestehen eines Aufsichtsrats abgestellt wird, unabhängig von der Beschäftigtenzahl. Näher zur Mitbestimmung in der Genossenschaft *Gahleitner, H.*, Mitwirkung AR 2012, S. 30 ff. In einer Privatstiftung muss ein Aufsichtsrat bestellt werden, wenn sie mehr als 300 Arbeitnehmer dauernd beschäftigt oder die Konzernleitung innehat, § 22 I PSG; *Kalss*, Arbeitnehmermitbestimmung, S. 95, 99. Auch der fakultative Aufsichtsrat einer Privatstiftung ist mitbestimmt. Genossenschaft und Privatstiftung sollen im Weiteren unberücksichtigt bleiben.

925 § 29 II Z 1 GmbHG; *Kalss*, Arbeitnehmermitbestimmung, S. 95, 99; *Gahleitner, H.*, Mitwirkung AR 2012, S. 23.

926 § 29 I Z 5 GmbHG i.V.m. §§ 259 ff. ArbVG.

a. Betriebliche Interessenvertretung

Ausgangspunkt für die Mitbestimmung auf Unternehmensebene ist die betriebliche Mitbestimmung. Diese ist rechtsformunabhängig ausgestaltet und detailliert im ArbVG geregelt. Die dort vorgesehenen betriebsverfassungsrechtlichen Mechanismen gewährleisten eine Reihe von Informations-, Beratungs- und Interventionsrechten der Arbeitnehmer, vor allem in personellen und sozialen Bereichen. Wahrgenommen werden diese Rechte durch Vertretungsorgane der Belegschaft, namentlich den Betriebsrat, den Zentralbetriebsrat und die Konzernvertretung. Der Betriebsrat tritt dabei nicht als ein Organ des Unternehmens auf, sondern als ein von außen kommender Verhandlungs- und Vertragspartner[927].

i. Voraussetzungen

Erfasst sind „Betriebe" aller Art[928]. In der Regel bilden ein oder mehrere Betriebe ein Unternehmen[929], es können aber auch mehrere Unternehmen zusammen einen

---

927 *Kalss,* Arbeitnehmermitbestimmung, S. 95, 106.

928 § 33 ArbVG. Als Betrieb in diesem Sinne gilt gem. § 34 ArbVG jede Arbeitsstätte, die eine organisatorische Einheit bildet, innerhalb derer eine physische oder juristische Person oder Personengemeinschaft mit technischen oder immateriellen Mitteln die Erzielung bestimmter Arbeitsergebnisse fortgesetzt verfolgt, ohne dass es auf eine Erwerbsabsicht oder einen bestimmten Unternehmenszweck ankommt. Zum Betriebsbegriff ausführlich: *Strasser/Jabornegg,* Arbeitsverfassungsrecht, § 34 m.w.N. Die betriebliche Mitbestimmung knüpft an den Betrieb im (österreichischen) Inland an, so dass mit dem Territorialitätsprinzip im Ausland gelegene Betriebsstätten dem jeweils geltenden ausländischen Betriebsverfassungsrecht unterliegen; vgl. *Kalss,* Arbeitnehmermitbestimmung, S. 95, 103. Im Ausland Beschäftigte gelten jedoch als Arbeitnehmer i.S.d. § 36 ArbVG, wenn sie trotz ständiger räumlicher Trennung organisatorisch in den inländischen Betrieb eingegliedert sind, was wiederum der Fall ist, wenn sie weisungsgebunden und berichtspflichtig sind. Maßgeblich ist das Ausmaß der Eingliederung der Auslandsmitarbeiter in den inländischen Betrieb; *Gahleitner* in *Cerny,* ArbVR, § 34, Rn. 3, *Strasser/Jabornegg,* Arbeitsverfassungsrecht, § 36 E 15; OGH 26.03.1997, 9 Ob A 88/97z, unter http://www.ris.bka.gv.at/Dokument.wxe?Abfrage=Justiz&Dokumentnummer=JJT_19970326_OGH0002_009OBA00088_97Z0000_000. Unselbständige ausländische Betriebsteile eines in Österreich gelegenen Betriebs bleiben für das Betriebsverfassungsrecht Bestandteil des österreichischen Betriebs. Gelten die Betriebe als „eingegliedert", sind die dortigen Beschäftigten aktiv zum Betriebsrat wahlberechtigt. Auf die Staatsangehörigkeit kommt es insoweit nicht an. Passiv wahlberechtigt sind jedoch nur Arbeitnehmer, die entweder Österreicher sind, oder die Staatsangehörigkeit eines EWR-Staates besitzen; §§ 52 I, 53 I ArbVG.

929 Nach dem ArbVG ist ein Unternehmen eine vollkommene, selbständige, in sich abgeschlossene Einheit, die durch die kaufmännische zentrale Verwaltung, das einheitliche Hinarbeiten auf einen bestimmten wirtschaftlichen Erfolg und eine organisatorische Zusammenfassung einzelner Tätigkeiten charakterisiert ist, *Strasser/Jabornegg,* Arbeitsverfassungsrecht, § 40, Rn. 9.

Betrieb oder mehrere Betriebe führen[930]. Sind rechtlich selbständige Unternehmen zu wirtschaftlichen Zwecken unter einer einheitlichen Leitung zusammengefasst, bilden sie einen Konzern[931].

Verfolgen in einem vom ArbVG erfassten Betrieb[932] mindestens fünf dauernd Beschäftigte[933] unter einheitlicher Betriebsorganisation fortgesetzt die Hervorbringung von Arbeitsergebnissen, haben die Arbeitnehmer dieses Betriebs das Recht und die Pflicht, entsprechende Vertretungsorgane einzurichten[934]. Dies sind namentlich der Betriebsrat sowie in Unternehmen, die mehrere zentral gelenkte Betriebe umfassen, der Zentralbetriebsrat. In einem Konzern, in dem in mehr als einem Unternehmen Betriebsräte bestehen, kann eine Konzernvertretung zur gemeinsamen Interessenvertretung errichtet werden[935]. Die etwaige Nichteinhaltung dieser Verpflichtung zieht allerdings keine Sanktionen für die Beschäftigten nach sich[936]. Wird kein Vertretungsorgan eingerichtet, werden die Arbeitnehmer in diesem Fall schlicht nicht im Rahmen der betrieblichen Beteiligung eingebunden. Da ggf. die Arbeitnehmervertreter im Aufsichtsrat aus den Reihen des Betriebsrats entsendet werden, findet dann aber auch keine unternehmerische Mitbestimmung statt.

ii. Größe und Zusammensetzung

Die Zahl der Betriebsratsmitglieder staffelt sich nach der Betriebsgröße. In Betrieben mit fünf bis neun Arbeitnehmern besteht der Betriebsrat aus einer Person,

---

930 *Strasser/Jabornegg*, Arbeitsverfassungsrecht, § 34, Rn. 15; *Kalss*, Arbeitnehmermitbestimmung, S. 95, 102.

931 §§ 15 AktG, 115 GmbHG.

932 Tendenzbetriebe sind nach näherer Kennzeichnung des Gesetzes von der betrieblichen Mitwirkung sowie ggf. auch von der Mitbestimmung im Aufsichtsrat ausgenommen. Dies betrifft neben dem öffentlichen Sektor (Behörden, Verkehrsbetriebe, öffentliche Unterrichts- und Erziehungsanstalten, Verwaltungsstellen juristischer Personen öffentlichen Rechts) auch die Unternehmen und Betriebe, die unmittelbar politischen, koalitionspolitischen, konfessionellen, wissenschaftlichen, erzieherischen oder karitativen Zwecken dienen, vgl. §§ 1 II, 132 I, II, IV i.V.m. 108–112 ArbVG. Bzgl. der Medienunternehmen haben die Bestimmungen des Rundfunkgesetzes als leges speciales Vorrang vor der allgemeinen Regelung des § 110 ArbVG.

933 Leitende Angestellte, freie Mitarbeiter und Personen, die kurzzeitig zu Ausbildungszwecken beschäftigt sind, gelten nicht als Arbeitnehmer i.S.v. § 36 ArbVG, *Gahleitner* in *Cerny*, ArbVR, § 36, Rn. 1, *Strasser/Jabornegg*, Arbeitsverfassungsrecht, § 36, Rn. 8.

934 §§ 36 ff., 40 ArbVG. Praktisch haben nur sehr wenige Kleinbetriebe einen Betriebsrat, regelmäßiger treten sie erst in Betrieben mit mehr als 50 Beschäftigten auf; ETUI-AT-BI, S. 1.

935 § 88a ArbVG.

936 Vgl. *Strasser/Jabornegg*, Arbeitsverfassungsrecht, § 34, Rn. 9, 10; *Kalss*, Arbeitnehmermitbestimmung, S. 95, 100 f.; *Rebhahn*, ZAAR 2004, Rn. 29, 88.

bei zehn bis neunzehn Arbeitnehmern hat er zwei Mitglieder, bei 20–50 Arbeitnehmern deren drei und bei bis zu 100 Arbeitnehmern setzt er sich aus vier Mitgliedern zusammen. Je weitere 100 Arbeitnehmer kommt ein Betriebsratsmitglied hinzu, in Betrieben über 1.000 Beschäftigten eines für jeweils 400 Arbeitnehmer[937]. Die Betriebsratsmitglieder werden in geheimer Verhältniswahl aus der Belegschaft über Wählerlisten, die vom Wahlvorstand erfasst werden, gewählt[938].

Der Zentralbetriebsrat besteht in Unternehmen bis zu 1.000 Arbeitnehmer aus vier Mitgliedern. Die Zahl der Mitglieder erhöht sich für je weitere 500 Arbeitnehmer, in Unternehmen mit mehr als 5.000 Arbeitnehmern für je weitere 1.000 Arbeitnehmer um jeweils ein Mitglied[939]. Die Zentralbetriebsratsmitglieder werden von und aus der Mitte der Gesamtheit der in einem Unternehmen errichteten Betriebsräte ebenfalls in geheimer Verhältniswahl gewählt[940].

Die Konzernvertretung wird mit Zustimmung von mindestens zwei Dritteln der Zentralbetriebsräte errichtet, die zusammen mehr als die Hälfte der im Konzern beschäftigten Arbeitnehmer repräsentieren. Sie besteht aus je zwei Delegierten jedes im Konzern errichteten Zentralbetriebsrats, sofern er nicht mehr als 500 Arbeitnehmer vertritt; je angefangene weitere 500 Arbeitnehmer kommt ein Delegierter hinzu[941].

Die Amtszeit dieser Arbeitnehmervertretungen beträgt grundsätzlich vier Jahre[942].

iii. Befugnisse

Nach dem Gesetz haben die Organe der Arbeitnehmerschaft des Betriebs die Aufgabe, die wirtschaftlichen, sozialen, gesundheitlichen und kulturellen Interessen der Arbeitnehmer im Betrieb wahrzunehmen und zu fördern[943]. Hierzu werden verschiedene allgemeine und spezielle Befugnisse aufgelistet, die der Arbeitnehmerschaft zustehen[944]. Korrespondierend zu diesen Rechten ist auch die Verschwiegenheitspflicht der Mitglieder des Betriebsrats normiert[945]. Die allgemeinen Befugnisse umfassen Überwachungs-, Informations-, Beratungs- und Interventionsrechte, die speziellen Befugnisse greifen in sozialen, personellen und wirtschaftlichen Angelegenheiten. Die meisten sozialen Fragen betreffen die Aus- und Weiterbildung und werden im Rahmen von Betriebsvereinbarungen zwischen Arbeitgeber und

937 § 50 ArbVG.

938 §§ 51–60 ArbVG; in Betrieben bis zu neunzehn Arbeitnehmern gilt ein vereinfachtes Wahlverfahren, § 58 ArbVG. Faktisch gibt es meist nur eine Liste; ETUI-AT-BI, S. 2 a.E.

939 § 80 ArbVG.

940 § 81 ArbVG.

941 § 88a I 2, VI ArbVG.

942 §§ 61 f. ArbVG, 88b V ArbVG. Das Gesetz spricht von „Tätigkeitsdauer“.

943 § 38 ArbVG.

944 §§ 89–114 ArbVG.

945 § 115 IV ArbVG.

Betriebsrat geregelt. Daneben normiert das Gesetz eine Liste von zustimmungspflichtigen Maßnahmen, insbesondere in personellen Angelegenheiten[946], bei Versetzungen, Kündigungen und Entlassungsmaßnahmen[947]. Beim Betriebsübergang, der rechtlichen Verselbständigung, dem Zusammenschluss und der Aufnahme von Betrieben und Betriebsteilen gilt zugunsten des Betriebsrats eine Informations- und Beratungspflicht[948]. Keinerlei Zustimmungsvorbehalt gilt bei der betrieblichen Lohnpolitik[949]. Ausübungsbasis sind regelmäßige Besprechungen mit und Informationen durch den Arbeitgeber.

Erwähnenswert ist das gesetzliche Einspruchsrecht gegen die Wirtschaftsführung. Demnach kann der Betriebsrat gegen Betriebsänderungen und andere wirtschaftliche Maßnahmen, sofern sie wesentliche Nachteile für die Arbeitnehmer mit sich bringen, binnen drei Tagen nach Kenntniserlangung beim Betriebsinhaber Einspruch erheben. Das Recht steht nur Betriebsräten in jenen Betrieben zu, die dauernd mehr als 200 Arbeitnehmer beschäftigen und ist insofern größenabhängig. Die Ausübung dieses Einspruchsrechts durch den Betriebsrat ist jedoch für den Betriebsinhaber rechtlich folgenlos, er kann die geplante Maßnahme auch gegen den Willen der Arbeitnehmervertreter umsetzen, muss allerdings Verzögerungen bis zu vier Wochen hinnehmen[950].

Ungeachtet dieser Kompetenzen hat der Betriebsrat aber kein Recht, strategische Entscheidungen der Geschäftsführung mitzubestimmen. Er muss lediglich über die allgemeine wirtschaftliche Lage und geplante Maßnahmen zur Wettbewerbssteigerung informiert werden. Auf Verlangen des Betriebsrats greift nach der Information ein Anhörungsrecht, in dessen Folge die entsprechenden Fragen mit der Geschäftsleitung beraten werden müssen. Ein weitergehender Einfluss ist damit jedoch nicht verbunden[951].

b. Unternehmensmitbestimmung

Ausgangspunkt für die Mitbestimmung auf Unternehmensebene ist das Bestehen eines Aufsichtsrates. Unabhängig davon, ob er freiwillig oder aufgrund gesetzlicher Verpflichtung errichtet wurde, löst bereits seine reine Existenz ein Mitbestimmungsrecht der Arbeitnehmerseite aus. Wurde in einem aufsichtsratspflichtigen Unternehmen entgegen der gesetzlichen Bestimmung kein Aufsichtsrat bestellt, kann folglich auch die Mitwirkungsregelung nicht zum Tragen

946 §§ 98, 99 ArbVG.

947 §§ 104a, 105, 106 ArbVG.

948 §§ 108, 109 ArbVG.

949 *Rebhahn*, ZAAR 2004, Rn. 95. Vgl. auch *Allinger/Adam*, (oben Fn. 901), Abschnitte *Collective Bargaining* und *Workplace representation*, dort v.a. *Main channels of employee representation.*

950 111 I ArbVG. *Kalss* spricht darum von einem *„zahnlosen Instrument“*; *Kalss*, Arbeitnehmermitbestimmung, S. 95, 102, 107; vgl. auch ETUI-AT-BI, S. 2.

951 Vgl. *Preiss* in *Cerny*, ArbVR, § 110, Rn. 1.

kommen[952]. Die Mitbestimmung entfällt darüber hinaus auch, wenn sich der Betriebsrat entscheiden sollte, keine Vertreter in den Aufsichtsrat zu entsenden, was ebenfalls zumindest theoretisch möglich ist[953].

i. Besetzung des Aufsichtsrats

(a) Regelfall

In der Regel besteht der Aufsichtsrat aus drei natürlichen Personen. Die Satzung kann eine höhere Zahl, in der AG jedoch höchstens 20, festsetzen[954]. Die Arbeitnehmervertreter werden allerdings bei dieser gesetzlichen Vorgabe nicht mitgezählt. Ihre Zahl richtet sich nach den tatsächlich bestellten Vertretern der Anteilseigner[955].

Während die Vertreter der Anteilseigner von der Hauptversammlung bzw. von der Generalversammlung gewählt oder entsendet werden[956], gilt für die Bestellung der Arbeitnehmervertreter ein besonderes, *„einigermaßen komplizierte[s] Auswahlverfahren“*[957].

Demnach sind die (Zentral-)Betriebsräte berechtigt, aber nicht verpflichtet, für jeweils zwei Vertreter der Anteilseignerseite einen Arbeitnehmervertreter aus

---

952 *Kalss*, Arbeitnehmermitbestimmung, S. 95, 100; *Strasser/Jabornegg*, Arbeitsverfassungsrecht, § 110, Fn. 2; vgl. *Gahleitner*, MB-AT, S. 33 ff. Unselbständige Zweigniederlassungen ausländischer Unternehmen sind bereits aufgrund des mangelnden Anknüpfungspunktes der österreichischen Rechtsform mitbestimmungsfrei. Eine spezifisch österreichische Mitbestimmungserstreckung wird, so weit ersichtlich, nicht einmal diskutiert.

953 Vgl. *Rebhahn*, ZAAR 2004, Rn. 88.

954 §§ 86 AktG, 30a GmbHG. Nach neuerer Vorgabe haben Aufsichtsratsmitglieder in börsennotierten Gesellschaften insgesamt nicht mehr als acht Aufsichtsratsmandate, wobei der Vorsitz doppelt zählt; § 86 IV AktG. Nach dem österreichischen Corporate Governance Kodex 2012 allerdings beträgt die Höchstzahl der Aufsichtsratsmitglieder, ohne Arbeitnehmervertreter, nur zehn; ebd., Rn. 52, S. 4 (*C*-Regel).

955 Die Teilhabe der Arbeitnehmervertreter folgt aus § 110 ArbVG; *Kastner/Doralt/Nowotny*, GesR, S. 242; *Kalss* in *Doralt/Nowotny/Kalss*, AktG, § 86, Rn. 5; *Gahleitner, H.*, Mitwirkung AR 2012, S. 25.

956 §§ 87 I, 88 AktG, 30b I 1, 30c I, III GmbHG.

957 So *Kalss*, Arbeitnehmermitbestimmung, S. 95, 113. Zu den Entsendungsregeln auch *Gahleitner, H.*, Mitwirkung AR 2012, S. 54 ff. Das Verfahren richtet sich für die AG nach §§ 110 ArbVG, 1–14 Aufsichtsratsverordnung (VO), [Verordnung des Bundesministers für soziale Verwaltung vom 17. Juni 1974 über die Entsendung von Arbeitnehmervertretern in den Aufsichtsrat (VO), BGBl. Nr. 343/1974 zuletzt geändert durch BGBl. II Nr. 142/2012; abrufbar unter http://www.ris.bka.gv.at/GeltendeFassung.wxe?Abfrage=Bundesnormen&Gesetzesnummer=10008331]. Diese Vorschriften werden u.a. auf die GmbH sinngemäß angewendet, § 15 VO.

ihren Reihen zu entsenden[958]. Falls die Anzahl der Vertreter der Anteilseignerseite ungerade ist, wird ein zusätzlicher Arbeitnehmervertreter entsendet[959]. Da der Aufsichtsrat nach der Gesetzesvorgabe aus mindestens drei (Kapital-)Vertretern zusammengesetzt ist, werden jedenfalls zwei Arbeitnehmervertreter delegiert[960]. So ergibt sich eine drittelparitätische Besetzung des Aufsichtsrats. Drittelparität gilt auch für die Besetzung der Ausschüsse[961].

Konkret werden die Repräsentanten der Arbeitnehmerseite durch den Zentralbetriebsrat, den Betriebsausschuss oder den Betriebsrat entsandt[962]. Wählbar sind Mitglieder der Betriebsräte, die ihrerseits aktiv wahlberechtigt sind[963]. Sie müssen Arbeitnehmer der fraglichen Gesellschaft sein[964], so dass externe Personen, insbesondere Funktionäre der Gewerkschaften oder der Arbeiterkammern, ausgeschlossen sind[965]. In der Praxis werden die Betriebsräte von den Gewerkschaften dominiert[966].

Dieses Verfahren ist jedoch nur ein formaler Akt. Faktisch sind die Betriebsräte durch den Entsendungsbeschluss der einzelnen Fraktionen gebunden[967]. Die Fraktionen im jeweiligen Betriebsrat wiederum setzen sich aus allen Mitgliedern

---

958 *Kastner/Doralt/Nowotny*, GesR, S. 247; *Kalss* in *Doralt/Nowotny/Kalss*, AktG, § 86, Rn. 27; *Greif*, MB-AT, S. 9 f.

959 *Kalss* in *Doralt/Nowotny/Kalss*, AktG, § 86, Rn. 27.

960 *Kalss*, Arbeitnehmermitbestimmung, S. 95, 113.

961 §§ 92 IV AktG, 110 IV ArbVG. *Kastner, Doralt/Nowotny*, GesR, S. 254; *Kalss* in *Doralt/Nowotny/Kalss*, AktG, § 92, Rn. 120; *Preiss* in *Cerny*, ArbVR, § 110, Rn. 41. Über die konkreten Bestellungs- und Abberufungsmodalitäten zu den jeweiligen Ausschüssen beschließt die Gesamtheit der Arbeitnehmervertreter im Aufsichtsrat, *Preiss*, ebd.

962 § 1 I VO. Der Zentralbetriebsrat ist zuständig, wenn das Unternehmen aus mindestens zwei Betrieben besteht, die eine wirtschaftliche Einheit unter der Verwaltung des Unternehmens bilden, der Betriebsausschuss hingegen, wenn das Unternehmen nur aus einem Betrieb besteht, aber für Arbeiter und Angestellte zwei separate Betriebsräte eingerichtet wurden; in jedem anderen Fall ist der Betriebsrat zuständig. Das Entsendungsverfahren gilt gleichermaßen für Betriebsräte, Zentralbetriebsräte und Betriebsausschüsse; *Kalss*, Arbeitnehmermitbestimmung, S. 95, Fn. 122.

963 *Kalss* in *Doralt/Nowotny/Kalss*, AktG, § 86, Rn. 26.

964 *Kalss* in *Doralt/Nowotny/Kalss*, AktG, § 86, Rn. 26; *Preiss* in *Cerny*, ArbVR, § 110, Rn. 6.

965 Auch sonstige Personen, die weder dem Aufsichtsrat noch dem Vorstand angehören, sind von der Teilnahme an Aufsichtsratssitzungen explizit ausgeschlossen, vgl. §§ 93, 95 VII AktG. Allerdings können in der Satzung Vertretungsregeln vorgesehen werden, § 93 III AktG, *Kalss*, Arbeitnehmermitbestimmung, S. 95, 117.

966 *Taylor*, S. 77; ETUI-AT-BI, S. 1. Der gewerkschaftliche Organisationsgrad liegt in Österreich aktuell bei 32–34%, bei insgesamt stets rückläufiger Tendenz; *Fulton*, ETUI, Landesübersicht AT, bzw. *Allinger/Adam*, (oben Fn. 901), Abschnitt *Trade union density*.

967 § 2 I 2 VO; *Kalss* in *Doralt/Nowotny/Kalss*, AktG, § 86, Rn. 29; *Strasser/Jabornegg*, Arbeitsverfassungsrecht, § 110, Rn. 17.

des Betriebsrats zusammen, die aufgrund desselben Wahlvorschlags gewählt wurden, und werden in der ersten Sitzung des neu formierten Betriebsrats festgestellt. Dort wird auch die genaue Anzahl der zu entsendenden Arbeitnehmervertreter bestimmt[968]. Entsprechend ihres jeweiligen Vertretungsverhältnisses im Betriebsrat nominiert dann jede Fraktion innerhalb von drei Monaten Repräsentanten zur Entsendung in den Aufsichtsrat. Unter den Arbeitnehmervertretern ist hierbei ein angemessenes Gleichgewicht zwischen Angestellten und Arbeitern herzustellen[969]. Der Betriebsratsvorsitzende teilt dem Aufsichtsratsvorsitzenden schließlich die Wahl eines Delegierten mit. Diese Mitteilung bewirkt den Beginn der Mitgliedschaft des Arbeitnehmervertreters im Aufsichtsrat[970].

Im Gegensatz zu den Vertretern der Anteilseignerseite, die in der Regel auf vier Jahre gewählt werden[971], werden die Arbeitnehmervertreter grundsätzlich auf unbestimmte Zeit bestellt. Jedoch kann das Entsendungsorgan, praktisch relevant, jederzeit und ohne Angabe von Gründen sämtliche oder einzelne Arbeitnehmervertreter abberufen[972]. Daneben endet die Entsendung eines Arbeitnehmervertreters durch dessen Ausscheiden aus dem Unternehmen, bei Beendigung der Mitgliedschaft im Betriebsrat oder durch Rücktritt[973].

(b) Konzern

Ein besonderes Entsendungsverfahren gilt in Konzernstrukturen. Es betrifft Unternehmen, die ihrerseits als AG, GmbH oder Genossenschaft organisiert sind und

968 § 3 VO; *Preiss* in *Cerny,* ArbVR, § 110, Rn. 11.

969 *Taylor,* S. 77; zur Gruppeneinteilung vgl. § 41 ArbVG. Im deutschen Recht wurde diese Trennung zugunsten eines einheitlichen Arbeitnehmerbegriffs im Zusammenhang mit der Reform des BetrVG durch das Gesetz vom 23. Juli 2001 aufgehoben.

970 § 8a VO; *Kalss,* Arbeitnehmermitbestimmung, S. 95, 113 f.

971 § 87 VII AktG; zum möglichen Widerruf vgl. § 87 VIII, zur gerichtlichen Abberufung § 87 X AktG.

972 § 11 VO; die Abberufung erfolgt durch Mehrheitsbeschluss der entsendenden Fraktion. Mit dem Abberufungsverlangen ist gleichzeitig *„tunlichst"* ein neuer Nominierungsvorschlag einzureichen. Vgl. *Kalss* in *Doralt/Nowotny/Kalss,* AktG, § 86, Rn. 42; *Preiss* in *Cerny,* ArbVR, § 110, Rn. 37.

973 §§ 9–12 VO. Sämtliche Arbeitnehmervertreter verlieren ihre Mitgliedschaft durch Abberufung durch das Entsendungsorgan, weil die nominierenden Fraktionen es verlangen oder aufgrund einer sog. „relevanten Veränderung" der Zusammensetzung der Anteilseignervertreter im Aufsichtsrat, sowie durch neue Entsendung durch ein neu gewähltes Entsendungsorgan. Einzelne Arbeitnehmervertreter verlieren ihre Mitgliedschaft, wenn sie zurücktreten, wenn sie die Entsendungsvoraussetzungen nicht mehr erfüllen (z.B. wegen mangelnder Unternehmenszugehörigkeit) oder durch Abberufung durch das Entsendungsorgan, wen die nominierende Fraktion es verlangt. Werden die Arbeitnehmervertreter neu gewählt oder liegen die Entsendungsvoraussetzungen eines Vertreters nicht mehr vor, endet das Mandat automatisch, anderenfalls muss der Arbeitnehmervertreter zurücktreten, *Preiss* in *Cerny,* ArbVG, § 110, Rn. 37.

über AGs, aufsichtsratspflichtige GmbHs, aufsichtsratspflichtige Genossenschaften, Europäische Genossenschaften (SCE) und Europäische Gesellschaften (SE) herrschen[974].

Beschäftigt das herrschende Unternehmen seinerseits höchstens halb so viele Arbeitnehmer, wie alle beherrschten Unternehmen zusammen, nehmen an dem Entsendeverfahren der Betriebsrat des herrschenden Unternehmens und die Gesamtheit der Mitglieder aller in den beherrschten Unternehmen bestellten Betriebsräte teil. Der Betriebsrat des herrschenden Unternehmens entsendet dann seinerseits so viele Arbeitnehmervertreter in den Aufsichtsrat, als es dem Verhältnis der im herrschenden Unternehmen beschäftigten Arbeitnehmer zu derjenigen in den beherrschten Unternehmen entspricht, mindestens jedoch einen Arbeitnehmervertreter. Die übrigen Arbeitnehmervertreter im Aufsichtsrat des herrschenden Unternehmens werden von und aus der Gesamtheit der in den beherrschten Unternehmen bestellten Betriebsräte in geheimer Verhältniswahl gewählt[975].

In einem operativ tätigen Konzern wird dem Betriebsrat des herrschenden Unternehmens so mindestens ein Platz im Aufsichtsrat garantiert, die Zahl der übrigen, durch die Betriebsräte der beherrschten Unternehmen zu entsendenden, Arbeitnehmervertreter verringert sich um eins[976].

Dieses Verfahren findet auch Anwendung für herrschende Unternehmen, in denen kein Betriebsrat zu errichten ist, wenn deren Tätigkeit sich nicht nur auf die Verwaltung von Unternehmensanteilen der beherrschten Unternehmen beschränkt[977]. Mit anderen Worten, das Vertretungsrecht entfällt dort, wo ein herrschendes Unternehmen lediglich verwaltend tätig ist.

Arbeitnehmervertreter sitzen ggf. auch im Aufsichtsrat einer arbeitnehmerlosen Holdinggesellschaft, wenn deren Tätigkeit sich nicht nur auf die reine Verwaltung von Unternehmensanteilen des beherrschten Unternehmens beschränkt. Auf diese Weise sollte die Mitbestimmung dort gesichert werden, wo die arbeitnehmerrelevanten Entscheidungen fallen[978].

Ist in einem Konzern nach § 110 VI, VIa ArbVG eine Konzernvertretung errichtet, entsendet diese auch die Arbeitnehmervertreter in den Aufsichtsrat des herrschenden Unternehmens. Die Konzernvertretungsmitglieder, die ihrerseits aus dem Betriebsrat des herrschenden Unternehmens entsendet worden sind, haben dann jedoch ein an den Verhältnissen der Beschäftigtenzahlen gemessenes

974 §§ 110 VI ArbVG, 15 I AktG, 16–31a VO; § 110 VI ArbVG gilt nicht für Banken und Versicherungsunternehmungen.

975 Vgl. §§ 20, 20a VO. Besteht in einem herrschenden Unternehmen kein Betriebsrat, obwohl ein solcher zu errichten wäre, kann die Gesamtheit der Mitglieder aller in den beherrschten Unternehmen bestellten Betriebsräte Arbeitnehmervertreter gemäß § 20 VO entsenden.

976 Vgl. § 19 II, III VO.

977 § 110 VIa 1 ArbVG.

978 § 110 VIa ArbVG; *Gahleitner, H.*, Mitwirkung AR 2012, S. 55 f.

kann der Aufsichtsratsvorsitzende daher auch ein Vertreter der Arbeitnehmer sein, was in der Praxis aber nicht vorkommt[993]. Ebenso wie in Deutschland entscheidet der Aufsichtsrat durch Beschluss bei grundsätzlich gleichem Stimmengewicht. Für den Fall der Stimmengleichheit kann dem Aufsichtsratsvorsitzenden das ggf. ausschlaggebende Entscheidungsrecht, das sog. Dirimierungsrecht, eingeräumt werden[994], so dass ihm ein wesentlicher Einfluss auf die Unternehmensentwicklung zukommt. Darüber hinaus ist die Bewilligung eines unterschiedlichen Stimmgewichts durch die Satzung als Verstoß gegen den Gleichbehandlungsgrundsatz unzulässig. Beschlussfähigkeit besteht, wenn mindestens drei Mitglieder anwesend sind[995], egal von welcher Seite sie bestellt wurden. Ein anderes Präsenzquorum kann durch die Satzung festgelegt werden[996].

Vom Grundsatz zum gleichen Stimmrecht normiert das Gesetz die wichtige Ausnahme der sog. Aktionärsklausel. Diese verlangt für den Aufsichtsratsbeschluss über die Bestellung und Abberufung der Vorstandsmitglieder sowie des Aufsichtsratsvorsitzenden und seines ersten Stellvertreters eine doppelte Mehrheit[997]. Es bedarf neben einer Mehrheit sämtlicher Aufsichtsratsmitglieder im Plenum auch der Zustimmung der Mehrheit sämtlicher Anteilseignervertreter; dabei ist unerheblich, ob diese bei der Abstimmung auch tatsächlich anwesend sind. So wird ausgeschlossen, dass eine Minderheit der Anteilseignervertreter gemeinsam mit den Arbeitnehmervertretern eine Mehrheit von Anteilseignervertretern überstimmt. Die Aktionärsklausel kann nicht durch die Satzung auf andere Beschlüsse ausgedehnt werden, da dies der ansonsten zwingenden Gleichbehandlung von Anteilseigner- und Arbeitnehmervertretern widerspricht[998].

---

993 § 92 AktG wird für die Arbeitnehmervertreter gem. § 110 III ArbVG nicht ausgeschlossen; vgl. *Kalss* in *Doralt/Nowotny/Kalss*, AktG, § 92, Rn. 17, *dies.*, Arbeitnehmermitbestimmung, S. 118.

994 Von lat. *dirimere*: „trennen“, „beenden“, „entscheiden“. Dazu näher *Kalss* in *Doralt/Nowotny/Kalss*, AktG, § 92, Rn. 21, 65; *Gahleitner*, MB-AT, S. 25; OGH vom 30.05.1996, 2 Ob 556/95, abrufbar beim Rechtsinformationssystem des österreichischen Bundeskanzleramts unter http://www.ris.bka.gv.at/Dokument.wxe?Abfrage=Justiz&Dokumentnummer=JJT_19960530_OGH0002_0020OB00556_9500000_000.

995 §§ 92 V 1 AktG, 30g V 1 GmbHG.

996 § 92 V 2 AktG. Da das Aktienrecht vom Grundsatz der Gleichbehandlung der Anteilseigner- und der Arbeitnehmervertreter geprägt ist darf jedoch eine höhere Präsenzquote nicht lediglich für eine Seite festgelegt werden, *Preiss* in *Cerny*, ArbVR, § 110, Rn. 26. Soweit weder Satzung noch Geschäftsordnung etwas anderes festlegen, entscheidet für die Beschlussfassung die einfache absolute Mehrheit. Im Rahmen der Beschlussfassung hat grundsätzlich jedes Mitglied eine Stimme.

997 § 110 III ArbVG. Vgl. *Preiss* in *Cerny*, ArbVR, § 110, Rn. 29; *Kalss* in *Doralt/Nowotny/Kalss*, AktG, § 92, Rn. 21.

998 *Kalss*, Arbeitnehmermitbestimmung, S. 95, 121.

Eine weitere Sonderstellung nimmt der Personalausschuss ein, in dem die grundsätzlich bestehende Drittelparität durchbrochen wird. So steht den Arbeitnehmervertretern in Ausschüssen, die die *„Beziehungen zwischen der Gesellschaft und Mitgliedern des Vorstands behandeln"*, kein Recht auf Sitz und Stimme zu[999]. Dies umfasst neben der Geltendmachung von Schadensersatzansprüchen der Gesellschaft gegen den Vorstand auch Abschluss, Änderung und Auflösung des Dienstvertrags eines Vorstandsmitglieds[1000], jedoch wohl nicht die (funktionale) Bestellung und Abberufung des Vorstands, so dass hierfür wiederum der Aufsichtsrat insgesamt inklusive der Arbeitnehmervertreter zuständig bleibt[1001]. Vom gesamten Aufsichtsrat zu entscheiden ist auch die Einräumung von Aktienoptionen[1002].

iv. Rechte und Pflichten der Aufsichtsratsmitglieder

(a) Arbeitsweise

Die Arbeitnehmervertreter sind grundsätzlich vollwertige Mitglieder des Aufsichtsrats mit den entsprechenden Funktionen[1003].

---

999 § 110 IV 2 ArbVG; *Kalss* in *Doralt/Nowotny/Kalss*, AktG, § 92, Rn. 120; *Preiss* in *Cerny*, ArbVR, § 110, Rn. 41 f.

1000 *Kalss* in *Doralt/Nowotny/Kalss*, AktG, § 92, Rn. 120; *Preiss* in *Cerny*, ArbVR, § 110, Rn. 42.

1001 Das österreichische Aktiengesetz unterscheidet zwischen der Bestellung zum Vorstand und der Anstellung zum Vorstandsmitglied. Die Bestellung betrifft die Funktionsebene, die Anstellung regelt in einem freien Dienstvertrag die schuldrechtlichen Beziehungen (Entlohnung, Urlaubsanspruch, Abfindung, Pension) zwischen dem Vorstandsmitglied und der Gesellschaft. Wie hier *Kalss* in *Doralt/Nowotny/Kalss*, AktG, § 92, Rn. 121; *Preiss* in *Cerny*, ArbVR, § 110, Rn. 29, 42; *Kastner/Doralt/Nowotny*, GesR, S. 255; a.A. *Strasser/Jabornegg*, Arbeitsverfassungsrecht, § 110, Rn. 56, nach denen die Bestellung und die Abberufung des Vorstands zu den Beziehungen zwischen der Gesellschaft und den Mitgliedern des Vorstands gehören, so dass der Ausschluss der Arbeitnehmervertreter hier zulässig sei, sofern die Satzung dem Personalausschuss eine entsprechende Kompetenz einräumt. In dieser Ausschlussmöglichkeit dürfte ein Verstoß gegen den Gleichbehandlungsgrundsatz zu sehen sein.

1002 Vgl. § 92 IV 2 a.E. AktG. Hierüber können die Arbeitnehmervertreter aber wohl nur sinnvoll entscheiden, wenn auch die sonstigen Umstände des Dienstvertrags bekannt sind, weshalb in diesem Fall von einer *„faktischen Erweiterung"* bei Teilnahme und Einsicht der Arbeitnehmervertreter ausgegangen wird, *Kalss* in *Doralt/Nowotny/Kalss*, AktG, § 92, Rn. 123.

1003 Die gesellschaftsrechtliche Position des Aufsichtsrats sowie ergänzende Aspekte zum ArbVG werden in den §§ 86 ff. AktG geregelt. Der Aufgabenbereich des Aufsichtsrats sowie dessen funktionalen Abgrenzungen zu Vorstand und Hauptversammlung ergeben sich aus § 95 AktG. Den organisationsrechtlichen Rahmen für die Mitwirkung der Arbeitnehmervertreter im Aufsichtsrat einer Aktiengesellschaft bilden die §§ 92 AktG (bzw. bei einer Gesellschaft mit beschränkter Haftung § 28a GmbHG), 110 ArbVG i.V.m. der Aufsichtsratsverordnung (VO).

Neben den bereits erwähnten regelmäßigen und anlassbezogenen Berichts- und Informationspflichten[1004] räumt das Gesetz dem Gesamtaufsichtsrat, jedem Ausschuss, dem Vorsitzenden und jedem anderen einzelnen Mitglied des Aufsichtsrats[1005] das selbständige Recht ein, jederzeit vom Vorstand (bzw. von den Geschäftsführern) einen Bericht über Angelegenheiten der Gesellschaft, einschließlich ihrer Beziehung zu Konzernunternehmen und der wirtschaftlichen Ertragslage des Gesamtkonzerns, zu verlangen. Dies erstreckt sich auch auf Sitzungsprotokolle und Beschlüsse und gilt selbst für die Aufsichtsratsmitglieder, die zuvor zulässigerweise von einer Sitzung ausgeschlossen wurden. Verweigert der Vorstand die Berichtserstattung, bedarf es der Unterstützung durch ein – beliebiges[1006] – zweites Aufsichtsratsmitglied, um dieses Recht durchzusetzen; lediglich der Aufsichtsratsvorsitzende bedarf keiner solchen Unterstützung und kann den Vorstand jederzeit zur Berichterstattung zwingen[1007]. Vorgelegt wird der Bericht aber an den Aufsichtsrat insgesamt und nicht lediglich an das ihn verlangende Mitglied[1008]. Aus der unternehmerischen Praxis wird berichtet, dass sich die Aufsichtsräte namentlich im Hinblick auf etwaige negative Entwicklungen nicht hinreichend auf die frühe freiwillige Einhaltung der Berichtspflichten durch den Vorstand verlassen können, so dass sie aktiv ihre Informationsrechte einfordern müssten[1009].

Um sich selbst ein Bild von der jeweiligen wirtschaftlichen Lage verschaffen zu können, steht dem Aufsichtsrat ein Recht auf Augenschein zu, wobei er auch Sachverständige hinzuziehen darf[1010]. An den Aufsichtsratssitzungen selbst dürfen externe Personen grundsätzlich nicht teilnehmen. Es können jedoch auch hier Sachverständige zur Beratung über einzelne Gegenstände zugezogen werden[1011].

Im Rahmen der Aufsichtsratsarbeit haben die Vertreter der Arbeitnehmer grundsätzlich die gleichen Rechte und Pflichten wie diejenigen der Anteilseigner. Sämtliche Aufsichtsratsmitglieder sind nicht an Weisungen gebunden[1012] und müssen ihre Aufgaben mit der Sorgfalt eines ordentlichen Aufsichtsratsmitglieds

1004 Vgl. § 95 AktG.

1005 § 95 II AktG bzw. § 30j II GmbHG; *Kalss* in *Doralt/Nowotny/Kalss*, AktG, § 95, Rn. 42.

1006 Bis zur Verabschiedung des IRÄG 1997 (Insolvenzrechtsänderungsgesetz) war hierzu die Unterstützung vom Vorsitzenden oder von zwei Aufsichtsratsmitgliedern notwendig. Ebenfalls seit 1997 sind Anteilseigner- und Arbeitnehmervertreter gleichgestellt.

1007 *Kalss* in *Doralt/Nowotny/Kalss*, AktG, § 94, Rn. 43.

1008 *Kastner/Doralt/Nowotny*, GesR, S. 258; *Kalss* in *Doralt/Nowotny/Kalss*, AktG, § 95, Rn. 41, 49.

1009 *Schulten/Zagelmeyer*, EIRO 1998.

1010 §§ 95 III AktG, 30j III GmbHG.

1011 § 30h I GmbHG.

1012 *Kastner/Doralt/Nowotny*, GesR, S. 245.

erfüllen. Insofern gelten die einschlägigen Bestimmungen für die Vorstandsmitglieder sinngemäß[1013].

In der Entscheidungsfindung ist der Aufsichtsrat dem Wohl des gesamten Unternehmens verpflichtet[1014] und hat dieses als einheitliches Organ zu verfolgen[1015]. Dennoch ist anerkannt, dass einzelne Aufsichtsratsmitglieder die Interessen einzelner Aktionäre und sonstiger Interessenträger (Konzern, Kreditinstitut, Gebietskörperschaft) sowie der Arbeitnehmer im Aufsichtsrat zumindest vortragen und für die entsprechenden Interessen eintreten[1016]. In der Praxis sind zudem Vorbesprechungen beider Seiten üblich, bei denen eine einheitliche Linie für die spätere Aufsichtsratssitzung formuliert wird. Ein Abstimmungsverhalten, das im Widerspruch zu einer so zuvor festgelegten internen Stimmbindung steht, kann die Amtsenthebung der jederzeit abrufbaren Arbeitnehmervertreter zur Folge haben[1017].

(b) Vergütung

Im Aufsichtsrat einer Aktiengesellschaft haben die Vertreter der Anteilseignerseite Anspruch auf eine angemessene Vergütung[1018]. In der GmbH „kann" den Aufsichtsratsmitgliedern für ihre Tätigkeit eine mit ihren Aufgaben und mit der Lage der Gesellschaft in Einklang stehende Vergütung gewährt werden[1019].

Demgegenüber ist die Aufsichtsratstätigkeit eines Arbeitnehmervertreters ehrenamtlich. Sie haben nur Anspruch auf Ersatz der angemessenen Barauslagen[1020],

---

1013 §§ 70, 84, 99 AktG, 25, 27, 33 GmbHG; *Kastner/Doralt/Nowotny,* GesR, S. 262.

1014 Hier gilt die Pflicht zur Verschiegenheit als ein Teil der allgemeinen Treuepflicht zum Unternehmenswohl. Das Ziel, für die Interessen der Arbeitnehmer einzutreten, kann im Hinblick auf die Vertraulichkeit betrieblicher Informationen zu potentiellen Interessenkonflikten führen. Gesetzlich nicht entschieden ist, ob die Arbeitnehmervertreter vertrauliche Informationen an ihre jeweiligen Entsendungsorgane weiterleiten dürfen, oder ob sie zur vollkommenen Verschwiegenheit verpflichtet sind. Die wohl herrschende Ansicht in der Literatur verfolgt den Ansatz, dass nur jene Informationen weitergegeben werden dürfen, die das Entsendungsorgan selbst ohnehin vom Unternehmensinhaber verlangen kann; vgl. §§ 108, 109 ArbVG; *Taylor,* S. 77; *Preiss* in *Cerny,* ArbVG, § 110, Rn. 32; *Kalss* in *Doralt/Nowotny/Kalss,* AktG, § 99, Rn. 22; *dies.,* Arbeitnehmermitbestimmung, S. 95, 122; *Gahleitner,* MB-AT, S. 39 ff.

1015 § 70 AktG, der entsprechend für die GmbH angewendet wird; OGH vom 26.02.2002, 1Ob 144/01k; *Taylor,* S. 77; *Kalss* in *Doralt/Nowotny/Kalss,* AktG, § 99, Rn. 19.

1016 *Taylor,* S. 77; *Kalss* in *Doralt/Nowotny/Kalss,* AktG, § 95, Rn. 65; *Gahleitner,* MB-AT, S. 37 ff.; *Greif,* MB-AT, S. 12 f.

1017 Vgl. §§ 1 I 2, 9 I, 11 VO; *Kalss,* Arbeitnehmermitbestimmung, S. 95, 120.

1018 § 98 AktG.

1019 § 31 I 1 GmbHG.

1020 § 110 III 1 ArbVG. Dies dürfte auch in der GmbH gelten. Vgl. auch Österreichischer Corporate Governance Kodex, Fassung Jänner 2012 (oben Fn. 910), Rn. 59, Abs. 3.

was z.B. Reisekosten betrifft[1021]. Um ihren Pflichten im Aufsichtsrat angemessen nachkommen zu können müssen sie zwar unter Fortzahlung ihrer Bezüge von der Arbeit freigestellt werden, jedoch ist jede Form der zusätzlichen Vergütung unzulässig[1022]. Hierdurch soll die weitgehende Unabhängigkeit der Arbeitnehmervertreter gesichert werden[1023]. Insbesondere wird die fehlende (gesonderte) Bezahlung der Arbeitnehmervertreter nicht als taugliches Differenzierungskriterium für eine geminderte Verantwortlichkeit anerkannt[1024].

III. Ungarn[1025]

1. Abriss

Ungarn kennt eine zweigliedrige Vertretung auf betrieblicher Ebene sowie zudem eine gesetzliche Drittelbeteiligung in den Aufsichtsräten aller Wirtschaftsgesellschaften

1021 *Gahleitner, H.*, Mitwirkung AR 2012, S. 36, Fn. 32.

1022 *Taylor,* S 77; *Preiss* in *Cerny,* ArbVR, § 110, Rn. 23. Dies schließt auch, entgegen häufiger Praxis, etwaige Sitzungsgelder und Optionsberechtigungen ein. Jedoch besteht die Möglichkeit, die jeweiligen Arbeitnehmervertreter in ihrer Eigenschaft als Arbeitnehmer in einen allgemeinen Optionsplan für sämtliche oder besondere Arbeitnehmerkategorien einzubeziehen; *Kalss,* Arbeitnehmermitbestimmung, S. 95, 116.

1023 *Preiss* in *Cerny,* ArbVR, § 110, Rn. 23; *Kalss* in *Doralt/Nowotny/Kalss,* AktG, § 98, Rn. 5. Die fehlende gesonderte Vergütung der Arbeitnehmervertreter hat Tradition. Schon das Betriebsrätegesetz von 1919 (oben Fn. 902) sah lediglich den Aufwendungsersatz vor, § 3 Z 11 Abs. 1 a. E.

1024 *Greif,* MB-AT, S.11 ff.; *Kalss* in *Doralt/Nowotny/Kalss,* AktG, § 99, Rn. 3, 5. Der Österreichische Gewerkschaftsbund (ÖGB) hat für Arbeitnehmervertreter daher eine Gruppenhaftpflichtversicherung abgeschlossen. Die Versicherungssumme beträgt pro Schadensfall bis zu 75.000,– Euro, vgl. Darstellung „Aufsichtsratsversicherung", unter http://www.betriebsraete.at/servlet/ContentServer?pagename=ANV/Page/Index&n=ANV_10.4. Zu Sorgfaltsmaßstab und Haftung vgl. §§ 84 I, II 2, VI, 99 AktG; *Kalss* in *Doralt/Nowotny/Kalss,* AktG, § 99, Rn. 3, 7; *Preiss* in *Cerny,* ArbVR, § 110, Rn. 34; *Kastner /Doralt/Nowotny,* GesR, S. 262, Fn. 127; OGH vom 26.02.2002, 1 Ob 144/01k, unter http://www.ris.bka.gv.at/Dokument.wxe?Abfrage=Justiz&Dokumentnummer=JJT_20020226_OGH0002_0010OB00144_01K0000_000.

1025 *Kluge/Stollt,* MB in den neuen EU-MS, S. 88 ff., 99 f.; *Neubauer,* ArbR, S. 15 f.; *Milutinov,* S. 134 ff., 138 ff., 141 ff., 156 ff.; *Stroinski/Stanuch,* ECL 2009, S. 82, 85; *Neumann,* HU-System, S. 11, 11 ff.; *ders.,* HU-CL, S. 1 ff.; *Tóth,* Background 2012; *Fulton,* ETUI-HU-Betriebliche Interessenvertretung (im Folgenden: ETUI-HU-BI) bzw. ETUI-HU-Unternehmensmitbestimmung (im Folgenden: ETUI-HU-MB) unter http://www.worker-participation.eu/National-Industrial-Relations/Coun.tries/Hungary; *Krén/Rindt, Hungary: Industrial relations profile* (z.T. 18.04.2013) bei Eiro online abrufbar unter http://www.eurofound.europa.eu/eiro/country/hungary.htm (englisch).

mit im Jahresdurchschnitt mehr als 200 Vollbeschäftigten. Allerdings sind die Befugnisse der Aufsichtsräte in der Praxis begrenzt. Seit 2006 sind zudem privatautonom abweichende Lösungen bis hin zu einem völligen Verzicht auf die Mitbestimmung möglich.

2. Hintergrund

Die politische und wirtschaftliche Entwicklung hin zu liberaleren Strukturen setzte in Ungarn bereits in den 1980er Jahren ein. Hierbei verfolgten die verschiedenen Regierungen, vor und nach der Wende, auch sehr unterschiedliche Reformkurse. Das moderne ungarische Unternehmensrecht nach 1989 orientierte sich ursprünglich äußerst eng an der deutschen Gesetzgebung. Dementsprechend sind zunächst zumindest nominell recht weitreichende Regelungen zur Arbeitnehmerbeteiligung sowohl auf betrieblicher als auch auf unternehmerischer Ebene getroffen worden.

Die gelebte Praxis allerdings hinkte den Beteiligungsregelungen stets hinterher. Vielfältige Änderungen binnen kurzer Zeit machen die Lage unübersichtlich. Zuletzt wird ein deutlich liberalerer Ansatz verfolgt.

Auf betrieblicher Ebene existieren, wie auch in den anderen mittel- und osteuropäischen Staaten, Gewerkschaftsvertretungen und Betriebsräte parallel. Betriebsräte nach deutschem Vorbild, allerdings mit eingeschränkteren Befugnissen, wurden bereits 1992 verbindlich. Die ungarischen Gewerkschaften, ihrerseits von beträchtlichen Rivalitäten gekennzeichnet, lehnten diese jedoch ab, weil sie eine Schwächung ihrer eigenen Position befürchteten. Ihnen wurden daraufhin Sonderrechte im Bereich von Unterrichtung und Anhörung zugestanden.

Mit den politischen Mehrheiten wechselten auch die Zuständigkeiten und Kompetenzen. Wurden 1998 eher die Betriebsräte gestärkt, entzog die sozialistische Regierung 2002 den Betriebsräten das Recht, Verhandlungen zu führen und bevorzugte stattdessen die Konsultationsrechte der lokalen Gewerkschaften. Gleichwohl kam es bei diesen zu einem Bedeutungsverlust: Viele Mitglieder wanden sich von ihnen ab. Daneben urteilte das ungarische Verfassungsgericht (*Magyar Köztársaság Alkotmánybíróság*) in einigen Schlüsselentscheidungen, dass die Gewerkschaften ausschließlich die Interessen ihrer Mitglieder repräsentieren, nicht diejenigen aller Arbeitnehmer[1026]. Das schmälerte ihre Signifikanz noch weiter.

1026 Einige Schlüsselentscheidungen des Gerichts sind auf dessen Website in englischer Übersetzung zugänglich, http://www.mkab.hu/index.php?id=decisions. Hervorzuheben sind hier die Entscheidungen 8/1990 (in der das automatische Vertretungsrecht der Gewerkschaften für alle Arbeitnehmer als mit deren negativer Vereinigungsfreiheit unvereinbar befunden und aufgehoben wurde) und 39/1997 (in der festgehalten wurde das Mitbestimmungsrechte der Sozialpartner einer ordentlichen Legitimation bedürfen). Vgl. auch *Berki/Neumann; Constitutional Court ruling paves way for new social dialogue law* (10.11.2009), unter http://www.eurofound.europa.eu/eiro/2009/10/articles/hu0910019i.htm (englisch).

Bei diesem Nebeneinander von Gremien und (teils überkreuzenden) Befugnissen blieb es bis heute, ebenso wie bei der ambivalenten und von Wettbewerb geprägten Beziehung zwischen den Beteiligten[1027]. Über die Jahre wurden die Vorgaben immer weiter flexibilisiert. Das neue Arbeitsgesetzbuch vom Juli 2012 öffnet vielfältige Verhandlungsräume und sieht faktisch nur noch Mindestvorgaben vor. Die Befugnisse der Gewerkschaften wurden in ihm noch weiter begrenzt.

Ähnliches gilt für die Unternehmensmitbestimmung. Ursprünglich nach dem dualistischen Modell organisiert ist u.a. für alle Aktiengesellschaften und Gesellschaften mit beschränkter Haftung mit mehr als 200 Mitarbeitern eine Drittelbeteiligung im Aufsichtsrat vorgesehen. Rechtlich wie praktisch sind jedoch bereits die Rechte der Aufsichtsräte begrenzt. Auf dem Papier relativ stark erweist sie sich faktisch somit als durchgängig schwächer.

Seit 2006 können die Verfahren bezüglich Aufsichtsrat und Vorstand von den Unternehmen selbst gestaltet werden. Ebenfalls seit 2006 können sich zumindest die börsennotierten Aktiengesellschaften ein monistisches Modell geben, in dem die Mitbestimmung frei aushandelbar ist.

Auch personell gibt es, ähnlich wie in Deutschland, zwischen den Gremien vielfältige Überschneidungen, so dass die jeweiligen Zuständigkeiten immer mehr verschwammen und Abgrenzungen schwierig sind. Des Weiteren besteht auch in Ungarn eine faktische Umsetzungslücke. Eigentlich gilt ein Automatismus zur Einführung der Arbeitnehmervertretung im Aufsichtsrat. Tatsächlich hängt dies aber vom Vorhandensein einer betrieblichen Interessenvertretung als Kontrollinstanz ab, was wiederum an den Beschäftigten hängt. Praktisch kann weder eine Aufsichtsbehörde noch ein Gericht die gelebte unternehmerische Praxis kontrollieren.

Anders als in Deutschland wird die Arbeitnehmervertretung im Aufsichtsrat *„nicht als Schlüsselelement“* der ungarischen Arbeitsbeziehungen gesehen[1028].

1027 Vgl. auch *Tóth*, Background 2012, S. 7 (*“partly overlapping rights“*), der allerdings für die Praxis in den meisten Fällen eine „reibungslose Zusammenarbeit“ konstatiert (*„smooth cooperation“*). Insgesamt geht der gewerkschaftliche Organisationsgrad ebenfalls beständig zurück. Im Jahr 2011 lag er bei 11%; *Krén/Rindt*, (oben Fn. 1025), Abschnitt *Trade Union density*. Zur Entwicklung der ungarischen Betriebsräte vgl. *Tóth/Ghellab/Neumann, Works councils examined* (09.02.2004), abrufbar unter http://www.eurofound.europa.eu/eiro/2004/01/feature/HU0401106F.htm (englisch). Die Autoren sprechen hier unter anderem davon, dass die Institution Betriebsrat aufgrund der unterschiedlichen Ansichten und Motivationen zur „Geisel“ des politischen Konflikts zwischen den Sozialpartnern und der Regierung geworden ist. Die politisch motivierte Gesetzgebung habe jedenfalls die Glaubwürdigkeit der Institution unterminiert und ihre soziale Akzeptanz nicht unterstützt. Vgl. ferner *Tóth/Neumann, Major amendment of Labour Code comes into effect* (29.10.2002), abrufbar unter http://www.eurofound.europa.eu/eiro/2002/10/feature/hu0210101f.htm (englisch).

1028 ETUI-HU-BI, S. 1; ETUI-HU-MB, S. 1; *Kluge/Stollt*, MB in den neuen EU-MS, S. 100, *Neumann*, HU-System, S. 11, 14 (“*...board-level representation in Hungary*

3. Organisationsverfassung der Kapitalgesellschaften

Maßgebliche Rechtsquelle ist mittlerweile das einheitliche Gesetz Nr. IV/2006 „über die Wirtschaftsgesellschaften" (*a gazdasági társaságokról*)[1029].

Aktiengesellschaften (*részvénytársaság,* abgekürzt *rt.*) werden danach unterschieden ob sie börsennotiert sind oder nicht und sind grundsätzlich dualistisch organisiert. Eine börsennotierte AG (*nyilvánosan mőködı részvénytársaság,* abgekürzt *nyrt.*) kann sich mittlerweile auf Satzungsgrundlage aber auch monistisch organisieren[1030].

Organe einer GmbH (*korlátolt felelősségű társaság,* abgekürzt *kft.*) sind zunächst die Gesellschafterversammlung (*taggyűlés*) und die Geschäftsführer (Singular ügyvezető)[1031]. Grundsätzlich galt das dualistische Modell auch für die GmbH. Ursprünglich musste eine GmbH einen Aufsichtsrat (*felügyelőbizottság*) einrichten, wenn ihr Eigenkapital mehr als 50 Millionen *HUF* betrug (ca. 170.000 Euro[1032]). Mit der Neuregelung von 2006 wurde auch dieses Erfordernis aufgehoben. Verbindlich

---

is not considered the key element of Hungarian company-level industrial relations"). *Ders.* beobachtet an anderer Stelle ernüchtert: *„In fact, many consider that its relevance amounts to nothing more than a source of additional income for local union leaders and works council members. At best, board-level representation can be viewed as an additional channel of representation, which may support the functioning of company trade unions and works councils*"; *Neumann; New company act reduces role of board-level employee representatives* (18.12.2006), unter http://www.eurofound.europa.eu/eiro/2006/11/articles/hu0611039i.htm (englisch).

1029 Die ungarischen Gesetze werden üblicherweise jeweils in der Fassung ihrer letzten Änderung angegeben und unter Angabe der Gesetzesnummer (römische Zahl) und der Jahreszahl zitiert. Das Gesetz über die Wirtschaftsgesellschaften Nr. IV/2006, im Ungarischen meist schlicht *Gazdasági törvény* genannt und *„Gt."* abgekürzt, ist in einer deutschen Übersetzung abrufbar unter https://hirkozpont.magyarorszag.hu/srv/letolt?id=943004&lang=hu. Zu den jüngsten Entwicklungen vgl. oben Teil 3 B. I. 8.

1030 § 21 IV *Gt.*; *Neumann*, HU-CL, S. 1. Zur nicht-börsennotierten AG (*zártkörően mőködı részvénytársaság,* abgekürzt *zrt.*) vgl. §§ 171 ff. *Gt.*, zur Unterteilung vgl. § 171 III *Gt.*

1031 §§ 111 ff. *Gt.*. Sie kann von einer oder mehreren natürlichen oder juristischen Personen gegründet werden, die Mindeststammeinlage pro Gesellschafter liegt bei gerade einmal 100.000 HUF (ca. 370 Euro); § 114 IV *Gt.*; zur Geschäftsführung in der GmbH vgl. §§ 149 f., zur Einmann-GmbH (*egyszemélyes kft.*) §§ 167 ff. *Gt.* Praktisch ist die GmbH mit weitem Abstand die beliebteste Rechtsform in Ungarn. Von im Jahr 2010 insgesamt 1.741.662 registrierten Unternehmen waren 350.245 als GmbH und 5.269 als AG organisiert. (Zum Vergleich 2004: Total 1.286.993, GmbH: 209.720, AG: 4.357). Daten abrufbar beim Statistikamt „KSH" unter http://portal.ksh.hu/pls/ksh/docs/eng/xstadat/xstadat_annual/i_qvd001c.html.

1032 1 Euro ≈ 298 ungarische *Forint*/100 ungarische *Forint* ≈ 0,34 Euro (Stand August 2013). Ungarn nimmt nicht am Wechselkursmechanismus II teil.

ist die Bildung eines Aufsichtsrats außerhalb der AG nunmehr nur noch, wenn dies ein Gesetz zum Schutz des öffentlichen Eigentums oder mit Rücksicht auf die von der Gesellschaft betriebene Tätigkeit vorschreibt oder wenn es das Gesellschaftsgesetz Nr. IV/2006 zur Ausübung der den Arbeitnehmern zustehenden Kontrollrechte so verfügt[1033]. Letzteres wiederum ist der Fall, wenn das Unternehmen im Jahresdurchschnitt über zweihundert Arbeitnehmer beschäftigt[1034]. Ggf. besteht der Aufsichtsrat aus wenigstens drei und höchstens fünfzehn Mitgliedern. Sie werden auf unbestimmte Zeit bestellt, höchstens jedoch für fünf Jahre[1035].

4. *Arbeitnehmerbeteiligung*

a. Betriebliche Interessenvertretung

i. Voraussetzungen

In ungarischen Betrieben gilt, ähnlich wie in den anderen mittel- und osteuropäischen Staaten, ein zweigliedriges System der Arbeitnehmervertretung mit lokalen Gewerkschaftsvertretungen und gewählten Betriebsräten. Ihre Befugnisse wurden in den letzten Jahren, je nach politischer Mehrheit, jeweils verschoben[1036].

1033 § 33 II, insbes. Buchstaben c) und d) *Gt.*; *Neumann*, HU-CL, S. 2.

1034 § 38 I *Gt.*

1035 §§ 34 I; 24 I, 36 I *Gt.*

1036 Praktisch soll dies freilich aufgrund von personellen Überschneidungen und Dopplungen in den Kompetenzen nur bedingt einen Unterschied machen. Nach einer Umfrage des ungarischen Forschers *Benyó* aus dem Jahr 2004 unter 1.275 Unternehmen (gleichzeitig die letzte Erhebung zu dem Thema) waren Betriebsräte in 36% der mittleren und großen Unternehmen etabliert, aber nur in 18% der Unternehmen mit 14 bis 49 Beschäftigten. In 33% der Unternehmen gab es gewerkschaftliche Vertretungen. 70% der Betriebsräte bestanden personell entweder ausschließlich oder mehrheitlich aus Gewerkschaftsvertretern und nur 9% der Betriebsräte wurden in Betrieben etabliert, in denen keine Gewerkschaft vertreten war. Zudem sind auch hier insbesondere in den KMU nahezu keine Gewerkschaften präsent. Nach einer Angabe des ungarischen Gewerkschaftsbundes *Magyar Szakszervezetek Országos Szövetsége – MSZOSZ* aus dem Jahr 2006 sollen die Gewerkschaften bei Betriebsratswahlen jedoch *„weit mehr Unterstützung genießen, als ihre Mitgliederzahl vermuten lässt“*; ETUI-HU-BI, S. 1 f.; *Milutinov*, S. 141 ff. Gerade die Arbeitnehmer sollen demnach allgemein wenig Interesse an einer Beteiligung haben; wenn, dann aber zunehmend an der weniger auf Konflikt als auf Kooperation gerichteten Vertretung durch den Betriebsrat. Andere Beobachter weisen aber darauf hin, dass manche Unternehmen die generell ablehnende Haltung der Gewerkschaften Betriebsräten gegenüber ausgenutzt haben, um durch Gründung eines Betriebsrats zu verhindern, dass die Gewerkschaften im Unternehmen Fuß fassen. Viel hängt am jeweiligen individuellen Engagement. Bei einigen „schwachen“ Betriebsräten wird bildhaft vom „Feigenblatt“ einer Vertretung gesprochen (*„fig leafs“*); *Sándor/Krén; Hungary: EIRO CAR on „The effect of the Information and Consultation Directive on Industrial Relations*

Generell bestehen auf betrieblicher Ebene Unterrichtungs- und Anhörungsrechte sowie, sehr begrenzt, Mitbestimmungsrechte. Maßgebliche Rechtsgrundlage ist seit Juli 2012 das Gesetz Nr. I/2012 „über das Arbeitsgesetzbuch" (- *a munka törvénykönyvéről*)[1037].

(a) Gewerkschaftsvertretung

Die Struktur der betrieblichen Gewerkschaftsvertretungen richtet sich nach der Satzung der jeweiligen Gewerkschaft (*Szakszervezet*).

(b) Betriebsrat

Betriebsräte (Singular *üzemi tanács*) sind grundsätzlich obligatorisch in allen Betrieben mit mehr als 50 Beschäftigten. In Betrieben mit 15 bis 50 Beschäftigten muss eine Vertrauensperson gewählt werden (*üzemi megbízott*).

Bestehen in einem Unternehmen mehrere Betriebsräte, kann am Hauptsitz des Unternehmens ein Zentralbetriebsrat eingerichtet werden (*központi tanács*). Das gilt aber nur für die Betriebsräte, die derselben eingetragenen Gesellschaft angehören. Unternehmensgruppen oder Unternehmen, die lediglich durch faktische Eigentumsverhältnisse miteinander verbunden sind, können einen Konzernbetriebsrat einrichten (*vállalatcsoport szintû üzemi tanács*). Für diese übergeordneten Gremien sind dann die auf den Betriebsrat bezogenen Bestimmungen entsprechend maßgebend[1038].

ii. Größe und Zusammensetzung

Die absolute Größe beider Gremien richtet sich nach der Belegschaftsstärke.

(a) Gewerkschaftsvertretung

Demnach haben die Gewerkschaftsvertretungen zwischen ein und maximal fünf Mitglieder[1039].

---

in the EU Member States five years after its transposition"(19.02.2011), unter http://www.eurofound.europa.eu/eiro/studies/tn1009029s/hu1009021q.htm (englisch).

1037 Im Folgenden huArbGB. Dort Teil III, Art. 230 ff. In Kapitel XIX sind allgemeine Vorschriften enthalten, Kapitel XX betrifft die Betriebsräte (Art. 235–269), Kapitel XXI regelt die Gewerkschaften (Art. 270–275), Kapitel XX die Tarifvereinbarungen. Die Neuregelung ist in einer inoffiziellen englischen Übersetzung abrufbar unter http://www.ilo.org/dyn/natlex/docs/MONOGRAPH/89886/103369/F-622727815/HUN89886.pdf. Nach Regierungsangaben soll das neue Arbeitsgesetzbuch vor allem mehr Flexibilität bringen. Gewerkschaftsbeobachter halten die Änderungen insgesamt für politisch motiviert; vgl. *Tóth*, Background 2012, S. 8 f.; *Rindt/Krén; Changes to Hungarian Labour Code in 2010* (04.10.2010), unter http://www.eurofound.europa.eu/eiro/2010/08/articles/hu1008021i.htm (englisch).

1038 Art. 236 I, 250, 251, 269 huArbGB.

1039 Art. 273 II huArbGB; ein Mitglied bis zu 500 Arbeitnehmer, fünf Mitglieder bei mehr als 4.000 Beschäftigten.

(b) Betriebsrat

Die absolute Größe des Betriebsrats liegt zwischen drei Mitgliedern in Betrieben zwischen 51 und 100 Beschäftigten und maximal 13 Mitgliedern bei mehr als 2.000 Beschäftigten. Sie setzen sich ausschließlich aus Arbeitnehmern des betreffenden Betriebs zusammen, die in geheimer Abstimmung für fünf Jahre gewählt werden. Für die Wahl wird von den Beschäftigten ein Auswahlausschuss eingerichtet. Kandidatenvorschläge stammen entweder von der im Betrieb vertretenen Gewerkschaft oder von wenigstens 10% der zur Wahl berechtigten Arbeitnehmer oder mindestens 50 Arbeitnehmern[1040].

Ein Zentral- bzw. Konzernbetriebsrat hat maximal fünfzehn Mitglieder[1041].

Die meisten Betriebsräte treten nur selten zusammen. Gesetzlich geregelt ist insofern lediglich, dass der Arbeitgeber den Betriebsrat mindestens zwei Mal im Jahr über bestimmte Themen zu informieren hat[1042], so dass mindestens zwei Sitzungen jährlich stattfinden.

iii. Befugnisse

(a) Gewerkschaftsvertretung

Wiederum genießen ausschließlich die Gewerkschaften das Recht zur Aushandlung von Tarifvereinbarungen. Allerdings hängt die Tariffähigkeit einer Gewerkschaft nach ungarischem Recht zumindest teilweise von ihrer Präsenz in den Betrieben ab. Sie gilt nach dem Gesetz als repräsentativ, wenn mindestens zehn Prozent der Belegschaft in ihr mitgliedschaftlich organisiert sind oder wenn 10% der Belegschaft durch den Tarifvertrag abgedeckt werden[1043].

Die sonstigen Rechte wurden politisch mehrfach zwischen den Gewerkschaftsvertretungen und den Betriebsräten verschoben. Gegenwärtig können die Gewerkschaften Informationen im Hinblick auf wirtschaftliche Belange „erbitten" und ihre jeweiligen Standpunkte äußern[1044].

(b) Betriebsrat

Aktuell genießt nur der Betriebsrat genießt nominelle Unterrichtungs- und Anhörungsrechte in den allgemeinen arbeitnehmerrelevanten Bereichen, so über die allgemeine wirtschaftliche Lage des Unternehmens, Investitionsplanungen und

1040 Art. 237 f., 236 III, 243, 242 I huArbGB. Mit dem neuen huArbGB von 2012 haben die Gewerkschaften ihr ursprünglich bestehendes Recht auf Teilnahme im Auswahlausschuss verloren; vgl. *Tóth*, Background 2012, S. 7.

1041 Art. 250 II 2, 251 II 2 huArbGB.

1042 Art. 262 III huArbGB; wirtschaftliche Situation des Unternehmens, Arbeitsbedingungen, Löhne, Arbeitnehmer in Tele- und Zeitarbeit. Nach *Sándor/Krén, Effects*, (oben Fn. 1036) finden die Informationen aber praktisch zunehmend häufiger statt.

1043 Art. 276 II huArbGB.

1044 Art. 272, insbes. Abs. IV (*„request"*), V huArbGB.

Entwicklung von Löhnen und Gehältern. Während der Anhörung darf der Arbeitgeber die fragliche Maßnahme nicht durchführen, mindestens aber für bis zu sieben Tage ab dem ersten Tag der Konsultation, es sei denn, es wurde eine längere Frist vereinbart[1045]. Der Betriebsrat hat auch die Einhaltung der arbeitsrechtlichen Bestimmungen zu überwachen[1046]. Mitbestimmungsbefugnisse für den Betriebsrat nach deutschem Vorbild bestehen nicht.

Trifft eine geplante Maßnahme einen „größeren Teil" der Beschäftigten, etwa bei einer Umstrukturierung, der Weiterbildung oder einer Änderung der Arbeitsorganisation, ist der Arbeitgeber ebenfalls verpflichtet, den Betriebsrat im Konsultationsverfahren anzuhören[1047]. Im Fall von Unternehmensübertragungen gilt eine konkrete Konsultationsfrist von fünfzehn Tagen[1048].

Soweit es ihre Aufgaben betrifft haben die Betriebsräte ein Recht auf Information. Sie können in diesen Bereichen Verhandlungen anstoßen, denen sich der Arbeitgeber nicht entziehen kann. Faktisch sollen die Betriebsräte oftmals nur bei den zwei Mal jährlich stattfindenden „Pflichtsitzungen" unterrichtet werden, so dass sie tatsächlich kaum Gelegenheit haben sollen, auf etwaige Maßnahmen zu reagieren[1049].

Sehr begrenzte Mitbestimmungsrechte bestehen zugunsten des Betriebsrats bei der Verwendung von Fonds und Ausstattungen für soziale Zwecke. Hier entscheidet er gemeinsam mit dem Arbeitgeber[1050].

Für die Ausübung der einzelnen Befugnisse und die Beziehungen mit dem Arbeitgeber „kann" eine Betriebsvereinbarung geschlossen werden (*üzemi megállapodás*)[1051]. Das gilt aber nur, falls im Betrieb keine Gewerkschaftsvertretungen bestehen. Verhandelbar sind grundsätzlich alle Fragen, die auch in einer Tarifvereinbarung geregelt werden können, mit Ausnahme des Tariflohns.

1045 Art. 233 III huArbGB.

1046 Art. 262 I huArbGB. All diese Befugnisse standen zuvor den Gewerkschaftsvertretungen zu. Mit dem huArbGB vom Juli 2012 haben die Gewerkschaften jedoch alle Informationsbefugnisse gegenüber dem Arbeitgeber verloren; vgl. *Tóth*, Background 2012, S. 7.

1047 Art. 264 huArbGB, Abs. II listet 15 Einzelpunkte auf. Freilich wird nicht bestimmt, ab wann genau eine „größere Gruppe von Arbeitnehmern" vorliegen soll. Zeitlich wird in Abs. I nur auf „vor der Entscheidung" abgestellt (*„prior to passing a decision"*).

1048 Art. 265 huArbGB.

1049 Art. 262 II huArbGB, hervorzuheben ist noch die Geheimhaltungspflicht in Art. 234 II, III huArbGB; ETUI-HU-BI, S. 2 a.E.

1050 Art. 263 huArbGB.

1051 Art. 267 ff. huArbGB. *Sándor/Krén, Effects* (oben Fn. 1036) weisen darauf hin, dass ohne eine solche Vereinbarung die Betriebsräte ihrer Arbeit praktisch nahezu gar nicht nachkommen können. Der Abschluss einer Betriebsvereinbarung hängt wiederum von der entsprechenden Bereitschaft des Arbeitgebers ab und lässt sich nicht durchsetzen. Zur vergleichsweise schwachen Verhandlungsposition auch *Tóth*, Background 2012, S. 8.

(c) Ausstattung
Einfache Betriebsratsmitglieder werden für die Dauer von 10% ihrer monatlichen Arbeitszeit befreit. Der Betriebsratsvorsitzende erhält eine Befreiung in Höhe von 15%, in Betrieben mit mehr als 1.000 Beschäftigten in Höhe von 100%. Auf Grundlage einer gemeinsamen Vereinbarung übernimmt der Arbeitgeber die (weiteren) Kosten des Betriebsrats[1052].

b. Unternehmensmitbestimmung
Die Regeln der Unternehmensmitbestimmung sind im Gesellschaftsgesetz niedergelegt. Sie gelten grundsätzlich für alle Wirtschaftsgesellschaften im Sinne des ungarischen Rechts. Erfasst sind damit nicht nur Aktiengesellschaft und GmbH sondern auch die offene Handelsgesellschaft und die Kommanditgesellschaft[1053]. Anknüpfungsmerkmal ist die Belegschaftsstärke. Der Schwellenwert liegt hier bei im Jahresdurchschnitt mehr als 200 Vollbeschäftigten. In diesem Fall dürfen sich die Arbeitnehmer an der Kontrolle der Wirtschaftsgesellschaft beteiligen, indem sie ein Drittel der Aufsichtsratsmitglieder bestellen. Ggf. wird die Zahl aufgerundet[1054]. Voraussetzung ist jedoch das Bestehen eines Betriebsrats, da dieser die jeweiligen Kandidaten faktisch bestellt. Jüngere Entwicklungen gehen weg vom verbindlichen Modell und hin zu einer Deregulierung.

Die gesetzliche Vorgabe sieht dabei folgendes vor: Verfügen diese Unternehmen über ein dualistisches System, so hat der Betriebsrat das Recht, ein Drittel der Mitglieder des Aufsichtsrats zu bestellen. Hierzu werden die Arbeitnehmervertreter vom Betriebsrat oder, falls vorhanden, vom Zentralbetriebsrat des Unternehmens aus den Reihen der Belegschaft nominiert, nachdem er „die Meinung" der im Unternehmen vertretenen Gewerkschaften angehört hat. Die

---

1052 So zur alten Rechtslage ETUI-HU-BI, S. 3. Der relevante Abschnitt von Art. 260 I huArbGB lautet in der englischen inoffiziellen Übersetzung lediglich *„the chairman of the works council shall be entitled to working time reduction amounting to ten per cent of his monthly working time, while members of the works council shall be entitled to ten per cent."* Insofern dürfte von einem redaktionellen Versehen auszugehen sein. Der ungarische Text unterscheidet nach wie vor *„tizenöt"* („fünfzehn") und *„tiz"* („zehn"). Gem. Art. 260 I 2 huArbGB muss die Befreiung grundsätzlich fünf Tage vorher beantragt werden. Auch hier haben die Gewerkschaften an Privilegien eingebüßt. Geschützt sind nun nicht mehr alle Gewerkschaftsvertreter, sondern nur noch 2 bis maximal 6, je nach Betriebsgröße. Auch die Freistellungen wurden reduziert. Das ehemals bestehende Recht, für nicht genutzte Freistellungen eine monetäre Kompensation vom Arbeitgeber zu fordern, wurde gestrichen. Das bedeutet einen reduzierten Mittelzufluss für die Gewerkschaften insgesamt; *Tóth*, Background 2012, S. 7 a.E.

1053 § 2 II *Gt.*; OHG (*közkereseti társaság*, abgekürzt *kkt.*) und KG (*betéti társaság*, abgekürzt *bt.*) sind dabei Wirtschaftsgesellschaften ohne Rechtspersönlichkeit, GmbH und AG solche mit Rechtspersönlichkeit.

1054 § 38 I *Gt.*

Anteilseignerversammlung ist verpflichtet, die vorgeschlagenen Kandidaten zu ernennen, sofern sie die gesetzlichen Kriterien erfüllen. Sie bestimmt auch über die Amtszeit[1055]. Der Betriebsrat kann die Entlassung bzw. Ersetzung des jeweiligen Arbeitnehmervertreters „vorschlagen“. Nach neuem Recht kann in der Unternehmenssatzung allerdings eine zeitliche Befristung für das Bestellungsverfahren vorgesehen werden.

Meist handelt es sich bei den vorgeschlagenen Personen um die lokalen Gewerkschaftsvertreter bzw. den (Zentral-)Betriebsratsvorsitzenden oder deren Vertreter. Diese personelle Überschneidung ist gewollt, da sie den Arbeitnehmervertretern im Hinblick auf etwaige Diskriminierungen oder Kündigungen eine gewisse Rechtssicherheit verschaffen soll, die sonst vom Unternehmensrecht nicht gewährleistet sein soll[1056].

Erkennbar hängt die Etablierung einer Unternehmensmitbestimmung vom Bestehen eines Betriebsrats ab. Fehlt dieser, kommt auch die Mitbestimmung nicht zum Tragen.

Zudem ist der Einfluss der Aufsichtsräte insgesamt relativ gering. Zurückhaltend ist schon die gesetzliche Formulierung, nach der sich die Arbeitnehmer über ihre Vertreter *„an der Kontrolle der Tätigkeit der Wirtschaftsgesellschaft beteiligen dürfen“*[1057]. Grundsätzlich können sie die Unternehmensleitung kontrollieren, wozu Einsichts- und Prüfungsrechte sowie Berichtspflichten bestehen. Ggf. kann der Aufsichtsrat eine Anteilseignerversammlung einberufen, wenn unternehmerische Maßnahmen dem Gesetz, der Unternehmenssatzung oder den Beschlüssen der Anteilseigner entgegenstehen oder ansonsten deren Interessen verletzt[1058]. Jedoch tritt der Aufsichtsrat praktisch meist nur unregelmäßig zusammen, in der Regel zwei Mal im Jahr. Bei diesen Sitzungen werden die wichtigsten Berichte, die auf der Tagesordnung der Anteilseignerversammlung stehen, angenommen. Nominell müssen die Arbeitnehmervertreter, außer im Bereich der Geschäftsgeheimnisse, *„die Belegschaft über den Betriebsrat über die Tätigkeit des Aufsichtsrats informieren“*[1059].

Die Rechte und Pflichten der Aufsichtsratsmitglieder sind grundsätzlich gleich, was nominell auch die Frage der Vergütung einschließt. Hierüber entscheidet die Anteilseignerversammlung. Grundsätzlich am Prinzip der Gleichheit der Mitglieder orientiert soll aber die tatsächliche Vergütungspraxis sehr unterschiedlich sein[1060].

1055 §§ 39 I, II, VI, 36, 24 *Gt.*

1056 ETUI-HU-MB, S. 1; *Kluge/Stollt,* MB in den neuen EU-MS, S. 99 a.E. Vgl. hierzu aber § 39 IV *Gt.*, nach dem den Arbeitnehmervertretern *„auf Grund des Arbeitsgesetzbuchs der den Mitgliedern des Betriebsrats zustehende arbeitsrechtliche Schutz“* zukommt, was wiederum auf den (v.a. Kündigungs-)Schutz nach dem huArbGB hinausläuft.

1057 § 38 I 1 a.E. *Gt.*

1058 § 35, insbesondere Abs. 2 und 4 *Gt.*

1059 § 38 IV *Gt.*

1060 ETUI-HU-MB, S. 1; *Kluge/Stollt,* MB in den neuen EU-MS, S. 100; *Neumann*, HU-CL, S. 1 f., 3 f.

Die Arbeitnehmervertreter verfügen daneben noch über ein besonderes (wenn auch kaum durchschlagendes) Recht; wird im Aufsichtsrat im Rahmen der Beschlussfassung kein Konsens erzielt, muss die Anteilseignerversammlung über die einhellige Minderheitenposition der Arbeitnehmervertreter informiert werden[1061].

Diese ohnehin nicht starke Position des Aufsichtsrats wurde zuletzt weiter abgeschwächt. Seit 2006 können Betriebsrat und Unternehmensleitung insbesondere die Verfahren in Bezug auf Aufsichtsrat und Vorstand, die zuvor ausführlich gesetzlich geregelt waren, bis hin zum völligen Verzicht selbst gestalten. Die gesetzlich vorgesehene Drittelbeteiligung gilt nur noch *„in Ermangelung einer mit der Geschäftsführung der Gesellschaft abgeschlossenen, abweichenden Vereinbarung des Betriebsrats"*[1062].

Die Anteilseignerversammlung kann die Kompetenzen des Aufsichtsrats und die Verfahren in Bezug auf Aufsichtsrat und Vorstand in Übereinkunft mit dem Betriebsrat nunmehr also selbst gestalten. Insbesondere können dem Aufsichtsrat auch die Befugnis zur Bestellung und Entlassung des Vorstandes bzw. der Geschäftsführer übertragen, sowie Zustimmungsvorbehalte zu seinen Gunsten vorgesehen werden[1063].

Ebenfalls 2006 wurde für Aktiengesellschaften die Möglichkeit geschaffen, sich nach dem monistischen System zu organisieren. Hier muss die Beteiligung der Arbeitnehmer in einer Vereinbarung zwischen dem Betriebsrat und dem Unternehmen festgelegt werden, den Festlegungen in der Satzung entsprechend, wobei jedoch keine Mindestanforderungen vorgeschrieben sind[1064]. Nach dem Wortlaut jedenfalls ist hier also auch ein völliger Verzicht auf die Mitbestimmung möglich. In den entsprechenden gesetzlichen Beratungen sollen bemerkenswerterweise weder die Arbeitnehmer- noch die Arbeitgeberorganisationen Vorschläge zur Regelung der Mitbestimmung im monistischen System gemacht haben[1065], was darauf hindeuten könnte, dass insofern bestehende Probleme entweder nicht erkannt oder jedenfalls nicht als gravierend betrachtet wurden.

1061 § 39 III 2 *Gt.*

1062 § 38 I 1 *Gt.*. Vgl. auch ETUI-HU-MB, S. 1. Dies dürfte auch im Fall der Umwandlung gelten; § 38 III *Gt.* sichert hierfür die Arbeitnehmerbeteiligung im Aufsichtsrat, verweist aber auf die Bedingungen nach Abs. 1. Nach *Neumann, New company act* (oben Fn. 1028) Abschnitt *Tripartite consultation*, war in einigen Vorentwürfen noch vorgesehen gewesen, die Mitbestimmung im Aufsichtsrat völlig freizustellen. Das letztlich angenommene Gesetz habe darauf jedoch verzichtet und hätte die wesentlichsten Regelungen sogar unverändert erhalten. Tatsächlich wird es von der Verhandlungsposition des Betriebsrats abhängen, ob eine Mitbestimmung in irgendeiner Form wirklich zum Tragen kommt oder nicht.

1063 § 37 *Gt.*; sog. Aufsichtsrat mit Entscheidungsbefugnis (ügydöntı felügyelıbizottság); *Neumann*, HU-CL, S. 4, zur (solidarischen) Haftung vgl. § 37 III *Gt.*

1064 § 38 II *Gt.*, der gleichzeitig die gesamte Regelung zur Mitbestimmung in der monistischen börsennotierten AG darstellt.

1065 *Neumann*, HU-CL, S. 6.

Schließlich wurde auch eine Konzernregelung eingeführt. Eine Holding und die von ihr kontrollierten Töchter können mit Hilfe eines Beherrschungsvertrags eine „Anerkannte Unternehmensgruppe" schaffen und operativ als Konzern handeln. Die Arbeitnehmervertretungen in den betreffenden Unternehmen müssen vorher unterrichtet und angehört werden. Das Gesetz regelt allerdings nicht, welche Arbeitnehmervertretung gemeint ist, ob die Gewerkschaften, die Betriebsräte, oder beide[1066].

Der „Mitbestimmungstrend" geht zunehmend weg von detaillierten gesetzlichen Regelungen und hin zu individuellen Lösungen auf Unternehmensebene, wo die wesentlichsten Entscheidungen durch die Satzung getroffen werden können und die letztliche Ausgestaltung den Anteilseignern obliegt[1067]. Insgesamt wird seitens der Gewerkschaften wie der arbeitnehmernahen Literatur befürchtet, dass diese Entwicklung zu einer (weiteren) Schwächung der ungarischen Unternehmensmitbestimmung führen könnte[1068].

IV. Kroatien[1069]

1. Abriss

Kroatien kennt eine betriebliche Arbeitnehmerbeteiligung wie auch eine Unternehmensmitbestimmung. Letztere greift in Unternehmen mit mindestens 200

1066 §§ 55 ff., 57 III *Gt.*; *Neumann*, HU-CL, S. 3; zur „faktischen Unternehmensgruppe" vgl. §§ 64 ff. *Gt.* § 57 III spricht von den *„bei der Wirtschaftsgesellschaft tätigen Interessenvertretungsorgane der Arbeitnehmer"*; eng am Wortlaut könnte man argumentieren dass, im Lichte der Rechtsprechung des ungarischen Verfassungsgerichts, nach der die Gewerkschaften nur die Interessen ihrer Mitglieder und eben nicht die der Arbeitnehmer insgesamt repräsentieren, insofern also die Gewerkschaftsvertretungen ausgeschlossen wären.

1067 *Neumann, New company act* (oben Fn. 1028), hier Abschnitt *Commentary*, beobachtet: *„The shareholders' meeting is increasingly in the position to establish – or in the case of a supervisory board, to approve – rules, deadlines and ways of implementing the law."*

1068 ETUI-HU-MB, S. 1 a.E., *Neumann*, HU-CL, S. 6.

1069 *Hojnik*, Country report Croatia, S. 1 ff. (z. T. allerdings zur alten Rechtslage); *Nestić, Croatia: Industrial relations profile* (z.T. 21.12.2012), bei Eiro online abrufbar unter http://www.eurofound.europa.eu/eiro/country/croatia.htm (englisch). *Potočnjak/Gotovac, Capacity building for social dialogue at sectoral and company level – Croatia* (02.07.2007), bei Eurofound unter http://www.eurofound.europa.eu/pubdocs/2007/222/en/1/ef07222en.pdf (englisch). Vgl. zur Übersicht ferner die Darstellungen bei der Kroatischen Wirtschaftskammer *Hrvatska Gospodarska Komora – HGK* unter http://www2.hgk.hr/en/ (z.T. deutsch/englisch), hier insbesondere „Einstieg in die Unternehmertätigkeit in der Republik Kroatien" (Stand Februar 2012) unter http://www2.hgk.hr/en/depts/information/poduz_dj_2012_DE.pdf, ferner *„Country Report für Investoren und Exporteure – Kroatien"* (Stand Mai 2012), beim österreichischen Kreditschutzverband von 1870 (KS. 1870) unter http://www.ksv.at/KSV/1870/de/pdf/932LeitfadenKroatien.pdf.

Beschäftigten und sieht ggf. die Entsendung eines einzelnen Arbeitnehmervertreters in das betreffende Gremium vor.

2. Hintergrund

Kroatien war bis zum Juni 1991 Teil des jugoslawischen Staatenverbunds. Die Unabhängigkeitserklärung zog den Kroatienkrieg mit Serbien nach sich, der im November 1995 endete. Im Zuge der EU-Beitrittsverhandlungen ab dem Jahr 2004 wurde das kroatische Recht immer weiter an den acquis angeglichen[1070]. Seit dem 1. Juli 2013 ist Kroatien der 28. Mitgliedstaat.

Die industriellen Beziehungen werden vornehmlich und zunehmend durch Gesetz geregelt. Tarifvereinbarungen fallen demgegenüber weniger ins Gewicht, trotz eines entsprechend vorhandenen institutionellen Rahmens und trotz eines relativ hohen gewerkschaftlichen Organisationsgrads von durchschnittlich 35%, wobei allerdings die Verbreitung zwischen privatem und öffentlichem Sektor stark schwankt und vor allem Großbetriebe betroffen sind[1071]. Das Klima zwischen den

---

1070 Dem KS. 1870 zufolge wurden einige Umsetzungen von Unionsvorgaben, wie etwa die Einführung der SE, bereits 2008 beschlossen, sollen aber erst mit dem Beitritt in Kraft treten; KS. 1870, *Country Report*, (oben Fn. 1069), S. 9.

1071 Gewerkschafts- und Vereinigungsfreiheit werden garantiert in der Verfassung von 1990, *Ustav Republike Hrvatske*, zuletzt geändert am 16.06.2010; hier Art. 43 und 59; offizielle englische Übersetzung abrufbar beim Parlament, dem *Sabor*, unter http://www.sabor.hr/fgs.axd?id=17074, inoffizielle deutsche Übersetzung bei der *Konrad-Adenauer*-Stiftung unter http://www.kas.de/wf/doc/kas_2764-1442-1-30.pdf?110114141431. *Nestić*, (oben Fn. 1069), Abschnitt *Trade Union density*, nennt unter Bezug auf eine Studie von *Bagić* aus dem Jahr 2010 einen Organisationsgrad der Arbeitnehmer in Gewerkschaften von 17% im privaten und 70% im öffentlichen Sektor. Der Trend ist insgesamt wohl leicht rückläufig, 1999 lag die Gewerkschaftsdichte noch bei durchschnittlich 40%. Dabei ist die Gewerkschaftslandschaft insgesamt stark zersplittert. *Nestić* zufolge sind insgesamt ca. 550 Gewerkschaften registriert, die jedoch meist nur auf Unternehmensebene aktiv sind. *Potočnjak/Gotovac*, (oben Fn. 1069), S. 2 ff., nennen für 2007 einen Wert von 254 Einzelgewerkschaften und 24 Gewerkschaftsverbänden, weisen aber auch auf die beträchtliche Fragmentierung hin. Übergeordnet gibt es insgesamt fünf Gewerkschaftsbünde, die ihrerseits ca. 90% der Gewerkschaftsmitglieder vereinen. Diese fünf sind: *Savez samostalnih sindikata Hrvatske, SSSH*, übersetzt etwa „Vereinigung unabhängiger Gewerkschaften Kroatiens", vertritt nach Eigenangaben 17 Einzelgewerkschaften mit insgesamt 110.000 Mitgliedern sowie 60.000 Pensionäre, vor allem aus dem privaten Sektor; Eigendarstellung unter http://www.sssh.hr/en/static/uatuc/about-us-2 (englisch); *Nezavisni hrvatski sindikati, NHS*, übersetzt etwa „Unabhängige kroatische Gewerkschaften" mit 114.000 Mitgliedern; *Matica hrvatskih sindikata*, kurz meist nur *Matica*, übersetzt etwa „Vereinigung der Kroatischen Gewerkschaften", nach Eigenangaben mehr als 64.000 Mitglieder in 10 Einzelgewerkschaften, vor allem aus dem öffentlichen Sektor; Eigendarstellung unter http://www.matica-sindikata.hr/hr/o-nama/

Sozialpartnern scheint (zumindest noch) von einem gewissen grundsätzlichen Misstrauen geprägt zu sein. Verschärft wird dieser Aspekt durch den Umstand, dass trotz der bislang bestehenden Regeln im Konfliktfall kaum Lösungsmöglichkeiten zur Verfügung stehen[1072]. Wenn Tarifvereinbarungen geschlossen werden, geschieht dies vor allem auf unternehmerischer Ebene und betrifft die Aspekte Arbeitszeit und Entlohnung.

Entscheidend sind also vor allem staatliche Vorgaben, auf die die Sozialpartner jedoch über den tripartit besetzten Nationalen Ökonomischen und Sozialen Rat Einfluss nehmen können (*Gospodarsko-socijalno vijeće, GSV*, englisch *Economic and Social Council, ESC*)[1073]. Der *GSV* ist Beratungsgremium für die Regierung und verfügt über tripartit besetzte Expertenkommissionen, die jeweils bestimmte Bereiche analysieren und auf dieser Basis bestimmte Weiterentwicklungsvorschläge machen, die dann im *GSV*-Plenum diskutiert werden. Obwohl kaum formale Vereinbarungen geschlossen werden[1074] wird sein Einfluss auf die Gesetzgebung als

---

(kroatisch); *Hrvatska udruga sindikata, HUS*, übersetzt etwa „Kroatischer Gewerkschaftsverband", ca. 42.000 Mitglieder; Eigendarstellung unter http://www.hus.hr/?page_id=108&lang=en (englisch); *Udruga radničkih sindikata Hrvatske, URSH*, übersetzt etwa „Kroatischer Arbeitergewerkschaftverband" mit 24.000 Mitgliedern. Alle sind politisch nicht gebunden. Sie konkurrieren darum untereinander stark um Mitglieder. *Nestić*, ebd., erwartet eine weitere Dezentralisierung, wie wohl auch *Potočnjak/Gotovac*, (oben Fn. 1069), S. 11. Den Gewerkschaften gegenüber steht der, wohl einzig bedeutende, Kroatische Arbeitgeberverband, *Hrvatska udruga poslodavaca, HUP*, der Unternehmen mit insgesamt 400.000 Arbeitnehmern vertritt; Eigendarstellung unter http://www.hup.hr/ (kroatisch).

1072 *Nestić*, (oben Fn. 1069), Abschnitt *Main industrial relation trends: „Social dialogue is characterised by a low degree of confidence between partners and the conflict resolution mechanisms are still weak." Potočnjak/Gotovac*, (oben Fn. 1069), S. 9, führen seitens der Gewerkschaften weiter eine „mangelnde Bereitschaft der Arbeitgeber zu sektoralen Tarifvereinbarungen" ins Feld, viele Arbeitgeber sähen nach deren Angaben die Gewerkschaften als „unvermeidliches Übel" (*„inevitable evil"*, ebd., S. 14), weisen aber auch auf die Arbeitgebersicht auf unklare Vertretungsverhältnisse unter miteinander konkurrierenden Gewerkschaften hin, was den Dialog erschwere.

1073 *Čl.* 285 ff. des Arbeitsgesetzes, *Zakon o Radu, ZOR;* NN 149/09, zuletzt geändert durch NN 81/12. [*Članak* = „Artikel", Plural *„članci"*, *stavak*, kurz *st.* = „Absatz"; NN = *Narodne Novine*, „Amtsblatt", es folgt die jeweilige Gesetzesnummer und das Jahr; anhand dieser Angaben sind die Gesetzestexte abrufbar unter http://narodne-novine.nn.hr/ (kroatisch, Suchmaske).] Eine englische Übersetzung des *ZOR* findet sich bei der *International Labour Organization, ILO* unter http://www.ilo.org/dyn/natlex/natlex_browse.details?p_lang=en&p_country=HRV&p_classification=01.02&p_origin=COUNTRY&p_sortby=SORTBY_COUNTRY (Stand 2011).

1074 *Nestić*, (oben Fn. 1069), Abschnitt *Tripartite concertation: „In spite of the Economic and Social Council's strong consultative role, the results of tripartite social dialogue in terms of formal agreements have been poor."*

durchaus signifikant beschrieben[1075]. Gewerkschaftsverbände sind im *GSV* vertreten, wenn sie als national repräsentativ gelten[1076].

3. *Organisationsverfassung der Kapitalgesellschaften*

Das kroatische Wirtschaftsrecht ist deutsch-österreichisch geprägt. Grundsätzlich ist daher das dualistische System vorgesehen, wobei für die AG zuletzt Wahlmöglichkeiten eingeführt wurden. Maßgebliche Rechtsquelle des Gesellschaftsrechts ist das Gesetz über die Handelsgesellschaften, *Zakon o trgovačkim društvima, ZTD*[1077].

Als Kapitalgesellschaftsformen stellt es traditionell die Aktiengesellschaft (*dioničko društvo*, abgekürzt *d.d.*)[1078] und die Gesellschaft mit beschränkter Haftung (*društvo s ograničenom odgovornošću* abgekürzt *d.o.o.*)[1079] zur Verfügung[1080]. Beide können von einer natürlichen oder einer juristischen Person gegründet werden und sind auch als Ein-Personen-Gesellschaften möglich[1081].

Bei der Aktiengesellschaft ist eine Simultan- oder eine Sukzessivgründung vorgesehen[1082]. Hier kann mittlerweile zwischen einer monistischen und einer

---

1075 Der Einfluss der Gewerkschaften in diesem Gremium scheint durchaus beträchtlich. *Nestić*, (oben Fn. 1069), Abschnitt *Tripartite concertation*. Ebd., Abschnitt *Main industrial relation trends*, wird berichtet, dass aufgrund der Gegenposition der Gewerkschaften die Regierung eine geplante Änderung bei den Laufzeiten der Tarifverträge nicht weiter verfolgte.

1076 Um als auf nationaler Ebene repräsentativ zu gelten benötigt ein Gewerkschaftsverband grundsätzlich u.a. mindestens 50.000 Mitglieder in mindestens fünf verschiedenen einzelnen Gewerkschaften; *Čl.* 3 des *Zakon o kriterijima za sudjelovanje u tripartitnim tijelima i reprezentativnosti za kolektivno pregovaranje*, NN 82/12; übersetzt etwa „Gesetz über die Kriterien für die Teilnahme in tripartiten Verhandlungsgremien und Repräsentativität für kollektive Vereinbarungen". Für die Arbeitgeberorganisation vgl. ebd. *čl.* 2. Ob diese Kriterien erfüllt werden untersucht eine Kommission beim Arbeitsministerium, ebd. *čl.* 13 ff.

1077 NN 111/93, 34/99, 121/99, 52/00, 118/03, 107/07, 146/08. Stand NN 152/11, abrufbar unter http://narodne-novine.nn.hr/clanci/sluzbeni/2011_12_152_3144.html, seinerseits zuletzt geändert durch *Zakon o izmjenama i dopunama Zakona o trgovačkim društvima* („Gesetz zur Änderung des Gesetzes über die Handelsgesellschaften"), NN 111/12, abrufbar unter http://narodne-novine.nn.hr/clanci/sluzbeni/2012_10_111_2392.html und durch *Prijelazne odredbe iz Kaznenog zakona na snazi* (etwa „Übergangsbestimmungen zum Inkrafttreten des Strafgesetzbuchs"), NN 144/12, abrufbar unter http://www.zakon.hr/cms.htm?id=279 (alle kroatisch). Soweit ersichtlich existiert keine frei zugängliche Übersetzung. Zu den jüngsten Entwicklungen vgl. oben Teil 3 B. I. 20.

1078 *Čl.* 159–384c *ZTD.*

1079 *Čl.* 385–472a *ZTD.*

1080 *Čl.* 2 *st.* 2, 13 *ZTD*, zum Sitz vgl. *čl.* 37 *ZTD.*

1081 Für die *d.d.* vgl. *čl.* 159 *st.* 2, 160 *st.* 2, für die *d.o.o.* vgl. *čl.* 385, 386 *ZTD.*

1082 *Čl.* 160, 173ff., 195 ff. *ZTD.*

dualistischen Struktur gewählt werden[1083]. Bei monistischer Organisation verfügt die Gesellschaft über einen Verwaltungsrat, *upravni odbor*, der aus mindestens drei Mitgliedern besteht, den sog. *direktori*. Ggf. werden noch geschäftsführende Direktoren unterschieden, *izvršni direktori*[1084]. Eine dualistisch organisierte *d.d.* verfügt über den Vorstand, *uprava*, zusammengesetzt aus ein oder mehreren *direktori*, und den Aufsichtsrat, *nadzorni odbor*, bestehend aus mindestens drei und, abhängig vom Kapital, maximal 21 Mitgliedern, die grundsätzlich von der Generalversammlung, *glavna skupština društva*[1085], gewählt werden, wobei aufgrund von Spezialgesetz ggf. Arbeitnehmervertreter berücksichtigt werden müssen[1086].

Die *d.o.o.* wird durch einen Gesellschaftsvertrag errichtet, der von allen Gründern unterzeichnet und grundsätzlich in Form einer notariellen Urkunde abgeschlossen wird (*osnivači društva*). Möglich ist aber auch eine privat ausgestellte und sodann notariell beglaubigte Urkunde bzw. eine durch den Gründer vor dem Notar abgegebene Erklärung über die Gründung (*društva ugovorem* als Satzung, bzw. *izjavom o osnivanju društva*)[1087]. Anders als bei der Aktiengesellschaft ist hier eine Sukzessivgründung verboten[1088]. Organe einer *d.o.o.* sind die Gesellschafterversammlung (*sazivanje skupštine društva*)[1089] und die Geschäftsführung, *uprava*, die sich aus einem oder mehreren Direktoren zusammensetzen kann[1090]. Die Direktoren werden grundsätzlich von den Gesellschaftern bestellt und ggf. auch abberufen[1091].

Ein Aufsichtsrat, *nadzorni odbor*, ist in der *d.o.o.* grundsätzlich freiwillig auf Satzungsgrundlage möglich[1092]. Unter fünf bestimmten Umständen ist die Errichtung jedoch obligatorisch. Das ist der Fall, wenn 1) das Unternehmen im Jahresdurchschnitt mehr als 200 Arbeitnehmer beschäftigt, oder 2) wenn die Errichtung durch spezielle Gesetze vorgeschrieben ist, daneben auch, 3) wenn das Stammkapital der Gesellschaft 600.000,– *HRK* (ca. 84.000,– Euro)[1093] übersteigt und (kumulativ) die

1083 *Čl.* 272.a *ZTD*.

1084 Zum Verwaltungsrat vgl. *čl.* 272.b ff., insbes. zur Bestellung *čl.* 272.c, zu den Befugnissen *čl.* 272.h, zu den geschäftsführenden Verwaltungsratsmitgliedern *čl.* 272.l *ZTD*.

1085 Zur Generalversammlung vgl. *čl.* 274 ff. *ZTD*.

1086 Zum Aufsichtsrat vgl. *čl.* 254 ff., insbes. zur Bestellung *čl.* 256, zu den Arbeitnehmervertretern *čl.* 256 II 2, zu den Aufsichtsbefugnissen *čl.* 263, zu Beschlussfassung und Aufsichtsratstreffen *čl.* 263 f., zur Vergütung *čl.* 269 *ZTD*.

1087 *Čl.* 33, 387 *ZTD*.

1088 *Čl.* 387 *st.* 4 *ZTD*.

1089 *Čl.* 442 ff. *ZTD*.

1090 *Čl.* 422 *ZTD*; zu deren Vergütung vgl. *čl.* 432, 247 *ZTD*.

1091 *Čl.* 423 *st.* 2, 424 *ZTD*.

1092 *Čl.* 434 *st.* 1 ZTD.

1093 Der Kurs des kroatischen Kuna wird durch die Kroatische Nationalbank *Hrvatska Narodna banka – HNB* festgelegt, ist aber stark an den Euro angelehnt. Die Schwankungsbreite zu Deutscher Mark/Euro lag nach Angaben der *HNB* zwischen 1994 und 2012 bei ± 6%. Nähere Darstellung unter http://www.hnb.hr/tecajn/etecajn.htm, Abschnitt *About the Exchange Rate* (englisch). Stand April 2013: 1 Euro ≈ 7,60 Kuna/1 Kuna = 100 Lipa ≈ 0,14 Euro.

Gesellschaft mehr als 50 Gesellschafter hat, oder wenn 4) die *d.o.o.* ihrerseits Aktiengesellschaften oder Gesellschaften mit beschränkter Haftung mit einem obligatorischen Aufsichtsrat von einem bestimmten Punkt führt bzw. wenn sie am Stammkapital solcher Gesellschaften mit mehr als 50 Prozent beteiligt ist und (kumulativ) die durchschnittliche Arbeitnehmerzahl in einer der Gesellschaften oder in allen Gesellschaften zusammen insgesamt 200 übersteigt, sowie 5) wenn die *d.o.o.* Komplementärin in einer Kommanditgesellschaft ist (*Komanditno društvo*, abgekürzt *k.d.*), wobei die durchschnittliche Gesamtzahl der Arbeitnehmer in der *d.o.o.* und der *k.d.* zusammen 200 Beschäftigte übersteigt[1094]. Der Aufsichtsrat besteht aus mindestens drei Personen, kann aber auch größer sein. Die Zahl ist stets ungerade[1095]. Auf den Aufsichtsrat in der *d.o.o.* finden grundsätzlich die Vorschriften für die *d.d.* entsprechende Anwendung[1096], insbesondere obliegt ihm auch in der *d.o.o.* die Bestellung bzw. Entlassung der Mitglieder der Geschäftsführung[1097].

Die Gesellschaft muss beim Registergericht, beim staatlichen Statistikamt[1098] und bei der Steuerbehörde registriert werden[1099]. Die Eintragung beim Registergericht ist konstitutiv[1100]. Alle Gesellschaften haben Rechtspersönlichkeit[1101]. Das Mindestkapital liegt für eine *d.d.* bei 200.000,– *HRK* (ca. 28.000,– Euro)[1102], für eine *d.o.o.* bei 20.000,– *HRK* (ca. 2.800,– Euro)[1103].

4. *Arbeitnehmerbeteiligung*

Eine Beteiligung der Arbeitnehmer an den Entscheidungen im Unternehmen ist bereits verfassungsrechtlich garantiert[1104]. Näher ausgestaltet wird diese Vorgabe vor allem durch das Arbeitsgesetz, *Zakon o radu, ZOR*[1105].

1094 *Čl.* 434 *st.* 2, Unterpunkte 1–5 *ZTD.* Der Durchschnittswert richtet sich nach der Beschäftigtenzahl am jeweils letzten Tag des Monats im vorangegangenen Jahr; *čl.* 434 *st.* 3 *ZTD.* Die Geschäftsführung ist verpflichtet, zum 01.01. eines jeden Jahres diesen Schwellenwert zu überprüfen und ggf. die notwendigen Schritte zu veranlassen; *čl.* 434 *st.* 4 *ZTD.*

1095 *Čl.* 435 *ZTD.*

1096 *Čl.* 439 *ZTD.*

1097 *Čl.* 441 *st.* 1, Nr. 3 *ZTD.*

1098 *Državni zavod za statistiku, DZS*; Webauftritt unter http://www.dzs.hr.

1099 *Čl.* 59 ff. *ZTD.*

1100 *Čl.* 4 *ZTD.*

1101 *Čl.* 5 *ZTD.*

1102 *Čl.* 162 *ZTD.*

1103 *Čl.* 389 *st.* 2 *ZTD.*

1104 Vgl. oben Fn. 1071; hier *Čl.* 56 *st.* 4, in der deutschen Übersetzung: „Beschäftigte können in Einklang mit dem Gesetz bei Entscheidungen im Unternehmen mitbestimmen."

1105 Vgl. oben Fn. 1073. Nach *Nestić*, (oben Fn. 1069), Abschnitt *Legal context*, *„the key labour legislation in the country"* bzw. *„the fundamental legislation on employee representation in the workplace, while collective agreements in practice add little"*,

Relevant sind hier vor allem die Vorgaben des XVII. Kapitels, *Čl.* 136 ff., für Betriebsräte (*Sudjelovanje radnika u odlučivanju,* übersetzt etwa „Mitarbeiterbeteiligung bei der Entscheidungsfindung") und des XVIII. Kapitels, *Čl.* 226 ff., für „Gewerkschaften und Arbeitgeberverbände" (*Sindikati i udruge poslodavaca*). Grundsätzlich besteht auf allen Ebenen Vereinigungsfreiheit[1106].

a. Betriebliche Interessenvertretung

i. Grundlagen

Auf betrieblicher Ebene kennt Kroatien ein zweigliedriges Vertretungssystem. Die entsprechenden Vorgaben wurden 1996 eingeführt und orientierten sich ursprünglich am deutschen Modell, sind jedoch seitdem weiterentwickelt worden. Der Schwerpunkt verschob sich dabei immer weiter zugunsten der Gewerkschaften.

ii. Voraussetzungen

Nach dem *ZOR* obliegt die Vertretung grundsätzlich den lokalen Gewerkschaftsvertretungen und den Betriebsräten parallel.

Lokale Gewerkschaftsvertretungen können bereits von „zehn volljährigen, geschäftsfähigen natürlichen Personen" gegründet werden, die jedoch im betreffenden Unternehmen beschäftigt sein müssen[1107]. Das führt unter Umständen dazu, dass in einem Betrieb auch mehrere, untereinander konkurrierende Gewerkschaftsvertretungen bestehen. Ein einzelner Gewerkschaftsvertreter wird dabei als *sindikalni predstavnik* oder auch als *sindikalni povjerenik,* wörtlich übersetzt „Gewerkschaftskommissar", bezeichnet.

Demgegenüber bedarf es zur Bildung eines Betriebsrats (*radničkog vijeća*) neben dem Erreichen des Schwellenwerts von mindestens 20 Beschäftigten[1108] eines entsprechenden Verlangens von entweder einer Gewerkschaft oder von

ebd., Abschnitt *Workplace representation.* Beim Gewerkschaftsbund *NHS* findet sich eine Zusammenstellung insgesamt 50 weiterer bedeutender arbeitsrechtlicher Vorgaben unter der Rubrik *Dokumenti – Zakoni i propisi"* („Dokumente – Gesetze und Verordnungen") abrufbar unter http://www.nhs.hr/dokumenti/zakoni_propisi/ (kroatisch).

1106 Vgl. *čl.* 226 ff. *ZOR.* Übergeordnete Verbände werden als *udruge više razine* bezeichnet. Zur notwendigen Registrierung vgl. *čl.* 230, 235 ff. *ZOR* und die auf dieser Grundlage ergangene *Pravilnik o sadržaju i načinu vođenja registra udruga* (etwa „Verordnung über Inhalt und Verwaltung der Verbandsregister").

1107 *Čl.* 232 *st.* 1 *ZOR.* (*„Sindikat može utemeljiti najmanje deset punoljetnih poslovno sposobnih fizičkih osoba."*) Dass es sich bei einer lokalen Betriebsgewerkschaft um Angestellte des jeweiligen Unternehmens handeln muss folgt aus *Čl.* 248 *st.* 3 *ZOR.*

1108 *Čl.* 136 *ZOR.*

mindestens zehn Prozent aller Arbeitnehmer eines Unternehmens[1109]. Letzteres soll insbesondere in größeren Unternehmen schwierig zu erreichen sein[1110].

Die Gremien sind mitunter eng verflochten. Der Betriebsrat ist verpflichtet, die Arbeitnehmer und die Gewerkschaftsvertretungen regelmäßig über seine Arbeit zu unterrichten und ggf. deren Vorschläge und Anregungen aufzunehmen[1111]. Zudem kann ein Betriebsratsmitglied auch weiterhin für eine Gewerkschaft arbeiten[1112]. Unabhängig davon kooperiert nach dem Leitbild des *ZOR* der Betriebsrat sowohl mit dem Arbeitgeber wie auch mit den im Unternehmen vertretenen Gewerkschaften auf vertrauensvoller Basis[1113]. Hierzu gehört auch, dass die lokalen Gewerkschaftsvertreter ggf. an den Sitzungen des Betriebsrats teilnehmen können, hier allerdings kein Entscheidungsrecht haben[1114].

Ist jedoch kein Betriebsrat bestellt, kann die lokale Gewerkschaftsvertretung die Beteiligungsrechte des Betriebsrats auf der betrieblichen Ebene übernehmen. Ausgeschlossen ist nur die Befugnis des Betriebsrats, ggf. den Arbeitnehmervertreter im Aufsichtsrat zu bestellen[1115]. Faktisch kommt der Gewerkschaftsvertretung damit eine herausgehobene Position zu. Falls in einem Unternehmen kein Betriebsrat besteht, aber mehrere Gewerkschaftsvertretungen existieren, und können diese sich dann nicht darauf einigen, wem von ihnen die Beteiligungsrechte zukommen sollen, entscheidet die Belegschaft entsprechend dem Wahlverfahren für Betriebsräte[1116].

Auf übergeordneter Ebene ist ggf. ein Gesamtbetriebsrat möglich (*glavnog radničkog vijeća*), der sich aus Mitgliedern der jeweiligen Einzelbetriebsräte zusammensetzt. Die nähere Ausgestaltung dieses Gremiums erfolgt durch eine Vereinbarung zwischen dem Arbeitgeber und den einzelnen Betriebsräten in den jeweiligen Betrieben[1117].

Das Arbeitsgesetz sieht daneben die Verpflichtung vor, mindestens zwei Mal im Jahr in regelmäßigen Abständen eine Betriebsversammlung durchzuführen (*skupovi radnika*). Hierdurch sollen die Arbeitnehmer über die Unternehmensentwicklungen informiert werden und diese ggf. diskutieren können[1118].

Zudem besteht als Sondervertretung noch ein „Kommissar für Gesundheit und Sicherheit". Er operiert auf Grundlage des „Gesetzes über den Schutz am

1109 *Čl.* 137 *st.* 2 *ZOR.*
1110 *Nestić,* (oben Fn. 1069), Abschnitt *Workplace representation.*
1111 *Čl.* 151 *ZOR.*
1112 *Čl.* 152 *st.* 2 *ZOR.*
1113 *Čl.* 155 *st.* 10, 152 *st.* 1 *ZOR.* Zur Geheimhaltungspflicht der Betriebsratsmitglieder vgl. *čl.* 158 *ZOR,* zur Rechtsfähigkeit des Betriebsrats vgl. *čl.* 154 *ZOR.*
1114 *Čl.* 153 *st.* 3 *ZOR.*
1115 *Čl.* 152 *st.* 3 *ZOR.*
1116 *Čl.* 152 *st.* 4 *ZOR.*
1117 *Čl.* 139 *ZOR.*
1118 *Čl.* 162 *ZOR.*

Arbeitsplatz“, *Zakon o zaštiti na radu*[1119]. Dieser muss verbindlich in allen Unternehmen mit mindestens 20 Beschäftigten bestellt werden, daneben und ungeachtet eines Schwellenwerts in allen Unternehmen, wo die Arbeitsumstände es erfordern. Vertreterzahl und Wahlverfahren entsprechen grundsätzlich dem des Betriebsrats. Bei mehr als 50 Beschäftigten muss ein eigenes, beratendes Komitee für Gesundheit und Sicherheit eingerichtet werden. Es besteht aus Arbeitnehmervertretern und Sachverständigen. Daneben kann die Gewerkschaftsvertretung einen eigenen Kommissar bestellen.

iii. Praxis

Nominell sieht das Arbeitsgesetz *ZOR* neben dem Günstigkeitsprinzip eine Vielzahl von verpflichtenden arbeitnehmerschützenden Regeln vor. Deren Umsetzung wird von einer staatlichen Aufsichtsbehörde überwacht, die direkt der Regierung zugeordnet ist (*Državni inspektorat*[1120]). Die Behörde wurde nach entsprechenden Vorgaben durch die Europäische Kommission seit 2006 personell und sachlich aufgestockt, was positive Auswirkungen auf die Resultate hatte. Dessen ungeachtet soll die tatsächliche Umsetzung jedoch immer noch hinter den Vorgaben zurückbleiben. Partiell soll das auch dem Umstand geschuldet sein, dass es (noch) keine spezielle Arbeitsgerichtsbarkeit gibt, wobei aber entsprechende Regulierungsinitiativen bestehen[1121].

Über die tatsächliche Verbreitung von Betriebsräten gibt es keine verlässlichen Informationen. Trotz der prozentualen Hürde zu ihrer Etablierung sind sie aber wohl in größeren Unternehmen üblich, während sie in lediglich 20 bis 50 Prozent der kleineren Unternehmen verbreitet sind. Zudem soll es „recht üblich“ sein, dass die Gewerkschaftsvertretung auch die Aufgaben des Betriebsrats übernimmt[1122].

1119 NN 59/96, zuletzt geändert durch NN 75/09.

1120 Operierend auf Grundlage des *Zakon o državnom inspektoratu*, NN 116/08, zuletzt geändert durch NN 49/11.

1121 *Hojnik*, Country report Croatia, S. 1, konstatiert das Bestehen „starker Beteiligungsrechte“ (*“strong participation rights“*). *Nestić*, (oben Fn. 1069), Abschnitt *Legal context: „Croatia has among the most rigid employment protection regulations in Europe (Tonin, 2009). However, actual protection is much lower due to non-compliance and weak enforcing institutions.“* Ebd., Abschnitt *Employee rights*, wo es mit Blick auf das *Državni inspektorat* heißt: *„In spite of this, enforcement is still seen as relatively weak.“*

1122 *Nestić*, (oben Fn. 1069), Abschnitt *Workplace representation*, (*„quite common“*); dort auch zur prozentualen Verbreitung unter Rückgriff auf die Studie von *Potočnjak* und *Gotovac* aus dem Jahr 2007 (oben Fn. 1092, S. 11), allerdings hier wie dort ohne nähere Ausführungen. Auf entsprechende Nachfrage durch den Verf. erklärte *Nestić* im April 2013, es handele sich um einen „untererforschten Bereich“ (*„underresearched area in Croatia“*), verlässliche Daten seien kaum zu bekommen. Alleine dieser Umstand dürfte jedoch wohl cum grano salis darauf hindeuten,

Gewerkschaftsvertretungen auf Betriebsebene sind hingegen „häufig". Oft konkurrieren auch in einem Unternehmen mehrere Gewerkschaften miteinander[1123]. Nach Schätzungen des Arbeitgeberverbands *HUP* gab es 2007 in der Hälfte der durch ihn vertretenen Unternehmen auch (mindestens) eine Gewerkschaftsvertretung[1124].

iv. Größe und Zusammensetzung

Die Gewerkschaftsvertretungen organisieren sich auf Grundlage des *ZOR* und der jeweiligen internen Gewerkschaftsregeln selbst[1125]. Sie wählen ggf. einen oder mehrere Gewerkschaftsvertreter. Die Wahl von Unternehmensexternen ist nicht möglich[1126].

Die Größe des Betriebsrats staffelt sich nach der Größe des Betriebs. Bis zu 75 Beschäftigte wird ein Betriebsrat gewählt, bei 76 bis 250 Beschäftigten sind es drei Betriebsräte. Bei 251 bis 500 Arbeitnehmern werden fünf Betriebsräte bestellt, bei 501 bis 750 Mitarbeitern sind es sieben Betriebsräte und bei 751 bis 1.000 Beschäftigten werden neun Betriebsräte gewählt. Darüber kommen für jeweils weitere 1.000 Beschäftigte jeweils zwei Betriebsräte hinzu[1127]. Die Anzahl kann durch Vereinbarung zwischen dem Arbeitgeber und dem Betriebsrat noch erhöht, aber nicht verringert werden[1128].

Die jeweiligen Vertreter werden in freier, direkter, unmittelbarer und geheimer Wahl von den Beschäftigten für eine Amtszeit von drei Jahren gewählt[1129]. Das aktive und das passive Wahlrecht steht hierbei allen Beschäftigten gleichermaßen zu[1130]. Die einzelnen Kandidaten werden entweder von den Gewerkschaften oder mindestens von zehn Prozent der Beschäftigten auf die verschiedenen Listen berufen[1131]. Zur Organisation wird nach einem recht aufwendigen Verfahren ein Wahlausschuss bestellt (*izborni odbor*)[1132]. Die Wahl ist gültig, wenn mindestens ein Drittel der Arbeitnehmer ihre Stimme abgegeben haben[1133].

---

dass die Arbeitnehmerbeteiligung in Kroatien zumindest nicht die umfassende Beachtung genießt, wie es z.B. in Deutschland der Fall ist.

1123 So *Potočnjak/Gotovac,* (oben Fn. 1069), S. 10, allerdings ohne nähere Angaben.

1124 *Potočnjak/Gotovac,* (oben Fn. 1069), S. 11.

1125 *Čl.* 248 ff. *ZOR.* Vgl. *Potočnjak/Gotovac,* (oben Fn. 1069), S. 10.

1126 *Čl.* 248 *st.* 2, 3 *ZOR.*

1127 *Čl.* 138 *st.* 1, 2 *ZOR.* Das einzelne Mitglied wird als *„predstavnik"* bezeichnet, übersetzt „Vertreter", Plural *„predstavnika"*.

1128 *Čl.* 160 *st.* 1, Satz 1 *ZOR.*

1129 *Čl.* 137 *st.* 1, 140 *st.* 1 *ZOR.* Die Wahlen finden in der Regel im März statt. Zur diskriminierungsfreien Verteilung auf Gruppen, Alter, Geschlecht etc. vgl. *Čl.* 138 *st.* 3 *ZOR.*

1130 *Čl.* 141 *ZOR.*

1131 *Čl.* 142 *ZOR.*

1132 *Čl.* 143 ff. *ZOR.*

1133 *Čl.* 145 *st.* 3 *ZOR.*

v. Befugnisse

(a) Beteiligung

Die Gewerkschaftsvertretung hat das alleinige Recht zum Abschluss von Tarifvereinbarungen sowie zum Aufruf zu Arbeitskampfmaßnahmen[1134]. Damit sie ihren Aufgaben angemessen nachkommen kann, muss der Arbeitgeber ihr die notwendigen Informationen zur Verfügung stellen[1135].

Demgegenüber verfügt der Betriebsrat sowohl über detaillierte Unterrichtungs- und Anhörungs-, als auch über Mitwirkungsbefugnisse[1136]. Diese können über den Gesetzeswortlaut hinaus durch Betriebs- oder durch Tarifvereinbarung erweitert werden[1137].

Bereits grundsätzlich ist festgeschrieben, dass der Betriebsrat die Interessen der Beschäftigten schützt und fördert, was vor allem durch Beratungen, Teilhabe an Entscheidungen und Verhandlungen mit dem Arbeitgeber geschehen soll. Er wacht auch über die grundsätzliche Einhaltung der arbeitsgesetzlichen Vorgaben, inklusive der Pflicht zur Zahlung der Sozialversicherungsbeiträge (*temeljna ovlaštenja radničkog vijeća*, übersetzt „grundlegende Befugnisse des Betriebsrats"). Der Betriebsrat muss sich aber der Vorbereitung zu und der Teilnahme an etwaigen Streikmaßnahmen enthalten[1138].

Zu seinen Gunsten besteht ein regelmäßiges Unterrichtungsrecht im Sinne einer Regelberichterstattung. Der Arbeitgeber hat ihn alle drei Monate über die gegenwärtige und zukünftige Geschäftslage und -ergebnisse, deren Auswirkungen auf die soziale Stellung der Arbeitnehmer, die Lohnentwicklung, die Beschäftigtenanzahl, -struktur und -entwicklung, den Arbeitsschutz sowie alle anderen Aspekte, die für die wirtschaftlichen und sozialen Belange der Arbeitnehmer von besonderer Bedeutung sein können, zu informieren (*obveza obavješćivanja*, übersetzt etwa „Verpflichtung zur Unterrichtung")[1139].

Daneben bestehen sehr detaillierte Anhörungsrechte (*obveza savjetovanja prije donošenja odluke*, übersetzt etwa „Verpflichtung zur Anhörung vor Entscheidungsfindung")[1140]. Vor Erlass einer Entscheidung, die für die Position der Arbeitnehmer von Bedeutung ist, muss der Arbeitgeber den Betriebsrat über die geplante Entscheidung anhören und ihm in diesem Zusammenhang die relevanten Informationen umfassend und zeitlich so zur Verfügung stellen,

1134 *Čl.* 253 ff. (*Kolektivni Ugovori*), 269 ff. (*Štrajk i rješavanje kolektivnih radnih sporova*) *ZOR*. Voraussetzung ist die vorherige Registrierung, vgl. *Čl.* 230 *st.* 1 *ZOR*. Vor etwaigen Streikmaßnahmen ist eine Mediation durch eine Regierungsstelle, das Büro für Soziale Partnerschaft (*Ured za socijalno partnerstvo*), vorgesehen; näher *Nestić*, (oben Fn. 1069), Abschnitt *Industrial conflict*.

1135 *Čl.* 248 *st.* 4, 5 *ZOR*.

1136 *Čl.* 147 ff. *ZOR*.

1137 *Čl.* 160 *st.* 2 *ZOR*.

1138 *Čl.* 147 *ZOR*.

1139 *Čl.* 148 *ZOR*.

1140 *Čl.* 149 *st.* 1–12 *ZOR*.

dass er noch die Gelegenheit zu einer Stellungnahme hat, die ihrerseits einen wesentlichen Effekt auf die potentielle Entscheidung haben kann[1141]. Diese allgemeine Vorgabe wird durch eine ausführliche, nicht abschließende Aufzählung ergänzt. Demnach fallen in den Bereich der Anhörung sämtliche Entscheidungen zur Annahme von Beschäftigungsbedingungen, entsprechende Pläne, Versetzungen und Kündigungen, die erwarteten rechtlichen, wirtschaftlichen und sozialen Folgen für die Arbeitnehmer bei Betriebsübergängen, Maßnahmen im Zusammenhang mit Sicherheit und Gesundheit am Arbeitsplatz, die Einführung neuer Technologien und Änderungen bei der Arbeitsorganisation, Planungen zum Jahresurlaub, Pläne zu Arbeitszeit und Nachtarbeit, Vergütung für Arbeitnehmererfindungen, die Annahme eines Sozialplans im Fall von Entlassungen und andere Entscheidungen, die durch das Arbeitsgesetz oder Tarifvereinbarung nur nach Anhörung des Betriebsrats ergehen können, sowie der Übergang eines Unternehmens, eines Geschäfts oder eines Teils davon und die in diesem Zusammenhang erfolgende Überleitung der Arbeitsverträge auf einen neuen Arbeitgeber und über die Folgen eines solchen Übergangs für diejenigen Arbeitnehmer, die nicht übergeleitet werden[1142]. Wenn nicht anders vereinbart, soll sich der Betriebsrat innerhalb von acht Tagen zu der geplanten Entscheidung äußern, im Fall von außerordentlichen Kündigungen binnen fünf Tagen. Erfolgt innerhalb dieser Frist keine Reaktion, wird das Einverständnis des Betriebsrats zu der betreffenden Maßnahme vermutet[1143]. Widerspricht der Betriebsrat einer entsprechenden Entscheidung, hat er seine Haltung zu begründen[1144]. Eine Entscheidung, die unter Missachtung dieser Vorgaben ergeht, ist unwirksam[1145].

In bestimmten Bereichen bestehen zudem Mitentscheidungsrechte (*suodlučivanje*). Hier ist der Arbeitgeber von einer vorherigen Zustimmung des Betriebsrats abhängig[1146]. Das betrifft von Gesetzes wegen vor allem gewisse Kündigungen und den Datenschutz. Erfasst sind konkret die Kündigung eines Betriebsratsmitglieds, eines Kandidaten für den Betriebsrat, der nicht gewählt wurde bzw eines Mitglieds des Wahlausschusses binnen drei Monaten nach Feststellung der Wahlergebnisse, einer Person mit beschränkter Erwerbsfähigkeit oder Behinderung oder dem Risiko einer Behinderung, einer Person, die älter ist als sechzig Jahre sowie schließlich des Arbeitnehmervertreters im Aufsichtsrat. Vorherige

---

1141 *Čl.* 149 *st.* 1, 4 *ZOR.*

1142 Nicht abschließende Aufzählung in *Čl.* 149 *st.* 3 *ZOR*, zum Betriebsübergang vgl. die Vorgabe von Punkt 3 i.V.m. *Čl.* 133 *ZOR.*

1143 *Čl.* 149 *st.* 5, 6 *ZOR,* zur außerordentlichen Kündigung vgl. daneben *st.* 9, 10 und 11. *Hojnik*, Country report Croatia, S. 9, spricht im Zusammenhang mit der Frist bei außerordentlichen Kündigungen noch von drei Tagen; die konsolidierte Fassung des *ZOR* lautet indes auf *„pet dana“*, übersetzt „fünf Tage“.

1144 *Čl.* 149 *st.* 8 *ZOR.*

1145 *Čl.* 149 *st.* 12I *ZOR.*

1146 *Čl.* 150 *ZOR.*

Zustimmung ist auch nötig bei der Einbeziehung von (werdenden) Müttern in einen Sozialplan bei Massenentlassungen. Im Bereich des Datenschutzes ist die Zustimmung erforderlich zu Sammlung, Verarbeitung und Nutzung von Daten über einen Arbeitnehmer und Weitergabe dieser Informationen an Dritte sowie schon zur Benennung einer Person, die über die betreffenden Daten die Kontrolle ausübt[1147]. Es ist möglich, diese Liste durch Vereinbarung mit dem Betriebsrat um weitere Punkte zu erweitern[1148]. Ergeht binnen acht Tagen keine Stellungnahme zu der geplanten Maßnahme, wird das Einverständnis des Betriebsrats vermutet[1149]. Verweigert der Betriebsrat seine Zustimmung, kann der Arbeitgeber innerhalb von 15 Tagen nach Zugang der Verweigerungserklärung eine Ersetzung durch das Gericht beantragen. Das Gericht soll dann innerhalb von 30 Tagen nach Klageerhebung entscheiden[1150].

Daneben kann der Betriebsrat mit dem Arbeitgeber Betriebsvereinbarungen abschließen, in denen jedoch nur solche Sachverhalte geregelt werden können, die nicht durch Tarifvereinbarungen behandelt werden[1151].

(b) Ausstattung

Der Arbeitgeber soll den Gewerkschaftsvertretern ermöglichen, in angemessener Weise die Interessen ihrer Mitglieder gegenüber dem Arbeitgeber schützen und ausüben zu können[1152]. Hierzu gehört auch ein Kündigungsschutz. Geschützt sind genau so viele Gewerkschaftsvertreter, wie es im jeweiligen Betrieb auch Betriebsratsmitglieder gäbe.

Wenn der Betriebsrat aus drei oder mehr Mitgliedern besteht, d.h. ab 76 Arbeitnehmern, arbeitet er in Sitzungen, die während der Arbeitszeit stattfinden. Dabei hat jedes Betriebsratsmitglied einen Anspruch auf Zahlungsausfallvergütung für bis zu sechs Arbeitsstunden pro Woche. Diese Ansprüche sind übertragbar, so dass ggf. auch hauptamtliche Betriebsratsmitglieder denkbar sind[1153].

Der Arbeitgeber hat auch für die notwendige Sachausstattung zu sorgen und muss die Gelegenheit zur Fortbildung im entsprechenden Bereich gewährleisten[1154].

Die Kosten für die übliche Betriebsratsarbeit trägt der Arbeitgeber. Bei seinen Beratungen kann der Betriebsrat ggf. externe Sachverständige hinzuziehen. Auch diese Kosten trägt grundsätzlich der Arbeitgeber, sie können allerdings durch eine entsprechende Übereinkunft begrenzt werden[1155].

1147 *Čl.* 150 *st.* 1 *ZOR.*
1148 *Čl.* 150 *st.* 6 *ZOR.*
1149 *Čl.* 150 *st.* 3 *ZOR.*
1150 *Čl.* 150 *st.* 4, 5 *ZOR.*
1151 *Čl.* 159 *ZOR.*
1152 *Čl.* 248 *st.* 4, 5 *ZOR.*
1153 *Čl.* 155 *st.* 1, 2, 3, 4, vgl. auch *st.* 8 *ZOR.*
1154 *Čl.* 155 *st.* 5, 6 *ZOR.*
1155 *Čl.* 155 *st.* 7; 153 *st.* 4, 5 *ZOR.*

b. Unternehmensmitbestimmung

Maßgebliche Rechtsgrundlage ist ausschließlich *Čl.* 163 des *ZOR*, der seinerseits über nur vier Absätze verfügt (überschrieben mit *„Predstavnik radnika u organu poslodavca"*, übersetzt etwa „Arbeitnehmervertreter in den Unternehmensorganen")[1156]. Die Norm knüpft die Mitbestimmung an das Bestehen eines Aufsichtsorgans.

Ist demnach aufgrund von Spezialgesetz in bestimmten Unternehmen, Genossenschaften oder öffentlichen Institutionen ein bestimmtes Aufsichtsorgan zu errichten, muss genau eines von dessen Mitgliedern, unabhängig von der Größe des Restgremiums, ein Arbeitnehmervertreter sein[1157].

Aufgezählt werden in diesem Zusammenhang *„nadzorni odbor, upravni odbor, odnosno drugo odgovarajuće tijelo"*, übersetzt „Aufsichtsrat, Verwaltungsrat oder ein anderes entsprechendes Organ", so dass es hier nicht darauf ankommt, ob die betroffene Gesellschaft monistisch oder dualistisch organisiert ist.

Das Gesetz unterscheidet nicht nach der Rechtsform sondern spricht zunächst einheitlich von dem „Unternehmen" bzw. der „Gesellschaft" (*„trgovačkom društvu"*, Nominativ Singular *„trgovačko društvo"*). Betroffen sind damit nicht nur Aktiengesellschaft und GmbH, sondern auch Partnerschaftsgesellschaft, KG und wirtschaftliche Interessengemeinschaft[1158] und damit gleichermaßen Personen- wie Kapitalgesellschaften[1159]. Erfasst sind ferner ausdrücklich die „Genossenschaften" (*„zadruzi"*) und die „öffentlichen Institutionen". Anders als beispielsweise das deutsche Recht sind die kroatischen Vorgaben damit nicht rechtsformbezogen.

1156 Näher, allerdings z.T. veraltet, *Hojnik*, Country report Croatia, S. 11.

1157 *Čl.* 163 *st.* 1 *ZOR* (*„U trgovačkom društvu ili zadruzi, u kojima se sukladno posebnom propisu utemeljuje organ koji nadzire vođenje poslova (nadzorni odbor, upravni odbor, odnosno drugo odgovarajuće tijelo) te u javnoj ustanovi, jedan član organa društva ili zadruge koji nadzire vođenje poslova, odnosno jedan član organa javne ustanove (upravno vijeće, odnosno drugo odgovarajuće tijelo) mora biti predstavnik radnika"*, übersetzt etwa „In einem Unternehmen oder in einer Genossenschaft, wo aufgrund von Spezialgesetz ein Gremium zur Aufsicht über die Geschäftsführung bestellt wurde (Aufsichtsrat, Verwaltungsrat oder entsprechendes Organ), sowie in einer öffentlichen Einrichtung, muss ein Mitglied dieses Organs (Vewaltungsrat oder entsprechendes Organ) oder des Aufsichtsgremiums ein Vertreter der Arbeitnehmer sein.").

1158 Vgl. die Aufzählung in *čl.* 2 *st.* 2 *ZTD.*

1159 Vgl. *čl.* 2 *st.* 3 *ZTD.*

Die Aktiengesellschaft *dioničko društvo, d.d.*, hat verpflichtend ein entsprechendes Aufsichtsorgan. Sie ist damit von sich aus stets mitbestimmt[1160], unabhängig von einem Schwellenwert.

Eine GmbH (*društvo s ograničenom odgovornošću, d.o.o.*) hingegen ist nur mitbestimmt, wenn entsprechende Spezialgesetze bestehen (*„posebnom propisu"*). Betroffen ist damit auf jeden Fall die „große" bzw. die „konzernleitende" GmbH mit mehr als 200 Arbeitnehmern, da diese aufgrund spezialgesetzlicher gesellschaftsrechtlicher Vorgaben zwangsweise einen Aufsichtsrat zu installieren haben[1161].

Wo ein Arbeitnehmervertreter in das Aufsichtsgremium entsandt werden kann obliegt das Recht zu dessen Benennung und Abberufung dem Betriebsrat[1162]. Falls kein Betriebsrat vorhanden ist, wird der Arbeitnehmervertreter direkt durch die Belegschaft gewählt. Angewendet wird dann dasselbe Verfahren wie zur Wahl eines Betriebsrats mit nur einem Mitglied[1163]. Aus der Vorgabe von *čl.* 2 *ZOR* folgt daneben, dass es sich beim Arbeitnehmervertreter nicht um einen Unternehmensexternen handeln kann.

Ein solcher Arbeitnehmervertreter hat dieselben Rechte und Pflichten, wie die übrigen Mitglieder des betreffenden Gremiums[1164], was auch eine entsprechend gleiche Vergütung (aber auch entsprechende Haftung) einschließen dürfte.

5. *Praxis*

Auch hier gibt es über die tatsächliche Verbreitung keine verlässlichen Informationen. Praktisch wird jedoch insbesondere bei der Unternehmensmitbestimmung eine „mangelnde Sachkunde" der Arbeitnehmervertreter beklagt. Dieser Mangel hindere die Möglichkeiten der Arbeitnehmer, ihre Befugnisse voll auszuschöpfen[1165].

1160 Vgl. für die dualistische *d.d. čl.* 254 *ZTD*, für die monistische *d.d. čl.* 272.b, *st.* 2 *ZTD*.

1161 Vgl. *čl.* 434 *ZTD*. Näher auch oben, Abschnitt 3.

1162 *Čl.* 163 *st.* 2 *ZOR*.

1163 *Čl.* 163 *st.* 3 *ZOR*.

1164 *Čl.* 163 *st.* 4 *ZOR* (*"Član organa iz stavka 1. ovoga članka imenovan na način propisan stavkom 2., odnosno izabran na način propisan stavkom 3. ovoga članka, ima isti pravni položaj kao i drugi imenovani članovi organa iz stavka 1. ovoga članka"*, übersetzt etwa „Ein Arbeitnehmervertreter im Sinne von Absatz 1 dieses Artikels, der in Übereinstimmung mit den Vorgaben von Absatz 2 dieses Artikels ernannt, oder in Übereinstimmung mit den Vorgaben von Absatz 3 dieses Artikels gewählt worden ist, hat die selben Rechte und Pflichten wie die sonstigen Mitglieder des fraglichen Aufsichtsorgans im Sinne von Absatz 1 dieses Artikels.").

1165 *Nestić*, (oben Fn. 1069), Abschnitt *Workplace representation („Lack of competence of the works council, the trade union representatives and especially the workers' representative on the supervisory board...")*.

V. Niederlande[1166]

1. *Abriss*

Die Arbeitnehmerbeteiligung in den Niederlanden basiert auf Betriebsräten in allen Unternehmen ab 50 Beschäftigten. Diese haben das Recht, in bestimmten „großen" Unternehmen bis zu einem Drittel der Aufsichtsratsmitglieder/nichtgeschäftsführenden Verwaltungsratsmitglieder vorzuschlagen. Das System sieht jedoch vielfältige Ausnahmen und Befreiungen vor. Insbesondere bezieht sich die Arbeitnehmerbeteiligung ausschließlich auf solche Unternehmen, die die Mehrheit ihrer Mitarbeiter in den Niederlanden beschäftigen; internationale Unternehmen und Holding-Konzerne sind grundsätzlich ausgenommen. Gesetzlich explizit vorgegeben ist zudem, dass die einzelnen Arbeitnehmervertreter nicht die spezifischen Belange einer bestimmten Interessengruppe vertreten dürfen.

2. *Hintergrund*

Eine Betriebsrätestruktur hat sich in den Niederlanden erst nach 1945 entwickelt. Das erste entsprechende Gesetz stammt aus dem Jahr 1950, die gegenwärtige Form beruht in den grundsätzlichen Regelungen auf einem Gesetz von 1979. Das Gesetz wurde 1998 erneut überarbeitet, 2004 waren aufgrund der Unterrichtungs- und Anhörungsrichtlinie geringfügige Änderungen erforderlich. Ab 1979 wurden auch die besonderen Regelungen zur Mitbestimmung normiert. Insgesamt ist das niederländische Arbeits- und Sozialsystem seit den frühen 1980er Jahren von einer steten gemeinsamen Suche nach dem Konsens geprägt, einer „Kooperation trotz Differenzen". Schlagwortartig hat sich der Begriff „Polder-Modell" etabliert[1167].

1166 *Taylor*, Überblick, S. 76; *Timmermann/Spanjaard*, Arbeitnehmermitbestimmung, S. 75 ff., *Schilfgaarde/Winter*, BV/NV, S. 209 ff., 235 ff., 254 ff.; 414 ff.; *Fulton*, ETUI-NL-Betriebliche Interessenvertretung (im Folgenden: ETUI-NL-BI) bzw. ETUI-NL-Unternehmensmitbestimmung (im Folgenden: ETUI-NL-MB) unter http://www.worker-participation.eu/National-Industrial-Relations/Countries/Netherlands; *Van het Kaar*, ECL 2009, S. 55, 56 f.; *ders.*, *The Netherlands: Industrial relations profile* (z.T. 18.04.2013) bei Eiro online abrufbar unter http://www.eurofound.europa.eu/eiro/country/netherlands.htm (englisch). Ein Überblick in niederländischer Sprache findet sich ferner bei der Gewerkschaft *CNV* (*Christelijk Nationaal Vakverbond)*, abrufbar unter http://www.cnv.nl/cao-en-werk/medezeggenschap/.

1167 Das tatsächliche „Polder-Modell" beschreibt die Landgewinnung durch gemeinsame Anstrengung und geht bis ins Mittelalter zurück. Die Übertragung des Terminus auf die Politik etablierte sich freilich erst in Folge des *Wassenaar*-Abkommens vom 24.11.1982 (*Akkoord van Wassenaar*, nach dem gleichnamigen Vorort von Den Haag, eigentlich *„Centrale aanbevelingen inzake aspecten van een werkgelegenheidsbeleid"*, übersetzt etwa „Zentrale Empfehlungen zu Aspekten der Beschäftigung"). Darin einigten sich Gewerkschaften, Arbeitgeber und Regierung auf Lohnkürzungen im Austausch für kürzere Arbeitszeiten, die Regierung versprach, nicht mehr in

Praktisch besteht auch hier eine gewisse Beteiligungslücke. Nach einer Studie verfügten im Jahr 2005 immerhin 78% der insgesamt 12.900 Betriebe mit mehr als 50 Beschäftigten auch über einen Betriebsrat, 2008 lag der Wert immer noch bei 70%. Betriebsräte sind aber auch in den Niederlanden in größeren Unternehmen weiter verbreitet als in kleineren[1168].

3. *Organisationsverfassung der Kapitalgesellschaften*

Maßgebliche Rechtsquelle ist das *Burgerlijk Wetboek* (*BW*, Bürgerliches Gesetzbuch)[1169].

Lohnverhandlungen einzugreifen. Diese Lohnzurückhaltung hatte positive Auswirkungen auf die niederländische Wirtschaft, insbesondere in den 1980er und 1990er Jahren. Das Polder-Modell wird darum als „Ende der Polarisierung" gesehen. Seit der Jahrtausendwende regt sich allerdings Kritik im Hinblick auf tatsächliche Wirkungen, faktische Schwerfälligkeit, demokratische Legitimation und dem möglichen Vorschub für Kartellbildung („*Nederland kartelparadijs*"); zum *Wassenaar*-Abkommen insgesamt vgl. die Darstellung unter http://www.parlement.com/9291000/modulesf/ggektig0 (niederländisch), zur Wirkung und aktuell aufkommender Kritik aus auswärtiger Perspektive z.B. *Economist*, 02.05.2002, „*Model makers*", abrufbar unter http://www.economist.com/node/1098153?story_id=1098153, ebd., „*Economic illusions*", abrufbar unter http://www.economist.com/node/1098131?story_id=1098131; wo es z.B. im Hinblick auf die Reformfähigkeit heißt „*And implementing microeconomic reforms such as increasing competition [...] to boost productivity is likely to prove hard – despite (or sometimes because of) the polder model*". Daneben auch *ders.*, 07.10.2004, „*Going Dutch – The polder model is under attack*", abrufbar unter http://www.economist.com/node/3270777 (alle englisch).

1168 Während fast alle (96%) Unternehmen mit mehr als 200 Beschäftigten auch über einen Betriebsrat verfügten lag dieser Anteil in Unternehmen mit 50 bis 74 Arbeitnehmern nur bei 60%, bei 75 bis 99 Arbeitnehmern dann bei 78% und bei 100 bis 199 Arbeitnehmern bei 84%. In den Betrieben mit weniger als 50 Beschäftigten hatten im Jahr 2005 18% einen Betriebsrat und 15% eine *PVT*, drei Jahre später lagen die Werte bei 15% und 14%; ETUI-NL-BI, S. 1; *Van het Kaar, Netherlands: EIRO CAR on „The effect of the Information and Consultation Directive on Industrial Relations in the EU Member States five years after its transposition"* (19.02.2011), unter http://www.eurofound.europa.eu/eiro/studies/tn1009029s/nl1009029q.htm (englisch). Nach *van het Kaar* ist der Wert um ca. 70% typisch, den Abfall im Durchschnittswert führt er auf vermehrte Gründungen von KMU zurück, die ihrerseits allgemein den entsprechenden Regeln nicht strikt folgen würden.

1169 Das *BW* besteht aus derzeit neun Büchern, ein zehntes Buch zum IPR soll zum 01.01.2014 in Kraft treten. Materialien hierzu finden sich im Internet unter https://zoek.officielebekundmakingen.nl/dossier/32137 (niederländisch). Der Text des hier maßgeblichen 2. Buchs *BW* (*Boek 2 Rechtspersonen*) ist tagesaktuell abrufbar unter http://wetten.overheid.nl, Rubrik *Wet- en regelgiving*. Die Artikel des *BW* werden durch die Buchnummer, gefolgt von einem Doppelpunkt, der Artikelnummer und den Nummern eventueller Artikelabsätze (*lid*, Plural *leden*)

Die wichtigsten Gesellschaftsrechtsformen sind die Aktiengesellschaft (*Naamloze vennootschap*, abgekürzt *NV*)[1170] und die GmbH (*Besloten vennootschap met beperkte aansprakelijkheid*, abgekürzt *BV*)[1171]. Letztere war weitestenteils der Aktiengesellschaft entsprechend ausgestaltet, mittlerweile ist es zu vielfältigen Änderungen und Anpassungen gekommen. Beide können sich inzwischen sowohl monistisch als auch dualistisch organisieren[1172].

Für ihre Organisation kennt das niederländische Gesetz seit 1971 zwei Modelle. Welches davon zum Zuge kommt hängt grundsätzlich von der Unternehmensgröße ab. Zum einen gibt es das „normale" Modell, nach dem sich die Unternehmen wahlweise monistisch oder dualistisch organisieren können. Zum anderen gibt es, für bestimmte große Unternehmen, unabhängig von der gewählten Organisationsform das sog. „Strukturmodell". In beiden Modellen sind Vorstand (*raad van bestuur*; „bestuur" meint „Unternehmensführung", der Vorstand wird gelegentlich auch als *directie* bezeichnet) und Anteilseignerversammlung (*algemene vergadering*) verpflichtend. Ein Aufsichtsrat (*raad van commissarissen*) kann hier grundsätzlich auf freiwilliger Basis per Satzung etabliert werden[1173]. Im monistischen System wird dann zwischen geschäftsführenden und nicht-geschäftsführenden Mitgliedern unterschieden (*uitvoerende bestuurders* bzw. *niet-uitvoerende bestuurders*)[1174].

Wird auf das Unternehmen die sog. Strukturregelung angewendet, näher dazu sogleich unter 4. b), wird die Beteiligung der Arbeitnehmer an den Leitungsentscheidungen obligatorisch. Dies geschieht dann durch die verpflichtende Einrichtung eines Aufsichtsrats[1175] bzw. eine anderweitige indirekte Beteiligungsart im monistischen Modell[1176].

4. Arbeitnehmerbeteiligung

a. Betriebliche Interessenvertretung

i. Voraussetzungen

(a) Grundlagen

Die Arbeitnehmerbeteiligung in den Niederlanden ist eingliedrig ausgestaltet. Es bestehen Betriebsräte, die allerdings personell vor allem gewerkschaftlich geprägt

---

angegeben. Soweit ersichtlich existiert kein allgemein freier Zugang zu den niederländischen Gesetzen in englischer Sprache.

1170 Art. 2:64 ff. *BW.*

1171 Art. 2:175 ff. *BW.*

1172 Zu den jüngsten Entwicklungen vgl. oben Teil 3 B. I. 18.

1173 Art. 2:140 (*NV*) bzw. 2:250 (*BV*) *BW.*

1174 Art. 2:164a (*NV*) bzw. 2:274a (*BV*) *BW.*

1175 Art. 2:154 und 158 (*NV*) bzw. 2:264 und 268 (*BV*) *BW*; *Schilfgaarde/Winter*, BV/NV, S. 235 ff., 254 ff., 276 f.; *Timmermann/Spanjaard*, Arbeitnehmermitbestimmung, S. 75, 77, 83 f.

1176 Die Vorgaben über den Aufsichtsrat werden dann auf die nicht-geschäftsführenden Mitglieder entsprechend angewendet, Art. 2:164a, *lid* 1 (*NV*) bzw. 274a, *lid* 1 (*BV*) *BW.*

sind. Die Unternehmensmitbestimmung basiert ihrerseits auf der Betriebsrätestruktur in den Unternehmen. Deren rechtlicher Rahmen wiederum beruht größtenteils auf dem Betriebsrätegesetz (*Wet op de Ondernemingsraden, WOR*). Hierbei gilt nach niederländischem Recht jede unabhängige Betriebsstätte als „Unternehmen“[1177].

(b) Formen

Nach diesen Vorgaben sind alle Unternehmen mit mindestens 50 vollzeitbeschäftigten Mitarbeitern verpflichtet, einen Betriebsrat einzurichten, sog. *Ondernemingsraad, OR*[1178]. Hat ein Unternehmen zwischen 10 und 49 Beschäftigte, kann auf Antrag einer Mehrheit der Arbeitnehmer eine Personalvertretung (*Personeelsvertegenwoordiging, PVT*) eingerichtet werden, die abgeschwächte Befugnisse des Betriebsrats genießt[1179]. Ein Unternehmen kann aber auch freiwillig einen Betriebsrat etablieren.

In Konzernen mit mehreren Unternehmen wird ein Zentralbetriebsrat (*Centrale Ondernemingsraad, COR*) eingerichtet, sofern das für die Unterrichtung und Anhörung der Arbeitnehmer vorteilhaft ist. Für Unternehmen mit mehreren Gesellschaften kann ein Gruppenbetriebsrat (*Groepsondernemingsraad, GOR*) geschaffen werden[1180].

Nach dem Gesetz hat der Betriebsrat nicht nur den Zweck, die Interessen der Beschäftigten wahrzunehmen. Viel mehr werden regelmäßige Sitzungen zwischen Arbeitgeber und Arbeitnehmern als *„im Interesse des guten Funktionierens des Unternehmens mit all seinen Zielsetzungen“* erachtet[1181].

ii. Größe und Zusammensetzung

Der Betriebsrat setzt sich ausschließlich aus Arbeitnehmern zusammen, die von der gesamten Belegschaft gewählt werden. Hierzu werden Kandidatenlisten aufgestellt. Die Betriebsratsmitglieder werden dann entsprechend dem Stimmenanteil für die einzelnen Listen ausgewählt. Listen können entweder von den Gewerkschaften oder von einem Drittel der nicht gewerkschaftlich organisierten Beschäftigten im Betrieb aufgestellt werden. Insoweit gelten gewisse Mindestanforderungen.

1177 *Wet van 28 januari 1971, houdende nieuwe regelen omtrent de medezeggenschap van de werknemers in de onderneming door middel van ondernemingsraden – WOR*; der niederländische Text des WOR ist im Internet tagesaktuell abrufbar unter http://wetten.overheid.nl, Rubrik *Wet- en regelgiving*. Vgl. *Taylor*, Überblick, S. 76; ETUI-NL-BI, S. 1.

1178 Art. 2 Abs. 1 *WOR*.

1179 Art. 35b ff. *WOR*; ETUI-NL-BI, S. 2, 5. Nach *Van het Kaar, Effect* (oben Fn. 1168) sind die Schwellenwerte verschiedentlich durch Tarifvertrag auf 25 oder 35 Beschäftigte abgesenkt worden.

1180 Art. 33–35 *WOR*.

1181 Art. 2 *lid* 1 *WOR*: *„in het belang van het goed functioneren van die onderneming in al haar doelstellingen“*.

Zumeist sind die Betriebsräte mit Gewerkschaftsmitgliedern besetzt[1182]. Nach der Wahl arbeitet die jeweilige Gewerkschaftsgruppe eng mit „ihren" Betriebsratsmitgliedern zusammen und bringt so gewerkschaftliche Anliegen in die Beratungen des Betriebsrats ein.

Bis in die 1970er Jahre hinein hatte der Arbeitgeber den Vorsitz inne, mittlerweile wählt der Betriebsrat seinen Vorsitzenden und dessen Stellvertreter selbst[1183].

In einem Unternehmen mit mindestens 50 Beschäftigten hat der Betriebsrat fünf Mitglieder, bei bis zu 2.000 Beschäftigten deren 15. Je 1.000 weitere Beschäftigte kommen jeweils zwei weitere Mitglieder hinzu. Die Zahl der Betriebsratsmitglieder ist auf ein Maximum von 25 begrenzt. Eine *PVT* muss aus mindestens drei Mitgliedern bestehen[1184]. Die übliche Amtszeit liegt bei drei Jahren, sie kann aber auch durch Geschäftsordnung zwei oder vier Jahre betragen.

Gesetzlich vorgesehen ist, dass der Betriebsrat mindestens zwei Mal jährlich mit dem Arbeitgeber zusammentreten muss, um die allgemeine Lage des Unternehmens zu erörtern. In diesen Sitzungen muss, sofern ein Aufsichtsrat etabliert ist, mindestens ein Aufsichtsratsmitglied anwesend sein[1185]. In der Praxis gibt es monatliche Sitzungen des Betriebsrats sowie zusätzlich eine gemeinsame Sitzung mit dem Arbeitgeber. Bei diesen gemeinsamen Sitzungen wird der Vorsitz abwechselnd von der Unternehmensleitung und vom Betriebsratsvorsitzenden geführt[1186].

iii. Befugnisse

(a) Beteiligung

Der Betriebsrat hat weitreichende Informations-, Anhörungs- und Zustimmungsrechte. Letztere beziehen sich auf die unternehmenseigenen Regelungen in verschiedenen Bereichen, wie Rentenversicherung, Gehalts- und Lohnstufen, Einstellungen und Entlassungen. Ferner gibt es ein Initiativrecht, nach dem er dem Arbeitgeber Vorschläge unterbreiten kann, auf die dieser dann reagieren muss, was aber nur selten tatsächlich ausgeübt werden soll.

Er verfügt insbesondere über Anhörungsrechte in wirtschaftlichen Angelegenheiten. Wirken sich die unternehmerischen Tätigkeiten direkt auf die Beschäftigten aus, muss die Geschäftsleitung den Betriebsrat anhören (was insbesondere alle wesentlichen strategischen unternehmerischen Maßnahmen erfasst). Stimmt dieser den Plänen nicht zu, muss der Arbeitgeber die jeweilige Maßnahme um mindestens einen Monat aufschieben. In dieser Zeit kann der Betriebsrat gegen die Maßnahme Berufung bei der Unternehmenskammer des Gerichtshofs Amsterdam

---

1182 *Van het Kaar, Industrial Relations Profile* (oben Fn. 1166, Abschnitt *Workplace representation*) nennt einen Wert von 65%.

1183 Art. 6 ff. *WOR*; ETUI-NL-BI, S. 2, 4.

1184 Art. 6 *lid* 1 *WOR*.

1185 Art. 23 ff., insbesondere Art. 24 *leden* 1, 2 *WOR*.

1186 ETUI-NL-BI, S. 2.

einlegen. Eine Anhörung ist auch bei der Ernennung eines Geschäftsführers durchzuführen. Hier kann der Betriebsrat aber die Ernennung nicht aufschieben.

Praktisch stimmt der Gerichtshof in der Regel den Plänen des Unternehmens zu, sofern keine Verfahrensfehler vorliegen und die Arbeitnehmerinteressen hinreichend berücksichtigt werden. Die wirkliche Bedeutung dieser Anhörungsrechte soll darum vornehmlich darin liegen, dass sie den Parteien eine Möglichkeit der außergerichtlichen Einigung geben[1187].

(b) Ausstattung

Der Arbeitgeber muss dem Betriebsrat die Mittel und Einrichtungen zur Verfügung stellen, die er für die Wahrnehmung seiner Aufgaben benötigt. Ferner müssen die Betriebsratsmitglieder in gewissem Umfang unter Fortzahlung ihrer Bezüge freigestellt werden. In Unternehmen mit mehr als 100 Beschäftigten haben die Betriebsratsmitglieder Anspruch auf jährlich mindestens 60 Stunden Freistellung. Der genaue Umfang wird zwischen dem Betriebsrat und dem Arbeitgeber vereinbart.

Sofern der Arbeitgeber vorab darüber informiert wurde kann der Betriebsrat auch externe Sachverständige zu seinen Sitzungen einladen. Diese Experten werden dann ebenfalls vom Arbeitgeber bezahlt. Des Weiteren kann der Betriebsrat den Rat der Gewerkschaften einholen und sie zu den Sitzungen einladen[1188].

b. Unternehmensmitbestimmung

i. Rechtsgrundlagen

(a) Ausgangslage

Die Unternehmensmitbestimmung ist im Buch 2 des *Burgerlijk Wetboek* normiert. Demnach haben die Betriebsräte das Recht, in bestimmten „großen" Unternehmen bis zu einem Drittel der Aufsichtsratsmitglieder, bzw. im monistischen Modell der nicht-geschäftsführenden Mitglieder im Verwaltungsrat, vorzuschlagen. Die Arbeitnehmer haben jedoch weder direkt noch indirekt über Arbeitnehmervertreter Sitze im Vorstand oder Aufsichtsrat juristischer Personen. Diese Vorgabe wird „Strukturregelung" (*structuurregeling*) genannt[1189].

1187 Art. 25 ff. *WOR*; ETUI-NL-BI, S. 2 ff.; *Schilfgaarde/Winter*, BV/NV, S. 254 ff.; 261 ff. *Van het Kaar, Effect* (oben Fn. 1168) resümiert: *„Compared to other countries, I&C rights* [= Rechte auf Information und Konsultation, Anm. d. Verf.] *in the Netherlands are very strong (in my view stronger than in any other EU country), partly compensating (compared to e.g. Germany, Austria, Sweden) for the weak participation (employee board level representation) rights."*

1188 Art. 15 ff. *WOR*; ETUI-NL-BI, S. 4 f.; zu den Geheimhaltungspflichten vgl. Art. 20 WOR.

1189 *Timmermann/Spanjaard*, Arbeitnehmermitbestimmung, S. 75, 75; zur Geschichte der Strukturregelung vgl. *Moerland, „Het SER-advies inzake structuurregeling"* (2001), S. 292 f., unter http://www.mab-online.nl/pdf/90/MAB7_8-Jul_Aug_75_Moerland.PDF (niederländisch).

Von der Strukturregelung erfasst sind große Aktiengesellschaften und Gesellschaften mit beschränkter Haftung, ferner Genossenschaften und Versicherungsvereine auf Gegenseitigkeit[1190].

Diese Gesellschaften gelten als „groß“, wenn sie eine Reihe bestimmter gesetzlich vorgegebener Kriterien erfüllen. Derzeit sind das drei separate Voraussetzungen. Demnach muss sich das Eigenkapital der Gesellschaft zusammen mit den Reserven auf aktuell mindestens 16 Millionen Euro belaufen[1191], die AG oder die GmbH oder eine abhängige Gesellschaft[1192] muss kraft gesetzlicher Verpflichtung einen Betriebsrat gegründet haben und schließlich müssen bei der Gesellschaft und ihren abhängigen Gesellschaften zusammen in der Regel mindestens 100 Arbeitnehmer in den Niederlanden tätig sein[1193].

Entspricht eine AG oder eine GmbH diesen Anforderungen, muss sie dies innerhalb von zwei Monaten nach der Feststellung oder Genehmigung ihres Jahresabschlusses durch die Hauptversammlung dem Handelsregister anzeigen[1194]. Bestand diese Eintragung drei Jahre lang ununterbrochen[1195], werden auf die juristische

1190 *Coöperatie* bzw. *onderlinge waarborgmaatschappij, OWM*, Art. 2:52 bzw. 63b ff. BW. Sie bleiben im weiteren Verlauf unberücksichtigt.

1191 Der Gesetzeswortlaut ist *„geplaatste kapitaal de vennootschap te zamen met des reserves volgens de balans met toelichting ten minste een bij koninklijk besluit vastgesteld grensbedrag beloopt“*. Dieser Grenzbetrag wird durch sog. *Koninklijke Besluiten* festgesetzt (*KB*, Königliche Beschlüsse nach Art. 47, 89 *lid* 3 niederländisches Grundgesetz/*Grondwet vor het Koninkrijk der Nederlanden* = Allgemeinverfügungen). Er wird höchstens einmal in zwei Jahren geändert, proportional zu der Entwicklung eines durch Allgemeinverfügung zu bezeichnenden Preisindex seit einem durch diese Allgemeinverfügung zu bestimmenden Datum, gerundet auf das nächste Vielfache von einer Million Euro. Der Betrag wird solange nicht erneut festgesetzt, bis der nicht gerundete Betrag weniger als eine Million Euro von dem zuletzt festgesetzten Betrag abweicht; Art. 2:63b *lid* 3, 153 bzw. 263 *lid* 4 *BW*. Die Höhe des aktuellen Grenzbetrags folgt aus Art. III *Wijzigingswet Burgerlijk Wetboek Boek 2, enz.* vom 09. Juli 2004.

1192 Eine „abhängige Gesellschaft“ (*„afhankelijke maatschappij“*) in diesem Sinn ist (a) eine juristische Person, an der die juristische Person oder eine oder mehrere abhängige Gesellschaften allein oder zusammen für eigene Rechnung mindestens die Hälfte des gezeichneten Kapitals halten, (b) eine Gesellschaft, deren Unternehmen im Handelsregister eingetragen ist und wofür die AG oder die GmbH oder eine abhängige Gesellschaft als Gesellschafter Dritten gegenüber unbeschränkt für alle Verbindlichkeiten haftet; Art. 2:63a, 2:152 bzw. 263 *BW*. Eine Tochtergesellschaft ist eine juristische Person in der die juristische Person oder eine oder mehrere ihrer Tochtergesellschaften aufgrund Vertrages mit anderen Stimmberechtigten oder faktisch, allein oder zusammen mehr als die Hälfte der Stimmrechte in der Hauptversammlung ausüben können; Art. 2:24a *lid* 1 *BW*.

1193 Art. 2:153 bzw. 263 *lid* 2 *BW*.

1194 Art. 2:153 bzw. 263 *lid* 1 *BW*.

1195 Vgl. Art. 2:154 bzw. 264 *lid* 1 BW; die Frist dient dem Ausgleich etwaiger wirtschaftlicher Schwankungen.

Person die besonderen Gesetzesbestimmungen der Strukturregelung angewendet, die „große“ AG bzw. GmbH wird dann als „Strukturgesellschaft“ bezeichnet (*structuurvennottschap*)[1196]. In diesem Zusammenhang muss auch der Aufsichtsrat, bzw. eine indirekte Vertretungsform der Arbeitnehmer durch nicht-geschäftsführende Direktoren im Verwaltungsrat, etabliert werden.

Erfüllt die Gesellschaft die genannten Kriterien nicht mehr, wird die entsprechende Anzeige gelöscht[1197]. Auf diese Löschung muss im ersten Lagebericht nach der Löschung hingewiesen werden[1198]. Sollte die Gesellschaft nicht zu einer erneuten Anzeige verpflichtet sein, wird die Strukturregelung dann noch weitere drei Jahre angewendet[1199].

(b) Ausnahmen

Von diesem Grundsatz der verpflichtenden Strukturregelung gibt es jedoch eine Reihe bedeutender Ausnahmen, namentlich für internationale Konzerne. Diese werden vom Strukturregime (weitgehend) befreit. Erklärtes Ziel dieser Befreiung ist es, die Einheit des Konzerns und ausländische Arbeitnehmer vor einem übermäßigen Einfluss niederländischer Arbeitnehmer zu schützen. Nach dem Willen des niederländischen Gesetzgebers sind die niederländischen Arbeitnehmer nicht legitimiert, Mitbestimmungsrechte auf der Ebene der Muttergesellschaft mit Arbeitnehmern auszuüben, die mehrheitlich im Ausland beschäftigt sind. Hintergrund hierfür ist, die Befürchtung, dass bei einer entsprechenden Ausdehnung ausländische Investitionen in den Niederlanden unterbleiben würden[1200].

Gesetzlich vorgesehen ist daher, dass die Verpflichtung zur Anzeige im Handelsregister und damit auch die Anwendung des Strukturregimes nicht gilt für Tochtergesellschaften von Strukturgesellschaften[1201], Holdinggesellschaften internationaler

1196 *Timmermann/Spanjaard*, Arbeitnehmermitbestimmung, S. 75, 77 f.

1197 *Timmermann/Spanjaard*, Arbeitnehmermitbestimmung, S. 75, Fn. 16.

1198 Art. 2:153 bzw. 263 *lid* 1 *BW.*

1199 Art. 2:154 bzw. 264 *lid* 2 *BW.*

1200 *Timmermann/Spanjaard*, Arbeitnehmermitbestimmung, S. 75, 80 ff.; ETUI-NL-MB, S. 1; *Schilfgaarde/Winter*, BV/NV, S. 414 ff.; 434. Auch in dieser generellen Wertung offenbart sich ein bemerkenswerter Gegensatz zur deutschen Rechtslage.

1201 Art. 2:153 bzw. 263 *lid* 3 Buchstabe a) *BW*: eine AG oder GmbH, die abhängige Gesellschaft einer AG, einer GmbH, einer SE oder einer SCE ist, auf die das Strukturregime vollständig oder in abgeschwächter Form Anwendung findet. Begründet wird das damit, dass sich die Mitbestimmung der Muttergesellschaft in der Tochtergesellschaft fortsetzt, eine „weitere Ebene“ also nicht notwendig sein soll. Hier liegt ein deutlicher Gegensatz zum deutschen System der Kaskadenmitbestimmung.

Konzerne[1202], Finanzierungs- und Servicegesellschaften[1203] sowie joint ventures von Strukturgesellschaften[1204].

Daneben ist für internationale Konzerne auch eine teilweise Befreiung von der Strukturregelung möglich. Man spricht dann von einem „abgemilderten" Strukturregime (die Gesellschaft wird dann als *gemitigeerde structuurvennootschap* bezeichnet)[1205]. Dies wiederum ist der Fall, wenn mindestens die Hälfte des gezeichneten Kapitals der Struktur-AG bzw. der Struktur-GmbH gehalten wird durch eine niederländische oder ausländische juristische Person, deren Arbeitnehmer und deren Konzerngesellschaften mehrheitlich außerhalb der Niederlande tätig sind, bzw. durch abhängige Gesellschaften einer solchen juristischen Person. Ferner bei einem niederländischen joint venture zweier ausländischer Mütter und schließlich dem niederländischen joint venture einer ausländischen und einer niederländischen Mutter. Daneben gilt dies bei der Beteiligung natürlicher Personen.

Wenn sich die Umstände dahingehend ändern, dass eine Mehrheit der Arbeitnehmer in den genannten Gesellschaften inklusive der Konzerngesellschaften innerhalb der Niederlande beschäftigt wird, gilt das gemilderte Strukturregime nicht mehr[1206].

(c) Befreiungen

Vom Strukturregime sind zudem individuelle Befreiungen möglich. Der Justizminister kann nach Anhörung des Sozial-Ökonomischen Rats (*Sociaal-Economische Raad, SER*[1207]) die Gesellschaft auf deren Antrag von einer oder mehreren

---

1202 Art. 2:153 bzw. 263 *lid* 3 Buchstabe b) *BW*: eine AG oder GmbH, deren Tätigkeit sich ausschließlich oder nahezu ausschließlich auf die Verwaltung und die Finanzierung von Konzerngesellschaften und auf deren Beteiligungen an anderen juristischen Personen beschränkt, solange die Arbeitnehmer im Dienst des Gesellschaft und ihrer Konzerngesellschaften mehrheitlich außerhalb der Niederlande beschäftigt sind. Das Bestehen einer Beteiligung wird vermutet, wenn 20% oder mehr des gezeichneten Kapitals gehalten werden; Art. 2:24c *lid* 1 S.2 *BW*.

1203 Art. 2:153 bzw. 263 *lid* 3 Buchstabe c) *BW*: eine AG oder GmbH, die ausschließlich oder nahezu ausschließlich einer AG oder GmbH wie in Art. 2:153 bzw. 263 *lid* 3 Buchstabe b) *BW* Dienste zugunsten der Verwaltung und Finanzierung leistet.

1204 Art. 2:153 bzw. 263 *lid* 3 Buchstabe d) *BW*: eine AG oder GmbH, an der mindestens die Hälfte des gezeichneten Kapitals gemäß einer gegenseitigen Vereinbarung zur Zusammenarbeit von zwei oder mehreren Strukturgesellschaften oder durch zwei oder mehrere abhängige Gesellschaften von Strukturgesellschaften gehalten wird.

1205 Art. 2:155, 155a bzw. 265 *BW*.

1206 Art. 2:155, 155a bzw. 265 *leden* 2, 3, 265a *BW*.

1207 Der *SER* ist der Kernbestandteil des sog. „Polder-Modells" und Hauptplattform des organisierten Sozialen Dialogs. Er berät die niederländische Regierung und das Parlament u.a. hinsichtlich der sozial-ökonomischen Politik. Der Rat hat 33 Mitglieder und vereint gleichberechtigt Arbeitnehmer und Arbeitgeber über ihre jeweiligen zentralen Organisationen sowie zudem von der Regierung ernannte

Bestimmungen der Strukturregelung befreien. Solche Befreiungen können auch mit Auflagen und Beschränkungen verknüpft werden[1208]. Praktisch ist dies aber außerordentlich selten. Nach Auskunft der zuständigen *Directie Sociale Zaken* beim *SER* vom Oktober 2010 hat es bis dahin insgesamt lediglich vier derartige Fälle gegeben.

(d) Freiwilligkeit

Umgekehrt ist es einer Gesellschaft aber auch möglich, sich per Satzung den (vollständigen) Wirkungen des Strukturregimes zu unterwerfen. Voraussetzung hierfür ist lediglich, dass in der betreffenden Gesellschaft oder einer ihrer Tochtergesellschaften ein Betriebsrat besteht, auf den das Betriebsrätegesetz *WOR* angewendet wird. Auch hier sind aber Einschränkungen möglich. So kann die Satzung vorsehen, dass die entsprechenden Vorschriften über Bestellung und Entlassung des Vorstands sowie über die Feststellung des Jahresabschlusses nicht angewendet werden sollen[1209].

(e) Empirie

Von in den Niederlanden insgesamt ca. 300.000 Aktiengesellschaften und Gesellschaften mit beschränkter Haftung waren im Jahr 2004 ca. 250 Strukturgesellschaften, von denen wiederum 70 das gemilderte Strukturregime angewendet haben. Noch 1999 waren es 393 Strukturgesellschaften. Einige bedeutende Unternehmen, namentlich die Banken *ABN Amro Holding* und *ING Groep*, hatten sich zunächst freiwillig dem Strukturregime unterworfen, dies dann aber wieder aufgegeben. Dies soll darauf hindeuten, dass die Strukturregelung insgesamt zunehmend kritischer gesehen wird[1210].

ii. Wirkungen

(a) Befugnisse

Strukturgesellschaften haben verpflichtend immer einen Aufsichtsrat[1211] bzw. müssen im monistischen Modell verpflichtend nicht-geschäftsführende Direktoren in den Verwaltungsrat berufen. Auf diese nicht-geschäftsführenden Direktoren werden

---

unabhängige Sachverständige (*tripartiete samenstelling);* Eigendarstellung unter http://www.ser.nl. Der faktische Einfluss des SER wird allgemein als beträchtlich beschrieben. Vgl. z.B. *Economist* 2002 (oben Fn. 1167): *„The SER is supposedly nothing more than an advisory body. Even so, as Hermann Wijffels, its* [damaliger, Anm. d. Verf.] *chairman, puts it, if its members agree on a policy, for example on social security or health-care reform, it is not easy for the government to ignore it."*

1208 Art. 2:156 bzw. 266 *BW.*

1209 Art. 2:157 bzw. 267 *BW.*

1210 *Timmermann/Spanjaard*, Arbeitnehmermitbestimmung, S. 75, 82 f.; *Moerland*, *„Het SER-advies inzake structuurregeling"* 2001 (oben Fn. 1189), S. 293.

1211 Art. 2:158 bzw. 268 *lid* 1 *BW.*

dann die Regelungen über den Aufsichtsrat grundsätzlich entsprechend angewendet[1212]. Aus Gründen der besseren Lesbarkeit werden die nicht-geschäftsführenden Direktoren im Verwaltungsrat im Folgenden daher nicht mehr gesondert erwähnt.

Der Aufsichtsrat hat weitreichende Befugnisse. So bestellt und entlässt er den Vorstand, verfügt über bestimmte Zustimmungsvorbehalte bei Grundlagengeschäften und ist zudem an der Erstellung der Jahresabschlüsse beteiligt[1213].

Anders aber beim „gemilderten Strukturregime“. Hier hat der Aufsichtsrat weder das Recht zur Bestellung und Abberufung der Vorstandsmitglieder noch zur Feststellung des Jahresabschlusses. Erreicht wird damit eine einheitliche Unternehmensführung der grenzüberschreitend aufgestellten Gesellschaften.

(b) Arbeitsweise

Da die niederländischen Aufsichtsräte homogen operierende Organe innerhalb der Gesellschaft sind, wird hier nicht mit einem Vorversammlungssystem gearbeitet. Allerdings ist gesetzlich vorgesehen, dass sich die Aufsichtsratsmitglieder zweimal jährlich mit dem Betriebsrat beratschlagen. Praktisch sollen diese Treffen meist nur zwischen dem Aufsichtsratsvorsitzenden und dem Betriebsrat stattfinden, wobei in der Regel auch ein Mitglied des Vorstands anwesend ist[1214].

(c) Zusammensetzung

Der Aufsichtsrat setzt sich aus mindestens drei Mitgliedern zusammen[1215]. Es bestehen allerdings gewisse Inkompatibilitäten. So kann Aufsichtsratsmitglied

1212 Art. 2:164a bzw. 274a, *lid* 1 *BW. Den Boogert et al.*, Bestuur en Toezicht 2013, S. 7: *„Wanneer een structuurvennootschap kiest voor een monistisch bestuursmodel, geldt als hoofdregel dat de bepalingen in de structuurregeling die betrekking hebben op de RvC, moeten worden toegepast op de niet uitvoerende bestuurders“*, übersetzt etwa „Wenn eine Strukturgesellschaft sich für das monistische Modell entscheidet gilt als Grundregel, dass die Vorgaben der Strukturregelung für den Aufsichtsrat auf die nicht-geschäftsführenden Direktoren entsprechend angewendet werden.“ Entsprechend anwendbar sind gem. Art. 2:164a *lid* 1 bzw. 274a *lid* 1 *BW* insbes. Art. 158/268, *leden* 2–12 und Art. 159/269 über die Zusammensetzung und die Bestellung, Art. 160/270 über die Inkompatibilitäten, Art. 161/271 über Amtszeit, Abberufung und Suspendierung und Art. 161 a/271a über Entzug des Vertrauens durch die Anteilseigner, näher dazu sogleich.

1213 Art. 2:162 ff. bzw. 272 ff. *BW*; zu den einzelnen Zustimmungsvorbehalten vgl. Art. 2:164 bzw. 274 *lid* 1 Buchstaben a) bis l) *BW*. Gem. jeweiligem *lid* 2 wirken die Zustimmungsvorbehalte freilich nur im Innenverhältnis. *Timmermann/Spanjaard*, Arbeitnehmermitbestimmung, S. 75, 84 f.; *Taylor*, Überblick, S. 76. Im monistischen Modell kommen diese Aufgaben den nicht-geschäftsführenden Direktoren zu, Art. 2:164a bzw. 274a, *lid* 2 *BW*.

1214 *Timmermann/Spanjaard*, Arbeitnehmermitbestimmung, S. 75, 90; *Schilfgaarde/Winter*, BV/NV, S. 235 ff., 246 f., 252, 414 ff.

1215 Art. 2:158 bzw. 268 *lid* 2 *BW*.

einer Strukturgesellschaft nicht sein, wer im Dienst der Gesellschaft oder einer abhängigen Gesellschaft steht, wer Vorstandsmitglied ist oder wer im Dienst eines Arbeitnehmerverbands steht, der gewöhnlich bei der Festlegung der Arbeitsbedingungen in der Gesellschaft beteiligt ist[1216]. Arbeitnehmervertreter sind weder im Vorstand noch im Aufsichtsrat der Gesellschaft vorgesehen[1217]. Allerdings haben die Betriebsräte ein Vorschlagsrecht. Die Aufsichtsratsmitglieder haben eine Geheimhaltungspflicht[1218].

- *Kooptation*

Ursprünglich wurden die Aufsichtsratsmitglieder durch den Aufsichtsrat selbst bestellt, sog. Kooptation (*coöptatie*, von lat. *cooptatio*, „Zuwahl"). Dies wurde verschiedentlich kritisiert. Bemängelt wurde seitens der Wirtschaft insbesondere der im Vergleich zu geringe Einfluss der Anteilseigner. Im Gegenteil sollten Vorstand und Aufsichtsrat oft zu eigenständig handeln und die Interessen der Anteilseigner untergraben, was sich namentlich im Bereich der in den Niederlanden häufig angewendeten Abwehrmaßnahmen gegen feindliche Übernahmen geäußert hätte. In dieser (zu weit gehenden) Eigenständigkeit läge auch ein Grund, aus dem viele freiwillige Strukturgesellschaften die Strukturregelung wieder aufgegeben hätten[1219].

Die Arbeitnehmer kritisierten insbesondere die generell mangelhaften und zu indirekten Mitspracherechte[1220].

Beobachter fassen es zugespitzt zusammen: *„Eigentlich hat es jeder, außer dem Vorstand und dem Aufsichtsrat, unter dem Strukturregime schlecht getroffen"*[1221].

1216 Art. 2:160 bzw. 270 BW; *Timmermann/Spanjaard*, Arbeitnehmermitbestimmung, S. 75, 86; *Taylor*, Überblick, S. 76.

1217 Im Zuge der Finanzkrise hat eine Teilgewerkschaft im *CNV* einen größeren Arbeitnehmereinfluss gefordert, u.a. sollte ein Drittel der Aufsichtsratsmitglieder als dezidierte Arbeitnehmervertreter ernannt werden (*employee supervisory directors*). Jedoch beschränkt selbst die Gewerkschaft diese Forderung auf die Aufsichtsräte börsennotierter Unternehmen und behält das Kriterium der Unabhängigkeit für die Kandidaten bei; vgl. *Grünell, CNV Dienstenbond proposes more employee influence in companies* (25.09.2009), abrufbar unter http://www.eurofound.europa.eu/eiro/2009/07/articles/nl0907029i.htm (englisch).

1218 Da das Organ insgesamt aber außerordentlich homogen ist wird hiergegen tatsächlich selten oder niemals verstoßen; *Timmermann/Spanjaard*, Arbeitnehmermitbestimmung, S. 75, 91.

1219 Ausführlich zum alten Verfahren *Timmermann/Spanjaard*, Arbeitnehmermitbestimmung, S. 75, 85 ff.; vgl. auch *Moerland, „Het SER-advies inzake structuurregeling"*, 2001 (oben Fn. 1189), S. 293 ff., der auch von *„old boys networks"* spricht: *„Daardoor is [...] de positie van de aandeelhoudersvergadering uitgehold en is een te grote afstand ontstaan tussen de kapitaalverschaffers en de ondernemingsleiding."*

1220 Vgl. z.B. *Schulten/Zagelmeyer*, EIRO 1998, S. 15; *Van het Kaar*, ECL 2009, S. 55, 59.

1221 So *Timmermann/Spanjaard*, Arbeitnehmermitbestimmung, S. 75, 92.

- *Neuregelung 2004*

Darum wurden mit Wirkung vom Oktober 2004 die Regelungen überarbeitet[1222].

Seitdem werden die Aufsichtsratsmitglieder nicht mehr direkt kooptiert sondern von der Anteilseignerversammlung ernannt. Die entsprechenden Kandidaten werden aber, vergleichsweise frei, vom Aufsichtsrat vorgeschlagen. Hierbei orientiert er sich an gewissen Leitlinien, die er sich selbst gibt, aber mit dem Betriebsrat und den Anteilseignern erörtern muss. Die Anteilseignerversammlung kann die vorgeschlagenen Kandidaten ablehnen, hat aber selbst keine Möglichkeit, eigene Kandidaten gegen den Willen des Aufsichtsrats durchzusetzen. Lehnen die Anteilseigner den Kandidaten ab, muss der Aufsichtsrat einen neuen Kandidaten vorschlagen[1223].

Der Betriebsrat hat ein Vorschlagsrecht für ein Drittel der Sitze im Aufsichtsrat und kann für jeden frei gewordenen Sitz ein Mitglied ernennen, bis er seinen Anteil von insgesamt einem Drittel erreicht hat. Der Aufsichtsrat muss die Nominierungen des Betriebsrats grundsätzlich genehmigen. Ablehnen kann er nur, wenn die vorgeschlagene Person *„zur Aufgabenerfüllung nicht geeignet"* sein sollte[1224] oder sich eine unausgewogene Verteilung im Gremium ergäbe. Kann in diesem Zusammenhang keine Einigung erzielt werden, wird die Unternehmenskammer des Gerichtshofs in Amsterdam angerufen, was in der Praxis aber ausnehmend selten der Fall sein soll. So oder so liegt die endgültige Entscheidung auch über die vom Betriebsrat nominierten Kandidaten bei der Anteilseignerversammlung. Diese kann auch die vom Betriebsrat vorgeschlagenen Kandidaten ablehnen. Falls das geschieht muss das gesamte Verfahren wiederholt werden[1225].

Weitergehend kann die Anteilseignerversammlung den gesamten Aufsichtsrat entlassen. Hierzu bedarf es der Mehrheit der Stimmen, die gleichzeitig mindestens einem Drittel des ausgegebenen Kapitals entsprechen müssen. Vor dieser Entscheidung ist eine Stellungnahme des Betriebsrats einzuholen, der aber selbst keine Möglichkeit hat, seinerseits von sich aus eine Entlassung durchzusetzen[1226].

1222 Vgl. *Wet Wijziging Structuurregeling – Wet van 9 juli 2004 tot wijziging van boek 2 van het Burgerlijk Wetboek in verband met aanpassing van de structuurregeling,* unter http://www.overheid.nl, Rubrik „Wet- en Regelgeving".

1223 Art. 2:158 bzw. 268 *leden* 3–12, 161a bzw. 271a *BW.*

1224 Art. 2:158 bzw. 268 *lid* 6 Satz 1 *BW*: *„ongeschikt zal sijn voor de vervulling van de taak".*

1225 ETUI-NL-MB, S. 1; vgl. *Timmermann/Spanjaard,* Arbeitnehmermitbestimmung, S. 75, 90, 93. Nach *Van het Kaar, Industrial Relations profile* (oben Fn. 1166, Abschnitt *Employee board-level representation*) sind die Betriebsräte in diesem Bereich in der Praxis „nicht besonders aktiv", weshalb die tatsächliche Bedeutung der Nominierungsmöglichkeit begrenzt sei. Nach *Schulten/Zagelmeyer,* EIRO 1998, S. 15 (damit allerdings noch zur alten Regelung) wurden die Betriebsratsvorschläge in einem Drittel aller Fälle abschlägig beschieden.

1226 Art. 2:158 bzw. 268 *lid* 9, 161a bzw. 271a *lid* 2 *BW.*

Zudem hat die Anteilseignerversammlung weitergehende Möglichkeiten, die Vergütung des Vorstandes und der Aufsichtsratsmitglieder zu beeinflussen[1227].

Von den genannten Regelungen kann durch einvernehmliche Vereinbarung zwischen Anteilseignerversammlung, Betriebsrat und Aufsichtsrat abgewichen werden. Allerdings ist in jedem Fall den Anteilseignern das Recht zu belassen, eine Nominierung ablehnen zu können[1228].

Nach wie vor dürfen allerdings weder Beschäftigte des jeweiligen Unternehmens noch Vertreter von solchen Gewerkschaften, die an Tarifverhandlungen mit dem Unternehmen beteiligt sind, Mitglieder des Aufsichtsrats sein[1229]. Daher können auch keine Betriebsratsmitglieder in den Aufsichtsrat entsandt werden. Der tatsächliche Einfluss des Betriebsrats beschränkt sich also auf das Nominierungsrecht. Praktisch sollen darum vor allem Politiker oder Personen des akademischen Lebens nominiert werden, die das Vertrauen der Arbeitnehmerseite genießen, im Aufsichtsrat aber dennoch nicht als Arbeitnehmervertreter betrachtet werden[1230]. Das Gremium erscheint so im Vergleich als äußerst unabhängig.

5. *Praxis*

In der Praxis wird ein Struktur-Aufsichtsrat durchaus immer noch als mächtiges Organ wahrgenommen. Neben den Zustimmungsvorbehalten mit einem echten Vetorecht in nahezu allen strategisch bedeutsamen Belangen wird das Recht, den Vorstand zu bestellen und zu entlassen als wesentlich angesehen. Allerdings wird der Einfluss der Arbeitnehmer sowie des Betriebsrats auf die Ausübung dieser Rechte als wenig beträchtlich bewertet. Ein erster Grund hierfür ist die ausdrückliche Verpflichtung der Aufsichtsratsmitglieder auf das Unternehmensinteresse[1231], in Abgrenzung zu etwaigen Teilinteressen wie derer der Arbeitnehmer oder

---

1227 Art. 2:135 und 145 bzw. 245 und 255 *BW*.

1228 Art. 2.158 bzw. 268 *lid* 12 *BW*.

1229 Art. 2: 160 bzw. 270 *BW*; zur Unabhängigkeit der Aufsichtsratsmitglieder vgl. auch Pkt. III 2.2. des Niederländischen Corporate Governace Kodex von 2009, unter http://www.commissiecorporategovernance.nl/page/downloads/DEC_2008_UK_Code_DEF__uk_.pdf (englisch).

1230 ETUI-NL-MB, S. 2; *Taylor*, Überblick, S. 76; *Timmermann/Spanjaard*, Arbeitnehmermitbestimmung, S. 75, 90; *Van het Kaar*, ECL 2009, S. 55, 56.

1231 Sowohl gesetzlich als auch durch den Niederländischen Corporate Governance Kodex besteht die Verpflichtung, im Unternehmensinteresse zu handeln (vgl. Art. 2:140 bzw. 250, jeweils *lid* 2 S. 2 *BW*: *„Bij de vervulling van hun taak richten de commissarissen zich naar het belang van de vennootschap en de met haar verbonden onderneming"*, bzw. Präambel, Pkt 10 Niederländischer Corporate Governance Kodex). Die Reflexionsgruppe zur Zukunft des EU-Gesellschaftsrechts begrüßt diese (langfristig orientierte) Ausrichtung (*"Dutch law (and the Dutch Corporate Governance Code) states that „the board acts in the interest of the company and of the enterprise that it is associated with". This concept implies that companies should*

der Banken. Daneben wird angeführt, dass die Vorschlagsrechte der Arbeitnehmerseite *„zu stark gefiltert, zu indirekt“* sein sollen. Offenbar machen auch längst nicht alle Betriebsräte von ihren Nominierungsrechten Gebrauch[1232]. Die seit dem Jahr 2004 geänderten Regelungen werden als immer noch zu wenig transparent erachtet[1233]. *Van het Kaar* resümiert aufgrund der begrenzten Wirkungen sogar: *„Strictly speaking, the Netherlands does not have employee representatives at board level“*[1234].

VI Dänemark[1235]

1. Abriss

Dänemark verfügt über ein ausgefeiltes System der Arbeitnehmerbeteiligung. Es umfasst sowohl betriebliche Vertretungsformen als auch eine optionale Beteiligung auf Leitungsebene in allen Kapitalgesellschaften mit mindestens 35 Beschäftigten. Diese wirkt faktisch als Drittelbeteiligung.

---

be run with a long-term perspective and aim at continuity.“); Bericht Reflexionsgruppe 2011, Fn. 83; vgl. insofern auch Niederländischer Corporate Governance Kodex, Präambel, Pkt. 7.

1232 Nach einem unabhängigen Forschungsbericht zur alten Rechtslage haben überhaupt nur 51% der Betriebsräte ihre Nominierungsrechte ausgeübt; 28% davon nur einmal, 12% zwei Mal und 11% drei Mal oder öfter. Auch hier besteht eine Größenabhängigkeit, so dass eine Nominierung nahezu ausschließlich in großen Unternehmen erfolgte. Allerdings wird auch berichtet, dass sich Betriebsrat, Aufsichtsrat und Geschäftsleitung über die praktischen Modalitäten der Nominierung der Mitglieder und für die Zusammensetzung des Aufsichtsrats geeinigt hätten, ETUI-NL-MB, S. 2.

1233 *Timmermann/Spanjaard*, Arbeitnehmermitbestimmung, S. 75, 90 f.

1234 *Industrial relations profile*, oben Fn. 1166, Abschnitt *Employee board-level representation*; vgl. auch *dens., Effect*, (oben Fn. 1168), wonach die vergleichsweise beträchtlichen Rechte auf betrieblicher Ebene die schwächere Mitbestimmung kompensieren.

1235 *Taylor*, Überblick, S. 68 f.; *Dragsbæk*, Country Report DK, S. 19 ff.; *Andersen*, Co-Determination DK, S. 11 ff.; *Fulton*, ETUI-DK-Betriebliche Interessenvertretung (im Folgenden: ETUI-DK-BI) bzw. ETUI-DK-Unternehmensmitbestimmung (im Folgenden: ETUI-DK-MB) unter http://www.worker-participation.eu/index.php/National-Industrial-Relations/Countries/Denmark; *Jørgensen, Denmark: Industrial relations profile* (z.T. 18.04.2013), bei Eiro online abrufbar unter http://www.eurofound.europa.eu/eiro/country/denmark.htm (englisch). Eine Einführung in englischer Sprache findet sich ferner beim dänischen Gewerkschaftsbund *LO* unter http://www.lo.dk/~/media/LO/English/2008_LOpjecen_engelsk.ashx.

2. Hintergrund

Die industriellen Beziehungen in Dänemark beruhen traditionell auf Tarifvereinbarungen. Gesetzgebung und staatliche Interventionen spielen eine vergleichsweise geringe Rolle.

Die Selbstregulierung ist ein Hauptkennzeichen im Bereich der gesamten nordischen Corporate Governance wie auch in weiteren gesellschaftlichen Bereichen[1236]. Statt „harter" gesetzlicher Regelungen durch einen starken Staat werden die relevanten Rahmenbedingungen oft durch die Sozialpartner ausgehandelt, ggf. unter Hinzuziehung der Regierung in tripartiten Verhandlungen. Insbesondere die Gewerkschaften treten hierbei traditionell sehr selbstbewusst auf, was sich mit einem bemerkenswert hohen Organisationsgrad erklären lässt. In allen nordischen Ländern liegt dieser bei mindestens 70%. Hintergrund hierfür ist, dass die nordischen Staaten, womöglich durchgreifender als der ursprüngliche „Erfinder" Belgien, das „*Gent*-System" etabliert hatten und die Arbeitslosenversicherung lange Zeit an die gewerkschaftlichen Institutionen gekoppelt war; erst die Mitgliedschaft in einer Gewerkschaft führte zur Mitgliedschaft in einer Arbeitslosenversicherung (allgemein kurz *a-kassa/A-kasser*). Zuletzt wurden jedoch allgemein vielfältige Systemänderungen vorgenommen, die u.a. auch reflexhaft zu abnehmenden Mitgliedszahlen bei den Gewerkschaften führen. Zudem nehmen viele Gewerkschaftsmitglieder als Rentner und Studenten nicht am aktiven Erwerbsleben teil. Der Trend bei den gewerkschaftlichen Mitgliederzahlen ist so im gesamten Norden durchgängig negativ, ein Umdenken setzt jedoch nur allmählich ein.

Für Dänemark wurden die Grundlagen zur eigenverantwortlichen Regelung bereits 1899 durch den so genannten „September-Kompromiss" gelegt (*Septemberforliget*). Hier erkannten Arbeitnehmer und Arbeitgeber wechselseitig ihr Recht zur Organisation und damit zu Verhandlungen an. 1910 wurden durch den Staat flankierend ein Arbeitsgericht und öffentliche Schlichtungsstellen geschaffen. Abgesehen von (Streit-)Schlichtung und Vermittlung kamen und kommen dem Staat aber keine Aufgaben zu. Auch heute noch werden die wesentlichen arbeitsmarktpolitischen Fragen durch Tarifvertrag geregelt. Auf nationaler Ebene werden dazu Basistarifverträge mit längeren Laufzeiten geschlossen, in denen u.a. die wesentlichen Verfahren und Bestimmungen für die Verhandlungen auf sektoraler oder unternehmerischer Ebene niedergelegt sind. In letzter Zeit geht der Trend aber auch hier zur Dezentralisierung. Die Verhandlungsebene verschiebt sich zunehmend weg von der übergeordneten Ebene hin zu den individuellen Unternehmen[1237]. Die

1236 Als Überblick vgl. die gemeinsam von den jeweiligen nationalen Corporate Governance-Organisationen herausgegebene Broschüre *Corporate Governance in the Nordic Countries* (April 2009), unter http://www.corporategovernance.dk/graphics/Corporategovernance/Nordic%20CG%20booklet%20-%20final%20web%20version.pdf (englisch).

1237 *Jørgensen*, (oben Fn. 1235), Abschnitt *Collective bargaining*, spricht auch von der „zentralisierten Dezentralisierung" (*„centralised decentralisation"*).

Institutionalisierung von Konflikten, vergleichsweise hohe Mitgliedsraten in den Organisationen[1238] und eine allseits anerkannte Präferenz zu Konsens und Kooperation förderten die industrielle Stabilität; die Literatur spricht auch vom „Dänischen Modell".

Die Arbeitnehmerbeteiligung in den Unternehmen erfolgt auf betrieblicher und unternehmerischer Ebene. Im betrieblichen Bereich wird sie meist durch die lokalen Gewerkschaftsvertretungen wahrgenommen. Seit 1947 gibt es daneben in Unternehmen mit mehr als 35 Beschäftigten Kooperationsausschüsse, die jeweils paritätisch mit Arbeitnehmer- und Arbeitgebervertretern besetzt sind und deren Funktion dem Betriebsrat vergleichbar ist. Weiterhin bestehen Ausschüsse für Gesundheit und Sicherheit.

Die Unternehmensmitbestimmung geht auf gewerkschaftliche Bestrebungen aus den 1960er/1970er Jahren zurück. Angedacht war, auch diese Materie der Selbstregulierung zu überlassen. Entsprechende Vorschläge konnten sich jedoch nicht durchsetzen. Letztlich erfolgte darum eine Regelung durch den Gesetzgeber, was gleichwohl in den ansonsten auf Tarifvereinbarungen beruhenden industriellen Beziehungen ein Novum darstellte[1239]. Das erste Mitbestimmungsgesetz

---

1238 Art. 78 der dänischen Verfassung von 1953 (*Danmarks Riges Grundlov*) normiert die allgemeine Vereinigungsfreiheit, erwähnt aber die Gewerkschaften nicht explizit. In der deutschen Übersetzung lautet sein Abs. 1: *„Die Bürger sind berechtigt, ohne vorherige Erlaubnis Vereine zu jedem gesetzlich zulässigen Zweck zu bilden"*, Text abrufbar unter http://www.verfassungen.eu/dk/daen53.htm#Kapitel%20VIII. Der gewerkschaftliche Organisationsgrad ist seit 1996 kontinuierlich leicht rückläufig, aber immer noch bemerkenswert hoch. Er wird aktuell mit 67–77% angegeben, was in absoluten Zahlen bei einer Erwerbsbevölkerung von ca. 2,6 Mio. Menschen ca. 2 Mio. Gewerkschaftsmitgliedern entspricht. Mit Abstand größter Gewerkschaftsbund ist die *LO, Landsorganisationen i Danmark*, die in 25 Mitgliedsorganisationen ca. 1,1 Mio. Mitglieder vereinigt. Vgl. Darstellungen bei *Fulton*, Abschnitt *Trade Union* und *Jørgensen*, Abschnitt *Trade unions* (beide oben Fn. 1235), sowie *Larsen/Navrbjerg, Decline of the Danish shop steward* (15.11.2010), unter http://www.eurofound.europa.eu/eiro/2010/10/articles/dk1010029i.htm (englisch).

1239 Bereits 1965 hatte der Gewerkschaftsbund *LO* ein Komitee eingesetzt, das, einhergehend mit der durchgreifenden Diskussion im Land, Vorschläge erarbeiten sollte *„zur allgemeinen Demokratisierung der dänischen Wirtschaftsgemeinschaft sowie der Arbeitnehmerrechte zur Beteiligung an den allgemeinen Entscheidungen über die Unternehmenspolitik im bestehenden Repräsentationssystem"*. Es empfahl die Einführung eines Systems, das sich eng am deutschen Modell orientierte und schlug diesbezügliche Verhandlungen durch die Tarifpartner vor. Wählbar sollten nur Gewerkschaftsmitglieder sein. Der Vorschlag konnte sich jedoch nicht durchsetzen, entsprechende gesetzliche Initiativen scheiterten 1967 und 1971; *Dragsbæk*, Country Report DK, S. 19, 19; *Andersen*, Co-Determination DK, S. 11, 11 f. Das gleichzeitig mit der Einführung der Mitbestimmung vorgeschlagene Gesetz zur Gewinnverteilung wurde hingegen im Parlament nicht angenommen; vgl. hierzu aber *Andersen*, Co-Determination DK, S. 11, 12.

erging 1973 und erfasste Unternehmen mit mehr als 50 Beschäftigten. Hier konnten die Arbeitnehmer mindestens zwei Mitglieder und maximal bis zu einem Drittel der Mitglieder des Leitungsgremiums stellen. Entgegen der vorherigen Vorschläge verlangte das Gesetz für die Wählbarkeit als Arbeitnehmervertreter nicht mehr die Mitgliedschaft in einer Gewerkschaft, sondern stellte ausschließlich auf den Status als Arbeitnehmer ab. Dieser Gedanke fand auch die Unterstützung der Sozialpartner. Im Grundsatz blieben die Regelungen seitdem weitgehend unverändert. Einzige bedeutende Ausnahme ist die Absenkung des Schwellenwerts von ursprünglich 50 auf nunmehr 35 Beschäftigte im Jahr 1987. Hierdurch wurden ungleich mehr Unternehmen in die Mitbestimmung einbezogen[1240].

Das System erscheint insgesamt als allseits etabliert, Konflikte zwischen den Interessenvertretern der Arbeitnehmer und denen der Unternehmen sind äußerst selten. Auch seitens der Regierung wird kein grundsätzlicher Änderungsbedarf gesehen. Im Rahmen eines „Entbürokratisierungsplans", in dem die allgemeinen Leitlinien zur Wirtschaftsregulierung und Anpassung an die modernen Entwicklungen festgehalten wurden, hat sie sich mit Blick auf die Reform der Gesellschaftsgesetze und ihre Anpassung an die internationalen „best practices" dafür ausgesprochen, die Regelungen zur Unternehmensmitbestimmung im Grunde zu erhalten. Allerdings sollte gleichermaßen die Möglichkeit vorgesehen werden, in großen Teilen von ihnen abzuweichen, falls Unternehmensleitung und Arbeitnehmer sich hierüber einigen[1241]. Die Arbeitgeber werten diese Möglichkeiten zur gesteigerten Individualisierung und einer größeren Bedeutung von Rahmenregelungen als Schritt in die richtige Richtung[1242].

1240 Die weitaus meisten dänischen Unternehmen (geschätzt ca. 305.000) sind KMU. 98% beschäftigen weniger als 50 Arbeitnehmer, 95% weniger als 20 Arbeitnehmer; *Jørgensen, Denmark: EIRO CAR on „The effect of the Information and Consultation Directive on Industrial relations in the EU Member States five years after its transposition"* (19.01.2011), abrufbar unter http://www.eurofound.europa.eu/eiro/studies/tn1009029s/dk1009029q.htm (englisch).

1241 Bemerkenswerterweise wird die Mitbestimmungs-Thematik im gesamten Dokument in lediglich einem Absatz erwähnt. Die dortige Formulierung ist allerdings recht zurückhaltend und lässt durchaus Raum für zukünftige Abweichungen (*„It has been proposed that the regulations governing employee representation be largely preserved, with scope to deviate from most of them if there is agreement between management and employees."*); *Afbureaukratiseringsplan for det erhvervsrettede område* vom März 2009, S. 11 f. englische Fassung bei der Registerbehörde *Erhvervsstyrelsen/Danish Commerce and Companies Agency, DCCA* (mittlerweile *DBA*) unter http://www.dcca.dk/graphics/publikationer/Administrative%20let telser/Afbureaukratiseringsplan%20%28Eng%29.pdf.

1242 Auskunft von *Karina Ransby, Director of Analysis* beim Arbeitgeberverband *DA*, vom 11.04.2011 auf entsprechende Nachfrage d. Verf.

3. *Organisationsverfassung der Kapitalgesellschaften*

Einheitliche Rechtsquelle für die Kapitalgesellschaften (*kapitalselskaber*) ist seit 2009 das Gesetz über Aktiengesellschaften und Gesellschaften mit beschränkter Haftung, *Lov om aktie- og anpartsselskaber (selskabsloven)*[1243]. Maßgebliche Rechtsformen sind die Aktiengesellschaft (*Aktieselskab*, abgekürzt *A/S*) und die GmbH (*Anpartsselskab*, abgekürzt *ApS*).

Nach dem Gesetz kann die Gründung sowohl einer *A/S* als auch einer *ApS* durch eine oder mehrere Personen erfolgen (*stiftere*). Diese unterzeichnen als Gründungsurkunde ein *memorandum of association* (*stiftelsesdokument*), in dem die Satzung (*vedtægter*) enthalten ist[1244]. Hauptmerkmal einer *ApS* ist, dass sie (nach wie vor) ihre Anteile nicht öffentlich anbieten darf[1245].

Bei der Führungsstruktur bestehen mehrere Gestaltungsmöglichkeiten[1246]. Zur Auswahl stehen grundsätzlich das „dänische", das „deutsche" und das „angelsächsische" Modell.

Beim „dänischen Modell" wird das Unternehmen vom Verwaltungsrat (*bestyrelse*) und dem Vorstand geleitet (*direktion*, das einzelne Vorstandsmitglied wird als *direktør* bezeichnet). Der Verwaltungsrat verantwortet die strategische Ausrichtung und die Gesamtleitung, der Vorstand besorgt das Tagesgeschäft und muss den Leitlinien und Weisungen des Verwaltungsrats folgen. Die Gremien sind hier allerdings personal nicht strikt getrennt, die Literatur spricht insofern gelegentlich vom *„one-and-a-half tier"*-Modell[1247]. In der *A/S* darf ein *direktør* nicht gleichzeitig Vorsitzender oder stellvertretender Vorsitzender des Verwaltungsrats sein, und die

---

1243 Gesetz Nr. 470 vom 12.06.2009, zuletzt geändert durch *LOV* Nr. 477 vom 30.05.2012; englische Bezeichnung *Danish Companies Act*, im Folgenden *dkCA*. Konsolidierter Text abrufbar unter https://www.retsinformation.dk (Suchmaske). Eine offiziöse englische Übersetzung findet sich bei der *DCCA/DBA* unter http://www.dcca.dk/graphics/_ny%20eogs/English%20version/Legislation/The%20Danish%20Companies%20Act%20-%2006122010.pdf. Technisch weist der *dkCA* in seinen jeweiligen Kapiteln mit insgesamt schlanken 375 Einzelnormen drei Ebenen auf. Auf der ersten Ebene finden sich Regelungen, die allgemein auf die *kapitalselskab* Anwendung finden, also gleichermaßen die *A/S* und die *ApS* erfassen. Die zweite Ebene enthält Bestimmungen, in denen die beiden Rechtsformen unterschiedlichen Regelungen unterworfen werden; meist sind für die *A/S* striktere und verbindlichere Regelungen vorgesehen, während die *ApS* Wahlmöglichkeiten und Flexibilisierungen genießt. Die dritte Ebene schließlich regelt die börsengehandelten *A/S*. Zu den jüngsten Entwicklungen vgl. oben Teil 3 B. I. 15.

1244 §§ 25, 26 dkCA, zum Mindestinhalt vgl. §§ 27–30 dkCA.

1245 § 1 *Stk.* 3, § 5, 2. dkCA.

1246 § 111 dkCA.

1247 Die Reflexionsgruppe zur Zukunft des EU-Gesellschaftsrechts verwendet auch den Begriff *„dual executive system"*, weil dort zwei Ebenen exekutive Befugnisse haben; Bericht Reflexionsgruppe 2011, S. 55 f.

Mehrheit der Verwaltungsratsmitglieder dürfen nicht gleichzeitig *direktør* sein. Ebenfalls in der *A/S* muss der Verwaltungsrat mit mindestens drei Personen besetzt sein[1248].

Im „deutschen" Modell obliegt die Unternehmensleitung der *direktion*, die ihrerseits vom Aufsichtsrat (*tilsynsråd*) ernannt und überwacht wird. Personelle Überschneidungen sind hier nicht möglich. Die Unternehmensmitbestimmung erfolgt dann ebenfalls über den *tilsynsråd*, der in der *A/S* gleichfalls mindestens drei Mitglieder haben muss. Im Gegensatz zum deutschen Modell ist die dänische Variante allerdings hierarchischer[1249].

Die *ApS* schließlich kann sich auch noch für das „angelsächsische" Modell entscheiden, in dem lediglich ein Verwaltungsrat vorgesehen ist.

Die Willensbildung erfolgt durch Beschlüsse im Rahmen der Anteilseignerversammlung (*generalforsamling*)[1250]. Hier erfolgt auch die Wahl der Mitglieder der jeweiligen Führungsgremien[1251].

Die Mindestkapitalanforderungen liegen für die *A/S* bei 500.000 *DKK* (ca. 67.000 Euro), für die *ApS* bei 80.000 *DKK* (ca. 10.750 Euro)[1252]. In beiden Fällen müssen mindestens 80.000 *DKK* eingezahlt sein[1253].

4. *Arbeitnehmerbeteiligung*

a. Betriebliche Interessenvertretung

i. Voraussetzungen

Die Interessenvertretung auf betrieblicher Ebene erfolgt in Dänemark durch zwei unabhängige Institutionen, zum einen durch die Gewerkschaftsvertreter auf lokaler Ebene (Singular: *Tillidsrepræsentant, TR*), zum anderen durch Kooperationsausschüsse, die paritätisch mit Arbeitgeber- und Arbeitnehmervertretern besetzt

---

1248 § 111 Stk. 3 dkCA. Da lediglich die fundamentalsten Entscheidungen durch die Anteilseignerversammlung getroffen werden müssen und die Unternehmensleitung in weiten Bereichen freier agieren kann, wird das dänische System für flexibler als das deutsche erachtet, *Andersen*, Co-Determination DK, S. 11, 15.

1249 Unter anderem kann der Aufsichtsrat die jeweiligen *direktøren* auch ohne sachlichen Grund wieder aus dem Amt entfernen, § 121 *Stk.* 1, 3. *pkt*; *Hansen*, EBOR 2010, S. 87, 89.

1250 §§ 76 ff. dkCA. Die Hauptversammlung kann auch auf ausschließlich elektronischem Weg stattfinden, § 77 dkCA.

1251 § 120 dkCA.

1252 § 4 *Stk.* 2 dkCA.

1253 §§ 33 *Stk.* 1, 1. *pkt*; 40 *Stk.* 2 dkCA. Dänemark trat 1973 der EG bei, hat aber in verschiedenen Bereichen des Vertrags von Maastricht von einem *opting-out* Gebrauch gemacht, unter anderem bei der Europäischen Währungsunion. Obwohl die Konvergenzkriterien eingehalten (und teilweise übertroffen) wurden, hielt das Land an der Dänischen Krone, *DKK* fest. Die *DKK* unterliegt aber dem Europäischen Wechselkursmechanismus II, der Leitkurs liegt bei 1 Euro = 7,46038 *DKK*, die Schwankung darf maximal ± 2,25% betragen.

werden (Singular: *Samarbejdsudvalg/Joint Consultation Committee*, auch *Joint Cooperation Committee* oder *Joint Consultative Committee*, im Folgenden *JCC*). Funktional entspricht der *JCC* in etwa dem Betriebsrat[1254].

Rechtsgrundlage für die Gewerkschaftsvertretungen bilden die jeweiligen Tarifverträge. Die allgemeinen Befugnisse werden auf nationaler Ebene zwischen dem Arbeitgeberverband und den Gewerkschaften vereinbart, die spezifischen Rechte werden in den Branchentarifverträgen reguliert, zunehmend auch in individuellen Vereinbarungen auf Unternehmensebene.

Der Kooperationsausschuss *JCC* beruht auf einem nationalen Abkommen zwischen der Dachorganisation der Arbeitgeber und dem größten dänischen Gewerkschaftsbund (*Hovedaftalen/General Agreement* zwischen *Dansk Arbejdsgieverforening, DA* und *Landsorganisationen i Danmark, LO*)[1255]. Dieses Abkommen gilt länger als die (sonstigen) Tarifvereinbarungen. Es betrifft faktisch die meisten Unternehmen im privaten Sektor. Für die dort nicht erfassten Bereiche bestehen Sondervereinbarungen, die inhaltlich aber weitgehend mit derjenigen zwischen *DA* und *LO* identisch sind. Kooperationsausschüsse können demnach in allen Unternehmen mit mindestens 35 Beschäftigten eingesetzt werden. Daneben wird in dem Abkommen aber auch die direkte Kooperation mit dem jeweiligen Arbeitnehmer formuliert.

Betriebsübergreifend bilden die jeweiligen Gewerkschaftsvertretungen einen gemeinsamen Ausschuss. Bestehen mehrere Kooperationsausschüsse, so wird ein Hauptkooperationsausschuss eingesetzt, in dem Vertreter der jeweiligen Einzelgremien zusammenkommen[1256].

Das dänische Umsetzungsgesetz zur Unterrichtungs- und Anhörungsrichtlinie[1257] verlangt, dass in Unternehmen mit mindestens 35 Beschäftigten

---

1254 Nicht näher betrachtet werden hier die besonderen Ausschüsse für Sicherheit und Gesundheit (*Sikkerhedsudvalg* oder *Arbejdsmiljøorganisation*). Sie operieren auf Grundlge des Gesetzes über Sicherheit und Gesundheitsschutz am Arbeitsplatz, *Bekendtgørelse af lov om arbejdsmiljø*, zuletzt geändert am 21.12.2010, abrufbar unter https://www.retsinformation.dk/Forms/R0710.aspx?id=133159, dort §§ 6 a ff.; eine (veraltete) englische Übersetzung des Gesetzes ist abrufbar bei der Gewerbeaufsicht *Arbejdstilsynet* unter http://www.at.dk/ENGELSK/Regulations/Working-Environment-Act/Arbejdsmiljoloven.aspx?sc_lang=en. In der Praxis werden *JCC* und *Sikkerhedsudvalg* gelegentlich auch kombiniert.

1255 Der Text des *Cooperation Agreement* vom 09.06.1986, zuletzt geändert am 27.10.2006, ist in englischer Übersetzung abrufbar bei http://www.samarbejdsnaevnet.dk/English.aspx.

1256 ETUI-DK-BI, S. 1 f., *Cooperation Agreement*, S. 14 f.

1257 *Loven gennemfører Europa-Parlamentets og Rådets direktiv nr. 2002/14/EF af 11. marts 2002 om indførelse af en generel ramme for information og høring af arbejdstagerne i Det Europæiske Fællesskab (EF-Tidende 2002 nr. L 80, s. 29). Direktivet er optrykt som bilag til loven. – Lov om information og høring af lønmodtagere*, kurz *LOV nr. 303 af 02/05.2005*, abrufbar unter https://www.retsinformation.dk/

Unterrichtungen und Anhörungen über bedeutende unternehmerische Entwicklungen stattfinden. Es gibt jedoch nicht vor, in welchem Gremium das zu geschehen hat sondern spricht insofern lediglich von den „üblichen Vertretern" (*ordinære repræsentanter*). Zudem findet das Gesetz keine Anwendung, wenn bereits eine entsprechende Pflicht in den anzuwendenden Tarifverträgen niedergelegt ist und hierfür Regelungen vorgesehen sind, die denen nach der Richtlinie gleichwertig sind. Das wiederum soll in der Praxis nahezu der Regelfall sein[1258].

ii. Größe und Zusammensetzung

Die nähere Ausgestaltung der jeweiligen lokalen Gewerkschaftsvertretung richtet sich nach den Festlegungen des entsprechenden Tarifvertrags. Meist kann in Betrieben mit mehr als fünf Beschäftigten ein Gewerkschaftsvertreter gewählt werden, gewöhnlich gibt es einen Gewerkschaftsvertreter für jeweils 50 Beschäftigte. Wahlberechtigt sind grundsätzlich nur Gewerkschaftsmitglieder, jedoch kann hiervon durch Tarifvertrag abgewichen werden, was praktisch bisweilen vorkommt. Wenn in einem Unternehmen mehrere Gewerkschaften bestehen, wählen die jeweiligen Vertreter ihrerseits oft einen gemeinsamen Vertreter (*fællestillidsrepræsentant*).

Kooperationsausschüsse können auf Vorschlag des Arbeitgebers oder einer Mehrheit der Arbeitnehmer in Unternehmen mit „35 oder mehr Beschäftigten innerhalb desselben räumlichen Gebiets" eingerichtet werden. Falls die Beteiligten dieses Gremium nicht einrichten wollen empfiehlt das Abkommen, dass stattdessen regelmäßige Informationsveranstaltungen zwischen Arbeitgeber und Arbeitnehmern abgehalten werden. In kleineren Unternehmen sollen sich die Beteiligten über entsprechende Verfahren einigen[1259].

Ein *JCC* wird paritätisch aus Arbeitgeber- und Arbeitnehmervertretern zusammengesetzt. Seine absolute Größe staffelt sich nach der Belegschaftsstärke und liegt zwischen jeweils zwei Vertretern in Unternehmen mit 35 bis 50 Beschäftigten

---

Forms/R0710.aspx?id=30249#FN501 (dänisch), dort insbesondere zum Anwendungsbereich §§ 2, 3, zur Reichweite § 4, zu den *ordinære repræsentanter* § 6, insbes. Abs. 1.

1258 *Jørgensen, Effect* (oben Fn. 1240); Abschnitt *Commentary by national correspondents,* führt u.a. aus „Kooperation am Arbeitsplatz, das heißt die Pflicht zur Unterrichtung und Anhörung in den Unternehmen, ist ein integraler Bestandteil des dänischen Arbeitsmarktmodells, in dem die Sozialpartner die erste Geige spielen." (*"Cooperation at workplace, i.e. the duty to inform and consult in the establishments, is an integral part of the Danish labour market model in which the social partners play the first violin."*).

1259 Cooperation Agreement, S. 12 (*„employing 35 persons or more within the same geographical area"*; wie genau dieser räumliche Geltungsbereich abgegrenzt wird, ist jedoch nicht definiert, was zumindest theoretisch Umgehungsmöglichkeiten schaffen könnte.).

und jeweils sechs Vertretern in solchen mit mehr als 500 Mitarbeitern. Bei mehr als 1.000 Arbeitnehmern kann eine höhere Vertreteranzahl vereinbart werden[1260].

Die Arbeitgebervertreter werden von der Unternehmensleitung ernannt. In diesem Zusammenhang zählen die Leitenden Angestellten als Arbeitgebervertreter. Sie genießen bestimmte Sonderrechte, die sich nach einem eigenen Abkommen bemessen. Insbesondere besetzen sie mindestens einen Platz auf der Arbeitgeberbank[1261]. Die Arbeitnehmervertreter rekrutieren sich zunächst aus den Reihen der Gewerkschaftsvertretungen, wobei der *fællestillidsrepræsentant* jedenfalls einen Platz erhält. Wenn es mehr Gewerkschaftsvertreter als zu besetzende Plätze auf der Arbeitnehmerbank geben sollte, wird von der Belegschaft alleine unter diesen Personen ausgewählt, anderenfalls wählt die Gesamtbelegschaft die übrigen zu entsendenden Personen direkt aus ihrer Mitte. Hierbei werden auch Arbeitnehmergruppen außerhalb des *LO* berücksichtigt[1262].

Die Amtszeit beträgt einheitlich zwei Jahre.

Den Vorsitz im Gremium führt ein ranghohes Mitglied der Geschäftsleitung (*ansvarlig virksomhedsleder*), der Stellvertretende Vorsitzende wird von den Arbeitnehmervertretern gewählt. Beide Seiten zusammen wählen einen Sekretär[1263].

Ein *JCC* tagt gewöhnlich sechs Mal im Jahr, zusätzliche Sitzungen können auf Antrag einer Seite anberaumt werden[1264].

iii. Befugnisse

(a) Beteiligung

Hauptaufgabe der lokalen Gewerkschaftsvertretungen ist die Überwachung der Einhaltung der Tarifverträge. Zunehmend wird aber auch direkt mit ihnen verhandelt. Dies gilt namentlich für Fragen des Arbeitsentgelts und der Arbeitszeitregelungen, aber auch für andere Angelegenheiten[1265].

1260 Cooperation Agreement, S. 12 f.; konkrete Staffelschritte liegen bei 35, mehr als 50, mehr als 100, mehr als 200 und mehr als 500 Beschäftigten. Bei jedem Schritt kommt jeweils ein Vertreter hinzu.

1261 *Agreement made between the Confederation of Danish Employers (DA) and the Danish Association of Managers and Executives (LH) on Representation of Managers and Executives on Enterprise Cooperation Committees*; in Cooperation Agreement, S. 21 f. [LH = *Ledernes Hovedorganisation*; Anm. d. Verf.]

1262 Cooperation Agreement, S. 13 f.

1263 Cooperation Agreement, S. 11.

1264 Cooperation Agreement, S. 10.

1265 ETUI-DK-BI, S. 1, freilich ohne nähere Spezifizierung der „anderen Angelegenheiten“ (*“other issues“*). Die Rolle der Gewerkschaftsvertreter ist dabei auch auf Seiten der Arbeitgeber weithin anerkannt. Beobachtern zufolge fungierten sie als wichtiger „Sparringspartner“, wenn es zu organisatorischen Änderungen am Arbeitsplatz käme. Zudem dienten sie oft als „Filter“ und sorgten dafür, dass nur die entscheidendsten Mitarbeiteranliegen bis auf die Ebene der Unternehmensleitung gelangten; *Larsen/Navrbjerg, Management and employee views on benefits of*

Das *JCC* nimmt in erster Linie Unterrichtungs- und Anhörungsrechte wahr[1266]. Konkret ist er über die wirtschaftliche Lage des Unternehmens sowie die geplanten und erwarteten zukünftigen Entwicklungen zu informieren, ebenso über die Beschäftigungsaussichten und geplante wesentliche Änderungen und Umstrukturierungen in den betrieblichen Abläufen. Bemerkenswerterweise sind die Informationspflichten aber nicht als Einbahnstraße konzipiert; so haben die Arbeitnehmervertreter das *JCC* über die Angelegenheiten am Arbeitsplatz unterrichten, die „für das Klima der Kooperation von Bedeutung" sind[1267].

Daneben haben sich in ihm beide Seiten über eine Reihe von Prinzipien über die jeweiligen Arbeitsbedingungen zu einigen, es darf sich aber nicht mit solchen Themenkomplexen befassen, die ihrerseits in Tarifverträgen vereinbart werden[1268].

Ungeachtet dieser kooperativen Möglichkeiten hat das *JCC* jedoch keine Mitentscheidungsbefugnisse, diese liegen ausschließlich bei der Geschäftsleitung[1269].

(b) Ausstattung

Auch die Freistellung und Sachausstattung der Gewerkschaftsvertreter richtet sich nach dem jeweiligen Tarifvertrag. Sämtliche Kosten im Zusammenhang mit dem *JCC* werden vom jeweiligen Unternehmen getragen[1270].

b. Unternehmensmitbestimmung

Die aktuellen Regelungen zur Unternehmensmitbestimmung (*Medarbejderrepræsentation*) finden sich in den §§ 140 bis 143, Kapitel 8 des Gesellschaftsgesetzes *Lov om aktie- og anpartsselskaber*. Demnach haben die Beschäftigten in dänischen Kapitalgesellschaften mit mindestens 35 Arbeitnehmern ein Vertretungsrecht auf Leitungsebene. Dies gilt gleichermaßen in der *A/S* wie auch in der *ApS*[1271]. Die Mitbestimmung hängt also nicht von der Organisationsform ab, sondern (quasi) ausschließlich vom Erreichen des fraglichen Schwellenwerts. Ihre tatsächliche Einführung ist aber an einen entsprechenden Antrag durch die Arbeitnehmer gekoppelt. Die Wahrnehmung des Mitbestimmungsrechts ist damit optional.

Nach den Vorgaben können die Arbeitnehmer in solchen Kapitalgesellschaften, die in den letzten drei Jahren im Durchschnitt mindestens 35 Mitarbeiter beschäftigt haben, Vertreter in das Leitungsgremium des Unternehmens wählen (*Selskabsrepræsentation*).

---

shop stewards (10.01.2011), unter http://www.eurofound.europa.eu/eiro/2010/10/articles/dk1010039i.htm (englisch).

1266 Nach *Fulton* ist es *„the main information and consultation body"*, ETUI-DK-BI, S. 1.

1267 *Cooperation Agreement*, S. 7; zum allgemeinen Verfahren vgl. ebd., S. 9 f.

1268 Vgl. Aufzählung in Cooperation Agreement, S. 8 f.

1269 Cooperation Agreement, S. 10 (*Scope of Cooperation*).

1270 ETUI-DK-BI, S. 1 a.E.; Cooperation Agreement, S. 10.

1271 §§ 140 ff. dkCA; erfasst sind auch *A/S* im Staatsbesitz, § 351 dkCA.

Angesiedelt wird die Mitbestimmung in jeweils dem Gremium, in dem die relevanten strategischen Entscheidungen getroffen werden (*det øverste ledelsesorgan/supreme governing body*). Je nach Satzung meint das den Verwaltungsrat oder den Aufsichtsrat[1272]. Die zu wählende Vertreteranzahl hängt ihrerseits von der Zahl der durch die Anteilseigner im Rahmen der Generalversammlung bestellten Mitglieder ab. Sie beträgt die Hälfte der durch die Anteilseigner bestimmten Mitglieder, mindestens aber zwei, ggf. wird aufgerundet[1273]. Praktisch entspricht das einem Drittel der Mitglieder des Leitungsgremiums, der Wert kann jedoch im Einzelfall höher liegen[1274].

Das Mitbestimmungsrecht besteht ggf. auch auf der übergeordnete Gruppenebene (*Koncernrepræsentation*). Nach dem Gesetz gilt bei Erreichen des Schwellenwerts dasselbe Bestellungsrecht für die Beschäftigten einer dänischen Elterngesellschaft und deren in Dänemark registrierten Tochterunternehmen sowie für die dänischen Niederlassungen ausländischer Unternehmen[1275]. Hier allerdings können die Arbeitnehmer mindestens drei Vertreter wählen[1276]. Beschäftigt die ausländische Gruppe Arbeitnehmer in ihren dänischen Niederlassungen, können die dortigen Beschäftigten mindestens einen Vertreter wählen[1277]. Erfüllt eine Tochter ihrerseits alleine die notwendigen Voraussetzungen, ist auch sie mitbestimmt.

Ggf. findet eine Mitbestimmung also auf zwei Ebenen statt. Nach den neuen Regelungen kann die Anteilseignerversammlung die Mitbestimmung freiwillig auf alle global Beschäftigten ausdehnen. In diesem Fall wird jedoch ein leichtes

---

1272 *„Det øverste ledelsesorgan"* der Gesellschaft wird in § 5 *Stk.* 5 dkCA definiert als: *„a) Bestyrelsen i selskaber, der har en bestyrelse, b) direktionen i selskaber, der alene har en direktion, og c) tilsynsrådet i selskaber, der både har en direktion og et tilsynsråd"*, übersetzt *„a) the board of directors of companies having a board of directors; b) the executive board of companies having only an executive board; and c) the supervisory board of companies having both an executive board and a supervisory board."* Neben diesem „supreme governing body" steht das zentrale Leitungsorgan, *det centrale ledelsesorgan/the central governing body*, das je nach Wahl entweder das board oder das executive board der Gesellschaft ist; § 5 *Stk.* 4 dkCA. Dem executive board obliegt stets das Tagesgeschäft.

1273 § 140 *Stk.* 1 dkCA.

1274 ETUI-DK-MB, S. 1.

1275 § 141 *Stk.* 1 dkCA. „Elterngesellschaft" ist nach § 5 *Stk.* 20 dkCA eine Kapitalgesellschaft, die ein oder mehrere Tochterunternehmen kontrolliert. Maßstab ist die Möglichkeit der tatsächlichen Kontrolle über die finanziellen und operativen Entscheidungen des Unternehmens, §§ 6, 7 dkCA. Insbesondere das Institut des deutschen Beherrschungsvertrags ist nicht vorgesehen; *Werlauff*, ECL 2009, S. 160, 160 f. Nach *Andersen*, Co-Determination DK, S. 11, 14 ist gesetzgeberisches Ziel insoweit, die Mitbestimmung auf klar definierte Anwendungsfälle zu begrenzen.

1276 § 141 *Stk.* 2, 2. *pkt* dkCA.

1277 § 141 *Stk.* 3, 2. *pkt* dkCA.

zahlenmäßiges Übergewicht für die dänischen Beschäftigten garantiert. Ansonsten bleiben die Arbeitnehmer außerhalb Dänemarks unberücksichtigt[1278].

Allerdings ist die Mitbestimmung auf Leitungsebene kein Automatismus sondern lediglich eine Option. Die Ausübung des Rechts hängt grundsätzlich davon ab, dass sich mindestens die Hälfte der Arbeitnehmer in der Gesellschaft, bzw. der Gesellschaft und deren Töchter, in einer vorgeschalteten Abstimmung dafür aussprechen, es sei denn, die Unternehmensleitung und die Arbeitnehmer einigen sich darauf, über diese Frage nicht abzustimmen[1279].

Die konkrete Ausgestaltung des Wahlverfahrens, sowie die Verfahrensbestimmungen zur Information der Arbeitnehmervertreter sind im Gesellschafsgesetz *Lov om aktie- og anpartsselskaber* der Regelung durch die *Erhvervs- og Selskabsstyrelsen*, englische Bezeichnung *Danish Commerce and Companies Agency – DCCA* (seit 01.01.2012 *The Danish Business Authority – DBA* genannt) zugewiesen. Die entsprechende Rechtsverordnung umfasst insgesamt 65 Paragraphen und gilt, wie auch das *Lov om aktie- og anpartsselskaber* selbst, gleichermaßen für die *A/S* und die *ApS*[1280].

Demnach werden die jeweiligen Arbeitnehmervertreter von der Gesamtbelegschaft aus ihrer Mitte gewählt. Sie haben grundsätzlich die gleichen Rechte, Pflichten und Verantwortlichkeiten wie die anderen Mitglieder des Leitungsorgans[1281]. Damit sind sie vorrangig dem Unternehmensinteresse verantwortlich. Insbesondere unterliegen sie auch der Verpflichtung zur Geheimhaltung und den zivil- und strafrechtlichen Haftungen, haben aber auch gleichen Anspruch auf Vergütung[1282]. Allerdings sind sie von Entscheidungen über Arbeitskonflikte ausgeschlossen[1283].

1278 § 143 *Stk.* 3 dkCA; *Hansen*, EBOR 2010, S. 87, 89; *Hansen/Werlauff*, ECL 2009, S. 68, 80; *Werlauff*, ECL 2009, S. 160, 165, der sich im Fall der Mitbestimmung für eine unbedingte Einbeziehung der ausländischen Arbeitnehmer ausspricht.

1279 § 142 dkCA.

1280 § 143 dkCA, BEK Nr. 806 vom 28.06.2010, zuletzt geändert durch *lovbekendtgørelse nr. 322* vom 11.04.2011, *Bekendtgørelse om medarbejderrepræsentation i aktie- og anpartsselskaber.* Der Text ist abrufbar unter https://www.retsinformation.dk/Forms/R0710.aspx?id=132617. Nach Auskunft der *DCCA/DBA* vom Februar 2011 existiert keine Übersetzung.

1281 § 20 BEK Nr. 806; zu ihrem Schutz vor Entlassungen etc. vgl. § 21.

1282 Umstritten ist, worauf sich der Anspruch auf „gleiche Vergütung" genau erstrecken soll, *Andersen* vertritt die Ansicht, dass es lediglich um „gleichen Lohn für gleiche Arbeit" gehe, so dass unterschiedliche Arbeitsbereiche und Verantwortlichkeiten für entsprechende Differenzierungen herangezogen werden könnten; *Andersen*, Co-Determination DK, S. 11, 19.

1283 ETUI-DK-MB, S. 1; *Dragsbæk*, Country Report DK, S. 19, 20 ff.; *Andersen*, Co-Determination DK, S. 17 ff. *Andersen* ist hierzu kritisch, die Arbeitnehmervertreter müssten auch in unpopuläre Entscheidungen eingebunden werden.

Voraussetzung neben dem Erreichen des Schwellenwerts[1284] ist, dass eine Mehrheit der betroffenen Arbeitnehmer diese Form der Repräsentation auch tatsächlich will.

Hierzu wird unter der Belegschaft eine einfache „Ja/Nein-Abstimmung" durchgeführt (*ja/nej-afstemning*)[1285]. Diese wiederum kann von einer Mehrheit der Arbeitnehmervertreter im *JCC*, von den Arbeitnehmerorganisationen, die ihrerseits mindestens 10% der Mitarbeiter repräsentieren oder direkt von 10% der Belegschaft gefordert werden[1286]. Notwendig ist lediglich ein entsprechender Antrag an das Leitungsorgan, das dann innerhalb von sechs Wochen nach Eingang ein Wahlkomitee einsetzten muss. Das Wahlkomitee seinerseits wird aus Arbeitgeber- und Arbeitnehmervertretern zusammengesetzt, wobei die Arbeitnehmer aber die Mehrheit stellen[1287]. Im gesamten Bereich der Unternehmensmitbestimmung ist dieses Antragsrecht zur „Ja/Nein-Abstimmung" für die Gewerkschaften die einzige Möglichkeit der Einflussnahme; sie spielen hier also eine ungleich geringere Rolle als auf der betrieblichen Ebene.

Spätestens vier Wochen danach ist unter der Gesamtbelegschaft geheim über die Einführung der Unternehmensmitbestimmung abzustimmen.

Sprechen sich mehr als 50% der Belegschaft dafür aus, muss anschließend binnen sechs Monaten die Wahl der Arbeitnehmervertreter im Leitungsgremium durchgeführt werden[1288]. Wird der Antrag zurückgewiesen ist eine erneute Abstimmung erst nach sechs Monaten möglich[1289].

Auf demselben Weg kann eine einmal etablierte Unternehmensmitbestimmung auch wieder abgeschafft werden[1290].

Bei positiver „Ja/Nein-Abstimmung" wird die anschließende Wahl der Arbeitnehmervertreter selbst vom Wahlkomitee organisiert. Es erstellt hierzu nach Vorschlägen aus der Belegschaft zwei Wahllisten, getrennt nach Kandidaten und Ersatzleuten[1291]. Wählbar sind nur Beschäftigte des jeweiligen Unternehmens, nicht aber Mitglieder des Wahlkomitees. Wahlberechtigt sind alle Mitarbeiter über 15 Jahre des jeweiligen Unternehmens am Tag der Veröffentlichung der Wahllisten und am jeweiligen Wahltag selbst[1292]. Eine Wahl wird aber nur durchgeführt, wenn mehr Kandidaten als zu besetzende Plätze vorhanden sind, anderenfalls werden die betreffenden Personen einfach ernannt. Dies gilt auch, wenn sich nur weniger Kandidaten finden, als Plätze zu vergeben wären, ggf. bleiben Positionen einfach

---

1284 Zur Berechnung der durchschnittlichen Mitarbeiterzahl vgl. §§ 12, 13 BEK Nr. 806; zu den Folgen beim Fall unter die Erheblichkeitsschwelle vgl. §§ 22 ff. BEK Nr. 806.

1285 §§ 25 ff. BEK Nr. 806.

1286 § 25 *Stk.* 2 BEK Nr. 806.

1287 §§ 29 ff. BEK Nr. 806.

1288 §§ 33 ff. BEK Nr. 806; es können jederzeit kürzere Fristen vereinbart werden.

1289 § 28 BEK Nr. 806.

1290 § 34 *Stk.* 4 BEK Nr. 806.

1291 §§ 37 ff. BEK Nr. 806. Das Wahlkomitee kann einvernehmlich andere Verfahren beschließen.

1292 Zum Wahlrecht vgl. §§ 14, 15 BEK Nr. 806. Zweifelsfälle obliegen der Entscheidung durch das Wahlkomitee.

unbesetzt[1293]. Die mehrheitlich Gewählten nehmen ihre Arbeit nach der nächsten Jahreshauptversammlung auf[1294].

Die Amtszeit beträgt vier Jahre. Daneben scheidet ein Arbeitnehmervertreter u.a. aus dem Leitungsgremium aus, wenn er von den Beschäftigten abgewählt wird. Dies wiederum können diejenigen fordern, die auch die initiierende „Ja/Nein-Abstimmung" beantragen können; die Verfahrensvorschriften gelten entsprechend[1295].

In mitbestimmten Unternehmen sind die Leitungsgremien insgesamt – und nicht etwa lediglich die Arbeitnehmervertreter – dafür verantwortlich, „gute und effektiv wirksame Informationskanäle" zu etablieren, durch die gewährleistet wird, dass die Arbeitnehmer stets hinreichend über die Unternehmenslage informiert sind[1296]. Hier bestehen Abgrenzungsprobleme im Hinblick auf die ebenfalls gegebene Verpflichtung zur Verschwiegenheit. Grundsätzlich obliegt es dem Leitungsgremium darüber zu befinden, ob eine Information ggf. zu Unrecht weitergegeben wurde. Nicht eindeutig geklärt ist, in welchem Maße sich die Arbeitnehmervertreter beispielsweise für auswärtige Expertise an die Gewerkschaften wenden können, wenn in diesem Zusammenhang Informationen über das Unternehmen weitergegeben werden. Ggf. besteht für sie bei einem Bruch der Verschwiegenheitsverpflichtung eine Schadensersatzpflicht[1297].

Die Kosten für die Wahlen und die Informationsverfahren werden vom Unternehmen getragen, allerdings darf das Wahlkomitee keine ungewöhnlichen oder übermäßigen Kosten produzieren, ohne dass die Unternehmensleitung dies nicht vorher gestattet hat[1298].

Auf Konzernebene gelten grundsätzlich dieselben Vorschriften, insbesondere können hier aber mindestens drei Arbeitnehmervertreter gewählt werden und es ist auch eine indirekte Wahl möglich[1299]. Daneben muss das Wahlkomitee

---

1293 Vgl. §§ 10 *Stk.* 4, 40 *Stk.* 3, 41 *Stk.* 1 BEK Nr. 806.

1294 § 50 BEK Nr. 806.

1295 §§ 19 *Stk.* 1; 52 ff. BEK Nr. 806.

1296 § 57 BEK Nr. 806 („*gode og effektivt virkende informationskanaler*"). Vorgeschlagen werden insbesondere die Veröffentlichung von Informationsblättern und internen Mitarbeiterzeitschriften sowie Treffen mit den Betriebsräten und gemeinsame Sitzungen; vgl. § 58 Stk. 2 BEK Nr. 806.

1297 Vgl. *Andersen*, Co-Determination DK, S. 11, 18. Die Gewerkschaften nehmen an, dass ein solches Recht zur Informationsweitergabe besteht, weil es seinerseits die Voraussetzung dafür ist, dass die Arbeitnehmervertreter ihrer Aufgabe nachkommen können. Jedenfalls müsse die Weitergabe aber auch dann so erfolgen, dass die Interessen des Unternehmens nicht beeinträchtigt würden. *Schulten/Zagelmeyer* sehen in der Pflicht zur Verschwiegenheit (und der ggf. nachfolgenden Schadensersatzpflicht) einen Grund dafür, dass die Mitbestimmung bei den Arbeitnehmern nur auf begrenztes Interesse stößt, sie sogar „abschreckt" („*scaring off employees*"), EIRO 1998, S. 17.

1298 § 60 BEK Nr. 806.

1299 Vgl. § 142 dkCA, § 11 BEK Nr. 806.

Arbeitnehmer aus jedem Konzernunternehmen umfassen[1300] und es können hier auch die internationalen Töchter einbezogen werden, wenn die Anteilseigner es beschließen[1301].

Arbeitnehmer und Arbeitgeber können jederzeit übereinstimmend eine von diesen Vorgaben abweichende freiwillige Vereinbarung für die Arbeitnehmerrepräsentation treffen (*Frivillige ordninger om medarbejderrepræsentation*)[1302]. Auch eine Abschaffung ist möglich[1303].

Für Unternehmen, die von Umstrukturierungen, namentlich von Verschmelzungen und Spaltungen betroffen sind, kann die *DCCA/DBA* auf Antrag eine maximal dreijährige Befreiung von den Mitbestimmungsregelungen gestatten[1304]. Nach Auskunft der zuständigen Abteilung bei der *DCCA/DBA* vom Februar 2011 wird die Befreiungsregelung „ziemlich regelmäßig angewendet"[1305].

5. Praxis

Beobachtern zufolge verfolgen die Gewählten in der gelebten Praxis grundsätzlich einen konsensorientierten und unternehmensbezogenen Ansatz, ehemals propagierte persönliche Abgrenzungen kommen tatsächlich nicht (mehr) vor. Insofern

---

1300 § 45 BEK Nr. 806; zum indirekten Wahlverfahren auf Konzernebene vgl. §§ 46, 47 BEK Nr. 806; die Wahlen können insbesondere auch lediglich per E-Mail durchgeführt werden.

1301 §§ 48, 49 BEK Nr. 806.

1302 § 24 BEK Nr. 806.

1303 *Werlauff*, ECL 2009, S. 160, 165, zufolge gilt *„total freedom of contract between management and employees"*. Unbefriedigend sei das Fehlen einer Auffangregelung.

1304 § 56 BEK Nr. 806 Die *DCCA/DBA* hat zu diesem Komplex im November 2010 einen besonderen „Leitfaden zur Arbeitnehmerrepräsentation im Zusammenhang mit Unternehmensumstrukturierungen" veröffentlicht, *Vejledning om medarbejderrepræsentation i forbindelse med omstrukturering – Bekendtgørelse om medarbejderrepræsentation i aktie- og anpartsselskaber § 56*; Fassung vom März 2011 unter http://erhvervsstyrelsen.dk/file/307521/vejl_medarbrep_ifm_omstruk.pdf (dänisch). Davor war eine andere Verordnung in Kraft, die aber ebenfalls in bestimmten Umständen die Möglichkeit eines Dispenses von den Mitbestimmungsregelungen vorsah. Aktuell vgl. für die Fälle des Erwerbs eines anderen Unternehmens insgesamt und für die Übertragung eines Unternehmensteils S. 3, für die sog. vollständige Spaltung (*Ophørsspaltning/fuldstændig spaltning*) S. 5 f., für die Verschmelzung S. 6. und für die Umwandlung einer *A/S* in eine *ApS* und umgekehrt S. 7. Aus Platzgründen soll auf diese Sonderfälle hier nicht weiter eingegangen werden.

1305 *Louise Studstrup Muurholm, Specialkonsulent* bei der *DCCA/DBA* am 16.02.2011: *„Before the executive order on employee representation in limited companies was published, another executive order on employee representation in limited companies was in force. According to this executive order the DCCA could also in certain circumstances give dispensation from the requirement regarding the 3-year-timeperiod. The dispensation rule was and is mainly used in cases of mergers and divisions. The dispensation rule is used on a fairly regularly basis."*

scheint sich das Diktum des damaligen Industrie- und Handelsministers zu bewahrheiten, der bei Inkrafttreten der Regelung erklärte „Das Verfahren beruht auf dem gemeinsamen Interessen und auf dem Dialog, der konsequenterweise zwischen Arbeitnehmern und Arbeitgebern stattfinden sollte“[1306]. Allerdings sollen die Arbeitnehmervertreter eher als die Anteilseignervertreter dazu neigen, in der Entscheidungsfindung auch die Interessen außerhalb des Unternehmens, wie z.B. der Kommune zu berücksichtigen, während spezifische Anteilseignerinteressen weniger Berücksichtigung finden[1307].

Dennoch wird man die Unabhängigkeit der Arbeitnehmervertreter hinterfragen dürfen. In den aktuellen Empfehlungen des *Committee on Corporate Governance in Denmark/Komitéen for god selskabsledelse* wurde und wird zwar nicht explizit auf die Rolle der Arbeitnehmervertreter im Leitungsgremium eingegangen. Allerdings wurde noch in den vorherigen Empfehlungen aus dem Jahr 2001 hervorgehoben, dass die durch die Anteilseignerversammlung bestellten *Board*-Mitglieder „unabhängig“ sein sollten, dass sie also auch losgelöst von bestimmten Interessen agieren sollten. Da die Arbeitnehmervertreter in diesem Zusammenhang aber gerade nicht erwähnt wurden lässt sich schließen, dass diese zumindest in diesem Sinne nicht als „unabhängig“ angesehen wurden.

Die Empfehlungen aus dem Jahr 2011 betonen ebenfalls, wie bedeutend es sei, dass die Mitglieder des obersten Leitungsgremiums stets unabhängig von speziellen Interessen agieren würden. Das Komitee empfiehlt daher u.a., dass mindestens die Hälfte der Mitglieder, die durch die Anteilseigner bestellt würden, „unabhängige Personen“ sein müssen. Welche Mitglieder als abhängig bzw. unabhängig gelten, soll das oberste Leitungsgremium selbst entscheiden und öffentlich bekanntmachen. Die Arbeitnehmervertreter werden in den Empfehlungen aber weiterhin außerhalb dieser Aufzählungen geführt[1308].

Die neusten Empfehlungen vom Mai 2013 folgen dieser Linie. Ausdrücklich betont wird nun noch, dass die Arbeitnehmervertreter nicht als unabhängig angesehen werden[1309].

1306 Zit. nach *Andersen*, Co-Determination DK, S. 11, 22.

1307 *Medarbejdervalgte bestyrelsesmedlemmer I danske virksomheder*, von *Caspar Rose* in *Tidsskrift for Arbejdsliv*, 7, 3, 34–50 , 2005, zit. nach ETUI-DK-MB, Fn. 2. Vgl. auch *Dragsbæk*, Country Report DK, S. 19, 24 f.

1308 Committee on Corporate Governance in Denmark/Komitéen for god selskabsledelse, Recommendations on Corporate Governance, August 2011 Punkte 4., 5., 5.4.1., 5.4.2., 5.10.1., 5.10.2. einerseits bzw. Punkt 5.5 *Members of the supreme governing body elected by employees* andererseits.

1309 Committee on Corporate Governance in Denmark/Komitéen for god selskabsledelse, Recommendations on Corporate Governance, Mai 2013, Punkt 3.2, S. 17 (*“In the view of the Committee, employee representatives are not independent“*).

Praktisch sind Arbeitnehmervertreter auf Leitungsebene nach Daten aus dem Jahr 2007 vor allem in größeren Unternehmen etabliert. Sie finden sich in lediglich 12% der Unternehmen mit weniger als 100 Beschäftigten, in 38% der Unternehmen zwischen 100 und 200 Arbeitnehmern, aber bereits in 55% der Unternehmen zwischen 200 und 500 Beschäftigten und in 81% der großen Unternehmen mit mehr als 500 Mitarbeitern[1310].

Allerdings besteht ein bedeutender Unterschied in der Anwendung nach Rechtsform. Tatsächlich waren 1999 von insgesamt ca. 2,6 Mio. dänischen Arbeitnehmern 60% in mitbestimmten Unternehmen beschäftigt[1311]. Jedoch sind hiervon in der Praxis nahezu ausschließlich die *A/S* betroffen, während in den *ApS* die Möglichkeit zur Mitbestimmung nur in wenigen Einzelfällen gewählt wird[1312]. Nach Auskunft der *DCCA* vom Februar 2011 wurden in den Leitungsgremien der *ApS* von insgesamt 17.324 Plätzen lediglich 83 von den Arbeitnehmern besetzt[1313]. Prozentual entspricht das einem Wert von gerade einmal 0,479 %.

Zur Erklärung wird Verschiedenes angeführt. So sollen die Arbeitnehmer generell in solchen Unternehmen weniger Gebrauch von ihren Vertretungsmöglichkeiten machen, in denen bereits – politische oder anderweitige – Konflikte bestehen. Daneben wollen die Arbeitnehmer oftmals schlicht nicht die Verantwortung für die wirtschaftlichen Geschicke des Unternehmens tragen (und sich ggf. Schadensersatzforderungen ausgesetzt sehen). Letzteres wird teilweise auch darauf zurückgeführt, dass eine Mitbestimmung dann als zwecklos erachtet wird, wenn eine Mehrheit sich den Argumenten der anderen Seite verschließt und ohnehin ihre Sichtweise durchsetzt. Anders gewendet „verschafft das Ausmaß des dänischen Mitbestimmungssystems den Arbeitnehmern nicht eine derartige Machtbasis, dass gleichzeitig eine wirkungsvolle Unternehmensführung behindert werden würde" (*Andersen*). Gerade in kleineren und eignergeführten Unternehmen wird die Unternehmensmitbestimmung aber auch schlicht nicht für notwendig erachtet, da es dort keinen Bedarf für eine weitere Dialogmöglichkeit gibt[1314].

1310 *Håndbog for medarbejdervalgte bestyrelsesmedlemmer*, von *Martin Lavesen* und *Jesper Kragh-Stetting*, Erhvervsskolernes Forlag 2007, zit. nach ETUI-DK-MB, Fn. 1. *Andersen*, Co-Determination DK, S. 11, 23: *„The trend is that the larger the company, the more often you will see employee members on the board."*

1311 *Dragsbæk*, Country Report DK, S. 19, 24.

1312 *Andersen*, Co-Determination DK, S. 11 (*"public companies are the companies, where co-determination in practice takes place"*).

1313 *Louise Studstrup Muurholm, Specialkonsulent* bei der *DCCA/DBA* am 14.02.2011 ggü. d. Verf.. (*Dies.* kommentierend: *„The number is very low."*).

1314 *Andersen*, Co-Determination DK, S. 11, 23 f. (*"The extent of the Danish representation arrangement does not give the employees a power base obstructing an effective management."*).

VII. Schweden[1315]

1. *Abriss*

Schweden kennt eine Arbeitnehmerbeteiligung auf beiden Ebenen. Im Betrieb wird sie durch die lokalen Gewerkschaftsvertretungen wahrgenommen. Auf insbesondere tarifvertraglicher Grundlage genießen diese vor allem Unterrichtungs- und Anhörungsrechte.

Gesetzlich geregelt ist zudem eine Mitbestimmung auf Leitungsebene in nahezu allen privaten Unternehmen mit mindestens 25 Beschäftigten. Hier können die Arbeitnehmer mindestens zwei Vertreter in den Verwaltungsrat entsenden. In Unternehmen mit mindestens 1.000 Beschäftigten in verschiedenen Branchen innerhalb Schwedens sind es drei Arbeitnehmervertreter. Die Zahl der Arbeitnehmervertreter darf aber niemals die Anzahl der anderweitig bestellten Verwaltungsratsmitglieder übersteigen. Faktisch wirkt die Unternehmensmitbestimmung in der Regel als Drittelbeteiligung.

2. *Hintergrund*

Der Gedanke der Arbeitnehmerbeteiligung spielt in Schweden traditionell eine große Rolle. Bereits in vorindustrieller Zeit gab es Regelungen für Handwerker und Hausangestellte; das erste Gesetz hierzu geht bis auf das Jahr 1664 zurück, es war in abgewandelter Form bis 1924 in Kraft. Weitere Regelungen für Handwerker und Fabrikangestellte stammen von 1720 und 1770. Einen Schub bekamen die Entwicklungen mit der Industrialisierung und den ersten modernen schwedischen Gewerkschaften ab den 1870er Jahren. Seitdem gingen die Bestrebungen hin zu einer Selbstregulierung. Sie kulminierten im „Dezember-Kompromiss" von 1906 (*decemberkompromissen*). Hierin erkannten die Arbeitgeber das Arbeitnehmerrecht zu Organisation und Verhandlung an. Die Gewerkschaften wiederum bestätigten

1315 *Taylor*, Überblick, S. 78 f.; *Hemström*, Swedish Company Legislation, S. 193 ff.; *Victorin*, Board Participation Sweden, S. 125 ff.; *Sigeman*, Experiences, S. 265 ff.; *Nilsson*, Country Report Sweden, S. 111 ff.; *Levinson*, IRJ 2001, S. 264 ff.; *Hansen/Werlauff*, ECL 2009, S. 68, 70 ff.; *Fulton*, ETUI-SE-Betriebliche Interessenvertretung (im Folgenden: ETUI-SE-BI) bzw. ETUI-SE-Unternehmensmitbestimmung (im Folgenden: ETUI-SE-MB) unter http://www.worker-participation.eu/National-Industrial-Relations/Countries/Sweden; *Kullander, Sweden: Industrial relations profile* (z.T. 18.04.2013), bei Eiro online abrufbar unter http://www.eurofound.europa.eu/eiro/country/sweden.htm (englisch). Für einen Überblick vgl. auch das *Fact Sheet* TS 3p „Arbeitgeber und Arbeitnehmer", herausgegeben vom staatlichen *Svenska Institutet (SI)* im Mai 2005, zur Gesetzeslage vgl. ferner die Darstellung *Labour legislation* bei der *LO*, (Stand 12.04.2011) abrufbar unter http://www.lo.se/home/lo/home.nsf/unidView/BAAC602C008FEFE8C12574FA004A51B1 (englisch).

das Direktionsrecht der Arbeitgeber; „*Closed-shop*"-Regelungen (also bestimmte Organisationszugehörigkeitsklauseln) wurden verboten.

Recht bald danach kam es zu Beteiligungen auf betrieblicher Ebene. Sie obliegen den Gewerkschaften und sind seit den 1930er Jahren bekannt. Ebenso wie in Dänemark beruhen sie ausschließlich auf freiwilligen Tarifvereinbarungen zwischen den Sozialpartnern. Gesetzliche Regelungen wurden stets abgelehnt. Einzige gravierende Ausnahme war die Etablierung eines Arbeitsgerichts im Jahr 1929[1316]. Folge dieses weithin unregulierten Zustands waren aufbrechende Konflikte und Streiks.

Die Situation änderte sich erst mit dem Abkommen von *Saltsjöbaden* vom 20.12.1938 (*Saltsjöbadsavtalet*). Es wurde, nach massiven Drohungen durch die Regierung, die Materie schließlich doch zu normieren, zwischen dem Arbeitgeberverband *SAF – Svenska Arbetsgivareföreningen*, einer Vorläuferorganisation von *Svenskt Näringsliv*, und der *LO Landsorganisationen i Sverige* geschlossen. Die Sozialpartner kamen darin überein, sämtliche tarifliche Fragen inklusive des Arbeitskampfes einvernehmlich zu regeln; kollektive Regulierung sei Rechtsvorschriften vorzuziehen[1317]. Das Abkommen gilt gleichermaßen als „Meilenstein" wie als Modell für die schwedischen industriellen Beziehungen insgesamt. Seine

1316 Das Arbeitsgericht (*Arbetsdomstolen, AD*) ist ein Drei-Parteien-Gerichtshof, ihm gehören Vertreter des Staats, der Arbeitgeber und der Gewerkschaften an. Es ist die höchste, und meist die einzige, Instanz für alle arbeitsrechtlichen Streitigkeiten, da es keine regionalen oder branchenbezogenen Arbeitsgerichte gibt. Nach eigenen Angaben werden jährlich etwa 400 Fälle verhandelt und 150 Urteile gesprochen, vgl. den Internetauftritt des *AD*, abrufbar unter http://www.arbetsdomstolen.se/pages/page.asp?lngID=7&lngLangID=1 (englisch).

1317 Das *Saltsjöbadsavtalet* wurde nach seinem Unterzeichnungsort benannt, einem Vorort von Stockholm. Es war seinerzeit keineswegs unumstritten. So weigerte sich die, bedeutende, Transportgewerkschaft *Svenska Transportarbetareförbundet*, dem Abkommen ebenfalls beizutreten, da sie eine Schwächung der Arbeitskampfmöglichkeiten und der Gewerkschaften insgesamt befürchtete. Bissig kommentierte sie das Ergebnis „*Alltså, i fruktan för döden, begår man självmord*", etwa „Aus Angst vor dem Tod begeht man Selbstmord" (Zit. nach *Håkansson, Dags för ett nytt Saltsjöbadsavtal?* [etwa „Ist die Zeit reif für ein neues Abkommen von Saltsjöbaden?", Anm. d. Verf.], Dezember 2007, abrufbar unter http://www.transport.se/home/trp2/tidn/home.nsf/pages/3AD734174CBD256EC12573A1004EDCA6 (schwedisch); dort auch eine Darstellung zur Entstehung des Abkommens und zu dessen Auswirkungen auf die schwedische Gewerkschaftslandschaft insgesamt. Eine knappe Darstellung in Englisch findet sich bei *Eurofound* unter http://www.eurofound.europa.eu/emire/SWEDEN/ANCHOR-SALTSJOuml-BADSAVTALET-SE.htm. Der Text des Abkommens selbst ist im schwedischen Original abrufbar unter http://www.lo.se/home/lo/home.nsf/66f1676e041435a3c12571e1006e0bc1/1e21f6c24bed4f5dc12574dc0020d73b/$FILE/Nu%20g%C3%A4llande%20Huvudavtal%20SAF-LO.pdf. So weit ersichtlich existiert keine frei zugängliche Übersetzung.

Wirkungen werden von Beobachtern oft nicht ohne ein gewisses Pathos umschrieben. Demnach begann mit der Unterzeichnung eine „Zeit der Zusammenarbeit und des Konsens, gespeist von gegenseitigem Respekt, dem Willen zur Kooperation und dem Bemühen um einvernehmliche, friedliche Lösungen", der so genannte „Geist von *Saltsjöbaden*" (*Saltsjöbadsandan*). Trotz einiger Rückschläge und erneut aufbrechender Konflikte blieb es bei diesen Grundsätzen. Das *Saltsjöbadsavtalet* gilt nach einigen Änderungen 1976 als Manteltarifvertrag noch heute.

Hinzu kam 1982 das Entwicklungsabkommen (*Utvecklingsavtalet*, zu den einzelnen Regelungen sogleich unter 4 a.i), das jedoch vor allem programmatischer Natur ist und in seiner praktischen Bedeutung nicht an das *Saltsjöbaden*-Abkommen heranreicht[1318].

Auch wenn die genannten Abkommen auf Arbeitnehmerseite von der *LO* geschlossen wurden finden sich nahezu wortgleiche Versionen bei den anderen Gewerkschaften; sie gelten also recht universell. Grundgedanke ist und bleibt die Selbstregulierung durch die Betroffenen.

Zuletzt stößt die Selbstregulierung allerdings an ihre Grenzen. Ab 2007 diskutierten *LO*, *PTK*[1319] und *Svenskt Näringsliv* auf Initiative der Arbeitgeber die Möglichkeit, ein neues Abkommen zu unterzeichnen. Die Arbeitgeber wünschten insbesondere mehr Flexibilität und geänderte Regelungen im Konfliktfall (namentlich eine Einschränkung von Solidaritätsstreiks) sowie einen gelockerten Kündigungsschutz. Jedoch erwiesen sich die jeweiligen Positionen der Verhandlungspartner als unüberbrückbar. Die Gespräche wurden daher im März 2009 ergebnislos abgebrochen[1320].

Dessen ungeachtet wurden und werden staatliche Vorgaben nach wie vor kritisch gesehen. Gesetzlich vorgesehene Betriebsräte konnten sich nicht durchsetzen. Selbst tripartite Verhandlungen unter Einbeziehung des Staates sind selten

---

1318 "*The Development Agreement received an enthusiastic welcome when it was signed, but it is probably fair to say that it is not of any really great importance in practical terms*", *Eurofound* (Stand 14.08.2009) unter http://www.eurofound.europa.eu/emire/SWEDEN/ANCHOR-UTVECKLINGSAVTALET-SE.htm (englisch), dort auch eine knappe erläuternede Darstellung zum *Utvecklingsavtalet.*

1319 *Privattjänstemannakartellen*, eine Angestelltendachorganisation mit, nach Eigenangaben, 27 Mitgliedsverbänden, die 700.000 Angestellte des Privatsektors vertreten; eine sehr kurze Selbstdarstellung auf Deutsch findet sich unter http://www.ptk.se/sv/Allmant/Other-languages/Deutsch/.

1320 *Axelsson, Inget nytt Saltsjöbadsavtal* (etwa „Kein neues Saltsjöbads-Abkommen"), 12.03.2009, abrufbar unter http://www.e24.se/makro/sverige/inget-nytt-saltsjobadsavtal_1164987.e24 (schwedisch). *Henriksson/Kullander, Sweden – Eiro Annual Review 2009*, Abschnitt *Negotions for a new central agreement,* m.w.N., 11.01.2011, abrufbar unter http://www.eurofound.europa.eu/eiro/studies/tn1004019s/se1004019q.htm (englisch).

und werden als unliebsame Einmischung betrachtet[1321]. Die Legislative hält sich daher weitgehend zurück. Beobachter sprechen auch von einer „programmatischen Passivität des Gesetzgebers“ („*programmatisk passivitet från lagstiftarens sida*“, *Sigeman*[1322]).

Konsequent sind die schwedischen Arbeitsbeziehungen von einem überdurchschnittlich hohen gewerkschaftlichen Organisationsgrad geprägt, quer durch alle Branchen und gleichermaßen im öffentlichen wie im privaten Sektor. Nach einem Allzeithoch von 86% im Jahr 1986 liegt er aktuell bei 68 bis 71%. Entsprechend selbstbewusst agieren die Beteiligten. Zwar sind die Gewerkschaften nicht mehr ganz so bedeutend und „*allgegenwärtig*“ (*Svenska Institutet*) wie sie es lange Jahrzehnte waren, aber immer noch außerordentlich einflussreich[1323].

Bedeutende Ausnahme zur ansonsten vorherrschenden Selbstregulierung ist die Unternehmensmitbestimmung. Nach einer dreijährigen Testperiode wurde

---

1321 “*In Sweden, tripartite negotiations are rare because the social partners do not welcome the government or any other party intervening in collective bargaining. The idea of self-regulation through collective bargaining by the social partners is strong in Sweden*“, *Kullander* (oben Fn. 1315), Abschnitt *Tripartite concertation.*

1322 Zit. nach *Sigeman, Tore, Arbetsrätten, en översikt* („Arbeitsrecht – Ein Überblick“), 4. Auflage 2006, Norstedts Juridik AB, S. 17.

1323 Die tarifvertragliche Abdeckung liegt bei 90% aller Beschäftigten. Bis Ende der 1990er Jahre wurden die Tarifverhandlungen vor allem zentral und national geführt, heute ist die Branchenebene entscheidend, wobei es aber in der Regel zu lokalen (und teilweise hochindividuellen) Anpassungen kommt. Die aktuell ca. 2,7 bis 3,5 Millionen Gewerkschaftsmitglieder verteilen sich vor allem in drei großen Dachgewerkschaftsbünden, die ihrerseits unterschiedliche Berufsgruppen organisieren. Deren bedeutsamste ist *LO – Landsorganisationen i Sverige*, in der vor allem Arbeiter organisiert sind. Sie hat ca. 1,3 bis 1,6 Millionen Mitglieder. Daneben zu erwähnen sind die Angestelltengewerkschaft *TCO – Tjänstemännens Centralorganisation* mit ca. 950.000 bis 1,275 Millionen Mitgliedern und die Zentralorganisation Schwedischer Akademiker *SACO – Sveriges Akademikers Centralorganisation* mit ca. 460.000 bis 570.000 Mitgliedern. Die Gewerkschaftsverbände stehen untereinander kaum in Konkurrenz. Während *TCO* und *SACO* unpolitisch sind ist die *LO* eng mit den schwedischen Sozialdemokraten (*Sveriges socialdemokratiska arbetareparti, SAP*) verbunden; die *SAP* erhielt bei allen Reichstagswahlen seit 1917 die meisten Stimmen und ist erst seit 2006 in der Opposition. Gegenpart auf privater Arbeitgeberseite ist der 2001 aus zwei Dachorganisationen hervorgegangene Verband *Svenskt Näringsliv* („Schwedische Wirtschaft“). Er verbindet 50 Mitgliederorganisationen mit ca. 55–60.000 angeschlossenen Unternehmen und 1,5 bis 1,8 Millionen Beschäftigten, was 2008 geschätzt etwa 80% aller schwedischen Unternehmen umfasste. Vgl. *Sigeman*, Experiences, S. 265, 266 f.; *Fulton*, Abschnitte *Trade Union* bzw. *Collective Bargaining*, sowie bei *Kullander*, Abschnitte *Trade Unions* und *Employer organisations*, (beide oben Fn. 1315). *Kullander* nennt unter Rückgriff auf eine Studie von *Kjellberg* aus dem Jahr 2012 einen aktuellen gewerkschaftlichen Organisationsgrad von 70,4%, bei allgemein leicht abnehmender Tendenz; ebd.

sie 1976 verbindlich gesetzlich normiert. Bereits dieser Wechsel auf die normative Regelungsebene stellte eine bedeutende Zäsur dar. Aber auch inhaltlich stieß die Mitbestimmung bei den Arbeitgebern auf beträchtliche Widerstände, so dass die Gesetze erst ab 1982 auch tatsächlich angewendet wurden. Im Jahr 1987 wurden die Bestimmungen neu gefasst und im Anwendungsbereich massiv ausgeweitet. U.a. wurde der Schwellenwert von damals mehr als 100 Beschäftigten signifikant gesenkt. Der seitdem geltende Schwellenwert von lediglich mindestens 25 Arbeitnehmern im Unternehmen ist der niedrigste in der gesamten EU[1324].

Selbst diese Regelungen halten für die Sozialpartner aber ein beträchtliches Ausmaß an Autonomie und Flexibilität bereit, so dass für unterschiedliche Strukturen jeweils passgenaue Lösungen gefunden werden können.

3. *Organisationsverfassung der Kapitalgesellschaften*

Die einzige schwedische Kapitalgesellschaftsform ist die Aktiengesellschaft (*Aktiebolag*, abgekürzt *AB*). Zunächst kontinentaleuropäisch orientiert – das erste schwedische Aktiengesetz von 1848 war französisch, das von 1910 stark vom deutschen Vorbild geprägt –, gewannen zunehmend angelsächsische Einflüsse an Bedeutung. Mittlerweile vertritt Schweden das monistische Modell[1325].

Aktuelle Rechtsquelle ist das neue Aktiengesellschaftsgesetz von 2005, das *Aktiebolagslag*, in Kraft seit dem 01.01.2006[1326].

1324 Zur Entwicklung *Hemström*, Swedish Company Legislation, S. 193, 197. Vgl. auch *Nilsson*, Country Report Sweden, S. 111, 111.

1325 Zur Entwicklung des schwedischen Gesellschaftsrechts vgl. *Hemström*, Swedish Company Legislation, S. 193, 193 ff.

1326 *Aktiebolagslag* (SFS 2005:551), zuletzt geändert durch SFS 2010:2071 [*SFS = Svensk författningssammling*, schwedisches Gesetzblatt], im Folgenden *swCA* für *Swedish Companies Act.* (Offizielles Länderkürzel für Schweden ist nach IS. 3166 „SE". Aus Lesbarkeitsgründen und zur besseren Abgrenzung mit der Societas Europaea wird hier „Sw" verwendet.) Der swCA besteht aus 32 Kapiteln, die ihrerseits eine wechselnde Zahl von Einzelnormen enthalten. Zitiert wird zunächst das Kapitel und dann die Einzelnorm, die jeweiligen Nummern werden vorangestellt. Der Gesetzestext ist abrufbar beim schwedischen Parlament, http://www.riksdagen.se/webbnav/index.aspx?nid=3911&bet=2005:551 (schwedisch). Soweit ersichtlich existiert keine frei zugängliche Übersetzung. Zum neuen swCA vgl. *Hansen*, EBOR 2010, S. 87, Fn. 8, die Darstellung beim *Bolagsverket, The new Swedish Companies Act*, unter http://www.bolagsverket.se/en/us/about/news/2006/swedish-1.7190 (Stand 02.01.2006) sowie das *Fact Sheet* vom schwedischen Justizministerium *Justitiedepartementet* vom Mai 2005, unter http://www.sweden.gov.se/content/1/c6/04/38/73/2827e973.pdf; dort zu den Änderungen im Allgemeinen und zur Unternehmensgründung S. 1, zur Organisationsverfassung S. 2. Als Einführung zur schwedischen Aktiengesellschaft insgesamt vgl. die Broschüre *Starting up a limited company*, herausgegeben vom *Bolagsverket*, unter http://www.bolagsverket.se/polopoly_fs/1.7777!/Menu/general/column-content/file/

Das Gesetz unterscheidet einerseits die private Aktiengesellschaft (*privat aktiebolag*), die funktional der deutschen GmbH entspricht, und andererseits die Publikumsaktiengesellschaft (*publikt aktiebolag*, abgekürzt *AB (publ)*), die auf Wunsch börsennotiert ist, aber allgemein strengeren Anforderungen unterliegt[1327]. Eine private *AB* darf maximal 200 Aktionäre haben und kann ihre Anteile nicht öffentlich anbieten[1328]. Die Gründung kann durch eine oder mehrere Personen in einem einzigen Prozess erfolgen und ist auch durch juristische Personen möglich (*stiftare*)[1329].

Grundsätzlich verfügt jede *AB* über die Hauptversammlung als oberstem beschließenden Organ (*bolagsstämma*)[1330], den Verwaltungsrat (*styrelse*, die einzelnen Mitglieder werden als *styrelseledamöter* oder schlicht *ledamöter* bezeichnet)[1331] und einen oder mehrere Wirtschaftsprüfer (*revisor(er)*)[1332]. In einer Publikums-*AB* muss daneben ein geschäftsführender Direktor bestellt werden, dem dann das Tagesgeschäft obliegt; in einer privaten *AB* kann dies auf freiwilliger Grundlage geschehen (*verkställande direktör, VD*)[1333].

---

starting_up_a_limited_company.pdf (ohne Datum) (alle englisch). Zu den jüngsten Entwicklungen vgl. oben Teil 3 B. I. 4.

1327 1 kap. 2 § swCA. Für die Publikums-*AB* vgl. die Bestimmungen am jeweiligen Kapitelende unter der Überschrift *Särskilda bestämmelser för publika aktiebolag* [= „Besondere Bestimmungen für Publikumsaktiengesellschaften", Anm. d. Verf]; eine Publikums-*AB* muss grundsätzlich stets die Bezeichnung *„publ"* im Firmennamen führen und darf nie die Bezeichnung *„privat"* verwenden, für eine private *AB* gilt das Umgekehrte, 3 kap. 11 §; 28 kap. 7, 2 §§ swCA.

1328 1 kap. 7 §; 1 kap. 8 § swCA.

1329 2 kap. 1 § swCA. Hierzu unterzeichnen die Gründer als Gründungsurkunde ein *memorandum of association* (*stiftelseurkund*), in dem die Satzung (*bolagsordning*) enthalten ist. Anschließend werden von einem oder mehreren Gründern die entsprechenden Aktien gezeichnet und bezahlt; 2 kap. 3 §, 4 § swCA; zum Mindestinhalt der *stiftelseurkund* vgl. 2 kap. 5–10 §§ swCA, zur *bolagsordning* 2 kap. 10 § 1 stck, 3 kap. swCA, zur Zeichnung 2 kap. 12 ff. §§ swCA.

1330 7 kap. swCA.

1331 8 kap. swCA; zur Ernennung durch die Hauptversammlung 8 kap. 8 § swCA. Juristische Personen können nicht bestellt werden, 8 kap. 10 § swCA; zum Verwaltungsratsvorsitzenden vgl. 8 kap. 17 § swCa, zur Haftung für Gründer, Verwaltungsratsmitglieder und Geschäftsführer vgl. 29, 30 kap. swCA.

1332 9 kap. swCA. Eine kleine private *AB* kann auf Satzungsgrundlage auf den Wirtschaftsprüfer verzichten; eine Gesellschaft gilt nicht mehr als klein, wenn sie mehr als eine dieser Bedingungen erfüllt: in den letzten beiden Geschäftsjahren a) hatte sie durchschnittlich mehr als 3 Beschäftigte, b) belief sich die Bilanzsumme auf mehr als 1,5 Millionen SEK, c) belief sich der gemeldete Nettoumsatz auf mehr als 3 Millionen SEK; 9 kap. 1 § 2, 3 *stck.* swCa.

1333 8 kap. 27 ff. §§; 8 kap. 50 § swCA; zu seinen Aufgaben vgl. 8 kap. 29 § swCA. In einer Publikums-*AB* kann der Vorsitzende des Verwaltungsrats nicht gleichzeitig zum *VD* bestellt werden, 8 kap. 49 § swCA.

In der Regel wird die Zahl der jeweiligen Verwaltungsratsmitglieder in der Satzung frei festgelegt[1334]. Mindestens aber muss der Verwaltungsrat einer Publikums-*AB* mit drei Personen besetzt sein, in einer privaten *AB* reichen ein bzw. zwei Personen aus, sofern gleichzeitig ein Ersatzmann bestellt wird[1335]. Etwa zu bestellende Arbeitnehmervertreter werden hierbei nicht mitgezählt, da sie nicht durch die Hauptversammlung eingesetzt werden[1336].

Das Mindestkapital für eine Publikumsaktiengesellschaft beträgt 500.000 *SEK* (ca. 57.000 Euro), bei einer privaten *AB* liegt es seit 01.04.2010 bei 50.000 *SEK* (ca. 5.700 Euro)[1337].

4. *Arbeitnehmerbeteiligung*

a. Betriebliche Interessenvertretung

i. Voraussetzungen

Die betriebliche Interessenvertretung der Arbeitnehmer obliegt in Schweden allein den Gewerkschaften (*lokala* (*arbetarnas*) *fackföreningar* oder [seltener] *fackklubbar*). Betriebsräte oder andere gewählte Strukturen konnten sich nicht durchsetzen und existieren nicht mehr[1338]. Außer Betracht bleiben hier die Einrichtungen für die Sicherheit am Arbeitsplatz[1339].

Zentrale Grundlage ist das Gesetz über die Mitbestimmung in der Arbeitswelt, *Lag (1976:580) om medbestämmande i arbetslivet*, kurz *Medbestämmandelagen*,

---

1334 3 kap. 1 § 6 *stck.* swCA.

1335 8 kap. 1 §; 46 § swCA. Die maximale Amtszeit für die Mitglieder im Verwaltungsrat beträgt vier Jahre, wobei Wiederbestellung möglich ist, 8 kap. 13 § swCA.

1336 *Bolagsverket, Starting up a limited company* (oben Fn. 1326), S. 13.

1337 1 kap. 4 §; 1 kap. 14 § 1 *stck.*; 1 kap. 5 § 1 *stck.* swCA. Es kann auch auf Euro lauten, muss dann aber dem jeweiligen Wert entsprechen; 1 kap. 5 § 2, 3 *stck.*, 1 kap. 14 § 2 *stck.* swCA. Es gilt 1 SEK ≈ 0,1142 Euro/1 Euro ≈ 9,11 SEK.

1338 *Victorin* schreibt in einem Beitrag für die *OECD* unter Bezug auf die praktisch eingeschränkte Wirkung der Unternehmensmitbestimmung, dass diese keinesfalls den Schwerpunkt der schwedischen industriellen Beziehungen darstelle und führt sodann weiter wörtlich aus *„Nor do works councils, which existed during some 10 years from 1966 to 1977 in Sweden.“* Der genannte Artikel wurde im Rahmen einer *OECD*-Konferenz mit dem Titel *Company Law Reform in OECD Countries – A Comparative Outlook of Current Trends* im Dezember 2000 in Stockholm vorgelegt. Er ist im Internet abrufbar unter http://www.oecd.org/dataoecd/60/63/1931982.pdf (englisch), das Zitat findet sich dort auf S. 3. Bis auf die zitierte Anmerkung zu den Betriebsräten stimmt er wörtlich mit dem hier als „Board Participation Sweden“ angeführten Aufsatz von *Victorin* überein.

1339 Diese sind geregelt im *Arbetsmiljölag* (1977:1160), zuletzt geändert durch (SFS 2010:1545); der Gesetzestext ist abrufbar unter http://www.riksdagen.se/webbnav/index.aspx?nid=3911&bet=1977:1160 (schwedisch).

meist abgekürzt als *MBL*[1340]. Das *MBL* ist ein Rahmengesetz, das einfachgesetzlich die beiderseitige Vereinigungsfreiheit garantiert[1341] und vor allem die Tarifvereinbarungen und deren Auswirkungen regelt, daneben aber den lokalen Gewerkschaften Informations- und Anhörungs- sowie auch (sehr) begrenzte Mitentscheidungsrechte zuweist. Umgesetzt und konkretisiert wird es durch auf nationaler Ebene geschlossene Tarifverträge, den *avtal*. Deren bedeutsamste sind das *Saltsjöbadsavtalet* von 1938 und (eingeschränkt) das *Utvecklingsavtalet* von 1982[1342]. Die weitergehenden Details werden dann zwischen den Arbeitgebern und den lokalen Gewerkschaften unter Berücksichtigung der individuellen Umstände ausgehandelt (schlagwortartig wird von *„lokalt ansvar"* gesprochen, etwa „lokale Verantwortung"); dementsprechend sind die Vorgaben des *MBL* eher allgemeiner Art[1343].

1340 Zuletzt geändert durch (SFS 2013:615) Der Gesetzestext ist abrufbar unter http://www.riksdagen.se/webbnav/index.aspx?nid=3911&bet=1976:580. Eine inoffizielle englische Übersetzung (Stand SFS 2007:402) ist abrufbar unter http://www.sweden.gov.se/content/1/c6/10/49/88/646b76f6.pdf.

1341 7 ff. §§ MBL (*Föreningsrätt*). Verfassungsrechtlich ist die Vereinigungsfreiheit in 2 kap. 1 § 5 *stck.* des Grundgesetzes zu den Regierungsformen garantiert (*Regeringsformen*; die schwedische Verfassung besteht aus vier einzelnen Grundgesetzen, neben demjenigen zu den Regierungsformen noch aus dem Thronfolgegesetz *Successionsordningen*, dem Gesetz über die Pressefreiheit *Tryckfrihetsförordningen* und dem über die Meinungsäußerung *Yttrandefrihetsgrundlagen*); zu den gewerkschaftlichen Rechten vgl. ebd. 2 kap. 17 § (Arbeitskampf), 20 § 18 *stck.* (Ausländerrechte) Vgl. allgemein die Darstellung unter http://www.sweden.se/de/Startseite/Arbeiten-leben/Fakten/Das-schwedische-Regierungssystem/.

1342 Das Abkommen ist recht kurz und allgemein gehalten. Programmatisch werden die gemeinsamen Werte „Effizienz", „Wirtschaftlichkeit" und „Wettbewerbsfähigkeit" sowie „Aufgeschlossenheit für den Wandel" *„als Parole beschworen"* (*Eurofound*), ebenso die Notwendigkeit, praktikable und flexible Formen der Mitarbeiterbeteiligung im Unternehmen zu entwickeln. Dies soll vor allem durch Dezentralisierung, Delegation von Verantwortung und Entscheidungskompetenzen sowie kurze Kommunikationswege geschehen. Ihre genaue Gestaltung soll abhängig sein von den lokalen Gegebenheiten, namentlich Unternehmensgröße, Branche und Organisation. Konkret wird in dem Abkommen aber lediglich den Gewerkschaftsmitgliedern ein Freistellungsanspruch eingeräumt; sie dürfen maximal fünf Stunden Arbeitszeit im Jahr nutzen, um an gewerkschaftlichen Veranstaltungen teilzunehmen, die für den jeweiligen Arbeitsplatz relevant sind (§ 10 Facklig information på betald tid). Der teils kommentierte Text findet sich unter http://www.lo.se/home/lo/home.nsf/66f1676e041435a3c12571e1006e0bc1/f40af9055d55d9fbc12574ec002fd438/$FILE/Utvecklingsavtal_LO_PTK_SN.pdf (schwedisch).

1343 Vgl. 23, 24 §§ MBL. Die Tarifverhandlungen finden auf nationaler, sektoraler und betrieblicher Ebene statt. Die im *Saltsjöbadsavtalet* geregelten Vorgehensweisen zum Arbeitskampf sollen hier nicht näher beleuchtet werden. Verkürzt gilt, dass dort, wo kein Tarifvertrag in Kraft ist, auch Streikmaßnahmen zulässig sind.

ii. Größe und Zusammensetzung

Die Organisation der lokalen Gewerkschaftsvertretung richtet sich nach deren jeweiliger Satzung. Wie die einzelnen Vertreter zu bestimmen sind, ist ebenfalls nicht detailliert bestimmt; das Gesetz über Gewerkschaftsvertreter von 1974 spricht nur von „allen Beschäftigten, die von einer lokalen Gewerkschaft zur Vertretung der Beschäftigten als Gewerkschaftsvertreter gewählt wurden“[1344]. Als Orientierungsgröße aus der Praxis wird für Unternehmen mit 200 bis 300 Beschäftigten eine Zahl von drei bis vier Vertretern für die Arbeiter und eine „geringere Zahl“ für die Angestellten und die Leitenden Mitarbeiter genannt. Praktisch werden die jeweiligen Vertreter bei der Jahreshauptversammlung für eine Amtszeit von ein bis zwei Jahren gewählt[1345].

Gibt es in einem Betrieb keinerlei Gewerkschaftsvertretung, können die Gewerkschaften eine einzelne Kontaktperson für Verhandlungen bestimmen[1346].

Sind in einem Betrieb mehrere Gewerkschaften vertreten, was der Regelfall sein soll, muss ggf. mit jeder von ihnen einzeln verhandelt werden, solange sie sich nicht für gemeinsame Verhandlungen zusammenschließen.

Allerdings gilt dies ausschließlich für diejenigen Gewerkschaften, mit denen der jeweilige Arbeitgeber auch tatsächlich eine Tarifvereinbarung abgeschlossen hat[1347]. Voraussetzung ist also auch hier im weitesten Sinne eine „Anerkennung“.

Auf betriebsübergreifender Ebene müssen die lokalen Gewerkschaftsvertretungen auch über den Konzern insgesamt informiert werden. Die Gewerkschaften ihrerseits „ernennen eine Gruppe von Vertretern, die befugt ist, mit der Konzernleitung Gespräche und Verhandlungen zu führen“. Sie verhandeln darüber, wie die Mitbestimmung ausgestaltet werden soll wenn unternehmerische Entscheidungen bevorstehen, die Auswirkungen auf mehrere Bereiche des Konzerns haben können (*koncernfackligt samarbete*)[1348].

1344 1 § *Lag (1974:358) om facklig förtroendemans ställning på arbetsplatsen*, zuletzt geändert durch SFS 2009:417, abrufbar unter http://www.riksdagen.se/sv/Dokument-Lagar/Lagar/Svenskforfattningssamling/Lag-1974358-om-facklig-fort_sfs-1974-358/ (schwedisch).

1345 ETUI-SE-BI, S. 1.

1346 *Utvecklingsavtalet* (oben Fn. 1342), § 9 (*Mindre företag* [= „Kleine Unternehmen“, Anm. d. Verf.]).

1347 ETUI-SE-BI, S. 1.

1348 ETUI-SE-BI, S. 2 a.E.; Vgl. 11, 12 §§ MBL; *Utvecklingsavtalet* (oben Fn. 1342), § 11 *Koncerner och företag med flera driftsenheter* = Konzerne und Unternehmen mit mehreren (unabhängigen) operativen Einheiten. Nach der Kommentierung im *UVA* zu § 11 bezieht sich diese Regelung aber nur auf die Aktivitäten im Inland. Bei den Verhandlungen sollen die Größe und Struktur des Unternehmens bzw. des Konzerns, die Organisation, die Beschlussfassung und die bestehenden gewerkschaftlichen Strukturen berücksichtigt werden.

iii. Befugnisse

(a) Beteiligung

Durch das *MBL* haben die Gewerkschaften das Recht, mit dem Arbeitgeber über sämtliche Fragen zu verhandeln, die sich auf die Beziehung zwischen dem Arbeitgeber und „ihren" Gewerkschaftsmitgliedern auswirken können. Auf diese Weise wird bereits ein „Mindestmaß an Unterrichtung und Anhörung" garantiert.

Eine privilegierte Position haben diejenigen Gewerkschaften, mit denen der Arbeitgeber Tarifvereinbarungen über Löhne oder allgemeine Arbeitsbedingungen geschlossen hat. Hier sind die Arbeitgeber verpflichtet, ggf. auch Fragen von Abschluss und Beendigung von Arbeitsverträgen, Verwaltung und Führung von Arbeit und die Führung der Geschäfte im Allgemeinen zu erörtern.

Wenn eine solche privilegierte Gewerkschaft wünscht, mit dem Arbeitgeber über eine (weitere) Tarifvereinbarung zu verhandeln, ist der Arbeitgeber verpflichtet, an den Verhandlungen teilzunehmen und die dargelegten Forderungen objektiv zu diskutieren[1349]. Es kann vereinbart werden, dass die jeweilige Entscheidung, die sonst durch den Arbeitgeber zu treffen wäre, von Vertretern der Arbeitnehmer oder gemeinsamen Stellen getroffen werden (*Medbestämmanderätt genom kollektivavtal*, etwa „Mitbestimmungsrecht durch Tarifvereinbarung" bzw. „*Medbestämmandeformer efter lokal överenskommelse*", etwa „Mitbestimmungsformen nach örtlicher Vereinbarung"). Das verschafft den etablierten Gewerkschaften eine vergleichsweise starke Position[1350]. Dies stellt aber lediglich eine Option und keinen Anspruch dar. Die Bestimmungen über das Verhandlungsrecht beinhalten zwar keine normierte, wohl aber eine mehr oder minder bedeutende faktische Pflicht zur Einigung, da ansonsten für diesen betreffenden Streitpunkt Streikmaßnahmen möglich sind (*kvarlevande stridsrätt*)[1351].

Darüber hinaus besteht in einem einzigen Anwendungsbereich ein als echtes Vetorecht ausgestaltetes Mitbestimmungsrecht, nämlich beim Einsatz von Subunternehmern, die keine direkten Beschäftigten des Unternehmens sind, es sei denn,

---

1349 Vgl. *Sigeman*, Experiences, S. 265, 268; *Victorin*, Board Participation Sweden, S. 125, 126.

1350 32 § MBL; *Utvecklingsavtalet* (oben Fn. 1342), § 8 *Mom* 1 [*Mom* = „Abschnitt"]. *Sigeman* beobachtet: „*... unions that have been strong enough to conclude collective agreements have been accorded a privileged status by various statutory regulations. These regulations have consolidated the position of the established unions – normally those belonging to the three big federations, the LO, the TCO and the SACO – and counteracted the growth of the minority unions*", *Sigeman*, Experiences, S. 265, 267.

1351 *Sigeman*, Experiences, S. 265, 268. Ggf. kann die unterlegene Partei dann auf Maßnahmen des Arbeitskampfes zurückgreifen. *Sigeman* zu Recht kritisch: „*In an international comparison of the trade union's right to take industrial action in this situation, the union's legal right in Sweden appears to be extremely strong.*" Vgl. auch *Hansen/Werlauff*, ECL 2009, S. 68, 72.

ein spezifischer Bedarf oder kurzfristige Anforderungen machen deren Einsatz notwendig[1352].

Weiterhin ist die Gewerkschaft, mit der der Arbeitgeber einen Tarifvertrag abgeschlossen hat, laufend über die Entwicklung der Geschäftslage zu informieren. Dies betrifft die allgemeine wirtschaftliche Lage des Unternehmens, die Produktion und die Personalpolitik des Unternehmens. Außerdem ist ihnen Einblick in die Geschäftsbücher zu gewähren[1353].

Vor „bedeutenden Veränderungen der Geschäftstätigkeit" und vor „bedeutenden Veränderungen der Arbeits- und Beschäftigungsbedingungen der (gewerkschaftlichen) Arbeitnehmer" muss der Arbeitgeber von sich aus Verhandlungen aufnehmen. Dies gilt bereits, sobald auch nur ein einzelnes Gewerkschaftsmitglied betroffen ist. Nach verschiedenen Entscheidungen des Arbeitsgerichts umfassen „bedeutende Veränderungen" (*viktigere forandring*) solche der Arbeitsorganisation und Arbeitsweise, Personalveränderungen, strukturelle Veränderungen, Änderungen der Einstellungs- und Entlassungsbedingungen und die Vorbereitung des Jahresbudgets[1354], kurz also jedes Thema, über das die Gewerkschaft verhandeln möchte[1355]. Allerdings kann der Arbeitgeber bei besonderen Umständen die unternehmerischen Maßnahmen auch ohne Verhandlungen umsetzen[1356].

1352 38 ff. §§ MBL (*Facklig vetorätt i vissa fall* = „Gewerkschaftliches Vetorecht in bestimmten Fällen"); ausgenommen sind bestimmte Bereich der Daseinsvorsorge, wie bei öffentlichen Aufträgen, Versorgung mit Wasser, Energie, Verkehr und Postdienste, vgl. 39 § MBL. Vgl. auch *Sigeman*, Experiences, S. 265, 276 f.

1353 18 ff. §§ MBL (*Rätt till information*), v.a. 19 §; zur Vertraulichkeit 21, 22 §§ MBL. Hier sind auch abweichende Vereinbarungen möglich, 4 § 2 *stck.* MBL. Die genaue Reichweite der Informationspflichten wird im *Utvecklingsavtalet* näher umrissen. Demnach soll den Gewerkschaftsvertretungen „Einblick und Einflussnahme auf die wirtschaftliche Situation, die Planung, den Haushalt und die Überwachung" ermöglicht werden, so dass sie sich damit auseinandersetzen „und gemeinsam mit der Unternehmensleitung die Marktaussichten des Unternehmens, seine Einkaufspolitik, seine Wettbewerbsposition, die Produktentwicklung und Produktionsausrüstung sowie die Sicherheit der Arbeitnehmer und die Arbeitsentwicklung" beurteilen können; *Utvecklingsavtalet* (oben Fn. 1342), § 5 *Mom* 1, 2 (*Företagets ekonomi och resursfrågor*, etwa „Fragen, die die Finanzen und Ressourcen des Unternehmens betreffen"). Vgl. auch *Victorin*, Board Participation Sweden, S. 125, 127; *Hansen/Werlauff*, ECL 2009, S. 68, 72.

1354 ETUI-SE-BI, S. 2; vgl. auch *Hansen/Werlauff*, ECL 2009, S. 68, 72.

1355 Hierzu gehört auch die Bestellung eines *Verkställande Direktör*; *Victorin*, Board Participation Sweden, S. 125, 127, der gleichzeitig diese Ausweitung des Anwendungsbereichs kritisiert; eine derartige Bestellung stelle kaum eine bedeutende Veränderung der Geschäftstätigkeit dar.

1356 Vgl. 10 ff. §§ (*Förhandlingsrätt*), 11 § 2 *stck.*, 12 § MBL. Hier sind auch abweichende Vereinbarungen möglich, 4 § 2 *stck.* MBL. Vgl. auch *Victorin*, Board Participation Sweden, S. 125, 127 f.

Diese Verhandlungen werden zunächst auf lokaler Ebene durchgeführt, falls es dort zu keiner Einigung kommt, haben die Gewerkschaften das Recht, Verhandlungen auf übergeordneter nationaler Ebene zu verlangen (was aber tatsächlich nur selten geschieht). Erst danach kann der Arbeitgeber endgültig entscheiden (unabhängig von einer etwaigen gewerkschaftlichen Zustimmung). Handelt der Arbeitgeber diesen Vorgaben zuwider macht er sich schadensersatzpflichtig.

Nach dem *Utvecklingsavtalet* können Gewerkschaften und Arbeitgeber weiterhin noch verhandeln über Entwicklung der Arbeitsorganisation zur Förderung des individuellen Mitarbeiters, technische Entwicklungen und Fragen im Zusammenhang mit der wirtschaftlichen Situation des Unternehmens. Diese Verhandlungen können direkt auf betrieblicher Ebene mit dem jeweiligen Vorgesetzten stattfinden, aber auch auf Leitungsebene geführt werden. Ggf. ist auch ein gemeinsamer Ausschuss aus Gewerkschafts- und Arbeitgebervertretern zur Entscheidungsfindung möglich. Schließlich können auch für bestimmte, vorher klar definierte Bereiche, wie die Umstrukturierung eines Unternehmens, befristete gemeinsame Projektgruppen von Arbeitgeber und Gewerkschaften eingesetzt werden[1357].

Immer sind dabei die jeweiligen „Formen der Zusammenarbeit und Mitwirkung [...] an die jeweiligen örtlichen Gegebenheiten anzupassen“[1358].

Durch Umsetzung der Unterrichtungs- und Anhörungsrichtlinie gelten die hier skizzierten Pflichten für Information und Konsultation mittlerweile auch für die im Betrieb vertretenen Gewerkschaftsvertretungen, die mit dem Arbeitgeber keinen Tarifvertrag abgeschlossen haben. Da in Schweden eine tarifliche Abdeckung von über 91% herrscht sind tatsächlich nur sehr wenige Arbeitnehmer von diesen neuen Möglichkeiten betroffen[1359].

Faktisch wirken sich all diese Verhandlungs- und Mitbestimmungsrechte aber lediglich dahingehend aus, dass der Arbeitgeber zwar zu Verhandlungen mit den Gewerkschaften verpflichtet ist, diese aber nicht zwangsläufig zu (bestimmten) Ergebnissen führen müssen. Viel mehr liegen sämtliche Entscheidungen bei der Unternehmensleitung. Die faktischen Wirkungen des *MBL* wurde darum wiederholt in Abrede gestellt[1360].

1357 *Utvecklingsavtalet* (oben Fn. 1342), § 8 *Mom* 2 (*Projektmedverkan*).

1358 *Utvecklingsavtalet* (oben Fn. 1342), *Kommentar till § 6–9: „Formerna för samverkan och medbestämmande måste anpassas till de lokala förhållandena“.*

1359 Vgl. im Einzelnen *Kullander/Eklund, Sweden: EIRO CAR on „The effect of the Information and Consultation Directive on Industrial Relations in the EU Member States five years after its transposition“* (19.01.2011), unter http://www.eurofound.europa.eu/eiro/studies/tn1009029s/se1009029q.htm (englisch).

1360 Vgl. ETUI-SE-BI, S. 2; *Victorin*, Board Participation Sweden, S. 125, 127 ff., zufolge wurde das *MBL* wegen seiner praktisch begrenzten Reichweite zwischenzeitlich als *„Horn-clanking Act“* verballhornt. Alles, was der Arbeitgeber tun müsse, sei, „sein Signalhorn erschallen zu lassen, um anschließend die Gewerkschaft einfach zu überfahren.“ (*„All the employer had to do was to clank his horn before 'running over the union'.“*).

(b) Ausstattung

Auch die Reichweite bei Freistellungen und Ausstattung mit Sachmitteln variiert. Gesetzlich vorgesehen ist lediglich, dass bezahlte Freistellung „im erforderlichen Umfang“ gewährt werden soll, aber „nicht mehr, als nach den Bedingungen am Arbeitsplatz vernünftig ist“. Die Details werden ausgehandelt. Praktisch werden in sehr großen Betrieben mit mehr als 1.000 Beschäftigten bis zu zehn Gewerkschaftsvertreter alleine für die Gruppe der Arbeiter freigestellt, in Betrieben mit ca. 300 Arbeitnehmern sind ein Gewerkschaftsvertreter vollständig und zwei weitere jeweils für die Arbeiter und die Angestellten anteilig freigestellt. Daneben ist jedenfalls ein Raum zur Verfügung zu stellen. Die weitere Ausstattung mit technischen Mitteln bis hin zu Sekretariatsdiensten wird tarifvertraglich vereinbart. Praktisch soll der genaue Umfang der Sachausstattung zu den ersten Fragen gehören, die in den Tarifverhandlungen erörtert werden[1361].

Des Weiteren können ggf. Berater hinzugezogen werden (*Arbetstagarkonsult*). Nach dem *Utvecklingsavtalet* gilt dies bei anstehenden „wesentlichen Veränderungen für die wirtschaftliche Situation des Unternehmens oder die Beschäftigungslage“ nach Einverständnis der Unternehmensleitung. Üblicherweise werden sie vom Arbeitgeber für eine Woche bezahlt werden. Diese Berater können sowohl intern als auch extern sein und auch aus einer Gewerkschaft stammen[1362].

b. Unternehmensmitbestimmung

i. Grundlagen

Rechtsgrundlage ist das Gesetz über die Arbeitnehmervertretung in den Unternehmensorganen in der Privatwirtschaft, *Lag (1987:1245) om styrelserepresentation för de privatanställda*, in Kraft seit dem 01.01.1988[1363]. Es ist die konsolidierte Fassung des ursprünglichen Gesetzes von 1973 nebst einigen Anhängen und mit gerade einmal 25 Einzelnormen recht kurz und übersichtlich gehalten.

Demnach haben die Arbeitnehmer in fast allen privaten Unternehmen mit mindestens 25 Mitarbeitern in Schweden (*„här I landet“* – „in diesem Land“) das Recht, zwei Arbeitnehmervertreter in das Leitungsgremium zu entsenden (*arbetstagarledamöter*). In Unternehmen, die in mehr als einer Branche arbeiten, und im Inland

1361 Vgl. 3 § Lag (1974:358); ETUI-SE-BI, S.2.

1362 *Utvecklingsavtalet* (oben Fn. 1342), § 12 *Arbetstagarkonsult*, dort *Mom* 2 zu den Voraussetzungen, *Mom* 3 zum Einsetzungsbeschluss und Bezahlung durch das Unternehmen, *Mom* 4 und 5 zu den persönlichen Anforderungen an den Berater, *Mom* 6 zum Kontakt zur Unternehmensleitung; zur Vertraulichkeit vgl. *Mom* 8. Lt. Kommentar zu § 12 gilt der Abschnitt nur in Unternehmen mit mindestens 50 Beschäftigten; in Unternehmen zwischen 25 und 50 Beschäftigten kann dies aber vereinbart werden.

1363 Zuletzt geändert durch (SFS 2011:428), abrufbar unter http://www.riksdagen.se/webbnav/index.aspx?nid=3911&bet=1987:1245 (schwedisch). Eine inoffizielle englische Übersetzung, Stand (SFS 2006:479) ist abrufbar unter http://www.sweden.gov.se/content/1/c6/10/48/36/b39dad7d.pdf.

mindestens 1.000 Mitarbeiter beschäftigten, sind es drei Arbeitnehmervertreter. Zusätzlich wird eine jeweils gleiche Anzahl an Stellvertretern gewählt. Es darf im Verwaltungsrat jedoch niemals mehr Arbeitnehmer- als Arbeitgebervertreter geben[1364]. Die Stellvertreter haben bei den Verwaltungsratssitzungen „Sitz und Stimme", auch wenn der jeweilige Arbeitnehmervertreter anwesend ist[1365]. Das heißt, die Stellvertreter werden zwar bei der Berechnung nicht mitgezählt, dürfen aber bei den Sitzungen anwesend sein und ihre jeweilige Meinung kundtun, bei der Beschlussfassung allerdings können sie nicht mit abstimmen. Diese Regelung hebt das schwedische Modell im Vergleich noch weiter heraus[1366].

In der Regel besteht ein Verwaltungsrat in schwedischen Unternehmen meist aus sieben Personen, von denen dann zwei die Arbeitnehmerseite vertreten[1367].

ii. Anwendungsbereich

Das Gesetz erfasst zunächst sämtliche *AB*, gleich ob privat oder Publikums-Aktiengesellschaft. Es gilt daneben auch für Banken, Hypothekenanstalten, Versicherungen und genossenschaftlich organisierte Unternehmen, sofern diese mindestens 25 Arbeitnehmer beschäftigen, nicht jedoch für die SE und für die SCE nur eingeschränkt[1368].

Es gilt darüber hinaus auch für Konzerne. Was in den jeweiligen Unternehmensformen jeweils unter „Konzern" zu verstehen ist, wird im *Lag (1987:1245)* über Weiterverweisungen in die jeweiligen Spezialgesetze geregelt[1369]. In diesen wird dann normiert, was jeweils eine Elterngesellschaft und was eine Tochtergesellschaft ist bzw. wann über ein Unternehmen ein bestimmender Einfluss ausgeübt wird. Ggf. erstreckt sich die Mitbestimmung auch auf die Arbeitnehmer der

1364 4 § Lag (1987:1245).

1365 12 § Lag (1987:1245), vgl. auch 8 kap. 20 § 2 *stck.* seCA.

1366 Zur Situation in Deutschland vgl. zuletzt BGH, Beschluss vom 30.01.2012, II ZB 20/11. Demnach kann die Satzung einer durch das MitbestG verpflichtend mitbestimmten GmbH nicht bestimmen, dass der Aufsichtsrat neben zwanzig stimmberechtigten Aufsichtsratsmitgliedern aus weiteren Mitgliedern mit beratender Funktion besteht. Die ständige Teilnahme einer diese Höchstzahl übersteigenden Anzahl von Mitgliedern mit beratender Funktion an den Sitzungen des Aufsichtsrats ist mit §§ 25 I 1 Nr. 2 MitbestG, 109 I AktG unvereinbar.

1367 *Taylor*, Überblick, S. 79; *Nilsson*, Country Report Sweden, S. 111, 113. Nach *Levinson*, IRJ 2001, S. 264, 267 Fn. 5, haben drei Viertel aller Verwaltungsräte zwischen fünf und neun Mitglieder. Zwei Drittel davon haben zwei Arbeitnehmervertreter (plus zwei Stellvertreter), ein Sechstel hat drei Arbeitnehmervertreter und ein Zehntel hat lediglich einen Arbeitnehmervertreter.

1368 2 §, zur S. 1 a, zur SCE 1 b, 4 a §§ Lag (1987:1245).

1369 2 § 2 *stck. Lag (1987:1245)*, der mWv 01.04.2011 geändert wurde. Für das *Aktiebolagslag* wird aber auch in der geänderten Fassung noch auf 1 Kap. 11, 12 §§ (SFS 2005:551) verwiesen.

Tochtergesellschaften. Einbezogen werden aber ausdrücklich nur die in Schweden selbst beschäftigten Arbeitnehmer einer in Schweden registrierten Gesellschaft[1370].

Bei der Berechnung werden diejenigen Arbeitnehmer, die dauerhaft bei einer Konzerngesellschaft beschäftigt sind, ohne dort angestellt zu sein, als Angestellte des Unternehmens gezählt[1371]. Damit werden Umgehungen verhindert.

iii. Bestellung

Die konkreten Arbeitnehmervertreter werden grundsätzlich von derjenigen Gewerkschaft ernannt, mit der der Arbeitgeber einen Tarifvertrag abgeschlossen hat[1372]. Vertritt die Gewerkschaft gleichzeitig die Mehrheit der Beschäftigten im Unternehmen, erfolgt dies aufgrund einer besonderen Vereinbarung zwischen Arbeitgeber und Gewerkschaft. Falls eine solche Vereinbarung nicht geschlossen werden kann, wird ein formelles Verfahren angewendet. Danach kann eine Gewerkschaft allein beide Arbeitnehmervertreter entsenden, wenn sie mehr als 80% der Beschäftigten im jeweiligen Unternehmen vertritt. Organisiert eine andere Gewerkschaft mindestens 20% der Arbeitnehmer, besetzt sie den anderen Sitz. Ansonsten wird jeweils ein Sitz von den beiden größten Gewerkschaften im Unternehmen besetzt[1373].

Tatsächlich geschieht dies in der Regel durch Wahl in einer Gewerkschaftsversammlung, gelegentlich auch direkt durch die jeweiligen Mitglieder oder durch Ernennung; andere Verfahren sind möglich und weit verbreitet[1374]. Praktisch soll meist jeweils ein Arbeiter und ein Angestellter in den Verwaltungsrat entsandt werden. Meistens stammen die Ernannten direkt aus dem Vorstand der lokalen Gewerkschaftsvertretung. Berichtet wird auch, dass in großen Unternehmen, in denen an sich drei Arbeitnehmervertreter zu entsenden wären, des Öfteren Vereinbarungen geschlossen werden, nach denen lediglich zwei Arbeitnehmervertreter bestellt werden sollen[1375].

1370 4 § 3, 1 *stck.* Lag (1987:1245); *Hansen/Werlauff*, ECL 2009, S. 68, 76, 80.

1371 3 § Lag (1987:1245). (*„En arbetstagare hos ett kommittent- eller moderföretag, som stadigvarande är verksam i ett kommissionärs- eller dotterföretag utan att vara anställd där...“*, in der englischen Fassung *„An employee of a principal or parent company, who is permanently engaged in an agent or subsidiary, without being employed there,...“*).

1372 6, 7 §§ Lag (1987:1245). Bei der Ernennung der Arbeitnehmervertreter in der Elterngesellschaft reicht ein Tarifvertrag in einer Tochtergesellschaft.

1373 8 § Lag (1987:1245).

1374 *Nilsson*, Country Report Sweden, S. 111, 115 weist auf traditionelle, regionale und praktikable Erwägungen hin. Üblicherweise würde eine entsprechende Vereinbarung im Unternehmen getroffen. Die gesetzliche Regelung nach 8 § dürfte daher lediglich als Auffangregelung fungieren. Zur Verbreitung von verschiedenen Besetzungsmodellen vgl. auch *Levinson*, IRJ 2001, S. 264, 270.

1375 *Nilsson*, Country Report Sweden, S. 111, 114; *Victorin*, Board Participation Sweden, S. 125, 131. *Levinson*, IRJ 2001, S. 264, 270 spricht ebenso kritisch wie schlagwortartig von *„the trade union connection“*.

Nach dem Gesetz sollen die Arbeitnehmervertreter grundsätzlich aus den Reihen der Mitarbeiter des Unternehmens stammen. Eine Berufung von externen Gewerkschaftsfunktionären ist damit also theoretisch möglich, soll aber praktisch *„sehr ungewöhnlich"* sein[1376]. Ist eine Person bereits Arbeitnehmervertreter in einem Verwaltungsrat kann sie grundsätzlich nicht mehr in den Verwaltungsrat eines anderen Unternehmens entsandt werden, es sei denn, die betroffenen Unternehmen gehören zum selben Konzern oder die Unternehmen schließen eine anders lautende Vereinbarung ab[1377]. Die Amtszeit darf maximal vier Geschäftsjahre betragen[1378] und nur die jeweils ernennende Organisation ist befugt, den Arbeitnehmervertreter u.U. vorzeitig abzuberufen.

Das Ernennungsrecht liegt also ausschließlich bei den Gewerkschaften. Angesichts des hohen Organisationsgrads unwahrscheinlich, aber immerhin theoretisch denkbar ist daher, dass ein nicht-gewerkschaftlich organisierter Betrieb auch nicht mitbestimmt ist[1379].

iv. Befugnisse

Im Verwaltungsrat haben die Arbeitnehmervertreter grundsätzlich die gleichen Rechte und Pflichten wie die Vertreter der Anteilseigner. Insbesondere müssen sie auch in etwaigen Ausschüssen vertreten sein; die genaue personale Zuweisung obliegt wiederum den lokalen Gewerkschaftsvertretungen[1380].

Allerdings können die Arbeitnehmervertreter nach dem Gesetzeswortlaut bereits an der Diskussion über solche Themen, bei denen möglicherweise ein wesentliches Eigeninteresse besteht bzw. in denen die Gewerkschaft und das Unternehmen entgegengesetzte Positionen vertreten, nicht teilnehmen[1381]. Daneben sind sie ausgeschlossen bei der Beschlussfassung über religiöse, wissenschaftliche,

---

1376 9 § 1 *stck.* Lag (1987:1245); *Victorin*, Board Participation Sweden, S. 125, 125; *Hansen/Werlauff*, ECL 2009, S. 68, 71; *Taylor* Überblick, S. 79, vermutlich unter Rückgriff auf *Nilsson*, Country Report Sweden, S. 111, 116. *Nilsson* nennt eine Größenordnung von 99,9 % unternehmensangehöriger Arbeitnehmervertreter.

1377 9 § 2 *stck.* Lag (1987:1245).

1378 10 § 1 *stck.* Lag (1987:1245). Das Gesetz schweigt sich zu einer etwaigen Wiederwahl aus.

1379 6, 7 §§ Lag (1987:1245). Das Gesetz spricht ausdrücklich von *„lokal arbetstagarorganisation som är bunden av kollektivavtal"*, also den lokalen Arbeitnehmervertretungen, die durch Tarifvereinbarung gebunden sind, was wiederum auf die Gewerkschaftsvertretungen zielt. Für den theoretisch denkbaren Fall, dass keine Gewerkschaftsvertretung vorhanden ist, wird keine gesonderte Regelung getroffen. Vgl. auch *Nilsson*, Country Report Sweden, S. 111, 114.

1380 11, 13 §§ Lag (1987:1245).

1381 14 § Lag (1987:1245). Das Gesetz verwendet den Begriff *„får inte delta i behandlingen av frågor"*, wörtlich „können nicht an der Behandlung von Fragen teilnehmen", was bereits die Diskussion und nicht erst eine Beschlussfassung umfassen dürfte.

künstlerische oder ähnliche Themen, solange hierbei keine Gewinnerzielungsabsicht verfolgt wird[1382].

Etwaige Vetorechte im Rahmen der Beschlussfassung bestehen nicht[1383].

Die grundsätzlich gleichen Rechte erstrecken sich auch auf die Vergütung. Da diese jedoch durch die Hauptversammlung individuell für jedes Verwaltungsratsmitglied festgelegt wird[1384] kann auch entschieden werden, den Arbeitnehmervertretern keinerlei (zusätzliche) Vergütung zukommen zu lassen. Praktisch sollen in nahezu zwei Dritteln der Unternehmen keine weiteren Mittel gezahlt werden, in nur ca. zehn Prozent der Unternehmen erhalten die Arbeitnehmervertreter die gleiche Entlohnung wie die Vertreter der Anteilseigner. Tatsächlich soll die Frage der Vergütung aber keine besondere Rolle spielen. Entscheidender sei viel mehr, wie die Arbeitnehmervertreter im Hinblick auf Information und Teilhabe behandelt würden[1385].

v. Befreiungsmöglichkeit

Ggf. kann ein Unternehmen gänzlich von der Mitbestimmung nach dem *Lag (1987:1245)* ausgenommen werden. Voraussetzung hierfür ist, dass die Arbeitnehmermitbestimmung im Verwaltungsrat zu erheblichen Schwierigkeiten führen würde (*väsentlig olägenhet*). Das wiederum kann der Fall sein, weil die Zusammensetzung des Verwaltungsrats nach der Satzung oder nach den Umständen von erheblicher Bedeutung für die Durchsetzung bestimmter Politiken oder die Beziehungen bestimmter Interessen oder Interessengruppen ist. Alternativ, weil die Unternehmenssatzung für die Beschlussfassung eine qualifizierte Mehrheit vorsieht[1386].

Die Befreiung soll nach der Regelung aber nur in Ausnahmefällen erteilt und sodann mit anderen Maßnahmen kombiniert werden, die sicherstellen, dass die Arbeitnehmer Informationen und Einfluss über die Geschäfte des Unternehmens erhalten. Zur Entscheidung berufen ist eine beim Arbeitsministerium angesiedelte Regierungsagentur, der „Rat für Mitbestimmungsfragen" (*nämnden för styrelserepresentationsfrågor*, näher geregelt in *Förordning* 2007:909)[1387].

1382 2 § MBL, der auch im Rahmen der Mitbestimmung gilt; *Victorin*, Board Participation Sweden, S. 125, 125; *Nilsson*, Country Report Sweden, S. 111, 119; *Van het Kaar*, ECL 2009, S. 55, 56.

1383 ETUI-SE-MB, S. 1.

1384 8 kap. 23a § swCA. Praktisch obliegen Ernennung und Entlohnung nach dem *Swedish Corporate Governance Code* vom Februar 2010 meist einem *Nomination Committee*, vgl. ebd., Abschnitt 2. Der Code zielt allerdings ausschließlich auf börsennotierte Unternehmen (vgl. Abschnitt *2 Target Group*). Text abrufbar beim *Kollegiet för Svensk Bolagsstyrning* unter http://www.corporategovernanceboard.se/media/45322/svenskkodbolagsstyrn_2010_eng_korrigerad20110321.pdf (englisch).

1385 So *Nilsson*, Country Report Sweden, S. 111, 117 f.

1386 17 § Lag (1987:1245).

1387 17 § 2 *stck.*, 18 § Lag (1987:1245).

Tatsächlich wird von dieser rechtlichen Befreiungsmöglichkeit aber nur „sehr selten“ Gebrauch gemacht. Ein relevanter Anwendungsfall sind Holding-Strukturen, bei denen die arbeitnehmerbezogenen Entscheidungen aber auf lokaler Ebene getroffen werden und die Gewerkschaften schon daher nicht an einer Repräsentanz im Leitungsgremium interessiert sind. Üblicherweise versuchen die Beteiligten im Rahmen der Verhandlungen, andere Wege zur Unterrichtung und Anhörung zu finden. Falls doch die gesetzliche Befreiungsmöglichkeit genutzt wird geht dies meist mit einer Ausweitung der Mitbestimmung auf lokaler Ebene einher[1388].

5. *Praxis*

Obwohl die ursprüngliche gesetzgeberische Intention dahin ging, das bestehende Gleichgewicht der Kräfte nicht zu verändern, sollen die Mitbestimmungsgesetze die praktische Stellung der Arbeitnehmer und der Gewerkschaften signifikant gestärkt haben[1389]. Dennoch aber genießt die Unternehmensmitbestimmung in Schweden bei weitem nicht die Bedeutung, wie es beispielsweise in Deutschland der Fall ist.

Das wird bereits an der Zahl der tatsächlich durch sie Betroffenen deutlich. Trotz des bemerkenswert niedrigen Schwellenwerts zu ihrer Einführung von lediglich 25 Beschäftigten ist die Mitbestimmung auf Leitungsebene faktisch nicht so weit verbreitet, wie sich erwarten ließe. Beim Firmenregisteramt *Bolagsverket* waren im Januar 2011 insgesamt 377.128 *AB* registriert. Von diesen wären nach Auskunft des schwedischen Statistikbüros *Statistiska centralbyrån, SCB,* vom März 2011 ca. 12.000 Unternehmen mit mehr als 25 Beschäftigten und insgesamt ca. 1.510.000 Arbeitnehmern potentiell von der Mitbestimmung betroffen[1390]. Tatsächlich erfasste nach *Kullander* die Unternehmensmitbestimmung im April 2013 aber

1388 *Nilsson*, Country Report Sweden, S. 111, 121; vgl. auch *Hansen/Werlauff*, ECL 2009, S. 68, 71.

1389 Der Arbeitsrechtler *Edlund* beobachtete nach empirischen Untersuchungen im Jahr 1995: *„It should be observed under no misgivings that the new labour laws have, on the whole, meant an appreciable strengthening of the employees' and the union organisations' position, even though the intention was not to change the basic prevailing balance of power“*, *Edlund* und *Nyström* 1995, zit. nach *Levinson*, IRJ 2001, S. 264, 272.

1390 Das *Bolagsverket* erfasst nicht, wie viele Arbeitnehmer in einem Unternehmen beschäftigt sind. Allerdings sind die jeweils ernannten Arbeitnehmervertreter dort zu registrieren; vgl. auch *Bolagsverket, Starting up a limited company* (oben Fn. 1326, S. 12. Nach den dortigen Daten vom Dezember 2011 gab es insgesamt 2.620 *AB* mit mindestens einem Arbeitnehmervertreter. Die Gesamtsumme liegt bei 7.247 Vertretern. Sie teilen sich auf 2.445 private *AB* mit insgesamt 6.642 Arbeitnehmervertretern und 173 *AB (publ)* mit 589 Repräsentanten auf.

insgesamt lediglich 18.000 Beschäftigte[1391]. Selbst wenn sich die Zahlen aufgrund der zeitlichen Differenz nicht nahtlos in Deckung bringen lassen entspricht dies immer noch einem ungefähren Wert von lediglich 1,2 % der potentiell Betroffenen.

Entscheidender Grund für die relativ geringe Verbreitung dürfte die Einschätzung der Beteiligten zur qualitativen Bedeutung der Unternehmensmitbestimmung sein. Anders als man aus deutschem Blickwinkel vermuten könnte räumen sie ihr im schwedischen System nämlich keinen besonders hohen Stellenwert ein.

Victorin stellt fest: *„In distinction e.g. from the German system of* Mitbestimmung, *board representation by no means forms the focal point of the Swedish system of industrial democracy*"[1392]. Dieser Schwerpunkt liege viel mehr eindeutig bei Tarifvereinbarungen und Verhandlungen nach dem *MBL,* und hier namentlich bei den Informationen, die im Zuge dieser Verhandlungen erteilt werden. Gerade die seien es, die von der Arbeitnehmerseite am meisten geschätzt würden[1393].

Auch *Nilsson* bewertet *MBL* und *Utvecklingsavtalet* aus Praktikersicht als „zwei weitere Instrumente von vielleicht größerer Bedeutung für die Mitbestimmung und Teilhabe am Arbeitsplatz"[1394]. Während der direkte Einfluss im Rahmen des *Lag (1987:1245)* doch allgemein begrenzt sei biete es aber immerhin weiterreichende Möglichkeiten der Information und des Dialogs[1395].

Als entscheidend für die Wirksamkeit der jeweiligen Instrumente wird erachtet, wie sehr sich die Arbeitnehmervertreter in den individuellen Verwaltungsrat integrieren können, weil damit auch deren Akzeptanz durch die Anteilseignerseite steht und fällt[1396]. Tatsächlich sollen sich die Arbeitnehmervertreter in der täglichen Arbeit des Verwaltungsrats eher zurückhalten. Strategische Entscheidungen

---

1391 *Kullander* (oben Fn. 1315), Abschnitt *Workplace Representation, Table 3: Employee representation in the workplace,* Unterabschnitt *Workers' delegate (Employee Board representation, in the private sector only).*

1392 *Victorin,* Board Participation Sweden, S. 125, 126.

1393 *Victorin* erkennt hierin vor allem psychologische Effekte. Bereits das Wissen, verhandeln zu müssen zwänge den Arbeitgeber, sich mit den Positionen der Arbeitnehmer auseinanderzusetzen und ihre Sichtweisen bei den Lösungsvorschlägen zu berücksichtigen. Konfliktpotentiale würden so klarer zu Tage treten. Die Arbeitnehmer hingegen, zur Verhandlung „gezwungen", müssten sich ihrerseits mit der Arbeitgeberseite auseinandersetzen. Trotz gegenläufiger Interessen würden beide Seiten „eine gemeinsame Sprache" reden, es käme zu einem System der *„Co-determination"* bzw. des *„joint decision-making".* *Victorin,* Board Participation Sweden, S. 125, 126 ff., nicht ohne Enthusiasmus: *„This is a gift, valuable beyond compare. Now you may talk and talk, and they* [= die Arbeitnehmervertreter, Anm. d. Verf.] ***have to listen***" (S. 129) (Hervorhebung auch im Original).

1394 *Nilsson,* Country Report Sweden, S. 111, 111 (*"two other instruments of perhaps greater importance for the work of co-determination and participation in the workplace"*).

1395 *Nilsson,* Country Report Sweden, S. 111, 112; vgl. auch *Levinson,* IRJ 2001, S. 264, 271.

1396 *Levinson,* IRJ 2001, S. 264, 265 ff., 272.

würden nicht angegriffen, stattdessen bestehe ein erhöhtes Interesse an Personalangelegenheiten, insbesondere, sofern sie die Arbeitnehmer direkt beträfen. Hier würden die Arbeitnehmervertreter aktiv. Gelegentlich könnten sie auch mit Informationen aus erster Hand dienen. Sie könnten so zur Arbeit des Verwaltungsrats substantiell beitragen, ohne die Abläufe zu stören[1397].

Diese Einschätzungen aus Praktikersicht dürften wohl dem gesetzgeberischen Zweck entsprechen. Denn auch der ist nach dem Wortlaut in erster Linie die „Information" der Arbeitnehmer über das Unternehmen, erst dann der „Einfluss"[1398].

Der *Swedish Corporate Governance Code* vom Februar 2010 erwähnt die Arbeitnehmervertreter im Leitungsgremium nicht gesondert; die Vorgängerversion aus dem Jahr 2004 hebt noch die Bedeutung der Anteilseigner hervor, da sie diejenigen sind, die sich im Board durchsetzen[1399]. Hierzu besteht aber nur selten Notwendigkeit. Etwaige Interessenkonflikte zwischen den Gewerkschaftsvertretungen und dem Arbeitgeber werden praktisch in den Verhandlungen nach dem *MBL* gelöst, nicht aber im Rahmen der Verwaltungsratssitzungen. Schon alleine daher erweist sich die Mitbestimmung als weniger dramatisch, als ursprünglich befürchtet. Als problematisch wird jedoch auch hier die Gefahr der unerlaubten Weitergabe von Informationen gesehen[1400].

1397 *Victorin*, Board Participation Sweden, S. 125, 131 ("*peripheral role when problems are identified and solutions are discussed*"). Vgl. auch *Levinson*, IRJ 2001, S. 264, 267 ff., der allgemein vorsichtiges und zurückhaltendes Verhalten der Arbeitnehmerrepräsentanten in der Mehrzahl der Angelegenheiten beobachtet und auf S. 273 ebenfalls von „*peripheral role, particularly, when it comes to bringing up problems for discussion and initiating solutions*" spricht.

1398 Der Wortlaut von 1 § *Lag (1987:1245)* ist „*Denna lag syftar till att genom styrelserepresentation ge de anställda insyn i och inflytande på företagets verksamhet*", etwa „Zweck dieses Gesetzes ist, den Arbeitnehmern Informationen und Einfluss über die Unternehmensaktivitäten durch Repräsentanz im Verwaltungsrat zu ermöglichen"; die Information über das Unternehmen „*insyn*" steht vor der Einflussnahmemöglichkeit „*inflytande*".

1399 Vgl. *Swedish Code of Corporate Governance – A Proposal by the Code Group*, Stockholm 2004, S. 15 f. Text unter http://www.sweden.gov.se/content/1/c6/02/62/96/f8334504.pdf (englisch).

1400 Zur grundsätzlichen Pflicht zum Schadensersatz vgl. 15, 16 §§ *Lag (1987:1245)*. Praktisch seien Streitigkeiten hierüber vor den Gerichten selten bis ausgeschlossen. Vgl. *Victorin*, Board Participation Sweden, S. 125, 130 f. Demnach sei die Situation der Arbeitnehmervertreter hierbei ungleich delikater als diejenige der Anteilseignervertreter, da bei ersteren ein ursprüngliches Bedürfnis zur Diskussion mit den Gewerkschaften bestünde. Eine Haftung sei jedoch schwierig durchzusetzen. Neben politischen Erwägungen sei ein etwaiger Schaden auch nur schwierig nachweis- und bezifferbar. *Nilsson*, Country Report Sweden, S. 111, 120 sieht ein Konfliktpotential auch vornehmlich im Bereich der „*day-to-day co-determination activities at the workplace*", was sich ebenfalls eher auf die Informationsweitergabe beziehen dürfte. Zu verschiedenen Methoden der

Nach den politischen Umständen wären die Gewerkschaften höchstwahrscheinlich über einen weiten Zeitraum in der Lage gewesen, weitergehende gesetzliche Regelungen durchzusetzen[1401]. Dennoch ist dies unterblieben. Es kam weder zu einer Ausweitung in personeller Hinsicht (etwa von der bestehenden Drittelbeteiligung hin zu einer Parität), noch in qualitativer Hinsicht. Stattdessen gilt das bestehende System mit den verschiedenen Instrumenten der Information und Mitgestaltung als das „Wunschsystem" der schwedischen Gewerkschaften[1402]. In dieser Form stößt es mittlerweile (vor allem aber in größeren Unternehmen) auf allgemeine Akzeptanz[1403].

Insgesamt stellt die Unternehmensmitbestimmung in Schweden daher in der Hauptsache lediglich ein (weiteres) Instrument der Information dar, das sich in den gesamten Kontext der Arbeitsbeziehungen einfügt[1404]. Die Wirkung ergibt sich aus dem Zusammenspiel der Instrumente insgesamt, nicht aus dem dominierenden Solopart eines Einzelinstruments.

Konsequenterweise hatten die schwedischen Gewerkschaften bei Auslandssachverhalten auch kein Interesse daran, die lokale Mitbestimmung durchzusetzen. Stattdessen versuchten sie viel mehr, in anderen Mitgliedstaaten ansässigen Unternehmen mit inländischen Niederlassungen heimische Tarifvereinbarungen aufzudrängen, ggf. auch durch Arbeitskampfmaßnahmen wie Blockaden und Solidaritätsstreiks. Dieses (übliche) Vorgehen wurde vom schwedischen Gesetzgeber ursprünglich auch unter gewissen Voraussetzungen gestattet, sog. *Lex Britannia*[1405].

Informationsweitergabe durch die Arbeitnehmervertreter an die Gewerkschaften bzw. Vertraulichkeitsregelungen in den Unternehmen *Levinson*, IRJ 2001, S. 264, 270 f.

1401 Vgl. *Kullander* (oben Fn. 1315), Abschnitt *Economic context* unter Verweis auf die dominierende Rolle der sozialdemokratischen *Socialdemokraterna* und deren gewerkschaftlichen Verbindungen.

1402 *Victorin*, Board Participation Sweden, S. 125, 129: „*[...] making it perfectly clear that trade unions have wanted this system themselves.*" In diesem Zusammenhang von Interesse ist, dass weder Arbeitgeber noch Arbeitnehmer eine personale Aufstockung hin zu einer vollen Parität wünschen; vgl. *Levinson*, IRJ 2001, S. 264, 272. Insofern angreifbar *Rudolf*, OBS 2006, S. 4, der wohl pauschal davon ausgeht, dass der Umfang der Mitbestimmung der Arbeitnehmer in einem parlamentarischen System aus der Stärke der Gewerkschaften resultiere, wodurch die Mitbestimmung zumindest theoretisch gefördert würde.

1403 *Levinson*, IRJ 2001, S. 264, 264 ff. Dabei ist sie umso anerkannter, je größer das Unternehmen ist; *Levinson*, ebd., S. 266. Durchgängig ca. 60% der befragten Unternehmensleiter hatten eine positive bzw. sehr positive Meinung von der Repräsentanz der Arbeitnehmer in ihren Leitungsorganen.

1404 *Victorin*, Board Participation Sweden, S. 125, 132.

1405 Das Gesetz trat m.W.v. 01.07.1991 in Kraft; es enthielt drei Vorschriften, die als §§ 25a, 31a und 42 *stck.* 3 in das *MBL* eingefügt wurden.

Jedoch änderten sich die Umstände durch die Entscheidung des EuGH i.S. *Laval*[1406]. Vereinfacht hatten hier zwei schwedische Gewerkschaften durch Arbeitskampfmaßnahmen versucht, eine Gesellschaft nach lettischem Recht, die zur Erstellung eines Bauvorhabens lettische Arbeitnehmer nach Schweden entsandt hatte, zum Abschluss einer Tarifvereinbarung und zum Beitritt zum Branchentarifvertrag zu bewegen. Damit wären u.a. auch nicht unerhebliche finanzielle Verpflichtungen zugunsten der schwedischen Gewerkschaften einhergegangen. Nach dem EuGH aber ist das Recht zur Durchführung von solchen kollektiven Maßnahmen, die darauf abzielen, ein ausländisches Unternehmen zum Abschluss eines Tarifvertrags mit einer Gewerkschaft zu veranlassen, dazu geeignet, das Unternehmen davon abzubringen, von seiner Dienstleistungsfreiheit Gebrauch zu machen, und somit mit dem Gemeinschaftsrecht unvereinbar. In Folge der EuGH-Rechtsprechung wurden die Gewerkschaften zu Schadensersatz verurteilt.

Die Gewerkschaften sahen und sehen durch diese Entscheidungen das gesamte schwedische Modell bedroht. Die schwedische Regierung setzte daher eine Kommission ein, die Vorschläge unterbreiten sollte, wie das schwedische Recht im Lichte der neuen Anforderungen geändert werden könnte. Deren Vorschläge gehen vor allem in die Richtung, das Recht auf Streikmaßnahmen einzuschränken. Die Hauptrolle, und gleichzeitig die Hauptverantwortung für das Funktionieren des Modells, soll aber auch weiterhin bei den Sozialpartnern liegen während dem Staat allenfalls informative und vermittelnde Aufgaben zukommen. Die Kommissionsvorschläge wurden im Gesetzesvorschlag der Regierung weitestgehend übernommen, wobei aber durch die Sozialpartner Abgrenzungs- und Auslegungsschwierigkeiten befürchtet werden. Diese Thematik soll hier nicht weiter vertieft werden[1407]. Festzuhalten bleibt an dieser Stelle aber, dass auch hier ein

1406 Rs. C-341/05, Urteil vom 18.12.2007; insbesondere Rn. 80, 85, 87, 95 ff., 108, 111, 116, 120; beachtlich ist auch, wie offenkundig der Gerichtshof in Rn. 119 eine mögliche Rechtfertigung aus Gründen der öffentlichen Ordnung, Sicherheit oder Gesundheit verneint. Der angesprochene finanzielle Aspekt findet sich in Rn. 20, 32 und 83. Hier geht es um Abführungspflichten, Abgaben und mehrere Versicherungsprämien. Aus diesem Umstand jedoch ein alleiniges Handlungsmotiv herleiten zu wollen dürfte zu weit gehen. Vgl. auch ABl. C 51 vom 23.02.2008, S. 9 f.

1407 Vgl. aber *Whittall, Unions fear ECJ ruling in Laval case could lead to social dumping* (25.02.2008), unter http://www.eurofound.europa.eu/eiro/2008/01/articles/eu0801019i.htm; *Brunk/Wahman, Government to amend labour law in light of European Court ruling on Laval case* (19.05.2008), unter http://www.eurofound.europa.eu/eiro/2008/04/articles/se0804029i.htm; *Brunk, Swedish labor market model under threat* (05.01.2009), unter http://www.eurofound.europa.eu/eiro/2008/11/articles/SE0811029I.htm, *ders., Swedish Laval Inquiry proposals may prove difficult to implement*, (13.02.2009), unter http://www.eurofound.europa.eu/eiro/2009/01/articles/se0901029i.htm; *Kullander, Government proposes post-Laval legislation* (17.12.2009), unter http://www.eurofound.europa.eu/eiro/2009/11/articles/se0911029i.htm und *Kullander/Henriksson, Trade unions ordered to pay*

Erstrecken und Aufdrängen weitergehender inländischer Bestimmungen gerade nicht möglich ist.

VIII. Finnland[1408]

1. Abriss

Finnland kennt eine Arbeitnehmerbeteiligung sowohl auf betrieblicher Ebene als auch im Leitungsorgan. Letztere ist besonders ausdifferenziert. Wahrgenommen werden die Beteiligungsrechte durch die Gewerkschaftsvertretungen. In den Betrieben sind für sie ab mindestens 20 Beschäftigten gewisse gesetzliche Rechte vorgesehen. Eine Unternehmensmitbestimmung gilt in privaten Gesellschaften mit mindestens 150 Beschäftigten. Wie und wo dieses Mitbestimmungsrecht jedoch genau angesiedelt wird, ob im Verwaltungsrat, bei den einzelnen Geschäftseinheiten oder in einem extra hierfür eingerichteten Gremium, wird jeweils lokal ausgehandelt. Die letzte Entscheidung liegt hier jeweils bei den Unternehmenseignern. Quantitativ werden ein bis vier Belegschaftsangehörige gewählt. Maximal soll ein Viertel des jeweils ausgewählten Gremiums mit Arbeitnehmervertretern besetzt werden.

2. Hintergrund

Die finnischen industriellen Beziehungen sind vielschichtig. Traditionell verfügte Finnland über ein zentralisiertes tripartites System mit selbstbewusst agierenden Verbänden und einem starken Staat. Nahezu die gesamte Arbeitsrechtsgesetzgebung basiert auf tripartitem Konsens. Gleichwohl blieben Gesetze die Ausnahme, der Schwerpunkt lag viel mehr bei den (grundsätzlich allseitig bindenden) Tarifvereinbarungen. Daneben waren aber auch Arbeitskämpfe verbreitet. *Taylor* resümiert *„Irgendwie ist es Finnland gelungen, ein korporatistisches System mit einem System zu kombinieren, das eher konfliktorientiert ausgerichtet ist"*[1409]. Die

---

damages in Laval case, 17.02.2010, unter http://www.eurofound.europa.eu/eiro/2010/01/articles/se1001019i.htm (alle englisch).

1408 *Taylor*, Überblick, S. 70 f.; *Toiviainen*, Co-Determination Finland, S. 25 ff.; *Hellsten*, Country Report Finland, S. 26 ff.; *Hansen/Werlauff*, ECL 2009, S. 68, 73 f.; *Fulton*, ETUI-FI-Betriebliche Interessenvertretung (im Folgenden: ETUI-FI-BI) bzw. ETUI-FI-Unternehmensmitbestimmung (im Folgenden: ETUI-FI-MB) unter http://www.worker-participation.eu/National-Industrial-Relations/Countries/Finland; *Jokivuori*, *Finland: Industrial relations profile* (15.04.2013) bei Eiro online unter http://www.eurofound.europa.eu/eiro/country/finland.htm und *ders.*, *Revised employee infomation act to extend coverage of enterprises* (19.09.2006), unter http://www.eurofound.europa.eu/eiro/2006/07/articles/fi0607019i.htm (beide englisch).

1409 *Taylor*, Überblick, S. 70.

Arbeitnehmerbeteiligung hingegen hat keine Tradition und wurde aufgrund der Gegebenheiten *„nicht wirklich unterstützt"*[1410].

Infolgedessen ist die gesetzlich geregelte Arbeitnehmerbeteiligung in Finnland ein vergleichsweise junges Phänomen. Erstmalig wurden die gewerkschaftlichen Vertretungen auf betrieblicher Ebene 1969 etabliert. Ab 1970 wurden die jeweiligen Vertreter durch gesetzliche Maßnahmen besonders geschützt und erst seit 1978 sind ihnen in privaten Unternehmen mit mindestens 30 Beschäftigten Informations- und Konsultationsrechte sowie in bestimmten Bereichen auch Mitbestimmungsrechte eingeräumt worden. Zweck war hierbei weniger, den Arbeitnehmern einen Einfluss auf die unternehmerischen Entscheidungen zu gewähren als viel mehr allgemein die Zusammenarbeit zwischen den Beteiligten zu fördern.

Jedoch waren die vorgesehenen Verfahren kompliziert und unklar, die Praxis hinkte den gesetzlichen Befugnissen (zum Teil deutlich) hinterher. Daher erging nach Vorarbeiten einer tripartit besetzten Kommission am 30. März 2007 eine umfassende Neuregelung, die bereits zum 1. Juli 2007 in Kraft trat. Unter anderem wurde hier auch der Schwellenwert für die Beteiligungsrechte auf mindestens 20 Beschäftigte abgesenkt. Das neue Recht normiert sehr genau die Bereiche, in denen den Arbeitnehmern Unterrichtungs- und Anhörungsbefugnisse zukommen, ist aber hinsichtlich der Beteiligungsstruktur sehr flexibel und setzt insgesamt auf Kooperationsverhandlungen.

Zeitgleich wurde in einem separaten Gesetz auch die Konzernvertretung geregelt, die für finnische Unternehmen mit mindestens 500 Arbeitnehmern in Finnland gelten. Die Regelungen sehen vor allem eine Unterrichtung der Arbeitnehmervertreter vor, deren Wirkungen faktisch auf die betriebliche Ebene durchschlagen.

Seit 1991 ist zudem die Wahl von Arbeitnehmervertretern auf die Leitungsebene möglich. Während der Gesetzesberatungen war den Gewerkschaften noch an einer absolut verpflichtenden Vertretung im Verwaltungsrat gelegen, während die Arbeitgeber die Freiwilligkeit jeder Vereinbarung betonten; der Staat sah eine verpflichtende Mitbestimmung im Aufsichtsrat vor, sollte ein solcher existieren.

Der gefundene Weg stellt eine Kompromisslösung dar. Das entsprechende Gesetz erfasst nunmehr private Unternehmen mit mehr als 150 Arbeitnehmern. Die konkrete Umsetzung dahingehend, in welchem Unternehmensgremium wie viele Arbeitnehmerrepräsentanten vertreten sein sollen, erfolgt dann grundsätzlich durch eine Vereinbarung zwischen dem jeweiligen Unternehmen und den Gewerkschaftsvertretungen, daneben ist eine Auffangregelung vorgesehen. Während eine Unternehmensmitbestimmung somit zwangsweise durchgesetzt werden kann ist es der Unternehmensleitung möglich, sie auf bestimmte Organe zu beschränken und andere, beispielsweise den Verwaltungsrat, hiervon auszuschließen.

Auch in Finnland ist der gewerkschaftliche Organisationsgrad beträchtlich. Der Maximalwert wurde in den Rezessionsjahren der 1990er erreicht und liegt nach

---

1410 *Taylor*, ebd.

Eigenangaben der Gewerkschaften derzeit bei bis zu 80%, andere Beobachter nennen eine immer noch bemerkenswerte Zahl von 74 %. Ein Grund für diesen hohen Wert wird wie in Schweden in dem Zusammenhang mit den Arbeitslosengeldleistungen gesehen. Insgesamt ist der Trend aber rückläufig[1411].

Die tarifliche Abdeckung liegt bei 90 %. Die Tarifvereinbarungen wurden bis 2007 zentral geschlossen, basierend auf dem *Liinamaa I* – Abkommen von 1968. Der Arbeitgeberverband *EK – Elinkeinoelämän Keskusliitto* kündigte dieses System jedoch auf. Seitdem finden die Tarifverhandlungen branchenbezogen und lokaler statt. Die Arbeitgeber wünschen eine noch weitergehende Verlagerung, hin zum Unternehmen und bis zum individuellen Arbeitnehmer. Inhaltlich regeln die Tarifvereinbarungen in der Regel sämtliche wesentlichen Arbeitsbedingungen, von der Entlohnung über Arbeitszeitmodelle, Weiterbildung bis hin zur Arbeitnehmerbeteiligung[1412]. Ungeachtet dieser Bestrebungen schlossen die Sozialpartner im Oktober 2011 eine neue, tripartite, Rahmenvereinbarung für ein zentrales nationales Übereinkommen über Löhne und Arbeitsbedingungen. Sie trat Anfang 2012 in Kraft und hatte zunächst eine Laufzeit von 25 Monaten[1413].

1411 So *Jokivuori, Industrial relations profile* (oben Fn. 1408), Abschnitt *Main Actors*. Er nennt einen Wert von 68%. Die Gesamtzahl der Erwerbspersonen liegt bei ca. 4 Millionen, die Erwerbsbevölkerung wird mit ca. 2,6 Millionen angegeben, die der tatsächlich Beschäftigten mit ca. 2,5 Millionen; zwei Drittel davon arbeiten im Dienstleistungssektor, 31 % im industriellen Bereich. Die drei größten Gewerkschaftsbünde *SAK – Suomen Ammattiliittojen Keskusjärjestö, STTK – Toimihenkilökeskusjärjestö* und *AKAVA – Akateemis-ammatillinen Valtuuskunta* vereinen nach Eigenangaben insgesamt ca. 2,2 Millionen Mitglieder, wobei von diesen aber ein gewichtiger Anteil aus Rentnern, Arbeitslosen und Studenten besteht. Die durch die Dachgewerkschaften vertretenen Einzelgewerkschaften agieren in den Verhandlungen weitgehend autonom. Ihnen gegenüber steht auf Arbeitgeberseite zunächst der Hauptverband der Finnischen Wirtschaft, *EK – Elinkeinoelämän Keskusliitto*. Der *EK* organisiert in 27 Unterverbänden ca. 16.000 Unternehmen mit insgesamt 950.000 Beschäftigten, die ihrerseits mehr als 70% des finnischen BIP verantworten. Die KMU werden namentlich vom *Suomen Yrittäjät* vertreten, dem Verband Finnischer Unternehmen. Er organisiert in 52 Branchenverbänden ca. 110.000 Mitgliedsunternehmen.

1412 Darstellung beim *EK, The labour market system in Finland*, unter http://www.ek.fi/www/en/work_employment/labour_market_system.php (englisch). Zur Entwicklung *Jokivuori, Employers announce the end of centralised tripartite bargaining structure* (17.07.2008), unter http://www.eurofound.europa.eu/eiro/2008/06/articles/FI0806029I.htm (englisch); *AKAVA* bezeichnet den *EK* darin sinngemäß auch als „starke Kraft bei den Veränderungen [...] im finnischen Arbeitsmarkt".

1413 *Jokivuori, Social partners sign 'historic' tripartite framework agreement* (09.01.2012), unter http://www.eurofound.europa.eu/eiro/2011/11/articles/fi1111011i.htm (englisch).

3. *Organisationsverfassung der Kapitalgesellschaften*

Ebenso wie in Schweden ist die einzige Kapitalgesellschaftsform mit wirtschaftlicher Relevanz die Aktiengesellschaft (*Osakeyhtiö*). Aktuelle Rechtsquelle ist das Aktiengesellschaftsgesetz vom 21. Juli 2006, das *Osakeyhtiölaki*[1414]. Es erlaubt für die Gesellschaften einige Gestaltungsmöglichkeiten durch Satzung. Unter anderem ist auch die Wahl zwischen dem monistischen und dem dualistischen Modell möglich. Dort, wo die Satzung keine Entscheidungen trifft, hält das Gesetz entsprechende Vorgaben bereit, was namentlich kleinen Unternehmen entgegenkommen soll[1415].

Unterschieden werden wie in Schweden die Publikumsaktiengesellschaft (*julkinen osakeyhtiö*) und die private Aktiengesellschaft (*yksityinen osakeyhtiö*), die funktional der deutschen GmbH entspricht und allgemein weniger strengen Anforderungen unterliegt[1416]. Letztere kann ihre Anteile nicht öffentlich handeln lassen[1417]. Der Firmenname muss in abgekürzter Form die Rechtsform enthalten, was in finnischer oder schwedischer Sprache möglich ist; mitunter werden auch parallel englische Bezeichnungen registriert. Übliche Abkürzungen für die Publikumsaktiengesellschaft sind *Oyj* bzw. schwedisch *Abp* für *publikt Aktiebolag*, die private Aktiengesellschaft wird mit *Oy* bzw. *Ab* abgekürzt[1418].

1414 *Osakeyhtiölaki/Aktiebolagslag* (FFS 624/2006), zuletzt geändert durch FFS 756/2012 [*FFS = Finlands Författningssamling*, das finnische Gesetzblatt]; im Folgenden *fiCA* für *Finnish Limited Liability Companies Act*. Neben Finnisch ist auch nach wie vor Schwedisch offizielle Landessprache. Aus Gründen der Übersichtlichkeit wird im Folgenden gleichwohl auf die Nennung des jeweiligen schwedischen Äquivalents verzichtet. Die finnischen Rechtstexte sind, zum Teil übersetzt, abrufbar unter http://www.finlex.fi/en/. Der Text des *fiCA* findet sich unter http://www.finlex.fi/fi/laki/alkup/2006/20060624. Eine vom finnischen Justizministerium *Oikeusministeriö-OM* erstellte, offiziöse englische Übersetzung, Stand 2012, ist abrufbar unter http://www.finlex.fi/en/laki/kaannokset/2006/en20060624.pdf. Zum neuen Recht vgl. die Darstellungen beim *PRH, The new Finnish Limited Liability Companies Act enters into force* (22.07.2006), unter http://www.prh.fi/en/uutiset/602.html, sowie *Virkkunen, New Finnish Companies Act designed to increase Finland's competitiveness* (29.09.2006), unter http://www.lmr.fi/publications/companies_act_290906.pdf (alle englisch). Zu den jüngsten Entwicklungen vgl. oben Teil 3 B. I. 5.

1415 Der fiCA besteht aus 26 Kapiteln (*luku*), die ihrerseits eine wechselnde Zahl von Einzelnormen enthalten. Zitiert wird zunächst das Kapitel und dann die Einzelnorm, die jeweiligen Nummern werden vorangestellt. Anders als im schwedischen *swCa* wird für die Vorschriften kaum noch danach unterschieden, ob sie vor allem die größeren (börsennotierten) Gesellschaften betreffen; eine entsprechende Differenzierung findet sich ausschließlich im 2 kap. 13, 14 §§ (*Julkisia osakeyhtiöitä koskevat erityiset säännökset* = besondere Vorschriften für öffentliche Gesellschaften).

1416 1 kap. 1 § fiCA.

1417 1 kap. 1 §, *n.* 2 fiCA.

1418 Anders als in Schweden ist die übliche Schreibweise in Finnland *Ab*. Die Gründung kann durch eine oder mehrere Personen in einem einzigen Prozess erfolgen.

Oberstes beschließendes Organ ist die Hauptversammlung (*yhtiökokous*)[1419]. Grundsätzlich verfügt die Gesellschaft daneben über einen Verwaltungsrat (*hallitus*, die einzelnen Verwaltungsratsmitglieder werden als *hallituksen* bezeichnet, der Vorsitzende als *hallituksen puheenjohtaja*)[1420], zudem über einen oder mehrere Wirtschaftsprüfer (*tilintarkastajan*)[1421]; auf Satzungsgrundlage auch über einen geschäftsführenden Direktor (*toimitusjohtaja*)[1422] und einen Aufsichtsrat (*hallintoneuvosto*)[1423].

Dem Verwaltungsrat kommt die „umfassende Kompetenz" zur Unternehmensleitung zu (*yleistoimivalta*)[1424]. Er besteht aus ein bis fünf Mitgliedern, die

---

Hierzu unterzeichnen die Gründer als Gründungsurkunde ein *memorandum of association* (*perustamissopimus*) mit einem gewissen Mindestinhalt. Die Satzung (*yhtiöjärjestys*) ist im *memorandum* entweder enthalten oder wird angehängt; 2 kap. 1 § (Memorandum), 2 § (Mindestinhalt Memorandum), 3 § (Mindestinhalt Satzung) fiCA. Innerhalb von drei Monaten nach Unterzeichnung des *memorandum* muss die Gesellschaft zur Eintragung im Handelsregister angemeldet werden. Mit Registrierung erlangt die Gesellschaft ihre Rechtspersönlichkeit; 1 kap. 2 § *n.* 1, 2 kap. 8 ff. §§ (Registrierung) fiCA. Das Handelsregister (*kaupparekisteri*) untersteht dem Handels- und Industrieministerium und wird vom finnischen Patent- und Registeramt geführt, dem *Patentti- ja rekisterihallitus*, kurz *PRH*. Neben Aktiengesellschaften sind auch die meisten finnischen Einzelkaufleute, Personenhandelsgesellschaften und Niederlassungen ausländischer Unternehmen registrierungspflichtig. Zum Firmenrecht vgl das *Toiminimilaki/Firmalag*, FFS 128/1979, zuletzt geändert durch FFS 910/2006, dort insbesondere 7 § *n.* 4, 11 §. Soweit ersichtlich existiert keine frei zugängliche Übersetzung.

1419 5 kap. fiCA; zur Beschlussfassung dort 11 ff., 26 ff. §§, zum Verfahren 16 ff. §§, zur Satzungsänderung 30 §.

1420 6 kap. 1 § *n.* 1 fiCA, zur Haftung vgl. ebd. *n.* 2 und 22 kap., zur Vertretung der Gesellschaft nach außen 6 kap. 25 ff. §§.

1421 7 kap. fiCA. Eine Gesellschaft ist nach 2 kap. 4 § *tilintarkastuslaki*/*Auditing Act* von der Bestellung eines Buchprüfers ausgenommen, wenn in den letzten zwei Geschäftsjahren nicht mehr als eine dieser Voraussetzungen erfüllt war: die Bilanzsumme übersteigt 100.000 Euro, der Nettoumsatz übersteigt 200.000 Euro oder die Anzahl der durchschnittlich beschäftigten Arbeitnehmer übersteigt drei. Text des *Auditing Act* FFS 459/2007 unter http://www.finlex.fi/en/laki/kaannokset/2007/en20070459.pdf (englisch).

1422 6 kap. 17 ff. §§ fiCA. Er kann aus dem Vorstand stammen oder extern bestellt sein, vgl. 6 kap. 18 § fiCA. In der Vorgängerregelung war die Ernennung eines *toimitusjohtaja* noch für Unternehmen ab einer bestimmten Größe verbindlich.

1423 6 kap. 21 ff. §§ fiCA. Auch hier ist das Größenkriterium weggefallen, so dass nunmehr jedes Unternehmen einen Aufsichtsrat einrichten kann. Noch zur alten Rechtslage beobachtet *Hellsten*, Country Report Finland, S. 26, 26 allerdings: *„Supervisory boards are thus rare and can be found in only about a dozen big industrial companies with a significant state ownership."* Mit Blick auf den Anteil der Industrie an der finnischen Wirtschaft dürfte das „Konzept Aufsichtsrat" immer noch nur bedingt verbreitet sein.

1424 6 kap. 2 § *n.* 1 fiCA.

grundsätzlich von der Hauptversammlung ernannt werden; durch die Satzung kann dieses Recht auch dem Aufsichtsrat übertragen werden[1425]. Bei weniger als drei Verwaltungsratsmitgliedern muss ein Ersatzmitglied benannt werden[1426]. Die Bestellung von juristischen Personen ist nicht möglich[1427].

Der Aufsichtsrat, er besteht aus mindestens drei Mitgliedern, überwacht die Unternehmensleitung und wird hierzu von den anderen Organen informiert. Seine genauen Kompetenzen werden durch die Satzung festgelegt, allerdings können ihm nur solche Aufgaben übertragen werden, die in die allgemeine Kompetenz des Verwaltungsrats fallen. Insbesondere darf der Aufsichtsrat aber weder das Unternehmen vertreten noch den geschäftsführenden Direktor bestellen. Falls die Satzung keine näheren Vorgaben macht wird der Aufsichtsratsvorsitzende von den Aufsichtsratsmitgliedern gewählt[1428].

Etwaige Arbeitnehmervertreter werden hierbei nicht mitgezählt, sie werden ggf. zusätzlich entsandt[1429].

Das Mindestkapital für eine Publikumsaktiengesellschaft beträgt 80.000 Euro, das für eine private *Oy* liegt inzwischen bei 2.500 Euro[1430].

Die weit überwiegende Mehrheit der finnischen Unternehmen sind KMU[1431].

1425 6 kap. 9, 21 §§ fiCA.

1426 6 kap. 8, 9 §§. Kommt es bei der Beschlussfassung zu einem Patt, so hat der Vorsitzende ein Entscheidungsrecht, 6 kap., 3 §, *n.* 1, Satz 2 fiCA.

1427 6 kap. 10 § *n.* 1 fiCA. Mindestens ein Verwaltungsratsmitglied muss seinen Wohnsitz im EWR haben, *n.* 2.

1428 6 kap. 21 § *n.* 2, 22, 23 §§ fiCA. Im Übrigen gelten für den Aufsichtsrat dieselben Verfahrensvorschriften wie für den Verwaltungsrat, 6 kap. 24 § fiCA.

1429 Vgl. *Hellsten*, Country Report Finland, S. 26, 27.

1430 1 kap. 2 § *n.* 1 fiCA.

1431 Insgesamt waren zum 31.12.2010 beim *PRH* 214.760 haftungsbeschränkte Kapitalgesellschaften registriert. Nach Daten des Arbeitgeberverbands *Suomen Yrittäjät* gab es in Finnland im Jahr 2010 insgesamt 318.951 Unternehmen, unter Ausschluss des primären Sektors immer noch 262.648. Davon waren 245.099 Mikrounternehmen mit ein bis neun Beschäftigten, was einem Anteil von 93,4% entspricht. Es gab 14.514 Kleinunternehmen mit zehn bis 49 Arbeitnehmern, 2.321 mittlere Unternehmen mit 50 bis 249 Mitarbeitern (0,9%) und 614 Großunternehmen mit mehr als 250 Beschäftigten (0,2%). 63 % aller Beschäftigten arbeiten in Unternehmen mit weniger als 250 Arbeitnehmern; Darstellungen beim *PRH, Enormous number of new limited liability companies*, unter http://www.prh.fi/en/uutiset/812.html und Statistik *Number of businesses in the Trade Register*, unter http://www.prh.fi/en/kaupparekisteri/tilastot/lkm.html, *FFE Presentation 2011,* (Stand 19.12.2011) S. 2 ff., unter http://www.yrittajat.fi/File/90415155-2989-41dd-a338-1dab4fb16d55/ytilastot2011_ENG.pdf und *About FFE: SMEs: the cornerstone of our economy*, unter http://www.yrittajat.fi/en-GB/federation_of_finnish_enterprises/about-ffe/ (alle englisch).

4. *Arbeitnehmerbeteiligung*

a. Betriebliche Interessenvertretung

i. Voraussetzungen

Die Arbeitnehmerbeteiligung obliegt in Finnland den lokalen Gewerkschaftsvertretungen (die jeweiligen Vertreter werden als *luottamusmies* bezeichnet, wörtlich „Vertrauensmann")[1432]. Betriebsräte oder andere gewählte nicht-gewerkschaftliche Strukturen bestehen nicht. Auch die Befugnisse aus der Unterrichtungs- und Anhörungsrichtlinie werden von den Gewerkschaftsvertretungen wahrgenommen. Sie findet auf der unmittelbaren betrieblichen Ebene statt. Zudem ist eine betriebliche Beteiligung auf der übergeordneten Konzernebene vorgesehen, die sich aber letztlich auf der unteren Ebene auswirkt[1433].

Die Rechtsgrundlagen für die Arbeitnehmerbeteiligung auf betrieblicher Ebene wurden erst unlängst überarbeitet. Vorangegangen waren auch hier tripartite Beratungen, um die unterschiedlichen Bedürfnisse der verschiedenen Interessengruppen so weit als möglich einzubeziehen.

Aktuell gilt für die Betriebe das Gesetz über die Zusammenarbeit in Unternehmen, *Laki yhteistoiminnasta yrityksissä*, FFS 334/2007[1434]. In ihm wird der Schwellenwert für die meisten Beteiligungsrechte auf Unternehmen mit mindestens 20 Beschäftigten herabgesetzt, einige Regelungen gelten nur für Unternehmen mit mindestens 30 Mitarbeitern[1435]. Das Gesetz erfasst nahezu alle

---

1432 Zur gewerkschaftlichen Vereinigungsfreiheit vgl. § 13 Abs. 2 Satz 3 des finnischen Grundgesetzes *Suomen perustuslaki*, FFS 731/1999, in einer offiziösen deutschen Übersetzung des Justizministeriums unter http://www.finlex.fi/en/laki/kaannokset/1999/de19990731.pdf.

1433 Eine Sonderrolle füllen die Arbeitsschutzbeauftragten aus (*työsuojeluvaltuutetun*). Sie sind in Betrieben mit mindestens zehn Beschäftigten obligatorisch zu bestellen und genießen im Bereich Sicherheit und Gesundheitsschutz v.a. bestimmte Informationsrechte. Rechtsgrundlage ist das Gesetz FFS 44/2006 (zuletzt geändert durch FFS 701/2006), hier insbesondere 29 ff. §§; der Gesetzestext ist in einer offiziösen englischen Übersetzung durch das Gesundheitsministerium unter http://www.finlex.fi/en/laki/kaannokset/2006/en20060044.pdf. Im Folgenden sollen die Arbeitschutzbeauftragten grundsätzlich außer Betracht bleiben.

1434 Zuletzt geändert durch FFS 923/2012. Eine vom Arbeitsministerium (seit 2008: Ministerium für Beschäftigung und Wirtschaft, *Työ- ja elinkeinoministeriö – TEM*) erstellte englische Übersetzung ist abrufbar unter http://www.finlex.fi/en/laki/kaannokset/2007/en20070334.pdf. Das Gesetz besteht aus zehn Kapiteln, die Einzelnormen sind hier allerdings fortlaufend nummeriert. Ein erläuternder Text des *TEM* mit dem Titel *„The new Act on Co-operation within Undertakings – Negotiations in the spirit of co-operation"* (23.07.2007) ist abrufbar unter http://www.tem.fi/files/21590/tme8020e_teksti.pdf (englisch).

1435 2 § FFS 334/2007. Die Absenkung des Schwellenwerts bezog weitere 2.600 Unternehmen mit 70.000 Beschäftigten in den Anwendungsbereich des Gesetzes ein. Insbesondere *Suomen Yrittäjät* stemmten sich gegen die Absenkung und

privatwirtschaftlichen Unternehmen, auch diejenigen ohne Gewinnerzielungsabsicht; ausgenommen sind lediglich staatliche, kommunale und kirchliche Einrichtungen[1436].

Betriebsübergreifend gilt das Gesetz über finnische und gemeinschaftsweit operierende Unternehmensgruppen, *Laki yhteistoiminnasta suomalaisissa ja yhteisönlaajuisissa yritysryhmissä*, FFS 335/2007[1437]. Finnische Unternehmensgruppen[1438] sind hiervon betroffen, wenn sie insgesamt mindestens 500 Mitarbeiter in Finnland beschäftigen[1439]. Die Bestimmungen gelten dann für diejenigen Konzernunternehmen, die ihrerseits über mindestens 20 Arbeitnehmer verfügen. Besteht eine Unternehmensgruppe wiederum aus mehreren Gruppen, so gilt das Gesetz grundsätzlich nur für die oberste Ebene[1440]. Es kommt hier also nicht zu einer Kaskadenbeteiligung.

---

befürchteten Erschwernisse im Geschäftsbetrieb; vgl. *Jokivuori, Revised employee information act to extend coverage of enterprises* (19.09.2006), Abschnitt *Response of social partners* unter http://www.eurofound.europa.eu/eiro/2006/07/articles/fi0607019i.htm (englisch).

1436 3, 4 §§ FFS 334/2007; für Organisationen mit Tendenzbezug gilt eine Einschränkung. Ggf. ergeht zur Einbeziehung eines Unternehmens eine Entscheidung durch den tripartit besetzten „Rat für Arbeit" (*Työneuvosto/Arbetsrådet*), einer speziellen Stelle im Bereich des Arbeitsministeriums, vgl. 6 § FFS 334/2007, operierend auf der Grundlage von FFS 400/2004. Seine Entscheidungen sind zwar nicht rechtlich verbindlich, jedoch weichen die Gerichte grundsätzlich nicht von ihnen ab. Zum *Työneuvosto* vgl. die englische Darstellung bei *Eurofound* (14.08.2009), unter http://www.eurofound.europa.eu/emire/FINLAND/ANCHOR-TY-Ouml-NEUVOSTOARBETSR-Aring-DET-FI.htm.

1437 Zuletzt geändert durch FFS 620/2011. Eine vom *TEM* erstellte englische Übersetzung (Stand 2011) findet sich unter http://www.finlex.fi/en/laki/kaannokset/2007/en20070335.pdf. Das Gesetz besteht aus fünf Kapiteln, die Einzelnormen sind auch hier fortlaufend nummeriert.

1438 Zur Definition der Unternehmensgruppe vgl. 4 § FFS 335/2007. Gemeinschaftsweit operierende Unternehmensgruppen, die innerhalb des EWR mindestens 1.000 Arbeitnehmer beschäftigen, sind erfasst, wenn sie in mindestens zwei verschiedenen EWR-Mitgliedstaaten mindestens zwei Unternehmen mit jeweils mindestens 150 Mitarbeitern betreiben, oder ein gemeinschaftsweit operierendes Unternehmen beschäftigt in jedem von mindestens zwei verschiedenen EWR-Staaten mindestens 150 Arbeitnehmer, 13 ff. §§ FFS 335/2007 (Kapitel 3). Dieser Teil des Gesetzes setzt die EBR-Richtlinie um.

1439 Zur Berechnung der Mitarbeiterzahl vgl. 5 § FFS 335/2007. Ausschlaggebend ist der Durchschnittswert der im Unternehmen in den letzten zwei Jahren Beschäftigten, wobei Teilzeitbeschäftigte und befristet Angestellte einbezogen werden. Ist die Einbeziehung eines Konzerns in den Anwendungsbereich des Gesetzes strittig, ist auch hier der *Työneuvosto* (oben Fn. 1436) zur Entscheidung berufen, 6 § FFS 335/2007.

1440 7 § FFS 335/2007. Abweichende Vereinbarungen sind möglich. Wenn ein Teilunternehmen funktional nicht eng mit dem Restkonzern verbunden ist, kann es von der Konzernarbeitnehmerbeteiligung ausgeschlossen werden, 7 § *n.* 4.

Das Gesetz FFS 335/2007 sieht grundsätzlich Verhandlungen über die Zusammenarbeit auf der betriebsübergreifenden Ebene vor, alternativ greift ein Standardverfahren (*toissijaiset säännökset yhteistoiminnasta yritysryhmässä ja yrityksessä*, etwa „Standardregeln über die Kooperation innerhalb einer Unternehmensgruppe oder eines Unternehmens")[1441], näher dazu sogleich unter iii).

ii. Größe und Zusammensetzung

Allgemein stellt das Gesetz FFS 334/2007 über die Zusammenarbeit in den Unternehmen auf die Kooperation zwischen den Beteiligten ab, gibt aber keine bestimmte (noch dazu dauerhafte) Struktur vor. Kooperationspartner sind der Arbeitgeber und das Personal des jeweiligen Unternehmens.

Erklärter Gesetzeszweck ist, dass Arbeitgeber und Arbeitnehmer einvernehmlich bestimmte Verfahren und Mechanismen zur Zusammenarbeit entwickeln, um den Arbeitnehmern einen Einfluss auf die unternehmerischen Entscheidungen im Zusammenhang mit ihrer Arbeit, den Arbeitsbedingungen und ihrer Stellung im Unternehmen zu sichern (*yhteistoiminnan*, in der englischen Übersetzung *cooperation*, mit *Fulton* „Kooperationsverhandlungen"[1442]). Daneben soll die Zusammenarbeit zwischen Arbeitgeber, Arbeitnehmern und Behörden gestärkt werden, um die Position der Arbeitnehmer zu verbessern und ihre Beschäftigung im Hinblick auf etwaige Unternehmensveränderungen zu sichern. Basis sind rechtzeitige und umfassende Informationen über den Status des Unternehmens und die geplanten Entwicklungen[1443].

Grundsätzlich sollen diese Verhandlungen direkt und anlassbezogen zwischen dem betroffenen Arbeitnehmer und seinem Vorgesetzten stattfinden, alternativ zwischen ein oder mehreren Vertretern der betroffenen Arbeitnehmergruppe und dem jeweiligen Gegenpart auf Seiten des Arbeitgebers. Sind mehrere Arbeitnehmergruppen betroffen, wird in einer gemeinsamen Versammlung von Arbeitgeber und Vertretern der jeweiligen Arbeitnehmergruppen verhandelt[1444]. Auf Wunsch können diese gemeinsamen Sitzungen auch zu allen anderen Themen der Kooperation im Unternehmen oder in den Betrieben abgehalten werden, unabhängig davon, welche Berufsgruppe gerade betroffen ist.

Ferner ist es möglich, dass ein ständiger Ausschuss eingerichtet wird, in dem diese Themen verhandelt werden und der mit Vertretern der Arbeitnehmer und der Arbeitgeber besetzt ist (*yhteinen kokous ja neuvottelukunta* etwa „Gemeinsamer Ausschuss"). Voraussetzung ist, dass alle Beteiligten dem zustimmen, erzwingen lässt sich ein solches Gremium aber nicht. Über diese dauerhafte (aber

1441 9–12 §§ FFS 335/2007.

1442 ETUI-FI-BI, S. 1 („*cooperation negotiations*").

1443 1 § FFS 334/2007.

1444 7 § FFS 334/2007. („*whom the matter handled ... concerns*") Im Fall von Unternehmenszusammenschlüssen bzw. -abspaltungen kann auch das übertragende bzw. aufnehmende Unternehmen einbezogen werden, 7 § *n*. 3.

grundsätzlich kündbare) Vertretungsform wird dann eine Vereinbarung geschlossen, in der (wenigstens) die Zusammensetzung und die Amtszeit des gemeinsamen Ausschusses sowie die dort zu behandelnden Themen festgelegt werden[1445].

Die Kooperationsverhandlungen sind damit also von Gesetzes wegen nicht an eine bestimmte, vorgegebene Struktur gebunden, ebenso wenig an bestimmte (oder gar stets die gleichen) Personen. So nennt das Ministerium für Beschäftigung und Wirtschaft *Työ- ja elinkeinoministeriö – TEM* auf einer Website zum dort als „*Yt-lain*" abgekürzten Gesetz FFS 334/2007 als mögliche Kooperationspartner (*yhteistoiminnan osapuolet*) zunächst den Arbeitgeber und die Mitarbeiter des Unternehmens (*työnantaja ja yrityksen henkilöstö*), sodann als Arbeitnehmervertreter die Gewerkschaftsvertretung (*luottamusmies*), besondere gewählte Vertreter (*luottamusvaltuutettu*), die Arbeitsschutzbeauftragten (*työsuojeluvaltuutettu*) oder einen speziellen Ombudsmann (*yhteistoimintaedustaja*)[1446].

Faktisch, und Folge des hohen Organisationsgrads, werden die Verhandlungen aber in der Regel von den Gewerkschaftsvertretungen geführt, die in Übereinstimmung mit den Details des jeweiligen Tarifvertrags gewählt werden. In der Regel verfügt jeder Betrieb über einen leitenden Gewerkschaftsvertreter und weitere Vertreter, die bestimmte Abteilungen und Berufsgruppen betreuen. Üblich ist auch eine Differenzierung nach Arbeitern und Angestellten sowie Leitenden Angestellten. Die genaue Anzahl wird dann auf Branchen- oder sogar auf Betriebsebene bestimmt[1447].

Wenn eine Mehrheit der Arbeitnehmer im jeweiligen Unternehmen nicht gewerkschaftlich organisiert ist, oder aus bestimmten Gründen auch von den organisierten Arbeitnehmern für die jeweiligen Verhandlungen keine Vertreter gewählt wurden, können diese Arbeitnehmer aus ihrer Mitte mit Mehrheitsentscheidung einen eigenen Vertreter für eine maximale Amtszeit von zwei Jahren bestellen. Das jeweilige Verfahren wird hierbei von den Betroffenen selbst so organisiert, dass jeder nicht-gewerkschaftlich organisierte Arbeitnehmer daran teilnehmen kann. Falls gar keine Arbeitnehmervertreter gewählt werden sollten, kann der Arbeitgeber direkt mit der jeweils betroffenen Belegschaftsgruppe verhandeln[1448].

1445 9 § FFS 334/2007. Gesetzlich vorgesehen sind eine Amtszeit von zwei Jahren und eine Kündigungsfrist von sechs Monaten, wovon aber durch Vereinbarung abgewichen werden kann.

1446 *TEM*-Website *Yt-lain ydinkohdat* etwa „Kernpunkte des Mitbestimmungsgesetzes" (Stand10.03.2011), unter http://www.tem.fi/?s=4242 (finnisch) bzw. http://www.tem.fi/?l=sv&s=4242 (schwedisch). Die jeweiligen schwedischen Äquivalente sind bezeichnet als *„Samarbetspartner" Arbetsgivaren och företagets personal, Företrädare för personalgrupperna: förtroendemannen, förtroendeombudet, arbetarskyddsfullmäktigen eller samarbetsombudet.* Vgl. auch *TEM, The new Act on Co-operation within Undertakings* (2007), S. 3 ff.; unter http://www.tem.fi/files/21590/tme8020e_teksti.pdf (englisch).

1447 ETUI-FI-BI, S. 1.

1448 8 § FFS 334/2007.

iii. Befugnisse

(a) Betrieb

So flexibel das Gesetz im Hinblick auf die Modalitäten ist, so eng regelt es, in welchen Bereichen den Arbeitnehmervertretern im Rahmen der Kooperationsverhandlungen welche Rechte zukommen. Das Gesetz unterscheidet hier bestimmte Themen[1449].

Zunächst sind die Arbeitnehmervertreter über die finanziellen Belange des Unternehmens zu unterrichten. Dies beinhaltet mindestens zweimal im Bilanzjahr einen detaillierten Bericht über die finanzielle Situation des Unternehmens, inklusive der Perspektiven für Beschäftigung, Rentabilität und Kostenstruktur, daneben ist unmittelbar nach Prüfung die Jahresbilanz vorzulegen. Auf Anfrage der Arbeitnehmervertreter sind diese Daten und die aus ihnen folgenden Informationen über die geplanten Entwicklungen der Gesamtbelegschaft darzulegen, wobei die genauen Umstände im Rahmen der Kooperationsverhandlungen festgelegt werden[1450]. Des Weiteren sind den Arbeitnehmervertretern jährlich statistische Daten über die Löhne derjenigen Beschäftigtengruppe mitzuteilen, die sie jeweils repräsentieren[1451].

Vierteljährlich können die Arbeitnehmervertreter einen Bericht über die Zahl der befristet Angestellten und Teilzeitbeschäftigten im Unternehmen verlangen[1452], jährlich über den Einsatz von Subunternehmern, insbesondere deren Einsatzorten, Aufgaben und zeitlicher Dauer[1453]. Zu all diesen Komplexen können die Arbeitnehmervertreter weitere Fragen stellen, die vom Arbeitgeber „innerhalb angemessener Frist" beantwortet werden müssen[1454].

Bei der Beschäftigung muss u.a. über die allgemeinen Prinzipien und Methoden der Einstellung (ggf. unterschieden nach Gruppen oder Arbeitsaufgaben) verhandelt werden. Jährlich ist zudem ein detaillierter Weiterbildungsplan zu erstellen. Die Verhandlungsvorgaben sind sehr detailliert und gelten grundsätzlich für alle Unternehmen oberhalb des Schwellenwerts von 20 Beschäftigten. Für kleinere Unternehmen mit 20 bis 29 Arbeitnehmern greifen allerdings Erleichterungen[1455].

1449 Vgl. Kapitel 3 bis 8 FFS 334/2007; *TEM, The new Act on Co-operation within Undertakings* (oben Fn. 1446), S. 6 ff.

1450 10, 18 §§ FFS 334/2007. In Unternehmen mit insgesamt 20 bis 29 Beschäftigten kann der Bericht im Rahmen einer gemeinsamen Veranstaltung der Gesamtbelegschaft erteilt werden.

1451 11 § FFS 334/2007.

1452 12 § FFS 334/2007 („*fixed term and part-time employment relationships in the undertaking*").

1453 13 § FFS 334/2007.

1454 14 § FFS 334/2007 („*within a reasonable time*").

1455 15 ff. §§ FFS 334/2007. Die Verhandlungsvorgaben erstrecken sich daneben z.B. auch auf die Maßnahmen zur Orientierung im neuen Beruf, Gleichstellungsfragen, die Nutzung von elektronischen Netzwerken und Datenschutz, die Überwachung, eventuelles Vorgehen bei Alkohol- und Drogenmissbrauch und

Plant der Arbeitgeber den Einsatz von Leiharbeitern, sind die Repräsentanten derjenigen Beschäftigten, deren Arbeitsbereiche durch die Leiharbeiter betroffen werden würden, vorab hierüber zu informieren[1456]. Die Arbeitnehmervertreter können verlangen, dass die Frage in die Kooperationsverhandlungen einbezogen wird und so lange diese Verhandlungen laufen, können die Leiharbeiter nicht eingestellt werden; dies gilt allerdings nicht in Unternehmen mit weniger als 30 Beschäftigten, für dringende und kurzfristige Arbeiten und für solche Aufgaben, die normalerweise nicht von der ständigen Belegschaft erledigt werden[1457].

Über diese beschäftigungsrelevanten Fragen muss im Vorfeld der Kooperationsverhandlungen informiert werden, die Verpflichtung hierzu liegt beim Arbeitgeber. Sie liegt zeitlich so, dass sich die Arbeitnehmervertreter hinreichend auf die Verhandlungen vorbereiten können. Anschließend soll über die Gründe, Zielsetzungen und möglichen Effekte in einem „Geist der Zusammenarbeit" verhandelt werden, um einen umfassenden Konsens zu erreichen.

Ist nur eine Arbeitnehmergruppe betroffen, erfolgen auch die Verhandlungen nur mit dieser, anderenfalls wird das Thema in den gemeinsamen Ausschuss getragen.

Die letztlich getroffene Entscheidung wird protokolliert und ist den jeweiligen Arbeitnehmervertretern oder der Gesamtbelegschaft mitzuteilen[1458].

Ähnliches gilt bei Änderungen im Geschäftsbetrieb, die sich auf das Personal oder die Arbeitsbedingungen auswirken, z.B. bei Betriebsstilllegungen, Verlagerungen von Produktionen, Expansionen, den Ankauf neuer Maschinen, Änderungen im Produkt- bzw. Dienstleistungsangebot und ähnlich wirkenden Veränderungen sowie beim Einsatz von externen Arbeitskräften[1459]. Ebenso bei Unternehmensverschmelzungen und –übernahmen.

Bei besonders gewichtigen Gründen kann die Pflicht zu den Kooperationsverhandlungen im Beschäftigungsbereich ausnahmsweise wegfallen, wenn und solange hierdurch der Geschäftsbetrieb beeinträchtigt würde. Sind die Hindernisse beseitigt, soll der Arbeitgeber unverzüglich wieder in die Kooperationsverhandlungen eintreten und die Gründe für das vorherige abweichende Verhalten erklären[1460].

Ein leicht geändertes Verfahren greift dann, wenn unternehmerische Maßnahmen, inklusive Verschmelzungen etc., zu einem dauerhaften Stellenabbau führen

---

Pensionsfonds. Die Vorschriften von 15 §, 17 § *n.* 3 und 4, 18 §, 19 § und 27 § *n.* 1 2–4 gelten nicht für Unternehmen mit 20 bis 29 Beschäftigten, 2 § FFS 334/2007.

1456 17 § FFS 334/2007. Diese Information muss die geplante Anzahl der Leiharbeiter, ihren Arbeitsbereich und die dortigen Aufgaben, die Dauer des Vertrags und den Einsatzzeitraum umfassen, 17 § *n.* 3.

1457 2, 17 §§, insbesondere *n.* 3 FFS 334/2007.

1458 20 ff. §§ FFS 334/2007 (insbesondere 20 §, *„spirit of co-operation"*).

1459 32 ff. §§ FFS 334/2007 *(„Changes in business operations affecting the personnel and arrangement of work")*.

1460 60 § i.V.m. 32, 33, 44 *n.* 1 §§ FFS 334/2007. Zur Vertraulichkeit vgl. 57 ff. §§.

sollten. Dies gilt bereits, sobald auch nur ein einzelner Arbeitnehmer von einer möglichen Beendigung des Arbeitsvertrags betroffen ist.

Verhandlungsparteien sind hier der Arbeitgeber und die betroffenen Arbeitnehmervertreter der jeweiligen Gruppe, alternativ auch der Gemeinsame Ausschuss. Die Arbeitnehmervertreter sind im Vorfeld zu informieren.

Sollen mehr als zehn Beschäftigte entlassen werden, gilt dies als Massenentlassung und die Anforderungen verschärfen sich. Neben Informationspflichten im Hinblick auf Gründe und erwartete Folgen der Maßnahme müssen hier vom Arbeitgeber auch weitere Informationen zur Beschäftigungssicherung bzw. Beschäftigungsförderung erteilt werden. Ferner ist die Behörde zu informieren.

Die Dauer der dann folgenden Kooperationsverhandlungen ist genau festgelegt und liegt je nach Zahl der wegfallenden Stellen zwischen zwei und sechs Wochen. In ihrem Rahmen sollen auch Wege zur Begrenzung und Milderung der Folgen bei den betroffenen Arbeitnehmern erörtert werden[1461].

Hat der Arbeitgeber nach vorangegangener hinreichender Information im „Geist der Zusammenarbeit“ und mit dem Willen zum Konsens mit den Arbeitnehmervertretern verhandelt, so hat er das seinerseits Erforderliche getan[1462]. Eine Pflicht zur Einigung besteht also nicht, die endgültige Entscheidung verbleibt beim Unternehmen.

(b) Betriebsübergreifend

In finnischen Unternehmensgruppen mit mindestens 500 Beschäftigten sollen Arbeitgeber und Arbeitnehmervertreter grundsätzlich Verhandlungen über die Zusammenarbeit auf der betriebsübergreifenden Ebene führen, insbesondere über Inhalt und Verfahren der Kooperationsverhandlungen und die Verteilung der Arbeitnehmervertreter auf die jeweiligen Berufsgruppen. Kann hierbei keine Einigung erzielt werden greift ein Standardverfahren[1463].

Dieses Standardverfahren sieht vor, dass alle konzernangehörigen Unternehmen mit mindestens 20 Beschäftigten einen Arbeitnehmervertreter wählen, der dann an den Kooperationsverhandlungen auf der übergeordneten Ebene teilnimmt. Hierbei sollen alle Arbeitnehmergruppen im Konzern durch mindestens einen Repräsentanten vertreten sein[1464].

Inhaltlich genießen die Vertreter auf Konzernebene nach dem Standardverfahren aber lediglich Informationsrechte. Der Arbeitgeber muss ihnen insgesamt einen umfassenden Bericht über die finanzielle Situation des Konzerns vorlegen und

---

1461 41 ff. §§ FFS 334/2007, vgl. insbesondere zu den erweiterten Informationspflichten 47 §, zur Dauer der Kooperationsverhandlungen 51 §. Bei Missachtung dieses Verfahrens droht dem Arbeitgeber eine Schadensersatzzahlung an den von der Kündigung betroffenen Arbeitnehmer bis zu 30.000 Euro, 62 §.

1462 25, 31, 38 f. §§ FFS 334/2007. Vgl. aber zur möglichen Haftung 67 §.

1463 Vgl. 2, 7, 8, 9 ff. §§ FFS 335/2007.

1464 10 § FFS 335/2007.

ferner Informationen erteilen über die Entwicklungen bezüglich Produktion, Personal, Rentabilität und Kostenstruktur sowie über die geplanten Änderungen der Personalstruktur und besondere Qualifikationsbedürfnisse in der jeweiligen Berufsgruppe. Den jeweils betroffenen Arbeitnehmerrepräsentanten müssen zudem Informationen erteilt werden über die unternehmerischen Pläne zur Expansion, Einschränkung oder Einstellung von Unternehmensbereichen und schließlich über geplante materielle Veränderungen beim Produkt- bzw. Dienstleistungsangebot, die möglicherweise Konsequenzen für die Beschäftigten nach sich ziehen könnten[1465]. Verfahrenstechnisch muss dies so geschehen, dass eine wirksame Durchführung der Kooperationsverhandlungen auf der jeweils betroffenen untergeordneten Ebene möglich ist, also entweder dem Unternehmen oder dem Betrieb[1466].

(c) Praxisfolge

In der gelebten Praxis konnten sich aber offenbar auch die Instrumente aus der Neuregelung aus dem Jahr 2007 nicht im gewünschten Maße etablieren. Statt auf regelmäßiger Basis erfolgten die Verhandlungen auch weiterhin vor allem im Vorfeld von Massenentlassungen, unterblieben aber ansonsten. Hierdurch rückte bei den Arbeitnehmern das Konzept der Arbeitgeber-Arbeitnehmer-Kooperation insgesamt in ein schlechtes Licht[1467]. Das just reformierte Gesetzeswerk sollte aber nicht erneut reformiert werden. Nach Vorarbeiten einer tripartit besetzten Kommission trat darum im Juli 2010 ein weiteres Gesetz in Kraft, mit dem die Stelle eines unabhängigen „Ombudsmanns für die Zusammenarbeit" geschaffen wurde, das *Laki yhteistoiminta-asiamiehestä*[1468].

Nach dem Gesetz arbeitet der Ombudsmann mit dem *TEM* zusammen. Ihm kommt die Aufsicht über die Umsetzung sämtlicher Arbeitnehmerbeteiligungsgesetzte im privaten Bereich zu[1469]. Daneben hat er die Aufgabe, durch verschiedene Anordnungen und Initiativen die Kooperation zwischen Arbeitgebern und

---

1465 11 § *n.* 1, Nr. 1–4; 12 § *n.* 2 FFS 335/2007. Die außerhalb Finnlands gelegenen Unternehmensteile werden eingeschränkter informiert, vgl. 11 § *n.* 2.

1466 12 § *n.* 3 FFS 335/2007 i.V.m. Kapitel 6–8 [= 32–53 §§, Anm. d. Verf.] FFS 334/2007.

1467 Vgl. *Jokivuori, Cooperation Ombudsman starts work* (10.01.2011), insbesondere Abschnitte *Challenge of improving cooperation in companies* und *Commentary,* unter http://www.eurofound.europa.eu/eiro/2010/10/articles/fi1010011i.htm (englisch).

1468 FFS 216/2010, eine durch das *TEM* erstellte offiziöse Übersetzung ist abrufbar unter http://www.finlex.fi/en/laki/kaannokset/2010/en20100216.pdf (englisch). Die Bezeichnung für das Amt selbst lautet *„Yhteistoiminta-asiamies"* bzw. *„Samarbetsombudsmannen"*, die englische Übertragung ist *„Cooperation Ombudsman"*. Die erste Amtsträgerin nahm ihre Geschäfte zum 1. September 2010 auf (zu persönlichen Anforderungen an den Amtsträger und Amtszeit vgl. 1 § *n.* 2 FFS 216/2010).

1469 1 § FFS 216/2010 nennt u.a. FFS 334/2007, 335/2007 und das Mitbestimmungsgesetz 725/1990 (dazu sogleich näher unter b. Unternehmensmitbestimmung).

Arbeitnehmern zu fördern und zu verbessern, notwendigen Rat zu erteilen und ggf. beim *Työneuvosto* eine Meinung darüber einzuholen, ob ein Unternehmen oder ein Konzern von den Beteiligungsgesetzen erfasst wird[1470]. Hierzu bestehen bestimmte Informations- und Inspektionsrechte, ggf. kann er eine schriftliche Abmahnung erteilen (*kirjallinen kehotus*, die englische Übersetzung verwendet *improvement notice*) und in bestimmten Fällen die Sache vor Gericht bringen, wo er auch die Verhängung von Strafzahlungen verlangen kann[1471]. Seine Hauptaufgabe liegt im Bereitstellen von Leitlinien für die Umsetzung der Gesetze, gleichzeitig soll er als „neuer" Berater für Unternehmen und Belegschaften dienen, sollten diese sich im Streit über Massenentlassungen und andere mit Restrukturierungen verbundene Maßnahmen befinden[1472].

Einhergehend mit dem Schwellenwert des Gesetzes FFS 334/2007 von mindestens 20 Beschäftigten erfasst die Aufsicht insgesamt ca. 8.000 Unternehmen mit mehr als 800.000 Arbeitnehmern, und damit ein Drittel der gesamten finnischen Erwerbsbevölkerung[1473].

(d) Ausstattung

Je nach Tarifvereinbarung haben die gewerkschaftlichen Arbeitnehmervertreter einen Anspruch auf Freistellung. In größeren Betrieben werden gewöhnlich der leitende Gewerkschaftsvertreter und der Arbeitsschutzbeauftragte voll freigestellt. Daneben muss der Arbeitgeber einen Raum für Sitzungen, allerdings außerhalb der Arbeitszeit, zur Verfügung stellen. Die Tarifvereinbarungen sehen meist weitergehende Verpflichtungen vor[1474].

Die Arbeitnehmervertreter nach dem Gesetz FFS 334/2007 haben einen Anspruch auf bezahlte Freistellung, sofern es ihr Mandat erfordert, also zur Wahrnehmung der unmittelbaren Kooperationsverhandlungen (ggf. auch außerhalb der Arbeitszeit) und zu den damit einhergehenden Weiterbildungsmaßnahmen. Darüber hinausgehend werden von Fall zu Fall Einzelvereinbarungen zwischen den Beteiligten getroffen[1475].

Außerdem können die Arbeitnehmervertreter zur Vorbereitung und Durchführung der Kooperationsverhandlungen Sachverständige hinzuziehen; hierbei sollte

---

1470 2 § FFS 216/2010 i.V.m. 8 § FFS 400/2004.

1471 Vgl. 4–8 §§ FFS 216/2010; zur Unabhängigkeit 1 § *n.* 3.

1472 *Jokivuori, Cooperation Ombudsman starts work* (oben Fn. 1467), Abschnitt *Commentary*. Das Gesetz selbst freilich enthält den Terminus *„restructuring"* nicht, die Beschränkung auf diese Fragen erscheint darum zweifelhaft und dürfte sich auch nur bedingt mit den ansonsten allgemein gehaltenen und umfassend formulierten Pflichten des Ombudsmanns vereinbaren lassen; vgl. 2 § FFS 216/2010 (*„Duties"*).

1473 *Jokivuori, Cooperation Ombudsman starts work* (oben Fn. 1467), vor *„Duties of Cooperation Ombudsman"* und Darstellung beim *TEM, Samarbetsombudsmannen*, abrufbar unter http://www.tem.fi/?l=sv&s=4241 (schwedisch).

1474 Vgl. ETUI-FI-BI, S. 2.

1475 56 § FFS 334/2007.

es sich so weit möglich um Experten aus dem Unternehmen selbst handeln, die ihrerseits dann ebenfalls im erforderlichen Maß freigestellt werden[1476].

b. Unternehmensmitbestimmung

i. Grundlagen

Rechtsgrundlage ist hier das Gesetz über die Arbeitnehmervertretung in der Unternehmensleitung, *Laki henkilöstön edustuksesta yritysten hallinnossa*, FFS 725/90[1477]. Mit gerade einmal zweiundzwanzig Einzelnormen ist das Gesetz sehr kurz und übersichtlich.

Nach dem FFS 725/90 hat die Belegschaft ein Teilnahmerecht an den unternehmerischen Entscheidungen in den geschäftsführenden, überwachenden oder beratenden Gremien, wenn dort für die Geschäftstätigkeit, die Finanzen und die Position der Belegschaft im Unternehmen bedeutende Fragestellungen behandelt werden. Hierdurch sollen die Funktion des Unternehmens verbessert, die Kooperation zwischen Unternehmen und Personal intensiviert und die Einflussnahmemöglichkeiten der Belegschaft erweitert werden[1478]. Hauptaufgabe ist es, eine Arbeitnehmerrepräsentation in den Unternehmensorganen sicherzustellen[1479].

Das Gesetz FFS 216/2010 über den Ombudsmann für die Zusammenarbeit erstreckt dessen Aufsichtsbefugnis neuerdings auch auf den Bereich des Mitbestimmungsgesetzes FFS 725/90[1480].

ii. Anwendungsbereich

Das Mitbestimmungsgesetz FFS 725/90 erfasst alle finnischen Aktiengesellschaften, Genossenschaften und anderen wirtschaftlichen Vereinigungen sowie Banken und Versicherungen, die in Finnland gewöhnlich mindestens 150 Mitarbeiter beschäftigen[1481]. Jedoch enthält es keine Sondervorschriften für Unternehmensgruppen.

1476 55 § FFS 334/2007.

1477 Zuletzt geändert durch FFS 220/2010. Eine vom *TEM* erstellte offiziöse englische Übersetzung, Stand FFS 68/2001, ist abrufbar unter http://www.finlex.fi/en/laki/kaannokset/1990/en19900725.pdf. Die wesentlichste Gesetzesänderung seitdem erfolgte durch FFS 1128/2007. Hierdurch wurden u.a. die §§ 9a bis 9 f eingefügt, die die Mitbestimmungsfragen bei grenzüberschreitenden Verschmelzungen regeln, vgl. Darstellung unter http://www.finlex.fi/fi/laki/alkup/2007/20071128 (finnisch).

1478 1 § FFS 725/90.

1479 *Hellsten*, Country Report Finland, S. 26, 26.

1480 1 § *n.* 1 FFS 216/2010.

1481 2 § FFS 725/90. Nicht erfasst sind die Personengesellschaften OHG (*avoin yhtiö*) und KG (*kommandiittiyhtiö*) wie auch Einzelkaufleute. Da diese praktisch selten mehr als zehn Personen beschäftigten, fielen sie aber bereits aus diesem Grund aus dem Anwendungsbereich des Gesetzes heraus, vgl. *Toiviainen*, Co-Determination Finland, Fn. 5. Etwas lakonisch beobachtet *Toiviainen* auch, dass es „gelegentlich schwierig sein kann, zu entscheiden, ob die Anzahl der Beschäftigten

Daher sind Arbeitnehmervertreter auf der Leitungsebene von Konzernen grundsätzlich nicht vorgeschrieben, insofern besteht ausschließlich das Recht auf Unterrichtung und Anhörung nach FFS 335/2007[1482].

Losgelöst von dieser gesetzlich vorgesehenen Form ist es stets (und auch für kleinere Unternehmen) möglich, eine Unternehmensmitbestimmung in der Satzung vorzusehen und entsprechend zu regeln[1483].

iii. Bestellung

(a) Vereinbarungsmodell

Die ursprüngliche gesetzliche Regelung von 1991 hatte noch vorgesehen, dass Arbeitgeber und Arbeitnehmervertreter in den betroffenen Unternehmen auf freiwilliger Basis eine Vereinbarung zur Mitbestimmung treffen konnten.

Diese Grundentscheidung ist beibehalten worden, auch jetzt noch liegt der Fokus auf einem vereinbarten System. Das entsprechende Abkommen wird dann recht frei zwischen dem Arbeitgeber und mindestens zwei Gewerkschaften geschlossen, die ihrerseits zusammen die Mehrheit der Arbeitnehmer repräsentieren (*sopimukseen perustuva henkilöstön edustus*, etwa „vertragliche Arbeitnehmervertretung")[1484].

Verortung der Mitbestimmung, Reichweite des Abkommens und Zahl der Arbeitnehmerrepräsentanten können frei vereinbart werden. Insbesondere das „wo" der Mitbestimmung wird hierbei aber als wesentlich angesehen[1485]. Erklärte Leitlinie ist die Beteiligung in demjenigen Gremium, in dem die konkreten Entscheidungen bezüglich der tatsächlichen unternehmerischen Aktivitäten unmittelbar für den jeweiligen Arbeitnehmer getroffen werden[1486]. Die Vereinbarung unterliegt nur drei gesetzlichen Einschränkungen, die die persönlichen Anforderungen an Wählbarkeit der Arbeitnehmervertreter, ihren Kündigungsschutz und ihre Pflicht zur Verschwiegenheit betreffen. Hier sind die gesetzlichen Vorgaben zwingend[1487].

---

in Finnland *gewöhnlich* mindestens 150 beträgt"; ebd. Fn. 13 (Übersetzung durch Verf., Hervorhebung auch im Original.).

1482 Vgl. *Hellsten*, Country Report Finland, S. 26, 29.

1483 Vgl. dazu *Toiviainen*, Co-Determination Finland, S. 25, 26 f., 29 f. 32 f., 34 ff., 38, 40 ff. (Ausführungen allerdings noch vornehmlich zum alten Gesellschaftsrecht); *Hellsten*, Country Report Finland, S. 26, 27.

1484 3 § Satz 1, 4 § FFS 725/90. Die Vereinbarung kann entweder während eines besonderen Treffens oder im Zuge der Einrichtung eines gemeinsamen Ausschusses nach 9 § FFS 334/2007 getroffen werden. Sie muss protokolliert werden, 4 § FFS 725/90 i.d.F. FFS 339/2007 i.V.m. 54 § FFS 334/2007.

1485 *Hellsten*, Country Report Finland, S. 26, 27. Denkbar ist eine Verortung in jedem Unternehmensorgan ebenso wie ein Ausschluss einzelner Gremien.

1486 *Hansen/Werlauff*, ECL 2009, S. 68, 77 unter Verweis auf RP 247/1989, S. 8 („*[T]he objective is to allow employees via their representatives to participate in the decision making on the body/bodies where the concrete decisions on matters concerning the company's practical activities are made.*").

1487 Vgl. 6, 11, 12 §§ FFS 725/90.

Mittelbar ist hierdurch aber gleichzeitig gewährleistet, dass eine Vereinbarung einen gewissen Minimalstandard einhält, es kann also auch im Vereinbarungsweg nicht vollkommen auf die Mitbestimmung verzichtet werden[1488]. Aufgrund dieser Flexibilität wird eine gesonderte Regelung zur Konzernvertretung auch nicht für erforderlich erachtet[1489].

Das Gesetz schweigt sich darüber aus, wer die Verhandlungen initiieren muss, beispielsweise ob eine Arbeitgeberpflicht besteht, bei Überschreiten des Schwellenwerts von sich aus Verhandlungen anzubieten. Realistisch dürfte sein, dass die Arbeitnehmer, im Rahmen der Kooperationsverhandlungen hinreichend informiert, von sich aus das Verfahren anstoßen werden, sollten sie auch eine Mitbestimmung wünschen.

(b) Gesetzliches Modell

Sollte es nicht möglich sein, eine entsprechende Vereinbarung zu erzielen, kann seit 1992 eine Mitbestimmung durch das Personal erzwungen werden (*lakiin perustuva henkilöstön edustus*, etwa „gesetzliche Arbeitnehmervertretung")[1490].

Notwendig hierzu ist nach dem Scheitern der Verhandlungen eine entsprechende Forderung von mindestens zwei Gewerkschaften, die zusammen die Mehrheit der Arbeitnehmer im jeweiligen Unternehmen organisieren. Ein entsprechendes Verlangen einer einzelnen Gewerkschaft reicht selbst dann nicht, wenn sie die deutliche Mehrheit des Personals organisiert[1491].

Die Belegschaft kann dann ihre Repräsentanten nebst Stellvertretern bestimmen, während das Unternehmen entscheidet, in welches Gremium diese gesandt werden sollen[1492]. Das Gesetz sieht als Möglichkeiten den Aufsichtsrat, den Verwaltungsrat oder die Leitungsgremien der untergeordneten Geschäftseinheiten vor. Das Unternehmen muss hierbei jedoch Sorge tragen, dass die Arbeitnehmervertreter jedenfalls an den Entscheidungen über seine wirtschaftlichen Maßnahmen beteiligt werden[1493].

1488 Richtig und unter Berücksichtigung des Gesetzeszwecks *Hellsten*, Country Report Finland, S. 26, 27.

1489 *Hansen/Werlauff*, ECL 2009, S. 68, 75.

1490 3 § Satz 2 und 5 § *n.* 1, 16 § *n.* 1 FFS 725/90. Die Vorschriften setzen zumindest in ihrer englischen Fassung begrifflich jeweils vorherige Verhandlungen voraus (*„if no agreement can be reached"*). Bei Missachtung sieht 14 § i.d.F. FFS 220/2010 die Möglichkeit eines Zwangsgelds vor (*uhkasakko*).

1491 Vgl. *Hellsten*, Country Report Finland, S. 26, 27.

1492 5 § *n.* 1 FFS 725/90 bestimmt *„yrityksen valinnan mukaan"*, in der schwedischen Fassung *„enligt företagets val"*, beides lässt sich mit „nach Wahl des Unternehmens" übertragen, was auf eine Entscheidung durch die Anteilseigner hinauslaufen dürfte. Die Übersetzung durch das *TEM* lautet auf *„selected by the undertaking"*.

1493 Das Gesetz verwendet in 5 § *n.* 1 den Terminus *„tulosyksiköt"*, in der schwedischen Fassung *„företagets resultatenheter"* was sich jeweils mit „Geschäftseinheit"

Die Mitbestimmung muss binnen eines Jahres nach Erfüllung der Anwendungsvoraussetzungen und dem entsprechenden Antrag durch die Belegschaft implementiert werden. Falls sich die Unternehmensstruktur ändert soll auch die Mitbestimmung an die veränderten Gegebenheiten angepasst werden[1494].

Es bleibt stets möglich, abweichend vom gesetzlichen Modell das Vereinbarungsmodell zum Zug kommen zu lassen[1495].

Ernannt werden zwischen einem und höchstens vier Arbeitnehmervertreter, die sich ausschließlich aus den Reihen der Beschäftigten des Unternehmens rekrutieren. Sie können insgesamt maximal ein Viertel der Mitglieder desjenigen Gremiums ausmachen, in dem die Mitbestimmung stattfindet[1496]. Nicht-Gewerkschaftsmitglieder sind grundsätzlich wählbar, praktisch handelt es sich gleichwohl (nahezu) ausschließlich um Mitglieder derjenigen Gewerkschaften, die im jeweiligen Unternehmen vertreten sind. Das Gesetz verbietet es nicht, dass ggf. dieselben Personen bestellt werden, die auch die Kooperationsrechte aus dem FFS 334/2007 wahrnehmen. Für ihre eventuelle Zusammenarbeit sind keine Verfahrensvorschriften etabliert worden, so dass sich individuelle Verfahren in den jeweiligen Unternehmen herausbilden können. Praktisch kommt es hinsichtlich der Besetzung unter den Gewerkschaften oft zu Rotationen[1497].

Die jeweiligen Personen werden grundsätzlich gewählt, vorschlagsberechtigt sind die Gewerkschaftsvertretungen. Können diese sich nicht auf ein eigenes Verfahren einigen wird das Wahlverfahren für die Arbeitsschutzbeauftragten entsprechend angewendet[1498].

übertragen lässt. Die Übersetzung durch das *TEM* wählt die Wendung *„profit units of the undertaking"*, ebenso *Hellsten.* Nach *Toiviainen* ist eine probate Übertragung ins Englische *„unit responsible by results"*. Er legt den Begriff dahingehend aus, dass wenn die Mitbestimmung außerhalb von Verwaltungsrat oder Aufsichtsrat angesiedelt wird, die Arbeitnehmervertreter auch auf der untergeordneten Ebene das Recht haben müssen, in all den Unternehmensgremien präsent zu sein, die für die Gewinnerzielung verantwortlich sind; vgl. *Toiviainen*, Co-Determination Finland, Fn. 18.

1494 5 § *n.* 3 FFS 725/90. Das kann auch binnen eines Jahres nach der eigentlichen Transaktion geschehen.

1495 5 § *n.* 4 FFS 725/90.

1496 5 § *n.* 2, Satz 2 FFS 725/90. Zu den persönlichen Anforderungen vgl. 6 §, zum Stellvertreter bei Verhinderung vgl. 8 §.

1497 Vgl. *Hellsten*, Country Report Finland, S. 26, 29 ff.

1498 7 § FFS 725/90 i.V.m. 13 ff. §§ FFS 131/1973 und 18–21 §§ FFS 954/173. Die 13 ff. §§ sehen vor, dass die Wahlen so durchgeführt werden, dass alle Beschäftigten die Möglichkeit der Teilnahme haben; das Ergebnis muss dem Arbeitgeber schriftlich mitgeteilt werden. Die 18 ff. §§ enthalten technische Vorgaben, u.a. muss der Arbeitgeber eine Belegschaftsliste bereitstellen und die Wahl auf dem Firmengelände gestatten. Die Gesetzestexte sind in inoffiziellen englischen Übersetzungen verfügbar unter http://www.finlex.fi/en/laki/kaannokset/1973/en19730131.pdf und unter http://www.finlex.fi/en/laki/kaannokset/1973/en19730954.pdf. Vgl. auch *Toiviainen*, Co-Determination Finland, S. 25, 31 f.

Ist die Mitbestimmung im Verwaltungsrat angesiedelt und wird nur ein regulärer Arbeitnehmervertreter bestellt, darf dessen Stellvertreter bei den Sitzungen anwesend sein und seine Meinungen kundtun, ansonsten kommen die Stellvertreter aber nur im Verhinderungsfall des eigentlichen Arbeitnehmerrepräsentanten zum Zug[1499].

iv. Befugnisse

Die Arbeitnehmervertreter haben dann die gleichen Rechte und Pflichten wie die übrigen Mitglieder des Gremiums, was ausdrücklich auch die Pflicht zum Schadensersatz bei Missmanagement umfasst – nach *Hellsten* die *„ultimate duty"*[1500]. Die Repräsentanten können allerdings nicht an der Beschlussfassung über die Einstellung, Entlassung und Vertragsbedingungen von Führungskräften sowie über die Beschäftigungsbedingungen des Personals und Arbeitskampfmaßnahmen teilnehmen. Weitergehende Einschränkungen sind durch Vereinbarung möglich[1501].

Auch ihre Amtszeit ist grundsätzlich gleich, maximal liegt sie aber bei drei Jahren[1502].

Für unmittelbare Vorbereitung und Teilnahme an den Sitzungen sind sie freizustellen, der entgangene Lohn ist zu kompensieren. Für Sitzungen außerhalb der normalen Arbeitszeit soll das Unternehmen den Arbeitnehmervertretern die entstandenen Auslagen ersetzen und zusätzlich ein Sitzungsgeld zahlen. Darüber hinausgehende Fragen zu Freistellung und Entlohnung sollen im jeweiligen Einzelfall zwischen dem Unternehmen und dem Arbeitnehmervertreter abgestimmt werden[1503].

5. Praxis

Praktisch ist die Unternehmensmitbestimmung vor allem in den größeren Unternehmen verbreitet während diejenigen, die knapp über dem relevanten Schwellenwert liegen, häufig keine entsprechende Prozedur etablieren.

1499 9 § *n.* 3 FFS 725/90.

1500 *Hellsten*, Country Report Finland, S. 26, 28.

1501 9 § FFS 725/90. Allerdings erwähnt der finnische Corporate Governance Kodex vom 15.06.2010 *(Suomen listayhtiöiden hallinnointikoodi)*, wenn auch eher beiläufig, ein mögliches Recht der Arbeitnehmer zur Ernennung der *directors* im Zuge eines besonderen Verfahrens, nach Satzungsgrundlage *(special appointment procedure)*. Gem. Empfehlung 12 wäre ein solches Verfahren offenzulegen; inoffizielle englische Übersetzung bei der finnischen Handelskammer unter http://www.keskuskauppakamari.fi/site_eng/content/download/37492/667662/CG_2010_eng.pdf.

1502 5 § *n.* 2, Sätze 3, 4 FFS 725/90. *Toiviainen* hebt hervor, dass die Geschäftseinheiten als solche nirgendwo gesetzlich geregelt sind, folglich auch eine „entsprechende Amtszeit" nicht definiert ist. Er schlägt für diesen Fall vor, die Amtszeit in solchen Gremien nach vernünftigen Corporate Governance-Regeln festzulegen; *Toiviainen*, Co-Determination Finland, S. 25, 33 f.

1503 10 § FFS 725/90. Zusätzliche Entlohnungen, die über das Sitzungsgeld hinausgehen, sollen nicht üblich sein; *Toiviainen*, Co-Determination Finland, S. 25, 38 f. Freilich sagt dies allein noch nichts über die mögliche Höhe der Sitzungsgelder aus.

Die entsprechenden Informationen werden in Finnland nicht systematisch erhoben, so dass ein umfassender Vergleich nicht möglich ist. Als Anhaltspunkt können aber Daten für die finnische Metall- und Elektroindustrie aus dem Jahr 2001 herangezogen werden; traditionell ist dies eine Branche, in der Beteiligungsrechte besonders stark wahrgenommen werden. Dort gab es jedoch in mehr als der Hälfte der Unternehmen mit 150 bis 200 Beschäftigten gar keine Mitbestimmung, von den größeren Unternehmen war immer noch ein Drittel nicht mitbestimmt. Dies wird u.a. darauf zurückgeführt, dass die Mitbestimmung nur eingeführt wird, wenn sich die beiden größten Gewerkschaften im Unternehmen auf ein entsprechendes Verlangen einigen. Gerade in den kleinen Unternehmen sind die Gewerkschaftsvertretungen der Angestellten bzw. der Leitenden Angestellten aber oft so klein, dass sie aus einer Mitbestimmung keinen individuellen Mehrwert ableiten und infolgedessen einer Einführung nicht zustimmen[1504].

Dort, wo sie etabliert wird, beruht sie in der Regel auf einer individuell geschlossenen Vereinbarung, findet aber meist nur auf der untersten denkbaren Ebene statt, nämlich direkt bei den Geschäftseinheiten. Nach derselben Erhebung bei der finnischen Metall- und Elektroindustrie aus dem Jahr 2001 fand die Unternehmensmitbestimmung bei insgesamt 136 mitbestimmten Gesellschaften in 81 Fällen auf der Ebene der *profit units* statt, in 35 Fällen im Verwaltungsrat, acht Mal im Aufsichtsrat und 12 Mal in einem anderen Gremium[1505].

Wesentliche Änderungen an diesem System sind gegenwärtig nicht geplant. Die Sozialpartner haben die Gegebenheiten im Prinzip akzeptiert, zumindest insoweit, als es keine zwingende Verortung im *Board* selbst vorschreibt. Hintergrund ist auch hier, dass eine mögliche Haftung der Arbeitnehmervertreter im Verwaltungsrat befürchtet wird und daher vermieden werden soll[1506].

E. Zusammenfassung – Arbeitnehmerbeteiligung in Europa

I. Hinführung

Erkennbar hat sich in Europa eine beachtliche Vielfalt von Arbeitnehmerbeteiligungsmodellen entwickelt. Auch in diesem Bereich kommt der Wettbewerb der Rechtsordnungen also bereits zum Tragen. Quantitativ und qualitativ schwanken Vorgaben und reale Auswirkungen beträchtlich.

1504 *Hellsten*, Country Report Finland, S. 26, 31 (vermutlich unter Rückgriff auf diesen so auch *Taylor*, Überblick, S. 71).

1505 *Hellsten*, Country Report Finland, S. 26, 28, 31. Anzumerken bleibt, dass nach der damals gültigen Fassung des Gesellschaftsrechts ein Aufsichtsrat nur bei bestimmten größeren Gesellschaften vorgeschrieben war. Heute kann er allgemein durch Satzung eingeführt werden.

1506 Auskunft von *Toiviainen* vom 20.04.2011 auf entsprechende Nachfrage d. Verf.

II. Betriebliche Beteiligung[1507]

Das gilt bereits für die betriebliche Ebene. Das etablierte Instrumentarium in den 28 EU-Mitgliedstaaten beginnt bei direkten Beteiligungen der individuellen Arbeitnehmer, umfasst aber vor allem indirekte Repräsentanzen. Hier reicht das Spektrum von Vertretungen durch einzelne Arbeitnehmervertreter bis zu eigenständigen Gremien mit einer Vielzahl von Mitgliedern, namentlich Betriebsräte sowie lokale Gewerkschaftsvertretungen. Diese Gremien wiederum existieren in den einzelnen Betrieben mal parallel (*dual-channel*), mal in ausdrücklicher Konkurrenz unter- und zueinander, mal quasi oder vollständig isoliert (*single-channel*). Personell kommt es allerdings oft zu diversen Überschneidungen.

Formell und materiell bestehen bei den jeweiligen Vertretungsformen gravierende Unterschiede. Das gilt insbesondere für Gründungsvoraussetzungen, Befugnisse und reale Vertretungsmöglichkeiten. Dementsprechend schwankt auch die tatsächliche Vertretungsreichweite.

Die durch die Unterrichtungs- und Anhörungsrichtlinie 2002/14/EG[1508] ursprünglich angestrebte Vereinheitlichung wurde nicht erreicht. Im Gegenteil hatte sie real höchst unterschiedliche Auswirkungen, je nach den in den Mitgliedstaaten bereits bestehenden Traditionen und der tatsächlich sehr divergent erfolgten Umsetzung der Richtlinienvorgaben. Immer noch lassen sich drei Großgruppen unterscheiden, nämlich Länder mit einem „stabilen“ System von Unterrichtung und Anhörung, daneben solche, in denen entsprechenden Arrangements zunehmende Bedeutung beikommen und schließlich solche, in denen deren Bedeutung schwach ausgeprägt ist oder sogar zurückgeht[1509]. Faktisch hat die Richtlinie also dazu beigetragen, dass sich die Spektren noch weiter auffächerten.

Erhebliche Abweichungen bestehen auch bei der tatsächlichen Resonanz auf diese Beteiligungsformen, sowohl in den einzelnen Mitgliedstaaten als auch unter den unmittelbar Betroffenen. Insbesondere bedeutet alleine das Zurverfügungstellen noch lange keine gleichzeitige (geschweige denn allgemeine) Akzeptanz der Maßnahmen und Mittel. Dies gilt keinesfalls nur für die Arbeitgeber. Je nach Ausgestaltung der nationalen Regelungen überwiegt viel mehr selbst bei den Gewerkschaften die Skepsis, fürchten sie doch um eine Einschränkung ihrer Positionen und Privilegien.

1507 Vgl. oben Teil 3 C., E. II.

1508 Näher zur Richtlinie sogleich Teil 4 C.

1509 Näher zur angestrebten Vereinheitlichung oben Teil 3 C. I. 2.

III. Mitbestimmung auf Leitungsebene[1510]

1. Allgemeine konzeptionelle Unterschiede

Während sich also bereits die betriebliche Beteiligung als mosaikhaft erweist werden die Unterschiede im Bereich der Unternehmensmitbestimmung fundamental[1511].

Wie schon bei der betrieblichen Beteiligung bestehen unter den Mitgliedstaaten auch bei der Unternehmensmitbestimmung deutliche Differenzen bei grundsätzlicher Akzeptanz, Regelungsdichte, Anwendungsbereich, Ansatzpunkt und Ausgestaltung der jeweiligen Beteiligungsrechte und damit auch im Hinblick auf deren Bedeutung und Wirkung.

Anders als bei der betrieblichen Beteiligung sind diese Differenzen aber deutlich substanzieller. Teilweise wird eine unternehmerische Mitbestimmung bereits kategorisch abgelehnt, teilweise lediglich bei staatlichen Unternehmen für angezeigt gehalten, teilweise auch auf den privaten Sektor ausgedehnt. In Anlehnung an die Unterteilung bei der betrieblichen Beteiligung könnte man bei der privaten unternehmerischen Mitbestimmung daher im Wesentlichen wohl nur zwei Gruppen unterscheiden, nämlich Länder mit einem individuell „stabilen“ System und solche, in denen die Mitbestimmung schwach ausgeprägt ist oder sogar zurückgeht. Hingegen gibt es keine Länder, in denen entsprechenden Arrangements tatsächlich wachsende Bedeutung zukommt[1512].

Aber auch dort, wo Bestimmungen zur Unternehmensmitbestimmung bestehen, werden sie und ihre jeweiligen Prämissen schon prinzipiell höchst unterschiedlich wahrgenommen. Sind sie teilweise nur „Mitläufer“ der Corporate Governance kommt ihnen anderswo schon der Status eines „Rechtskulturgutes“ zu. Deutschland z.B. bewertet die Unternehmensmitbestimmung in ihren verschiedenen Erscheinungsformen insgesamt wohl als essentiellen Bestandteil der sozialen Beziehungen[1513], Ungarn wiederum erachtet sie jedenfalls „nicht als Schlüsselfaktor“[1514].

1510 Vgl. oben Teil 3 D., E. I.

1511 Vgl. auch *Hommelhoff*, ZEuP 2011, S. 7, 8 („*weit spreizende Mitbestimmungskulturen in den EU-Mitgliedstaaten*“).

1512 Zur entsprechenden Unterteilung bei den Auswirkungen der Unterrichtungs- und Anhörungsrichtlinie 2002/14/EG *Hall/Purcell*, EIRO I&C 2011. Zum Sonderfall Frankreich sogleich näher Abschnitt 2. b. ii.

1513 Hierfür sprechen insbesondere das über Jahrzehnte äußerst differenziert ausgestaltete und in seinen Wirkungen weitreichende Modell sowie die steten Sicherungsbemühungen, zuletzt auch die Bestrebungen der Dachgewerkschaften, die deutsche Mitbestimmung auf Auslandsgesellschaften zu erstrecken.

1514 *Neumann*, HU-System, S. 11, 14 („*...board-level representation in Hungary is not considered the key element of Hungarian company-level industrial relations.*“).

Besonders augenfällig wird dieser Dissens im Bereich der „kleinen“ Kapitalgesellschaft. Überhaupt beziehen nur acht EU-Staaten diese Rechtsformen in die unternehmerische Mitbestimmung ein[1515]. Jedoch sehen selbst diese Acht kein wirklich „gattungs-“ oder gar „rechtsformspezifisches Beteiligungsmodell“ vor, sondern beschränken sich im Grunde darauf, die für die jeweils andere(n) Rechtsform(en) geltenden Vorschriften sinngemäß anzuwenden, ungeachtet des grundlegend anderen konzeptionellen Zuschnitts einer „kleinen“ Kapitalgesellschaft. Schon das erscheint einigermaßen misslich.

Blickt man schließlich auf die regulatorischen Details werden die Unterschiede Legion.

Schon die Verortung ist uneinheitlich, die relevanten Regelungen finden sich mal in den nationalen Arbeitsgesetzen, mal in den Gesellschaftsrechten. Auch ab wann eine Mitbestimmung angezeigt sein soll, wird national unterschiedlich bewertet. Die Schwellenwerte zu ihrer Etablierung reichen von mindestens 25 Arbeitnehmern bis zu mehr als 500 Beschäftigten – absolut eine Abweichung um das 20-fache[1516]. Mal ist sie gesetzlich verbindlich, mal mehr oder weniger optional[1517]. Die Anzahl der durch die Arbeitnehmer besetzten Sitze im jeweiligen Mitbestimmungsgremium variiert zwischen einem einzelnen Arbeitnehmer bzw. einem Zwöfltel des Gremiums, und einer paritätischen Beteiligung, wobei insgesamt die Drittelbeteiligung klar überwiegt[1518].

Die jeweiligen Repräsentanten werden mal von der Belegschaft gewählt, mal durch die betrieblichen Vertretungsgremien benannt, wobei wiederum mal Vorschlags- oder sogar Entsendeprivilegien der Gewerkschaften bestehen[1519] und mal deren Einflussnahme (quasi) ausgeschlossen ist[1520]. Externe Arbeitnehmervertreter sind im Gremium mal verboten, mal möglich und mal zwingend vorgeschrieben[1521]. Konzernsachverhalte und die sich daraus u.U. ergebenden

---

1515 In alphabetischer Reihenfolge sind dies Dänemark, Deutschland, Finnland, Kroatien, die Niederlande, Österreich, Schweden und Ungarn.

1516 Schweden einerseits bzw. Deutschland andererseits. Die unterschiedlichen Schwellenwerte reflektieren so auch die variierenden Rahmenbedingungen.

1517 Z.B. Deutschland einerseits, Dänemark andererseits.

1518 Ein einzelner Arbeitnehmervertreter, unabhängig von der Größe des Restgremiums: Kroatien, ein Zwölftel: Frankreich (bei sehr großen Unternehmen mit mindestens 5.000 Beschäftigten in Frankreich oder 10.000 Beschäftigten weltweit muss in Leitungsorganen mit bis zu 12 Mitgliedern ein Arbeitnehmervertreter sitzen, in größeren Gremien sind es zwei Arbeitnehmervertreter), ein Viertel: Finnland, paritätisch: Deutschland bei mehr als 2.000 Beschäftigten, Drittelbeteiligung faktisch Dänemark und Schweden, Deutschland bei zwischen 501 und 2.000 Beschäftigten, Niederlande, Österreich, Ungarn.

1519 Deutschland, Ungarn, Schweden.

1520 Dänemark, Niederlande.

1521 Dänemark. Kroatien, Österreich (verboten), Deutschland, Schweden (möglich, in Schweden praktisch aber ausgeschlossen), Niederlande (zwingend vorgeschrieben).

Beteiligungskaskaden werden kaum je explizit geregelt, bisweilen bestehen hier aber auch differenzierte Sonderbestimmungen und Ausnahmeregelungen[1522].

Ebenso wie bei der betrieblichen Beteiligung beruhen die Befugnisse der dann bestellten Arbeitnehmervertreter auch im Rahmen der Mitbestimmung teilweise auf mehr oder weniger detaillierten gesetzlichen Regelungen[1523], und teilweise (nahezu) ausschließlich auf Tarifvereinbarungen mit bisweilen hochindividuellen Abweichungen[1524].

In der tatsächlichen Gremiumsarbeit sind die Arbeitnehmervertreter allgemein zwar denjenigen der Anteilseigner gleichgestellt. Gleichwohl bestehen sehr abweichende Ansichten zur tatsächlichen Ausprägung dieser „Gleichstellung". Faktisch lassen sich auffällige Unterschiede hinsichtlich der Reichweite der Mitwirkungsmöglichkeiten feststellen[1525].

Beachtenswert sind auch die unterschiedlichen Ansichten zur zusätzlichen Vergütung von Arbeitnehmerrepräsentanten in den Leitungsgremien[1526].

In den Niederlanden schließlich besteht mit der Strukturregelung ein gänzlich eigenes Mitbestimmungsregime, das in seinen faktischen Wirkungen so begrenzt ist, dass streng genommen selbst nach lokalen Beobachtern eine „Mitbestimmung nur auf betrieblicher Ebene stattfindet"[1527].

1522 Z.B.: Dänemark, Schweden und Deutschland bzw. Niederlande (namentlich für internationale Konzerne, die hier vom Strukturregime (weitgehend) befreit werden, um sie und die ausländischen Arbeitnehmer vor einem übermäßigen Einfluss niederländischer Arbeitnehmer zu schützen); Kroatien und Ungarn bleiben hinsichtlich der Regelungsdichte zurück, Finnland sieht gar keine Konzernmitbestimmung vor.

1523 Deutschland, Kroatien, Niederlande, Österreich, nominell Ungarn.

1524 Dänemark, Finnland, Schweden.

1525 Beispielsweise dürfen in Dänemark die Arbeitnehmervertreter nicht über Arbeitskonflikte abstimmen. In Finnland sind sie ausgeschlossen bei der Beschlussfassung über Einstellung, Entlassung und Vertragsbedingungen von Führungskräften sowie über Beschäftigungsbedingungen des Personals und Arbeitskampfmaßnahmen. In Schweden greift eine Ausnahme unter anderem schon bei der Diskussion über solche Themen, bei denen möglicherweise ein wesentliches Eigeninteresse besteht bzw. in denen Gewerkschaft und Arbeitgeber entgegengesetzte Positionen vertreten. Aus der deutschen Praxis wird demgegenüber berichtet, dass gerade in diesen Bereichen die Hauptinteressen der Arbeitnehmervertreter lägen.

1526 Z.B. Österreich, Finnland.

1527 *„Codetermination takes place in the OR only", Directie Sociale Zaken* beim *SER* im Oktober 2010 auf entsprechende Anfrage d. Verf.; *Van het Kaar*, noch in der vorherigen Ausgabe des Eurofound-Countryreports The Netherlands: Industrial relations profile (z.T. 25.11.2009), Abschnitt *Employee board-level representation*: *„Strictly speaking, the Netherlands does not have employee representatives at board level."*

2. *„Modell Deutschland"?*

Bei allen Unterschieden lässt sich aber jedenfalls feststellen, dass sich das spezifische deutsche Modell der Mitbestimmung nicht durchsetzen konnte.

a. Bisherige Entwicklungen

Das gilt herkömmlich z.B. schon für Belgien[1528] oder Großbritannien[1529]. Beide planten in den 1970er Jahren die Einführung einer Beteiligung nach deutschem Muster,

1528 Belgien kennt keine Mitbestimmung. Die letzten Initiativen zu ihrer Einführung in Privatunternehmen stammen aus den 1970er Jahren. Seinerzeit war u.a. eine Beteiligung im Aufsichtsrat der Aktiengesellschaft nach (leicht abgewandeltem) deutschem Vorbild vorgeschlagen worden. U.a. sollten auch gewerkschaftsexterne Arbeitnehmer entsandt werden können. Die Gewerkschaften fürchteten jedoch um ihre betrieblichen Entsendeprivilegien Sie sprachen sich daher insgesamt gegen die entsprechenden Pläne aus. Zudem gab es Sorgen, dass sich hierdurch *„ungesunde"* Interessenkonflikte ergeben könnten. Diese Befürchtungen sollen auch aktuell immer noch bestehen; *Triangle*, Country Report Belgium, S. 14, 15 ff., der feststellt *„Therefore, and it is worth making this point again, there are no ideas of* Mitbestimmung *or co-determination at the foundation of current social relations within a Belgian company".*

1529 Auch Großbriatnnien kennt keine Mitbestimmung. Im Jahr 1976 setzte die damalige *Labour* Regierung unter *Callaghan* ein Untersuchungskomitee zur Entwicklung der Arbeitsbeziehungen ein, die dortigen (ebenfalls deutsch inspirierten) Vorschläge mündeten 1978 in ein Weißbuch, nach dem die Arbeitnehmer in Unternehmen ab 2.000 Beschäftigten nach Abstimmung aller Unternehmensangehörigen ein Drittel der Mitglieder entweder im traditionellen monistischen Verwaltungsrat oder in einem neu zu schaffenden *policy board* (etwa „Lenkungsrat") besetzen sollten. Perspektivisch sollte dies freilich nur ein Zwischenschritt auf dem Weg zu einer späteren vollen Parität sein. Auf Wunsch hätten sich Arbeitgeber und Gewerkschaften aber auf andere, günstigere Gestaltungen einigen können, so dass auch in diesem Vorschlag die britische voluntaristische Tradition gewahrt blieb. In Unternehmen mit mehr als 500 Beschäftigten sollten die Arbeitgeber verpflichtet werden, alle beschäftigungsrelevanten Fragen vor ihrer Entscheidung in einem *joint representation committee* zu diskutieren. Die entsprechenden Bestrebungen endeten 1979, als das konservative Lager unter *Thatcher* die Regierung stellte. Sie wurden seitdem nicht wieder aufgenommen; vgl. näher *Fulton*, Country Report UK, S. 126, 130 f.; *Report of the Committee of Enquiry into Industrial Democracy*, 1977, Cmnd 6706 [*Cmnd = Command Paper*, ein Dokument der britischen Regierung zur Vorlage an das Parlament, was formell *„By Her Majesty's Command"* geschieht, Anm. d. Verf.], Vorsitzender des Komitees war der Historiker *Lord Alan Bullock*, nach diesem wird kurz auch vom *Bullock-Report* gesprochen; hierzu auch *Davies* und *Wedderburn of Charleton*, *The Land of Industrial Democracy*, Industrial Law Journal 1977, S. 197–211, unter http://ilj.oxfordjournals.org/content/6/1/197.full.pdf bzw. *Davies, The Bullock Report and Employee Participation in Corporate Planning in the U.K.*, Journal of Comparative Corporate Law and Securities Regulation I (1978), S. 245–272 unter https://www.law.upenn.edu/journals/jil/articles/volume1/issue3/Davies1J.Comp.

bei beiden stießen die Vorschläge innerstaatlich auf, teils massive, Widerstände, so dass die entsprechende Regelungsinitiativen nicht weiter verfolgt wurden.

Aktueller lässt sich dieser Umstand auch bei Slowenien, Ungarn und der Tschechischen Republik beobachten. Diese drei orientierten sich, ähnlich wie einige andere mittel- und osteuropäische Staaten, nach dem Fall des Eisernen Vorhangs in ihrer neuen Wirtschaftsgesetzgebung gleichsam ausdrücklich am deutschen Modell[1530]. Gerade die hiesigen Regeln zur Unternehmensmitbestimmung wurden aber so gut wie gar nicht übernommen oder sogar nach ihrer anfänglichen Übernahme zwischenzeitlich wieder mehr oder minder vollständig abgeschafft[1531].

Corp.L.&Sec.Reg.245%281978%29.pdf (beide englisch); zusammenfassend *Mävers*, SE-Mitbestimmung S. 69 ff. Auch angesichts der allgemeinen Wirtschaftskrise seit 2008 stößt in Großbritannien nicht etwa die deutsche Mitbestimmung auf gestiegenes Interesse, sondern viel mehr das deutsche Modell der Kurzarbeit und die generell weniger auf Konfrontation als auf Konsens angelegte Haltung der Sozialpartner; vgl. The Economist, 13.03.2010, S. 13, „Europe's engine"; ebd., „Older and wiser – A special report on Germany", S. 3; *Connemann*, Tagungsbericht Stiftung Marktwirtschaft 2010, S. 8; wohl auch *David Gow*, The Guardian, 01.11.2010, *„Germany's working – Britain can, too"*, unter http://www.guardian.co.uk/commentisfree/2010/nov/01/germany-working-economy-inspiration (englisch).

1530 Konkret gilt dies für Estland, Lettland, Slowakische Republik, Slowenien, Tschechien, Ungarn; vgl. auch *Havel*, EBOR 2005, S. 581, 593 ff. (namentlich für das tschechische HGB) sowie *Radwan*, EBLR 2006, S. 1169, 1174 ff., der auf eine entsprechende, z.T. jahrhundertelange Prägung der Rechtstradition verweist, die nach dem Fall des Eisernen Vorhangs wieder auflebte („Habsburgermonarchie",„Hanse") (*„penetration of Germanic legal thought in Central and Eastern Europe"*), explizit für Ungarn vgl. *Neumann, New company act reduces role of board-level employee representatives* (oben Fn. 1028), Abschnitt *Commentary („...Hungarian company law has followed the logic of relevant German legislation since 1988...")*.

1531 So hatte Slowenien zunächst neben der dualistischen Organisationsverfassung auch die Mitbestimmung übernommen, hat aber zwischenzeitlich für die AG eine Wahlmöglichkeit zum monistischen Modell eingeführt, die Mitbestimmung in diesem qualitativ wie quantitativ massiv beschnitten, in der „kleinen" monistischen AG völlig abgeschafft und die GmbH ganz von ihr ausgenommen; vgl. im Einzelnen Art. 55, 253, 703 *ZGD-1* (zu Slowenien oben Teil 3 B. I. 6., zum *ZGD-1* oben Fn. 91), obwohl die Mitbestimmung grundsätzlich verfassungsrechtlich verankert ist (Art. 75 der slowenischen Verfassung von 1991 (*Ustava Republike Slovenije*), oben Fn. 832) Slowenien ist auch der einzige Staat, der den Arbeitsdirektor i.S.d. deutschen Montanmitbestimmung übernommen hat. Allerdings wird diesem Institut praktisch vorwiegend mit Skepsis bis Ablehnung begegnet, vgl. *Skledar, Board-level employee participation examined* (06.01.2004), unter http://www.eurofound.europa.eu/eiro/2003/12/feature/si0312101f.htm, Abschnitt *Commentary* (englisch).
Ungarn, das zwar die deutschen Regelungen ursprünglich ebenfalls übernahm und auf dem Papier entsprechende Gesetze vorhält, hat mittlerweile Änderungen

Zumindest hier wird die Unternehmensmitbestimmung nach dem deutschen Vorbild also nicht mehr als Wettbewerbsvorteil angesehen. Insgesamt scheint gerade bei den ost- und mitteleuropäischen Mitgliedstaaten trotz, oder vielleicht auch wegen, ihrer sozialistischen Geschichte, fast schon eine manifeste Aversion vor dem Gedanken der Mitbestimmung zu bestehen[1532].

b. Entwicklungen in Luxemburg und Frankreich 2013

Zuletzt haben Luxemburg und Frankreich ihre Beteiligungsgesetze überarbeitet. Beide haben dabei auch ausdrücklich Anleihen beim „deutschen Modell" genommen, beide haben aber gerade keine unternehmerische Mitbestimmung nach dem deutschen Muster eingeführt.

So hat Luxemburg im Frühjahr 2013 explizit ausschließlich seine betriebliche Beteiligung modifiziert und dabei Inspiration vom deutschen Modell bezogen, von einer Änderung seiner Mitbestimmungsvorschriften aber, trotz entsprechender gewerkschaftlicher Forderungen, Abstand genommen[1533]. Im Gegenteil ist in diesem Bereich nach Auskunft der luxemburgischen Regierung eine Neuregelung „aktuell und auf absehbare Zeit nicht geplant"[1534].

---

eingeführt, die auf eine faktische Abschaffungsmöglichkeit hinauslaufen. So gilt dort die gesetzlich an sich vorgesehene Drittelbeteiligung seit 2006 nur noch „in Ermangelung einer mit der Geschäftsführung der Gesellschaft abgeschlossenen, abweichenden Vereinbarung des Betriebsrats"; § 38 I 1 *Gt.*, vgl. insgesamt §§ 35 ff. *Gt.* Ebenfalls seit 2006 können sich dort zumindest die börsennotierten Aktiengesellschaften ein monistisches Modell geben, in dem die Mitbestimmung frei aushandelbar ist. Praktisch wurden zudem die Rechte der Aufsichtsräte weiter begrenzt, eine Kontrollinstanz zur Einführung der Mitbestimmung und etwaige Sanktionsmöglichkeiten fehlen völlig (zu Ungarn oben Teil 3 B. I. 8, D. III., insbes. 4. B., zum *Gt.* oben Fn. 101).
In der Tschechischen Republik wurde im Zuge der Neukodifikation des gesamten Zivilrechts für die Aktiengesellschaft eine Wahlmöglichkeit zum monistischen Modell geschaffen, vgl. §§ 435 ff., §§ 456 ff. *ZOK* (zur Tschechischen Republik oben Teil 3 B. I. 19, zum *ZOK* oben Fn. 164). Daneben werden die Vorschriften zur Mitbestimmung für den privaten Sektor insgesamt aufgehoben (oben Fn. 169).

1532 Vgl. z.B. *Rudolf*, OBS 2006, S. 3 ff., 7 ff; auch *Hommelhoff/Teichmann*, GmbHR 2010, S. 337, 342.

1533 *Projet de loi portant réforme du dialogue social à l'interieur des entreprises* (12.03.2013), Dossier-No. 6545 (oben Fn. 96), Abschnitt *Exposé de Motifs*, S. 2. Zu den Entwicklungen in Luxemburg oben Teil 3 B. I. 7. Zur Forderung der Gewerkschaften vgl. *Avis I/11/2013* (08.03.2013) der Arbeitnehmerkammer, *Chambre des salariés – CSL*, unter http://www.csl.lu/component/rubberdoc/doc/1714/raw, dort. S. 31, § 132. Knappe Darstellung zur *CSL* beim Gewerkschaftsbund *OGB-L* unter http://www.ogbl.lu/de/ce-quil-faut-savoir/chambre-des-salaries/ (alle französisch).

1534 *Nadine Welter, Conseiller de Gouvernement 1ère Classe* beim *Ministère du Travail et de l'Emploi* erklärte auf entsprechende Anfrage d. Verf. im Mai 2013: *„S'il est*

Auch Frankreich nahm im Rahmen seines „Nationalen Übereinkommens für ein neues Wirtschafts- und Sozialmodell im Dienst der Wettbewerbsfähigkeit der Unternehmen, der Arbeitsplatzsicherheit und der Karrieremöglichkeiten für die Beschäftigten“ vom Januar 2013 Anleihen beim deutschen Beteiligungsmodell. Weiterentwickelt wurden insbesondere die Arbeitnehmerbeteiligung auf betrieblicher Ebene sowie auch die unternehmerische Mitbestimmung, allerdings beschränkt auf Großunternehmen. Dies geschah konzeptionell, „um die Einbeziehung der Arbeitnehmersicht auf die Unternehmensstrategie zu fördern“. Angeführt wird in diesem Zusammenhang ausdrücklich das deutsche Modell als Beispiel für grundsätzlich weniger konfliktreiche und konstruktive Beziehungen[1535].

Trotz dieses Bezugs dürften sich Regelungen tatsächlich jedoch kaum vergleichen lassen, bleiben die neuen französischen Vorgaben doch hinter den etablierten deutschen Bestimmungen qualitativ und quantitativ zurück[1536].

Auch kulturell bestehen zwischen den Staaten immer noch gravierende Unterschiede. Das hängt schon damit zusammen, dass die unternehmerische Mitbestimmung in Frankreich nach den bisherigen Vorgaben lediglich eine Option ist, die ohnehin nur selten gezogen wird[1537], und der tatsächliche Einfluss der

---

vrai qu'il existe une projet de loi portant réforme du dialogue social à l'intérieur des entreprises ce projet se limite à la réforme des dispositions actuelles relatives aux délégations du personnel et du comité mixte [= die beiden Vertretungsorgane auf betrieblicher Ebene, Anm. d. Verf.]. *En ce qui concerne la représentation au niveau du conseil d'administration/de surveillance aucune modification n'est envisagée à l'heure actuelle ni même à moyen terme.*“.

1535 Zu den Entwicklungen in Frankreich oben Teil 3 B. I. 1., zum *Accord National Interprofessionnel du 11 Janvier 2013 pour un nouveau modèle économique et social au service de la compétitivité des entreprises et de la sécurisation de l'emploi et des parcours professionnels des salariés* oben Fn. 66 ff.

1536 Unterschiede bestehen schon bei den erfassten Rechtsformen, den Schwellenwerten, den betroffenen Gremien, der Zahl der entsandten Vertreter etc. Vgl. Art. 13 *ANI* vom 11.01.2013 (oben Fn. 66). Betroffen sind demnach Unternehmen mit mindestens 10.000 Beschäftigten weltweit oder mindestens 5.000 Beschäftigten in Frankreich, die als Aktiengesellschaft bzw. als Kommanditgesellschaft auf Aktien organisiert sind und die noch keine Unternehmensmitbestimmung auf freiwilliger Basis etabliert haben. Entsandt wird grundsätzlich ein einzelner Arbeitnehmervertreter, wenn das betreffende Gremium mehr als 12 Sitze hat sind es zwei Arbeitnehmervertreter. Ansatzpunkt ist ausschließlich das kontrollierende Gremium der leitenden Einheit, so dass eine Kaskadenbeteiligung nicht vorkommen kann. Näher dazu oben. Fn. 65.

1537 Private Aktiengesellschaften können seit 1986 freiwillig auf Satzungsgrundlage Arbeitnehmervertreter in ihren Leitungsorganen zulassen. Hier ist die Zahl der Arbeitnehmervertreter auf vier (in börsennotierten Unternehmen auf fünf) begrenzt, *Ordonnance No. 86–1135 du 21 octobre 1986*; Art. L. 225–27 (Verwaltungsrat) bzw. L. 225–79 (Aufsichtsrat) frCCom. Sie darf höchstens ein Drittel der Gesamtzahl der Mitglieder des Leitungsorgans betragen, Art. L. 225–22 Abs. 2,

Arbeitnehmervertreter dort, wo es eine Mitbestimmung gibt, sowohl rechtlich wie auch faktisch begrenzt ist[1538]. Sie wurde daneben auch als praktisch unnötig kritisiert, schließlich hätten die Betriebsräte seit 1982 ein Teilnahmerecht an den Sitzungen des Verwaltungs- bzw. Aufsichtsrats, selbst wenn eine Mitbestimmung auf Leitungsebene bestehen würde[1539].

L. 225–79 Abs. 2 frCCom. Bei mindestens zwei Arbeitnehmervertretern ist ein Sitz für die leitenden Angestellten („... *les ingénieurs, cadres et assimilés...*") reserviert. Die Arbeitnehmervertreter werden bei der zulässigen Gesamtzahl nicht mit berechnet, Art. L. 225–22 Abs. 3, L. 225–79 Abs. 3 frCCom. Die Anteilseigner können allerdings im Rahmen einer außerordentlichen Hauptversammlung jederzeit beschließen, die Mitbestimmung wieder abzuschaffen. Praktisch kommt diese Variante der freiwilligen Mitbestimmung aber ohnehin nur sehr selten vor; *Roturier*, Country Report France, S. 35, ETUI-FR-MB, S. 1. Besitzen die Arbeitnehmer mindestens 3% der Aktien eines Unternehmens besteht zudem die Möglichkeit, einen Vertreter als Arbeitnehmeraktionär in das Leitungsorgan des Unternehmens zu entsenden. Auch hier haben aber die Anteilseigner die Möglichkeit, eine solche Entsendung und damit die Mitbestimmung insgesamt im Rahmen einer Hauptversammlung abzulehnen. Sollte dies der Fall sein, kann ein erneuter Vorschlag zu ihrer Einführung erst nach einer Frist von drei Jahren eingebracht werden, Art. L. 225–23 frCCom. Eingeführt wurde diese Regelung 1994, damals noch mit einem Anteilswert von 5%, seit 2001 liegt der Wert bei 3%. Die Entsendemöglichkeit besteht allerdings nicht, wenn im fraglichen Gremium bereits ein Arbeitnehmervertreter sitzen sollte, Art. L. 225–23 , Abs. 7 frCCom. Praktisch sind solche Vertreter der Arbeitnehmeraktionäre sehr selten. Dort, wo es sie gibt, gelten sie keinesfalls als Vertreter der Gesamtbelegschaft sondern ausschließlich als Interessenwahrer der Arbeitnehmeraktionäre, *Roturier*, Country Report France, S. 34.

1538 Vgl. *Roturier*, Country Report France, S. 33, 36.

1539 Je nach Anzahl der Führungskräfte entsendet der Betriebsrat zwei oder vier Vertreter. Falls im entsprechenden Gremium bereits Arbeitnehmervertreter vorhanden sind, kann nur ein einzelnes Betriebsratsmitglied an den Sitzungen teilnehmen. Die Betriebsräte haben hier jedoch nur ein Frage- und kein Stimmrecht. Sie wirken daher allenfalls beratend mit (*voix consultative*). Ggf. kann aber eine Anteilseignerversammlung durchgesetzt werden bzw. das Setzen verschiedener Punkte auf die Tagesordnung; vgl. Art. L. 2323–62, L. 2323–65, L. 2323–8, R. 2323–26 frCT; *Roturier*, Country Report France, S. 33, 35 f.; ETUI-FR-MB, S. 1. Zur Kritik z.B. *Marc Viénot*, [seinerzeit Vorstand der *Société Générale*, ab 1995 Vorsitzender eines durch die Arbeitgeberorganisationen *CNFP* (heute *MEDEF – Mouvement des Entreprises de France*) und *AFEP* (*Association Française des Entreprises Privées*) eingesetzten Komitees zur Corporate Governance] in seinem Bericht von 1995, *The Board of Directors of Listed Companies in France,* unter http://www.ecgi.org/codes/documents/vienot1_en.pdf, hier S. 14: „*The Committee expresses its surprise that the ministerial order of 1986* [= *Ordonnance No. 86–1135 du 21 octobre 1986*; mit dieser Verordnung wurde erstmals eine Beteiligung der Arbeitnehmervertreter in den privaten Unternehmen auch auf übergerodneter Ebene eingeführt; Anm. d. Verf.] *means that works council representation must*

Unabhängig von dieser Kritik ist die Mitbestimmung insgesamt gesehen in Frankreich selbst nach inländischen Beobachtern ein sehr seltenes, ja marginales Phänomen[1540]. Dementsprechend war es auch unter den französischen Senatoren

be maintained even when companies have opted to grant full board membership to the elected representatives of employees." Daneben wird befürchtet, dass durch die Beteiligung bestimmter Interessenvertreter das Leitungsgremium zur „Arena für Interessenkonflikte" gemacht würde, anstatt wie gesetzlich vorgesehen kollektiv die Interessen der Anteilseigner zu repräsentieren. Das führt auch der französische Corporate Governance Kodex für die börsennotierten Gesellschaften aus (*„Il n'est pas souhaitable de multiplier au sein du conseil des représentants de telle ou telle catégorie d'intérêts spécifiques, d'une part parce que le conseil risquerait d'être le champ clos d'affrontements d'intérêts particuliers au lieu de représenter collectivement l'ensemble des actionnaires et d'autre part parce que la présence d'administrateurs indépendants est un gage suffisant de ce que tous les intérêts susceptibles d'être pris en compte l'auront été"*; *Code de Gouvernment d'entreprise des Sociétés Cotées* vom April 2010, Pkt. 7; Text unter http://www.medef.com/fileadmin/www.medef.fr/documents/AFEP-MEDEF/Guide_AFEP-MEDEF_Fr__18-11.pdf (französisch).) Ein Schritt in diese Richtung wird darum als „nicht wünschenswert" erachtet; *Viénot,* ebd.

1540 Nach einer Studie aus dem Jahr 2008 waren lediglich 160 französische Unternehmen mitbestimmt, 39% davon im privaten Sekor, von denen jedoch ihrerseits 87% zuvor privatisiert wurden. Nach Untersuchungen von *Ernst & Young* vom Oktober 2012 bzgl. der börsennotierten Unternehmen waren dort durchschnittlich nur 0,4% der Gremiumsmitglieder solche der Arbeitnehmerseite. Wie bei den anderen Vertretungen besteht auch hier eine Größenabhängigkeit: liegt der Wert bei den Unternehmen im Börsenindex *CAC 40* noch bei 0,9% (in absoluten Zahlen: 24 Arbeitnehmervertreter und 17 Arbeitnehmeraktionärsvertreter, insgesamt also 41 Personen) sind es bei denen des kleineren Börsenindex *SBF 120* nur noch 0,4% (*Ernst & Young, Panorama des pratiques de gouvernance des sociétés cotées françaises, édition 2012,* S. 12, zit. nach *Assemblée nationale,* Mitteilung des Rechtsausschusses *Avis N° 839* (26.03.2013), unter http://www.assemblee-nationale.fr/14/rapports/r0839.asp#P125_11568, hier Abschnitt *Examen de l'Article, Section* 2.). Die Nationalversammlung bemerkt darum im Vergleich zur Situation in Deutschland: „*... on peut donc parler d'une présence très marginale des représentants des salariés au sein des organes dirigeants des grandes entreprises françaises.*". Ähnlich der *Sénat,* der beobachtet „*... les sociétés privées ayant volontairement choisi d'accueillir des représentants des salariés dans leur conseil sont très rares*"; Mitteilung des Rechtsausschusses des *Sénat, Projet de loi relatif à la sécurisation de l'emploi – Avis n° 494* (2012–2013) vom 10.04.2013, unter http://www.senat.fr/rap/a12-494/a12-494.html, hier *Examen des Articles 5,* http://www.senat.fr/rap/a12-494/a12-4942.html#fnref5 (alle französisch). Ein Grund dafür soll die undifferenziert strenge Haftung auch der Arbeitnehmervertreter sein. Diese wirke abschreckend, so dass bei den Arbeitnehmern ein generell eher mäßiges Interesse an der Mitbestimmung bestehe. Ggf. wäre wohl eine faktische Umorganisation nach dem dualistischen Modell nötig, was aber ebenfalls auf praktische Vorbehalte stößt. Eine Rolle könnten auch die vergleichsweise rudimentären normativen

umstritten, inwieweit eine Übernahme des deutschen Modells überhaupt angezeigt sein sollte[1541]. Zumindest konnte sich der Vorschlag für mindestens vier Vertreter, bei maximal einer Drittelbeteiligung, wie ihn noch *Gallois* in seinem Bericht vom November 2012 formuliert hatte, nicht durchsetzen[1542].

Diese alles in allem eher zurückhaltende Sicht auf die Unternehmensmitbestimmung dürfte sich durch die Neuregelungen von 2013 auch nicht gravierend ändern, denn eine massive Ausweitung der Mitbestimmung in ihren tatsächlichen Wirkungen steht hierdurch nicht unbedingt zu erwarten. Von den Vorgaben sind zwar ca. 200 Unternehmen mit insgesamt 4 Millionen Beschäftigten betroffen, was wiederum einem Viertel der Arbeitnehmer im gesamten Privatsektor entspricht[1543]. Da aber nur ein, bzw. maximal zwei Arbeitnehmervertreter in die Gremien berufen

---

Regelungen spielen, die insbesondere auf Vorgaben zu Unternehmensgruppen zu verzichten scheinen.

1541 Für eine drastische Ausweitung Senatorin *Assassi: „Nous sommes loin du modèle allemand. [...] nous avons une marge de progression. Bref, nous avons affaire à des mesures d'affichage, qui n'accroissent pas véritablement le pouvoir des salariés.*"; vermittelnd Berichterstatter *Gorce*, nach dem die Sozialpartner nun „einen Fuß in die Tür" gesetzt hätten (*„pied dans la porte*"), alle Mitteilung des Rechtsausschusses des *Sénat, Projet de loi relatif à la sécurisation de l'emploi – Avis n° 494* (2012–2013) vom 10.04.2013, hier Abschnitt *Examen en commission* unter http://www.senat.fr/rap/a12-494/a12-4943.html. Demgegenüber aber Senator *Jeannerot*, Berichterstatter des *Sénat* für den Sozialausschuss, der die Einbeziehung der Arbeitnehmer in strategische Entscheidungen begrüßt, da es sich insoweit um einen Wettbewerbsfaktor handele, ein System der Mitbestimmung nach deutschem Vorbild aber abgelehnt, da es die spezifischen deutschen Verhältnisse widerspiegele und auf das französische Modell nicht übertragbar sei. Dessen ungeachtet könnten die deutschen Vorgaben aber als Anregung dienen; (*„Développer l'association des salariés à la prise de décision, [...] est un facteur de compétitivité. Votre rapporteur s'en félicite, mais ne suggère pas pour autant de mettre en place un système de cogestion à l'allemande, qui est le reflet de l'histoire de ce pays et de sa culture spécifique du dialogue social. Il n'est pas transposable au modèle français. Néanmoins, cela n'interdit pas de s'inspirer des pratiques qui ont cours, outre-Rhin, dans les relations entre partenaires sociaux*"); Sénat, Bericht des Sozialausschusses, hier *Section 2 – III Le texte adopté par la commission*, unter http://www.senat.fr/rap/l12-501/l12-50121.html#toc239 (beide französisch).

1542 Vgl. *Louis Gallois, Pacte pour la compétitivité de l'industrie française, Rapport au Premier ministre, 5 novembre 2012*, hier S. 21, unter http://www.gouvernement.fr/sites/default/files/fichiers_joints/rapport_de_louis_gallois_sur_la_competiti vite_0.pdf (französisch).

1543 Senator *Gorce*, Berichterstatter des Rechtsausschusses im *Sénat*: *„Les deux cents sociétés concernées comptent en tout quatre millions de salariés, soit un quart des effectifs du secteur privé*", Mitteilung des Rechtsausschusses des *Sénat, Projet de loi relatif à la sécurisation de l'emploi – Avis n° 494* (2012–2013) vom 10.04.2013, hier Abschnitt *Examen en commission* unter http://www.senat.fr/rap/a12-494/a12-4943.html (französisch).

werden, laufen die Regelungen im Ergebnis eher auf eine gesicherte gegenseitige Informationserteilung hinaus[1544]. Eine strategiebeeinflussende Mitwirkung ist durch die bestehenden Mehrheitsverhältnisse aber ausgeschlossen[1545]. Die konkreten Auswirkungen auf die französischen industriellen Beziehungen bleiben daher abzuwarten.

Mehr denn je lässt sich also feststellen, dass es der deutschen Mitbestimmung nicht gelungen ist, sich als Regelungsinstrument der Corporate Governance auch in ausländischen Rechtsordnungen durchzusetzen[1546].

IV. Praxis – Beteiligungslücke

Es domminieren also die Unterschiede. Der Befund verschärft sich noch, wenn man einen weiteren Blick darauf wirft, wie die jeweiligen Vorgaben in der Praxis gelebt und umgesetzt werden – oder viel eher, „wie nicht". Denn auch hier ergibt sich keinesfalls ein homogenes Bild[1547].

Dies gilt bereits für die betrieblichen Beteiligungsrechte, insbesondere diejenigen aus der Unterrichtungs- und Anhörungsrichtlinie. Häufigkeit und Reichweite von deren praktischer Umsetzung schwanken beträchtlich, mitunter schon innerhalb ein und desselben Staates, jedenfalls aber unter den Mitgliedstaaten[1548].

1544 Auch diese Gegenseitigkeit der Kommunikation zwischen Arbeitgeber- und Arbeitnehmerseite dürfte gewünscht sein. Vgl. einerseits Art. 13 ANI vom 11.01.2013 (oben Fn. 66), dort Abs. 1, 1. HS („*Afin de favoriser la prise en compte du point de vue des salariés sur la stratégie de l'entreprise, ...*"), andererseits *Assemblée nationale*, Mitteilung des Rechtsausschusses (oben Fn. 1540), Abschnitt I B. a.E., die sich insoweit die Sicht des Mehrfachaufsichtsrats *Jean-Louis Beffa* zu Eigen macht („*[U]ne meilleure représentation des salariés au sein des organes dirigeants constitue une mesure qui permettrait de les rendre plus familiers à certaines réalités de la mondialisation*").

1545 Das dürfte umso mehr gelten, wenn bei zwei Arbeitnehmervertretern jeweils untereinander zerstrittene Gewerkschaftslager zur Bestellung berufen sein sollten. Skeptisch z.B. auch Senator *Leconte: „Il n'est pas sûr qu'un administrateur seul suffise pour porter une parole spécifique face aux représentants des actionnaires"*; Mitteilung des Rechtsausschusses des *Sénat, Projet de loi relatif à la sécurisation de l'emploi – Avis n° 494* (2012–2013) vom 10.04.2013, hier Abschnitt *Examen en commission* (oben Fn. 1541).

1546 So schon, freilich noch begrenzt auf die paritätische Mitbestimmung, *Ulmer/Habersack/Henssler,* MitbestG, Einl., Rn. 68.

1547 *Rebhahn* stellte bereits 2001 fest, dass den Unterschieden in der Rechtslage im kollektiven Arbeitsrecht häufig auch ein Unterschied in der Realität entspreche. Während bei anderen Themen die Rechtsvergleichung häufig zu dem Ergebnis führe, dass rechtliche Ergebnisse und faktische Verhältnisse trotz unterschiedlicher Rechtslage gleich seien, sei dem im kollektiven Arbeitsrecht häufig nicht so; *Rebhahn,* NZA 2001, S. 763, 774. Dies dürfte heute noch in gesteigertem Maße gelten.

1548 Vgl. oben Abschnitt C. I. 2.

In denjenigen Staaten, in denen mehr oder minder detaillierte Mitbestimmungsregelungen für die nationalen GmbHs bestehen, gilt in diesem Sinne Ähnliches. Empirische Daten werden zwar nicht durchgängig erhoben, dort aber, wo gewisse Erfahrungswerte erhältlich sind, liefern sie zumindest einige Eindrücke, die in ihrer Gesamtheit auch einen gewissen „Beweiswert“ haben. Beachtlich ist in dieser Hinsicht vor allem, dass insbesondere die kleineren, an sich mitbestimmten Gesellschaften (mitunter beträchtliche) Beteiligungslücken aufweisen, teilweise sogar eindeutig gegen die entsprechenden gesetzlichen Vorgaben[1549].

Insbesondere die von Mitbestimmungsbefürwortern stets als Modell hervorgehobenen skandinavischen Staaten bieten bei der gelebten Praxis zwar ein homogenes Bild, allerdings nicht unbedingt in dem Sinne derjenigen Stimmen, die hieraus das Postulat einer Erweiterung der Mitbestimmung herleiten wollen. Vor allem, alleine auf etwaige niedrige Schwellenwerte zu verweisen, wird der Thematik nicht gerecht, da die Tatsachen so unbillig verkürzt werden. So ist die Mitbestimmung im nordischen Rechtskreis allgemein lediglich eine Option. Diese wird aber z.B. in kleinen und mittleren Unternehmen Finnlands kaum gezogen, weil sie nach Ansicht der Betroffenen keinen Mehrwert gegenüber der betrieblichen Beteiligung bietet[1550]. Konkret sichtbar wird das z.B. auch in Schweden, wo die materiell niedrigsten Hürden für die Einführung der Mitbestimmung gelten. Gleichwohl wird ihr gerade dort nur eine untergeordnete Bedeutung beigemessen; sie gilt lediglich als ein „weiteres Instrument“ zu Information und Dialog. Qualitativ und quantitativ entspricht der erreichte Status dabei dem allgemein Gewünschten. Obwohl politisch durchaus durchsetzbar wurde eine Erweiterung der Mitbestimmungsmöglichkeiten hin zu einer (vollen) Parität niemals verlangt[1551]. Und auch Dänemark scheint die Mitbestimmung nur als einen weiteren Weg zur Information

1549 Vor allem in Deutschland („Drittelbeteiligungslücke“; näher dazu Teil 3 D. I. 4. c. viii.), aber auch in Schweden, wo die Mitbestimmung jeweils grundsätzlich gesetzlich verpflichtend ist. In Dänemark und Finnland stellt sie nur eine Option dar, für die sich die Arbeitnehmer bewusst entscheiden müssen, so dass ein Fehlen vom Gesetzgeber nicht sanktioniert ist. Gleichwohl votieren die Arbeitnehmer in den betroffenen Unternehmen bei weitem nicht so oft für die Unternehmensmitbestimmung, wie man zunächst vermuten könnte (und wie insbesondere von den Gewerkschaften gerne propagiert wird). In Dänemark z.B. liegt der Wert der mitbestimmten nationalen GmbH-Form unter 1 %, in Schweden bei ca. 1,2%, näher dazu oben Teil 3 D. VI. 5., D. VII 5, D VIII. 5.

1550 *Hellsten*, Country Report Finland, S. 26, 31.

1551 *Victorin*, Board Participation Sweden, S. 125, 126 („*In distinction e.g. from the German system of Mitbestimmung, board representation by no means forms the focal point of the Swedish system of industrial democracy*“). Ebd., S. 129: „*[...] making it perfectly clear that trade unions have wanted this system themselves.*“ Vgl. *Levinson*, IRJ 2001, S. 264, 272; *Kullander, Sweden: Industrial relations profile* (oben Fn. 1315), Abschnitt *Economic context* unter Verweis auf die in der Regierungspolitik dominierende Rolle der sozialdemokratischen Socialdemokraterna und deren gewerkschaftlichen Verbindungen.

zu sehen und die tatsächlichen Mitwirkungsmöglichkeiten zumindest als wenig effizient und daher kaum erstrebenswert zu beurteilen[1552].

Dort, wo die Unternehmensmitbestimmung auch in den KMU gelebt wird, geht der Trend wohl weg von vereinheitlichenden materiellen Vorgaben. Viel mehr werden zunehmend passgenaue Vereinbarungen auf individueller Unternehmensebene geschlossen, wie die Arbeitnehmerbeteiligung im jeweiligen Unternehmen konkret ausgestaltet wird[1553]. Und dort, wo eine Unternehmensmitbestimmung auch in den kleinen Kapitalgesellschaften etabliert ist, liegt deren praktischer Nutzen wohl vor allem in einem zusätzlichen Informationskanal, weniger in einer tatsächlichen Mitbestimmung der Unternehmensstrategien[1554].

V. Aussichten?

Wie stehen angesichts dieses Befundes die Chancen auf eine Vereinheitlichung?

Die Ausgangslage gibt wenig Anlass zur Euphorie. Schon allein im äußerst begrenzten Bereich der Arbeitnehmerbeteiligung hat sich eine frappierende Vielzahl

---

1552 *Andersen*, Co-Determination DK, S. 11, 23 f. (*"The extent of the Danish representation arrangement does not give the employees a power base obstructing an effective management."*).

1553 Ungarn hat diese Möglichkeit seit 2006 eröffnet. Dänemark gestaltet die Mitbestimmung ohnehin als Option und macht ihre Einführung vom entsprechenden Ausgang einer vorherigen *ja/nej-afstemning* (§§ 25 ff. BEK Nr. 806) abhängig. Selbst dann können Arbeitnehmer und Arbeitgeber jederzeit übereinstimmend eine von den gesetzlichen Vorgaben abweichende freiwillige Vereinbarung für die Arbeitnehmerrepräsentation treffen (*Frivillige ordninger om medarbejderrepræsentation*, § 24 BEK Nr. 806). Der schwedische Schwerpunkt liegt eindeutig bei Tarifvereinbarungen und Verhandlungen nach dem nationalen Rahmengesetz *MBL* und hier namentlich bei den Informationen, die im Zuge dieser Verhandlungen erteilt werden, vgl. *Victorin*, Board Participation Sweden, S. 125, 126 ff.; *Nilsson*, Country Report Sweden, S. 111, 111 ff. Finnland sieht bereits grundsätzlich ein vereinbartes System vor, das recht frei auf Unternehmensebene geschlossen wird (*sopimukseen perustuva henkilöstön edustus*, etwa „vertragliche Arbeitnehmervertretung"). Erst wenn es hier zu keinem Ergebnis kommt greifen unter Umständen die gesetzlichen Regelungen (*lakiin perustuva henkilöstön edustus*, etwa „gesetzliche Arbeitnehmervertretung"), 3 § ff., 16 § FFS 725/90; näher dazu oben Teil 3 D. III. 4. b., D. VI.4. b., D. VII 4. b., D VIII. 4. b.

1554 Dänemark gibt dies bereits als einen Hauptzweck vor, vgl. § 57 BEK Nr. 806 (*gode og effektivt virkende informationskanaler*). Schweden setzt im Wortlaut von 1 § *Lag (1987:1245)* schon als Gesetzeszweck die „Information" über das Unternehmen (*insyn*) vor die „Einflussnahmemöglichkeit" (*inflytande*), was wohl auch mit der Wahrnehmung in der Praxis einhergeht, vgl. *Nilsson*, Country Report Sweden, S. 111, 112; *Levinson*, IRJ 2001, S. 264, 265 ff.; *Victorin*, Board Participation Sweden, S. 125, 131; *Schulten/Zagelmeyer*, EIRO 1998, S. 17 (*„... unions have always seen board participation as primarily a means of obtaining information of the companies' plans, rather than greatly increasing the influence of workers"*).

von Varianzen herausgebildet[1555]. Bereits formell reicht das Spektrum von fein ausdifferenzierten Regelungen der jeweiligen Verfahren und Möglichkeiten bis zu vergleichsweise minimalistischen Vorgaben, die sich vor allem auf die gewünschten Ergebnisse konzentrieren[1556]. Materiell ablesen lässt sich dies an vielen Details, in denen sich die verschiedenen Positionen zu Notwendigkeit und Stellenwert der Beteiligung widerspiegeln.

Nur beispielhaft erwähnt seien hier die jeweils unterschiedlichen Ansichten zur personalen Herkunft der Arbeitnehmervertreter; sollen dieselben Personen, die bereits auf betrieblicher Ebene beteiligt werden, auch auf Leitungsebene die Interessen der Arbeitnehmer vertreten dürfen, und so einen Beitrag zur Professionalisierung des Vertretungswesens leisten, oder ist just diese Verdoppelung der Repräsentanzen dazu geeignet, die Lücke zwischen den „normalen" Arbeitnehmern und ihren Vertretern noch weiter zu vergrößern[1557]. Und im nächsten Schritt, sollen Externe in die Gremien entsandt werden dürfen oder ist dies sogar gerade notwendig, um einen allgemeinen Blick von außen auch in die Unternehmen zu tragen und zusätzlichen Sachverstand zu erhalten[1558].

Offenbar werden so die zugrunde liegenden unterschiedlichen Traditionen, Mentalitäten und Philosophien in den Mitgliedstaaten – und nicht zuletzt auch die jeweiligen nationalen Interessenlagen. Sind die bestehenden Systeme doch stets Resultat eines eigenen, z.T. jahrzehntelangen zeitlichen Entwicklungsprozesses, in dem die jeweiligen innerstaatlichen Präferenzen in ihrer wechselvollen Abhängigkeit zu den anderen rechtlichen Teilgebieten ausbalanciert worden sind. Die Arbeitnehmerbeteiligung erweist sich so als integraler Bestandteil der individuellen

---

1555 Für eine allgemeine Betrachtung des Aspekts der Corporate Governance insgesamt vgl. Bericht Reflexionsgruppe 2011, S. 10 ff.

1556 Beispielsweise haben Deutschland, Österreich und die Niederlande detaillierte Gesetzeswerke erlassen, Dänemark, Schweden und Finnland vertreten eher einen ergebnisorientierten Ansatz und ermöglichen viele individuelle Gestaltungen.

1557 So ist in Ungarn die personelle Überschneidung gewollt, da sie den Arbeitnehmervertretern im Hinblick auf etwaige Diskriminierungen oder Kündigungen eine gewisse Rechtssicherheit verschafft, die sonst vom Unternehmensrecht nicht gewährleistet sein soll. Die Niederlande hingegen sehen jedwede Form von Verbindung kritisch und erlauben schon deswegen nur unabhängige Arbeitnehmervertreter in den Strukturgesellschaften. Bemerkenswert in diesem Zusammenhang auch die französische Kritik zur Verdoppelung der Gremien (vgl. *Viénot*, (oben Fn. 1539), S. 14: *„The Committee expresses its surprise that the ministerial order of 1986 means that works council representation must be maintained even when companies have opted to grant full board membership to the elected representatives of employees."*).

1558 Eine Anschlussfrage ist dann, wie ein Informationsfluss gestaltet werden muss, bei dem einerseits die Geheimhaltungsbedürfnisse des Unternehmens, anderseits die Vertretungsinteressen der Arbeitnehmer berücksichtigt werden und wer in welchem Umfang für etwaige Fehler haften soll.

mitgliedstaatlichen Soziokultur. Aus der generell unterschiedlichen Bewertung und Herangehensweise, und dem jeweiligen Wechselspiel aus Politik und Rechtsetzung, erklären sich auch die beträchtlichen konzeptionellen Unterschiede[1559].

Offenbar wird aber auch, dass selbst die Entwicklungen auf europäischer Ebene faktisch nicht zu einer Angleichung (geschweige denn zu einer unitaristischen Vereinheitlichung) der Beteiligungssysteme in den Mitgliedstaaten geführt haben. Identische Systeme bestanden und bestehen nirgends. Weder die gemeinschaftsrechtliche Rahmenrichtlinie zur Unterrichtung und Anhörung noch die SE-Richtlinie zur Arbeitnehmerbeteiligung haben dahin gewirkt, dass tatsächlich vergleichbare Standards etabliert wurden[1560]. Stattdessen ist die Situation seit dem *Davignon*-Report insgesamt deutlich heterogener und komplexer geworden. Dies zum einen schon durch die seitdem erfolgten Beitritte in die EU und dem so bereits rein zahlenmäßigen Anwachsen der Rechtsordnungen[1561]. Zum anderen aber auch durch die mitgliedstaatlichen Reaktionen auf die europäischen wirtschaftlichen und rechtlichen Entwicklungen und deren Implementierung in den jeweiligen nationalen Kontext. Der Wettbewerb funktioniert nicht nur, er nimmt zunehmend an Fahrt auf.

VI. Herausforderungen für Deutschland

Bemerkenswerte Ausnahme in diesem Zusammenhang ist Deutschland. Es bleibt nicht nur in seiner Öffnung, Deregulierung und Flexibilisierung des Gesellschaftsrechts hinter den anderen Staaten zurück[1562]. Es geht auch bei der Arbeitnehmerbeteiligung Sonderwege. Als einziger Mitgliedstaat verfügt es gleichzeitig sowohl über ein starkes System der betrieblichen Beteiligung als auch über eine starke Unternehmensmitbestimmung. Letztere wiederum ist in ihrer spezifischen

---

1559 Vgl. auch Bericht Reflexionsgruppe 2011, S. 53: „ ... *codetermination on the board level is basically an issue of a consciously taken* political choice *which must be respected (that does not exclude that there are also vested interests in keeping such a system once it is established).*" (Hervorhebung auch im Original).

1560 Beispielsweise wurden im angelsächsischen Rechtskreis durch die Unterrichtungs- und Anhörungsrichtlinie zwar erstmals Vertretungsgremien eingeführt, gerade die praktische Umsetzung und die tatsächliche Verbreitung deuten aber auf eine immer noch eher ablehnende Haltung gegenüber einer Arbeitnehmerbeteiligung in diesen Staaten hin. Zu den aktuellen Entwicklungen in Großbritannien vgl. *Purcell/Hall, Voice and Participation in the Modern Workplace: challenges and prospects* (*ACAS Future of Workship Relations discussion paper series*, März 2012, S. 1–17) unter http://www.acas.org.uk/media/pdf/g/7/Voice_and_Participa tion_in_the_Modern_Workplace_challenges_and_prospects.pdf (englisch); (*"representation gap", „low level of trust in senior managers", „reluctance"*).

1561 Zum Problem der monopolistisch orientierten Gewerkschaften in den mittel- und osteuropäischen Mitgliedstaaten vgl. *Rudolf*, OBS 2006, S. 2 ff., 7 ff., 17 f.

1562 Vgl. oben Teil 3 B.

Ausprägung kaum konsistent[1563] und, zumindest teilweise, zwischenzeitlich vollkommen überholt. Reichweite und Verfahren sind unikal.

Unikal ist insbesondere die paritätische Mitbestimmung[1564]. Kein anderes Land sieht eine entsprechende Beteiligungsform überhaupt vor, schon gar nicht für die „kleine" Kapitalgesellschaft. Kein anderes Land räumt den Unternehmensexternen eine derart starke Stellung ein[1565].

1563 Entstanden ist ein „regulatorischer Wildwuchs", vgl. oben Teil 3 D. I. 4 a.–d.

1564 §§ 1, 6, 7 MitbestG.

1565 Das gilt v.a. im Hinblick auf die gewerkschaftlichen Entsendeprivilegien, die mit den heutigen Realitäten nicht mehr konform gehen. Umso mehr gilt das in Zeiten zurückgehender Gewerkschaftsbindung: Im Jahr 2010 waren in Deutschland von insgesamt ca. 38,95 Mio. Erwerbstätigen ca. 6,19 Mio. im DGB organisiert. Die Veränderungsquote betrug im Vergleich zum Vorjahr 2009 –1,1 %, im Vergleich zu 2005 schon -7,6 %; 2012 waren bei 39,87 Mio. Erwerbstätigen noch ca. 6,16 Mio. im DGB organisiert; *Samland,* WSI in der *Hans-Böckler-Stiftung* – Datenkarte 2010 BRD, http://www.boeckler.de/pdf/pub_datenkarte_brd_2010.pdf; Datenkarte Deutschland 2011, http://www.boeckler.de/pdf/pub_datenkarte_brd_2011.pdf, sowie Datenkarte 2012, http://www.boeckler.de/pdf/pub_datenkarte_brd_2012.pdf. Der gewerkschaftliche Netto-Organisationsgrad (= aktive Mitglieder, ohne Rentner, zzgl. Arbeitslose) betrug im DGB 1980 noch 32,5 %, 2009 lag er bei 20 %; *Biebeler/Lesch,* Mitgliederstruktur der Gewerkschaften in Deutschland, http://www.iwkoeln.de/Portals/0/pdf/trends04_06_4.pdf; Datenkarte 2011, S. 3; vgl. auch IWD Heft 45 vom 07.11.2002, S. 8). Wenn nun aber die Mitbestimmung darauf zielt, nicht nur interessenbezogen die gewerkschaftlich Organisierten sondern die gesamte Belegschaft zu repräsentieren und entsprechende Machtbefugnisse auszuüben, sind die Gewerkschaften hierfür nicht legitimiert; vgl. hierzu *Rieble,* ZAAR 2004, Rn. 42, 85, sowie Rn. 74, nach dem der schwindende Organisationsgrad von weniger als einem Viertel überdeutlich zeige, *„dass eine verblassende Minderheit hier auch faktisch jedes Recht auf Herrschaft verloren hat".* Aktuell entzieht man den unmittelbar Betroffenen sogar das Recht zur Nominierung ihrer eigenen Vertreter. Spricht man den Arbeitnehmern diese Wahlrechte ab, führt das zu einer „Zwangsbeglückung", man degradiert sie vom Wirtschaftsbürger zum *„Wirtschaftsuntertan"* (Bundeskanzler a.D. *Helmut Schmidt*; das Zitat lautet vollständig *„Wenn der Arbeitnehmer Wirtschaftsbürger und nicht Wirtschaftsuntertan sein soll, dann muss er selbst diejenigen Menschen wählen können, die ihn gegenüber der Geschäftsführung vertreten sollen – und ihre Rechte und Pflichten müssen von Gesetz wegen definiert sein"*, es stammt aus dem Artikel „Mitbestimmung und Raubtierkapitalismus", erschienen im Magazin Mitbestimmung, Heft 3, 2006, der Text ist abrufbar unter http://edoc.vifapol.de/opus/volltexte/2009/937/pdf/kontrovers0602.pdf, hier S. 12 f.). Fragwürdig erschient auch der bestehende Finanzierungsautomatismus qua faktischer Zwangsabgabe an die gewerkschaftsnahen Stiftungen. Läuft dies doch im Endeffekt auf einen mittelbaren Ämterkauf zulasten der Unternehmen hinaus, schmälert die Unabhängigkeit der letztlich bestellten Vertreter und sorgt vielleicht auch nicht unbedingt dafür, dass sich stets die fachlich versiertesten Kräfte um die Ämter bemühen.

Unikal ist auch die Doppelung der Beteiligung. Alle anderen Staaten legen den Schwerpunkt der Beteiligung entweder auf die eine oder auf die andere Ebene, so dass alleine dieser Umstand die deutschen Regelungen heraushebt. Bedeutender ist aber ein anderer Aspekt. Denn diese Doppelung führt faktisch zudem zu einer Verstärkung. Über die Jahre hat sich die gelebte Praxis weit von der ursprünglichen gesetzgeberischen Konzeption entfernt. Eine tatsächliche Trennung von unternehmerischer und betrieblicher Mitbestimmung findet kaum statt. Viel mehr sind die Ebenen eng miteinander verflochten. Dies gilt umso mehr, wenn die Arbeitnehmervertreter im Aufsichtsrat und die Betriebsratsmitglieder personenidentisch sind. In ihrer tatsächlich gelebten Form erscheinen unternehmerische und betriebliche Mitbestimmung als Einheit bzw. als zwei *„Durchführungswege ein und derselben Mitbestimmungsidee“*[1566]. Die entstehenden Beteiligungskaskaden gehen

---

(A.A. *Hanau*, Abführungsverpflichtung 2012, S. 37, der in seinem Gutachten für die *Hans-Böckler-Stiftung* die Ansicht vertritt, ein *„Ämterkauf“* sei *„abwegig“*. Da alle dasselbe abführen müssten käme es eben nicht zu einer Bevorzugung finanziell potenter Bewerber und damit zu einem Verkauf einer Position an den Meistbietenden. Das ändert aber nichts am Grundproblem. Aufgestellt wird nur, wer bereit ist, durch Abgabe eines genau festgelegten Löwenanteils die gewerkschaftsnahen Bildungseinrichtungen zu finanzieren. *Junker* weist darauf hin, dass u.a. auch hierin ein handfestes Interesse an der Beibehaltung des Status quo liegen dürfte; vgl. *Junker*, NJW 2004, S. 728, 728 a.E.) Zudem schafft es die Gefahr von Umgehungen, was sich u.a. an vorstandsähnlichen Betriebsratsvergütungen ablesen lässt, auf die die Gewerkschaften dann keinen Zugriff haben. Plakativ waren zuletzt die entsprechenden Missbrauchsfälle bei *Siemens* und *Volkswagen,* die auch international für Aufsehen sorgten (vgl. hierzu auch *Peltzer*, FS K. Schmidt 2009, S. 1243, 1250; aus britischer Sicht auch *Economist* vom 14.07.2005, *Scandal at Volkswagen: Togehter they stand*, http://www.economist.com/node/4174172 (englisch); aus französischer Perspektive der *Sénat*, der im Zusammenhang mit dem deutschen Mitbestimmungsmechanismen wörtlich ausführt: *„Ils peuvent aussi avoir des effets pervers (risque de „corruption“ des représentants des salariés, à l'instar du scandale „Volkswagen“ en 2005...)“*, Darstellung *Projet de loi relatif à la sécurisation de l'emploi* (10.04.2013), hier Abschnitt *Examen des Articles*, beim *Sénat* abrufbar unter http://www.senat.fr/rap/a12-494/a12-4942.html#fnref5 (französisch).). Nach *Rieble*, Corporate Governance 2010, S. 2, sind vorstandsähnliche Betriebsratsbezüge dessen ungeachtet auch jetzt noch an der Tagesordnung. Dabei handelt es sich nach der gesetzlichen Konzeption bei der Betriebsratsarbeit um ein Ehrenamt, während (nur) die Aufsichtsratsarbeit zu vergüten ist. Gewiss sollen auch (freigestellte) Betriebsräte angesichts gestiegener Anforderungen angemessen bezahlt werden. Dies entspräche auch einer zunehmenden Professionalisierung in einer globalen Wirtschaftswelt. Das sollte aber nicht zu einer Verkehrung der Gesetzeslage führen.

1566 So *Rieble*, ZAAR 2004, Rn. 42.

zulasten der Effizienz[1567] und sind anfällig für Interessenkonflikte[1568] und Abhängigkeiten[1569].

1567 Ein und dieselbe Frage wird dann u.U. im Aufsichtsrat, im Wirtschaftsausschuss, im (Konzern- oder Gesamt-)Betriebsrat und ggf. noch im SE-Betriebsrat oder Europäischen Betriebsrat beraten. Eine solche Mitbestimmungskaskade ist (zeit-)aufwändig, teuer und stört das Verhandlungsgleichgewicht in Mitbestimmungsfragen. Einerseits kann dies zu einer Häufung der Ansprechpartner auf der Arbeitnehmerseite führen, andererseits droht bei Personenidentität ein unverhältnismäßiger Machtzuwachs; vgl. *Rieble*, NJW 2006, S. 2214, 2216, im Hinblick auf die praktisch häufige Personenidentität *ders.*, RLR 2009, S. 209, 215 (*„Über-Mitbestimmung“*); zur Praxis *Peltzer*, FS K. Schmidt 2009, S. 1243, 1253 ff. Zudem gerät der Zwecke eines Unternehmens, nämlich die Wertschöpfung, ins Hintertreffen. Denkbar erscheint v.a. eine Vorranglösung. Wenn eine Frage einmal mit den entsprechenden Personen beraten ist, sind damit alle Beteiligungsfragen insgesamt erledigt, unabhängig davon, in welcher Funktion diese Person gesprochen hat, „welchen Hut“ sie getragen hat. Alternativ denkbar wäre, die Stimmrechtsmacht der bereits mit den Thematiken befassten Arbeitnehmervertreter zu begrenzen; vgl. *Rieble*, Corporate Governance 2010, S. 2, der eine Inkompatibilität für die Betriebsratsmitglieder bei denjenigen operativen Geschäften sieht, zu denen sie selbst den Vorstand bewegt haben. Dies folge auch aus Compliance-Gesichtspunkten.

1568 Je stärker der Betriebsrat in unternehmerische Entscheidungen mitwirkt, desto mehr läuft das auf eine spätere Überwachung des eigenen Managements hinaus. Beispielsweise, wenn ein Betriebsratsvorsitzender als Arbeitnehmervertreter im Aufsichtsrat darüber befinden muss, ob eine Betriebsvereinbarung über eine betriebliche Altersvorsorge eventuell für das Unternehmen zu teuer ist. Dabei hat der Aufsichtsrat die Ordnungsgemäßheit der Unternehmensleitung ja auch gerade dahin zu überwachen, ob sie sich vom Betriebsrat in Fragen der betrieblichen Mitbestimmung hat „über den Tisch ziehen lassen“. Probleme bestehen auch beim Arbeitskampf, wenn der Aufsichtsrat Zustimmungsvorbehalte geltend machen kann. Generell mutet es schon befremdlich an, wenn Kontrolleure sich selbst kontrollieren sollen. Dann wird auch die an sich postulierte „Gegnerfreiheit“ utopisch. Derartige Interessenkonflikte sind natürlich keine Einbahnstraße und auch bei den Vertretern der Anteilseigner denkbar. Schon daher verbieten sich Pauschalisierungen, da es immer vom Einzelfall abhängen dürfte, ob und ggf. ab wann man von einem relevanten Interessenkonflikt sprechen kann. Dass aber z.B. das Aktiengesetz eine gleichzeitige Doppelmitgliedschaft in Vorstand und Aufsichtsrat nicht gestattet, § 105 AktG, hat wohl durchaus seine Berechtigung. Hingegen stößt eine Doppelung auch international auf Verwunderung. *Bohnic/Bainbridge* fragen aus US-Perspektive: *„Does it not seem odd that those who are to be monitored should be allowed to choose the monitors?“*, CG Slovenia, S. 25.

1569 Problematisch erscheint es, wenn ein Betriebsratsvorsitzender mit eben der Unternehmensleitung verhandelt, die er als Arbeitnehmervertreter im Aufsichtsrat berufen hat und ggf. auch abberufen soll. In der Folge kann die inhärente allgemeine Konsensorientierung der Mitbestimmung dann dazu führen, dass

Verkompliziert wird das System dadurch, dass sich die Beteiligten seit Jahren hartnäckig echten Reformen verschließen. Entsprechende Bestrebungen blieben ebenso zaghaft wie halbherzig[1570]. Statt auf Fortschritt lag das Augenmerk stets nur auf Sicherung des Status quo, was teilweise schon fast Züge eines Glaubenskriegs angenommen hat[1571]. Letztlich führten die Entwicklungen aber nicht nur zu einer beträchtlichen Zersplitterung der Rechtslage, sondern haben auch dafür gesorgt, dass die Situation an den Realitäten des heutigen, gewandelten, Arbeitslebens vorbeigeht[1572]. Insgesamt erscheinen die deutschen Regularien als zu starr,

---

persönliche Verantwortungen verdeckt werden, vgl. insoweit *Rieble*, ZAAR 2004, Rn. 43, 49 ff., der zuspitzt *„So gesehen ist die Unternehmensmitbestimmung ein System zur Verhinderung von Verantwortung.* Beobachtern zufolge soll aus dieser Personalkompetenz auch folgen, dass die offiziellen Äußerungen von Unternehmensleitern zum MitbestG meist sehr zurückhaltend ausfielen und nur selten erkennen ließen, wie verbreitet die Vorbehalte gegen die Mitbestimmungspraxis tatsächlich seien; *Ulmer/Habersack/Henssler*, MitbestG, Einl., Rn. 69. Ähnlich z.B. *Junker*, NJW 2004, S. 728, 728 (*„eingebaute Kritikbremse“*), *Götze/Winzer/Arnold*, ZIP 2009, S. 245, 245, Fn. 1 (*„nach dem Ausscheiden wird die Bewertung zum Teil differenzierter“*); *Peltzer*, FS K. Schmidt 2009, S. 1243, 1253, nach dem durch das Zusammenspiel von unternehmerischer und betrieblicher Mitbestimmung das Aufsichtsratssystem *„entscheidend geschwächt, wenn nicht weitgehend außer Kraft gesetzt wird“*, es bestünde u.a. eine *„Biss-Sperre“* und eine *„weit verbreitete Omertà“*; sowie *Rieble*, Corporate Governance 2010, S.3, der die *„Unfreiheit der Diskutanten“* ebenso beklagt wie einen *„Schrempp-Effekt“* und allgemeine *„Vermachtungseffekte“*.

1570 Sichtbar beispielsweise im Zusammenhang mit dem KonTraG Hier sollte es den Unternehmen noch gestattet werden, die Anzahl der Aufsichtsratsmitglieder gegenüber der im Gesetz vorgesehenen Normalzahl zu verringern. Dieser Vorschlag war aber gegen den Widerstand der Gewerkschaften nicht durchsetzbar; Referentenentwurf des BMJ des Gesetzes über Kontrolle und Transparenz im Unternehmensbereich (KonTraG) vom 26.11.1996, abgedruckt in ZIP 1996, S. 2129, hier § 7, und Regierungsentwurf vom 06.11.1997, abgedruckt in ZIP 1997, S. 2059; vgl. *Raiser/Veil*, MitbestG, Einl., Rn. 68, 72; *Ulmer/Habersack/Henssler*, MitbestG, Einl., Rn. 23, 66 (wonach eine Mitbestimmungsreform lange Zeit als *„Tabuthema für die beteiligten Kreise“* behandelt worden sei; befürchtet wurden *„unabsehbare rechtspolitische Auseinandersetzungen“*) 69.

1571 Exemplarisch verwiesen sei hier nur auf die Entwicklungen rund um die Beibehaltung der Montanmitbestimmung durch das MontanMitbestErgG (das sog. *„Lex Mannesmann“*), das Mitbestimmungsbeibehaltungsgesetz aus dem Jahr 1994 (BGBl. I, 2228), die Sonderregel des § 1 I Nr. 1 DrittelbG für die „Altgesellschaften“ oder auch § 325 UmwG. Im Überblick: *Raiser/Veil*, MitbestG, Einl., Rn. 68 ff., § 1, Rn. 31 ff.

1572 *Rieble*, ZAAR 2004, Rn. 5 spitzt zu: *„Deutsche Mitbestimmung ist so modern wie das Harzburger Modell“*. Ähnlich auch *Habersack*, demzufolge sich die deutsche Mitbestimmung dem *„Paradigmenwechsel im Recht der unternehmerischen Mitbestimmung“* entzogen habe; *Habersack*, ZHR 171 (2007), S. 613, 613.

zu verfahrenslastig, zu intransparent, im europäischen Vergleich auch als wenig attraktiv.

Die Beteiligten reagieren immer häufiger mit Individualisierungsbestrebungen. Teilweise werden die gesetzlichen Vorgaben schon schlicht ignoriert (und zwar von beiden Seiten)[1573]. Teilweise werden sie aber auch abgeändert. Instrumente hierfür sind neben Betriebsvereinbarungen[1574], und vertraglichen Mitbestimmungsregelungen auf lokaler Ebene[1575] auch komplette Vermeidungsgestaltungen[1576]. In jüngster Zeit gewinnen hier auch internationale Varianten zunehmend an Popularität[1577], da sich durch die Entwicklungen auf europäischer Ebene zu den bereits seit langem existierenden Wegen neue, teils gangbarere Möglichkeiten ergeben haben[1578]. Unter diesen geänderten Rahmenbedingungen erweist sich die deutsche Mitbestimmungsgesetzgebung, wie *Henssler* zu Recht und pointiert formuliert *„in einer internationalisierten Wirtschaftsordnung nur* [als] *ein Netz mit vielen Schlupflöchern"*[1579].

Denn in internationalen Unternehmen stößt die starr rechtsformbezogene deutsche Mitbestimmung unverkennbar an ihre Grenzen. Das führt aber dazu, dass in Deutschland verschiedene Mitbestimmungsniveaus existieren, weil zunehmend mitbestimmungsgeminderte oder auch vollkommen mitbestimmungsfreie Rechtsformen hierzulande aktiv sind. Hieraus folgt, bei ansonsten gleichen Umständen,

---

1573 Vgl. oben Teil 3 D. I. 4. c. viii.; *Boneberg*, Drittelbeteiligungslücke, S. 6 ff.; *Troche*, Drittelbeteiligung, S. 9 ff.; *Ulmer/Habersack/Henssler*, MitbestG, DrittelbG, Einl. Rn. 7.

1574 Vgl. oben Teil 3 D. I 4. d. x.

1575 Die gemeinsam von der *Bertelsmann-Stiftung* und der *Hans-Böckler-Stiftung* berufene *„Kommission Mitbestimmung"* stellte hierzu bereits 1998 fest, dass *„im Rahmen kooperativer Unternehmenskulturen* [...] *die gemeinsame Suche nach sachgerechten Problemlösungen an die Stelle einer formalistischen Einforderung gesetzlicher Rechtstitel"* trete; Kommission Mitbestimmung 1998, S. 36 ff., S. 76 ff. Dies gelte sowohl für die betriebliche als auch für die unternehmerische Ebene, ebd. S. 39. Es kommt so zu einer korrelierenden Optimierung von Mitbestimmung und Unternehmensverfassung. *The Economist* spricht in diesem Zusammenhang vom *„flexibility bargain"*; The Economist, 13.03.2010, „Older and wiser – A special report on Germany", S. 6.

1576 Vgl. oben Teil 3 D. I. 8. c. ii.

1577 *Habersack*, ZHR 171 (2007), S. 613, 643, spricht bildhaft von einer *„bereits eingeleiteten Abstimmung mit den Füßen"*, die sich nicht aufhalten lasse. Vgl. auch *Götze/Winzer/Arnold*, ZIP 2009, S. 245, 245, nach denen die Praxis zeige, dass eine Gestaltung an den unternehmerischen Bedürfnissen vorbei nicht funktioniere.

1578 Mit Blick auf SE, SCE und Verschmelzungsrichtlinie konstatiert z.B. *Habersack* ein Maß an unternehmerischer Freiheit, *„das bis weit in das Jahr 2000 hinein vielen Beobachtern als utopisch erschien"*, *Habersack*, ZHR 171 (2007), S. 613, 614. Mittlerweile sei es möglich, *„das Korsett des deutschen Mitbestimmungsrechts abzustreifen und ein attraktiveres Mitbestimmungskleid zu wählen"*, ebd., S. 642.

1579 *Henssler*, RdA 2005, S. 330, 337.

ein gleichzeitiges Nebeneinander von voll mitbestimmten, gemindert mitbestimmten oder auch mitbestimmungsfreien Unternehmen. Damit stellen die europäischen Entwicklungen die Grundpfeiler des Systems in Frage. Das gilt insbesondere für den Schlüsselfaktor der Gleichbehandlung aller Beschäftigten und die daraus folgende Legitimation der Partizipation[1580].

1580 Denn während in den supranationalen Rechtsformen SE und SCE ggf. die Gesamtbelegschaft zur Mitbestimmung berufen ist sind dies bei der deutschen AG und GmbH ausschließlich die inländischen Beschäftigten, ganz egal, wo diese Gesellschaften ihre jeweiligen Arbeitnehmer beschäftigen, vgl. §§ 7 II, 9 MitbestG, §§ 4, 5 DrittelbG; *Ulmer/Habersack/Henssler*, MitbestG, Einl., Rn. 74, § 3, Rn. 8, § 7, Rn. 35. Dieses Legitimationsproblem fällt umso gravierender aus, je geringer der Anteil der mitbestimmenden deutschen Belegschaft gegenüber der (auch durch sie bestimmten) ausländischen Belegschaft ist, werden die ausländischen Belegschaften von den Entscheidungen des Aufsichtsrats doch meist ebenso betroffen wie die deutschen Belegschaften. Ein Ausschluss der ausländischen Belegschaften bedeutet daher, dass die Interessen der in Deutschland beschäftigten Arbeitnehmer im Vergleich überrepräsentiert sind. Das wiederum kann sich dahin auswirken, dass die Beschäftigungsinteressen der Belegschaften in den deutschen Betrieben und Unternehmensteilen (und damit auch den Wählern der Arbeitnehmervertreter im Aufsichtsrat) stärker berücksichtigt werden müssen, als dem Gesamtunternehmen dienlich – und ausländischen Investoren und Arbeitnehmern zu vermitteln – ist; Kommission Mitbestimmung 1998, S. 106; *Henssler*, RdA 2005, S. 330, 331; *ders.*, Zukunftskonferenz 2011, S. 4; Bericht Reflexionsgruppe 2011, S. 53 („*biased business decisions*"). Zudem könnte, wenn die Arbeitnehmerbank im Aufsichtsrat deutscher Unternehmen nach wie vor allein von Vertretern der in Deutschland beschäftigten Belegschaften unabhängig von der Anzahl der Arbeitnehmer bei ausländischen Tochtergesellschaften gestellt wird, mittelfristig die „Abbildungsfunktion" des Aufsichtsrats und damit die politische und aktienrechtliche Legitimität der Mitbestimmung in dem Maße Schaden nehmen, wie sich das Verhältnis der Beschäftigung zum Nachteil der deutschen Belegschaften verschiebt; vgl. Kommission Mitbestimmung 1998, S. 107; *Ulmer/Habersack/Henssler*, MitbestG, Einl., Rn. 74. Es entsteht in ein und demselben Unternehmen unter den Arbeitnehmern (mindestens) eine Zwei-Klassen-Gesellschaft, ein Kastensystem mit privilegierten und weniger privilegierten Teilnehmern. Das wiederum läuft aber dem Grundgedanken der Partizipation ebenso zuwider, wie dem von gewerkschaftlicher Seite gern beschworenen demokratischen Ideal und den Grundsätzen eines diskriminierungsfreien Gemeinsamen Marktes. Auch im Rahmen der Mitbestimmung bedarf es daher auf beiden Ebenen eines (angemessenen) Minderheitenschutzes, da sie sich sonst von der Partizipation schnell zur Herrschaft über die Mehrheit in der Belegschaft und zu einer sach- und gesetzeswidrigen Diskriminierung der ausländischen Arbeitnehmer wandelt. Die Reflexionsgruppe zur Zukunft des EU-Gesellschaftsrechts schlägt insoweit als einfachen Ausweg vor, das Mitbestimmungssystem der SE (und der SCE) auch für die nationalen Rechtsformen anzuwenden, ggf. unter kleineren Anpassungen. Das etablierte deutsche System jedoch sei diskriminierend und solle von der Kommission vor den EuGH gebracht werden, falls

Rechtspraxis und Rechtsanspruch liegen offenbar weit auseinander. Man kann bereits von einer Erosion sprechen[1581]. Zunehmend besteht die Gefahr der Entwertung der „Ressource Recht"[1582]. Durch den europäischen Vergleich wird die Reformbedürftigkeit des hiesigen Modells unübersehbar. Mehr denn je gilt daher das bekannte Diktum von *Junker*, nach dem die deutsche Mitbestimmung in Ausgestaltung und Reichweite im internationalen Vergleich *„ein Solitär, aber kein Edelstein"* ist[1583].

Aus der Perspektive der „rechtsnachfragenden" Unternehmen und ihrer Beschäftigten kann die Antwort auf diese Herausforderungen nicht in immer neuen Sicherungen und dem Ignorieren des Problems[1584], sondern nur in einer umfassenden Flexibilisierung der Regelungen liegen. Die Fähigkeit, rasch auf Marktentwicklungen reagieren zu können, ist immer öfter entscheidend für den unternehmerischen Erfolg. Und dies betrifft gleichermaßen Großunternehmen wie KMU, denn der Irrtum, dass in einer globalen Welt „Größe" mit „Überlebensfähigkeit" gleichgesetzt werden kann, wird immer wieder von der Realität widerlegt. Ein effizientes System steht und fällt viel mehr mit dem passgenauen Zuschnitt, mit der

---

es nicht geändert werden würde (*„The traditional discriminatory system should be challenged before the Court of Justice by the Commission if it is not being changed into a discrimination-free regulation."*); Bericht Reflexionsgruppe 2011, S. 53 f.

1581 Vgl. *Junker*, NJW 2004, S. 728, 728 f., der zustimmungswürdig auch von einer *„verbreiteten Ernüchterung über die Leistungsfähigkeit der Mitbestimmungsregeln"* spricht; *Ulmer/Habersack/Henssler*, MitbestG, Einl., Rn. 73; *Habersack*, ZHR 171 (2007), S. 613, 643; *Teichmann*, Der Konzern 2007, S. 89, 96. Das ist offenbar auch eine Wahrnehmung in der unternehmerischen Praxis, die sich aber nicht nur auf die Arbeitnehmerbeteiligung beschränkt sondern sich viel mehr auf das deutsche Unternehmensrecht insgesamt erstreckt. *Hans-Heinrich Driftmann*, Präsident des Deutschen Industrie- und Handelskammertages, führte insofern Anfang Mai 2012 bei einer Präsentationsveranstaltung zum deutschen Recht aus: *„Das deutsche Recht droht in einem schleichenden Prozess zu erodieren. Neben dem Thema Sammelklagen gilt dies leider auch für das Insolvenz- und Gesellschaftsrecht. Auch das Arbeits- und Steuerrecht drohen an der eigenen Komplexität zu ersticken"*, zit. nach BRAK-Mitteilungen 3/2012, S. 112.

1582 Vgl. *Rieble*, ZAAR 2004, Rn. 3, 81; Kommission Mitbestimmung 1998, S. 9, 40.

1583 So bereits *Junker* im Jahr 1976, neueren Datums z.B. *ders.*, NJW 2004, S. 728, 730. Außenstehenden scheint das System immer weniger zu vermitteln. Nach *Thüsing* etwa erscheint der deutsche Weg der Mitbestimmung in den USA als eine *„Mischung aus Vodoo und Sozialismus"*, *Thüsing*, ZAAR 2004, Rn. 1. *Götze/Winzer/Arnold*, ZIP 2009, S. 245, 254, berichten aus der Praxis von einem *„Reizthema, insbesondere für mittelständische Unternehmen und ausländischen Investoren"*, gerade vor dem Hintergrund eines zunehmenden Wettbewerbs der Gesellschaftsrechtsformen. Kritisch, wenn auch etwas vage z.B. auch *Raiser/Veil*, MitbestG, Einl., Rn. 72, 75.

1584 *Walter Leisner*, Der mündige Verbraucher in der Rechtsprechung des EuGH, EuZW 1991, S. 498 ff., 504, beklagt *„idyllisierende Gedanken freiheitsabschottend-umsorgender Inselbildung.*

Abstimmung auf die jeweiligen Beteiligten in der jeweiligen Situation. Verschärft gilt das in einem Krisenumfeld[1585].

Eine Öffnung des deutschen Rahmens für umfassende, verhandelte, unternehmensspezifische Mitbestimmungsregelungen, wie sie in Folge der europäischen Entwicklungen zunehmend deutlicher gefordert wird[1586], scheint hier Erfolg versprechend[1587]. Ob sich diese Sichtweise aber durchsetzen kann oder ob ein übergroßes Konsensstreben die Chance für eine umfassende, konzeptorientierte Neuerung vertut, scheint durchaus zweifelhaft. Soweit erkennbar sieht zumindest die Bundesregierung bei der deutschen Mitbestimmung keinen Weiterentwicklungsbedarf[1588]. Vermutlich wirkt auch in diesem Bereich immer noch der von *Rüthers* entdeckte ungeschriebene „Artikel Null" des Grundgesetzes: *„Soziale Besitzstände sind unantastbar"*[1589]. Jedoch gilt auch – wer nicht handelt, der wird behandelt.

1585 So stellt auch der Bericht Reflexionsgruppe 2011, S.7, fest: *„Furthermore, the financial crisis has highlighted how important it is for businesses to operate in a flexible environment allowing for adaptation to new circumstances and for experimentation of innovative financial, organisational or industrial ideas."* Vgl. auch *Chiu* in *Hirte/Teichmann* SPE 2013, S. 47, 59 (*„... even though employee participation entails a risk of thwarting the overall business strategy of international investors, the prescribed procedure* [= verhandelte Arbeitnehmerbeteiligung, Anm. d. Verf.] *also creates new opportunities for all sides to negotiate common agreements that might be better adapted to a changing work environment"*).

1586 Vgl. oben Teil 3 D. I. 7. b. i.

1587 Vorzugswürdig erscheint es hier auch und gerade, die Verhandlungsoption nicht nur für Konzernsachverhalte einzuführen und so eine neue Trennung der Mitbestimmung zu etablieren (a.A. AK Mitbestimmung, ZIP 2009, S. 885, 886 ff.; vgl. oben Teil 3 D. I. 7. b. i.). Denkbar erscheint weiter, diese Öffnung allgemein zu gestalten, für eine freiwillige Unternehmensmitbestimmung in Unternehmen unterhalb des Schwellenwerts und für Tendenzunternehmen. Sollte es zudem gelingen, internationale Sachverhalte einzubeziehen, würde sich auch die Legitimation der Mitbestimmung erhöhen. Offen bleibt allerdings u.a., wie in einem Verhandlungsszenario der mögliche Fall des Scheiterns der Verhandlungen behandelt werden soll. Will man einen tatsächlichen Verhandlungsanreiz schaffen kann es aber wohl kaum angehen, als etwaige Auffangregelung automatisch das mitbestimmungsrechtliche Maximum festzusetzen. Hierdurch werden die Verhandlungen allenfalls zur Bühne zur Verfechtung von Positionen.

1588 Vgl. Antwort der Bundesregierung auf eine entsprechende Kleine Anfrage der SPD, BT-Drucks. 17/5414 vom 07.04.2011, S. 2.

1589 Zit. nach *Junker*, NJW 2004, S. 728.

Teil 4 – Entwicklungen auf supranationaler Ebene – Rechtsangleichung durch europäische Richtlinien

Der Binnenmarkt funktioniert heute in gewisser Hinsicht besser als bei seiner Gründung vorhergeahnt werden konnte. Eine zunehmende Dynamik gewannen die Entwicklungen in den 1990er Jahren[1590]. Auch an der Union gingen die faktischen Veränderungen in der Arbeitswelt mit der zunehmenden Bedeutung von unternehmerischen Netzwerken, mit den grenzüberschreitenden Zusammenschlüssen und globalen Betriebsstättenverlagerungen, nicht spurlos vorbei. Ebenso wenig wie die damit einhergehende wachsende Bedeutung des kollektiven Arbeitsrechts. Trotz ihrer eingeschränkten Kompetenzen auf diesem Gebiet[1591] bemühte sich die Europäische Union auch hier, die entsprechenden Regeln auf europäischer Ebene zu harmonisieren. Erklärtes Ziel war neben der Modernisierung auch stets, die Wirksamkeit der Regelungen sicherzustellen. Einen Schwerpunkt legte sie dabei auf den Bereich der Arbeitnehmerbeteiligung und dort insbesondere auf die Aspekte von Unterrichtung und Anhörung. Eine Harmonisierung in diesem Bereich war zwar politisch hochsensibel, im Ergebnis aber vergleichsweise weniger aufwendig als im Bereich der (gesellschaftsrechtlichen) Unternehmensmitbestimmung, da die EU hier über eine Richtlinienkompetenz zur Festsetzung von Mindestvorschriften verfügt, die gleichzeitig – und insofern im Gegensatz zu Fragen der Mitbestimmung – nicht an ein Einstimmigkeitserfordernis geknüpft war und ist, Art. 153 I e), II b) AEUV[1592]. Die tatsächliche Erreichbarkeit und konsequente Umsetzung des rechtspolitisch Gewünschten erschien darum auf diesem Gebiet realistisch. In der Folge wurden daher zunächst Richtlinien zum Europäischen Betriebsrat und zur Unterrichtung und Anhörung der Arbeitnehmer erlassen. Bereits hier waren jedoch mitunter beträchtliche Hindernisse aus dem Weg zu räumen. Die dort gefundenen Lösungen wiesen die Richtung für noch ambitioniertere Vorhaben. Ganz besonders galt dies für die Richtlinie zur Arbeitnehmerbestimmung in der SE

1590 Vgl. oben Teil 3.

1591 Vgl. die Aufzählung in Art. 153 AEUV und den dortigen Ausschluss bzgl. Arbeitsentgelt, Koalitionsrecht, Streikrecht sowie Aussperrungsrecht in Abs. 5.

1592 Art. 153 II UAbs. 3 AEUV stellt klar, dass der Rat lediglich in den in Absatz 1, Buchstaben c), d), f) und g) genannten Bereichen einstimmig gemäß besonderen Verfahrens nach Anhörung des Europäischen Parlaments und der Ausschüsse zu beschließen hat. Vertretung und kollektive Wahrnehmung der Arbeitnehmer- und Arbeitgeberinteressen einschließlich der Mitbestimmung sind in Buchstabe f) geregelt und unterfallen darum diesem Einstimmigkeitsbedürfnis, Unterrichtung und Anhörung der Arbeitnehmer aber sind in Absatz 1, Buchstabe e) aufgeführt.

sowie bei der Verschmelzungsrichtlinie[1593]. Entstanden ist so ein „gemeinsamer beteiligungsrechtlicher Regelungskern". Im Folgenden werden kurz die wesentlichen Entwicklungen und Regelungsinhalte dargestellt.

A. Europäischer Betriebsrat – RL 2009/38/EG[1594]

I. Hintergrund

„Der europäische Betriebsrat war lange Zeit das einzige Projekt im kollektiven Arbeitsrecht, das die Europäische Union erfolgreich zu Ende gebracht hat."[1595]

Im Nachgang zur Einheitlichen Europäischen Akte kam es im Gemeinschaftsraum zunehmend zu grenzüberschreitenden Kooperationen und

---

1593 Vgl. *Henssler* in *Henssler/Braun*, EuropArbR, Rn. 85 f.

1594 Kommission, EBR-RL 2011, S. 1 ff.; BMAS, Mitbestimmung 2008, S. 60 ff.; *Greif*, EBR-Rl, S. 1; *Henssler* in *Henssler/Braun*, EuropArbR, Rn. 87 ff.; *Thüsing*, EuropArbR, § 10, Rn. 13 ff.; *Behrens* in *Dauses*, EUWR, E III, Rn. 120 f.; Kommission Mitbestimmung 1998, S. 107, 111 f.; sowie nunmehr auch *Schulte-Wrede*, Europ. Arbeitnehmerbeteiligung, S. 515 ff.; ein ausführlicher Überblick findet sich unter http://www.euro-betriebsrat.de.

1595 *Henssler* in *Henssler/Braun*, EuropArbR, Rn. 87. *Thüsing* spricht vom *„ersten großen Meilenstein in der Regelung des kollektiven Arbeitsrechts"*, *Thüsing*, EuropArbR, § 10, Rn. 13. Unberücksichtigt bleibt daher im Rahmen dieser Darstellung auch der Entwurf zur Fünften Richtlinie über die Struktur von Aktiengesellschaften (sog. Strukturrichtlinie). Nach deren erstem Entwurf aus dem Jahr 1972 war für Aktiengesellschaften in der Europäischen Gemeinschaft die zwingende Einführung des dualistischen Systems nebst Drittelparität vorgesehen (ABl. C 131/49 vom 13.12.1972). Bereits dieser Entwurf war so umstritten, dass schon eine einheitliche Stellungnahme des Wirtschafts- und Sozialausschusses nicht zustande kam. In der Folgezeit wurde der Entwurf 1979 und 1982 im Europäischen Parlament beraten, auf Grundlage einer dortigen Stellungnahme überarbeitet und sodann 1983 erneut vorgelegt (ABl. C 240/2 vom 09.09.1983), sodann wiederum überarbeitet und zuletzt 1991 geringfügig geändert (ABl. C 7/4 vom 11.02.1991 sowie C 321/9 vom 12.12.1991). Zuletzt war neben Wahlrechten eine verbindliche Mitbestimmung in allen Aktiengesellschaften mit mehr als 1.000 Arbeitnehmern vorgesehen, die, je nach System, unterschiedlich ausgestaltet werden konnte. Im dualistischen System wäre neben einer Drittelbeteiligung auch eine paritätische Beteiligung möglich gewesen, im monistischen System wäre eine bestimmte Zahl nichtgeschäftsführender Mitglieder durch nationales Recht vorzugeben gewesen, daneben wäre aber auch die Mitbestimmung nach näherer Vorgabe eines Tarifvertrags sowie Mitwirkungs-, Konsultations- und Informationsrechte einer besonderen Arbeitnehmervertretung wählbar gewesen. Auch über diesen Entwurf konnte bislang kein Einvernehmen erzielt werden. Einige der dortigen Punkte werden im *Winter*-Bericht 2002 aufgegriffen. *Lutter/Bayer/J. Schmidt*, EuropUR 2012, § 13, Rn. 1, bewerten die 5. Richtlinie gleichwohl aufgrund der Meinungsverschiedenheiten um die Mitbestimmung als *„gescheitert"*.

Zusammenschlüssen von großen Wirtschaftsunternehmen. Entscheidungen, die in einem Mitgliedstaat getroffen wurden, zeigten in einem anderen Mitgliedstaat mehr oder minder gravierende Auswirkungen. Ein einheitlicher Weg, wie hier mit den Kollektivrechten der Arbeitnehmer umgegangen werden sollte, war aber nicht ersichtlich. Zwar gab es in einigen multinationalen Unternehmen Arbeitnehmervertretungen auch auf grenzüberschreitender Ebene, jedoch beruhten diese allesamt auf rein freiwilligen Vereinbarungen. Sie wichen daher notwendigerweise voneinander ab. Verschiedene Bemühungen zur Vereinheitlichung durch die Kommission wurden als unverhältnismäßig angesehen und waren daher nicht durchsetzbar. Auch die Sozialpartner auf europäischer Ebene konnten sich nicht auf eine entsprechende Vereinbarung einigen, die Verhandlungen scheiterten im März 1994[1596].

Um diese Lücke auf europäischer Ebene zumindest im Hinblick auf Unterrichtung und Anhörung in den größeren Unternehmen zu schließen, wurde 1994 die Richtlinie über die Einsetzung eines Europäischen Betriebsrats (EBR) verabschiedet[1597]. Sie wurde zwischenzeitlich überarbeitet[1598] und neugefasst als Richtlinie 2009/38/EG, in Kraft seit dem 05. Juni 2009[1599].

1596 Vgl. zur Entwicklung („*Vredeling*-Initiative“, ABl. C 297 vom 15.11.1980, S. 3, bzw. ABl. C 217 vom 12.12.1983, S. 3) ausführlicher *Mävers*, SE-Mitbestimmung 2002, S. 273 ff., kurz *Behrens* in *Dauses*, EUWR, E III, Rn. 120; *Henssler* in *Henssler/Braun*, EuropArbR, Fn. 255.

1597 Richtlinie 94/45/EG des Rates vom 22. September 1994 über die Einsetzung eines Europäischen Betriebsrats oder die Schaffung eines Verfahrens zur Unterrichtung und Anhörung der Arbeitnehmer in gemeinschaftsweit operierenden Unternehmen und Unternehmensgruppen; (ABl. L 254/ 64, ber. ABl. 2009 L 103/ 30) EU-Dok.-Nr. 3 1994 L 0045 Zuletzt geändert durch Art. 17 Abs. 1 ÄndRL 2009/38/ EG vom 6. Mai 2009 (ABl. L 122/28), nachfolgend abgekürzt EBR-RL 1994.

1598 Am 02.07.2008 hat die Europäische Kommission vorgeschlagen, die Rechtsvorschriften von 1994 über die Europäischen Betriebsräte neu zu fassen; Kommission, Memo/08/468 vom 02.07.2008, *Proposal to review legislation on European Works Councils*, S. 2. Auf Einladung der französischen Ratspräsidentschaft haben die europäischen Sozialpartner am 29.08.2008 eine gemeinsame Stellungnahme erarbeitet, in der sie den Vorschlag der Kommission grundsätzlich befürworten, aber einige Änderungen anregen. Der Rat und das Europäische Parlament haben unter Mitwirkung der Kommission die neue Richtlinie am 17.12. 2008 in erster Lesung angenommen; vgl. zur Entstehungsgeschichte *Greif*, EBR-RL, S.2 f.; zur Wahrnehmung in der Praxis Handelsblatt, 17.12.2008, „*Europäische Betriebsräte werden mächtiger*“.

1599 Richtlinie 2009/38/EG des Europäischen Parlaments und des Rates vom 6. Mai 2009 über die Einsetzung eines Europäischen Betriebsrats oder die Schaffung eines Verfahrens zur Unterrichtung und Anhörung der Arbeitnehmer in gemeinschaftsweit operierenden Unternehmen und Unternehmensgruppen (Neufassung) (ABl. L 122/28, 16.05.2009), im Folgenden EBR-RL 2009. Sie sah für einige Vorschriften eine Übergangsfrist bis zum 06.06.2011 vor, Art. 18 EBR-RL 2009. Eine, seitens der Gewerkschaften gewünschte, automatische Anpassungspflicht bestehender

In Deutschland wurde die Richtlinie durch das Europäische Betriebsräte-Gesetz vom 28.10.1996 in nationales Recht umgesetzt (EBRG)[1600].

Wesentlich für die EBR-RL ist, dass sie sich überwiegend auf die Bereitstellung von Verfahren beschränkt und demgegenüber nur wenige „harte" materiell-rechtliche Festlegungen enthält. Charakteristisch ist ferner der Vorrang freiwilliger, praxisnaher Vereinbarungen durch die unmittelbar Betroffenen nach deren individuellen Prioritäten. Bereits im Titel der Richtlinie kommt zum Ausdruck, dass die Einrichtung eines EBR nur ein Weg zur Zielerreichung ist und es eben auch andere verfahrenstechnische Möglichkeiten gibt[1601]. Ggf. ist ein EBR aber erzwingbar.

Dementsprechend enthalten die EBR-RL und das EBRG nur sehr allgemeine Vorgaben hinsichtlich Struktur und Arbeitsweise des Gremiums. Für die in der Richtlinie aufgeführten Fälle, in denen keine Vereinbarung erzielt werden kann, werden die Bedingungen festgelegt, denen die subsidiären Bestimmungen der Mitgliedstaaten entsprechen müssen.

II. Ziel

Die Richtlinie hat das Ziel, in gemeinschaftsweit tätigen Unternehmen und Konzernen eine grenzüberschreitende Arbeitnehmervertretung mit Konsultations- und Informationsrechten zu schaffen. So soll eine rechtzeitige und angemessene Unterrichtung und Anhörung auch dann gewährleistet sein, wenn Mitarbeiter eines Unternehmens von Entscheidungen betroffen werden, die außerhalb des Mitgliedsstaats ergehen, in dem sie selbst beschäftigt sind. Instrument hierzu ist die Einrichtung eines Europäischen Betriebsrats, alternativ die Schaffung eines anderen geeigneten Verfahrens zur länderübergreifenden Unterrichtung und Anhörung der Arbeitnehmer[1602]. Nach ausdrücklicher Vorgabe ist der EBR aber ausschließlich für die transnationalen Fragen zuständig[1603], das Mandat ist also gerade nicht umfassend. Das länderübergreifende Gremium verdrängt damit nicht die jeweiligen nationalen Beteiligungsgremien, sondern wird ggf. parallel zu diesen errichtet.

III. Anwendungsbereich

Die EBR-RL betrifft alle „gemeinschaftsweit operierenden Unternehmen". Das wiederum ist nach der Legaldefinition ein Unternehmen mit mindestens 1.000

EBR-Vereinbarungen konnte jedoch nicht durchgesetzt werden, so dass die derzeit gültigen Vereinbarungen Bestandsschutz genießen dürften; s. dazu *Greif*, EBR-RL, S. 7.

1600 Gesetz über Europäische Betriebsräte (Europäische Betriebsräte-Gesetz – EBRG) vom 28.Oktober 1996 (BGBl. I S. 1548, 2022), neugefasst durch Bekanntmachung vom 07. Dezember 2011.

1601 Allerdings dürfte der Gesetzgeber primär von der Errichtung eines Europäischen Betriebsrats ausgehen, richtig *Thüsing*, EuropArbR, § 10, Rn. 15.

1602 Vgl. Erwägungsgründe 11 bis 14, Art. 1 EBR-RL 2009.

1603 Art. 1 III 2 EBR-RL 2009, zur Definition von „länderübergreifend" ebd., Abs. 4.

Arbeitnehmern in den Mitgliedstaaten und mit jeweils mindestens 150 Arbeitnehmern in mindestens zwei Mitgliedstaaten[1604]. Zu einem doppelten Größenkriterium kommt also ein regionales Erfordernis. Ein Unternehmen bzw. eine Unternehmensgruppe fällt in den Anwendungsbereich des EBRG, wenn es „gemeinschaftsweit" tätig ist und seinen Sitz in Deutschland hat. Erfasst werden auch die in den Mitgliedstaaten befindlichen Niederlassungen internationaler Konzerne, die ihren Hauptsitz außerhalb der Gemeinschaft haben[1605].

Beim Konzernbegriff geht die Richtlinie *„bewusst eigene Wege"* (*Behrens*). Eine „Unternehmensgruppe" ist danach eine Gruppe, die aus einem herrschenden Unternehmen und den von diesen abhängigen Unternehmen besteht. Die Beherrschung wiederum folgt aus Eigentum, finanzieller Beteiligung oder Satzungsbestimmung, wobei die Beurteilung dem Recht des Mitgliedstaats unterliegt, das auf das herrschende Unternehmen anwendbar ist. Liegt eine Unternehmensgruppe vor, wird der EBR nach den Richtlinienvorgaben grundsätzlich auf der höchsten Entscheidungsebene eingesetzt, es sei denn, es wird etwas anderes vereinbart[1606].

IV. Verfahren

Das Verfahren kommt auf Initiative der zentralen Unternehmensleitung[1607] oder auf schriftlichen Antrag von mindestens 100 Arbeitnehmern oder deren Vertretern aus mindestens zwei Betrieben oder Unternehmen in mindestens zwei verschiedenen Mitgliedstaaten in Gang. In den darauf folgenden Verhandlungen werden die Arbeitnehmer von einem „Besonderen Verhandlungsgremium" der Arbeitnehmer vertreten, das sich aus Arbeitnehmervertretern aus all den Mitgliedstaaten zusammensetzt, in denen das betreffende Unternehmen insgesamt operiert[1608]. Im Besonderen Verhandlungsgremium finden sich also nicht nur diejenigen Arbeitnehmer vertreten, die ihrerseits ggf. das Verfahren angestoßen haben.

Die Unternehmensleitung und das Besondere Verhandlungsgremium verhandeln frei darüber, wie die grenzüberschreitende Unterrichtung und Anhörung

---

1604 Art. 2 I a) EBR-RL 2009.

1605 § 2 I, II EBRG.

1606 Art. 2 I b), 3 I, II (Vermutungswirkung), VI; Art. 1 V EBR-RL 2009.

1607 Gem. Art. 2 I e) EBR-RL 2009 „die zentrale Unternehmensleitung eines gemeinschaftsweit operierenden Unternehmens oder bei gemeinschaftsweit operierenden Unternehmensgruppen die zentrale Unternehmensleitung des herrschenden Unternehmens".

1608 Vgl. Art. 5 I, II EBR-RL 2009. Die EBR-RL überlässt den Wahlmodus hierfür den Mitgliedstaaten, Art. 5 II a) EBR-RL 2009; neu ist die präzisere Fassung der Verhandlungsmodalitäten in Abs. 4. Zu Bildung, Zusammensetzung und Bestellung des Besonderen Verhandlungsgremiums in Deutschland vgl. §§ 9–11 EBRG. Verantwortlich für die Datenerhebung und die Weiterleitung der relevanten Informationen ist seit der Neufassung die zentrale Unternehmensleitung, Art. 4 IV EBR-RL 2009.

der Arbeitnehmer ausgestaltet wird[1609]. Die Verhandlungspartner können insbesondere die Errichtung eines oder mehrerer (evt. branchenbezogener) mehr oder weniger zentraler Europäischer Betriebsräte vereinbaren oder ein bestimmtes dezentrales Unterrichtungsverfahren etablieren. Die (schriftlich zu schließende) Vereinbarung muss aber einige Mindestbestimmungen enthalten. Dies sind die von ihr erfassten Unternehmen oder Betriebe, die Zusammensetzung des Europäischen Betriebsrats bzw. Vertretungsgremiums, insbesondere die Anzahl der Mitglieder und die Sitzverteilung (was ggf. auch für einen geschäftsführenden „engeren Ausschuss" gilt[1610]). Zudem zu regeln sind die Befugnisse und das Unterrichtungs- und Anhörungsverfahren, Ort, Häufigkeit und Dauer der Sitzungen des Europäischen Betriebsrats, die für diesen bereitzustellenden finanziellen und materiellen Mittel sowie die Laufzeit der Vereinbarung und Änderungsmodalitäten[1611]. Leitlinie ist einerseits die Wirksamkeit der Unterrichtungs- und Anhörungsbefugnisse, andererseits muss die effiziente Beschlussfassung des Unternehmens möglich bleiben.

Die Verhandlungen können jedoch auch scheitern. Für diesen Fall ist eine Auffanglösung vorgesehen, nach der subsidiär die Rechtsvorschriften desjenigen Mitgliedstaats zur Anwendung kommen, in dem die zentrale Unternehmensleitung ihren Sitz hat. Allerdings müssen die subsidiären Vorschriften wiederum den im Anhang I zur EBR-RL 2009 niedergelegten Bestimmungen genügen[1612]. Kommt demnach zwischen Unternehmensleitung und Besonderem Verhandlungsgremium eine Vereinbarung nicht zustande, verhandelt die Unternehmensleitung innerhalb von sechs Monaten nach Antragstellung zur Bildung des Besonderen Verhandlungsgremiums nicht, wird keine Verhandlungslösung innerhalb von drei Jahren gefunden oder erklären beide Seiten vorzeitig das Scheitern der Verhandlungen, ist ein „EBR kraft Gesetzes" zu errichten. Für Zuständigkeiten und Zusammensetzung dieses EBR kraft Gesetzes macht die Richtlinie verschiedene Vorgaben. Unter anderem ist zur Koordination der Aktivitäten innerhalb des EBR ein „engerer Ausschuss" zu bestellen.

1609 Vgl. §§ 8 I, 17 EBRG. § 18 EBRG bezeichnet, was in einem EBR kraft Vereinbarung geregelt werden soll.

1610 Zum engeren Ausschuss vgl. Erwägungsgründe 30, 44, Art. 6 II e) EBR-RL 2009, § 29 EBRG.

1611 Art. 5 III, 6 II EBR-RL 2009; vgl. auch §§ 17, 18 EBRG. Das Besondere Verhandlungsgremium kann bei den Verhandlungen Sachverständige seiner Wahl hinzuziehen, was sich ausdrücklich auch auf Gewerkschaftsfunktionäre erstreckt. Falls gewünscht, nehmen diese Sachverständigen an den Verhandlungen in beratender Funktion teil. Die Kosten im Zusammenhang mit den Verhandlungen werden grundsätzlich von der zentralen Unternehmensleitung getragen, allerdings können die Mitgliedstaaten die Übernahme der Kosten auf die Kosten für einen Sachverständigen begrenzen, Art. 5 IV, VI EBR-RL 2009. Deutschland hat von dieser Möglichkeit Gebrauch gemacht, § 16 EBRG.

1612 Art. 7 EBR-RL 2009, §§ 21 I ff. EBRG.

Der EBR kraft Gesetzes ist dann insbesondere in wirtschaftlichen Angelegenheiten des gemeinschaftsweit operierenden Unternehmens zuständig[1613]. Er ist einmal kalenderjährlich durch die zentrale Leitung über die Entwicklung der Geschäftslage und die Perspektiven des Unternehmens bzw. Konzerns zu unterrichten und durch sie anzuhören[1614]. Über diese turnusmäßige Unterrichtung hinaus ist der EBR bei außergewöhnlichen Umständen, die erhebliche Auswirkungen auf die Interessen der Arbeitnehmer haben, z.B. Verlegung oder Stilllegung von Unternehmensteilen, rechtzeitig zu unterrichten und auf Verlangen anzuhören[1615].

Die Mitglieder des EBR informieren die örtlichen Arbeitnehmervertreter über Inhalt und Ergebnisse der durchgeführten Informations- und Konsultationsverfahren[1616].

Der EBR kraft Gesetzes verfügt damit über recht genau definierte Informations- und Konsultationsbefugnisse, aber über keinerlei Mitbestimmungsrechte. Hinsichtlich der Reichweite seiner Rechte ist der EBR grundsätzlich mit einem europäischen Wirtschaftsausschuss vergleichbar, ähnlich wie ihn das BetrVG für deutsche Unternehmen mit mehr als 100 Beschäftigten vorsieht[1617], oder auch mit einem Betriebsrat nach französischem Vorbild.

V. Änderung durch EBR-RL 2009

Inhaltlich bestehen zwischen der EBR-RL 1994 und der EBR-RL 2009 nur marginale Unterschiede. Hier ist vor allem auf die folgenden Änderungen hinzuweisen:

Erklärte Ziele der Neufassung sind, die gemeinschaftlichen Rechtsvorschriften im Bereich der länderübergreifenden Unterrichtung und Anhörung der Arbeitnehmer zu modernisieren, die Zahl der Europäischen Betriebsräte zu erhöhen und eine bessere Abstimmung der gemeinschaftlichen Rechtsinstrumente im Bereich der Unterrichtung und Anhörung der Arbeitnehmer zu gewährleisten[1618]. Daneben soll die Rechtssicherheit für alle EBR-Beteiligten, sowohl auf Arbeitgeber- als auch auf Arbeitnehmerseite, erweitert werden. Die EBR-RL 2009 enthält daher einige Klarstellungen und Änderungen in den Verfahrensregeln.

Um eine geeignete Abstimmung zwischen der einzelstaatlichen und der länderübergreifenden Ebene zu ermöglichen und um mehr Rechtssicherheit bei der

---

1613 §§ 29, 30 EBRG.

1614 § 29 I EBRG. § 29 II EBRG listet in zehn Unterpunkten die besonders relevanten Aspekte auf.

1615 § 30 EBRG. Zur Reichweite des Auskunftsanspruchs vgl. auch EuGH v. 29.03.2001, Rs. C-62/99 (*Bofrost*) sowie EuGH v. 13.01.2004, Rs. C-440/00 (*Kühne und Nagel*).

1616 § 36 EBRG.

1617 §§ 106 ff. BetrVG.

1618 Erwägungsgrund 7 EBR-RL 2009.

Anwendung der Richtlinie zu schaffen, werden nunmehr die Begriffe „Unterrichtung“ und „Anhörung“ einheitlich definiert und an die übrigen einschlägigen Richtlinien angepasst[1619]. Zudem wird der engere Ausschuss personell auf fünf Mitglieder aufgestockt und bekommt erstmals das Recht auf eigenständige Sitzungen. So sollen eine Koordinierung und höhere Effizienz der regelmäßigen Arbeit des EBR sowie im Falle außergewöhnlicher Umstände eine schnellstmögliche Unterrichtung und Anhörung ermöglicht werden[1620].

Neu ist ein Anspruch auf Anpassungen. Kommt es zu Fusionen oder anderen wesentlichen Restrukturierungen, gibt es nach der neuen EBR-RL künftig einen Anspruch auf Neuverhandlungen alter EBR-Vereinbarungen[1621].

Wird gegen die Verpflichtungen aus der EBR-RL verstoßen, sollen Sanktionen vorgesehen werden, die „wirksam, abschreckend und im Verhältnis zur Schwere der Zuwiderhandlung angemessen sind“[1622].

VI. Praxis und Bewertung

Der praktische Nutzen eines Europäischen Betriebsrats wurde bisweilen bezweifelt[1623]. Zumindest quantitativ besitzt er aber durchaus eine Signifikanz. Vor

---

1619 Erwägungsgründe 21 ff., Art. 2 I f), g) EBR-RL 2009.

1620 Erwägungsgründe 30, 44 S. 3, Anhang I 1 d) EBR-RL 2009. Vgl. auch die Neuformulierung in Anhang I 1 d), die nun programmatisch ausdrücklich auf die Sicherstellung der Koordination abstellt.

1621 Erwägungsgründe 28, 40, Art. 6 II g), 13 EBR-RL 2009. Wann genau eine „wesentliche“ Strukturänderung vorliegen soll, die diesen Anspruch auslöst, wird freilich nicht festgelegt.

1622 Erwägungsgrund 36 EBR-RL 2009. Welche Sanktionen das konkret sein werden, ist den Mitgliedstaaten überlassen. Zu den Sanktionsmöglichkeiten in Deutschland vgl. §§ 44, 45 EBRG. Die Sozialkammer der französischen *Cour de Cassation* bejahte in einer Entscheidung vom 16.01.2008, Rs. *Gaz de France, Suez* (*N° de pourvoi: 07–10597*) einen Unterlassungsanspruch des EBR und erklärte, dass Aufsichts- und Verwaltungsräte multinationaler Unternehmen keine Fusion mit anderen Unternehmen beschließen dürften, bevor die Anhörung des EBR nicht vollständig und korrekt abgeschlossen worden sei. Zu diesem Verfahren gehöre auch eine betriebswirtschaftliche Analyse durch Beratungsgesellschaften, die der EBR selbst auswählen kann. Der EBR habe ein eigenständiges Beteiligungsrecht, unabhängig von den Rechten der Betriebsräte einzelner Länder; Entscheidungstext unter http://www.legifrance.gouv.fr/affichJuriJudi.do?oldAction=rechExpJuriJudi&idTexte=JURITEXT000017963436&fastReqId=1943601743&fastPos=134 (französisch); vgl. auch EBR-News Nr. 01/2009 vom 20.03.2009.

1623 *Thüsing*, EuropArbR, § 10, Rn. 16 referiert die Kritik der Arbeitgeberseite, nach der der EBR als *„Tourismusveranstaltung für Betriebsräte“* abgetan wurde, ein praktischer Nutzen aber nicht gegeben sei. *Henssler* billigt dem EBR gleichwohl und wohl zu Recht einen nicht zu vernachlässigenden Einfluss zu und führt das Einzelbeispiel der Schließung des *Renault*-Werks *Vilvoorde* in Belgien an. Französische Gerichte hatten dort die geplante Schließung untersagt, solange nicht

Inkrafttreten der Richtlinie gab es entsprechende Verfahren und Gremien nur in wenigen Einzelfällen[1624]. Im Jahre 2009 zählte das Europäische Gewerkschaftsinstitut (*European Trade Union Institute – ETUI*[1625]) immerhin insgesamt 938 europaweit tätige Unternehmen mit einem EBR. Das entspricht etwas mehr als einem Drittel der EBR-pflichtigen Unternehmen, die etwa zwei Drittel der unter die Richtlinie fallenden Arbeitnehmer beschäftigen. Hierbei finden sich die meisten EBR im Montansektor[1626]. Dieser Trend entwickelte sich langsam weiter fort. 2011 gab es nach Angaben der EU-Kommission rund 970 EBR, die absolut mehr als 15 Mio. Arbeitnehmer vertreten[1627]. Die entsprechenden Verfahren wurden also auf eine etwas breitere Basis gestellt.

Größtes Verdienst der EBR-RL in rechtsdogmatischer Hinsicht ist aber zweifellos, dass in ihr die Verhandlungslösung für eine Form der Arbeitnehmerbeteiligung erstmals aus dem rein nationalen Kontext gelöst und auf europäischer Ebene etabliert wurde. Sie ermöglichte so erstmalig, trotz unterschiedlichster nationaler Ausgangspositionen zu einer einheitlichen Lösung zu gelangen und einen Ausgleich zwischen den nicht immer synchronen Interessen zwischen den Belegschaften in den verschiedenen Mitgliedstaaten zu erreichen[1628].

Im Ergebnis führt dies weg von einer „geschlossenen Gesetzgebung“ und hin zu einem Programm, das sowohl hinsichtlich seines Prozederes als auch seiner Ergebnisse offen ist.

Kritisiert wurde darum ursprünglich, dass *„als Folge von Subsidiarität, Optionalität, Freiwilligkeit und prozeduralem Charakter von der ursprünglich angestrebten europäischen Einheitlichkeit nur noch wenig übrig“* bleibe[1629]. Wenn man „europäische Einheitlichkeit“ an bestimmten materiellen unterschiedslosen

---

der EBR der *Renault*-Gruppe ordnungsgemäß unterrichtet und angehört wird; *Henssler* in *Henssler/Braun*, EuropArbR, Rn. 90 a.E., 91.

1624 So werden bei *Henssler* siebzehn einzelne Unternehmen mit freiwilligen Vereinbarungen aufgezählt, darunter z.B. *Airbus, BSN-Gervais-Danone, Elf-Aquitaine, Ford, Rhône-Poulenc-Rorer, Thyssen* und *VW*; allesamt jedenfalls bedeutende „Schwergewichte“ ihrer jeweiligen Branche.

1625 Das *ETUI* (vollständig ehemals *European Trade Union Institute – Research, Education, Health and Safety – ETUI-REHS/Institut syndical européen pour la recherche, la formation et la santé-sécurité*) ist eine wissenschaftliche Abteilung des europäischen Dachgewerkschaftsbundes *European Trade Union Conference – ETUC*; Eigendarstellung unter http://www.etui.org/.

1626 *Henssler/Braun*, EuropArbR, Fn. 256. Die *ETUI*-Statistik ist abrufbar unter http://www.ewcdb.eu/documents/wwwewcdbeustats.pdf. Demnach gab es im Montansektor absolut 350 EBR, gefolgt vom Chemiesektor mit ca. 200 EBR. Bemerkenswert ist die regionale Verteilung. Nach dem Sitz der Hauptverwaltung befanden sich von diesen EBR ca. 160 in Deutschland, ca. 150 in den USA und ca. 120 im Vereinigten Königreich.

1627 Kommission, EBR-RL 2011, S. 2.

1628 *Thüsing*, EuropArbR, § 10, Rn. 32 f.; vgl. auch *Henssler*, ZHR 173 (2009), S. 222, 225.

1629 Experte *Höhland* in Kommission Mitbestimmung 1998, S. 107 ff.

Ergebnissen festmachen will, trifft das möglicherweise zu. Stellt man hingegen mehr auf die Bereitstellung eines funktionierenden Rahmens ab, in dem individuelle Lösungen möglich werden, erscheint diese Wertung angreifbar. Zumindest, dass nach mehr als zwanzig Jahren Verhandlungen überhaupt ein Konsens erzielt werden konnte, der zudem, wie die Zeit gezeigt hat, die Sozialpartner im Großen und Ganzen überzeugt, stellt einen bemerkenswerten Erfolg dar. Zudem wurde den Arbeitnehmern und ihren Vertretern erstmals überhaupt auf europäischer Ebene ein umfassendes und grenzüberschreitendes gesetzliches Recht auf Unterrichtung und Anhörung eingeräumt. Dass diese Befugnisse aus deutscher Perspektive qualitativ zurückbleiben, insbesondere keine Mitentscheidungsrechte verschaffen, ändert nichts an der Bedeutung auf übergeordneter Ebene und am Wert des Instruments selbst. Jedenfalls ebnete der EBR den Weg für weitere Entwicklungen.

B. Arbeitnehmerbeteiligung in der Societas Europaea – RL 2001/86/EG[1630]

I. Hintergrund

Der wohl bedeutendste folgende Entwicklungsschritt war die Schaffung der SE als erster tatsächlich supranationaler Rechtsform.

Angesichts immer offenerer Grenzen verlangte die Wirtschaft zunehmend nachdrücklicher nach einem Weg, bestehende Unternehmen aus verschiedenen Mitgliedstaaten über die Grenzen hinweg zu einer neuen, konkurrenzfähigen Einheit „aus einem Guss“ formen zu können. Die Gemeinschaftsorgane griffen dies auf und ergriffen wiederholt Initiativen zur Errichtung einer überstaatlichen börsenfähigen Kapitalgesellschaft sui generis. Allerdings erwiesen sich die unterschiedlichen mitgliedstaatlichen Standpunkte insbesondere zur Arbeitnehmerbeteiligung ungeachtet engagierter (vor allem rechtspolitischer)

1630 *Behrens* in *Dauses*, EUWR, E III, Rn. 155 ff.; *Henssler* in *Henssler/Braun*, EuropArbR, Rn. 93 ff.; *Thüsing*, EuropArbR, § 10, Rn. 20 ff.; *Riesenhuber*, EuArbR, § 29, Rn. 1ff; *Ulmer/Habersack/Henssler*, MitbestG, Einl., Rn. 79, §§ 34 bis 36 *Kleinsorge* in *Fitting/Wlotzke/Wißmann/Koberski/Kleinsorge*, MitbestR, EU-Recht, Rn. 4 ff.; *Lutter/Bayer/J. Schmidt*, EuropUR 2012, § 41, Rn. 186 ff.; sowie nunmehr auch *Schulte-Wrede*, Europ. Arbeitnehmerbeteiligung, S. 538 ff.; *Junker*, ZfA 2005, S. 1, 16 ff.; *Kisker*, RdA 2006, S. 206, 207 f.; *Habersack*, ZHR 171 (2007), S. 613 ff.; *Henssler*, ZHR 173 (2009), S. 222, 222 ff.; *Eidenmüller/Engert/Hornuf*, EBOR 2009, S. 1 ff (insbes. S. 8 f., 26 ff.); *Stollt/Wolters*, SE Handbook 2011, S. 23 ff.; informativ die Zusammenstellungen der Kommission unter http://ec.europa.eu/internal_market/company/se/index_de.htm; aktualisierte Darstellungen finden sich auch unter http://www.worker-participation.eu/European-Company (englisch).

Diskussionen mehr als vier Jahrzehnte lang als unüberbrückbar[1631], da sich an diesem Punkt erstmals die Frage entschied, „wie weit ‚Europa' konkret gehen soll", ob und wie bestehende Unterschiede nivelliert oder überbrückt werden sollten. Vor dem Hintergrund äußerst unterschiedlicher Regelungen und erheblich abweichender politischer Bedeutung barg dieser Aspekt beträchtliches Unsicherheitspotential. Mit der Verhandlungslösung aus der EBR-RL war nun auch ein Modell zur Überbrückung dieser Unterschiede etabliert. Die Blaupause für die SE war gefunden.

Gleichwohl konnte eine Einigung schlussendlich auch nur durch einen ebenso komplizierten wie formalistischen Kunstgriff erzielt werden. Man trennte hierzu die gesellschaftsrechtliche Regulierung der SE von der Frage der Arbeitnehmerbeteiligung ab und normierte sie in unterschiedlichen Rechtsakten, die man aber als einheitliches Statut gleichzeitig verabschiedete.

Rechtsgrundlage für die Europäische Gesellschaft selbst ist die SE-VO[1632], die hinsichtlich der Arbeitnehmerbeteiligung durch die SE-RL[1633] flankiert wird. Letztere bildet einen europaweit einheitlichen Rechtsrahmen, in dem für die Mitgliedstaaten gewisse Spielräume für individuelle, national gewünschte Abweichungen möglich bleiben. Der Rückgriff auf das Regelungsinstrument Richtlinie trug darum entscheidend zur Kompromissfindung im Rat bei[1634]. Letztlich wurde damit aber auch die ursprüngliche Idee eines einheitlichen europäischen Modells der Arbeitnehmerbeteiligung endgültig aufgegeben[1635]. Erreicht wird ein Mehr an

1631 Zur Entwicklung der SE seit den ersten Vorschlägen durch den Europarat 1956, von *Thibièrge* 1959 und *Sanders* 1966 sowie durch die Kommission ab 1966 und den Arbeiten der *Davignon*-Gruppe 1997 monographisch *Mävers*, SE-Mitbestimmung 2002, S. 87 ff., zum Erfolg der *Davignon*-Gruppe dort S. 294 ff.; *Mävers* mutmaßt mit gutem Grund, dass das Projekt ohne den Durchbruch bei der EBR-RL endgültig gescheitert wäre, ebd., S. 291; konkret im Hinblick auf die Mitbestimmungsproblematik daneben *Helms*, EPG 1998, S.72 ff. Zusammenfassend außerdem *Thüsing*, EuropArbR, § 10, Rn. 21 ff.; *Behrens* in *Dauses*, EUWR, E III, Rn. 155 ff.; *Roth*, EuLF 2000/2001, S. 396, 397 ff.; *Eurofound*, SE-Studie 2011, S. 9 f.

1632 Verordnung (EG) Nr. 2157/2001 des Rates vom 8.10.2001 über das Statut der Europäischen Gesellschaft (SE), ABl. L 294 vom 10.11.2001, S. 1, zuletzt geändert durch Verordnung (EG) Nr. 1791/2006 des Rates vom 20. November 2006, ABl. L 363 vom 20.12.2006, S. 1.

1633 Richtlinie 2001/86/EG des Rates vom 8. Oktober 2001 zur Ergänzung des Statuts der Europäischen Gesellschaft hinsichtlich der Beteiligung der Arbeitnehmer, ABl. L 294 vom 10.11.2001, S. 22. Die Bestimmungen der SE-RL stellen eine *„untrennbare Ergänzung"* der SE-VO dar, Erwägungsgrund 19 S. 2 SE-VO. Dementsprechend verbindet Art. 12 II SE-VO Richtlinie und Verordnung miteinander. Die Umsetzung der SE-RL in der gesamten EU dauerte (trotz eigentlicher Frist bis zum Oktober 2004) bis Anfang 2007.

1634 Vgl. *Thüsing*, EuropArbR, § 10, Rn. 20 a.E.

1635 Vgl. auch den vergleichsweise zurückgenommenen Wortlaut von Erwägungsgrund 5 SE-RL: *„Angesichts der in den Mitgliedstaaten bestehenden Vielfalt an*

Harmonie, aber keine echte Kongruenz. Das birgt bei Abweichungen eine gewisse Unsicherheit (näher dazu sogleich unter V.) Eine echte Uniformität der Rechtsform gibt es aber ohnehin nicht, da die SE-VO für alle Bereiche außerhalb der Verordnung und der Satzung auf mitgliedstaatliches (Aktien-)Recht verweist, sich jede SE also ohnehin zu einem beträchtlichen Teil auch nach nationalem Recht bemisst[1636]. SE-VO und SE-RL traten 2004 in Kraft.

Der deutsche Gesetzgeber hat die regulatorische Trennung mit dem SE-Ausführungsgesetz (SEAG)[1637] und dem SE-Beteiligungsgesetz (SEBG)[1638] übernommen.

II. Grundkonzeption

Ebenso wie die EBR-RL setzt auch die SE-RL vorrangig auf eine freiwillige Vereinbarung der Arbeitnehmerbeteiligung, deren konkrete Ausgestaltung zwischen einem Besonderen Verhandlungsgremium der Arbeitnehmer und den beteiligten Unternehmensleitungen ausgehandelt wird. Nur bei Scheitern der Verhandlungen findet eine mitgliedstaatliche Auffangregelung Anwendung, bei der wiederum die bisherige Mitbestimmungslage in den beteiligten Gesellschaften berücksichtigt wird. Hierbei werden die bereits erworbenen Beteiligungsrechte geschützt. Anders als die meisten nationalen Rechtsordnungen verzichtet die SE-RL daher auf die Festlegung von eigenen Schwellenwerten. Der in den Gründungsgesellschaften schon vorhandene Bestand an Beteiligungsrechten soll grundsätzlich auch in der SE gegeben sein, eine Flucht aus der Mitbestimmung soll ebenso verhindert

Regelungen und Gepflogenheiten für die Beteiligung der Arbeitnehmervertreter an der Beschlussfassung in Gesellschaften ist es nicht ratsam, ein auf die SE anwendbares einheitliches europäisches Modell der Arbeitnehmerbeteiligung vorzusehen." *Kisker*, RdA 2006, S. 206, 206, spricht in diesem Zusammenhang zu recht von einem *„Strategiewechsel"*, der aber gleichzeitig das Erfolgsgeheimnis darstellte.

1636 Vgl. Art. 9 SE-VO mit der darin enthaltenen Normenpyramide. Insgesamt ergeben sich hierdurch neun Regelungsebenen. Das kann durchaus kritisch gesehen werden.

1637 Gesetz zur Ausführung der Verordnung (EG) Nr. 2157/2001 des Rates vom 8. Oktober 2001 über das Statut der Europäischen Gesellschaft (SE) (SE-Ausführungsgesetz – SEAG) vom 22.12.2004 (BGBl. I S. 3675), zuletzt geändert durch Gesetz vom 30.07.2009 (BGBl. I S. 2479). Die Gesetzesänderung betrifft die Neufassung durch das Gesetz zur Umsetzung der Aktionärsrechterichtlinie (ARUG). Eine Verordnung gilt zwar unmittelbar in jedem Mitgliedstaat und bedarf keiner Umsetzung (Art. 288 II AEUV), die SE-VO machte aber aufgrund ihrer Wahlrechte und Verweisungen auf das nationale Recht ein Ausführungsgesetz notwendig.

1638 Gesetz über die Beteiligung der Arbeitnehmer in einer Europäischen Gesellschaft (SE-Beteiligungsgesetz – SEBG) vom 22.12.2004 (BGBl. I S. 3675, 3686). Zur Umsetzung insgesamt BT-Drucks. 15/3405, insbes. S. 30 ff.

werden wie ihre Ausdehnung („Vorher-Nachher-Prinzip")[1639]. In der Literatur findet sich die griffige Devise *„no escape, no extension"*[1640]. Die Kernfaktoren lassen sich also schlagwortartig zusammenfassen mit Vereinbarungslösung, Auffangregelung und Bestandsschutz.

Der grundsätzliche Ansatz ist dabei einheitlich und umfassend, er beschränkt sich also nicht nur auf die unternehmerische Mitbestimmung, sondern erstreckt sich auch auf Unterrichtung und Anhörung[1641]. Infolgedessen betrachtet auch das deutsche SEBG die Beteiligung auf betrieblicher Ebene und die Unternehmensmitbestimmung als Einheit und weicht so von der traditionellen deutschen Sichtweise ab[1642]. Mit der SE war es für ein Unternehmen somit erstmals möglich, ein Arbeitnehmerbeteiligungsmodell auszuhandeln und es spezifisch auf die Bedürfnisse des Unternehmens oder Konzerns zuzuschneiden, ohne die ansonsten obligatorischen nationalen Regelungen einhalten zu müssen.

III. Verfahren

Der Weg zum unternehmensindividuellen Beteiligungsmodell ist jedoch recht mühsam.

Zunächst muss überhaupt die Grundsatzentscheidung zur Gründungsweise einer SE getroffen werden. Es gilt ein numerus clausus der Gründungsformen. Möglich sind Verschmelzung, Gründung einer Holding bzw. Tochtergesellschaft oder Umwandlung. Eine Gründung *ex nihilo* („auf der grünen Wiese") ist jedoch nicht vorgesehen[1643]. Eine SE setzt also stets mindestens eine bereits bestehende Gesellschaft voraus[1644]. Daneben bedarf es grundsätzlich zwingend eines grenzüberschreitenden Elements, abhängig von der jeweiligen Gründungsform. Ausnahme

1639 Vgl. Erwägungsgründe 21 SE-VO, 3 S. 1, 7, 18; Art. 1 II SE-RL; § 1 I S. 2 SEBG. Erwägungsgrund 18 S. 1 erklärt die Sicherung erworbener Rechte zum *„fundamentalen Grundsatz und erklärten Ziel dieser Richtlinie"*.

1640 So *Davies*, ECGI 2010, S. 3. *Henssler*, ZHR 173 (2009), S. 222, 224, 231 spricht vom *„Modell der Mitbestimmungskonservierung"*; *Junker*, NJW 2004, S. 728, 730, kommentiert feinsinnig, beim Vorher-Nachher-Prinzip handele es sich *„um eine Variante des Grundgesetz-Artikels Null („Soziale Besitzstände sind unantastbar")"*.

1641 Vgl. Art. 4 I SE-RL, der auf „die Beteiligung der Arbeitnehmer innerhalb der SE" insgesamt abstellt, was wiederum gem. Art. 2 h) SE-RL jedes Verfahren, einschließlich Unterrichtung, Anhörung und Mitbestimmung umfasst, durch das die Arbeitnehmervertreter auf die Beschlussfassung Einfluss nehmen können. Für deutsche Betriebsstätten bleibt die betriebliche Mitbestimmung nach dem BetrVG allerdings unberührt, da sie nicht dispositiv ist, *Rieble*, BB 2006, Fn. 20.

1642 Vgl. § 21 SEBG.

1643 Vgl. Art. 2 SE-VO, dort Abs. 1 (Verschmelzung), 2 (Holding), 3 (Tochter-SE) und 4 (Umwandlung).

1644 Darum sind auch natürliche Personen von der Gründung einer SE ausgeschlossen.

ist die Gründung einer Tochter-SE durch eine Mutter-SE als sog. sekundäre Gründungsform[1645].

Zudem muss eine Entscheidung über die Organisationsverfassung erfolgen, sprich ob die zukünftige SE monistisch oder dualistisch organisiert werden soll. Diese Grundsatzentscheidungen werden allein von den Leitungsorganen der Gründungsgesellschaften gefällt.

Nach Aufstellung des Gründungsplans müssen die Leitungs- bzw. Verwaltungsorgane der beteiligten Gesellschaften so rasch wie möglich die erforderlichen Schritte für die Aufnahme von Verhandlungen mit den jeweiligen Arbeitnehmervertretern über die Vereinbarung einer Beteiligung der Arbeitnehmer in der SE einleiten[1646]. Hierzu wird als Vertretung der Arbeitnehmer ein Besonderes Verhandlungsgremium eingesetzt[1647], das dann mit den jeweils zuständigen Organen der beteiligten Gesellschaften eine Vereinbarung über die konkrete Ausgestaltung der Arbeitnehmervertretung, deren Unterrichtungs- und Anhörungsbefugnisse, die Unternehmensmitbestimmung und die Sachausstattung aushandelt[1648]. Hierbei können individuelle Präferenzen berücksichtigt werden. Beispielsweise ist es auch möglich, ein „Weniger“ im Bereich der unternehmerischen Mitbestimmung durch ein „Mehr“ bei der betrieblichen Beteiligung auszugleichen[1649]. Um

---

1645 Zur Sekundärgründung Art. 3 II SE-VO.

1646 Art. 3 I SE-RL; § 4 II SEBG. Es handelt sich um eine Obliegenheit der Unternehmensleitung. Die Arbeitnehmer spielen hier, anders als beim EBR, keine Rolle. Zur Legaldefinition „Beteiligung der Arbeitnehmer“ vgl. Art. 2 h) sowie i)–k) SE-RL.

1647 Zu dessen (mitunter recht komplexen) Zusammensetzung vgl. Art. 3 II SE-RL; §§ 5 ff. SEBG. Wesentlich ist hier die Gleichbehandlung aller Arbeitnehmer, egal ob in- oder ausländisch.

1648 Vgl. Art. 4 II SE-RL; §§ 1 II, 21, 22 ff. SEBG. Leitlinie ist der Wille zur Verständigung, Art. 4 I SE-RL. Kritisch dazu, dass dann der Vorstand bzw. Geschäftsführer als Sachwalter der Anteilseignerinteressen angesehen wird (und beim Rechtsformwechsel sogar beträchtlichen Einfluss auf die Ausgestaltung des Organs nehmen kann, das ihn später kontrollieren soll) *Henssler*, ZHR 173 (2009), S. 222, 237 ff. Zuzustimmen ist ihm jedenfalls darin, dass eine Mitbestimmungsvereinbarung aufgrund ihrer beträchtlichen Auswirkungen auf die Unternehmensverfassung weit über den Aufgabenbereich der täglichen Geschäftsführung hinausgeht (vgl. ebd., S. 239). Das kann auch soweit führen, dass Geschäftsordnungs- bzw. Satzungsautonomie betroffen sein können. Für eine nationale Regelungsermächtigung, über die die jeweiligen Anteilseigner in die Verhandlungen eingebunden würden, darum *AAK,* ZIP 2009, S. 698, 699.

1649 Art. 4 I SE-RL regelt den möglichen Inhalt der Vereinbarung, bezieht sich aber seinem ausdrücklichen Wortlaut nach nicht nur auf die Mitbestimmung im engeren Sinn, sondern erstreckt sich auf die „Beteiligung der Arbeitnehmer in der SE“. Damit sind auch die Beteiligungsfragen auf betrieblicher Ebene erfasst, vgl. die Definition in Art. 2 h) SE-RL. Kritisch hierzu *AAK,* ZIP 2009, S. 698, 699;

die Verhandlungen möglichst weit fassen zu können nimmt die SE-RL die SE und ihre Tochtergesellschaften von der Geltung verschiedener anderer Richtlinien, darunter u.a. auch die EBR-RL, aus[1650]. Soweit die nationalen Umsetzungsgesetze Regelungen über die Mitbestimmung treffen, werden die übrigen nationalen Mitbestimmungsregeln verdrängt. Sonstige nationale Regeln bleiben unberührt[1651].

Das Verfahren für Wahl oder Bestellung der Mitglieder des Besonderen Verhandlungsgremiums legen die Mitgliedstaaten fest, so dass sich hier u.a. auch zeitliche Abweichungen ergeben können[1652]. Die Dauer der anschließenden Verhandlungen beträgt grundsätzlich sechs Monate, jedoch können die Parteien einvernehmlich beschließen, sie auf bis zu insgesamt ein Jahr auszudehnen[1653]. Insgesamt kann somit von der Etablierung des Besonderen Verhandlungsgremiums bis zum Abschluss einer Vereinbarung mehr als ein Jahr vergehen. Das Verfahren lässt sich weder umgehen noch abkürzen. Selbst wenn das Unternehmen anbietet, das vor Verschmelzung bzw. Umwandlung bestehende Mitbestimmungsniveau beizubehalten, ist es nicht möglich, auf die Durchführung des Verhandlungsverfahrens zu verzichten[1654]. Zurückzuführen ist das auch darauf, dass die SE-RL eben nicht nur die Mitbestimmung sondern auch Unterrichtung und Anhörung als weitere Ausprägungen der Arbeitnehmerbeteiligung erfasst und auch hierfür das Verhandlungsverfahren vorsieht[1655].

---

aus praktischen Gründen solle es sich empfehlen, zwei voneinander getrennte Vereinbarungen für betriebliche Beteiligung und Mitbestimmung vorzuschreiben, da so das nationale Aktienrecht abgestimmte Verfahren für die Einbindung der Aktionäre vorhalten könne. Für beide Vereinbarungen soll das Besondere Verhandlungsgremium einheitlich zuständig bleiben. Das erscheint als wenig pragmatisch und könnte die Verhandlungsoptionen verkürzen. Zur Frage, ob im Rahmen einer Mitbestimmungsvereinbarung eine Auslagerung der Mitbestimmung in einen externen Konsultationsrat möglich ist, *Jacobs*, FS K. Schmidt 2009, S. 795, 813.

1650 Art. 13 SE-RL.

1651 *Kleinsorge* in *Fitting/Wlotzke/Wißmann/Koberski/Kleinsorge*, MitbestR, EU-Recht, Rn. 21.

1652 Vgl. Art. 3 II b) S. 1 SE-RL. Deutschland z.B. sieht in § 11 SEBG zur Wahl oder Bestellung der Mitglieder eine Frist von zehn Wochen vor. Österreich hingegen macht keine konkrete zeitliche Vorgabe, vgl. §§ 217 ff. ArbVG.

1653 Art. 5 SE-RL; § 20 SEBG.

1654 Bemerkenswert in diesem Zusammenhang *Henssler*, der unter dem Schlagwort *„Festina lente“* (bekanntlich die Devise des Kaisers Augustus) darauf hinweist, dass börsennotierte Gesellschaften nach § 15 I 1 WpHG die Öffentlichkeit *ad hoc* über ihren Gründungsentschluss informieren müssen, bevor sie das Verhandlungsverfahren einleiten können. Er resümiert *„Ad-hoc beginnt eine bis zu einem Jahr andauernde Schwebezeit: Hier treffen ersichtlich unterschiedliche Welten aufeinander“*, *Henssler*, ZHR 173 (2009), S. 222, 229. Praktisch soll jedoch bereits die Sechsmonatsfrist kaum je voll ausgeschöpft werden, *Ernst & Young*, SE-Studie 2009, S. 241.

1655 *Habersack*, ZHR 171 (2007), S. 613, 624; *Teichmann*, Der Konzern 2007, S. 89, 91.

Inhaltlich sind die Verhandlungen grundsätzlich recht frei, die SE-RL macht keinerlei Vorgaben dahingehend, wie eine Beteiligungsvereinbarung ausgestaltet sein muss[1656]. Werden z.B. in die Vereinbarung keine Strukturanpassungsklauseln aufgenommen, ist somit auch ein „Einfrieren der Mitbestimmung" auf einem gewissen Niveau möglich. Aber auch eine Minderung oder gar vollständige Abschaffung der Beteiligungsrechte ist als Ergebnis denkbar, hängt allerdings an einer qualifizierten Zweidrittelmehrheit im Besonderen Verhandlungsgremium[1657]. Beachtlich ist, dass sich der Gemeinschaftsgesetzgeber in diesem

---

1656 Auch das deutsche SEBG regelt den Inhalt der Mitbestimmungsvereinbarung lediglich in § 21. Vgl. ausführlich *Jacobs*, FS K. Schmidt 2009, S. 795 ff.

1657 In der Tat ist die Reichweite des Verhandlungsmandats zumindest nicht eindeutig bestimmt. Dem Grundgedanken zum Schutz der erworbenen Rechte folgend sieht die SE-RL aber bestimmte Abstimmungsregelungen beim Besonderen Verhandlungsgremium vor. Grundsätzlich beschließt es mit der absoluten Mehrheit seiner Mitglieder, Art. 3 IV S. 1 SE-RL; § 15 II SEBG. Hat der Beschluss jedoch die Minderung der Mitbestimmungsrechte zur Folge, bedarf es dafür grundsätzlich einer qualifizierten Zweidrittelmehrheit, Art. 3 IV S. 3, 4 SE-RL; § 15 III SEBG. Dies wiederum gilt nicht, wenn die Mitbestimmung vor Gründung der SE nur eine Minderheit der Arbeitnehmer erfasst hat. Die entsprechenden Grenzwerte liegen bei 25% der Gesamtzahl der Arbeitnehmer in einer Verschmelzungs-SE und bei 50% in einer Holding- bzw. Tochter-SE. Für die Umwandlungs-SE ist eine Minderung für „alle Komponenten der Arbeitnehmerbeteiligung" explizit ausgeschlossen, Art. 4 IV SE-RL; § 21 VI SEBG (allerdings ist der Begriff praktisch interpretationsbedürftig); dazu *Henssler* in *Henssler/Braun*, EuropArbR, Rn. 95; *ders.*, ZHR 2009, S. 222, 241 f., *Jacobs*, FS K. Schmidt 2009, S. 795, 800. Die unterschiedlichen Mehrheiten reflektieren nach dem europäischen Gesetzgeber ein jeweils angemessenes Verhältnis zur Gefahr der Beseitigung bzw. Einschränkung der bestehenden Mitbestimmung. Diese Gefahr wird bei einer Umwandlungs- bzw. Verschmelzungs-SE als größer erachtet, als bei eine Holding- bzw. Tochter-SE; Erwägungsgrund 10 SE-RL. Die Gleichbehandlung von Tochter- und Holding-SE trotz faktisch unterschiedlicher Risiken für die Arbeitnehmerbeteiligung kann aber durchaus kritisiert werden und hat praktisch dazu geführt, dass die Tochter-SE von bereits mitbestimmten Gründungsgesellschaften kaum genutzt wird, vgl. *Henssler*, ZHR 173 (2009), S. 222, 231 f. Und auch die gewählten Mehrheiten lassen sich hinterfragen, da sie faktisch dazu führen können, dass z.B. eine Minderheit der Arbeitnehmer eine von der Mehrheit gewünschte Minderung der Mitbestimmungsrechte verhindert oder, anderes Beispiel, bei der Verschmelzung ebenfalls eine kleine Minderheit der großen Mehrheit ein bestimmtes Mitbestimmungsmodell aufzwingen kann, was diese möglicherweise gar nicht will. Sind diese Hürden jedoch genommen, lässt sich auch ein bestehendes Mitbestimmungsstatut *„rückstandsfrei entsorgen"*, *Rieble*, BB 2006, S. 2018, 2020. Dieses Ergebnis ist, zumindest theoretisch, aber auch denkbar, wenn das Besondere Verhandlungsgremium mit qualifizierter doppelter Zweidrittelmehrheit beschließt, keine Verhandlungen aufzunehmen oder bereits begonnenen Verhandlungen abzubrechen. Ist ein solcher Beschluss gefasst, finden die Regelungen über den

Zusammenhang erstmals dafür entschieden hat, etwaige qualitative Unterschiede bei der Mitbestimmung unberücksichtigt zu lassen. Stattdessen definiert er die „Minderung der Mitbestimmungsrechte" dahingehend, dass der (arbeitnehmerbeeinflusste) Anteil der Mitglieder der Organe der SE geringer ist als der höchste in den beteiligten Gesellschaften geltende Anteil[1658]. Er entscheidet sich damit für ein ausschließlich quantitatives Kriterium. Allerdings liegt hier ein wichtiges Detail. Denn das Recht, Kandidaten für die Hälfte der Sitze im Gremium zu empfehlen, ist quantitativ bedeutsamer als das Recht, ein Drittel der Plätze direkt zu besetzen[1659].

Normiert ist weiterhin, dass eine SE nicht dazu missbraucht werden darf, Arbeitnehmern Beteiligungsrechte zu entziehen oder vorzuenthalten. Jedoch hat der Gemeinschaftsgesetzgeber seinerseits den Begriff des „Missbrauchs" nicht definiert. Die entsprechenden Maßnahmen treffen die Mitgliedstaaten, so dass sich in der Anwendung eine entsprechende Bandbreite ergibt[1660].

Kommt es innerhalb des Verhandlungszeitraums zu einer Vereinbarung, richtet sich die Arbeitnehmerbeteiligung in der SE alleine nach dieser[1661]. Scheitern die Verhandlungen oder wird kein Ergebnis erzielt, gilt als Auffangregelung grundsätzlich das Recht des Mitgliedstaats, in dem die SE ihren Sitz haben wird, das aber modifiziert wird. Hierzu ist jeder Mitgliedstaat verpflichtet, eine Auffangregelung einzuführen.

Die Auffangregelung wiederum unterscheidet sich im Hinblick auf Unterrichtung und Anhörung und Mitbestimmung voneinander.

Ggf. haben sich Unterrichtung und Anhörung inhaltlich nach den Mindestvorgaben des Anhangs der SE-RL zu richten. Unter anderem ist in diesem Zusammenhang ein besonderes eigenständiges Vertretungsorgan einzurichten[1662].

SE-Betriebsrat kraft Gesetzes und diejenigen über die Mitbestimmung kraft Gesetzes keine Anwendung, Art. 3 VI SE-RL, § 16 II 2 SEBG. Dann wäre die SE mitbestimmungsfrei (das gilt allerdings nicht in einer durch Umwandlung gegründeten SE, wenn in der umzuwandelnden SE eine Mitbestimmung besteht, Art. 3 VI UAbs. 3 SE-RL). In betriebsverfassungsrechtlicher Sicht käme es zur Anwendung des EBRG als Mindeststandard an Arbeitnehmerbeteiligung, § 16 I 3 SEBG; *Kleinsorge* in *Fitting/Wlotzke/Wißmann/Koberski/Kleinsorge*, MitbestR, EU-Recht, Rn. 22, 38; *Habersack*, ZHR 171 (2007), S. 613, Fn. 43. Zum Verhältnis von Mitbestimmungsautonomie und Satzungsautonomie, *ebd.*, S. 626 ff.

1658 Art. 3 IV S. 4 i.V.m. Art. 2 k) SE-RL.

1659 Vgl. *Davies*, ECGI 2010, Fn. 59, *Van het Kaar/Zaal* in *Zaman/Schwarz*, EPC 2009, S. 168.

1660 Vgl. Art. 11 SE-RL; § 43 SEBG, der insofern eine Vermutung aufstellt, die aber weniger präzise gefasst ist als z.B. die des österreichischen § 229 ArbVG.

1661 Insbesondere finden mitgliedstaatliche Mitbestimmungsrechte dann keine Anwendung mehr, vgl. Art. 13 II, III a) SE-RL; § 47 I Nr. 1 SEBG.

1662 Art. 7 I i.V.m. Anhang Teil 1 und 2 SE-RL. Dort werden Wahl und Zusammensetzung des Vertretungsorgans geregelt und seine Mitwirkungsrechte definiert. Regelmäßig einmal im Jahr muss es vom Leitungsorgan über grenzüberschreitende

Demgegenüber orientiert sich die Auffangregelung im Hinblick auf die Mitbestimmung am Status quo der gründenden Gesellschaften und bewirkt grundsätzlich eine Fortgeltung des höchsten bisherigen Mitbestimmungsgrads. Die Mitgliedstaaten müssen in der Auffangregelung festlegen, dass die Arbeitnehmer in der SE einen Teil der Mitglieder des Verwaltungs- oder Aufsichtsorgans bestellen[1663]. Dabei ist einmal mehr das jeweilige Gründungsverfahren entscheidend. In einer Umwandlungs-SE gilt die bisherige Mitbestimmung mit all ihren Komponenten weiter[1664]. Bei den anderen Gründungsverfahren kommt es auf die Zahl der betroffenen Arbeitnehmer an, die bisher Mitbestimmungsrechte genossen haben. Grundsätzlich setzt sich das höchste Niveau durch, das in einer der beteiligten Gründungsgesellschaften vorher bestanden hat[1665]. Maßgeblich ist auch hier allein das quantitative Niveau, die letztliche Zahl bemisst sich nach dem höchsten maßgeblichen Anteil in den beteiligten Gesellschaften vor Eintragung der SE[1666]. Diese Arbeitnehmervertreter sind dann vollberechtigte Mitglieder des betreffenden Organs. Freilich gilt das nicht, wenn in keiner der beteiligten Gesellschaften überhaupt eine Unternehmensmitbestimmung besteht. Denn das „Vorher-Nachher-Prinzip" zielt nur darauf, bereits bestehende nationale Beteiligungsrechte zu schützen, sie nicht durch die „Umwandlung" in

---

Sachverhalte unterrichtet und angehört werden (vgl. insoweit auch Erwägungsgrund 6), darüber hinaus auch bei außergewöhnlichen Umständen, die erhebliche Auswirkungen auf die Interessen der Arbeitnehmer haben können. Stets liegt die endgültige Entscheidung aber bei der Unternehmensleitung. Für Deutschland vgl. §§ 1II 2, 22 ff., 28, 29, 34 ff. SEBG. Das SEBG wählt für das Gremium die Bezeichnung „SE-Betriebsrat".

1663 Die deutsche Auffangregelung garantiert nur den bestehenden Anteil, nicht etwa eine fixe Zahl; selbst in der Auffangregelung lässt sich also die absolute Größe des Aufsichtsrats reduzieren; § 35 II 2 SEBG.

1664 Für Deutschland vgl. § 21 VI SEBG. *Rieble*, BB 2006, S. 2018, 2020, weist insofern zutreffend darauf hin, dass auch hier Ausweichmöglichkeiten bestehen, z.B. wenn ein paritätisch mitbestimmtes Unternehmen einen anderen Errichtungsweg wählt.

1665 Art. 7 II SE-RL. Die Schwellenwerte liegen wiederum bei 25% bzw. bei 50%. Für Deutschland vgl. §§ 34 ff. SEBG. Dazu auch *Henssler*, ZHR 173 (2009), S. 222, 225. Die damit verbundene Ausdehnung des höchsten Mitbestimmungsstandards wird in der Literatur verschiedentlich als *„Konstruktionsfehler der Verhandlungs- und Auffangregelung"* bezeichnet; vgl. z.B. *Habersack*, ZHR 171 (2007), S. 613, 625; *Ulmer/Habersack/Henssler*, MitbestG, Einl. SEBG, Rn. 194.

1666 Vgl. Teil 3 b) UAbs. 1 Anhang SE-RL. Für Deutschland heißt das, falls eine paritätisch mitbestimmte AG an der SE beteiligt wird, setzt sich deren Mitbestimmungsregime durch. Konkret wird dann der, dualistische Wahl unterstellt, Aufsichtsrat der SE zur Hälfte mit Arbeitnehmervertretern besetzt. Die einzelnen Plätze werden aber international auf die jeweiligen Mitgliedstaaten verteilt, § 36 SEBG.

eine SE untergehen zu lassen. Eine „neue" Einführung von Mitbestimmungsrechten verlangt es hingegen nicht[1667], denn die SE ist *„keine originär mitbestimmte Rechtsform"*[1668].

Vereinfacht gilt, dass eine SE erst dann in das jeweilige nationale Register eingetragen werden kann, wenn zuvor das Verfahren über die Ausgestaltung der Arbeitnehmerbeteiligung ordnungsgemäß durchgeführt worden ist[1669]. Die Eintragung wirkt konstitutiv[1670] und ist jedenfalls nach deutschem Recht nicht rechtsmittelfähig[1671].

IV. Modellwirkung, insbesondere bei der SCE?

Die bei der SE gefundene Lösung diente ihrerseits als Muster für die Arbeitnehmerbeteiligung bei den weiteren europäischen Rechtsetzungsvorhaben und supranationalen Rechtsformen[1672]. Bereits 2003 wurden die Verordnung über das Statut

---

1667 Vgl. auch Anhang Teil 3 b) UAbs. 2 SE-RL sowie Kommission, Mitteilung SE-RL 2008, S. 6. Die *Davignon*-Gruppe hatte noch eine Auffangregelung vorgeschlagen, nach der die Arbeitnehmervertreter ein Fünftel der Sitze im Aufsichtsrat/*Board* besetzen, mindestens aber zwei Mitglieder stellen sollten, *Davignon*-Bericht, Abschnitte 83, 94. Der Bericht stellte also nicht auf die bisher bestehenden Beteiligungsmodelle ab, sondern schlug eine einheitliche Auffangregelung für alle SE vor. Die vergleichsweise niedrigen Beteiligungswerte in der Auffangregelung sollten als Verhandlungsanreiz für die Arbeitnehmerseite dienen. Vgl. *Thüsing*, EuropArbR, § 10, Rn. 23, 25, 29–30, 31; *Behrens* in *Dauses*, EUWR, E III, Rn. 163 f. Der Richtlinienentwurf von 1989 sah ein Wahlrecht für Anteilseigner und Arbeitnehmer zwischen vier verschiedenen Modellen vor, dem niederländischen Kooptationsmodell, dem französischen Arbeitnehmervertretungsmodell, dem englischen/schwedischen Vereinbarungsmodell und dem deutsche Repräsentationsmodell (Vorschlag der Kommission für eine Richtlinie des Rates zur Ergänzung des SE-Statuts hinsichtlich der Stellung der Arbeitnehmer vom 25.08.1989, ABl. 1989, C 263/58, geändert durch Vorschlag der Kommission vom 06.05.1991, ABl. 1991, C 138/8). Dies bedeutete eine Mitbestimmung mit demselben Ziel, aber verschiedener Reichweite. Zur Kritik am gefundenen System aus deutschem Blickwinkel *Thüsing*, ebd., Rn. 25 (*„Rührei-Theorie"*).

1668 *Habersack*, ZHR 171 (2007), S. 613, 618. Auch hier kommt es zum „Einfrieren der Mitbestimmung", nur eben auf einem „Mitbestimmungsstand Null".

1669 Vgl. Art. 12 II, III SE-VO.

1670 Art. 1 III i.V.m. 16 I SE-VO.

1671 St. Rspr. seit BGHZ 104, 61, 63.

1672 Vgl. auch die Mitteilung der Kommission an den Rat und das Europäische Parlament: Modernisierung des Gesellschaftsrechts und Verbesserung der Corporate Governance in der Europäischen Union – Aktionsplan vom 21.05.2003 (KOM (2003) 284, endg.), S. 24. Dort heißt es im Hinblick auf die seinerzeit noch geplanten Richtlinien zur Verschmelzung bzw. Sitzverlegung und das Problem der Arbeitnehmermitbestimmung: *„Die Kommission begrüßt in diesem Zusammenhang die Verabschiedung des Statuts der Europäischen Gesellschaft im Oktober 2001, das*

der Europäischen Genossenschaft SCE (*Societas Cooperativa Europaea*) und die entsprechende Richtlinie zur Arbeitnehmerbeteiligung verabschiedet, hierzulande umgesetzt durch das SCEAG und das SCEBG[1673].

Ähnlich wie das SE-Statut enthält auch das SCE-Statut für den *„Kernbereich des Organisationsstatus"* (*Behrens*) einheitliche gemeinschaftliche Vorgaben, während nicht geregelte Gegenstände dem mitgliedstaatlichen Recht bzw. der Satzung unterliegen. Die Regelungen der SCE-RL entsprechen im Wesentlichen denjenigen der SE-RL.

Die Entwicklungen verlaufen hier allerdings weit schleppender. Insbesondere hatten bis zum September 2010 gleich mehrere Mitgliedstaaten die Richtlinienvorgabe nicht in nationales Recht umgesetzt, in der die Mitgliedstaaten aufgefordert werden, geeignete Maßnahmen zu treffen, um zu verhindern, dass eine SCE dazu missbraucht wird, Arbeitnehmern Beteiligungsrechte zu entziehen oder vorzuenthalten[1674]. Die Kommission sieht darin einen Grund zur Besorgnis[1675].

---

für die Lösung ähnlicher Probleme in der Zehnten und Vierzehnten Richtlinie vielversprechende Aussichten eröffnet."

1673 Verordnung (EG) Nr. 1435/2003 des Rates vom 22.07.2003 über das Statut der Europäischen Genossenschaft (SCE), ABl. L. 207 vom 18.08.2003, S. 1 ff.; Richtlinie 2003/72/EG des Rates vom 22.07.2003 zur Ergänzung des Statuts der Europäischen Genossenschaft hinsichtlich der Beteiligung der Arbeitnehmer, ABl. L. 207 vom 18.08.2003, S. 25 ff., in Deutschland umgesetzt durch das SCE-Ausführungsgesetz (BGBl. I S. 1911; SCEAG, zuletzt geändert durch Gesetz vom 30.07.2009) und das SCE-Beteiligungsgesetz (BGBl. I, S. 1911, 1917; SCEBG) vom 14.08.2006. Vgl. dazu *Cerioni*, EuLF 2004, S. 296 ff.; *Kleinsorge* in *Fitting/Wlotzke/Wißmann/Koberski/Kleinsorge*, MitbestR, EU-Recht, Rn. 60 ff.; *Behrens* in *Dauses*, EUWR, E III, Rn. 171 ff., 177. Zum Europäischen Verein ebd., Rn. 179 ff., 184 (der entsprechende Vorschlag wurde 2006 von der Kommission zurückgezogen); zur Europäischen Gegenseitigkeitsgesellschaft ebd., Rn. 186 ff., 192. Zur Mitbestimmung in der SCE *Kisker*, RdA 2006, S. 206, 208 f.; *Kleinsorge* in *Fitting/Wlotzke/Wißmann/Koberski/Kleinsorge*, MitbestR, EU-Recht, Rn.63 ff.; sowie insgesamt die Darstellung der Kommission unter http://ec.europa.eu/enterprise/policies/sme/promoting-entrepreneurship/social-economy/associations-foundations/index_en.htm (englisch). Außer Betracht bleibt hier die Europäische Wirtschaftliche Interessenvereinigung (EWIV). Zum einen gilt sie als Personengesellschaft, zum anderen darf sie nicht mehr als 500 Arbeitnehmer beschäftigen, Art. 3 II c EWIV-VO (letzteres beruht auf dem deutschen Wunsch, die Mitbestimmung nicht in eine Personengesellschaft zu tragen). Daneben darf sie auch nicht als Konzernobergesellschaft oder Holding verwendet werden, Art. 3 II a und b EWIV-VO. Zudem blieben ihre wirtschaftliche Bedeutung und ihre Akzeptanz bislang nahezu vollständig aus. Näher zur EWIV *Kleinsorge* in *Fitting/Wlotzke/Wißmann/Koberski/Kleinsorge*, MitbestR, EU-Recht, Rn. 3.

1674 Art. 13 SCE-RL.

1675 Konkret handelt es sich um Estland, Irland, die Niederlande, Slowenien und Ungarn. Weitere Untersuchungen wurden für erforderlich erachtet bei Bulgarien, Lettland, Portugal und der Tschechischen Republik; siehe Bericht der Kommission

Auch praktisch stößt die SCE bislang nur auf eine äußerst geringe Resonanz[1676]. Das Europäische Parlament spricht aktuell von einer *„ernüchternden Bilanz"*. Ein Grund hierfür wird in den Regelungen zur Arbeitnehmerbeteiligung gesehen. Das *„insgesamt wie bei der SE organisierte Mitbestimmungsverfahren"* wird seinem Mechanismus nach als *„eher kompliziert"* bewertet[1677]. In einer Entschließung vom 13.03.2012 fordert das Parlament die Kommission daher auf, eine Neufassung der SCE-Richtlinie vorzunehmen, in der den besonderen Bedürfnissen der Arbeitnehmer Rechnung getragen werden sollte. Konkret laufen die Forderungen auf eine Ausweitung der Beteiligungsrechte hinaus[1678].

V. Offene Fragen

1. Arbeitnehmerbeteiligung in der Vorrats-/Mantel-SE

Seitdem sich die SE am Markt beweisen muss, sind auch einige weitere Problempunkte offenkundig geworden. Das unter Mitbestimmungsgesichtspunkten gravierendste dürfte die sog. Vorrats-SE bzw. Mantel-SE sein.

a. Vorratsgesellschaften

Vorratsgesellschaften sind Kapitalgesellschaften, die nicht mit der Absicht einer wirtschaftlichen Betätigung gegründet werden, sondern als „Hülle" für die spätere unternehmerische Tätigkeit eines Dritten dienen. Differenziert werden

---

an den Rat [etc.] zur Überprüfung der Richtlinie 2003/72/EG des Rates vom 22. Juli 2003 zur Ergänzung des Statuts der Europäischen Genossenschaft hinsichtlich der Beteiligung der Arbeitnehmer (KOM(2010) 481 endg.) vom 16.09.2010, dort S. 11, Pkt. 4.4 sowie Fn. 38; vgl. auch Mitteilung KOM(2008) 591, Pkt. 3.6.

1676 Nach Angaben der Kommission wurden bis zum Mai 2010 insgesamt gerade einmal 17 SCE in nur neun Mitgliedstaaten gegründet, eine einzige davon in Deutschland. Keine von diesen wies eine signifikante Anzahl von Beschäftigten auf, die Gesamtzahl aller in SCE Beschäftigten liegt nach einer Studie bei gerade einmal 32 Arbeitnehmern; vgl. Bericht der Kommission an den Rat [etc.] (KOM(2010) 481 endg.) vom 16.09.2010, dort S. 9, Pkt. 4 sowie Fn. 31.

1677 Bericht der Kommission an den Rat [etc.] (KOM(2010) 481 endg.) vom 16.09.2010, Fn. 32. Vgl. auch *Cooperative Europe* et al., SCE-Studie 2010, dort v.a. S. 28, 78 ff.

1678 Entschließung EP P7_TA(2012)0071. U.a. stellt das Parlament darin mit *„Bedauern"* fest, dass die Auffangregelung der SCE-RL für die Mitbestimmung die Beteiligung von Arbeitnehmern nicht zwingend vorschreibt (Rn. 8). Eine vereinfachte und *„intelligentere"* Regulierung sieht es in der direkten Aufnahme von Bestimmungen zur Arbeitnehmerbeteiligungen in die SCE-Verordnung selbst (Rn. 12). Ausdrücklich *„setzt [es] sich zum Ziel, dass die Arbeitnehmerbeteiligung in allen Mitgliedstaaten der Europäischen Union zur Selbstverständlichkeit in den Unternehmen wird; fordert, dass die Arbeitnehmerbeteiligung in grenzübergreifenden Unternehmensformen ausgebaut wird und nicht auf dem Niveau des kleinsten gemeinsamen Nenners verharrt"* (Rn. 13).

insofern „Vorratsgesellschaften im engeren Sinne“ und „Mantelgesellschaften“. Diese beiden unterscheiden sich dahingehend, dass bei einer Vorratsgesellschaft eine Kapitalgesellschaft neu gegründet wird, aber keine wirtschaftliche Tätigkeit aufnimmt. Eine Mantelgesellschaft kann auch operativ tätig gewesen sein, stellt ihre Tätigkeit ein und bleibt als juristische Person bestehen. Beide können an interessierte Dritte verkauft werden. Der neue Eigentümer aktiviert die Gesellschaft dann durch die Übertragung von Beschäftigten und/oder Aufnahme einer geschäftlichen Tätigkeit. Mithilfe der Vorratsgesellschaft lassen sich etwaige Gründungsprozesse sparen, was einen verringerten Zeit- und Kostenaufwand bedeutet[1679].

Beobachtern zufolge haben sich Vorrats-SE in jüngster Zeit (in Form aktivierter Mantelgesellschaften) als „neue de facto Gründungsform“ zu einem relevanten Faktor entwickelt („*a new de facto form of foundation*“[1680]). Technisch geschieht das meist über eine Tochtergesellschaft, da es das SE-Statut einer SE ermöglicht, ihrerseits eine SE als Tochter zu gründen, ohne dass dafür ein grenzüberschreitendes Element nötig ist[1681]. Bisweilen werden auch durch eine Mantel-SE weitere Mantel-SEs gegründet, was bildhaft als „*incubator SE*“ („Brutkasten SE“) beschrieben wird. Nach dem *European Trade Union Institute – ETUI* dient eine Mantel-SE „oft“ als Instrument für die (Sekundär-)Gründung weiterer Tochter-SEs, die dann weiterverkauft werden können[1682].

b. Problemaufriss

In einem arbeitnehmerlosen Mantel müssen keine Verhandlungen über eine Beteiligung geführt werden. Die Gewerkschaften betrachten das Phänomen der Vorrats-SE daher nicht ohne Sorge[1683].

1679 Allgemein zu Vorrats- und Mantelgesellschaften *Wicke* in MüKo-GmbHG 2010, Bd. 1, Abschn. 1, § 3, Rn. 25 ff.

1680 Z.B. *Stollt/Wolters*, SE Handbook 2011, S. 89.

1681 Art. 3 II 1 SE-VO, vgl. auch *Behrens* in *Dauses*, EUWR, E III, Rn. 159, wonach diese Gründungsmöglichkeit insbesondere auch in solchen Mitgliedstaaten gegeben ist, die in ihrem nationalen Recht die Gründung von Einpersonen-AGs nicht zulassen.

1682 Das *ETUI* sammelt u.a. Informationen zur SE; die regelmäßig aktualisierte Zusammenstellung *Facts and Figures* ist abrufbar unter http://www.worker-participation.eu/European-Company/SE-COMPANIES/Facts-and-Figures (englisch). Dort heißt es: „*In practice, often an SE ('incubator SE') serves as a vehicle to set up further SEs, which are afterwards sold as 'ready-made companies' to interested clients. The new owner subsequently activates the SE by transferring employees to it and/or by starting business activities.*“ Präzise Zahlenangaben, wie oft das genau der Fall sein soll, werden an dieser Stelle freilich nicht gemacht. (Stand 01.10.2013).

1683 Das *ETUI* bezeichnet diesen Umstand als „*creeping threat to worker involvement rights in the SE*“; (ebd.; oben Fn. 1682). Vgl. aber andererseits *Köstler*, Europäische

Ihr tatsächliches Potential entfalten sie aber im Zusammenhang mit der Sitzverlegung. Die SE-VO erlaubt es, den Unternehmenssitz identitätswahrend grenzüberschreitend zu verlegen. Das heißt die Verlegung führt weder zur Auflösung der SE noch zur Gründung einer neuen juristischen Person. Allerdings gibt die SE-VO gleichzeitig vor, dass Unternehmenssitz und Hauptverwaltung stets in ein und demselben Mitgliedstaat liegen müssen[1684]. Verbindet man die Sitzverlegung mit der Vorrats-SE, ergibt sich eventuell eine Umgehungsmöglichkeit für die Arbeitnehmerbeteiligung. Gründet man in einem Staat mit niedriger oder kaum vorhandener Beteiligung eine leere Vorrats-SE und verlegt anschließend deren Sitz in einen Staat mit hoher Beteiligung, ist nicht endgültig geklärt, wie diese dann letztlich ausgestaltet sein soll. Die entsprechenden Mechanismen im SE-Statut stellen nur auf die Gründung ab, die ihrerseits durch die Eintragung erfolgt. Diese ist aber schon längst geschehen, wenn die ersten Mitarbeiter eingestellt werden, während es zum Gründungszeitpunkt schlicht keine Arbeitnehmer gibt, geschweige denn ein Besonderes Verhandlungsgremium, mit dem man verhandeln oder das einen Negativbeschluss fassen könnte. Wo „vorher" keine Arbeitnehmer sind, die über Beteiligungsrechte

---

Aktiengesellschaft: Keine Massenflucht aus der Mitbestimmung, in: DGB, einblick 15/07 vom 03.09.2007, unter http://www.einblick-archiv.dgb.de/debatte/e1507s7.htm/.

1684 Art. 8 I 2, 7 S. 1 SE-VO. Die Kommission bemerkt durchaus kritisch, dass diese zwangsweise Kopplung *„den Vorteil verringert"* (Kommission, SE-Bericht 2010, Fn. 4). Skeptisch auch *Behrens*, nach dem die vorgeschriebene Identität von Sitz und Hauptverwaltung deutlich hinter den Vorgaben der EuGH-Rspr. i.S. *Centros* et al. zurückbleibe und daher mit Art. 49, 54 AEUV kaum vereinbar sei; *Behrens* in *Dauses*, EUWR, E III, (Rn. 156) Fn. 329 m.w.N. Dem *ETUI* zufolge machten bislang 75 SEs von der Sitzverlegung Gebrauch. Die Motive für die Sitzverlegung werden im Allgemeinen nicht veröffentlicht. Das *ETUI* äußert sich aber dahingehend, dass die Arbeitnehmerbeteiligung in diesem Bereich kein bedeutender Faktor gewesen sein dürfte sondern eher steuerliche Gründe entscheidend waren (*„Whereas employee participation apparently seems not to have constituted an important driver for SE mobility, at least in some cases tax reasons are likely to have played an important role"*) (oben Fn. 1682, Abschnitt *Transfer of seat*). Tatsächlich erscheint der Wert doch als recht begrenzt. Nur nebenbei sei bemerkt, dass sich auch bei der Sitzverlegung durch die Unterschiede in den Mitgliedstaaten praktische Schwierigkeiten ergeben können. Nach Art. 10 SE-VO wird eine SE in jedem Mitgliedstaat wie eine Aktiengesellschaft behandelt, die nach dem Recht des Sitzstaats gegründet wurde. Z.B. erlaubt das holländische Recht eine Ein-Personen *N.V.* (Art. 2:64 Abs. 2 BW), das französische Recht verlangt zur Gründung einer *S.A.* mindestens sieben Personen (Art. L. 225–1, S. 2 frCCom). Was genau geschehen muss, wenn eine Ein-Personen *N.V.* ihren Sitz nach Frankreich verlegen will, ist zumindest nicht direkt offensichtlich.

verfügen, ist „nachher“ deren Schutz nicht notwendig[1685]. Damit sind mitbestimmungsfreie SE in mitbestimmungsaffinen Mitgliedstaaten denkbar. Mögliche Relevanz erfährt diese Gestaltung zum einen, wenn die importierte SE selbst Arbeitnehmer beschäftigt, zum anderen, wenn sie als Holding eingesetzt wird und dann auf der Ebene der relevanten unternehmerischen Entscheidungen keine Beteiligung stattfindet.

c. Lösungsansätze

i. Eintragungsfähigkeit

Ursprünglich wurde diesbezüglich vertreten, dass eine arbeitnehmerlose Vorrats-SE nicht einmal eingetragen werden kann, da es an der entscheidenden Gründungsvoraussetzung der Beteiligungsverhandlungen fehlt[1686].

Diese Ansicht dürfte heute nicht mehr aufrechterhalten werden. Schon die im Statut vorgesehene Gründungsform der Holding-SE spricht eindeutig dafür, dass die Gründung von arbeitnehmerlosen SE möglich sein sollte[1687]. Daneben scheinen auch viele nationale Register in diesem Umstand kein Problem zu sehen, da sie auch arbeitnehmerlose SE zuließen[1688]. Auch mehrere hiesige gerichtliche Entscheidungen haben in der reinen Arbeitnehmerlosigkeit kein Eintragungshindernis gesehen. Das AG Düsseldorf hat 2006 festgestellt, dass es einer Vereinbarung über die Arbeitnehmerbeteiligung für die Handelsregistereintragung der SE jedenfalls dann nicht bedarf, wenn die Gründungsgesellschaften einer SE selbst keine Arbeitnehmer beschäftigen: „*Nicht vorhandene Arbeitnehmer können keine Vereinbarung schließen*“. Dementsprechend ist die Durchführung des Verfahrens entbehrlich, wenn weder bei der zu gründenden SE noch bei den Gründungsgesellschaften Arbeitnehmer beschäftigt sind und dieser Tatbestand gegenüber dem Registergericht versichert wird[1689]. Zuletzt hat das OLG Düsseldorf

---

1685 Art. 12 II SE-VO; Erwägungsgründe 3, 6, 7, Art. 1 II SE-RL. Das *ETUI* spricht von „mehreren Fällen“, in denen den Beschäftigten durch die Aktivierung einer ehemaligen Vorrats-SE Beteiligungsrechte entzogen worden sein sollen, führt dies jedoch nicht weiter aus („*Indeed, there have already been several cases of employees being deprived of their involvement rights through the activation of a formerly employee-free SE company*“) (oben Fn. 1682, Abschnitt *Forms of Foundation* a.E.).

1686 Z.B. *Blanke*, Vorrats-S. 2005, S. 29 f., 51 ff.; wohl auch *Götze/Winzer/Arnold*, ZIP 2009, S. 245, 250. Vgl. auch AG Hamburg, Beschluss vom 28.06.2005, 66 AR 76/05, bestätigt durch LG Hamburg, Beschluss vom 30.09.2005, 417 T 15/05.

1687 Art. 2 II, 32 ff. SE-VO; *Henssler*, ZHR 173 (2009), S. 222, 233.

1688 *Stollt/Wolters*, SE Handbook 2011, S. 30.

1689 AG Düsseldorf vom 16.01.2006, HRB 52618, AG München vom 29.03.2006, HRB 159649 (Eintragung bei arbeitnehmerlosen Gründungsgesellschaften auch ohne Vereinbarung, allerdings bei Abgabe einer entsprechenden Negativerklärung); AG Berlin-Charlottenburg HRB 96289 B (Eintragung auch ohne Negativerklärung, da diese weder im Gesetz vorgesehen noch nach §§ 38 AktG, 12 FGG

im März 2009 entschieden, dass auch eine arbeitnehmerlose SE Gründungsgegenstand sein kann. Insbesondere widerspräche das Verbot einer arbeitnehmerlosen SE dem Zweck der SE-VO, die auf größtmögliche Freiheit angelegt sei. Das gelte auch für Vorratsgesellschaften[1690]

Mittlerweile dürfte daher nahezu unstrittig sein, dass auch eine arbeitnehmerlose (Vorrats-)SE zulässig und somit einzutragen ist[1691]. Konsequenterweise kann dann eine mitbestimmungsfreie SE über die Sekundärgründung auch eine mitbestimmungsfreie SE gründen.

ii. *Aktivierung als strukturelle Veränderung?*

Weniger eindeutig ist aber, was geschehen soll, wenn die neu eingetragene arbeitnehmerlose SE unternehmerisch aktiv wird.

Hier wäre es wohl denkbar, die Aktivierung einer Vorrats-SE als „strukturelle Veränderung"[1692] aufzufassen, die ihrerseits so gravierend ist, dass eine wirtschaftliche „Neugründung" vorliegt, so dass es zu („Neu-")Verhandlungen mit den Arbeitnehmern kommen muss. Damit wäre also die Gründung einer Vorrats-SE zulässig, die Arbeitnehmerbeteiligung müsste aber nachgeholt werden, wenn die Vorrats-SE aktiviert wird. Das Registergericht prüft dann vor der Eintragung der Änderung des Unternehmensgegenstands, ob das Beteiligungsverfahren durchgeführt wurde.

---

anzufordern sei. Die Ermittlungspflicht des Registergerichts im formalen Verfahren sei bei einer reinen Vorratsgründung beschränkt.) Vgl. auch *Lutter/Bayer/J. Schmidt*, EuropUR 2012, § 41, Rn. 194, wonach in diesem Zusammenhang eine teleologische Reduktion der Art. 12 II und III geboten sei.

1690 OLG Düsseldorf, Beschluss vom 30.03.2009, I-3 Wx 248/08, ZIP 2009, S. 918 ff., 920 Unternehmerische Tätigkeiten seien nicht stets mit der Beschäftigung von Arbeitnehmern verbunden; ebd., Rn. 46.

1691 Vgl. *Forst*, NZG 2009, S. 687, 688 f. Da keine Arbeitnehmer vorhanden seien gebe es auch niemanden zu schützen; Art. 12 II und III seien insoweit teleologisch zu reduzieren, *Lutter/Bayer/J. Schmidt*, EuropUR 2012, § 41, Rn. 194. *Casper* in *Spindler/Stilz*, AktG, Art. 3 SE-VO, Rn. 28 f.; *Jacobs* in MüKo-AktG 2012, § 3 SEBG, Rn. 2 a, ebenfalls für die Gründungsmöglichkeit, allerdings sei die Gründung nur dann beteiligungsfrei, wenn die Gründungsgesellschaften keine oder insgesamt weniger als zehn Arbeitnehmer beschäftigen. (Sowohl nach deutschem als auch nach europäischem Recht sind mindestens zehn Arbeitnehmer notwendig, um ein Besonderes Verhandlungsgremium besetzen zu können, § 5 I SEBG, Art. 3 II SE-RL; näher *Casper* in *Spindler/Stilz*, AktG, Art. 3 SE-VO, Rn. 28, 30).

1692 Vgl. auch Erwägungsgrund 18 S. 2 SE-RL, wonach das Vorher-Nachher-Prinzip im Ansatz nicht nur für Neugründungen, sondern auch für strukturelle Veränderungen einer bereits gegründeten SE gelten soll.

Insbesondere die Gewerkschaften vertreten diese Sichtweise[1693], die Position findet sich aber auch in der deutschen Rechtsprechung[1694] und Literatur[1695]. Stützen ließe sie sich möglicherweise auf das Missbrauchsverbot des Art. 11 SE-RL i.V.m. § 18 III SEBG. Nach dieser Vorgabe müssen Verhandlungen durchgeführt werden, wenn „strukturelle Veränderungen" der SE geplant sind, die geeignet sind, Beteiligungsrechte der Arbeitnehmer zu mindern.

Allerdings ist der Begriff der „strukturellen Veränderung" durch die Richtlinie selbst nicht definiert[1696]. Bereits dies ist einigermaßen unglücklich. Im Zuge der Umsetzung hat auch längst nicht jeder Mitgliedstaat entsprechende Regelungen vorgesehen. Anders als z.B. der österreichische Gesetzgeber hat der deutsche

---

1693 Vgl. nur *Blanke*, Vorrats-S. 2005, S. 74, unter Verweis auf BGH vom 09.12.2002 II ZB 12/02 (Verwendung des Mantels einer auf Vorrat gegründeten Gesellschaft stellt wirtschaftlich eine Neugründung dar); BGH vom 07.07.2003 II ZB 04/02 (Wiederverwendung eines zwischenzeitlich leer gewordenen Gesellschaftsmantels); *Köstler*, Massenflucht (oben Fn. 1683); *Roelofs*, ECL 2010, S. 120, 125.

1694 OLG Düsseldorf, Beschluss vom 30.03.2009, I-3 Wx 248/08, ZIP 2009, S. 918 ff., Rn. 59 ff. (wirtschaftliche Neugründung der Vorrats-SE, wenn sie insgesamt *„zum Leben erweckt wird"* (ebd., Rn. 63)). Das soll namentlich der Fall sein, wenn sie mit einem Unternehmen ausgestattet wird und infolgedessen über Arbeitnehmer verfügt; *Henssler*, RdA 2005, S. 330, 334.

1695 *Jacobs* in MüKo-AktG 2012, § 3 SEBG, Rn. 2a; ähnlich *Casper* in *Spindler/Stilz*, AktG, Art. 3 SE-VO, Rn. 31. Die Grundlage für eine solche Verhandlungspflicht wird in einer Analogie zu §§ 1 IV, 18 III SEBG gesehen und unter anderem mit dem Ziel der Verhinderung eines Missbrauchs (wie Art. 11 SE-RL ihn ausdrücklich verbietet) begründet. Gerechtfertigt wird die Analogie u.a. mit der Gesetzesbegründung, in der als Beispiel für eine strukturelle Änderung i.S.v. § 18 SEBG die Aufnahme eines mitbestimmten Unternehmens durch eine nicht mitbestimmte SE genannt wird, BT-Drucks. 15/3405, S. 42, 50 f. Selbst dort wird aber von *„bestehenden"* Beteiligungsrechten ausgegangen, die durch die strukturelle Änderung gemindert würden, was zumindest wörtlich den Fall eines nachträglichen Anwachsens der Beschäftigtenzahl nicht erfasst. Offen darum *Jacobs* in MüKo-AktG 2012, § 3 SEBG, Rn. 2b, der sich zwar für ein Verhandlungsverfahren entsprechend § 18 III SEBG ausspricht, wenn die Vorrats-SE mit einem Unternehmen ausgestattet wird und „eine ausreichende Zahl von Arbeitnehmern" einstellt, wobei dies mindestens zehn Arbeitnehmer sein sollen. Offenbleiben könne aber, ob die „Abweichung" durch Einstellung von Mitarbeitern eine strukturelle Änderung i.S.d. § 18 SEBG ist, sie sei jedenfalls „gründungsähnlich". Zur Herleitung auch *Forst*, NZG 2009, S. 687, 690 f.

1696 Die SE-RL erwähnt die strukturellen Veränderungen ausschließlich in Erwägungsgrund 18, S. 3, und stellt hier auch für diesen Fall auf das Vorher-Nachher-Prinzip ab. Nach *Köstler*, Massenflucht (oben Fn. 1683) wiederholen *„viele Länder"* lediglich diese Formulierung, definieren sie aber nicht näher (S. 2). *Jacobs* in MüKo-AktG 2012, § 18 SEBG, Rn. 11, zufolge begnügt sich auch die Literatur überwiegend mit der reinen Aufzählung typischer Fälle.

darauf verzichtet, im nationalen Umsetzungsgesetz eine entsprechende Konkretisierung vorzunehmen[1697].

Die europäische Literatur scheint insoweit nahezu einhellig der Ansicht zu sein, dass der Begriff der „strukturellen Veränderung“ restriktiv zu interpretieren ist und nur auf Vorgänge mit „gründungsähnlichem Charakter“ Anwendung findet. Das wiederum erstreckt sich auf korporative Akte von erheblichem Gewicht, auf Änderungen der gesellschaftsrechtlichen Struktur der SE, nicht aber auf den bloßen „organischen“ Anstieg der Beschäftigtenzahl[1698]. Auch nach deutscher Rechtsprechung führt allein der spätere Anstieg der Arbeitnehmerzahl nach dem Konzept von SE-RL und SE-VO nicht zu einer erneuten Aufnahme von Verhandlungen[1699]. Begründet wird diese Sichtweise vornehmlich mit dem Wortlaut, nach dem die Planung einer strukturellen Änderung geeignet sein muss, die Beteiligungsrechte zu mindern. Entscheidend wird so also die Auswirkung einer Maßnahme. Allerdings hilft das nur eingeschränkt, da ja gerade die qualitative Bewertung einer Maßnahme zu klären wäre und schon daher unterschiedliche Sichtweisen bestehen dürften. Verschärft wird diese Problematik dadurch, dass der deutsche Gesetzgeber im

---

1697 § 228 des österreichischen ArbVG regelt die Strukturänderungen und enthält in Abs. 2 eine nicht abschließende Liste von Regelbeispielen. Aufgeführt werden dort u.a. auch die Verlegung von Unternehmen oder Betrieben sowie „erhebliche“ Änderungen der Zahl der in der SE und ihren Tochtergesellschaften Beschäftigten. Für die Auslegung von § 18 SEBG bietet dieser Katalog durchaus eine gewisse Orientierung, gewiss ist er aber nicht maßgeblich; *Henssler*, ZHR 173 (2009), S. 222, Fn. 69, *ders.* in *Ulmer/Habersack/Henssler*, SEBG, Einl, Rn. 209.

1698 Vgl. *Rieble*, BB 2006, S. 2018, 2022; *Habersack*, ZHR 171 (2007), S. 613, 641 f.; *Jacobs* in MüKo-AktG 2012, § 3 SEBG, Rn 2b, nach dem die SE dauerhaft beteiligungsfrei bleibt, wenn eine ausreichende Zahl von Arbeitnehmern im Zeitpunkt der wirtschaftlichen Neugründung nicht vorhanden ist, nachfolgendes organisches Wachstum ändere daran nichts; der Begriff der „strukturellen Änderung“ sei restriktiv auszulegen, *ebd.*, § 18 SEBG, Rn.12. Für Mitbestimmungsfreiheit bei organischem Wachstum auch *Casper* in *Spindler/Stilz*, AktG, Art. 3 SE-VO, Rn. 31. *Henssler* in *Ulmer/Habersack/Henssler*, Einl. SEBG, Rn. 209 ff. Aus Praktikersicht vgl. *Ernst & Young*, SE-Studie 2009, S. 246 f., 251 f., 265 jeweils m.w.N., sowie die dieser Studie z.T. zugrunde liegenden Stellungnahmen diverser Verbände und Interessengruppen unter https://circabc.europa.eu/faces/jsp/extension/wai/navigation/container.jsp, dort *Library: Company Law, Statute on the European Company (SE), Title: Individual Contributors* (näher dazu sogleich unter VII.) *Kluge/Stollt* bezweifeln an dieser Stelle die Einhelligkeit der europäischen Literatur, nennen aber ihrerseits keine Quellen und erachten das Thema zwar zutreffend aber ebenso pauschal wie wenig zielführend als *„von höchster Wichtigkeit“* (S. 13). *Monks/Passchier* vom *ETUC* (dort S. 6 ff.) sehen diese Vorgehensweise als *„gegen den Geist des SE-Statuts“* und fordern die Gleichstellung von wirtschaftlicher Aktivierung und struktureller Veränderung.

1699 OLG Düsseldorf, Beschluss vom 30.03.2009, I-3 Wx 248/08, ZIP 2009, S. 918 ff., Rn. 52.

Rahmen der Umsetzung von Art. 11 SE-RL ein Missbrauchsverbot normiert hat[1700]. Jedenfalls aber besteht das Risiko, dass man aufgrund der Nichteindeutigkeit der Regelung um gerichtliche Klärung nachsuchen muss. Und hier ist ein in den verschiedenen Mitgliedstaaten einhelliger Ausgang keineswegs sicher.

iii. Sitzverlegung

Das Argument der „strukturellen Veränderung" ließe sich auf den ersten Blick eventuell auf eine Sitzverlegung übertragen. Zwar führt auch eine Sitzverlegung gem. Art 8 I SE-VO nicht zur Gründung einer neuen juristischen Person, jedoch müssen im Verlegungsplan die etwaigen Folgen der Verlegung für die Beteiligung der Arbeitnehmer im Einzelnen angegeben werden[1701]. Falls keine Arbeitnehmer vorhanden sind, kann es auch keine Folgen für sie geben. Die Beteiligungsechte schweben nicht losgelöst von den Berechtigten im Raum, sondern sind an deren Existenz und die potentielle Wahrnehmung durch sie geknüpft. Wenn aber eine arbeitnehmerlose Mantel-SE beispielsweise aus Tschechien nach Deutschland verlegt wird, um sodann hier eine operative Tätigkeit aufzunehmen, könnte dies (in Kombination) nach den korporativen Auswirkungen mit einer Neugründung vergleichbar sein. Ein rein organisches Anwachsen der Beschäftigtenzahl hingegen wird wohl eher nicht vorliegen. Die Qualität der Maßnahme ist eine andere und Sinn und Zweck der Richtlinienvorgaben deuten wohl in die Richtung, dass mit dieser wirtschaftlichen Gründung auch das Beteiligungsverfahren durchzuführen ist. Als Argument ließe sich zudem anführen, dass das Missbrauchsverbot aus Art. 11 SE-RL nicht nur auf das „Entziehen" von Beteiligungsrechten abstellt, sondern auch ein „Vorenthalten" erfasst.

Ob das allerdings im Hinblick auf die europarechtlichen Vorgaben auch zwangsläufig so sein muss, ist nicht eindeutig, im Blick auf die EuGH-Rechtsprechung zur Niederlassungsfreiheit und das explizite Recht zur Nutzung der jeweils vorteilhafteren Rechtsvorschriften sogar unwahrscheinlich[1702]. Bereits die

---

1700 § 43 SEBG. Nach § 43 S. 2 SEBG wird ein Missbrauch vermutet, wenn innerhalb eines Jahres nach Gründung der SE strukturelle Änderungen stattfinden, die bewirken, dass den Arbeitnehmern Beteiligungsrechte vorenthalten oder entzogen werden. Nach § 45 I Nr. 2 SEBG stellt der Missbrauch eine Straftat dar. Gegen diese Strafvorschrift werden im Hinblick auf Art. 103 II GG verfassungsrechtliche Bedenken geltend gemacht, vgl. *Jacobs* in MüKo-AktG 2012, §45 SEBG, Rn. 5; *Götze/Winzer/Arnold*, ZIP 2009, S. 245, 252; für einen Missbrauch i.S.d. § 43 SEBG, sofern ein enger zeitlicher und sachlicher Zusammenhang zwischen der wirtschaftlichen Neugründung und der Überschreitung der mitbestimmungsrelevanten Schwellenwerte besteht, *Casper* in *Spindler/Stilz*, AktG, Art. 3 SE-VO, Rn. 31 a.E.

1701 Art. 8 ii c), III SE-VO; der Verlegungsbeschluss kann erst zwei Monate nach Offenlegung des Verlegungsplans gefasst werden, so dass sich auch hier eine zeitliche Verzögerung ergeben kann, Art. 8 VI S. 1 SE-VO.

1702 Vgl. EuGH Rs. C-167/01 (*Inspire Art*), Rn. 96.

„Aktivierung" bzw. wirtschaftliche Neugründung scheint eine rein deutsche Idee zu sein, während wohl in anderen Mitgliedstaaten noch nicht einmal entsprechende Gedanken aufkommen[1703]. Auch die nationalen Umsetzungen zu Art. 11 SE-RL variieren und sehen nicht stets entsprechende Verhandlungen vor[1704]. Findet also die Aktivierung einer Vorrats-SE im Ausland statt und schließt sich eine Sitzverlegung an, kommt es nach diesem Verständnis auf eine Arbeitnehmerbeteiligung nicht unbedingt an. Und aus deutscher Sicht ist zumindest für diesen Fall nach dem Willen des Gesetzgebers wohl auch kein Missbrauch gegeben. Im Zusammenhang mit dem Missbrauchsverbot nach § 43 SEBG wird in BT-Drucks. 15/3405 jedenfalls festgestellt, dass bei einer Konkretisierung des Missbrauchsbegriffs zu berücksichtigen sei, dass die SE-VO gerade die grenzüberschreitende Tätigkeit erleichtern will. Darum soll allein die Nutzung der vorgesehenen Handlungsmöglichkeiten, und zwar ausdrücklich einschließlich der Sitzverlegung, den

---

1703 So erachten z.B. *O'Donnel/Kelley* aus irischer Sicht pauschal die „Vermeidung" der Arbeitnehmerbeteiligung als Hauptvorteil für den Kauf einer Vorrats-SE (in Stellungnahme *IBA* zur SE-Studie 2009 (oben Fn. 1698) S. 38, „*avoidance*"). *Petr Bajer* vom tschechischen Unternehmen *Eurospolečnosti a.s.*, das sich auf den Verkauf von Vorratsgesellschaften spezialisiert hat, erklärte auf entsprechende Nachfrage durch den Verf. im August 2011 „*The employee involvement is not necessary in form of [a] concluded agreement. There is no ‚activation' discussed in Czech. Rep.*". Im Ergebnis wohl ebenso, allerdings eindeutig für eine Nachverhandlungspflicht bei Aktivierung einer Vorrats-SE *Jaroslav Stránský* von der Rechtsabteilung des tschechischen Gewerkschaftsbunds ČMKOS, ebenfalls im August 2011. Demnach ist es zumindest möglich, eine SE ohne Beteiligungsvereinbarungen zu gründen. Zur Frage der Aktivierung führt er aus: „*As far as our opinion is concerned, we definitely share the point of view presented in the judgment you have quoted* [= OLG Düsseldorf vom 30.03.2009, I-3 Wx 248/08, Anm. d. Verf.]. *It means we admit that it is possible to set up SE with no employees, but the negotiations about the worker's participation have to begin immediately after it has been activated, i.e. it has hired employees.*" Dies läuft auf eine entsprechende Forderung hinaus. So auch *ETUC*, Stellungname S. 2011, S. 6. Demgegenüber noch Kommission, Mitteilung SE-RL 2008, S. 8, für eine entsprechende Anwendung von Art. 16 VII RL 2005/56/EG.

1704 Für einen Vergleich der deutschen, österreichischen, niederländischen und englischen Vorgaben bei der Vorrats-SE vgl. *Roelofs*, ECL 2010, S. 120 ff. Das niederländische System stellt einzig auf die Vereinbarung ab, in ihr sind auch Neuverhandlungen bei strukturellen Veränderungen vorzusehen (vgl. insoweit Art. 4 II h) SE-RL). Dasselbe gilt für Änderungen bei den Beschäftigtenzahlen in verschiedenen Mitgliedstaaten. Schon aus dieser Unterscheidung folgt, dass auch nach niederländischem Verständnis ein Anwachsen keine strukturelle Veränderung sein kann. Fehlt die Vereinbarung kommt es auch nicht zu Neuverhandlungen, ebd. S. 124. Die britischen Vorgaben sehen nur eine Beschwerdemöglichkeit zum *CAC* vor, ebd. S. 124 f. Unter Verweis auf Sinn und Zweck der SE-RL plädiert er aber für eine Auslegung nach den Linien der Entscheidung des OLG Düsseldorf, ebd., S. 125 f.

Missbrauchsvorwurf nicht begründen können[1705]. Das überzeugt aus sich heraus. Die Nutzung einer gesetzlich eröffneten Gestaltungsmöglichkeit ist kein Missbrauch, sondern Gebrauch. Konsequent würde das bedeuten, dass die bloße Sitzverlegung der SE keinen Missbrauch darstellt, selbst wenn die dann zum Zuge kommenden Vorschriften des neuen Sitzstaats für die Arbeitnehmerbeteiligung nachteiliger sein sollten. So oder so dürfte jedenfalls *„zu bedenken* [sein], *dass die Arbeitnehmerbeteiligung nicht in erster Linie Beteiligungsrechte der Arbeitnehmer der SE sichern, sondern verhindern soll, dass Arbeitnehmer der Gründungsgesellschaften durch die Einbringung in eine SE ihre erworbenen Beteiligungsrechte einbüßen"*[1706]. Gerade an solchen bereits erworbenen Rechten fehlt es dann aber, wenn eine SE nach einem entsprechenden Gründungsrecht geprägt wurde und dieses Recht fortwirkt.

Selbst wenn man den Gedanken einer „Aktivierung" allgemein übernehmen wollte, blieben Abgrenzungsschwierigkeiten, z.B. wenn eine komplett arbeitnehmerlose Vorrats-SE ins Inland verlegt wird und hier ebenfalls arbeitnehmerlos die Aufgabe einer Holding übernimmt[1707].

Geht man dann noch weiter davon aus, dass selbst im Rahmen einer Strukturänderung ein Vorrang von Vereinbarungen gelten soll, ließen sich die entsprechenden Vorgaben zudem recht simpel umgehen, indem man nämlich die Vorrats-SE eine gewisse Minimalzahl von „ausgewählten" Arbeitnehmern beschäftigen lässt, die dann eine entsprechende Vereinbarung schließen und darin bewusst die Mitbestimmungsfreiheit „einfrieren". Will man davon ausgehen, dass im Rahmen des Verhandlungsmandats die Autonomie der an den Verhandlungen teilnehmenden

---

1705 BT-Drucks. 15/3405, S. 57. So auch *Jacobs* in MüKo-AktG 2012, § 18 SEBG, Rn. 17 f. Ablehnend *Blanke*, Vorrats-S. 2005, S. 45 f. Zwar könne die Nutzung von gesellschafts- und unternehmensrechtlichen Instrumentarien, die einen spezifischen Gestaltungsvorteil dieser Rechtsform gegenüber den nationalen Unternehmensformen bedeuten könnte, im Zweifel nicht zugleich als Missbrauch zulasten von Arbeitnehmerrechten gesehen werden. Nach nationalem Recht seien die Mitbestimmungsgesetze jedoch untrennbarer Teil des Gesellschaftsstatuts und seien insbesondere auf europäischer Ebene zu einer einheitlichen Organisationsverfassung verwoben. Wenn man diesem Argument folgt, müsste aber auch die ursprüngliche ausländische Prägung der Beteiligungsrechte fortwirken, da sie eben „untrennbar" bei Gründung entstanden ist.

1706 OLG Düsseldorf, Beschluss vom 30.03.2009, I-3 Wx 248/08, ZIP 2009, S. 917 ff., Rn. 38.

1707 Allgemein hält sich das SE-Statut zu Fragen der Unternehmensgruppe zurück. So führt die momentane Regelung dazu, dass eine SE mit mehreren Tochter-SEs in jeder einzelnen von ihnen einen SE-Betriebsrat etablieren muss. Es kommt zu einer Kaskadenbeteiligung. Das SEBG verweist in § 2 III auf die „potentielle" Beherrschung nach § 6 EBR, verzichtet aber seinerseits auf sämtliche eigenen Konzernvorgaben. Vgl. *Kuhlmann/Ahnis*, KonzernR, Rn. 896 m.w.N. Zur SE als Holdinggesellschaft „über" einer paritätisch mitbestimmten deutschen AG *Götze/Winzer/Arnold*, ZIP 2009, S. 245, 252.

Parteien grundsätzlich zu beachten sein dürfte, wäre eine solche „Vereinbarung" zumindest nicht per se ausgeschlossen[1708].

Ob also in der Verwendung von Vorrats-SEs ein „Missbrauch" liegen kann, ist nicht offenkundig. Die SE-RL selbst macht insofern jedenfalls keine Vorgaben. Und wie eine entsprechende mitgliedstaatliche Lösung aussehen könnte (und europarechtskonform anzuwenden wäre), ist keineswegs eindeutig. Auch die Kommission hat hier bereits 2008 mit *„Besorgnis"* ein Umsetzungsdefizit festgestellt[1709]. Denkbar wäre eventuell, einen Schwellenwert im Sinne einer Erheblichkeitsschwelle festzulegen. Hierbei könnte man sich größenordnungstechnisch an den europäischen Richtlinien orientieren und wahlweise einen prozentualen oder einen absoluten Wert festlegen[1710]. Wenn man also auch mit gewerkschaftlichen Beobachtern die Vorratsgesellschaften in mitbestimmungstechnischer Hinsicht *„nicht überbewerten"*[1711] sollte, erscheint eine Klarstellung durch den europäischen Gesetzgeber dennoch sinnvoll.

2. Einzelfragen

Neben diesen eher grundsätzlichen Aspekten bestehen auch nach wie vor ungeklärte Einzelfragen, die sich über den gesamten Gründungsprozess ziehen. Nicht wenige von ihnen resultieren aus der Verzahnung von europäischem und nationalem Recht, offenen Optionen und unklaren Bezügen[1712], andere aus dem Wechselspiel von Mitbestimmungsautonomie und Satzungs-/Geschäftsordnungsautonomie und der Reichweite des Verhandlungsmandats. Hier seien eher beispielhaft einige Problempunkte angerissen.

1708 Die SE-VO selbst verlangt in Art. 12 II, dass „eine" Vereinbarung geschlossen wird, also dass es „überhaupt" zu einer Beteiligungsvereinbarung kommt, diesem Erfordernis wäre Genüge getan. Vgl. auch Kommission, Mitteilung SE-RL 2008, S. 8.

1709 Kommission, Mitteilung SE-RL 2008, S. 6. Konkret geht es darum, dass die Mitgliedstaaten zwar zum einen durch die SE-RL verpflichtet werden, die erforderlichen Maßnahmen zu treffen, um zu verhindern, dass eine SE mit dem Ziel gegründet wird, Arbeitnehmern Beteiligungsrechte, die sie bereits innehatten, zu entziehen oder vorzuenthalten, dass aber andererseits einige Mitgliedstaaten eben solche Maßnahmen nicht getroffen haben. Allerdings dürfte gerade der Aspekt des „Innehabens" entscheidend sein.

1710 Ablehnend *Blanke*, Vorrats-S. 2005, S. 71 ff.

1711 So zumindest noch im Jahr 2007 *Köstler*, Massenflucht (oben Fn. 1683). *Ders.* äußerte bei anderer Gelegenheit dass *„die Rechtsform der SE nicht gegen die deutsche Form der Unternehmensmitbestimmung gerichtet ist"*, in SE-Vorratsgründungen hebeln Mitbestimmung nicht aus, Pressemitteilung vom 30.11.2005, abrufbar unter http://www.boeckler.de/1505_1575.htm.

1712 Zur Veranschaulichung: *BusinessEurope* zählt im Statut 65 Verweise auf das nationale Recht und 22 Optionen; *BusinessEurope*, SE-Studie 2011, S. 19.

a. Einbeziehung von Tochtergesellschaften

Bereits bei den Vorbereitungen zur Verhandlung über die Arbeitnehmerbeteiligung ergeben sich abzuklärende Fragen. Die SE-RL schweigt zum Konzernrecht[1713]. So gilt etwa, dass, wenn die SE-RL auf die Begriffsbestimmungen verzichtet, die jeweiligen mitgliedstaatlichen Definitionen maßgeblich sind. Der Regelung nach nationalem Recht ist so u.a. überlassen, wann genau eine „Tochtergesellschaft" vorliegt und zu welchem Zeitpunkt die Schwellenwerte zu ermitteln sind[1714]. Gerade das muss aber bereits zu Beginn klar sein, da sich nach dieser Frage bemisst, wer bei der SE-Gründung von den Unternehmensleitungen zu informieren ist und wie das Besondere Verhandlungsgremium konkret zusammengesetzt werden muss.

Das Problem lässt sich auch nicht durch einen Rückgriff auf das Recht des Sitzstaats der SE lösen, da dieser zwar das Verhandlungsverfahren bestimmen kann, nicht aber die Berechnung der Anzahl der Arbeitnehmer, die zu berücksichtigen sind. Das Problem potenziert sich, wenn die beteiligten Gesellschaften ihrerseits über verschiedene Tochterunternehmen und Niederlassungen in verschiedenen Mitgliedsstaaten verfügen, in denen jeweils verschiedene Beteiligungsmodelle mit unterschiedlichen Ansprechpartnern etabliert sind[1715].

1713 Ebenso wie auch die SE-VO. Aus Art. 9 SE-VO dürfte sich aber ergeben, dass auch insofern das jeweilige nationale Recht gilt. Der deutsche Gesetzgeber wie auch die herrschende Meinung der deutschen Literatur hält ohne weiteres für die SE mit Sitz in Deutschland das deutsche Konzernrecht für anwendbar; *Altmeppen* in MüKoAktG, Bd. 7, Titel I, Anhang, Rn. 13, 19. Für Deutschland wären also die §§ 15 ff., 291 ff. 308 ff. AktG relevant. Allerdings ergibt sich aus Art 3 IIa i) SE-RL, dass sich der Richtliniengeber der Problematik durchaus bewusst war, denn demnach haben auch die Arbeitnehmer der Tochtergesellschaften das Wahlrecht zum Besonderen Verhandlungsgremium; vgl. *Habersack*, ZHR 171 (2007), S. 613, 639 f. Zum Streit, ob das Konzernrecht außerhalb der SE-VO zu verorten ist, oder doch innerhalb geregelt ist, wobei dann strittig ist, ob Art. 9 SE-VO Sach- oder Grundnormverweisung ist, *Lutter/Bayer/J. Schmidt*, EuropUR 2012, § 41, Rn. 24, *Altmeppen* in MüKoAktG, Bd. 7, Titel I, Anhang, Rn. 20 f., insbes. 23 ff.

1714 Für Deutschland vgl. § 2 III SEBG. Kritisch im Hinblick auf fehlende eigene Schwellenwerte in der SE-RL und den auch kleine und kleinste Gesellschaften erfassenden Verweis auf nationales Recht *Henssler*, ZHR 173 (2009), S. 222, 231. Vgl. auch Kommission, Mitteilung SE-RL 2008, S. 7 (Abschnitt Unternehmensgruppenebene) sowie *ETUC*, Stellungname S. 2011, S. 5.

1715 Hier liegen auch denkbare Fallstricke und Rügemöglichkeiten, wie unlängst im Fall der *Porsche* SE offenkundig geworden ist. Unklar ist auch, ob eine Mitbestimmung etabliert werden muss, wenn die operativen Einheiten der SE außerhalb der EU liegen. *Prändl* berichtet aus der österreichischen Praxis von einem entsprechenden Fall, in dem eine österreichische und eine zypriotische AG zu einer österreichischen SE verschmolzen wurden. Die Mitbestimmungsfrage wurde gerichtlich geklärt und das Gericht folgte letztlich der Argumentation, dass hier eine Arbeitnehmerbeteiligung nicht notwendig sei, *Prändl* in Stellungnahme *IBA* zur SE-Studie 2009 (oben Fn. 1698) S. 8.

Gleichzeitig ergibt sich so die Möglichkeit, die jeweiligen Arbeitnehmer unterschiedlich zu gewichten. So bedarf es für eine Minderung der Beteiligungsrechte, wie gesehen, einer doppelten Zwei-Drittel-Mehrheit. Die SE-RL stellt hierbei auf die Gesamtzahl der Arbeitnehmer der „beteiligten Gesellschaften" ab, was nach der Legaldefinition in Art. 2 b) SE-RL ausschließlich die Gesellschaften sind, die unmittelbar an der Gründung einer SE beteiligt sind. Während nun das österreichische ArbVG diese Vorgabe uneingeschränkt übernimmt, bezieht das deutsche SEBG die Tochtergesellschaften ausdrücklich mit ein. Hierdurch werden die ausländischen Arbeitnehmer im Vergleich zu den deutschen benachteiligt[1716].

Ebensowenig ist bei der Auffangregelung eine Zurechnung der Tochtergesellschaften vorgesehen, weshalb es bei den Prozentschwellen nur auf die Arbeitnehmer der „beteiligten Gesellschaften" ankommen soll[1717]. Nicht eindeutig ist wohl auch die Zurechnung in einer konzernleitenden (Holding-)SE[1718].

b. Besetzung des Besonderen Verhandlungsgremiums

Auch beim Verfahren selbst gibt es Unklarheiten.

Beispielsweise haben nicht alle Staaten von der Option Gebrauch gemacht, Gewerkschaftsvertreter im Besonderen Verhandlungsgremium bzw. im Kontrollgremium zuzulassen. Deutschland geht auch hier einen Sonderweg, indem bestimmt wird, dass jedes dritte Mitglied ein Gewerkschaftsvertreter sein muss[1719].

1716 Vgl. §§ 221 II ArbVG einerseits und § 15 III SEBG andererseits. Begründet wird die deutsche Regelung recht lapidar und unter Verweis auf Erwägungsgrund 18 mit dem Sinn der Richtlinie, nach dem bestehende Mitbestimmungsrechte nicht verloren gehen dürfen, BT-Drucks. 15/3405, S. 49 f.; *Henssler*, ZHR 173 (2009), S. 222, 234 f., hält die deutsche Umsetzung aufgrund dieser Bevorzugung für europarechtswidrig.

1717 Art. 7 II S. 1 b) und c) SE-RL; *Habersack*, ZHR 171 (2007), S. 613, 640, der die darüber hinausgehende Einbeziehung der Tochtergesellschaften durch die §§ 15 III, 34 I Nr. 2, 3 SEBG (und, wegen des entsprechenden Verweises in Art. 16 III der Verschmelzungsrichtlinie auch §§ 17 III, 24 I MgVG) als richtlinienwidrig ansieht. A.A. *Jacobs* in MüKo-AktG 2012, § 15 SEBG, Rn 9 f., § 34 SEBG, Rn. 10, der unter Verweis auf den Schutzzweck der Richtlinie auch die Tochtergesellschaften ausdrücklich einbeziehen will.

1718 Zum Problem der Unternehmensgruppen und dem möglicherweise drohenden Verlust von Beteiligungsrechten auf Gruppenebene vgl. bereits Kommission, Mitteilung SE-RL 2008, S. 7.

1719 Art. 3 II b) UAbs. 2 SE-RL. Vgl. § 6 II, III SEBG, zur entsprechenden Besetzung von Aufsichts- bzw. Verwaltungsrat § 36 SEBG. Das Wahlgremium kann vom Gewerkschaftsvorschlag nicht abweichen, selbst wenn es einen anderen Kandidaten für geeigneter halten sollte, vgl. § 8 I 2 SEBG. Kritisch hierzu im Hinblick auf die (fehlende) Legitimation *Thüsing*, EuropArbR, § 10, Rn. 45c f. Das Vorschlagsrecht der Gewerkschaften sei europarechtlich nicht geboten, „*ja fragwürdig*". Ihm zufolge ist es richtlinienwidrig, dass das Wahlgremium nach § 8 II 2 SEBG auch solche Arbeitnehmer vertrete, die in ihren Betrieben oder Unternehmen keinen Betriebsrat gewählt haben.

Weiter sind Fälle denkbar, in denen in bereits bestehenden Unternehmen kein Arbeitnehmer zum Besonderen Verhandlungsgremium wählbar ist (oder gewählt werden will). Dann können bereits die Verhandlungen zur Arbeitnehmerbeteiligung nicht beginnen. Gravierender noch: Ohne das Besondere Verhandlungsgremium kann auch kein Beschluss dahingehend ergehen, keine Verhandlungen durchführen zu wollen oder die Auffangregelung anzuwenden[1720]. Da aber die ordnungsgemäße Durchführung des Beteiligungsverfahrens eine Gründungsvoraussetzung ist, könnte das die Registrierung und damit die SE insgesamt nicht nur verzögern, sondern verhindern.

Wie erwähnt ist die ordnungsgemäße Durchführung des Verhandlungsverfahrens aber ihrerseits Eintragungsvoraussetzung. Je nach konkreter Situation bedeutet das, dass über mehrere Mitgliedstaaten hinweg die jeweiligen Unternehmen und Betriebe mit ihren spezifischen Vertretungsformen und -modellen berücksichtigt werden müssen. Kleinste Fehler hierbei gehen zulasten der Unternehmensgründung. Stets ist als einzige Sanktionsmöglichkeit die Nichteintragung vorgesehen. Das erscheint als recht weitgehend[1721].

c. Verhandlungsmandat Besonderes Verhandlungsgremium

Die genaue Reichweite des Verhandlungsmandats des Besonderen Verhandlungsgremiums als zeitlich begrenztes „Kunstgremium" ist nicht nur aus deutscher Sicht zumindest umstritten[1722].

Zu Recht bevorzugt er daher eine unmittelbare Wahl. Ähnlich *Henssler*, ZHR 173 (2009), S. 222, 235 f.: Es müsse den Belegschaften überlassen bleiben, ob sie das (stets behauptete) überlegene Expertenwissen der externen Gewerkschaftsvertreter nutzen wollten. Die gegenwärtige Regelung stelle aber einen europarechtswidrigen und daher korrekturbedürftigen Eingriff in das aktive Wahlrecht der Arbeitnehmervertretungen dar. Zur Möglichkeit, durch Satzungsgestaltung die Sitzplatzreservierung zumindest einzuschränken *Rieble*, BB 2006, S. 2018, 2021.

1720 Vgl. *Zaman/van Eck/Roelofs*, Stellungnahme zur SE-Studie 2009 (oben Fn. 1698), S. 10.

1721 *Henssler*, ZHR 173 (2009), S. 222, 237, plädiert daher dafür, die Nichtigkeitsgründe zu konkretisieren und abschließend zu fixieren. Für eine Streichung von Art. 12 II SE-VO *AAK*, ZIP 2009, S. 698.

1722 Wie gesehen sind die Verhandlungen grundsätzlich ergebnisoffen. Ein völliger Verzicht auf die Beteiligungsrechte, obwohl an sich mit einer strengen Interpretation der Privatautonomie vertretbar, wird hierzulande freilich mit guten Argumenten von der h.M. für nicht möglich gehalten, vgl. *Thüsing*, EuropArbR, § 10, Rn. 35 ff., 45 a. Bezweifelt wird auch, ob dem Besonderen Verhandlungsgremium, das sich nur für die Verhandlungen findet und sodann wieder auseinander fällt, eine (derartige) Privatautonomie zukommen kann. Freilich ist es genau seine Aufgabe, eine Vereinbarung abzuschließen. Eine Anschlussfrage ist dann, welche Rechtsnatur eine solche Vereinbarung haben kann. Zwar geht sie der Unternehmenssatzung vor, wirkt aber nicht unmittelbar sondern bedarf der Umsetzung, vgl. Art. 12 IV SE-VO.

Für die Staaten, die zur Etablierung einer Mitbestimmung im Aufsichtsrat eines vorherigen *„triggering"* bedürfen, z.B. Finnland und Schweden, ist nicht geklärt, ob das Besondere Verhandlungsgremium seinerseits ggf. selbständig, also ohne Rückgriff (zusätzlich) eine Mitbestimmung (möglicherweise auch erst im Zuge der Auffangregelung) verlangen kann.

Daneben können sich auch auf Seiten der Unternehmensleitung Abgrenzungsfragen ergeben, wenn im Zuge der verhandelten Vereinbarung zu sehr in die Geschäftsordnungs- bzw. die Satzungsautonomie eingegriffen wird[1723].

d. Regelungslücken

Wie gesehen können sich aufgrund ungenauer gemeinschaftlicher Vorgaben bedeutende Auslegungsfragen ergeben. Das gilt insbesondere im Zusammenhang mit „strukturellen Veränderungen". Tatsächlich sehen aber nur einige wenige Staaten besondere Verfahren für den Fall vor, dass sich die anfängliche Situation vor Ende der Verhandlungen (strukturell) ändert[1724]. Faktisch bedeutsam ist auch, dass bislang nicht eindeutig festgelegt ist, wann ein „Missbrauch" nach Art. 11 SE-RL vorliegen soll[1725].

Aus deutscher Perspektive beachtlich ist, dass die (normenhierarchisch vorgehende) SE-VO keine Auflösung der potentiellen Pattsituation für die Wahl des Aufsichtsratsvorsitzenden im Fall einer paritätischen Aufsichtsratsbesetzung kennt[1726].

1723 Kritisch könnte man vermutlich auch sehen, dass die Anteilseigner letztlich keine eigene Gestaltungsoption haben, es ihnen nur offen steht im Rahmen der Hauptversammlung das gefundene Ergebnis „abzunicken" oder insgesamt abzulehnen (vgl. Art. 23 I, II 2; 32 VI UAbs. 2 S. 2; 52 SE-VO). Denkbar wäre insofern evt. ein Rückgriff auf den Gedanken von § 83 I AktG, nach dem die Hauptversammlung dem Vorstand gewisse Anweisungen im Vorfeld erteilen kann. Über unternehmerische Gestaltungen und Auswahl „entsprechender" Vertreter können auch die Unternehmen Einfluss auf die Verhandlungen nehmen. Allerdings erscheint der diesbezüglich notwendige Aufwand doch recht beträchtlich, nur um eine Mitbestimmung zu umgehen. Zum Verhältnis von Satzungsautonomie und Mitbestimmungsvereinbarung *Habersack*, ZHR 171 (2007), S. 613, 626 ff.

1724 Entsprechende Vorkehrungen getroffen haben Belgien, Lettland, Malta, Polen, Schweden, Slowenien, Spanien, die Tschechische Republik und das Vereinigte Königreich, Kommission, Mitteilung SE-RL 2008, Fn. 7. Zum Problem der Änderung in der SE nach ihrer Gründung ebd., S. 7 f.

1725 Liegt z.B. nur ein Gebrauch oder schon ein Missbrauch vor, wenn eine deutsche AG mit ihrer britischen Tochter zu einer SE verschmilzt, ihren Sitz in Großbritannien nimmt und sich dann nach zwei Jahren in eine nicht-mitbestimmte AG britischen Rechts umwandelt (Art. 66 I SE-VO)? Wenn ja ist offen, wie sich aus deutscher Sicht dagegen vorgehen ließe.

1726 Zur Normenhierarchie Art. 9 SE-VO. Art. 42, 50 SE-VO regeln die Wahl und die notwendigen Mehrheitserfordernisse. Was geschieht, wenn sich die Anteilseigner nicht auf einen Vorsitzenden einigen können, ist nicht ersichtlich. Ein Stellvertreter ist gar nicht vorgesehen, das Konzept aus § 27 MitbestG lässt sich hier

Und schließlich können sich auch bei der Rechtsdurchsetzung Probleme ergeben. Denn nicht immer ist der Weg zu den Gerichten eindeutig[1727].

e. Deutsche monistische SE

Besonders unbefriedigend aus deutscher Sicht ist aber die Mitbestimmung in der monistischen SE.

Ist an der Gründung einer monistischen SE eine dualistische, paritätisch mitbestimmte deutsche Gesellschaft beteiligt, und kommt die Auffangregelung zum Zuge, wird mit dem Vorher-Nachher-Prinzip deren Mitbestimmungsmodell auf die neue SE erstreckt[1728]. Daher ist deren Verwaltungsrat paritätisch mit Arbeitnehmervertretern zu besetzen.

Diese schematische Erstreckung ignoriert jedoch nicht nur die grundlegend unterschiedliche Organfunktion, sie billigt den Arbeitnehmervertretern auch einen deutlich höheren Einfluss zu (und oktroyiert ihnen gleichzeitig – mitunter ungewollt? – eine ungleich höhere Verantwortung). Aus einer *„Parität in der Kontrolle"* wird systemwidrig eine *„Parität in der Unternehmensführung"* (*Henssler*), was gleichzeitig nicht mehr nur eine Sicherung des „Vorher" bedeutet, sondern „Nachher" ein „Mehr" beinhaltet. Die Praxis behilft sich hier zwar damit, indem sie zwischen geschäftsführenden und nicht-geschäftsführenden Verwaltungsratsmitgliedern trennt und vorsieht, dass die geschäftsführenden Mitglieder bei der Mitbestimmung außen vor bleiben. Jedoch sieht schon das SE-Statut selbst eine solche Trennung gerade nicht vor. Weiter geht das Modell von der Annahme aus, dass die Anteilseignervertreter im Verwaltungsrat bei der Beschlussfassung stets und automatisch eine geschlossene Front bilden. Sollte das jedoch einmal nicht der Fall sein, ist es theoretisch möglich, dass nicht mehr die Anteilseignervertreter über die Geschicke des Unternehmens bestimmen, sondern die Belegschafts- und

---

nicht integrieren. Eine analoge Anwendung scheitert daran, dass dem Stellvertreter sämtliche Rechte zukommen, ggf. auch das ausschlaggebende Zweitstimmrecht nach Art. 50 II 1 SE-VO. Die Literatur fordert daher, dass auch der Stellvertreter ein Vertreter der Anteilseigner sein müsse; *Henssler*, ZHR 173 (2009), S. 222, 242 f. m.w.N.

1727 Dies gilt z.B. in dem Fall, wenn im Zuge der Verhandlungen eine deutsche SE das niederländische Mitbestimmungssystem übernimmt. Dort wäre u.a. für Einwendungen gegen die Benennung der Aufsichtsratsmitglieder die Unternehmenskammer des Gerichtshofs in Amsterdam zuständig (*Ondernemingskamer van het gerechtshof te Amsterdam*, Art. 26 WOR). Soll dies auch gelten, wenn die SE ihren Sitz in Deutschland wählt? *Thüsing*, EuropArbR, § 10, Rn. 45 d, weist darauf hin, dass nicht geklärt ist, ob und inwieweit die Wahl zum Besonderen Verhandlungsgremium angegangen werden kann bzw. wann sie nichtig ist. Möglich ist das erst bei der Wahl der Arbeitnehmervertreter im Aufsichts- oder Verwaltungsorgan selbst, vgl. § 37 II SEBG. Soweit ersichtlich schlägt die h.M. eine analoge Anwendung der Regeln zur Betriebsratswahl vor.

1728 Vgl. Art. 7 II SE-RL, §§ 34 ff. SEBG.

Gewerkschaftsvertreter. Das aber dürfte sich nur schwerlich mit den Vorgaben des Mitbestimmungsurteils des BVerfG in Einklang bringen lassen, wonach eben dieses Übergewicht der Anteilseigner gewährleistet sein muss[1729]. Für die Praxis könnte hier ein Attraktivitätshindernis liegen[1730].

Die Aufzählung ließe sich verlängern; vermutlich sind manche Reibungspunkte in der Praxis bislang nicht einmal entdeckt.

Rein praktisch ist also mitunter ein beträchtlicher Aufwand nötig, um die jeweiligen mitgliedstaatlichen Arbeitsrechte koordiniert und differenziert anwenden zu können. Es erscheint bedenkenswert, ob die keinesfalls unwesentliche Frage der Arbeitnehmerbeteiligung als derartiger Stolperstein gedacht war und (jedenfalls in diesem Umfang) durch das Anliegen der schieren Mitbestimmungssicherung gerechtfertigt ist.

VI. Empirie

Bislang ist die SE noch weit davon entfernt, als Erfolgsmodell bezeichnet werden zu können[1731]. Nach zunächst sehr verhaltenem Interesse erfreut sie sich zuletzt allerdings steigender Beliebtheit, vor allem auch bei bedeutenden Unternehmen[1732].

1729 Vgl. BVerfGE 50, 290, 323 ff.; §§ 40, 35 III SEAG. Unklar ist auch der Ausschluss von gesetzlichen Vertretern abhängiger Unternehmen nach § 27 I Nr. 2 SEAG aus der Leitungsfunktion. Zwar wird in der SE-VO eine klare Abgrenzung zwischen den Personen, denen die Geschäftsführung obliegt, und deren, die mit der Aufsicht betraut sind, für „wünschenswert" erklärt, Erwägungsgrund 14, S. 3, es werden aber keine direkten Sanktionen vorgesehen, falls dem nicht hinreichend nachgekommen werden sollte. *Henssler* schlägt als sachgerechten Ausweg vor, in Übereinstimmung mit den Vorgaben der Verschmelzungsrichtlinie die Auffangregelung beim monistischen System auf eine Drittelparität zu beschränken, *Henssler*, ZHR 173 (2009), S. 222, 246 f. Ähnlich wohl auch *Hommelhoff/Teichmann*, GmbHR 2010, S. 337, 344, die bei der vergleichbaren Konstellation *„vom Kontrollorgan zum zentralen Leitungsorgan"* einen qualitativen Kompetenzzuwachs sehen, deswegen eine zahlenmäßige Reduktion der Arbeitnehmervertreter vorschlagen und sich in diesem Zusammenhang ebenfalls für die Drittelparität aussprechen. Zur Umgehungsmöglichkeit durch Ausschüsse *Jacobs*, FS K. Schmidt 2009, S. 795, 812; *Henssler* in *Ulmer/Habersack/Henssler*, Einl. SEBG, Rn. 204.

1730 So weit ersichtlich scheuen deutsche Unternehmen die monistische SE. Verwiesen wird auf die Einzelfälle der *Mensch und Maschine SE* bzw. der *Conrad Electronic SE*. Diese beiden waren vorher allerdings gar nicht mitbestimmt, so dass sich das entsprechende Problem nicht gestellt hat, sondern sich im Gegenteil die Mitbestimmungsfreiheit konservieren ließ; vgl. *Finzer*, Handelsblatt, 16.04.2009, *„Mitbestimmung in der Europa-AG"* sowie die Darstellung bei „Börse ARD" vom 17.03.2010, *„SE – Darf's eine Prise Europa sein?"*.

1731 A.A. *Anzinger*, AG 2009, S. 739.

1732 SE im *Dax 30* sind z.B. *Allianz, BASF, E.ON* (diese drei sind gleichzeitig im *Euro Stoxx 50* gelistet), *Fresenius* (als SE & Co. KgaA), sowie zukünftig auch *SAP*. Zu

Bis zum Oktober 2013 führt das *ETUI* in seiner diesbezüglichen Statistik insgesamt 1.966 SE in 25 Staaten des EWR-Raums[1733]. Vergegenwärtigt man sich die Zahl der potentiellen „SE-Kandidaten", nimmt sich der Wert bereits als relativ bescheiden aus[1734]. Der Befund verschärft sich bei genauerem Hinsehen. Denn von diesen waren lediglich 269 „normale SE", solche mit gewöhnlichem Geschäftsbetrieb und (wenigstens fünf) angestellten Arbeitnehmern, was einem Anteil von 13,7 % entspricht. Praktisch verfügen von diesen lediglich 101 über ein vereinbartes System der Arbeitnehmerbeteiligung, was in nur 53 Fällen eine Mitbestimmung auf Unternehmensebene einschließt[1735]. Insgesamt sitzen in den SE-Aufsichtsräten bzw. *-Boards* ca. 140 Arbeitnehmervertreter, bisweilen unterschiedlicher Nationalitäten. Die regionale Verteilung ist äußerst uneinheitlich. Die (mit weitem Abstand) meisten SE gibt es in Deutschland und der Tschechischen Republik[1736].

Euronext Gesellschaften, die als SE organisiert sind, zählen z.B. das Immobilienunternehmen *Unibail-Rodamco* (gelistet gleichermaßen im *CAC 40*, im niederländischen *AEX* sowie im *Euro Stoxx 50*), der IT-Dienstleister *Atos* sowie der Zahlungsverkehrsdienstleister *Equens*. Derzeit einzige SE im österreichischen *ATX* ist die Bau-Holding *Strabag*. Die französische *SCOR*-Versicherungsgruppe gehört zum *CAC Next 20*.

1733 Da es bislang noch kein allgemeines Zentralregister auf europäischer Ebene gibt, dürften die Zusammenstellungen des *ETUI* die genauesten Daten enthalten. Sie entstehen unter Rückgriff auf die nationalen Register, das Supplement zum Amtsblatt der EU (TED) und eigene Recherchen und werden regelmäßig aktualisiert. Sie sind im Internet abrufbar unter http://www.worker-participation.eu/European-Company/SE-COMPANIES-News/Facts-and-Figures (englisch). Die hier angeführten Daten haben den Stand 01.10.2013.

1734 Freilich weisen *Hommelhoff/Helms* auch darauf hin, dass es in einzelnen Staaten, wie Dänemark, Griechenland oder Portugal ohnehin nur wenige Großunternehmen gibt, was schon faktisch die dortige Nachfrage nach der SE begrenzt, *Hommelhoff/Helms* in Neue Wege 2001, S.7 f.

1735 Davon 42 in Deutschland (bekannte Unternehmen sind hier z.B. *Allianz, BASF, Bilfinger-Berger, BP Europa, Dekra, E.ON, Hannover Rück, MAN, Porsche Automobil Holding, Puma, SGL Carbon* und *Tesa*), zwei in Österreich, sechs in Frankreich (im Falle *SCOR* handelt es sich freilich um vier einzelne SEs) und jeweils einmal in Zypern und in Ungarn. Das *ETUI* resümiert: *„Employee involvement is the exception, not the rule in SEs"*, ebd. (Fn. 1733), Abschnitt *Employee involvement in SEs*.

1736 Konkret sind es 272 (DE, davon sind 112 monistisch und 135 dualistisch organisiert, bei 25 weiteren ist die Organisationsstruktur nicht bekannt) bzw 1.363 (CZ, davon sind 29 monistisch und 1.334 dualistisch organisiert) Stück. Weitere SE-Gründungen sind geplant, nicht wenige davon in Deutschland. In der Statistik des *ETUI* sind derzeit acht geplante SE aufgeführt, darunter sechs aus Deutschland, u.a. *Axel Springer* und *SAP*. Gleichwohl skeptisch *Krause* in *Hirte/Teichmann* SPE 2013, S. 375, 377, Fn. 9 (*„Thus a general trend toward the SE can only be spoken of in a limited way"*).

Weniger als ein Siebtel aller bestehenden SEs ist also geschäftlich aktiv. Bei der weit überwiegenden Mehrheit hingegen handelt es sich um solche ohne Beschäftigte (das *ETUI* bezeichnet sie als *„empty SE"*) und/oder Vorrats-SE/Mantel-SE[1737]. Praktisch kommt es dann gelegentlich auch zu Sitzverlegungen. Das *ETUI* zählte bis Juli 2013 insgesamt 72 derartige Fälle.

VII. Wahrnehmung in der Praxis

Als erste genuin europäische Rechtsform wird die SE verschiedentlich nicht zu Unrecht als „Meilenstein" bezeichnet[1738]. Ein Meilenstein zeigt aber gleichzeitig, dass der Weg noch nicht zu Ende gegangen ist.

Auch die Kommission erkennt noch einige Entwicklungsmöglichkeiten. Den Vorgaben aus dem SE-Statut folgend[1739] hat sie zwischenzeitlich zwei Berichte vorgelegt, in denen sie die bislang gesammelten Erfahrungen und Kritikpunkte zusammenstellt. Hierbei befasst sich der Bericht aus dem Jahr 2008 mit der Überprüfung der SE-RL[1740], derjenige vom November 2010 hat die SE-VO zum Gegenstand[1741]. Beide basieren auf einer externen Studie[1742], einer öffentlichen Konsultation der

---

1737 Das *ETUI* verwendet die Bezeichnungen *„shell SE"*/*„shelf SE"* oder auch *„ready-made SE"*. Allein in der Tschechischen Republik gibt es bei insgesamt 1.363 SE nur 55 „normale", also aktive SE. In Deutschland liegen diese Werte bei 272 bzw. 131. Deutschland allein erreicht mit seinen aktiven SE einen fast so hohen Wert wie alle anderen Staaten zusammengenommen (138). Die „Top 5" beherbergen ca. 85% aller SE. Zur enormen Popularität der SE in der Tschechischen Republik näher *Eidenmüller/Lasák*, FS Hommelhoff 2012, S. 187 ff. Demzufolge werden tschechische SE vor allem aufgrund der vereinfachten internen Struktur, namentlich wegen der Verkleinerung des Leitungs- sowie des Aufsichtsorgans gegründet. Daneben wird vor allem auch das *„positive Image der SE"* ins Feld geführt. Vor allem ist aufgrund nationaler Besonderheiten der Kauf einer Vorratsgesellschaft ein in Tschechien gebräuchliches Finanzierungsmodell; ebd., S. 198 ff. Hingegen scheint die *„Abschwächung der obligatorischen Mitbestimmung [...] keine bedeutende Rolle zu spielen"*, ebd. S. 190.

1738 Vgl. zur SPE als *„milestone project in the history of European company law" Chiu* in *Hirte/Teichmann* SPE 2013, S. 47, 48.

1739 Vgl. Art. 69 SE-VO.

1740 Kommission, Mitteilung SE-RL 2008, S. 1ff. Die Mitteilung beruht auf einer entsprechenden Verpflichtung aus Art. 15 SE-RL, bietet aber nur begrenzt neue Erkenntnisse, da zum Zeitpunkt ihrer Entstehung in einigen Mitgliedstaaten die SE-RL nicht mal ein Jahr umgesetzt war. Prompt war eine Mehrheit der Mitgliedstaaten und der europäischen Sozialpartner der Ansicht, dass eine Änderung oder Klarstellung der SE-RL seinerzeit nicht angezeigt sei; ebd. S. 7.

1741 Kommission, SE-Bericht 2010, S. 1ff.

1742 *Ernst & Young*, SE-Studie 2009 (unter http://ec.europa.eu/internal_market/consultations/docs/2010/se/study_SE_9122009_en.pdf (englisch)). Die Studie setzt sich nominell ausschließlich mit der SE-VO auseinander, während zur SE-RL keine vertieften Forschungen durchgeführt wurden. Tatsächlich finden sich aber

Praxis[1743] und einer Konferenz. Zudem erschien im März 2011 eine begleitende Studie der EU-Agentur *Eurofound*, die sich konkret mit dem Thema der Arbeitnehmerbeteiligung in der SE befasst[1744].

Hierbei kommt die Kommission insgesamt zu dem Ergebnis, dass *„die ursprünglichen Zielsetzungen des SE-Statuts in gewisser Weise erreicht wurden, die Situation aber noch verbessert werden könnte"*[1745].

In der unternehmerischen Praxis werden einzelne Faktoren des SE-Statuts als unterschiedlich attraktiv wahrgenommen.

Begrüßt wird insbesondere die Möglichkeit zu supranationalen Umstrukturierungen und Vereinfachungen in Unternehmensgruppen[1746]. Auch die Option, den satzungsmäßigen Unternehmenssitz identitätswahrend grenzüberschreitend zu verlegen[1747], sowie zwischen verschiedenen Aufsichtsstrukturen wählen zu können[1748] und zudem das europäische Image der SE[1749] werden positiv bewertet.

Negativ beurteilt wird die Uneinheitlichkeit des SE-Statuts, resultierend aus den Verweisen auf die jeweiligen nationalen Rechtsvorschriften (die in der SE-RL noch zahlreicher sind als in der an Verweisen bereits nicht armen SE-VO) und die daraus folgenden Fragen in der Rechtsanwendung. Die Verfahren erscheinen alles

---

viele Bemerkungen zu Arbeitnehmerbeteiligung und Mitbestimmung (allerdings weitestenteils ohne statistische Unterfütterung).

1743 Oben Fn. 1698. Unter *Title: Individual Contributors* finden sich 38 Stellungnahmen, weitere 31 unter *Title: Registered organisations* (meist englisch, einige französisch, vereinzelt deutsch). Einige von diesen sind recht persönlich gefärbt, andere objektiver. Manche sehen die angeregte Überarbeitung des SE-Statuts gleichzeitig als „Vorlauf" für die SPE und formulieren ihre Vorschläge entsprechend.

1744 *Eurofound*, SE-Studie 2011. Zu den *Resarch objectives* und der Methodik vgl. ebd. S. 6 ff.

1745 Kommission, SE-Bericht 2010, S. 10. Vgl. auch *Eidenmüller/Engert/Hornuf*, EBOR 2009, S. 1, 26 ff. Weniger zurückhaltend äußert sich die Reflexionsgruppe zur Zukunft des EU-Gesellschaftsrechts. Sie konstatiert mit Bezug auf den SE-Bericht 2010 kurz und bündig: *„As evidenced by the Commission in its recent assessment report, the SE has not been a success"*; Bericht Reflexionsgruppe 2011, S. 29.

1746 Kommission, SE-Bericht 2010, S. 3 f. Vgl. auch Eurofound, SE-Studie 2011, S. 1, 65 (*"generally an SE is used by the company to streamline and create leaner company structures in an international environment"*); ähnlich auch *Stollt/Wolters*, SE Handbook 2011, S. 19.

1747 Art. 8 SE-VO. Möglich ist aber nur die gleichzeitige Verlegung von Hauptverwaltung und satzungsmäßigen Sitz, Art. 7 SE-VO.

1748 Art. 38 b) SE-VO; für Deutschland wurde das monistische System eingeführt, §§ 15–19 bzw. 20–49 SEAG.

1749 Insofern kritisch *Stollt/Wolters*, SE Handbook 2011, S. 18; es handle sich eher um ein *„accessory argument"* als ein *„trigger motive"*.

in allem als schwerfällig, zeitraubend und aufwendig[1750], die Gründungskosten als hoch[1751], die Mindestkapitalanforderungen von 120.000,– Euro[1752] als im Vergleich zu manchen nationalen Aktiengesellschaften zu beträchtlich. Aspekte, die namentlich KMU abschrecken – obwohl nach der ursprünglichen Konzeption gerade auch ihnen die Rechtsform offen stehen sollte[1753].

Insbesondere die Arbeitnehmerbeteiligung wird nach dem Kommissionsbericht von verschiedenen Unternehmen, Rechtsberatern und Berufsverbänden als negativer Faktor angesehen, da sie als komplex und zweitaufwändig wahrgenommen wird[1754]. In diesem Zusammenhang sind zudem folgende Eindrücke und Erkenntnisse erwähnenswert[1755]:

Sowohl von den Unternehmen als auch von den Gewerkschaften wird die generelle Flexibilisierung der Arbeitnehmerbeteiligung, die Loslösung von obligatorischen nationalen Rechten, begrüßt. Als positiv erachtet wird auch die in den Gremien entstehende Mischung von Vertretern aus verschiedenen Mitgliedstaaten anstelle von Vertretern aus einem einzigen Mitgliedstaat, was zum Aufbau eines

---

1750 Kommission, SE-Bericht 2010, S. 5. Gerügt werden insbesondere die eingeschränkten Gründungsmethoden (das Fehlen der Gründung *ex nihilo* sowie die 2-Jahres-Frist im Zusammenhang mit ausländischen Töchtern), die mitunter zu bürokratische Anforderung an das grenzüberschreitende Element.

1751 Die Gründungskosten reichen nach dem Kommissionsbericht von ca. 100.000,– bis zu 2 bis 4 Mio. Euro, der Durchschnittswert liegt bei rund 784.000,– Euro. Einzelfälle kommen auf 5 Mio. (*BASF*) bis 95 Mio. Euro (*Allianz*); Kommission, SE-Bericht 2010, S. 5, 7 f. Vgl. auch *Ernst & Young*, SE-Studie 2009, S. 240; *Eurofound*, SE-Studie 2011, S. 18 ff.

1752 Vgl. Art. 4 II SE-VO.

1753 Vgl. nur Erwägungsgrund 13 S. 2 SE-VO.

1754 Kommission, SE-Bericht 2010, S. 5.

1755 Vgl. insofern auch die verschiedenen Einzelbeiträge und Stellungnahmen im Rahmen der öffentlichen Konsultation (oben Fn. 1698). Diese können an dieser Stelle selbstverständlich nicht erschöpfend dargestellt und erörtert werden. Unter dem Gesichtspunkt der Arbeitnehmerbeteiligung hervorzuheben sind die etwas differenzierteren Beiträge von *Skupien; van het Kaar*, *Köstler* für die *Hans-Böckler-Stiftung*; *Kluge/Stollt* für das *ETUI* (partiell deckungsgleich mit dem Beitrag von *O'Kelly*); *Zaman/van Eck/Roelofs* (dort v.a. S. 9 ff.); *Fulton* für das *Labour Research Department*; *Schurr* für die *Hochschule Liechtenstein;* sowie *PricewaterhouseCoopers Legal LLP UK; CEC European Managers* (letztere jeweils ohne eigene Autorenangabe). Die Stellungnahmen der Gewerkschaften und Arbeitgeberorganisationen finden sich v.a. im Abschnitt *Registered organisations.* Hier sind hervorzuheben *Tumpel/Kubitschek* für die österreichische *Bundesarbeitskammer*, *Seyboth* für den *DGB*; *Monks/Passchier* für den europäischen Gewerkschaftsbund *ETUC* sowie *van Damme* für die *FEE- Federation of European Accountants.* Aus Praktikersicht beachtlich die Stellungnahme der *International Bar Association – IBA* (diverse Autoren). Der Arbeitgeberdachverband *BusinessEurope* erachtet hier eine Bewertung der Arbeitnehmerbeteiligung nach der SE-RL als „zu früh“ (Stellungnahme *BusinessEurope*, S. 4).

„europäischen Bewusstseins unter den Arbeitnehmern" beitragen könne. Letzteres wird insbesondere von Gewerkschaftsseite goutiert[1756].

Die Möglichkeiten, die Größe des Aufsichtsrats zu reduzieren um dessen Arbeit wirksamer zu gestalten[1757] und das Mitbestimmungsniveau „einzufrieren", werden im Kommissionsbericht zwar erwähnt, allerdings weder in die eine noch in die andere Richtung bewertet[1758].

Das Phänomen der Vorrats-SE wird auch im Kommissionsbericht vom November 2010 erwähnt. Jedoch werden die Befürchtungen der Arbeitnehmervertreter, nämlich dass es auf diesem Weg möglich ist, eine SE zu gründen, ohne in Verhandlungen über die Arbeitnehmerbeteiligung treten zu müssen, nur kurz angesprochen[1759]. Vielmehr sei das System der Vorratsgesellschaften schon generell in manchen Ländern *„für den Vertrieb gang und gäbe"*, während andere Staaten diese Konstruktion kaum oder gar nicht kennen. Für die SE speziell ermöglicht der Kauf einer Vorratsgesellschaft auch die Gründung, ohne das an sich notwendige grenzüberschreitende Element zu erfüllen. Hauptgrund für die Beliebtheit der Vorratsgesellschaft soll indes sein, dass sich mit ihr bereits grundsätzlich die Verfahren verkürzen und somit Zeit und Kosten sparen lassen[1760].

Nach wie vor herrscht unter den Konsultationsteilnehmern wenig Einigkeit über die Bewertung des Instituts Mitbestimmung in der SE. Auch fünf Jahre nach Inkrafttreten des SE-Statuts erscheinen die Positionen in diesem Bereich festgefahren und sehr von den individuellen Hintergründen und Kulturen abhängig[1761].

1756 Das *„europäische Bewusstsein"* wird im Kommissionsbericht 2010 auf S. 4 angeführt, stammt aber wohl direkt aus der *Ernst & Young*, SE-Studie 2009, S. 246, und geht dort seinerseits auf ein Interview mit *Köstler* von der Böckler-Stiftung zurück. Freilich dürfte eine entsprechende Besetzung oft schon aus guter Corporate Governance folgen.

1757 Zur Wahrnehmung in der Praxis vgl. auch *BusinessEurope*, Stellungnahme S. 2011, S. 1.

1758 Kommission, SE-Bericht 2010, S. 4 f., Fn. 5.

1759 Kommission, SE-Bericht 2010, S. 7.

1760 Kommission, SE-Bericht 2010, S. 6 f., Fn. 9 unter Verweis auf Deutschland und die Tschechische Republik einerseits und Frankreich und Italien andererseits. Gerade für kleine Unternehmen sei dies von Bedeutung. Insbesondere in Tschechien scheint es sich allerdings um ein lukratives Geschäftsmodell zu handeln, da der Löwenanteil der dortigen Vorrats-SEs von gerade einmal sechs Unternehmen gegründet wurde; *Eurofound*, SE-Studie 2011, S. 32. *Henssler*, ZHR 173 (2009), S. 222, 223 freilich sieht einen entsprechenden Zusammenhang zwischen der Beliebtheit der Vorratsgesellschaft und den jeweils weitreichenden Mitbestimmungsmodellen in Deutschland und Tschechien. Hierbei dürfte bereits das Argument selbst verkürzt sein. Denn die Verkürzung der Verfahren und Fristen wird im Wesentlichen darauf beruhen, dass mangels Arbeitnehmer das gesamte Verhandlungsverfahren zur Arbeitnehmerbeteiligung außen vor bleiben kann.

1761 Der Rat der europäischen Anwaltschaften (*CCEB*) konstatiert in seiner Stellungnahme zur SE-Studie 2009 (oben Fn. 1698), S. 3: *„La représentation des salariés au*

Wird die Flexibilisierung selbst noch allgemein mit Wohlwollen betrachtet scheiden sich bei der Art und Weise die Geister[1762]. Das gilt insbesondere in denjenigen Mitgliedstaaten, in denen nach nationalem Recht ein Arbeitnehmerbeteiligungssystem ohnehin nicht vorgeschrieben ist. Namentlich aber, wenn nur sehr wenige Beschäftigte davon betroffen sind, werden die Regelungen im SE-Statut als unverhältnismäßig angesehen. Das Einzelmerkmal, dass eine SE erst dann registriert werden kann, wenn eine Beteiligungsvereinbarung vorliegt, wird als „wichtiger negativer Faktor" bewertet, als ein Hindernis für die Verfahrenssicherheit und die Kalkulierbarkeit des Zeitrahmens[1763].

---

sein des organes sociaux de l'entreprise constitue indéniablement un des facteurs qui explique le succès, ou inversement, l'impopularité, de la Société européenne au sein des États membres." Die Anwesenheit der Arbeitnehmer in den Organen wirke auf einige Unternehmen „abschreckend", insbesondere in den Mitgliedstaaten, die keine entsprechenden Systeme kennen („*...la présence [...] est de nature à dissuader certains opérateurs économiques...*"). [Die französische Fassung regt in ihren letzten Absätzen an, eine umfassende Überarbeitung des SE-Statuts in Verbindung mit der SPE zu sehen. Dies könnte zu einer einzigartigen harmonisierten Gesellschaftsform auf europäischer Ebene führen. („*Toutefois, le CCBE émet l'idée d'opérer une refonte plus globale du statut de Société européenne avec celui en cours de discussion du statut de la Société privée européenne. En effet, il pourrait être judicieusement créé une forme sociale unique et harmonisée à l'échelle européenne.*") Die englische Fassung des gleichen Dokuments lässt diesen Absatz bemerkenswerterweise weg.]

1762 Symptomatisch die Sicht von *van Damme* für die *Federation of European Accountants*: „*FEE would be of the view that the involvement of employees as such can be seen as a benefit and as quite positive for establishing an SE in some Member States, whilst the complexity surrounding the involvement of employees can be a significant problem in practice in other Member States.*" (Stellungnahme zur SE-Studie 2009, oben 1698, S. 3).

1763 Hier liegt in der Verpflichtung zur Arbeitnehmerbeteiligung nach der Studie sogar ein dezidiert negativer Anreiz, *Ernst & Young*, SE-Studie 2009, S. 241 f., 257 f. Vgl. auch Kommission, Mitteilung SE-RL 2008, S. 9; dazu kritisch *Eurofound*, SE-Studie 2011, S. 13 f. wie auch *Stollt/Wolters*, SE Handbook 2011, S. 20 („*no empirical evidence*"). *BusinessEurope*, Stellungnahme S. 2011, S. 1 f. betrachten bereits generell die Auswirkung der SE-RL auf die nationalen industriellen Beziehungen als „*interference*", was sich mit „störende Beeinflussung" übersetzen lässt, und sehen dies als „Grund zur Sorge" (*source of concern*). Die Praktiker gehen teilweise bereits den Grundgedanken der Arbeitnehmerbeteiligung an, charakterisieren aber jedenfalls die Verfahren in der SE als aufwändig und schwerfällig. Beispielhaft seien hier genannt *de Saint-Cyr* für die französische Sicht: „[...] *the rules [...] are viewed as very burdensome and time-consuming. French companies are really reluctant to implement such procedures with trade unions and thus open the door to a long negotiation process.*" Ähnlich *Collonelli für die italienische Perspektive: „[...] mandatory involvement of employees in the corporate structure [...] plays a key negative role. Among others, the toughest practical problems we have encountered*

Die Arbeitnehmerverbände *„teilen diese Auffassungen jedoch nicht“* und sehen die Verhandlungen als einen Mechanismus, der *„für einen angemessenen Dialog [...] unabdingbar“* ist[1764]. Hingewiesen wird auch darauf, dass sich bei aller Komplexität die Verfahren gleichwohl nie als K.o.-Kriterium zur Etablierung einer SE erwiesen haben[1765]. Teilweise wird die Arbeitnehmerbeteiligung auch als Wesensmerkmal (*„key feature“*) der SE angesehen[1766].

Ähnlich divergierend sind die Ansichten zur Korrelation zwischen der nationalen Streuung von SE in den verschiedenen Mitgliedstaaten und nationalen Vorschriften über die Arbeitnehmerbeteiligung, mit anderen Worten ob SE gerade dort verstärkt zu finden sind, wo es auch die tiefgreifendsten Beteiligungsrechte gibt. Letzteres würde das Argument um die „Flucht aus der Mitbestimmung“ stützen. Die dem Kommissionsbericht zugrunde liegende Studie und einige externe Konsultationsteilnehmer erkannten in der Tat einen solchen Trend, Arbeitnehmervertreter und Forscher im Bereich des Arbeitsrechts waren anderer Meinung.

Die Empirie vermittelt jedenfalls kein eindeutiges Bild, da zwar zum einen die meisten „normalen SEs“ in Deutschland aktiv sind, zum anderen aber gerade in den sehr beteiligungsaffinen skandinavischen Staaten nur sehr wenige SE registriert waren. Zwar wird vereinzelt ein gewisser Zusammenhang zwischen dem relativen Erfolg der SE in solchen Staaten mit dualistischer Organisationsverfassung und

---

is [...] the participation of the employees in the management and/or supervision of the company (which, we believe, as far as the corporate Italy is concerned, is not only a legal issue, but also a cultural one) [...] unions seem unwilling to be involved [...].“; knapp *Picanyol*: *„There are no advantages whatsoever for setting up an SE in Spain. Why would the parties agree on a Spanish SE instead of a Spanish well known SA, without employee participation?*“. *Evanswood* bewertet aus us-amerikanischer Perspektive die Beteiligung drastisch als *„...draconian for startups, small and medium size privately held companies. It would give employees de facto ownership of a company without having to provide either money equity or sweat equity*“. Beachtlich aber auch *Moalem* aus dänischem Blickwinkel *„The lack of success for the SE in Denmark can to an extent be related to the degree of employee participation*“; (alle in Stellungnahme *IBA*, (Stellungnahme zur SE-Studie 2009, oben Fn. 1698) S. 14, 21 f., 31 f., 34, 12).

1764 Kommission, SE-Bericht 2010, S. 5, 8, vermutlich übernommen von *Monks/Paschier* (*ETUC*), (Stellungnahme zur SE-Studie 2009, oben Fn. 1698) S. 8. *Eurofound*, SE-Studie 2011, S. 66 sieht *„starke gemeinsame Interessen*“.

1765 *Eurofound*, SE-Studie 2011, S. 65. Als Argument nicht unbedenklich, denn die Entscheidung „zur SE“ dürfte im Vorfeld gefallen sein. Die dann notwendigen Verfahren werden in Kauf genommen. Von Unternehmen, die sich angesichts der Verfahren abschrecken lassen, dürfte man so nichts erfahren.

1766 Das freilich dürfte in dieser Konsequenz die Prioritäten auf den Kopf stellen, ist die SE doch zuallererst eine Rechtsform zur wirtschaftlichen Wertschöpfung und nicht Vehikel für eine Arbeitnehmerbeteiligung als Selbstzweck.

gleichzeitig weitreichender Mitbestimmung gesehen[1767]. Zumindest für Deutschland lässt sich aber ein (allgemeiner) Trend zum „Einfrieren“ oder gar zur Flucht aus der Mitbestimmung via SE eindeutig nicht belegen. Dies entspricht gleichermaßen dem Stand von 2007[1768] wie auch von 2010/2011[1769]. Im Gegenteil wurden gerade in den deutschen „normalen“ SEs, wo zuvor Beteiligungsrechte bestanden, diese zum Teil sogar noch ausgeweitet[1770].

VIII. „Stand der Dinge?“

Die Unternehmen bewerten je nach individueller (und kultureller) Situation diese Faktoren als mehr oder minder gravierend. Oft liegt der Rechtsformwahl zur SE ein ganzes Motivbündel zugrunde, in dem ein einzelner als Nachteil bewerteter Faktor in Kauf genommen wird, die Kombination der Merkmale aber insgesamt attraktiv wird[1771]. Gerade solche Unternehmen, die sich vor oder im Bereich mitbestimmungsrechtlich sensibler Schwellenwerte befinden, werden diesen Fragen (und den Gestaltungsmöglichkeiten) eine höhere Bedeutung beimessen. In Einzelfällen mag es daher durchaus möglich sein, dass ein Unternehmen in den

---

1767 Zum Juni 2010 waren in Dänemark 2, in Schweden 9 und in Finnland 0 SE registriert. Demgegenüber waren es in Großbritannien 23 und in Frankreich 19; Kommission, SE-Bericht 2010, S. 6, Fn. 7. Vgl. aber zur Verteilung nach Mitgliedstaaten mit dualistischem System und Mitbestimmung *Ernst & Young*, SE-Studie 2009, S. 244 ff., insbesondere S. 249. Andererseits wendet sich z.B. der Experte *Telljohann* recht drastisch gegen die Studie und bezweifelt deren Aussagekraft („...*obviously neglecting empirical evidence*“ (S. 3)). *Kluge* und *Stollt* vom *ETUI* geißeln die Methodik als „*seriously deficient*“ (im Einzelnen vgl. dort S. 2 ff., 6 f., 13 ff.), ebenso die Länderexperten *Cremers* (NL), *Carlson* (SE) und *O'Kelly* (IRL) sowie die österreichische Bundesarbeitskammer, der europäische Gewerkschaftsbund (*ETUC*) und der europäische Dachverband der Notariate (*CNUE*) (alle Stellungnahme SE-Studie 2009, oben Fn. 1698). Vgl. zuletzt auch *ETUC*, Stellungname S. 2011, S. 3.

1768 Vgl. *Köstler*; Massenflucht (oben Fn. 1683); ähnlich, allerdings recht pauschal, auch *Eidenmüller* in FAZ vom 25.03.2009 (Kampf um die Ware Recht).

1769 *Eurofound*, SE-Studie 2011, S. 15 f.: „*The thesis that German companies in particular that are close to the threshold for employee participation at board level (500 employees) or equal participation rights (2,000 employees) are making use of the SE in order to circumvent or limit employee participation by transformation into an SE is not confirmed by empirical facts, as analyses of German SEs show (Hans Böckler Foundation, 2010). Company-based analyses indicate that this motive has been a driving force in only a very limited number of cases so far.*“ Entsprechende Schlussfolgerungen seien „*oversimplified and incorrect*“; ebd., S. 13. Ebenso *Stollt/Wolters*, SE Handbook 2011, S. 19 („*not a general trend*“).

1770 *Eurofound*, SE-Studie 2011, S. 13: „...*where these rights existed before SE formation, they were maintained or even extended after the formation.*“

1771 Vgl. auch *Stollt/Wolters*, SE Handbook 2011, S. 18, 20; *BusinessEurope*, Stellungnahme S. 2011, S. 2 (Rn. 14).

entsprechenden Optionen den Hauptgrund für eine entsprechende Umstrukturierung sieht. Vermutlich dürfte es aber dennoch die Prioritäten verkehren, wenn man in der Beteiligungsfrage allgemein den jeweiligen „alleinigen Grund" ausmachen wollte, aus dem ein Unternehmen sich für die Rechtsform SE entscheidet[1772]. Es bleibt jedoch bemerkenswert, dass ein dezidiertes Hauptmotiv für die Wahl der SE, nämlich die Möglichkeit zur generellen Modifikation der Mitbestimmung, ausgerechnet ein Faktor zu sein scheint, den die Kommission doch ursprünglich ausgeschlossen haben wollte.

Die Kommission ist sich der inhärenten Probleme durchaus bewusst. Nur bedingt durch die Blume gesprochen weist sie aber darauf hin, dass das SE-Statut in seiner gegenwärtigen Form das Ergebnis eines *„nach langwierigen Verhandlungen gefundenen heiklen Kompromisses"* ist[1773]. Etwaige Änderungsvorschläge sollten darum gegebenenfalls im Laufe des Jahres 2012 vorgelegt werden – wobei die Kommission aber direkt im Anschluss an diese Feststellung die verfahrenstechnischen Hürden hervorhob. Offenkundig war sie sich also schon damals der rechtspolitischen Erfolgsaussichten etwaiger Veränderungen keineswegs gewiss. Im Dezember 2012 erklärte sie sich auch dahingehend. Nach dem dann vorgelegten Aktionsplan beabsichtigt die Kommission *„kurzfristig"* keine Revision der EU-Rechtsformen. Begründet wird das damit, dass *„die erwarteten Vorteile einer Überarbeitung im Sinne einer Vereinfachung und Verbesserung beider Statute* (= SE und SCE, Anm. d. Verf.) *die potenziellen Herausforderungen bei einer Neueröffnung der Diskussion nicht aufwiegen würden"*[1774]. Damit wird Stagnation zum Programm.

1772 Vgl. zu den Motiven aus Praktikersicht *Henssler*, ZHR 173 (2009), S. 222, 223 f.; Stellungnahme *IBA*, (oben Fn. 1698); *Eidenmüller/Engert/Hornuf*, EBOR 2009, S. 1, 26 ff., 30, 32, nach denen Arbeitnehmerbeteiligung und Board structure vergleichbare Bedeutungen haben, noch entscheidender sei aber das Image der SE und ihre Mobilität.

1773 Kommission, SE-Bericht 2010, S. 3 ff., 10 f. Ähnlich, aber in der Formulierung nicht ganz so scharf, schon Kommission, Mitteilung SE-RL 2008, S. 9 f. *Van het Kaar*, ECL 2009, S. 55, 60 kommentiert *„The process has been a long and winding road, and one can certainly have mixed feelings with regard to the final results."* *Henssler* bezeichnet das gefundene Modell als *„alternativlos"* und jeden Versuch, es grundsätzlich in Frage zu stellen, als *„müßig"*, ZHR 173 (2009), S. 225. *Koberski/Heuschmid*, RdA 2010, S. 207, 208 weisen aus deutscher Perspektive zudem darauf hin dass noch nicht geklärt ist, welche Mehrheitserfordernisse im Hinblick auf das IntVG bei der Änderung von Vorschriften gelten, die bislang auf der Grundlage von Art. 308 EG erlassen wurden.

1774 Kommission, Aktionsplan 2012, S. 16. Die Kommission will darum 2013 eine Informationskampagne zur Stärkung der Kenntnisse über das Statut der SE lancieren, ebd. Zu den Anhörungen vgl. das *Consultation Document* K(2011) 4707 endg. vom 05.07.2011.

Auch die Wissenschaft scheint bzgl. der Erfolgsaussichten etwaiger Weiterentwicklungen skeptisch[1775]. Vermutlich bedeutet jedes Mehr an Flexibilität zwar gleichzeitig eine Attraktivierung der SE im Vergleich zu den nationalen Aktiengesellschaften, aber nicht zwangsläufig mehr Erfolg für die Rechtsform insgesamt[1776].

Dabei ist das SE-Statut mehr als die bloße Regulierung einer supranationalen Rechtsform. Es ist daneben der Versuch, ein überzeugendes, die nationale Ebene überwölbendes Konzept der Corporate Governance zu entwickeln und dieses in die bestehenden industriellen Beziehungen zu integrieren[1777]. So gesehen, ist der Fortschritt nicht von der Hand zu weisen. Denn insgesamt hat das SE-Statut den Grundstein für ein schlüssiges und in sich stimmiges System gelegt und ist durchaus geeignet, die definierten Ziele[1778] zu erreichen. Das gilt auch für den Aspekt der Mitbestimmung, wurde diese doch sowohl internationalisiert als auch flexibilisiert. Die Verhandlungslösung der SE-RL eröffnet eine beträchtliche Bandbreite an denkbaren Beteiligungsformen. Erstmals sind Abweichungen vom gesetzlichen „Schema F" möglich geworden[1779]. Während die Grundsätze festgelegt sind, bleibt die Anwendung flexibel – sowohl in den Staaten als auch bei den Unternehmen. Selbst in ein und demselben Mitgliedstaat werden selbst strukturell vergleichbare Gesellschaften über andersartige Modelle verfügen, da sie in höchst unterschiedlichen nationalen und internationalen Kontexten operieren und ihre Konzepte

---

1775 *Lutter/Bayer/J. Schmidt*, EuropUR 2012, § 41, Rn. 197, verweisen auf die *„politische Sensibilität"*, votieren aber im Ergebnis zustimmungswürdig für eine Anpassung zumindest an die Standards der Verschmelzungsrichtlinie (hierzu sogleich unter Teil 4 D.).

1776 Vgl. dazu das Begleitende Arbeitspapier der Kommissionsdienststellen zum Kommissionsbericht (*Commission Staff Working Document* vom 17.11.2010, SEC(2010) 1391 final [nur englisch]), S. 5 f. Dort wird gezeigt, dass manche Mitgliedstaaten für die SE flexiblere Vorgaben machen als andere (namentlich gilt das für Großbritannien, Italien und Luxemburg, wohingegen Deutschland, Frankreich, Portugal, Schweden, die Tschechische Republik und Zypern über vergleichsweise strikte Regelungen verfügen). Eine Korrelation lässt sich aber nur sehr bedingt feststellen. Vgl. im Einzelnen zur Flexibilität *Ernst & Young*, SE-Studie 2009, S. 55 ff., für Deutschland die Zusammenfassung auf S. 140 f.; dort wird Deutschland hinsichtlich seiner SE-Gesetzgebung als *„one of the least attractive Member States"* gebrandmarkt, gleichwohl bestehe aber *„a high level of attractiveness of the SE compared to the domestic public limited-liability company"*, trotz „komplexer und beschwerlicher Verfahren" (*„more complex and burdensome"*). Explizit erwähnt wird die „größere Flexibilität" bei der Arbeitnehmerbeteiligung.

1777 Vgl. auch *Eurofound*, SE-Studie 2011, S. 5.

1778 Vgl. Erwägungsgründe 1–7, 10, 11 SE-VO.

1779 Eindeutig begrüßt auch von Gewerkschaftsseite, vgl. *ETUC*, Stellungname S. 2011, S. 4: *„The negotiation process is an indispensable stage to achieve tailor-made solutions, best suited to both parties. Practice shows that there is a clear preference in (future) SEs for reaching a tailor-made agreement, rather than simply applying the standard rules."*

entsprechend zuschneiden werden – das nun aber auch erstmals können, und zwar in einem gleichzeitig unternehmensspezifischen und europäischen Kontext. Statt einer einheitlichen unionsweiten Lösung gilt „27plus" – nimmt man die EWR-Staaten hinzu sogar „30plus" –, da sich die Varianten nicht nur zwischen den Mitgliedstaaten sondern auch zwischen den Unternehmen individuell unterscheiden[1780].

Diese Möglichkeiten gehen mit einem gewissen Preis einher. Aus der Verzahnung des europäischen und des nationalen Rechts folgt mitunter eine beträchtliche Komplexität der Verfahren mit gewissen Unsicherheitspotentialen und nicht unerheblichem Beratungsbedarf. Das gilt in gesteigertem Maße für die konkrete Ausgestaltung der Arbeitnehmerbeteiligung. Allerdings sind Verweisungen und Verbindungen im Gesellschaftsrecht nicht neu. Sie finden sich auch in den nationalen Rechten, beispielsweise im Hinblick auf Handelsrecht, Konzernrecht, Insolvenzrecht und Deliktsrecht. Verweisungen im SE-Statut sind also kein Systembruch, sondern systemimmanent. Im Hinblick auf das Subsidiaritätsprinzip (und die Rechtspolitik) stand dem europäischen Gesetzgeber wohl auch kaum eine andere Regelungstechnik offen. Insofern fügt sich die SE nur als „weitere Stimme" in den Kanon der nationalen Rechtsformen ein, bietet aber zu diesen gewisse Unterschiede und neue Gestaltungsmöglichkeiten, konkret bei der Arbeitnehmerbeteiligung.

Das SE-Statut vertraut diese Frage der SE-RL an, die sie wiederum materiell der freien Verhandlung der unmittelbar durch sie Betroffenen überlässt, überwacht und geschützt durch das jeweilige nationale Recht des Sitzstaats und abgesichert durch die Auffangregelung, deren Vorgaben als mehr oder weniger großer Verhandlungsanreiz wirken können. Wie diese Frage dann im konkreten Unternehmen gelöst wird, wie die jeweiligen Rechte wahrgenommen und ausgestaltet werden, hängt an den Verhandlungsergebnissen. Diese sind zwangsläufig heterogen, hängen sie doch sehr von den Prioritäten der Beteiligten ab und reflektieren, wie jede Verhandlung, Chancen und Risiken[1781]. Die sich letztlich ergebenden Unterschiede sind aber nicht etwa zufällig, sondern von der Richtlinie gewollt[1782]. Das Resultat dieser „Harmonisierung im Verfahren" ist darum keine „Harmonisierung im Ergebnis". Vermutlich dürfte die SE-RL letztlich sogar dahin wirken, die national unterschiedlichen Regeln und Prinzipien zu konservieren. Zwar könnte das Statut hierdurch von seiner ursprünglichen Zielsetzung, dem Ideal der „einheitlichen, wahrhaftigen europäischen Rechtsform" kaum weiter entfernt sein[1783]. Es

---

1780 Vgl. *Kleinsorge* in *Fitting/Wlotzke/Wißmann/Koberski/Kleinsorge*, MitbestR, EU-Recht, Rn. 4, wonach es sich um eine *„(nur) in ihrer Grundstruktur einheitlichen europäischen Gesellschaftsform"* handelt.

1781 Zur unterschiedlichen Bewertung der Arbeitnehmerbeteiligung in operativ tätigen SE vgl. auch *ETUC*, Stellungname S. 2011, S. 3.

1782 Vgl. auch Erwägungsgrund 5 SE-RL.

1783 Bildhaft *Rickford*: *„The SE has become, not a uniform European animal, but a chameleon, drawing its legal character largely from the law of its registration."* Zitat nach *Ernst & Young*, SE-Studie 2009, S. 242, Fn. 207.

atmet jedoch gleichzeitig die fundamentalen Prinzipien der Subsidiarität und der Verhältnismäßigkeit. Insofern ist die bestehende Situation auch ein direktes Resultat der in der Gemeinschaft bestehenden Vielfalt.

C. Unterrichtungs- und Anhörungsrichtlinie – RL 2002/14/EG[1784]

I. Hintergrund

Ein gemeinschaftsweit allgemeiner Standard für die Mitwirkung der Arbeitnehmer auf nationaler Ebene wurde erstmals durch die Unterrichtungs- und Anhörungsrichtlinie[1785] festgelegt.

Rechtspolitischer Hintergrund waren die Vorkommnisse um das *Renault*-Werk im belgischen *Villvoorde*. Ohne dass die örtlichen Arbeitnehmervertreter oder der Europäische Betriebsrat hiervon zuvor unterrichtet, geschweige denn angehört worden waren, wurde dort Anfang 1997 mitgeteilt, dass der *Président Directeuer Général* der französischen Konzernmutter beschlossen habe, das Werk mit seinen ca. 3.100 Beschäftigten zum Jahresende aus wirtschaftlichen Gründen zu schließen[1786]. Diese Vorgehensweise sorgte sowohl bei den Betroffenen als auch bei der EU-Kommission für Empörung und Irritation und zog die Forderungen nach einer strengeren Regulierung von Unterrichtung und Anhörung nach sich. Die Kommission legte bereits im November 1998 einen Richtlinienentwurf vor, mit dem der gemeinschaftsrechtliche Rechtsrahmen durch zwingende Vorschriften neu ausgestaltet werden sollte. Wiederum aber geriet das Projekt aufgrund von Meinungsdivergenzen unter den Mitgliedstaaten wie auch zwischen Europäischem Parlament und Rat im Hinblick auf die Reichweite einer Arbeitnehmermitwirkung

1784 *Henssler* in *Henssler/Braun*, EuropArbR, Rn. 102 f.; *Thüsing*, EuropArbR, § 10, Rn. 46 ff.; *Reichold*, NZA 2003, S. 289, 289; sowie nunmehr auch *Schulte-Wrede*, Europ. Arbeitnehmerbeteiligung, S. 522 ff.; Entschließung des Europäischen Parlaments vom 19.02.2009 (Verfahren 2008/2246(INI), (P6_TA(2009)0061).

1785 Richtlinie 2002/14/EG des Europäischen Parlaments und des Rates vom 11. März 2002 zur Festlegung eines allgemeinen Rahmens für die Unterrichtung und Anhörung der Arbeitnehmer in der Europäischen Gemeinschaft, ABl. L 80/29 vom 23.03.2002.

1786 Aufgrund dieser Entstehungsgeschichte wird sie in der Literatur gelegentlich auch als „*Renault*-Richtlinie" bezeichnet (z.B. *Reichold*, NZA 2003, S. 289, 289). Gleichwohl war diese eher robuste Vorgehensweise vor allem um die Jahrtausendwende nicht gänzlich unüblich. Weitere Beispiele sind die Vorkommnisse um das Werk der französischen *Panasonic S.A.* in *Longwy* mit 130 Arbeitnehmern im Jahr 1998, oder der Konkurs der belgischen Fluglinie *Sabena* (*Société Anonyme Belge d'Exploitation de la Navigation Aérienne*) 2001, bei dem die Belegschaft per E-Mail darüber informiert wurde, dass sie am nächsten Tag nicht mehr zur Arbeit erscheinen sollte.

ins Stocken. Erst mehr als drei Jahre später konnte die Richtlinie verabschiedet werden. Sie war bis zum 23.03.2005 umzusetzen[1787].

II. Grundkonzeption

Die Unterrichtungs- und Anhörungsrichtlinie ist eine Rahmenrichtlinie mit einem antizipativen Ansatz. Sie verpflichtet die Mitgliedstaaten, auf jeweils nationaler Ebene Mindestvorschriften für das Recht auf Unterrichtung und Anhörung der Arbeitnehmer zu treffen und an die verschiedenen Gepflogenheiten und Praktiken anzupassen, so dass ihre Wirksamkeit gewährleistet ist[1788]. Hierzu definiert sie *„die Grundsätze, Begriffe und Modalitäten der Unterrichtung und Anhörung“*[1789], schafft aber ihrerseits keine eigenen „neuen“ Arbeitnehmervertretungsinstitutionen und verlangt auch nicht die Einführung von tatsächlichen Mitbestimmungsrechten.

Da der bestehende deutsche Rechtsrahmen mit BetrVG und PersVG jedenfalls nach Ansicht des deutschen Gesetzgebers über die Anforderungen der Richtlinie hinausgeht, wurden keine Maßnahmen zur Umsetzung getroffen[1790].

III. Verfahren

Die Mitgliedstaaten bestimmen über den Anwendungsbereich der Richtlinie. Je nach ihrer Entscheidung werden grundsätzlich Unternehmen mit mindestens 50 Beschäftigten oder Betriebe mit mindestens 20 Beschäftigten in einem

1787 Art. 11 I RL 2002/14/EG. Zur Entwicklung im Vorfeld vgl. auch die Mitteilung der Kommission zur Information und Konsultation der Arbeitnehmer vom 14.11.1995 (KOM(95) 547 endg.). Darin legt die Kommission mehrere Optionen dar. Die Sozialpartner auf europäischer Ebene konnten sich jedoch nicht einigen, insbesondere die Arbeitgebervereinigung *UNICE* (seit 2007 *„Businesseurope“*) lehnte Verhandlungen rundheraus ab, da die Initiative nicht mit dem Subsidiaritätsprinzip vereinbar und die entsprechenden Fragen ausschließlich der jeweiligen Unternehmensleitung vorbehalten seien. Darauf folgte der Richtlinienvorschlag der Kommission (vgl. auch Erwägungsgründe 4 ff. RL 2002/14/EG).

1788 Zum antizipativen Ansatz vgl. Erwägungsgründe 6, 7, 8, 9 (*„neue Formen der Arbeitsorganisation“*), 10, 13 (*„Antizipation“„Prävention von Risiken“*), zum allgemeinen Rahmen Erwägungsgrund 18, zur Zielsetzung Art. 1 RL 2002/14/EG. Laut Erwägungsgrund 10 bildet die Richtlinie ein Teilstück der gemeinschaftlichen Beschäftigungsstrategie.

1789 Erwägungsgrund 23 Satz 1.

1790 Kritisch hierzu *Reichold*, NZA 2003, S. 289, 298 f. sowie *Thüsing*, EuropArbR, § 10, Rn. 47 (dort auch m.w.N.), 56, 61 f., 65, 68, z.T. mit beachtlichen Argumenten, insbesondere hinsichtlich des Ausschlusses von leitenden Angestellten bei der Schwellenwertberechnung, dem Umsetzungsdefizit bei Unternehmen mit mindestens 50 und höchstens 100 Beschäftigten und den nach deutschem Recht unzureichenden Sanktionsmöglichkeiten.

Mitgliedstaat erfasst[1791]. Sie können aber auch Unternehmen mit weniger als 50 bzw. Betriebe mit weniger als 20 Beschäftigten von der Anwendung der Richtlinie ausnehmen[1792]. Die Mitgliedstaaten bestimmen auch, wie die Schwellenwerte berechnet werden[1793].

Die Begriffe „Unternehmen" und „Betrieb" werden durch die Richtlinie unionsautonom definiert[1794]. Das Bezugsobjekt selbst kann aber von Mitgliedstaat zu Mitgliedstaat variieren. Allerdings musste gewährleistet werden, dass die in der Richtlinie vorgeschriebenen Ergebnisse erreicht würden[1795]. Diese vergleichsweise weiten Vorgaben waren notwendig, um Friktionen bei der Umsetzung zu vermeiden[1796].

Inhaltlicher Kern der Richtlinie ist die Normierung von Unterrichtungs- und Anhörungsrechten, die sich auf drei unternehmensbezogene Bereiche konzentrieren. Diese sind a) die Entwicklungen in wirtschaftlicher, finanzieller und strategischer Hinsicht, b) die Beschäftigungsstruktur und die voraussichtliche Beschäftigungsentwicklung sowie die daraus folgenden Maßnahmen, sowie c) die unternehmerischen Entscheidungen, die wesentliche Veränderungen der Arbeitsorganisation und der arbeitsvertraglichen Beziehungen mit sich bringen können[1797]. Die

---

1791 Art. 3 I a) bzw. b) RL 2002/14/EG. Zum wahlweisen Anknüpfungspunkt auch *Reichold*, NZA 2003, S. 289, 292. Das EP verlangte noch 2009, die Schwellenwerte zu überprüfen und nur die Kleinstunternehmen vom Anwendungsbereich der Richtlinie auszunehmen, und begrüßt in diesem Zusammenhang auch den Kommissionsvorschlag für eine SPE, Entschließung des EP vom 19.02.2009 (oben Fn. 1784), Nr. 18, 22.

1792 Diese Regelung wurde ausdrücklich mit Blick auf die KMU getroffen, Erwägungsgrund 19 Satz 1.

1793 Art. 3 I S. 2 RL 2002/14/EG. Die Richtlinie definiert in ihrem Art. 2 d) zwar den Begriff „Arbeitnehmer", verweist aber auch dazu auf das nationale Arbeitsrecht. Die Mitgliedstaaten ihrerseits können nun aber nicht bestimmte Arbeitnehmergruppen, wie z.B. die leitenden Angestellten oder solche mit einem gewissen Alter, hiervon ausnehmen, und so den Anwendungsrahmen flexibel selbst bestimmen. Maßgeblich ist allein der allgemeine Arbeitnehmerbegriff des jeweiligen Mitgliedstaats; vgl. EuGH vom 13.01.2007, Rs. C-385/05 (*Confédération générale du travail u.a.*); *Thüsing*, EuropArbR, § 10, Rn. 54 ff.; Entschließung des EP vom 19.02.2009 (oben Fn. 1784), Nr. 4.

1794 Art. 2 a) bzw. b) RL 2002/14/EG. Bemerkenswerterweise weist die Definition zum „Unternehmen" dabei einen logischen Fehler i.S.d. *idem per idem* auf, ist nach ihr doch ein *„Unternehmen" „ein öffentliches oder privates Unternehmen [...]"*. So weit erkennbar gilt dies auch in den anderen 19 verfügbaren Sprachfassungen. Die Definition des *„Betriebs"* verweist auf die *„einzelstaatlichen Rechtsvorschriften und Gepflogenheiten"* und stellt insofern eine Besonderheit im europäischen Arbeitsrecht dar, *Thüsing*, EuropArbR, § 10, Rn. 53.

1795 Art. 11 I, 2. HS RL 2002/14/EG.

1796 *Thüsing*, EuropArbR, § 10, Rn. 52.

1797 Art. 4 II RL 2002/14/EG. Im Bereich der wirtschaftlichen Entwicklung ist ausschließlich eine Unterrichtung und gerade keine Anhörung vorgesehen, dafür geht der Richtlinienbegriff der „Anhörung" über denjenigen des BetrVG hinaus,

Umsetzung dieser Vorgaben und Festlegung der einzelnen Verfahren bleibt aber den Mitgliedstaaten überlassen. Die Modalitäten werden vom Arbeitgeber und den Arbeitnehmervertretern – aber nur von diesen und nicht etwa direkt von den einzelnen Arbeitnehmern – *„im Geiste der Zusammenarbeit und unter gebührender Beachtung ihrer jeweiligen Rechte und gegenseitigen Verpflichtungen festgelegt bzw. durchgeführt“*[1798], und dabei so angewandt, dass ihre praktische Wirksamkeit gewährleistet ist[1799]. Allerdings sind die Richtliniendefinitionen von „Unterrichtung“ und „Anhörung“ recht vage und können je nach Umsetzung hinsichtlich des geschuldeten Ausmaßes gewisse Auslegungsschwierigkeiten nach sich ziehen[1800].

Ggf. können die Sozialpartner auch Vereinbarungen über Art und Weise eines Unterrichtungs- und Anhörungsverfahrens treffen, falls der Mitgliedstaat von einer entsprechenden Richtlinienoption Gebrauch macht[1801].

Daneben müssen die Mitgliedstaaten *„geeignete Maßnahmen“* für den Fall der Nichteinhaltung der Unterrichtungs- und Anhörungspflichten vorsehen. Dies betrifft einerseits geeignete Verwaltungs- und Gerichtsverfahren, andererseits *„wirksame, angemessene und abschreckende“* Sanktionen[1802]. Allerdings lässt die Richtlinie die Existenz von betriebsratlosen Betrieben zu, sofern das Fehlen der Arbeitnehmervertretung den Arbeitnehmern selbst zuzurechnen ist[1803].

IV. Praxis

Praktisch wurde das Ziel eines gemeinschaftsweiten Mindeststandards bislang nicht erreicht. Wie gesehen bestehen in den Mitgliedstaaten – zum Teil

vgl. Art. 2 b), 4 IV c) und d). Zum Inhalt von Unterrichtung und Anhörung *Reichold*, NZA 2003, S. 289, 295 f., zur Vertraulichkeit vgl. Art. 6 der Richtlinie, hierzu auch Entschließung des EP vom 19.02.2009 (oben Fn. 1784) Nr. 5.

1798 Art. 1 III RL 2002/14/EG; zum Arbeitnehmervertreter vgl. die Definition in Art. 2 e).

1799 Art. 1 II RL 2002/14/EG.

1800 Art. 2 f) und g) RL 2002/14/EG; vgl. hierzu auch Entschließung des EP vom 19.02.2009 (oben Fn. 1784), Nr. 6 a). Vgl. auch *Rebhahn* in *Riesenhuber*, EuMethodenlehre 2010, S. 549.

1801 Art. 5 RL 2002/14/EG.

1802 Art. 8 RL 2002/14/EG. Der ursprüngliche Kommissionsentwurf hatte noch schärfere Sanktionen vorgesehen. Z.B. neben finanziellen Abgeltungen auch eine automatische Unwirksamkeitsfolge bei schwerwiegenden Verstößen. Insbesondere die Diskussion über diese Sanktionen hat die Verabschiedung der Richtlinie verschoben.

1803 Ggf. müssen auch keine „Ad-hoc-Vertretungen“ eingerichtet oder die Arbeitnehmer direkt beteiligt werden. Der Arbeitgeber darf aber nicht darüber entscheiden dürfen. *Thüsing*, EuropArbR, § 10, Rn. 57 f.; EuGH vom 08.06.1994, Rs. C-382/92, Rn. 18 (*Kommission ./. Vereinigtes Königreich*) und vom selben Tag, Rs. C-383/92, Rn. 19 (*Kommission ./. Vereinigtes Königreich*). Faktisch bestehen wohl gewisse Umsetzungsdefizite; vgl. Entschließung des EP vom 19.02.2009 (oben Fn. 1784), Nr. 7, 10–13.

beträchtliche – Umsetzungsdefizite[1804]. Inhaltlich beschränken sich einige Länder darauf, die Richtlinienanforderungen in ihren jeweiligen Umsetzungsvorschriften einfach nur abzuschreiben[1805]. Andere Staaten nutzten die Richtlinie gewissermaßen als „Initialzündung" zu einer allgemeinen und umfassenden Überarbeitung der entsprechenden Regeln. Daneben kam (und kommt) es zu „Verzögerungen"[1806]. Die Akzeptanz scheint damit (noch?) nicht durchgängig gegeben zu sein.

D. Verschmelzungsrichtlinie – RL 2005/56/EG[1807]

I. Hintergrund

Vorerst letzte bedeutende Neuschöpfung im Hinblick auf die Arbeitnehmerbeteiligung ist die sog. Verschmelzungsrichtlinie[1808]. Ihre Einführung geschah vor allem vor dem Hintergrund der angesichts der EuGH-Rechtsprechung zur Niederlassungsfreiheit zunehmend reformbedürftigen Rechtslage auf dem Gebiet der grenzüberschreitenden Fusionen, wo zuvor lediglich der *„(Um-)Weg über die SE zur Verfügung stand" (Thüsing)*[1809].

1804 In diesem Zusammenhang kam es zu Vertragsverletzungsverfahren gegen Spanien (EuGH, Rs. C-317/06 vom 05.07.2007), Belgien (EuGH, Rs. C-320/06 vom 29.03.2007), Luxemburg (EuGH, Rs. C-321/06 vom 14.06.2007), Italien (EuGH, Rs. C-327/06 vom 01.03.2007) und Griechenland (EuGH, Rs. C-381/06 vom 13.09.2007).

1805 Siehe oben Teil 3. *Hall/Purcell*, EIRO I&C 2011, S. 6 ff.

1806 So ausdrücklich Entschließung des EP vom 19.02.2009 (oben Fn. 1784), Buchstabe A und Nr. 1 ff., was jedoch nicht weiter ausgeführt wird.

1807 *Thüsing*, EuropArbR, § 10, Rn. 44 ff.; *Henssler* in *Henssler/Braun*, EuropArbR, Rn. 100; *Riesenhuber*, EuArbR, § 30, Rn. 1 ff.; *Ulmer/Habersack/Henssler*, MitbestG, Einl., Rn. 80; *Kleinsorge* in *Fitting/Wlotzke/Wißmann/Koberski/Kleinsorge*, MitbestR, EU-Recht, Rn. 70 ff.; *Lutter/Bayer/J. Schmidt*, EuropUR 2012, § 23, zur Arbeitnehmerbeteiligung insbesondere Rn. 147 ff.; sowie nunmehr auch *Schulte-Wrede*, Europ. Arbeitnehmerbeteiligung, S. 526 ff.; *Kisker*, RdA 2006, S. 206, 209 ff.; *Schubert*, RdA 2007, S. 9, 9 ff.; *Habersack*, ZHR 171 (2007), S. 613 ff., insbes. S. 619 ff.; *Brandes*, ZIP 2008, S. 2193 ff.; *Müller-Bonanni/Müntefering*, NJW 2009, S. 2347, 2347 ff.; *Götze/Winzer/Arnold*, ZIP 2009, S. 245, 252 ff.; *Teichmann*, Der Konzern 2007, S. 89 ff.

1808 Richtlinie 2005/56/EG des Europäischen Parlaments und des Rates vom 26. Oktober 2005 über die Verschmelzung von Kapitalgesellschaften aus verschiedenen Mitgliedstaaten, Abl. L 310/1 vom 25.11.2005, zuletzt geändert durch Richtlinie 2009/109/EG des Europäischen Parlaments und des Rates vom 16. September 2009 zur Änderung der Richtlinien 77/91/EWG, 78/855/EWG und 82/891/EWG des Rates sowie der Richtlinie 2005/56/EG hinsichtlich der Berichts- und Dokumentationspflicht bei Verschmelzungen und Spaltungen, Abl. L. 259/14 vom 02.10.2009 ABl. (auch *„10. [gesellschaftsrechtliche] Richtlinie"* oder *„Fusionsrichtlinie"* genannt).

1809 *Thüsing*, EuropArbR, § 10, Rn. 44, vgl. auch Bericht Reflexionsgruppe 2011, S. 16 (*„The Directive provides the necessary legal environment for what is already*

II. Grundkonzeption

Die Richtlinie hat den Zweck, die grenzüberschreitende Verschmelzung von Kapitalgesellschaften unterschiedlicher Rechtsformen[1810] in der Union zu erleichtern. Hierzu legt sie fest, welches einzelstaatliche Recht bei einer grenzüberschreitenden Verschmelzung für die beteiligten Gesellschaften maßgeblich ist, gibt aber lediglich für das Verfahren der Verschmelzung mit Verschmelzungsplan, Verschmelzungsbericht, Verschmelzungsprüfung und Verschmelzungsbeschluss gemeinschaftsrechtliche Vorgaben[1811]. Am Ende der Verschmelzung steht eine Gesellschaft nationalen Rechts, konkret das Recht desjenigen Mitgliedstaats, in dem der Sitz gewählt wurde. Die übertragenden bzw. die sich verschmelzenden Gesellschaften erlöschen, das Aktiv- und Passivvermögen der übertragenden Gesellschaft geht auf die neue Gesellschaft über, die Gesellschafter der verschmelzenden Gesellschafter werden Gesellschafter der neuen Gesellschaft.

Art. 2 bis 15 der Richtlinie machen gesellschaftsrechtliche Vorgaben, Art. 16 regelt die Mitbestimmung. Die Umsetzung in das nationale Recht erfolgte hierzulande in mitbestimmungsrechtlicher Sicht durch das MgVG[1812] und in gesellschaftsrechtlicher Sicht durch die §§ 122a ff. UmwG.

Auch hier war in den Beratungen einmal mehr die Arbeitnehmerbeteiligung der *„Zankapfel"* (*Henssler*), allerdings lag nunmehr mit der SE-RL ein Modell für eine Einigung vor[1813]. Anders als dort liegt der Fokus bei der Verschmelzungsrichtlinie aber auf dem nationalen Recht, eben weil aus der grenzüberschreitenden Verschmelzung eine nationale und keine supranationale Gesellschaft hervorgeht. Auch für die Mitbestimmung soll konsequent so weit wie möglich das nationale Recht angewandt werden[1814], während die Verhandlungslösung nur bei einer

---

an inalienable right of companies."); zur Entstehungsgeschichte vgl. *Riesenhuber*, EuArbR, § 30, Rn. 2.

1810 Art. 2 Nr. 1 RL 2005/56/EG verweist auf die Begrifflichkeiten von Art. 1 der sog. Publizitätsrichtlinie; vgl. *Riesenhuber*, EuArbR, § 30, Fn. 12; *Kleinsorge* in *Fitting/Wlotzke/Wißmann/Koberski/Kleinsorge*, MitbestR, EU-Recht, Rn. 70.

1811 Bereits hier werden über das Prozedere die Arbeitnehmerinteressen berücksichtigt. Nach den Richtlinienvorgaben sind die nationalen Arbeitnehmerschutzrechte zu beachten, im Verschmelzungsplan ist anzugeben, wie die Mitbestimmung in der entstehenden Gesellschaft geregelt wird, im Verschmelzungsbericht sind die Auswirkungen auf die Arbeitnehmer zu erläutern, der Bericht ist den Arbeitnehmervertretern zugänglich zu machen; Art. 4 I b), II, 5 j), 7 II RL 2005/56/EG.

1812 Gesetz über die Mitbestimmung der Arbeitnehmer bei einer grenzüberschreitenden Verschmelzung vom 21. Dezember 2006 (BGBl. I S. 3332), zuletzt geändert durch Gesetz vom 30.07.2009 (BGBl. I 2479); näher dazu *Schubert*, RdA 2007, S. 9 ff.; *Kleinsorge* in *Fitting/Wlotzke/Wißmann/Koberski/Kleinsorge*, MitbestR, EU-Recht, Rn. 81 ff.

1813 *Henssler* in *Henssler/Braun*, EuropArbR, Rn. 100; *Riesenhuber*, EuArbR, § 30, Rn. 1,3; *Habersack*, ZHR 171 (2007), S. 613, 617 (*„Regelungsvorbild der SE"*).

1814 Vgl. Erwägungsgrund 13 S. 2, 2. HS RL 2005/56/EG.

drohenden Herabsetzung des bereits bestehenden Niveaus zum Zuge kommt. Der insoweit maßgebliche Art. 16 verbindet in seinem Regelungsinhalt die nationale und die europäische Ebene. Folgerichtig orientiert er sich zunächst an der SE-RL, enthält aber auch einige Abweichungen.

III. Verfahren

Nach der grundsätzlichen Konzeption gilt im Ausgangspunkt das Recht des Sitzstaats. Auf die aus der Verschmelzung hervorgehende Gesellschaft findet daher im Regelfall das Mitbestimmungsrecht Anwendung, das in dem Mitgliedstaat gilt, in dem die Gesellschaft ihren Satzungssitz hat (Sitzstaatsprinzip)[1815].

Unter bestimmten Voraussetzungen greifen aber die Mitbestimmungsgrundsätze der SE. Dies ist der Fall, wenn infolge des Sitzstaatsprinzips in der hervorgehenden Gesellschaft eine Herabsetzung gegenüber dem vorher bestehenden Niveau an Mitbestimmung in den Ausgangsgesellschaften entstehen würde[1816]. Die Niveaus werden also einmal mehr mit dem Ziel der Mitbestimmungssicherung verglichen. Haben die Arbeitnehmer einer an der Verschmelzung beteiligten Gesellschaften also Mitbestimmungsrechte, und sieht das innerstaatliche Recht des Sitzstaats der aus der Verschmelzung hervorgehenden Gesellschaft nicht den gleichen Umfang an Mitbestimmungsrechten wie die Rechtsordnungen der Sitzstaaten der an der Verschmelzung beteiligten Gesellschaften vor, sprich, käme es zu einer Minderung des Mitbestimmungsniveaus, *„muss die Mitbestimmung der Arbeitnehmer in der aus der grenzüberschreitenden Verschmelzung hervorgehenden Gesellschaft neu geregelt werden“*[1817]. Eine „Flucht aus der Mitbestimmung“ soll also über das Vehikel der grenzüberschreitenden Verschmelzung nicht möglich werden. Um dieses Ziel zu gewährleisten, greift die Verschmelzungsrichtlinie auf das Instrumentarium der SE zurück. Damit gilt auch hier der Vorrang der Verhandlungslösung.

Konkret betrifft dies drei Fälle. Zunächst wenn a) mindestens eine der an der Verschmelzung beteiligten Gesellschaften in den sechs Monaten vor Veröffentlichung des Verschmelzungsplans durchschnittlich mehr als 500 Arbeitnehmer beschäftigt hat und in dieser Gesellschaft ein System der Arbeitnehmermitbestimmung besteht[1818]. Daneben, wenn b) das für die aus der Verschmelzung hervorgehende

---

1815 Art. 16 I RL 2005/56/EG. Der Bezug auf den Satzungssitz folgt eindeutig aus der englischen bzw. französischen Sprachfassung (*„registered office“*/*„siège statuaire“*). Nach *Teichmann*, Der Konzern 2007, S. 89, 91, sind Mitbestimmungsverhandlungen daher bei der grenzüberschreitenden Verschmelzung *„rechtssystematisch eine Ausnahme“*. *Lutter/Bayer/J. Schmidt*, EuropUR 2012, § 23, Rn. 149, begrüßen in diesem Zusammenhang *„den – speziell für KMU bedeutsamen – großen Vorteil der Einfachheit“*.

1816 Art. 16 II RL 2005/56/EG.

1817 Erwägungsgrund 13 S. 1 a.E. RL 2005/56/EG.

1818 Art. 16 II, 1. HS RL 2005/56/EG. Zu den näheren Voraussetzungen, insbesondere im Hinblick auf den Vergleich des Umfangs und ob aus deutschem Blickwinkel

Gesellschaft maßgebliche innerstaatliche Recht nicht mindestens den gleichen Umfang an Mitbestimmung der Arbeitnehmer gewährleistet, wie er in den jeweiligen an der Verschmelzung beteiligten Gesellschaften bestand[1819]. Oder schließlich wenn c) für die Arbeitnehmer in Betrieben der aus der Verschmelzung hervorgehenden Gesellschaft, die sich in anderen Mitgliedstaaten befinden, nicht der gleiche Anspruch auf Ausübung von Mitbestimmungsrechten vorgesehen ist, wie sie den Arbeitnehmern in demjenigen Mitgliedstaat gewährt werden, in dem die aus der Verschmelzung hervorgehende Gesellschaft ihren Sitz hat[1820]. Das zielt vor allem auf das aktive und das passive Wahlrecht und kann international zur Ausdehnung der Mitbestimmung führen[1821].

„Umfang an Mitbestimmung" meint dabei den Anteil der Arbeitnehmervertreter in dem Verwaltungs- bzw. Aufsichtsorgan, den Ausschüssen oder dem Leitungsgremium, das für die Ergebniseinheiten zuständig ist[1822].

In diesen Fällen findet die Verhandlungslösung Anwendung[1823]. Wie auch bei der SE ist damit grundsätzlich ein Besonderes Verhandlungsgremium zu bilden, das dann bis zu sechs Monate, ggf. bis zu einem Jahr, mit den beteiligten Unternehmensleitungen über die Mitbestimmung in der aus der Verschmelzung hervorgehenden Gesellschaft verhandelt[1824]. Auch hier gilt der Grundsatz der Parteienautonomie[1825]. Scheitern die Verhandlungen, und unterlag gleichzeitig mindestens ein Drittel der Arbeitnehmer der Mitbestimmung, kommt die Auffangregelung zum Zug, die sich wiederum nach den Vorgaben der SE-RL richtet[1826]. Die anschließende registerrechtliche Kontrolle stellt die Einhaltung dieses Verfahrens sicher[1827].

Die Verschmelzungsrichtlinie trifft keine eigene Regelung über die betriebliche Arbeitnehmerbeteiligung, sondern klammert die Aspekte der Unterrichtung und Anhörung aus dem Verschmelzungsverfahren aus. Insofern gilt also ebenfalls

die Einbeziehung des Arbeitsdirektors gem. § 33 MitbestG angezeigt ist, *Schubert*, RdA 2007, S. 9, 10 f.

1819 Art. 16 II a) RL 2005/56/EG.

1820 Art. 16 II b) RL 2005/56/EG.

1821 Vgl. *Riesenhuber*, EuArbR, § 30, Rn. 13; *Teichmann*, Der Konzern 2007, S. 89, 91.

1822 Vgl. Art. 16 II a), 2. HS RL 2005/56/EG.

1823 Zum Verfahren verweist Art. 16 III RL 2005/56/EG im Wesentlichen auf die Vorschriften der SE-RL, was sich insbesondere auch auf die Modalitäten und die Dauer der Verhandlungen erstreckt.

1824 Für Deutschland vgl. §§ 6–21, 22, 23 MgVG. Das MgVG sieht in § 8 III für das Besondere Verhandlungsgremium eine Drittelbeteiligung von Gewerkschaftsvertretern vor. Kritisch hierzu *Thüsing*, EuropArbR, § 10, Rn. 45c.

1825 Vgl. Art. 16 III b) RL 2005/56/EG i.V.m. Art. 4 II a), g), h) SE-RL.

1826 Art. 16 III h) RL 2005/56/EG verweist auf Anhang, Teil 3 b) der SE-RL. Die Auffangregelung findet grundsätzlich Anwendung, wenn die Parteien es vereinbaren oder wenn innerhalb der Frist keine Vereinbarung zustande kommt. Anders als bei der SE wurde der Schwellenwert aber heraufgesetzt, Art. 16 III e) RL 2005/56/EG. Vgl. auch *Riesenhuber*, EuArbR, § 30, Rn. 15.

1827 Vgl. Art. 11 I 2 a.E. RL 2005/56/EG.

das Recht des Sitzstaats, inklusive der einschlägigen Richtlinien, insbesondere der EBR-RL[1828]. Damit entfällt, anders als bei der SE, auch die Notwendigkeit, im Voraus über einen (SE-)Betriebsrat zu verhandeln[1829].

Aus deutscher Sicht wirken diese Vorgaben mitbestimmungssichernd. Der Schwellenwert von „mehr als 500 Arbeitnehmern" aus Art. 16 II, 1. HS der Richtlinie stimmt mit den Vorgaben von § 1 I Nr. 1 DrittelbG überein, so dass für eine Gesellschaft mit Sitz in Deutschland bereits regelmäßig schon die erste Variante greifen dürfte. Zudem dürfte meist das Kriterium des „nicht-gleichen Anspruchs auf Ausübung von Mitbestimmungsrechten" aus Art. 16 II b) erfüllt sein, da den in einem anderen Mitgliedstaat beschäftigten Arbeitnehmern nicht das gesetzliche Wahlrecht für die Arbeitnehmervertreter im Aufsichtsrat zukommt – und mit dem Territorialitätsprinzip auch nicht zukommen kann. Faktisch dürfte daher schon deshalb die Verhandlungslösung der Regelfall sein[1830].

Das deutsche MgVG hat diese Vorgaben inhaltlich übernommen. Für die anderen Fälle bestimmt § 4 MgVG, dass für die aus der Verschmelzung hervorgehende Gesellschaft die Mitbestimmungsregelungen des Sitzstaats Anwendung finden[1831]. Außerhalb Deutschlands freilich gelten z.T. deutlich niedrigere Schwellenwerte für die Mitbestimmung. Dennoch wurde für diese Fälle, und wohl zu Recht, ein Bestandsschutz für entbehrlich gehalten, gerade um auch den KMU die

1828 Erwägungsgrund 12 RL 2005/56/EG.

1829 *Kleinsorge* in *Fitting/Wlotzke/Wißmann/Koberski/Kleinsorge*, MitbestR, EU-Recht, Rn. 71; *Riesenhuber*, EuArbR, § 30, Rn. 8; *Kisker*, RdA 2006, S. 206, 209; *Teichmann*, Der Konzern 2007, S. 89, 91 („*erfreulich pragmatisch*"); *Lutter/Bayer/J. Schmidt*, EuropUR 2012, § 23, Rn. 148 („*deutlich gestrafft und entschlackt*").

1830 Kritisch *Brandes*, BB 2008, 2193 ff., 2195 („*Diskriminierung ausländischer Arbeitnehmer bei der Mitbestimmung ist in Europa der Regelfall.*"); *Henssler*, RdA 2005, 330, 331 f.; vgl. auch *Ulmer/Habersack/Henssler*, MitbestG, Einl., Rn.74 a.E.; *Kleinsorge* in *Fitting/Wlotzke/Wißmann/Koberski/Kleinsorge*, MitbestR, EU-Recht, Rn. 72. Für eine praktisch mögliche Regelung unter Verweis auf das norwegische Modell *Hansen/Werlauff*, ECL 2009, S. 68, 78, die allerdings zugleich auf die Gefahr einer mittelbaren Diskriminierung hinweisen. Schlüsselelement sei die Flexibilität. Demnach ist die Einbeziehung ausländischer Arbeitnehmer in eine Unternehmensvereinbarung grundsätzlich möglich. Wenn die Durchführung dieser Vereinbarung aber unmöglich ist („*unfeasible*"), kann sie fallengelassen werden.

1831 Vgl. § 5 MgVG; *Thüsing*, EuropArbR, § 10, Rn. 44 b; *Henssler*, ZHR 173 (2009), S. 222, 227. Streng nach Wortlaut der Richtlinie kommt es dabei nur auf ein „bestehendes System" an, so dass diejenigen Unternehmen, die trotz Überschreiten des maßgeblichen Schwellenwerts keine Mitbestimmung etabliert haben (Stichwort Drittelbeteiligungslücke) aus dem Wortlaut herausfallen würden. Das kann natürlich nicht richtlinienkonform sein, so dass es ggf. unerheblich ist, ob tatsächlich ein entsprechendes System besteht oder ob ein Unternehmen „nur" die Voraussetzungen für seine Einrichtung erfüllt.

grenzüberschreitende Verschmelzung zu erleichtern[1832]. Bemerkenswert ist zudem, dass bei der Ermittlung des relevanten Schwellenwerts zumindest nach deutschem Recht die Tochtergesellschaften nicht einbezogen sind. Sie werden erst im Rahmen des anschließenden Verfahrens berücksichtigt[1833].

IV. Wesentliche Abweichungen von der SE-RL und Praxisfolgen

Die Verschmelzungsrichtlinie orientiert sich in ihren wesentlichen Parametern an der SE-RL. Sie brachte aber auch einige bemerkenswerte Weiterentwicklungen[1834].

Wie bei der SE wird der ggf. bestehende „Umfang der Mitbestimmung“ quantitativ bestimmt. Anders als dort erstreckt er sich bei der Verschmelzungsrichtlinie aber nicht mehr nur auf den Anteil der Arbeitnehmervertreter im Verwaltungs- bzw. Aufsichtsorgan in den beteiligten Gesellschaften. Hinzu kommt auch noch der Anteil an Arbeitnehmervertretern in Ausschüssen sowie in den Ergebniseinheiten, wenn dort eine Mitbestimmung besteht[1835].

Die Auffangregelung wurde in zwei beachtlichen Punkten modifiziert. Nach wie vor bildet sie den *„Dreh- und Angelpunkt“* (*Thüsing*) der Verhandlungslösung. Denn wenn eine Vereinbarung nicht erzielt werden kann, greift das

---

1832 *Kisker*, RdA 2006, S. 206, 210.

1833 § 5 Nr. 1 bzw. §§ 6 ff. MgVG; *Schubert*, RdA 2007, S. 9, 10 ff., 13.

1834 Die Reflexionsgruppe zur Zukunft des EU-Gesellschaftsrechts beispielsweise bewertet die Verschmelzungsrichtlinie als einen „mutigen und notwendigen Schritt, um den Unternehmen die Niederlassungsfreiheit zu gewähren, die ursprünglich durch die Verträge vorgesehen war“ (*„The Directive on cross-border mergers was a bold and necessary step to provide companies with the freedom of establishment originally envisaged by the Treaties“*), kritisiert aber gleichzeitig den beschränkten, weil ausschließlich auf reine Verschmelzungen bezogenen Anwendungsbereich und das immer noch vergleichsweise aufwendige Verfahren. Als Sonderform der Restrukturierung seien Verschmelzungen ebenfalls zeit- und kostenintensiv. Sie lägen daher oft außerhalb des Handlungsrahmens der KMU. Für diese seien Sitzverlegungen interessanter. Die Reflexionsgruppe fordert daher eine entsprechende Richtlinie; Bericht Reflexionsgruppe 2011, S. 15, 20, zur Kritik insbesondere S. 27 ff.

1835 Art. 16 II a) RL 2005/56/EG. Der Begriff der „Ergebniseinheit“ dürfte auf die entsprechenden finnischen Regelungen zielen. Das finnische Gesetz FFS 725/90 verwendet in 5 § *n.* 1 den Terminus *„tulosyksiköt“*, in der schwedischen Fassung *„företagets resultatenheter“* was sich jeweils mit „Geschäftseinheit“ oder auch „Ergebniseinheit“ übertragen lässt, die englischen Fassungen verwenden den Begriff *„business unit“*. Die englische Version der Richtlinie bedient sich der Wendung *„profit unit“*. Näher zu den finnischen Regelungen oben Teil 3 D. VIII. Gemeint ist damit meist ein logisch trennbarer Bereich eines Unternehmens, das einen bestimmten Funktionsbereich repräsentiert. Vgl. auch *Kleinsorge* in *Fitting/Wlotzke/Wißmann/Koberski/Kleinsorge*, MitbestR, EU-Recht, Rn. 75; *Riesenhuber*, EuArbR, § 30, Fn. 20; *Kisker*, RdA 2006, S. 206, 211, Fn. 52.

Vorher-Nachher-Prinzip und das höchste Niveau der Mitbestimmung setzt sich durch[1836]. Es gilt grundsätzlich auch über die Verschmelzungsphase hinaus und auch bei nachfolgenden strukturellen Veränderungen[1837]. Anders als bei der SE greift die Auffangregelung aber erst dann, wenn mindestens exakt ein Drittel der Gesamtbelegschaft mitbestimmt war; bei der SE liegt das Minimum je nach Gründungsart bereits bei einem Viertel[1838]. Der Schwellenwert wurde also angehoben. Damit wurde erstmals der grundsätzlich gleiche Mitbestimmungsstandard in den nationalen Gesellschaften über die europäische Ebene perforiert[1839]. Theoretisch denkbar wäre eine Minderung bestehender Rechte, wenn eine SE zum Verschmelzungsobjekt wird.

„Punctum saliens" im Rahmen der grenzüberschreitenden Verschmelzung ist aber, dass die beteiligten Unternehmen hier auf die Verhandlungen mit den Arbeitnehmern einseitig verzichten und stattdessen direkt die gesetzliche Auffanglösung wählen können[1840]. Somit lässt sich nicht nur auch für nationale Gesellschaften die

---

1836 Vgl. hierzu *Thüsing*, EuropArbR, § 10, Rn. 44c, 45 f., der zu Recht darauf hinweist, dass dieses Maximum nicht europarechtlich zwingend war, und die Auffangregelung daher als *„oftmals unbefriedigend"* bewertet (Rn. 45a). Auch § 17 IV MgVG, die Definition der „Minderung der Mitbestimmungsrechte", geht weiter als die Vorgabe aus Art. 16 II a) RL 2005/56/EG, nach der es nur darauf ankommt, ob sich das Kopfverhältnis im jeweiligen Gremium ändert.

1837 Vgl. Art. 16 VII RL 2005/56/EG, § 30 MgVG, die einen Bestandsschutz von drei Jahren bei nachfolgenden innerstaatlichen Verschmelzungen vorsehen und insoweit einer speziellen Missbrauchsgefahr vorbeugen; siehe auch *Thüsing*, EuropArbR, § 10, Rn. 45 e; *Riesenhuber*, EuArbR, § 30, Rn. 25; *Habersack*, ZHR 171 (2007), S. 613, 641. Zum Problem einer Gemeinschaftsrechtswidrigkeit und Verfassungswidrigkeit von § 30 S. 2 MgVG, wenn eine aus einer grenzüberschreitenden Verschmelzung hervorgegangene mitbestimmte GmbH/AG später auf eine Personengesellschaft verschmolzen wird (und dem damit vorgesehenen Zwang zur Bildung eines mitbestimmten Aufsichtsrats in einer Personengesellschaft), *Habersack*, ZHR 171 (2007), S. 613, 638 f.

1838 Art. 16 III e) RL 2005/56/EG („33 ⅓"), § 23 I 2 MgVG. Nach *Habersack* wird damit *„der Geltungsanspruch des deutschen Mitbestimmungsniveaus nicht unwesentlich relativiert"*, *Habersack*, ZHR 171 (2007), S. 613, 625; vgl. auch *Henssler*, ZHR 173 (2009), S. 222, 227; zur angesichts dieser Quoren wohl sinnfreien Verweisung in Art. 16 III a der Richtlinie auf Art. 3 IV UAbs. 1, 1. Gedankenstrich SE-RL *Kisker*, RdA 2006, S. 206, 210, kritisch zu den abweichenden Werten in der SE-RL und der Verschmelzungsrichtlinie ebd., S. 212. *AAK*, ZIP 2009, S. 698, fordert daher eine Anhebung der Prozentsätze auch bei der SE.

1839 *Lutter/Bayer/J. Schmidt*, EuropUR 2012, § 23, Rn.151, sehen darin einen politischen Kompromiss, der die Abneigung vieler Mitgliedstaaten gegen einen Zwang zum Import „fremder" Mitbestimmungsmodelle widerspiegele.

1840 Art. 16 IV a) RL 2005/56/EG, § 23 I 1 Nr. 3 MgVG. *Riesenhuber*, EuArbR, § 30, Rn. 16; *Brandes*, ZIP 2008, S. 2193, 2196; *Müller-Bonanni/Müntefering*, NJW 2009, S. 2347, 2351 ff.; *Götze/Winzer/Arnold*, ZIP 2009, S. 245, 253; *Teichmann*, Der Konzern 2007, S. 89, 92. Auch daher werden die Bestimmungen zur Arbeitnehmerbeteiligung

Arbeitnehmerbeteiligung aktiv gestalten. Es entfällt zudem auch die sechsmonatige Verhandlungspflicht, was in zeitlicher und finanzieller Hinsicht vorteilhaft sein kann[1841]. Insofern bieten sich mit der Verschmelzungsrichtlinie mehr strategische Ansatzpunkte als mit der SE.

Anders als bei der SE ist im Rahmen der Verschmelzungsrichtlinie der Abschluss des Verhandlungsverfahrens keine Voraussetzung für die Eintragung der Verschmelzung[1842]. Das bedeutet auch, dass etwaige Verzögerungen beim Verhandlungsverfahren keine Blockadewirkung entfalten.

Die Verschmelzungsrichtlinie verweist nicht auf das allgemeine Missbrauchsverbot nach Art. 11 SE-RL. Hierin wird mit Blick auf die sonstigen sehr

---

in der RL 2005/56/EG von Unternehmen und Rechtsberatern als flexibler als im SE-Statut bewertet. Arbeitnehmerverbände teilen diese Ansicht nicht; Kommission, SE-Bericht 2010, S. 4; kritisch z.B. auch *Stollt/Wolters*, SE Handbook 2011, S. 20. Uneinigkeit besteht, ob man im Rahmen der Auffanglösung dennoch ein Besonderes Verhandlungsgremium bilden muss. Ein solches dürfte wohl dann entbehrlich sein, wenn ihm lediglich die Aufgabe zukommen soll, die mathematisch festgelegten Sitze individuell zuzuweisen, allerdings müssen die europäischen Arbeitnehmervertretungen über das Verschmelzungsvorhaben informiert werden, *Brandes*, ZIP 2008, S. 2193, 2197 f., wohl auch *Müller-Bonanni/Müntefering*, NJW 2009, S. 2347, 2352 f.; hingegen für die verpflichtende Bildung eines Besonderen Verhandlungsgremiums *Schubert*, RdA 2007, S. 9, 14; *dies.*, ZIP 2009, S. 791, 796 ff.

1841 Wie oben bereits erwähnt kommt es nach dem abstrakt-generellen Gesetzeswortlaut auch nicht darauf an, ob der aufnehmende Rechtsträger oder der untergehende ausländische Rechtsträger im Zeitpunkt des Wirksamwerdens der Verschmelzung ausländische Arbeitnehmer beschäftigt, so dass für interessierte Unternehmen die Möglichkeit besteht, kurzfristig im Ausland einen arbeitnehmerlosen Mantel zu gründen oder zu erwerben und diesen dann als „Verschmelzungsvehikel“ einzusetzen; § 5 Nr. 3 MgVG; *Brandes*, ZIP 2008, S. 2193, 2196. Praktisch kann eine deutsche, paritätisch mitbestimmte GmbH so eine ausländische arbeitnehmerlose Tochter auf sich verschmelzen und sich so des MgVG bedienen. Wählt die Unternehmensleitung direkt die Auffangregelung, vermeidet sie das Verhandlungsverfahren. Wählt sie zudem eine entsprechende Satzungsregelung, lässt sich auch die Zahl der Aufsichtsratsmitglieder (einseitig!) abweichend von § 7 MgVG festlegen, da § 24 MgVG nur den relativen Anteil und nicht die absolute Anzahl der Arbeitnehmervertreter schützt, so dass eine Verkleinerung auch in der Auffangregelung möglich ist; vgl. *Henssler*, ZHR 173 (2009), S. 222, 229. Diese größere Flexibilität wird von Praktikern als vorteilhaft erachtet, vgl. z.B. *de Saint-Cyr* in Stellungnahme *IBA* zur SE-Studie 2009 (oben Fn. 1698) S. 16; *AAK*, ZIP 2009, S. 698, 698 f.; *Bormann/Böttcher*, NZG 2011, S. 411, 414. Zu einem Beispiel, wie sich eine deutsche mitbestimmte GmbH über eine britische monistische *plc* komplett mitbestimmungsfrei gestalten lässt *Henssler*, ZHR 173 (2009), S. 222, 230.

1842 *Habersack*, ZHR 171 (2007), S. 613, 624.

dezidierten Verweisungen eine bewusste gesetzgeberische Entscheidung gesehen. Statt eines fast schon vagen Verbots gilt ein konkreter und formal zu handhabender Bestandsschutz[1843]. Und anders als das SEBG kennt das MgVG weder eine gesetzliche Verpflichtung zur Neuverhandlung bei strukturellen Veränderungen noch eine entsprechende Strafvorschrift. Allenfalls, wenn eine Mitbestimmungsvereinbarung abgeschlossen wird, „soll“ darin auch festgelegt werden, dass auch vor strukturellen Änderungen Verhandlungen über die Mitbestimmung der Arbeitnehmer aufgenommen werden[1844] .

Erwähnenswert sind schließlich noch die möglichen Folgewirkungen von Art. 16 IV c) der Richtlinie. Nach diesem können die Mitgliedstaaten die Auffangregelung für monistische Gesellschaften direkt auf die Drittelparität begrenzen. Während der deutsche und der französische Gesetzgeber keine derartige Regelung getroffen haben, findet sich eine entsprechende Vorgabe in Sec. 39 der britischen *Companies (Cross-Border Mergers) Regulations 2007*[1845]. Demnach kann die aufnehmende Gesellschaft die Mitbestimmungsquote im Rahmen der Auffangregelung auf maximal ein Drittel der Verwaltungsratsmitglieder beschränken. Das heißt, die Fusionspartner können sich dahingehend entscheiden, im Verwaltungsrat der verschmolzenen Gesellschaft auch dann eine Drittelparität einzurichten, wenn vorher für eine (oder mehrere) der beteiligten Gesellschaften die paritätische Mitbestimmung gegolten hat. Hierin wird eine eindeutige Wertung des europäischen Gesetzgebers gesehen, nach der einem monistischen Unternehmen die paritätische Mitbestimmung nicht aufgezwungen werden

---

1843 *Riesenhuber*, EuArbR, § 30, Rn. 26; für eine diesbezügliche Ausdehnung der in den Erwägungsgründen zur SE-RL enthaltenen Wertungen *Kisker*, RdA 2006, S. 206, 210, freilich wohl angesichts der bewussten Auslassung angreifbar; vgl. auch *Teichmann*, Der Konzern 2007, S. 89, 97.

1844 § 22 II 1 MgVG; darüber hinaus werden strukturelle Änderungen im Gesetz nicht mal erwähnt. Bei nachfolgenden innerstaatlichen Verschmelzungen ist allerdings § 30 MgVG zu beachten, wonach sich die Mitbestimmung dann nach den nationalen Regelungen richtet; vgl. *Götze/Winzer/Arnold*, ZIP 2009, S. 245, 253 f. Da es im Rahmen vom § 22 II 1 MgVG aber auf den „Abschluss einer Vereinbarung“ ankommt läuft die Norm vor allen Dingen dann leer, wenn die Unternehmensleitung unmittelbar für die Auffangregelung optiert, *Habersack*, ZHR 171 (2007), S. 613, 636.

1845 S.I. 2007/2974, zuletzt geändert durch S.I. 2008/583, Text unter http://www.legislation.gov.uk/uksi/2007/2974/contents/made (englisch) [S.I. = *Statutory Instrument*, „Rechtsverordnung“]; die Regelungen zur Arbeitnehmerbeteiligung finden sich in Sec. 22 ff. Der hier relevante Sec. 39 lautet vollständig *„Where, following prior negotiation, the standard rules of employee participation apply, the UK transferee company may limit the proportion of directors elected, appointed, recommended or opposed through employee participation to a level which is the lesser of (a) the highest proportion in force in the merging companies prior to registration, and (b) one third of the directors.“*

darf, weil sie *„dort kein geeignetes Modell der Arbeitnehmerbeteiligung bildet“* (*Henssler*)[1846]. Die SE kennt diese Beschränkungsmöglichkeit (noch) nicht.

Aus deutschem Blickwinkel stellt die Verschmelzungsrichtlinie einmal mehr das tradierte deutsche Beteiligungssystem mit seinem fixen Regelwerk in Frage. Denn mittels der Verschmelzung einer ausländischen Tochtergesellschaft auf die deutsche Mutter kann erreicht werden, dass selbst eine deutsche AG oder GmbH ihr spezifisches Mitbestimmungsmodell ungeachtet des Wortlauts von § 1 I Nr. 1 MitbestG und § 1 I Nr. 1 DrittelbG mit der Belegschaft aushandeln kann; der *„Krücke“* des Formwechsels in die (supranationale) SE bedarf es dann gar nicht (mehr)[1847]. Da nach herrschender Meinung die sonstigen deutschen Mitbestimmungsregeln durch das MgVG verdrängt werden lässt sich das ausgehandelte Niveau sogar „einfrieren“[1848].

Der Weg über die Verschmelzung erweist sich so nicht nur als gleichzeitig schneller und rechtssicherer als die Gründung einer SE. Gleichzeitig wurde mit der Verschmelzungsrichtlinie die Verhandlungslösung wieder aus dem supranationalen Kontext gelöst und nun für rein nationale Sachverhalte auch in den Mitgliedstaaten eingeführt, die dieses Modell bislang nicht kannten. Europarechtlich zwingend wurde so auch der Weg für unterschiedliche Mitbestimmungsniveaus selbst in ein und derselben nationalen Rechtsform geebnet; eine mitbestimmte AG oder GmbH kann sich von einer anderen unterscheiden. Zudem besteht nun auch die Möglichkeit für eine drittelparitätische AG mit monistischem *board.* Es handelt sich um Neuerungen, die faktisch jedem Unternehmen zur Verfügung stehen und noch 2006 im *Biedenkopf*-Bericht von den Gewerkschaften massiv bekämpft wurden. Mit *Henssler*: *„Es zeigt sich: Überfällige Entwicklungen lassen sich in einem gemeinsamen europäischen Markt nicht aufhalten“*[1849].

E. Stellungnahme

Auffällig ist, dass die Europäische Union trotz ihrer eingeschränkten Gesetzgebungskompetenz immer bedeutsamere Regelungen durchgesetzt hat. Und das mit zunehmender Dynamik. Das kollektive Arbeitsrecht wurde so immer weiter

---

1846 *Henssler*, ZHR 173 (2009), S. 222, 228, der dort gleichzeitig darauf hinweist, dass die Debatte um die Arbeitnehmerbeteiligung aus französischem Blickwinkel lange nicht das hiesige Interesse genießt, sie viel mehr als *„deutsches und skandinavisches Problem“* betrachtet wird. Zur unterschiedlichen Mitbestimmungsqualität in Aufsichtsrat und Board auch *Riesenhuber*, EuArbR, § 30, Rn. 21.

1847 *Baums*, NJW-Spezial 2009, S. 410, 410; *Götze/Winzer/Arnold*, ZIP 2009, S. 245, 253. Vgl. auch das Begleitende Arbeitspapier der Kommissionsdienststellen zum Kommissionsbericht (oben Fn. 1776), S. 8.

1848 Hintergrund ist, dass die deutschen Mitbestimmungsregeln keine diskriminierungsfreie Beteiligung der ausländischen Arbeitnehmer ermöglichen, Art. 16 II b RL 2005/56/EG und § 5 Nr. 3 MgVG dies aber gewährleisten; *Brandes*, ZIP 2008, S. 2193, 2196, 2199; *Bormann/Böttcher*, NZG 2011, Fn. 30, 31.

1849 *Henssler*, ZHR 173 (2009), S. 222, 230.

europäisiert, seine Rolle immer unmittelbarer. Richtlinien, Verordnungen und nicht zuletzt auch die Rechtsprechung entfalten eine vielfach gerichtete Prägewirkung. Zumindest bislang allerdings liegt der Harmonisierungsschwerpunkt bei den großen Aktiengesellschaften[1850]. Vieles in diesem Bereich ist freilich im Werden begriffen, befindet sich in (notwendiger) Fortentwicklung.

Wo sich gleich mehrere Richtlinien mit Fragen der Information und Konsultation befassen wird die Unternehmensmitbestimmung im engeren Sinn nur in drei Richtlinien behandelt, der SE-RL, der SCE-RL und der Verschmelzungsrichtlinie. In den ersten beiden wurde die Verhandlungslösung erstmals auch auf die Mitbestimmungsfrage angewendet, in der letzten wurde das Verfahren weiter entwickelt und flexibilisiert. Die Verschmelzungsrichtlinie ist damit die „aktuelle Messlatte" der europäischen Mitbestimmung.

In ihr wurde die Verhandlungslösung von der rein supranationalen Ebene auch auf die nationale Ebene gebracht. Sie gilt einheitlich in allen Mitgliedstaaten, selbst dort, wo verhandelte Lösungen für nationale Fragen zuvor unbekannt waren. Eindeutiges Verdienst neben der Herauslösung der Mitbestimmung aus dem rein nationalen Kontext ist auch, dass dem Verhandlungsverfahren nun ein eigener „Wert an sich" zugebilligt werden kann.

Um den derzeitigen Zustand zu erreichen, musste die Union allerdings vom ursprünglich verfolgten Gedanken der insgesamt einheitlichen Grundkonzeption zunehmend Abstand nehmen. Der anfänglich womöglich nur aus einer gewissen rechtspolitischen Verlegenheit gewählte Ausweg hat dabei erst nach und nach sein wahres Potential gezeigt. Mochte der Kombination aus „Vereinbarungslösung nebst Auffangregelung" vielleicht zunächst noch der Geruch des politisch Notwendigen angehaftet haben, hat sie sich doch immer weiter zu einem bemerkenswert flexiblen Instrument gemausert und wurde im Laufe der Richtlinien immer weiter optimiert. Indem sie die konkrete Ausgestaltung der Arbeitnehmerbeteiligung den unmittelbar durch sie Betroffenen anvertraut, entwickelt sie ein beachtliches Leistungsvermögen. Ein externer Stimulans führt so zu einer internen Lösung.

Wie diese Lösung dann konkret aussieht, wie die jeweiligen Rechte wahrgenommen und letztlich ausgestaltet werden, hängt an den Verhandlungsergebnissen. Wie diese ausfallen, dürfte wiederum zuallererst sehr von den Prioritäten der Beteiligten abhängen. Wie gesehen steht beispielsweise das Element „Unternehmensmitbestimmung im Aufsichtsrat" nicht in allen Mitgliedstaaten gleichermaßen hoch im Kurs[1851]. Einige Sozialpartner lehnen es sogar offen ab und halten andere Beteiligungsmodelle für zielführender[1852]. Andere wollen die

---

1850 Vgl. auch *Lutter/Bayer/J. Schmidt*, EuropUR 2012, § 10, Rn. 3: *„Der Kern des Rechts der nationalen GmbH ist bislang nicht ‚europäisiert' [...]".*

1851 Vgl. oben Teil 3 C. II., D., E. I.

1852 Vgl. Art. 7 II UAbs. 2 S. 1 SE-RL. Wenn in den verschiedenen beteiligten Gesellschaften mehr als eine Mitbestimmungsform bestanden hat, entscheidet das Besondere Verhandlungsgremium darüber, welche davon in der SE eingeführt wird. Es dürfte sich kaum von außen festlegen lassen, welches nationale Betei-

bestehenden Möglichkeiten noch ausweiten[1853]. Die jeweiligen Vertreter werden ihre Grundhaltung ggf. auch in das Besondere Verhandlungsgremium tragen und versuchen, das letztlich von ihnen in den internen Diskussionen als Optimum erkannte Modell zu etablieren. Reichweite und Effektivität der Beteiligung hängen somit sehr an der individuellen Situation, der Prägung und dem jeweiligen Stellenwert des einen oder des anderen Instruments im einzelnen Unternehmen[1854].

Konsequent geht der Vorrang der Verhandlungslösung mit einer gesteigerten Verantwortung der Parteien einher. Diese Ausgangslage ausschließlich als „fluchtfördernd" zu charakterisieren wird ihrer Vielschichtigkeit nicht gerecht. Denn sie bietet auch die Gelegenheit, jeweils passende Regelungen aktiv zu gestalten. Übergeordnet besteht die Chance, auf der Suche nach der individuell besten Unternehmensform voneinander zu lernen – und hierbei durchaus auch mitbestimmungsrelevante Ideen und Gedanken zu exportieren, wenn und soweit sie als sinnreich anerkannt werden[1855]. Das kann auch zu einem überzeugenderen (und gegenseitigen) Interessenausgleich von „Arbeitnehmerbeteiligung" und „Shareholdervalue" führen, bei dem die verschiedenen unternehmerischen Gegebenheiten unterschiedlich berücksichtigt werden. Das aber führt dann auch zu einer verbesserten Form der Mitbestimmung selbst (und setzt ggf. die bestehenden gesetzlichen Regelungen unter evolutiven Zugzwang). Abweichungen und gewisse Uneinheitlichkeiten sind dabei notwendige (und gewünschte) Folge von Subsidiarität und Verhältnismäßigkeit. Der konkreten Gestaltung der Auffangregelung kommt dann aber die Schlüsselrolle zu, da sie nicht nur sichert, sondern letztlich den äußersten Verhandlungsrahmen begrenzt und so mehr als nur eine „Randbedingung" setzt.

---

ligungsmodell materiell „weitergehend" ist. Beispielsweise, ob es unter Beteiligungsgesichtspunkten „weitergehend" sein soll, selbst ein Drittel der Aufsichtsratsmitglieder zu stellen, wie in Deutschland im Rahmen der Drittelparität, oder ggf. Einfluss auf die Besetzung des Gesamtgremiums zu haben, wie in den Niederlanden, oder ggf. einen eigens budgetierten Betriebsrat mit klar bestimmten Befugnissen zu haben, wie in Frankreich.

1853 Zur Ausweitung der Mitbestimmung in der SE *Eurofound*, SE-Studie 2011, S. 13.

1854 Zustimmungswürdig *Henssler* in *Henssler/Braun*, EuropArbR, Rn. 98.

1855 Darauf deuten auch die praktischen Erfahrungen mit der SE hin. In der großen Mehrzahl der Fälle soll es dabei gelingen, sich auf individuelle Lösungen zu einigen, so dass die Auffangregelung nur in den seltensten Fällen Anwendung findet. Nach *Eurofound*, SE-Studie 2011, S. 13, wird die Mitbestimmung dabei auch ausgeweitet. Sowohl nach *Ernst&Young*, SE-Studie 2009 (dort S. 241) als auch nach *Monks/Passchier* vom *ETUC* (Stellungnahme zur SE-Studie 2009, oben Fn. 1698, dort S.3) wird die sechsmonatige Verhandlungsfrist nahezu niemals vollständig ausgeschöpft.

Bei allem zweifellos gegebenen Glättungs- und Klarstellungsbedarf könnte man diese Entwicklung bedauern und eine Vereinheitlichung um jeden Preis herbeisehnen oder gar erzwingen wollen. Man könnte aber in der Vielfalt der Optionen und gegebenen (und praktisch bewährten) Lösungswege auch eine Chance sehen. Wenn das deutsche Beteiligungssystem *„ein Solitär, aber kein Edelstein"* ist, erscheint das europäisch eröffnete Modell schon aufgrund seines Facettenreichtums beinahe als ein Brillant.

Teil 5 – SPE[1856]

A. Heranführung

I. Folgerungen aus der SE für die SPE

Die eigentliche Konzeption zur SE ging dahin, eine Rechtsform zu schaffen, die supranational und gleichermaßen für alle Unternehmen anwendbar ist[1857].

Als satzungsstrenge Aktiengesellschaft mit diversen grenzüberschreitenden Mindestvoraussetzungen, nur vier recht aufwendigen Gründungsmöglichkeiten (aber dem Verzicht gerade auf die Variante der Gründung *ex nihilo*), einem beträchtlichen Mindestkapitalerfordernis, zahlreichen Verweisen ins jeweilige nationale Recht des Sitzstaats und nicht wenigen verfahrenstechnischen Hürden und Stolperfallen stellt sie jedoch praktisch beträchtliche Anforderungen an (innere) Organisation und (meist externe) Rechtsberatung. Bei all ihren zweifellos gegebenen Vorzügen bleibt sie damit sowohl bei der Gründung als auch im laufenden Geschäftsbetrieb ein anspruchsvolles und kostenintensives Schwergewicht. Praktisch ist sie somit zwar für manchen, großen, Mittelständler beherrschbar, aber gerade für kleine und mittlere Unternehmen keine besonders attraktive Option. Auch EWIV und SCE erweisen sich in diesem Sinne im tatsächlichen Betrieb als nur wenig praktikabel[1858].

Gerade die 23 Millionen europäischen KMU aber sind die wesentlichen Akteure im Wirtschaftsleben. Ebenso bildhaft wie häufig wird vom „Rückgrat der Wirtschaft“ gesprochen. Und das nicht zu Unrecht. Anders als große Unternehmen, die

---

1856 Als Überblick z.B. *Habighorst* in *Priester/Mayer/Wicke*, HbGesR III, § 76, Rn. 1 ff.; *Riesenhuber*, EuArbR, § 32, Rn. 1ff; *Fuchs/Marhold*, EuArbR, S. 363 ff. sowie Darstellung bei der Europäischen Kommission unter http://ec.europa.eu/internal_market/company/epc/index_de.htm.

1857 Vgl. Erwägungsgrund 13 S. 2 SE-VO. Das Europäische Parlament vertrat schon in seinem Bericht zum *Davignon*-Bericht die Ansicht, dass das SE-Statut *„auch attraktiv für die KMU gestaltet werden sollte“*, *„da vor allem bei den KMU ein großer Bedarf an dieser Gesellschaftsform zum Zwecke der Zusammenarbeit innerhalb der Union besteht“*; Europäisches Parlament, Bericht zum *Davignon*-Bericht vom 06.11.1997, A4-0354/97, (PE 224.250/endg.), S. 2, 5.

1858 Vgl. z.B. *Hellwig* in Neue Wege 2001, S. 94; *Winter*-Bericht 2002, S. 123 ff.; *Hommelhoff*, ZEW 2007, S. 6; *Hommelhoff/Teichmann*, DStR 2008, S. 925, 925 f.; *Schöler*, Stellungnahme *VDMA* 2010; *Lutter/Bayer/J. Schmidt*, EuropUR 2012, § 43, Rn. 7. Ausführlich zur SE als Rechtsformalternative für den Mittelstand *Fromholzer*, VGR 2013, S. 59 ff., zum Aspekt der Mitbestimmung dort insbes. S. 61 ff., 73.

in Krisenzeiten oft auch ihr Kapital globalisiert (um-)verteilen, sind KMU zentralisierter und standorttreuer. Mit einem Anteil von mehr als 99% stellen KMU nicht nur den Großteil der europäischen Unternehmen überhaupt dar, auf sie entfallen auch zwei Drittel aller Arbeitsplätze im Privatsektor und ca. 80% aller seit 2006 neu geschaffenen Stellen[1859]. Mit *Monti* lässt sich feststellen: *„Das typische europäische Unternehmen ist ein KMU“*[1860].

II. SPE im Small Business Act – Rechtspolitische Zielsetzungen

In diesem Bereich liegen also bedeutende Potentiale, die durch die SE und die sonstigen Harmonisierungsbemühungen nur unzureichend gehoben wurden. Nur 8% der KMU arbeiten grenzüberschreitend, lediglich 5% haben ausländische Tochtergesellschaften oder Gemeinschaftsunternehmen gebildet[1861]. Beließe man es nun schlicht dabei, würde man den großen Unternehmen einen organisationsrechtlichen Wettbewerbsvorsprung einräumen und damit indirekt die benachteiligen, die am meisten zum europäischen BIP beitragen[1862].

Das blieb auch der Kommission nicht verborgen. Auch Wissenschaft und Wirtschaft forderten schon lange interessenangepasste Maßnahmen[1863]. Nach ersten Schritten in den 1990er Jahren gewannen die Entwicklungen nach der Jahrhundertwende, und im Fahrwasser von SE und *Centros*, zunehmend an Dynamik. Unter dem (etwas bemühten) Schlagwort *„Vorfahrt für KMU“* etablierte die Kommission schließlich im Jahr 2008 den sog. *„Small Business Act“* für Europa, eine breit angelegtes Maßnahmenpaket zur Förderung von Wachstum und Wettbewerbsfähigkeit der KMU[1864]. Seitdem wurden einige bedeutsame Vorschläge umgesetzt. Dies gilt allerdings noch nicht für das regulatorische Herzstück – die Schaffung der Europäischen Privatgesellschaft, lateinisch *Societas Privata Europaea,* kurz SPE[1865].

1859 Vgl. statt vieler nur die Kommissionsdarstellung „Fakten und Zahlen über die KMU in der EU“ (Stand 31.10.2010) unter http://ec.europa.eu/enterprise/policies/sme/facts-figures-analysis/index_de.htm.

1860 *Monti*-Bericht 2010, S. 52.

1861 Daten nach Kommission, Mittelstandsbericht 2011, S. 2. Der Jahresreport 2010 der GD Unternehmen und Industrie, dort S. 15, geht für 2008 von insgesamt 20.752.000 Unternehmen in den EU-27 aus, davon waren 19.058.000 (91,8%) Mikrounternehmen, 1.424.000 (6,9%) Kleinunternehmen und 226.000 (1,1%) mittlere Unternehmen, zusammen beschäftigen sie 89.947.000 Arbeitnehmer (67,4%). Demgegenüber stehen 43.000 (0,2%) Großunternehmen mit insgesamt 43.414.000 Beschäftigten (32,6%). Aktualisierte Informationen finden sich beim *Small Business Portal* unter http://ec.europa.eu/small-business/.

1862 *Hommelhoff/Helms* in Neue Wege 2001, S. 7.

1863 Vgl. *Lévi*, FS Hommelhoff 2012, S. 661, 663 ff.

1864 Näher zum Small Business Act die Darstellung bei der Kommission unter http://ec.europa.eu/enterprise/policies/sme/small-business-act/index_de.htm.

1865 Neben der lateinischen Bezeichnung haben sich auch die jeweiligen Übersetzungen verbreitet. So wird die SPE im englischen Sprachraum als *European Private*

Mit dieser neuen Gesellschaftsform soll, so die Vorgabe, auch dem KMU die Möglichkeit gegeben werden, in der gesamten EU mit einer supranational einheitlichen Rechtsform tätig zu werden, mit dem Ziel, Kosten zu sparen und das Wachstum zu fördern[1866].

B. Wesentliche Entwicklungsstationen der SPE – Historischer Abriss

Die eigentliche Idee zu einer „Europa-GmbH" ist nicht ganz neu. Erste Anstöße finden sich bereits im Kommissions-Memorandum zur Industriepolitik von 1970[1867]. Private Überlegungen für die Entwicklung der SPE gehen bis in diese Zeit zurück[1868]. Der erste konkrete Entwurf jedoch stammt aus dem Jahr 1997. Er beruhte auf den Ergebnissen einer internationalen Arbeitsgruppe der Pariser Industrie- und Handelskammer *Chambre de commerce et d'industrie de Paris – CCIP* unter

---

Company bezeichnet, in Frankreich kennt man die Rechtsform als *Société Privée Européenne*, in Spanien als *Sociedad privada europaea* etc. Teilweise werden auch die Bezüge zur jeweiligen nationalen kleinen Kapitalgesellschaft betont, z.B. findet sich in den Niederlanden meist die Bezeichnung *Europese besloten vennootschap*. Im Deutschen wird häufig der Begriff *Europäische Privatgesellschaft – EPG* verwendet, schlagwortartig wird auch von der *„Europa-GmbH"* gesprochen.

1866 Vgl. Kommission, SBA 2008, S. 4. Demnach steht der für die Initiative etwas missverständlich gewählte Begriff *„Act"* *„symbolhaft für den politischen Willen, die zentrale Rolle der KMU für die Wirtschaft der EU anzuerkennen und erstmals einen umfassenden politischen Rahmen für die EU und ihre Mitgliedstaaten zu schaffen"*. Nach einem aktuellen Fortschrittsbericht sind alle im SBA vorgeschlagenen Rechtsetzungsinitiativen angenommen worden, einzige Ausnahme ist die SPE. Diesbezüglich fordert die Kommission *„die Mitgliedstaaten dringend auf, die Verordnung unverzüglich anzunehmen, um die Verwaltungsbelastung bei Geschäften über Grenzen hinweg zu verringern."* Von diesem vergleichsweise knappen Satz abgesehen wird die SPE allerdings nicht einmal mehr erwähnt; Kommission, SBA 2011, S. 3. Zum SBA insgesamt vgl. die Kommissionsdarstellung unter http://ec.europa.eu/enterprise/policies/sme/small-business-act/. Zu weiteren Vereinfachungen für die KMU vgl. Bericht Reflexionsgruppe 2011, S. 57 f.

1867 Memorandum der Kommission zur Industriepolitik, 1970, 89, 137 ff. Darin betrachtete die Kommission es als ein wesentliches industriepolitisches Ziel der Gemeinschaft, den Unternehmen im Gemeinsamen Markt organisatorische Möglichkeiten zur Verfügung zu stellen, die denen entsprechen, die in einem nationalen Binnenmarkt gegeben sind und die den Aufbau gemeinschaftsweiter Unternehmensstrukturen ermöglichen.

1868 *Boucourechliev* veröffentlichte 1973 für das *CREDA* (*Centre de Recherche sur le Droit des Affaires*) der Handelskammer von Paris eine Studie unter dem Titel *„Pour une S.A.R.L. européenne"*. Vgl. insoweit die Darstellung unter http://www.creda.ccip.fr/etudes/1973-SARLeuropeenne/SARLeuropeennepresentation.html (französisch), zur Entwicklung *Lévi*, FS Hommelhoff 2012, S. 661 ff.

Beteiligung des französischen Unternehmerverbands *Mouvement des entreprises de France – MEDEF*[1869]. Dieser Entwurf wurde in den Mitgliedstaaten lebhaft diskutiert und weiterentwickelt[1870].

Auf Gemeinschaftsebene wurde im Zuge des EU-Aktionsplans zur allgemeinen Modernisierung des europäischen Gesellschaftsrechts – und im Schatten der Annahme des SE-Statuts – 2001 eine Expertengruppe unter *Jaap Winter* eingesetzt, die in ihrem Bericht bereits ein Jahr später einen *„deutlichen Wunsch"* nach einem Statut für die Europäische Privatgesellschaft feststellte[1871]. Die *Winter*-Gruppe räumte jedoch der vorherigen Verabschiedung der Verschmelzungsrichtlinie die Priorität ein. Mit ihr ließe sich bereits eines der Ziele einer Europäischen Privatgesellschaft verwirklichen. Sie sprach sich daher zunächst für eine vorherige Machbarkeitsstudie aus[1872]. Weniger zurückhaltend war demgegenüber der Europäische Wirtschafts- und Sozialausschuss. Dieser hatte schon zwischenzeitlich auf eigene Initiative für ein passendes Instrumentarium für KMU geworben. Bereits im März 2002 nahm er daher ohne Gegenstimmen eine Stellungnahme an, nach der es *„notwendig ist, ein europäisches Gesellschaftsstatut für KMU zu entwickeln"*[1873].

Die Kommission nahm die SPE 2003 in ihre Binnenmarktstrategie auf, wollte den endgültigen Vorschlag aber, konformgehend mit dem *Winter*-Bericht, an die Ergebnisse einer vorherigen Machbarkeitsstudie koppeln[1874]. Sie führte daher nach der Beteiligung des Europäischen Parlaments[1875] in den Jahren 2007/ 2008 ein europäisches *Test Panel*, eine öffentlichen Konsultation und eine Konferenz zum

1869 *„Propositions pour une société fermée européenne"*, erneut unter dem Vorsitz von *Boucourechliev*. Zur Entwicklung bis dahin und zum Vorschlag selbst vgl. *Lévi*, FS Hommelhoff 2012, S. 661, 665 ff. Eine aktualisierte Übersicht mit Stellungnahmen und Hintergrundberichten (Stand 08.03.2009) findet sich unter http://www.etudes.ccip.fr/dossier/15-la-societe-privee-europeenne (französisch).

1870 Vgl. *Roth*, EuLF 2000/2001, S. 396 ff.; *Hommelhoff/Helms*, Neue Wege 2001; *Dejmek*, NZG 2001, S. 878 ff.; *Teichmann*, ECL 2004, S. 162 ff.; *Braun*, GLJ 2004, S. 1393 ff.; *Cerioni*, EuLF 2005, S. I-137 ff., zusammenfassend *Lévi*, FS Hommelhoff 2012, S. 661, 672 ff.

1871 *Winter*-Bericht 2002, S. 127. Zur SPE vgl. dort die Zusammenfassung auf S. 22 ff. sowie die detailliertere Darstellung auf S. 123 ff.

1872 Vgl. Kommission, Machbarkeitsstudie 2005, S. 116 ff, vor allem S. 124 ff. In ihr werden im Licht der Ergebnisse des *Davignon*-Berichts sowie der ersten Erfahrungen mit der SE-RL die Effekte von *„Dumping social"* und *„Achat de juridiction"* befürchtet. Die Studie spricht sich für eine generelle Regelung der Materie durch die Gemeinschaft aus. Falls notwendig, und insbesondere für einen Übergangszeitraum, könnten mitgliedstaatliche Bezüge vorgesehen werden.

1873 Stellungnahme WSA 2002, S. 100 ff., Punkt 7.1, Satz 1.

1874 Kommission, Binnenmarktstrategie 2003, S. 24.

1875 Anhörungsverfahren nach ex-Art. 192 EG; Art. 39, 45 Geschäftsordnung des Parlaments; vgl. im Einzelnen EP-SPE-Bericht 2006 (Berichterstatter war der deutsche Abgeordnete *Lehne*) sowie Entschließung Europäisches Parlament 2007. Zur Entwicklung bis dahin auch *Neye*, FS Priester 2007, S. 543 ff.

Bedarf durch[1876]. In diesem Zusammenhang sorgten die zwischenzeitliche Etablierung der SE und die mittlerweile ergangenen EuGH-Entscheidungen zur Niederlassungsfreiheit vereinzelt für die Einschätzung, dass eine weitere europäische Gesellschaftsform nicht mehr unbedingt erforderlich sei[1877]. Allgemein und quer durch die Mitgliedstaaten wurde die Schaffung einer einheitlichen Europäischen Privatgesellschaft jedoch weiter als für wünschenswert, wenn nicht gar geboten erachtet[1878]. Und auch das Europäische Parlament forderte im Februar 2007 die Kommission dazu auf, einen Legislativvorschlag zum Statut für die SPE vorzulegen[1879]. Gleichwohl hielt sich die Kommission mit konkreten Vorschlägen noch zurück. Erst im Oktober 2007 erklärte der seinerzeitige Binnenmarktkommissar *McCreevy* die SPE zu einer Angelegenheit „hoher Priorität"[1880]. Freilich kam er mit dieser Initiative wohl nur dem Europäischen Parlament zuvor, das gedroht hatte im Fall der weiteren legislativen Inaktivität eine Untätigkeitsklage zu erheben[1881].

Schließlich legte die Kommission am 25.06.2008 einen Verordnungsvorschlag für ein Statut für eine Europäische Privatgesellschaft vor[1882]. Der Vorschlag hatte in seiner konkreten Ausgestaltung mit den privaten, deutsch-französisch geprägten,

---

1876 Die Zusammenfassung der Ergebnisse des *Test Panels* von Okt./Nov. 2007 finden sich unter http://ec.europa.eu/yourvoice/ebtp/consultations/epc/epc_de.pdf, die der Konferenz vom 10.03.2008 unter http://ec.europa.eu/internal_market/company/epc/conference_de.htm.

1877 Vgl. z.B. *Kamphausen*, Stellungnahme DRB 2008; *Woschnak*, Stellungnahmen ÖNK 2008, S. 2; *Vossius*, Stellungnahme DNotV 2008, S. 5 f., wobei jedoch vor allem die beiden letzteren als Vertreter spezieller Interessengruppen argumentieren dürften.

1878 Vgl. im Einzelnen die insgesamt 67 Stellungnahmen beim *Communication and Information Res[s]ource Centre for Administrations, Businesses and Citizens* unter www.circabc.europa.eu, dort Bibliothek „*Company Law*", Titel „*European Private Company*". Zustimmend z.B. die Stellungnahmen von *BDI* vom 31.10.2007, *VDMA* vom Oktober 2007, *CCEB* vom 26.10.2007, *BusinessEurope* vom 05.11.2007, *EuroChambres* vom November 2007. Grundsätzlich befürwortend aber abwartend z.B. der Österreichische Rechtsanwaltskammertag am 07.11.2007, die *Law Society of England and Wales* im Oktober 2007 oder die ungarische Handelskammer (ohne Datum). Kritisch das finnische Arbeitsministerium am 30.10.2007, offen ablehnend z.B. das tschechische Wirtschaftsministerium *MPO/MIT* am 19.09.2007.

1879 Entschließung Europäisches Parlament 2007; hierzu näher *Hommelhoff*, FS Priester 2007, S. 245 ff.

1880 So Kommissar *McCreevy* in einer Rede vor dem Rechtsausschuss des Europäischen Parlaments am 03.10.2007, S. 4; Redetext unter http://www.europarl.europa.eu/comparl/juri/events/20071003/mccreevy_en.pdf (englisch).

1881 Entschließung Europäisches Parlament 2007, S. 2 ff.; *Koberski/Heuschmid*, RdA 2010, S. 207, 208; *Fischer zu Cramburg*, NZG 2009, S. 217. *Davies*, ECGI 2010, S. 5, sieht auch politische Motive. Nachdem u.a. die parallele Kommissionsinitiative zur Sitzverlegungsrichtlinie unter den Mitgliedstaaten auf heftigen Widerstand stieß, bot sich mit der SPE eine Ausweichmöglichkeit.

1882 SPE-VOE-KOM, näher dazu sogleich unter G II.

Entwürfen nicht mehr allzu viel gemein. Stattdessen lehnte er sich konzeptionell wesentlich mehr an das angelsächsische Recht, konkret an die englische *Limited* an, die als „Hauptkonkurrent" und sogar als „Referenzmodell" bezeichnet wurde[1883]. Er fiel darum in einigen Belangen wesentlich liberaler aus.

Der Verordnungsvorschlag wurde am 01.12.2008 im Rat erörtert[1884] und am 10.03.2009 durch das Europäische Parlament unter einigen Änderungen gebilligt[1885]. Bei der folgenden Ratssitzung konnte jedoch die erforderliche Einstimmigkeit nicht erzielt werden. Daher wurde beschlossen, den Text weiter zu überarbeiten[1886].

Nach einem gewissen Anfangselan gerieten die Entwicklungen dann jedoch immer weiter ins Stocken. Recht optimistisch hatte die Kommission ursprünglich ein Inkrafttreten der SPE-Verordnung zum 01.07.2010 vorgesehen[1887]. Einmal mehr erwies sich jedoch die Frage der Arbeitnehmerbeteiligung, oder vielmehr deren fundamental unterschiedliche Behandlung und Bedeutung in den Mitgliedstaaten, als Stolperstein, der eine Einigung ausschloss.

Zwischen 2008 und 2011 legten daher die französische[1888], die tschechische[1889], die schwedische[1890] und die ungarische[1891] Ratspräsidentschaft jeweils einen Kompromissvorschlag vor. Ein Durchbruch blieb indes aus[1892]. Zwar konnte über die meisten offenen Punkte zwischenzeitlich weitgehendes Einvernehmen erreicht werden. Unterschiedliche Ansichten bestanden aber immer noch im Hinblick auf die Fragen des Sitzes einer SPE und die Arbeitnehmermitbestimmung. Der vorerst letzte Kompromissvorschlag durch die ungarische Ratspräsidentschaft wurde im Rat am 30.05.2011 erörtert, letztlich aber aufgrund eines Vetos von Deutschland, Österreich und Schweden abgelehnt[1893].

1883 Kommission, Machbarkeitsstudie 2005, S. 54 f. („*Celle-ci constitue le plus sérieux concurrent des autres formes de société et peut être leur référence.*").

1884 Entwurf eines Protokolls zur 2910. Tagung des Rates der Europäischen Union vom 1./2.12.2008, Dok-Nr. 16580/08, S. 7.

1885 EP-Legislative Entschließung 2009, näher dazu sogleich unter G IV.

1886 Pressemitteilung zur 2982. Tagung des Rates Wettbewerbsfähigkeit vom 3./4.12.2009, Dok-Nr. 17076/09 (Presse 365), S. 22.

1887 Art. 48 SPE-VOE-KOM.

1888 SPE-VOE-Fr vom 11.12.2008, näher dazu sogleich unter G III.

1889 SPE-VOE-Cz vom 27.04.2009, näher dazu sogleich unter G V.

1890 SPE-VOE-Sw vom 27.11.2009 nebst diversen Entwürfe und Ergänzungen, näher dazu sogleich unter G VI.

1891 SPE-VOE-Hu vom 23.05.2011 nebst diversen Entwürfen und Ergänzungen, näher dazu sogleich unter G VIII.

1892 Dies trotz Drängens des Europäischen Parlaments; vgl. dessen Entschließung vom 12.05.2011 zum Fortschrittsbericht zum „Small Business Act", B7_TA(2011)0235, dort 2. Vgl. auch die Stellungnahme von *Lehne,* Zukunftskonferenz 2011, S. 5.

1893 Pressemitteilung zur 3094. Tagung des Rates Wettbewerbsfähigkeit vom 30./31.05. 2011, Dok-Nr. 10547/11 (Presse 146), dort S. 9. Von privater Seite wurde eine Petition zum Deutschen Bundestag mit dem Ziel der Einführung der SPE

Die folgenden Ratspräsidentschaften Polens und Dänemarks brachten das Projekt nicht weiter voran. Im Programm der zyprischen Ratspräsidentschaft wird zwar die Europäische Stiftung, FE, als Schwerpunktziel einer neuen europäischen Rechtsform genannt, aber nicht mehr die SPE[1894]. Die irische Ratspräsidentschaft wollte nach ihrer Programmankündigung vom Januar 2013 verschiedene Maßnahmen für KMU verfolgen, die als „Motor des Wachstums in Europa" identifiziert wurden. Benannt wurden insofern jedoch lediglich der verbesserte Zugang zu Finanzmitteln, öffentlichen Ausschreibungen und Forschungsgeldern sowie der Aspekt der intelligenten Regulierung. Im Hinblick auf das Gesellschaftsrecht lag der Schwerpunkt bei der Rechnungslegung. Die SPE hingegen wurde nicht mehr erwähnt[1895]. Die litauische Ratspräsidentschaft schließlich verweist in ihrem Programm vom Juli 2013 nur noch auf ein „günstiges regulatorisches Umfeld" für die KMU und will im Hinblick auf die erreichten Ziele und die weitere Umsetzung des Small Business Acts eine politische Diskussion anstoßen. Sie nennt daneben ausdrücklich aber ebenfalls ausschließlich die Europäische Stiftung sowie „andere Initiativen", die sich möglicherweise aufgrund des Aktionsplans der Kommission

eingereicht. Bis zum Ende der Quorumsfrist am 25.11.2011 erreichte die Petition allerdings nur insgesamt 103 Unterzeichner, für eine sichere öffentliche Sitzung des Petitionsausschusses wäre eine Anzahl von 50.000 Unterstützern erforderlich gewesen. Am 14.06.2012 hat der Bundestag die Petition abschließend beraten und beschlossen, sie dem Bundesjustizministerium als Material zu überweisen und den Fraktionen zur Kenntnis zu geben; vgl. Darstellung unter https://epetitionen.bundestag.de/index.php?action=petition;sa=details;petition=20393 sowie Begründung unter https://epetitionen.bundestag.de/petitionen/_2011/_10/_06/Petition_20393.abschlussbegruendungpdf.pdf.

1894 Programm der zyprischen Ratspräsidentschaft (Juli 2012), dort S. 28, unter http://www.cy2012.eu/index.php/en/file/MAZ6Cvaoj0L2nxXo9+AUZw==/ (englisch). Zur Europäischen Stiftung, FE, vgl. den Verordnungsvorschlag der Kommission vom 08.02.2012, COM(2012) 35 final, 2012/0022 (APP), zur Arbeitnehmerbeteiligung dort insbesondere Erwägungsgrund 23 und Art. 38 ff., sowie den Zwischenbericht des Europäischen Parlaments hierzu vom 02.07.2013, P7_TA(2013)0293. Da der Verordnungsvorschlag auf Art. 352 AEUV gestützt wird verfügt das Parlament lediglich über ein Zustimmungsrecht. Der Zwischenbericht dient dazu, ggf. Änderungswünsche mitzuteilen. Darin fordert das Parlament zum einen den Gleichlauf zwischen Verwaltungs- und Satzungssitz einer FE (Erwägungsgrund S, Punkt 8 (x) sowie Änderungsvorschlag 27), zum anderen einen ausreichenden Arbeitnehmerschutz durch die Einrichtung eines Europäischen Betriebsrats auf Antrag von mindestens 10% ihrer Arbeitnehmer in mindestens zwei Mitgliedstaaten nebst Kontrolle bei der Eintragung nach dem Vorbild der SE (Erwägungsgründe O und P, Punkt 8 (viii) sowie Änderungsvorschläge 15, 21, 30).

1895 Programm der irischen Ratspräsidentschaft (09.01.2013), unter http://www.eu2013.ie/media/eupresidency/content/documents/EU-Pres_Prog_GERMAN_A4.pdf, dort S. 32 ff., insbes. S. 34 f. und 36, zum Ergebnisbericht (02.07.2013) vgl. http://eu2013.ie/media/Irish-EU-Presidency-achievements-report-German.pdf, dort insbes. S. 29 f.

ergeben könnten, aber nicht explizit die SPE[1896]. Diese Vorgaben entsprechen dem Programm der Trio-Präsidentschaft vom Januar 2013 bis zum Juni 2014[1897].

C. Zielgruppe

Gedacht ist die SPE als das gesellschaftsrechtliche Äquivalent des „one size fits all"[1898]. Der Kommission zufolge richtet sie sich in erster Linie an die KMU. Auch diese sollen sich, dabei in einem wirtschaftlich vertretbaren Rahmen, flexibel supranational betätigen können. Ein insgesamt schlankes Statut soll die rechtlichen Rahmenbedingungen festzurren und dabei von den Unternehmensgründern selbst erfasst werden können. Grenzüberschreitendes Wirtschaften würde so auch denjenigen Unternehmen möglich, die sich bislang von den juristisch komplexen und teuren Rahmenbedingungen haben abhalten lassen. Die Rechtsform soll als eine Art „Initialzündung grenzüberschreitender Aktivität" wirken und Zutrittsschranken senken[1899]. Neben dem eigentlichen Unternehmen erstreckt sich die Zielvorgabe insbesondere auch auf dessen Vertriebs- und Servicetöchter im Sinne unselbständiger Zweig- oder Hauptniederlassungen. Durch die unionsweit einheitliche, organisatorisch handhabbare Rechtsform würden Zeit und Geld für Rechtsberatung, Management und Verwaltung gespart[1900]. Die SPE kommt damit

---

1896 Programm der litauischen Ratspräsidentschaft (Juli 2013), unter http://static.eu2013.lt/uploads/documents/Programos/Programa_EN.pdf, (englisch) dort S. 32 f.

1897 Trio-Programm vom 07.12.2012, 17426/12, POLGEN 213, für KMU vgl. dort S. 69. Hier wird unter Punkt 213 das „Programm für die Wettbewerbsfähigkeit von Unternehmen und für KMU" (COSME) als „Priorität" benannt, während unter Punkt 214 der Small Business Act Erwähnung findet. Zukünftige Maßnahmen sollen sich demnach vor allem auf regulatorische Erleichterungen und Unterstützungsmaßnahmen konzentrieren sowie das „Follow-up" zu dieser Initiative.

1898 *Hommelhoff* gebraucht verschiedentlich die Metapher *„Allzweckmöbel"* für alle überhaupt nur denkbaren Ziele, wobei diese Kennzeichnung selbst zurückgeht auf *Wiedemann*, JZ 1970, S. 596, vgl. *Hommelhoff*, FS Priester 2007, S. 245, 257 bzw. *ders.*, ZEW 2007, S. 7, Fn. 26; *Hommelhoff/Teichmann*, GmbHR 2009, S. 36, 36; *Helms* greift diese Bezeichnung auf; *Helms*, FS Hommelhoff 2012, S. 369, 371. Skeptischer aus schwedischem Blickwinkel *Sandberg/Skog*, AG 2010, S. 580, 582. Eine Einheitlichkeit, wozu genau die SPE genutzt werden sollte, bestehe unter den Mitgliedstaaten gerade nicht. Nicht zuletzt das hätte auch die Kompromissfindung im Rahmen der schwedischen Präsidentschaft blockiert.

1899 Vgl. hierzu *Lehne*, Berichtsentwurf für den Rechtsausschuss des EU-Parlaments vom 09.09.2008 (Dok.-Nr. JURI_PR(2008)412151_DE), S. 41. Ähnlich *Teichmann*, Kommission-Stellungnahme 2008, S. 1, wonach der *„Gang über die Grenze keine zusätzlichen Kosten verursachen"* dürfe.

1900 Vgl. Pressemitteilung „Vorfahrt für KMU in Europa: Der ‚Small Business Act'" vom 25.06.2008, Dok.-Nr. IP/08/1003. Die SPE wird dort unter ihrer französischen Bezeichnung *Société privée européenne* genannt.

insbesondere den Bedürfnissen des exportorientierten Mittelstands entgegen. Vor allem aus deutscher Sicht bietet sie eine interessante Perspektive.

Daneben eignet sie sich besonders für internationale Joint Ventures. Bei einem solchen muss sich normalerweise „eine Seite" mit einer unter Umständen unbekannten Rechtsform auseinandersetzen. Das stellt mitunter nicht nur ein rechtliches, sondern auch ein psychologisches Hindernis dar. Mit der SPE stünde eine einheitliche Rechtsform zur Verfügung, die sich zudem aufgrund ihrer Flexibilität auf die individuellen Bedürfnisse der Joint Venture-Partner zuschneiden ließe. Es wird den KMU so möglich, auch bei größeren Projekten (z.B. in den Bereichen Energie und Verkehr) den Anforderungen der Märkte zu begegnen, ohne in einem Konzern aufzugehen und ihre unternehmerische Selbständigkeit zu verlieren[1901]. Die Gegenseite bekäme statt einer Vielzahl kleinerer einen einzigen Ansprechpartner.

Die vielleicht gravierendste Bedeutung kommt ihr aber als Konzernbaustein in grenzüberschreitenden Unternehmensgruppen zu. Diese müssten für ihre ausländischen Töchter in den jeweiligen Mitgliedstaaten nicht mehr auf eine Vielzahl unterschiedlich organisierter Gesellschaftsformen zurückgreifen, sondern könnten ihre geschäftlichen Aktivitäten europaweit gleich strukturieren und einheitlich, ja sogar standardisiert gründen und verwalten, da sie eine einmal auf die jeweiligen Bedürfnisse angepasste Unternehmenssatzung immer wieder verwenden könnten[1902]. Die Kosten im Zusammenhang mit Gründung und Betrieb von Tochterunternehmen in anderen Mitgliedstaaten würden signifikant reduziert. Dies „skaliert" umso mehr, je weiter ein Unternehmen in den EU-28 aufgestellt wäre und auf desto mehr nationale Rechtsformen es ggf. zurückgreifen müsste[1903]. Neben diesen Effizienzgewinnen bietet die SPE aber noch

---

1901 Joint Ventures besitzen in der Regel einen doppelstöckigen Aufbau und bestehen aus dem Joint Venture und einer Kapitalgesellschaft als Trägergesellschaft. Seinem Zweck nach ist es eine reine Innengesellschaft die als solche nach außen weder auftreten will noch soll. Faktisch ist es ein Zusammenschluss zur zusammenwirkenden Verfolgung eines gemeinsamen Zwecks, hier Aufbau, Förderung und Steuerung des Gemeinschaftsunternehmens nach unter den Partnern festgelegten Regeln. Im deutschen Recht ist es meist eine BGB-Gesellschaft; *Ehricke* in Neue Wege 2001, S. 52; zum Joint Venture als spezielle Adressatengruppe für die SPE ebd., S. 53 ff. sowie *Hellwig* in Neue Wege 2001, S. 89 ff. und *Hommelhoff/Teichmann*, DStR 2008, S. 925, 926.

1902 Vgl. *Brems/Cannivé*, Der Konzern 2008, S. 629, 630 f. („*Standardisierung des* corporate housekeepings"); *Hommelhoff*, ZEW 2007, S. 8; *Hommelhoff/Teichmann*, DStR 2008, S. 925, 927 f.; *Siems/Herzog/Rosenhäger*, JIBFL 2009, S. 247, 249 f.; *Teichmann*, RIW 2010, S. 120 ff.; Bericht Reflexionsgruppe 2011, S. 59. Mit Blick auf die noch zu zahlreichen Bezüge zum nationalen Recht kritisch *Anzinger*, BB 2009, S. 2606, 2611.

1903 Entsprechende Werte sind nicht durchgängig verfügbar. Einen Anhaltspunkt bietet *Schunk*, SPE-Konferenz 2008, S. 2 f., die für die Gründung einer ausländischen Tochtergesellschaft aus der Praxis interne (Personal- und Reise-)Kosten

weitere Vorteile im Hinblick auf Mobilität und grenzüberschreitende Integration[1904]. Denkbar erscheint auch ein Einsatz als übergeordnete Holding[1905], falls die Obergesellschaft die Kapitalmärkte in Anspruch nehmen wollen würde, auch als Zwischenholding[1906]. Diese Entwicklungs- und Vereinheitlichungsmöglichkeiten können vor allem in denjenigen Mitgliedstaaten zum Tragen kommen, die (bislang) kein eigenes Konzernrecht kennen.

---

bis 15.000,– Euro, externe (Beratungs-)Kosten zwischen 15.000,– und 20.000,– Euro und zusätzliche administrative Kosten zwischen 1.200 und 6.500,– Euro berichtet. Veranschlagt wird ein durchschnittlicher Zeitaufwand von 2–4 , z.T. bis zu 6 Monaten. Für den operativen Betrieb fallen demnach jährlich interne Kosten zwischen 1.000,– und 4.000,– Euro sowie externe Kosten bis zu 15.000,– Euro an. Die Studie „EPG – Rechtliche Kosten bei der Gründung von Tochtergesellschaften" vom *VDMA* und *Baker & McKenzie* in Zusammenarbeit mit der Universität Würzburg untersuchte im Februar 2008 die entsprechenden Rahmenbedingungen in zehn Mitgliedstaaten. Sie sieht für Gründung und laufende Beratung Einsparpotentiale von bis zu 80%, also vier Fünfteln. Der Text der Studie ist abrufbar unter http://www.europeanprivatecompany.eu/working_papers/download/FRADMS-314144-v1-EPC.pdf (englisch). *BusinessEurope* sieht zuletzt durchschnittlich ein Einsparpotential in Höhe von 10.000,– Euro bei der Gründung und jährlich 8.000,– Euro bei den operativen Kosten; *BusinessEurope, SPE Policy Briefing* 2011, S. 2. Zu den erwarteten Einsparpotentialen vgl. auch Kommission Test Panel 2007, S. 9 f.

1904 *Bücker*, ZHR 173 (2009), S. 281, 283, beklagt eine mühsame Administration ausländischer Tochtergesellschaften mit ihren unterschiedlichen Regelungen für Corporate Governance, Anteilsübertragungen, Ausschüttungen, Informationsfluss, Geschäftsführerhaftung etc. und sieht Potential vor allem bei komplexen, pan-europäischen Umstrukturierungen; *Maul/Röhricht*, BB 2008, S. 1574, 1579 weisen auf Vorteile bei M&A-Transaktionen hin, da ein potenzieller Käufer mit der Direktion einer europaweit einheitlichen Rechtsform vertraut wäre, was Unternehmenskäufe und –verkäufe erleichtere; zustimmend aus Praktikersicht auch *Schunk*, SPE-Konferenz 2008, S. 2 ff., ähnlich *Brandi* in Neue Wege 2001, S. 79 ff., *Kallmeyer* in Neue Wege 2001, S.84 ff. und *Pandova*, EPC-Statute 2010, S. 32 ff. Kritisch *Bormann/König*, RIW 2010, S. 111, 112, die Vereinfachungseffekte aufgrund des hohen Beratungsbedarfs bei der Satzungserstellung erst bei einem größeren Netz von Tochtergesellschaften sehen, sowie *Ehricke* in Neue Wege 2001, S. 32 f., insbesondere dezidierte „Global Player" würden die bestehenden Hemmnisse aufgrund ihrer Größe kaum wahrnehmen, zumal sie auch außereuropäisch breit aufgestellt seien und sich das Vereinheitlichungspotential bereits insofern als begrenzt darstelle. Für sie bestünde insofern auch nur ein weniger starkes Bedürfnis nach einer neuen Rechtsform. In Zeiten erhöhten Kostenbewusstseins freilich ein angreifbares Argument. Wo ein „Global Player" im Konzern Einsparungs- und Vereinheitlichungspotential sieht, wird er dies auch nutzen wollen.

1905 Vgl. *Ehricke* in Neue Wege 2001, S. 60 ff.

1906 *Kallmeyer* in Neue Wege 2001, S. 84 f.

Die SPE hat also, mit den Worten der Kommission, *„das Potenzial, auch größeren Unternehmen und Gruppen zu Gute zu kommen"*[1907]. Die Literatur bescheinigt dann auch dem Einsatz in der Unternehmensgruppe eine vielleicht noch größere Bedeutung als für die KMU selbst[1908].

D. Rechtsgrundlagen

I. Union

Die SPE soll als ergänzende Rechtsform „des 29. Regimes" neben die bereits bestehenden nationalen Gesellschaftsrechtsformen treten. Um sie möglichst einheitlich zu gestalten soll sie durch eine grundsätzlich vollregelnde Verordnung nach Art. 288 II AEUV normiert werden. Sie wäre damit ohne nationalen Umsetzungsakt direkt anwendbar. Zudem wäre sie dadurch in allen Amtssprachen gleichermaßen verfügbar. Gestützt wird der Vorschlag, wie auch schon bei SE, SCE und EWIV, auf Art. 352 AEUV[1909].

Während insofern bei SE und SCE noch umstritten war, ob für die Vollregelung einer neuen Rechtsform als zutreffende Rechtsgrundlage Art. 95 EG oder Art. 308 EG herangezogen werden musste, ist dieser Streit mittlerweile obsolet[1910]. Im Mai 2006 hat der EuGH im Zusammenhang mit der SCE-Verordnung grundlegend entschieden, dass für eine entsprechend konstruierte, die nationalen Rechtsformen überlagernde supranationale Gesellschaftsrechtsform allein Art 352 AEUV als zutreffende Rechtsgrundlage in Betracht kommt, die sog. Flexibilitätsklausel[1911]. Erscheint demnach ein Tätigwerden der Gemeinschaft im Rahmen der in den Verträgen festgelegten Politikbereiche erforderlich, um eines der Ziele der Verträge zu verwirklichen, sehen die Verträge aber gleichzeitig keine entsprechende

1907 SPE-VOE-KOM, S. 2.

1908 Z.B. *Teichmann*, Kommission-Stellungnahme 2008, S. 1; *Hommelhoff/Krause/Teichmann*, GmbHR 2008, S. 1193, 1197; *Habighorst* in *Priester/Mayer/Wicke*, HbGesR III, § 76, Rn.1; *Brems/Cannivé*, Der Konzern 2008, S. 629, 638; *Bücker*, ZHR 173 (2009), S. 281 ff. *Köstler* in Interview „Diesen Entwurf muss man ablehnen", Magazin Mitbestimmung 10/2008, abrufbar unter http://www.boeckler.de/20532_20537.htm; aus internationaler Perspektive vgl. *Uziahu-Santcroos* in *Zaman/Schwarz*, EPC 2009, S. 1 ff.; *Krejci*, SPE 2008, Rn. 22; *Pandova*, EPC-Statute 2010, S. 32 ff. Kritisch aber *Sick/Thannisch*, AuR 2011, S. 155, 159, Großkonzernen würden neue Optionen verschafft, und so zum *„Rosinenpicken zwischen SE und SPE"* eingeladen.

1909 Erläuterung des Vorschlags, SPE-VOE-KOM, S. 3; Präambel vor 1, Erwägungsgründe 1, 2, 18, 19.

1910 Zum damaligen Streit um die zutreffende Rechtsgrundlage vgl. z.B. *Müller-Graff* in Neue Wege 2001, S. 289 ff.; *Mävers*, SE-Mitbestimmung 2002, S. 76 ff.

1911 EuGH Rs. C-436/03 (Parlament/Rat), dort Rn. 40 ff., insbes. Rn. 44, 46. Kritisch zur Vollregelung *Anzinger*, BB 2009, S. 2606, 2607 f.; zur „neuen" Rechtsgrundlage *ders.*, AG 2009, S. 739, 739 f.

ausdrückliche Befugnis vor, kann der Rat auf Vorschlag der Kommission und nach Zustimmung des Europäischen Parlaments die entsprechenden Regelungen einstimmig erlassen. Die Schaffung einer weiteren supranationalen, speziell auf KMU zugeschnittenen, dabei europaweit einheitlichen Gesellschaftsform zur Förderung und Verwirklichung des Binnenmarkts lässt sich wegen Umfang und Wirkung der Maßnahme zumindest besser, wenn nicht sogar ausschließlich auf Gemeinschaftsebene verwirklichen. Zutreffend kann die SPE-Verordnung daher nur auf Art. 352 AEUV gestützt werden. Nach dessen Abs. 1, S. 1 erlässt der Rat einstimmig auf Vorschlag der Kommission und nach Zustimmung des Europäischen Parlaments die geeigneten Vorschriften[1912].

II. Deutschland

Aus deutscher Sicht ist daneben das Integrationsverantwortungsgesetz, IntVG[1913] relevant. Denn nach der dortigen Flexibilitätsklausel des § 8 darf der deutsche Vertreter im Rat dem Vorschlag für eine Verordnung nach Art. 352 AEUV nur zustimmen, wenn er durch ein Gesetz gem. Art. 23 Abs. 1 GG dazu ermächtigt ist. Anderenfalls muss er den Vorschlag ablehnen[1914]. Konkret bedarf es also der Zustimmung sowohl des Bundestages als auch des Bundesrates für den deutschen Ratsvertreter, bezogen auf einen vollständig ausgehandelten Verordnungsvorschlag. Gleichzeitig

---

1912 Art. 308 EG sah demgegenüber lediglich eine *Anhörung* des Europäischen Parlaments vor. Politisch bedeutet diese Aufwertung gleichzeitig, dass dessen Bedenken und Anregungen in einem weit höheren Maße als zuvor berücksichtigt werden müssen. Vgl. auch *Fuchs/Marhold*, EuArbR, S. 370, nach denen an der *„Respektierung der Grundanliegen der Änderungsvorschläge des Parlaments"* kein Weg vorbeiführen dürfte.

1913 Gesetz über die Wahrnehmung der Integrationsverantwortung des Bundestages und des Bundesrates in Angelegenheiten der Europäischen Union (IntVG) vom 22.09.2009, zuletzt geändert durch Gesetz vom 01.12.2009. Das IntVG geht seinerseits auf das sog. Lissabon-Urteil des BVerfG vom 30.06.2009 zurück, 2 BvE 2/08; BVerfGE 123, 267. Darin meldet das BVerfG verfassungsrechtliche Bedenken zum neuen Art. 352 AEUV an. Im Hinblick auf das Verbot zur Übertragung von Blankettermächtigungen oder zur Übertragung der Kompetenz-Kompetenz bestünden Bedenken, weil die neu gefasste Regelung ermöglicht, Vertragsgrundlagen der EU substantiell zu ändern, ohne dass über die mitgliedstaatlichen Exekutiven hinaus gesetzgebende Organe konstitutiv beteiligt werden müssten. In Anbetracht der Unbestimmtheit der möglichen Anwendungsfälle setze die Inanspruchnahme der Flexibilitätsklausel verfassungsrechtlich die Billigung durch den Bundestag und den Bundesrat auf der Grundlage von Art 23 I S. 2 und 3 GG voraus; ebd., Rn. 328. Der Bundestag stimmt dann nach Art. 42 II 1 GG mit der Mehrheit der abgegebenen Stimmen zu, der Bundesrat gem. Art. 52 III 1 GG mit der Mehrheit seiner Stimmen.

1914 § 8 S. 2 IntVG; vgl. auch BVerfG vom 30.06.2009, 2 BvE 2/08, Rn. 328; BT-Drucks. 17/5414 vom 07.04.2011, S. 7 a.E.

sind die Mitgliedstaaten aber mitsamt ihrer jeweiligen Institutionen zu europakonformem Verhalten verpflichtet[1915]. Sie dürfen daher mit der Vorgabe des EuGH *„keine Maßnahmen erlassen, die den internen Funktionsablauf der Gemeinschaftsorgane behindern könnten“*[1916]. Innerstaatliche Beteiligungsverfahren, die den inneren Funktionsablauf der Gemeinschaftsorgane konkret behindern, sind daher mit dem Primärrecht nicht vereinbar. Um diese Anforderungen miteinander zu verbinden müssen also sowohl Bundestag als auch Bundesrat schon während des laufenden Normsetzungsprozesses auf der europäischen Ebene derart Einfluss nehmen, dass hinterher das abschließende Zustimmungsverfahren möglichst schnell und störungsfrei ablaufen kann. Konkret heißt das, dass beide Organe bereits in den Beratungen aktiv über den deutschen Repräsentanten beteiligt werden und ggf. eigene Vorschläge vorbringen müssen dürfen. Damit geht die grundsätzliche Verpflichtung einher, sich zu den Vorschlägen ebenso umgehend wie umfassend zu positionieren[1917].

E. Eckpunkte der SPE nach dem Kommissionsentwurf

I. Regelungstechnik

Mit dem Entwurf für das SPE-Statut entwickelte die Kommission das bisherige supranationale Gesellschaftsrecht an mehreren Punkten weiter. Auffällig ist hierbei, wie der Unionsgesetzgeber die zwischenzeitlichen (negativen) Erfahrungen mit der SE berücksichtigt hat und diese in seine Regelungsvorschläge einfließen ließ. Angestrebt wurde grundsätzlich eine gesellschaftsrechtliche Vollregelung in einem ebenso einheitlichen wie abschließenden Statut. Sämtliche Kernmerkmale der Gesellschaft sowie die für Dritte maßgeblichen Fragen sollten so weit wie möglich in der SPE-Verordnung selbst normiert werden.

Im Einzelnen hatte das SPE-Statut in der Kommissionfassung mit seinen gerade einmal 48 Artikeln eine klare und übersichtliche Struktur mit einer eindeutigen Normenhierarchie. Demnach wurde das Außenverhältnis der SPE

1915 Art. 4 III EUV.

1916 EuGH vom 15.09.1981, Rs. 208/80 (*Lord Donington ./. Aspden*), Rn. 14, S. 3.

1917 *Hommelhoff/Teichmann*, GmbHR 2010, S. 337, 348; *Krause* in *Hirte/Teichmann* SPE 2013, S. 375, 393 ff.; *Koberski/Heuschmid*, RdA 2010, S. 207, 208, die, wohl zu weit hergeholt, aus dem Bezug auf Art. 23 I 2, 3 und damit auf Art. 79 II GG folgern, dass für ein Zustimmungsgesetz im Rahmen des § 8 IntVG eine verfassungsändernde Zwei-Drittel-Mehrheit von Bundestag und Bundesrat erforderlich sein soll. *Krause*, ebd., verweist zustimmungswürdig darauf, dass das entsprechende Zustimmungsgesetz im Parlament der einfachen Mehrheit bedarf. Kritisch zum Verfahren auch *Hommelhoff*, ZEuP 2011, S. 7, 8 f.; die einzelnen Akteure im Gesetzgebungsprozess müssten die jeweils vorgeschlagenen Regelungen in ihrer jeweiligen Legitimation einordnen und in ihren Wirkungen ausmessen können. Das erfordere eine gewisse Transparenz des SPE-Mitbestimmungsrechts.

durch die direkt anwendbaren obligatorischen Bestimmungen der SPE-VO selbst geregelt. Diese Vorgaben standen nicht zur Disposition der Gründer. Auf diese Weise sollte europaweit ein hohes Maß an Einheitlichkeit gewährleistet werden[1918].

Das Innenverhältnis wurde vor allem durch die Satzung geordnet[1919], die bestimmte Mindestinhalte abdecken musste. Diese Mindestinhalte wurden im Anhang I des Verordnungsentwurfs niedergelegt. Vorgegeben wurden bestimmte, verbindlich zu regelnde Themenbereiche. Inhaltlich waren die Gründer jedoch frei, sog. Regelungsauftrag. Insgesamt ist dieses Gefüge äußerst komplex, da es neben „verbindlichen" Vorschriften auch Bereiche umfasst, die geregelt werden „können" und schließlich solche, die geregelt werden „dürfen". Der ursprüngliche Entwurf der Kommission sah hier zunächst noch 44 Regelungsaufträge vor. Zwar wurde diese Zahl im Zuge der weiteren Beratungen deutlich reduziert, selbst der letzte Entwurf der schwedischen bzw. ungarischen Ratspräsidentschaft enthält aber immer noch beträchtliche 23 Einzelpunkte[1920]. Unter anderem kann nach diesen Vorgaben auch das Verfahren für die Bestellung oder Abberufung von Mitgliedern der Unternehmensleitung geregelt werden, was aus deutscher Perspektive u.U. beteiligungsrelevant sein kann[1921].

Für Fragen, die weder die Verordnung noch die Satzung regeln, sowie in einigen wenigen entsprechend spezifizierten Fällen blieb das nationale Gesellschaftsrecht anwendbar[1922]. Entscheidend war das Recht des Registersitzes[1923]. Das nationale

---

1918 Erläuterung des Vorschlags, SPE-VOE-KOM, S. 6 sowie Erwägungsgrund 6.

1919 Art. 8 I, 26 II, 27 SPE-VOE-KOM. Art. 27 enthält eine nicht abschließende Liste der durch die Anteilseigner zu fassenden Beschlüsse und entsprechender Mehrheitserfordernisse.

1920 Zum Vergleich: das deutsche GmbHG sieht in § 3 I gerade einmal fünf Regelungsaufträge vor. Die insoweit deckungsgleichen finalen Vorschläge der schwedischen bzw. ungarischen Ratspräsidentschaft machen zudem strengere Vorgaben zur Organisationsverfassung; vgl. zuletzt Anhang I zur Anlage SPE-VOE-Hu. *Fuchs/Marhold*, EuArbR, S. 366 scheinen dies gleichwohl zu begrüßen, würde hierdurch doch vermieden, dass die Mitgliedstaaten entsprechende Restriktionen aufbauten. Mit *Jung*, GesRZ 2012, S. 153, 156, dürfte jedoch nicht eindeutig geklärt sein, wie weit der mitgliedstaatliche Spielraum genau bemessen ist. Ggf. droht eine Diskriminierung der SPE oder der nationalen Rechtsform. Zur Reichweite der Regelungsaufträge *Hommelhoff/Teichmann*, GmbHR 2008, S. 897, 898, zur Kategorisierung der Satzungsebenen und Normanwendung *Jung*, GesRZ 2012, S. 153, 154 ff. Sie unterscheidet konkret „Muss", „Kann", „Dispositive" und „Weitere" Satzungebstimmungen.

1921 Vgl. Anhang I, Kapitel V, 10. – 15. Spiegelstrich. Diese Vorgabe findet sich auch noch im aktuellen Vorschlag, Pkt. 17 Anhang 1 SPE-VOE-Hu.

1922 Z.B. in Art. 25 I, II, 27 IV 2, 31 V, 39, 40 II SPE-VOE-KOM.

1923 Art. 4 I SPE-VOE-KOM. Die deutsche Fassung spricht in Art. 4 I 2 etwas missverständlich nur von „Sitz", die englische Fassung verwendet das eindeutigere *„registered office"*, die französische Fassung *„siège statutaire"*, was beides „Registersitz"

Recht am Registersitz regelte auch die Bereiche außerhalb des Gesellschaftsrechts, wie Bilanz-, Steuer- und Insolvenzrecht, namentlich auch das hier besonders interessierende Arbeitsrecht[1924].

Insgesamt sollte sich so für die jeweilige SPE ein recht einheitliches Außenverhältnis und ein hochindividuelles Innenverhältnis ergeben.

Anders als bei der SE waren im SPE-Verordnungsentwurf der Kommission nur wenige Verweise auf das nationale Recht enthalten[1925]. Damit war die SPE ungleich einheitlicher als die SE und deutlich „europäischer", gleichzeitig aber aufgrund des geringeren Schutzbedarfs gegenüber dem Kapitalmarkt autonomer und aufgrund der Satzungsfreiheit erheblich flexibler. Bemerkenswerterweise bestimmten die Neugründer so über die Satzung aber auch gleichzeitig die Reichweite sowohl des supranationalen SPE-Statuts als auch des nationalen Rechts.

II. Satzungsfreiheit und Mustersatzungen

Insgesamt wurde also die grundsätzliche Gestaltungsfreiheit mit zahlreichen Ausgestaltungspflichten verbunden. Das ist im Hinblick auf die „kleine Kapitalgesellschaft" zunächst durchaus stimmig. Hier besteht üblicherweise ohnehin eine höhere Eigenverantwortlichkeit. Wegen des begrenzten Gesellschafterkreises bedarf es keiner so umfassenden Regelungen wie in der „großen Kapitalgesellschaft", wo vor allem Minderheitsgesellschafter besonders geschützt werden müssen.

Das Regelungsgefüge bietet damit auf den verschiedenen Ebenen eine Vielzahl von individualisierbaren Stellschrauben. Weil für diese aber keinerlei inhaltliche Vorgaben gemacht werden und der für die Lückenfüllung ggf. notwendige Rückgriff auf (nationales) dispositives Recht ausgeschlossen ist, soweit die Verordnung reicht, dürfte im Zuge der Satzungserstellung, zumindest für die „Erstsatzung", ein beträchtlicher Beratungsaufwand nötig werden. Das ist bei manchen der – zwangsweise zu regelnden – Vorgaben nicht nur unnötig, sondern auch aufwändig und damit kostenintensiv. Die Rechtsfolgen von fehlenden oder unzureichenden Regelungen sind offen, der Rechtsweg jedenfalls nicht eindeutig. Ein hoher Beratungsbedarf läuft aber der erklärten Zielsetzung der rechtssicheren, leicht handhabbaren

bedeutet. Kritisch z.B. *AKEUR*, Stellungnahme 2008, Rn. 5 ff.; *Hommelhoff/Teichmann*, GmbHR 2008, S. 897, 898.

1924 Art. 4 I i.V.m. 7 I SPE-VOE-KOM; Erläuterung des Vorschlags, S. 7, vgl. auch Erwägungsgrund 6, S. 4. Kritisch dazu *Ehricke*, KSzW 2010, S. 6, 7 (*„bewusst offene Flanke", „Geburtsfehler der SPE"*) sowie *Neye*, FS Hüffer 2010, S. 717, 719 unter Verweis auf das weitgehende Fehlen harmonisierter Regeln für die kleine Kapitalgesellschaft und ihr Tätigwerden in einem rechtlich nicht einheitlich strukturierten Umfeld. Ausführlich zum komplexen Zusammenspiel von SPE-Verordnung, Satzung und nationalem Recht *Jung*, GesRZ 2012, S. 153, 157 ff.

1925 Zur Frage, ob es sich um eine Sachnorm- oder um eine Gesamtnormverweisung handelt, *Jung*, GesRZ 2012, S. 153, 157.

Rechtsform für die KMU zuwider[1926]. Daneben erscheint auch die Einheitlichkeit der Rechtsform fraglich[1927]. Die Satzungsfreiheit in ihrer so gedachten Form ist daher Stärke und Schwäche gleichzeitig.

Verschiedentlich ist darum zur Abhilfe der Ruf nach entsprechenden, europaweit einheitlichen, Mustersatzungen laut geworden. Pate stand erkennbar das britische *„Table A"*[1928]. Freilich bleibt dann problematisch, wie solche Mustersatzungen angesichts von jedenfalls abzuarbeitenden 23 Regelungsaufträgen in Berücksichtigung der jeweiligen Bedürfnisse und nationalen Erwartungen in 28 Mitgliedstaaten konkret aussehen können[1929]. Daneben wird kritisiert, dass Mustersatzungen im Widerspruch zum Ziel einer möglichst großen Anpassungsfähigkeit stehen würden. Andererseits würde so der Einheitlichkeit der Rechtsform Vorschub geleistet. Und auch praktisch dürften die Vorteile überwiegen, sofern genügend Differenzierungsmöglichkeiten für Individualisierungen offen bleiben. Denkbar erscheinen beispielsweise verschiedene Mustersatzungen für kleine und für größere Unternehmen oder die Hinzufügung einer zusätzlichen „Checkliste". So würden sich „Regelungslücken" im Bereich der Satzung vermeiden lassen. Die genaue Ausgestaltung muss an dieser Stelle offen bleiben. Die Grundidee ist aber eindeutig zustimmungsfähig. Denn darin läge im Sinne eines „Angebots" zumindest eine maßgebliche Unterstützung und spiegelbildlich eine Reduktion des Beratungsbedarfs. Zudem würden Gründung und Registereintragung beschleunigt, da auf ein „Standardset" von gleichen Bestimmungen zurückgegriffen und der Überprüfungsaufwand reduziert wird. Auch das kommt der anvisierten schnellen Unternehmensgründung entgegen. Da es sich zudem gewissermaßen um „im

---

1926 So auch *Wedemann*, EuZW 2010, S. 534, 536. Der Rückgriff auf Regelungsaufträge erleichtere zwar die Gesetzgebungsarbeit, liege aber, namentlich in einem solchen Ausmaß, nicht im Interesse der Gesellschaftsgründer. Kritisch auch der deutsche Bundesrat, BR-Drucksache 479/08 (B), Rn. 8. Gegen die kritische Haltung *Hommelhoff/Teichmann*, GmbHR 2010, S. 337, 344 f.

1927 Dabei ist gerade das ein Hauptziel, sowohl für die KMU, als auch als Konzernbaustein; vgl. *Lutter/Bayer/J. Schmidt*, EuropUR 2012, § 43, Rn. 17 (*„maximale unionsweite Uniformität"*). Kritisch daher z.B. *Krejci: „Wer den Satzungsverfassern selbst auferlegt, sich das anzuwendende Gesellschaftsrecht weitgehend selbst zu erfinden, erreicht in Wahrheit keine Einheitlichkeit, sondern die größte Rechtszersplitterung, die man sich nur denken kann."* Zit. nach *Fantur*, Europäische Privatgesellschaft – politisch gescheitert, *Anwalt Aktuell* 04/10 (Österreich), S. 30. Aus schwedischer Perspektive *Sandberg/Skog*, AG 2010, S. 580, 582: *„[T]here is a risk that there will end up being just as many company forms as there are SPEs in Europe, which would create uncertainty, added expenses and difficulties for a company's contractual partners or others who work with the company."* Spezifisch zum Rechtsweg *Katuoka/Česnulevičiūtė*, MRU 2012, S. 159, 164 ff., die sich als pragmatische Alternative für alternative Streitbeilegungsmechanismen aussprechen (*„ADR"*).

1928 Vgl. hierzu oben Fn. 54.

1929 Monographisch zum Regelungsauftrag bei der SPE *Salomon*, Regelungsaufträge 2010, S. 51 ff.

Vorfeld für rechtsgültig erklärtes Binnenrecht" handelt, bieten sie auch ein Plus im Hinblick auf die Rechtssicherheit[1930]. Jeder Fortschritt auf diesem Gebiet würde die Gründung erleichtern. Allerdings erscheint ein Erfolg zuletzt zunehmend zweifelhaft. Nachdem die Kommission zwischenzeitlich Entwürfe für Mustersatzungen hatte ausarbeiten lassen, entschied man sich später wegen der subsidiären Anwendbarkeit des nationalen Rechts dagegen. Im letzten Kompromissvorschlag erlaubt Erwägungsgrund 8a aber immerhin den Mitgliedstaaten, eine eigene Modellsatzung zu entwerfen. Diese darf jedoch nicht zwingend sein[1931].

Daneben wird für das Erfordernis einer notariellen Beurkundung geworben. Hierdurch soll den Unternehmensgründern ein Minimum an rechtlicher Beratung garantiert werden. Gleichzeitig soll der Rechtsverkehr vor allzu unseriösen Umtrieben geschützt werden. Wenn man z.B. auch außenwirksame Satzungsänderungen grundsätzlich „jederzeit" möglich machen würde[1932], erscheint dieser Vorschlag überdenkenswert. Insofern zustimmungswürdig knüpfen die letzten Kompromissvorschläge der schwedischen und der ungarischen Ratspräsidentschaft die Rechtmäßigkeitskontrolle bei Gründung und Satzungsänderung an das maßgebliche einzelstaatliche Recht[1933]. Wird eine SPE also in Deutschland oder

---

1930 Vgl. zum Komplex Regelungsauftrag/Mustersatzung insgesamt BT-Drucks. 16/12645 vom 20.04.2009, S. 2; BDI/BDA, Positionspapier vom 11.09.2008, S. 2; Stellungnahme DIHK 2008, S. 3 f.; *AKEUR*, Stellungnahme 2008, Rn. 14; *Brandi* in Neue Wege 2001, S.81 f.; *Teichmann*, EP-Stellungnahme 2006, S. 4; *Hommelhoff/Teichmann*, DStR 2008, S. 925, 930; *Maul/Röhricht*, BB 2008, S. 1574, 1575, 1579; *Rüdiger*/Gaude, DStR 2009, S. 857, 862; *Bücker*, ZHR 173 (2009), S. 281, 307; kritisch bis ablehnend *Ehricke* in Neue Wege 2001, S. 71 f.; *ders.*, KSzW 2010, S. 6, 8 ff.; *Siems/Rosenhäger/Herzog*, Der Konzern 2008, S. 393, 397; *Anzinger*, BB 2009, S. 2606, 2608; *Jung*, BB 2010, S. 1233, 1234 f.; *Bormann/König*, RIW 2010, S. 111, 113; *Vossius* Stellungnahme DNotV 2008, S. 18 f. („*legislatorische[r] déni de justice*"). Hiergegen *Hommelhoff*, ZEW 2007, S. 23, wonach der Regelungsauftrag einen Ausdruck des Respekts darstelle, den der Gesetzgeber der Mannigfaltigkeit der durch und durch individuell geprägten KMU zolle. Vgl. auch Darstellung bei der Hochrangigen Expertengruppe zum Unternehmensrecht unter http://ec.europa.eu/internal_market/company/advisory/index_en.htm.

1931 Vgl. Erwägungsgrund 8a SPE-VOE-Hu; *Lutter/Bayer/J. Schmidt*, EuropUR 2012, § 43, Rn. 30.

1932 Vgl. Art. 10 II, IV SPE-VOE-KOM, der von einer Kontrolle der Rechtmäßigkeit der Dokumente durch eine Justizbehörde und einer Beglaubigung der einzureichenden Angaben und Dokumente spricht. Unklar ist, ob eine „notarielle" Beglaubigung oder eine „notarielle" Beurkundung gemeint ist; vgl. Stellungnahme DAV 2009, Rn. 53; ähnlich auch *Woschnak*, Stellungnahme ÖNK 2008, S. 3 f. Kritisch, auch im Hinblick auf die Folgen für den Rechtsverkehr, *Vossius*, Stellungnahme DNotV 2008, S. 9 ff. Zum Beratungsbedarf *Brems/Cannivé*, Der Konzern 2008, S. 629, 633 f.; *Habighorst* in *Priester/Mayer/Wicke*, HbGesR III, § 76, Rn. 20, 37.

1933 Art. 8 III; 9 IV 1 SPE-VOE-Sw-Add1/SPE-VOE-Hu. Art 9 IV S. 2 regelt, dass „unnötige" Kontrollen und Angaben „zu vermeiden" sind, was einen gewissen

Österreich registriert, bleibt es bei der *„eingespielten Doppelkontrolle"* (*Hommelhoff/Teichmann*) durch Notar und Registergericht[1934].

III. Ausgestaltung

Ihrer Grundkonzeption nach ist die SPE eine supranationale (*Europaea*) haftungsbegrenzte Kapitalgesellschaft mit eigener Rechtspersönlichkeit (*Societas*)[1935]. Sie ist darum Trägerin von eigenen Rechten und Pflichten und besitzt ein eigenes Gesellschaftskapital, das in Anteile zerlegt ist. Den nur wenigen Gesellschaftern ist eine gewisse *affectio societatis* gemeinsam, d.h. wichtiger als eine bestimmte Kapitaleinlage ist die Beteiligung der Gesellschafter in Person. Die Gesellschaft ist darum grundsätzlich geschlossen und kapitalmarktfern (*Privata*)[1936]. Aufgrund des daher grundsätzlich geringeren Schutzbedürfnisses der Gesellschafter[1937] ist auch eine weitgehende Satzungsautonomie möglich. Die SPE weist somit insbesondere im Vergleich zur SE ein Höchstmaß an Flexibilität auf und kann regelrecht auf spezifische Unternehmenszwecke hin kalibriert werden.

Sie soll sowohl durch Umwandlung, Spaltung und Verschmelzung bestehender Gesellschaften als auch, und insoweit anders als die SE, *ex nihilo* gegründet werden

Spielraum eröffnet. Die slowakische und die lettische Delegation wollten dies mit „verboten" ersetzen, konnten sich aber nicht durchsetzen, vgl. Fn. 20 SPE-VOE-Sw-Add1.

1934 Schon der Bundesrat bezeichnete die damit einhergehende Auslagerung des Aufwands für die Gründungsberatung auf die Registergerichte als *„nicht akzeptabel"*, BR-Drucksache 479/08 (B), Rn. 9, S. 7. *Hommelhoff/Teichmann*, GmbHR 2010, S. 337, 338 unter Verweis auf die Bedenken der Praktiker und des Bundesrates; vgl. auch *Hommelhoff/Helms* in Neue Wege 2001, S. 9, *Priester*, ebd., S. 145, 150; *Wedemann*, EuZW 2010, S. 534, 537 f. *Teichmann/Limmer*, GmbHR 2009, S. 537, 538 weisen darauf hin, dass es dann auch insoweit zu einem Standortwettbewerb unter den einzelnen Mitgliedstaaten kommen wird. Drastisch hierzu *Hallada*, Notar in Prag, der im Rahmen der „Europäischen Notarentage" am 23./24.04.2010 in Salzburg unter Schutzgesichtspunkten vehement für eine notarielle Beteiligung warb: *„In vielen sog. neuen Mitgliedsländern ist der Staat noch immer schwach"*; Referat unter http://www.notar.at/uploads/ent2010_hallada.doc.

1935 Art. 3 ff. SPE-VOE-KOM.

1936 Kritisch *Bormann/König*, RIW 2010, S. 111, 111; ausgeschlossen sei nur der Börsenhandel, nicht der Handel auf dem grauen Kapitalmarkt. Ähnlich *Katuoka/Česnulevičiūtė*, MRU 2012, S. 159, 163, die zur Klarstellung eine Definition des „öffentlichen" Handels fordern.

1937 Vgl. insofern die differenzierteren Ausführungen im Bericht Reflexionsgruppe 2011, S. 8 f. Das erhöhte Schutzbedürfnis folge weniger aus der reinen Unternehmensgröße als mehr aus dem Umstand eines mehr oder weniger häufig wechselnden Gesellschafterkreises. Es sollte also eher danach differenziert werden, ob ein Unternehmen börsengehandelt ist oder nicht.

können[1938]. Gründer können eine oder mehrere, natürliche oder juristische Personen sein[1939]. Insgesamt ist sie also breit verfügbar.

Mit Geschäftsführer und Gesellschafterversammlung[1940] hat sie nur zwei notwendige Organe. Das Leitungsorgan kann wahlweise dualistisch oder monistisch organisiert werden[1941], allerdings darf bei einer mitbestimmten SPE die gewählte Struktur die Ausübung der Mitbestimmung nicht einschränken[1942]. Die Gesellschaft wird gegenüber Dritten durch die Mitglieder der Unternehmensleitung vertreten, ihre Handlungen sind für die SPE verbindlich, auch wenn sie nicht zu den Gegenständen der SPE gehören[1943]. Mitglied der Unternehmensleitung ist, jedenfalls noch nach der Legaldefinition des Kommissionsentwurfs, u.a. jedes Mitglied des

---

1938 Art. 5 SPE-VOE-KOM, vgl. auch Erwägungsgrund 7. Der Begriff der „Umwandlung" nach dem SPE-VOE-KOM ist nach deutscher Terminologie unscharf, tatsächlich handelt es sich um einen Rechtsformwechsel nach §§ 190 ff. UmwG; *Habighorst* in *Priester/Mayer/Wicke*, HbGesR III, § 76, Fn. 40 m.w.N. Präzisionsbedarf sahen u.a. auch der Arbeitskreis Europäisches Unternehmensrecht, AKEUR, Stellungnahme 2008, Rn. 17 ff., sowie *Hommelhoff/Krause/Teichmann*, GmbHR 2008, S. 1193, 1199 a.E., die sich u.a. auch für eine Beschränkung der Gründung aus Formwechsel auf die jeweilige nationale Vergleichsform aussprachen. Tatsächlich verfügen in der EU nur wenige Staaten über ein in sich geschlossenes Umwandlungsrecht. Konsequent hat die schwedische Ratspräsidentschaft in Art. 5b eine spezielle Regelung vorgesehen. Darin wurde die Gründung durch Umwandlung auf die in Anhang II aufgeführten nationalen Gesellschaftsformen beschränkt, vgl. Art. 5b SPE-VOE-Sw/Hu i.V.m. Anhang II. Vergleichsform für Deutschland ist demnach die GmbH. Zur Umwandlung nach dem schwedischen Vorschlag *Arens*, Der Konzern 2010, S. 395 ff., insgesamt zur Gründung *Lutter/Bayer/J. Schmidt*, EuropUR 2012, § 43, Rn. 32 ff, zur Gründung durch Umwandlung Rn. 35 ff.

1939 Art. 3 I e) SPE-VOE-KOM. Die juristischen Personen werden in Art. 3 III SPE-VOE-KOM legaldefiniert als alle Gesellschaften im Sinne von Art. 48 II EG (jetzt: Art. 54 AEUV). Erfasst werden sowohl Personen- als auch Kapitalgesellschaften. Auch eine SE oder eine andere SPE kann sich an der Gründung einer SPE beteiligen, vgl. auch Art. 5 III SPE-VOE-KOM. An die Herkunft der natürlichen Personen werden keine weiteren Anforderungen gestellt. Ausgeschlossen bleiben also nur außereuropäische juristische Personen, *Maul/Röhricht*, BB 2008, S. 1574, 1575. A.A. *Brems/Cannivé*, Der Konzern 2008, S. 629, 632, nach denen auch ein US-Konzern SPEs als operative Tochtergesellschaften für sein Europageschäft nutzen könne, wohl auch *Katuoka/Česnulevičiūtė*, MRU 2012, S. 159, 162, nach denen eine SPE besonders attraktiv auf Investoren von außerhalb der EU wirken würde, sowie ausführlich *Chiu* in *Hirte/Teichmann* SPE 2013, S. 47 ff.

1940 Vgl. Art. 27 SPE-VOE-KOM. Der deutsche Text verwendet die Bezeichnung „Hauptversammlung der Anteilseigner".

1941 Art. 2 I d, 26 I, Anhang I, 33. Regelungsauftrag SPE-VOE-KOM; vgl. auch Erwägungsgrund 13.

1942 Erläuterung SPE-VOE-KOM, S. 9.

1943 Art. 33 SPE-VOE-KOM.

Leitungs-, Verwaltungs- oder – bemerkenswerterweise – Aufsichtsorgans einer SPE[1944], was also die etwaigen Arbeitnehmervertreter einschließt.

Alle nicht in der Verordnung selbst oder in der Satzung genannten Beschlüsse fallen in die Zuständigkeit des Leitungsorgans, wobei dessen Mitglieder gleichzeitig auf das bestmögliche Unternehmensinteresse verpflichtet sind[1945]. Die Mitglieder der Unternehmensleitung haften grundsätzlich für jeden Verlust oder Schaden, der einer SPE aufgrund der Nichterfüllung von Pflichten entsteht, die in Verordnung, Satzung oder Gesellschafterbeschluss festgelegt sind[1946].

Die SPE wird in das jeweilige mitgliedstaatliche Handelsregister eingetragen, in dem sie ihren Sitz hat. Die Eintragung wirkt konstitutiv[1947].

F. Hauptstreitpunkte

Recht bald zeigte sich, dass das Ziel eines einheitlichen Rahmens im Sinne des „one size fits all" nicht ohne weiteres erreichbar war. Stattdessen wurde das Bedürfnis nach ausgleichender Differenzierung deutlich. Teilweise lässt sich das mit der „Umcharakterisierung" der SPE erklären. Rückte sie doch im Verlauf ihrer Entwicklung weg vom französisch-deutschen Verständnis, hin zum angelsächsischen Vorbild. Im Zuge der Beratungen haben sich vor allem vier Punkte als strittig herausgestellt, die untereinander eng miteinander verknüpft sind. Dies sind 1.) die Frage nach einem grenzüberschreitenden Element, 2.) das notwendige Mindestkapital, 3.) die Möglichkeit zur Sitzaufspaltung und 4.) die Arbeitnehmerbeteiligung.

I. Grenzüberschreitender Bezug

Anders als bei der SE verzichtete der SPE-Verordnungsentwurf der Kommission auf einen grenzüberschreitenden Sachverhalt zur Gründung[1948]. Die SPE stünde damit jedem inländischen Unternehmensgründer direkt zur Verfügung. Hintergrund für diese Regelung ist die Überlegung, dass die Unternehmer in der Praxis

---

1944 Art. 2 I c) SPE-VOE-KOM. Zu Recht kritisch *Habighorst* in *Priester/Mayer/Wicke*, HbGesR III, § 76, Rn. 38: Die Erstreckung der Vertretungsbefugnis auch auf Mitglieder des Aufsichtsorgans sei für das dualistische Modell wesensfremd. Ebenso *Rüdiger*/Gaude, DStR 2009, S. 857, 859: Eine solche grundsätzliche Außengeschäftsführung durch ein Kontrollorgan sei der europäischen Gesellschaftsrechtstradition unbekannt, würde das hergebrachte Kompetenzgefüge verzerren und zu Fehleinschätzungen und Verwirrung im Rechtsverkehr führen.

1945 Art. 31 I 1, II SPE-VOE-KOM. Freilich fehlt ein detaillierter Prüfungsmaßstab, was auch eine (ggf. gerichtliche) Kontrolle erschwert.

1946 Art. 31 IV SPE-VOE-KOM. Zur Haftung der Organmitglieder *Habighorst* in *Priester/Mayer/Wicke*, HbGesR III, § 76, Rn. 47; zur Organisation insgesamt (freilich noch nach dem Kommissionsvorschlag) *Bücker*, ZHR 173 (2009), S. 281 ff.

1947 Art. 9 I, II SPE-VOE-KOM.

1948 Art. 3 SPE-VOE-KOM, Art. 2 I SE-VO.

ihr Unternehmen zunächst im eigenen Mitgliedstaat gründen dürften, bevor sie grenzüberschreitend tätig werden. Das dürfte insbesondere für kleine Unternehmen und Neugründungen gelten, die noch über eine begrenzte Kapitalausstattung verfügen. Bereits in der Startphase ein entsprechendes Element zu fordern würde nach Ansicht der Kommission aber *„das Potenzial des Instruments mindern"*, wäre obendrein schwerlich zu kontrollieren und ließe sich leicht umgehen, z.B. durch die Verwendung von Vorratsgesellschaften oder Strohmännern[1949].

Hierdurch tritt die SPE schon in unmittelbare Konkurrenz zu den nationalen „kleinen" Kapitalgesellschaften. Das birgt bereits für sich beträchtlichen rechtspolitischen Sprengstoff. Denn damit käme zu dem horizontalen Wettbewerb der nationalen Gesellschaftsformen eine weitere vertikale Komponente hinzu. Sollte sich die SPE letztlich bewähren, wäre es nach Kritikern nur eine Frage der Zeit, bis die nationalen Gesellschaftsformen auch für rein inländische Sachverhalte verdrängt werden würden. Manche Mitgliedstaaten akzeptieren dies, andere, darunter Deutschland und Österreich, lehnen das ab[1950].

Rechtstechnisch bedeutsamer ist aber die Frage, ob die Union für eine Rechtsform ohne Mehrstaatlichkeitserfordernis überhaupt die notwendige Regelungskompetenz besitzt. Die Kommission erkennt dieses Problem selbst. Im Rahmen der Folgenabschätzung räumt sie auch ein, dass der Verzicht auf ein grenzüberschreitendes Element mit dem Subsidiaritätsprinzip möglicherweise *„nicht voll im Einklang"* stehe. Ein zwingend notwendiges grenzüberschreitendes Element jedoch würde die SPE, wie bereits die SE, streng auf grenzüberschreitende Betätigungen ausrichten. Bei näherer Betrachtung würde der Verzicht auf ein grenzüberschreitendes Element die SPE aber sogar „binnenmarktfreundlicher" gestalten (*more 'Single Market' friendly*): Bereits im Heimatstaat könnten die Gründer die SPE nutzen. Spätere Tochtergesellschaften in anderen Mitgliedstaaten könnten dann unter Rückgriff auf dieselbe Satzung gegründet werden, was die grenzüberschreitende Expansion signifikant einfacher und billiger machen würde[1951].

Das alleine ist zwar richtig. Die Kommission macht es sich allerdings zu einfach. Denn auch eine SE (oder eine SCE) wäre nach dieser Argumentation „binnenmarktfreundlicher", wenn sie sich zunächst auf einen nationalen Markt beschränken würde. Zudem unterstellt die Kommission auch KMU-Neugründern eine stets vorhandene Absicht zur grenzüberschreitenden Expansion (was nach

---

1949 Erläuterung des Vorschlags, SPE-VOE-KOM, S. 3; ähnlich auch *Habighorst* in *Priester/Mayer/Wicke*, HbGesR III, § 76, Rn. 18 f.

1950 *Wedemann*, EuZW 2010, S. 534, 536, auch unter Verweis auf den Koalitionsvertrag zwischen CDU, CSU und FDP für die 17. Legislaturperiode, S. 109. Für den Verzicht auf ein grenzüberschreitendes Element wohl *Guidotti*, GLJ 2012, S. 331, 335, mit gleichzeitigem Verweis auf entsprechende Überlegungen in Italien (ebd., Fn. 33).

1951 Bericht zur Folgenabschätzung, *Impact Assessment*, (SEC2008)2098; unter http://ec.europa.eu/internal_market/company/docs/epc/impact_assesment_en.pdf (nur englisch), S. 25 f.

ihren eigenen Daten bislang bei lediglich 8 % der KMU zutrifft und insofern selbst unter Vereinfachungsgesichtspunkten optimistisch erscheint). Bedeutender noch, die Begründung mit einer Hoffnung auf Vereinfachung bleibt unscharf, im Hinblick auf die Subsidiarität und die Verhältnismäßigkeit eines Tätigwerdens der Gemeinschaft sogar fragwürdig. Letztlich würde sich die EU nämlich mit dem bloßen Berufen auf eine möglicherweise gegebene Vereinfachung eine (zu) weitgehende Kompetenz-Kompetenz schaffen. Es kann nicht Aufgabe der Union sein, für die wirtschaftliche Betätigung innerhalb nur eines Mitgliedstaats eine supranationale Rechtsform anzubieten. Stellte man die SPE nun aber gleichberechtigt neben z.B. die deutsche GmbH, stünde sie auch solchen Neugründern zur Verfügung, die an grenzüberschreitender Expansion nicht interessiert sind, gleichwohl aber die vorgesehenen satzungsautonomen Gestaltungsmöglichkeiten nutzen wollen. Schon darin liegt aufgrund der zu erwartenden Verdrängung der nationalen Gesellschaftsformen ein mittelbarer Eingriff in mitgliedstaatliches Recht[1952].

Konsequent geht der Bundesrat daher in seiner Stellungnahme von 2008 von einer gewissen faktischen Zwangsharmonisierung aus, die schwerwiegend in die nationale Kompetenz eingreife, und bezweifelt die Wahrung des Subsidiaritätsprinzips nach Art. 5 III EUV[1953]. Denn dieses setzt voraus, dass die Ziele der in Betracht gezogenen Maßnahme von den Mitgliedstaaten weder auf zentraler noch auf regionaler oder lokaler Ebene ausreichend verwirklicht werden können, sondern wegen ihres Umfangs oder ihrer Wirkungen auf Unionsebene besser zu verwirklichen sind.

Andererseits verlangt Art. 352 AEUV seinem Wortlaut nach keinen grenzüberschreitenden Bezug[1954]. Zudem würde die SPE die nationalen Gesellschaften ja nicht unmittelbar verdrängen oder gar ersetzen, sondern, und insoweit mit den Anforderungen des EuGH, eher ergänzend wirken, als ein zusätzliches

---

1952 Dessen ist sich auch die Kommission bewusst. Im Rahmen ihres Berichts zur Folgenabschätzung konstatiert sie, dass diese Option den Wettbewerb zwischen der SPE und den nationalen Gesellschaftsformen „fördern“ würde („*foster competition*“). Das könnte die Mitgliedstaaten dahin drängen, ihre Gesetze für die Unternehmer attraktiver zu gestalten. Auf der anderen Seite könnten die Mitgliedstaaten hierdurch das Statut nur zögerlich akzeptieren, siehe *Impact Assessment*, (oben Fn. 1951), dort. S. 25 (Abschnitt *Cross-border dimension*).

1953 BR-Drucks. 479/08 (B), Nr. 3, 4. Der Bundesrat bleibt damit seiner eigenen Tradition treu. Auch das Statut des Europäischen Vereins, das der Europäischen Gegenseitigkeitsgesellschaft und das der SEC lehnte er unter Verweis auf das Subsidiaritätsprinzip (zunächst) ab; näher dazu *Helms*, EPG 1998, S. 49 ff. Auch *Kamphausen*, Stellungnahme DRB 2008, bezweifelt die bestehende Regelungskompetenz der EU. Die Kommission hat in ihrer Stellungnahme zum Bundesratsbeschluss ihren Standpunkt wiederholt, vgl. *Wallström*, Stellungnahme der Europäischen Kommission vom 25.11.2008, BR-Drucks. zu 479/08 (B).

1954 Anders z.B. Art. 81 I, III, 82 II, 83 I, 86 IV, 168 I UAbs. 2, V, 307 AUEV, die allesamt ausdrücklich einen grenzüberschreitenden Bezug vorsehen.

Angebot neben den unverändert weiter bestehenden nationalen Gesellschaftsrechtsformen. Stellt man dann auch noch darauf ab, dass die SPE als supranationale Rechtsform des 29. Regimes durchaus einen besonderen Gemeinschaftscharakter aufweist, indem sie ja grundsätzlich nur subsidiär auf das Recht des Sitzstaats verweist und ansonsten eigene Regelungen bereit hält, sie daneben eigene Gründungsbedingungen aufweist und zudem die identitätswahrende grenzüberschreitende Sitzverlegung ermöglicht, kann man wohl feststellen, dass es sich um eine Maßnahme handelt, die aufgrund ihres Umfangs und ihrer Wirkungen auf Unionsebene nicht nur besser, sondern sogar ausschließlich zu verwirklichen ist. Aus alldem ließe sich wohl eine entsprechende Kompetenz herleiten[1955].

Auch das EU-Parlament erachtet den grenzüberschreitenden Bezug für notwendig, will diesen Begriff aber möglichst weit fassen. Ausreichend sei demnach bereits eine grenzüberschreitende Geschäftsabsicht oder ein grenzüberschreitender Gesellschaftszweck, die (abstrakte) Zielvorgabe, in mehr als einem Mitgliedstaat in „erheblichem" Umfang tätig zu sein, Niederlassungen in verschiedenen Mitgliedstaaten oder eine in einem anderen Mitgliedstaat eingetragene Muttergesellschaft[1956]. Das Bestehen des grenzüberschreitenden Bezugs soll binnen zwei Jahren nach Eintragung von Kommission und Mitgliedstaaten kontrolliert werden[1957].

Während der Vorschlag der tschechischen Ratspräsidentschaft hierzu schwieg[1958] griff der schwedische Kompromissvorschlag diese Anregungen auf und entwickelte sie leicht weiter. Demnach muss bei Eintragung eine grenzüberschreitende Komponente vorliegen, die ihrerseits durch einen von vier Sachverhalten belegt ist: a) Die SPE beabsichtigt, in einem anderen Mitgliedstaat als dem ihrer Eintragung Geschäfte zu betreiben oder b) die Satzung nennt einen grenzüberschreitenden Gesellschaftszweck oder c) die SPE besitzt bereits eine Zweigniederlassung oder Tochtergesellschaft in einem anderen Mitgliedstaat als dem ihrer Eintragung oder d) ein oder mehrere Gesellschafter sind in mehr als einem Mitgliedstaat oder in einem anderen Mitgliedstaat als dem der Eintragung der SPE wohnhaft oder

---

1955 *Ehricke*, KSzW 2010, S. 6, 13; *Brems/Cannivé*, Der Konzern 2008, S. 629, 632 f.; *Cannivé/Seebach*, GmbHR 2009, S. 519, 520 f.; *Kuck*, Der Konzern 2009, S. 131, 133 f., der ebenfalls einen grenzüberschreitenden Bezug für rechtlich nicht gefordert hält, aber feinsinnig auf die rechts*politische* Notwendigkeit hinweist.

1956 EP-Legislative Entschließung 2009, Abänderung 70. *Kuck* kommentiert zustimmungswürdig, die Liste folge keiner in sich strengen Logik. Sie stelle stattdessen eher auf die Neugründer und die Unternehmensverbindungen ab; *Kuck*, Der Konzern 2009, S. 131, 134 f.

1957 EP-Legislative Entschließung 2009, Abänderung 1.

1958 Art. 3 SPE-VOE-Cz. Vgl. aber Fn. 11 SPE-VOE-Cz. Demnach möchte eine Delegation ein grenzüberschreitendes Element aufnehmen, eine weitere Delegation erklärt insoweit einen Prüfungsvorbehalt.

eingetragen[1959]. Eine explizite nachträgliche Kontrolle durch die Kommission und die Mitgliedstaaten ist nicht mehr vorgesehen. Allerdings ist die Übereinstimmung der Unterlagen und Angaben einer SPE mit der Verordnung, der Satzung und dem innerstaatlichen Recht Gegenstand einer mitgliedstaatlichen Kontrolle[1960]. Der letzte Kompromissvorschlag der ungarischen Ratspräsidentschaft hat den schwedischen Text insoweit unverändert übernommen[1961].

Auch die Bundesregierung befürwortet das Erfordernis eines grenzüberschreitenden Bezugs für die Gründung der SPE und erachtet einen entsprechenden Unternehmensgegenstand als ausreichend[1962].

Insgesamt erscheint dies zustimmungswürdig. Zwar sind insbesondere die ersten beiden Punkte äußerst vage und dementsprechend neuralgisch. Fraglich ist insbesondere, wie die tatsächlich vorhandene Absicht sinnvoll geprüft, und wie deren Fehlen ab wann im Einzelfall sanktioniert werden kann, ohne gleich die gesamte Gesellschaft als fehlerhaft abwickeln zu müssen. Fraglich ist auch, nach welchen Kriterien sich der grenzüberschreitende Bezug genau bemessen soll[1963]. Nach den Vorgaben ist ein „grenzüberschreitender Bezug" jedenfalls nicht gleichzeitig eine „grenzüberschreitende Aktivität". Der insofern notwendige Nachweis wird in der Literatur, wohl nicht zu Unrecht, als zusätzliche bürokratische Hürde kritisiert, *„die man den Unternehmen und Handelsregistern ersparen sollte"* (*Habighorst*)[1964]. Gleichwohl wird so das Subsidiaritätserfordernis (wenn auch knapp) eingehalten[1965]. Die

---

1959 Art. 3 III SPE-VOE-Sw-Add1. Interessanterweise zogen Italien und Litauen es vor, auf eine grenzüberschreitende Komponente insgesamt zu verzichten, Frankreich wollte die Anforderungen weniger streng gestaltet wissen; ebd., Fn. 11.

1960 Art. 9 IV SPE-VOE-Sw-Add1.

1961 Art. 3 III, 9 IV SPE-VOE-Hu. *Davies*, ECGI 2010, S. 13, bewertet diese Anforderungen als *„distinctly light touch"*.

1962 Antwort der Bundesregierung auf eine Kleine Anfrage der Fraktion „Die Linke" (BT-Drucks. 17/815) vom 07.06.2010, BT-Drucks. 17/1933, S. 4. An anderer Stelle hatte sie bereits ausgeführt, dass etwaige Anforderungen an ein grenzüberschreitendes Gründungselement nicht überspannt werden dürften; Antwort der Bundesregierung auf eine Kleine Anfrage der Fraktion der FDP (BT-Drucks. 16/10370) vom 10.10.2008, BT-Drucks. 16/10524, S. 3.

1963 Vgl. *Dorresteijn/Uziahu-Santcroos*, ECL 2009, S. 152, 154.

1964 *Habighorst* in *Priester/Mayer/Wicke*, HbGesR III, § 76, Rn. 18. Ähnlich *Hommelhoff/Teichmann*, DStR 2008, S. 925, 928 a.E., *dies.* GmbHR 2010, S. 337, 338 (*„Überprüfung aufwendig und unsicher"*); *Kornack*, GLJ 2009, S. 1321, 1324 und wohl auch *Pandova*, EPC-Statute 2010, S. 29 ff. *Wedemann*, EuZW 2010, S. 534, 537, weist auf entsprechende Überlegungen im Zusammenhang mit dem deutschen MoMiG hin, wo eine im Sonderfall vorgesehene Löschung von Amts wegen als einhellig unpraktikabel bewertet und deswegen weder in den Referentenentwurf noch in den Gesetzestext übernommen wurde.

1965 A.A. *Koberski/Heuschmid*, RdA 2010, S. 207, 209. Der vorgesehene grenzüberschreitende Bezug in einer entsprechenden Geschäftsabsicht bzw. in einem so formulierten Gesellschaftszweck verhindere nicht, dass die SPE nur regional

Mitgliedstaaten entscheiden dann, wie stark sie möglicherweise falsch verwendete SPE sanktionieren und ihre nationalen Gesellschaftsformen schützen[1966]. Verzichtet man allerdings komplett auf ein grenzüberschreitendes Erfordernis, besteht ein Konflikt mit dem Subsidiaritätsprinzip. Setzt man die Anforderungen zu hoch, werden gerade die KMU abgeschreckt.

Aus praktischer und rechtspolitischer Sicht erscheint die Lösung daher gerade noch als insgesamt angemessen. Immerhin werden so auch Einpersonen-Gründungen ermöglicht, die sonst nur Mehrstaatlern vorbehalten wären. Der exportorientierte Mittelstand hingegen, der bereits über Auslandstöchter verfügt, kann diese Erfordernisse leicht erfüllen[1967]. Das kann letztlich zwar aufgrund der Probleme und vielfältigen Umgehungsmöglichkeiten nicht völlig befriedigen; die Problematiken um die Vorrats-SE zeigen insofern anschaulich, dass selbst strengeren Anforderungen in der Praxis ausgewichen wird[1968]. Der Preis erscheint gleichwohl alles in allem nicht als zu hoch.

II. Mindestkapitalerfordernis

Nach dem Kommissionsvorschlag sollte das Mindestkapital einer SPE, wohl inspiriert vom britischen Recht, lediglich 1,– Euro betragen[1969]. Hierdurch sollen

---

oder lokal verwendet würde und demnach vollumfänglich mit den Privatgesellschaften nach mitgliedstaatlichem Recht konkurriere. Es fehle am *„handfesten transnationalen Aspekt"*. Diese beiden Vorgaben seien daher im Hinblick auf das Subsidiaritätsprinzip zu streichen. Ablehnend auch *Bormann/König*, RIW 2010, S. 111, 119, die stattdessen für eine notwendige grenzüberschreitende Beteiligung oder eine abgeleitete Gründung mit Ausgangsgesellschaften aus verschiedenen Mitgliedstaaten plädieren. Beides dürfte namentlich für Neugründer kaum ohne weiteres praktikabel sein, fordert aber ggf. zum Gebrauch von Strohleuten geradezu heraus.

1966 *Hommelhoff/Teichmann*, GmbHR 2010, S. 337, 338.

1967 Vgl. *Hommelhoff/Teichmann*, GmbHR 2010, S. 337, 337 f.

1968 Ebenso treffend wie zutreffend *Wedemann*, EuZW 2010, S. 534, 537, die feststellt, *„... dass eine Zauberformel für die Definition des grenzüberschreitenden Bezugs noch nicht gefunden wurde."* Bei den derzeitigen Vorschlägen handele es sich um *„nicht viel mehr als ein Feigenblatt"*, ebd., S. 538. Man möchte anmerken, „immerhin", da doch das Notwendigste abgedeckt wird. Für eine Streichung des Mehrstaatlichkeitserfordernisses bei der SE *AAK*, ZIP 2009, S. 698. Vgl. weiter *Brems/Cannivé*, Der Konzern 2008, Fn. 38; *Hommelhoff*, FS K. Schmidt 2009, S. 671, 675, dem zufolge schon der Rückgriff auf Umgehungskonstrukte unattraktiv ist; *Kornack*, GLJ 2009, S. 1321, 1324; *Dorresteijn/Uziahu-Santcroos*, ECL 2009, S. 152, 154 ff.; *Katuoka/Česnulevičiūtė*, MRU 2012, S. 159, 164, 174.

1969 *Maul/Röhricht*, BB 2008, S. 1574, 1576, sehen einen Zusammenhang mit dem reduzierten Mindestkapitalerfordernis bei der französischen *SARL*, das seit 2003 ebenfalls bei nur 1,– Euro liegen kann, Art. L. 223–3 frCCom. Diese Absenkung hatte bemerkenswert positive Auswirkungen auf die *SARL*-Neugründungen; der Wert im Raum Paris stieg von 1,69% der Neuregistrierungen im Jahr 2003 auf

Neugründungen erleichtert werden. Zudem, so die Kommission in ihren Erläuterungen, sei es ohnehin unmöglich, für alle Unternehmen mit ihren unterschiedlichen Tätigkeiten und Geschäftsaktivitäten ein angemessenes Kapital festzusetzen. Im Hinblick auf den Gläubigerschutz seien heutzutage andere Gesichtspunkte als das Mindestkapital ausschlaggebend, beispielsweise der Cashflow, persönliche Garantien der Anteilseigner oder Eigentumsvorbehalte[1970].

Im Grundsatz dürfte der Kommission zuzustimmen sein. Insbesondere sagt das Mindestkapital einer Gesellschaft nichts über den Kapitalbedarf eines Unternehmens aus. Dementsprechend werden sich etwaige Kreditgeber keinesfalls ausschließlich am Mindestkapital orientieren. Daneben dürften die gegebenen wirtschaftlichen Unterschiede in den Mitgliedstaaten relevant sein. Nicht überall sind höhere Summen ohne Schwierigkeiten aufzubringen. Insbesondere aus deutscher Sicht ließe sich gleichwohl mit einem gewissen Recht anführen, dass eine Kapitalgesellschaft nahezu ohne Kapital seltsam anmutet[1971]. Dies gilt wohl umso mehr wenn man die theoretische Möglichkeit berücksichtigt, dass bei einem zu niedrigen Kapital die Gründungskosten den Stock auffressen und die frisch gegründete Gesellschaft unter Umständen direkt Insolvenz anmelden muss. Aber auch rein praktisch ist nur schwer vorstellbar, wie sich ein potentieller Geschäftspartner vertiefte Kenntnisse über den Cashflow einer bestimmten SPE beschaffen können soll. Praktisch sollte der Wert dann allerdings wohl nicht zu hoch bemessen sein, wenn man die Hauptzielgruppe der KMU nicht von vornherein ausschließen will. Davon unabhängig wird aus einem rechtspolitischen Blickwinkel angeführt, dass ein

---

20,9% im Jahr 2004 und 36,6% im Jahr 2005. Dabei waren weniger als fünf Prozent 1-Euro-Gesellschaften, bei 57,2% lag das gewählte Kapital (deutlich) über 1.000,– Euro; näher *Becht/Mayer/Wagner*, ECGI 2007, S. 19. Vermutlich dürfte die französische Regelung ihrerseits aber auf das britische Vorbild der *Ltd.* zurückgehen. Maßgebliche Rechtsquelle ist hier inzwischen der *Companies Act 2006,* in dem u.a. die Regelungen des *Companies Act 1985*, des *Companies Act 1989* und des *Companies (Audit, Investigations and Community Enterprise) Act 2004* zusammengefasst wurden (im Folgenden *ukCA*). Ein Mindestkapital ist dort nur für die *PLC* vorgeschrieben, hier liegt es bei 50.000 £ bzw. dem Äquivalent in Euro (ca. 60.000 Euro). Für die *Ltd.* wird lediglich geregelt, dass jeder Anteil einen bestimmten Nominalwert haben muss; Sec. 542 ukCA. Für die *PLC* vgl. Sec. 542 Abs. 3 UAbs. 2 i.V.m. Sec. 765, 761, 763 Abs. 1 ukCA. Der konsolidierte Text des *ukCA* ist abrufbar unter http://www.legislation.gov.uk/ukpga/2006/46/contents. Zum Konkurrenzverhältnis zwischen SPE und *Ltd.* aus britischer Sicht (allerdings noch vor dem Kommissionsentwurf) *Drury*, Vergleich SPE-Ltd. 2007 sowie *Siems/Herzog/Rosenhäger*, JIBFL 2009, S. 247, 250. Letztere sehen einen leichten Vorteil für die SPE, insbesondere außerhalb Großbritanniens. Insgesamt zum Mindestkapital unter vergleichenden Gesichtspunkten *Barnevald* in *Zaman/Schwarz*, EPC 2009, S. 81 ff.

1970 Art. 19 IV SPE-VOE-KOM, Erläuterung SPE-VOE-KOM, S. 8; vgl. Sec. 542 ukCA.

1971 Anders hingegen aus britischer Sicht; zum Beispiel der *Ltd.* vgl oben Teil 3 A.; Fn. 1969.

vernünftig bemessenes Mindestkapital eine gewisse Selektion bei der Unternehmensgründung gewährleisten soll, sog. Seriositätsschwelle. Das Mindestkapital fungiere dann (und übrigens auch allgemein nach deutschem[1972] und österreichischem[1973] Verständnis) in gewissem Sinne als „Eintrittspreis" – wenn ein Gesellschafter das notwendige Mindestkapital nicht aufbringen kann, sollte ihm auch das Haftungsprivileg einer Kapitalgesellschaft nicht zustehen. Eine gewisse Summe habe zudem eine verhaltenssteuernde Wirkung[1974]. Auch auf psychologische Effekte und die eventuelle Reputation der Rechtsform wird hingewiesen[1975].

Allein auf ein deutsches bzw. österreichisches Verständnis zu verweisen, und dementsprechend auf ein hohes Mindestkapital zu pochen, dürfte dem Charakter der supranationalen Rechtsform SPE nicht gerecht werden. Zumal auch diese Position innerstaatlich keinesfalls unumstritten ist, wie sich zuletzt im Zusammenhang mit dem österreichischen Gesellschaftsrechts-Änderungsgesetzes 2013 gezeigt hat[1976], und nachdem zuletzt gerade in Österreich das Mindeststammkapital

---

1972 Die UG (haftungsbeschränkt) nach § 5a GmbHG ist insofern ein Sonderfall, als dass sie grundsätzlich auch mit einem Mindestkapital von nur einem Euro gründbar ist. Allerdings ist bei ihr in der Bilanz zwangsweise eine gesetzliche Rücklage von 25% des Jahresüberschusses zu bilden, die wiederum nur zum Ausgleich von Verlustvorträgen bzw. Fehlbeträgen oder für eine Kapitalerhöhung verwendbar ist, und dies so lange, bis das Stammkapital auf mindestens 25.000,– Euro (und damit das normale Stammkapital der GmbH) erhöht worden ist, § 5a III, V GmbHG. Das Gesetz verpflichtet also mittels Zwangsthesaurierung zur Bildung einer gewissen Kapitaldecke. Zum Vergleich zwischen UG (haftungsbeschränkt) und SPE *Cannivé/Seebach*, GmbHR 2009, S. 519 ff. Sie gelangen i.Erg. deutlich zu einer Vorzugswürdigkeit der SPE.

1973 Vgl. insofern zuletzt die Ausführungen im Abschnitt *„Absenkung des Mindeststammkapitals"* bei „GmbH-Reform – Vorblatt und Erläuterungen", abrufbar unter http://www.parlament.gv.at/PAKT/VHG/XXIV/ME/ME_00500/imfname_295793.pdf, hier S. 10.

1974 Vgl. *Vossius*, Stellungnahme DNotV 2008, S. 24 f.; *Hexel*, Stellungnahme DGB 2008, S. 6 f.; *Habighorst* in *Priester/Mayer/Wicke*, HbGesR III, § 76, Rn. 24 ff.; ähnlich auch *Hommelhoff*, FS K. Schmidt 2009, S. 671, 672 f. unter Verweis auf einen anderenfalls drohenden *„Lumpensammler-Effekt"*. Mit Blick auf die *Ltd.* und auch die deutsche UG (haftungsbeschränkt) scheint auch dieser Punkt angreifbar.

1975 *Hommelhoff/Teichmann*, GmbHR 2008, S. 897, 904 ff.; *dies.* in *Hirte/Teichmann* SPE 2013, S. 17 f.; *Maul/Röhricht*, BB 2008, S. 1574, 1576 ff, 1579; *Chiu* in *Hirte/Teichmann* SPE 2013, S. 47, 68. Kritisch daher aus litauischer Perspektive *Katuoka/Česnulevičiūtė*, MRU 2012, S. 159, 169.

1976 Das österreichische Gesellschaftsrechts- Änderungsgesetz – GesRÄG 2013 umfasste neben der Reduktion der Gründungskosten die Absenkung des Mindeststammkapitals in der GmbH von 35.000,– auf 10.000,– Euro. Zwischen dem 10.04.2013 und dem 06.05.2013 gingen zum Gesetzesentwurf 39 verschiedene Stellungnahmen ein; Übersicht beim Nationalrat unter http://www.parlament.gv.at/PAKT/VHG/XXIV/ME/ME_00500/.

signifikant gesenkt wurde[1977]. Wie hoch die „Seriositätsschwelle" vorzugsweise ausfallen sollte ist daher wohl vor allem eine rechtspolitische Frage. Das bestehende Spektrum in den Mitgliedstaaten reicht von 1,– Euro (z.B. Großbritannien) bis zu 25.000,– Euro (Deutschland). Dementsprechend divergent sind die Meinungen in der Literatur[1978] und bei den Interessenverbänden. Letztere scheinen sich überwiegend gegen einen all zu niedrigen Betrag zu wenden[1979].

Das Europäische Parlament jedenfalls hatte einen Abänderungsvorschlag formuliert. Demnach soll das Mindestkapital bei 8.000,– Euro liegen, alternativ könne in der Satzung das Mindestkapital auf 1,– Euro festgesetzt werden, sofern das Geschäftsleitungsorgan zusätzlich eine Solvenzbescheinigung unterzeichnet[1980].

1977 § 6 I 2 österreichisches GmbHG i.d.F. von BGBl. I Nr. 109/2013. Entwurfstext zum GesRÄG 2013, abrufbar unter http://www.parlament.gv.at/PAKT/VHG/XXIV/ME/ME_00500/imfname_295792.pdf. Kritisch im Hinblick auf die SPE hierzu *Schauer* et al. Demnach würde *„eine Herabsetzung des Mindeststammkapitals bei der österreichischen GmbH die österreichische Verhandlungsposition bzgl. der SPE schwächen. Wer in vorauseilendem Gehorsam sein Mindeststammkapital ohne flankierenden Gläubigerschutz herabsenkt, kann nicht glaubhaft argumentieren, warum die SPE keine Billiggesellschaft werden soll"*, in Stellungnahme von Universität Wien zum GesRÄG 2013 (25.04.2013), abrufbar unter http://www.parlament.gv.at/PAKT/VHG/XXIV/ME/ME_00500_34/imfname_301654.pdf, hier S. 2.

1978 Für ein gewisses Mindestkapital z.B. noch *Helms*, EPG 1998, S. 131 (der als „leichte" Seriositätsschwelle 25.000,– Euro vorschlug, insoweit einhergehend mit dem ursprünglichen Entwurf der *CCIP*; so auch *Cerioni*, EuLF 2005, S. I-137, I-138); *Teichmann*, EP-Stellungnahme 2006, S. 4; *Siems/Rosenhäger/Herzog*, Der Konzern 2008, S. 393, 398 (allerdings von denselben Autoren offengelassen in JIBFL 2009, S. 247, 248, wo mit Blick auf die *Ltd.* ein *„competitive disadvantage"* befürchtet wird); *Hommelhoff/Teichmann*, GmbHR 2009, S. 36, 36 f (zwischen 5.000,– und 10.000,– Euro); differenzierend aus Sicht der *Start-ups* bzw. der Konzerne *Brems/Cannivé*, Der Konzern 2008, S. 629, 631 f.; für verzichtbar gehalten z.B. bei *Jung*, BB 2010, S. 1233, 1236; *Pandova*, EPC-Statute 2010, S. 28; *Katuoka/Česnulevičiūtė*, MRU 2012, S. 159, 169, 174 (unter Verweis auf die mittel- und osteuropäischen Mitgliedstaaten); offen z.B. *Wedemann*, EuZW 2010, S. 534, 537; *Davies*, ECGI 2010, Fn. 47.

1979 Z.B. schlug der EWSA ein Mindestkapital von 15.000,– Euro vor (Stellungnahme vom März 2002, Pkt. 4.2.1.), *Vossius* plädiert für eine Summe von etwa 10.000,– bis 25.000,– Euro; Stellungnahme DNotV 2008, S. 24 f. *„Die Mehrheit"* des Arbeitskreises Europäisches Unternehmensrecht spricht sich für einen Betrag von 10.000,– Euro aus; *AKEUR*, Stellungnahme 2008, Rn. 21, wie z.B. auch *Schöler* in der Stellungnahme *VDMA* 2010.

1980 EP-Legislative Entschließung 2009, Abänderung 33. Vgl. aber noch den EP-Vorschlag vom 01.02.2007, der eine Summe von 10.000,– Euro vorsah; ebenso der Berichterstatter *Lehne* im EP-JURI-Entwurf, S. 40 und der Berichterstatter *Ettl* im EP-EMPL-Entwurf1, S. 8. Beachtlich *Katuoka/Česnulevičiūtė*, MRU 2012, S. 159, 169, nach denen sich die Summe von 8.000,– Euro nah am (bis dahin aktuellem) arithmetischen Mittel der mitgliedstaatlichen Kapitalanforderungen bewege

Der jüngste Kompromissvorschlag des Rates sieht darauf aufbauend weiterhin das Mindestkapital von 1,– Euro vor, die Mitgliedstaaten sollen jedoch gleichzeitig die Möglichkeit haben, für in ihrem Hoheitsgebiet eingetragene SPE einen höheren Mindestbetrag vorzuschreiben, der 8.000,– Euro nicht überschreiten darf (sog. Optionsmodell)[1981]. Vorgesehen wurde zudem eine erste Kontrollfrist. Zwei Jahre nach Inkrafttreten der SPE-Verordnung soll die Kommission die Auswirkungen dieser den Mitgliedstaaten erteilten Erlaubnis für unterschiedliche Kapitalanforderungen untersuchen[1982]. Mit dieser Regelung hatten sich alle Delegationen bis auf eine einverstanden erklärt. Die ungarische Ratspräsidentschaft schlug daher weitergehend vor, das Mindestkapitalerfordernis in die allgemeine Überprüfungsklausel aufzunehmen, nach der die Kommission die Anwendung der SPE-Verordnung fünf Jahre nach ihrem Inkrafttreten überprüft.

Ob insoweit ein *Delaware*-Effekt zu erwarten sein wird scheint keineswegs sicher, wenn man die Gesamtumstände betrachtet. Zwar könnte man, isoliert auf das notwendige Kapital bezogen, womöglich noch argumentieren dass sich, wenn es einem Unternehmer möglich ist, in dem einen Staat eine Gesellschaft nahezu ohne Kapital und ohne persönliches Haftungsrisiko zu gründen, während in dem anderen Staat für exakt dieselbe Gesellschaft eben jenes gefordert wird, die Frage nach dem Gründungsort kaum ernsthaft stellen wird. Vermutlich aus diesem Grund hatte die deutsche Delegation vorgeschlagen, die Frage der Mindestkapitalanforderung mit der Sitzfrage zu koppeln. So sollte festgelegt werden, dass die Mitgliedstaaten, die in ihrem Hoheitsgebiet eingetragenen SPE gestatten, ihre Hauptverwaltung in einem anderen Mitgliedstaat zu haben, für die betreffenden SPE ein Gesellschaftskapital von mindestens 8.000 Euro vorsehen müssen[1983]. Jedoch war die Mehrheit der Delegationen gegen diesen Vorschlag[1984]. Und dieses Ergebnis scheint grundsätzlich zustimmungswürdig. Denn mit dem Unternehmenssitz ist ja nicht nur die Entscheidung für ein bestimmtes Mindestkapital verbunden (bzw. für die sonstigen Gründungskosten). Viel mehr knüpft man die SPE an das jeweils in Bezug genommene mitgliedstaatliche Recht insgesamt, so dass es schon nie um

---

(konkret läge dieses bei 8.213,– Euro). Allerdings sei jeder Mittelwert ohnehin bloß mathematische Berechnung und reflektiere keinesfalls die rationalen und logischen Bedürfnisse.

1981 Art. 19 III SPE-VOE-Hu. Zur Kapitalaufbringung und -erhaltung nach dem schwedischen Entwurf vgl. *Hommelhoff/Teichmann*, GmbHR 2010, S. 337, 338 ff.; für ein noch höheres Mindestkapital *Koberski/Heuschmid*, RdA 2010, S. 207, 210.

1982 Art. 19 III a) SPE-VOE-Hu.

1983 Brief der beamteten Staatssekretärin beim Bundesministerium der Justiz *Grundmann* vom 12.05.2011, enthalten in *Proposal for a Council Regulation on a European private company* vom 12.05.2011, Dok.-Nr. 10129/11, unter http://register.consilium.europa.eu/pdf/en/11/st10/st10129.en11.pdf (englisch). Vgl. dort die vorgeschlagene Änderung bei Art. 19 III, UAbs. 2, neuer S. 3; ebd. Seite 4. Zudem sollte die erste Überprüfungsklausel nach Art. 19 IIIa gestrichen werden.

1984 Einleitung, S. 3 f., Art. 48 SPE-VOE-Hu.

„exakt dieselbe" Gesellschaft gehen kann. Entscheidend ist damit die Attraktivität des mitgliedstaatlichen Rechts in seiner Gesamtheit. Je nach gewähltem Standort würden dann die Kosten nicht mehr nur reduziert, sondern sogar gesteigert, weil zusätzliche Rechtsberatungskosten anfielen. Ob ein Unternehmen diese auf sich nehmen wird dürfte daher nicht nur von der Frage des Mindestkapitals abhängen[1985].

III. Trennung von Registersitz und Verwaltungssitz

Wohl gravierendste Neuerung gegenüber der SE war die Möglichkeit, Registersitz und Verwaltungssitz voneinander getrennt in verschiedenen Mitgliedstaaten zu wählen, Art. 7 II SPE-VOE-KOM. Die Hauptverwaltung einer SPE muss sich also nicht in demselben Staat befinden wie ihr eingetragener Sitz. Möglich sind somit auch getrennte Sitzverlegungen.

Begründet wird das mit den Wirkungen der EuGH-Rechtsprechung zur Niederlassungsfreiheit[1986] sowie mit den tatsächlichen Gegebenheiten in einigen Mitgliedstaaten[1987]. Nicht zuletzt reflektiert dies auch einen starken Wunsch der

1985 Vgl. auch *Becht/Mayer/Wagner*, ECGI 2007, S. 1 ff., die neben dem Mindestkapital auch die Frage der Gründungskosten insgesamt beleuchten.

1986 Erläuterung SPE-VOE-KOM, S. 7. Vgl. Erwägungsgrund 4 SPE-VOE-KOM. Tatsächlich bestimmt nach EuGH Rs. C-210/06 (*Cartesio*), Rn. 110, über die Anknüpfung, nach der eine Gesellschaft nach innerstaatlichem Recht als gegründet angesehen wird, der jeweilige Mitgliedstaat. Damit kann der Staat also eine zwangsweise Kopplung von Satzungs- und Verwaltungssitz vorsehen, ebenso wie eine Sitzaufspaltung. Insofern verschweigen *Koberski/Heuschmid*, RdA 2010, S. 207, 211, die halbe Wahrheit, wenn sie darauf abstellen, dass der EuGH in seiner Entscheidung in Rs. *Cartesio „implizit festgestellt"* habe, dass eine Kopplung von Satzungs- und Verwaltungssitz in der SPE-Verordnung und auch in Art. 7 SE-VO im Einklang mit der Niederlassungsfreiheit steht. Für die Aufspaltung gilt das nämlich genau so.

1987 Prominentestes Beispiel dürfte die britische *Ltd.* sein. Aber auch Deutschland kennt durch die Streichung von § 4a II GmbHG mittlerweile die Möglichkeit, einen realen Verwaltungssitz zu wählen, der nicht notwendigerweise mit dem Satzungssitz übereinstimmt und auch im Ausland liegen kann, solange nur der Satzungssitz im Inland liegt (vgl. hierzu auch BT-Drucks. 16/6140 vom 25.07.2007, S. 29 [*„level playing field"*]). Dessen ungeachtet wurde das Thema im Rahmen der Plenardebatte des Europäischen Parlaments vom 09.03.2009 diskutiert. Dabei wandte sich der Abgeordnete *Wurtz* gegen die Ausdehnung des SPE-Statuts auf die *„pseudo-KMU"*, die vorgebliche Schwerpunktsetzung auf kleine Unternehmen sei *„nichts weiter als politische Schönfärberei"*, das Statut diene den *„Tochtergesellschaften der Multinationalen"*. Kritisch auch *van den Burg*, (*„neues Delaware"*), *Lechner* sowie *Søndergaard*, der im Kommissionsvorschlag das *„einzige Ziel"* erblickt, *„die Arbeitnehmerrechte zu beschneiden"*. Demgegenüber erklärte *Figel'* für die Kommission: *„Herr Wurtz hat die Trennung zwischen Firmensitz und Hauptniederlassung sowie das Problem einer potenziellen Untergrabung der*

europäischen Wirtschaft, da es so möglich wird, sämtliche in der Rechtsform SPE organisierten Gesellschaften in ein und demselben Mitgliedstaat zu registrieren und weitgehend uniform zu verwalten[1988].

Die Kommission hatte wohl zwischenzeitlich geplant, eine Sitzaufspaltung auch bei der SE zuzulassen und Art. 7 SE-VO ebenfalls entsprechend zu ändern[1989]. Dies hätte zu der geltenden Regelung einen Richtungswechsel um 180 Grad bedeutet. Denn nach derzeitiger Rechtslage haben die Mitgliedstaaten geeignete Maßnahmen vorzusehen, um ein Auseinanderfallen von Registersitz und Hauptverwaltung zu vermeiden, widrigenfalls muss die SE liquidiert werden[1990]. Mittlerweile hat die

---

Arbeitnehmermitbestimmung angesprochen. Die Trennung zwischen dem Firmensitz und der Hauptniederlassung von KMU ist in der Hälfte der Mitgliedstaaten bereits gang und gäbe, auch in Staaten mit sehr hohen sozialpolitischen Sicherungsstandards. Dadurch verfügen die Unternehmen über die notwendige Flexibilität, wenn sie in mehreren Ländern geschäftstätig sind." Protokoll der Plenardebatte (CRE 09/03/2009-18) unter http://www.europarl.europa.eu/sides/getDoc.do?type=CRE&reference=20090309&secondRef=ITEM-018&language=DE.

1988 Im Zuge des Test Panels 2007 sprachen sich 75,7% der antwortenden Unternehmen für eine Sitztrennung aus; Kommission, Test Panel 2007, S. 10. Auch wenn das Ergebnis aufgrund der eher begrenzten Datenbasis von lediglich 517 Antworten angreifbar scheint, ist der Wert in dieser Deutlichkeit bemerkenswert. Kritisch zur Methodik *Davies*, ECGI 2010, S. 7 ff. Im Test Panel sei nur nach der SPE gefragt worden, nicht, ob etwaige alternative Lösungen wie Vereinfachungen im Arbeits- oder Steuerrecht nicht noch attraktiver wären. *BusinessEurope* verlangt in seiner Stellungnahme allerdings lediglich einen Registersitz in der EU und die Möglichkeit der identitätswahrenden Sitzverlegung; *BusinessEurope*, Stellungnahme 2008, S. 3; *ders.*, *SPE Policy Briefing* 2010, S. 2. *BusinessEurope/Eurochambres* erachteten letzteres als *„ausschlaggebend für die SPE Unternehmensmobilität"*. SPEs sollten keinesfalls einem strikteren Regime unterworfen werden als die nationalen Vergleichsformen; *BusinessEurope/Eurochambres*, Stellungnahme 2009, S. 1 (*„crucial for SPE corporate mobility"*).

1989 Kommission, Vereinfachtes Unternehmensumfeld 2007, S. 16; zur Diskussion vgl. auch *Ernst & Young*, SE-Studie 2009, S. 260 ff. Dort wird eine *„apparent incompatibility between the ECJ case law* [= i.S. *Centros* et al., Anm. d. Verf.] *and the requirement set forth by Article 7 of the SE Regulation*" erkannt, ebd., S. 262 f. *Koberski/Heuschmid*, RdA 2010, S. 207, 211 *„vermuten"* eine Absicht, durch die SPE-Verordnung ein dereguliertes Vorbild für die angekündigte Revision der SE-Regelungen zu schaffen. Für die Aufgabe der Zwangskopplung des Art. 7 SE-VO z.B. *Casper/Weller*, NZG 2009, S. 681 ff. und *Lutter/Bayer/J. Schmidt*, EuropUR 2012, § 41, Rn. 14, nach denen der Gleichlauf *„rechtspolitisch mehr als inopportun"* ist.

1990 Art. 64 I SE-VO. Nach dem deutschen § 52 SEAG gilt das Auseinanderfallen von Sitz und Hauptverwaltung als Mangel der Satzung i.S.v. § 262 I Nr. 5 AktG und damit als Auflösungsgrund. Ggf. kommt es zu einem Amtsauflösungsverfahren nach § 144a FGG. Auch der ursprüngliche SPE-Entwurf der *CCIP* von 1997 hatte noch eine Sitzverklammerung nach diesem Muster vorgesehen, dort Art. 6; vgl.

Kommission, so weit ersichtlich, von dieser Absicht wieder Abstand genommen, stoßen doch die entsprechenden Planungen bei der SPE auf beträchtlichen mitgliedstaatlichen Widerstand.

Tatsächlich gewinnt die Regelung im Zusammenspiel mit dem Verweis auf das nationale Recht eine gewisse Brisanz. Nach Art. 4 I SPE-VOE-KOM gelten, wenn ein Punkt weder durch die Artikel noch durch den Anhang der Verordnung gedeckt ist, die Rechtsvorschriften des Staates, in dem die SPE ihren (registrierten) Sitz hat[1991]. Aus dieser Vorgabe ergeben sich qualitativ neue, nach Kritikern „*verführerische*“[1992], Wege zur Umgehung der einschlägigen mitgliedstaatlichen Regelungen[1993].

Betroffen wäre vor allem die Arbeitnehmermitbestimmung. Denn die SPE unterliegt hier den Regeln, des Mitgliedstaats, in dem die SPE ihren eingetragenen Sitz hat, Art. 34 I SPE-VOE-KOM[1994]. Damit böten sich zu den bereits dargestellten

---

Cerioni, EuLF 2005, S. I-137, I-138. *Ders.* fordert an anderer Stelle u.a. mit Blick auf die EuGH-Rechtsprechung i.S. Überseering eine Aufhebung der Verklammerung und die Möglichkeit zu getrennter Sitzverlegung; *Cerioni*, EuLF 2004, S. 296, 302. Knapp, aber im Ergebnis ebenso *Katuoka/Česnulevičiūtė*, MRU 2012, S. 159, 167.

1991 Zur Frage, ob es sich hierbei um eine statische oder um eine dynamische Verweisung handelt *Hommelhoff/Krause/Teichmann*, GmbHR 2008, S. 1193, 1196 ff.

1992 *Vossius*, Stellungnahme DNotV 2008, S. 25. Kritisch auch *Krejci*, SPE 2008, Rn. 136 ff. („*Damit ist der Weg zum ‚Briefkastensitz‘ frei.*“); *Van het Kaar/Zaal* in *Zaman/Schwarz*, EPC 2009, S. 164 („*anti-participation shopping*“); *Katuoka/Česnulevičiūtė*, MRU 2012, S. 159, 171 („*...even more tempting...*“); *Hommelhoff/Teichmann* in *Hirte/Teichmann* SPE 2013, S. 1, 28 („*strong avoidance incentives*“).

1993 Vgl. *Ehricke* in Neue Wege 2001, S. 28. Kritisch auch *Krause* in *Hirte/Teichmann* SPE 2013, S. 375, 382, wo es unter Bezug auf die bereits durch die EuGH-Rechtsprechung zur Niederlassungsfreiheit etablierten Wege heißt „*Nevertheless there is a big difference whether foreign law is applied for this or whether the European legislator has intentionally assisted in attaining the result.*“

1994 Vgl. auch Erläuterung SPE-VOE-KOM, S. 10; Erwägungsgrund 6 SPE-VOE-KOM. Auch dies scheint den Wünschen und Bedürfnissen der Wirtschaft entgegenzukommen. So sprachen sich im Test Panel „lediglich“ 52,9% der antwortenden Unternehmen für eine Regelung der Mitbestimmung im SPE-Statut aus, 36,7% plädierten für die Geltung von nationalem Recht; Kommission, Test Panel 2007, S. 11. Auch *BusinessEurope* forderte wiederholt eine Anknüpfung aller Arbeitnehmerbeteiligungsrechte, insbesondere aber der Mitbestimmung an das nationale Recht des Registersitzes; vgl. *BusinessEurope*, Stellungnahme 2008, S. 3 und *BusinessEurope/Eurochambres*, Stellungnahme 2009, S. 2. Zuletzt werden diesbezüglich aber nur noch „einfache Regeln“ gefordert, *BusinessEurope, SPE Policy Briefing* 2010, S. 2 („*simple rules regarding worker participation*“, dort als ein „*essential characteristic of the SPE*“ bezeichnet); ebenso *ders., SPE Policy Briefing* 2011, S. 2.

nationalen[1995] und supranationalen Varianten[1996] neue Handlungsoptionen für eine *„aktive Gestaltung der Arbeitnehmermitbestimmung“* (*Habighorst*)[1997], von bloßen Nuancierungen bis hin zur vollständigen Mitbestimmungsvermeidung.

Tatsächlich bieten sich gleich mehrere Gestaltungsmöglichkeiten. Eine denkbare, weniger drastische Variante, läge schon in der Kombination aus gespaltenem Sitz mit je nachdem angepasster monistischer oder dualistischer Struktur. Aber auch weitergehende Ausformungen kommen in Betracht. Beispielsweise könnte eine SPE, die sich in Deutschland *ex nihilo* gründet und eintragen lässt, ihren Satzungssitz in Großbritannien wählen. Da dort eben gerade keine Regeln für die Mitbestimmung vorhanden sind, unterliegt die in Deutschland verwaltete SPE keinem entsprechenden Regime. Eine etwaige gesonderte deutsche Mitbestimmungserstreckung, unterstellt sie wäre überhaupt rechtssicher normierbar, liefe jedenfalls wegen des Anwendungsvorrangs des Europarechts leer[1998]. Vollkommen mitbestimmungsfreie Gesellschaften wären möglich[1999]. Anders als derzeit z.B. unter Verwendung einer britischen *Ltd.* geschähe dies dann unter dem beschriebenen „European Label“, so dass eine SPE selbst bei ausländischem Satzungssitz im Inland stets als gleichermaßen *„respektable Gesellschaftsform gelten“* würde[2000].

Neben dieser *ex nihilo*-Variante könnten sich jedoch auch bereits mitbestimmte Gesellschaften der SPE zur Mitbestimmungsvermeidung bedienen. Über den Weg des identitätswahrenden Formwechsels einer bestehenden Gesellschaft zu einer SPE mit danach aufgespaltenem Sitz könnte eine ursprünglich mitbestimmte Gesellschaft ihre Mitbestimmung im laufenden Betrieb theoretisch vollständig beseitigen[2001]. Möglich wäre auch ein Formwechsel in eine SPE & Co. KG mit einer

---

1995 Zu den schon jetzt bestehenden Möglichkeiten für Deutschland vgl. Teil 3 D. I. 8. c. ii.

1996 Zu SE, SCE und Verschmelzungsrichtlinie vgl. Teil 3 D. I. 8. c. ii. (c); Teil 4 B. II., III.; IV; D. II., III.

1997 *Habighorst* in *Priester/Mayer/Wicke*, HbGesR III, § 76, Rn. 50; vgl. auch *Hommelhoff/Teichmann*, GmbHR 2010, S. 337, 341; *Hommelhoff/Krause/Teichmann*, GmbHR 2008, S. 1193, 1195 f.

1998 Vgl. hierzu Teil 3 D. I. 8. e.

1999 Vgl. *Hommelhoff/Teichmann*, GmbHR 2010, S. 337, 341, *Fuchs/Marhold*, EuArbR, S. 367; *Hommelhoff*, ZEuP 2011, S. 7, 23, der hier bildhaft vom *„'Air Berlin'-Effekt“* spricht. Ebd. auch zu der theoretischen Frage, wie eine *„'Air Berlin' SPE“* mitbestimmungsrechtlich zu würdigen wäre.

2000 Vgl. *Bormann/Böttcher*, NZG 2011, S. 411, 415. *Sick/Thannisch*, AuR 2011, S. 155, 159, befürchten, dass es solchen Unternehmen, die sich bislang anderer Vermeidungsstrategien bedienten, gelingen könnte, *„sich mittels SPE endgültig reinzuwaschen“*.

2001 *Bormann/Böttcher*, NZG 2011, S. 411, 412 f., skizzieren einen entsprechenden Weg über die Sacheinbringung. Hierzu wird eine SPE als Zielgesellschaft gegründet, um das Unternehmen der deutschen Gesellschaft aufzunehmen. Technisch geschieht dies z.B., indem die Gesellschafter einer paritätisch mitbestimmten deutschen GmbH die Anteile einer leeren SPE mit Satzungssitz in einem

ausländischen SPE als Komplementärin, an deren Satzungssitz ebenfalls keine Mitbestimmung gilt[2002]. Ggf. ließe sich eine SPE zudem auch als Verschmelzungsvehikel einsetzen[2003].

Anders als der EuGH i.S. *Cadbury Schweppes* ausgeführt hat, läge in diesen Szenarien auch gerade keine „rein künstliche Gestaltung" ohne tatsächliche Ausübung einer wirtschaftlichen Tätigkeit[2004], sondern die legitime Nutzung explizit

---

mitbestimmungsfreien Mitgliedstaat erwerben und die GmbH den gesamten Geschäftsbetrieb dann an die SPE veräußert, auf die auch die Arbeitsverhältnisse übergehen. Die Konzernzurechnung nach § 5 I MitbestG wird dadurch vermieden, dass nicht die GmbH, sondern deren Gesellschafter die Anteile an der SPE erwerben. Unterfiele die GmbH im Beispiel lediglich dem DrittelbG, käme es erst gar nicht zu einer Konzernzurechnung, und die deutsche Gesellschaft könnte die ausländische SPE direkt halten (vorausgesetzt, Beherrschungsvertrag oder Eingliederung bleiben außen vor, § 2 II DrittelbG).

2002 *Bormann/Böttcher*, NZG 2011, S. 411, 413. Dort auch zum Fall einer grenzüberschreitenden Anwachsung, wenn in einer deutschen Personenhandelsgesellschaft der vorletzte Gesellschafter ausscheidet. Übernehmende Gesellschafter könne dann auch eine SPE mit ausländischem Verwaltungssitz sein, trotz Gesamtrechtsnachfolge käme es nicht zu einer rechtlichen Nachwirkung eines zuvor in der deutschen Gesellschaft geltenden Mitbestimmungssystems. Fraglich dürfte dann allerdings schon sein, ob ein solches System überhaupt bestehen würde, da die Mitbestimmungsgesetze Personengesellschaften ja gerade nicht erfassen.

2003 Zumindest der Kommissionsentwurf regelt nicht die Verschmelzung „zu" einer SPE. Verschmelze eine deutsche Gesellschaft grenzüberschreitend mit einer geeigneten, eventuell zuvor extra zu diesem Zweck gegründeten, ausländischen Gesellschaft zu einer SPE, soll sie sich der deutschen Mitbestimmung vollständig entziehen können. Denn dann dürfte zwar eine grenzüberschreitende Verschmelzung gegeben sein, aber eben keine grenzüberschreitende Verschmelzung „einer SPE" mit einer sonstigen Gesellschaft; s. dazu *Vossius*, Stellungnahme DNotV 2008, S. 26; *Van het Kaar/Zaal* in *Zaman/Schwarz*, EPC 2009, S. 164 ff. Näher dazu sogleich unter G. II. 3 iii.

2004 Vgl. EuGH Rs. C-196/04 (*Cadbury Schweppes*), Rn. 54, 55 („*tatsächliche Ansiedlung einer Gesellschaft und die Ausübung einer wirklichen wirtschaftlichen Tätigkeit*" gegenüber einer „*rein künstlichen, jeder wirtschaftlichen Realität baren Gestaltung*"), 67, 68 (Feststellung einer „*tatsächlichen Ansiedlung*" beruht auf „*objektiven, von dritter Seite nachprüfbaren Anhaltspunkten [...], die sich u.a. auf das Ausmaß des greifbaren Vorhandenseins der beherrschten ausländischen Gesellschaft in Form von Geschäftsräumen, Personal und Ausrüstungsgegenständen beziehen*"). Zum wohl nur engen Anwendungsbereich und den diesbezgl. Voraussetzungen *Drygala*, EuZW 2013, S. 569, 570 f. Ausreichend dürfte vor allem die lediglich beabsichtigte Aufnahme einer dauerhaften wirtschaftlichen Tätigkeit sein. Insbesondere bei einer Vorratsgesellschaft ist anerkannt, dass eine Gesellschaft gegründet und eingetragen wird, ohne dass sie einen konkreten geschäftlichen Zweck verfolgt. Zudem darf ein Mitgliedstaat aus Gründen des Diskriminierungsverbots nur solche Beschränkungen vorsehen, die auch bei seinen nationalen Gesellschaften gelten; *Drygala*, ebd., S. 571.

vorgesehener Wahlmöglichkeiten[2005]. Das Ganze gerät aus der reinen Vermeidungsperspektive umso verlockender, je niedriger das Mindestkapital für eine SPE bemessen wird, mit anderen Worten wie „billig“ die Mitbestimmungsumgehung zu haben ist[2006]. Befürchtet wird das berüchtigte *„Forum Shopping“* und damit einhergehend die Schwächung der Rechte der Arbeitnehmer und Störung des gesamten Systems der Arbeitnehmerbeteiligung[2007].

Das Thema ist dementsprechend umkämpft. Bei den letzten Beratungen im Rat befürworteten „mehrere Delegationen“ die Möglichkeit einer räumlichen Trennung, „eine Reihe von Delegationen“ war aber dagegen. „Andere“ Delegationen wollten diese Frage ausschließlich dem einzelstaatlichen Recht unterstellen. Der finale Kompromissvorschlag der schwedischen Ratspräsidentschaft sah einen Übergangszeitraum von zwei Jahren vor, währenddessen eine SPE verpflichtet wäre, Sitz und Hauptverwaltung bzw. Hauptniederlassung in ein und demselben Mitgliedstaat zu haben, danach sollte das einzelstaatliche Recht anwendbar sein[2008]. Der ungarische Kompromissvorschlag ging noch darüber hinaus. Konkret sollte nur noch festgelegt werden, dass eine SPE jedenfalls ihren Sitz und ihre Hauptverwaltung oder Hauptniederlassung in der EU haben muss. Ob eine Trennung möglich sein sollte, sei jeweils in den für die nationalen Privatgesellschaften mit beschränkter Haftung geltenden einzelstaatlichen Rechtsvorschriften festzulegen. Daneben sollte in den Erwägungsgründen ausgeführt werden, dass die Mitgliedstaaten ggf. sicherstellen sollen, dass ein in ihrem Hoheitsgebiet niedergelassene SPE nicht dazu missbraucht wird, um die dort geltenden Auflagen für SPE zu umgehen, gleichzeitig die SPE aber nicht unverhältnismäßig großen Einschränkungen unterwerfen[2009].

2005 Vgl. EuGH Rs. C-212/97, Urteil vom 09.03.1999 *(Centros)*, Rn. 27.

2006 Vgl. *Davies*, ECGI 2010, S. 25; *Hommelhoff/Teichmann*, GmbHR 2010, S. 337, 347. Diese zeichnen *„[d]as Schreckensbild [der] 1€-SPE mit Registersitz in Bukarest und Geschäftssitz in Wien.“* Anzumerken bleibt, dass mit einer entsprechenden Entscheidung zur Sitztrennung nicht nur das ggf. niedrigere Mindestkapital und das lokale Beteiligungsregime in Bezug genommen wird, sondern auch das sonstige nationale Gesellschaftsrecht, soweit die entsprechenden Bezugnahmen in der SPE-Verordnung reichen werden, sowie u.a. auch das nationale Steuer- und Arbeitsrecht. Praktisch dürften aber auch solche Überlegungen in eine solche Entscheidung einfließen.

2007 Vgl. auch Kommission, Machbarkeitsstudie 2005, S. 33, wo sie unter der Überschrift *„Achat de juridiction“* ausführt: *„Les entreprises seraient capables de choisir comme droit de leur siège statutaire le droit national de leur préférence, qui serait le plus souple en matière d'implication des travailleurs. Cet ‚achat de jurisdiction‘ pourrait aboutir à un sérieux affaiblissement des droits des travailleurs, ainsi qu'à une désorientation de tout le système de participation“.*

2008 Einleitung Seite 2 SPE-VOE-Sw. Näher zum schwedischen Kompromissvorschlag sogleich unter G. VI.

2009 Einleitung, Seite 3 f., Erwägungsgründe 6a, 6b Art. 7 I SPE-VOE-Hu. Näher zum ungarischen Kompromissvorschlag sogleich unter G. VIII.

G. Arbeitnehmerbeteiligung in der SPE – Entwürfe

Schien die Frage der Arbeitnehmerbeteiligung anfangs eher nebensächlich, wurde sie recht bald als ebenso vielschichtiges wie komplexes Problem erkannt. Im Laufe der Zeit wurden immer weitere Lösungsvorschläge vorgelegt, die jeweils versuchten, die geäußerte Kritik zu den vorherigen Kompromissvorschlägen aufzunehmen und die einzelnen Aspekte weiter zu entwickeln. Zur Übersicht findet sich im Anhang eine tabellarische Zusammenstellung der Entwicklungsschritte der Arbeitnehmerbeteiligung in den SPE-Vorschlägen[2010].

I. Vorentwürfe bis zum Kommissionsentwurf

Der *CCIP*-Entwurf von 1997 sah vor, dass sich die Regeln „über die Information, die Anhörung der Arbeitnehmer und gegebenenfalls ihre Mitwirkung in den Organen der Gesellschaft" nach dem Recht des Sitzstaats richten sollten. Allerdings war in diesem Entwurf eine Sitzaufspaltung noch nicht vorgesehen[2011]. Nach den Entwurfsverfassern schien dies der gangbarste Weg. In ihren Kommentaren führen sie aus: *„Das Problem der Beteiligung der Arbeitnehmer wird im Rahmen der EPG nicht lösbar sein, sondern nur durch eine systematische Vorgehensweise, bei der die Gesamtheit der nationalen Gesetze zu berücksichtigten ist. Die Verweisung auf nationales Recht ist nicht als Rückschritt der Idee der Arbeitnehmerbeteiligung zu sehen, sondern als Aufrechterhaltung des status quo, bis eine Gesamtlösung gefunden werden kann"*[2012].

Zunächst sah es so aus, als sei diese Gesamtlösung mit dem Verhandlungsmodell der SE gefunden. Das Modell schien aber schon aufgrund seiner beträchtlichen Komplexität und seiner grundsätzlichen Ausrichtung auf Großunternehmen auf die grundsätzlich ganz anders orientierte SPE nicht recht zu passen. Eine Weiterentwicklung lag ebenso wenig auf der Hand. Befürchtet wurde eine ähnlich langwierige Blockade wie bei der SE. Vereinzelt wurde daher gefordert, diesen Aspekt bei der SPE ganz einfach auszuklammern. Hierzu sollte die SPE in ihrem Anwendungsbereich auf die KMU begrenzt werden. Um das zu erreichen, sollte eine Obergrenze für die Zahl von Arbeitnehmern festgesetzt werden, bis zu der man das SPE-Statut hätte verwenden dürfen[2013]. Dahinter steckt die Überlegung,

---

2010 Teil 8 C.

2011 Art. 33, 6 CCIP-Entwurf.

2012 Inhalt/Kommentar des CCIP-Entwurfs, Art. 32 bis 34 und 36, zit. nach *Roth*, EuLF 2000/2001, S. 396, 403, Fn. 17. Vgl. auch *Braun*, GLJ 2004, S. 1398 ff., insbes. S. 1402.

2013 Vorgeschlagen wurde u.a. ein Maximum von „unter 500" bzw. „bis zu 500" Arbeitnehmern, vgl. *Riesenhuber*, EuArbR, § 32, Rn. 4; *Helms*, EPG 1998, S. 84 ff.; *Hommelhoff/Helms* in Neue Wege 2001, S.8, wohl auch *Dejmek*, NZG 2001, S. 878, 882. Für eine solche Schwelle auch *Heider* in Neue Wege 2001, S. 129 f., dem zufolge im Hinblick auf die Zielgruppe der KMU *„der Mitbestimmung nahezu keine*

die SPE nur für „ohnehin nicht mitbestimmte“ Unternehmen bereit zu stellen[2014]. Eine solche Obergrenze wäre allerdings schon für sich wenig praktikabel. Wie gesehen bestehen unter den Mitgliedstaaten sehr unterschiedliche Vorstellungen dahingehend, ab wann ein Unternehmen mitbestimmt sein soll[2015]. Daneben bliebe z.B. auch offen, ob eine organisch gewachsene SPE sich ggf. zwangsweise in eine andere Gesellschaftsform umwandeln müsste (und falls, ja, in welche, die nationale Entsprechung oder die supranationale SE? Unter denselben Voraussetzungen oder ggf. gemildert? Eventuell einhergehend mit einer zwangsweisen Satzungsanpassung und grundsätzlichen „Umcharakterisierung“?). Letztlich würde sie jedenfalls die Entwicklungsmöglichkeiten verbauen und die gerade angestrebte Flexibilität aushebeln.

Folgerichtig erachtete beispielsweise der EWSA in seiner Stellungnahme vom März 2002 die Festlegung einer entsprechenden Schwelle als *„nicht angezeigt“*. Hinsichtlich der Beteiligung der Arbeitnehmer sprach er sich für gewisse Leitlinien aus. Demnach sollte grundsätzlich das Recht am Arbeitsort gelten. Für grenzüberschreitende Unterrichtung und Anhörung sollten die Vorgaben der entsprechenden (seinerzeit noch geplanten) Richtlinie maßgeblich sein. Im Hinblick auf die grenzüberschreitende Mitbestimmung sprach er sich für einen *„realistischen und pragmatischen Ansatz“* aus, der unter Rückgriff auf die Regeln zur SE darauf abzielte, *„die erworbenen Rechte zu wahren, gleichzeitig jedoch ein zu schwerfälliges System zu vermeiden“*. Ausdrücklich wird die Arbeitnehmermitbestimmung als *„Vorzug der europäischen Integration“* herausgestellt, ihre Einbeziehung in das

---

Bedeutung zukommt“. Dies erscheint jedoch inkonsequent, da er selbst direkt im Anschluss die Einsatzmöglichkeiten der SPE im Konzern und bei Joint Ventures hervorhebt. *Hommelhoff/Teichmann* in *Hirte/Teichmann* SPE 2013, S. 1, 30, rekurrieren mit Blick auf die Hauptzielgruppe der KMU auf einen Wert von 250 Beschäftigten.

2014 Noch 1999 wurden durch die damalige *UNICE* (heute *BusinessEurope*) entsprechende Forderungen laut. Anstatt sich weiterhin um ein Fortkommen bei der SE zu bemühen, solle man zunächst die SPE einführen, da diese nicht des vorherigen Aufwands einer Klärung der Mitbestimmungsregelungen bedürfe, vgl. *Mävers*, SE-Mitbestimmung 2002, S. 375.

2015 Bereits die Schwellenwerte zu ihrer erstmaligen Etablierung driften weit auseinander. Sie liegen zwischen mindestens 25 (Schweden), mindestens 35 (Dänemark), mindestens 100 (Niederlande, sofern noch weitere Kriterien erfüllt sind), mindestens 150 (Finnland), mehr als 200 (Ungarn, Kroatien, sofern noch weitere Kriterien erfüllt sind), mehr als 300 (Österreich) und mehr als 500 bzw. mehr als 2.000 Arbeitnehmern (Deutschland); vgl. Teil 3 D. *Hommelhoff/Teichmann* in *Hirte/Teichmann* SPE 2013, S. 1, 30, wollen dies wohl dahingehend lösen, dass neben dem Beschäftigtenmaximum von 250 Arbeitnehmern gleichzeitig eine Bindung der SPE-Mibestimmung an das Recht des jeweiligen Arbeitsorts vorgesehen wird. Warum dann überhaupt noch die Bindung an das Beschäftigtenmaximum notwendig sein soll, erschließt sich jedoch nicht auf den ersten Blick.

SPE-Statut würde das *„Qualitätszeichen aufwerten“*, die europaweite Beteiligung der Arbeitnehmer den Integrationsprozess fördern[2016].

Die Kommission hingegen wies darauf hin, dass eine zu strikte gesetzliche Regelung auf die inneren Beziehungen und Mechanismen der KMU belastend wirken könnte[2017].

Das Europäische Parlament sah sich insoweit der Besitzstandswahrung verpflichtet. Konsequent sprach es sich dafür aus, dass eine neue Europäische Privatgesellschaft nicht in Widerspruch zu den in anderen Gesellschaftsmodellen festgelegten Mitbestimmungsrechten treten dürfe. Daher sollten die Beteiligungsrechte aus der SE-RL auch auf die SPE übertragen werden[2018]. In seinem Initiativbericht erklärte es schließlich, dass die bestehenden Arbeitnehmermitbestimmungsrechte des jeweiligen Sitzstaates der Gesellschaft und diejenigen des Gemeinschaftsrechts vollständig beachtet werden müssten. Insbesondere sollte auch die Umwandlung einer Gesellschaft mit Arbeitnehmermitbestimmungs-, Unterrichtungs- und Anhörungsrechten in eine SPE nicht zum Verlust dieser bestehenden Rechte führen[2019].

Im Zuge der wissenschaftlichen Diskussion plädierte z.B. *Teichmann* für einen niedrigen Schwellenwert von 50 Beschäftigten. Damit würden die meisten ausländischen Vertriebs- und Servicegesellschaften mitbestimmungsfrei bleiben. Über dieser Schwelle sollte ein Verhandlungsverfahren nach dem Muster der SE vorgesehen werden[2020]. Unmittelbar vor Veröffentlichung des ersten Verordnungsentwurfs der Kommission schloss sich *Hommelhoff* dieser Forderung an, allerdings sollte das Verhandlungsverfahren deutlich einfacher ausgestaltet werden. Zudem plädierte

2016 Pkt. 3.2.5., 3.2.6.2 f., 7.3. Stellungnahme WSA 2002. Skeptischer *Hommelhoff/Krause/Teichmann*, GmbHR 2008, S. 1193, 1197: Die Regeln zur Mitbestimmung müssten wie das SPE-Gründungsverfahren selbst insgesamt möglichst einfach, unaufwendig und schnell gestaltet werden, damit die *„Arbeitnehmerbeteiligung nicht vordinglich als Störfaktor empfunden“* wird.

2017 Kommission, Machbarkeitsstudie 2005, S. 35 (*„Par conséquent, une implication excessive des travailleurs juridiquement forcée, aboutirait, peut-être, à une crise dans les relations internes de la PME, ainsi qu'à l'imposition juridique d'un fardeau administratif.“*).

2018 Entschließung des Europäischen Parlaments zu der Mitteilung der Kommission an den Rat und das Europäische Parlament „Modernisierung des Gesellschaftsrechts und Verbesserung der Corporate Governance in der Europäischen Union – Aktionsplan“ (KOM(2003) 284 – C5-0378/2003–2003/2150(INI)) vom 21.04.2004, dort Nr. 51.

2019 EP-SPE-Bericht 2006 sowie Entschließung des Europäischen Parlaments mit Empfehlungen an die Kommission zum Statut der Europäischen Privatgesellschaft (2006/2013(INI)) vom 01.02.2007, dort jeweils Buchstabe H. Vgl. auch Entwurf eines Berichts mit Empfehlungen an die Kommission zum Statut der europäischen Privatgesellschaft (2006/2013 (INI)), Rechtsausschuss, vom 15.09.2006, dort Buchstabe F sowie die verschiedenen Stellungnahmen im Sitzungsbericht vom 01.02.2007 (P6_CRE(2007)02-01).

2020 *Teichmann*, ECL 2004, S. 162, 165.

er für ein Moratorium. Eine SPE sollte für die ersten drei Jahre nach ihrer Gründung mitbestimmungsfrei bleiben, ausgenommen jedoch im Fall der Gründung durch Umwandlung einer bereits mitbestimmten Gesellschaft. Auf diese Weise sollte zunächst vermieden werden, dass die SPE zur Mitbestimmungsvermeidung genutzt wird. Daneben würde aber auch die für KMU notwendige Flexibilität gewahrt. Der Schwellenwert berücksichtige die Vorgaben aus den Mitgliedstaaten[2021].

II. Verordnungsentwurf der Kommission[2022]

In ihrem Entwurf vom 25.06.2008 scheint die Kommission der Arbeitnehmerbeteiligung trotz der allgemeinen Diskussion nur einen untergeordneten Stellenwert einzuräumen. Offenbar sah sie kaum einen Regulierungsbedarf. In ihren Erläuterungen führte sie lediglich aus, dass eine Arbeitnehmermitbestimmung in kleinen Unternehmen *„in nur wenigen Mitgliedstaaten“* bestehe[2023]. Generell gelte das aus der Verschmelzungsrichtlinie stammende Prinzip, nach dem die SPE den Mitbestimmungsregeln des Mitgliedstaats unterliegen soll, in dem sie ihren eingetragenen Sitz hat. Spezielle Vorgaben seien nur bei der Sitzverlegung angezeigt. Insoweit *„sollte“* eine SPE erklärtermaßen nicht zur Umgehung der Mitbestimmungsrechte missbraucht werden[2024]. Daneben findet sich noch die ausdrückliche Verpflichtung der Unternehmensleitung, im *„bestmöglichen Interesse der SPE“* zu handeln[2025]. Auch wenn nicht abschließend geklärt ist, was genau von dieser Vorgabe erfasst ist, wird durchaus vertreten, dass neben den Interessen der Anteilseigner auch diejenigen der anderen Stakeholder, und damit auch der Arbeitnehmer, eingeschlossen sein sollen[2026].

1. *Betriebliche Beteiligung*

Sonderregelungen zur betrieblichen Beteiligung finden sich im Verordnungsentwurf nicht. Nur in Erwägungsgrund 16 wird erklärt, dass die Arbeitnehmerrechte

2021 *Hommelhoff*, ZEW 2007, S. 18.

2022 Im Folgenden SPE-VOE-KOM. Überblicksartig zur Arbeitnehmerbeteiligung nach dem Kommissionsentwurf *Krause* in *Hirte/Teichmann* SPE 2013, S. 375, 380 ff.

2023 Erläuterung SPE-VOE-KOM, S. 10, als Beispiele werden Dänemark und Schweden angeführt. Vgl. auch *Riesenhuber*, EuArbR, § 32, Rn. 4.

2024 Erwägungsgrund 15 S. 2 SPE-VOE-KOM verwendet den Konjunktiv. Erwägungsgrund 15 steht im systematischen Zusammenhang mit der Sitzverlegung. Eine anderweitige Umgehungsmöglichkeit scheint die Kommission nicht zu sehen.

2025 Art. 31 I 1 SPE-VOE-KOM.

2026 Vgl. auch Erwägungsgrund 3 SPE-VOE-KOM, wonach die SPE ein hohes Maß an Rechtssicherheit *„gleichzeitig für Anteilseigner, Gläubiger, Beschäftigte und Dritte“* gewährleisten soll. Die Arbeitnehmer sind also ausdrücklich einbezogen.

außerhalb der Mitbestimmung auch in der SPE den einschlägigen Richtlinien unterliegen sollten[2027].

2. *Mitbestimmung*

a. Art. 34 SPE-VOE-KOM; Arbeitnehmermitbestimmung

Die eigentliche Arbeitnehmermitbestimmung wird in Kapitel VI des Verordnungsentwurfs behandelt, das allerdings nur aus einem einzigen Artikel besteht[2028]. Grundsätzlich gilt demnach der nationale Ansatz. So unterliegt die SPE denjenigen Regeln für die Mitbestimmung, die, falls vorhanden, in dem Mitgliedstaat anwendbar sind, in dem die SPE ihren eingetragenen Sitz hat[2029].

Einmal mehr gilt also grundsätzlich das Sitzstaatsprinzip. Entscheidend ist damit das jeweilige mitgliedstaatliche Mitbestimmungsrecht. „Ob" und „wie" der Mitbestimmung, ihr Ansatzpunkt, die Kompetenzen der Arbeitnehmervertreter, Mechanismen und Verfahren gelten entsprechend auch in der SPE. Diese ist damit *„ebenso attraktiv"* (*Kommission*)[2030] wie die vergleichbaren inländischen Rechtsformen und respektiert deren jeweilige Traditionen. Dies betrifft gleichermaßen die Gründung *ex nihilo* wie die durch innerstaatliche Umwandlung, Verschmelzung oder Spaltung einer bestehenden Gesellschaft[2031]. Durch diese Koppelung wird eine

---

2027 Namentlich sind das die EBR-RL (nach dem Entwurf noch RL 94/45/EG), die RL über Massenentlassungen (RL 98/59/EG), die Betriebsübergangs-RL (RL 2001/23/EG) und die Unterrichtungs- und AnhörungsRL (RL 2002/14/EG). Bei der Plenardebatte betonte *Figel'* (oben Fn. 1987) für die Kommission die Bedeutung des allgemeinen Rahmens für Unterrichtung und Anhörung. Er sah in diesem Zusammenhang *„überhaupt kein[en] Anlass, diese Vorschriften zu missachten und im aktuellen Vorschlag mit einer anderen Lösung für die SPE aufzuwarten"*.

2028 Kritisch darum z.B. *Bücker*, ZHR 173 (2009), S. 281, 294; ähnlich *Krejci*, SPE 2008, Rn. 724 (*„...das SPE-Statut [...] zieht sich aus der Affaire"*).

2029 Art. 34 I SPE-VOE-KOM. Konkret gelten diejenigen Rechtsvorschriften, die der SPE-Sitzstaat für Privatgesellschaften mit beschränkter Haftung erlassen hat, Art. 4 II SPE-VOE-KOM. Sieht ein Mitgliedstaat für diese Gesellschaften also eine Mitbestimmung vor, gilt das ebenso für die dortige SPE. Die Formulierung von Art. 34 I wird nicht zu Unrecht als *„übermäßig umständlich"* kritisiert; *Riesenhuber*, EuArbR, § 32, Rn. 7.

2030 Erläuterung SPE-VOE-KOM, S. 10.

2031 Art. 5 II SPE-VOE-KOM. Freilich haben nur wenige Mitgliedstaaten innerstaatliche Regelungen zum Formwechsel, so dass der Verweis *„weithin ins Leere läuft"*. Das gilt allerdings gerade nicht für Deutschland, so dass der Verweis v.a. in der Anfangsphase hohe praktische Relevanz besitzen dürfte, richtig *Hommelhoff/Krause/Teichmann*, GmbHR 2008, S. 1193, 1199. Vgl. auch *AKEUR*, Stellungnahme 2008, Rn. 17 ff, die Klarstellungsbedarf dahingehend sehen, dass nach dem Entwurfswortlaut ein Formwechsel in die SPE auch aus einer Personengesellschaft möglich ist. Vgl. hierzu wiederum Seite 3 SPE-VOE-Sw, wo

„Flucht aus der Mitbestimmung" über einen „einfachen" Formwechsel vermieden. Damit können die Mitgliedstaaten aber auch frei entscheiden, inwieweit die SPE der Mitbestimmung unterliegt[2032]. Wenn sich Register- und Verwaltungssitz in ein und demselben Mitgliedstaat befinden und dort auch sämtliche Arbeitnehmer beschäftigt werden, erscheint das auch als ebenso stimmig wie angemessen.

Wird die SPE hingegen durch eine grenzüberschreitende Verschmelzung gegründet, verweist der Entwurf auf die mitgliedstaatlichen Umsetzungsgesetze zur Verschmelzungsrichtlinie mit der dortigen Verhandlungslösung[2033]. Hintergrund ist, dass sich eine SPE nicht einfach auf diesem Weg einer für sie geltenden Mitbestimmung entziehen können soll[2034]. Findet das Verhandlungsverfahren statt, betrifft es gleichermaßen Klein- wie Großbetriebe. Es wird nicht nach der Unternehmensgröße unterschieden[2035].

b. Art. 38 SPE-VOE-KOM; Mitbestimmung bei Sitzverlegung

Auch eine SPE soll ihren eingetragenen Sitz identitätswahrend innerhalb der Gemeinschaft verlegen können. Der Entwurf hält hierzu in Art. 35 ff. ein eigenes Verlegungsverfahren vor[2036]. Bereits hier sind einige arbeitnehmerschützende Bestimmungen enthalten. So hat z.B. das Leitungsorgan der SPE mindestens einen Monat vor dem Verlegungsbeschluss den Arbeitnehmern den Vorschlag für die Verlegung zur Prüfung vorzulegen. Im Verlegungsplan müssen die Folgen der Verlegung für

---

diese Befürchtung aufgegriffen wird und in einem neuen Erwägungsgrund geregelt werden soll.

2032 Vgl. *Riesenhuber*, EuArbR, § 32, Rn. 6, 9. Grundsätzlich wäre es daher auch denkbar, die SPE als alleinige Rechtsform von einer ansonsten bestehenden Mitbestimmung auszuschließen; ebd., Fn. 15.

2033 Art. 34 III SPE-VOE-KOM. Hierzu kritisch *Riesenhuber*, EuArbR, § 32, Rn. 10 ff., insbes. 14 f.

2034 Erläuterung SPE-VOE-KOM, S. 10 f.

2035 Zu Recht kritisch *Hommelhoff/Krause/Teichmann*, GmbHR 2008, S. 1193, 1194 f.: Die undifferenzierte und stets obligatorische Anwendung des Verhandlungsverfahrens sei für die KMU, die womöglich nur wenige Arbeitnehmer beschäftigen würden, zu belastend. Großunternehmen hingegen genössen bei einer Umstrukturierung via SPE im Vergleich zu den Anforderungen bei der SE, mit den dort obligatorischen Verhandlungen, den *„mitbestimmungsrechtlichen Vorteil einer schnellen Gründung ohne Verhandlungen"*. Dieser letzte Aspekt dürfte den grenzüberschreitenden Faktor bei der SE unberücksichtigt lassen, der einen mitbestimmungstechnischen Ausgleich notwendig macht. Warum ein Großunternehmen, das allein innerstaatlich umstrukturiert, trotzdem zwangsläufig verhandeln soll, erschließt sich hingegen nicht unmittelbar.

2036 Art. 35 regelt die allgemeinen Bestimmungen. U.a. ist aus Drittschutzgesichtspunkten eine Sitzverlegung nicht möglich während einer Auflösung, Liquidation oder ähnlicher Verfahren. Art. 36 bestimmt das Verlegungsverfahren, das sich an den Bestimmungen für die Sitzverlegung bei der SE-VO orientiert. In Art. 37 wird die Überprüfung der Rechtsgültigkeit der Verlegung bestimmt.

die Arbeitnehmer sowie die hierfür vorgeschlagenen Maßnahmen angegeben werden[2037]. Für die Mitbestimmung verweist Art. 34 II auf Art. 38 SPE-VOE-KOM. Dieser wiederum sieht „Vereinbarungen über die Mitbestimmung" vor[2038].

Grundsätzlich bleibt es beim Sitzstaatsprinzip. Ab dem Zeitpunkt der Eintragung maßgebend sind darum auch hier zunächst die Bestimmungen im Aufnahmemitgliedstaat[2039].

Kommt es aber im Zuge der Sitzverlegung zu einem Mitbestimmungsgefälle, wird also „das Maß der Mitbestimmung" verringert, gelten sichernde Sonderbestimmungen, die sich in ihrer konkreten Ausgestaltung an der SE-RL und der Verschmelzungsrichtlinie orientieren. Ebenso wie dort wird auch hier das „Maß der Mitbestimmung" durch formale Bezugnahme auf den quantitativen Anteil von Arbeitnehmervertretern im jeweiligen Organ ermittelt. Wie bei der Verschmelzungsrichtlinie wird konkret abgestellt auf das Verwaltungs- oder das Aufsichtsorgan, die jeweiligen Ausschüsse bzw. die Gruppe, die letztlich die die Gewinn erwirtschaftenden Einheiten der SPE leitet, sofern eine Vertretung der Arbeitnehmer vorhanden ist[2040]. Bezugsgröße ist die SPE insgesamt; nach dem Wortlaut sind die *„Gesamtarbeitnehmer der SPE, einschließlich Tochtergesellschaften oder Zweigniederlassungen der SPE in einem anderen Mitgliedstaat"* erfasst[2041]. Dasselbe folgt auch aus der ausdrücklichen Einbeziehung der „Gewinn erwirtschaftenden Einheiten". Es soll also nicht innerhalb ein und derselben SPE unterschiedliche Mitbestimmungsniveaus geben[2042].

Verlegt demnach eine mitbestimmte SPE ihren eingetragenen Sitz in einen Mitgliedstaat, in dem a) nur ein niedrigeres Maß an Mitbestimmung praktiziert wird, oder in dem b) nicht vorgesehen ist, dass die Arbeitnehmer von Niederlassungen einer SPE in anderen Mitgliedstaaten das gleiche Recht auf Ausübung dieser Mitbestimmungsrechte wie vor der Sitzverlegung haben, und ist zusätzlich

---

2037 Art. 36 I f), II a) SPE-VOE-KOM.

2038 Der deutsche Begriff dürfte hierbei zu eng sein. Die englische Fassung des Verordnungsvorschlags verwendet die Formulierung *„Arrangements for the participation of employees"*, die französische *„Modalités de participation de travailleurs"*. Diese lassen sich eher mit „Regelung" übersetzen und erfassen somit nicht nur die (privatautonomen) Vereinbarungen, sondern auch gesetzlich vorgegebene Mitbestimmungsformen, ggf. also auch die Auffangregelungen. Vgl. insoweit auch die Begründung zum Entwurf, S. 11, wo ebenfalls nur von den „Vereinbarungen über die Mitbestimmung im Herkunftsmitgliedstaat" die Rede ist. Würde man hier ausschließlich auf privatautonome Vereinbarungen abstellen, fielen sämtliche Mitgliedstaaten durchs Raster, die keine derartige Mitbestimmungsform kennen, nicht zuletzt auch Deutschland. Vgl. auch *Riesenhuber*, EuArbR, § 32, Rn. 18; *Fuchs/Marhold*, EuArbR, Fn. 1107.

2039 Art. 38 I SPE-VOE-KOM.

2040 Art. 38 II a) S. 2 SPE-VOE-KOM. Es kommt also nur auf den Zahlenwert an, nicht etwa auf das Verfahren zur Wahl, Bestellung oder Ernennung.

2041 Art. 38 II, 1. HS SPE-VOE-KOM.

2042 Vgl. auch *Hommelhoff*, ZEuP 2011, S. 7, 33.

c) mindestens ein Drittel der Arbeitnehmer insgesamt im Herkunftsland beschäftigt, müssen „baldmöglichst" Verhandlungen zwischen dem Leitungsorgan[2043] und den Arbeitnehmervertretern stattfinden, um eine Vereinbarung über die (zukünftige) Mitbestimmung zu treffen[2044]. Es kommt also nicht auf einen Antrag im Sinne eines „Trigger-Mechanismus" an, viel mehr steht das Leitungsorgan der SPE in der Pflicht, die Verhandlungen zu initiieren.

Zu den Verhandlungen selbst finden sich im Entwurf nur wenige Grundzüge. So werden auf Seite der Beschäftigten nur „Vertreter der Arbeitnehmer der SPE" als Verhandlungspartner des Leitungsorgans genannt[2045]. Es wird hier aber beispielsweise nicht bestimmt, wer genau diese Vertreter sein sollen bzw. ob auch (externe) Gewerkschaftsvertreter darunter fallen sollen oder nicht. Vorgegeben wird aber der Mindestinhalt der zu schließenden Vereinbarung[2046].

Nur bei Nichteinigung gelten als Auffangregelung die Bestimmungen des Herkunftsmitgliedstaats, so dass es auch hier beim bekannten Vorher-Nachher-Prinzip bleibt[2047]. Anders als aber z.B. in der Verschmelzungsrichtlinie ist es nicht vorgesehen, direkt auf die Auffanglösung zurückzugreifen, um die Verhandlungen insgesamt einsparen zu können[2048]. Praktisch würden hierdurch nationale Mitbestimmungen exportiert, was gewisse Unsicherheitspotentiale beinhalten würde[2049].

2043 Zum Problem, inwiefern noch die Grundlagenkompetenz der Gesellschafter berücksichtigt wird, wenn das Leitungsorgan selbst eine solche Vereinbarung schließt, vgl. AK Mitbestimmung, ZIP 2009, S. 885, 894.

2044 Art. 38 II, III SPE-VOE-KOM. Insbesondere die Bedingung der gleichen Ausübung entspricht Art. 16 II b) RL 2005/56/EG und zielt auf das aktive und passive Wahlrecht; vgl. *Riesenhuber*, EuArbR, § 32, Rn. 16 ff., 19 a.E.

2045 Art. 38 III SPE-VOE-KOM.

2046 Art. 38 IV SPE-VOE-KOM. Diese muss zunächst ihren Geltungsbereich angeben, des Weiteren den Inhalt einer Vereinbarung für den Fall, dass die Parteien im Laufe der Verhandlungen beschließen sollten, eine solche Vereinbarung in der SPE nach der Verlegung einzuführen, und zwar einschließlich der Zahl der von den Arbeitnehmern zu bestimmenden Mitglieder des Leitungs- bzw. Aufsichtsorgans, dazu das entsprechende Verfahren und die Rechte dieser Mitglieder sowie zuletzt noch den Zeitpunkt des Inkrafttretens der Vereinbarung, ihre Laufzeit, die Umstände für etwaige Neuverhandlungen und das dann anzuwendende Verfahren.

2047 Auch hier verwendet die deutsche Fassung das beschränkende *„Vereinbarungen über die Mitbestimmung im Herkunftsstaat"*, während die englische und die französische Fassung jeweils wieder auf *„arrangements"* bzw. *„modalités"* lauten; *Fuchs/Marhold*, EuArbR, Fn. 1108.

2048 Art. 16 IV a) RL 2005/56/EG.

2049 Z.B. knüpft die schwedische Mitbestimmung ausdrücklich an Unternehmen im schwedischen Inland an, die jeweiligen Arbeitnehmervertreter werden von den lokalen Gewerkschaften ernannt, mit denen das Unternehmen Tarifverträge abgeschlossen hat, 4, 6, 7 §§ *Lag (1987:1245)*. Fraglich ist daher schon, ob es überhaupt möglich sein soll, die schwedische Mitbestimmung beizubehalten, wenn der Sitz der Gesellschaft sich außerhalb von Schweden befindet. Eine Anschlussfrage ist

3. *Kritikpunkte*

Der Kommissionsvorschlag rief sowohl methodische als auch inhaltliche Kritik hervor. Insbesondere erachtete die deutsche Bundesregierung die vorgeschlagenen Regelungen über die Mitbestimmung als „*verbesserungswürdig*“[2050]. Nachfolgend werden die im Hinblick auf die Arbeitnehmerbeteiligung wesentlichen Kritikpunkte kurz zusammengefasst[2051].

a. Mitbestimmung

i. Ansatzpunkt

Der Verordnungsentwurf der Kommission enthält keinerlei Definitionen zu Unterrichtung und Anhörung bzw. zur Mitbestimmung. Damit bleibt aber auch der Ansatzpunkt der Beteiligung offen. Ob die SPE über ein Aufsichtsorgan verfügt, obliegt nach Anhang I SPE-VOE-KOM der Satzungsautonomie. Zwar verweist Art. 34 I SPE-VOE-KOM auf das anwendbare nationale Recht, doch sagt das nichts über die jeweilige Gestaltung aus. Das „ob“ eines Aufsichtsorgans ist keine Frage der Mitbestimmung, sondern eine des Gesellschaftsrechts. Die gewählte Managementstruktur muss lediglich die Ausübung der Mitbestimmungsrechte ermöglichen, ihre Reichweite erscheint dann aber im Vergleich zu den nationalen Rechtsformen gestaltbarer. Eine Berufung auf Art. 34 SPE-VOE-KOM, um daraus eine Pflicht zur Errichtung eines Aufsichtsorgans herzuleiten, nur um so auch die Regeln über die Mitbestimmung anwendbar zu machen, ist nicht möglich. Die Arbeitnehmermitbestimmung hat sich den vorgegebenen Strukturen anzupassen, nicht die Gesellschaftsorganisation dem Mitbestimmungsanliegen. Somit bleiben aber die konkrete Ausgestaltung, der Ansatz der Mitbestimmung und ihre Organisation im Belieben des individuellen Satzungsgebers[2052].

---

dann, wer bei einer Sitzverlegung beispielsweise nach Deutschland zur Ernennung berufen sein soll und welches Gericht im Zweifel nach welchen Maßgaben zur Entscheidung von Streitfällen berufen sein wird.

2050 BT-Drucks. 16/12645 vom 20.04.2009, S. 3. Konträr auch der deutsche Bundesrat, BR-Drucks. 479/08 vom 10.10.2008, zu dessen Position in Bezug auf die Arbeitnehmermitbestimmung vgl. ebd. S. 18. Die allgemeinen gesellschaftsrechtlichen Fragen sollen an dieser Stelle unberücksichtigt bleiben. Vgl. hierzu statt aller nur *Hommelhoff/Teichmann*, GmbHR 2008, S. 897 ff.; monographisch *Krejci*, SPE 2008; *Zaman/Schwarz*, EPC 2009 (z.T. schon unter Einbeziehung der Vorschläge des Europäischen Parlaments).

2051 Eine ausführliche eigene Stellungnahme nebst daraus folgendem Formulierungsvorschlag sogleich unter Abschnitt G. IX.

2052 *Van het Kaar/Zaal* in *Zaman/Schwarz*, EPC 2009, S. 161 f.; *Krejci*, SPE 2008, Rn. 733 ff., der darum für eine prinzipiell verpflichtende Organisationsstruktur votiert, ebd., Rn. 737. Die Gewerkschaften fordern dementsprechend im Statut zumindest ab einer bestimmten Anzahl von Beschäftigten die verpflichtende Einrichtung eines Aufsichtsrats vorzuschreiben, *Hexel*, Stellungnahme DGB 2008, S. 6; vgl. auch Begründung SPE-VOE-KOM, S. 9.

ii. Schwellenwerte und Größenkriterien

Der Kommissionsentwurf verzichtet auf die Vorgabe von eigenen Schwellenwerten zur Etablierung der Mitbestimmung. Damit hält er sich in der Linie der SE und erlaubt gleichzeitig mitgliedstaatliche Differenzierungen. So unterliegt die SPE ja auch nur den nationalen Mitbestimmungsregeln, die im jeweiligen Einzelfall anwendbar sind. Der Entwurf verzichtet aber auch auf eigene Differenzierungen nach der Unternehmensgröße. Viel mehr wird jede SPE gleich behandelt, egal ob es sich um die Neugründung eines Start-Ups, die Umwandlung eines Mittelständlers oder die Verschmelzung mehrerer Konzerntöchter handelt.

Diese Unterschiede müssten aber, so die Forderung der deutschen Literatur, bei Neugründungen durch ein spezifisches Mitbestimmungsmodell konzeptionell berücksichtigt werden. Insbesondere wird ein offensichtlicher Wertungswiderspruch zwischen Neugründung und Sitzverlegung gesehen. Dieser liege konkret in dem Umstand, dass einerseits bei Neugründung das Mitbestimmungsregime am Registersitz maßgeblich ist, andererseits bei grenzüberschreitender Sitzverlegung eine Verhandlungspflicht besteht, wenn die SPE in einen Staat mit einem schwächeren Mitbestimmungsregime verlegt wird. Dies führe zur unterschiedlichen Behandlung einer SPE, die neu gegründet wird und ihren Registersitz von Anfang an im Ausland hat, und einer solchen, die z.B. in Deutschland gegründet würde, ihren Sitz aber nachträglich verlegen will[2053].

iii. Formwechsel und Mitbestimmung

Bei der Gründung durch innerstaatlichen Formwechsel bleibt der vor Umwandlung geltende Mitbestimmungsstatus auch in der SPE bestehen, jedenfalls solange die Gründung durch Formwechsel nur aus der jeweiligen nationalen Vergleichsform zulässig ist. Nach Art. 5 II SPE-VOE-KOM bleibt es bei der Geltung innerstaatlichen Rechts, das auf die umwandelnde Gesellschaft, auf jede der verschmelzenden Gesellschaften oder auf die sich spaltende Gesellschaft anwendbar ist. Geregelt wird aber nicht die grenzüberschreitende Verschmelzung zweier Gesellschaften *zu* einer SPE. Der Verordnungsentwurf verweist für die Gründung durch Verschmelzung auf das anwendbare innerstaatliche Recht[2054], die Verschmelzungsrichtlinie erfasst nationale, aber nicht supranationale Gesellschaften. Art. 34 III SPE-VOE-KOM mit seinem Verweis auf die Verschmelzungsrichtlinie gilt nach seinem Wortlaut jedenfalls nur für grenzüberschreitende Verschmelzungen einer (bereits gegründeten)

2053 *Habighorst* in *Priester/Mayer/Wicke*, HbGesR III, § 76, Rn. 51. Für eine entsprechende Konzeption vgl. *Hommelhoff/Krause/Teichmann*, GmbHR 2008, S. 1193, 1194, 1197 f., 1200. Zu diesem Aspekt lässt sich freilich anmerken, dass bei den beiden SPE durchaus ein konzeptioneller Unterschied besteht, da eine SPE mit Sitz in Deutschland zunächst deutsch geprägt ist und dementsprechend ggf. auch mitbestimmt wäre. Eine Verhandlung wäre dann aus Schutzgesichtspunkten notwendig, um bestehende Rechte zu erhalten. Bei einer Neugründung ist ein solcher Ausgleich nicht angezeigt.

2054 Erwägungsgrund 7 S. 2, Art. 5 II SPE-VOE-KOM.

SPE mit einer in einem anderen Mitgliedstaat eingetragenen SPE oder sonstigen Gesellschaft[2055]. Zwar dürfte die Einbeziehung der SPE insbesondere vor dem supranationalen Charakter der Rechtsform anzunehmen sein, und die SPE würde sich als in den Mitgliedstaaten anerkannte Kapitalgesellschaft auch umstandslos in die Vorgaben der Verschmelzungsrichtlinie einfügen, eine Klarstellung erscheint jedoch auch hier empfehlenswert. Wenn für diesen Fall die Verschmelzungsrichtlinie Anwendung fände, wären die Arbeitnehmerrechte durch deren Art. 16 geschützt[2056].

Aber auch gegen die Gründungsmöglichkeit durch Verschmelzung oder Spaltung insgesamt richtet sich Kritik, da sie für KMU wenig praxisrelevant und für Großunternehmen unnötig seien. Denn diese könnten ggf. in einem ersten Schritt die in Frage kommenden Unternehmensteile mitgliedstaatlich vororganisieren und anschließend in die endgültige Zielform der SPE überleiten. Daher könnte auf diese Wege verzichtet werden. Hierdurch würden auch komplizierte Mitbestimmungsregeln erspart[2057].

iv. Schwellenwert bei Sitzverlegung

Eine Voraussetzung dafür, dass bei einer Sitzverlegung verhandelt werden muss, ist, dass im Herkunftsmitgliedstaat mindestens ein Drittel der (Gesamt-)Arbeitnehmer der SPE beschäftigt werden. Dieser Wert wird nicht näher begründet und daher von deutscher Gewerkschaftsseite als „*willkürlich*" kritisiert[2058].

2055 Vgl. *Riesenhuber*, EuArbR, § 32, Rn. 11 (zur Einbeziehung der SPE bei Art. 34 III vgl. ebd., Rn. 15); *Hommelhoff/Krause/Teichmann*, GmbHR 2008, S. 1193, 1199 a.E. Teilweise wird hier auch eine Vermeidungsmöglichkeit gesehen. Verschmelze eine deutsche Gesellschaft grenzüberschreitend mit einer geeigneten, eventuell zuvor extra zu diesem Zweck gegründeten, ausländischen Gesellschaft zu einer SPE, soll sie sich der deutschen Mitbestimmung vollständig entziehen können. Denn dann dürfte zwar eine grenzüberschreitende Verschmelzung gegeben sein, aber eben keine grenzüberschreitende Verschmelzung „einer SPE" mit einer sonstigen Gesellschaft; s. dazu *Vossius*, Stellungnahme DNotV 2008, S. 26; *Van het Kaar/Zaal* in *Zaman/Schwarz*, EPC 2009, S. 164 ff.

2056 Vgl. Art. 2 I, II b), 11 I 1 RL 2005/56/EG i.V.m. Art. 3 I a), b) SPE-VOE-KOM; *Riesenhuber*, EuArbR, § 32, Rn. 10, 12 f.

2057 *Hommelhoff/Krause/Teichmann*, GmbHR 2008, S. 1193, 1200. *Hommelhoff/Teichmann* bemängeln an anderer Stelle, dass der Verweis auf das jeweilige nationale Recht nicht durchgängig Sinn ergäbe, da ein ausdifferenziertes Umwandlungs-, Verschmelzungs- und Spaltungsrecht nicht überall vorhanden sei. Sie sprechen sich auch dort für eine Beschränkung der Gründungsmöglichkeiten aus; GmbHR 2008, 987, 901. A.A. *Habighorst* in *Priester/Mayer/Wicke*, HbGesR III, § 76, Rn. 22; die Verschmelzungsrichtlinie habe bereits harmonisierend gewirkt, etwaige Lücken könnten durch die nationalen Gesetzgeber gefüllt werden.

2058 *Hexel*, Stellungnahme DGB 2008, S. 5; ebenso ETUC, Stellungnahme SPE 2008, S.3; dies aufgreifend *Van het Kaar/Zaal* in *Zaman/Schwarz*, EPC 2009, S. 167, Fn. 12, nach denen auch die Einbeziehung der Gesamtbelegschaft nicht klar sei. Be-

v. Sitzaufspaltung

Die mögliche Trennung von Registersitz und Geschäftssitz – bzw. mit den Worten des Entwurfs, von eingetragenem Sitz und Hauptverwaltung oder Hauptniederlassung – bietet qualitativ neue Möglichkeiten der Mitbestimmungsvermeidung. Sie wäre, so die Kritik, entgegen der vorgeschlagenen Form *„genau das, was sie nach Vorstellung der Initiatoren nicht sein sollte: Ein Vehikel für die Flucht aus der Mitbestimmung"*[2059]. Schon daher wird die Regelung als *„verfehlt"* bezeichnet und insbesondere von den Gewerkschaften massiv angegangen[2060].

Die Bundesregierung hatte die Trennungsmöglichkeit ursprünglich unterstützt, hat aber später eine Überprüfung dieser Position angekündigt[2061].

Die Literatur kombiniert das Größenkriterium mit der Sitzfrage und fordert, bei kleinen und mittleren SPEs bis zu 250 Beschäftigten automatisch an das Mitbestimmungsrecht des Geschäftssitzes anzuknüpfen. Für Großunternehmen soll das am Geschäftssitz geltende Recht als Auffanglösung dienen. Bei einer Sitzverlegung sollen nur dann mitbestimmungsrechtliche Zusatzregeln greifen, wenn der Geschäftssitz verlegt wird, nicht aber bei einer bloßen Verlegung des Registersitzes. Falls eine Anknüpfung an den Geschäftssitz nicht durchsetzbar sei, könne alternativ auch an den Arbeitsort der Mehrheit der SPE-Beschäftigten angeknüpft werden[2062].

---

mängelt wird in den Stellungnahmen auch, dass die Frage, wie mit Folgeverlegungen umzugehen ist, ungeklärt bleibe. Art. 38 IV c) SPE-VOE-KOM gibt aber immerhin vor, dass im Zuge der Vereinbarung auch die Fälle angegeben werden müssen, in denen die Vereinbarung neu ausgehandelt werden sollte, was Folgeverlegungen einschließen dürfte.

2059 *Hommelhoff/Teichmann*, GmbHR 2008, S. 897, 910. Ähnlich *Lutter/Bayer/J. Schmidt*, EuropUR 2012, § 43, Rn. 173, die in Art. 34 SPE-VOE-KOM aufgrund der Zulässigkeit der Sitzaufspaltung *„geradezu eine Einladung zum Einsatz der SPE zur Mitbestimmungsvermeidung"* erblicken.

2060 *Hommelhoff/Krause/Teichmann*, GmbHR 2008, S. 1193, 1200 a.E. *Hexel*, Stellungnahme DGB 2008, S. 4 ff.; *Köstler* in Interview „Diesen Entwurf muss man ablehnen", Magazin Mitbestimmung 10/2008, abrufbar unter http://www.boeckler.de/20532_20537.htm. ETUC, Stellungnahme SPE 2008, S. 3 f., sieht in der Vorgabe eine „Einladung an die Wirtschaft, die nationalen Vorgaben gegeneinander auszuspielen" (*„...an invitation for businesses, to play around with national legislations"*). Die Gewerkschaften fordern daher insgesamt eine völlige Neuregelung. Pathetisch *Koberski/Heuschmid*, RdA 2010, S. 207, 215, nach denen der Kommissionsvorschlag *„nicht anders als ein Schlag ins Gesicht des sozialen Europas"* bezeichnet werden könne. Die BRAK hingegen sprach sich eindeutig für die Beibehaltung des reinen Sitzstaatsprinzips aus, Stellungnahme BRAK 2008, S. 9.

2061 BT-Drucks. 16/12645 vom 20.04.2009, S. 4 a.E.

2062 *Hommelhoff/Krause/Teichmann*, GmbHR 2008, S. 1193, 1201, dort auch zu etwaigen präjudiziellen Wirkungen in Deutschland, die, zustimmungswürdig, nicht gesehen werden, da es sich wie schon bei der SE auch bei der SPE um eine originär europäische Rechtsform handelt, die durch originär europäische Regelungen determiniert wird.

vi. Veränderungen und Neustrukturierungen

Auch bei strukturellen Veränderungen bleibt es bei der grundsätzlichen Maßgeblichkeit des Sitzstaatsrechts gem. Art. 34 I SPE-VOE-KOM. Sieht es Anpassungspflichten bei strukturellen Veränderungen vor, ändert sich auch in der SPE der Mitbestimmungsstatus.

Falls aber eine verhandelte Mitbestimmung zum Zuge kommt (und auch, falls es nach Verhandlungen bei der Geltung nationalen Rechts als Auffangregelung bleibt, weil kein anderes Verhandlungsergebnis erzielt werden konnte), und etwaige Nachverhandlungs- oder Kündigungsklauseln fehlen, ist nicht erkennbar, ob, wenn ja welche und schließlich wie etwaige Veränderungen berücksichtigt werden oder ob es zu einem Einfrieren der Mitbestimmung kommen soll[2063].

vii. Verhandlungsverfahren

Es finden sich kaum Vorgaben zum Verhandlungsverfahren. Unklar ist also schon, wer genau zur Vertretung berufen sein soll, wie die Verhandlungen ausgestaltet werden und welche Rechte die Arbeitnehmervertreter hier haben. Offen ist auch, ob ggf. externer (gewerkschaftlicher) Rat verfügbar sein soll oder nicht, und wer in welchem Maße die Kosten zu tragen hat. Daneben werden auch zu etwa notwendigen Quoren keine Vorgaben gemacht. Insgesamt erscheint die Regelung daher als lückenhaft[2064].

Auf den ersten Blick sind die Verhandlungen der Satzungsautonomie überlassen, wodurch sich möglicherweise weitere Vermeidungsmöglichkeiten ergeben können. Denn sollte das Verfahren einseitig von den Anteilseignern ausgestaltet werden können, wäre die Verhandlungslösung, so die Kritik, nur noch *„ein Feigenblatt, ohne jeden Wert hinsichtlich der Sicherung der Mitbestimmung“*[2065].

2063 *Hommelhoff/Krause/Teichmann*, GmbHR 2008, S. 1193, 1196 f., 1202 f.; *Vossius*, Stellungnahme DNotV 2008, S. 26; *Van het Kaar/Zaal* in *Zaman/Schwarz*, EPC 2009, S.166 f.; *Krause* in *Hirte/Teichmann* SPE 2013, S. 375, 383.

2064 Vgl. auch *Hommelhoff/Teichmann*, GmbHR 2008, S. 897, 911; für europäische Mindestanforderungen bzgl. der Verhandlungen *ETUC*, Stellungnahme SPE 2008, S. 3.

2065 So *Hexel*, Stellungnahme DGB 2008, S. 5. In dieser Pauschalität erscheint die Aussage kaum zustimmungswürdig. Daneben ergäbe sich aus der systematischen Zusammenschau mit Abs. 5 möglicherweise ein Anhaltspunkt. Demnach sind die Verhandlungen auf einen Zeitraum von sechs Monaten zu begrenzen, aber einvernehmlich um sechs weitere Monate verlängerbar. „Ansonsten“ sollen die Verhandlungen aber unter das Recht des Herkunftsmitgliedstaats fallen, Art. 38 V S. 3 SPE-VOE-KOM. Insofern bliebe es also den Mitgliedstaaten überlassen, weitere Vorgaben zum Verhandlungsverfahren zu treffen. Allerdings entfernt man sich dann vom unionsweit einheitlichen Ideal.

b. Betriebliche Beteiligung

Maßgeblich für die Beteiligungsrechte außerhalb der Mitbestimmung ist ausschließlich die Belegenheit des Betriebs und das sich daraus jeweils ergebende Recht. Erwägungsgrund 16 bezieht lediglich die maßgeblichen Richtlinien mit ein[2066]. Verhandlungsmöglichkeiten zur individuellen Anpassung sind nicht vorgesehen. Stellt man alleine auf die Belegenheit des Betriebs als Kernmerkmal ab, ergibt das auch durchaus Sinn, insbesondere, wenn man nur „rein innerstaatliche" Neugründungen in den Blick nimmt und umso mehr, wenn das innerstaatliche Recht keinerlei Verhandlungsmöglichkeiten kennt. Bereits hier eigenständige Regelungen oder Verhandlungen vorsehen zu wollen, ginge daher zu weit. Geht man aber von grenzüberschreitenden SPEs aus, wäre bereits an dieser Stelle die Einbeziehung auch der betrieblichen Beteiligung in umfassende Verhandlungen, wie sie schon in der SE vorgesehen sind, konsequent.

III. Französische Ratspräsidentschaft[2067]

Der französische Kompromisstext vom 11.12.2008 nahm zur Präzisierung einige neue Begriffsbestimmungen auf. Unter anderem wurde hierbei die Arbeitnehmermitbestimmung definiert. Demnach handelt es sich um die Einflussnahme eines Organs der Arbeitnehmervertretung und/oder der Arbeitnehmervertreter auf die Angelegenheiten der SPE durch das Recht, einige Mitglieder des Aufsichtsgremiums oder des Verwaltungsgremiums des Unternehmens zu wählen bzw. zu bestellen oder das Recht, deren jeweilige Bestellung zu empfehlen oder abzulehnen[2068].

Materiell hob dieser Textvorschlag vor allem die allgemeine Möglichkeit zur Sitzaufspaltung auf. Entscheiden sollte das jeweilige mitgliedstaatliche Recht. Sieht dieses eine Sitztrennung vor, sollte das auch für die SPE gelten[2069].

2066 Kritisch *Van het Kaar/Zaal* in *Zaman/Schwarz*, EPC 2009, S. 162: Es handle sich lediglich um „Minimalregelungen". Dieses Minimum werde in mehreren Mitgliedstaaten bei Weitem überschritten. Allerdings verweisen die Autoren später selbst darauf, dass eine SPE bzgl. der betrieblichen Beteiligung dem lokalen Recht unterliegt, was insbesondere in den Niederlanden eine Beteiligung des *ondernemingsraad* bewirkt; ebd., S. 170 f.

2067 Im Folgenden SPE-VOE-Fr. Knapp zur Arbeitnehmerbeteiligung nach dem Entwurf der französischen Ratspräsidentschaft *Krause* in *Hirte/Teichmann* SPE 2013, S. 375, 383.

2068 Art. 2 (f) SPE-VOE-Fr. Ebenfalls zur Präzisierung sollte klargestellt werden, dass (insoweit nach französischer Tradition) die Kapitalbeteiligung von Arbeitnehmern ausdrücklich zugelassen wird; eine Finanzierung durch ihre Beteiligung sollte nicht als öffentliches Angebot gelten, vgl. Erwägungsgrund 3, neuer S. 4; Art. 3 II UAbs. 2 SPE-VOE-Fr.

2069 Erwägungsgrund 4 und Art. 7 II des Kommissionsentwurfs hatten diese Option noch ausdrücklich vorgesehen. Im Erwägungsgrund wurde auch die getrennte Sitzverlegung erwähnt. Erwägungsgrund 4 SPE-VOE-Fr hingegen sieht nur noch die grundsätzliche Möglichkeit zur grenzüberschreitenden Sitzverlegung vor.

Die übrigen beteiligungsrelevanten Regelungen blieben inhaltlich unverändert, erhielten jedoch eine neue Nummerierung[2070].

IV. Europäisches Parlament

Das Europäische Parlament begrüßte den Kommissionsvorschlag grundsätzlich, sah gleichzeitig aber auch umfangreichen inhaltlichen Änderungsbedarf. Im Zuge der parlamentarischen Beratungen wurden mehrere, zum Teil sehr weit gehende Änderungen diskutiert, die sich jedoch nicht allesamt durchsetzen konnten. Hierbei bestand das Hauptziel darin, *„zwischen dem vorwärtsgerichteten Verordnungsvorschlag der Kommission und den teilweise sehr rückwärtsgerichteten Vorbehalten der Mitgliedstaaten zu vermitteln“*[2071].

1. Entwurf – Ausschuss für Beschäftigung und soziale Angelegenheiten – „EMPL“[2072]

a. Allgemein

Für den Sozialausschuss des Europäischen Parlaments war der Kommissionsentwurf in vielerlei Hinsicht nicht akzeptabel. Im Zuge seiner Beratungen forderte er zunächst deutlich weiter reichende Regelungen, was im späteren Verlauf allerdings teilweise wieder relativiert wurde. Schärfer als im Kommissionsentwurf hieß es anfangs noch, dass eine SPE nicht zur Umgehung von Beteiligungsrechten genutzt werden „dürfe“. Zudem sollte für die Gründung ein grenzüberschreitendes

---

Für die sonstigen Fragen im Zusammenhang mit dem Sitz sollte einzelstaatliches Recht im Einklang mit dem Gemeinschaftsrecht maßgeblich sein, Erwägungsgrund 4 S. 2, Art. 7 S. 2. Nach dem geänderten Art. 7 S. 1 SPE-VOE-Fr hat eine SPE Sitz und Hauptverwaltung bzw. Hauptniederlassung „in der Gemeinschaft“.

2070 Erwägungsgründe 16, 15 SPE-VOE-Fr. Materiell bestehen hier keine Änderung zum Kommissionsvorschlag, die geänderte Nummerierung beruht auf der Einfügung eines neuen 14. Erwägungsgrundes, in dem Mindestvorschriften zu den Pflichten der Unternehmensleitung gefordert werden. Ebenso blieben die Vorgaben zur Arbeitnehmermitbestimmung inhaltlich gleich, finden sich nunmehr aber in Art. 35 SPE-VOE-Fr als einziger Norm. In der deutschen Übersetzung findet sich lediglich eine leichte sprachliche Umstellung des Vorbehalts, in der englischen und französischen Fassung blieb der Text unverändert. Die abweichende Nummerierung folgt hier aus Einfügung eines neuen Art. 25, der mit „finanzielle Unterstützung“ überschrieben ist. Zur Sitzverlegung und der Vereinbarung über die Mitbestimmung vgl. Art. 37 ff., 39 SPE-VOE-Fr.

2071 *Lehne*, Zukunftskonferenz 2011, S. 5. Überblicksartig zur Arbeitnehmerbeteiligung nach den Entwürfen im Europäischen Parlament *Krause* in *Hirte/Teichmann* SPE 2013, S. 375, 383.

2072 Im Folgenden EP-EMPL-Entwurf 1; EP-EMPL-Entwurf 2; EP-EMPL-Stellungnahme.

Element verpflichtend werden. Die Möglichkeit zur Sitzaufspaltung sollte ganz aufgehoben werden[2073].

b. Arbeitnehmerbeteiligung

Der Großteil der Änderungsvorschläge erstreckte sich unmittelbar auf die Arbeitnehmerbeteiligung. Faktisch liefen sie auf eine massive Ausweitung der Verhandlungspflichten selbst in Kleinunternehmen hinaus.

Wie schon bei der SE wurde auch für die SPE eine eigene flankierende Richtlinie gefordert, die Information, Konsultation und Mitbestimmung regeln sollte[2074].

Über die näheren Details der Mitbestimmung bestand selbst im Sozialausschuss Uneinigkeit[2075]. Umstritten war vor allem, ob sie an den Sitz oder an den Arbeitsort angeknüpft werden sollte. Die letztlich vorgeschlagene Lösung versuchte, beide Kriterien miteinander zu verbinden und zusätzlich bestehende Größenunterschiede zu berücksichtigen. Daher sollte nach der finalen Stellungnahme grundsätzlich das Sitzstaatsprinzip gelten, letztlich maßgeblich wäre aber dennoch jedenfalls der tatsächliche Arbeitsort, denn ggf. sollte der Sitz an diesem fingiert werden[2076]. Für

---

2073 EP-EMPL-Entwurf 1, Abänderungsanträge 4, 11, 6 und Begründung zu Änderungsantrag 6 bzw. EP-EMPL-Stellungnahme, Abänderungsanträge 16 f., 14 f., 2, 10, vgl. dort aber Änderungsantrag 5, nach dem eine SPE nicht zur Umgehung missbraucht werden „sollte".

2074 EP-EMPL-Entwurf 1, Abänderungsantrag 2; EP-EMPL-Stellungnahme, Abänderungsantrag 1; jeweils aber ohne nähere Ausführungen.

2075 Vgl. in EP-EMPL Entwurf 2 die teils erheblich voneinander abweichenden Änderungsanträge von *Ettl* einerseits und *Stauner* andererseits. Nach *Ettl* sollte auch für die Mitbestimmung grundsätzlich die Belegenheit maßgeblich sein. Bei mehr als 50 Beschäftigten oder einer entsprechenden Forderung von einem Drittel der Gesamtarbeitnehmer in mindestens zwei Mitgliedstaaten sollte nach dem Muster der SCE-RL (!) verhandelt werden. Bei strukturellen Veränderungen sollte ebenfalls verhandelt werden, wofür ein eigenes, recht weitreichendes, Verfahren vorgesehen war. *Stauner* wollte die Arbeitnehmerrechte insgesamt an das Recht des Mitgliedstaates knüpfen, in dem die SPE die meisten Mitarbeiter beschäftigt. Erst bei mehr als 1.000 Arbeitnehmern und unterschiedlichen Mitbestimmungsniveaus sollte ein im Einzelnen detailliert geregeltes Verhandlungsverfahren zum Zug kommen, in dem als Auffangregelung eine Drittelparität vorgesehen wurde. Vgl. im Einzelnen Abänderungsanträge 23, 24, 28, 19, 20 bzw. Abänderungsanträge 40, 42, 44 (dort auch Aufzählung, wann insbesondere von strukturellen Veränderungen auszugehen sei), 51 (Verhandlungsverfahren), 53 (Mindestinhalt, ggf. Inhalt der Vereinbarung über die Mitbestimmung), 56 (Schutzrechte der Arbeitnehmervertreter), 57 (Verfahrensmissbrauch), 58 (Haftung), 59 (Verhältnis zu anderen Bestimmungen), 43 (neuer Art. 34 Abs. 1 a) mit elf Unterabsätzen, Auffangregelung dort unter Buchstabe k)).

2076 EP-EMPL-Stellungnahme, Abänderungsantrag 11. Bemessen sollte sich dies nach objektiven Faktoren, namentlich dem Standort der Räumlichkeiten, den Arbeitskräften und der Ausrüstung. Es wurden allerdings keine näheren Vorgaben

bestimmte Fälle sollte eine Verhandlung nach europäischem Vorbild verpflichtend werden[2077].

Konkret sollte bei weniger als 50 Arbeitnehmern für die SPE das Sitzstaatsprinzip greifen, für Tochtergesellschaften und Zweigniederlassungen jedoch sollte das Mitbestimmungsrecht am jeweiligen Arbeitsort gelten[2078]. Verhandelt werden müsste aber, wenn mindestens ein Drittel der Gesamtarbeitnehmer der SPE einschließlich der Tochtergesellschaften in mindestens zwei verschiedenen Mitgliedstaaten dies fordern, jedenfalls aber bei mindestens 50 Beschäftigten. Einigermaßen widersprüchlich zur Forderung nach einer eigenen Beteiligungsrichtlinie wurde für das Verhandlungsverfahren auf die SCE-RL Bezug genommen[2079]. Eine Verhandlungspflicht hat der Ausschuss zudem bei Sitzverlegungen und (sonstigen) strukturellen Veränderungen vorgesehen, sofern hierdurch die bestehenden Rechte zur Mitbestimmung „erheblich" beeinflusst würden[2080]. Für diese Fälle wurde ein eigenes Verhandlungsverfahren bestimmt[2081].

---

getroffen, insbesondere fehlt auch eine präzise Angabe zu einem Schwellenwert, ob also eine absolute oder eine relative Mehrheit der Arbeitnehmer maßgeblich sein soll.

2077 EP-EMPL-Entwurf 1, Abänderungsantrag 3; EP-EMPL-Stellungnahme, Abänderungsantrag 3. Dies sollte zunächst insbesondere gelten, wenn eine *ex nihilo* gegründete SPE mehr als 25 Arbeitnehmer beschäftigen sollte, hier erfolgt also ein ausdrücklicher Rückgriff auf den nationalen schwedischen Schwellenwert. Ferner, wenn die SPE nach ihrer Gründung grenzüberschreitend tätig werden oder ihren Sitz in einen anderen Mitgliedstaat verlegen wollte. Selbst bei einer Sitzverlegung wäre ggf. für die Beteiligung der Ort der tatsächlichen Geschäftsausübung maßgeblich.

2078 EP-EMPL-Stellungnahme, Abänderungsantrag 22.

2079 EP-EMPL-Stellungnahme, Abänderungsantrag 23. Maßgeblich seien Art. 3–7 und 11–15 der Richtlinie 2003/72/EG und damit die SCE-RL, die im dortigen Text fälschlich als Richtlinie zur Ergänzung des Statuts der Europäischen „Gesellschaft" bezeichnet wird.

2080 EP-EMPL-Stellungnahme, Abänderungsantrag 24. Wann eine „erhebliche" Beeinflussung vorliegen sollte, wurde nicht präzise definiert. Allerdings findet sich eine nicht abschließende und inhaltlich offen gehaltene Aufzählung, nach der diese Bestimmungen Anwendung finden sollten. Neben einer Sitzverlegung sollte das insbesondere der Fall sein bei einer Änderung der Verwaltungsstrukturen, Schließung, Einstellung oder Verlagerung von Tochtergesellschaften oder Zweigniederlassungen sowie den Erwerb „bedeutender Anteile" an anderen Unternehmen durch eine SPE, soweit das einen „Einfluss" auf die Gesamtstruktur sowie „bedeutende Veränderungen" in der Zahl der Beschäftigten einer SPE und ihrer Tochtergesellschaften zur Folge hat.

2081 EP-EMPL-Stellungnahme, Abänderungsanträge 27 (nach dem das Leitungsorgan die Anteilseigner über die Haltung der Arbeitnehmer zur Verlegung zu informieren hätte), 28 ff. (dort v.a. Verhandlungsverfahren; Minderung der Mitbestimmungsrechte oder Abbruch der Verhandlungen nur mit doppelter Zweidrittelmehrheit möglich), 35 (Sanktionen).

Bei mehr als 250 Beschäftigten sollte die SPE automatisch als „große Kapitalgesellschaft" gelten und zwangsläufig über ein Aufsichts- und Kontrollorgan verfügen. Dessen Aufgabenbereich sollte sich nach den nationalen Bestimmungen des Sitzstaats richten, bemerkenswerterweise unabhängig davon, ob dort auch entsprechende Vorschriften gelten. Begründet wird diese Forderung mit der großen Satzungsfreiheit, die eine gesteigerte Unternehmenskontrolle notwendig machen würde[2082].

2. *Entwurf – Ausschuss für Wirtschaft und Währung – „ECON"*[2083]

a. Allgemein

Der Wirtschaftsausschuss sprach sich vor allem für ein einheitliches SPE-System (also möglichst frei von Verweisen ins mitgliedstaatliche Recht) und die Verhinderung von Umgehungskonstrukten aus[2084]. Ein grenzüberschreitender Bezug sei im Hinblick auf die gewählte Rechtsgrundlage auf jeden Fall erforderlich. Vorgeschlagen wurde aber ein weiteres Kriterium zu dessen Bestimmung[2085]. So sollte er neben einem entsprechenden Gesellschaftsgegenstand auch gegeben sein, wenn mehr als ein Drittel der Anteile von *„Aktionären"* (sic) in einem oder mehreren anderen Mitgliedstaat(en) gehalten würden[2086].

b. Arbeitnehmerbeteiligung

Zur Arbeitnehmerbeteiligung selbst finden sich nur wenige Ausführungen. Lediglich im Bereich der Sitzaufspaltung sieht der Ausschuss ein Missbrauchs- und Umgehungspotenzial zum Nachteil u.a. auch der Arbeitnehmer. Die Möglichkeit zur Sitzaufspaltung sollte daher gestrichen werden. Für eine Sitztrennung könne

---

2082 EP-EMPL-Entwurf 1, Abänderungsantrag 14; EP-EMPL-Stellungnahme, Abänderungsantrag 19 nebst entsprechender Begründung. *Ettl* befürchtet *„tausende verschiedene SPEs, die alle nicht vergleichbar sein werden"*. Gerade die Ermöglichung von passgenauen und eben nicht schematischen Lösungen für die KMU dürfte ein Hauptzweck der Bemühungen sein.

2083 Im Folgenden EP-ECON-Stellungnahme, Teildokument der EP-JURI-Stellungnahme, dort S. 48 ff.

2084 EP-ECON-Stellungnahme, kurze Begründung, S. 48 (*„keine komplette europäische Lösung"*) und Abänderungsantrag 13 (Verhinderung von Mantelgesellschaften und *„Regime-Shopping"* zur Umgehung mitgliedstaatlicher Schutzbestimmungen).

2085 Vgl. EP-ECON-Stellungnahme, Abänderungsantrag 21. Diesbezüglich sollten bürokratische Hindernisse vermieden werden, ohne allerdings gleichzeitig zur Umgehung zu ermuntern.

2086 EP-ECON-Stellungnahme, Abänderungsantrag 12. Insofern dürfte es sich in der deutschen Textfassung um einen Übersetzungsfehler handeln. Die englische Sprachfassung verwendet hier den Begriff *„shareholder"*, die französische *„actionnaire"*, was sich jeweils gleichermaßen mit „Aktionär" wie mit „Anteilseigner" übersetzen lässt.

es bei Neugründungen keinen anderen Grund geben, als etwaigen *„unliebsamen Bestimmungen eines Mitgliedstaates, in dem die tatsächliche Geschäftsausübung erfolgen soll, zu entkommen"*[2087].

Konsequent soll nach dem Ausschussvotum eine Sitzverlegung auch nur in einen Mitgliedstaat möglich sein, in dem die SPE ihre wirtschaftliche Tätigkeit effektiv ausübt, und nur bei wirtschaftlichen oder rechtlichen Gründen durchgeführt werden dürfen[2088].

3. Entwurf – Rechtsausschuss – „JURI"[2089]

Im Grundsatz begrüßte auch der Rechtsausschuss den Kommissionsvorschlag. Um den zu erwartenden Debatten im Rat vorzugreifen schlug er gleichwohl in den kritischen Bereichen verschiedene Änderungen vor. Erkennbare Leitlinie blieb das Bemühen um Einfachheit und Einheitlichkeit.

a. Allgemein

Betont wurde namentlich die Notwendigkeit, so weit wie möglich auf Verweise in das mitgliedstaatliche Recht zu verzichten, gerade in den Bereichen, die für *„das ‚tägliche Leben' der SPE wesentlich sind"*[2090]. Hier sollte die SPE-Verordnung daher eigene Vorgaben machen. Insbesondere wurde eine amtliche Mustersatzung für erforderlich erachtet, die von der Kommission im Amtsblatt veröffentlich werden sollte[2091]. Klargestellt wurde auch, dass im dualistischen System dem Aufsichtsorgan keine Vertretungsbefugnis zukommt[2092].

i. Grenzüberschreitender Bezug

Auch der Rechtsausschuss ging von der Notwendigkeit des grenzüberschreitenden Bezugs aus. Zur einfachen Unternehmensgründung sollte das Kriterium aber möglichst weit gefasst werden. Ausreichend sei bereits ein Hinweis im Gesellschaftsgegenstand auf eine grenzüberschreitende Geschäftsabsicht, die Zielvorgabe, in mehr als einem Mitgliedstaat „in erheblichem Umfang" tätig werden zu wollen, Tochtergesellschaften in verschiedenen Mitgliedstaaten oder Tochter- und Muttergesellschaft, die in verschiedenen Mitgliedstaaten eingetragen wurden, ferner Wohnsitze der Gründungsmitglieder in zwei unterschiedlichen Mitgliedstaaten oder eine Trennung von Sitz- und Hauptverwaltungsland. Nach diesen Vorgaben wäre die Sitzaufspaltung also nicht mehr nur möglich, sondern faktisch nahezu

---

2087 EP-ECON-Stellungnahme, Abänderungsanträge 17 f., das Zitat findet sich in der Begründung zu Änderungsantrag 18, Abs. 3.

2088 EP-ECON-Stellungnahme, Abänderungsanträge 52 ff.

2089 Im Folgenden EP-JURI-Stellungnahme.

2090 EP-JURI-Stellungnahme, Begründung, S. 46.

2091 EP-JURI-Stellungnahme, Begründung S. 45 f.; Abänderungsanträge 20, 23 f., 34, 44, 52.

2092 EP-JURI-Stellungnahme, Abänderungsanträge 12, 54.

verpflichtend. Zwei Jahre nach Eintragung sollte überprüft werden können, ob die SPE auch tatsächlich den erforderlichen grenzüberschreitenden Bezug aufweist, widrigenfalls würde sie automatisch in die jeweilige nationale Rechtsform umgewandelt[2093].

ii. Eintragungskontrolle

Um zu verhindern, dass die SPE *„eine Insel für unlautere Geschäftsgebaren" (Lehne)* würde, sah der Rechtsausschuss sowohl bei der Eintragung als auch bei Satzungsänderungen ein Mindestmaß an präventiver Kontrolle durch die Register vor. Hierdurch sollte ein Ausgleich erzielt werden zwischen der vergleichsweise einfachen Gründung einerseits und den Anforderungen an Nachhaltigkeit und Rechtssicherheit andererseits[2094].

b. Arbeitnehmerbeteiligung

i. Änderungen zur Mitbestimmung nach Art. 34

Ein besonderes Augenmerk legte der Rechtsausschuss aber auf der Frage der Unternehmensmitbestimmung. Insofern findet das Sitzstaatsprinzip seine grundsätzliche Zustimmung. Für den Ausnahmefall, dass durch die Sitzaufspaltung ein Niveaugefälle in den Mitbestimmungsrechten zwischen Sitzstaat und Arbeitsort entsteht, wird als Kompromisslösung ein zusätzlicher Umgehungsschutz installiert[2095].

Hierzu wird Art. 34 modifiziert und um einen neuen Abs. 1a) ergänzt. Falls demnach ein bestimmter Anteil der Gesamtarbeitnehmer durch das Sitzstaatsprinzip in den Mitbestimmungsrechten beschnitten wird, soll über eine Verhandlungslösung ein SPE-einheitliches Mitbestimmungsregime geschaffen werden. Für das Verfahren wird die SE-RL in Bezug genommen.

Im Diskussionsentwurf wurde statt des vergleichsweise pauschalen Verweises auf die SE-RL noch ein eigenes Verfahren formuliert. Inhaltlich orientierte es sich an den Mustern der SE-RL, der SCE-RL und der Verschmelzungsrichtlinie, wurde aber auf die Bedürfnisse der KMU angepasst. Es sollte hierbei erklärtermaßen Umgehungsmöglichkeiten verhindern sowie die Eigenverantwortung der Beteiligten unterstützen und eine für die jeweilige SPE einheitliche Lösung schaffen. Es regelte bewusst *„nicht alle möglicherweise notwen[d]igen Details" (Lehne)*, um den Text nicht zu überfrachten. Ggf. sollte eine separate Kommissionsmitteilung diese

---

2093 EP-JURI-Stellungnahme, Begründung S. 46 f.; Abänderungsanträge 1, 17, 16 (wobei gerade die „grenzüberschreitende Absicht" klar festzulegen, freilich dennoch leicht zu umgehen sein würde, vgl. Abänderungsantrag 16 zu Art. 3 I ea)), 21.

2094 EP-JURI-Stellungnahme, Begründung S. 46, Abänderungsanträge 18, 21.

2095 EP-JURI-Stellungnahme, Abänderungsanträge 3, 8. *Lehne* bezweifelt schon, ob diese sozialrechtliche Dimension in einem gesellschaftsrechtlichen Rahmen lösbar sein soll, Begründung S. 45 (ähnlich bereits bei Änderungsantrag 43 EP-JURI-Entwurf, dort S. 32).

Lücke füllen[2096]. Für den Fall der Nichteinigung wäre als einheitliche Auffanglösung die Drittelparität vorgesehen gewesen. Bei der Bestellung der Arbeitnehmervertreter waren hier bei den Arbeitnehmern der SPE ausdrücklich auch diejenigen ihrer Tochtergesellschaften und Betriebe einbezogen[2097].

Konkret sollte dieser Umgehungsschutz greifen, wenn mehr als 500 Arbeitnehmer von einem Mitbestimmungsgefälle zwischen Arbeitsort und Sitzstaat betroffen wären[2098]. Der vorgeschlagene Schwellenwert war also recht hoch, in seinen Anforderungen aber stark vereinfacht. Diskutiert wurde zunächst noch statt des einfachen zahlenmäßigen ein doppelter Schwellenwert. Demnach sollte eine Verhandlungspflicht bestehen bei a) mehr als 500 Arbeitnehmern, die b) gleichzeitig mindestens drei Vierteln der Gesamtarbeitnehmer der SPE entsprechen müssen, und die c) in einem oder mehreren Mitgliedstaat/Mitgliedstaaten arbeiten, wo ein größerer Umfang an Mitbestimmungsrechten vorgesehen ist, als dort, wo die SPE ihren eingetragenen Sitz hat. Die letztliche Lösung wurde bewusst so gewählt, um die „wirklichen" KMU von den Anforderungen frei zu halten, umgekehrt aber die großen Unternehmen zu erfassen und etwaige *„Missbrauchsfälle zu vermeiden"*[2099].

ii. Keine Änderungsanträge zu Art. 38 für Sitzverlegung

Formell löst der Entwurf des Rechtsausschusses zudem die Definition der Mitbestimmung aus Art. 38 II a) S. 2 („Umfang der Arbeitnehmermitbestimmung") heraus, gestaltet sie lesbarer und überführt sie in die Begriffsbestimmungen des Art. 2. Dies wurde in der legislativen Entschließung des Parlaments übernommen[2100]. Im Übrigen bleibt Art. 38 zur Mitbestimmung bei Sitzverlegung aber unverändert.

2096 Vgl. EP-JURI-Entwurf, Änderungsantrag 43 (Vorschlag für einen neuen Art. 34 Ia). Dort zur Bildung des besonderen Verhandlungsgremiums b) bis d), zu Form und Mindestinhalt der Vereinbarung e) und h), zur Beschlussfassung und zum Abbrechen der Verhandlungen f) und g), zur Frist i). Das angeführte Zitat von *Lehne* findet sich in der Begründung, S. 41.

2097 EP-JURI-Entwurf, Änderungsantrag 43 (Vorschlag für einen neuen Art. 34 Ia, Buchstaben j) und k)). *Hommelhoff/Krause/Teichmann*, GmbHR 2008, S. 1193, 1202, loben diese europäische Auffangregelung als *„wahrhaft revolutionär"*.

2098 EP-JURI-Stellungnahme, Abänderungsantrag 55.

2099 Berichterstatter *Lehne* im Zuge der Plenardebatte vom 09.03.2009 (oben Fn. 1987). *Hommelhoff/Krause/Teichmann*, GmbHR 2008, S. 1193, 1202, kritisieren die im Entwurf gewählten hohen Schwellenwerte, die kleine und mittlere SPE (und solche mit niedrigeren Abweichungsquoten) unberücksichtigt ließen. Letzteres sei vor allem im Hinblick auf die niedrigen Schwellenwerte der nordischen Staaten *„rechtspolitisch unbefriedigend"* und *„systemunstimmig"*. Das ist auch dem Rechtsausschuss bewusst. Selbstkritisch wird eingeräumt, dass etwaige weitergehende Missbrauchstatbestände durch die SPE nicht vollkommen ausgeräumt werden könnten. Sie seien jedoch durch den europäischen Status quo im Sozialrecht vorgegeben. (Begründung, ebd., S. 32).

2100 EP-JURI-Stellungnahme, Abänderungsantrag 14; EP-Legislative Entschließung 2009, Abänderung 14.

Ursprünglich sollte Artikel 38 hinsichtlich der Schwellenwerte an die Vorgaben des Art. 34 angepasst werden, ohne aber sein grundlegendes System zu ändern. Bezugsgröße sollte nicht mehr das Mitbestimmungsrecht des Herkunftsstaats der SPE sein, sondern dasjenige Mitbestimmungsregime, was sich die SPE selbst nach Art. 34 gegeben hat[2101].

4. Legislative Entschließung vom 10.03.2009[2102]

a. Allgemein

Die legislative Entschließung enthält zusätzlich zu den bereits erwähnten Modifizierungen bei grenzüberschreitendem Bezug und Mindestkapital[2103] einige wichtige Klarstellungen und Präzisierungen. Es wird nun durchgängig zwischen einem „Geschäftsleitungsorgan" und einem „Aufsichtsorgan" unterschieden, Oberbegriff für beide soll „Unternehmensleitung" sein. Nur dem Geschäftsleitungsorgan soll das Recht zur Vertretung der SPE zukommen[2104].

b. Arbeitnehmerbeteiligung

i. Betriebliche Arbeitnehmerbeteiligung

Die betriebliche Beteiligung wurde ausgeweitet. Zusätzlich (und konsequenterweise) zu den unionsrechtlichen Vorgaben wurden nun auch die mitgliedstaatlichen Umsetzungsvorschriften einbezogen[2105]. Letztlich handelt es sich also um eine Klarstellung.

ii. Mitbestimmung

Daneben wurden die Regelungen zur Mitbestimmung erweitert und angepasst. Entgegen den Änderungsanträgen von Sozial- und Wirtschaftsausschuss wurde die Möglichkeit zur Sitzaufspaltung beibehalten, allerdings für den Fall eines

---

2101 Vgl. EP-JURI-Entwurf, Änderungsantrag 48 nebst entsprechender Begründung.

2102 Im Folgenden EP-Legislative Entschließung 2009; vgl. hierzu näher *Kuck*, Der Konzern 2009, S. 131 ff.; *Kornack*, GLJ 2009, S. 1321, 1323 ff.; *Dorresteijn/Uziahu-Santcroos*, ECL 2009, S. 152 ff.; *Hommelhoff*, ZEuP 2011, S. 7, insbes. S. 15 ff., überblicksartig *Krause* in *Hirte/Teichmann* SPE 2013, S. 375, 384. Beachtlich auch der Kommentar von *Cooperative Europe* et al., SCE-Studie 2010, Fn. 39, wonach die Entschließung die Absicht habe, den Vorschlag „zurück zur Normalität" zu führen („*[T]his resolution [...] clearly has the intention to lead this proposal back to ‚normality' under many aspects*").

2103 Vgl. Teil 5 f. I. und II.

2104 EP-Legislative Entschließung 2009, Abänderungen 12, 13, 41, 54, zur Haftung der Unternehmensleitung Abänderung 51 f.; vgl. zur Vertretung schon oben EP-JURI-Stellungnahme, Abänderungsanträge 12, 54; *Habighorst* in *Priester/Mayer/Wicke*, HbGesR III, § 76, Rn. 38 a.E.

2105 EP-Legislative Entschließung 2009, Abänderung 9. Dabei wurde die Aufzählung für weitere eventuelle Entwicklungen geöffnet.

Mitbestimmungsgefälles mit einem dreifach gestaffelten Umgehungsschutz versehen[2106].

(a) Einbezogene Arbeitnehmer

Bei der Mitbestimmung nach Art. 34 blieb es zunächst bei der grundsätzlichen Anknüpfung an das Recht des jeweiligen Sitzstaats. Dessen Mitbestimmungsrechte sollen nun ausdrücklich der Gesamtbelegschaft der SPE zugutekommen[2107].

Anders als zuvor ist allerdings nicht mehr ausdrücklich geregelt, ob *„die gesamte Belegschaft der SPE"* auch diejenigen etwaiger Tochtergesellschaften einschließen soll. Der Wortlaut ist insofern weniger eindeutig als noch in den vorangehenden Entwürfen, in denen die Tochtergesellschaften oder Zweigniederlassungen explizit erwähnt werden[2108].

Vergegenwärtigt man sich aber die Entwicklung, dürfte von der Einbeziehung auszugehen sein[2109]. Bereits der Kommissionsentwurf hat bei der Sitzverlegung auf die Gesamtarbeitnehmer der SPE abgestellt und hierbei Tochtergesellschaften und

---

2106 Vgl. EP-Legislative Entschließung 2009, Abänderung 3 (Erwägungsgrund 4).

2107 EP-Legislative Entschließung 2009, Abänderung 71 (Art. 34 I, neuer Satz 2, *„Diese Bestimmungen, falls vorhanden, gelten für die gesamte Belegschaft der SPE".*). Nach *Hommelhoff/Teichmann*, GmbHR 2010, S. 337, 341, waren an der Ausgestaltung des Textvorschlags zu Art. 34 *„hohe Repräsentanten der mittelständischen Wirtschaft in Deutschland unmittelbar und maßgeblich beteiligt"*. Dies wird jedoch weder näher ausgeführt noch belegt.

2108 Vgl. Art. 38 II SPE-VOE-KOM; EP-EMPL-Stellungnahme, Änderungsanträge 22, 23, 24, 31, 33, 36; EP-JURI-Entwurf, Änderungsantrag 43 (Einbeziehung beim Mindestinhalt nach Art. 34 Ia, h) (ii) und bei der Auffangregelung nach Art. 34 Ia, k)).

2109 Vgl. auch *Hommelhoff*, ZEuP 2011, S. 7, Fn. 68: Grundsätzlich werde der historischen Auslegung im Rahmen der europäischen Auslegungslehre kein hoher Stellenwert beigemessen. Die klassische Auslegungsmethode sei bei solchen Sachverhalten, bei denen internationale, ökonomische oder politische Implikationen zu berücksichtigen seien, nicht mehr zeitgemäß, da die Beratungsmaterialien nicht veröffentlicht würden und einzelne Rechtsakte nicht selten lediglich Bestandteil eines umfassenden und ganz inhomogenen Kompromisspakets seien. Zu Recht wendet sich *Hommelhoff* ebd. gegen diese Argumentation. Solche Erwägungen könnten *„dort nicht Platz greifen, wenn (wie hier) öffentlich zugängliche Verordnungsfassungen miteinander verglichen werden und rechtspolitische Gesamtkompensationen mit Gesetzeszweck-vernebelnden Effekten noch nicht zur Debatte"* stünden. Dem ist zuzustimmen. Insbesondere dürfte sich durch den Rückgriff auf die veröffentlichen Dokumente der sich entwickelnde Wille des Verordnungsgebers bestimmen lassen. Die letztlich rechtsetzenden Organe entscheiden ja nicht gewissermaßen „im luftleeren Raum", sondern werden die dortigen Erwägungen entsprechend aufnehmen bzw. (dezidiert) nicht übernehmen. Zur Auslegung insgesamt vgl. auch *Riesenhuber* in *Riesenhuber*, EuMethodenlehre 2010, S. 315 ff.

Zweigniederlassungen einbezogen[2110], also auf die Einheitlichkeit des Unternehmens gezielt. Durch die lediglich redaktionelle Verschiebung an den Beginn des VI. Kapitels, und damit in die einleitende Regelung der Arbeitnehmermitbestimmung, dürfte sich an der gewollten Einbeziehung nichts ändern. Gerade die einheitliche Behandlung der SPE insgesamt ist stets als Regelungsziel betont worden. Hierfür sprechen auch die weiteren Änderungen, die auf einen zunehmenden Verfahrensgleichlauf gerichtet sind, auf die Vermeidung von Umgehungsmöglichkeiten und eine weitere Einheitlichkeit für die jeweilige SPE, nicht zuletzt auch die neu aufgenommene Definition zum Umfang der Mitbestimmung. Sie begegnet auch insofern keinen Bedenken, als dass es ggf. zu einem „Mitbestimmungsexport" in solche Mitgliedstaaten kommt, die die jeweils spezifische Form der Mitbestimmung nicht kennen. Denn anders als bei einer nationalen Mitbestimmungserstreckung auf Gesellschaftsrechtsformen anderer Nationen geht es bei der SPE um eine genuin europäische, supranationale Rechtsform. Dem europäischen Gesetzgeber kann und muss es insofern frei stehen, die entsprechenden Regelungen zu treffen, wie es ja bei der SE (supranational) und bei der Verschmelzungsrichtlinie (letztlich national) schon geschehen ist.

Berücksichtigt man daneben das Ziel eines Umgehungsschutzes dürfte die Einbeziehung der Belegschaften aus den Tochtergesellschaften und den Zweigniederlassungen auch dem Sinn und Zweck der Norm entsprechen. Eine bewusste Ausklammerung hingegen würde z.B. Holdingkonstruktionen ermöglichen, die trotz signifikanter Beschäftigtenzahlen durch die Nichteinbeziehung mitbestimmungsfrei blieben.

Zudem ergibt auch die regulatorische Vorgabe einer Größendifferenzierung deutlich mehr Sinn, wenn die Tochtergesellschaften einbezogen werden sollen. Anderenfalls bliebe kaum ein praktischer Anwendungsbereich.

(b) Größengestaffelter Umgehungsschutz

Auch die grundsätzliche Idee der Größendifferenzierungen wurde aus den Ausschussanträgen übernommen. Für große Unternehmen wurde in einem neuen Abs. 1a ein Umgehungsschutz hinzugefügt, der in seiner tatsächlichen Ausgestaltung aber gleichzeitig die KMU nicht übermäßig belasten sollte. Er baut auf drei einzelnen Kriterien auf. Entscheidend sind a) die Größe der Gesamtbelegschaft, b) ein etwaiges Gefälle im Mitbestimmungsniveau zwischen Sitzstaat einerseits und Arbeitsort andererseits („Mitbestimmungsgefälle") und c) der Anteil der Arbeitnehmer in Relation zur Gesamtbelegschaft, der in dem mitbestimmungsaffineren Mitgliedstaat arbeitet. Letztlich wurden damit die Unterscheidungen des EP-Rechtsausschusses verwendet. Nur wenn alle diese Kriterien gleichzeitig betroffen sind, kommt die europäische Verhandlungslösung zum Zuge, ansonsten bleibt es beim Sitzstaatsprinzip.

Um das etwaige Mitbestimmungsgefälle bestimmen zu können, wird nun zudem der *„Umfang der Arbeitnehmermitbestimmung"* definiert als *„der Anteil von*

2110 Art. 38 II, 1. HS SPE-VOE-KOM.

Arbeitnehmervertretern unter den Mitgliedern des Verwaltungs- oder Aufsichtsorgans oder ihrer Ausschüsse bzw. der Gruppe, die die Gewinn erwirtschaftenden Einheiten der SPE leitet"[2111]. Diese Definition ist in dreierlei Hinsicht bedeutsam. Zum ersten werden in ihr die Begriffe der Agentur, der Zweigniederlassung und der Tochtergesellschaft unter den einheitlichen Oberbegriff „Gewinn erwirtschaftende Einheit" vereint[2112]. Zum zweiten wird durch sie (nochmals) die gewünschte Einbeziehung der Konzernarbeitnehmer in die Gesamtbelegschaft der SPE deutlich. Und zum dritten bestimmt sie auch für die SPE die Mitbestimmung rein quantitativ. Es kommt nach der europäischen Vorgabe also nicht auf einen (praktisch nur schwer durchführbaren) Vergleich der jeweiligen materiellen Reichweite von Mitbestimmungsrechten an, sondern ausschließlich auf den gegebenen Zahlenwert. Das erleichtert den Zugang[2113].

Ist danach ein *„großer Teil"* der Belegschaft von einem Mitbestimmungsgefälle zwischen Sitz- und Arbeitsstaat(en) betroffen, *„sollte"* nach dem Muster der SE-RL über ein SPE-weit einheitliches Mitbestimmungsregime verhandelt werden. Ggf. wäre auch ein Rückgriff auf die Auffangregelung der Verschmelzungsrichtlinie möglich. Durch den Verweis auf die SE-RL ist der Ansatzpunkt für die Mitbestimmung determiniert. Zudem ergibt sich auch die Anwendung einer mitgliedstaatlichen Auffangregelung. Der ursprüngliche Gedanke einer europaweit einheitlichen Auffanglösung wurde also nicht in die legislative Entschließung übernommen.

Wann genau ein „großer Teil" vorliegt, bemisst sich relativ zur Unternehmensgröße. Die SPE werden dazu in drei Größenklassen aufgeteilt, nämlich in große mit mehr als 1.000 Beschäftigten, mittlere zwischen 500 und 1.000 Arbeitnehmern und kleine mit weniger als 500 Mitarbeitern[2114]. Bei letzteren wird dann noch weiter nach ihrer Gründungsart unterschieden. Abgestellt wird jeweils auf *„die SPE insgesamt"*.

Konkret soll demnach verhandelt werden, wenn die SPE insgesamt mehr als 1.000 Arbeitnehmer beschäftigt und (kumulativ) mehr als 25 % der Gesamtbelegschaft gewöhnlich in einem oder mehreren Mitgliedstaat(en) arbeitet, der einen größeren Umfang an Mitbestimmung vorsieht als der Sitzstaat. Zusätzlich soll sich die SPE aber auch für die direkte Anwendung von Art. 16 IV der Verschmelzungsrichtlinie (die sofortige Anwendung der Auffangregelung ohne vorherige Verhandlungen) entscheiden können[2115].

2111 EP-Legislative Entschließung 2009, Abänderung 14 (Art. 2 I, neuer Buchstabe ea).

2112 Vgl. *Kuck*, Der Konzern 2009, S. 131, 134 f., Fn. 32; *Hommelhoff*, ZEuP 2011, S. 7, 33, Fn. 71.

2113 Vgl. *Hommelhoff*, ZEuP 2011, S. 7, 17, der diese *„klare Beschreibung des Umfangs"* zu Recht begrüßt. Sie *„erspart dem Rechtsanwender die Mühe, Mitbestimmungssysteme qualitativ einzuschätzen und vermeidet Rechtsunsicherheit."*

2114 Für eine Dreiteilung schon *Helms*, EPG 1998, S. 83 (SPE mit < 500 AN/501 -2.000 AN/> 2.000 AN). Zur Notwendigkeit von Größendifferenzierungen auch *Hommelhoff/Krause/Teichmann*, GmbHR 2008, S. 1193, 1202.

2115 EP-Legislative Entschließung 2009, Abänderung 71 (Art. 34 neuer Abs. 1a, Buchstabe a, S. 3).

Ähnliches gilt für die SPE mit zwischen 500 und 1.000 Beschäftigten. Dort ist der maßgebliche Schwellenwert aber mehr als ein Drittel[2116].

Ist eine SPE durch Umwandlung, Verschmelzung oder Spaltung entstanden und hat sie insgesamt weniger als 500 Arbeitnehmer, beschäftigt aber mehr als ein Drittel davon in einem Mitgliedstaat mit mehr Mitbestimmungsrechten als im Sitzstaat, wird ebenfalls nach diesem Muster verhandelt[2117]. In *ex nihilo* gegründeten SPE mit weniger als 500 Beschäftigten liegt der Schwellenwert schließlich bei mehr als der Hälfte der Arbeitnehmer.

Diese Entwicklungen gehen in die richtige Richtung, werfen aber auch Fragen auf. Die grundsätzliche Einteilung und die konkreten Quoten erscheinen mitunter rational nur schwer begründbar, dürften sich aber letztlich mit unterschiedlichen Schutzanliegen erklären lassen[2118]. Trotzdem wäre es wohl einfacher, nur zwischen kleinen und großen SPE zu unterscheiden[2119]. Entscheidender dürfte aber tatsächlich das Kriterium sein, ab wann ein „großer Teil" gegeben sein soll. Also ab wann der Anteil der jeweils ausländischen Belegschaft mit ihrer spezifischen Beteiligungskultur die SPE insgesamt so sehr beeinflusst, dass das Gesamtbild der SPE letztlich von ihr bestimmt wird. *Hommelhoff* gebraucht in diesem Zusammenhang die Metapher *„Prägekraft"*[2120].

2116 EP-Legislative Entschließung 2009, Abänderung 71 (Art. 34 neuer Abs. 1a, Buchstabe b). Zusätzlich zu Art. 16 IV der Verschmelzungsrichtlinie werden deren Art. 16 III Buchstabe e) und Art. 16 V einbezogen. Art. 16 III Buchstabe e) hebt den prozentualen Anteil der Arbeitnehmer, die bereits Mitbestimmungsrechte genossen haben, von den in der SE-RL vorgesehenen 25% auf 33,3 % an. Diese Anhebung soll dann auch für die SPE gelten. Art. 16 V der Verschmelzungsrichtlinie bestimmt, dass die Ausweitung von Mitbestimmungsrechten auf in anderen Mitgliedstaaten beschäftigte Arbeitnehmer die Mitgliedstaaten ggf. nicht dazu verpflichtet, diese Arbeitnehmer bei der Berechnung von Schwellenwerten zu berücksichtigen, bei denen ansonsten nach innerstaatlichem Recht Mitbestimmungsrechte entstehen. Für die mittlere SPE werden also einige mitgliedstaatliche Ausgestaltungsrechte ausgeschlossen. Vgl. hierzu auch *Hommelhoff*, ZEuP 2011, S. 7, 15 f.

2117 EP-Legislative Entschließung 2009, Abänderung 71 (Art. 34 neuer Abs. 1a, Buchstabe c; Gründung nach Art. 5 I Buchstaben b, c oder d). Die Bezugnahme auf das Verfahren entspricht derjenigen bei Art. 34 Abs. 1a, Buchstabe b.

2118 *Hommelhoff*, ZEuP 2011, S. 7, 16 f.: Die geringere Quote bei den Gründungsformen Formwechsel, Verschmelzung und Spaltung ließen sich mit der Erwägung erklären, dass die SPE hier aus einer Umstrukturierung hervorgehe und eben nicht neu gegründet werde. Über die Herabsetzung der Quote werde Bestandsschutz geleistet. Gerade die Herabsetzung des Anteils auf ein Viertel bei der großen SPE mit mehr als 1.000 Beschäftigten stößt aber auf nachvollziehbares Unverständnis (*„Ergebnis rechtspolitischen powerplays zwischen den Fraktionen im Europaparlament?"*, ebd., S. 17). Gleichwohl führen die Zahlen zu mitunter kuriosen Ergebnissen, vgl. die Beispiele bei *Kuck*, Der Konzern 2009, S. 131, 135 f.

2119 Vgl. *Hommelhoff*, ZEuP 2011, S. 7, 18.

2120 *Hommelhoff*, ZEuP 2011, S. 7, 15.

Für die *ex nihilo* gegründete SPE mit weniger als 500 Beschäftigten sollten an sich *„maßgeschneiderte Regeln"* greifen[2121]. Auch hier wird letztlich aber nur auf das Muster der SE-RL und die entsprechenden Vorgaben der Verschmelzungsrichtlinie verwiesen[2122], so dass schon die Unterscheidung nach den Gründungsformen verwirrt. Insbesondere aber erscheint das vorgeschlagene Verfahren insgesamt, gemessen an der selbstgesetzen Vorgabe, nur als bedingt gelungen. Nach einem neuen Erwägungsgrund 15a sollten die Bestimmungen über die Verhandlungen *„nicht zu starr sein"*. Hier verträgt sich der ebenso stete wie pauschale Verweis auf die sich dem Laien nur schwer erschließende SE-RL kaum mit dem vorgegebenen Ziel, eine kostengünstige und leicht zugängliche supranationale Rechtsform für KMU zu schaffen, ist doch die SE-RL mit ihren Beteiligungsverfahren schon ihrer Grundidee nach auf Großunternehmen zugeschnitten. Ähnliches gilt für die Verschmelzungsrichtlinie. Beide erfordern zu ihrer Anwendung regelmäßig einen gesteigerten Beratungsbedarf. Den wiederum werden sich zwar die großen Unternehmen leisten können, KMU aber und insbesondere die Neugründer unter ihnen dürften vor dem damit verbundenen (Kosten-)Aufwand zurückschrecken und sich im Zweifel für eine andere Gesellschaftsrechtsform entscheiden. Uneingeschränkt handhabbar wäre die SPE nur für Großunternehmen. Dann aber verkäme die SPE zu einer Kopie der SE[2123]. Wohl zu Recht stößt der bemühte Kompromiss in der Literatur daher auf Einwände[2124].

(c) Anpassungsklausel für strukturelle Veränderungen

Bei strukturellen Veränderungen, zu denen auch Größe und/oder Einsatzort der Belegschaft gehören sollen, wären nach dem Votum des Parlaments auch die bestehenden Mitbestimmungsvereinbarungen anzupassen. Falls eine (bloße) Anpassung nicht möglich ist, müsste ggf. neu (oder auch erstmals) verhandelt werden[2125].

2121 EP-Legislative Entschließung 2009, Abänderung 74 (Erwägungsgrund 15).

2122 EP-Legislative Entschließung 2009, Abänderung 71 (neuer Art. 34 Abs. 1a, Buchstabe d; Gründung nach Art. 5 I Buchstabe a).

2123 Vgl. auch *Hommelhoff*, ZEuP 2011, S. 7, 18.

2124 Z.B. sprach *Habighorst* in *Priester/Mayer*, HbGesR III, 3. Auflage 2009, § 76, Rn. 11, noch von einer *„umfangreiche[n] und komplexe[n] Regelung"*, relativierte diese Ansicht aber selbst im Zusammenhang mit der Sitzverlegung; hierzu sogleich unter (d). Vgl. weiter *Hommelhoff*, ZEuP 2011, S. 7, 17 ff. (*„entschieden zu kompliziert"*, *„grundkonzeptionell verfehlt"*, *„in der kleinen SPE [...] deutlich zu intransparent, zu schwer handhabbar und konsequent zu kostenintensiv"*): *Dorresteijn/Uziahu-Santcroos*, ECL 2009, S. 152, 159, loben immerhin den Ansatz, sich um einen Ausgleich zwischen supranationalem Tätigwerden der KMU und nationalem Mitbestimmungsrecht zu bemühen, erachten den Kompromisstext insgesamt aber als „Stückwerk" (*„somewhat piecemeal"*).

2125 EP-Legislative Entschließung 2009, Abänderung 75 (Erwägungsgrund 15a)). Der Text ist zurückhaltend formuliert und geht zunächst von einer bereits bestehenden Mitbestimmungsvereinbarung aus. Auch eine erstmalige Etablierung wäre aber vom Wortlaut umfasst.

Hierzu enthält ein neuer Art. 34a eine Anpassungsklausel[2126]. Diese greift zunächst, wenn keine Vereinbarung vorliegt und die entsprechenden Schwellenwerte erstmals erreicht werden. Falls die Bedingungen nach Art. 34 Abs. 1a aber nicht mehr länger erfüllt sind, die SPE also unter die relevanten Schwellenwerte „rutscht", kann die Unternehmensleitung das Recht des Sitzstaats anwenden. Etwaige bestehende Regelungen gelten solange weiter, bis die neuen in Kraft treten[2127]. Bei der Reduktion ist also kein besonderes Verfahren vorgesehen, um (wieder) auf das Mitbestimmungsniveau des Sitzstaats zu gelangen. Allerdings wird dort nicht geregelt, wann genau die neuen Regeln in Kraft treten sollen und wer zur Überprüfung berufen sein soll. Sinnvoll wäre, dies ausdrücklich der jeweiligen Registerbehörde zuzuweisen.

(d) Verfahren bei Sitzverlegung

Zieht eine Sitzverlegung ein Mitbestimmungsgefälle nach sich und sind zudem die Größenkriterien nach dem neuen Art. 34 Abs. 1a erfüllt, muss ebenfalls verhandelt werden. Das Verfahren entspricht dann demjenigen von Art. 34 Abs. 1a. Der (grundsätzlich begrüßenswerte) Verfahrensgleichlauf beruht konzeptionell ausdrücklich auf *„Gründen der Konsistenz und um die Entstehung von Schlupflöchern zu vermeiden"*[2128], krankt aber letztlich wie gesehen an einem beträchtlichen Maß an Komplexität.

c. Weiterer Ablauf

Die legislative Entschließung wurde im Parlament mit großer, fraktionsübergreifender Mehrheit angenommen[2129]. Auch wenn dieses Votum für den Ministerrat im Rahmen des ehemaligen Art. 308 EG nicht verbindlich war, stellt es, insbesondere in Anbetracht der Entstehungsgeschichte des Kommissionsvorschlags, auch mehr als ein politisches Signal dar. Denn immerhin verlangt Art. 352 I AEUV seit den Änderungen durch den Vertrag von Lissabon nicht mehr nur die Anhörung sondern die Zustimmung des Europäischen Parlaments. Dessen Position im Verfahren ist nun festgelegt. Die Mitgliedstaaten jedoch blieben im Rat um einen eigenen Konsens zur Mitbestimmung bemüht.

2126 EP-Legislative Entschließung 2009, Abänderung 72.

2127 EP-Legislative Entschließung 2009, Abänderung 72 (neuer Art. 34a, Abs. 2 und 3).

2128 EP-Legislative Entschließung 2009, Abänderungen 76 (neuer Erwägungsgrund 15b, dort insbesondere S. 2) und 73 (geänderter Art. 38 Abs. 2). *Habighorst* in *Priester/Mayer/Wicke*, HbGesR III, § 76, Rn. 57 a.E., lobt diesen Ansatz als *„zwar aufwändige aber doch einheitliche Regelung der Mitbestimmungsfrage"*, die zudem den Wertungswiderspruch des Kommissionsentwurfs vermeide.

2129 Es gab 578 Ja-Stimmen, 72 Ablehnungen und 25 Enthaltungen; *Results of Vote in Parliament* unter http://www.europarl.europa.eu/oeil/popups/sda.do?id=16708&l=en (englisch).

V. Tschechische Ratspräsidentschaft[2130]

Der Vorschlag der tschechischen Ratspräsidentschaft vom 27.04.2009 griff auf den französischen Kompromissvorschlag zurück, entwickelte diesen aber in verschiedenen Punkten weiter[2131].

Zunächst wurde die Verpflichtung der Unternehmensleitung auf das „bestmögliche Interesse der SPE“ umformuliert. Nun besteht gegenüber der SPE die Pflicht zur Förderung des Erfolgs der SPE zu Gunsten ihrer Mitglieder als Ganzes[2132]. Damit wird schon von den sonstigen Stakeholdern abgerückt.

Daneben wurde die Sitzaufspaltung wieder zugelassen[2133]. Der hierdurch angezeigte Umgehungsschutz wurde hinsichtlich Schwellenwerten und Verfahren modifiziert. Ggf. greift eine Auffangregelung, deren Reichweite sich nach dem Recht desjenigen Mitgliedstaats bemisst, in dem der Hauptteil der SPE-Arbeitnehmer beschäftigt wird. Ziel war, bestehende Sorgen im Hinblick auf eine mögliche Umgehung der Mitbestimmung zu dämpfen, dabei aber die Flexibilität der SPE zu erhalten[2134].

2130 Im Folgenden SPE-VOE-Cz. Zu einigen Änderungen durch den tschechischen Vorschlag *Anzinger*, BB 2009, S. 2606 ff.; *Kornack*, GLJ 2009, S. 1321, 1329 ff.; fokussiert auf die Kapitalverfassung *Jung*, DStR 2009, S. 1700, 1705 ff., knapp zur Arbeitnehmerbeteiligung *Krause* in *Hirte/Teichmann* SPE 2013, S. 375, 385.

2131 Vorangegangen war u.a. eine Befragung unter den nationalen Delegationen, deren Ergebnisse als Diskussionsgrundlage für die Mitbestimmungsproblematik dienen sollten, *Questionnaire* Cz. Vgl. zum Überblick Fortschrittsbericht Cz vom 08.05.2009. Die Kompromissvorschläge zielten i.Ü. vor allem auf Beseitigung der national unterschiedlichen Sichtweisen im Hinblick auf die „Anteile“ und bei der Rolle der Anteilseignerversammlung, insbesondere deren Informations- und Vertretungsrechte. In einem neuen Anhang II sollten die nationalen „kleinen“ Kapitalgesellschaften aufgelistet werden. Gestrichen wurde der französische Art. 25 zur finanziellen Unterstützung, jedoch wurde die bisherige Nummerierung beibehalten.

2132 Art. 32 SPE-VOE-Cz.

2133 Vgl. Erwägungsgrund 4, Art. 7 SPE-VOE-Cz. Erwägungsgrund 4 bleibt im Vergleich zum französischen Entwurf unverändert, Art. 7 SPE-VOE-Cz bestimmt wie bereits der Kommissionsentwurf, dass sich Sitz und Hauptverwaltung bzw. Hauptniederlassung in der Gemeinschaft befinden müssen, verzichtet aber auf eine Vorgabe, wonach sich der Sitz bemessen soll. Bei den Delegationen bestand in dieser Hinsicht Uneinigkeit; vgl. Fn. 21 SPE-VOE-Cz. Spätestens aus der Zusammenschau mit Art. 35 Ia folgt aber die Möglichkeit zur Sitzaufspaltung, da anderenfalls der Umgehungsschutz nicht notwendig wäre.

2134 Vgl. Fortschrittsbericht Cz, S. 3.

I. Mitbestimmung

Bei der Mitbestimmung blieb es weiterhin bei der grundsätzlichen Anknüpfung an das Recht des Sitzstaats[2135]. Modifiziert wurde aber der Umgehungsschutz für Großunternehmen mit gespaltenem Sitz. Dieser greift, wenn mehr als 500 Beschäftigte der SPE, die gleichzeitig mindestens drei Viertel der Gesamtbelegschaft darstellen, gewöhnlich in ein oder mehreren Mitgliedstaaten als dem Sitzstaat arbeiten, und der Sitzstaat nicht mindestens das gleiche Maß an Mitbestimmungsrechten vorsieht wie der tatsächliche Arbeitsort[2136]. Verhandelt wird also, wenn gleichzeitig ein Mitbestimmungsgefälle zwischen Sitz- und Arbeitsstaat besteht und beim Unternehmen ein bestimmtes doppeltes Größenkriterium erfüllt ist.

Statt eines bloßen Verweises auf andere Richtlinien wurde, ähnlich wie nach dem ursprünglichen Entwurf des EP-Rechtsausschusses, ein eigenes Verhandlungsverfahren installiert, das sich technisch an der SE-RL orientiert[2137]. Im Verhandlungsfall hat demnach die Unternehmensleitung die Bildung eines Besonderen Verhandlungsgremiums einzuleiten. Dieses soll die Beschäftigten der SPE insgesamt vertreten. Seine Mitglieder werden gewählt oder ernannt. Die Vertretungsquote bemisst sich nach dem Verhältnis der jeweils in den Mitgliedstaaten Beschäftigten. Es entsprechen jeweils (angebrochene) 10% einem Sitz im Gremium, hierbei soll aber jeder Betrieb durch mindestens ein Mitglied repräsentiert werden. Das genaue Verfahren zur Wahl oder Ernennung wird allerdings der Regelung durch die Mitgliedstaaten überlassen. Diese können auch darüber bestimmen, ob externe Gewerkschaftsvertreter zugelassen werden oder nicht. Zumindest müssen sie aber gewährleisten, dass die Arbeitnehmer der SPE an der Bestellung zum Besonderen Verhandlungsgremium teilnehmen können, selbst, wenn in den jeweiligen Betrieben keine Arbeitnehmervertreter vorhanden sein sollten. Das Besondere Verhandlungsgremium soll binnen drei Monaten konstituiert sein. Falls das aufgrund des Verhaltens der Arbeitnehmerseite nicht gelingt kommt für die SPE automatisch das Mitbestimmungsregime des Sitzstaats zur Anwendung[2138]. Aus der Verschmelzungsrichtlinie übernommen wurde die Alternative, sich in einem

2135 Erwägungsgrund 16; Art. 35 I SPE-VOE-Cz. Anders als in der legislativen Entschließung des EP wird hier die „Gesamtbelegschaft" nicht (mehr) ausdrücklich gesondert einbezogen. Stattdessen ist wiederum nur von „der SPE" die Rede. Mit der obigen Argumentation dürfte aber auch hier gelten, dass bei Abstellen auf die Arbeitnehmer „der SPE" insgesamt auch diejenigen der Tochtergesellschaften und Zweigniederlassungen einbezogen sind (s.o. G. IV 4. b. ii. (a)).

2136 Art. 35, neuer Ia SPE-VOE-Cz. Abgestellt wird auf das *„level of participation rights for employees"*. Ggf. erstreckt sich der Vergleich natürlich auf alle Arbeitsorte.

2137 Neuer S. 3 in Erwägungsgrund 16; neue Art. 35 Ia, 35a bis 35d SPE-VOE-Cz. *Hommelhoff*, ZEuP 2011, S. 7, 19 scheint diesen beachtlichen Entwicklungsschritt erst der schwedischen Ratspräsidentschaft zubilligen zu wollen.

2138 Art. 35a SPE-VOE-Cz.

einseitigen Bestimmungsrecht auch ohne Verhandlungen direkt der Auffangregelung unterwerfen[2139].

Die Verhandlungen selbst beginnen unmittelbar nach Zusammensetzung des Besonderen Verhandlungsgremiums und dauern grundsätzlich bis zu sechs Monate, auf Wunsch der Beteiligten bis zu insgesamt ein Jahr. Beschlossen wird normalerweise mit einer absoluten Stimmenmehrheit. Mit einer Zweidrittelmehrheit, die gleichzeitig zwei Drittel der Arbeitnehmer aus mindestens zwei Mitgliedstaaten repräsentiert, können die Verhandlungen nicht eröffnet bzw. abgebrochen werden. In diesem Fall bemisst sich die Mitbestimmung ebenfalls nach dem Recht des Sitzstaats[2140].

Die Auffangregelung greift, neben dem bereits erwähnten Fall der einseitigen Bestimmung durch die Unternehmensleitung, wenn sich die Parteien darauf einigen oder wenn die Verhandlungsfrist ergebnislos abgelaufen ist und das Besondere Verhandlungsgremium keinen Abbruchbeschluss gefasst hat[2141]. Sie sieht vor, dass die Arbeitnehmer der SPE in deren Leitungsgremium den gleichen Anteil an Arbeitnehmervertretern bestellen können, wie in dem Staat, in dem die meisten der SPE-Arbeitnehmer beschäftigt sind[2142]. Gleichzeitig können die Mitgliedstaaten

---

2139 Art. 35d I c) SPE-VOE-Cz. Die Möglichkeit, ohne Verhandlungen unmittelbar zur Auffanglösung zu gelangen findet sich als Forderung bereits bei *Hommelhoff/Teichmann*, DStR 2008, S. 925, 933, wird dort allerdings nicht näher ausgeführt. Der Entwurfswortlaut stellt nur auf das Erreichen der jeweiligen Kriterien nach Art. 35 Ia ab. „Die SPE" soll sich dann direkt für die Auffangregelungen entscheiden können, ohne irgendwelche vorherigen Verhandlungen („... *without any prior negotiation...*"), was wohl auf die Unternehmensleitung rekurrieren dürfte. Nach den Vorgaben müsste aber wohl trotzdem ein Besonderes Verhandlungsgremium etabliert werden, um die anfallenden Arbeitnehmersitze zu verteilen; vgl. *Koberski/Heuschmid*, RdA 2010, S. 207, 212 f.; wohl a.A. *Hommelhoff/Krause/Teichmann*, GmbHR 2008, S. 1193, 1200, nach denen sich die Bildung eines Besonderen Verhandlungsgremiums *„grundsätzlich erübrige"*. *Koberski/Heuschmid* kritisieren das einseitige Bestimmungsrecht. Es führe zur Entwertung des Verhandlungsverfahrens, weshalb am besten gänzlich auf die Regelung verzichtet werden sollte, ebd., S. 213 oben. Stellt man freilich schon auf den Sinn und Zweck, nämlich eine Beschleunigung des Vorgangs insgesamt, ab, erscheint ein Verzicht auf diese Option für die Unternehmensleitung nicht geboten. Dies dürfte umso mehr gelten wenn man sich weiter vergegenwärtigt, dass die Auffangregel grundsätzlich den Maximalzustand absichern soll, die Arbeitnehmerseite also keine Rechte verlieren, sondern im Gegenteil anstrengungslos das denkbar beste Ergebnis erzielen würde. Überdies sieht auch die Verschmelzungsrichtlinie in Art. 16 IV a) eben dieses einseitige Bestimmungsrecht vor, es ist also im Acquis communautaire bereits verankert. Folgte man dieser Ansicht, ergäbe sich letztlich nur eine aufwändige Verhandlung um der Verhandlung willen.

2140 Art. 35b III SPE-VOE-Cz a.E.

2141 Art. 35d I (a), (b) SPE-VOE-Cz.

2142 Art. 35d III SPE-VOE-Cz („... *where the most of the employees are situated*").

aber den Anteil der Arbeitnehmervertreter im Verwaltungsrat (nicht aber im Aufsichtsorgan) begrenzen; das allerdings nur für den Fall, dass zuvor Verhandlungen durchgeführt worden sind, so dass ein direktes Zurückfallen auf diese Form der Auffangregelung nicht möglich ist[2143].

Die Kosten für die Verhandlungen fallen der SPE zur Last[2144]. Das schließt grundsätzlich auch externen Rat ein, die Mitgliedstaaten können aber bestimmen, dass insofern nur die Kosten eines einzigen Experten übernommen werden[2145].

Als Mindestinhalt sind nur vorgegeben a) die Reichweite der Vereinbarung, b) die Ausgestaltung der Mitbestimmung, konkret die Anzahl der Arbeitnehmervertreter im Verwaltungs- bzw. Aufsichtsrat, das Verfahren zu deren Bestellung und ihre Rechte, sowie c) das Inkrafttreten, die Geltungsdauer, „Voraussetzungen" für Neuverhandlungen und das dann anzuwendende Verfahren[2146].

Die Sitzaufteilung auf die individuellen Kandidaten obliegt dem Besonderen Verhandlungsgremium bzw., bei der direkten Anwendung der Auffanglösung, den Arbeitnehmern direkt[2147]. Klargestellt wird, dass die jeweiligen Arbeitnehmervertreter die gleichen Rechte (und hier auch: Pflichten) haben, wie die sonstigen Mitglieder des jeweiligen Gremiums[2148]. Einigermaßen umständlich soll auch bei der Bestellung von neuen Mitgliedern zuvor die Begründung eines Besonderen Verhandlungsgremiums notwendig werden[2149].

Durch den Verzicht auf einen bloßen Verweis sowie auf die Unterscheidung nach drei Größenklassen ist die Regelung eindeutig praktikabler geworden. Es gibt nur noch „große" oder „kleine" Unternehmen und nur für erstere gilt ggf. die europäische Mitbestimmung nach einem bestimmten Verfahren.

Der tschechische Kompromissvorschlag definiert „die Arbeitnehmerbeteiligung" (*employee participation*) als das Recht zur Einflussnahme der Arbeitnehmer selbst oder einer Arbeitnehmervertretung auf die Angelegenheiten der SPE durch

2143 Vgl. Art. 35d II i.V.m. I c) SPE-VOE-Cz, genannt wird dort explizit nur das *„administrative board of the SPE"*, was dem monistischen Verwaltungsrat entspricht; vgl. auch Art. 2 I d) (iii), e) (iii); 27 III SPE-VOE-Cz.

2144 Art. 35b V 1 SPE-VOE-Cz. Nach Abs. 5 S. 1 sollen die Kosten übernommen werden, die ein „angemessenes Funktionieren" des Besonderen Verhandlungsgremiums sicherstellen („*... to carry out its task in an appropriate manner*").

2145 Art. 35b V 2 SPE-VOE-Cz.

2146 Art. 35c SPE-VOE-Cz. Die Formulierung zur Bestellung ist bewusst offen gehalten und erstreckt sich auf Wahl, Ernennung, Empfehlung oder Ablehnung. Leitlinie der Verhandlungen ist das gegenseitige Zusammenwirken. Tatsächlich werden nur die „Rechte" der Arbeitnehmervertreter erwähnt, nicht die Pflichten (Abs. 2 b) a.E.). Bei den Neuverhandlungen unter Abs. 2 c) verwendet der Entwurf die Wendung *„cases, where the agreement should be renegotiated"*, was wörtlich „Fälle" bedeutet. Die Vereinbarung bedarf der Schriftform, Art. 35b I SPE-VOE-Cz.

2147 Art. 35d IV SPE-VOE-Cz.

2148 Art. 35d V SPE-VOE-Cz.

2149 Vgl. Art. 35d VI i.V.m. 35a SPE-VOE-Cz.

das Recht, einige Mitglieder des Aufsichtsrats oder des Verwaltungsrats zu wählen oder zu bestellen, oder eine solche Wahl oder Bestellung abzulehnen. Entscheidend ist das quantitative Kriterium. Einbezogen wurde neben dem Ansatzpunkt „Aufsichtsrat" nun auch der „Verwaltungsrat" (*administrative board*)[2150].

Es fehlt hier allerdings eine ausdrückliche Einbeziehung der Gesamtbelegschaft sowie von Tochtergesellschaften, wie sie noch im ursprünglichen Entwurf erwähnt wurden. Jedoch dürfte man bezüglich letzterer davon ausgehen, dass die dortigen Arbeitnehmer einzubeziehen sind. Das folgt systematisch daraus, dass bei der Bestellung des Besonderen Verhandlungsgremiums ausdrücklich auf die „Arbeitnehmer in allen betroffenen Mitgliedstaaten" abgestellt wird[2151].

Die Regelung eröffnet so die Gelegenheit für ein hohes Maß an Individualisierung in der konkreten SPE, geht aber spiegelbildlich mit einer gesteigerten Eigenverantwortung aller Beteiligten einher[2152]. Hier birgt insbesondere der Umstand, dass auch die Geltungsdauer der Beteiligungsvereinbarung frei verhandelbar ist, ein leichtes Unsicherheitspotential. Theoretisch eröffnet die Wendung die Möglichkeit, auch einen unangemessen langen Zeitraum abdecken zu wollen, bis hin zu einer finalen Zementierung für die Zukunft. Freilich dürfte man für besonders außergewöhnliche Fälle von einem Kündigungsrecht ausgehen können. Möglich ist es aber auch, eine periodische Überprüfung zu vereinbaren. Da ja auch das Verfahren aushandelbar ist, wäre es z.B. denkbar, bei unveränderten Umständen lediglich eine Bestätigung der Vereinbarung durch die Unternehmensleitung auf der einen Seite und ein bereits bestehendes Vertretungsgremium, z.B. einen EBR, auf der anderen Seite vorzusehen, anstatt regelmäßig ein Besonderes Verhandlungsgremium zu konstituieren. Insgesamt dürfte aber auch hier eine sachgerechte Beratung der Unternehmen angezeigt sein, die zumindest einmalig mit gewissen Kosten verbunden sein wird.

II. Sitzverlegung

Bei der Sitzverlegung wird ein Schwerpunkt auf den Bestandsschutz gelegt. Daher soll schon generell die gleichzeitige Sitzverlegung und Gründung durch Umwandlung nicht erlaubt sein[2153].

Maßgeblich bleibt auch hier grundsätzlich das Mitbestimmungsrecht des Aufnahmemitgliedstaats. Verhandelt werden muss jedoch, wenn (kumulativ) a) die SPE-Arbeitnehmer des Heimatstaates mindestens ein Drittel der Gesamtarbeitnehmer

---

2150 Vgl. geänderte Definitionen in Art. 2 I, ea) (Aufsichtsrat) bzw. f) (Arbeitnehmerbeteiligung) SPE-VOE-Cz.

2151 Art. 35a II UAbs. 1 SPE-VOE-Cz (*"...employees employed in all the Member States concerned"*).

2152 Vgl. zum auf diesen Überlegungen aufbauenden schwedischen Entwurf *Hommelhoff*, ZEuP 2011, S. 7, 30 f. (*„Wer Gestaltungsfreiheit ausüben will, muss sich anstrengen"*).

2153 Neuer Erwägungsgrund 7a SPE-VOE-Cz. Erlaubt bleibt aber die Sitzverlegung nach Gründung, ebd., S. 2.

ausmachen und b) diese im Heimatstaat über Mitbestimmungsrechte verfügten und c) sie nach der Sitzverlegung über keine Mitbestimmungsrechte im Aufnahmemitgliedstaat mehr verfügen werden. Das Verfahren entspricht dann demjenigen bei der verhandelten Mitbestimmung[2154].

III. Weiterer Ablauf

Auch dieser Kompromissvorschlag konnte sich letztlich nicht durchsetzen. Lakonisch wird im Fortschrittsbericht festgestellt *„The matter of employee participation [...] will need to be further discussed in order to reach an agreement“* [2155].

VI. Schwedische Ratspräsidentschaft

I. Arbeitsentwurf vom 09.09.2009[2156]

i. Allgemein

Die schwedische Ratspräsidentschaft wollte das Projekt SPE zu einem Abschluss bringen. In diesem Bestreben wurden die tschechischen Ansätze zunächst in mehreren Arbeitspapieren weiterentwickelt. Deren erstes enthält neben weiteren Klarstellungen und Präzisierungen vor allem eigene detaillierte Regelungen der Gründungsvarianten, und hier wiederum insbesondere derjenigen der Gründung durch Umwandlung. Das kommt denjenigen KMU entgegen, die ihre bereits bestehenden Auslandstöchter in SPE umwandeln wollen, sich aber mit dem Umstand konfrontiert sehen, dass nicht alle Mitgliedstaaten eigene und in sich geschlossene Vorschriften zum Formwechsel vorhalten, so dass sich hier beträchtliche praktische Hindernisse ergeben hätten. Im Gegenzug wurden die Gründungsmöglichkeiten durch Verschmelzung und Spaltung aufgegeben[2157].

2154 Art. 39, insbesondere Abs. III i.V.m. Art. 35a bis 35d SPE-VOE-Cz; vgl. auch Erwägungsgrund 16 S. 4 sowie Art. 37 III SPE-VOE-Cz; die Arbeitnehmervertreter können binnen einer (unbestimmten) Frist eine Stellungnahme zur Verlegung abgeben, die ggf. in den Plan einfließt. Verzögern können sie den Ablauf dadurch aber nicht. Eine Delegation sprach sich hier für ein Zeitlimit von 21 Tagen aus, Fn. 65 SPE-VOE-Cz.

2155 Fortschrittsbericht Cz, S. 3.

2156 Im Folgenden SPE-VOE-Sw-ArbGr1. (Offizielles Länderkürzel für Schweden ist nach IS. 3166 „SE“. Aus Lesbarkeitsgründen und zur besseren Abgrenzung mit der Societas Europaea wird hier „Sw“ verwendet.).

2157 Vgl. die neuen Art. 5a, 5b, 5c sowie Erwägungsgrund 7 S. 3, 5 i.V.m Anhang II SPE-VOE-Sw-ArbGr1. Die Umwandlung wurde auf die im Anhang II explizit aufgeführten nationalen Gesellschaftsformen beschränkt. Bei der Gründung durch Umwandlung sind die wahrscheinlichen Auswirkungen der Umwandlung auf die Beschäftigten und die sie betreffenden vorgeschlagenen Maßnahmen im Bericht aufzuführen. Der Bericht muss den Arbeitnehmervertretern, ggf. den Arbeitnehmern selbst, zugeleitet werden (*„submitted“*). Sie können binnen 21 Tagen eine Stellungnahme abgeben, die dann dem Bericht zugefügt wird. Das

Gestrichen wurde auch die Verpflichtung der Unternehmensleitung zum Handeln im Unternehmensinteresse[2158].

Daneben wird im Arbeitsentwurf auch der „mitgliedstaatliche Frontverlauf" bei der Sitzfrage offenkundig, vertreten die nationalen Delegationen ihre jeweiligen Positionen doch durchaus nachdrücklich. Nach dem Entwurf bleibt die Sitzaufspaltung möglich. Während aber die Delegationen aus Finnland, Irland, der Slowakischen Republik und den Niederlanden wünschten, dass die Hauptverwaltung sich auch außerhalb der EU befinden könnte, also sogar noch eine Ausweitung der Sitzaufspaltung bevorzugten, sprachen sich die Delegationen aus Deutschland, Österreich und Luxemburg für eine Regelung nach dem Vorbild von Art. 7 SE-VO aus, und damit für einen Gleichlauf von Sitz und Hauptverwaltung[2159]. Hier spiegeln sich auch die national unterschiedlichen Auffassungen zu Sinn und Wirkung der Mitbestimmung wider.

ii. Mitbestimmung

(a) Verhandlungslösung

Bei der Mitbestimmung selbst bleibt es prinzipiell bei der Anknüpfung an das Recht des Sitzstaats und beim vorgesehenen Umgehungsschutz für Großunternehmen durch ein grundsätzlich gleiches Verhandlungsverfahren bei Mitbestimmungsgefälle und Sitzverlegung[2160]. Modifiziert werden aber die Voraussetzungen und das Verfahren selbst sowie die Schwellenwerte. Vorgesehen wird nun erstmals eine „Ausstiegsklausel" für nationale Belegschaften. Daneben wird die Auffangregelung an den konkret gegebenen Höchststand gebunden. Wie schon beim tschechischen Vorschlag fehlt eine Klarstellung dahingehend, dass jeweils die gesamte Arbeitnehmerschaft der SPE die entsprechend gegebenen Mitbestimmungsrechte

---

insoweit vorgeschlagene Zeitlimit aus Fn. 65 SPE-VOE-Cz ist also übernommen worden. Auch der Umwandlungsbeschluss ist weiterzuleiten, Art. 5b IV (e), V, VI, VII (a) SPE-VOE-Sw-ArbGr1. Zudem müssen die Gläubiger der Gesellschaft informiert werden. Insofern wohl unzutreffend *Hommelhoff/Teichmann*, GmbHR 2010, S. 337, 338, nach denen der Umwandlungsbericht auch „den Gläubigern *zuzuleiten*" ist (Hervorhebung durch Verf.). Der englische Text verwendet in Art. 5b V und VII die Wendung *„shall be made available to the creditors"* bzw. *„make it available to the creditors"*. Diese Wendung wurde auch in den abschließenden Kompromissvorschlag übernommen. Die, nicht revidierte, französische Finalfassung verwendet dort *„mis à la disposition des créanciers"* bzw. *„met à la disposition des créanciers"*. Das läuft aber nicht auf eine (aktive) „Zuleitung" hinaus, sondern lediglich auf das, auch wesentlich praktikablere, „Offenlegen". Die portugiesische Delegation wollte die Gründung durch Formwechsel insgesamt streichen und die Gründung vollständig dem einzelstaatlichen Recht unterstellen, Fn. 13 SPE-VOE-Sw.

2158 Vgl. den nun „leeren" Art. 32 SPE-VOE-Sw-ArbGr1.

2159 Fn. 14, 15 SPE-VOE-Sw-ArbGr1.

2160 Vgl. hierzu auch den leicht gekürzten Erwägungsgrund 7a SPE-VOE-Sw-ArbGr1.

genießen soll. Der gewollte Einbezug wird aber mittelbar deutlich, da bei der Bestellung des Besonderen Verhandlungsgremiums nach wie vor auf die Arbeitnehmer in allen „betroffenen Mitgliedstaaten" abgestellt wird, der Wortlaut im Vergleich zum vorherigen Entwurf also nicht verändert wird[2161].

Verhandelt werden soll nach der Neuregelung von Abs. 1a (a) nunmehr, wenn die SPE für einen fortdauernden Zeitraum von drei Monaten nach Registrierung insgesamt mehr als 650 Arbeitnehmer beschäftigt und von diesen mindestens drei Viertel gewöhnlich in einem Mitgliedstaat arbeiten, der ein höheres Mitbestimmungsniveau vorsieht, als der Sitzstaat[2162]. Zu der reinen (hier: angehobenen) Anzahl kommt also ein zeitliches Kriterium hinzu. Es bedeutet gleichzeitig, dass die Gründung einer SPE nicht durch ein Ausdehnen etwaiger vorheriger Verhandlungen verzögert werden kann, da auf den Moment „nach" Registrierung abgestellt wird.

Der Entwurfswortlaut (*"for a continuous period of three months after its registration"*) ließe hierbei eine Interpretation zu, nach der lediglich in den unmittelbar nach der Eintragung folgenden drei Monaten der Schwellenwert unterschritten werden müsste, um die Verhandlungen zu umgehen. Stellt man freilich auf den Sinn und Zweck des Umgehungsschutzes ab dürfte es eher darauf ankommen, ob zu „irgendeinem", fortdauernden Zeitraum von drei Monaten nach Eintragung die entsprechenden Werte erreicht werden[2163].

(b) Strukturveränderung

Neu ist auch eine automatische periodische Überprüfungsklausel für Strukturveränderungen.

Nach dieser „sollte" jedes Mal, wenn ein neues Leitungsorgan[2164] oder ein neuer Aufsichtsrat eingesetzt wird, jedenfalls aber alle drei Jahre, überprüft werden, ob der doppelte Schwellenwert aus Abs. 1a (a) (noch) aktuell ist. Erfasst werden also sowohl ein „Hineinwachsen" in die Mitbestimmung, z.B. wenn eine ursprünglich dem sitzstaatlichen Mitbestimmungsrecht unterliegende SPE drei Jahre nach ihrer Registrierung nun den ursprünglich nicht erreichten Schwellenwert bei der Mitarbeiterzahl übertrifft, als auch ein „Herauswachsen", z.B. den umgekehrten Fall, in dem eine große SPE mit ausgehandeltem Mitbestimmungsstatut einen Teil ihrer Arbeitnehmer eingebüßt hat. Nach ihrem Wortlaut ist die Klausel nicht

---

2161 Vergleiche den unveränderten Art. 35a II (a) SPE-VOE-Sw-ArbGr1 mit Art. 35a II, UAbs. 1 SPE-VOE-Cz.

2162 Art. 35 Ia (a) SPE-VOE-Sw-ArbGr1.

2163 Vgl. mit Blick auf den ungarischen Vorschlag *Bormann/Böttcher*, NZG 2011, S. 411, 413.

2164 Art. 35 Ib SPE-VOE-Sw-ArbGr1. Die englische Fassung verwendet den Begriff *„management body"*. Dies erstreckt sich nach der überarbeiteten Definition gem. Art. 2 I (e) auf den (einzelnen) Geschäftsführer, den Vorstand oder den Verwaltungsrat, denen jeweils nach der Unternehmenssatzung die Verantwortung für die Unternehmensführung zukommt.

zwingend[2165]. Zudem wird nicht bestimmt, wer diese Überprüfung durchführen soll, insbesondere nicht, ob die Arbeitnehmer (insgesamt oder eine bestimmter Anteil) ein eigenes Überprüfungsrecht haben sollen[2166]. Aus der systematischen Zusammenschau mit Art. 35 Abs. 1a folgt aber zumindest für den Fall des „Hineinwachsens", dass die Geschäftsleitung zur Überprüfung berufen ist. Hat sie doch ggf. beim erstmaligen Erreichen der Schwellenwerte das Verhandlungsverfahren nach Art. 35a ff. zu initiieren[2167]. Für das „Herauswachsen" wäre ggf. die Grundregel anwendbar, es käme also das Sitzstaatsrecht zum Zug. Das gilt allerdings nur solange, wie in der Mitbestimmungsvereinbarung keine Sonderregel für diesen Fall vorgesehen wurde[2168].

In dieser Vorgabe liegt eine Abkehr vom „Zementierungsprinzip" der SE. Anders als dort wird die Mitbestimmung in der SPE selbst nach einer Vereinbarung gerade nicht dauerhaft immunisiert bzw. „eingefroren", sondern dynamisiert.

Daneben dürfte auch aus dieser regelmäßigen periodischen Überprüfungspflicht der Geschäftsleitung folgen, dass es im Rahmen der zeitlichen Schwelle von „drei Monaten nach Registrierung" nicht nur auf den Zeitraum unmittelbar nach der Eintragung ankommen kann.

2165 Der englische Wortlaut ist „*...a review to decide if the threshold is fulfilled ... should be carried out*". Das erstreckt sich sowohl auf ein Hinein- wie auch auf ein Herauswachsen und ist regulatorisch offen.

2166 Vgl. auch *Koberski/Heuschmid*, RdA 2010, S. 207, 212, die für die Arbeitnehmer einen entsprechenden Rechtsbehelf und einen eigenen Informationsanspruch fordern. Zudem favorisieren sie eine stete Überprüfungspflicht ohne zeitliche Begrenzung. Verhandlungen sollen stets verpflichtend sein, sobald die Schwellenwerte erreicht sind. (Die Forderung von *Koberski/Heuschmid* bezieht sich auf den finalen Vorschlag der schwedischen Ratspräsidentschaft, die entsprechenden Änderungen finden sich aber bereits im hier behandelten Änderungsvorschlag.) *Hommelhoff*, ZEuP 2011, S. 7, 30, spricht sich für ein Initiativrecht einer zehnprozentigen Arbeitnehmerminderheit aus. Letzteres ist zu begrüßen, während eine stetige Überprüfungspflicht mit sofortiger obligatorischer Verhandlung letztlich zufällige Ergebnisse kreieren könnte. Überprüfungen zu festgelegten Terminen und ggf. Anlässen dürften praktikabler sein.

2167 Vgl. auch *Hommelhoff*, ZEuP 2011, S. 7, 28 f.

2168 *Hommelhoff*, ZEuP 2011, S. 7, 29, will die Mitbestimmungsvereinbarung aufgrund des in ihr enthaltenen Konsenses zwischen den Vertragsparteien nicht automatisch wegfallen lassen. Er will aber jeder Partei ein außerordentliches Kündigungsrecht zugestehen, weil die Grundlage der Mitbestimmungsvereinbarung und damit auch die Grundlage für deren Fortwirken entfallen ist. Die Mitbestimmung soll sich dann nach dem Recht des Sitzstaats richten, es sei denn, die Vertragsparteien verständigten sich auf eine Fortgeltung oder Anpassung. Freiwillige Mitbestimmungsvereinbarungen seien vom Entwurfstext gedeckt. Diesem letzten Aspekt dürfte zuzustimmen sein. Vgl. auch *Van het Kaar/Zaal* in *Zaman/Schwarz*, EPC 2009, S. 166.

(c) *Sitzverlegung*

Bei einer Sitzverlegung muss grundsätzlich verhandelt werden, wenn mindestens ein Drittel der Gesamtarbeitnehmer gewöhnlich im Heimatstaat arbeiten und (kumulativ) die Beschäftigten des Heimatstaats ein höheres Mitbestimmungsniveau genossen als diejenigen des Aufnahmestaats[2169]. Festgelegt wird also nur ein relativer Schwellenwert. Der Anwendungsbereich ist dementsprechend recht weit.

(d) *Ausnahmeregelung*

Hinzugesetzt wird eine Ausnahmeregelung in UAbs. 2. Existiert demnach in der SPE bereits ein länderübergreifendes Mitbestimmungssystem, bleibt es bestehen, falls sich SPE und Besonderes Verhandlungsgremium nicht auf ein anderes Modell einigen[2170]. Hierin läge grundsätzlich ein Anreiz zur Schaffung eines solchen Systems.

Allerdings geht die Erleichterung tatsächlich wohl nicht so weit, wie man auf den ersten Blick meinen könnte. Denn zum einen verlangt die Ausnahmeregelung ein Mitbestimmungssystem, das nach exakt diesen Vorgaben bereits verhandelt wurde. Zum anderen beschränkt sie sich auf den Fall der Sitzverlegung.

Das folgt bereits aus dem Wortlaut des finalen Vorschlags der schwedischen Präsidentschaft, der allerdings in den verschiedenen sprachlichen Fassungen voneinander abweicht. Denn während die deutsche Fassung auf die Verordnung insgesamt abstellt, beziehen sich sowohl die englische als auch die französische Sprachfassung ausdrücklich nur auf den Einzelartikel. Da die fragliche Änderung im hier näher behandelten Kompromisstext zuerst eingeführt wurde, soll sie an dieser Stelle etwas näher betrachtet werden.

So lautet der englische Wortlaut der hier fraglichen Norm Art. 35 Ia (b), UAbs. 2 *"However, if a transnational employee participation system, established in accordance with this **Article**, applies in the SPE at the time of the transfer, it shall continue to apply after the transfer if nothing else is agreed upon between the SPE and the special negotiating body"* Die späteren Vorschläge der schwedischen Präsidentschaft wurden in ihren englischen Fassungen sprachlich insoweit nicht verändert, der Wortlaut wurde identisch auch in den folgenden Fassungen verwendet[2171]. In der französischen Fassung lautet der finale schwedische Vorschlag an der hier entscheidenden Stelle „*...un régime transnational de participation des*

2169 Art. 35 Ia (b) SPE-VOE-Sw-ArbGr1.

2170 Art. 35 Ia (b), UAbs. 2 SPE-VOE-Sw-ArbGr1.

2171 Inklusive denjenigen der ungarischen Präsidentschaft. Vgl. insofern SPE-VOE-Sw-ArbGr2, SPE-VOE-Sw-ArbGr4-Add1, SPE-VOE-Sw-ArbGr5, SPE-VOE-Hu-ArbGr1, SPE-VOE-Hu-ArbGr2, SPE-VOE-Hu-ArbGr3, SPE-VOE-Hu-ArbGr4 und englische Fassung von SPE-VOE-Hu.

travailleurs établi conformément au présent ***article...***"[2172]. Die deutsche Übersetzung des finalen Vorschlags lautet hingegen auf „*... ein grenzüberschreitendes System der Arbeitnehmermitbestimmung gemäß dieser* ***Verordnung...***"[2173]. [Hervorhebung durch Verf.]

Die englische bzw. französische Entsprechung zum deutschen „Verordnung" ist „*regulation*" bzw. „*règlement*"; beide Entsprechungen werden in den jeweiligen Fassungen mehrfach verwendet. Es kann schon daher kaum davon ausgegangen werden, dass die Verwendung von „*article*" gerade an dieser Stelle ungewollt geschah. Das deutsche Pendant dürfte falsch übersetzt sein.

Ähnliches gilt für den systematischen Bezug. UAbs. 2 stellt sowohl in der englischen als auch in der französischen Fassung ausschließlich auf die „Sitzverlegung" ab. Der englische Wortlaut von Abs. 1a (b) „***transfer of the registered office***" wird in UAbs. 2 mit „*transfer*" aufgenommen, ebenso in der französischen Fassung mit „***transfert du siège statutaire***" bzw. „*transfert*". Demgegenüber lautet die deutsche Übersetzung bei Abs. 1a (b) zunächst noch „Verlegung des Sitzes", bei UAbs. 2 dann aber „**Umwandlung**", was auf die Gründungsvariante nach Art. 5b abstellen würde[2174]. Das wäre aber nicht „*transfer*" bzw. „*transfert*" sondern „*by transformation*" bzw. „*par voie de transformation*". Schon vom Wortlaut her dürfte also davon auszugehen sein, dass an dieser Stelle gerade nicht ein Sonderrecht für die Umwandlung, sondern tatsächlich die Sitzverlegung geregelt werden soll.

Diese Fehlübersetzungen sind auch relevant. Zwar gilt im Unionsrecht grundsätzlich, dass die jeweiligen sprachlichen Fassungen gleichberechtigt nebeneinander stehen[2175], so dass keiner Sprache der Vorrang zukommt. Insbesondere in der Wortlautauslegung müssten also alle Fassungen gebührend berücksichtigt werden[2176]. Das gilt hier jedoch gerade noch nicht. Denn anders als bei den sonst behandelten finalen Texten des Primär- und Sekundärrechts handelt es sich hier

---

2172 Die Arbeitstexte sind, so weit ersichtlich, nicht durchgängig auf Französisch verfügbar. Eine Übersetzung existiert jedoch vom finalen Vorschlag der schwedischen Präsidentschaft vom 27.11.2009, (Dok.-Nr. 16115/09 ADD 1, DRS 71, SOC 711). Der fragliche Abschnitt lautet dort vollständig: „*Toutefois, si un régime transnational de participation des travailleurs établi conformément au présent article est applicable dans la SPE au moment du transfert, celui-ci continue à s'appliquer après le transfert dès lors qu'aucune autre disposition n'est convenue entre la SPE et le groupe spécial de négociation.*"

2173 Art. 35 Ia (b) UAbs.2 SPE-VOE-Sw-Add1 in der deutschen Fassung.

2174 Erstmals in SPE-VOE-Sw-ArbGr3, sodann in allen zeitlich folgenden deutschen Übersetzungen bis zu SPE-VOE-Hu.

2175 So schon EuGH Urteil vom 06.10.1982, Rs. C- 283/81 (*CILFIT/Ministero della Sanità*), dort insbes. Rn. 18. Kritisch daher zum faktischen Vorrang des Französischen als Arbeitssprache des EuGH *Riesenhuber* in *Riesenhuber*, EuMethodenlehre 2010, S. 323, Fn. 35.

2176 Vgl. *Riesenhuber* in *Riesenhuber*, EuMethodenlehre 2010, S. 322 f.

(noch) um Entwurfsfassungen, die zudem oft genug überhaupt nur in ein oder zwei (Arbeits-)Sprachen vorliegen. So liegt es auch hier[2177]. Schon vom Wortlaut her ergibt sich also eine Divergenz.

Aber auch regelungssystematisch erscheint die Einbeziehung eines Sonderrechts für die Mitbestimmung bei Formwechsel gerade an dieser Stelle, als ein Unterabsatz im Zusammenhang mit der Sitzverlegung, im Hinblick auf die innere Ordnung des Regelungsganzen nur bedingt plausibel[2178].

Insgesamt dürfte hier daher von einer unzutreffenden deutschen Übersetzung auszugehen sein. Das ist umso bemerkenswerter, als sie sich unverändert (falsch) durch alle nachfolgenden Vorschläge zieht und auch ihren Niederschlag in der Literatur gefunden hat[2179].

Geregelt wird also nicht ein Sonderrecht für die Umwandlung, sondern ein Sonderrecht für die Sitzverlegung. Da es sich aber nach dem englischen und dem französischen Wortlaut ausdrücklich um ein länderübergreifendes

---

2177 Zwischenzeitlich wurden die Arbeitstexte der schwedischen Ratspräsidentschaft in einige weitere Sprachen übersetzt. In den online verfügbaren Fassungen wird jedoch, soweit erkennbar, nahezu stets auf den „*Artikel*" verwiesen, nicht etwa auf die „*Verordnung*", sowie auf die „*Sitzverlegung*" statt auf die „*Umwandlung*". (Dänisch: „*artikel*" statt „*forordning*" bzw. „*flytningen*" statt „*omdannelse*"; Estnisch: „*artikliga*" statt „*määrus*" bzw. „*ülevimiise*" statt „*ümberkujundamise*"; Italienisch: „*articolo*" statt „*regolamento*" bzw. „*trasferimento (della sede legale)*" statt „*trasformazione*"; Litauisch: „*straipsnį*" statt „*reglamentą*" bzw. „*perkelimo*" statt „*pertvarkant*"; Maltesisch: „*Artikolu*" statt „*Regolament*" bzw. „*trasferiment (tal-uffiċċju rreġistrat)*" statt „*trasformazzjoni*"; Niederländisch: „*artikel*" statt „*verordening*" bzw. „*verplaatsing (van de statutaire zetel)*" statt „*omzetting*"; Polnisch: „*artykuł*" statt „*rozporządzenie*" bzw. „*przeniesienia (statutowej siedziby)*" statt „*przekształcenia*"; Portugiesisch: „*artigo*" statt „*regulamento*" bzw. „*transferência (da sede social)*" statt „*transformação*"; Rumänisch: „*articol*" statt „*regulament*" bzw. „*transferului (sediului social)*" statt „*transformare*"; Slowakisch: „*článok/článkom*" statt „*nariadenia*" bzw. „*premiestnenia (registrovaného) sídla*" statt „*premenou právnej formy*"; Spanisch: „*artículo*" statt „*reglamento*" bzw. „*traslado (del domicilio social)*" statt „*transformación*"; Tschechisch: „*článkem*" statt „*nařízení*" bzw. „*přemístěnísídla*" statt „*změnouprávníformy*", Ungarisch: „*cikk*" statt „*rendelete*" bzw. „*székhelyének áthelyezése*" statt „*átalakulással*". Anders allerdings Lettisch, dort zwar auch noch „*pantu*" statt „*regulai*", jedoch „*pārveides*", was in Übereinstimmung mit Art. 5 ebenfalls „Umwandlung" bedeutet, während „Sitzverlegung" wohl „*juridiskās adreses pārcelšanas*" wäre, die so auch in Art. 35 Ia (b) UAbs. 1 genannt wird.) Suchmaske für die verschiedenen Sprachfassungen unter www.register.consilium.europa.eu.

2178 Vgl. insofern auch EuGH, Rs. C-283/81 (*CILFIT*), Rn. 20, wonach jede Vorschrift des Gemeinschaftsrechts im Zusammenhang zu sehen ist. Zur systematischen Auslegung insgesamt *Riesenhuber* in *Riesenhuber*, EuMethodenlehre 2010, S. 326 ff.

2179 Daher vermutlich unzutreffend *Hommelhoff*, ZEuP 2011, S. 7, 22, wo auf ein Sonderrecht für den Formwechsel abgestellt wird.

Mitbestimmungssystem „nach den Bestimmungen dieses **Artikels**“ handeln muss wird eine qualitative Hürde eingebaut. Insbesondere muss die Mitbestimmung also in der SPE bereits zuvor nach den entsprechenden Vorgaben ausgehandelt worden sein. Und nach dem Wortlaut kann nach der Sitzverlegung nicht einfach auf diese schon zuvor ausgehandelte Mitbestimmung zurückgegriffen werden. Viel mehr bleibt es nach wie vor bei der Notwendigkeit, zunächst ein Besonderes Verhandlungsgremium zu etablieren und Verhandlungen zu beginnen[2180]. Zudem muss sich die Auffangregelung nach den Vorgaben des Mitgliedstaats mit dem höchsten Mitbestimmungsniveau richten. Insgesamt dürften sich Aufwand und Kosten durch diese Regelung also kaum verringern.

(e) Ausstiegsklausel

Bedeutendste Neuerung beim Verfahren ist die Ausstiegsklausel für nationale Belegschaften. Arbeitnehmer aus einem oder mehreren Mitgliedstaaten können von ihrer Beteiligung bei der Begründung des Besonderen Verhandlungsgremiums Abstand nehmen. Wenn sie das tun, nehmen sie auch nicht (mehr) an der Ausübung von Mitbestimmungsrechten in der SPE teil. Ihre Anzahl wird bei der Zusammensetzung des Besonderen Verhandlungsgremiums nicht berücksichtigt und bleibt auch bei der Beschlussfassung außen vor[2181]. Das dürfte denjenigen Mitgliedstaaten entgegenkommen, deren Arbeitnehmer traditionell einen eher konfrontativen, grundsätzlich mitbestimmungsaversen Kurs vertreten. Falls es einer nationalen Belegschaft nicht binnen der Dreimonatsfrist gelingt, ihre Vertreter für das Besondere Verhandlungsgremium zu bestimmen, soll dies automatisch als Rechtsverzicht mit den oben beschriebenen Folgen gelten[2182]. Die gesamte Frist für die Etablierung des Besonderen Verhandlungsgremiums verlängert sich dann um einen Monat[2183]. Dies dürfte dann für die „übrigen“ Belegschaften gelten, die die entsprechend frei werdenden Sitze unter sich aufteilen müssen. Es wird allerdings

2180 Der Wortlaut ist „... *it* [= das zuvor bestehende System, Anm. d. Verf.] *shall continue to apply after the transfer if nothing else is agreed upon between the SPE and the special negotiating body.*“ Begriffsnotwendig wird also erst ein bestehendes Besonderes Verhandlungsgremium vorausgesetzt.

2181 Art. 35 a II, neuer Buchstabe (b), (c) S.2, neuer letzter Halbsatz SPE-VOE-Sw-ArbGr1. Dem Wortlaut nach kann über einen Ausstieg jedes Mal neu entschieden werden, wenn ein Besonderes Verhandlungsgremium begründet wird, so dass ein Ausstieg nicht zwangsläufig dauerhaft wäre („*Employess from one or more Member States may refrain from taking part in the establishment of the special negotiating body*“). Neu ist die Untergliederung von Art. 35a II in insgesamt sechs Unterabsätze. Außerdem wird die Obliegenheit für die Unternehmensleitung in Abs. 1 zeitlich präzisiert. Der tschechische Entwurf verwendet die Konjunktion „*When*“, übersetzt „Wenn“. Der neue Vorschlag nutzt „*As soon as*“, wörtlich „Sobald (wie)“.

2182 Art. 35a (e), neuer S. 2 SPE-VOE-Sw-ArbGr1.

2183 Art. 35a (e), neuer S. 3 SPE-VOE-Sw-ArbGr1.

nicht geregelt, wie die nationalen Belegschaften einen entsprechenden Willen beschließen oder artikulieren sollen und ob insoweit ein mitgliedstaatliches Primat (mit entsprechenden Abweichungs- oder Umgehungsmöglichkeiten) gelten soll.

Als letzte Änderung beim Verfahren soll nun nicht mehr der Mitgliedstaat, sondern die SPE selbst darüber befinden dürfen, dass bei den Verhandlungen nur die Kosten für einen einzigen (externen) Sachverständigen übernommen werden[2184].

(f) Erweiterter Mindestinhalt

Der Mindestinhalt einer zu schließenden Vereinbarung wird dahingehend ausgedehnt, dass jetzt auch die Folgen eines Scheiterns bei Neuverhandlungen enthalten sein müssen[2185]. Parteien, die sich einmal auf eine Mitbestimmungsvereinbarung geeinigt haben, werden so weiter in der Verantwortung gehalten[2186].

(g) Auffanglösung

Schließlich wird die Auffanglösung überarbeitet und in ihrer Reichweite ausgedehnt. Geändert wird vor allem ihr Anknüpfungspunkt. Vorgesehen ist, dass sie sich nun nicht mehr, wie noch im tschechischen Vorschlag, nach dem Arbeitsort der meisten SPE-Arbeitnehmer richtet. Maßgeblich ist viel mehr das Recht desjenigen, in der jeweiligen SPE konkret betroffenen, Mitgliedstaats, in dem die weitestgehenden Beteiligungsrechte gelten[2187].

Gleichzeitig dürfen die Mitgliedstaaten den Anteil der Arbeitnehmervertreter im Verwaltungsrat niemals unter eine Drittelbeteiligung setzen[2188]. Das dürfte rechtspolitisch vor allem auf Deutschland zielen. Zum einen, weil in allen anderen Staaten ohnehin maximal eine Drittelbeteiligung vorgesehen ist. Zum anderen, weil Deutschland zudem einer vergleichbaren Regelung bei der Verschmelzungsrichtlinie schon einmal zugestimmt hat[2189].

Die Auffangregelung kann nunmehr ausdrücklich auch dann zum Tragen kommen, wenn es das Besondere Verhandlungsgremium so verlangt[2190]. Falls keine der Bedingungen für die Auffanglösung einschlägig ist, bemisst sich die

---

2184 Art. 35b V 2 SPE-VOE-Sw-ArbGr1.

2185 Art. 35c II (c), letzter Halbsatz SPE-VOE-Sw-ArbGr1.

2186 *Hommelhoff*, ZEuP 2011, S. 7, 31.

2187 Art. 35d II SPE-VOE-Sw-ArbGr1 („... *equal to the proportion applicable in the Member State concerned providing for the highest level of participation rights.*").

2188 Art. 35d III SPE-VOE-Sw-ArbGr1; abgestellt wird ausschließlich auf das „*administrative board*".

2189 Vgl. Art. 16 IV c) RL 2005/56/EG. S. dazu *Hommelhoff/Teichmann*, GmbHR 2010, S. 337, 343 f.; kritisch *Koberski/Heuschmid*, RdA 2010, S. 207, 212.

2190 Art. 35d I (b) (iii) SPE-VOE-Sw-ArbGr1. Voraussetzung ist, dass bei Ende der Verhandlungsfrist noch keine Vereinbarung erzielt wurde, das Besondere Verhandlungsgremium nicht mit der doppelten Zweidrittelmehrheit den Abbruch der Verhandlungen beschlossen hat und es sich für die Auffanglösung ausspricht. Es muss also in jedem Fall zuvor verhandelt werden.

Mitbestimmung nach dem Recht des Sitzstaats[2191]. Sieht dieses mehrere Beteiligungsformen vor, entscheidet das Besondere Verhandlungsgremium, welche Variante in der SPE umgesetzt wird. Falls dieses keine Entscheidung treffen kann (oder will), sollen die Mitgliedstaaten eine entsprechende Vorgabe treffen[2192].

2. *Arbeitsentwurf vom 22.10.2009*[2193]

Der Kompromisstext vom 09.09.2009 wurde bei insgesamt drei Treffen durch die Arbeitsgruppe Gesellschaftsrecht weiterentwickelt und im Verlauf zwei Mal geändert[2194]. Trotz einer gewissen Annäherung blieben unter den Delegationen einige entscheidende Punkte umstritten, insbesondere auch die Arbeitnehmermitbestimmung[2195].

In diesem Zusammenhang hervorhebenswert ist der Kompromissvorschlag vom 22.10.2009. Dies allerdings weniger wegen der tatsächlich in ihn eingearbeiteten (eher marginalen) materiellen Änderungen, als mehr aus rechtspolitischer Perspektive, da in ihm die Abänderungswünsche und „roten Linien" der mitgliedstaatlichen Delegationen sichtbar werden. Insgesamt vermitteln sie ein in den Details nach wie vor gespaltenes, ja unversöhnliches Bild.

2191 Art. 35d, neuer Abs. 1a SPE-VOE-Sw-ArbGr1. Konkret dürfen sich die Parteien also a) nicht auf die Anwendung der Auffanglösung geeinigt haben, b) es darf nach ergebnislosem Ablauf der Verhandlungsfrist kein Abbruchbeschluss gefasst und kein Anwendungsverlangen durch das Besondere Verhandlungsgremium ausgesprochen worden sein oder c) die SPE hat sich bei Erfüllen der Voraussetzungen nach Art. 35 Ia (doppelter Schwellenwert) nicht direkt den Auffangregelungen unterworfen.

2192 Art. 35d, neuer Abs. 3a SPE-VOE-Sw-ArbGr1. Ggf. muss das Besondere Verhandlungsgremium die SPE über seine Entscheidung informieren.

2193 Im Folgenden SPE-VOE-Sw-ArbGr2. Basis waren u.a. auch hier die Ergebnisse einer vorherigen Befragung zu den mitbestimmungsrelevanten Kapiteln VI und VII des Verordnungsentwurfs; vgl. hierzu *Questionnaire* Sw.

2194 So der Vorbereitende Bericht Sw, S. 2. Es handelte sich demnach um die Dokumente 14167/09 vom 07.10.2009 und 14783/09 vom 22.10.2009. Ersteres ist als „Note" an die „Company Law Attachés" vertraulich und daher beim Rat nicht uneingeschränkt für die Öffentlichkeit verfügbar, in den Registern findet sich lediglich die Dokumenteninformation selbst und auch diese nur in einer englischen Fassung. Das Dokument 14167/09 wurde jedoch inhaltlich in das Dokument 14783/09 (hier: SPE-VOE-Sw-ArbGr2) eingearbeitet. Dokument 14167/09 soll hier darum außer Betracht bleiben. (Zur Unverwertbarkeit von nicht veröffentlichten Materialien vgl. auch vgl. auch *Riesenhuber* in *Riesenhuber,* EuMethodenlehre 2010, S. 315 ff.).

2195 Daneben auch das grenzüberschreitenden Element, die Gründung, der Sitz, die Registrierung und das Mindestkapital; Vorbereitender Bericht Sw, S. 2. Zum seinerzeit jeweiligen Stand vgl. im Einzelnen ebd. S. 3 ff („*The Outstanding Issues – State of Play*").

i. Allgemeiner Prüfvorbehalt

Demnach unterliegt schon das gesamte (Mitbestimmungs-)Kapitel VI einem dänischen Parlamentsvorbehalt sowie dem Prüfvorbehalt einer anderen Delegation[2196].

ii. Anknüpfung der Mitbestimmung

Bei der grundsätzlichen Anknüpfung der Mitbestimmung an das Recht des Sitzstaats macht eine Delegation einen negativen Vorbehalt geltend. Eine andere Delegation will diese Frage in die allgemeinen Verhandlungen einbeziehen und eine dritte Delegation spricht sich dafür aus, dass das jeweils nationale Mitbestimmungsrecht auch die Beschäftigten in den anderen Mitgliedstaaten erfassen soll[2197].

iii. Verhandlungsverfahren – Voraussetzungen und Durchführung

Wenn bei der grundsätzlichen Frage der Verhandlungen weitgehende Einigkeit zu bestehen scheint[2198], erweisen sich die jeweiligen Einzelheiten als hoch umstritten. Insbesondere die Voraussetzungen bei der grundsätzlichen Verhandlungspflicht sind besonders schwer auf einen gemeinsamen Nenner zu bringen. Bei der Beschäftigungsfrist erachtet eine Delegation die Dauer von drei Monaten pauschal als zu kurz, unterbreitet aber keinen eigenen Abänderungsvorschlag. Eine andere Delegation spricht sich stattdessen für sechs Monate aus[2199].

Noch strittiger sind die Werte bei den Parametern zur Berechnung der Unternehmensgröße. Während der vorgeschlagene Wert von mehr als 650 Beschäftigten von einer Seite pauschal als zu hoch erachtet wird sprechen sich andere für ein konkretes Maximum von 250 bis 300 Arbeitnehmern aus, wieder andere sehen den Vorschlag als zu niedrig an und fordern einen Wert um 800 Beschäftigte. Der quotale Referenzwert von drei Vierteln der Beschäftigten in einem anderen Mitgliedstaat

2196 Fn. 50 SPE-VOE-Sw-ArbGr2; bei dieser „anderen Delegation“ dürfte es sich um die deutsche handeln. Grundsätzlich werden die Anmerkungen der Delegationen im Text durch die jeweiligen Länderkürzel gekennzeichnet. In den der Öffentlichkeit zugänglichen Dokumenten werden sie aber im Allgemeinen unkenntlich gemacht, so dass präzisere Angaben nicht ohne weiteres möglich sind. Bei der expliziten Nennung der dänischen Delegation dürfte es sich insoweit um ein redaktionelles Versehen handeln.

2197 Fn. 51 SPE-VOE-Sw-ArbGr2.

2198 Vgl. die Neufassung von Erwägungsgrund 16 sowie den neuen Erwägungsgründe 16a. Demnach sollen als Umgehungsschutz bei bestimmten Bedingungen Verhandlungen mit den Arbeitnehmern über die Mitbestimmung durchgeführt werden. Ein solches länderübergreifendes System erfasst sowohl eine vereinbarte Lösung als auch ein System nach den Auffangregeln.

2199 Fn. 52 SPE-VOE-Sw-ArbGr2. Die sprachliche Fassung deutet an, dass es sich nicht um ein und dieselbe Delegation handelt. Die erstgenannte Delegation macht aber offenbar keinen eigenen Vorschlag.

wird ebenfalls pauschal als zu hoch kritisiert[2200]. Wieder andere wollen eine Mitbestimmung schon generell nicht akzeptieren, wenn die SPE *ex nihilo* gegründet wird[2201]. Konkrete Änderungsvorschläge gehen auf die Akzeptanz des vorherigen Kompromissvorschlags, eine gänzliche Neufestlegung der Berechnungsmaßstäbe nach Mitarbeiterzahl, Jahresumsatz und/oder jährlicher Bilanzsumme, sowie eine Akzeptanz der doppelten Schwellenwerte, die allerdings „ein bisschen" niedriger ausfallen sollten. Schließlich machen wieder andere einen, mal positiven, mal negativen Prüfvorbehalt geltend[2202].

Die Differenzen setzen sich bei den Bestimmungen zum Verhandlungsverfahren fort. Eine Delegation legte sogar für das Bestellungsverfahren des Besonderen Verhandlungsgremiums einen vollständigen Alternativvorschlag vor. Bei der Ausstiegsklausel überantwortet der Arbeitsvorschlag die nähere Ausgestaltung des Verzichtsverfahrens der Regelung durch die Mitgliedstaaten, allerdings sollen die „ausgestiegenen" Arbeitnehmer dann dennoch zumindest bei der „Neu-Bestellung" der Arbeitnehmervertreter Berücksichtigung finden[2203]; (mindestens) eine Delegation macht hier aber einen Prüfvorbehalt geltend[2204]. Auf Widerstand stößt schließlich auch die Auffangregelung, hier wieder gekürzt um das Recht des Besonderen Verhandlungsgremiums, ihre Anwendung zu verlangen[2205].

Bei den Schwellenwerten zur Sitzverlegung gilt Ähnliches[2206]. Eine Delegation will hier ebenfalls die automatische Überprüfung anwenden[2207].

iv. Weiterer Ablauf

In der Folgezeit wurden die abweichenden Ansichten unter den Delegationen diskutiert. Resultat dieser Debatten waren mehrere, zeitlich rasch nachfolgende,

---

2200 Fn. 53, 54, erste Delegation bei Fn. 55 SPE-VOE-Sw-ArbGr2.

2201 Zweite Delegation bei Fn. 55 SPE-VOE-Sw-ArbGr2.

2202 Dritte bis Sechste Delegation bei Fn. 55 SPE-VOE-Sw-ArbGr2. Vorgeschlagen wird ein Wert von „mindestens 250 Beschäftigten, ein Jahresumsatz von mindestens 50 Millionen und/oder eine Jahresbilanz von mindestens 43 Millionen." Die fünfte Delegation lässt festhalten: *„OK with double-threshold, they could go a* bit *lower"* (Hervorhebung auch im Original).

2203 Art. 35c II (ba) SPE-VOE-Sw-ArbGr2.

2204 Art. 35a II (ea) S. 2; Fn. 61 ff. SPE-VOE-Sw-ArbGr2.

2205 Vgl. Art. 35d I (b), wo nun Unterabsatz (iii) entfallen ist, Fn. 64 SPE-VOE-Sw-ArbGr2.

2206 Vgl. Fn. 56 ff. SPE-VOE-Sw-ArbGr2. (Mindestens) Zwei Delegationen erachten den Schwellenwert von einem Drittel der Beschäftigten als zu niedrig, mindestens drei Delegationen machen verschiedene Prüfvorbehalte geltend. Eine Delegation schlägt als Zusatzvoraussetzung die Einführung eines weiteren absoluten Größenkriteriums von mindestens 500 Beschäftigten in der Gesamt-SPE vor.

2207 Fn. 60 SPE-VOE-Sw-ArbGr2.

überarbeitete Kompromisstexte des Vorsitzes, die vor allem die Diskrepanzen bei den Schwellenwerten und bei der Sitzfrage überwinden sollten.

3. *Arbeitsentwurf vom 09.11.2009*[2208]

i. Mitbestimmung

Im folgenden Arbeitsentwurf wurden die umstrittenen Schwellenwerte geändert. Zudem wurde eine weitere Klausel für Großunternehmen eingefügt.

Der Umgehungsschutz durch das Verhandlungsverfahren sollte nun greifen, wenn eine von zwei größenbezogenen Voraussetzungen erfüllt ist. Zum Ausgleich von zeitlichen Schwankungen wurde zudem eine Frist vorgesehen.

Konkret muss die SPE demnach während eines ununterbrochenen Zeitraums von drei Monaten nach Eintragung a) entweder zwischen 600 und 1.000 Arbeitnehmer beschäftigen, von denen mindestens die Hälfte regelmäßig in einem Mitgliedstaat arbeitet, in dem ein höheres Mitbestimmungsniveau herrscht als im Sitzstaat oder alternativ, b) wenn die SPE im genannten Zeitraum mindestens 1.000 Arbeitnehmer beschäftigt, von denen mindestens 500 in einem mitbestimmungsgünstigeren Mitgliedstaat arbeiten[2209]. Die neu ergänzte Bestimmung legt hier also eine fixe Mindestgrenze fest.

ii. Sitzverlegung

Bei der Sitzverlegung blieb es bei den bekannten Größen. Es fehlte hier allerdings immer noch an einem zeitlichen Bezug. Unklar ist also, ab wann die Werte gegeben sein mussten[2210].

iii. Überprüfungsklausel und Missbrauch

Mindestens alle drei Jahre soll nun das Geschäftsführungsorgan der SPE überprüfen, ob diese Voraussetzungen erfüllt sind. Der zusätzliche Bezug auf die Bestellung eines neuen Organs wurde gestrichen[2211].

Davon unabhängig werden die Mitgliedstaaten ausdrücklich in die Pflicht genommen. Sie sollen die erforderlichen Maßnahmen im Einklang mit dem Gemeinschaftsrecht ergreifen, um zu verhindern, dass eine SPE dazu missbraucht wird, den Arbeitnehmern ihre Mitbestimmungsrechte vorzuenthalten oder zu versagen[2212]. Wie schon bei Art. 11 SE-RL muss also ein supranational

---

2208 Im Folgenden SPE-VOE-Sw-ArbGr3.

2209 Art. 35 Ia (a) SPE-VOE-Sw-ArbGr3. Die Klausel ist sprachlich ungenau, da „mindestens 1.000“ auch schon bei „genau 1.000“ erfüllt sein kann. Die englische Fassung verwendet das präzisere „mehr als 1.000 Beschäftigte und mindestens 500...“ (*“more than 1.000 employees and at least 500 ...”*).

2210 Vgl. Art. 35 Ia, b) SPE-VOE-Sw-ArbGr3.

2211 Art. 35 Ib SPE-VOE-Sw-ArbGr3.

2212 Art. 35, neuer Abs. IV SPE-VOE-Sw-ArbGr3.

ermöglichter Missbrauch national überwacht und ggf. geahndet werden. Das ist bemerkenswert, aber auch durchaus gut begründbar, da die Mitgliedstaaten „näher an der Materie" gelegen sind, im Zweifel etwaige Missbräuche in ihren Hoheitsgebieten also sowohl schneller erkennen als auch leichter ausräumen können, als die Unionsinstitutionen. Allerdings bleiben dann natürlich auch gewisse Unsicherheitspotentiale hinsichtlich der jeweiligen Reichweiten[2213].

iv. Ausstiegsklausel

Bei der Bestellung der Mitglieder des Besonderen Verhandlungsgremiums wird die Vorgabe präzisiert. Wenn demnach eine nationale Belegschaft von der Ausstiegsklausel Gebrauch macht, und deren Arbeitnehmer daher bei der Berechnung der zu vergebenden Sitze nicht berücksichtigt werden, ist für diesen Staat insgesamt kein Vertreter zu entsenden[2214].

v. Auffangregel

Bei der Auffangregelung spricht sich eine Delegation für die Einbeziehung von Unterrichtungs- und Anhörungsrechten aus[2215]. Statt der vorgesehenen Anknüpfung an den Mitgliedstaat mit dem höchsten Niveau der Arbeitnehmermitbestimmung wünscht eine Delegation eine Anknüpfung an den regelmäßigen Arbeitsort der Arbeitnehmermehrheit[2216].

4. *Arbeitsentwurf vom 20.11.2009*[2217]

i. Gründung durch Verschmelzung

In diesem Entwurf wurde die Gründungsmöglichkeit durch Verschmelzung wieder aufgenommen. Dies geschieht ggf. in Übereinstimmung mit dem mitgliedstaatlichen Recht inklusive der Vorschriften zur Umsetzung der Verschmelzungsrichtlinie 2005/56/EG[2218].

ii. Sitz

Die Sitzfrage sollte nun an ein zeitliches (Übergangs-)Kriterium gebunden werden.

Ein erweiterter Erwägungsgrund 4 wollte „für die Anfangsphase", bis entsprechend hinreichende Erfahrungen mit der neuen Rechtsform gesammelt werden

---

2213 Vgl. *Hommelhoff*, ZEuP 2011, S. 7, 26 f. Für Deutschland vgl. auch § 18 III SEBG (Wiederaufnahme der Verhandlungen bei strukturellen Veränderungen, die ggf. Beteiligungsrechte der Arbeitnehmer mindern könnten; mit *Hommelhoff*, ZEuP 2011, S. 7, Fn. 61 eine *„partielle Umsetzung"*).

2214 Art 35a II a) S. 3, ea) SPE-VOE-Sw-ArbGr3.

2215 Fn. 51 SPE-VOE-Sw-ArbGr3.

2216 Fn. 52 i.V.m. Art. 35d II SPE-VOE-Sw-ArbGr3.

2217 Im Folgenden SPE-VOE-Sw-ArbGr4; SPE-VOE-ArbGr4-Add1.

2218 Art. 5 c) SPE-VOE-Sw-ArbGr4-Add1.

konnten, zunächst die doppelte Anknüpfung der SPE an europäisches und (verschiedenes) nationales Recht anerkennen. Für einen Zeitraum von drei Jahren nach Inkrafttreten der SPE-Verordnung „sollte" ein Mitgliedstaat, in dem sich Hauptverwaltung bzw. Hauptniederlassung einer SPE befinden, vorschreiben dürfen, dass sich auch der Sitz in diesem Mitgliedstaat befinden muss. Nach Ende dieses Zeitraums sollte das (jeweilige) mitgliedstaatliche Recht gelten[2219]. Ab dann wäre also ggf. auch eine Trennung (wieder) möglich geworden.

Eine Einigung konnte auch hier nicht erzielt werden. Mindestens eine Delegation wollte die Sitzfrage vollständig dem mitgliedstaatlichen Recht unterstellen, mindestens zwei Delegationen sprachen sich aber vollständig gegen jede mitgliedstaatliche Option aus[2220].

iii. Mitbestimmung

Daneben enthält dieser Vorschlag eine Klarstellung bei der Schwellenwertberechnung nach Sitzverlegung. Maßgebend soll die Eintragung im Aufnahmemitgliedstaat sein. Wird eine SPE durch eine grenzüberschreitende Verschmelzung gegründet, soll sich die Arbeitnehmermitbestimmung konsequenterweise nach der Verschmelzungsrichtlinie 2005/56/EG richten[2221].

Auch weitere Einwände wurden erhoben. Eine Delegation wandte sich gegen die Einführung einer Frist bei der Schwellenwertberechnung nach Art. 35 Ia (a). Bei der Ausstiegsklausel wurde eine Klarstellung gefordert, was geschehen soll, wenn die ggf. frei werdenden Sitze nicht auf die anderen Belegschaften verteilt werden können[2222].

5. Arbeitsentwurf vom 24.11.2009[2223]

i. Sitz

Um den Kritikern entgegenzukommen wurden die Vorschriften weiter gelockert. Nach dem nunmehr geänderten Erwägungsgrund 4 „sollte" bei Sitz und Hauptverwaltung grundsätzlich ein Gleichlauf bestehen. Zwei Jahre nach dem Inkrafttreten des SPE-Statuts sollte dann jedoch nationales Recht gelten, d.h. ab dann wäre auch eine Sitzaufspaltung möglich, falls das mitgliedstaatliche Recht diese Option

---

2219 Seite 2 SPE-VOE-Sw-ArbGr4; Erwägungsgrund 4, neue S. 2–4, Art. 7 I, neuer UAbs.2 SPE-VOE-Sw-ArbGr4-Add1.

2220 Fn. 16 SPE-VOE-Sw-ArbGr4-Add1.

2221 S. 4 SPE-VOE-Sw-ArbGr4; Art. 35 Ia, (b); 5 (c) SPE-VOE-Sw-ArbGr4-Add1. Eine Delegation forderte bei der Sitzverlegung eine automatische Überprüfungsklausel für die Arbeitnehmerbeteiligung, Fn. 38 SPE-VOE-Sw-ArbGr4-Add1.

2222 Fn. 32, 39 SPE-VOE-Sw-ArbGr4-Add1.

2223 Im Folgenden SPE-VOE-Sw-ArbGr5. Die weiteren Änderungsvorschläge dieses Textes betrafen die Eintragungskontrolle und das Mindestkapital. Sie bleiben hier unberücksichtigt.

vorsieht[2224]. Die Frist wurde also um ein Jahr verkürzt. Bereits aus dem Wortlaut folgt der Charakter als Sollvorschrift. Eine Sitztrennung blieb also schon von Beginn an weiter möglich, auf jeden Fall aber nach Ablauf der zweijährigen Quarantänefrist. Spätestens dann greifen die nationalen Rechtsvorschriften, so dass je nach Wahl eine Aufspaltung möglich wird.

ii. Mitbestimmung

Bei der Mitbestimmung wurden einmal mehr die Schwellenwerte zur Bemessung von Großunternehmen geändert. Das Verhandlungsverfahren zur Behebung eines Mitbestimmungsgefälles sollte nun zum Zug kommen bei mindestens 500 Arbeitnehmern, von denen mindestens die Hälfte in einem Mitgliedstaat beschäftigt ist, in dem ein höheres Mitbestimmungsniveau herrscht als im Sitzstaat. Gestrichen wurde die zweite Möglichkeit mit der fixen Mindestgrenze. Es blieb aber bei der Berechnungsfrist von drei Monaten[2225].

6. Finaler Vorschlag vom 27.11.2009[2226]

Bei den weiteren Erörterungen vom 13.11. und 25.11.2009 konnten einige offene Fragen gelöst werden. Nach wie vor umstritten blieben die Aspekte des Sitzes sowie der Arbeitnehmermitbestimmung.

i. Sitz

Der finale Kompromissvorschlag des schwedischen Ratsvorsitzes sah immer noch einen Übergangszeitraum von zwei Jahren ab der Anwendung der SPE-Verordnung vor. In dieser „Quarantänefrist" sollte ein zwangsweiser Gleichlauf von Sitz und Hauptverwaltung/Hauptniederlassung herrschen. Danach sollte das mitgliedstaatliche Recht anwendbar sein.

Wiederum machten die verschiedenen Delegationen unterschiedliche Bedenken geltend[2227]. Die finnische, die niederländische wie auch die spanische Delegation zogen einen längeren Zeitraum vor, letztere schlug konkret fünf Jahre vor. Gleichzeitig

2224 Seite 1; geänderte S. 3, 4 Erwägungsgrund 4, Art. 7 I, geänderter UAbs. 2 SPE-VOE-Sw-ArbGr5.

2225 Seite 2, geänderter Art. 35 Ia, (a), gestrichener (b) SPE-VOE-Sw-ArbGr5.

2226 Im Folgenden SPE-VOE-Sw; SPE-VOE-Sw-Add1; SPE-VOE-Sw-Add1Cor1. Zum schwedischen Vorschlag insgesamt *Koberski/Heuschmid*, RdA 2010, S. 207 ff.; *Hommelhoff/Teichmann*, GmbHR 2010, S. 337 ff.; *Teichmann*, RIW 2010, S. 123 ff.; *Jung*, BB 2010, S. 1233 ff.; *Wedemann*, EuZW 2010, S. 534 ff.; *Hommelhoff*, ZEuP 2011, S. 7, 19 ff, zur Arbeitnehmerbeteiligung *Krause* in *Hirte/Teichmann* SPE 2013, S. 375, 385 ff.; die Entwicklungen bis zum schwedischen Vorschlag berücksichtigen auch *Pandova*, EPC-Statute 2010 und *Davies*, ECGI 2010; zu den (auch politischen) Hintergründen während der schwedischen Präsidentschaft *Sandberg/Skog*, AG 2010, S. 580, 581 f.

2227 S. 2 SPE-VOE-Sw.

erklärte aber die italienische Seite, sie könne einen längeren Übergangszeitraum nicht akzeptieren. Österreich wollte einen Sitzgleichlauf, der allenfalls nach fünf Jahren überprüfbar sein könnte[2228]. Belgien, Lettland und Luxemburg erklärten einen Vorbehalt zu dieser Bestimmung[2229].

ii. Mitbestimmung

Hinsichtlich der Definition bleibt es bei den Vorgaben der tschechischen Ratspräsidentschaft[2230]

Die Schwellenwerte vom vorangegangen Vorschlag sollten beibehalten werden, ebenso die zeitliche Bezugsgröße von drei Monaten nach Eintragung. Zudem sollte ein Erwägungsgrund eingefügt werden, in dem klargestellt wird, dass die Mitbestimmungsregeln der SPE nicht für Personengesellschaften mit beschränkter Haftung nach einzelstaatlichem Recht gelten sollten[2231].

Zu dem so geänderten Artikel 35 insgesamt machten Italien und Portugal einen Vorbehalt geltend[2232]. Belgien wollte die Absenkung des Schwellenwerts nicht akzeptieren, demgegenüber erachteten die Niederlande, Österreich, Ungarn und wohl auch Finnland die Schwelle von 500 Beschäftigten noch immer als zu hoch[2233]. Estland lehnte die Mitbestimmung für den Fall der Neugründung insgesamt ab und wollte zudem die Absenkung des Schwellenwerts nicht akzeptieren. Bei der Sitzverlegung wurde darum die Einfügung eines zusätzlichen Schwellenwerts von 500 Arbeitnehmern in der gesamten SPE vorgeschlagen[2234]. Bei der Auffangregelung nach Art. 35d sprachen sich Estland und Litauen für eine Anknüpfung an den Arbeitsort aus, anstatt an denjenigen Mitgliedstaat mit dem höchsten Mitbestimmungsniveau[2235],[2236].

2228 Fn. 15, 18, 17 SPE-VOE-Sw -Add1. Aus Fn. 18 ergibt sich, dass Finnland den vorherigen Wortlaut von Dok.-Nr. 16155/09 ADD 1 vorziehen würde, was auf die Dreijahresfrist abzielt.

2229 Fn. 19 SPE-VOE-Sw-Add1 i.V.m. Seite 2 SPE-VOE-Sw-Add1Cor1.

2230 Art. 2 I f) SPE-VOE-Sw-Add1. Vgl. hierzu *Hommelhoff*, ZEuP 2011, S. 7, Fn. 42: Es sei nicht ersichtlich, dass der schwedische Entwurf für das Mitbestimmungsniveau nicht auch auf den Prozentsatz der Arbeitnehmervertreter im Aufsichts- oder Verwaltungsorgan der SPE abstellen wolle (vgl. Art. 2 I ea) Legislative Entschließung EP). *Van het Kaar/Zaal* in *Zaman/Schwarz*, EPC 2009, S. 168, bevorzugen insoweit gleichwohl einen qualitativen Vergleich.

2231 Seite 3 SPE-VOE-Sw.

2232 Fn. 22 SPE-VOE-Sw-Add1 i.V.m. Seite 2 SPE-VOE-Sw-Add1Cor1.

2233 Fn. 23 SPE-VOE-Sw-Add1. Anders als in der deutschen Fassung enthält der englische Text das vierte Länderkürzel „FI".

2234 Fn. 22 SPE-VOE-Sw-Add1 i.V.m. Seite 2 SPE-VOE-Sw-Add1Cor1. Der Vorschlag geht auf die Aufnahme einer zusätzlichen Anforderung in Absatz 1 a Buchstabe b und zielt damit auf die Sitzverlegung.

2235 Fn. 24 SPE-VOE-Sw-Add1.

2236 Wohl unzutreffend im Hinblick auf die Auffangregelung *Koberski/Heuschmid*, RdA 2010, S. 207, 212 a.E. Demnach fehle ein Verhandlungsanreiz in solchen

iii. Weiterer Ablauf

Trotz dieser gehäuften Kompromissvorschläge konnte auf der Ratstagung am 04.12.2009 keine Einigung erzielt werden.

Das lag unter anderem an weiteren Forderungen der deutschen Delegation. Zwar akzeptierte sie die grundsätzliche Schwelle von 500 Arbeitnehmern. Neben einem Mindestkapital von 8.000 Euro drang sie aber auf eine zwingende Kopplung von Satzungs- und Verwaltungssitz in einem Mitgliedstaat nach dem Vorbild der SE und verlangte zudem weitere Nachbesserungen bei der Mitbestimmung. Sie konnte sich mit diesen Forderungen jedoch nicht durchsetzen[2237].

Der Rat beauftragte daher seine Vorbereitungsgremien, den Vorschlag weiter zu prüfen[2238].

VII. Belgische Ratspräsidentschaft

Die SPE findet sich noch unter den Prioritäten der belgischen Ratspräsidentschaft[2239]. Tatsächlich kam es auch zu bilateralen Gesprächen zwischen der Ratspräsidentschaft und Deutschland als demjenigen Mitgliedstaat, der die Entwicklungen am entschiedensten blockierte. In einem Arbeitspapier vom November 2010 war neben einem zwangsweisen Sitzgleichlauf unter anderem vorgesehen, die Regelungen zur Arbeitnehmerbeteiligung komplett aus der SPE-Verordnung heraus zu lösen und, nach dem Vorbild der SE, in eine separate Richtlinie zu überführen. Diese, neu zu schaffende

---

Fällen, in denen aufgrund von Art. 35 Abs. 1b SPE-VOE (hier: SPE-VOE-Sw-Add1, Anm. d. Verf.) Verhandlungen ausgelöst würden, die SPE aber nur Bezug zu Mitgliedstaaten habe, in denen es keine Mitbestimmung gibt. Der genannte Art. 35 Ib regelt die mindestens alle drei Jahre stattfindende Überprüfung, ob die Voraussetzungen in Abs. 1a, Buchstabe a) (noch) erfüllt sind. Diese Vorschrift setzt aber gerade ein Mitbestimmungsgefälle voraus. Daran fehlt es wiederum, wenn keiner der betroffenen Staaten eine Mitbestimmung vorsieht. D.h., es kommt in diesen Fall schon gar nicht zu Verhandlungen, erst recht nicht zur Anwendung der Auffangregelung. Zuzustimmen ist ihnen freilich in der Beobachtung, dass es bei Verhandlungen entsprechender Anreize für beide Seiten bedarf, um dem innewohnenden Prinzip gerecht zu werden.

2237 *Sandberg/Skog*, AG 2010, S. 580, 582; *Koberski/Heuschmid*, RdA 2010, S. 207, 211, 212. *Wedemann*, EuZW 2010, S. 534, 535, kommentiert: *„Das Tor, das damit bereits ziemlich weit offenstand, ist allerdings Ende 2009 erst einmal zugefallen."*

2238 Pressemitteilung 17076/09 (Presse 365) zur 2982. Ratssitzung, dort S. 22. (*„Since the unanimity needed for an agreement was not reached the Council noted that furt[h]er work is required..."*).

2239 Vgl. Pressemitteilung *Belgische Minister erläutern Prioritäten der Ratspräsidentschaft* (22.07.2010), abrufbar unter http://www.europarl.europa.eu/sides/getDoc.do?pubRef=-//EP//TEXT+IM-PRESS+20100714IPR78879+0+DOC+XML+V0//DE. Dort heißt es im Abschnitt „Rechtsfragen": *„Darüber hinaus wolle die Präsidentschaft auch Lösungen finden, um in der Frage des Statuts der Europäischen Privatgesellschaft voran zu kommen."*

Richtlinie, sollte sicherstellen, dass die Arbeitnehmer ein Recht auf Beteiligung an Fragen und Entscheidungen haben, die „das Leben der SPE" betreffen. Andere arbeits- und sozialrechtliche Fragen jedoch, insbesondere die Rechte auf Unterrichtung und Anhörung, sollten sich nach denjenigen mitgliedstaatlichen Regeln richten, die auch für die nationalen „kleinen" Kapitalgesellschaften mit beschränkter Haftung gelten. Nach dem Muster der SE sollte auch eine SPE ggf. erst eingetragen werden können, wenn eine entsprechende Vereinbarung zur Arbeitnehmerbeteiligung geschlossen worden wäre. Diese Vorgaben kamen den deutschen Bedenken entgegen. Das Arbeitspapier wurde im Rat, wohl schon wegen dieser Fokussierung auf nationale Einzelinteressen, jedoch nie wirklich diskutiert; ein eigener Kompromissvorschlag der belgischen Ratspräsidentschaft wurde nicht vorgelegt.

VIII. Ungarische Ratspräsidentschaft

Angesichts (welt-)politisch drängenderer Prioritäten schien das Projekt SPE nun zunächst im Dornröschenschlaf versunken[2240]. Unter ungarischer Ratspräsidentschaft wurde es jedoch wieder belebt und fand als prioritäres Ziel Eingang in das Präsidentschaftsprogramm[2241]. Anfang 2011 wurden von den Attachés für Gesellschaftsrecht und im Ausschuss der Ständigen Vertreter bei insgesamt fünf Sitzungen weitere Kompromissvorschläge der Ratspräsidentschaft erörtert[2242].

1. Arbeitsentwurf vom 15.02.2011[2243]

Der erste Kompromissvorschlag der ungarischen Ratspräsidentschaft griff bei Sitzaufspaltung und Arbeitnehmerbeteiligung die schwedischen Ansätze (teilweise unverändert) auf.

2240 Der *Monti*-Bericht 2010, S. 53, forderte noch, dass die Annahme eines Statuts für die SPE beschleunigt werden sollte. In der darauf folgenden Reaktion der Kommission wird die SPE selbst aber explizit nicht einmal erwähnt. Es findet sich lediglich eine vage Ankündigung zur Überprüfung der Umsetzung des *Small Business Act*, Mitteilung Binnenmarktakte 2010, S. 15.

2241 Vgl. Programm der ungarischen Ratspräsidentschaft 2011, S. 38, weiter die Darstellung unter http://www.eu2011.hu/competitiveness-comp (englisch) sowie die Rede des ungarischen Justizministers *Répássy* im Rahmen der Konferenz zur Zukunft des europäischen Gesellschaftsrechts im Mai 2011, wo es wörtlich heißt *„Nous devons veiller à ce que le projet de la société privée européenne ne reste pas inachevé"*; Redetext unter http://ec.europa.eu/internal_market/company/docs/modern/conference201105/repassy_fr.pdf (französisch).

2242 Dok.-Nr. DS 1016/11 und 6572/11. Überblicksartig zur Arbeitnehmerbeteiligung nach den Entwürfen der ungarischen Ratspräsidentschaft *Krause* in *Hirte/Teichmann* SPE 2013, S. 375, 387 f.

2243 Im Folgenden SPE-VOE-Hu-ArbGr1.

i. Sitz

Für einen Übergangszeitraum von drei Jahren nach Inkrafttreten der SPE-Verordnung sollte ein verbindlicher Gleichlauf von Sitz und Hauptverwaltung/Hauptniederlassung bestehen, danach wäre nationales Recht der Mitgliedstaaten anwendbar[2244]. Die Frist wurde also wieder auf den Stand des Vorschlags vom 20.11.2009 gesetzt.

ii. Mitbestimmung

Die Mitbestimmung sollte sich weiterhin grundsätzlich nach dem Recht des Sitzstaats bemessen. Sie müsste jedoch ausgehandelt werden, wenn die SPE für einen Zeitraum von drei Monaten nach ihrer Registrierung ein Drittel ihrer Arbeitnehmer, aber nicht weniger als 500, gewöhnlich in einem Mitgliedstaat mit einem höheren Mitbestimmungsniveau als des Sitzstaats beschäftigt. Bei der Sitzverlegung sollte der gleiche Schwellenwert gelten[2245].

In die Auffangregelung wurde ein klarstellender Hinweis auf die Unterrichtungs- und Anhörungsrichtlinie einbezogen. Die Mitbestimmungsrechte der SPE-Arbeitnehmer sollten unbeschadet der Richtlinienvorgaben bestehen[2246].

iii. Weiterer Ablauf

Auch gegen diesen Vorschlag regte sich dezidierter Widerstand, namentlich von gewerkschaftlicher Seite[2247]. Er wurde daher weiter überarbeitet.

2. Arbeitsentwurf vom 25.03.2011 [2248]

i. Sitz

Die Regelung zur Sitzaufspaltung im Vorgängervorschlag war von „mehreren Delegationen" unterstützt worden. „Einige" hatten weiterhin für einen Gleichlauf votiert, „andere" wollten die Materie vollständig dem mitgliedstaatlichen Recht überlassen. Im Vorschlag vom März 2011 wurde ein dreijähriger Gleichlauf von Satzungssitz und Hauptverwaltung vorgesehen. Danach käme das jeweilige nationale Recht zur Anwendung.

2244 Seite 1, Art. 7 Ia SPE-VOE-Hu-ArbGr1.

2245 Seite 2; Art. 35 Ia, (a), (b) SPE-VOE-Hu-ArbGr1.

2246 Art. 35d II SPE-VOE-Hu-ArbGr1 („*Without prejudice to Directive 2002/14/EC....*").

2247 Der Europäische Gewerkschaftsbund *ETUC* sah in diesem Vorschlag einen „Grund zur Besorgnis". Pressemitteilung vom 16.03.2011, *New Proposal on the European Private Company a cause of concern*, abrufbar unter http://www.etuc.org/a/8484 (englisch). (Dort Generalsekretär *John Monks*: „*The new proposal by the Hungarian Presidency would allow companies to register in other Member States in order to avoid worker participation. This is unacceptable.*") Ebenfalls ablehnend, allerdings weniger ausführlich, *Hexel*, Stellungnahme DGB 2011, S. 1.

2248 Im Folgenden SPE-VOE-Hu-ArbGr2.

ii. Mitbestimmung

Der relative Schwellenwert beim Umgehungsschutz wurde wiederum angehoben. Nunmehr sollte verhandelt werden, wenn die SPE für einen Zeitraum von drei Monaten nach ihrer Registrierung die Hälfte ihrer Arbeitnehmer, aber nicht weniger als 500 in einem Staat mit weiter reichenden Mitbestimmungsregeln beschäftigt. Bei der Sitzverlegung blieb es beim relativen Schwellenwert von einem Drittel der Arbeitnehmer, das regelmäßig im Herkunftsstaat arbeiten muss, in dem gleichzeitig ein höheres Mitbestimmungsniveau herrschen muss als im Aufnahmemitgliedstaat, mindestens aber (auch hier) nicht weniger als 500 Beschäftigte.

Bei der Auffangregelung blieb es beim (zusätzlichen) Verweis auf die Richtlinie 2002/14/EG, hinzugekommen sind aber weitere Verweise auf die EBR-RL in der Fassung von 2009, die Massenentlassungsrichtlinie und die Betriebsübergangsrichtlinie[2249].

3. *Arbeitsentwurf vom 06.05.2011*[2250]

Eine Einigung erschien weiterhin nicht möglich. Im ehrgeizigen Bestreben, das SPE-Statut zum Abschluss zu bringen, wurden in einem weiteren Kompromissvorschlag die Vorgaben noch weiter gelockert.

i. Sitz

Hier sollte nun die Bestimmung über den Sitz vollständig ins Belieben der Mitgliedstaaten gestellt werden. Damit bliebe es also wiederum bei der alleinigen Maßgeblichkeit des nationalen Rechts (und den entsprechenden Umgehungsmöglichkeiten durch Briefkastenfirmen).

ii. Mitbestimmung

Beim Umgehungsschutz wurde die doppelte Schwelle zugunsten einer einfachen aufgegeben. Der einheitliche Schwellenwert für eine verhandelte Mitbestimmung sollte bei „mindestens 500" Beschäftigten liegen, die regelmäßig in einem mitbestimmungsaffineren Land als dem Sitzstaat arbeiten mussten. Dies bedeutet eine Annäherung an die Vorgaben des deutschen DrittelbG.

Für die Sitzverlegung bleibt es allerdings bei der doppelten Schwelle von einem Drittel, aber nicht weniger als 500 Arbeitnehmern.

Die zuvor in die Auffangregelung nach Art. 35d einbezogenen länderübergreifenden Rechte auf Unterrichtung und Anhörung wurden hier wieder herausgelöst und in einen neuen Art. 35e übertragen. Die Vorschrift bezieht sich auf die Fälle, in denen die SPE Arbeitnehmer in unterschiedlichen Mitgliedstaaten beschäftigt oder wenn die Arbeitnehmer in einem anderen Staat als dem Sitzstaat arbeiten.

2249 Seite 3 *Part II* (*Main Outstanding Issues*); Art. 7 I a; 35 Ia, (a), (b); 35d II SPE-VOE-HuArbGr2.

2250 Im Folgenden SPE-VOE-Hu-ArbGr3.

Die Mitgliedstaaten sollen dann die Anwendung der entsprechenden Rechte (die im Einzelnen nicht mehr aufgeführt wurden) sicherstellen[2251].

iii. Weiterer Ablauf

Vor allem von deutscher Seite fand dieser Vorschlag grundsätzliches Wohlwollen. Insbesondere der Verzicht auf einen zweiten Schwellenwert bei der Mitbestimmung wurde begrüßt. Als Schutz vor Briefkastenfirmen und „Seriositätsbeweis" (*„as a demonstration that the company is reputable in commercial relations"*) sollte aber bei einem gespaltenen Sitz ein gleichzeitiges Mindestkapital von 8.000,– Euro vorgeschrieben werden[2252].

4. Arbeitsentwurf vom 16.05.2011[2253]

Der modifizierte Vorschlag wurde von den Delegationen diskutiert und mündete in einen weiteren Kompromisstext der Präsidentschaft. Zwischenzeitlich war auch noch eine weitere legislative Entschließung des Europäischen Parlaments ergangen, in der die Mitgliedstaaten aufgefordert wurden, *„unverzüglich den letzten noch verbliebenen Vorschlag für das Statut der Europäischen Privatgesellschaft anzunehmen"*[2254].

i. Sitz

Wie im Vorgängervorschlag angekündigt wurde im Kompromisstext vom 16.05.2011 die Vorgabe zum Sitzgleichlauf aus dem Verordnungstext gestrichen. Einziger verbliebener Regelungspunkt ist die Bestimmung, dass eine SPE ihren Sitz und ihre Hauptverwaltung oder Hauptniederlassung innerhalb der Europäischen Union hat[2255].

In einem neuen Erwägungsgrund 6a werden die Bestimmungen erläutert. Demnach sollten sich Sitz und Hauptverwaltung bzw. Hauptniederlassung in der Union befinden. Ob ein Gleichlauf bestehen muss, soll sich nach dem jeweiligen mitgliedstaatlichen Recht für Gesellschaften mit beschränkter Haftung richten.

2251 Seite 1 f. (*„The Presidency suggests [...] to remove the provison on the seat from the text;.."*); Art. 35, 35d II, 35e SPE-VOE-Hu-ArbGr3.

2252 Brief der beamteten Staatssekretärin beim Bundesministerium der Justiz *Grundmann* vom 12.05.2011, enthalten in *Proposal for a Council Regulation on a European private company* vom 12.05.2011, Dok.-Nr. 10129/11. (*"As far as the issue of employee participation is concerned, we very much welcome the fact that when an SPE is established, there should now be no second threshold in addition to the threshold of 500 employees."*) Zum „Seriositätsnachweis" beim Mindestkapital vgl. die vorgeschlagene Änderung bei Art. 19 III, UAbs. 2, neuer S. 3, ebd. Seite 4.

2253 Im Folgenden SPE-VOE-Hu-ArbGr4.

2254 Entschließung des Europäischen Parlaments vom 12.05.2011 zum Fortschrittsbericht zum „Small Business Act", P7_TA(2011)0235, Rn. 2.

2255 Art. 7 I SPE-VOE-Hu-ArbGr4.

Soweit erforderlich sollten die Mitgliedstaaten geeignete Maßnahmen im Einklang mit dem Gemeinschaftsrecht ergreifen, um zu verhindern, dass eine SPE dazu missbraucht wird, um die in ihrem Gründungsstaat geltenden Pflichten für SPE zu umgehen[2256].

Wurden die Mitgliedstaaten also zunächst nur bei den Beteiligungsrechten in die Pflicht genommen[2257] erstreckt sich der Handlungsauftrag nun auf die Verhinderung von Missbräuchen insgesamt. Wie genau diese „angemessenen Maßnahmen" („*appropriate measures*") aussehen sollen, steht im Belieben der Mitgliedstaaten.

Die deutsche Forderung nach einem „Seriositätsbeweis" beim Mindestkapital wurde nicht übernommen[2258].

ii. Mitbestimmung

Bei der Mitbestimmung wurden in beiden Fällen die doppelten Schwellenwerte zugunsten eines einzelnen Größenkriteriums aufgegeben. Beibehalten wurde allerdings das zeitliche Element. Verhandelt werden sollte nunmehr, wenn eine SPE für einen ununterbrochenen Zeitraum von drei Monaten nach Registrierung mindestens 500 Arbeitnehmer beschäftigt, die regelmäßig in einem Mitgliedstaat arbeiten, der ein höheres Niveau an Arbeitnehmermitbestimmung vorsieht als der Sitzstaat der SPE. Im Fall einer Sitzverlegung, sollte dies greifen, wenn mindestens ein Drittel der Arbeitnehmer zum Zeitpunkt der Registrierung der SPE im Aufnahmemitgliedstaat regelmäßig im Herkunftsmitgliedstaat der SPE arbeiten und (kumulativ) für die Arbeitnehmer im Herkunftsmitgliedstaat ein höheres Mitbestimmungsniveau als im Aufnahmestaat galt[2259].

iii. Allgemeine Überprüfungsklausel

Schließlich wurden die abstrakten Bestimmungen über das Mindestkapitalerfordernis und die festgesetzten Schwellenwerte für die Mitbestimmung ausdrücklich in die allgemeine Überprüfungsklausel einbezogen[2260]. Die Kommission sollte also fünf Jahre nach Inkrafttreten der Verordnung insbesondere diese Aspekte berücksichtigen und ggf. neu bewerten.

2256 Neuer Erwägungsgrund 6a SPE-VOE-Hu4. Der englische Text verwendet den Begriff „*private limited liability company*", was sich wiederum nach Art. 4 II (b) i.V.m. Anhang II auf die jeweiligen nationalen Gesellschaften mit beschränkter Haftung bezieht.

2257 Vgl. Art. 35 IV SPE-VOE-Sw-ArbGr3; Art. 35, 35d II, 35e SPE-VOE-Hu-ArbGr3.

2258 Vgl. Art. 19 III SPE-VOE-Hu-ArbGr4.

2259 Art. 35 Ia, (a), (b) SPE-VOE-Hu-ArbGr4.

2260 Art. 48 SPE-VOE-Hu-ArbGr4.

5. Finaler Vorschlag vom 23.05.2011[2261]

Im Zuge der Beratungen konnte über die meisten Teile ein weitgehendes Einvernehmen erzielt werden. Stark umstritten waren nach wie vor die (miteinander eng zusammenhängenden) Detailfragen des Sitzes, des Mindestkapitalerfordernisses und der Arbeitnehmermitbestimmung. Nach dem vorerst letzten Kompromisstext stellt sich die Situation wie folgt dar:

i. Sitz

Der letzte Kompromissvorschlag des Rates sieht hinsichtlich der Sitzaufspaltung vermittelnd vor, dass eine SPE ihren Sitz und ihre Hauptverwaltung bzw. Hauptniederlassung „im Einklang mit dem einzelstaatlichen Recht" in der Europäischen Union haben muss.

Im, leicht modifizierten, Erwägungsgrund dazu wird ausgeführt, dass die Mitgliedstaaten erforderlichenfalls unter Beachtung des Gemeinschaftsrechts sicherstellen sollten, dass eine SPE nicht dazu missbraucht wird, um die Auflagen zu umgehen, die für die SPE in dem Mitgliedstaat gelten, in dem sie niedergelassen sind[2262].

Damit bleibt es bei der grundsätzlichen Möglichkeit zur Sitztrennung, den abweichenden Standards in den Mitgliedstaaten und den entsprechenden Umgehungsmöglichkeiten. Denn wie sehr diese Vorgabe im, nicht verbindlichen, Erwägungsgrund beachtet wird, lässt sich schwer abschätzen. Für diejenigen Staaten, die bislang die Sitzaufspaltung ablehnen, würde der Druck jedenfalls weiter wachsen[2263].

ii. Mindestkapital

Beim Mindestkapital wird an der grundsätzlichen Summe von 1 Euro festgehalten, jedoch dürfen die Mitgliedstaaten für in ihrem Hoheitsgebiet eingetragene SPE einen höheren Betrag von insgesamt bis zu 8.000,– Euro vorschreiben. Zudem wurde die Mindestkapitalanforderung in die allgemeine Überprüfungsklausel des Art. 48 aufgenommen.

Der deutsche Vorschlag, die Frage des Mindestkapitals mit der Sitzfrage zu verknüpfen und eine Mindestvorgabe zu treffen, stieß bei der Mehrheit der Delegationen auf Widerstand und konnte sich endgültig nicht durchsetzen[2264].

2261 Im Folgenden SPE-VOE-Hu. Allgemein zur SPE nach diesem Kompromissvorschlag *Lutter/Bayer/J. Schmidt*, EuropUR 2012, § 43, zur Arbeitnehmerbeteiligung speziell ebd. Rn. 172 ff.; *Katuoka/Česnulevičiūtė*, MRU 2012, S. 159 ff. sowie nunmehr auch *Schulte-Wrede*, Europ. Arbeitnehmerbeteiligung, S. 554 ff.

2262 Seiten 3, 4; Erwägungsgrund 6 a, Art. 7 SPE-VOE-Hu. Mit dem Territorialitätsprinzip klargestellt wurde der Bezug auf die „in ihrem Hoheitsgebiet niedergelassene SPE"/*„an SPE established in their territory"*; Erwägungsgrund 6a, S. 3.

2263 Vgl. *Lutter/Bayer/J. Schmidt*, EuropUR 2012, § 43, Rn. 13, auch unter Hinweis auf § 4a GmbHG für die „deutsche SPE", die so ihre Hauptverwaltung auch außerhalb Deutschlands haben könnte.

2264 Seiten 3, 4; Art. 19, 48 SPE-VOE-Hu.

iii. Mitbestimmung

(a) Definition

Die Arbeitnehmermitbestimmung wird für die SPE einheitlich definiert. Demnach bezeichnet sie *„die Einflussnahme eines Gremiums der Arbeitnehmervertretung und/oder der Arbeitnehmervertreter auf die Angelegenheiten einer SPE durch i) das Recht, einige Mitglieder des Aufsichtsorgans oder des Verwaltungsorgans der Gesellschaft zu wählen oder zu bestellen oder ii) das Recht, eine solche Bestellung zu empfehlen und/oder abzulehnen"*[2265]. Abgebildet werden so sämtliche in den Mitgliedstaaten vertretenen Mitbestimmungsvarianten.

Auf diese Weise wird die Definition aus der Verschmelzungsrichtlinie und der Legislativen Entschließung des Europäischen Parlaments fortgeschrieben[2266]. Spätestens aus der Zusammenschau mit der Auffangregel[2267] und mit Erwägungsgrund 16b[2268] dürfte folgen, dass es allein auf quantitative Aspekte ankommt.

(b) Grundsatz Sitzstaatsprinzip

Für den Anknüpfungspunkt der Mitbestimmung gilt weiterhin grundsätzlich das Sitzstaatsprinzip. Maßgeblich ist damit zunächst das entsprechende Recht des Satzungssitzstaats[2269]. Gilt demnach eine Mitbestimmung, muss die SPE, je nach den Vorschriften dieses Rechts, über ein Verwaltungs- oder ein Aufsichtsorgan verfügen[2270].

2265 Art. 2 I (f) SPE-VOE-Hu.

2266 Zum Vergleich Art. 16 II a) Richtlinie 2005/56/EG: *„Umfang [...] der Anteil der die Arbeitnehmer vertretenden Mitglieder des Verwaltungs- oder des Aufsichtsorgans oder ihrer Ausschüsse oder des Leitungsgremiums"* bzw. Art. 2 I ea) Legislative Entschließung EP:*„‚Umfang der Arbeitnehmermitbestimmung' ist der Anteil von Arbeitnehmervertretern unter den Mitgliedern des Verwaltungs- oder des Aufsichtsorgans oder ihrer Ausschüsse bzw. der Gruppe, die die Gewinn erwirtschaftenden Einheiten der SPE leitet."*

2267 Art. 35d II SPE-VOE-Hu. Demnach haben die Arbeitnehmer das Recht, *„eine Zahl von Mitgliedern"* zu wählen etc. Spätestens hier schlägt das quantitative Kriterium voll durch.

2268 Nach diesem sollten die Mitbestimmungsrechte gemindert werden, wenn *„der Anteil der von den Arbeitnehmern gewählten, bestellten, empfohlenen oder abgelehnten Mitglieder des Aufsichtsorgans oder des Verwaltungsorgans niedriger ist als der höchste Anteil in den jeweiligen betroffenen Mitgliedstaaten"*. Es kommt also zu einem quantitativen Vergleich.

2269 Art. 35 I SPE-VOE-Hu. Vgl. auch Erwägungsgrund 16c i.V.m. Anhang II. Demnach sind die Mitgliedstaaten nicht verpflichtet, Regeln für die Arbeitnehmermitbestimmung für bestimmte Personengesellschaften mit beschränkter Haftung zu erlassen.

2270 Art. 27 IIIa SPE-VOE-Hu.

(c) Umgehungsschutz Verhandlungslösung

Nur für Großunternehmen und bei Sitzverlegungen muss zum Ausgleich eines etwaigen Mitbestimmungsgefälles nach einem eigenen, aber einheitlichen Verfahren verhandelt werden. Es entsteht dann ein grenzüberschreitendes System der Mitbestimmung, dass das gesamte Unternehmen erfasst. Auch in diesem Fall muss die SPE verbindlich über ein Verwaltungs- oder Aufsichtsorgan verfügen, in dem die Mitbestimmungsrechte ausgeübt werden können[2271].

Dies ist der Fall, wenn

- die SPE während eines ununterbrochenen Zeitraums von drei Monaten nach ihrer Eintragung mindestens 500 Arbeitnehmer beschäftigt, die regelmäßig in einem Mitgliedstaat arbeiten, der ein höheres Niveau der Arbeitnehmermitbestimmung vorsieht, als der Sitzmitgliedstaat[2272],

oder, bei einer Sitzverlegung

- wenn mindestens ein Drittel der Arbeitnehmer, wenigstens aber 500 Arbeitnehmer, zum Zeitpunkt der Registrierung im Aufnahmemitgliedstaat regelmäßig im Herkunftsmitgliedstaat der SPE arbeiten
  und
- für die Arbeitnehmer im Herkunftsmitgliedstaat ein höheres Niveau der Arbeitnehmermitbestimmung galt, als im Aufnahmemitgliedstaat der SPE[2273].

Bei der Sitzverlegung wurde also die zwischenzeitlich gestrichene doppelte Schwelle wieder eingeführt.

Wenn zum Zeitpunkt der Sitzverlegung bereits ein grenzüberschreitendes Beteiligungssystem existiert, das in Übereinstimmung mit diesen Vorgaben eingerichtet worden ist, soll es auch nach der Sitzverlegung fortbestehen, wenn zwischen SPE und Besonderem Verhandlungsgremium nichts anderes vereinbart wird[2274]. Nach dem Wortlaut muss es sich also zunächst um eine bereits ausgehandelte Beteiligung handeln, zudem muss extra ein Besonderes Verhandlungsgremium gebildet werden, selbst wenn bereits im Vorfeld feststeht, dass es bei den schon etablierten Regeln bleiben soll.

Mindestens alle drei Jahre prüft das Geschäftsführungsorgan der SPE, ob diese Voraussetzungen noch gegeben sind[2275]. Nach wie vor fehlt eine entsprechende Handhabe oder Kontrollmöglichkeit für die Arbeitnehmerseite.

2271 Art. 27 IIIa, UAbs. 2 SPE-VOE-Hu.

2272 Art. 35 Ia (a) SPE-VOE-Hu.

2273 Art. 35 Ia (b) SPE-VOE-Hu; für die Definitionen von „Herkunftsmitgliedstaat“ und „Aufnahmemitgliedstaat“ vgl. Art. 2 I (g) und (h) SPE-VOE-Hu.

2274 Art. 35 Ia, UAbs. 2 SPE-VOE-Hu. Zur hier vertretenen Ansicht eines relevanten Übersetzungsfehlers in der deutschen Textfassung s. oben Teil 5 G VI. 1. ii. (d).

2275 Art. 35 Ib SPE-VOE-Hu.

Falls eine SPE an einer grenzüberschreitenden Verschmelzung beteiligt ist, gelten die Umsetzungsvorschriften zur Verschmelzungsrichtlinie[2276]. Die Überwachung und die Etablierung eines Missbrauchsschutzes in Bezug auf die Mitbestimmungsrechte obliegt ebenfalls den Mitgliedstaaten[2277].

(d) Verfahren

Wenn die obigen Voraussetzungen erfüllt sind, und zwar entweder im Zusammenhang mit der Gründung oder bei einer späteren Überprüfung, leitet das Geschäftsführungsorgan die erforderlichen Schritte ein, um mit den Arbeitnehmern Verhandlungen über eine Vereinbarung zur Mitbestimmung in der SPE aufzunehmen. Dazu wird ein Besonderes Verhandlungsgremium eingesetzt[2278]. Für dessen Konstituierung trifft der Unionsgesetzgeber nur eine Rahmenregelung[2279]. Wesentliche Ausgestaltungen des Verfahrens, unter anderem auch bezüglich eines „Ausstiegs" der nationalen Belegschaften aus dem Besonderen Verhandlungsgremium, obliegen den Mitgliedstaaten[2280]. Diese können auch vorsehen, ob externe Gewerkschaftsvertreter im Gremium zugelassen sein sollen oder nicht[2281].

Zu den europäisch geregelten Komplexen gehören auch die Fristen. Werden innerhalb von drei Monaten gar keine Mitglieder des Besonderen Verhandlungsgremiums gewählt oder bestellt, gelten für die SPE, soweit vorhanden, die Mitbestimmungsregeln des Sitzstaats[2282]. Es gilt damit also wieder das Sitzstaatsprinzip.

Die Verhandlungen können bis zu sechs Monaten dauern, sind aber einvernehmlich verlängerbar. Dabei hat das Besondere Verhandlungsgremium das Recht, mit einer Mehrheit von zwei Dritteln der Mitglieder, die gleichzeitig mindestens zwei Drittel der Arbeitnehmer in mindestens zwei Mitgliedstaaten vertreten müssen, zu beschließen, die Mitbestimmungsrechte der Arbeitnehmer in der SPE gegenüber den in den betreffenden Mitgliedstaaten bestehenden Vorschriften zu mindern oder keine Verhandlungen aufzunehmen bzw. bereits aufgenommene Verhandlungen abzubrechen[2283]. Nach Erwägungsgrund 16b „sollten" die Mitbestimmungsrechte gemindert werden, wenn der Anteil der von den Arbeitnehmern gewählten, bestellten, empfohlenen oder abgelehnten Mitglieder des Aufsichtsorgans oder des

2276 Art. 35 III SPE-VOE-Hu; zur Gründung einer SPE durch Verschmelzung Art. 5 c) SPE-VOE-Hu. Näher dazu *Bormann/Böttcher*, NZG 2011, S. 411, 414 f.

2277 Vgl. Art. 35 IV SPE-VOE-Hu.

2278 Art. 35a I, II 1 SPE-VOE-Hu.

2279 Vgl. Art. 35a II SPE-VOE-Hu. Die Grundsätze entsprechen dem bekannten Muster. Unter anderem ist gewährleistet, dass jeder betroffene Mitgliedstaat durch mindestens eine Stimme vertreten ist. Das Wahl- oder Bestellungsverfahren für die einzelnen Mitglieder wird von den Mitgliedstaaten geregelt.

2280 Vgl. Art. 35a, insbes. Abs. II (ea) und (eb). Ihr etwaiger Ausstieg ist aber nicht notwendig ein endgültiger, vgl. Abs. II (g).

2281 Art. 35a II (d) SPE-VOE-Hu.

2282 Art. 35a II (e), (f) SPE-VOE-Hu.

2283 Art. 35b III, IV SPE-VOE-Hu.

Verwaltungsorgans niedriger ist als der höchste Anteil in den jeweils betroffenen Mitgliedstaaten[2284].

Grundsätzliches Ziel ist stets eine Vereinbarung über die Arbeitnehmermitbestimmung in der SPE. Die Verordnung gibt insofern einen absoluten Mindestgehalt an inhaltlichen Regelungen vor[2285]. Sofern nicht anders vereinbart gilt die Auffangregel des Artikels 35d nicht für die Vereinbarung[2286].

(e) Auffangregel

Die Auffanglösung basiert konzeptionell auf derjenigen aus der Verschmelzungsrichtlinie. Nach ihr haben die Arbeitnehmer der SPE insgesamt das Recht, eine Zahl von Mitgliedern des Verwaltung- oder des Aufsichtsorgans der SPE zu wählen oder zu bestellen bzw. deren Bestellung zu empfehlen oder abzulehnen, die dem Anteil in dem betroffenen Mitgliedstaat mit dem höchsten Niveau der Mitbestimmung entspricht.

Forderungen nach einem Ansatz am Arbeitsort der (Haupt-)Belegschaft konnten sich nicht durchsetzen. Die Mitgliedstaaten können aber in den Fällen, in denen die Auffangregelung Anwendung findet, ungeachtet dieser Vorgaben den Anteil der Arbeitnehmervertreter im Verwaltungs- bzw. Aufsichtsorgan auf ein Drittel beschränken. Dies gilt sowohl für den Aufsichtsrat als auch für den Verwaltungsrat, letzteres ist damit eine Weiterentwicklung der Verschmelzungsrichtlinie[2287].

Die Auffangregelung findet Anwendung, wenn die Parteien dies vereinbaren oder wenn bis zum Ablauf der Verhandlungsfrist keine Vereinbarung zustande gekommen ist und das Besondere Verhandlungsgremium gleichzeitig keinen

---

2284 Erwägungsgrund 16b SPE-VOE-Hu; wohl eher programmatisch, eine Sanktion ist jedenfalls nicht vorgesehen.

2285 Art. 35c II SPE-VOE-Hu. Geregelt werden muss u.a. der Geltungsbereich der Vereinbarung, Wahl, Zusammensetzung und Befugnisse der Arbeitnehmervertretung, Inkrafttreten und Laufzeit der Vereinbarung, Fälle der Neuaushandlung und das dann anzuwendende Verfahren sowie die Folgen des Nichtzustandekommens einer neuen Vereinbarung. Zudem, wie solche Arbeitnehmer einbezogen werden können, die zuvor auf ihr Bestellungsrecht verzichtet haben. Nicht eindeutig aufgeführt ist ein Passus zur finanziellen und sachlichen Ausstattung. Freilich wird sich dessen Berücksichtigung empfehlen.

2286 Art. 35c I, II, insbes. UAbs.2 SPE-VOE-Hu. Die deutsche Fassung von Abs. 1 enthält ein redaktionelles Versehen, nach dem es zu einer Vereinbarung *„in der SE"* kommen soll; die englische Version spricht korrekt von der *„SPE"*.

2287 Vgl. Art. 35d II, III SPE-VOE-Hu. Kritisch hierzu *Hommelhoff*, FS Schneider 2011, S. 547, 554 in eigener *„Präzisierung"* von *Hommelhoff/Teichmann*, GmbHR 2010, S. 337, 344. Während diese Beschränkung beim monistischen System legitim sei, weil der Arbeitnehmereinfluss auf Geschäftsleitungsentscheidungen zu beschränken sei, bestehe hierfür im dualistischen System kein Grund. Dort seien die Arbeitnehmervertreter so weit von der Geschäftsleitung entfernt, dass von einem direkten Einfluss keine Rede sein könne. Eine Beschränkung sei hier darum nicht berechtigt.

Abbruchbeschluss gefasst hat. Daneben hat „die SPE" das Recht, wenn die Voraussetzungen nach Art. 35 Abs. 1a erfüllt sind, zu beschließen, die Auffangregelung ohne vorherige Verhandlung unmittelbar anzuwenden[2288]. Zudem muss nach der Auffangregelung jedes Mal ein Besonderes Verhandlungsgremium eingesetzt werden, wenn die Arbeitnehmervertreter neue Mitglieder des Verwaltungs- oder Aufsichtsorgans bestellen sollen[2289]. Letzteres erscheint als vergleichsweise aufwendig und teuer.

Welche von ggf. mehreren Mitbestimmungsformen zum Zuge kommt und wie die entsprechenden Sitze verteilt und besetzt werden, entscheidet das Besondere Verhandlungsgremium[2290].

Die entsprechend benannten Arbeitnehmervertreter sind dann Mitglieder des jeweiligen Organs mit denselben Rechten, einschließlich des Stimmrechts, und Pflichten wie die nicht geschäftsführenden Mitglieder, die die Gesellschafter vertreten[2291]. Diese Gleichberechtigung auch bei der SPE schreibt die in der SE geltende Regelung fort[2292].

iv. Sonstige Beteiligungsrechte

Die Vereinbarung beschränkt sich auf die unternehmerische Mitbestimmung und lässt die betriebliche Beteiligung außen vor. Bei den Unterrichtungs- und Anhörungsbefugnissen tragen die Mitgliedstaaten dafür Sorge, dass die entsprechenden „geltenden" Rechte auch dann gewahrt werden, wenn länderübergreifend Arbeitnehmer beschäftigt werden bzw. wenn sie nicht im Sitzstaat beschäftigt sind[2293]. Die Regelung selbst macht keine Vorgabe bzgl. etwaiger Schwellenwerte. Inhaltlich ist sie aber nur wenig detailliert. Insbesondere verzichtet sie darauf, ihrerseits festzulegen, welche Rechte genau „gelten" sollen, die des Sitzstaats oder die des Arbeitsorts, gewährleistet aber eine einheitliche Anwendung dieser geltenden Rechte auf Unterrichtung und Anhörung der SPE-Arbeitnehmer insgesamt. Zunächst stehen daher das nationale und das europäische System selbständig nebeneinander.

v. Allgemeine Überprüfungsklausel

Schwellenwerte und Mindestkapitalerfordernis wurden ausdrücklich in die ansonsten eher pauschal gehaltene allgemeine Überprüfungsklausel einbezogen. Sie

---

2288 Art. 35d I (c) SPE-VOE-Hu.

2289 Vgl. Art. 35d VI SPE-VOE-Hu.

2290 Art. 35d IIIa, IV SPE-VOE-Hu.

2291 Art. 35d V SPE-VOE-Hu.

2292 Vgl. Auffangregelung Teil 3 b) UAbs. 4 SE-RL.

2293 Vgl. ergänzten Art. 35e SPE-VOE-Hu. Die englische Fassung verwendet „*existing rights*", was sich auch mit „bestehende Rechte", also den schon im Unternehmen etablierten Rechten, übersetzen lässt. Zu den einbezogenen Richtlinien (und den entsprechenden Definitionen) vgl. Erwägungsgrund 17.

sollen damit fünf Jahre nach Inkrafttreten der Verordnung von der Kommission überprüft werden[2294].

vi. Weiterer Ablauf

Auch dieser Kompromisstext fand nicht die für die Annahme des Vorschlags erforderliche Einstimmigkeit[2295]. Schweden, Österreich und Deutschland erhoben ihr Veto. Namentlich die Vorgaben zum Sitz und zum Mindestkapital wurden von den deutschen wie auch von den österreichischen Vertretern abgelehnt[2296].

Der Vorschlag dient nun als Diskussionsbasis für die folgenden Treffen der Vorbereitungsgremien[2297].

IX. Stellungnahme

1. Status

Geschichte wiederholt sich nicht, im Falle der SPE scheint sie sich aber zu reimen.

Einmal mehr steht die Diskussion über eine supranationale Gesellschaftsform pars pro toto für den Weg, den Europa nehmen soll. Unter den geltenden Rahmenbedingungen scheint die „Harmonisierungsfähigkeit" in der Union durch Richtlinien und Schaffung spezieller Rechtsformen einen gewissen Höhepunkt, womöglich sogar ihren Zenit erreicht zu haben. Auch die „Harmonisierungsbereitschaft" unter den Mitgliedstaaten stellt sich zuletzt nur bedingt optimistisch dar[2298]. Einmal mehr brechen unter den Mitgliedstaaten die bekannten Linien und Verwerfungen auf.

Am Beispiel der SPE erkennbar wird das u.a. an der unterschiedlichen Priorisierung von möglichst weitreichenden unternehmerischen Freiheiten einerseits bzw. sichernden staatlichen Regelungen andererseits. Je nach der dortigen

---

2294 Art. 48 SPE-VOE-Hu.

2295 Pressemitteilung zur 3094. Tagung des Rates vom 31.05.2011; Dok.-Nr. 10547/11, dort S. 2, 9. *Krause* in *Hirte/Teichmann* SPE 2013, S. 375, 393 spricht insoweit treffend von *„sobering experiences"*.

2296 Für Deutschland vgl. auch VDI-Nachrichten vom 30.1..2012, Text unter http://www.vdi-nachrichten.com/artikel/Berlin-blockiert-die-Europa-GmbH/61628/3, für Österreich vgl. Wirtschaftsblatt.at vom 30.05.2011.

2297 Vgl. *Proposal for a Council Regulation on a European private company – Preparation for political agreement* vom 20.06.2011, Dok.-Nr. 11786/11. Nach der dortigen Fn. 1 ist dessen Text identisch mit dem Kompromissvorschlag in Dok.-Nr. 10611/11 (hier SPE-VOE-Hu).

2298 Der *Monti*-Bericht 2010 konstatiert eine Kombination aus *„Integrationsmüdigkeit"* und *„Marktmüdigkeit"*. Weiter stellt er fest: *„Allerdings ist der Binnenmarkt zur Zeit nicht nur unbeliebt, ihm begegnen viele Europäer – Bürger wie Politiker – sogar mit Argwohn, Ängsten und manchmal auch offener Feindseligkeit."*, ebd. S. 14. Die Kommission resümiert, es sei in jüngster Zeit *„schwieriger geworden, sich auf europäischer Ebene [...] zu einigen"*, was sich auch beim SPE-Statut zeige; Kommission, Aktionsplan 2012, S. 4.

Ausgestaltung erscheint die SPE als mehr oder weniger große Konkurrenz zu den nationalen Formen. Dementsprechend scheint sie mal wünschens-, mal ablehnenswert. Wird sie zu rigide ausgestaltet, leidet ihre Akzeptanz. Sind die Regelungen zu flexibel, wird sie besonders in denjenigen Mitgliedstaaten mit starken, sichernden Gesetzen eine veritable Konkurrenz zu den etablierten Rechtsformen darstellen. Würden dann in diesen Staaten mehr und mehr Unternehmen in die flexiblere Form ausweichen (und, da europäisch verbindlich, auch ausweichen können), würden mittelbar auch die tradierten heimatlichen Mechanismen insgesamt unter Druck geraten. Beispielhaft ablesen lässt sich das an der spezifischen deutschen Arbeitnehmerbeteiligung und den steten Bemühungen um deren Sicherung in Folge der jüngeren Entwicklungen auf europäischer Ebene. Dieser Widerspruch aus Flexibilität und Rigidität erschwert den Konsens. Statt einer (mehr oder weniger umfassenden) Vereinheitlichung scheint also lediglich eine Angleichung im Bereich des Möglichen zu liegen[2299].

Die Entwicklung der SPE im Laufe der Kompromissvorschläge deutet in diese Richtung. Wie schon bei der SE wird auch bei der SPE das Wunsch- und originäre Leitbild der supranational einheitlichen Rechtsform zunehmend unscharf[2300].

Der ursprüngliche Kommissionsentwurf ging noch von dieser übergeordneten Grundkonzeption aus und wollte auf Verweise ins mitgliedstaatlich nationale Recht so weit wie irgend möglich verzichten. Allerdings barg er gewisse konzeptionelle Schwachstellen und stieß daher folgerichtig bei den Mitgliedstaaten auf Widerstand. Die nachfolgenden Vorschläge griffen sukzessiv einige der Kritikpunkte auf und sorgten für Abhilfe. Mittel der Wahl waren und sind aber immer mehr Rückverweise in das nationale Recht, sowohl in rein quantitativer als auch in qualitativer Hinsicht. Jeder Kompromissvorschlag öffnet die Rechtsform ein kleines Stückchen mehr für mitgliedstaatliche Ansätze. Das sorgt für eine immer weiter fortschreitende Vermischung von europäischem und nationalem Recht. Besonders deutlich wird das bei den gesellschaftlichen Kernfaktoren Sitz(aufspaltung) und Mindestkapital. Beide Fragen sollten ursprünglich konsequent und einheitlich europäisch geregelt werden. Mittlerweile soll die Sitzfrage streng national zu entscheiden sein. Diese Lösung geht schon nicht mehr über den Status quo nach *Centros* et al. hinaus. Ähnlich zurückgenommen erweist sich die Entwicklung beim Mindestkapital. Um keine „Billigkonkurrenz" zu den lokalen Gesellschaftsrechtsformen zu schaffen, können die Mitgliedstaaten jetzt auch beim Mindestkapital abweichende Summen für in ihrem Hoheitsgebiet registrierte SPE vorgeben. Damit

2299 Vgl. nur die Fragestellungen unter V. Rechtsformen im EU-Gesellschaftsrecht bei Kommission, Konsultation EuGesR 2012, S. 8 ff. Die Kommission fragt hier u.a., ob ein etwaiges Europäisches Modellgesetz im Gesellschaftsrecht (EMCA) eine geeignete Alternative zur traditionellen Harmonisierung darstellen kann. Zum EMCA vgl. http://law.au.dk/forskning/forskningscentre/europeanmodelcompanyactemca/overview-over-the-emca-project/ (englisch).

2300 Vgl. z.B. Erwägungsgrund 3 S. 1 SPE-VOE-Sw-Add1: „*... sollte die Rechtsform gemeinschaftsweit so einheitlich wie möglich sein...*"

kommt es immer mehr zu einem Gleichlauf von SPE und lokaler Vergleichsform, mittelbar zu einer „Unattraktivierung“ der SPE.

Begrüßenswert ist dabei das so offenkundig werdende Ringen um den Kompromiss unter den Mitgliedstaaten. Tatsächlich konnten inzwischen auch einige Hindernisse beseitigt werden. Manko, und innewohnender Preis dafür, ist aber eine zunehmende Verwässerung der prinzipiellen Idee.

Diese Arbeit ist nicht der Ort, um jede einzelne gesellschaftsrechtliche Regelung und Verweisung auf ihre möglichen Wirkungen hin gebührend zu würdigen. Allgemein wird man aber anmerken können, dass selbst wenn Verweisungen ins nationale Recht sowohl systemimmanent als auch im Zuge des SE-Statuts erprobt (und (politisch) bewährt?) sind, in diesem Fall sowohl die reine Zahl als auch deren unterschiedliche Ansatzpunkte im Regelungsgefüge zu denken geben[2301]. Denn jede einzelne dieser Verweisungen geriert automatisch einen weiteren Beratungsbedarf und untergräbt damit sukzessiv die Rechtssicherheit. Das gilt insbesondere bei den gesellschaftsrechtlichen Wesensfragen, den definierenden Rahmenbedingungen. Gerade hier sollte doch möglichst eine Einheitlichkeit herrschen[2302].

Je größer diese Einheitlichkeit ist – sei es, weil das SPE-Statut selbst die notwendige Vorgabe trifft oder weil es die Regelung der Satzungshoheit der Anteilseigner überlässt[2303] –, desto geringer fallen die strategischen Wahlmöglichkeiten nach mitgliedstaatlichen Ansätzen aus. Desto weniger Ansatzpunkte gibt es dann aber auch für einen *Delaware*-Effekt. Alles andere hingegen, die Öffnung für immer

---

2301 Zu den Bezügen und Normanwendungshierarchien zuletzt *Jung*, GesRZ 2012, S. 153, 155 ff. Zur nicht konsequenten Verweisung, zumindest der deutschen Fassungen, mal auf „einzelstaatliches“ und mal auf „innerstaatliches“ Recht *Hommelhoff/Teichmann*, GmbHR 2010, S. 337, 345. Kritisch zur Rechtssicherheit *Ehricke* in Neue Wege 2001, S. 50 f.; *Brems/Cannivé*, Der Konzern 2008, S. 629, 637 f.; *Anzinger*, BB 2009, S. 2606, 2607, 2611; *Sandberg/Skog*, AG 2010, S. 580, 583. Nach *Davies*, ECGI 2010, insbes. S. 30 ff., liegt in dem Rückverweis auf mitgliedstaatliches Recht insgesamt wohl die einzige realistische Möglichkeit, die SPE zu einem Erfolg zu machen. Beachtlich aus englischer Sicht auch *Drury* in *McCahery/Timmermann/Vermeulen*, Private company law reform 2010, S. 341: *„The key to the distinctiveness and success of the European Private Company project is that it should provide as complete and independent a system of company law as possible, free of reference to or dependence upon the individual domestic laws of the Member States. The unattractive alternative is that such companies would become individually dependent upon the national laws of a particular Member State and be a uniform European company in name only“*, Zit. nach *Wedemann*, EuZW 2010, S. 534, Fn. 17. Drastisch auch aus litauischer Sicht *Katuoka/Česnulevičiūtė*, MRU 2012, S. 159, 173, die in den Bezügen auf nationales Recht nurmehr einen „schwachen Kompromiss“ sehen.

2302 So wohl auch *Hommelhoff/Teichmann*, GmbHR 2010, S. 337, 344 f.

2303 Beides würde normenhierarchisch den nationalen Regelungen vorgehen, Art. 4 I aller Entwürfe.

mehr nationale, registerstaatliche Ansätze, führt zu fortschreitender Rechtszersplitterung und wachsender Verkomplizierung.

Je weiter aber die Zersplitterung der Rechtsform, desto weiter entfernt sie sich vom Ideal. Denn desto diffuser wird sie in ihren Vorgaben, desto geringer fällt die allgemeine Rechtssicherheit aus, desto schwieriger wird sie in der praktischen Handhabung durch Unternehmen und Gerichte, desto unbedeutender wird der psychologische Vorteil wie auch der Unterschied zur Gründung einer ausländischen Tochtergesellschaft, desto geringer wird die Akzeptanz durch die Unternehmen und desto zweifelhafter wird ihr letztlicher Erfolg in der Praxis. Die bisherigen Erfahrungen bei SE[2304] und SCE[2305] deuten explizit in diese Richtung. Nur eine erfolgreiche Rechtsform schafft aber die Rahmenbedingungen, von denen Arbeitgeber und Arbeitnehmer gleichermaßen profitieren können. Und nur eine hinreichend sichere Rechtsform wird die Hürde der Einstimmigkeit nehmen[2306].

2. *Tatsächlicher Bedarf*

Dabei ist der Bedarf überzeugend gegeben, und zwar gleichermaßen für KMU wie für Unternehmensgruppen.

2304 Vgl. nur *Ernst & Young*, SE-Studie 2009, S. 14, Abschnitt *„The negative drivers – Cost, complexity and uncertainty of the SE"*; s. dazu auch S. 242 f., sowie S. 267: *„The low degree of uniformity of the SE Statute from one Member State to another appears to be a high counterincentive. The lack of harmonisation (tax, social and legal) is a recurring criticism against the SE legal form."* *BusinessEurope* sieht daher dann auch vor allem bei den gesellschaftsrechtlichen Fragen Änderungsbedarf; Stellungnahme S. 2011, S. 2.

2305 Vgl. *Cooperative Europe* et al., SCE-Studie 2010, S. 28. Dort wird dem SCE-Statut „nur ein begrenzter Erfolg" attestiert (*„only limited success"*). Zurückgeführt wird das auf das unklare Verweisungssystem. Insgesamt wird es als „unverhältnismäßig kompliziert" angesehen (*„unreasonably complex system of regulation"*). Zur Steigerung seiner Wirksamkeit bedürfe es beträchtlicher Vereinfachung, insbesondere auch mit Blick auf die SPE (damals noch nach Legislative Entschließung EP 10.03.2009); ebd. S. 78 ff.

2306 Als ein Beispiel die Zielvorgabe der niederländischen Regierung. In einem entsprechenden *Kamerbrief* vom 23.09.2011 betont sie die für die SPE (hier als *„Europese BV"* bezeichnet) aus ihrer Sicht notwendige Sicherheit und Planbarkeit für alle betroffenen Parteien (*„zekerheid"* bzw. *„betrouwbaarheid"*). (*„Voor het kabinet blijft het uitgangspunt bij de onderhandelingen dat Nederland een Europese BV kan steunen mits deze voldoende zekerheid en betrouwbaarheid biedt aan alle betrokken partijen"*); Text abrufbar unter http://www.rijksoverheid.nl/bestanden/documenten-en-publicaties/kamerstukken/2011/09/23/kamerbrief-reactie-op-het-schriftelijk-overleg-van-uw-kamer-naar-aanleiding-van-de-geannoteerde-agenda-van-de-raad-voor-concurrentievermogen/kamerbrief-naar-aanleiding-van-de-geannoteerde-agenda-van-de-raad-voor-concurrentievermogen.pdf (niederländisch).

Wo sich die Großunternehmen supranational über die SE organisieren können, steht diese Möglichkeit den KMU realistisch nicht offen. Schon darin kann eine mittelbare Diskriminierung liegen.

Auch die anderen Möglichkeiten sind keine wirkliche Alternative. Unselbständige Zweigniederlassungen haben bereits innen- und außenorganisatorische Nachteile, sind jedenfalls kein taugliches Mittel, um sich langfristig in einem fremden Marktumfeld zu etablieren[2307]. Und für europäische Tochtergesellschaften stößt allein die SPE nicht auf Hindernisse im operativen Alltag.

Zwar sind die Gesellschaften allgemein mobiler geworden. Solche, die sich auf die Gründungstheorie stützen, waren es schon immer. Staaten mit Sitztheorie ermöglichen ihren Gesellschaften in Reaktion auf den zunehmenden Wettbewerb der Gesellschaftsrechte weitergehende Flexibilität. Selbst die deutsche GmbH kann nach dem neuen § 4a GmbHG de lege lata ihre Hauptverwaltung identitätswahrend in die anderen EU-Staaten verlegen und so im gesamten Unionsgebiet einheitlich nach dem GmbHG genutzt werden[2308]. Mit der Umsetzung des Referentenentwurfs zum neuen EGBGB ergäben sich weitere Liberalisierungen.

Es bliebe aber stets bei Akzeptanz- und Umsetzungsschwierigkeiten. Denn zwischen den einzelnen nationalen „kleinen" Kapitalgesellschaften bestehen immer noch gravierende Unterschiede. Sowohl die Nutzung einer Gesellschaft nach ausländischem Recht als auch diejenige einer Scheinauslandsgesellschaft ändern nichts daran, dass „eine Seite" stets mit einer mehr oder minder unbekannten Gesellschaftsform konfrontiert ist.

Wählt ein deutsches Unternehmen eine Gesellschaftsform nach ausländischem (Heimat-)Recht, z.B. indem eine französische Tochtergesellschaft als *SARL* ausgestaltet wird, kommt es damit zwar den dortigen Marktteilnehmern entgegen, die wissen, worauf sie sich im geschäftlichen Verkehr einlassen, muss sich aber seinerseits mit einer ihm fremden Rechtsform auseinandersetzen. Wählt es hingegen eine Scheinauslandsgesellschaft unter Nutzung einer seinerseits vertrauten Rechtsform, z.B. indem es eine GmbH nach Frankreich „exportiert", wird das Problem nur auf die andere Seite verlagert. Beide Gestaltungsvarianten erfordern einen

---

2307 Vgl. *Hommelhoff/Teichmann*, DStR 2008, S. 925, 925: Für eine unselbständige Zweigniederlassung drohe nicht nur eine Doppelbesteuerung, daneben habe sie auch ein anderes „Standing" im Gastland und wirke als Arbeitgeber unattraktiver. Vor allem aber erlaube nur die Gründung einer Kapitalgesellschaft eine konzerninterne Haftungsaufteilung. Ähnlich schon *Teichmann*, EP-Stellungnahme 2006, S. 2 f. A.A. *Bormann/König*, RIW 2010, S. 111, 112.

2308 Zu den tatsächlichen Vorteilen allerdings kritisch *Teichmann*, RIW 2010, S. 120, 121 f. Zunächst bestünde keineswegs die stets angenommene Rechtssicherheit, da schon strittig sei, ob § 4a GmbHG überhaupt einen Wechsel zur Gründungstheorie statuiere. Daneben bestehe die Gefahr einer Doppelbesteuerung, hinzu kämen die psychologischen Hindernisse. Er resümiert daher *„Wer den Unternehmen zur Vereinfachung der internen Abläufe den Einsatz der GmbH im Ausland empfiehlt, gibt in Wirklichkeit Steine statt Brot"* (ebd., S. 122).

beträchtlichen Aufwand – und sind schon so geeignet, KMU ohne eigene versierte Rechtsabteilung von einem solchen Schritt abzuhalten.

Oft stehen nach der gegebenen Rechtslage Umsatzchancen und gegebene Kosten in keinem Verhältnis. Zudem kann es auch psychologische Nachteile und gewisse faktische und rechtliche Unwägbarkeiten mit sich bringen. Neben einer möglicherweise unbekannten Sprache[2309] gilt dies beispielsweise im Hinblick auf eine gleichwertige Kreditwürdigkeit oder die Aufnahme (bzw. faktische Ausgrenzung) der Geschäftstätigkeit mit bereits etablierten lokalen Akteuren. Dies wiederum gilt umso mehr, je „unbekannter" die jeweilige nationale Rechtsform ist. Zudem ist auch die Rechtssicherheit nicht gegeben. Selbst wenn die ausländischen Behörden das Heimatrecht der „externen" Gesellschaft anerkennen, ist damit immer noch nicht gesagt, dass sie es auch gleichartig anwenden, geschweige denn, dass die ausländischen Gerichte in verschiedenen Mitgliedstaaten ein und dieselbe Frage gleich entscheiden. Etwaige „Fehlentscheidungen" lassen sich nicht korrigieren; der Weg zum „Heimatgericht" ist ebenso versperrt wie der zum EuGH, da der für die Auslegung des nationalen Rechts nicht zuständig ist[2310].

Wählt ein mitgliedstaatliches Unternehmen eventuell sogar die Rechtsform eines Drittstaats, z.B. indem sich das deutsche Unternehmen für seine französische Tochter der Rechtsform der britischen *Ltd.* bedient, werden die negativen Effekte sogar kumuliert.

Es ist darum einigermaßen signifikant, dass es bisher trotz der rechtlich eindeutigen Situation nicht dazu gekommen ist, dass Konzerne für ihre sämtlichen Tochtergesellschaften eine bestimmte einheitliche Rechtsform wählen[2311].

Schließlich besteht auch bei zukünftigen Entwicklungen eine gewisse Unsicherheit. Nach der EuGH-Rechtsprechung dürfen die Mitgliedstaaten einer ausländischen Gesellschaft Beschränkungen z.B. im Interesse des Gläubigerschutzes

---

2309 *Wachter*, GmbHR 2005, S. 717, 718, weist darauf hin, dass die (seinerzeitigen) Wettbewerbsvorteile der *Ltd.* nicht nur in den Regelungen des englischen Gesellschaftsrechts zu finden waren, sondern dass auch die weite Verbreitung der englischen Sprache ein *„vielfach unterschätzter Vorteil"* gewesen sein dürfte.

2310 Vgl. *Radwan*, EBLR 2007, S. 769, 770; *Hommelhoff/Teichmann*, DStR 2008, S. 925, 928; *Siems/Herzog/Rosenhäger*, JIBFL 2009, S. 247, 248 f.

2311 *Hommelhoff/Teichmann*, GmbHR 2009, S. 36, 36, mit Blick auf die Möglichkeit zum europaweit einheitlichen, unternehmensindividuellen Netz von Tochtergesellschaften: *„Der Bundesrat hat den ‚Clou' der SPE geflissentlich ausgeblendet"*; der Verweis auf mitgliedstaatliche Rechtsformen sorge auf dem deutschen Markt eher für Verwirrung denn für Akzeptanz. Ähnlich *dies.* in *Hirte/Teichmann* SPE 2013, S. 1, 13 ff. Vgl. weiter *Habighorst* in *Priester/Mayer/Wicke*, HbGesR III, § 76, Rn. 4; *Hommelhoff/Helms* in Neue Wege 2001, S. 7 (*„immaterielle Niederlassungsschranke"*); *Ehricke*, ebd., S. 18 ff.; *Winter*-Bericht 2002, S. 124 f.; *Hommelhoff/Teichmann*, DStR 2008, S. 925, 927 f.; *Brems/Cannivé*, Der Konzern 2008, S. 629, 630 f.; *Teichmann*, RIW 2010, S. 120, 121 ff.; *Schöler*, Stellungnahme *VDMA* 2010. Kritisch *Vossius*, Stellungnahme DNotV 2008, S. 6 f.

auferlegen, sofern diese geeignet und erforderlich sind. Wie weit diese Öffnungsklausel jeweils in Anspruch genommen wird (möglicherweise auch unter bewusster Inkaufnahme einer späteren Korrektur durch den EuGH) und wie weit in dieser Folge das jeweilige mitgliedstaatliche Schutzrecht das gesellschaftsrechtliche „Heimatrecht" überlagert, lässt sich nicht abschätzen[2312].

Diese Nachteile und Anwendungsschwierigkeiten bestünden auch bei grenzüberschreitenden Joint Ventures, da sie unter gleichen Bedingungen operieren. Aber auch die seinerzeit noch im *Winter*-Bericht geäußerte Hoffnung, dass dieses Ziel der SPE weitgehend durch die Möglichkeit zur grenzüberschreitenden Verschmelzung erreicht werden könnte, führt nicht weiter. Denn bei der Verschmelzung nach der Verschmelzungsrichtlinie entsteht stets eine Gesellschaft (irgend) eines nationalen Rechts. Die Verschmelzungsrichtlinie ist also nicht geeignet, die oben angeführten Probleme zu beseitigen[2313]. Und wie gesehen ist auch die SE insofern keine echte Alternative.

Die SPE hingegen löst durch ihr einheitliches Gesellschaftsstatut wie auch durch ihre europäische Identität diese Hindernisse auf und beseitigt die praktischen Probleme weitgehend[2314]. Die Unternehmer können ihre Entscheidungen vorwiegend nach betriebswirtschaftlichen Maßstäben richten, Geschäftspartner und Kreditgeber könnten besser abschätzen, worauf sie sich einlassen. Die SPE leistet damit auch einen signifikanten Beitrag zur weiteren Fortentwicklung des freien Binnenmarkts als ureigenstem Unionsziel.

Schließlich dürfte auch das *„European Label"* einen sinnvollen Zusatz darstellen, da es eventuell fehlendes Vertrauen in „fremde" Rechtsformen überbrückt. Es wird möglich, *„unter ‚einer europäischen Flagge zu segeln'"*[2315]. Rechtsform und

---

2312 *Hommelhoff/Teichmann*, DStR 2008, S. 925, 927 a.E.

2313 Vgl. *Winter*-Bericht, S. 127; *Hommelhoff/Teichmann*, DStR 2008, S. 925, 927.

2314 Grundsätzlich bleibt es bei abweichenden Steuersystemen und -sätzen sowie unterschiedlichen Rechnungslegungsstandards. Ggf. wird also eine doppelte Rechnungslegung erforderlich bleiben. Zum Problem der ggf. unterschiedlichen Arbeitnehmerbeteiligung sogleich näher. Selbst wenn die genannten Rechtsbereiche unharmonisiert bleiben sollten, versprechen schon die der SPE innewohnenden Erleichterungen beim Gesellschaftsrecht derart gravierende Vorteile, dass sich in einer Umfrage des VDMA unter seinen Mitgliedern 50% für eine Anwendung der SPE aussprachen, vgl. *Hommelhoff/Teichmann*, DStR 2008, S. 925, 926. Zustimmend auch *Drury* in *Hirte/Teichmann* SPE 2013, S. 33 ff., sowie aus der Perspektive eines internationalen Investors auch *Chiu*, ebd., S. 47 ff., insbes. S. 67 f. Kritisch, allerdings angesichts obiger Argumente nicht nachvollziehbar, *Koberski/Heuschmid*, RdA 2010, S. 207, 209, es fehle ein *„deutlicher Mehrwert"*. Zurückhaltend *Siems/Rosenhäger/Herzog*, Der Konzern 2008, S. 393, 396, der Bedarf dürfe *„weder unter- noch überschätzt werden"*. Insofern geht *Drury*, aaO., S. 46, mit der Kommission nach einer konservativen Schätzung von einer Zahl von 1,15 Mio. potentiell an der SPE interessierten Unternehmen aus.

2315 *Schunk*, SPE-Konferenz 2008, S. 4. Von einem *„common European flag symbol"* spricht auch *Chiu* in *Hirte/Teichmann* SPE 2013, S. 47, 50.

dahinterliegendes Unternehmen werden „entnationalisiert", etwaige Assoziationen zu den mitgliedstaatlichen Rechtsformen, egal in welche Richtung, werden vermieden[2316]. Schon darin liegt eine Symbolwirkung in sich selbst. Sie hilft, etwaige Vorurteile bei Mitarbeitern, Kunden und lokalen Instanzen abzubauen und wirkt grenzüberschreitend identitätsstiftend. Das gilt sowohl innereuropäisch als auch im Hinblick auf die Position der EU im Weltmarkt. Zwar wird in diesem Zusammenhang gelegentlich moniert, dass die gewählte Bezeichnung *Societas Privata Europaea* im Gegensatz zu diversen nationalen Rechtsformen gerade nicht die Haftungsbegrenzung offenkundig werden lässt, es fehlten schlicht kennzeichnende Elemente wie *„mbH"* oder *„limitée"*. Allerdings dürfte dieser Umstand durch die universelle Erkennbarkeit mehr als wettgemacht werden. Vorausgesetzt dass sich die SPE tatsächlich zu einem „hochklassigen Produkt" mausern sollte, kann sich das Etikett daneben auch zu einer Art „Gütesiegel" entwickeln[2317].

Im Vergleich bietet die SPE also ein Plus bei Integration und Reputation.

3. Problem Mitbestimmung – Weiterentwicklung der SE-Lösung – Zustimmung in den Grundzügen ...

Heikelster Punkt bleibt auch bei der SPE die Mitbestimmung. Wie schon bei der SE kristallisiert sich dieser Aspekt einmal mehr als eine nur schwer umschiffbare Klippe heraus. Mit Binnenmarktkommissar *Barnier* liegt in ihr sogar der „Hauptgrund" für die Blockade[2318].

a. Sitzaufspaltung

Ihre im Vergleich gesteigerte Brisanz folgt aus der nun vorgesehenen Option zur Sitztrennung und den darin enthaltenen Vermeidungsmöglichkeiten. Sie sind es, die die Mitbestimmung insgesamt wieder aufs europäische Tapet bringen, dabei aber weit über den unmittelbar betroffenen Bereich ausstrahlen und so erneut die Frage nach einem adäquaten Umgang aufwerfen. Entsprechend kontrovers verliefen die Beratungen unter den Mitgliedstaaten. Hierin wurde für die Möglichkeit der Sitztrennung das gesamte Spektrum von vollständiger Abschaffung bis zu beträchtlicher Ausweitung diskutiert. Keine dieser Positionen konnte sich bislang durchsetzen.

Streng aus der Perspektive eines „Schutzes der Mitbestimmung" kann vor allem ein zwangsweiser Gleichlauf der Sitze, wie in der SE vorgeschrieben,

---

2316 Vgl. *Schmidt-Versteyl*, jurisPR 2008, S. 6; *Katuoka/Česnulevičiūtė*, MRU 2012, S. 159, 163.

2317 Insofern ist es erwähnenswert, dass das Apronym „SPE" gleichzeitig Ablativ Sing. von lat. *„spes"*, „die Hoffnung" ist. Zur Erkennbarkeit vgl. auch *Brems/Cannivé*, Der Konzern 2008, S. 629, 638, im Hinblick auf die derzeit noch zwiespältigen Ergebnisse bei der SE eher zurückhaltend.

2318 *Barnier* in: Protokoll der Aussprache im Europäischen Parlament vom 13.06.2012, CRE 13/06/2012–15.

überzeugen[2319]. Auf die Sitztrennung zu verzichten scheint aber schon angesichts der gesellschaftsrechtlichen Wirklichkeit in der Union spätestens seit *Centros* et al. wie auch angesichts des expliziten Wunsches der Wirtschaft[2320] nicht opportun[2321].

2319 So *Sick/Thannisch*, AuR 2011, S. 155, 158; für einen Gleichlauf auch *Krejci*, SPE 2008, Rn. 140 (allerdings ein Wahlrecht dann bejahend, wenn die SPE so konzipiert ist, dass sich der Ort der Hauptverwaltung nicht erkennen lässt); *Teichmann/Limmer*, GmbHR 2009, S. 537, 539, *Bormann/König*, RIW 2010, S. 111, 118 und wohl auch *Bormann/Böttcher*, NZG 2011, S. 411, 416 sowie *Krause* in *Hirte/Teichmann* SPE 2013, S. 375, 390. Auch die FDP-Bundestagsfraktion sprach sich noch für ein grundsätzliches Verbot der Sitzufspaltung aus. Zugelassen werden sollte sie nur für Konzerngesellschaften, um eine Konzentration der Sitze der Tochtergesellschaften bei der Konzernmutter zu ermöglichen. Fragen der Mitbestimmung dürften das Projekt nicht gänzlich blockieren, FDP-Bundestagsfraktion, Positionspapier Europäische Privatgesellschaft, 14.12.2010, S. 3, Z. 16 ff., 24, unter http://www.fdp-fraktion.de/files/1228/Positionspapier_Europaeische_Privatgesellschaft.pdf. Nach *Bormann/Böttcher*, NZG 2011, S. 411, 415, würde dieser Vorschlag vor allem dazu führen, dass die Töchter in den großen, exportstarken Mitgliedstaaten konzentriert würden. Die kleineren Mitgliedstaaten dürften ihn schon daher ablehnen. Soweit ersichtlich vertritt auch die Bundesregierung den vollständigen Sitzgleichlauf; vgl. BT-Drucks. 17/5414, S. 5 (im Vorfeld der Beratungen vom Mai 2011).

2320 Vgl. Kommission, Test Panel 2007, S. 10, sowie *Figel'* und *Lehne* im Rahmen der Plenardebatte vom 09.03.2009 (oben Fn. 1987); *Lehne* dort prosaisch zur Sitztheorie: *„Der Zug ist abgefahren. Der Streit darüber bringt nichts mehr."*

2321 Bildhaft *Hommelhoff/Teichmann*, GmbHR 2010, S. 337, 345, die von *„ängstliche[r] Zwangsverklammerung"* sprechen. Ähnlich auch die Reflexionsgruppe zur Zukunft des EU-Gesellschaftsrechts, die hier ebenfalls auf die Rechtslage in verschiedenen Mitgliedstaaten verweist, die diese Bindung nicht vorsehen und eine Sitzverlegung ermöglichen. Zudem hebt sie die Erfahrungen mit der SE hervor. Der dort vorgesehene zwangsweise Gleichlauf reduziere die Flexibilität, was aber gerade wesentlicher Daseinszweck der SE sein sollte *(„The registered office must be in the Member State where the real seat is located. This reduces the flexibility of the SE, which ought to be its primary* raison d'être*".)*, Bericht Reflexionsgruppe 2011, S. 30. Ähnlich auch *Casper/Weller*, NZG 2009, S.681 ff. Das Europäische Parlament hat sich im Rahmen seiner legislative Entschließung vom 10.03.2009 zur SPE eindeutig für die Trennungsmöglichkeit ausgesprochen, ebenso in seiner legislativen Entschließung vom selben Tag zur grenzüberschreitenden Registersitzverlegung, vgl. *Kuck*, Der Konzern 2009, S. 131, Fn. 25. A.A. *Koberski/Heuschmid*, RdA 2010, S. 207, 211, die eine Aufrechterhaltung des Sitzgleichlaufs fordern, da sich nur auf diese Weise die Gründung von Briefkastengesellschaften zur Umgehung von Schutzstandards effektiv verhindern lasse. Ebenso wohl auch *Bormann/Böttcher*, NZG 2011, S. 411, 416. Sieht man die Sitzkopplung als eine letztliche Variante der Sitztheorie, kann man sie wohl mit Blick auf die EuGH-Rechtsprechung i.S. *Centros* et al. durchaus mit einem Fragezeichen versehen. Zumal selbst der deutsche Gesetzgeber seit dem MoMiG für die GmbH die Möglichkeit eines Verwaltungssitzes im Ausland geschaffen hat, § 4a GmbHG.

Tatsächlich würde ein Hauptvorteil der SPE für die Unternehmenspraxis aufgegeben. Denn nur, wenn die Sitztrennung möglich bleibt, können die Registersitze von mehreren SPE an einem Ort konzentriert werden. Nur dann gelingen aber auch die Vereinheitlichung der gesellschaftsrechtlichen Architektur und die letztlich angestrebte Konsolidierung in Bezug auf Gründung, Verwaltung und einheitlichen Rechtsweg[2322]. Und wohl nur dann wird der Rechtsform auch praktisch ein bedeutender Erfolg vergönnt sein[2323].

b. Lösungskonzept

i. Keine Vereinheitlichung

Es bedarf also einer Lösung für die hierdurch aufgeworfenen Probleme, insbesondere eines drohenden Standortwettbewerbs und eines damit verbundenen *Delaware*-Effekts. Wie bei der SPE insgesamt geht es auch bei der Arbeitnehmerbeteiligung um einen Ausgleich von Flexibilität und Uniformität. Daneben müssen auch die grundsätzlichen Unterschiede zwischen bereits bestehenden Unternehmen mit u.U. etablierter Beteiligung und Neugründungen berücksichtigt werden.

Die Ausgangslage hat sich allerdings seit Verabschiedung des SE-Statuts noch weiter verschärft. Nicht nur, dass nun eine Einigung unter 28 Mitgliedstaaten notwendig ist. Auch deren individuelle Positionen gerade im Bereich Arbeitnehmerbeteiligung haben sich seit damals kaum aufeinander zu bewegt, sind wahrscheinlich (und nicht

---

2322 Vgl. *Brems/Cannivé*, Der Konzern 2008, S. 629, 629 f.; *Teichmann*, RIW 2010, S. 120, 120 ff. sowie Beispiel bei *Hommelhoff/Teichmann*, GmbHR 2010, S. 337, 346. Neben einer einheitlichen Organisation genügt im Extremfall auch ein einziger Geschäftsführer für alle Konzerntöchter, was funktional die Vorteile von Niederlassung und Tochtergesellschaft verbindet. Dies käme namentlich dem SPE-Leitbild der kleinen Vertriebs- und Servicetochter im EU-Ausland zugute. Zudem würde nur ein einheitliches Registrierungsverfahren gelten, ein einheitliches nationales Auffangrecht und ein nationaler Gerichtszug; ggf. wäre auch nur eine nationale Aufsichtsbehörde berufen (z.B. bei einem Finanzdienstleister mit mehreren europäischen Standorten wäre nur eine Bankenaufsicht zuständig) und es käme nur eine einheitliche Rechnungslegung zum Zug. Praktisch bedeutsam dürfte zudem der Umstand sein, dass im Wesentlichen auf eine einzige Sprache zurückgegriffen werden kann (zum diesbezüglichen Vorteil bei der *Ltd. Wachter*, GmbHR 2005, S. 717, 718).

2323 Vgl. insofern auch den Bericht der Reflexionsgruppe zur Zukunft des EU-Gesellschaftsrechts, die zunächst konstatiert, dass die SE kein Erfolg gewesen sei, und dies anschließend auch auf den zwangsweisen Sitzgleichlauf zurückführt: „*The registered office must be in the Member State where the real seat is located. This reduces the flexibility of the SE, which ought to be its primary* raison d'être." Nationalen Gesellschaften, (die der Gründungstheorie unterliegen, Anm. d. Verf.) stünde auch die Sitzwahl frei, was im Vergleich zur SE ein Plus bei der Flexibilität bedeute. Sollte die SE zu einer brauchbaren Alternative werden („*viable alternative to national companies*"), sollte diese Flexibilität als Beispiel dienen; Bericht Reflexionsgruppe 2011, S. 30.

zuletzt in Reaktion darauf) eher noch weiter auseinandergedriftet. Mit gutem Grund war daher, anders als bei den gesellschaftsrechtlichen Kernfaktoren „Sitz" und „Mindestkapital", bei der Arbeitnehmerbeteiligung schon ursprünglich keine Vereinheitlichung geplant. Der große Wurf einer konsentierten umfassenden Unifizierung in diesem Bereich erscheint auch, zumindest gegenwärtig und immer noch, illusorisch[2324].

ii. Fortentwicklung der Verhandlungslösung

Allerdings liegen auch die Lösungsmöglichkeiten parat. Denn gerade weil die Union schon so weit vorangeschritten ist, verfügt sie auch über ein bereits bewährtes Instrumentarium zur Überbrückung und Nivellierung. In seinen Grundzügen kann es mutatis mutandis auch hier Anwendung finden. Es liegt darum nahe, das seinerzeit bei EBR, SE und SCE gefundene, und in der Verschmelzungsrichtlinie fortgebildete Lösungskonzept aus „Vereinbarungen und Auffanglösung" strukturell auch auf die SPE zu übertragen und angepasst auf die (an sich) anvisierte Zielgruppe der KMU weiterzuentwickeln. Zuallererst bedeutet das einen erneut erklärten Verzicht des Unionsgesetzgebers auf eine eigene supranationale Form der Mitbestimmung. Und wie bei der SE geht dies zulasten der Einheitlichkeit der Rechtsform. Der Weg achtet und akzeptiert aber die gewachsenen und mehr denn je bestehenden Unterschiede und Empfindlichkeiten in den Mitgliedstaaten[2325]. Eine Vereinheitlichung erscheint darum in Anbetracht der Umstände weder notwendig noch unbedingt angezeigt. Gleichzeitig verweist diese Vorgangsweise auf das rechtspolitisch Machbare, denn mit der SE wurden diese Grundstrukturen schon einmal allseitig akzeptiert[2326]. Die Alternative hingegen, gewissermaßen noch einmal „von vorn anfangen" zu wollen und ein grundsätzlich neues

---

2324 Vgl. auch *Henssler*, Zukunftskonferenz 2011, S. 2, der von einem „unerreichbaren Ziel" spricht. Dessen ungeachtet plädiert *Malmberg* für eine Rahmenrichtlinie, die gleichermaßen alle supranationalen Rechtsformen erfasst und einen gemeinsamen Mindeststandard der Arbeitnehmerbeteiligung festlegt. Hierdurch würden auch Mitbestimmungsumgehungen durch Sitztrennung verhindert, *Malmberg*, Zukunftskonferenz 2011, S. 5 f.

2325 Vgl. auch *Hommelhoff*, ZEuP 2011, S. 7, 10 f. (*„Rückbezug auf mitgliedstaatliches Nationalrecht"*); *Hommelhoff/Teichmann*, GmbHR 2010, S. 337, 342 mit Verweis auf die sozialistische Vergangenheit der mittel- und osteuropäischen Staaten. Zum Grundkonzept europäischer Mitbestimmung siehe *Henssler*, ZHR 173 (2009), S. 222, 224 f.

2326 Dies dürfte sogar der Position der britischen Regierung entsprechen, traditionell nicht unbedingt eine Befürworterin der Arbeitnehmerbeteiligung. In ihrer Stellungnahme zum Kommissionsentwurf erklärte sie ihre diesbezügliche Unterstützung. Sie wolle darauf hinwirken, dass die Beteiligungsrechte der Arbeitnehmer im Einklang mit den bereits in der Verschmelzungsrichtlinie etablierten stehen werden; *BERR – Department for Business Enterprise & Regulatory Reform, Government Response to Consultation on the Proposal for a European Council Regulation on the Statute for a European private company (SPE)*, S. 12 (Stand 21.11.2008). Der Text ist abrufbar unter http://www.berr.gov.uk/files/file50064.pdf (englisch).

Lösungsmodell zur Arbeitnehmerbeteiligung in der SPE vorzulegen, erscheint wenig sinnvoll. Ebenso wenig, wie die direkte Übernahme des SE-Systems. Das dort gefundene Mitbestimmungsmodell reflektiert, dort durchaus zu Recht, die für diese Rechtsform konzeptionell angezeigte Satzungsstrenge. Ein solches (zu) starres Mitbestimmungsregime kann für die im Kern eher gestaltungsfreien KMU nicht überzeugen. Schon deswegen ist eine Vorgehensweise, die eins zu eins die entsprechenden Vorgaben für börsennotierte Gesellschaften übernimmt, nicht zielführend. Viel mehr ist eine Weiterentwicklung nötig, wie sie hier im Laufe der Kompromissvorschläge auch stattgefunden hat. In der konkreten Ausgestaltung der derzeitigen Mitbestimmungslösung finden sich darum einige Parallelen, aber auch einige beachtliche Fortschreibungen des bewährten Modells.

iii. Verhandelte Mitbestimmung – Trennung von Klein und Groß

Die entscheidendste Neuerung scheint ebenso klar wie zustimmungswürdig, nämlich eine Trennung von „wirklichen KMU“ und „Großunternehmen“, auch bei der Verhandlungspflicht[2327]. „Echte KMU“ werden gegenwärtig weitgehend von ihr ausgenommen.

Denn ebenso wie die SE ist auch die SPE aus sich selbst heraus keine originär mitbestimmte Rechtsform. Und anders als diese wird die SPE gerade nicht direkt für ein supranationales Mitbestimmungskonzept geöffnet. Viel mehr koppelt sie zunächst an das jeweilige nationale Recht des Sitzstaats an. Das ist eine ebenso klare wie konsequente Lösung. Sie reduziert die Konkurrenz mit den jeweiligen einheimischen Rechtsformen[2328] und sorgt für einen Gleichlauf in den Mitgliedstaaten. Statt „Vorher-Nachher“ gilt „Sowohl-als auch“. Wo schon generell keine Mitbestimmung existiert, gilt das auch für dort registrierte SPE. Wo derartige Regeln vorhanden sind, bemessen sich Voraussetzungen und Auswirkungen, das „ob“ und „wie“, nach den bekannten Mustern[2329]. Die verschiedenen nationalen Beteiligungsmodelle bleiben unberührt[2330]. Die Mitbestimmung wird weder ausgeweitet noch eingeschränkt, die

2327 Zur Sinnhaftigkeit dieser Unterscheidung vgl. auch *Krause* in *Hirte/Teichmann* SPE 2013, S. 375, 389 ff.

2328 Zum Anwendungswettbewerb zwischen SPE und jeweiligen nationalen Vergleichsformen vgl. auch *Hommelhoff*, ZEuP 2011, S. 7, 11.

2329 Vgl. auch eine entsprechende Forderung in Kommission, Machbarkeitsstudie 2005, S. 34. („*Il faut donc trouver une solution qui réponde aux préoccupations des pays dotés de systèmes de participation avancés et qui craignent que les statuts de société européenne ne soient utilisés par des sociétés désireuses de contourner les règles nationales en la matière. En même temps, cette solution devrait empêcher que des modèles étrangers ne soient imposés aux États membres qui ne connaissent pas de systèmes de désignation directe de représentants des travailleurs au conseil d'administration des sociétés.*“).

2330 Vgl. auch *Figel'* im Rahmen der Plenardebatte vom 09.03.2009 (oben Fn. 1987): „*Wie ich bereits angemerkt habe, hat die Kommission ein Statut für kleinere Unternehmen erarbeitet. Die Einbindung der Mitarbeiter in den KMU existiert nur*

Arbeitnehmer werden bei Verwendung einer SPE nicht besser und nicht schlechter gestellt als bei Verwendung der nationalen Vergleichsform[2331].

Eine rechtsformeigene europäische Mitbestimmungslösung ist hingegen erst bei einem kumuliert mehrstaatlichen Sachverhalt vorgesehen. Sie greift aber selbst dann nicht immer. Der Anwendungsbereich ist vielmehr nur dann eröffnet, wenn neben dem Mitbestimmungsgefälle zwischen Arbeitsort und Sitzstaat auch bestimmte Größenbedingungen, und damit mehrere Kriterien gleichzeitig und zudem für eine gewisse Dauer, erfüllt sind. Erst dann wird nach dem grundsätzlich etablierten (aber auf die Zielgruppe angepassten) supranationalen Verfahren eine SPE-einheitliche Mitbestimmung ausgehandelt. Konsequenterweise wird in diesem Fall auch die Belegschaft einheitlich betrachtet, so dass es ggf. auch zu einem Import oder Export von Mitbestimmung kommen kann. Ist hingegen auch nur eine Bedingung nicht erfüllt, bleibt es insgesamt bei der Anknüpfung an den Sitzstaat.

Scheitern die Verhandlungen, greift die Auffanglösung. Sie knüpft an das höchste Niveau des bei der jeweils konkreten SPE betroffenen Mitgliedstaats an und sichert den bestehenden Status („Mitbestimmungspool").

Diese Zweiteilung in mitbestimmungstechnischer Sicht ist ebenso sinnvoll wie angemessen. Die zunächst obligate Anknüpfung an das Sitzstaatsprinzip berücksichtigt namentlich die erklärtermaßen als Zielgruppe stets anvisierten KMU, und hier vor allem die Neugründer. Gerade die Gründungsmöglichkeit *ex nihilo* findet mitbestimmungstechnisch ihre probate Berücksichtigung. Denn anders als bei der SE, bei der diese Errichtungsmöglichkeit ja gerade nicht besteht, wo also in der Regel auch stets eine gewisse Zahl an Arbeitnehmern vorhanden sein wird, wird hier die Zahl der Arbeitnehmer (zunächst) noch (sehr) niedrig sein. Ein aufwendiges Verhandlungsverfahren nebst Auffangregelung bereits an dieser Stelle wäre wirtschaftlich und rechtspolitisch unsinnig.

Auch eine Tochter-SPE mit einstaatlicher Belegschaft wird durch eine Einbeziehung ohne separate Verhandlung entsprechend angemessen behandelt[2332]. Selbst wenn die SPE über eine mehrstaatliche Belegschaft verfügt, begründet dieser Umstand alleine noch keine europäische Mitbestimmung.

---

in einigen wenigen Mitgliedstaaten, und deshalb beruht die Lösung auf dem nationalen Recht, so dass das gleichzeitige Bestehen von verschiedenen Modellen möglich ist, was als zweckmäßigster und angemessenster Ansatz erschien."

2331 Das dürfte auch die politische Akzeptanz befördern; vgl. AKEUR, Stellungnahme 2008, Rn. 39 a.E. Erwähnenswert in diesem Zusammenhang die Kritik der Reflexionsgruppe zur Zukunft des EU-Gesellschaftsrechts. Diese erachtet die im Rahmen der SE mitunter jedenfalls aufgezwungene Mitbestimmung in solchen Mitgliedstaaten, die das entsprechende Konzept nicht kennen, als „unangemessen" (*„inadequate"*); Bericht Reflexionsgruppe 2011, S. 30.

2332 *Teichmann* berichtet aus der Praxis, dass die fraglichen ausländischen Tochtergesellschaften im Durchschnitt zwischen drei und fünf Arbeitnehmer beschäftigen; *Teichmann*, RIW 2010, S. 120, 120. Damit läge man weit von jedweden relevanten Schwellenwerten. Eine Verhandlung bereits an dieser Stelle wäre unangebracht.

Für die ganz große Masse der Unternehmen ebnet das Sitzstaatsprinzip somit einen gut gangbaren Weg, ohne sie gleichzeitig mit dem (zeit- und kosten-) aufwendigen Modell einer grenzüberschreitend auszuhandelnden Vereinbarungslösung zu konfrontieren (und womöglich abzuschrecken[2333]). Für diejenigen Unternehmen, die mit einer europäischen Mitbestimmungslösung arbeiten können (und müssen), hält die Verordnung selbst die wesentlichsten Vorgaben bereit, einer flankierenden Richtlinie wie bei der SE bedarf es insofern nicht. Damit ist die Rechtsform insgesamt allgemein gut handhabbar und wahrt ihr praktisches Potential.

Mitunter kann es hier zwar zu mitbestimmungstechnischen Unterschieden in bereits europaweit agierenden Unternehmen kommen, gerade bei kleineren Unternehmen mit mehrstaatlicher Belegschaft. Das ist im Hinblick auf Legitimation der Mitbestimmung und insbesondere bei Anwendung einer supranationalen Rechtsform unbefriedigend. Und je nach individueller Präferenz kann das im Einzelfall auch zur Beförderung eines *Delaware*-Effekts beitragen. Jedoch wurden und werden diese Unterschiede gerade nicht durch die SPE begründet. Viel mehr sind sie Folge der bereits bestehenden mitgliedstaatlichen Gegensätze, die sich wiederum innerhalb von zum Teil jahrzehntelanger Entwicklung im „rechtlichen Biotop" ausdifferenziert haben und

2333 Vgl. EP-Legislative Entschließung 2009, Abänderung 74 (Erwägungsgrund 15, S. 4 a.E.: *„...ohne dabei aber kleine und mittlere Unternehmen, die eine SPE aus rein geschäftlichen Gründen bilden möchten*, übermäßig zu belasten"; Hervorhebung durch Verf.). Zur möglichen Überforderung auch *Helms*, FS Hommelhoff 2012, S. 369, 380; *Hommelhoff*, FS Priester 2007, S. 245, 254; *ders.*, FS K. Schmidt 2009, S. 671, 678; *ders.*, ZEuP 2011, S. 7, 10 f., 19 und Fn. 16; kritisch aus internationaler Perspektive auch *Chiu* in *Hirte/Teichmann* SPE 2013, S. 47, 59 (*„... the complex procedures for finding a mutually acceptable agreement with employees are likely to constitute a disincentive for foreign investors from third countries"*). Vgl. auch *Hommelhoff/Krause/Teichmann*, GmbHR 2008, 1193, 1194, ähnlich auch *Krause* in *Hirte/Teichmann* SPE 2013, S. 375, 389 (*„The distinction between SME and large undertaking should be relevant for the application of the* expensive and complicated negotiation procedure", Hervorhebung durch Verf.). A.A. *Koberksi/Heuschmid*, RdA 2010, S.215, die eine Verhandlungslösung schon bei der kleinen SPE mit 50 Arbeitnehmern favorisieren, wie auch *Sick/Thannisch*, AuR 2011, S. 155, 157 f., die in jeder SPE als Gründungsvoraussetzung (!) eine Mitbestimmung durch Verhandlungen und bei deren Scheitern durch eine gesetzliche Auffanglösung wünschen. *Sick/Thannisch* begründen dies mit dem der SPE innewohnenden Potential für Großunternehmen und der generellen Untauglichkeit von nationalem Recht für supranationale Gesellschaften. Die Sinnhaftigkeit dieser Forderung scheint schon angesichts der anvisierten Hauptzielgruppe der KMU fragwürdig, angesichts des Einstimmigkeitserfordernisses zumindest politisch unrealistisch. Die Autoren relativieren diese Forderung darum auch zuletzt, indem sie vage andeuten, dass für kleine und mittlere Unternehmen *„spezielle Regelungen möglich"* seien. Ebenso zaghaft wie wenig konsequent wird ein Schwellenwert von maximal 250 Arbeitnehmern genannt, allerdings nicht weiter ausgeführt; ebd., S. 159.

sich insoweit auch individuell weiterentwickeln[2334] – und deren Änderung sich mitunter gleichermaßen Arbeitgeber wie Arbeitnehmer verschließen. Sie spiegeln also ggf. nur den aktuell bereits bestehenden (und offenbar im Großen und Ganzen hingenommenen) Status quo wieder. Sie sollten daher solange akzeptiert (und respektiert) werden, wie das Unternehmen nicht einen kumuliert mehrstaatlichen Sachverhalt mit den relevanten Größenkriterien erfüllt. Unbenommen bleibt es, eine entsprechende Beteiligungsform auf freiwilliger Grundlage einzuführen und so eine unternehmenseinheitliche Beteiligungsform zu etablieren[2335].

Erst Großunternehmen, die gleichzeitig mehrere Bedingungen erfüllen, die mithin „europäisch geprägt" sind, müssen sich mit der europäischen Mitbestimmungslösung auseinandersetzen. Sie greift v.a. immer dann, wenn bereits bestehende nationale Mitbestimmungsrechte auf dem Spiel stehen. Aufgrund der Menge an gleichzeitig notwendigen Voraussetzungen dürfte die Verhandlungslösung aber nur eine vergleichsweise kleine Anzahl an potentiellen SPE-Kandidaten betreffen, während das Gros der Unternehmer außen vor bleibt[2336]. Faktisch bedeutet das einen eher begrenzten Anwendungsbereich.

2334 *Koberski/Heuschmid*, RdA 2010, S. 207, 211, sprechen bildhaft von der *„nationalen Introvertiertheit mitgliedstaatlicher Mitbestimmungssysteme"*. Beispiele aus jüngster Zeit sind die aktuell geplanten Reformen in Frankreich und Luxemburg, bei denen die jeweiligen nationalen Beteiligungskulturen ausdrücklich auch ihren Niederschlag in der Gesetzgebung finden sollen; vgl. insoweit z.B. die Stellungnahme von Senator *Jeannerot*, Berichterstatter des französichen *Sénat* für den Sozialausschuss, dem zufolge eine Mitbestimmung nach deutschem Vorbild die spezifischen deutschen Verhältnisse widerspiegele und auf das französische Modell nicht übertragbar sei. (*„Votre rapporteur s'en félicite, mais ne suggère pas pour autant de mettre en place un système de cogestion à l'allemande, qui est le reflet de l'histoire de ce pays et de sa culture spécifique du dialogue social. Il n'est pas transposable au modèle français.*; Sénat, Bericht des Sozialausschusses, hier *Section 2 – III Le texte adopté par la commission* (oben Fn. 1541). Zu den Reformen in Luxemburg und Frankreich allgemein Teil 3 E. III. 2. b. ii.

2335 Gleichwohl muss konstatiert werden, dass sich freiwillige Beteiligungsmodelle bislang wohl nicht durchsetzen konnten; vgl. *Sick/Thannisch*, AuR 2011, S. 155, 157 (*„Marktversagen bei freiwilliger Einführung"*). Die Wahrscheinlichkeit hierzu könnte aber wohl wachsen, wenn genügend andere SPE etabliert sind und sich das Modell einer unternehmenseinheitlichen Beteiligungsform in der Praxis hinreichend bewährt hat.

2336 Diese Intention verfolgt schon das Europäische Parlament. Vgl. Berichterstatter *Lehne* im Zuge der Plenardebatte vom 09.03.2009 (oben Fn. 1987): *„Es geht ausschließlich darum, Missbrauchsfälle zu vermeiden und Unternehmen, die wirklich große Unternehmen sind und die eigentlich von der Zahl ihrer Mitarbeiter her passender zur Europäischen Aktiengesellschaft statt zur Europäischen Privatgesellschaft werden würden, ebenfalls zu erfassen."* Ähnlich auch AKEUR, Stellungnahme 2008, Rn. 40. Lobend aus litauischer Perspektive *Katuoka/Česnulevičiūtė*, MRU 2012, S. 159, 172 (*„It is considered that the rules proposed by the Council* [= SPE-VOE-Hu vom 23.05.2011, Anm. d. Verf.] *introduce the best balance between the interests of shareholders and employees"*).

Das Verfahren fungiert somit als Umgehungsschutz vor Vermeidung und/oder Abschaffung der Mitbestimmung. Es unterfüttert so materiell das programmatische Bekenntnis zum Schutz vor Missbrauch[2337]. Wie schon SE-RL und Verschmelzungsrichtlinie ist es vor allem auf die konservierende Mitbestimmungssicherung gerichtet. Insofern konsequent wird auch nicht nach der Gründungsart unterschieden. Allein maßgeblich ist das Vorliegen der entsprechenden beschäftigungsrelevanten Voraussetzungen[2338]. Auch das wirkt insgesamt interessengerecht. Die erfassten Großunternehmen dürften nicht nur eher über die notwendigen finanziellen und zeitlichen Ressourcen zur Verhandlung verfügen. Bei ihnen dürfte sich auch eher das Bedürfnis nach einem mitbestimmungstechnischen Ausgleich ergeben. Umgekehrt wird es gerade bei den Neugründungen noch keine Arbeitnehmer geben, die durch die europäischen Vorgaben geschützt werden müssen.

iv. Verhandlung bei Sitzverlegung

Der grundsätzlich gleiche Ansatz gilt auch bei der identitätswahrenden Sitzverlegung[2339], und zwar auch unabhängig davon, ob bei einem getrennten Sitz nur der Verwaltungs- oder auch der Registersitz verlegt werden soll, ob in einen einzigen anderen Mitgliedstaat oder in unterschiedliche Zuzugsstaaten[2340].

Bei einer innerstaatlichen Sitzverlegung greift Art.4 IIb, und damit das maßgebende innerstaatliche Recht. Falls dieses einen zwangsweisen Gleichlauf verlangt, muss eine Verlegung des Satzungssitzes konsequent auch mit der Verlegung des Verwaltungssitzes einhergehen. Das gilt ggf. auch bei einer grenzüberschreitenden Sitzverlegung[2341].

2337 Vgl. zuletzt Erwägungsgrund 16 SPE-VOE-Sw-Add1/SPE-VOE-Hu; *Hommelhoff*, ZEuP 2011, S. 7, 26 f. *Brems/Cannivé*, Der Konzern 2008, S. 629, 635, fragen angesichts der Schutzverfahren für eine bereits bestehende Mitbestimmung, *„wie groß das hier möglicherweise bestehende Schlupfloch tatsächlich ist."*

2338 Insbesondere gibt es in Art. 35 Ia (b), UAbs.2 wohl keine Sondervorschrift für die formwechselnde Umwandlung (siehe oben Teil 5 G VI. 1 ii. (d)). In diesem Zusammenhang kritisch zu hinterfragen ist eine Forderung *Hommelhoffs*. Demnach sollte bei der SPE-Gründung durch Formwechsel die Kontinuität des vorhandenen Mitbestimmungsstatuts voraussetzungslos gewährt werden (*Hommelhoff*, ZEuP 2011, S. 7, 40). Wenn das fragliche Unternehmen an sich alle Voraussetzungen für ein SPE-Großunternehmen erfüllt, aber das sitzstaatlich gegebene Mitbestimmungsstatut gerade keine Mitbestimmung vorsieht, läge im automatischen Verzicht auf die Verhandlungslösung die Eröffnung einer neuen Umgehungsmöglichkeit. Sinnvoll erscheint diese Forderung jedoch für die Fälle, in denen bereits im Vorfeld eine europäische Beteiligungslösung ausgehandelt wurde, z.B. wenn eine aus einer grenzüberschreitenden Verschmelzung hervorgegangene nationale Gesellschaft sich später in eine SPE umwandelt.

2339 Art. 36 ff. SPE-VOE-Sw-Add1/SPE-VOE-Hu.

2340 Ausführlich zur Sitzverlegung *Hommelhoff*, FS Schneider 2011, S. 547 ff.

2341 Vgl. *Lutter/Bayer/J. Schmidt*, EuropUR 2012, § 43, Rn. 161.

Für eine grenzüberschreitende Sitzverlegung greift zunächst auch hier das Sitzstaatsprinzip, indem sich die Mitbestimmung in der verlegten SPE nach dem Recht des Aufnahmestaats richtet[2342]. Falls eine SPE ihren Verwaltungssitz verlegt, ihren Registersitz jedoch beibehält, und auch keine Arbeitnehmer „mitverlegt" werden, ändert sich hierdurch alleine noch nichts. Insbesondere finden die Sitzverlegungsvorschriften der Art. 36 ff. keine entsprechende Anwendung, da diese ausschließlich für den Registersitz gelten, sie vom Verordnungsgeber auch ausschließlich auf diesen Fall zugeschnitten sind und auch kein Bedürfnis besteht, den ggf. bestehenden Mitbestimmungsstatus zu verändern. Selbst wenn die SPE nun faktisch aus einem mitbestimmungsaversen Mitgliedstaat geleitet werden sollte, bleibt es mit dem Sitzstaatsprinzip bei der Maßgeblichkeit des Rechts am Ort des Registersitzes[2343].

Wird die Verlegung des Verwaltungssitzes mit der Verlegung von Arbeitsplätzen verbunden, kommt es auf die näheren Umstände an. Liegt neben den entsprechenden Schwellenwerten auch ein Mitbestimmungsgefälle vom Arbeitsort zum Sitzstaat vor, kommt das „normale" Verhandlungsverfahren nach Art. 35 Ia (a) zum Zug, und damit einhergehend wohl auch die (periodische) Prüfungspflicht der Geschäftsleitung gem. Art. 35 Ib[2344]. Die europäische Mitbestimmungslösung

---

2342 Vgl. Art. 35 I SPE-VOE-Sw-Add1/SPE-VOE-Hu. Zum Problem einer Sitzverlegung zwischen einem Mitgliedstaat mit Sitztheorie und einem mit Gründungstheorie *Davies*, ECGI 2010, S. 27 f.

2343 Zustimmungswürdig *Hommelhoff*, FS Schneider 2011, S. 547, 549 f.; vgl. dort auch das Beispiel einer deutschen drittelparitätisch mitbestimmten SPE, die ihren Geschäftssitz nach Polen verlegt und sodann von dort aus geleitet wird. Die Position der Arbeitnehmervertreter bleibt aber unberührt, da es auf den Registersitz Deutschland ankommt.

2344 Beispiel nach *Hommelhoff*, FS Schneider 2011, S. 547, 550: Eine deutsche SPE beschäftigt 1.700 Arbeitnehmer und verlegt neben dem Verwaltungssitz auch 1.000 Arbeitsplätze nach Polen. Hier bleibt es bei der deutschen Drittelbeteiligung. Zwar hat die SPE mindestens 500 Arbeitnehmer, das Mitbestimmungsgefälle besteht aber nicht zum nach wie vor deutschen Registersitz. Verlagert eine entsprechende polnische SPE neben ihrem Verwaltungssitz auch 1.000 Arbeitsplätze nach Deutschland, besteht das Mitbestimmungsgefälle vom Arbeitsort zum Registersitz in Polen, es arbeiten auch mindestens 500 Arbeitnehmer und mindestens die Hälfte der Gesamtarbeitnehmer in Deutschland. Dann findet Art. 35 Ia, a) Anwendung, d.h. es ist eine europäische Mitbestimmung auszuhandeln. Auffanglösung wäre gem. Art. 35d II die deutsche Drittelbeteiligung. Eine in Polen registrierte, an sich mitbestimmungsfreie SPE unterliegt dann also ggf. der deutschen Mitbestimmung. Nach *Hommelhoff* liegt in der Verlegung des Geschäftssitzes auch gleichzeitig ein gesetzlicher Prüfungsanlass für die Geschäftsleitung nach Art. 35 Ib, dessen Wortlaut insofern nur eine Mindestvorgabe trifft und sich nicht nur auf die zeitliche Dimension beschränkt, ebd. S. 551. Mit dem Telos der Norm wird man diese Ansicht gut vertreten können.

findet erst bei der Registersitzverlegung Anwendung, und auch nur dann, wenn neben einem bestimmten (nach dem ungarischen Vorschlag: doppeltem) Größenkriterium gleichzeitig ein Mitbestimmungsgefälle vom Herkunfts- zum Aufnahmestaat herrscht[2345], d.h., wenn im Zuzugsstaat schwächere oder gar keine Mitbestimmungsregeln gelten. Die Vorschrift sichert damit den ggf. bestehenden Mitbestimmungsstatus des Wegzugstaats, hängt in ihrer faktischen Reichweite allerdings an den letztlich gewählten Schwellenwerten[2346]. Selbst dann können die Verhandlungen entfallen, wenn die SPE schon vorher unter das Verhandlungsmodell gefallen ist, allerdings nur, wenn das Besondere Verhandlungsgremium zustimmt[2347], insofern besteht eine Auffangregel eigener Art, die ein bereits etabliertes System schützt. Im Übrigen besteht beim Verhandlungsverfahren ein grundsätzlicher – und begrüßenswerter – Gleichlauf[2348].

Auch im Fall der Sitzverlegung ist also ein Mitbestimmungsexport möglich. Einmal mehr bezieht dieser dann seine Rechtfertigung aus dem supranationalen Charakter der Rechtsform. Kommt es hingegen zu Verhandlungen, kommt es maßgeblich darauf an, wie die SPE geprägt ist. Die entsprechende stärkste

2345 Vgl. Art 35 Ia (b) SPE-VOE-Sw-Add1/SPE-VOE-Hu. Mit *Bormann/Böttcher*, NZG 2011, S. 411, 413, liegt hier eine Mitbestimmungsvermeidungsmöglichkeit, wenn man nämlich die reine Registersitzverlegung vor Erreichen des maßgeblichen Größenkriteriums durchführt, so dass es ggf. bei der Anwendung des (mitbestimmungsavers gewählten) Sitzstaatsrechts bleibt.

2346 Kritisch darum *Koberski/Heuschmid*, RdA 2010, S. 207, 213. Je nach Größenordnung kann es auch zu Mitbestimmungsverlusten kommen. Angeführt wird das Beispiel einer zunächst deutschen SPE mit insgesamt 4.500 Arbeitnehmern, davon 3.100 im Vereinigten Königreich und 1.400 in Deutschland. Wird nun der Sitz nach Großbritannien verlegt, käme es dennoch nicht zu Verhandlungen, da weniger als ein Drittel (= 1.500 Arbeitnehmer) im Herkunftsmitgliedstaat arbeiten. Zum Zuge käme stattdessen das Sitzstaatsprinzip und mit ihm die britische Mitbestimmungsfreiheit. *Koberski/Heuschmid* zufolge verstieße ein solches Szenario gegen das für die SE noch grundlegende Vorher-Nachher-Prinzip. Die Autoren weisen allerdings selbst auch darauf hin, dass das Vorher-Nachher-Prinzip in dieser Form bei der SPE gerade nicht verankert ist. Stellt man zudem darauf ab, wie die SPE geprägt ist, im konkreten Beispiel, dass nicht nur der Sitz im Vereinigten Königreich liegt, sondern auch mehr als zwei Drittel der Gesamtarbeitnehmer dort arbeiten, erscheint es nicht unbillig, auch die dortige Mitbestimmung zum Zuge kommen zu lassen. Wenig plausibel wirkt hingegen auch die dortige Forderung nach einer (weiteren) eigenen Auffangregelung. Aufgrund des Verfahrensgleichlaufs kommt ggf. Art. 35d zum Zuge, nach dessen Abs. 2 somit die Mitbestimmung nach dem höchsten Niveau der betroffenen Mitgliedstaaten. Daneben eine weitere Auffangregelung einführen zu wollen erschließt sich zumindest nicht unmittelbar.

2347 Art. 35 Ia (b) UAbs. 2 SPE-VOE-Sw-Add1/SPE-VOE-Hu.

2348 Vgl. auch die entsprechenden Forderungen bei *Habighorst* in *Priester/Mayer/Wicke*, HbGesR III, § 76, Rn. 57.

Position setzt sich durch[2349], die „bereits geknüpften mitbestimmungsrechtlichen Bande" wirken so weiter fort. Auch das ist sachlich angemessen.

Insgesamt bieten sich also auch bei der Sitzverlegung vielfältige Gestaltungsoptionen, die aber nahezu allesamt praktikabel berücksichtigt werden. Allerdings dürfte der Anwendungsbereich auch hier faktisch begrenzt sein. So kommt die Mitbestimmungslösung trotz grenzüberschreitender Sitzverlegung beispielsweise nicht zum Zuge, wenn ein Mitbestimmungsgefälle zwischen Aufnahme- und Herkunftsstaat herrscht, m.a.W. wenn der Aufnahmestaat ein höheres Mitbestimmungsniveau hat als der Herkunftsstaat.

Die Vorschrift würde auch etwaige – praktisch aber wohl ungleich weniger relevante – Vorrats-SPEs berücksichtigen. Ein „Einfrieren der Mitbestimmung" mit anschließendem Export einer „mitbestimmungsfreien" SPE in einen mitbestimmungsaffinen Mitgliedstaat ist nicht möglich, sofern nicht das Besondere Verhandlungsgremium zustimmt (UAbs. 2). Anwachsen oder Absinken der Belegschaft, wie auch etwaige Verlagerungen sind jedenfalls im Rahmen des 3-Jahres-Turnus zu überprüfen und entsprechend zu berücksichtigen.

2349 Beispiel 1: Eine in Deutschland registrierte SPE mit 1.800 Beschäftigten, ursprünglich drittelparitätisch mitbestimmt nach dem DrittelbG, verlegt Geschäfts- und Registersitz nach England. Ist die Verlegung vollständig, d.h. es arbeitet niemand mehr im Herkunftsmitgliedstaat, verlieren die Beschäftigten ihre Mitbestimmungsrechte, da nun ausschließlich englisches Sitzstaatsrecht Anwendung findet. Auch auf UAbs. 2 kommt es nicht an, sofern das bisherige Beteiligungssystem nicht nach den Bestimmungen der SPE-Verordnung zustande gekommen ist.
Beispiel 2: Dieselbe SPE behält 550 Arbeitnehmer in Deutschland. Diese verlieren ihre Mitbestimmungsrechte, obwohl der reine Zahlenwert über der Schwelle zum DrittelbG liegt, insgesamt aber weniger als ein Drittel der SPE-Belegschaft zurückbleiben.
Beispiel 3: Dieselbe SPE behält 700 Arbeitnehmer in Deutschland. Dann arbeitet zum Zeitpunkt der Registrierung in England mindestens ein Drittel der SPE-Belegschaft (und nach dem ungarischen Vorschlag: auch mehr als mindestens 500 Arbeitnehmer) weiterhin im Herkunftsmitgliedstaat. Weil in diesem ein höheres Mitbestimmungsniveau gilt als im Aufnahmemitgliedstaat, ist über die Mitbestimmung zu verhandeln. Scheitern die Verhandlungen gilt nach der Auffangregel deutsches Recht (vgl. Art. 35d II). Die dann englische SPE wäre deutsch mitbestimmt. Und das, obwohl zwei Drittel ihrer Belegschaft in England arbeiten, die Gesellschaft also „nunmehr" englisch geprägt ist.
Beispiele nach *Hommelhoff/Teichmann*, GmbHR 2010, S. 337, 343 (dort noch unter Zugrundelegung von SPE-VOE-Sw). *Hommelhoff/Teichmann*, ebd., rechtfertigen den Mitbestimmungsexport aus der Gesamtbetrachtung der europäischen Rechtsform, die dann nach wie vor durch die deutschen Arbeitnehmer mitgeprägt sei. Ob das bei einem Drittel der Arbeitnehmer jedenfalls in hinreichendem Maße der Fall sein kann, sei an dieser Stelle dahingestellt. Zumindest aber dürfte sich in den Beispielen die Anwendung der Auffangregelung auch aus der ursprünglich deutschen Herkunft der SPE rechtfertigen lassen. Zur Sitzverlegung auch *Habighorst* in *Priester/Mayer/Wicke*, HbGesR III, § 76, Rn. 55 f.; *Hommelhoff*, FS Schneider 2011, S. 547, 555 f.

v. Verhandlungsverfahren

Auch die Grundkonzeption des Verfahrens scheint allgemein akzeptabel, finden sich dort doch beträchtliche Ähnlichkeiten mit dem bereits von der SE bekannten Modell.

Auffällig wie vertraut, und inzwischen geradezu stilbildend, ist die regulatorische Zurückhaltung des Unionsgesetzgebers. Schon die *Davignon*-Gruppe hatte bei der SE zur Überbrückung des Mitbestimmungsproblems dafür votiert *„ein Ziel vorzugeben, es den Verhandlungspartnern dann zu überlassen, wie sie das Ziel erreichen und wie sie es ausgestalten wollen und gleichzeitig der Möglichkeit Rechnung zu tragen, daß es den Parteien nicht gelingt, dieses Ziel zu erreichen"*[2350]. Auch dieses Prinzip ist berücksichtigt. Schon zum Verhandlungsprozedere werden nur die wesentlichsten Vorgaben gemacht[2351]. Auch bei den Vereinbarungen selbst ist nur ein Minimalkorsett an Festlegungen vorgesehen[2352]. Eigene materielle Festlegungen hingegen trifft der Verordnungsgeber (abermals) nicht. Viel mehr überlässt er die Entscheidung darüber, welches wie weit detaillierte Mitbestimmungskonzept im konkreten Fall vorzugswürdig sein soll, den tatsächlich von dieser Frage betroffenen Parteien. Das eröffnet einen eigenen Spielraum. Wie schon bei der SE werden so auf einer grundsätzlich einheitlichen rechtlichen Grundlage passgenaue Lösungen für individuelle unternehmerische Besonderheiten ermöglicht[2353].

Gleichzeitig werden die Arbeitnehmer durch die Verhandlungen in die Pflicht genommen. Notwendig ist eine aktive Auseinandersetzung mit der konkreten Situation, nicht bloßes Annehmen einer gesetzlichen Regelung. Mittelbar könnten so ein gesteigertes Verantwortungsbewusstsein und eine erhöhte Identifikation mit dem Unternehmen gestiftet werden[2354]. Natürlich sind die Regelungen nicht unkompliziert. Sie werden aber von denjenigen, die letztlich von ihnen betroffen sein werden, anwendbar sein.

vi. Entnationalisierung

Auch der Ansatz, die SPE insgesamt mitbestimmungstechnisch als einheitliches Ganzes zu betrachten ist bereits grundsätzlich von der SE bekannt und damit konzeptionell nicht neu. Er ist zudem auch begründet. Da es sich bei der SPE um eine supranationale Rechtsform handelt, die dann zudem dezidiert supranational

---

2350 *Davignon*-Bericht, S. 6, Rn. 44.

2351 Vgl. Art. 35b SPE-VOE-Sw-Add1/SPE-VOE-Hu.

2352 Vgl. Art. 35c II SPE-VOE-Sw-Add1/SPE-VOE-Hu.

2353 Denkbar erscheint es auch, ggf. ein „Weniger" an Mitwirkung im Aufsichtsrat durch ein „Mehr" im Zuge der betrieblichen Beteiligung zu kompensieren, auch wenn die betriebliche Beteiligung nicht ausdrücklich in die Verhandlungslösung einbezogen wurde. Für eine Konzentration der Verhandlungen im Hinblick auf die betrieblichen Informations- und Anhörungsrechte bei der supranationalen SPE auch *Hommelhoff/Krause/Teichmann*, GmbHR 2008, S. 1193, 1203.

2354 Zustimmend auch *Hommelhoff*, ZEuP 2011, S. 7, 30 („... *förderlicher als die Hoffnung auf hilfreiches Eingreifen des Gesetzgebers und der Gerichte*").

genutzt wird, wird nicht nur das Unternehmen selbst aus dem nationalen Kontext gelöst und auf eine europäische Ebene gehoben. Auch die Belegschaft wird in ihren Mitwirkungsrechten entnationalisiert und supranational betrachtet. Damit wird dann dem grenzüberschreitenden Charakter der Gesellschaft selbst auch im Bereich der Mitbestimmung zum Durchbruch verholfen. Folgerichtig kann es daher auch nicht darauf ankommen, wo genau die Arbeitnehmer beschäftigt werden. Auch, ob im Sitzstaat überhaupt Arbeitnehmer tätig sind, ist unerheblich, sofern die sonstigen Voraussetzungen erfüllt werden[2355]. Denn hier geht es zunächst um die Option an der Teilhabe der Mitbestimmung, die gleichermaßen allen Beschäftigten eingeräumt werden soll. Die supranationalen Belegschaften wiederum werden innerhalb der Gemeinschaft gleich behandelt, abgestufte Rechte innerhalb ein und derselben SPE soll es nicht geben[2356].

Diese mitbestimmungsrechtliche Gleichbehandlung aller Beschäftigten entspricht nicht nur einer alten Forderung der Gewerkschaften, sie wird durch die Bank (auch in Deutschland) als wünschenswert erachtet und dürfte zudem entscheidend für die Legitimation sein. Da es sich bei der SPE um eine supranationale Rechtsform handelt, ist diese Einbeziehung aller nun auch tatsächlich möglich, auf den Territorialitätsgrundsatz kommt es in diesem Zusammenhang nicht mehr an. Folgerichtig wird die Mitbestimmung *„selbstverständlich"* europäisiert[2357]. Sollten einzelne nationale Belegschaften gleichwohl (eventuell aus Tradition) auf eine eigene Mitwirkung verzichten wollen, steht ihnen ggf. der Ausstieg aus den Verhandlungen frei[2358].

2355 In diese Richtung geht auch der Gedanke eines *opting out* für gänzlich mitbestimmungsfreie Mitgliedstaaten (vgl. insofern Art. 7 III SE-RL). Bei der SPE eine solche Möglichkeit vorzusehen wäre ein Widerspruch zu den bereits etablierten Regelungen. Insgesamt dürfte diese Option daher nicht zielführend sein. Ablehnend wohl auch *Hommelhoff*, ZEuP 2011, S. 7, 21, der zugleich auf den bemerkenswerten Umstand hinweist, dass die Optionsklausel in der SE-RL vornehmlich auf spanisches Betreiben eingefügt wurde, Spanien selbst diese Option aber nicht gezogen hat, anders aber einige mittel- und osteuropäische Mitgliedstaaten (ebd., Fn. 46). Zum *opting out* noch konziliant *Hommelhoff/Teichmann*, GmbHR 2010, S. 337, 342; es würde über einen möglichen *„Sozialschock"* beim zwangsweisen Mitbestimmungsimport hinweghelfen und könnte rechtstechnisch ein mögliches Patt bei der Beschlussfassung im Rat beseitigen.

2356 Zustimmungswürdig *Hommelhoff*, ZEuP 2011, S. 7, 14, nach dem darin eine sachgemäße Integration des Binnenmarktes liegt, wohingegen eine Ungleichbehandlung den Frieden innerhalb der Belegschaft stören würde. Ähnlich schon *Hommelhoff/Teichmann*, GmbHR 2010, S. 337, 341 (*„Arbeitnehmer erster und zweiter Klasse"*), die allerdings zudem einen substantiellen Bezug zum jeweiligen Mitbestimmungs-Staat fordern. Dieser soll bei einer Mehrheit der Arbeitnehmer vorliegen; ebd. S. 342.

2357 *Hommelhoff/Teichmann*, GmbHR 2010, S. 337, 341.

2358 Vgl. Art. 35a II ea) SPE-VOE-Sw-Add1/SPE-VOE-Hu.

Folge dieser mitbestimmungstechnischen Verselbständigung sind weit aufgefächerte Mitbestimmungsvarianten, je nach Unternehmen und dessen tatsächlichen Horizont. In sich schlüssig kann es unter Umständen dann auch zu einem Mitbestimmungsimport bzw. -export kommen. Dies ist auf zwei Wegen möglich. Offenkundig natürlich nach dem Sitzstaatsprinzip, wenn der SPE-Sitz in einem mitbestimmungsaffinen Land gewählt wird und die dortigen Kriterien erfüllt werden[2359], bzw. wenn die Auffanglösung zum Zuge kommt und die SPE wesentliche Teile ihrer Belegschaft in einem entsprechend mitbestimmungsaffinen Land beschäftigt[2360]. Möglich ist das aber auch bei der Verhandlungslösung, da von einem einmal vereinbarten einheitlichen Mitbestimmungsregime alle Arbeitnehmer der SPE betroffen sind, ganz egal, ob sie in einem mitbestimmungsaffinen oder mitbestimmungsaversen Mitgliedstaat beschäftigt sind. Unter Umständen werden dann Arbeitnehmer, die ursprünglich keine Mitbestimmungsrechte hatten, erstmals in sie einbezogen[2361] oder Beschäftigte mit niedrigerem Mitbestimmungsniveau erfahren eine Ausweitung ihrer diesbezüglichen Rechte. Legitimiert wird diese Einbeziehung durch die supranationale

---

2359 Organisiert ein britischer Automobilhersteller seinen Vertrieb im deutschsprachigen Raum durch eine SPE mit Sitz in Salzburg und Betrieben in Deutschland (250 Beschäftigte) und Österreich (100 Beschäftigte), ist die SPE (unter Zugrundelegung der entsprechend hohen Schwellenwerte im SPE-Statut) mit insgesamt 350 Beschäftigten nach dem Sitzstaatsprinzip österreichisch mitbestimmt. Einer Verhandlungslösung bedarf es nicht, da zwischen dem Sitzstaat Österreich und dem Arbeitsort Deutschland kein Mitbestimmungsgefälle besteht. In der österreichischen SPE haben dann aber natürlich auch die deutschen Arbeitnehmer Mitbestimmungsrechte. Beispiel nach *Hommelhoff*, ZEuP 2011, S. 7, 13 f.

2360 Beispiel 1 nach *Hommelhoff*, ZEuP 2011, S. 7, 20: Eine in Danzig registrierte private SPE beschäftigt 240 Mitarbeiter in Polen, 110 in Schweden, 40 in Dänemark und 250 in Finnland. Maßgeblich wäre dann das dänische Mitbestimmungsrecht, da a) die relevanten Größenkriterien erfüllt wären und der überwiegende Anteil der Gesamtbelegschaft nicht im Sitzstaat arbeitet, b) ein Mitbestimmungsgefälle zwischen dem Sitzstaat Polen und den Arbeitsorten in Skandinavien besteht und c) von den skandinavischen Mitbestimmungsrechten das dänische dasjenige mit dem höchsten Mitbestimmungsniveau ist. Beispiel 2 nach *Hommelhoff/Teichmann*, GmbHR 2010, S. 337, 341: Eine deutsche SPE beschäftigt in Deutschland 300 und in Frankreich 250 Arbeitnehmer. Da der Schwellenwert insgesamt erreicht ist, kommt die Verhandlungslösung zum Zug, ungeachtet der Tatsache, dass in Deutschland das DrittelbG eine Mitbestimmung erst ab 500 Arbeitnehmern vorsähe. Dies bildet aber die Auffanglösung, so dass bei Scheitern der Verhandlungen eine Drittelparität nach deutschem Vorbild herrschen würde.

2361 *Hommelhoff*, ZEuP 2011, S. 7, 19 spricht sich für eine ausdrückliche Klarstellung nach dem Vorbild von Art. 34 I 2 EP-Legislative Entschließung 2009 aus. Direkt notwendig dürfte dies allerdings nicht sein, sobald die Frage der Tochtergesellschaften gelöst ist.

Herkunft der Mitbestimmung und die Betrachtung der Gesamtbelegschaft als ebenfalls supranationales Phänomen.

Die Beteiligungsrechte selbst werden nicht ausgeweitet, falls nicht ein entsprechendes Verhandlungsergebnis zustande kommt, die Mitgliedstaaten behalten aufgrund ihrer Gestaltungsmacht die Möglichkeit, die Kriterien der nationalen Mitbestimmung nach ihren Präferenzen zu beeinflussen. Die supranationalen Beteiligungsrechte stehen so nur scheinbar im Gegensatz zu solchen aus nationalen Gesellschaftsformen.

vii. Auffanglösung

Der Anknüpfungspunkt der Auffanglösung schließlich stellt auf den Anteil in dem jeweils betroffenen Mitgliedstaat mit dem höchsten Niveau der Arbeitnehmermitbestimmung ab („Mitbestimmungspool"). Gewährleistet wird mithin, dass die ggf. bestehenden Rechte gewahrt bleiben. Allerdings setzt sie gerade hierdurch auch keinen besonderen Verhandlungsanreiz. Dies wäre erst der Fall, wenn alle Mitgliedstaaten sich entschließen sollten, im Rahmen der Auffangregelung eine Deckelung auf die Drittelparität einzuführen[2362]. Anderenfalls bleibt die bekannte Gefahr der Mitbestimmungsumgehung. Durch unterschiedliche Auffanglösungen ergibt sich ggf. eventuell auch eine Verhandlungsstrategie. Jedenfalls aber ist eine Extremposition klar: Soll die Verhandlungslösung ihren Namen verdienen, kann die Auffanglösung nicht mit dem etwaigen Maximum identisch sein[2363].

Dass die Auffanglösung ggf. auch direkt, also ohne vorherige zeit- und kostenintensive Verhandlungen anwendbar sein soll, schreibt die entsprechende Bestimmung aus der Verschmelzungsrichtlinie sachangemessen und sinnvoll fort. Denn schon bei der SE finden die Verhandlungen stets „im Schatten der Auffanglösung" statt. Sie soll also nach der grundsätzlichen Konzeption nur zum Zug kommen, wenn eine Einigung nicht erreichbar ist und insofern einen gewissen Mindeststandard garantieren. Wenn für das Unternehmen absehbar ist, das eine Verhandlung zu nichts führen würde, kann es so von sich aus das Verfahren abkürzen[2364].

2362 Vgl. zuletzt Art. 35d III SPE-VOE-Sw-Add1/SPE-VOE-Hu. Käme Deutschland, als einziges Land mit einem Mitbestimmungsmodell, das über die Drittelbeteiligung hinausgeht, dem nach, würde quasi nebenbei auch das potentielle Problem der Pattsituation im Aufsichtsrat gelöst.

2363 Vgl. insoweit bereits den *Davignon*-Bericht (BR-Drucks. 572/97 vom 06.08.1997), Abschnitte 41 und 71.

2364 Vgl. Art. 35d I c) SPE-VOE-Sw-Add1/SPE-VOE-Hu, Art. 16 IV a) RL 2005/56/EG; hierzu leicht kritisch *Riesenhuber*, EuArbR, § 30, Rn.16, der insoweit *„tendenziell ein anderes, weniger partnerschaftliches Kooperationsmodell"* sieht.

viii. Gesamtansatz

Im Grundsatz kümmert sich der Verordnungsgeber damit – nicht mehr und nicht weniger – um die unmittelbare Beseitigung eben desjenigen mitbestimmungsrechtlichen Missbrauchspotentials, das er durch die mögliche Sitzaufspaltung selbst eröffnet hat[2365]. Das aber durchaus angemessen und auf die Zielgruppe der KMU ausgerichtet. Auf eine gewisse Weise schlägt er so „zwei Fliegen mit einer Klappe". Er enthält sich jeder Form der Parteinahme dahingehend, welches nationale Mitbestimmungskonzept auf Unionsebene als vorzugswürdig erachtet wird. Und gleichzeitig äußert er seinen *„Respekt gegenüber der rechtspolitischen Gestaltungsmacht der Mitgliedstaaten, gerade in Fragen der Unternehmensmitbestimmung"*[2366]. Indes – zumindest ein Teil dieses Respekts dürfte auch aus dem Erkennen der wiederholten eigenen Glücklosigkeit herrühren, die europäischen Mitbestimmungssysteme auf einen einheitlichen Nenner zu bringen. Er enthält so durchaus ein gewisses Element des „sich Schickens". Mit Äsops Fabel vom Fuchs und den Weintrauben: *„Nondum matura est, nolo acerbam sumere."*

Darin liegt aber insgesamt kein Nachteil, da eine Vereinheitlichung nicht notwendig ist, wenn hinreichend starke, stets weiterentwickelte Varianten zur Verfügung stehen und die individuelle Freiheit zum Zug kommt. So gesehen geht es nicht um ein *„race to the bottom"*, sondern um ein *„race to the top"*, die freie Wahl des jeweils besten Systems im jeweiligen unternehmerischen Umfeld, und damit um eine Verbesserung der Arbeits- und Lebensbedingungen im Wege des Fortschritts. Das aber entspräche just dem, was sich die Gründer der Union als Ziel gesetzt haben[2367]. In den Vorgaben liegt so der Versuch, einerseits einen regulatorischen „Wildwuchs" zu beenden, andererseits das Potential zu Verständigung zu nutzen. Letztlich ist das ein Bekenntnis zur Vielgestaltigkeit und zur Unterschiedlichkeit, final zur Subsidiarität. Weil das Recht gerade nicht schweigt, sondern einen vielstimmigen Chor bietet, liegt darin auch kein *„déni de justice"*, sondern eine sorgsame Befreiung der Rechtsträger in realpolitischer Zurückhaltung. Der

2365 Insofern kritisch zu sehen *Siems/Rosenhäger/Herzog*, Der Konzern 2008, S. 393, 400 f., die sich auch für eine Kombination aus Sitzstaatsprinzip und Verhandlungslösung nach dem SE-Modell aussprechen, letzteres aber nur bei Verschmelzungen und Sitzverlegungen anwenden wollen. Die mögliche Sitztrennung wird aber ausgeblendet.

2366 Grundsätzlich zustimmungswürdig *Hommelhoff*, ZEuP 2011, S. 7, 12 f., der hier von einem *„rechtspolitisch geschicktem Schachzug"* spricht. Allerdings wurde dieser Weg bereits bei der SE beschritten. Der „Schachzug" ist also weder gänzlich unbekannt, noch kommt er sonderlich unerwartet. *Hommelhoff* weist zudem zutreffend darauf hin, dass die Rücksichtnahme in mehrerlei Hinsicht zurückgenommen ist, da ja auch die Arbeitnehmer in mitbestimmungsaversen Staaten Vertreter in das Besondere Verhandlungsgremium entsenden und über die letztliche Einheitlichkeit des SPE-Mitbestimmungsregimes in den Genuss von solchen, für sie ansonsten womöglich unbekannten, Rechten kämen.

2367 Art. 151 I AEUV.

Unionsgesetzgeber hingegen fungiert, um im Bild zu bleiben, lediglich als Taktgebender Dirigent. Wenn „Ideal“ eine möglichst allseitige Akzeptanz ist, liegt hierin eine weitgehende Annäherung.

4. ... Streit in den Details

Während somit unter den Mitgliedstaaten die Grundzüge zunehmend auf Akzeptanz stoßen, gibt es in den Details noch Unstimmigkeiten. Hierbei sind einzelne Fragen erbittert umkämpft. Rasch wechselnde Kompromissvorschläge in kürzesten Abständen lassen an ein unwürdiges Geschacher, ja an Hickhack denken.

Bei einigen Aspekten handelt es sich nur um die Fortsetzung der aus der SE bekannten Problematiken. Sie sind wie dort Folge von unklaren Bezügen und Optionen. Beispielsweise beschränken sich die vorliegenden Entwürfe auf eine Lösung für den Missbrauch in Bezug auf die Mitbestimmung, überlassen die darüber hinausgehende Missbrauchsbekämpfung aber den Mitgliedstaaten und erteilen nur einen entsprechenden Regelungsauftrag. Entsprechendes ist für die SE bereits in Art. 11 SE-RL vorgesehen. Wie dort bestehen dann aber die erwähnten Unsicherheiten, ab wann genau ein Missbrauch vorliegen soll[2368]. Anderes wurde bereits sachgerecht berücksichtigt. So ist z.B. bei der SPE eine vorher abgeschlossene Beteiligungsvereinbarung eben keine Eintragungsvoraussetzung mehr. Die Unternehmensgründung kann also insofern weder verzögert noch verhindert werden.

Darüber hinaus sind aber auch einige spezifische Punkte betroffen, von denen die augenfälligsten im Folgenden kurz angerissen werden sollen. Einige aus diesen Überlegungen folgende Formulierungsvorschläge finden sich in Teil 5 G. IX. 6.

a. Niveau der Arbeitnehmermitbestimmung

Der Verordnungsgeber knüpft die Verhandlungspflicht u.a. an ein „höheres Niveau der Arbeitnehmermitbestimmung“[2369]. Aus der Definition in Art. 2 f) und der systematischen Zusammenschau folgt, dass es insofern alleine auf das quantitative Kriterium ankommen soll. Entscheidend ist also nur der reine Zahlenwert der Arbeitnehmervertreter im jeweiligen Verwaltungs- bzw. Aufsichtsrat. Danach bemisst sich dann auch „das höhere Niveau“.

Diese Vorgabe hält sich im Bereich des acquis und erscheint auch als sachangemessen. Das quantitative Kriterium ermöglicht auch dem mitbestimmungsrechtlich weniger beschlagenen Rechtsanwender den direkten Vergleich. Etwaige qualitative Erwägungen hingegen sind notwendig von subjektiven

2368 Vgl. oben Teil 4 B V., Abschnitt Entwicklungspotential und offene Fragen.
2369 Art. 35 Ia SPE-VOE-Sw-Add1/SPE-VOE-Hu.

Beurteilungen abhängig[2370]. Außerdem setzen sie eine vertiefte Beschäftigung mit der Materie voraus. Das erfordert wiederum Zeit und Aufwand; beides dürfte in einem operativ tätigen Wirtschaftsunternehmen meist anderweitig verplant sein.

b. Schwellenwerte – Formel

Besonders umstritten ist die Frage der Schwellenwerte beim Umgehungsschutz. Zweifelsohne sind Schwellenwerte ein grundsätzlich sinnvolles Instrument, um für unterschiedliche Sachverhalte angemessene Differenzierungen zu ermöglichen. Allerdings sollte man sie weder isoliert betrachten, noch zu pauschal auf sie abstellen. Viel mehr schaffen sie nur die Voraussetzung für eine erste Kategorisierung, die man aber im Anschluss dennoch hinterfragen muss. Etwaige Folgerungen aus dem reinen Erreichen oder Nichterreichen eines Größenwerts sind hingegen keinesfalls zwangsläufig. Das gilt wohl umso mehr, wenn man sie aus einer innewohnenden Kontrollfunktion und –notwendigkeit herleiten will. Denn eine gesteigerte Unternehmenskontrolle dürfte wohl eher bei einem großen, stets wechselnden Gesellschafterkreis notwendig sein, als allein von einem bestimmten Beschäftigtenquantum abhängig gemacht werden können. Gerade darin liegt ja auch ein konzeptioneller Grundunterschied zwischen der „kleinen" und der „großen" Kapitalgesellschaft.

Dessen ungeachtet können Schwellenwerte im Rahmen des Umgehungsschutzes hilfreiche Dienste leisten. Fraglich ist dann aber ihre konkrete Festlegung. Schon ob eine einfache oder eine doppelte Schwelle installiert werden soll, und ob ggf. ein zeitliches Kriterium hinzugefügt wird oder nicht, wird uneinheitlich beurteilt.

Im ersten Schritt erscheint hier eine doppelte Schwelle aus „absoluter Größe" und „relativem Belegschaftsanteil" als angemessen, da sie im Hinblick auf eine etwaige „mitbestimmungstechnische Prägung" eines europäisch aufgestellten Unternehmens sachlich nachvollziehbare und abgestufte Lösungen ermöglicht. Statt sich isoliert auf ein, ggf. auch umgehbares, Kriterium zu beschränken, würde man so das fragliche Unternehmen in verschiedenen Dimensionen in den Blick nehmen. So ließe sich beurteilen, ob ein aufwändiger Umgehungsschutz überhaupt notwendig ist.

Bei dem absoluten Wert sollte eine übermäßige Differenzierung unterbleiben. Durch einen einzigen absoluten Schwellenwert werden klar einteilbar nur tatsächliche „Großunternehmen" betroffen. Demgegenüber ist eine weitere

---

2370 Beispielsweise, ob es vorzugswürdiger ist, wenn die jeweiligen Repräsentanten direkt von der Belegschaft gewählt oder mittelbar durch die betrieblichen Vertretungsgremien benannt werden, ob man Vorschlags- oder sogar Entsendeprivilegien der Gewerkschaften begrüßen oder ablehnen will, ob man die Anwesenheit externer Arbeitnehmervertreter im Gremium für wünschenswert erachtet oder nicht, etc.

Unterscheidung zwischen „mittleren" und „großen" SPE, wie noch im letzten Entwurf des Europäischen Parlaments[2371], nicht notwendig. Sie dürfte eher verwirrend wirken und schafft ein unnötiges Umgehungspotential. Konsequent und zu Recht sehen alle weiteren Vorschläge von dieser Differenzierung ab[2372]. Ähnliches dürfte für die vereinzelt vorgebrachte Einbeziehung der Bilanzsumme als drittes Größenkriterium gelten. Sie erscheint nicht unmittelbar geboten und dürfte zur Attraktivierung der Rechtsform insgesamt wenig beitragen[2373].

Der quotale Referenzwert des Belegschaftsanteils legt dann fest, wie weit die SPE insgesamt von einem bestimmten Mitbestimmungsregime geprägt wird[2374]. Herrscht am Arbeitsort einer Beschäftigtenmehrheit (in ein oder mehreren Mitgliedstaaten) ein höheres Mitbestimmungsniveau als am Sitzstaat, wird die konkrete SPE so stark durch ihre dortige Belegschaft beeinflusst, dass dies auch einen Wechsel des Mitbestimmungsregimes, weg vom Recht des Sitzstaats legitimiert[2375]. Lässt man dieses Kriterium außen vor und stellt ausschließlich auf die Unternehmensgröße ab, beraubt man sich unnötig des supranationalen Charakters. Bezieht man umstandslos jedes Mitbestimmungsregime ein, selbst wenn nur ein weit untergeordneter Anteil der Belegschaft im betreffenden Staat arbeitet, hebelt man

2371 EP-Legislative Entschließung 2009, Abänderung 71; vgl. auch oben G IV 4.

2372 Vgl. jeweils Art. 35 Ia SPE-VOE-Cz, SPE-VOE-Sw-ArbGr1, SPE-VOE-Sw-ArbGr2, SPE-VOE-Sw-ArbGr3, SPE-VOE-Sw-ArbGr4-Add1, SPE-VOE-Sw-ArbGr5, SPE-VOE-Sw-Add1, SPE-VOE-Hu-ArbGr1, SPE-VOE-Hu-ArbGr2, SPE-VOE-Hu-ArbGr3, SPE-VOE-Hu-ArbGr4, SPE-VOE-Hu, sowie S. 7 Vorbereitender Bericht Sw.

2373 Zudem auch hier Umgehungen möglich sind, z.B. wenn ein Unternehmen in Betriebs- und Betreibergesellschaften separiert wird, bestimmte Umsätze in den nächsten Abrechnungszeitraum verlagert werden oder durch unterschiedliche Bewertungsmethoden bilanzpolitische Spielräume ausgelotet werden. Eventuell steht auch die Möglichkeit einer vorgeschalteten Holding offen. Die Problematik soll hier nicht weiter vertieft werden.

2374 Etwas missverständlich *Hommelhoff*, ZEuP 2011, S. 7, 14 f. („*Mit dem ‚Mitbestimmungsgefälle' ist schließlich auch die Voraussetzung verbunden, dass die Teilbelegschaft am Beschäftigungsort eine bestimmte Anteilsquote erreicht;...*") Eine Frage des abstrakten Mitbestimmungsgefälles dürfte es sein, ob überhaupt mitbestimmungsrelevante Unterschiede zwischen Sitzstaat und Arbeitsort bestehen. Eine Anschlussfrage ist dann, ob in dem mitbestimmungsaffineren Mitgliedstaat genügend SPE-Arbeitnehmer beschäftigt sind, damit diese die SPE insgesamt so stark prägen, dass sie ihr auch einen Mitbestimmungsstempel aufdrücken. Das ist dann aber eine Frage des Belegschaftsanteils und damit eine des relativen Schwellenwerts. Die Kriterien sind aber nicht direkt miteinander verbunden, sondern bauen aufeinander auf.

2375 So auch *Hommelhoff*, ZEuP 2011, S. 7, 15. Wohl a.A. *Koberski/Heuschmid*, RdA 2010, S. 207, 212, nach denen bei einer SPE mit mehreren Standorten immer noch „mindestens die Hälfte der Arbeitnehmer" in „einem", also einem einzigen Mitgliedstaat beschäftigt sein müsse, damit es zum Verhandlungsverfahren käme. Mit *Hommelhoff* ebd., ist diese Ansicht ebenso schlicht wie zutreffend „*Nicht nachvollziehbar.*"

nicht nur die Leitentscheidungen des betreffenden Mitgliedstaats zur grundsätzlichen Einführung der Mitbestimmung aus, da ja die an sich steuernden nationalen Schwellenwerte unberücksichtigt bleiben, man zwingt auch eine weit überwiegende Mehrheit unverhältnismäßig in ein mitunter ungewolltes System[2376]. Nicht umsonst entspricht die Berücksichtigung eines quotalen Werts auch dem acquis[2377].

Und auch ein präzises zeitliches Kriterium ist sinnvoll, da es hilft, bestimmte einmalige Effekte abzufedern und umgekehrt die Handhabbarkeit erhöht[2378]. Es wirkt zudem auch legitimierend: Wenn die Mitbestimmung insgesamt auf strategische Teilhabe an unternehmerischen Entscheidungen ausgerichtet ist, auf „das große Ganze" also, kann man sie nicht an möglicherweise nur kurzfristige Gegebenheiten anknüpfen lassen. Die Kombination von quantitativem und temporärem Faktor ist dem Unionsrecht ebenfalls nicht fremd. Schon die Verschmelzungsrichtlinie stellt neben einem Größenkriterium auch auf eine zeitliche Voraussetzung ab[2379]. Klargestellt werden sollte aber, dass es ausreicht, wenn die SPE „irgendwann" nach Eintragung für die Dauer von mehreren Monaten den fraglichen Schwellenwert überschreitet. Stellt man hingegen ausschließlich auf einen bestimmten Zeitraum unmittelbar nach der Eintragung ab, so reicht es aus, diesen Zeitraum mit einer zunächst „leeren" SPE verstreichen zu lassen, oder sich zur Umgehung einer „Vorrats-SPE" zu bedienen[2380].

2376 Wie hier auch *Katuoka/Česnulevičiūtė*, MRU 2012, S. 159, 171: *„A double threshold is more favourable for employees and it also meets the legal expectations of both employees and employers as even when the threshold of the employees is reached, the applicable law depends on where the majority of them habitually work."*

2377 Z.B. bei der Etablierung eines EBR oder bei der Minderung der Mitbestimmungsrechte in der SE., Art. 7 SE-RL bzw. bei einer Verschmelzung nach der Verschmelzungsrichtlinie, Art. 16 III e) RL 2005/56/EG („33 ⅓").

2378 Z.B. gilt gem. 2 § des finnischen FFS 725/90 die Mitbestimmung für bestimmte Gesellschaften, die in Finnland „gewöhnlich" mindestens 150 Mitarbeiter beschäftigen. Der Länderexperte *Toiviainen*, Co-Determination Finland, Fn. 13, bemerkt zur Praxis in fast klischeehafter Lakonie dass es „gelegentlich schwierig sein kann, zu entscheiden, ob die Anzahl der Beschäftigten in Finnland *gewöhnlich* mindestens 150 beträgt" (Übersetzung durch Verf., Hervorhebung auch im Original.). *Hommelhoff*, ZEW 2007, S. 18, spricht sich noch für eine grundsätzliche mitbestimmungsrechtliche Vakanz für die ersten drei Jahre nach Gründung aus. Das könne die Gründung einer SPE weiter erleichtern und stimulieren. An anderer Stelle wurde dieser Vorschlag auf zwei Jahre reduziert, *Hommelhoff*, FS K. Schmidt 2009, S. 671, 679.

2379 Vgl. Art. 16 II RL 2005/56/EG.

2380 Vgl. *Bormann/Böttcher*, NZG 2011, S. 411, 413, nach denen sich der Wortlaut „während eines ununterbrochenen Zeitraums von X Monaten nach ihrer Eintragung" auch dahingehend auslegen lässt, dass die SPE während genau dieses Zeitraums die fraglichen Schwellenwerte überschreiten muss, um überhaupt zur Verhandlungslösung zu gelangen Dies ließe sich bereits durch den Einsatz einer inländischen Vorratsgesellschaft umgehen. Allerdings spräche die periodische

Praktisch schwierig, insgesamt aber begrüßenswert wäre auch eine eindeutige Festlegung, wie die verschiedenen Arbeitnehmer in die Berechnung einbezogen werden sollen. Problematisch ist in diesem Zusammenhang, dass der Arbeitnehmerbegriff im Sinne einer Arbeitnehmerbeteiligung durch die Union bislang nicht definiert ist, sondern vorausgesetzt wird[2381]. Damit obliegt die diesbezügliche Definition den Mitgliedstaaten. Je nach Ausgangslage könnten dann aber einige Auszubildende oder Teilzeitbeschäftigte mehr oder weniger die unternehmerische Prägung in die eine oder in die andere Richtung beeinflussen. Es sollte jedoch sichergestellt werden, dass im Rahmen einer etwaigen Beteiligung die gesamte Belegschaft einer SPE berücksichtigt wird. Hierzu könnte man in einem ersten Schritt jedenfalls klarstellen, dass ggf. sämtliche Arbeitnehmer einer SPE auch in die Berechnung einzubeziehen sind, d.h. unabhängig vom Arbeitsort auch diejenigen etwaiger Tochtergesellschaften. Zu deren Festlegung wiederum böte sich im Einklang mit dem acquis zunächst ein Gleichlauf mit Art. 2 c) SE-RL und dem dortigen Verweis auf Art. 3 II bis VII EBR-RL [2009] an[2382]. Demnach sind Tochtergesellschaften rechtlich selbständige, aber abhängige Unternehmen, auf die ein anderes, herrschendes Unternehmen unmittelbar oder mittelbar beherrschenden Einfluss ausüben kann. Allerdings sollte der Verweis auf den dortigen Abs. 6 ausgespart werden. Denn nach dessen Vorgabe ist für die Feststellung, ob ein Unternehmen ein „herrschendes Unternehmen" im Sinne der vorherigen Regelungen ist, das Recht des Mitgliedstaats maßgebend, dem das Unternehmen unterliegt. Das schafft aber Abweichungspotentiale unter den Mitgliedstaaten und steht daher einer möglichst großen Einheitlichkeit entgegen. Beispielsweise sieht Deutschland im Hinblick auf einen Konzern eine einheitliche Leitung vor[2383], der Unionsgesetzgeber hat aber in der EBR-RL [2009] eine solche Vorgabe nicht getroffen. In einem zweiten Schritt könnte dann der Arbeitnehmerbegriff selbst zumindest eingegrenzt werden. Hierbei dürfte es dem Zweck einer möglichst umfassenden Beteiligung entsprechen, auch möglichst alle „Arbeitsformen" einzubeziehen, die Grenzen sollten daher also recht weit gezogen werden.

Überprüfungspflicht des Geschäftsleitungsorgans dafür, dass es ausreicht, wenn die Schwellenwerte zu „irgendeinem späteren Zeitpunkt" erreicht würden. Dem ist auch im Hinblick auf die seitens der Union stets erklärte Absicht der Mitbestimmungssicherung zuzustimmen.

2381 Vgl. oben Teil 2 A. IV. Insbesondere die Unterrichtungs- und Anhörungsrichtlinie verweist hierzu auf mitgliedstaatliches Recht und definiert als Arbeitnehmer *„eine Person, die in dem betreffenden Mitgliedstaat als Arbeitnehmer aufgrund des einzelstaatlichen Arbeitsrechts und entsprechend den einzelstaatlichen Gepflogenheiten geschützt ist"*, Art. 2 d) RL 2002/14/EG.

2382 So auch *Hommelhoff*, ZEuP 2011, S. 7, 34.

2383 § 18 AktG Eine einheitliche Leitung, wie nach § 18 AktG, ist auf Unionsebene nicht vorgesehen. Eine entsprechende Anwendung sei zwar möglich, eine Klarstellung aber empfehlenswert.

Denkbar erscheint insoweit ein Rückgriff auf die Vorgaben der sog. „Nachweis-Richtlinie“[2384]. Diese erfasst jeden Arbeitnehmer, der einen Arbeitsvertrag oder ein Arbeitsverhältnis hat, der/das in dem in einem Mitgliedstaat geltenden Recht definiert ist und/oder dem in einem Mitgliedstaat geltendem Recht unterliegt[2385]. Mit der dortigen Wendung „definiert ist ... und/oder ... unterliegt“ würde sichergestellt, dass eine Einbeziehung auch erfolgt, wenn es sich um ein Arbeitsverhältnis im mitgliedstaatlichen Sinne handelt, das dem mitgliedstaatlichen Recht aber kollisionsrechtlich nicht unterliegt, was etwa bei einer Rechtswahl zum Recht eines Drittstaats möglich wäre[2386]. Klarstellend könnten zudem Auszubildende und Teilzeitbeschäftigte, pro rata temporis, ausdrücklich einbezogen werden.

c. Schwellenwerte – Größenkriterium

Hoch umstritten ist nun allerdings, wie diese Schwellenwerte festgelegt werden sollen.

Schon ab wann ein „Großunternehmen“ gegeben sein soll, ist fraglich. In den Beratungen waren sich die nationalen Delegationen kaum irgendwo so uneins wie hier[2387]. In den Vorschlägen finden sich Werte von mindestens 50, mindestens 250, 250 bis 300, mindestens 500, mehr als 500, 600 bis 1.000, mehr als 650, um 800 und mehr als 1.000 Beschäftigten[2388].

Hierbei sprechen zumindest zwei Gesichtspunkte gegen einen niedrigen Schwellenwert.

Nimmt man die Zielgruppe der KMU in den Blick wäre es verfehlt, diese direkt mit einem weit greifenden europäischen Mitbestimmungsmodell zu konfrontieren

2384 Richtlinie 91/533/EWG des Rates vom 14. Oktober 1991 über die Pflicht des Arbeitgebers zur Unterrichtung des Arbeitnehmers über die für seinen Arbeitsvertrag oder sein Arbeitsverhältnis geltenden Bedingungen, ABl. L 288 vom 18.10.1991, S. 32 ff., hier Art. 1.

2385 Art. 1 I RL 91/533/EWG. Die Formulierung, dass ein „Arbeitnehmer“ einen „Arbeitsvertrag“ hat, lässt zunächst an ein *idem in idem* denken. Jedoch war dem Richtliniengeber daran gelegen, auch die Arbeitnehmer mit einem nur „faktischen“ Arbeitsverhältnis zu erfassen, nach deutschem Recht z.B. diejenigen mit einem fehlerhaften Arbeitsverhältnis; vgl. näher dazu *Riesenhuber*, EuArbR, §. 12, Rn. 7.

2386 *Riesenhuber*, EuArbR, § 12, Rn. 9.

2387 Insofern trifft es zu, wenn *Guidotti* die Schwellenwerte als *„the principal outstanding issue for a compromise between States“* bezeichnet. Er enthält sich allerdings eines eigenen Vorschlags; *Guidotti*, GLJ 2012, S. 331, 344.

2388 Hierbei handelt es sich nur um die Werte, die auch tatsächlich in die jeweiligen Vorschläge eingeflossen sind. Der erste Entwurf des EP-Sozialausschusses vom 23.09.2008 sah bereits bei mehr als 25 Beschäftigten eine Verhandlungspflicht vor; EP-EMPL-Entwurf 1, Änderungsantrag 3. Gänzlich unbeachtet blieb in diesem Zusammenhang stets die KMU-Definition 2003 der Kommission (250 Arbeitnehmer).

und (wahrscheinlich) faktisch zu überfordern[2389]. Aber auch aus empirischer Sicht dürfte feststehen, dass eine zu niedrig gesetzte Schwelle nicht überzeugen kann, da sie in der unternehmerischen Praxis (z.T. gravierenden) Akzeptanzhindernissen begegnet. In Deutschland kennt man das Phänomen der „Drittelbeteiligungslücke". Doch auch in den anderen Mitgliedstaaten mit mitbestimmten „kleinen Kapitalgesellschaften" besteht bei der Mitbestimmung eine merkliche Kluft zwischen rechtlicher Vorgabe und praktischer Wirklichkeit. Dies gilt gerade in Gesellschaften mit einem kleinen Gesellschafterkreis, wie sie auch für die SPE relevant wären, und insbesondere in den Staaten des nordischen Rechtskreises mit ihren außerordentlich niedrigen Beteiligungsschwellenwerten und der eher optionalen Einführung. Die isolierte Betrachtung der Zahlenwerte allein verengt also die Realität ungebührlich und wird den tatsächlichen Gegebenheiten nicht gerecht. Die skandinavischen Werte können also auch nicht wirklich der entscheidende Maßstab sein. Mit gutem Grund bewegen sich daher auch die Schwellenwertvorschläge ausgerechnet der schwedischen Ratspräsidentschaft zwischen 500 und 1.000 Arbeitnehmern und weichen so um ein Vielfaches von den nationalstaatlichen Vorgaben im nordischen Rechtskreis ab[2390]. Würde man hingegen schlicht die dortigen niedrigen Vorgaben übernehmen, würde die Attraktivität der SPE geschmälert. Der Erfolg der Rechtsform insgesamt könnte so konterkariert werden[2391].

In den jeweiligen finalen Vorschlägen der tschechischen, schwedischen und ungarischen Ratspräsidentschaft scheint als Minimum ein Größenwert um die 500 Beschäftigten etabliert[2392]. Das ist eine Größenordnung, die sich auch im Rahmen

---

2389 Vgl. auch *Hommelhoff/Teichmann* in *Hirte/Teichmann* SPE 2013, S. 1, 24 („*Especially small and medium-sized companies not yet confronted with co-determination, would find the complicated consultative and time consuming and expensive co-determination negotiations under European law in the SPE excessively demanding*").

2390 4 § des schwedischen *Lag (1987:1245) om styrelserepresentation för de privatanställda*, §§ 140 ff. des dänischen *Lov om aktie- og anpartsselskaber (selskabsloven)*, 2 § des finnischen *Laki henkilöstön edustuksesta yritysten hallinnossa*, FFS 725/90, dazu Teil 3 D., VI., VII., VIII. Zu den Vorschlägen der schwedischen Präsidentschaft Teil 5 G. VI.

2391 A.A. *Koberski/Heuschmid*, RdA 2010, S. 207, 212, die an der Sinnhaftigkeit eines (hohen) Schwellenwerts von 500 Arbeitnehmern zweifeln („*kaum nachvollziehbar*") und statt dessen das Verhandlungsverfahren an einen Schwellenwert von gerade einmal 50 Arbeitnehmern koppeln wollen; ebd., S. 215. Ebenso noch *Hommelhoff*, ZEW 2007, S. 18, ein Minimum von 50 Beschäftigten würde die Masse der Vertriebs- und Servicegesellschaften mitbestimmungsfrei lassen. Noch weitergehend *Sick/Thannisch*, AuR 2011, S. 155, 158, nach denen jegliche Einführung von Schwellenwerten die Möglichkeit eröffne, sich der Mitbestimmung zu entziehen. Was freilich übersehen dürfte, dass es allgemein überhaupt erst Schwellenwerte sind, an denen die Einführung von Mitbestimmungsrechten hängt.

2392 Art. 35 Ia SPE-VOE-Cz („mehr als 500"), Art. 35 Ia (a) SPE-VOE-Sw-Add1 („mindestens 500"), Art. 35 Ia (a) SPE-VOE-Hu („mindestens 500").

des acquis hält. So knüpft die Verschmelzungsrichtlinie die Verhandlungspflicht daran an, dass mindestens eine der beteiligten Gesellschaften „durchschnittlich mehr als 500 Arbeitnehmer beschäftigt“[2393]; wobei allerdings berücksichtigt werden muss, dass im Rahmen einer Verschmelzung eine Gesellschaft nach nationalem Recht entsteht und eben keine dezidiert supranationale Gesellschaft.

Auf den ersten Blick wirkt ein (alleiniger) Größenwert von mindestens 500 Beschäftigten zumindest aus deutscher Perspektive mitbestimmungsneutral. Das würde namentlich der Fall sein, wenn es bei diesem ausschließlich absoluten Wert bliebe und kein weiteres Differenzierungskriterium hinzugefügt würde. Bei näherem Hinsehen dürfte dies aber nur noch eingeschränkt gelten. Zwar würde so ein (grundsätzlich begrüßenswerter) Gleichlauf mit dem Schwellenwert des DrittelbG hergestellt. Gleichzeitig würde aber der europäischen Mitbestimmung „ein weiteres Türchen geöffnet“. Eine nationale, drittelparitätisch mitbestimmte GmbH könnte sich, die sonstigen Voraussetzungen unterstellt, zur SPE umwandeln, und sich in der Folge der europäischen Mitbestimmung unterwerfen. Sie könnte damit ihr individuelles Mitbestimmungsregime aushandeln und theoretisch so im Ergebnis auch eine Minderung der Mitbestimmungsrechte herbeiführen. Selbst wenn der deutsche Gesetzgeber als nationale Auffangregelung die Drittelparität festlegen würde, würde sich für die entsprechende nationale GmbH an ihrem Status quo schlechtestenfalls nichts ändern, sie könnte aber möglicherweise über die Verhandlungen eine Änderung, weg von engen gesetzlichen Vorgaben, erreichen. Zwar wären die Unternehmen im Ergebnis mitbestimmt. Das spezifische deutsche Beteiligungssystem jedoch geriete unter zusätzlichen (Rechtfertigungs-)Druck. Zudem verlöre die deutsche GmbH mittelbar an Attraktivität, da sie diese Option eben nicht bietet. Die Kluft würde weiter wachsen.

Jede Absenkung der Schwellenwerte würde einen Gleichlauf mit den Mitgliedstaaten herstellen, die ihrerseits niedrigere Grenzen festgelegt haben, gleichzeitig aber viel mehr KMU dazu zwingen, ein Mitbestimmungssystem nach den europäischen Vorgaben auszuhandeln. Dabei sollte das europäische System konzeptionell nie zur Einführung einer Mitbestimmung „durch die Hintertür“ führen, sondern „lediglich“ als ein Umgehungsschutz vor der Minderung bereits bestehender Rechte fungieren. Mit (zu) niedrigen Schwellenwerten würde aber der genau gegenteilige Effekt erreicht. Mit Recht wird man daher fragen können, ob dieses Ergebnis rechtspolitisch gewollt sein kann, wenn man von der Prämisse einer leicht handhabbaren, kostengünstigen und flexiblen Rechtsform ausgehen will[2394], die im europäischen Wettbewerb der Rechtsordnungen reüssieren soll[2395].

2393 Art. 16 II RL 2005/56/EG.

2394 Vgl. zuletzt SPE-VOE-Hu, dort I. Einleitung Nr. 2 (S. 1 a.E.); Erwägungsgründe 5 und 8 SPE-VOE-Hu. Ähnlich wie hier wohl auch *Pandova*, EPC-Statute 2010, S. 58; *Hommelhoff*, ZEuP 2011, S. 7, 25 f. (*„Belastungen und Erschwernisse“* im europäischen Mitbestimmungskonzept).

2395 Allerdings sind *„möglichst niedrige Schwellenwerte“* die erklärte Zielvorgabe u.a. der niederländischen Regierung. Diese Vorgabe wurde immer wieder betont, zuletzt

Geht man also von den tatsächlich gelebten Begebenheiten in den Mitgliedstaaten sowie der anvisierten Zielgruppe der KMU aus, deutet schon das auf die Vorzugswürdigkeit eines hohen Schwellenwerts hin. Berücksichtigt man zudem die Grundidee einer wirklichen mehrstaatlichen „europäischen Prägung" des Unternehmens, dürfte diese sich bei einigen wenigen Arbeitnehmern selbst in verschiedenen Mitgliedstaaten noch nicht so hinreichend manifestieren, dass insgesamt grenzüberschreitende Verhandlungen und die Etablierung des europäischen Modells angezeigt scheinen. Es fehlt an einer gewissen „kritischen Masse". Schon unter diesen Aspekten scheint ein absoluter Schwellenwert von deutlich mehr als 500 Beschäftigten überzeugend. Ausgehend von den Vorschlägen im Rahmen der schwedischen Präsidentschaft[2396] ließe sich wohl gut vertreten, dass man von einem „Großunternehmen europäischer Dimension" erst mit mindestens 750 Arbeitnehmern wird sprechen können. Im Hinblick auf den acquis und den zwischenzeitlichen Fortgang der Beratungen im Rahmen der ungarischen Ratspräsidentschaft[2397] scheint jedoch der Schwellenwert von mehr als 500 Arbeitnehmern realistischer, zumal dann auch ein grundsätzlicher Gleichlauf mit dem Größenkriterium aus der Verschmelzungsrichtlinie bestünde[2398].

Ähnliches gilt für das Problem, wie hoch der quotale Referenzwert des Beschäftigtenanteils sein soll. Es fragt sich, ab wann der ausländische Anteil der Beschäftigten so hoch ist, dass das Unternehmen insgesamt von ihm bestimmt wird.

---

in *Kamerbrief over de Raad voor Concurrentievermogen van 27 juni 2011*, S.3. („*Met betrekking tot de medezeggenschapsrechten bij benoemingen van bestuurders en toezichthouders zet Nederland zich in voor zo laag mogelijke drempels*", übersetzt etwa „Im Hinblick auf die Mitwirkungsrechte bei der Bestellung von Verwaltungs- und Aufsichtsräten setzen sich die Niederlande für Schwellenwerte ein, die so niedrig wie möglich liegen sollten"; Text abrufbar unter http://www.rijksoverheid.nl/bestanden/documenten-en-publicaties/kamerstukken/2011/06/23/kamerbrief-over-overleg-tweede-kamer-voor-raad-voor-concurrentievermogen-van-27-juni-2011/kamerbrief-over-raad-concurrentievermogen27-juni.pdf (niederländisch).) Wie niedrig diese Werte konkret ausfallen sollen, ist jedoch offen. Der Länderexperte *van het Kaar* äußerte in diesem Zusammenhang im August 2012 auf Nachfrage des Verf.: „*I wonder how low the Dutch government wants to aim with regard to the thresholds. I can hardly imagine they want Scandinavian levels.*"

2396 Art. 35 Ia (a) SPE-VOE-Sw-ArbGr1 und SPE-VOE-Sw-ArbGr2 (mehr als 650) bzw. SPE-VOE-Sw-ArbGr3 und SPE-VOE-Sw-ArbGr4-Add1 (zwischen 600 und 1.000 bzw. mehr als 1.000).

2397 Vgl. Art. 35 Ia (a) SPE-VOE-Hu-ArbGr1 und SPE-VOE-Hu-ArbGr2 (nicht weniger als 500) bzw. SPE-VOE-Hu-ArbGr3 und SPE-VOE-Hu-ArbGr.4 sowie den finalen Vorschlag SPE-VOE-Hu (mindestens 500).

2398 *Krause* in *Hirte/Teichmann* SPE 2013, S. 375, 390, geht mit Art. 27 der RL 78/660/EWG (sog. Jahresabschlussrichtlinie) bereits bei einem Schwellenwert von 250 Arbeitnehmern von einem Großunternehmen aus, begründet dies aber lediglich als „eine Art Zwischenlösung" („*kind of intermediate solution*") zwischen KMU und Großunternehmen und führt dies nicht weiter aus.

Auch hier bieten die Vorschläge mit (Mindest-)Werten von ¼ bis ¾ unterschiedliche Ansatzpunkte. Ohne weiteres wird man bei „der Hälfte plus einem Arbeitnehmer" davon ausgehen können[2399]. Und umgekehrt kann es kaum angehen, ein Unternehmen schon dann nach einem u.U. sehr weitreichenden Mitbestimmungsregime organisieren zu wollen, wenn in einem Staat nur eine Handvoll von Mitarbeitern, im Extremfall womöglich nur ein einziger, beschäftigt wird. Eine „Prägung" dürfte dann kaum vorliegen. Sogar ein Viertel der Gesamtbelegschaft, wenn auch für sich eine durchaus relevante Größe, wird in Bezug auf die SPE insgesamt nicht so bestimmend wirken, dass es schon die restlichen drei Viertel der Belegschaft prägt. Der Wert dürfte daher also zwischen „mehr als 25 %" und „50 % plus einem Arbeitnehmer" anzusiedeln sein. Ein Drittel scheint insofern eine durchaus vertretbare Größenordnung. Das gilt insbesondere bei dezidiert mehrstaatlichen Unternehmen, also solchen mit Arbeitnehmern in mehr als nur zwei Mitgliedstaaten. Neben dem in sich zumindest nachvollziehbaren Wert würde auch ein verfahrenstechnischer Gleichlauf mit der Verschmelzungsrichtlinie hergestellt. Das Unionsrecht würde zwar kein bestimmtes Mitbestimmungsrecht für alle Gesellschaften erschaffen, aber ein einheitliches (und praktisch einsichtiges) Verfahren mit einheitlichen Größenkriterien liefern. Eine solche Vereinheitlichung wäre sicherlich begrüßenswert.

In temporärer Hinsicht schließlich sollte der Wert von zuletzt drei Monaten auf sechs Monate angehoben werden. Auch dieser Zahlenwert findet sich bereits in der Verschmelzungsrichtlinie[2400]. Eine regelmäßig stattfindende Überprüfung der Gegebenheiten dürfte zudem einen angemessenen Ausgleich zwischen kurzfristigen und langfristig-strategischen Unternehmensentscheidungen ermöglichen; (näher dazu sogleich unter h).

d. Auffanglösung

i. Anknüpfung am Arbeitsort?

Ein weiterer bedeutender Streitpunkt ist die genaue Ausgestaltung der Auffanglösung. Gegenwärtig gewährleistet sie, dass sich das höchste in den jeweils betroffenen Mitgliedstaaten überhaupt vorgesehene Niveau durchsetzt. Es werden sämtliche, durch ein Unternehmen abgedeckten Mitbestimmungsregimes in die Betrachtung einbezogen („Mitbestimmungspool"). Das hierbei am weitesten gehende Modell ist gleichzeitig die Auffanglösung. Das erscheint aus drei Gründen überdenkenswert.

Zunächst schon, erstens, weil so kein wirklicher Verhandlungsanreiz entsteht. Ein automatischer Rückfall auf das Maximum wirkt einer Einigung kaum förderlich. Mag die Lösung möglicherweise noch angemessen sein, wenn keine Verhandlungen stattfinden sollen, weil sich der Arbeitgeber direkt für die Auffangregelung entschieden hat, schafft sie in der hier gegebenen Konstellation ein strukturelles Ungleichgewicht zwischen den Verhandlungspartnern.

2399 Vgl. hierzu *Hommelhoff*, ZEuP 2011, S. 7, 21 f.
2400 Art. 16 II RL 2005/56/EG.

Zudem gilt das, zweitens, auch wegen der „Mitbestimmungsprägung" des jeweiligen Unternehmens. Denn wenn man darauf abstellen will, dass die „bestehenden" Rechte gewahrt werden müssen, ist immer noch offen, wessen Rechte genau das sein sollen. Gleichzeitig zieht sie die Bedeutung des Begriffs „Mitbestimmung" in Frage. Problematisch ist hier die Verortung der Mitbestimmung insgesamt, ob man ihre Wirkungen eher im Arbeitsrecht oder eher im Gesellschaftsrecht erkennen will. Denn aufgrund ihrer Wirkungen blickt sie gewissermaßen „in beide Richtungen gleichzeitig". Wenn man nun aber davon ausgeht, dass „Mitbestimmung" sich auf eine institutionelle Teilhabe der Arbeitnehmer an den unternehmerischen Entscheidungen bezieht, kann eine Anknüpfung an den bloßen Registersitz, also den Ort, an dem möglicherweise überhaupt gar keine (unternehmerischen) Entscheidungen getroffen werden, hierfür nicht ausreichen. Gleichzeitig darf aber die SPE nicht schlechter gestellt werden als die nationalen Vergleichsformen, denen wiederum der EuGH die Sitzwahlfreiheit zugesprochen hat[2401]. Der maßgebliche Anknüpfungspunkt für die Mitbestimmung kann dann nur dort liegen, wo die relevanten Sachfragen beschlossen werden, was wiederum nur auf den Geschäftssitz zutrifft.

Das erscheint, drittens, auch aus quantitativer Perspektive sachangemessen. Nach den gegenwärtigen Vorgaben kommt es nicht darauf an, wann das jeweilige mitgliedstaatliche Modell normalerweise zum Zuge käme. Nationale Schwellenwerte, die sonst die Anwendbarkeit steuern, bleiben hier ja gerade unberücksichtigt. Dennoch werden automatisch die weitestgehenden Rechte auf die SPE insgesamt übertragen, selbst wenn nur ein minimaler Bruchteil der Belegschaft von ihnen betroffen wurde. Das ist dann aber nicht mehr Bestandsschutz, das ist Ausweitung. Ebenso wie es unpassend anmutet, wenn man die schwächste Mitbestimmung auf das gesamte Unternehmen ausdehnen können soll, obwohl nur ein Minimum des Gesamtbelegschaft im mitbestimmungsaversen Mitgliedstaat arbeitet, wirkt es überzogen, das höchste theoretische Mitbestimmungsniveau auch praktisch auf das gesamte Unternehmen zu erstrecken, selbst wenn im Extremfall nur ein einziger Arbeitnehmer im mitbestimmungsaffinen Mitgliedstaat beschäftigt wird und so bar jedes an sich vorgesehenen nationalen Schwellenwerts dessen Anwendungsbereich eröffnet[2402]. Sinnreicher hingegen wäre es wohl, auch

2401 *Hommelhoff/Krause/Teichmann*, GmbHR 2008, S. 1193, 1196.

2402 Z.B. wenn eine polnische SPE über Arbeitnehmer in Polen, Tschechien und Schweden verfügt und zudem in ihrer deutschen Servicegesellschaft einen einzigen Arbeitnehmer in Deutschland beschäftigt. Käme es aufgrund der entsprechenden Anteile zu Verhandlungen, würde sich, entsprechende Zahlen unterstellt, als Auffanglösung die deutsche paritätische Beteiligung durchsetzen, die ihrerseits aber nach der grundlegenden Konzeption erst zum Tragen kommen soll, wenn eine deutsche GmbH mehr als 2.000 Arbeitnehmer beschäftigt. Hier liegt ein deutlicher Wertungswiderspruch. Vgl. zu einem ähnlichen Beispiel *Hommelhoff*, ZEuP 2011, S. 7, 20 ff., der zustimmungswürdig beklagt, dass eine bedingungslose Anknüpfung an das jeweils höchste Mitbestimmungsniveau

hier auf das Mitbestimmungsregime des Hauptteils der Belegschaft abzustellen, da eben jenes und das ihm innewohnende mitgliedstaatliche Sozialmodell das Unternehmen im Wesentlichen prägt[2403]. Angeknüpft wird dann letztlich auch an die unternehmerische Substanz, nicht mehr an einen möglicherweise lediglich vorhandenen „Briefkasten". Wird ein zeitliches Kriterium hinzugefügt lassen sich zudem die ganz offenkundigen Umgehungsmöglichkeiten vermeiden[2404].

Allerdings haben sich Forderungen nach einer Anknüpfung an den Arbeitsort im Zuge der Beratungen als politisch nicht durchsetzbar gezeigt. Der Verhandlungsspielraum erscheint insoweit als ausgereizt. Im Hinblick darauf, und im Vergleich dazu, wirkt die Beschränkung auf eine Drittelparität realistischer. Sie bildet nicht nur die entsprechende legislatorische Realität in nahezu allen Mitgliedstaaten mit mitbestimmten „kleinen" Kapitalgesellschaften ab (und würde auch insofern wieder für einen Gleichlauf der Rechtsformen sorgen). Sie würde daneben die Abstimmungsblockaden überbrücken helfen. Denn Deutschland hat einer vergleichbaren Regelung schon einmal im Zuge der Verschmelzungsrichtlinie zugestimmt[2405] und sich bereits hier von der strengen Aufrechterhaltung der paritätischen Mitbestimmung verabschiedet – sowohl in der AG als auch in der GmbH. Und umgekehrt haben selbst die mitbestimmungsaversesten Mitgliedstaaten bei SE und SCE ein ggf. erfolgendes Durchschlagen der deutschen paritätischen Mitbestimmung in ihr Hoheitsgebiet akzeptiert, obwohl mit ihr im monistischen Board auch ein Kompetenzzuwachs in qualitativer Hinsicht verbunden ist (der aber durch die quantitative Reduktion der Arbeitnehmervertreter kompensiert werden könnte). Zudem würde so auch das, bei der SPE ebenfalls denkbare, Problem der paritätischen Mitbestimmung im monistischen System vermieden. Insofern erscheint die Beschränkung auf eine Drittelbeteiligung als *„Verhandlungsmasse für einen endgültigen SPE-Kompromiss"* politisch aussichtsreich[2406].

---

das Mitbestimmungsstatut der betroffenen SPE *„grotesk verzerren"* würde (ebd., S. 22).

2403 Für eine Anknüpfung an den Arbeitsort auch *Krause* in *Hirte/Teichmann* SPE 2013, S. 375, 390. *Krause* votiert hier zunächst für eine vollständige Aufgabe der Möglichkeit zur Sitztrennung und will stattdessen auch bei der SPE einen zwangsweisen Sitzgleichlauf, wie schon bei SE und SCE. Eine Anknüpfung an den Arbeitsort der Beschäftigten(mehrheit) sei aber eine „denkbare Alternative" (*„conceivable alternative"*).

2404 Beispiel: Wenn ein Unternehmen annährend gleich viele Mitarbeiter in einem mitbestimmungsaversen und einem mitbestimmungsaffinen Mitgliedstaat beschäftigt, könnte es versucht sein, die Beschäftigtenzahl in dem einen Staat kurzzeitig zu erhöhen (z.B. durch Outsourcing/Insourcing), um eine genehme Rückfallposition für die Verhandlungen zu erhalten.

2405 Art. 16 IV c) RL 2005/56/EG.

2406 *Hommelhoff/Teichmann*, GmbHR 2010, S. 337, 343 f., Zitat auf S. 344. *Sick/Thannisch*, AuR 2011, S. 155, 158, und *Bormann/Böttcher*, NZG 2011, S. 411, 414, weisen in diesem Zusammenhang unabhängig voneinander darauf hin, dass unter Zugrundelegung der Drittelparität in der Auffangregelung die paritätische

Um einen zusätzlichen Verhandlungsanreiz für beide Seiten zu setzen, könnte man zudem die Einführung eines Schlichtungsverfahrens erwägen. Schon dessen reine Existenz könnte für einen raschen Abschluss von vornherein motivierend wirken. Auf das Schlichtungsverfahren würde nur zurückgegriffen, wenn beide Verhandlungsseiten einen entsprechenden Beschluss fassen. Auf den, notwendig unparteiischen, Vorsitzenden der Schlichtungskommission sowie auf dessen genaues Mandat müssten sich ebenfalls beide Seiten gemeinsam verständigen. Erst wenn auch die Option einer Schlichtung nicht mehr in Betracht kommt, würde die Auffangregelung verbindlich zum Zug kommen.

ii. Alternative: Konsultationsrat

Rechtspolitisch kaum durchsetzbar, aber im Hinblick auf die tatsächlich gelebte Mitbestimmungspraxis in den europäischen KMU und vor dem supranationalen Hintergrund der SPE erwägenswert wäre als direkte Auffanglösung auch die Etablierung eines, näher zu spezifizierenden, SPE-spezifischen Konsultationsrats. Kritiker werden sich ebenso unwillkürlich wie vehement gegen die damit verbundene „Verbetrieblichung der Mitbestimmung" wehren. Und vermutlich dürfte auch das (Sozial-)Prestige ein anderes sein. Aufgabe der Arbeitnehmerbeteiligung ist aber nicht Prestigeschaffung für ihre Akteure. Vertrauensvolle Begegnungen auf Augenhöhe sind auch außerhalb der Leitungsgremien möglich.

Nimmt man zudem undogmatisch die gegebenen Realitäten in den Blick, erscheint das Modell als stringent. Die europaweite Praxis zeigt selbst bei den mittleren und größeren nationalen „kleinen" Kapitalgesellschaften eine gewisse Zurückhaltung darin, Arbeitnehmer in die Leitungsgremien zu berufen[2407]. Nicht selten entspricht dies auch dem ausdrücklich geäußerten Willen der jeweiligen Arbeitnehmer. Den tatsächlich Betroffenen scheint also weniger an einer Mitbestimmung (und Haftung) gelegen zu sein, als allgemein mehr an gesicherter Information und Anhörung. Ggf. beschränkt sich eine Mitbestimmung praktisch vor allem auf unmittelbar (soziale) arbeitnehmerrelevante Fragen. Personell bestehen meist Überschneidungen, rekrutieren sich die entsprechenden Arbeitnehmervertreter für gewöhnlich direkt aus den betrieblichen Gremien. Insofern

Mitbestimmung insgesamt unter Druck gerät. So könnte sich ein deutsches, paritätisch mitbestimmtes Unternehmen, die sonstigen Voraussetzungen unterstellt, nach Umwandlung in eine SPE mit nachfolgender Verlegung des Satzungssitzes direkt der Auffangregelung bedienen, Art. 35d I c), und so die Drittelparität erreichen, selbst wenn der Verwaltungssitz in Deutschland bleibt. Freilich erlaubt bereits die Verschmelzungsrichtlinie im Ergebnis u.a. eine deutsche drittelparitätisch mitbestimmte monistische AG (vgl. oben Teil 4 D. IV). Insofern steht die spezifische deutsche paritätische Mitbestimmung also bereits unter dem Druck des Unionsrechts.

2407 Stichwort für Deutschland „Drittelbeteiligungslücke", vgl. oben Teil 3 D I 4. c. viii, ähnlich aber auch die Situation in den skandinavischen Ländern, vgl. oben Teil 3 D. VI., VII., VIII.; insgesamt Teil 3 E. 3.

erscheint die Verbetrieblichung der Mitbestimmung bereits sachlich und personell als Fakt.

Ein mit hinreichenden Befugnissen ausgestatteter und an hervorgehobener Stelle positionierter Konsultationsrat könnte dieses Bedürfnis umfassender befriedigen. Als eine Art „Zwischenform" der betrieblichen und der unternehmerischen Beteiligung würde er in einem eigenständigen, dabei „gegnerfreien" Organ[2408] die verschiedenen Arbeitnehmerinteressen insgesamt (und zwar einschließlich etwaiger Minderheitspositionen) bündeln, konkretisieren und ggf. ausgleichen. Der Konsultationsrat böte so die Möglichkeit zur gleichermaßen interessengerechten wie individuellen Anpassung an die jeweiligen unternehmensspezifischen Gegebenheiten[2409]. Die Arbeitnehmervertreter würden an exakt festgelegten Entscheidungen beteiligt, insbesondere im Hinblick auf spezifisch personal- und sozialpolitisch relevante Gegenstände. Diese Fokussierung dürfte schon jetzt europaweit den tatsächlich gelebten Kern der Beteiligung ausmachen, entgegen der eigentlich umfassenden Idee der Aufsicht[2410]. Eine Berufung der Mitglieder des Leitungsorgans hingegen wäre nicht möglich. Sie bliebe einzig und allein im Verantwortungsbereich der letztlich haftenden Anteilseigner[2411].

Zu seiner konkreten Ausgestaltung ließen sich als Ausgangspunkt die bestehenden nationalen Vorgaben fruchtbar machen, beispielsweise die Regelungen über den deutschen Wirtschaftsausschuss und das französische *comité d'entreprise*. Supranational könnte zudem auf einige Normen zum SE-Betriebsrat rekurriert werden. Denn auch hier könnte ein solcher Rückgriff auf ein bereits allseitig angenommenes Institut die allgemeine Akzeptanz unter den Mitgliedstaaten steigern.

2408 Vor allem in kleineren, inhabergeführten Unternehmen gibt es die typischen Interessenkonflikte der Publikumsgesellschaften zwar seltener. Aber gerade darum bietet der Konsultationsrat auch für die größeren Unternehmen als potentielle Nutzer der SPE das notwendige Entwicklungspotential. Aus dem Blickwinkel der GmbH entfiele außerdem die Pflicht zur Bildung eines Aufsichtsrats für die institutionelle Verankerung der Arbeitnehmervertreter.

2409 Das Verhandlungsmandat sollte dann aber möglichst weit sein. Vor allem sollte es im Hinblick auf die unterschiedliche Wertschätzung der betrieblichen Beteiligung in den verschiedenen Mitgliedstaaten auch diesen Aspekt einbeziehen können. Für eine KMU-spezifische Vertretung auch *Hommelhoff/Krause/Teichmann*, GmbHR 2008, S. 1193, 1199 ff.

2410 Vgl. auch Kommission, Aktionsplan 2012, S. 7. Demnach *„vertritt die Kommission die Auffassung, dass (Aufsichts-)Räte* das gesamte Spektrum *der von ihren Unternehmen eingegangenen Risiken stärker berücksichtigen sollten"* (Hervorhebung durch Verf.).

2411 Das würde insbesondere auch mit den deutschen Regelungen zur drittelparitätisch mitbestimmten GmbH konform gehen, da es in dieser bei der Ernennungskompetenz der Gesellschafterversammlung bleibt. Erst in der nach dem MitbestG mitbestimmten GmbH ist der Aufsichtsrat zuständig. Vergegenwärtigt man sich die durch die SPE anvisierte Zielgruppe, erscheint das auch hier schlüssig.

Der Konsultationsrat wäre für das gesamte Unternehmen einschließlich seiner Tochtergesellschaften oder Betriebe in einem anderen Mitgliedstaat zuständig und müsste, z.B. von der Geschäftsleitung im Sinne einer Regelberichterstattung, in bestimmten zeitlichen Abständen über alle wichtigen Fragen der Unternehmenspolitik informiert werden. Alternativ wäre auch denkbar, entsprechend den jüngsten französischen Gesetzgebungsvorhaben, eine zentrale Unternehmensdatenbank zu etablieren, in die die wesentlichen wirtschaftlichen und sozialen Informationen stets aktuell einzustellen wären und auf die der Arbeitgeber und der Konsultationsrat gleichermaßen jederzeit zugreifen können[2412]. Die dortigen Daten könnten dann als Basis für eingehende Konsultationen über verschiedene strategische Optionen und ihre Auswirkungen auf die unternehmerischen Aktivitäten und die Beschäftigten dienen. Statt auf eine „passive“ Berichterstattung warten zu müssen könnte der Konsultationsrat so jederzeit „aktiv“ auf die relevanten Daten zurückgreifen. Über anstehende Entscheidungen wäre er durch das Geschäftsleitungsorgan rechtzeitig und umfänglich zu informieren[2413]. Daneben hätte er aber auch besondere Unterrichtungs- und Anhörungsrechte. Hierzu könnte zunächst ein bestimmter Katalog der wesentlichen Punkte aufgestellt werden, in etwa vergleichbar dem österreichischen § 95 V AktG bzw. den Vorgaben des deutschen § 106 Abs. 3 BetrVG. Ein Abweichen von den Katalogvorgaben durch Satzung bliebe zugunsten eines individuellen Zuschnitts auf das jeweilige Unternehmen zwar möglich, könnte aber an gewisse Mehrheitserfordernisse gebunden werden und müsste jedenfalls gewährleisten, dass die Eigentumsrechte der Anteilseigner gewahrt bleiben. Zudem könnte mittelfristig auch ein gremiumspezifisches System über einheitliche, „europäische“ Informationsbereiche, Werte und Richtlinien etabliert werden, die in gegenseitigem Austausch und stetiger Fortentwicklung festgeschrieben würden, ähnlich wie im Corporate Governance Codex bzw. in Compliance Codices. Ggf. könnte dies unter tripartiter Beteiligung erfolgen, um die demokratische Legitimation zu gewährleisten. Zu den anstehenden strategierelevanten Entscheidungen sollten ausführliche Stellungnahmen möglich sein, von denen ggf. nicht ohne weiteres abgewichen werden könnte. In gewissen Abständen könnte zudem ein persönliches Treffen zwischen der Unternehmensleitung und dem Konsultationsrat

---

2412 Art. 12 *ANI* vom 11.01.2013 (oben Fn. 66); näher dazu Teil 3 B. I. 1. a.E. Die zentrale Unternehmensdatenbank soll bis 2015 die Regelberichterstattung ersetzen. Zeitlich umfasst sie Informationen der drei zurückliegenden Jahre, des laufenden Jahres sowie die Aussichten auf die nächsten drei Jahre. Thematisch bezieht sie sich auf 1.) die sozialen, materiellen und immateriellen Investitionen, 2.) Eigenkapital und Verschuldung, 3.) Vergütung von Mitarbeitern und Führungskräften, 4.) soziale und kulturelle Aktivitäten, 5.) Fremdkapitaldienst, 6.) Zahlungsflüsse, einschließlich öffentlicher Subventionen und Steuern, 7.) Auftragsvergabe an Subunternehmer, 8.) Handels- und Finanztransfers zwischen einzelnen Unternehmensgruppenbestandteilen.

2413 „Anstehend“ meint dabei, dass die Planungen soweit gediehen sind, dass tatsächliche Entscheidungen bevorstehen.

stattfinden, in dem ausführlich Bericht über Lage und Entwicklung des Gesamtunternehmens erstattet wird und auch Fragen möglich sind.

Im Rahmen seiner Zusammensetzung sollten die Grundsätze der Repräsentativität und der Proportionalität berücksichtigt werden[2414]. Ferner sollte auch eine für alle einzelnen Mitglieder einheitliche, nicht zu kurze Amtszeit vorgesehen werden, um eine gewisse Kontinuität zu gewährleisten.

Zu klären blieben einzelne Fragen wie die rechtliche Durchsetzbarkeit, möglicherweise unter zusätzlicher Installation einer Einigungsstelle[2415], und die Anpassung an geänderte Umstände. Hierbei könnte in einem ersten Schritt eine automatische Anpassung bei geänderter Belegschaftsstärke vorgesehen werden. Auf diese Weise ließen sich „gewöhnliche" Zuwächse oder Abnahmen kompensieren, ohne direkt insgesamt neu verhandeln zu müssen. Dessen ungeachtet müsste auch eine Anpassung bei „außergewöhnlichen" strukturellen Änderungen möglich bleiben[2416].

Mit der Etablierung eines Konsultationsrats würden auch Legitimationsdefizite vermieden, da er sich ausschließlich aus von der Gesamtbelegschaft zu bestellenden Arbeitnehmervertretern zusammensetzen würde, beispielsweise nach dem Bestellungsverfahren für die Europäischen Betriebsräte. Gewerkschaftsvertreter wären wählbar, wenn gewünscht. Aus dem Blickwinkel des deutschen Verfassungsrechts schließlich würde die Frage der „Mitwirkung an der Kontrolle" gewährleistet, die bedenkliche „Mitwirkung an der Geschäftsführung in einem einheitlichen Leitungsorgan" aber würde ausgeschlossen. Koppelungsgeschäfte wären nicht mehr möglich, Interessenkonflikte würden unterbunden. Vermieden würde auch die zunehmende Verkomplizierung der Mitbestimmungsregeln, erspart würde die vergleichsweise schwerfällige und aufwendige Etablierung eines Besonderen Verhandlungsgremiums.

2414 Auch dies entspräche dem acquis, z.B. beim EBR kraft Gesetzes oder beim SE-Betriebsrat kraft Gesetzes. Hier wird pro Anteil von 10% der Gesamtzahl der in allen Mitgliedstaaten Beschäftigten, bzw. eines Bruchteils davon, ein Mitglied in das entsprechende Gremium entsandt (Anhang I, I c) RL 2009/38/EG, Anhang Teil 1 e) SE-RL). Im Hinblick auf die konkrete Prägung eines Unternehmens, z.B. nach Beschäftigtenzahlen je Mitgliedstaat, aber auch nach Anzahl der jeweiligen Betriebe und konkreten Unternehmenssparten, mag ein derart pauschaler Wert nicht immer zu uneingeschränkt befriedigenden Ergebnissen führen, im Rahmen einer konzeptionell nur subsidiär geltenden Auffangregelung scheint die Größenordnung aber akzeptabel.

2415 Die Einigungsstelle erscheint u.a. auch dem luxemburgischen Gesetzgeber im Zuge seiner aktuellen Gesetzgebungsvorhaben als sinnreiche Vorlage; vgl. Dossier-No. 6545 (oben Fn. 96), Abschnitt *Exposé de Motifs*, S. 2: *„Le modèle allemand de la codétermination et de la cogestion est généralement considéré comme particulièrement efficace à la fois pour garantir la paix sociale mais aussi pour engager des changements dans l'entreprise en vue d'en garantir sa compétitivité."* Ausdrücklich erwähnt werden der deutsche *„Betriebsrat"* und die *„Einigungsstelle"*, ebd., S. 4.

2416 Hierzu sogleich näher unter h.

Denkbar wäre auch, dem Konsultationsrat ein eigenes, festgelegtes Budget zur Verfügung zu stellen, wie es schon beim französischen *comité d'entreprise* der Fall ist[2417]. Dies würde dem Gremium Unabhängigkeit garantieren und für das Unternehmen finanzierungstechnische Planungssicherheit bedeuten.

Ein solcher Konsultationsrat, einheitlich für alle SPE, würde sich nicht nur gleichermaßen gut für die monistische wie die dualistische SPE eignen[2418]. Er wäre auch (und insbesondere in „beteiligungsqualitativer" Hinsicht) ein Novum, dem man durchaus auch auf europäischer Ebene eine integrative Wirkung zusprechen könnte. Statt eines übergeordneten „Bestandsschutzes", der u.U. eigentlich eine „Bestandsausweitung" und Ausdehnung von nationalem Recht in einen anderen Mitgliedstaat bedeutet, käme es in einem unionsweit einheitlichen Rahmen zu einer unternehmensspezifischen Individualisierung. Im Nebeneffekt würde man sich so schließlich auch dem *Delaware*-Effekt entziehen.

e. „SPE-Betriebsrat"

Anders als bei der SE sind im SPE-Statut aktuell keine eigenen Regelungen für einen länderübergreifenden Betriebsrat vorgesehen. Das ist sachgerecht, solange es bei der Anwendung des Sitzstaatsprinzips bleibt. Wenn es aber ohnehin zu Verhandlungen kommt, wäre es wohl angemessen, hier auch einheitlich über ein länderübergreifendes Unterrichtungs- und Anhörungsverfahren verhandeln zu können. Ermöglicht würde so eine passgenaue Beteiligung „aus einem Guss" unter Berücksichtigung der jeweiligen nationalen (Beteiligungs-)Prioritäten, die die jeweilige SPE prägen werden. Außerdem käme man so denjenigen Mitgliedstaaten entgegen, in denen traditionell Unterrichtungs- und Anhörungsrechte höher gewichtet werden als Mitbestimmungsbefugnisse auf Leitungsebene[2419].

2417 Es umfassst 0, 2% der gesamten jährlichen Lohnkosten; Art. L. 2325–43 Abs. 1 frCT. Welche einzelnen Lohnbestandteile insoweit einzubeziehen sind wurde erstmals geregelt durch *circulaire ministérielle n°1/87 du 16 février 1987* und sodann durch die Gerichte weiter präzisiert. Vgl. als Überblick die Darstellung *Quelle masse salariale prendre en compte dans le calcul des budgets du CE ?* (April 2012), abrufbar bei der Wirtschaftsprüferkammer *Ordre des Experts-Comptables – OEC* unter http://www.oec-paris.fr/doc/2935 (französisch). Demzufolge werden insbesondere die Entlohnungen für Zeitarbeitskräfte nicht einberechnet (*„En revanche, la rémunération du personnel intérimaire ne peut pas être incluse dans l'assiette de calcul (Cass. soc., 10 mars 2010, n° 08-21.529"* [*„Cass. soc."* = *„Cour de Cassation, Chambre social"*, Anm. d. Verf.]), ebd., S. 2).

2418 Zur möglichen Organisation vgl. zuletzt Art. 8 I ea), 27 SPE-VOE-Hu.

2419 Vgl. hierzu z.B. die niederländische Position, die sich für eine Einbeziehung von grenzüberschreitenden Unterrichtungs- und Anhörungsbefugnissen in das SPE-Statut ausspricht, in *Geannoteerde agenda Raad Concurrentievermogen 30–31 mei 2011*, S. 4 (*„Wel wordt inmiddels gediscussieerd over het opnemen van een verplichting in de verordening dat werknemers van de Europese BV over grensoverschrijdende onderwerpen moeten worden geïnformeerd en geraadpleegd."*);

Berücksichtigt man zusätzlich die gelebte Praxis, nach der gerade in KMU die entscheidende Rolle weniger den Mitbestimmungsrechten als vielmehr den Unterrichtungs- und Anhörungsbefugnissen zukommt, wäre eine entsprechende Vorschrift sogar wünschenswert. Ggf. könnte man auch die entsprechenden Schwellenwerte aus den Beteiligungsrichtlinien übernehmen[2420].

f. Sitzverlegung

Bei der grenzüberschreitenden Sitzverlegung besteht zwischen den finalen Vorschlägen der schwedischen und der ungarischen Ratspräsidentschaft ein gravierender Unterschied. Denn wo der schwedische Entwurf mit seinem alleinigen relativen Schwellenwert von einem Drittel der Arbeitnehmer bei Verlegung des Registersitzes sogleich die europäische Mitbestimmung zur Anwendung kommen lässt, stellt der ungarische Vorschlag neben dem relativen Schwellenwert auch ein absolutes Größenkriterium von 500 Arbeitnehmern auf[2421]. Während also der schwedische Vorschlag buchstäblich jede SPE erfasst, lässt der ungarische die kleineren Unternehmen außen vor[2422].

Text abrufbar unter http://www.rijksoverheid.nl/bestanden/documenten-en-publicaties/kamerstukken/2011/05/20/geannoteerde-agenda-raad-concurrentie vermogen-30-31-mei-2011/geannoteerde-agenda-raad-concurrentievermogen-30-31-mei-2011.pdf (niederländisch). In diese Richtung auch der schwedische Gewerkschaftsbund LO i Sverige in seinem Jahresbericht 2009. Dort wird erklärt, dass die Vorschläge vor allem wegen ihrer potentiellen Wirkung auf die Repräsentation in den Leitungsgremien abgelehnt worden sind, aber auch weil keine Vorgaben im Hinblick auf Unterrichtung und Anhörung gemacht worden sind; in *Landsorganisationen i Sverige, Verksamhetsberättelse* 2009, S. 33 („*Förslaget förkastas av LO främst på grund av att det hotar organisationens representation i bolagsstyrelserna, men också för att det inte rymmer något om information och samråd med representanterna för löntagarna*", übersetzt etwa „Der Vorschlag wurde von LO hauptsächlich zurückgewiesen, weil er die Vertretung in den Aufsichtsräten bedroht, aber auch, weil er keine Vorgaben zu Unterrichtung und Anhörung mit den Arbeitnehmervertretern trifft"); Text abrufbar unter http://www.lo.se/home/lo/home.nsf/unidView/6437450AD0E8D9E6C12577D000496CE2/$file/LO_verksamhetsberattelse_2009.pdf (schwedisch).

2420 Vgl. Art. 4 II SE-RL; §§ 1 II, 21, 22 ff. SEBG; *Hommelhoff/Krause/Teichmann*, GmbHR 2008, S. 1193, 1197, 1203; dort auch für eine entsprechende Anpassung an den Schwellenwert aus der EBR-RL.

2421 Vgl. den Wortlaut von Art. 35 Ia, (b) in SPE-VOE-Sw-Add1 einerseits und SPE-VOE-Hu andererseits. Zum schwedischen Vorschlag vgl. *Hommelhoff*, FS Schneider 2011, S. 547, 551 f.

2422 Beispiel nach *Hommelhoff*, FS Schneider 2011, S. 547, 552, basierend auf dem finalen schwedischen Entwurf: Eine dänische SPE mit 40 Arbeitnehmern, davon 15 in Dänemark und 25 in Deutschland, nach dänischem Recht drittelparitätisch mitbestimmt, verlegt ihren Registersitz nach Deutschland. Es arbeitet weiterhin mindestens ein Drittel der Gesamtarbeitnehmer regelmäßig im

Aus deutschem Blickwinkel noch bedeutsamer ist, dass der absolute Schwellenwert quasi dem der hiesigen Drittelbeteiligung entspricht. Es würden also auf diesem Weg keine kleineren mitbestimmten Gesellschaften entstehen. Andererseits läge ein Wertungswiderspruch vor, wenn eine bereits mitbestimmte SPE sich schlicht durch Verlegung des Registersitzes dieser Mitbestimmung entziehen könnte. Ebenso wenig überzeugend dürfte es aber im Hinblick auf die gewünschte einfache Handhabung sein, jede SPE direkt in das europäische Verhandlungsmodell zu zwingen. Das dürfte selbst vor dem Gedanken der Besitzstandswahrung gelten[2423]. Zudem kann der alleinige Rückgriff auf den relativen Schwellenwert von einem Drittel der Gesamtbelegschaft im Herkunftsstaat dazu führen, dass eine eigentlich mitbestimmungsfreie Belegschaft trotzdem mitbestimmt ist. Die doppelte Schwelle überzeugt darum grundsätzlich auch hier.

Um eine allzu einfache Aushebelung einer bestehenden Mitbestimmung in kleineren Gesellschaften zu vermeiden, könnte man bei einer Sitzverlegung in einen mitbestimmungsaversen Staat zunächst die automatische Fortgeltung des bereits bestehenden Mitbestimmungsstatuts vorsehen. Hierzu müsste nur die eigene Auffangregelung des UAbs.2 für mitbestimmte Gesellschaften unterhalb dieser Schwellenwerte verbindlich gestellt werden. Verlegt die kleinere SPE ihren Sitz hingegen in einen Staat mit stärkerer Mitbestimmung, könnte automatisch das Sitzstaatsprinzip zum Zuge kommen[2424].

Einigermaßen unbefriedigend ist die Vorgabe des UAbs. 2 aber dahingehend, dass ein schon einmal nach den Vorgaben des Art. 35 ausgehandeltes Beteiligungssystem in der SPE auch nach der Sitzverlegung nur weiter angewendet werden soll, wenn zwischen SPE und Besonderem Verhandlungsgremium nichts anderes vereinbart wird. Das bedeutet, dass zunächst auf jeden Fall ein Besonderes

---

Herkunftsmitgliedstaat, zudem besteht ein Mitbestimmungsgefälle vom Herkunftsmitgliedstaat Dänemark zum Aufnahmemitgliedstaat Deutschland, so dass das europäische Modell Anwendung findet. Die Auffangregelung bestimmt sich gem. Art. 35d II nach dänischem Recht. Folge ist eine in Deutschland registrierte SPE mit Drittelbeteiligung, bei gerade einmal 25 in Deutschland beschäftigten Arbeitnehmern. Nach dem ungarischen Vorschlag käme es schon nicht zur Anwendung des europäischen Modells. Beides allerdings jeweils unter der Prämisse, dass nicht ein bereits bestehendes System beibehalten wird, Art. 35 Ia (b) UAbs. 2.

2423 *Hommelhoff* spricht in diesem Zusammenhang von der *„Nachprägung“* einer bereits mitbestimmten Gesellschaft; *Hommelhoff*, FS Schneider 2011, S. 547, 553.

2424 Wie hier auch *Hommelhoff*, FS Schneider 2011, S. 547, 553 (*„Gedanke der Kontinuität des in der Gesellschaft vorhandenen Mitbestimmungsstatuts“*). Wohl a.A. *Koberski/Heuschmid*, RdA 2010, S. 207, 213, die der Einführung eines derartigen vorgelagerten Schwellenwerts bei der Sitzverlegung generell ablehnend gegenüberstehen (*„unsystematisch“*). Wie gesehen dürfte der Schwellenwert die Handhabbarkeit gerade erhöhen, da ansonsten bei jeder Sitzverlegung automatisch verhandelt werden müsste, was aber gerade bei kleineren Gesellschaften abschreckend wirken und deren Mobilität somit über Gebühr einschränken dürfte.

Verhandlungsgremium zu konstituieren wäre, das theoretisch in seiner ersten Sitzung direkt beschließen könnte, dass es beim bereits etablierten System bleiben soll. Das erscheint als unnötiger Aufwand. Würde man diese Entscheidung einem in der SPE bereits etablierten länderübergreifenden Gremium übertragen, ließen sich Zeit und Kosten sparen. Dieses bereits bestehende Gremium könnte ein EBR sein, ein in der spezifischen SPE konstituiertes Gremium oder auch der Konsultationsrat. Begrifflich könnte man hier einheitlich vom „Verhandlungsgremium" sprechen, in Abgrenzung zum ggf. neu zu bildenden „Besonderen Verhandlungsgremium" für die erstmalige Etablierung bzw. für spezielle Fälle.

g. *SPE-Konzern*

Weiterer Klarstellungsbedarf besteht beim SPE-Konzern. In beteiligungstechnischer Hinsicht dürfte mit Blick auf die Entwicklung der Vorschläge auch für den Konzern grundsätzlich von der Vorstellung des Einheitsunternehmens auszugehen sein. Weiter dürfte damit auch die Einbeziehung der SPE-Arbeitnehmer insgesamt in die jeweils herrschende Mitbestimmung eines einheitlichen SPE-Konzerns gewollt und geplant sein. Anders als die SE-RL und die Verschmelzungsrichtlinie schweigen sich die SPE-Entwürfe insofern aus, obwohl hier ein beträchtliches rechtspolitisches Risiko liegt[2425]. Der Vorschlagstext ist insofern jedoch etwas unscharf, da nach ihm stets nur „die SPE" den gegebenenfalls geltenden Regeln unterliegt[2426]. Eine entsprechende Klarstellung böte sich an. Denn nur wenn eindeutig bestimmt ist, wer alles zu welchem Zeitpunkt konkret wie in die Mitbestimmung einbezogen werden soll, lassen sich auch die entsprechenden Schwellenwerte zweifelsfrei nachverfolgen. Wünschenswert wäre zudem eine unionsrechtliche Festlegung dahingehend, wann überhaupt eine Tochter- oder Enkelgesellschaft vorliegt, deren Arbeitnehmer der SPE zuzurechnen sind[2427]. Anderenfalls besteht die Gefahr von nationalen Abweichungen (vgl. z.B. einerseits die ausdrückliche Einbeziehung der Beschäftigten von Tochtergesellschaften bei der SE in Deutschland, andererseits den ebenso ausdrücklichen Ausschluss ausländischer Arbeitnehmer bei der niederländischen bzw. schwedischen Mitbestimmung).

Geht man von der Einheitlichkeit aus, dürfte sich auch ein SPE-Konzern harmonisch in die Grundkonzeption einfügen. Sind die Schwellenwerte bei Gründung eines „kleinen Konzerns" nicht erreicht, richtet sich die Mitbestimmung insgesamt nach

---

2425 Vgl. Art. 3 IV, 7 II SE-RL, §§ 15 III, 34 I SEBG bzw. Art. 16 III a), e) RL 2005/56/EG [= Verweis auf die entsprechenden Vorschriften der SE-RL], § 23 I MgVG; die deutschen Umsetzungsgesetze beziehen die Tochtergesellschaften ein, die Richtlinien nicht. Nur bei der Sitzverlegung werden die Arbeitnehmer in den Tochtergesellschaften zahlenmäßig berücksichtigt, vgl. Art. 38 II SPE-VOE-KOM. Zu den gesellschaftsrechtlichen Aspekten monographisch *Kneisel*, SPE-Konzern 2012, zur Mitbestimmung insbes. S. 199 ff., allerdings noch nach dem Stand von SPE-VOE-KOM.

2426 Vgl. Art. 35 I SPE-VOE-Sw-Add1/SPE-VOE-Hu.

2427 Vgl. auch oben Teil 4. b.).

dem Grundsatz des Sitzstaatsprinzips[2428]. Für eine andere Lösung besteht dann kein Bedarf. Für „große SPE-Konzerne" bemisst sich das Mitbestimmungsmodell nach den (bekannten) Kriterien des Mitbestimmungsgefälles und des Belegschaftsanteils. Kommt es zu einem Gefälle zwischen Konzernmutter im (mitbestimmungsaversen) Sitzstaat und den ausländischen Tochtergesellschaften in mitbestimmungsaffineren Mitgliedstaaten und prägt gleichzeitig der dortige Belegschaftsanteil das Unternehmen insgesamt hinreichend, ist zu verhandeln. Erfasst sind dann sämtliche Tochtergesellschaften der Konzernmutter-SPE, unabhängig von ihrer jeweiligen eigenen Organisationsform. Bei Scheitern bemisst sich die Mitbestimmung im Gesamtkonzern nach dem gegenwärtigen Vorschlag nach dem ausländischen mitbestimmungsstärksten Recht des Hauptteils der Belegschaft, sprich, die dortigen Arbeitnehmer prägen den Konzern insgesamt. Daneben würden auch mit dem hier vorgeschlagenen Konsultationsrat[2429] sachangemessene Vertretungsstrukturen erzielt.

Auch bei Strukturveränderungen bietet die Kombination der Kriterien grundsätzlich sachgerechte Lösungen. Ein nach Sitzstaatsrecht geprägter SPE-Konzern behält diese Mitbestimmung auch bei einem (bloßen) etwaigen Anstieg seiner Beschäftigtenzahlen, solange nicht ein Mitbestimmungsgefälle entsteht. Wenn das doch der Fall ist, kommt die Verhandlungslösung zum Zug.

Wird eine Konzerntochter hinzugekauft, kommt es entscheidend auf deren jeweilige Größe an. Je nachdem, wie sehr diese „Neu-Belegschaft" den Gesamtkonzern prägt, kann dann eine erweiterte Mitbestimmung entstehen, die Mitbestimmung kann aber auch enden. Auch ein solcher Ausstieg aus einer bisher bestehenden Mitbestimmung wäre systemstimmig, wenn nach dem Zukauf z.B. mehr als die Hälfte der Gesamtbelegschaft eines großen SPE-Konzerns in mitbestimmungsfreien Mitgliedstaaten beschäftigt wird. Ggf. bliebe für diese Fälle immer noch die Möglichkeit einer freiwilligen Mitbestimmung.

Und auch, wenn die SPE-Konzernmutter ihren Sitz in einen anderen Mitgliedstaat verlegen sollte, bleibt es bei den entscheidenden Kriterien „Mitbestimmungsgefälle" und „(prägender) Belegschaftsanteil" ohne weitere Besonderheiten[2430].

Eine konzernabhängige Tochter-SPE schließlich wird meist schon aufgrund ihrer geringen Größe nur nach dem Sitzstaatsprinzip zu beurteilen sein, häufig wird sie auch über keine länderübergreifende Belegschaft verfügen.

Insgesamt führt das Modell also zu angemessenen und stimmigen Lösungen[2431]. Entscheidende Frage ist damit auch hier, wie die Schwellenwerte rechtspolitisch bemessen sein sollen.

2428 Beispielsweise wäre dann für eine abhängige SPE mit Satzungssitz in Deutschland das GmbH-Konzernrecht anwendbar; *Brems/Cannivé*, Der Konzern 2008, S. 629, 637.

2429 Vgl. oben Abschnitt 4. d. ii.

2430 Näher zur SPE-Mitbestimmung bei grenzüberschreitender Sitzverlegung nach dem schwedischen Entwurf *Hommelhoff*, FS Schneider 2011, S. 547 ff.

2431 Zur SPE-Mitbestimmung im Konzern mit entsprechenden Beispielen, allerdings nach den Schwellenwerten des finalen schwedischen Entwurfs, *Hommelhoff*, ZEuP 2011, S. 7, 32 ff.

h. Strukturveränderung

Veränderungen in der Organisationsstruktur sind in einem wirtschaftlich tätigen Unternehmen Teil der evolutiven und strategischen Anpassung an die ökonomischen Erfordernisse. Eine entsprechende Regelung im SPE-Statut hat schon daher ihre Berechtigung. Vorgesehen ist eine zeitlich getaktete Überprüfungspflicht des Geschäftsführungsorgans der SPE[2432]. Es muss alle drei Jahre kontrollieren, ob die Voraussetzungen für eine europäische Mitbestimmung (noch) gegeben sind.

Der Wortlaut stellt vordergründig zwar nur auf ein zeitliches Moment ab. Vermutlich dürfte darüber hinaus auch eine zusätzliche, anlassbezogene Prüfungspflicht bei veränderten Umständen bestehen. Dies ließe sich überzeugend aus dem offenen Wortlaut „mindestens" und dem Telos herleiten, einen weitgehenden Beteiligungsschutz zu gewährleisten[2433].

Begrüßenswert wäre in diesem Zusammenhang vielleicht auch eine entsprechende Klarstellung ebenso wie eine ausdrückliche Einbeziehung der Komplexe „strukturelle Änderung" bzw. „wirtschaftliche Aktivierung" und „Missbrauch" mit entsprechend eindeutigen Definitionen. Dadurch ließen sich die derzeit bestehenden Probleme im Bereich der Vorrats-SE bei der SPE vermeiden. Rechtspolitisch dürften derartige Definitionen allerdings nicht ohne weiteres in der notwendigen Eindeutigkeit zu etablieren sein[2434]. Überdies wird schon alleine durch die periodische Überprüfung eine Dynamisierung der Mitbestimmung erreicht und somit auch ein Beitrag zur Missbrauchsbekämpfung geleistet. Denn auf diese Weise „friert" die Mitbestimmung ja gerade nicht auf einem bestimmten Stand „ein". So betrachtet würde es einer Definition, wenn auch zweifellos wünschenswert, nicht unbedingt bedürfen.

Es dürfte daneben ein Gebot der gegenseitigen Fairness sein, diese Überprüfungspflicht um ein spiegelbildliches Recht der Arbeitnehmerseite zu ergänzen[2435]. Bildhaft gesprochen wäre ein solches Recht eine Art „Frostschutzmittel" gegen das „Einfrieren der Mitbestimmung". Es würde als wirksame Handhabe einen Missbrauch der Mitbestimmungsregelungen also weiter erschweren, was wiederum der

---

2432 Vgl. erstmals Art. 35 Ib SPE-VOE-Sw-ArbGr1 und die überarbeitete Vorschrift bei SPE-VOE-Sw/SPE-VOE-Hu. Denkbar wäre es, an dieser Stelle auch ein „Änderungsrecht" bei sonstigen gravierenden Veränderungen einzufügen. Direkt notwendig dürfte das allerdings nicht sein, da der Mindestinhalt der Mitbestimmungsvereinbarung unter anderem auch die Fälle der Neuaushandlung vorsehen soll, vgl. zuletzt Art. 35c II c) SPE-VOE-Sw-Add1/SPE-VOE-Hu. Falls zuvor eine Mitbestimmung nach der Auffanglösung aktuell war, kommt dann wieder das Sitzstaatsprinzip nach Art. 35 I SPE-VOE-Sw-Add1/SPE-VOE-Hu zum Zug.

2433 Vgl. *Hommelhoff*, FS Schneider 2011, S. 547, 551; (*„mindestens alle drei Jahre"/„at least every three years"*).

2434 Vgl. die entsprechende Problematik bei der SE im Hinblick auf „Gebrauch" bzw. „legitime Nutzung" von Vorratsgesellschaften; näher dazu oben Teil 4 B. V. 1.

2435 Vgl. *Hommelhoff*, ZEuP 2011, S. 7, 40.

geäußerten Zielsetzung entgegenkäme[2436]. Schwierige Abgrenzungsfragen und ein zeit- und kostenintensiver Gang vor die Gerichte, ob möglicherweise eine Missbrauchsgestaltung vorliegt oder nicht, wie derzeit noch bei der Vorrats-SE, würden vermieden. Rechtspolitisch wäre ein solches Recht wohl auch geeignet, bestehende Blockaden aufzulösen.

Zukommen sollte dieses Recht denjenigen, die von ihm betroffen sind, also den Arbeitnehmern der SPE selbst. Wiederum rechtspolitisch zu beurteilen ist, wie hoch der entsprechende Anteil der Arbeitnehmerseite sein soll, der notwendig ist, um das entsprechende Verfahren zu initiieren. Eventuell ließe sich hier ein doppeltes Kriterium nach dem dänischen Muster der „Ja/Nein-Abstimmung“ (*ja/nej-afstemning*) zur Etablierung der Mitbestimmung in dänischen Unternehmen andenken. Diese „Ja/Nein-Abstimmung“ kann von einer Mehrheit der Arbeitnehmervertreter im funktional betriebsratsähnlichen Gremium *Samarbejdsudvalg*, von den Arbeitnehmerorganisationen, die ihrerseits mindestens 10% der Mitarbeiter repräsentieren oder direkt von 10% der Belegschaft gefordert werden[2437]. Darauf folgt die tatsächliche Abstimmung, in der sich die Belegschaftsmehrheit für die Einführung der Mitbestimmung aussprechen muss[2438]. Entsprechend ließe sich auch die Überprüfung durch die Arbeitnehmerseite initiieren.

i. Mitbestimmungsvereinbarung

Wie gesehen ist bei der Mitbestimmungsvereinbarung selbst nur ein fast rudimentäres Regelungskorsett vorgesehen[2439]. Das eröffnet wie bei der SE einige immanente Unsicherheitsfaktoren und geriert einen gewissen Beratungsbedarf. Insbesondere die vereinbarte Reichweite und die Laufzeit sollten im Auge gehalten werden, wie auch das Verfahren bei etwaigen Veränderungen und Folgevereinbarungen und nicht zuletzt die Sachausstattung. Gleichwohl erscheint eine entsprechende Regelung nicht angezeigt. Sie würde notwendig pauschalisierend ausfallen und die Potentiale mindern.

Unter Klarstellungsgesichtspunkten erwägenswert wäre hingegen wohl eine Regelung, dass eine Änderung der Satzung die Mitbestimmungsvereinbarung nicht aushebeln kann[2440].

Sinnvoll wäre auch, ein beidseitiges außerordentliches Kündigungsrecht für gravierende Veränderungen der zugrunde liegenden Verhältnisse vorzusehen.

2436 Vgl. Erwägungsgrund 16 S. 2, Art. 35 IV SPE-VOE-Hu.

2437 § 25 *Stk.* 2 BEK Nr. 806. Für ein Initiativrecht einer zehnprozentigen Arbeitnehmerminderheit auch *Hommelhoff*, ZEuP 2011, S. 7, 30.

2438 Vgl. oben Teil 3 D. VI. 4. b.

2439 Vgl. zuletzt die Aufzählung in Art. 35c II, Buchstaben a), b), ba) und c) SPE-VOE-Hu.

2440 Gem. Art. 8 Ia i.V.m. Nr. 16 und 17 Anhang I können etwaige Auswahlkriterien für Geschäftsführer und etwaige Verfahren für die Bestellung und Abberufung von Geschäftsführern in der Satzung (und damit für das Innenverhältnis) geregelt werden. Eine Mitbestimmungsvereinbarung, die diese Punkte regelt, dürfte zwar vorgehen, eine Absicherung läge aber wohl nicht vollkommen fern.

Denn wenn die Grundlagen der Mitbestimmungsvereinbarung weggefallen sind, gilt dies auch für die Grundlagen ihrer Wirkung. Es wäre unbillig, dann noch an entsprechenden Vorgaben festhalten zu müssen[2441].

j. *„Besonderes Verhandlungsgremium"*

Nach den Vorgaben ist ein Besonderes Verhandlungsgremium neu zu bilden, sobald die entsprechenden Voraussetzungen zu einer vereinbarten Mitbestimmung vorliegen. Rein praktisch dürften die entsprechenden Vertreter im Besonderen Verhandlungsgremium ohnehin vor allem aus den bereits bestehenden Gremien stammen. Daher erscheint es denkbar, im Zuge der Konstituierung des Besonderen Verhandlungsgremiums direkt auf einen ggf. bereits bestehenden Europäischen Betriebsrat zurückzugreifen. Sofern ein Konsultationsrat gebildet würde, könnte man auch diesem die Befugnis für spätere Abberufungen bzw. Neubestellungen zuweisen. Dieser Rückgriff auf bereits etablierte und „eingespielte" Strukturen würde nicht nur Zeit und Kosten sparen, man würde in personaler Hinsicht auch unmittelbar auf solche Arbeitnehmervertreter zurückgreifen, die sich bereits praktisch mit grenzüberschreitenden Beteiligungsfragen im betreffenden Unternehmen auseinandersetzen und insofern über gewisse Erfahrungen verfügen. Dieses Gremium könnte auch bei sonstigen „gewöhnlichen" Veränderungen in der SPE als Erstes zum Zuge kommen, gewissermaßen als „natürliches" Verhandlungsgremium. In „außergewöhnlichen" Fällen hingegen ließe sich dann immer noch ein „Besonderes Verhandlungsgremium" konstituieren.

Um eine allzu hohe Machtkonzentration zu vermeiden, könnte man daneben ggf. eine Mandatshöchstzahl einführen, wobei aber mitgliedstaatliche Besonderheiten zu berücksichtigen wären, da in manchen Mitgliedstaaten ein durchgreifender Schutz der Arbeitnehmervertreter und ihrer Arbeit nur durch eine gewisse Kumulierung der Aufgaben erreicht werden kann[2442].

2441 Vgl. auch *Hommelhoff*, ZEuP 2011, S. 7, 29.

2442 Vgl. z.B. die kumulierten Freistellungsansprüche eines französischen Arbeitnehmervertreters auf betrieblicher Ebene in einem größeren Unternehmen, der zeitgleich Gewerkschaftsdelegierter, Personaldelegierter und Betriebsrat ist. Durch diese Bündelung wird eine Freistellung von 55 Stunden pro Monat erreicht; vgl. Art. L. 2315-1 ff. (*Délégues du Personnel, DP*), L. 2325-6 ff., L. 2325-35 ff. (*Comité d'Entreprise, CE*) frCT; ETUI-FR-BI, S. 6. Ähnliche Konzentrationen gibt es im Bereich der ungarischen Unternehmensmitbestimmung. Als Arbeitnehmervertreter werden dort in der Regel die lokalen Gewerkschaftsvertreter bzw. die (Zentral-)Betriebsratsvorsitzenden oder deren Vertreter vorgeschlagen. Diese personelle Überschneidung ist gewollt, da sie den Arbeitnehmervertretern im Hinblick auf etwaige Diskriminierungen oder Kündigungen eine gewisse Rechtssicherheit verschaffen soll, die sonst vom Unternehmensrecht nicht gewährleistet sein soll; ETUI-HU-MB, S. 1; *Kluge/Stollt*, MB in den neuen EU-MS, S. 99 a.E. Vgl. hierzu aber § 39 IV *Gt.*, nach dem den Arbeitnehmervertretern *„auf Grund des Arbeitsgesetzbuchs der den Mitgliedern des Betriebsrats zustehende*

In diesem Zusammenhang wäre eventuell auch eine klare Bestimmung der Reichweite des Verhandlungsmandats begrüßenswert. Anderenfalls könnten sich Abgrenzungsfragen ergeben, wenn im Zuge der verhandelten Vereinbarung zu sehr in die Geschäftsordnungs- bzw. die Satzungsautonomie der Anteilseigner eingegriffen wird[2443].

Eine Minderung bzw. Nichteinführung der Mitbestimmung hängt derzeit an einem qualifizierten Mehrheitsbeschluss. Konkret bedarf es der Mehrheit von zwei Dritteln der Stimmen der Mitglieder des Besonderen Verhandlungsgremiums, die zudem mindestens zwei Drittel der Arbeitnehmer der SPE vertreten und gleichzeitig Arbeitnehmer in mindestens zwei Mitgliedstaaten vertreten müssen[2444]. Das gilt unabhängig von der Anzahl der bislang von der Mitbestimmung betroffenen Arbeitnehmer. Die Hürde zu einer Minderung ist also stets sehr hoch, unabhängig davon, wie viele (oder mitunter auch „wie wenige") Arbeitnehmer Mitbestimmungsrechte genießen. Damit könnte aber u.U. auch gegen den erklärten Willen einer Beschäftigtenmehrheit eine Mitbestimmung im gesamten Unternehmen durchgesetzt werden. Möglich wäre es, sofern als Auffangregelung nicht sowieso ein Konsultationsrat etabliert würde und es also mit den derzeitigen Regeln auch bei einer verpflichtenden Mitbestimmung bliebe, zur sachgerechten Differenzierung ein zusätzliches Größenkriterium aufzunehmen. Zwar wäre eine solche zusätzliche Klausel eine weitere Komplizierung, sie würde jedoch die Ausgangsbedingungen im jeweiligen Unternehmen, mithin die Unternehmensprägung, berücksichtigen. Verfügen lediglich „wenige" Arbeitnehmer auch über Mitbestimmungsrechte, sollte ggf. eine einfache Mehrheit im Verhandlungsgremium ausreichen, um eine Minderung bzw. Nichteinführung zu beschließen. Wie bei den anderen Schwellenwerten wäre dann fraglich, wie viele „wenige" Arbeitnehmer konkret sein sollen. Vertretbar erscheint es insofern, auf insgesamt ein Drittel der Arbeitnehmer abzustellen. Neben der in sich nachvollziehbaren Größe würde so auch ein Gleichlauf mit den übrigen Schwellenwerten hergestellt.

k. Rechtsstellung der Arbeitnehmervertreter

Nach der Auffangregel sind die entsprechend benannten Arbeitnehmervertreter im Verwaltungs- bzw. Aufsichtsorgan der SPE Mitglieder des jeweiligen Organs mit denselben Rechten, einschließlich des Stimmrechts, und Pflichten wie die nicht geschäftsführenden Mitglieder, die die Gesellschafter vertreten[2445]. Es erscheint sinnreich, die entsprechenden Einzelheiten, wie z.B. Amtszeit und Wiederwahl, in der Satzung festzulegen. Möglich wäre zudem eine ausdrückliche Verpflichtung des Arbeitgebers, nach der er die Unabhängigkeit der

---

arbeitsrechtliche Schutz" zukommt, was wiederum auf den (v.a. Kündigungs-) Schutz nach dem huArbGB hinausläuft (zu Ungarn vgl. Teil 3 D. III. 4. b.).

2443 Vgl. zur entsprechenden Fragestellung bei der SE schon Teil 4 B V. 2.

2444 Vgl. Art. 35b III SPE-VOE-Hu.

2445 Art. 35d V SPE-VOE-Hu.

Arbeitnehmervertreter zu gewährleisten hat. Das dürfte die tatsächliche Zusammenarbeit effizienter gestalten. Hinzugesetzt werden könnte noch eine Vorgabe, nach der die Arbeitnehmervertreter bei der Wahrnehmung ihrer Aufgaben den gleichen Schutz und die gleichen Sicherheiten genießen, wie die Arbeitnehmervertreter nach den jeweiligen innerstaatlichen Rechtsvorschriften, in denen sie beschäftigt sind.

l. „Bewährungsfrist" für Sitzgleichlauf

Um die festgefahrene Beratungssituation aufzulösen sah der letzte Vorschlag der schwedischen Präsidentschaft eine Übergangsfrist von zwei Jahren vor, binnen derer Sitz und Hauptverwaltung im gleichen Mitgliedstaat liegen mussten[2446]. Die nachfolgenden Kompromissvorschläge griffen die Idee auf und weiteten diese Frist z.T. sogar noch aus. Grundidee war, dass die SPE bereits bei Gründung getrennte Sitze wählt. Abgefedert werden sollte so wohl auch die immanente Gefahr der Mitbestimmungsvermeidung. Zu Recht aber wurde letztlich wieder davon Abstand genommen. Denn das liefe auf die „Wiedereinführung der Sitztheorie" hinaus, die doch gerade vom EuGH mit Blick auf die Niederlassungsfreiheit verworfen wurde.

Praktisch würde eine solche Pflicht die Unternehmen darin beschränken, die Registersitze der Auslandstöchter im Inland oder auch im Ausland konzentrieren zu können. Ein wesentlicher Aspekt der Gestaltungsfreiheit wäre aufgehoben[2447]. Probleme ergäben sich auch, wenn eine bereits bestehende Gesellschaft mit getrennten Sitzen sich innerhalb von zwei Jahren in eine SPE umwandeln will. Sie müsste zunächst ihren Satzungssitz in einen anderen Staat verlegen[2448]. Zudem ließe sich die Vorschrift durch Vorratsgesellschaften umgehen. Schon daher sollte von dieser „Bewährungsfrist" Abstand genommen werden. Wenn überhaupt, sollte die Frist andersherum laufen. Sollten sich die Regelungen nicht bewähren, können sie im Zuge einer Revision zurückgenommen werden.

m. Transparenz durch Registrierung?

Eine, auch grenzüberschreitend, flexible Rechtsform wie die SPE stellt erweiterte und teilweise neue Anforderungen an den Wettbewerb. Damit einher geht ein gesteigertes Bedürfnis nach Sicherheit und Transparenz wie auch nach zuverlässigen Informationen in einem grenzüberschreitenden Zusammenhang. Umgehungen und Missbräuche sollten vermieden werden. Die Verschmelzungsrichtlinie verpflichtet die nationalen Register zwar für diesen bestimmten Bereich zur Zusammenarbeit. Bislang fehlt es jedoch noch an einem einheitlichen und gesicherten Verfahren. Ein denkbarer Schritt wäre hier die Einführung

---

2446 Art. 7 I UAbs. 2 SPE-VOE-Sw-Add1.

2447 *Hommelhoff/Teichmann*, GmbHR 2010, S. 337, 346; zum möglichen Wettbewerb *Davies*, ECGI 2010, S. 26.

2448 Vgl. auch *Jung*, BB 2010, S. 1233, 1235.

eines zentralen Unternehmensregisters, in dem die wesentlichen Unternehmensinformationen unionsweit aktuell zur Verfügung stehen. Möglich wird dann auch eine nationale Kontrolle der SPE mit gespaltenem Sitz.

Alternativ denkbar wäre die Vernetzung der jeweiligen nationalen Register, zumindest im Hinblick auf die supranationalen Gesellschaftsformen, wobei dann aber eventuell Schwierigkeiten im Hinblick auf Sprache und Einheitlichkeit der Registerführung bestehen könnten. So müsste geregelt werden, welche Informationen überhaupt aufgenommen, und unter welchem Ordnungspunkt sie kategorisiert werden sollen[2449].

Im Mai 2012 hat der Rat eine Richtlinie über die Verknüpfung von Zentral-, Handels- und Gesellschaftsregistern beschlossen. Demnach sind Gesellschaften und ihre Zweigniederlassungen verpflichtet, eine einheitliche Kennung (*„unique identifier“*) zu führen, so dass sie im Rahmen der Kommunikation zwischen den Registern eindeutig identifiziert werden können. Eine Vereinheitlichung der Register selbst findet aber gerade nicht statt, so dass es bei den grundsätzlichen mitgliedstaatlichen Vorgaben bleibt. Die nationalen Register stellen diese Informationen auf einer zentralen europäischen Plattform zur Verfügung[2450].

2449 Vgl. Bericht Reflexionsgruppe 2011, S. 32 ff.; vorgeschlagen werden hier *„common identifiers“* („gemeinsame Kennungen“) nach einem einheitlichen System (*„e.g. company name would always be identified as A1, details of directors as A2“*, ebd., S. 33). Fraglich wäre dann aber auch, was alles in diese Liste aufgenommen werden kann und soll, beispielsweise ob die mangelnde Eignung einer Person als Geschäftsführer uneingeschränkt und für jeden sichtbar zugänglich gemacht werden soll, bzw. inwieweit mitgliedstaatliche Einspruchsmöglichkeiten in diesem Bereich berücksichtigt werden; ebd., S. 34 f. Art. 47 SPE-VOE-Hu sieht lediglich vor, dass die Mitgliedstaaten der Kommission einmal jährlich Firma, Sitz und Registernummer der SPE mitteilen, die im vorhergehenden Kalenderjahr im Register eingetragen bzw. aus ihm gelöscht wurden sowie die Gesamtzahl der eingetragenen SPE. Das erscheint im Hinblick auf die Transparenz als ausbaufähig.

2450 *Directive of the European Parliament and of the Council amending Council Directive 89/666/EEC and Directives 2005/56/EC and 2009/101/EC of the European Parliament and of the Council as regards the interconnection of central, commercial and companies registers, vom 03.05. 2012, 2011/0038 (COD), PE-CONS 5/12*, dort v.a. Erwägungsgründe 9, 10, 11, 14, zur grundsätzlich vorgesehenen Aktualisierung binnen maximal 21 Tagen nach Zugang der vollständigen Informationen Erwägungsgrund 18. Eine entsprechende Suche soll in allen EU-Sprachen zur Verfügung stehen, Erwägungsgründe 9, 12. Vgl. auch die entsprechende Pressemitteilung des Rates vom 10.05.2012, 9648/12, Presse 196 (englisch). Die Reflexionsgruppe hatte den diesbezüglichen Kommissionsvorschlag ausdrücklich begrüßt und eine schnelle Verabschiedung dringend befürwortet; Bericht Reflexionsgruppe 2011, S. 32 a.E. und Fn. 76, 13.

5. *Aussicht?*

Um die Blockaden bei der SE aufzulösen bedurfte es unter den seinerzeitigen EU-15 des veritablen „Wunders von Nizza“. Bei der SPE erscheint die Situation auf den ersten Blick festgefahrener. Gilt es doch, mittlerweile 28 Mitglieder zu einem gemeinsamen Standpunkt zu bewegen. Das erscheint aufgrund der bestehenden (und progressiven) Unterschiede sowie der Wechselwirkungen zwischen nationalen und europäischen Absichten zunehmend schwieriger. Die mitgliedstaatlichen Rechtsordnungen driften im Wettbewerb der Systeme immer weiter auseinander, auch die Union ist gleichermaßen Handelnde und Behandelte. Insgesamt ergibt sich darum ein seltsam ambivalentes Bild. War „das Projekt SPE“ zunächst noch energisch, ja verheißungsvoll gestartet[2451], setzten sich bald die Bedenkenträger durch. Es scheint, als schwebte bei den Beratungen die ebenfalls hoffnungsvoll begonnene SE als permanentes Vergleichsobjekt mit im Raum. Deren Akzeptanz in der EU, ihr zunächst eher mäßiger, ja nahezu ausbleibender Erfolg in der unternehmerischen Praxis, wirken ernüchternd und scheinen die anfangs bestehende Dynamik zunehmend zu bremsen. Hier mehren sich erst in jüngster Zeit die Signale für eine positivere Entwicklung.

Daneben geht es aber auch immer, und vielleicht noch mehr als bei der SE, um nationale Befindlichkeiten und Interessen. Denn mit einer Öffnung der nationalen Gesellschaftsformen für die SPE geht neben der unmittelbaren Konkurrenz und einem damit möglicherweise verbundenen Kontroll- oder Bedeutungsverlust[2452] auch stets die Frage einher, wie weit man tradierte Vorstellungen und Konzepte des nationalen Gesellschaftsrechts aufzugeben bereit ist. Offenbar bestehen unter den Mitgliedstaaten höchst unterschiedliche Vorstellungen über die Zielrichtung der SPE[2453]. Mitunter bemühen sie sich geradezu argwöhnisch um klare Abgrenzung

2451 Beispielsweise bewertet *Cerioni*, EuLF 2005, S. I-137, I-141, die Einführung der SPE im Hinblick auf die Vollendung des Binnenmarkts aus der Perspektive der KMU als die bei weitem bedeutendste Errungenschaft des europäischen Gesellschaftsrechts.

2452 Vgl. auch *Becht/Mayer/Wagner*, ECGI 2007, S. 3, die auf die „politischen Kosten“ eines Kontrollverlusts bei Auslandsgründungen hinweisen („*... there is a political cost of loss of control in the case of entrepreneurs choosing to incorporate abroad*“).

2453 So schon *Lehne*, KSzW 2010, S. 3, dem zufolge aus Sicht der Mitgliedstaaten die SPE am besten so aussähe wie das nationale Pendant, „*nur etwas unattraktiver*“. *Fleischer* wirft daher die Frage auf, „*ob die Mitgliedstaaten tatsächlich bereit sind, den europäischen Emporkömmling SPE als ebenbürtigen Konkurrenten ihrer nationalen Kapitalgesellschaftsformen zu akzeptieren*“; *Fleischer* in MüKo-GmbHG 2010, Bd. I, Rn. 273. Nach *Ehricke* kommt die Schaffung der SPE daher „*in der gesellschaftsrechtlichen Wirklichkeit der EU jetzt und auf absehbare Zeit dem Versuch gleich, eine Qualle an die Wand zu nageln*“; *Ehricke*, KSzW 2010, S. 6, 14. Zu den unterschiedlichen Ausgangspunkten vgl. auch *Neye*, FS Hüffer 2010, S. 717, 719; *Sandberg/Skog*, AG 2010, S. 580, 582; *Davies*, ECGI 2010, S. 9 ff.

zu den nationalen (mit *Hommelhoff*: *„Erfahrungsgetränkten“*[2454]) „kleinen“ Kapitalgesellschaftsformen. Namentlich gilt das für Deutschland und Österreich, die mit einem gewissen „Stolz“ auf „ihre“ buchstäblich über mehr als ein Jahrhundert ausgeformte GmbH blicken. Demgegenüber registrieren insbesondere die neuen Mitgliedstaaten in Mittel- und Osteuropa ein fehlendes Renommee ihrer nationalen Rechtsformen im Ausland. Die Einführung der SPE würde für sie eine Annäherung an die Wettbewerbsgleichheit bedeuten[2455]. Diese Uneinigkeit unter den Mitgliedstaaten tritt in der Ablehnung aller Kompromissvorschläge im Rat deutlich zu Tage.

Aber auch innerhalb der Mitgliedstaaten wird noch gerungen.

Beispielsweise steht der deutsche Bundesrat[2456] zwar nominell mittlerweile ebenso wie die schwarz-gelbe Bundesregierung der 17. Legislaturperiode[2457] hinter

---

2454 *Hommelhoff*, FS K. Schmidt 2009, S. 671, 674.

2455 Vgl. *Eidenmüller/Lasák*, FS Hommelhoff 2012, S.187, 203 f.; *Wedemann*, EuZW 2010, S. 534, 538; *Neye*, FS Hüffer 2010, S. 717, 720 f.; *Teichmann*, RIW 2010, S. 120, 122, nach dem die SPE überhaupt erst ein *„level playing field“* im europäischen Binnenmarkt schaffe; *Radwan*, EBLR 2007, S. 769, 771; sowie aus rumänischer Perspektive *Popescu-Cruceru/Leuciuc/Bănulescu*, Ovidius 1/2012, S. 272, nach denen die SPE als supranationale Rechtsform den Geist des Wettbewerbs fördern würde (*„facilitates the spirit of competition“*); ausführlich *Bobrzyński/Oplustil* in *Hirte/Teichmann* SPE 2013, S. 129 ff.

2456 Vgl. Beschluss der Wirtschafsministerkonferenz vom 17.06.2010, TOP 2.5, unter http://www.bundesrat.de/cln_152/DE/gremien-konf/fachministerkonf/wmk/Sitzungen/10-06-17-18-WMK/10-06-17-18-beschluesse,templateId=raw,property=publicationFile.pdf/10-06-17-18-beschluesse.pdf; sowie Beschluss der Wirtschafsministerkonferenz vom 10.12.2010, TOP 2.1, unter http://www.bundesrat.de/cln_152/DE/gremien-konf/fachministerkonf/wmk/Sitzungen/10-12-09-10-WMK/10-12-09-10-beschluesse,templateId=raw,property=publicationFile.pdf/10-12-09-10-beschluesse.pdf.

2457 Koalitionsvertrag zwischen CDU, CSU und FDP für die 17. Legislaturperiode, S. 109. Vgl. auch die Antworten der Bundesregierung auf eine Kleine Anfrage der Fraktion „Die Linke“ (BT-Drucks. 17/815) vom 07.06.2010, BT-Drucks. 17/1933 sowie auf eine Kleine Anfrage der SPD-Bundestagsfraktion (BT-Drucks. 17/5144) vom 07.04.2011, BT-Drucks. 17/5414 und zuletzt auf eine Große Anfrage der SPD-Bundestagsfraktion (BT-Drucks. 17/9655), BT-Drucks. 17/12245 vom 01.02.2013, S. 68 f., wo es heißt, dass die Bundesregierung stets ihr großes Interesse an der Etablierung der SPE betont habe und sich weiterhin für ihre Einführung einsetzen würde, weshalb neue Vorschläge der Ratspräsidentschaft oder der Kommission begrüßt würden. Allerdings würde sie *„auch bei künftigen Verhandlungen [...] darauf achten, dass die Regelungen zur Beteiligung der Arbeitnehmer in einer Europäischen Privatgesellschaft sicherstellen, dass das deutsche Mitbestimmungsniveau weder eingeschränkt noch ausgeweitet wird“*, ebd., S. 69. In diese Richtung auch *Andrea Voßhoff*, Rechtspolitische Sprecherin der CDU/CSU-Bundestagsfraktion in einer Stellungnahme zum geplanten rechtspolitischen Programm der 18. Legislaturperiode: *„Wir wollen in der kommenden Wahlperiode gezielt rechtspolitische*

der SPE. Jedoch scheint die Opposition in Bundestag und Bundesrat zumindest von einer deutlichen Skepsis, wenn nicht offener Gegnerschaft dominiert zu sein[2458]. Ein Umstand, der vor dem Hintergrund der notwendigen Zustimmung nach § 8 IntVG und den entsprechenden Mehrheitserfordernissen sowie im Hinblick auf die 18. Legislaturperiode aufmerken lässt.

Daneben scheint auch die Wissenschaft uneins zu sein. So wurden die verschiedenen Kompromissvorschläge des Rates im Großen und Ganzen zurückhaltend aufgenommen und bislang nicht vertieft diskutiert[2459]. Die Reflexionsgruppe zur Zukunft des EU-Gesellschaftsrechts ist ebenfalls gespaltener Ansicht. Einige Mitglieder unterstützen die Schaffung eines eigenen ergänzenden EU-Gesellschaftsrechts zumindest für Kapitalgesellschaften mit beschränkter Haftung als brauchbare Alternative zu den einzelnen nationalen Regelungen der Mitgliedstaaten[2460]. Andere Mitglieder

---

EU-Vorhaben voranbringen, die einen echten Beitrag zum Zusammenwachsen und zur Stärkung der Wettbewerbsfähigkeit in Europa leisten können, z.B. im Gesellschaftsrecht", in BRAK-Magazin 04/2013, August 2013, S. 5.

2458 Vgl. insoweit die Kleine Anfrage der SPD-Bundestagsfraktion vom 16.03.2011, BT-Drucks. 17/5144.

2459 Im Rahmen der Konferenz „Europäisches Gesellschaftsrecht. Der Weg nach vorn" vom 16./17.05.2011 resümierte *Henssler: „The compromise proposed by the Swedish Presidency of the Council of the European Union has not even been taken into serious consideration. It is doubtful whether the recent Hungarian proposal for a regulation will meet a better fate", Henssler*, Zukunftskonferenz 2011, S. 3. Vor allem für die Staaten mit mitbestimmten „kleinen" Kapitalgesellschaften scheint dies eindeutig der Fall zu sein. Auf entsprechende Anfragen d. Verf. erklärte *Anne Wigart, Senior Legal Adviser* beim Arbeitgeberverband *Svenskt Näringsliv*, im Juni 2012, eine entsprechende Erörterung fände in Schweden nicht statt, *„... there is no discussion today regarding the SPE [...], the dossier seems to be ‚dead'"*. Ebenso *Annica Sandberg* vom schwedischen *Justitiedepartementet*: *„[...], there is no particular SPE-discussion going on in Sweden at the moment. The Swedish government is not pushing for a re-opening of the negotiations in Council". László Neumann* konstatierte im August 2012 für die ungarische Situation *„Practically there has not been a public discourse on SPE in Hungary, the activity of Hungarian Presidency was more or less independent from the domestic affairs."* So auch die Eiro-Länderexpertin für Ungarn *Ildikó Krén*: *„Es ist tatsächlich so, dass die SPE kaum diskutiert ist und fast vollkommen aus dem Blickwinkel verschwunden ist." Van het Kaar* fasste zum gleichen Zeitpunkt für die Niederlande zusammen *„no news [...], no debate and no literature". Werlauff* kommentierte die dänische Sicht, ebenfalls im August 2012: *„[T]he discussion about the possible SPE does not take much space up here"*, was auch für die SE gelte. Auf praktisches Interesse stießen aber die supranationalen Umstrukturierungsmöglichkeiten durch grenzüberschreitende Verschmelzungen. Ähnlich auch die tschechische Position nach Information von *Jaroslav Stránský* von der Rechtsabteilung des Gewerkschaftsbunds ČMKOS bereits im August 2011.

2460 Bericht Reflexionsgruppe 2011, S. 29, Abschnitt *2.7. EU law as a 28th company law regime.* Die jeweiligen Mitglieder werden jedoch nicht konkret benannt.

sind der Meinung, dass nur ein nationales Gesellschaftsrecht richtig funktionieren kann[2461]. In ihrem Bericht wird die SPE selbst nur beiläufig und insgesamt zurückhaltend erwähnt[2462]. Und selbst die Wirtschaft scheint angesichts der zunehmenden Verwässerung der Idee wie auch der wachsenden Verkomplizierung der Ausführung immer weiter abzurücken[2463].

Optimistische Stimmen in der Literatur sahen die SPE noch im Jahr 2010 *„vor dem Gipfelsturm"*[2464]. Höhenbergsteiger wissen – unmittelbar unterhalb des Gipfels liegt die „Todeszone". Dementsprechend vernichtend konstatierte *Noack* im Januar 2012, das „Projekt Europäische Privatgesellschaft" sei *„keine Silbe mehr wert"*[2465].

2461 Bericht Reflexionsgruppe 2011, S. 29.

2462 Bericht Reflexionsgruppe 2011, S. 30. Erwähnenswert ist allerdings, dass die SPE wohl vor allem in der Form des Kommissionsvorschlags begrüßt wird, wo noch weitgehend auf Verweise ins mitgliedstaatliche Recht verzichtet wurde („*... that the Commission* in its original proposal *appears to have avoided the peculiarities that have prevented the SE from becoming a success*", Hervorhebung durch Verf.).

2463 *BusinessEurope*, SPE Policy Briefing 2010, S. 1: *„BusinessEurope will continue to support the SPE Statute but not at any cost."* Aber andererseits *ders.*, Stellungnahme S. 2011, S. 3 (Rn. 21: *„... BusinessEurope calls for the quick adoption of the Statute for the European Private Company (SPE), including simple rules on employee involvement in accordance with applicable laws in the country of the registered office"*) sowie *BVMW*, Stellungnahme 2011, S. 4: *„Das Interesse des Mittelstands an einer „Europa-GmbH" ist groß"*. Im Rahmen der Konsultation zur Zukunft des Europäischen Gesellschaftsrechts wurde auch nach einer wünschenswerten Unterstützung der KMU durch die Kommission gefragt, insbesondere im Blick auf die SPE. 85% der Konsultationsteilnehmer hatten hierzu eine Meinung und begrüßten Unterstützungsmaßnahmen, waren sich aber über die entsprechenden Mittel uneins. Eine (hier prozentual nicht näher bezeichnete) Mehrheit der Konsultationsteilnehmer sprach sich jedoch dafür aus, Alternativen zum SPE-Statut zu suchen, insbesondere, nationale Gesellschaftsformen zu bezeichnen, die eine Menge vorbezeichneter Harmonisierungsanforderungen erfüllten. Erst die zweitbeliebteste Option war die Fortsetzung der Arbeit an der SPE; *Feedback Statement – Summary of Responses to the Public Consultation on the Future of European Company Law*, 17.07.2012, dort S. 8 f., unter http://ec.europa.eu/internal_market/consultations/docs/2012/companylaw/feedback_statement_en.pdf (englisch). Nach dem Aktionsplan vom Dezember 2012 betraf dies 251 von insgesamt 496 Antworten; Kommission, Aktionsplan 2012, Fn. 47. Diese allgemeine Zurückhaltung bei den Interessengruppen bzgl. der SPE scheint zunehmend auch auf die Kommission durchzuschlagen. Sie will derzeit nur noch *„Maßnahmen zur Verbesserung des administrativen und regulatorischen Rahmens prüfen, in dem KMU tätig sein können, um die grenzübergreifende Geschäftstätigkeit von KMU zu erleichtern, ihnen einfache, flexible und in Europa gut bekannte Regeln an die Hand zu geben und ihre gegenwärtigen Kosten zu senken"*, Kommission, Aktionsplan 2012, S. 15 f.

2464 So der Titel des Beitrags von *Hommelhoff/Teichmann*, GmbHR 2010, S. 337 ff.

2465 *Noack* am 02.01.2012 im Blog des Handelsblatts unter der Überschrift „Gesetzgebung im Gesellschaftsrecht 2012", unter http://blog.handelsblatt.com/rechtsboard/2012/01/02/gesetzgebung-im-gesellschaftsrecht-2012/. Ähnlich auch

Konsequent wirken die Entscheidungsträger auf europäischem Level in ihren Vorschlägen halb enttäuscht und halb verwundert. Problempunkte werden immer weiter zerredet. Das gilt für alle Ebenen. Das Europäische Parlament hatte, nachdem es das Projekt ja überhaupt erst aus einem zwischenzeitlichen Dornröschenschlaf geweckt hatte, noch in seiner legislativen Entschließung vom März 2009 ein bedeutendes politisches Signal gesetzt[2466]. Auch die Kommission wurde zunächst noch von einem beachtlichen Schwung getragen. Zuletzt wirkt die anfängliche Zuversicht jedoch deutlich gedämpft[2467]. Im Aktionsplan vom Dezember 2012 wird sogar schon ein *„Follow-up zum SPE-Vorschlag“* bemüht[2468], dem sich im Juli 2013 eine Konsultation durch die Europäische Kommission anschloss, bezüglich der Vereinheitlichung von Kapitalgesellschaften mit einem einzigen Gesellschafter[2469]. Im Oktober 2013 kündigte die Kommission dann

---

Bremer, NZG 2013, S. 813, 813, der mit Bezug zur SPE vom *„Scheitern der Initiative“* spricht.

2466 *Teichmann/Limmer* z.B. resümierten, Gegner des Projekts seien nur noch in den Splittergruppen zu finden und erachteten es einer *„entstehungsgeschichtlichen Fußnote wert, dass sich Sahra Wagenknecht und Jean-Marie Le Pen immerhin in Ablehnung der SPE einig sind“*, *Teichmann/Limmer*, GmbHR 2009, S. 537, 537 bzw. Fn. 1. *Hommelhoff* sprach von einem *„unüberhörbaren Signal an den EU-Ministerrat“*, in: Pressemitteilung KPMG vom 24.03.2009.

2467 Vgl. Entschließung des Europäischen Parlaments vom 14.06.2012, P7_TA(2012)0259, Pkt. 2. Hier fordert es *„die Kommission nachdrücklich auf, weitere Anstrengungen im Hinblick auf die Annahme des Statuts der europäischen Privatgesellschaft zu unternehmen“*. Vgl. demgegenüber aber Kommission, Konsultation EuGesR 2012, S. 12 f., *„VI. Der besondere Fall des Statuts der Societas Privata Europaea (SPE).“* Hierin beteuert die Kommission zwar, dass sie nach wie vor davon überzeugt sei, dass KMU in Europa auf EU-Ebene Unterstützung benötigen würden, umso mehr im aktuellen Kontext, erwägt jedoch auch Alternativen und fragt nach deren Akzeptanz. Denkbar erscheint demzufolge neben einer Ausdehnung des SE-Statuts auch für KMU die Überarbeitung der zwölften Richtlinie Gesellschaftsrecht sowie ein neuer Vorschlag, *„dessen Ziel die Förderung europäischer KMU durch die europäischen Bezeichnungen bestehender nationaler Instrumente des Gesellschaftsrechts ist, die einer Reihe vorab definierter harmonisierter Anforderungen entsprechen.“* Letzteres liefe wohl auf eine Harmonisierungschimäre hinaus.

2468 Komission, Aktionsplan 2012, S. 16.

2469 Unter ausdrücklichem Bezug auf die *„mangelnden Fortschritte bei den Verhandlungen über das Statut der Europäischen Privatgesellschaft (SPE)“* einerseits und die *„Kosten und Risiken, die mit der Anpassung an verschiedene Rechtssysteme verbunden sind“* andererseits fragt die Konsultation insbesondere danach, welchen Problemen sich europäische KMU bei grenzüberschreitenden Tätigkeiten sowie bei der Sitzverlegung und/oder der Einrichtung von Zweigniederlassungen gegenüber sehen, des Weiteren danach, welche Kosten für die Gründung von Kapitalgesellschaften und deren rechtliche Beratung bestehen und ob ein einheitlicher Rahmen zu den EU-Kapitalgesellschaften auf supranationaler

sogar an, angesichts der Blockaden im Rat und der daher geringen Erfolgsaussichten darauf, dass das Verfahren abgeschlossen werden kann, ihren Vorschlag

---

Ebene eine Erleichterung bringen würde. Verwiesen wird daneben auch darauf, dass *„die bestehenden Maßnahmen zur Erleichterung der Mobilität von Unternehmen – die Richtlinie über grenzüberschreitende Verschmelzungen und die SE-Verordnung, wie auch die Rechtsprechung des Gerichtshofs"* nicht alle Bedürfnisse von KMU befriedigen würden. Zur Konsultation insgesamt vgl. Darstellung unter http://ec.europa.eu/internal_market/consultations/2013/single-member-private-companies/index_de.htm, der. Fragebogen ist abrufbar unter http://ec.europa.eu/internal_market/consultations/2013/single-member-private-companies/docs/consultation-document_de.pdf. Stellungnahmen waren bis September 2013 möglich; 25 der bis dahin eingegangenen Stellungnahmen sind abrufbar unter http://ec.europa.eu/internal_market/consultations/2013/single-member-private-companies/contributions_de.htm. Einige von diesen erwähnen auch die SPE. Insoweit sprechen sich *BDI, CCI (Chambre de Commerce et d'Industrie), DIHK, VDMA, BusinessEurope* und *Lutter/Bayer/Schmidt* insgesamt nachdrücklich für deren Einführung aus, da nur die SPE letztlich die angestrebten Ziele umfassend erreichen könnte (*„Aus Sicht des BDI erfüllt gerade die SPE die [...] Ziele", BDI; „A l'heure actuelle, seul le projet de Société Privée Européenne (SPE) permettrait, comme le souhaite la Commission européenne, d'améliorer la confiance dans les formes juridiques étrangères et d'offrir à toutes les PME des règles simples, souples et uniformes à l'échelle de l'Union, tout en réduisant les coûts", CCI; „Aus Sicht vor allem der kleineren und mittleren Unternehmen ist eine eigenständige supranationale Rechtsform wie die legislativ fortgeschrittene, aber derzeit blockierte Europäische Privatgesellschaft vorzugswürdig", DIHK; „... sollte die Realisierung einer ‚single member company' nur der erste Schritt sein und weiteren Ansporn geben, die SPE doch noch zu verwirklichen", VDMA; „BUSINESSEUROPE stresses that the European Private Company Statute (SPE Statute) remains a priority for its members as a tool to enhance company mobility in the EU although the prospects for political consensus on this proposal are narrow. Harmonisation measures of a single-member company could be one alternative to the SPE Statute but not a direct replacement", BusinessEurope; „... sollte allerdings nicht etwa als ‚Ersatz' für die SPE verstanden werden. Vielmehr sollte auch das SPE-Projekt unbedingt weiterverfolgt werden", Lutter/Bayer/Schmidt*). Kritisch bis offen ablehnend jedoch die Stellungnahme des *DGB* bzw. die wortgleiche Stellungnahme der *Hans Böckler-Stiftung*, sowie diejenige der *ETUC*, die z.T. mit Blick auf die SE, die Verschmelzungsrichtlinie und die Möglichkeiten der Niederlassungsfreiheit und unter Verweis auf die *„Gefahren [...] für die Arbeitnehmer und ihre Mitbestimmung"* (*DGB, Hans Böckler-Stiftung*) schon insgesamt keinen Bedarf für eine neue Rechtsform sehen (*„Einer weiteren europäischen Rechtsform zur Erleichterung der grenzüberschreitenden Tätigkeit von KMU bedarf es daher nicht"; DGB* und *Hans Böckler-Stiftung; „The ETUC would like to note that cross-border trade/activities by SMEs is not always in the interests of stakeholders and society. It appears that an increasing amount of company cross-border activity is designed to minimize taxation and avoid national regulations designed to protect stakeholders such as employees", ETUC*); alle a.a.O.

zum SPE-Statut vollständig zurückzuziehen[2470], wobei sie gleichzeitig jedoch die Vorlage eines neuen Vorschlags erwägt[2471].

Vor diesem Hintergrund erscheint eine gewisse Skepsis berechtigt, ob das SPE-Statut jemals implementiert wird.

Plakativ gefragt: Ist die SPE also als Tiger gesprungen und als Bettvorleger gelandet? Eindeutig nein. Denn wie für jede neue EU-Gesellschaftsrechtsform gilt auch für die SPE, dass sie sorgsam in die bereits bestehenden Formen und Systeme eingefügt und ausbalanciert werden muss. Es handelt sich auch nicht um eine bloße Neuauflage der SE. Es geht um Ergänzung, nicht um Verdoppelung[2472]. Und das gleichzeitig auf nationaler und übergeordneter Ebene. Die SPE muss einen supranationalen Mehrwert bieten, dabei gleichzeitig die Vorteile der nationalen Vergleichsformen beinhalten, ohne aber die nationalen Formen per se zu verdrängen. Je weiter sie dabei unter Berücksichtigung der Bedürfnisse und Wünsche der tatsächlichen Rechtsanwender ausgestaltet wird, desto höher wird später ihre Akzeptanz ausfallen[2473]. Dabei wird sie umso „leistungsfähiger“ sein, je flexibler und individualisierbarer sie sich auch veränderten Gegebenheiten anzupassen vermag.

2470 Kommission, Mitteilung Refit 2013, S. 8 (“*... a number of proposals which the Commission will propose to withdraw*“); *dies.*, Refit-Annex 2013, S. 9 (“*withdrawal of the proposal*“); Pressemitteilung „REFIT – Fit für Wachstum“ – Kommission leitet weitreichende Schritte zur Vereinfachung des EU-Rechts ein; European Commission – IP/13/891 vom 02.10.2013 (in der englischen Fassung „*... proposals that have stalled in the co-decision procedure and where there is little realistic chance of progress*“).

2471 Kommission, Mitteilung Refit 2013, S. 8, Fn. 16; *dies.*, Refit-Annex 2013, S. 9, Fn. 40, dort auch ausdrücklich mit Bezug auf den ursprünglichen Kommissionsvorschlag COM(2008)396 (hier SPE-VOE-KOM); Pressemitteilung „REFIT – Fit für Wachstum“ – Kommission leitet weitreichende Schritte zur Vereinfachung des EU-Rechts ein; European Commission – IP/13/891 vom 02.10.2013, Fn. 2.

2472 *Monti* erklärte schon 1999, noch vor Verabschiedung des SE-Statuts: „*Ich glaube, dass die Europäische Privatgesellschaft eine Lösung darstellen könnte, die nicht für den Fall des Scheiterns der SE Bedeutung erlangen oder an deren* Stelle *treten sollte (jene wird nämlich als für die Bedürfnisse der Unternehmen wenig geeignet angesehen), sondern* neben *sie, um allen Unternehmen in der Union, und nicht nur den Aktiengesellschaften, die für die Entwicklung der Wirtschafts- und Währungsunion notwendigen Instrumente an die Hand zu geben*“, zit. nach *Roth*, EuLF 2000/2001, S. 396, 397, Hervorhebungen auch im Original.

2473 Vgl. schon *Ehricke* in Neue Wege 2001, S. 26 ff. Zustimmungswürdig befürchtet er bei fehlender Akzeptanz ein „*bloßes juristisches l'art pour l'art*“. Ähnliche Sorgen referierend auch *Lévi*, FS Hommelhoff 2012, S. 661, 663 („*... pour le plaisir des juristes*“) sowie Binnenmarktkommissar *Barnier* im Rahmen der Konferenz zur Zukunft des Europäischen Gesellschaftsrechts im Mai 2011: „*Et les opérateurs économiques nous demandent des* solutions juridiques modernes qui correspondent à la réalité.“; Redetext abrufbar unter http://ec.europa.eu/internal_market/company/docs/modern/conference201105/commissioner-speech-20110511_fr.pdf (französisch); Hervorhebung auch im Original.

Ein zu enges regulatorische Korsett wird die Handlungs- und Anpassungsspielräume ersticken.

In diesem Sinne birgt auch eine verwässerte SPE beachtliches Potential und ist weit davon entfernt, nur eine minderwertige Variante zu sein – jedenfalls, solange die schleichende Verwässerung durch immer mehr nationale Bezüge nicht dazu führt, dass am Ende vom „Gesamtpaket" der supranationalen Gesellschaftsform nichts mehr übrig bleibt[2474]. Das dürfte insbesondere für die gesellschaftsrechtlichen Kernfaktoren gelten. Eine erfolgreiche SPE ist eine einfache, jedem leicht verständliche SPE.

In dieser Situation wäre es daher ein gravierender Fehler, die Frage der Arbeitnehmerbeteiligung allgemein und der Mitbestimmung insbesondere ideologisch noch weiter zu überfrachten. Zwar bildet sie einen fundamentalen Aspekt in den soziokulturellen Beziehungen. Aber eben nicht in allen Mitgliedstaaten gleichermaßen. Nicht als normatives Symbol, schon gar nicht als gelebte Realität. Erst recht, schon jetzt, nicht in jedem Unternehmen. Und am allerwenigsten in den lokal verwurzelten KMU mit ihrem überschaubaren Gesellschafterkreis. Viel mehr haben sich nicht nur in den Mitgliedstaaten sondern auch in den Unternehmen selbst sehr verschiedene Beteiligungskulturen herausgebildet.

Dementsprechend wird auch nicht jede SPE im gleichen Maße von dieser Tradition geprägt sein. Das aus zwei Gründen. Einerseits wegen ihrer Supranationalität. Handelt es sich bei ihr doch um eine dezidiert europäische Rechtsform. Sie soll ihre Charakteristika, und damit insbesondere auch die Arbeitnehmerbeteiligung, entnationalisiert im Rahmen der grenzüberschreitenden Kooperation zur Geltung bringen. Andererseits wegen ihrer hauptsächlichen Zielgruppe, den KMU. Gerade hier spielt die Arbeitnehmerbeteiligung insgesamt, insbesondere aber die Organmitbestimmung, praktisch bei weitem nicht die Rolle wie in den großen Kapitalgesellschaften. Selbst in den nordischen Ländern mit ihren extrem niedrigen Schwellenwerten ist nur ein minimaler Bruchteil von ihnen betroffen. Es wird europaweit also schon von einem ungemein großen Adressatenkreis überhaupt nur eine extrem geringe Anzahl von Unternehmen mit diesem Problem konfrontiert werden. Umso mehr, wenn man sich vergegenwärtigt, dass die SPE in ihren absoluten Hauptanwendungsfällen eine Neugründung darstellen wird, bei der ohnehin noch keine Arbeitnehmerbeteiligungsrechte bestehen, die aufwändig geschützt werden müssten. Ob von diesen Wenigen eine nennenswerte Anzahl gewillt sein

---

2474 So aus rumänischer Sicht auch *Popescu-Cruceru/Leuciuc/Bănulescu*, Ovidius 1/2012, S. 274. Vgl. auch die Sichtweise der Reflexionsgruppe zur Zukunft des EU-Gesellschaftsrechts zur SE. Um diese zu einer „brauchbaren" Alternative zu den nationalen Rechtsformen auszugestalten („*viable alternative to national companies*") sollten im Zuge einer Refrom des SE-Statuts die Verweise auf nationales Recht so weit wie möglich begrenzt werden („*The amended Regulation should be simplified which means that it should limit as much as possible the options offered to the Member States to determine the terms of application of the SE statute*"); Bericht Reflexionsgruppe 2011, S. 30.

wird, ausschließlich um der Vermeidung der Mitbestimmung willen auch sämtliche sonstigen, mehr oder minder zahlreichen nationalstaatlichen Bezüge des dann gewählten mitbestimmungsaversen Sitzstaats zu inkorporieren, darf wohl mit einem Fragezeichen versehen werden. Dann sollte man die Debatte aber nicht unnötig mit diesem an Fußangeln so reichen Thema belasten. Der mögliche Vorteil und der Aufwand geraten aus der Balance.

Wohl und Wehe der SPE überhaupt am Teilaspekt der Mitbestimmung in den Unternehmensorganen entscheiden zu wollen, überhöht also schon deren Bedeutung im Gesamtkontext in inakzeptabler Weise. Die Einführung der Rechtsform insgesamt gar von einer bestimmten, womöglich vorgefassten, Sachlösung auf diesem einen Gebiet abhängig machen zu wollen, ist noch weniger angemessen. Denn die Mitbestimmung ist nicht Ziel und Zweck des Gesellschaftsrechts[2475]. Das Schicksal der Rechtsform aber sogar zwanghaft mit einer national favorisierten Form der Mitbestimmung verknüpfen zu wollen, ist schon beinahe fahrlässig. Denn die SPE ist auch kein Vehikel für beteiligungskulturelle Gleichmacherei. Das galt im Europa der Fünfzehn, es gilt erst recht im Europa der Achtundzwanzig. Und es gilt umso mehr, je reformbedürftiger diese bestimmte nationale Mitbestimmungsform ausfällt bzw. je überzeugender die alternativen Lösungsvorschläge sind[2476]. Tatsächlich scheint bereits zunehmend das Verständnis zu schwinden[2477].

2475 Auch hierbei dürfte es sich um eine europaweit vertretene Ansicht handeln. Vgl. z.B. statt vieler die Stellungnahme des schwedischen Arbeitgeberverbandes *Svenskt Näringsliv* zur Zukunft des EU-Gesellschaftsrechts vom 10.05.2012, S. 1. Dort heißt es *„Att förbättra skyddet av de anställda utgör inget mål för bolagsrätten och bör inte göra det framöver heller"*; übersetzt etwa „Die Ausweitung des Arbeitnehmerschutzes ist bereits jetzt nicht Ziel des Gesellschaftsrechts, und sollte es auch in Zukunft nicht sein." Text abrufbar unter http://www.svensktnaringsliv.se/multimedia/archive/00031/Remissvar_2012-92_31924a.pdf (schwedisch).

2476 Das dürfte erst recht vor dem Hintergrund gelten, dass von 28 Mitgliedstaaten sich überhaupt nur noch drei dem vorgezeichneten Kompromiss verschließen und von diesen sogar einer bedeutende, vom nationalen Recht massiv abweichende, Vermittlungsvorschläge vorgelegt hat. Deutschland hingegen beschränkt sich vor allem auf eine Blockade (vgl. auch *Krause* in *Hirte/Teichmann* SPE 2013, S. 375, 394 f., der der deutschen Seite „störrischen Widerstand" attestiert [*„stubborn resistance"*]). Seinerzeit wurden übrigens auch die Vorschläge der *Davignon*-Gruppe, die zunächst auch in Deutschland optimistisch begrüßt worden waren, im Anschluss von Deutschland, Österreich und Schweden abgelehnt; *Mävers*, SE-Mitbestimmung 2002, S. 312. Die SE letztlich verhindern konnten sie nicht.

2477 Beispielsweise konstatierte *Fernandez-Golfín Aparicio*, Mitglied der EU-Ratsarbeitsgruppe Gesellschaftsrecht und Notar in Madrid, im Zuge der 22. Europäischen Notarentage am 23./24.04.2010 in Salzburg: *„C'est un secret pour personne que ce point est particulièrement contesté, étant donné que de nombreux pays de l'Union ne connaissent pas un tel degré de participation. Étant donné que le SPE est un type d'entreprise pour rivaliser avec les types de sociétés des États membres, la généralisation d'un régime de participation des travailleurs n'apparaît pas*

Bei uneingeschränkt bestehendem praktischem Bedürfnis wird der zunehmende Rückgriff auf die etablierten Ausweichstrategien nur eine Frage der Zeit sein. Die entsprechenden nationalen Formen stehen in zunehmend attraktivierter Form bereit[2478]. Spätestens das sollte über-rigorose Mitbestimmungsbewahrer aufhorchen lassen.

Die supranationale Rechtsform selbst ist damit keinesfalls gegen die Arbeitnehmer gerichtet. Das galt schon für die SE und wird auch für die SPE gelten. Sicherlich werden ausnahmsweise Missbrauchsversuche bleiben. Es ist aber keine sachgerechte Lösung des Problems, die Rechtsform schon vorab und insgesamt in Bausch und Bogen verdammen zu wollen, nur weil in Einzelfällen möglicherweise ein Missbrauch vorkommen könnte. Missbräuche gab es schon vor den supranationalen Rechtsformen und es wird sie auch trotz aller gesetzlichen Vorsorge weiterhin geben. Diese werden dann aber zuverlässig durch die Gerichte unterbunden werden können, wie es auch jetzt schon der Fall ist[2479]. Die Gerichte werden auch in der Lage sein, einzelne Fragen in richterlicher Rechtsfortbildung fortzuschreiben. Die Entwicklungen bei der SE deuten, bei allen Widrigkeiten und (noch) ungeklärten Fragen, darauf hin. Letztinstanzlich steht der EuGH zur Verfügung. Auch insoweit also ist ein Lösungsweg vorgezeichnet. Überdies gilt – wer aus welchen Gründen auch immer die Mitbestimmung vermeiden möchte, brauchte dazu nicht die SE und wird dazu auch nicht die SPE brauchen. Schon immer haben entsprechende Gestaltungsmöglichkeiten bestanden. Im Zuge der Rechtsprechung i.S. *Centros* et al. sind sowohl über nationale Rechtsformen als auch über supranationale Verschmelzungen und Umwandlungen neue Wege hinzugekommen, nicht nur eine bevorstehende Mitbestimmung zu vermeiden sondern sogar eine bereits bestehende Mitbestimmung zu reduzieren oder abzuschaffen. Hierbei handelt es sich um Möglichkeiten, die sowohl den großen Unternehmen als auch den KMU offenstehen.

---

comme nécessaire ou appropriée", Text abrufbar unter http://notar08.connexcc-hosting.net/notar/uploads/table_ronde_salzburg_23042010_3.doc (französisch / spanisch). Aus mittel- bzw. osteuropäischer Sicht *Bobrzyński/Oplustil* in *Hirte/Teichmann* SPE 2013, S. 129, 143: *„...from the perspective of the CEE countries the question of the employees' codetermination in the SPE is not an issue for which they would fight and die for."*

2478 Vgl. auch *Hommelhoff*, FS Priester 2007, S. 245, 257, dem zufolge nach dem Wunsch mancher *„wohl eher die englische oder irische Limited in die Funktion eines europäischen ‚Allzweckmöbels' hineinwachsen"* sollte.

2479 Vgl. insoweit auch OLG Düsseldorf, Beschluss vom 30.03.2009 zur Zulässigkeit der arbeitnehmerlosen Vorrats-SE, I-3 Wx 248/08, ZIP 2009, S. 918 ff., Rn. 59, wonach *„die bloße Möglichkeit eines Rechtsmissbrauchs für sich genommen, einen hinreichenden Grund für die Versagung eines Rechts weder allgemein noch mit Blick auf die Vorratsgründung darzustellen vermag."*

Nationale Besitzstände und Einzelinteressen werden sich auf Dauer in einem offenen Markt nicht durchsetzen lassen[2480]. Selbst wenn ihnen eine (verblasste und insofern fragwürdige?) Symbolwirkung zugesprochen werden sollte[2481]. Die nationale Fixiertheit führt ebenso wenig weiter wie nationale Egoismen (oder die Egoismen einiger Besitzstandswahrer). In letzter Konsequenz würde das doch nur bedeuten, dass ein einzelner Mitgliedstaat sein irgendwann einmal etabliertes nationales System allen anderen Mitgliedstaaten aufzwingen kann. Gerade das dürfte aber den Grundprinzipien und Freiheiten des Binnenmarkts zuwiderlaufen, ja den Binnenmarkt zurückdrehen[2482], und für weitere Entwicklungen abriegeln[2483].

2480 Z.B. führt *Svenskt Näringsliv* das Scheitern aller bisherigen Kompromissvorschläge auf diese Position zurück. Im Rahmen der Konsultation zur Zukunft des EU-Gesellschaftsrechts wird ausgeführt *„So far the attempts to agree on the SPE Statute have failed primary due to Member States wanting to maintain the possibility of having its respective national laws regulating the seat, capital requirements and employee participation"*; Zit. nach entsprechender Aussage von *Anne Wigart, Senior Legal Adviser* bei *SN*, im Juni 2012.

2481 Vgl. in diesem Sinne auch *Hommelhoff/Teichmann* in *Hirte/Teichmann* SPE 2013, S. 1, 25, die im Zusammenhang mit den Verhandlungen zu den Schwellenwerten von der unreflektierten Anbetung eines „goldenen Kalbes" sprechen (*„... a golden calf, the legal effects of which were no longer rationally refelcted, was being worshipped"*).

2482 So auch Bericht Reflexionsgruppe 2011, S. 53: *„If, say, the SPE would meet with insurmountable resistance of one or a few Member States whereas others want to go along and introduce this form of company alongside their national forms in order to enhance their cooperation, it should not be self-evident that single Member States should be able to object to this. Or, to put it more bluntly, single Member States should not be allowed to stand in the way of such a cooperation wanted by the majority of Member States only to force their domestic system upon the others."* Die Reflexionsgruppe sieht hier vor allem die Kommission als Wächterin der Verträge zum Handeln berufen. Grundsätzlich sollte sie sich neutral gegenüber den Mitgliedstaaten verhalten, unabhängig, ob sie nun ein Mitbestimmungsregime etabliert hätten oder nicht. Falls aber partout keine Einigung zu erzielen sei soll ein Tätigwerden im Rahmen der verstärkten Zusammenarbeit gem. Art. 326 ff. AEUV möglich sein.

2483 Wie hier auch *Henssler: „This blockade cannot be accepted any more. Member states should not be able to block the introduction of new supranational forms of company with the aim of enforcing a certain system of workers' participation"*, *Henssler*, Zukunftskonferenz 2011, S. 3. Vgl. auch *Joëlle Simon* im Rahmen der selben Konferenz zur Zukunft des europäischen Gesellschaftsrechts im Mai 2011: *„So it is deeply regrettable that the SPE dossier is in a dead end, in particular on the question of workers involvement. And we know that we are now at a critical moment for this dossier. Of course, workers' rights should be preserved, but Member States should not use the EU law to export a national system"*, Text abrufbar unter http://ec.europa.eu/internal_market/company/docs/modern/conference201105/simon_en.pdf (englisch). In diesem Szenario würde die Frage der Arbeitnehmerbeteiligung nur

Zumal auch dieser Weg keinesfalls garantiert, dass es nicht zu einer Einführung der SPE kommt, wenn auch auf geänderter Rechtsgrundlage. Sollten einzelne Staaten partout auf ihren Positionen beharren und somit die notwendige Einstimmigkeit im Rat blockieren, gäbe es als Ausweg noch das Mittel der Verstärkten Zusammenarbeit gem. Art. 20 EU, 326 ff. AEUV. Dieser Weg wurde bereits verschiedentlich für die SPE als gangbar vorgeschlagen[2484]. Auch wenn ein solches Vorgehen, ausdrücklich gegen Deutschland als einen maßgeblichen europäischen Taktgeber, aus rechtspolitischer Sicht unwahrscheinlich erscheint, bestünde wohl dennoch eine entsprechende Option[2485]. Die Mitgliedstaaten, die sich dem Willen der Mehrheit verschließen, müssten einzeln auf die Einführung der neuen Rechtsform verzichten, ohne aber ihrerseits die anderen Staaten davon abhalten oder gar Einfluss auf die konkrete Ausgestaltung der Rechtsform nehmen zu können. Umgekehrt müssten diese Staaten aber aufgrund der Niederlassungsfreiheit diese „Auslands-SPE" anerkennen. Sie könnten ihrerseits nicht verhindern, dass heimische

---

zum Hebel, um die etwaige Reformbedürftigkeit einer nationalen Rechtsform insgesamt zu umgehen.

2484 *Lutter/Bayer/J. Schmidt*, EuropUR 2012, § 43, Rn. 5, nach denen die Kommssion diesem Ansatz aber skeptisch gegenüberstehe; *Henssler*, Zukunftskonferenz 2011, S. 3; *Lehne*, Zukunftskonferenz 2011, S. 5; hinsichtlich der Erfolgsaussichten zweifelnd *Hommelhoff/Teichmann* in *Hirte/Teichmann* SPE 2013, S. 1, 28 f. Mit *Helms*, FS Hommelhoff 2012, S. 369, 381, würde so auf Deutschland *„ein möglicherweise heilsamer Druck aufgebaut."* Ins Spiel gebracht wurde diese Vorgehensweise wohl zuerst von EU-Binnenmarktkommissar *Barnier*. Vgl. zuletzt das Protokoll der Aussprache im Europäischen Parlament vom 13.06.2012, CRE 13/06/2012–15. *Barnier* verweist hier zur Lösung der Blockade ausdrücklich auf das Instrument der Verstärkten Zusammenarbeit, sofern sich eine hinreichende Zahl der Mitgliedstaaten zur Unterstützung bereit fänden (*„J'espère qu'on le débloquera et, en tout cas, je vous ai confirmé que j'étais prêt à soutenir, si un nombre suffisant d'États sont d'accord, une proposition de coopération renforcée qui permettrait d'avancer sur ce sujet."*). Das Europäische Parlament verabschiedete einen Tag später eine Entschließung, in der die Kommission nachdrücklich aufgefordert wurde, weitere Anstrengungen im Hinblick auf die Annahme des Statuts der SPE zu unternehmen; Entschließung des Europäischen Parlaments vom 14.06.2012, P7_TA(2012)0259. Die Haltung der Kommission indes ist mittlerweile insgesamt von Zurückhaltung geprägt; vgl. Kommission, Aktionsplan 2012, S. 15 f. Vgl. auch Handelsblatt, 21.08.2012, *„Brüssel will Europa-GmbH ohne Deutschland einführen"*, Text unter http://www.handelsblatt.com/politik/international/europaeische-privatgesellschaft-bruessel-will-europa-gmbh-ohne-deutschland-einfuehren/7037868.html. *Roesener* geht daher davon aus, dass die *„in Erwägung gezogene Einführung der SPE im Wege der verstärkten Zusammenarbeit und gegen den Widerstand Deutschlands momentan ad acta gelegt"* worden sei, *Roesener*, NZG 2013, S. 241, 243. Gleichwohl sei es *„sicher zu früh, das SPE-Statut als solches für gescheitert zu erklären"*, ebd., S. 244.

2485 Zumal gerade die deutschen Europaparlamentarier die SPE insgesamt unterstützen.

Unternehmen von dieser Rechtsform Gebrauch machen würden, beispielsweise, indem sie ihren Verwaltungssitz ins Inland verlegen. Praktisch würden auf diesem Weg auch in an sich konträr eingestellten Mitgliedstaaten SPE etabliert werden können, deren nähere Ausgestaltung diesen Staaten aber entzogen wäre. Von weiteren Entwicklungen auf diesem Gebiet würde man sich dann bewusst entkoppeln. Das aber scheint wohl kaum erstrebenswert. Konservatorische Bemühungen unterlägen letztlich der *„normativen Kraft des Faktischen"*[2486].

Was also sind die Handlungsmöglichkeiten. Sicherlich könnte man das „Projekt SPE" insgesamt zunächst zurückziehen. Damit wäre aber niemandem gedient. Neben dem rechtspolitischen Ansehensverlust und der dann offenen Frage einer möglichen mittelbaren Diskriminierung[2487] bliebe immer noch das tatsächliche Bedürfnis nach einer supranationalen Rechtsform für die KMU. Angesichts der Veränderungen im globalen Machtgefüge und der dynamischen Entwicklungen in den anderen geostrategischen Regionen der Welt kommt einer funktionierenden EU wachsende Bedeutung zu. Es wäre folgenschwer, wenn sich die einzelnen Mitgliedstaaten darauf beschränken wollten, die Union defensiv zur Erhaltung ihres (rechts-)kulturellen Biotops zu nutzen. Auf sich allein gestellt werden sie in den kommenden Jahren und Jahrzehnten massiv an Bedeutung verlieren. Schon darum kann ein Verzicht auf die SPE nicht überzeugen.

Man könnte aber auch offensiv den gegebenen politischen Spielraum nutzen. Man könnte das SPE-Statut verabschieden und akzeptieren, dass es zu Beginn noch nicht die angestrebte Perfektion bietet, dafür aber den Freiraum, individuelle Präferenzen durchzusetzen. Auch das ist systemtypisch. Das Europarecht insgesamt und das europäische Gesellschaftsrecht insbesondere ist *„law in action"*[2488]. Eine anfängliche Unvollkommenheit ist dabei ebenso zwangsläufig wie wünschenswert. Immerhin handelt es sich bei der SPE um ein vollkommen neues Instrument, das sich wechselnden reziproken Realitäten stellen muss[2489]. Schon *Gustav*

2486 Der Begriff wurde bekanntlich von *Jellinek* geprägt. Vgl. im Einzelnen *Georg Jellinek*, Allgemeine Staatslehre, 3. Aufl. 1914, Zweites Buch – Allgemeine Soziallehre des Staates, S. 332–379, insbes. S. 337–353.

2487 Wo sich Großunternehmen mit Hilfe der SE supranational betätigen können steht diese Option den KMU realistisch nicht offen.

2488 So weit ersichtlich geht der Begriff selbst auf *Oppermann* zurück, seinerzeit noch bezogen auf das Gemeinschaftsrecht allgemein; *Oppermann* in *Gernhuber*, Tradition und Fortschritt im Recht, Tübingen 1977, S. 413 ff., hier S. 428.

2489 Vgl. insoweit auch *Radwan*, EBLR 2007, S. 769, 771; *Lutter/Bayer/J. Schmidt*, EuropUR 2012, § 43, Rn. 17 (*„Alle potentiellen Streitfälle ex ante vorauszusehen und regeln zu wollen, wäre illusorisch."*), sowie Kommission, Machbarkeitsstudie 2005, S. 116 ff., insbesondere S. 124 ff.; zum Schluss heißt es dort: *„Les faits sont toujours plus riches que les mots, et l'application du droit à la réalité sociale et économique engendre une relation réciproque entre droit et réalité, et constitue une procédure longue et continue, qui fait l'objet d'interprétations et considérations variées mais souvent également raisonnables."*

Radbruch stellte vor mehr als hundert Jahren zu Recht die Frage *„Wer [könnte] vollends sämtliche Tatbestände, die das unendlich vielgestaltige Leben je einmal an den Strand spülen wird, voraussehen?“*[2490] Möglicherweise stellen sich die zunächst diskutierten Probleme in der Praxis gar nicht als so gravierend heraus[2491]. Und selbst dann werden Norminterpretation und Subsumtion helfen, die ersten Klippen zu umschiffen. Dass dabei mitunter zunächst nationale Auslegungs- und Wertungsmuster durchdringen werden ist kein Nachteil, sondern notwendige und richtige Folge, zudem den supranationalen Formen immanent. Jedenfalls kann eine etwaige Unwägbarkeit oder Unklarheit dahingehend, wer wie welchen Prüfungsmaßstab anlegt oder anpasst, kein Argument dafür sein, ein entsprechendes rechtliches Angebot erst gar nicht bereit zu stellen. Selbst wenn also kurzfristig die Hindernisse beträchtlich erscheinen mögen, liegt darin langfristig das Potential eines signifikanten Beitrags zur Wettbewerbsfähigkeit und damit zur Stärkung des *„Eckpfeilers des Binnenmarkts“*[2492].

Das SPE-Statut ist daneben ein weiterer Schritt zur Herausbildung einer vereinheitlichten Rechtsentwicklung. In Anfängen lässt sich das bereits jetzt erkennen. Allein, die SPE auf die politische Agenda zu setzen, hat in manchen Mitgliedstaaten bereits zu gesellschaftsrechtlichen Modifikationen geführt. Eine entsprechend gesteigerte Dynamik dürfte nach Verabschiedung des SPE-Statuts zu erwarten sein. Nach einem gewissen Zeitraum werden sich die zwischenzeitlich gesammelten Erfahrungen überprüfen und etwaige Fehlentwicklungen schrittweise korrigieren lassen. Auch dies wäre nicht etwa untypisch, sondern selbstverständliches Resultat einer sich in wechselseitiger Abhängigkeit aus Recht und Wirklichkeit lebendig entwickelnden Rechtsform. Denn auch das Recht steht keinesfalls dauerhaft in Stein gemeißelt, sondern entwickelt sich aus den Erfahrungen früherer Fehlentwicklungen notwendig weiter. In stetiger Weiterentwicklung aber liegt der Schlüssel zur Perfektion. Die Praxis wird zeigen, ob es bei den noch vergleichsweise komplexen Regelungen bleibt oder ob eine weitere Harmonisierung möglich ist. Jedenfalls ist eine ggf. erfolgende schrittweise Anpassung der gesetzlichen Bestimmungen vorzugswürdiger als eine direkt rigide Anfangsregelung, die praktisch nicht angewendet wird und so ihrer Existenzberechtigung beraubt ist.

Die Praxis wird zeigen, ob der SPE selbst der, wünschenswerte, Erfolg beschieden sein wird. So oder so werden von der SPE positive Effekte ausgehen. Entweder als weiterer Baustein im harmonisierten „29. Regime“, oder als Katalysator für die weiteren Entwicklungen in den nationalen europäischen Arbeits- und Gesellschaftsrechten. Von ihr als einer erfolgreichen Rechtsform werden nicht nur

2490 *Radbruch*, Rechtswissenschaft als Rechtsschöpfung, Archiv für Sozialwissenschaft und Sozialpolitik, Bd. 22 (1906), S. 356, zitiert nach *Gustav Radbruch*, Gesamtausgabe Band 2 – Rechtsphilosophie II (1993), S. 179.

2491 In diesem Sinne auch *Lehne*, Zukunftskonferenz 2011, S. 5: *„Oftmals erweisen sich dogmatische Bedenken in der Praxis als unbegründet.“*

2492 Kommission, Aktionsplan 2012, S. 4.

Arbeitgeber und Arbeitnehmer gleichermaßen profitieren sondern auch das europäische Rechtssystem und damit die Union insgesamt. Es liegt nun allein bei den Mitgliedstaaten, eine Chance wahrzunehmen.

6. Anhang: Formulierungsvorschlag

Ausgehend vom letzten Kompromissvorschlag der ungarischen Ratspräsidentschaft[2493] könnte unter Zugrundelegung der obigen Ausführungen wie folgt formuliert werden. (***„Änderungsvorschläge"***)

Artikel 2
Begriffsbestimmungen

(1) Für die Zwecke dieser Verordnung bezeichnet der Ausdruck

[...]

fa) „Arbeitnehmer" im Sinne von Buchstabe f) alle Beschäftigten einer SPE, die einen Arbeitsvertrag oder ein Arbeitsverhältnis haben, der/das in dem in einem Mitgliedstaat geltenden Recht definiert ist und/oder dem in einem Mitgliedstaat geltenden Recht unterliegt, unabhängig von ihrem jeweiligen Arbeitsort. Einbezogen sind auch die Beschäftigten der Tochtergesellschaften, auf die die SPE einen beherrschenden Einfluss ausübt im Sinne von Artikel 3, Absätze 2 bis 5 und Absatz 7, der Richtlinie 2009/38/EG. Einbezogen sind anteilig zur Hälfte auch die zu ihrer Berufsbildung Beschäftigten sowie pro rata temporis auch die Teilzeitbeschäftigten („Gesamtbelegschaft").

<u>Erläuterung</u>: Die Vorschrift zielt darauf, entnationalisiert alle Arbeitnehmer einer SPE in der gesamten Union gleichermaßen zu berücksichtigen. Die Einbeziehung der Arbeitnehmer mit einem Arbeitsvertrag/Arbeitsverhältnis nach mitgliedstaatlichem Recht orientiert sich an den Vorgaben von Art. 1 I der Richtlinie 91/533/EWG des Rates vom 14. Oktober 1991 über die Pflicht des Arbeitgebers zur Unterrichtung des Arbeitnehmers über die für seinen Arbeitsvertrag oder sein Arbeitsverhältnis geltenden Bedingungen (sog. „Nachweis-Richtlinie"). Der Verweis auf die Richtlinie 2009/38/EG (neue EBR-RL) zur Definition eines „herrschenden Unternehmens" entspricht grundsätzlich der Vorgabe aus Art. 2 c) SE-RL, hier jedoch ohne Art. 3 VI EBR-RL, da diese Norm auf das Recht der Mitgliedstaaten verweist und dementsprechend Abweichungspotentiale beinhaltet, was einer möglichst weitreichenden Vereinheitlichung entgegensteht[2494].

Artikel 7
Gesellschaftssitz

(1) Eine SPE hat ihren Sitz und ihre Hauptverwaltung oder Hauptniederlassung in der Europäischen Union ***[gestrichen]***.

2493 Vgl. oben Teil 5 G. VIII.
2494 Vgl. oben Teil 5 G. IX. 3. b. vi; 4. b.; g.

(2) Die Hauptverwaltung oder Hauptniederlassung einer SPE muss sich nicht im gleichen Mitgliedstaat befinden wie ihr eingetragener Sitz.
Erläuterung: Die Möglichkeit zur Sitzaufspaltung, und damit letztlich auch zur vereinfachten einheitlichen Verwaltung mehrerer SPE an einem Registersitz, wird wieder eingeführt[2495].

Artikel 28
Beschlüsse der Gesellschafterversammlung

(1) Es wird zumindest Folgendes durch Gesellschafterbeschluss geregelt: [...]
(ob) Reichweite der Arbeitnehmerbeteiligung gemäß Artikel 35c, Abs. 1.
Erläuterung: Die Vorschrift dient der Begrenzung der Verhandlungsmacht der Geschäftsführung im Falle einer verhandelten Arbeitnehmerbeteiligung. Es wird sichergestellt, dass die letztlich haftenden Anteilseigner, unter Voraussetzung der entsprechenden Mehrheiten, insofern das letzte Wort haben.

Kapitel VI – ***Arbeitnehmerbeteiligung***
Erläuterung: Die geänderte Überschrift signalisiert, dass die Beteiligung der Arbeitnehmer in der SPE umfassend und keineswegs isoliert im Hinblick auf die Mitbestimmung verstanden werden soll, so dass individuelle Priorisierungen möglich werden[2496].

Artikel 35
Arbeitnehmermitbestimmung – Allgemeine Bestimmungen

(1) Vorbehaltlich der Bestimmungen dieses Artikels unterliegt die SPE den Regeln für Arbeitnehmermitbestimmung, die gegebenenfalls in ihrem Sitzmitgliedstaat gelten.

(1a) ***Erfüllt eine SPE im Hinblick auf die Mitbestimmung einen kumuliert mehrstaatlichen Sachverhalt, verhandeln das Geschäftsführungsorgan und ein (Besonderes) Verhandlungsgremium der Arbeitnehmer nach den Vorgaben der Artikel 35a bis 35d mit dem Willen zur Verständigung, um zu einer Vereinbarung über die einheitliche Beteiligung der Arbeitnehmer innerhalb der SPE zu gelangen.***

Das ist der Fall, wenn

a) die SPE während eines ununterbrochenen Zeitraums von ***sechs*** Monaten ***[gestrichen]*** insgesamt wenigstens 500 Arbeitnehmer beschäftigt ***und mindestens ein Drittel davon*** regelmäßig in einem Mitgliedstaat arbeiten, der ein höheres Niveau der Arbeitnehmermitbestimmung vorsieht als der Sitzmitgliedstaat der SPE,

oder

b) im Falle der Verlegung des Sitzes einer SPE

– arbeiten mindestens ein Drittel der Arbeitnehmer, wenigstens aber 500 Arbeitnehmer, zum Zeitpunkt der Registrierung der SPE im Aufnahmemitgliedstaat regelmäßig im Herkunftsmitgliedstaat der SPE und

2495 Vgl. oben Teil 5 G. IX. 3. a.; X. 4. l.
2496 Vgl. oben Teil 5 G. IX., 3 b. i, ii., iii.; 4. e.

– für die Arbeitnehmer im Herkunftsmitgliedstaat der SPE galt ein höheres Niveau der Arbeitnehmermitbestimmung als im Aufnahmemitgliedstaat der SPE.

Existiert jedoch in der SPE zum Zeitpunkt der ***Sitzverlegung*** ein grenzüberschreitendes System der Arbeitnehmermitbestimmung gemäß ***diesem Artikel***, so besteht dieses nach der ***Sitzverlegung*** fort, sofern zwischen der SPE und dem ***höchsten in der SPE bereits bestehenden länderübergreifenden Arbeitnehmergremium, insbesondere dem EBR oder dem Konsultationsrat,*** nichts anderes vereinbart wird.

Verlegt eine kleinere bereits mitbestimmte SPE ihren Sitz in einen Mitgliedstaat mit einem niedrigeren Niveau der Arbeitnehmermitbestimmung als dem Herkunftsstaat, gilt das bestehende Mitbestimmungsstatut fort. Anderenfalls gilt das Sitzstaatsprinzip.

(1b) Das Geschäftsführungsorgan der SPE nimmt mindestens alle ***vier*** Jahre eine Überprüfung vor um festzustellen, ob die Voraussetzungen von Absatz 1a Buchstabe a erfüllt sind. ***Unabhängig von dieser periodischen Überprüfungspflicht haben die Arbeitnehmer das Recht, bei besonderen Umständen, insbesondere aus Anlass von wesentlichen strukturellen Änderungen, eine außerordentliche Überprüfung zu initiieren. Hierzu wird unter der Gesamtbelegschaft eine „Ja/Nein-Abstimmung" durchgeführt. Hierfür bedarf es eines Antrags von den Arbeitnehmervertretungsgremien, die mindestens 10% der Gesamtbelegschaft repräsentieren, alternativ von 10% der Gesamtbelegschaft, gerichtet an das Geschäftsführungsorgan der SPE. Wird das Quorum erreicht, wird binnen vier Wochen eine geheime, schriftliche Abstimmung unter der Gesamtbelegschaft durchgeführt, in der sich die Mehrheit für die Überprüfung aussprechen muss.***

(2) [Gestrichen]

(3) Ist eine SPE an einer grenzüberschreitenden Verschmelzung beteiligt, finden die Vorschriften der Mitgliedstaaten zur Umsetzung der Richtlinie 2005/56/EG des Europäischen Parlaments und des Rates Anwendung.

(4) Die Mitgliedstaaten ergreifen die erforderlichen Maßnahmen im Einklang mit dem Gemeinschaftsrecht, um zu verhindern, dass eine SPE dazu missbraucht wird, um Arbeitnehmern ihre Mitbestimmungsrechte vorzuenthalten oder zu versagen.

Erläuterung: Die einleitenden Vorgaben zu Art und Umfang in Abs. 1a orientieren sich an Art. 4 I SE-RL. Sie sollen insbesondere wie dort ermöglichen, dass im Unternehmen individuell bestehende Präferenzen im Hinblick auf die Gewichtung von betrieblicher Beteiligung und Unternehmensmitbestimmung angemessen berücksichtigt werden können[2497]. Die Schwellenwerte rekurrieren im Einklang mit dem acquis an quantitativen Größen und sind auf eine mehrfache europäische Prägung gerichtet[2498]. Gestrichen wurde die Notwendigkeit, dass genau drei

2497 Vgl. oben Teil 4 B. II., III; Teil 5 G. IX. 3. b. iii., 4. e.

2498 Vgl. oben Teil 5 G. IX. 4. a., b., c., f.

Monate nach Eintragung die entsprechenden Größenkriterien erfüllt sein müssen. Der auf sechs Monate angehobene Wert zielt darauf, einmalige Effekte abzufedern und insgesamt die Legitimation der Mitbestimmung zu erhöhen[2499]. Der Sechs-Monats-Zeitraum orientiert sich an den Vorgaben der Verschmelzungsrichtlinie (dort Art. 16 II) und soll insgesamt einem möglichst weit gehenden Gleichlauf unter den europäischen Vorschriften dienen[2500]. Begrifflich wird das „Besondere Verhandlungsgremium" als feststehender Begriff etabliert[2501]. Die eigene Auffangregelung in Abs. 1a (b), UAbs. 2 wird zunächst sprachlich an die übrigen Sprachfassungen angeglichen, da insoweit von einer Fehlübersetzung der deutschen Fassung auszugehen sein dürfte[2502]. Daneben wird die Entscheidung über Fortgeltung des ausgehandelten Statuts auf der Arbeitnehmerseite zunächst in die Hände eines bereits bestehenden länderübergreifenden Vertretungsgremiums gelegt, so dass für diese Entscheidung ggf. nicht mehr extra ein Besonderes Verhandlungsgremium etabliert werden muss[2503]. Der neue UAbs. 3 regelt die Fortgeltung einer bereits bestehenden Mitbestimmung in einer in einen mitbestimmungsaversen Mitgliedstaat verlegten kleinen SPE. Die Vorgabe dient dem Bestandsschutz. Der Verweis auf das im umgekehrten Fall geltende Sitzstaatsprinzip dient der Klarstellung[2504]. Der Takt im Rahmen der periodischen Überprüfungspflicht wurde von drei auf vier Jahre verlängert, um einen Gleichlauf mit der Amtszeit des ggf. im Rahmen der Auffangregelung zu etablierenden Konsultationsrats zu erzielen[2505]. Die „Ja/Nein-Abstimmung" orientiert sich konzeptionell an den Vorgaben der dänischen §§ 25 ff. BEK Nr. 806 zur Etablierung einer Mitbestimmung in dänischen Kapitalgesellschaften[2506]. Eine doppelte Quote soll sicherstellen, dass sich eine Beschäftigtenminderheit nicht gegen den Willen der Belegschaftsmehrheit durchsetzen kann[2507]. Die Anknüpfung an besondere Umstände soll gewährleisten, dass die Überprüfungsmöglichkeit nicht zweckentfremdet werden kann[2508]. In Abs. 4 wird ein redaktionelles Versehen korrigiert.

Artikel 35a
Zuweisung an das Verhandlungsgremium/Wahl oder ***[gestrichen]*** Bestellung der Mitglieder des Besonderen Verhandlungsgremiums

(1) Wenn die Voraussetzungen des Artikels 35 Absatz 1a entweder im Zusammenhang mit der Gründung der SPE oder der Überprüfung gemäß Artikel 35 Absatz 1b

2499 Vgl. oben Teil 5 G. IX. 4. b.
2500 Vgl. oben Teil 5 G. IX. 3.b.
2501 Vgl. oben Teil 5 G. IX. 4. j.
2502 Vgl. oben Teil 5 G. VI. 1. ii. d.
2503 Vgl. oben Teil 5 G. IX. 4. j.
2504 Vgl. oben Teil 5 G. IX. 4. f.
2505 Vgl. oben Teil 5 G. IX. 4. d. ii.
2506 Vgl. oben Teil 3 D. VI. b.; Teil 5 G. IX. 4. h.
2507 Vgl. oben Teil 5 G. IX. 4. b.
2508 Vgl. oben Teil 5 G. IX. 4. h.

erfüllt sind, leitet das Geschäftsführungsorgan der SPE die erforderlichen Schritte ein – wozu auch die für die Einsetzung eines Besonderen Verhandlungsgremiums erforderliche Information, wie die Zahl der Beschäftigten in jedem betroffenen Mitgliedstaat gehört –, um mit den Arbeitnehmervertretern Verhandlungen über eine Vereinbarung über die ***einheitliche Arbeitnehmerbeteiligung*** in der SPE aufzunehmen.

(1a) Sofern im Unternehmen bereits ein länderübergreifendes Vertretungsgremium der Arbeitnehmer besteht, insbesondere ein EBR, eine bereits ausgehandelte spezifische Vertretung oder ein Konsultationsrat, obliegen diesem auch die Verhandlungen über eine Vereinbarung über die Arbeitnehmerbeteiligung in der SPE. („Verhandlungsgremium")

(2) ***Anderenfalls wird ein „Besonderes Verhandlungsgremium" eingesetzt.***

a) Die Mitglieder des Besonderen Verhandlungsgremiums werden gewählt oder bestellt. Bei der Wahl oder Bestellung der Mitglieder des Besonderen Verhandlungsgremiums ist sicherzustellen, dass diese Mitglieder im Verhältnis zur Zahl der in jedem Mitgliedstaat beschäftigten Arbeitnehmer in der Form gewählt oder bestellt werden, dass pro Mitgliedstaat für jeden Anteil der in diesem Mitgliedstaat beschäftigten Arbeitnehmer, der 10% der Gesamtzahl der in allen betroffenen Mitgliedstaaten beschäftigten Arbeitnehmer entspricht, oder für einen Bruchteil dieser Tranche Anspruch auf einen Sitz besteht. Dementsprechend ist, ausgenommen in den Fällen nach Buchstabe ea, für jeden betroffenen Mitgliedstaat mindestens ein Vertreter vorzusehen.

b) [Gestrichen]

c) Die Mitgliedstaaten legen das Verfahren für die Wahl oder die Bestellung der Mitglieder des Besonderen Verhandlungsgremiums fest, die in ihrem Hoheitsgebiet zu wählen oder zu bestellen sind.

Die Mitgliedstaaten stellen sicher, dass auch die Arbeitnehmer, die unabhängig von ihrem Willen nicht durch Arbeitnehmervertreter vertreten werden, Mitglieder für das Besondere Verhandlungsgremium wählen oder bestellen dürfen.

d) Die Mitgliedstaaten können vorsehen, dass dem Besonderen Verhandlungsgremium Gewerkschaftsvertreter auch dann angehören können, wenn sie nicht Arbeitnehmer der SPE sind.

e) Die Mitglieder des Besonderen Verhandlungsgremiums werden innerhalb von drei Monaten nach Erfüllung der Voraussetzungen des Artikels 35a Absatz 1 gewählt oder bestellt.

ea) Die Arbeitnehmer eines Mitgliedstaats oder mehrerer Mitgliedstaaten können auf die Beteiligung an der Einsetzung des Besonderen Verhandlungsgremiums verzichten. Die Mitgliedstaaten legen das Verfahren fest, das in ihrem Hoheitsgebiet für Beschlüsse zum Verzicht auf die Beteiligung an der Einsetzung des Besonderen Verhandlungsgremiums gilt. Arbeitnehmer, die innerhalb der Frist nach Buchstabe e kein Mitglied bzw. keine Mitglieder gewählt oder bestellt haben, werden bei der Berechnung der zu vergebenden Sitze in dem Besonderen Verhandlungsgremium oder bei der Beschlussfassung des Gremiums gemäß Artikel 35 Absätze 2 und 3 nicht berücksichtigt.

eb) Haben Arbeitnehmer eines Mitgliedstaats oder mehrerer Mitgliedstaaten nach Buchstabe ea kein Mitglied bzw. keine Mitglieder gewählt oder bestellt, wird die Frist nach Buchstabe e um einen Monat verlängert, um den/die frei gebliebenen Sitz oder Sitze in dem Besonderen Verhandlungsgremium auf die übrigen Mitglieder zu verteilen.

f) Werden innerhalb der Frist nach Buchstabe e keine Mitglieder des Besonderen Verhandlungsgremiums gewählt oder bestellt, gelten für die SPE – soweit vorhanden – die Vorschriften des Sitzmitgliedstaats über die Arbeitnehmermitbestimmung.

g) Arbeitnehmer, die nach Buchstabe ea auf ihr Recht zur Arbeitnehmermitbestimmung verzichtet haben, können einem grenzüberschreitenden System der ***Arbeitnehmerbeteiligung jederzeit im Rahmen der turnusgemäßen Neubesetzungen sowie im Zuge von Neuverhandlungen*** beitreten.

Erläuterung: In der Artikelüberschrift wird zur Übersicht das Verhandlungsgremium aufgenommen; redaktionell wird das überzählige Pronomen gestrichen. Der engere Begriff „Arbeitnehmermitbestimmung" wurde durch ein offeneres „Arbeitnehmerbeteiligung" ersetzt, um ausdrücklich eine unternehmensindividuelle Gewichtung zwischen betrieblicher Beteiligung und Unternehmensmitbestimmung zu ermöglichen[2509]. Erster Verhandlungspartner für den Fall einer vereinbarten Mitbestimmung wird das bereits bestehende Vertretungsgremium als „natürliches" Verhandlungsgremium. Statt aufwendig ein neues Gremium zu etablieren wird so auf im Unternehmen bereits bestehende, in der Behandlung von grenzüberschreitenden Fragen erfahrene Strukturen zurückgegriffen. Das gilt insbesondere für Neuverhandlungen in einer SPE mit bereits ausgehandelten Beteiligungsstrukturen[2510]. Die nachfolgenden Vorschriften werden insoweit angeglichen, als dass ggf. sowohl das Verhandlungsgremium als auch das Besondere Verhandlungsgremium erfasst werden. Angeglichen wird auch der spätere Beitritt nach einem vorherigen Verzicht in Abs. 2 g), und zwar sowohl in materieller als auch in zeitlicher Hinsicht[2511].

Artikel 35b
Verhandlungsverfahren

(1) Das Geschäftsführungsorgan der SPE und das ***(Besondere)*** Verhandlungsgremium legen in einer schriftlichen Vereinbarung die Modalitäten der ***Arbeitnehmerbeteiligung, insbesondere der Arbeitnehmermitbestimmung*** in der SPE fest.

(2) Unbeschadet des Absatzes 3 fasst das (Besondere) Verhandlungsgremium Beschlüsse mit der absoluten Mehrheit seiner Mitglieder, sofern diese Mehrheit die absolute Mehrheit der Arbeitnehmer der SPE vertritt. Jedes Mitglied hat eine Stimme.

2509 Vgl. oben Teil 5 G. IX. 3. b. i., ii., iii.; 4. e.
2510 Vgl. oben Teil 5 G. IX. 4. j.
2511 Vgl. oben Teil 5 G. IX. 4. h.

(3) Das (Besondere) Verhandlungsgremium hat das Recht, mit einer Mehrheit von zwei Dritteln der Stimmen der Mitglieder des (Besonderen) Verhandlungsgremiums, die mindestens zwei Drittel der Arbeitnehmer der SPE vertreten und gleichzeitig Arbeitnehmer in mindestens zwei Mitgliedstaaten vertreten müssen, zu beschließen, keine Verhandlungen aufzunehmen oder bereits aufgenommene Verhandlungen abzubrechen und direkt die Auffangregelung zur Anwendung kommen zu lassen.

(4) Die Verhandlungen beginnen mit der Einsetzung des (Besonderen) Verhandlungsgremiums und können bis zu sechs Monate dauern.

Die Parteien können einvernehmlich beschließen, die Verhandlungen über den Sechsmonatszeitraum hinaus bis zu insgesamt einem Jahr ab der Einsetzung des (Besonderen) Verhandlungsgremiums fortzusetzen.

(4a) Das (Besondere) Verhandlungsgremium kann bei der Verhandlung Sachverständige seiner Wahl hinzuziehen, um sich von ihnen bei seiner Arbeit unterstützen zu lassen. Diese Sachverständigen können, wenn das (Besondere) Verhandlungsgremium dies wünscht, den Verhandlungen in beratender Funktion beiwohnen.

(5) Die Kosten, die im Zusammenhang mit der Tätigkeit des (Besonderen) Verhandlungsgremiums und generell mit den Verhandlungen entstehen, werden von der SPE getragen, damit das (Besondere) Verhandlungsgremium seine Aufgaben in angemessener Weise erfüllen kann. Die SPE kann die Übernahme der Kosten auf die Kosten für einen Sachverständigen begrenzen.

Erläuterung: Abs.3 wird materiell an die neue Auffangregelung angepasst. Regelfall ist die eigenverantwortliche Verhandlung einer unternehmensspezifischen Beteiligungslösung, daher hat die Vorgabe Ausnahmecharakter. Das Mehrheitserfordernis ist so gewählt, dass sich die Interessen der Belegschaftsmehrheit durchsetzen können[2512].

Artikel 35c
Vereinbarung über die Arbeitnehmermitbestimmung

(1) Das Geschäftsführungsorgan der SPE und das ***(Besondere)*** Verhandlungsgremium verhandeln mit dem Willen zur Verständigung, um zu einer Vereinbarung über die ***Arbeitnehmerbeteiligung*** in der ***SPE, insbesondere über die Arbeitnehmermitbestimmung,*** zu gelangen. ***Insoweit ist das Geschäftsführungsorgan etwaigen vorher beschlossenen Vorgaben der Gesellschafterversammlung verpflichtet.***

(2) Die Vereinbarung zwischen dem Geschäftsführungsorgan der SPE und dem (Besonderen) Verhandlungsgremium über die ***Arbeitnehmermitbestimmung*** umfasst mindestens Folgendes:

a) den Geltungsbereich der Vereinbarung;

b) die Modalitäten der Arbeitnehmermitbestimmung, insbesondere ***die Form der Mitbestimmung,*** die Zahl der Mitglieder des Verwaltungs- oder

2512 Vgl. oben Teil 5 G. IX. 4. b., c. d., j.

Aufsichtsorgans der SPE, welche die Arbeitnehmer wählen oder bestellen oder deren Bestellung sie empfehlen oder ablehnen können, ***die Verteilung der Sitze, insbesondere auf diejenigen Mitglieder, die Arbeitnehmer aus verschiedenen Mitgliedstaaten vertreten,*** die Verfahren, nach denen die Arbeitnehmer diese Mitglieder wählen oder bestellen oder deren Bestellung empfehlen oder ablehnen können, ***namentlich auch für die Fälle der Neubesetzung, sowie die Amtszeit der Mitglieder;***

ba) die Art und Weise, in der Arbeitnehmer, die nach Artikel 35a Absatz 2 Buchstabe ea auf ihr Recht zur Arbeitnehmermitbestimmung verzichtet haben, in die Verfahren zur Wahl oder Bestellung bzw. Empfehlung oder Ablehnung einer Bestellung neuer Mitglieder des Verwaltungs- oder des Aufsichtsorgans einbezogen werden können;

c) den Zeitpunkt des Inkrafttretens der Vereinbarung und ihre Laufzeit, die Fälle, in denen die Vereinbarung neu ausgehandelt werden sollte, das bei ihrer Neuaushandlung anzuwendende Verfahren und die Folgen des Nichtzustandekommens einer neuen Vereinbarung.

Sofern nichts anderes vereinbart wurde, gilt die Auffangregelung des Artikels 35d nicht für die Vereinbarung. ***Sofern nicht anders vereinbart lässt eine Änderung der Satzung die Mitbestimmungsvereinbarung unberührt.***

(3) Alle auf diese Weise gewählten, bestellten oder empfohlenen Mitglieder des Verwaltungs- oder des Aufsichtsorgans der SPE sind unabhängige Mitglieder des jeweiligen Organs mit denselben Rechten (einschließlich des Stimmrechts) und Pflichten wie die nicht geschäftsführenden Mitglieder, die die Gesellschafter vertreten. Sie genießen den gleichen Schutz und die gleichen Sicherheiten wie die Arbeitnehmervertreter nach den jeweiligen mitgliedstaatlichen Vorschriften.

(4) Fallen die Grundlagen der Mitbestimmungsvereinbarung weg oder treten ähnlich gravierende Veränderungen der zugrundeliegenden Verhältnisse ein, können sowohl die SPE als auch die Arbeitnehmer die Mitbestimmungsvereinbarung außerordentlich kündigen.

(5) Die Mitgliedstaaten können ungeachtet dieser Regelung den Anteil der Arbeitnehmervertreter im Verwaltungs- oder Aufsichtsorgan der SPE auf ein Drittel beschränken.

Erläuterung: Die Änderungen in Abs. 1, S. 1 bewirken die Öffnung der Verhandlungen zu einer umfassenden Beteiligungslösung, daneben wird ein redaktionelles Versehen korrigiert. Ein neuer Abs. 1, S. 2 nimmt die Vorgabe aus Art. 28 Abs. 1, neuer Buchstabe (ob) auf und ermöglicht für die letztlich haftenden Gesellschafter, unter Voraussetzung der entsprechenden Mehrheiten, durch Gesellschafterbeschluss im Vorfeld der Verhandlungen gewisse Leitlinien vorzugeben. Abs. 2 bestimmt den Mindestinhalt einer Vereinbarung über die Unternehmensmitbestimmung. Ergänzt wurde hier Buchstabe b)[2513]. Neben einem

2513 Vgl. oben Teil 5 G. IX. 4. i.

Hinweis auf die Form der Mitbestimmung, falls das Recht der ggf. betroffenen Mitgliedstaaten diesbezüglich mehr als eine Form vorsieht, wird das Problem einer Neubesetzung angegangen. Ziel ist, dass ggf. für eine Neubesetzung nicht jedes Mal ein (Besonderes) Verhandlungsgremium berufen werden muss, falls diese eher aufwendige und kostenträchtige Vorgehensweise nicht ausdrücklich gewünscht wird[2514]. Die weiteren Details zur Mitbestimmungsvereinbarung orientieren sich an den Vorgaben der ursprünglichen Auffangregelung gem. Art. 35d, Abs. 2, 3a, 4, 5, 6. Die Regelung in Abs. 3 zielt namentlich auf eine möglichst einheitliche wie umfassend geschützte Position der Arbeitnehmervertreter[2515]. Etabliert wird im neuen Abs. 4 ein beiderseitiges Kündigungsrecht für außergewöhnliche, bewusst offen gehaltene Fälle. Dies dient u.a. der Absicherung, falls in der geschlossenen Mitbestimmungsvereinbarung eine solche Möglichkeit nicht beachtet wurde bzw. falls eine Seite eine Neuaushandlung blockiert[2516]. Die Beschränkungsmöglichkeit in Abs. 5 entspricht der Vorgabe von Art. 35d Abs. 3 SPE-VOE-Hu.

Artikel 35d
Auffangregelung

(1) Die Auffangregelung gemäß diesem Artikel findet wie folgt Anwendung:
a) wenn die Parteien dies vereinbaren oder
b) wenn bis zum Ende des in Artikel 35b Absatz 4 genannten Zeitraums
i) keine Vereinbarung zustande gekommen ist und
ii) das ***(Besondere)*** Verhandlungsgremium keinen Beschluss gemäß Artikel 35b Absatz ***3*** gefasst hat
iii) [Gestrichen]
c) wenn die Voraussetzungen des Artikels 35 Absatz 1a erfüllt sind hat die SPE das Recht zu beschließen, die Auffangregelung ohne vorhergehende Verhandlung unmittelbar anzuwenden.
(1a) [Gestrichen]
(2) ***a) Im Zuge der Auffangregelung obliegt die Arbeitnehmerbeteiligung in der SPE einem Konsultationsrat, der die Interessen der Gesamtbelegschaft einheitlich repräsentiert.***
b) Aufgabe des Konsultationsrats ist es, wirtschaftliche Angelegenheiten der SPE selbst, ihrer Tochtergesellschaften oder ihrer Betriebe, sofern sie die Interessen der Arbeitnehmer wesentlich berühren können, mit dem Geschäftsführungsorgan sowie ggf. dem Aufsichtsorgan zu beraten und die sonstigen Arbeitnehmervertreter über Inhalt und Ergebnisse dieser Beratungen unverzüglich und vollständig zu unterrichten.

2514 Vgl. oben Teil 5 G. IX. 4. j.
2515 Vgl. oben Teil 5 G. IX. 4. k.
2516 Vgl. oben Teil 5 G. IX. 4. i. am Ende.

Zur Erfüllung dieser Aufgabe stehen ihm Unterrichtungs- und Anhörungsrechte zu.

c) Unbeschadet etwaiger Zusammenkünfte gemäß Buchstabe d) hat der Konsultationsrat das Recht, auf der Grundlage regelmäßig von dem zuständigen Organ erhobener Daten über die Entwicklung der Geschäftslage und die Perspektiven der SPE unterrichtet und dazu gehört zu werden und zu diesem Zweck mindestens zweimal jährlich mit dem zuständigen Organ der SPE zusammenzutreten. Sofern vorhanden werden die örtlichen Geschäftsleitungen hiervon in Kenntnis gesetzt. („regelmäßige Unterrichtung und Anhörung")

Die regelmäßige Unterrichtung und Anhörung bezieht sich insbesondere auf die Struktur der SPE, ihre wirtschaftliche und finanzielle Situation, die voraussichtliche Entwicklung der Geschäfts-, Produktions- und Absatzlage, auf die Beschäftigungslage und deren voraussichtliche Entwicklung, auf das Produktions- und Investitionsprogramm, auf grundlegende Änderungen *der Organisation, auf die Einführung neuer Arbeits- oder Fertigungsmethoden, auf die Sicherheit am Arbeitsplatz sowie auf übergeordnete Fragen des Umweltschutzes. Die diesbezüglich relevanten Daten werden in einer gemeinsamen zentralen Unternehmensdatenbank gesammelt, die durch die SPE fortlaufend aktualisiert wird und auf die der Konsultationsrat jederzeit zugreifen kann.*

d) Treten außergewöhnliche Umstände ein, die erhebliche Auswirkungen auf die Interessen der Arbeitnehmer haben, so hat der Konsultationsrat oder – wenn der Konsultationsrat dies, insbesondere für Fälle der Dringlichkeit, beschließt – der vertretende Ausschuss das Recht, auf Antrag mit dem zuständigen Organ der SPE oder den Vertretern einer geeigneteren mit eigenen Entscheidungsbefugnissen ausgestatteten Leitungsebene innerhalb der SPE zusammenzutreffen, um hierüber unterrichtet und dazu gehört werden. („außerordentliche Unterrichtung und Anhörung").

Dies gilt insbesondere bei Verlegungen, Verlagerungen der Produktion, Verlagerungen oder Schließungen von Unternehmen, Betrieben oder wichtigen Teilen derselben, der Übernahme des Unternehmens, wenn damit der Erwerb der Kontrolle verbunden ist, oder Massenentlassungen.

e) Im Rahmen der Anhörung ist der Konsultationsrat vom zuständigen Organ über die anstehenden Entscheidungen rechtzeitig und umfassend zu informieren. Er hat die Gelegenheit zur schriftlichen Stellungnahme, damit ggf. in Kenntnis der konkretisierten Positionen der Arbeitnehmerseite entschieden werden kann. Von den dortigen Vorschlägen darf nur unter schriftlicher Begründung abgewichen werden. Sofern im Falle der Eilbedürftigkeit eine Stellungnahme im Vorfeld nicht möglich ist, ist diese unverzüglich nachzuholen.

Bei Streitigkeiten über die Tagesordnung entscheidet die Einigungsstelle.

Die Mitgliedstaaten können Regeln für den Vorsitz in den Sitzungen zu Unterrichtung und Anhörung festlegen.

f) Unbeschadet der Zusammenkünfte nach Buchstaben c) und d) können Geschäftsführung und Konsultationsrat gemeinsam über die Organisation einer außerordentlichen Sitzung entscheiden. Falls hier eine Einigung nicht erzielt werden kann, entscheidet die Einigungsstelle.

g) Der Konsultationsrat setzt sich ausschließlich aus Arbeitnehmern der SPE zusammen, die von den nationalen Arbeitnehmervertretern aus ihrer Mitte oder, in Ermangelung solcher Vertreter, direkt von der jeweiligen nationalen Belegschaft, je nach den einzelstaatlichen Vorgaben gewählt oder bestellt werden. Besteht im Unternehmen bereits ein EBR, werden die Mitglieder des Konsultationsrats direkt von diesem bestimmt.

Die Gesamtzahl der Mitglieder des Konsultationsrats richtet sich nach der Zahl der in jedem Mitgliedstaat beschäftigten Arbeitnehmer der SPE. Pro Mitgliedstaat besteht für jeden Anteil der in diesem Mitgliedstaat beschäftigten Arbeitnehmer, der 10 % der Gesamtzahl der in allen Mitgliedstaaten beschäftigten Arbeitnehmer der SPE entspricht, oder für einen Bruchteil dieser Tranche, Anspruch auf einen Sitz (Vertretungsquote). Es können Ersatzmitglieder bestellt werden. Sofern in einem Mitgliedstaat von der dortigen Belegschaft keinerlei Vertretung gewünscht werden sollte, ist auf dieses Verlangen Rücksicht zu nehmen. Die dortige Belegschaft wird dann auch nicht im Rahmen der Vertretungsquote berücksichtigt, jedoch hat der Konsultationsrat insgesamt im Rahmen seiner Arbeit auch die Belange der insofern unvertretenen Arbeitnehmer angemessen einzubeziehen. Bei der nächsten turnusgemäßen Besetzung des Konsultationsrats kann die verzichtende Belegschaft über einen erneuten Verzicht oder eine Teilnahme entscheiden; die Mitgliedstaaten legen das entsprechende Verfahren fest. Alle Mitglieder des Konsultationsrats sollen die zur Erfüllung ihrer Aufgaben erforderliche fachliche und persönliche Eignung besitzen.

Die regelmäßige Amtszeit der Mitglieder des Konsultationsrats beträgt vier Jahre. Unabhängig davon ist jederzeit eine Abberufung durch das jeweilige entsendende bzw. bestellende Gremium möglich. Bei einer Abberufung muss ein Ersatzmitglied benannt werden, das dann die Stelle des ausscheidenden Mitglieds bis zur nächsten turnusmäßigen Besetzung einnimmt. Im Übrigen entsprechen sich die jeweiligen Verfahren der Bestellung bzw. Benennung und der Abberufung.

Falls die Gesamtzahl der Mitglieder es rechtfertigt, wählt der Konsultationsrat aus seiner Mitte einen vertretenden Ausschuss. Der vertretende Ausschuss hat maximal drei Mitglieder und sollte in seiner personellen Zusammensetzung die spezifische Prägung der SPE widerspiegeln. Der vertretende Ausschuss koordiniert die laufende Arbeit des Konsultationsrats und trifft hierzu auch außerhalb der regulären Plansitzungen zusammen. Insbesondere bereitet er die regulären Sitzungen des Konsultationsrats mit dem jeweiligen Organ vor und nach. Er ist erster Kontaktpunkt für die Geschäftsleitung.

Die Zusammensetzung des Konsultationsrats bzw. des vertretenden Ausschusses nebst entsprechender Kontaktdaten wird dem Geschäftsführungsorgan sowie ggf. dem Aufsichtsorgan mitgeteilt.

Der Konsultationsrat gibt sich eine Geschäftsordnung. Hierin ist ggf. insbesondere der Verantwortungsbereich des vertretenden Ausschusses zu berücksichtigen.

h) Bei solchen strukturellen Änderungen innerhalb der SPE, die sich auf die Vertretungsquote auswirken, erfolgt im Rahmen der nächsten turnusmäßigen Besetzung eine entsprechende Anpassung der Mandatszahl und Zuteilung der Sitze. Dies gilt auch, wenn ein bislang freiwillig unvertretener Teil der Belegschaft mehrheitlich beschließt, eigene Arbeitnehmervertreter in den Konsultationsrat zu entsenden. Die Rechte aus Artikel 35 Absatz 1 b bleiben unberührt.

i) Der Konsultationsrat oder der vertretende Ausschuss können sich vorbereitend jeweils durch Sachverständige ihrer Wahl unterstützen lassen.

j) Die Vertraulichkeit wesentlicher Informationen, insbesondere von Betriebs- und Geschäftsgeheimnissen, ist zu wahren. Diese Verpflichtung besteht unabhängig vom Aufenthaltsort und auch nach Ablauf der Amtszeit weiter. Die Mitgliedstaaten sehen entsprechende Regeln für die Mitglieder des Konsultationsrats und die sie unterstützenden Sachverständige vor. Die Mitgliedstaaten können auch vorsehen, dass eine SPE in besonderen Fällen Informationen nicht weiterleiten muss, wenn deren Bekanntwerden bei Zugrundelegung objektiver Kriterien eine erhebliche Beeinträchtigung für den Geschäftsbetrieb der SPE oder ihrer Tochtergesellschaften und Betriebe bedeuten würde. Bei Streitigkeiten über eine Offenlegung entscheidet die Einigungsstelle.

k) Die Mitgliedstaaten sorgen dafür, dass die Mitglieder des Konsultationsrats bei der Ausübung ihrer Funktion einen ausreichenden Schutz genießen, so dass sie die ihnen übertragenen Aufgaben angemessen wahrnehmen können.

l) Die Mitglieder des Konsultationsrats sind im erforderlichen Maße freizustellen. Sofern erforderlich haben sie auch einen Anspruch auf bezahlte Freistellung für Fortbildungsmaßnahmen.

m) Die SPE sorgt für eine angemessene Sachausstattung, insbesondere für die notwendige kommunikative Infrastruktur. Darüber hinaus erhält der Konsultationsrat durch die SPE ein eigenes Budget in Höhe von 0, 2% der jährlichen Bruttolohnsumme der Gesamtbelegschaft. Hiervon bestreitet er die Aufwendungen, die zur Wahrnehmung der hier angeführten Aufgaben notwendig sind, insbesondere die Kosten für die Weiterbildung seiner Mitglieder, die Kosten für Sitzungen, einschließlich etwaiger Dolmetschkosten, der Aufenthalts- und Reisekosten sowie der Kosten für Sachverständige.

n) Zur Beseitigung von Meinungsverschiedenheiten zwischen Geschäftsführungs- bzw. Aufsichtsorgan und Konsultationsrat wird bei Bedarf eine Einigungsstelle gebildet. Diese besteht aus einer jeweils gleichen Anzahl von Schlichtern, die vom Arbeitgeber und vom Konsultationsrat bestellt werden, und einem unparteiischen Vorsitzenden, auf den sich beide Seiten einigen müssen. Sofern keine Einigung zustande kommt entscheidet über die

Bestellung ein nach mitgliedstaatlichen Vorgaben zu bestimmendes Gericht. Dieses entscheidet auch, wenn kein Einvernehmen über die Zahl der Schlichter erzielt wird.

Die Einigungsstelle wird in den zugewiesenen Fällen tätig, daneben wenn beide Seiten es beantragen oder mit ihrem Tätigwerden einverstanden sind, nicht jedoch bei der Entscheidung über Rechtsfragen. Die Einigungsstelle wird unverzüglich tätig und entscheidet durch Beschluss. Ein Beschluss der Einigungsstelle ersetzt die Einigung zwischen dem jeweiligen Organ und dem Konsultationsrat. Der Rechtsweg wird durch den Spruch der Einigungsstelle nicht ausgeschlossen.

Der Beschluss wird nach mündlicher Verhandlung mit Stimmenmehrheit gefasst. Die Beschlüsse werden anschließend schriftlich formuliert und den Parteien zugeleitet. Die Einigungsstelle fasst ihre Beschlüsse unter angemessener Berücksichtigung der Belange der SPE insgesamt und der betroffenen Arbeitnehmer nach billigem Ermessen. Der Rechtsweg ist ggf. binnen einer Frist von zwei Wochen nach Zugang der schriftlichen Beschlussfassung zu beschreiten.

Benennt eine Seite keine Mitglieder oder bleiben die ordnungsgemäß eingeladenen Mitglieder der Sitzung fern, entscheiden der Vorsitzende und die erschienenen Mitglieder allein.

Die Kosten der Einigungsstelle trägt die SPE. Diejenigen Schlichter, die der SPE angehören, erhalten für ihre Tätigkeit bei der Einigungsstelle keine gesonderte Vergütung, sind aber im erforderlichen Umfang unter Fortzahlung des Arbeitsentgelts freizustellen. Der Vorsitzende hat gegenüber der SPE einen Anspruch auf angemessene Vergütung seiner Tätigkeit; das Nähere regeln die Mitgliedstaaten.

Durch Vereinbarung können weitere Einzelheiten des Verfahrens vor der Einigungsstelle geregelt werden.

Erläuterung: Die Vorgaben sollen als Auffangregelung zum einen einen gewissen Verhandlungsanreiz setzen[2517], zum anderen für den Fall des Scheiterns der Verhandlungen jedenfalls die gesicherte Informationserteilung und Kommunikation über die wesentlichen arbeitnehmerrelevanten Themen gewährleisten. Der Fokus liegt dabei auf einer gewissen Eigenverantwortung der Arbeitnehmerseite. Die nähere Ausgestaltung des Konsultationsrats[2518] orientiert sich an der Auffangregelung der SE-RL (Anhang, Teile 1 und 2) sowie an den Vorgaben zum deutschen Wirtschaftsausschuss (§§ 106 ff. BetrVG), die zentrale Unternehmensdatenbank zur Information übernimmt einen neuen französischen Ansatz (Art. 12 *ANI* vom 11.01.2013)[2519]. Anders als beim SE-Betriebsrat wurde jedoch auf ein Recht zur zweiten Anhörung für den Fall, dass die Geschäftsführung einer Stellungnahme

2517 Vgl. oben Teil 5 G.IX. 4. d. i.
2518 Vgl. oben Teil 5 G. IX. 4. d. ii.
2519 Vgl. oben Teil 3 B. I. 1, E III. 2. b. ii.; Teil 5 G. IX. 4. d. ii.

der Arbeitnehmervertreter nicht folgen will, verzichtet, da sich die unternehmerische Maßnahme in diesem Szenario sowieso allenfalls verzögern, aber nicht blockieren ließe. Hinzugesetzt wurde das Recht für eine Sondersitzung im Falle außergewöhnlicher Umstände (Buchstabe f)). Der Verweis auf mitgliedstaatliches Recht im Hinblick auf den Vorsitz dient der Rücksichtnahme auf gegebene nationale Strukturen (z.B. hat in Frankreich stets die Arbeitgeberseite den Vorsitz[2520]). Die Sachmittelzuweisung in Höhe von 0,2% der Bruttolohnsumme entspricht den Vorgaben zum französischen *comité d'entreprise*[2521]. Die Vorgaben zur Einigungsstelle orientieren sich grundsätzlich am deutschen § 76 BetrVG, der zuletzt auch vom luxemburgischen Gesetzgeber im Rahmen der Reform seiner Beteiligungsgesetze als modellhaft angesehen wurde[2522]. Der Verweis an ein ggf. berufenes mitgliedstaatliches Gericht im Zusammenhang mit der Einigungsstelle berücksichtigt den Umstand, dass nicht jeder Mitgliedstaat einen eigenen Arbeitsgerichtszug hat[2523].

Artikel 35e
Unterrichtung und Anhörung

Die Mitgliedstaaten tragen dafür Sorge, dass die geltenden Rechte der Arbeitnehmer auf Unterrichtung und Anhörung auch dann gewahrt werden, wenn die SPE in mehreren Mitgliedstaaten Arbeitnehmer beschäftigt oder wenn sie ihre Arbeitnehmer nicht in dem Mitgliedstaat beschäftigt, in dem sie ihren Sitz hat.

2520 Art. L. 2325-1 frCT.
2521 Art. L. 2325-43 frCT.
2522 Vgl. oben Teil 3. B I., 7; E. III. 2. b. ii.
2523 Vgl. z.B. für eine entsprechende Regelungsinitiative in Kroatien oben Teil 3 D. IV. 4. a. iii.

Teil 6 – Zusammenfassung

A. Kurz gefasst

Insgesamt ist die Arbeitnehmerbeteiligung ein wertvolles Gut, stößt in ihren jeweiligen Ausprägungen aber auf höchst unterschiedliche Akzeptanz. Das gilt national wie europaweit.

I. Deutschland

Ihre konkrete Ausgestaltung in Deutschland aus gleichzeitig starker betrieblicher Beteiligung und starker Unternehmensmitbestimmung ist in der gesamten Union unikal. Die gegenwärtige Situation ist von einem jahrzehntelangen „regulatorischen Wildwuchs" gekennzeichnet. Insbesondere die hierzulande u.U. vorgesehene paritätische Mitbestimmung ist europaweit einzigartig und wurde von keinem einzigen anderen Land endgültig übernommen. Die Doppelung der Beteiligungsstrukturen auf betrieblicher und unternehmerischer Ebene, insbesondere in ihrer tatsächlich gelebten Art, führt, mit *Rieble*, zu einer „*Über-Mitbestimmung*"[2524]. Um die Zukunftsfähigkeit des Systems zu erhalten bedarf es formeller wie materieller Reformen. Vor dem Hintergrund von geänderten demographischen Verhältnissen, grassierendem Mitgliederschwund und dementsprechend real gesunkener Vertretungsmacht betrifft das insbesondere auch die unverändert privilegierte Position der Gewerkschaften.

Aktuell sorgen die unflexiblen Regeln für gewisse Entziehungstendenzen, namentlich in kleineren Unternehmen. Insbesondere dort hält die tatsächlich gelebte Praxis mit den gesetzlichen Vorgaben nicht Schritt. Das betrifft grundsätzlich beide Beteiligungsebenen, vor allem aber die unternehmerische Mitbestimmung („Drittelbeteiligungslücke"). Gerade hier erscheinen die starren gesetzlichen Vorgaben als nicht besonders attraktiv. Sie stoßen daher nur auf eingeschränkte Resonanz. Das gilt für Arbeitgeber wie für Arbeitnehmer gleichermaßen. Praktisch lässt sich auch ein „Ausweichen" auf die betriebliche Ebene beobachten, wo Betriebsvereinbarungen eine spezifische, unternehmenseigene Beteiligungskultur befördern.

Unabhängig von einer solchen Nichtachtung der rigiden gesetzlichen Vorgaben bestanden und bestehen verschiedenste Möglichkeiten, eine Arbeitnehmerbeteiligung legaliter zu vermeiden. Stärker noch als auf der betrieblichen Ebene gilt das für die Unternehmensmitbestimmung. Neben den traditionell überkommenen Wegen bieten sich durch die Entwicklungen auf europäischer Ebene neue Optionen.

2524 *Rieble*, RLR 2009, S. 209, 215; *ders.*, Tagungsbericht Stiftung Marktwirtschaft 2010, S. 7.

Seit den EuGH-Entscheidungen i.S. *Centros* et al. sind mitbestimmungsfreie Auslandsgesellschaften auch im Inland verwendbar. SE, SCE und Verschmelzungsrichtlinie machen die Mitbestimmung zum Verhandlungsgegenstand.

Derartige Mitbestimmungsvermeidungsmodelle werden zunehmend häufiger genutzt. Folge sind Mitbestimmungsgefälle und Beteiligungserosion im Inland. Das hinterfragt den Sinn und damit letztlich die Legitimation. Zwar kann man nach den Fakten derzeit nicht von einer Flucht aus der Mitbestimmung sprechen, gleichwohl gerät das deutsche Beteiligungsmodell durch diese Entwicklungen unter beständig zunehmenden Druck.

II. EU-28

Auch unionsweit besteht keinesfalls Einheitlichkeit im Hinblick auf Ausgestaltung und Akzeptanz der Arbeitnehmerbeteiligung. Viel mehr hat sich seit dem *Davignon*-Report das Spektrum unter den Mitgliedstaaten noch weiter aufgefächert. Sowohl auf betrieblicher Ebene als auch bei der unternehmerischen Mitbestimmung hat sich ein Beteiligungspanoptikum entwickelt, bei dem bereits die normativen Vorgaben mitunter gravierend voneinander abweichen. Offenkundig haben die europäischen Rechtsetzungsakte zur Vereinheitlichung und Rechtsangleichung im Bereich der Arbeitnehmerbeteiligung (noch) nicht die intendierten Ergebnisse gebracht. Vielleicht war man von einer Vereinheitlichung sogar niemals weiter entfernt als jetzt. Dementsprechend lassen sich unter den Mitgliedstaaten noch immer Länder mit starken Regulierungen, solche mit moderaten Regelungen und schließlich solche quasi ohne Beteiligungsregelungen unterscheiden. Isoliert mit Blick auf die Unternehmensmitbestimmung gibt es wohl nur zwei Gruppen, nämlich Länder mit einem „stabilen" Beteiligungssystem und solche ganz ohne entsprechende Vorgaben. Die reine Existenz derartiger Regelungen sagt dabei aber noch nicht unbedingt auch etwas über die Akzeptanz der entsprechenden Beteiligungsformen in den verschiedenen Staaten und unter den jeweiligen Sozialpartnern aus.

Die fundamentalsten Unterschiede bestehen hier wohl bei der Mitbestimmung in der „kleinen" Kapitalgesellschaft. Bereits ein entsprechender Bedarf wird unter den Mitgliedstaaten keinesfalls durchgängig gesehen.

Das gilt schon aus regulatorischer Perspektive. Mitbestimmungsgesetze für die GmbH und deren jeweilige nationale Äquivalente gibt es überhaupt nur in insgesamt acht Mitgliedstaaten (in alphabetischer Reihenfolge: Dänemark, Deutschland, Finnland, Kroatien, die Niederlande, Österreich, Schweden und Ungarn). Selbst diese Acht sehen jedoch kein wirklich „gattungs-" oder gar „rechtsformspezifisches Beteiligungsmodell" vor, sondern beschränken sich im Grunde darauf, die für die jeweils andere(n) Rechtsform(en) geltenden Vorschriften sinngemäß anzuwenden, ungeachtet des grundlegend anderen konzeptionellen Zuschnitts einer „kleinen" Kapitalgesellschaft. Schon das erscheint einigermaßen misslich.

Umso deutlicher wird das bei den regulatorischen Details der Mitbestimmung. Ihre gesetzliche Verortung in den nationalen Arbeits- oder Gesellschaftsrechten, ihre Voraussetzungen und Wirkungen sind aber alles andere als kongruent. So reichen schon die Schwellenwerte zu ihrer erstmaligen Etablierung von mindestens 25 Arbeitnehmern (Schweden) bis zu mehr als 500 bzw. mehr als 2.000 Beschäftigten (Deutschland). Die Anzahl der durch die Arbeitnehmer besetzten Sitze im jeweiligen Mitbestimmungsgremium variiert zwischen einem einzelnen Arbeitnehmervertreter (Kroatien) bzw. einem Viertel (Finnland) und einer paritätischen Beteiligung (ggf. Deutschland), wobei insgesamt die Drittelbeteiligung klar überwiegt. Konzernsachverhalte und die sich daraus u.U. ergebenden Beteiligungskaskaden werden jedoch kaum je explizit geregelt. Auch hinsichtlich der näheren Ausgestaltung bestehen beträchtliche Diskrepanzen, namentlich bei der Reichweite der Mitwirkungsmöglichkeiten, den Bestellungsverfahren und hier insbesondere den Benennungskompetenzen, sowie auch bei der Vergütung der Arbeitnehmervertreter.

Der Befund verschärft sich noch weiter, wenn man berücksichtigt, wie rudimentär auch diese Vorgaben tatsächlich umgesetzt werden. Denn ähnlich wie in Deutschland weisen auch andernorts insbesondere die kleineren, an sich mitbestimmten Gesellschaften (mitunter beträchtliche) Beteiligungslücken auf (Finnland, Dänemark), teilweise auch eindeutig gegen die entsprechenden gesetzlichen Vorgaben (Schweden). Schon das deutet auf einen allgemein eher moderaten Stellenwert der Mitbestimmung unter den Beteiligten hin. Dort aber, wo die Unternehmensmitbestimmung auch in den KMU gelebt wird, sind zuletzt zunehmend Veränderungen bei den Modalitäten feststellbar. So geht der regulatorische Trend wohl weg von vereinheitlichenden materiellen Vorgaben. Viel mehr werden zunehmend passgenaue Vereinbarungen auf individueller Unternehmensebene geschlossen. Und dort, wo eine Unternehmensmitbestimmung auch in den kleinen Kapitalgesellschaften etabliert ist, liegt deren praktischer Nutzung wohl vor allem in einem zusätzlichen Informationskanal, weniger in einer tatsächlichen Mitbestimmung der Unternehmensstrategien. Das scheint einer allgemeinen Entwicklungslinie zu entsprechen. Herausgebildet haben sich so vielfältige individuelle Beteiligungskulturen.

Konsequent konnte sich daher auch das spezifisch deutsche Mitbestimmungsmodell nicht durchsetzen. Seine vergleichsweise rigiden und weitreichenden Vorgaben wurden auch nach dem Fall des Eisernen Vorhangs nirgendwo dauerhaft übernommen. Sie wurden im Falle Sloweniens zwischenzeitlich sogar wieder tatsächlich, im Falle Ungarns faktisch abgeschafft. Ab 2014 werden auch in der Tschechischen Republik die Regelungen zur Mitbestimmung in privaten Unternehmen vollständig aufgehoben. Quer durch die Mitgliedstaaten geht die Tendenz immer mehr zur Deregulierung und Flexibilisierung.

Daneben lässt sich unter den nationalstaatlichen Gesetzgebern eine (zunehmende) Fokussierung auf KMU feststellen. In Folge der EuGH-Rechtsprechung in Sachen *Centros* et. al. – und teilweise auch schon ausdrücklich im Vorgriff auf die SPE – bringen verschiedene Mitgliedstaaten ihre jeweiligen Rechtsordnungen insgesamt „in Stellung“. Sie haben dabei zum Teil gravierende Erleichterungen insbesondere für KMU beschlossen. Diese reichen von klareren und zugänglicheren

Regelungen über vereinfachte Verfahren und umfangreiche Flexibilisierungen bis hin zu – mitunter deutlichen – Abschlägen beim notwendigen Mindestkapital. Gemeinsames Ziel dürfte eine Attraktivierung der jeweiligen nationalen Gesellschaftsrechtsformen, sowie insgesamt der unternehmensrelevanten Vorgaben, im Wettbewerb der Rechtsordnungen sein. Mit gutem Grund steht zu erwarten, dass der Trend zu Vielfalt und Flexibilisierung anhalten wird. Durch den zunehmenden zwischenstaatlichen Wettbewerb wird sich die Situation weiter verschärfen. Fraglich, ob Deutschland sich dem auf Dauer wird entziehen können.

Eine Vereinheitlichung gibt es also nicht. Die europäischen Vorgaben wirken allerdings, ebenso wie die EuGH-Rechtsprechung, mittelbar katalysierend auf die mitgliedstaatlichen Regelungen. Durch ihre europäische Verbindlichkeit entsteht eine Mitbestimmungslage, die sich nationalen Einzelgängen entzieht. Das beeinflusst nun sowohl die „Rechts-Nachfrager" als auch die „Rechts-Anbieter" im regulatorischen Wettbewerb. Die Mitgliedstaaten reagieren mit mehr oder weniger durchgreifenden Attraktivierungen. Der zwischenstaatliche horizontale Wettbewerb funktioniert, ebenso wie der vertikale zwischen Mitgliedstaaten und Union. Somit wirken die Entwicklungen auf der einen Seite auf die Entwicklungen auf der anderen. Indirekt kann so eine vereinheitlichende Wirkung am grundsätzlichen Fundament entstehen, bei denen die Mitgliedstaaten in den Ausdifferenzierungen für ihre eigenen Priorisierungen frei bleiben. Nicht etwa irgendwelche Zufälligkeiten bestimmen das Bild, sondern sehr bewusste Entscheidungen der nationalen Gesetzgeber. Diese wiederum entstanden in Reaktion auf vorherige Entwicklungen und nach innerstaatlichen nationalen Debatten. Insgesamt bietet sich eine komplexe Gemengelage aus verschiedenen Regelungskreisen. Unterschiedliche Regelungsimpulse machen die Situation allerdings zunehmend intransparent.

III. Europäische Union

Eine Schlüsselrolle in diesem Bereich spielt das europäische Beteiligungsmodell. Es sieht konzeptionell eine Lösung nach „Vereinbarung", „Auffanglösung" und „Vorher-Nachher-Prinzip" vor und behandelt dabei alle Arbeitnehmer unabhängig von ihrem jeweiligen Arbeitsort gleich. Daneben hält es qualitative Fragen außen vor und bemisst die Reichweite der Mitbestimmung rein quantitativ. Der anfänglich womöglich nur aus einer gewissen rechtspolitischen Verlegenheit gewählte Ausweg hat dabei erst nach und nach sein wahres Potential gezeigt. Ursprünglich nur für die Europäischen Betriebsräte gedacht diente das Modell auch als Blaupause für die supranationalen Rechtsformen SE und SCE, später auch für die Lösung im Rahmen grenzüberschreitender Verschmelzungen. Es bietet einen durchaus sachangemessenen Ausgleich der jeweiligen Interessenlagen, geht dabei aber mit einer gesteigerten Verantwortung für die beteiligten Parteien als tatsächliche Betroffene einher. Spiegelbildlich bietet es aber auch die Möglichkeit, jeweils passgenaue Regelungen selbst aktiv zu gestalten. Übergeordnet kann sich nach und nach eine *„best practice"* herausbilden. Das ist dann aber keine „Mitbestimmungsflucht", sondern eine (notwendige!) Feinabstimmung. Das Grundkonzept ist darum geglückt. Allerdings hakt es im Detail. Zwar wurde das Modell im Laufe der Richtlinien immer weiter optimiert. Noch immer sind die dortigen Verfahren aber außerordentlich komplex und für Laien nur schwer zu bewältigen[2525]. Noch immer bestehen Unschärfen, Unsicherheiten und Unwägbarkeiten. Angesichts der zu bewältigenden Aufgaben nimmt das kaum Wunder. Allerdings schmälern sie die Akzeptanz der Maßnahmen. In den Einzelfällen SCE und EWIV sogar so deutlich, dass man insofern schon von regulatorischen Fehlschlägen sprechen kann.

Dennoch hat die Union (zunehmend dynamisch) immer bedeutsamere Regelungen durchgesetzt. Das kollektive Arbeitsrecht wurde faktisch immer weiter entnationalisiert und europäisiert. Richtlinien, Verordnungen und nicht zuletzt auch die Rechtsprechung entfalten eine vielfach gerichtete Prägewirkung. Vieles in diesem Bereich ist freilich im Werden begriffen, befindet sich in (umumgänglicher) Fortentwicklung. Eindeutiges Verdienst neben der Herauslösung der Mitbestimmung aus dem rein nationalen Kontext, ihrer Internationalisierung und Flexibilisierung ist auch, dass dem Verhandlungsverfahren auf supranationaler Ebene nun ein eigener „Wert an sich" zugebilligt werden kann.

IV. SPE

1. Grundsätzlich

Dies ist nun die Ausgangs- und Gemengelage, in der die SPE ins Spiel kommt und wo sie sich bewähren muss. Das Potential dazu hat sie. Denn trotz der bislang existierenden (und zuletzt zunehmend etablierten) Gestaltungsmöglichkeiten besteht unter den Rechtsanwendern nach wie vor der Bedarf für eine supranationale „kleine" Kapitalgesellschaft. Einer Gesellschaft, die auf einen überschaubaren, grundsätzlich geschlossenen Gesellschafterkreis zugeschnitten ist und die durch weitreichende Satzungsfreiheit ein Maximum an Gestaltungsfreiheit bietet, dabei aber vor allem europäisch einheitlich ist. Hier kann das Konzept „SPE" punkten.

Aufgrund der gegenwärtig gewählten Rechtsgrundlage bedarf es zur Verabschiedung des SPE-Statuts der Einstimmigkeit im Rat. Jedoch besteht unter den Mitgliedstaaten ein Dissens bezüglich der konkreten Ausgestaltung. Auch das verwundert kaum. Tritt die SPE doch in Konkurrenz zu den etablierten nationalen Kapitalgesellschaftsformen. Die SPE ermöglicht so nicht nur den großen Unternehmen, sich zu entnationalisieren, sondern eröffnet diese Möglichkeit erstmals

2525 Vgl. *Hommelhoff*, ZEuP 2011, S. 7, 8 („*hochkomplexe Rechtsakte des Unionsgesetzgebers [...], die allenfalls für die Fachleute des europäischen Mitbestimmungsrechts sicher zu handhaben sind, für alle übrigen hingegen schwer durchschaubar*"). Ähnlich *Wißmann* zur SE-Mitbestimmung in Gedächtnisschrift für *Ulrich Zachert* 2010, S. 689: „*... ein Regelwerk, dessen Kompliziertheit selbst abgebrühte deutsche Mitbestimmungsjuristen beeindrucken muss.*", Zit. nach *Hommelhoff*, ZeuP 2011, S. 7, Fn. 16 a.E. Dieses Umstands ist sich auch die Kommission bewusst, vgl. Kommission, Aktionsplan 2012, S. 14 ff.

realistisch auch den KMU. Schon wegen deren signifikant höherer Anzahl bedeutet das aber einen ganz anderen Wettbewerbsdruck auf die nationalen Gesellschaftsrechtssysteme. Insgesamt muss die SPE daher so ausgestaltet werden, dass sie sich in den bestehenden Kanon einfügt, ohne zu ersetzen. Dabei muss sie einen supranationalen Mehrwert aufweisen und gleichzeitig die Vorteile der nationalen Vergleichsformen beinhalten, darf aber gleichzeitig selbst die liberalisierten nationalen Formen per se nicht verdrängen. Es geht um Ergänzung, nicht um Verdoppelung.

In diesem Sinne kann ein *„one size fits all"* nur erreicht werden, wenn eine vernünftige Rahmenregelung erfolgt, in der die grundlegenden gesellschaftsrechtlichen Kernfaktoren einheitlich vorgegeben werden, die daneben aber gleichzeitig genügend Flexibilisierungs- und Wahlmöglichkeiten vorhält und sich nicht im detaillierten Klein-Klein verliert[2526].

2. *Kernfaktoren*

Zumindest nach den letzten Entwürfen kombiniert die SPE die Faktoren eines vergleichsweise niedrigen Mindestkapitals mit der Möglichkeit der Sitzaufspaltung (letzteres jedoch nach mitgliedstaatlicher Vorgabe und schon insofern bedenkenswert). Beides sollte beibehalten werden, weil es sich um maßgebliche Erfolgsfaktoren für die Rechtsform handelt. Insbesondere ist es doch gerade die Sitztrennung, die eine europaweite Vereinheitlichung und Zentrierung ermöglicht – und damit die intendierten Einsparpotentiale hebt. Alles andere wäre, gerade auch im Hinblick auf die Rechtsprechung i.S. *Centros* et al., ein Rückschritt. Die Rechtsform käme so den hauptsächlich anvisierten KMU ebenso zugute wie den großen Unternehmensgruppen.

3. *Arbeitnehmerbeteiligung*

Die unternehmerische Mitbestimmung knüpft nach der aktuellen Konzeption am jeweiligen Sitzstaat an. Hält man an der Sitztrennung fest, entsteht durch die Inbezugnahme des jeweiligen nationalen Rechts allerdings eine neue Möglichkeit zur Umgehung der Mitbestimmung. Das gilt jedenfalls, solange die nationalen Beteiligungssysteme nicht vereinheitlicht sind. Eine Vereinheitlichung erscheint aber weder wahrscheinlich, noch notwendig, würde damit doch gerade die Chance zur passgenauen Abstimmung auf die unternehmerischen Gegebenheiten vergeben. Schon darum ist der Verweis auf eine Vereinheitlichung der Mitbestimmung nicht zielführend. Es bedarf also viel mehr eines (reinen) Umgehungsschutzes.

2526 Vgl. auch *Radwan*, EBLR 2006, S. 1169, 1179: *„... the increased differences among the 25 national company law systems, and the particular problems faced by some of those national systems, serve to undermine the one-size-fits-all-approach characterising of the centralised lawmaking."*

Erstes Ziel muss es dabei sein, der ganz großen Mehrheit der „wirklichen" KMU, insbesondere der Neugründer, nicht mit einem zu engen regulatorischem Korsett die Luft zur wirtschaftlichen Betätigung zu nehmen. Zweites Ziel muss es sein, unter Ausschluss einer weiteren Mitbestimmungsvermeidungsmöglichkeit die Flexibilität für die KMU zu wahren.

Wenn das Konzept aber dahin gehen soll, die Schutzfunktion zu bewahren, gleichzeitig aber die Unternehmer nicht zu einer Flucht aus der Mitbestimmung zu drängen, helfen zu rigide und ideologisierte Argumente nicht weiter. Sinnreicher ist es daher, das seinerzeit bei EBR, SE, SCE und Verschmelzungsrichtlinie etablierte Lösungskonzept aus „Vereinbarungen und Auffanglösung" strukturell auch auf die SPE zu übertragen und mutatis mutandis auf die (an sich) anvisierte Zielgruppe der KMU weiterzuentwickeln. Zwar bedeutet das einen erneut erklärten Verzicht des Unionsgesetzgebers auf eine eigene supranationale Form der Mitbestimmung (und geht wie bei der SE zulasten der Einheitlichkeit der Rechtsform). Stattdessen würde aber immerhin der bereits eingeschlagene Weg konsequent weitergegangen. Daneben würden die gewachsenen und mehr denn je bestehenden Unterschiede und Empfindlichkeiten in den Mitgliedstaaten geachtet und akzeptiert. Gleichzeitig liegt darin ein Verweis auf das rechtspolitisch Machbare, wurden die Grundstrukturen durch die Mitgliedstaaten doch nun schon mehrmals allseitig hingenommen[2527]. Alles andere hingegen wäre eine Abkehr vom bereits erzielten Kompromiss.

Augenfälligste wie begrüßenswerteste Weiterentwicklung ist, die Verhandlungslösung nicht direkt für alle Anwendungsfälle vorzuschreiben. Behält man die Zielgruppe im Blick, ist eine Trennung von „wirklichen KMU" und „Großunternehmen" grundsätzlich überzeugend. Konkret, die SPE nicht direkt für das Verhandlungsmodell zu öffnen, sondern zunächst das jeweilige nationale Recht des Sitzstaats zum Zuge kommen zu lassen, erscheint als stichhaltig. Diese Lösung sorgt für Mitbestimmungsneutralität und kommt vor allem den Neugründern entgegen. Gerade bei ihnen wird die Zahl der Arbeitnehmer (zunächst) noch (sehr) niedrig sein. Ein stets verpflichtendes, aufwendiges Verhandlungsverfahren bereits an dieser Stelle wäre wirtschaftlich und rechtspolitisch unsinnig.

Diese Notwendigkeit besteht erst bei einem kumuliert mehrstaatlichen Sachverhalt. Richtigerweise kommt erst hier die Verhandlungslösung zum Zuge. Sie setzt neben einem abstrakten Mitbestimmungsgefälle zwischen Arbeitsort und Sitzstaat bestimmte konkrete Größenkriterien voraus, die zudem für eine gewisse Dauer erfüllt sein müssen. Ist hingegen auch nur eine Bedingung nicht gegeben,

---

2527 Vgl. auch *Davies*, ECGI 2010, S. 20: *„Nevertheless, the deep divisions among the member states over the desirability of board level participation requirements meant from the beginning that this issue in relation to the SPE was referred to national law and subsequent drafts of the statute have produced ever more complicated formulae for determining which national law should be referred to. Even the European Parliament, in general a staunch proponent of the exclusion of national law from the SPE statute, here supports reliance on national formulae."*

bleibt es insgesamt bei der Anknüpfung an den Sitzstaat. Das Verfahren greift v.a. immer dann, wenn nationale Mitbestimmungsrechte auf dem Spiel stehen. Es fungiert somit als Umgehungsschutz vor Vermeidung und/oder Abschaffung der Mitbestimmung und „unterfüttert" materiell das programmatische Bekenntnis zum Schutz vor Missbrauch. Es ermöglicht damit auch gerade dort eine Anpassung, wo sie sachlich gefordert wird. Aufgrund der Menge an gleichzeitig notwendigen Voraussetzungen dürfte die Verhandlungslösung aber nur eine vergleichsweise kleine Anzahl an potentiellen SPE-Kandidaten betreffen, während das Gros der Unternehmer außen vor bleibt. Faktisch bedeutet das einen eher begrenzten Anwendungsbereich.

Der grundsätzlich gleiche Ansatz gilt auch bei der identitätswahrenden Sitzverlegung. Und zwar auch unabhängig davon, ob bei einem getrennten Sitz nur der Verwaltungs- oder auch der Registersitz verlegt werden soll, ob in einen einzigen anderen Mitgliedstaat oder in unterschiedliche Zuzugsstaaten. Zunächst greift auch hier das Sitzstaatsprinzip, indem sich die Mitbestimmung in der verlegten SPE nach dem Recht des Aufnahmestaats richtet. Die europäische Mitbestimmungslösung findet erst bei der Registersitzverlegung Anwendung, und auch nur dann, wenn neben einem bestimmten (nach dem ungarischen Vorschlag: doppeltem) Größenkriterium gleichzeitig ein Mitbestimmungsgefälle vom Herkunfts- zum Aufnahmestaat herrscht, d.h., wenn im Zuzugsstaat schwächere oder gar keine Mitbestimmungsregeln gelten. Die Vorschrift sichert damit den ggf. bestehenden Mitbestimmungsstatus des Wegzugstaats, hängt in ihrer faktischen Reichweite allerdings an den letztlich gewählten Schwellenwerten.

Ist der Anwendungsbereich der verhandelten Mitbestimmung eröffnet, gilt das grundsätzlich etablierte (aber auf die Zielgruppe angepasste) Verfahren. Wie schon bei SE-RL und Verschmelzungsrichtlinie ist es vor allem auf die Mitbestimmungssicherung gerichtet. Insofern konsequent wird auch nicht nach der Gründungsart unterschieden. Allein maßgeblich ist das Vorliegen der entsprechenden beschäftigungsrelevanten Voraussetzungen. In die ausgehandelte SPE-einheitliche Mitbestimmung wird dann auch konsequent die gesamte Belegschaft einbezogen. Ggf. kann es also auch zu einem Import oder Export von Mitbestimmung kommen.

Scheitern die Verhandlungen, greift die Auffanglösung. Sie knüpft an das höchste Niveau des bei der jeweils konkreten SPE betroffenen Mitgliedstaats an und sichert den bestehenden Status. Dieser Anknüpfungspunkt soll gewährleisten, dass die ggf. etablierten Rechte gewahrt bleiben. Allerdings wird gerade hierdurch auch kein besonderer Verhandlungsanreiz gesetzt. Rechtspolitisch dürfte dieser Anknüpfungspunkt auf deutsche Befindlichkeiten zielen.

Das konzeptionelle Grundgerüst ist in sich durchaus stimmig. Gravierende Diskrepanzen bestehen aber noch bei den Details, insbesondere bei den Schwellenwerten und der Auffanglösung.

Hinsichtlich der Schwellenwerte als „Schlüssel" zur Öffnung der Verhandlungslösung erscheint ein doppeltes Kriterium aus „absoluter Größe" und „relativem Belegschaftsanteil" angemessen. Bei dem absoluten Wert sollte eine übermäßige Differenzierung unterbleiben. Durch einen einzigen absoluten Schwellenwert werden klar einteilbar nur tatsächliche „Großunternehmen" betroffen. Das erleichtert die Handhabbarkeit. Der quotale Referenzwert des Belegschaftsanteils legt dann fest, wie weit die SPE insgesamt von einem bestimmten Mitbestimmungsregime geprägt wird. Einbezogen werden sollte zudem ein präzises zeitliches Kriterium. Es würde helfen, bestimmte einmalige Effekte abzufedern und zudem legitimierend wirken.

Im Rahmen der Größenbestimmung sollte der absolute Schwellenwert nicht zu niedrig angesetzt werden, da man anderenfalls (zu) viele KMU direkt in die Verhandlungslösung zwingt und (wahrscheinlich) faktisch überfordert. Aber auch aus empirischer Sicht dürfte feststehen, dass eine zu niedrig gesetzte Schwelle nicht überzeugen kann, da sie in der europaweiten unternehmerischen Praxis (z.T. gravierenden) Akzeptanzhindernissen begegnet. Der zuletzt vorgeschlagene (alleinige) Größenwert von „mindestens 500 Beschäftigten" wirkt zumindest aus deutscher Perspektive auf den ersten Blick mitbestimmungsneutral, ist er doch nahezu deckungsgleich mit dem Schwellenwert des deutschen Drittelbeteiligungsgesetzes, der „mehr als 500 Arbeitnehmer" vorsieht. Allerdings würde auf diesem Weg der verhandelten europäischen Mitbestimmung ein weiteres Türchen im Inland geöffnet. Das spezifische deutsche Beteiligungssystem geriete unter zusätzlichen (Rechtfertigungs-)Druck. Zudem verlöre die deutsche GmbH mittelbar an Attraktivität, da sie diese Option der verhandelten Mitbestimmung eben nicht bietet. Die Kluft würde weiter wachsen. All das spricht aus deutscher Perspektive für einen höheren absoluten Schwellenwert. Für den quotalen Wert hingegen dürfte eine Größe von einem Drittel überzeugend sein. In diesem Bereich beeinflusst der fragliche Belegschaftsanteil das Unternehmen insgesamt wohl schon so sehr, dass man von einer hinreichenden Prägewirkung wird sprechen dürfen.

Bei der Auffangregelung scheint die Anknüpfung an den höchsten Standard faktisch als sehr weitgehend. Nach der gegenwärtigen Konzeption kommt es nämlich auf die tatsächliche Situation nicht an. Unabhängig von der tatsächlichen Anzahl der in einem mitbestimmungsaffinen Land beschäftigten (zukünftigen) SPE-Arbeitnehmer wird dessen Mitbestimmungsmodell herangezogen, u.U. selbst dann, wenn dessen nationale Schwellenwerte, die sonst den Anwendungsbereich eröffnen, noch nicht erreicht sind („Mitbestimmungspool"). Diese Anknüpfung würde bedeuten, dass im Extremfall bereits ein einziger Arbeitnehmer in einem mitbestimmungsaffinen Mitgliedstaat einer SPE in einem sonst überwiegend mitbestimmungsaversen Umfeld der weitgehendsten Mitbestimmungsform zum Durchbruch verhilft. Das ist dann aber nicht nur Sicherung, sondern Ausweitung. Umgehungsmöglichkeiten liegen in diesem Szenario auf der Hand. Alternativ wäre es also schon unter Anreizgesichtspunkten sinnreich, statt auf das höchste Mitbestimmungsniveau unter den konkret involvierten Mitgliedstaaten auf das Mitbestimmungsregime des Hauptteils der Belegschaft abzustellen, da eben jenes das Unternehmen im Wesentlichen prägt. Angeknüpft würde dann letztlich auch an die tatsächliche unternehmerische Substanz, nicht mehr an einen möglicherweise lediglich vorhandenen „Briefkasten".

Im Hinblick auf die tatsächlich gelebte Mitbestimmungspraxis in den europäischen KMU wäre allerdings die Etablierung eines rechtsformspezifischen Konsultationsrats wünschenswert. Ein solcher Konsultationsrat, einheitlich für alle SPE, wäre ein Novum, dem man durchaus auch auf europäischer Ebene eine integrative Wirkung zusprechen könnte. Im Nebeneffekt würde man sich so schließlich auch dem *Delaware*-Effekt entziehen.

Realistischer erscheint allerdings die Beschränkung auf eine Drittelparität. Sie bildet bereits die entsprechende legislatorische Realität in nahezu allen Mitgliedstaaten mit mitbestimmten „kleinen" Kapitalgesellschaften ab (und würde auch insofern wieder für einen Gleichlauf der Rechtsformen sorgen). Sie würde so die Abstimmungsblockaden überbrücken helfen.

Neben diesen Hauptstreitpunkten gibt es auch noch einige kleinere Reibungspunkte. Nur zwei davon sollen hier genannt sein.

Beispielsweise sind im SPE-Statut aktuell keine eigenen Regelungen für einen länderübergreifenden Betriebsrat vorgesehen. Das ist sachgerecht, solange es bei der Anwendung des Sitzstaatsprinzips bleibt. Wenn es aber ohnehin zu Verhandlungen kommt, wäre es wohl angemessen, auch ein länderübergreifendes Unterrichtungs- und Anhörungsverfahren vorzusehen. Das käme auch den unternehmerischen Realitäten entgegen. Gerade in KMU ist den Arbeitnehmern weniger an einer Mitbestimmung als mehr an einer Unterrichtung und Anhörung gelegen. Ermöglicht würde so eine passgenaue „Gesamtbeteiligung aus einem Guss" unter Berücksichtigung der jeweiligen nationalen (Beteiligungs-)Prioritäten, die die jeweilige SPE prägen werden.

Vorgesehen ist eine gewisse Überprüfungspflicht hinsichtlich der Beteiligungssituation. Sie knüpft an die zeitliche Dimension an, dürfte aber insofern nur einen Mindestinhalt vorgeben. Mit Sinn und Zweck der Norm ließe sich eine Überprüfungs- (und ggf. eine daraus folgende Verhandlungspflicht) auch für strukturell gravierende Änderungen herleiten. Insofern wäre allerdings eine Klarstellung des Verordnungsgebers sinnvoll. Angelegt ist diese Überprüfungspflicht bislang alleine bei der Geschäftsleitung. Es dürfte ein Gebot der gegenseitigen Fairness sein, diese Überprüfungspflicht um ein spiegelbildliches Recht der Arbeitnehmerseite zu ergänzen. Auch rechtspolitische Gründe dürften für die Etablierung eines solchen Rechts als wirksames Instrument zur Interessenwahrung sprechen. Zukommen sollte dieses Recht denjenigen, die von ihm betroffen sind, also den Arbeitnehmern der SPE selbst.

4. *Aussicht?*

Auch wenn die SPE zuletzt an Schwung verloren hat, besteht bei aller Skepsis durchaus Anlass zu einem verhaltenen Optimismus. Im Zuge der Beratungen wurden bereits bedeutende Kompromisslösungen entwickelt. Hauptstreitpunkt bleibt noch die Frage der Arbeitnehmerbeteiligung. Betrachtet man die SPE als ein „Gesamtpaket" finden sich darin genügend Einzelbestandteile, die es den Mitgliedstaaten bei allen unterschiedlichen Traditionen und kulturellen Präferenzen (und politischen Zielsetzungen) möglich machen sollten, Zugeständnisse zu machen. Ein realistischer Konsens kann aber nicht in der Festlegung auf ein bestimmtes, möglicherweise unikal favorisiertes, Modell bestehen. Das galt im Europa der Fünfzehn, es gilt umso mehr im Europa der Achtundzwanzig. Notwendig ist ein Ausgleich der wechselseitigen Interessen. Fokussiert auf die Arbeitnehmerbeteiligung stehen aber überzeugende und in sich stimmige Lösungsmodelle für die Schlüsselfragen bereit. Noch offene Details werden sich lösen lassen. Es fehlt bislang nur noch der Mut zur Umsetzung.

B. In 28 Thesen

Thesenartig zusammengefasst ergibt sich damit Folgendes:

1. Die kollektive Arbeitnehmerbeteiligung ist zur Etablierung und Durchsetzung von Arbeitnehmerinteressen notwendig.
2. Die Arbeitnehmerbeteiligung steht nach den mitgliedstaatlichen Regelungen teils im Arbeitsrecht und teils im Gesellschaftsrecht, blickt gewissermaßen „in beide Richtungen gleichzeitig". Sie ist vor allem auf zwei verschiedenen Ebenen angesiedelt. Zum einen in den Betrieben, zum anderen bei der Unternehmensleitung. Die EU-Mitgliedstaaten haben höchst unterschiedliche Priorisierungen im Hinblick auf die konkrete Ausgestaltung ihrer nationalen Beteiligungssysteme. Diejenigen Staaten, die eine Beteiligung kennen und leben, präferieren im Allgemeinen jeweils eine Ebene. Einzige Ausnahme ist Deutschland, das gleichzeitig sowohl über eine starke betriebliche Beteiligung als auch über eine starke Unternehmensmitbestimmung verfügt. Insbesondere in den KMU erweist sich die gelebte Praxis aber, z.T. klar entgegen der gesetzlichen Bestimmungen, als deutlich weniger getrennt sondern zunehmend konvergent. Wahrgenommen wird sie dort wohl eher als *„zwei Durchführungswege derselben Mitbestimmungsidee" (Rieble)*, als ein Verfahren, das vornehmlich auf effiziente Sicherstellung von Information und Kommunikation zielt.
3. Das spezifische deutsche Beteiligungssystem ist aus internen und externen Gründen so reformbedürftig wie noch nie. Hier intensivieren wechselseitige Abhängigkeiten und personelle Durchdringungen die Wirkung. Aufgrund dieser Doppelbeteiligung entstehen Beteiligungskaskaden. Die Konstruktion ist so im Vergleich besonders anfällig für Interessenkollisionen und auch unter Compliance-Gesichtspunkten labil.
4. Es war, ist und bleibt möglich, sich den deutschen Regelungen zur Mitbestimmung zu entziehen. Zu den traditionell bestehenden Methoden sind in Folge der EuGH-Rechtsprechung zur Niederlassungsfreiheit (*Centros* et al.) und durch die supranational wirkenden Richtlinien neue Wege gekommen ((Schein-)Auslandsgesellschaften, SE/SCE, supranationale Verschmelzungen auf nationale Rechtsformen). Der deutsche Gesetzgeber kann diese Wege nicht erfolgversprechend beschneiden. Ziel kann daher nur eine Attraktivierung der

deutschen Beteiligung sein. Sachgerecht erscheint eine Angleichung an das europäische Modell und damit die Öffnung für verhandelte Lösungen. Um die Legitimation zu gewährleisten sollten insoweit alle Arbeitnehmer eines Unternehmens einbezogen werden, auf den Arbeitsort kann es dann nicht ankommen. Entsendeprivilegien jeder Art haben sich überlebt.

5. Die europäischen Entwicklungen, insbesondere die Rechtsprechung zur Niederlassungsfreiheit, haben katalytische Wirkung auf den Wettbewerb unter den nationalen Gesellschaftsrechten der Mitgliedstaaten. Das gilt auch für die Arbeitnehmerbeteiligung. Hier ist das Mitbestimmungsgefälle europäische Realität. Allgemein geht der regulatorische Trend immer weiter zu Flexibilisierung und Deregulierung, im Bereich der unternehmerischen Mitbestimmung zudem weg von statischen normativen Vorgaben, hin zu Lösungen auf Ebene des individuell betroffenen Unternehmens.
6. Die Arbeitnehmerbeteiligung genießt in ihren jeweiligen Ausprägungen höchst unterschiedliche Akzeptanz. Das gilt national wie europaweit. Seit dem *Davignon*-Bericht ist die Situation noch komplexer und heterogener geworden. Eine gewisse Vereinheitlichung wurde hierbei durch die Unterrichtungs- und Anhörungsrichtlinie 2002/14/EG angestrebt. Je nach Tradition hatte sie auf die Mitgliedstaaten aber real höchst unterschiedliche Auswirkungen. Auch fünf Jahre nach Ende der Umsetzungsfrist lassen sich mit *Hall/Purcell* immer noch drei Großgruppen unterscheiden, nämlich Länder mit einem „stabilen" System von Unterrichtung und Anhörung, daneben solche, in denen entsprechenden Arrangements zunehmende Bedeutung beikommen und schließlich solche, in denen deren Bedeutung schwach ausgeprägt ist oder sogar zurückgeht. Das spezifisch deutsche System der doppelten Beteiligung ist europaweit unikal und konnte sich international nirgendwo durchsetzen. Diejenigen zentral- und osteuropäischen Staaten, die es nach Fall des Eisernen Vorhangs zumindest teilweise übernommen hatten, haben es mittlerweile wieder abgeschafft. Zudem (und immer noch) bedeutet alleine das Zurverfügungstellen des Systems noch lange keine gleichzeitige (geschweige denn allgemeine) Akzeptanz der Maßnahmen und Mittel. Dies gilt keinesfalls nur für die Arbeitgeber. Je nach Ausgestaltung der nationalen Regelungen überwiegt viel mehr selbst bei den Gewerkschaften die Skepsis. Die Richtlinienvorgaben haben so gesehen vielleicht noch dazu beigetragen, dass sich die Spektren weiter auffächerten. Inhalte und Verfahren bleiben unter Reformdruck.
7. Besonders gravierende Diskrepanzen bestehen im Hinblick auf die unternehmerische Mitbestimmung. In Anlehnung an *Hall/Purcell* lassen sich hier wohl nur zwei Gruppen unterscheiden, nämlich Länder mit einem „stabilen" Beteiligungssystem und solche ganz ohne entsprechende Vorgaben. Nahezu exotisch ist sie in den „kleinen" Kapitalgesellschaften. Formelle Regeln zur unternehmerischen Mitbestimmung in der GmbH und ihren nationalen Äquivalenten bestehen nur noch in insgesamt acht Mitgliedstaaten, konkret in Dänemark, Deutschland, Finnland, Kroatien, den Niederlanden, Österreich,

Schweden und Ungarn. Faktisch ist ihre praktische Umsetzung keineswegs umfassend. Sie ist vor allem in den größeren Unternehmen etabliert, es besteht eine Größenabhängigkeit (Stichwort für Deutschland „Drittelbeteiligungslücke", ähnlich aber auch z.B. in Schweden).

8. Wo entsprechende nationale Regelungen zur unternehmerischen Mitbestimmung in den „kleinen" Kapitalgesellschaften bestehen, sind sie teils in den Arbeitsrechten, teils in den Gesellschaftsrechten verortet. Materiell weichen sie gravierend voneinander ab. Das gilt schon für die fundamentalsten Grundprinzipien wie Ansatzpunkt, Schwellenwerte, Sitzzahl und Reichweite. Je nach Organisationsverfassung kann sie grundsätzlich im Aufsichtsrat oder im Verwaltungsrat ansetzen, teilweise sind besondere Vereinbarungen möglich (Finnland). Die Schwellenwerte zu ihrer erstmaligen Etablierung reichen von mindestens 25 Arbeitnehmern (Schweden) bis zu mehr als 500 bzw. mehr als 2.000 Beschäftigten (Deutschland). Teilweise ist sie grundsätzlich verpflichtend (Deutschland), teilweise mehr oder weniger optional (Dänemark). Die Anzahl der durch die Arbeitnehmer besetzten Sitze im jeweiligen mitbestimmten Gremium variiert zwischen genau einem einzelnen Arbeitnehmervertreter (Kroatien) bzw. einem Viertel des Gremiums (Finnland) und einer paritätischen Beteiligung (ggf. Deutschland), wobei insgesamt die Drittelbeteiligung klar überwiegt. Die Befugnisse der Arbeitnehmervertreter beruhen teilweise auf mehr oder weniger detaillierten gesetzlichen Regelungen (z.B. Deutschland, Österreich), und teilweise (nahezu) ausschließlich auf Tarifvereinbarungen mit bisweilen hochindividuellen Abweichungen (gesamter nordischer Rechtskreis). Dort, wo die Unternehmensmitbestimmung auch in den KMU gelebt wird, geht der Trend wohl zunehmend weg von vereinheitlichenden materiellen Vorgaben. Viel mehr werden immer mehr passgenaue Vereinbarungen zur konkreten Ausgestaltung auf individueller Unternehmensebene geschlossen. Nach Wahrnehmung der Betroffenen liegt ihre praktische Bedeutung vor allem in der Bereitstellung eines weiteren Kanals zu Unterrichtung und Anhörung, nicht in der Einflussnahme auf unternehmensstrategische Entscheidungen. Im internationalen Maßstab entspräche das dem Eindruck als weiterer Durchführungsweg der Arbeitnehmerbeteiligung.

9. Das SE-Statut versuchte erstmals, ein überzeugendes, die nationale Ebene überwölbendes Konzept der Corporate Governance zu entwickeln und dieses in die bestehenden industriellen Beziehungen zu integrieren. Auch wenn in der Praxis viele Unschärfen bleiben und eine (notwendige) Weiterentwicklung rechtspolitisch zweifelhaft erscheint, ist der Fortschritt offenkundig. In beteiligungstechnischer Sicht ermöglichte sie erstmals eine verhandelte Mitbestimmung, die gleichermaßen die betriebliche und die unternehmerische Ebene betrifft. SCE und EWIV hingegen sind an den Bedürfnissen des Marktes vorbei konzipiert und konsequenterweise kein Erfolg.

10. Das in der Folge immer weiter dynamisierte europäische Beteiligungsmodell aus Sitzstaatsprinzip – Verhandlungslösung – Auffangregelung ist seiner Grundkonzeption nach gelungen. Die europäische Beteiligung knüpft allein

an quantitative Vorgaben an. Das ermöglicht grundsätzlich auch dem weniger beschlagenen Rechtsanwender einen einfachen Vergleich. Das Konzept wurde von der EBR-RL über die SE-RL/SCE-RL hin zur Verschmelzungsrichtlinie kontinuierlich weiterentwickelt. Letztere bildet aktuell die „Messlatte" im Hinblick auf die europäische Beteiligung. Sie ermöglicht verhandelte Mitbestimmungslösungen auch in nationalen Gestaltungen. Diese Ausweitung der Verhandlungslösung stellt bereits einen Wert an sich dar. Durch ihre konkrete Ausformung, insbesondere der Auffangregelung (angepasster Schwellenwert, direkte Zugriffsmöglichkeit), gewinnt sie an Flexibilität und damit an Attraktivität. Übergeordnet ermöglicht sie die Ausbildung einer *„best practice"*. Die Weiterentwicklungen gehen in die richtige Richtung, allerdings bedarf es nach wie vor weiterer Änderungen in Detailfragen.

11. Trotz der bislang existierenden Gestaltungsmöglichkeiten besteht unter den Rechtsanwendern nach wie vor der Bedarf für die SPE als supranationale „kleine Kapitalgesellschaft". Entscheidend für ihren Erfolg sind die Aspekte Europäisierung, Deregulierung und Flexibilisierung. Allgemein sollte die Rechtsform durch ein möglichst einheitliches Statut geregelt werden, das so weit wie möglich ohne Verweisungen in das Recht der Mitgliedstaaten auskommt. Jede einzelne Abweichung hiervon schmälert ihre Akzeptanz. Das gilt insbesondere für die gesellschaftsrechtlichen Kernfaktoren. Die SPE sollte über die Möglichkeit zur Sitztrennung verfügen, da dies einer ihrer praktischen Hauptvorteile sein würde. Denn nur, wenn die Sitztrennung möglich bleibt, können die Registersitze von mehreren SPE an einem Ort konzentriert werden. Nur dann gelingen aber auch die Vereinheitlichung der gesellschaftsrechtlichen Architektur und die letztlich angestrebte Konsolidierung in Bezug auf Gründung, Verwaltung und einheitlichen Rechtsweg.
12. Aufgrund der gewachsenen beteiligungstechnischen Unterschiede in den Mitgliedstaaten ist in diesem Bereich eine Vereinheitlichung auf absehbare Zeit nicht wahrscheinlich. Viel mehr wird es auch weiterhin bei verschiedenen Beteiligungsniveaus bleiben. Die Mitbestimmung in der SPE knüpft aber an die Situation des Sitzstaats an. Somit bleiben Ausweichkonstrukte möglich. Es bedarf darum eines mitbestimmungsrechtlichen Umgehungsschutzes. Dieser sollte sich auf Missbrauchsfälle beschränken und der supranationalen Dimension Rechnung tragen. Ferner sollte er die erklärte Hauptzielgruppe der Rechtsform, die KMU, nicht unnötig belasten.
13. Erster Anknüpfungspunkt für die unternehmerische Mitbestimmung in der SPE ist darum zustimmungswürdig das Recht des jeweiligen Sitzstaats. Nur wenn ein mitbestimmungstechnischer Ausgleich notwendig wird, weil die SPE insgesamt maßgeblich von einem anderen Recht als demjenigen des Sitzstaats geprägt ist, sollte das europäische Verhandlungsverfahren zum Zug kommen. Es ist sinnvoll, dieses inzwischen mehrfach etablierte Konzept auch bei der SPE zu verwenden, anstatt ein komplett neues, eigenständiges System aus der Taufe zu heben, dessen Details ebenso fraglich wären wie seine Akzeptanz in den Mitgliedstaaten.

14. Ob eine entsprechende mitbestimmungstechnische Prägung vorliegt, sollte sich nach den Kriterien der absoluten Größe des Unternehmens und des relativen „mitbestimmenden" Belegschaftsanteils bemessen. Hinzugesetzt werden sollte ein zeitliches Merkmal. Ein mitbestimmungsrechtlicher Einfluss bei strategisch-langfristigen Unternehmensentwicklungen kann nicht an möglicherweise nur kurzzeitige Gegebenheiten anknüpfen. Nur wenn alle drei Kriterien erfüllt sind, ist die Verhandlungslösung eröffnet.
15. Rechtspolitischer Hauptstreitpunkt dürfte die konkrete Festlegung der Schwellenwerte sein. Hier schlagen die jeweiligen tradierten Vorstellungen der Mitgliedstaaten unmittelbar durch. Schon aus rein praktischen Erwägungen sollte der absolute Schwellenwert indes nicht zu niedrig bemessen sein. Alles andere würde zu viele Neugründer unnötig in die Verhandlungslösung zwingen. In seine Berechnung sollten die Tochterunternehmen einbezogen werden. Auf diese Weise würde tatsächlich eine SPE-weit einheitliche Beteiligung entstehen. Abstufungen in „Arbeitnehmer erster und zweiter Klasse" würden vermieden. Der zuletzt vorgeschlagene Größenwert von mindestens 500 Arbeitnehmern ist aus deutscher Perspektive nur eingeschränkt mitbestimmungsneutral, was aus streng nationaler Sicht für einen darüber liegenden Wert spräche. Der relative Schwellenwert sollte ein Drittel der Gesamtbelegschaft betragen. Hier wird man bereits von einer zwar nicht überwiegenden, aber schon hinreichenden Prägekraft sprechen können. Das zeitliche Kriterium sollte grundsätzlich bei einem ununterbrochenen Zeitraum von sechs Monaten liegen. Dieser Zeitraum dürfte ausreichen, um etwaige kurzzeitige Effekte abzufedern.
16. Die gegenwärtige Auffanglösung knüpft an das höchste Niveau des bei der jeweils konkreten SPE betroffenen Mitgliedstaats an („Mitbestimmungspool"). Diese Regelung soll gewährleisten, dass die ggf. etablierten Rechte gewahrt bleiben. Diese Anknüpfung bedeutet jedoch, dass im Extremfall bereits ein einziger Arbeitnehmer in einem mitbestimmungsaffinen Mitgliedstaat einer SPE in einem sonst mitbestimmungsaversen Umfeld der weitgehendsten Mitbestimmungsform zum Durchbruch verhilft. Das ist dann aber nicht nur Sicherung, sondern Ausweitung.
17. Einhergehend mit der tatsächlich gelebten Praxis der unternehmerischen Mitbestimmung in den KMU läge die wünschenswerte Auffanglösung in einem entsprechend ausgestattetem Konsultationsrat. Falls sich die Neuschaffung eines solchen Gremiums, rechtsformspezifisch für die SPE, nicht durchsetzen ließe, wäre die Anknüpfung an den Arbeitsort einer tatsächlichen Belegschaftsmehrheit sinnreich. Denn dann wäre entscheidend, wie sehr ein bestimmtes Unternehmen beteiligungstechnisch geprägt wird. Angeknüpft wird dann letztlich auch an die tatsächliche unternehmerische Substanz. Politisch realistisch scheint indes nur die Begrenzung auf die Drittelparität.
18. Das grundsätzlich selbe Verfahren der verhandelten Beteiligung sollte bei identitätswahrenden Sitzverlegungen greifen. Zunächst gilt demnach auch

hier das Sitzstaatsprinzip. Die europäische Mitbestimmungslösung sollte erst bei der Registersitzverlegung Anwendung finden, und auch nur dann, wenn neben einem bestimmten (vorzugsweise doppeltem) Größenkriterium ein Mitbestimmungsgefälle vom Herkunfts- zum Zuzugsstaat besteht. Ein grundsätzlicher Verfahrensgleichlauf würde den Zugang erleichtern.

19. Anders als bei der SE wird in der SPE für die Beteiligung nicht nach der Gründungsart unterschieden. Insbesondere gibt es nach gegenwärtigem Stand wohl keine Sonderregelung für aus Umwandlung hervorgegangene SPE. Geregelt wird lediglich ein Sonderrecht für die Sitzverlegung. Falls die Mitbestimmung in der SPE bereits zuvor nach den entsprechenden Vorgaben ausgehandelt worden ist, besteht dieses System auch nach der Sitzverlegung fort, falls nichts anderes vereinbart wird. Nach dem Wortlaut kann aber nach der Sitzverlegung nicht einfach auf diese schon zuvor ausgehandelte Mitbestimmung zurückgegriffen werden. Viel mehr bleibt es nach wie vor bei der Notwendigkeit, zunächst ein Besonderes Verhandlungsgremium zu etablieren und Verhandlungen zu beginnen. Das erscheint als unnötig aufwendig und insofern überdenkenswert.
20. Wird eine SPE durch Umwandlung gegründet und besteht im Vorgängerunternehmen bereits ein spezifisches, supranational ausgehandeltes Mitbestimmungsstatut, z.B. wenn eine aus einer grenzüberschreitenden Verschmelzung hervorgegangene nationale Gesellschaft sich später in eine SPE umwandelt, könnte an diesem festgehalten werden.
21. Anders als bei der SE sind im SPE-Statut aktuell keine eigenen Regelungen für einen länderübergreifenden Betriebsrat vorgesehen. Das ist sachgerecht, solange es bei der Anwendung des Sitzstaatsprinzips bleibt. Wenn es aber ohnehin zu Verhandlungen kommt, wäre es wohl sinnvoll, hier auch einheitlich über ein länderübergreifendes Unterrichtungs- und Anhörungsverfahren verhandeln zu können. Ermöglicht würde so eine passgenaue „Gesamtbeteiligung aus einem Guss“ unter Berücksichtigung der individuellen nationalen (Beteiligungs-)Prioritäten, die die jeweilige SPE prägen werden.
22. Veränderungen in der Organisationsstruktur sind in einem wirtschaftlich tätigen Unternehmen zwangsläufig. Konsequent können derartige Veränderungen auch auf die Beteiligungsstruktur durchschlagen. Eine entsprechende Revisionsregelung im SPE-Statut hat schon daher ihre Berechtigung. Vorgesehen ist eine zeitlich getaktete Überprüfungspflicht des Geschäftsführungsorgans der SPE. Über den Wortlaut hinaus dürfte auch eine zusätzliche, anlassbezogene Prüfungspflicht bei veränderten Umständen bestehen. In diesem Zusammenhang böte sich eine entsprechende Klarstellung ebenso an, wie eine ausdrückliche Einbeziehung der Komplexe „strukturelle Änderung“ bzw. „wirtschaftliche Aktivierung“ und „Missbrauch“ mit entsprechend eindeutigen Definitionen. Dadurch ließen sich die derzeit bestehenden Probleme im Bereich der Vorrats-SE bei der SPE vermeiden. Hinzugesetzt werden sollte ein spiegelbildliches Überprüfungsrecht der Arbeitnehmer, in dessen Folge bei veränderten strukturellen Rahmenbedingungen ggf. Verhandlungen

durchzuführen wären. Zukommen sollte dieses Recht den Arbeitnehmern der SPE selbst. Wie hoch dann der entsprechende Anteil der Arbeitnehmerseite sein soll, der notwendig ist, um das entsprechende Verfahren zu initiieren, ist vor allem eine rechtspolitische Frage. Denkbar wäre ein doppeltes Kriterium nach dem Muster der dänischen „Ja/Nein-Abstimmung" (*ja/nej-afstemning*).

23. Die Behandlung von späteren Veränderungen im Rahmen des üblichen Geschäftsverlaufs sollte dem Konsultationsrat überantwortet werden. Das gilt insbesondere für Abberufungen bzw. ordentliche Neubesetzungen. In diesen Fällen jedes Mal ein neues Besonderes Verhandlungsgremium zu konstituieren erscheint als unangemessen aufwändig.
24. Beim Besonderen Verhandlungsgremium selbst erscheinen einige Modifizierungen denkbar. Falls bereits ein Europäischer Betriebsrat besteht, könnte vorzugsweise direkt auf dieses Gremium zurückgegriffen werden. Dies würde nicht nur Zeit und Kosten sparen, man würde in personaler Hinsicht auch unmittelbar auf solche Arbeitnehmervertreter zurückgreifen, die sich bereits praktisch mit grenzüberschreitenden Beteiligungsfragen auseinandersetzen und insofern über gewisse Erfahrungen verfügen. Zu erwägen wäre ggf. eine Mandatshöchstzahl.
25. Die Reichweite des Verhandlungsmandats des Besonderen Verhandlungsgremiums sollte klar bestimmt werden. Eine Minderung bzw. Nichteinführung der Mitbestimmung hängt derzeit an einem qualifizierten Mehrheitsbeschluss. Zur sachgerechten Differenzierung sollte bei der Minderung der Mitbestimmung ein zusätzliches Größenkriterium aufgenommen werden. Zwar wäre eine solche zusätzliche Klausel eine weitere Komplizierung, sie würde jedoch die Ausgangsbedingungen im jeweiligen Unternehmen berücksichtigen.
26. Im Hinblick auf eine allseitige Transparenz scheint die Einführung eines (auch sprachlich) einheitlichen Unternehmensregisters für die supranationalen Rechtsformen überlegenswert.
27. Gegenwärtig ist die weitere Entwicklung der SPE offen. Aufgrund der gewählten Rechtsgrundlage von Art 352 AEUV bedarf es zur Verabschiedung des SPE-Statuts der Einstimmigkeit im Rat. Daher sind Blockaden durch einen einzelnen Mitgliedstaat möglich. Sollte die notwendige Einstimmigkeit nicht erzielt werden können, gäbe es als alternatives Mittel zur Etablierung der Rechtsform die Verstärkte Zusammenarbeit gem. Art. 20 EU, 326 ff. AEUV. Dieser Weg wurde bereits verschiedentlich als gangbar vorgeschlagen. Ein entsprechendes Vorgehen erscheint daher zwar als politisch unwahrscheinlich, gleichwohl nicht als gänzlich ausgeschlossen. In diesem Szenario müssten die Mitgliedstaaten, die sich dem Willen der Mehrheit verschließen, einzeln auf die Einführung der neuen Rechtsform verzichten. Sie könnten aber ihrerseits die anderen Staaten weder davon abhalten, noch gar Einfluss auf die konkrete Ausgestaltung der Rechtsform nehmen. Umgekehrt müssten diese Staaten aber aufgrund der Niederlassungsfreiheit diese „Auslands-SPE" anerkennen. Ein blockierender Mitgliedsstaat würde sich von weiteren Einflussnahmemöglichkeiten bewusst entkoppeln.

28. Die SPE hat großes Potential, sich gewinnbringend in den supranationalen Kontext einzufügen. In einem globalen Umfeld konkurrierender Rechtsordnungen bietet sie die Gelegenheit zu aktiver Gestaltung und Weiterentwicklung. Man sollte den gegebenen politischen Spielraum offensiv nutzen. So oder so werden von der SPE – ähnlich wie schon von der SE – positive Effekte ausgehen. Entweder als weiterer Baustein im harmonisierten „29. Regime", oder als Katalysator für die weiteren Entwicklungen in den nationalen europäischen Arbeits- und Gesellschaftsrechten. Von ihr als einer erfolgreichen Rechtsform würden nicht nur Arbeitgeber und Arbeitnehmer gleichermaßen profitieren, sondern auch die Union und damit das europäische Rechtssystem insgesamt.

Teil 7 – Nachwort – Die SUP als „Follow-up" für die SPE?

Die vorstehende Dissertationsschrift wurde im November 2013 eingereicht. Seitdem sind einige wesentliche Entwicklungen im Hinblick auf das „Projekt SPE" eingetreten, die hier noch kurz dargestellt werden sollen.

Angesichts der Blockaden im Rat[2528] hatte die Kommission bereits in ihrer Refit-Mitteilung vom Oktober 2013 bekannt gegeben, den SPE-Vorschlag insgesamt zurückziehen zu wollen[2529], wobei sie jedoch gleichzeitig die Vorlage eines neuen Vorschlags in diesem Bereich in Betracht zog (*„Follow-up"*)[2530].

Hierzu kam es schließlich im Frühjahr 2014, als die Kommission den Entwurf einer *Richtlinie über Gesellschaften mit beschränkter Haftung mit einem einzigen Gesellschafter* vorstellte[2531]. Die hier vorgesehene neue Einpersonengesellschaft wird

---

2528 Zu den Entwicklungen vgl. oben Teil 5 G. II – VIII.

2529 Vgl. schon oben Teil 5 G. IX. 5., insbes. Fn. 2470. Mit Blick auf Art. 293 II AEUV kritisch zur überhaupt bestehenden Rücknahmekompetenz der Kommission, allerdings ungeachtet etwaiger politischer Fragestellungen, *Hommelhoff/Teichmann*, GmbHR 2014, S. 177, 177 f.

2530 Vgl. schon oben Teil 5 G. IX. 5., insbes. Fn. 2468 f., 2471; Kommission, Refit-Annex 2013, S. 9, Fn. 40. Zum Begriff *„Follow-up"* vgl. Kommission, Aktionsplan 2012, S. 16; Kommission, Mitteilung Refit 2013, S. 5.

2531 Kommission, SUP-RLE vom 09.04.2014. Die Bestimmungen der *Richtlinie 2009/12/EG vom 16.09.2009 auf dem Gebiet des Gesellschaftsrechts betreffend Gesellschaften mit beschränkter Haftung mit einem einzigen Gesellschafter* (vulgo auch als „12. Richtlinie" bekannt) wurden in Teil 1 dieses Vorschlags übernommen; vgl. auch Erwägungsgrund 2 SUP-RLE. Konzeptionell baut die SUP-RLE auf den Vorschlägen der Reflexionsgruppe zur Zukunft des EU-Gesellschaftsrechts zur sog. *Single-Member-Company (SMC)* auf; Bericht Reflexionsgruppe, S. 66 f., dort auch unter Bezugnahme auf die SPE. Es ist eine gesonderte Bemerkung wert, dass die SUP-Vorlage ungeachtet eines zwischenzeitlichen ausdrücklichen Bekenntnisses der deutschen Bundesregierung zur SPE erfolgte, vgl. den Koalitionsvertrag zwischen CDU, CSU und SPD für die 18. Legislaturperiode, S. 25, freilich unter ausdrücklicher Nennung der noch immer ungelösten Mitbestimmungsproblematik (*„Im Interesse mittelständischer Unternehmen setzen wir uns dafür ein, eine Europäische Privatgesellschaft (‚Europa-GmbH') zu schaffen. Wir werden dabei sicherstellen, dass die nationalen Vorschriften über die Mitbestimmung […] nicht umgangen werden."*). *Brouwer* merkt mit Recht an, dass diese Koalitionszusage *„verwundert […], lag es doch vor allem an Deutschland, dass das SPE-Projekt im Jahr 2011 (aus mitbestimmungsrechtlichen Gründen) gescheitert ist"*; *Brouwer*, NZG 2014, S. 201, 206. Vgl. oben Teil 5 G. VIII. 5 vi.

als *Societas Unius Personae – SUP* bezeichnet und ausdrücklich als *„eine Alternative zur SPE“* genannt[2532].

Diesem Hintergrund entsprechend enthält der SUP-Vorschlag einige bereits von der SPE bekannte Aspekte, daneben jedoch auch verschiedene signifikante Änderungen bei Konzeption und inhaltlicher Ausgestaltung.

Durchgreifend ist bereits der grundsätzliche Ansatz. Die Richtlinie verpflichtet die Mitgliedstaten, in ihren Rechtsordnungen eine nationale Gesellschaftsrechtsform vorzusehen, für die in allen Mitgliedstaaten dieselben Vorschriften und eine unionsweit einheitliche Abkürzung „SUP“ gelten würden[2533]. Nach diesen Vorgaben würde die SUP also auf den in den Mitgliedstaaten (weitgehend, eventuell auch maximal) harmonisierten Vorschriften beruhen. Sie wäre jedoch gerade keine neue Rechtsform des supranationalen „29. Regimes“, sondern würde neben die jeweiligen nationalen Formen treten[2534]. Damit wäre sie aber auch keinesfalls eine vollwertige Alternative zur supranationalen SPE. Allerdings wäre sie, sonstige weitgehende Einheitlichkeit zumindest unterstellt, immerhin ein grundsätzlich begrüßenswertes Instrument zur grenzüberschreitenden Organisation von Gesellschaften.

Augenfälligste, und praktisch gravierendste, Neuerung gegenüber der SPE ist die nunmehr gewählte Rechtsgrundlage. Der Vorschlag zur SUP-Richtlinie stützt sich nicht mehr auf Art. 352 AEUV[2535], sondern auf Art. 50 II f) AEUV[2536]. Maßgeblich ist damit das ordentliche Gesetzgebungsverfahren gem. Art. 294 AEUV, in dem der Rat nicht einstimmig, sondern mit qualifizierter Mehrheit entscheidet[2537]. Somit wäre die Blockade des Vorhabens durch einen einzelnen Mitgliedstaat nicht mehr möglich. Unabhängig von der Frage der rechtlichen Zulässigkeit könnte sich dieses Vorgehen daher rein politisch als vorteilhaft erweisen. Allerdings ist noch durchaus offen, ob diese Rechtsgrundlage das Projekt vollkommen zu tragen geeignet ist[2538].

2532 Kommission, SUP-RLE, S. 3. Erklärte Leitidee auch der SUP ist es, Unternehmen die Gründung von Tochtergesellschaften in anderen Mitgliedstaaten zu erleichtern; Kommission, SUP-RLE, S. 1 (Begründung, Kontext des Vorschlags). Die hier vollzogene explizite Beschränkung auf Einpersonengesellschaften erklärt sich damit, dass Tochtergesellschaften zumeist nur über eine einzige Gesellschafterin verfügen, nämlich die Muttergesellschaft.

2533 Kommission, SUP-RLE, S. 3. Vgl. auch Bericht Reflexionsgruppe, S. 66.

2534 Jedem einzelnen Mitgliedstaat bliebe dabei aber überlassen, ob er die unionsweit einheitlichen Standards auf alle nationalen Einpersonen-GmbH anwenden will, oder ob daneben weitere, nationale Einpersonen-GmbH bestehen sollen; *J. Schmidt*; GmbHR 2014, R 129, R 129. Aufgrund dieser unklaren Grenzziehung bezeichnet *Jung* die SUP auch als *„Zwitterwesen“*, *Jung*, GmbHR 2014, S. 579, 581.

2535 Vgl. oben Teil 5 D I.

2536 Kommission, SUP-RLE, S. 5 d., 11.

2537 Vgl. Art. 238 III a) AEUV.

2538 Ablehnend z.B. BR-Drucks. 165/14 (Beschluss) (2) vom 11.07.2014, S. 2 f.; österreichischer Bundesrat in *Begründete Stellungnahme eines nationalen Parlaments zur Subsidiarität* vom 27.06.2014 (PE536.046v01-00), Text unter http://www.europarl.

Relevanter ist allerdings die inhaltliche Ausgestaltung. Denn gerade die notwendige weitgehende Einheitlichkeit der Rechtsform wird, trotz und entgegen dem europaweit „einheitlichen Label SUP“[2539], nicht hergestellt. Tatsächlich beschränkt sich der Richtlinienvorschlag auf die Harmonisierung nur derjenigen nationalen Rechtsvorschriften, die eine Gesellschaftsgründung erschweren; das gilt insbesondere im Hinblick auf den Eintragungsvorgang und das Mindestkapital[2540]. Hierbei geht er sehr progressiv vor[2541]. Die übrigen Entscheidungen werden aber dem jeweils nationalen Recht überlassen[2542]. Insbesondere betrifft diese fehlende Einheitlichkeit damit auch alle Aspekte der Arbeitnehmerbeteiligung, und zwar gleichermaßen Unterrichtung und Anhörung, sowie vor allem die unternehmerische Mitbestimmung[2543]. Maßgeblich wäre insoweit also einmal mehr, in welchem Mitgliedstaat die SUP eingetragen würde. Da aber nach dem Richtlinienentwurf

---

europa.eu/meetdocs/2014_2019/documents/juri/dv/1030/1030642/1030642de.pdf; österreichische Bundesarbeitskammer, AK, Stellungnahme SUP, S. 3. Die niederländische Regierung unterstützt zwar das grundsätzliche Ziel der SUP, ist jedoch der Ansicht, dass der Vorschlag unter Subsidiaritätsgesichtspunkten zu weit geht; *Kamerbrief over het Schriftelijk Overleg informele Raad voor Concurrentievermogen 21 en 22 juli 2014 te Milaan*, S. 20, Text unter http://www.rijksoverheid.nl/documenten-en-publicaties/kamerstukken/2014/08/22/kamerbrief-over-het-schriftelijk-overleg-informele-raad-voor-concurrentievermogen-21-en-22-juli-2014-te-milaan.html (niederländisch). Vgl. auch ETUC, Stellungnahme SUP-RLE, S. 2; BDI/BDA/DIHK, Stellungnahme SUP-RLE, S. 2.

2539 Vgl. Art. 6 I 2 SUP-RLE. *J. Schmidt* spricht in GmbHR 2014, R 129, R 129, vom *„EU-Gütesiegel“*.

2540 Auch bei diesem letzten Punkt beginnen die mitgliedstaatlichen Positionen nach einer zwischenzeitlichen Annäherung mittlerweile wieder auseinanderzudriften. So hat Österreich die erst mit dem GesRÄG 2013 eingeführte Reduzierung des Mindeststammkapitals bei der GmbH nach gerade einmal acht Monaten mit dem AbgÄG vom 24.02.2014 wieder rückgängig gemacht. Das Mindeststammkapital einer österreichischen GmbH liegt seitdem wieder bei 35.000,– Euro, § 6 I n.F. österreichisches GmbHG. Allerdings gibt es eine sog. Gründungsprivilegierung, wonach das Stammkapital nur mindestens 10.000,– Euro betragen muss. Diese Gründungsprivilegierung ist auf 10 Jahre befristet; vgl. § 10b österreichisches GmbHG. Zum GesRÄG 2013 vgl. oben Teil 3 B. I. 21., zum AbgÄG 2014 vgl. die Darstellung Änderungen im GmbH-Recht mit 1. März 2014 beim österreichischen *Bundesministerium für Justiz* unter http://www.justiz.gv.at/web2013/html/default/2c94848542ec4981014477a64a815c5e.de.html.

2541 Konkret wählt er die Möglichkeiten einer Online-Eintragung, einer einheitlichen Mustervorlage für die Satzung, und eines Mindestkapitalerfordernisses von nur 1,– Euro nebst Bilanztest und Solvenzbescheinigung; Kommission, SUP-RLE, S. 5; Art. 11 f. (Satzung), 13 f. (Eintragung) 16 ff. (Stammkapital). Zur *Simplified Company Charter* bereits Bericht Reflexionsgruppe, S. 66 a.E., 67.

2542 Vgl. insoweit auch Art. 7 IV SUP-RLE.

2543 Kommission, SUP-Memo, Pkt. 5, 15. Kritisch darum z.B. *Brouwer*, NZG 2014, S. 201, 206.

speziell die Möglichkeiten zur mitgliedstaatlichen Wahl von Sitztrennung[2544] und Sitzverlegung[2545] beibehalten werden sollen, ohne dass gleichzeitig ein Verfahren zur Überbrückung der national gegebenen Unterschiede[2546] etabliert wird, dürften auch bei der SUP die schon aus der Diskussion um die SPE bekannten Beteiligungsprobleme bleiben[2547].

Vor diesem Hintergrund muss es darum doch einigermaßen erstaunen, wenn der SUP-Vorschlag auf diese, bei der SPE identisch bestehende[2548] und letztlich ja auch schicksalhafte Problematik[2549], nicht näher eingeht.

Konsequent fallen die bisherigen Reaktionen auf den SUP-Entwurf grenzüberschreitend sehr verhalten aus – sie reichen allerdings auch bis hin zu einer offenen Ablehnung[2550]. Angegangen wird bereits die Rechtsgrundlage. Die Kritik betrifft aber auch die inhaltliche Ausgestaltung der Rechtsform, auch und gerade aufgrund des ungelösten Problems der supranationalen Arbeitnehmerbeteiligung[2551].

2544 Kommission, SUP-RLE, S. 3; Erwägungsgrund 12, Art. 10. Demnach müssen sowohl Register- als auch Verwaltungssitz in der EU liegen, allerdings *„sollten die Mitgliedstaaten nicht verlangen, dass sich der satzungsmäßige Sitz und die Hauptverwaltung einer SUP in demselben Mitgliedstaat befinden müssen"*.

2545 Kommission, SUP-Memo, Pkt. 5.

2546 Zu den maßgeblichsten Differenzen vgl. oben Teil 3 C., D.

2547 Das betrifft namentlich etwaige Umgehungen. Anschaulich zur Neugründung sowie Umwandlung einer SUP gem. Art. 9 SUP-RLE z.B. *Drygala*, EuZW 2014, S. 491, 492 f., 497. Zur Diskussion vgl. oben Teil 5 G.

2548 Bildhaft *J. Schmidt*; GmbHR 2014, R 129, R 130 (*„Déjà-vu"*).

2549 *Drygala* weist richtig auf das *„Scheitern der SPE an diesen Fragen"* hin, *Drygala*, EuZW 2014, S. 491, 491. Vgl. auch *Krause* in *Hirte/Teichmann* SPE 2013, S. 375, 377 (*"crucial stumbling block"*).

2550 Insgesamt ablehnend z.B. BR-Drucks. 165/14 (Beschluss) (2) vom 11.07.2014; gerade durch die Möglichkeit zur Sitztrennung würde die SUP *„zur idealen Briefkastengesellschaft"*, ebd., S. 7 a.E. Ablehnend z.B. auch BDI/BDA/DIHK, Stellungnahme SUP-RLE, S. 1 ff., die sich statt der SUP für einen erneuten SPE-Vorschlag aussprechen. Ablehnend auch die österreichische Bundesarbeitskammer, AK, Stellungnahme SUP, S. 1 ff. (*„Durch die Trennung von Satzungs- und Verwaltungssitz kann [...] die SUP [...] nach Belieben quasi „Katz und Maus" spielen"*, S. 5) sowie der Europäische Gewerkschaftsbund, ETUC, Stellungnahme SUP-RLE, S. 1 ff.

2551 Vgl. z.B. ausdrücklich EWSA, Stellungnahme SUP 2014, Pkt. 1.5, 1.6, 2.5, 3.3, 4.4.; Bundesrat; BR-Drucks. 165/14 (Beschluss) (2) vom 11.07.2014, S. 8 f.; AK, Stellungnahme SUP, S. 6, 7, 10; ETUC, Stellungnahme SUP-RLE, S. 2, 3. Die niederländische Regierung hat insbesondere bzgl. der Arbeitnehmerbeteiligung bereits einen Vorbehalt erklärt. Umgehungen der Mitbestimmung durch die SUP sollen verhindert werden; *Kamerbrief over het Schriftelijk Overleg informele Raad voor Concurrentievermogen 21 en 22 juli 2014 te Milaan*, S. 20, Text unter http://www.rijksoverheid.nl/documenten-en-publicaties/kamerstukken/2014/08/22/kamerbrief-over-het-schriftelijk-overleg-informele-raad-voor-concurrentievermogen-21-en-22-juli-2014-te-milaan.html (niederländisch). Exemplarisch auch die Sicht der schwedischen Angestelltengewerkschaft *TCO*,

Dieses Echo verwundert kaum. Denn tatsächlich fällt die Kommission mit dem SUP-Entwurf materiell hinter den bei der SPE bereits durchdiskutierten Stand zurück[2552]. Sie versucht, mit *Dryagala*, einen *„radikalen Neuanfang"*[2553], und stellt dabei maximale Positionen auf. Vor allem das Problem der grenzüberschreitenden Arbeitnehmerbeteiligung wird als solches schlicht ignoriert. Die SUP stellt sich darum (zumindest aus beteiligungstechnischer Sicht) gerade nicht als „Nachfolge" bzw. „Fortschreibung", mithin als *„Follow-up"* der SPE dar, sondern als ein inhaltliches *„Da capo"*. Erscheint der Vorschlag selbst somit als ein *„Déjà vu"*[2554], sind die Reaktionen darauf in ihrem quasi-ritualisierten Bemühen um Besitzstandswahrung ein *„Déjà vécu"*.

Insgesamt wirkt die SUP nach dem gegenwärtigen Entwurf wenig praktikabel, und daher auch wenig attraktiv. Die politischen Erfolgsaussichten dieser SUP erscheinen, nicht nur darum, sehr gering[2555]. Und das, aufgrund der konkreten Ausgestaltung und des eher begrenzten Mehrwerts, im Ergebnis auch nicht zu Unrecht. Denn insbesondere vermag sie nicht den Bedarf nach einer supranationalen Rechtsform, insbesondere für die KMU, zu decken. Umso mehr kann ein Verzicht auf die SPE nicht überzeugen.

---

die den SUP-Entwurf u.a. aufgrund der Möglichkeit der Sitztrennung als „Bedrohung für das schwedische Arbeitsmarktsmodell" bezeichnet (*„Et hot mot den svenska arbetsmarknadsmodellen"* in *Remissvar om EU-kommissionens förslag till direktiv om privata enmansbolag med begränsat ansvar,* 26.05.2014, S. 4, Text unter http://www.tco.se/Aktuellt/Remisser1/2014/EU-kommissionens-forslag-till-direktiv-om-privata-enmansbolag-med-begransat-ansvar/ (schwedisch)). Abwartend noch die vorläufige Position der schwedischen Regierung, vgl. Darstellung *Faktapromemoria 2013/14:FPM82 Direktiv om privata enmansbolag (SUP-bolag),* Abschnitt *2.1 Preliminär svensk ståndpunkt,* wonach sichergestellt werden müsse, dass die Beteiligungsrechte der Arbeitnehmer durch den Vorschlag nicht nachteilig beeinflusst würden (*„Vidare bör säkerställas att arbetstagares rätt till inflytande inte påverkas negativt av förslaget"*), auch unter entsprechender Bezugnahme auf die Standpunkte der maßgeblichen Gewerkschaftsbünde *LO, TCO* und *SACO* in Abschnitt 2.4 (zu den schwedischen Gewerkschaften vgl. oben Fn. 1323); Text beim *Riksdagen* unter https://www.riksdagen.se/sv/Dokument-Lagar/EU/Fakta-PM-om-EU-forslag/Direktiv-om-privata-enmansbola_H106FPM82/ (schwedisch).

2552 So auch *Drygala*, EuZW 2014, S. 491, 492. Bemerkenswert bleibt aber der geänderte verfahrenstechnische Ansatz. Der Versuch, derartige Maximalpositionen in einem geänderten Verfahren durchzusetzen, lässt sich wohl auch als Indiz für ein offenbar zunehmend weiter schwindendes Verständnis für ein Besitzstandsdenken Einzelner verstehen; vgl. insoweit schon oben Teil 5 G. IX. 5., insbes. Fn. 2477, 2480 ff.

2553 *Drygala*, EuZW 2014, S. 491, 493, der auch von einem *„radikal-liberalen Entwurf"* spricht, ebd. S. 497.

2554 *J. Schmidt*; GmbHR 2014, R 129, R 130.

2555 Vgl. auch *Drygala*, EuZW 2014, S. 491, 493.

Der SUP-Entwurf wirft jedoch einmal mehr ein helles Schlaglicht auf die Tatsache, dass sich die Mitbestimmungsproblematik auf europäischer Ebene letztlich nicht umgehen lässt[2556]. Ebenso wenig zielführend ist das Beharren auf überkommenen Besitzständen. Mit den Lösungen von gestern kann man kaum auf die Fragen von morgen reagieren. Angezeigt ist stattdessen ein tragfähiger, an den inzwischen gelebten Realitäten orientierter, Kompromiss. Vorschläge hierzu liegen vor[2557]. Die Diskussion verspricht, interessant zu bleiben.

2556 Vgl. auch ETUC, Stellungnahme SUP-RLE, S. 2: „*Yet, rather than addressing the real roots for concerns, the Commission is trying to sidestep objections by changing the legal base.*"

2557 Zur Diskussion vgl. oben Teil 5 G. I–VIII, zu einem Vorschlag vgl. oben Teil 5 G. IX. 4, 6.

Teil 8 – Anhang – Tabellen

A. Betriebliche Interessenvertretung in den EU-28

MS	durch	Schwellenwert	Vertreterzahl	Bestellung	Befugnisse	Anmerkung
1. Zentral- u. Osteuropa						
DE	BR	Betrieb mind. 5 AN	gestaffelt, 5 AN: 1, nach oben nicht begrenzt	2 Wahlverfahren, je nach Betriebsgröße; grds. Verhältniswahl nach Vorschlagslisten aus Belegschaft. Vorschlagsberechtigt AN und im Betrieb vertretene GW; Wahlvorstand; keine externen GWmitglieder wählbar	Sehr weitreichende Rechte auf I/ K/M; oft gewisser faktischer Einigungszwang, z.T. erhebliche Verzögerungen mgl. Bei U ≥ 100 AN: zusätzlich Wirtschaftsausschuss mit 3–7 Mitgliedern, (davon mind. 1 BRmitglied), der über gesonderte I/K-rechte verfügt.	BR auf Verlangen von mind. 3 AN erzwingbar. Für Leitende Angestellte Sondergremium. Übergeordnet: GesamtBR/KonzernBR. Praxis: zunehmend individuelle Anpassung durch Betriebsvereinbarungen.

MS	durch	Schwellenwert	Vertreterzahl	Bestellung	Befugnisse	Anmerkung
AU	BR	Betrieb mind. 5 AN	gestaffelt, 5 AN: 1, nach oben nicht begrenzt	Listenwahl durch AN, grds. nur aus Belegschaft; bei > 50 AN: 1 externes GWmitglied mgl.	I/K/M; bei > 200 AN Einspruchsrecht bei wirtschaftlichen Veränderungen, Verzögerung mgl.	BR ist grds. Pflicht, Ausbleiben aber nicht sanktioniert. Separate BR für Arbeiter und Angestellte mgl. Übergeordnet ZentralBR (U mit mehreren BR) und Konzernvertretung (BR in mehr als einem KonzernU) mgl. Für Mitwirkung, insbes. in soz. Angelegenheiten, Betriebsvereinbarungen.
CZ	a) BR b) GW c) ArbSchb	a) keine gesetzliche Vorgabe, wohl mind. 25 AN b) mind. 3 AN c) wie a)	a) 3–15, immer ungerade b) nach GW c) 1 pro 10 AN, je nach U und Risiko	a) Listenwahl durch AN aus Belegschaft, b) nach GW c) wie a)	a) I/K; entscheidet weder bei Auflösung von Arbeitsverhältnissen, noch bei Tarifverhandlungen; K nur bei Massenentlassungen und Betriebsübergang b) I/K/M, insbesondere bei Arbeitsordnung (M insbesondere bei Kurz-/Zeitarbeit)	BR nach Antrag von mind. ⅓ der AN, an der Wahl muss mind. ½ der Belegschaft teilnehmen. GW genießen weitergehende Rechte, insbesondere zu I und K in wirtschaftlich relevanten Fragen.

MS	durch	Schwellenwert	Vertreterzahl	Bestellung	Befugnisse	Anmerkung
SK	a) BR b) GW c) Vertrauensperson	a) mind. 50 AN, wenn Forderung von 10 % der Belegschaft b) mind. 3 GWmitglieder c) in U > 5 und < 50 AN	a) 50–100 AN: 3, darüber gestaffelt, nach oben nicht begrenzt b) nach GW c) 1	a) Listenwahl durch AN aus Belegschaft b) nach GW c) geheime Direktwahl mit absoluter Mehrheit	a) I/K b) I/K/M, vor allem bei Arbeitsordnung c) wie a)	Befugnisse sind nur allgemein gehalten. Bestehen BR und GW parallel, werden die Befugnisse zwischen ihnen aufgeteilt. Tarifverhandlungen nur bei GW, die auch Einhaltung der Tarifverträge überwachen.
SI	a) BR b) GW	a) mind. 21 AN, darunter eine einzelne Vertrauensperson mgl. b) GW muss repräsentativ sein → mind. 15 % der Ubelegschaft organisieren	a) 21–50 AN: 3, darüber gestaffelt, nach oben nicht begrenzt b) nach GW	a) geheime Direktwahl durch AN aus Belegschaft nach Vorschlag durch GW oder durch unterstützende AN b) nach GW	beide: I/K; für BR sehr eingeschränkte Anhörungsrechte bei den wichtigsten ANrelevanten Maßnahmen, aber keine Verzögerung mgl.; Vertrauensperson hat ggf. dieselben Rechte wie BR	BR idR auf Uebene, nicht auf Betriebsebene; GW vertreten nominell ausschließlich GWmitglieder; Tarifverhandlungen nur durch GW; BR eher „kooperative Funktion“, GW eher „Konfliktfunktion“

MS	durch	Schwellenwert	Vertreterzahl	Bestellung	Befugnisse	Anmerkung
HR	a) GW b) BR	a) mind. 10 AN b) mind. 20 AN	a) nach GW b) ≤ 75 AN: 1, darüber gestaffelt, nach oben nicht begrenzt	a) nach GW, keine Uexternen wählbar b) geheime direkte Listenwahl durch Belegschaft nach Vorschlag durch GW oder durch 10% der Belegschaft; Wahlausschuss	a) v.a. Tarifvereinbarungen, dazu I b) I/K/M; Regelberichterstattung; bei K ggf. Verzögerungen mgl.; M bei bestimmten Kündigungen u. bei Datenschutz, Verzögerungen mgl.	oft mehrere GW in 1 Betrieb BR auf Verlangen von GW od. von 10% der Belegschaft enge Verflechtungen zw. BR und GW; wenn kein BR, kann GW dessen Beteiligungsrechte übernehmen, Ausnahme: Bestellung des ANV im Aufsichtsrat; konkurrieren mehrere GW entscheidet Belegschaft, welche GW die BR-Rechte wahrnehmen darf Übergeordnet: GesamtBR erweiterende Betriebsvereinbarungen mgl., soweit keine entspr. Tarifvereinbarung besteht

MS	durch	Schwellenwert	Vertreterzahl	Bestellung	Befugnisse	Anmerkung
HU	a) BR b) GW	a) mind. 51 AN, bei 15–50 AN einzelne Vertrauensperson mgl. b) um tariffähig zu sein muss GW repräsentativ sein → mind. 10% der Stimmen bei BRwahl oder GW vertritt ⅔ der zur gleichen Berufsgruppe gehörenden AN	a) 51–100 AN: 3; darüber gestaffelt, maximal 13 bei > 2.000 AN b) nach GW	a) geheime Direktwahl durch AN aus Belegschaft, Vorschläge aus GW oder Belegschaft (10% der wahlberechtigten AN oder mind. 50 AN), faktisch vor allem GWmitglieder b) nach GW	a) I über wesentlichste wirtschaftliche Fragen alle 6 Monate; begrenzte K, vor allem bei Arbeitsordnung und ANrelevanten Bereichen, Recht zur Stellungnahme, diese für U aber nicht verpflichtend, nur Verzögerungen mgl.; sehr begrenzte M bei Verwendung von Sozialmitteln, wenn zuvor im Tarifvertrag vereinbart b) Interventionsrecht bei befürchtetem Verstoß gegen bestimmte Arbeitsrechte, Schlichtungsverfahren ggf. gerichtliche Entscheidung	BR grundsätzlich gesetzlich verpflichtend, bei mehreren BR ggf. ZentralBR (aber nicht im Konzern); Tarifverhandlungen nur durch repräsentative GW; Befugnisse zwischen BR und GW politisch oftmals verschoben, daher faktische Abgrenzungsschwierigkeiten. Praxis bleibt hinter den gesetzlichen Vorgaben weit zurück; Information faktisch lediglich bei den halbjährlichen Pflichtsitzungen.

MS	durch	Schwellenwert	Vertreterzahl	Bestellung	Befugnisse	Anmerkung
PL	a) BR b) GW	a) mind. 50 AN b) mind. 10 „Gründungsberechtigte" (v.a. AN, aber auch Rentner etc.)	a) 50–250 AN: 3, 251–500 AN: 5, >500 AN: 7; theoretisch mehr, da jede repräsentative GW das Recht auf einen Sitz im BR hat („repräsentativ", wenn mind. 10% der Belegschaft in betreffender GW, bzw. mind. 7 %, wenn GW einem national repräsentativen GWbund angehört) b) nach GW; tatsächliche Vertretung erfolgt durch gewählte „Betriebskommission"	a) geheime Direktwahl durch AN aus Belegschaft, Vorschläge aus ihren Reihen, Wahl nach Antrag von mind. 10% der Belegschaft b) nach GW; Mitglieder der Betriebskommission werden von den GWmitgliedern gewählt	a) I zu wirtschaftlichen Angelegenheiten, K bei beschäftigungsrelevanten Fragen der Arbeitsorganisation b) abhängig vom gewerkschaftlichen Organisationsgrad im Betrieb, Betriebsgröße, Rechtsform, Kapitalherkunft (Inland/Ausland); regelmäßige I über Beschäftigungsbedingungen, K individuell und kollektiv U hat keine Einigungspflicht, muss Vorschläge nur „soweit möglich" berücksichtigen	Nach dem GWgesetz vertreten die lokalen GW die Interessen aller AN, ungeachtet ihrer GWzugehörigkeit. Tarifverhandlungen nur durch GW. BR erst auf Grundlage der RL 2002/14/EG eingeführt, Befugnisse entsprechen deren Mindestvorgaben.

MS	durch	Schwellenwert	Vertreterzahl	Bestellung	Befugnisse	Anmerkung
RO	a) BR b) GW	a) mind. 20 AN und keine GW b) mind. 15 Personen im gleichen U	a) AN bestimmen Anzahl der ANV im Einvernehmen mit U und abhängig von Belegschaftsgröße b) nach GW	a) Wahl durch Betriebsversammlung; mind. 50% der AN müssen sich beteiligen b) nach GW	a) Rechte der GW aus der RL 2002/14/EG b) I/K; M nur bei Festlegung der Arbeitsbelastung und Einführung eines Prämienlohns; bei Entlassungen Vorschlagsrecht zu Alternativlösungen, auf die U reagieren muss	Vertretung nur auf betrieblicher Ebene, dennoch BR praktisch außerordentlich selten. Tarifverhandlungen nur durch GW. GW auch I/K-Rechte nach der RL 2002/14/EG. GW im U repräsentativ, wenn sie auf sich 50 % der Belegschaft + 1 AN vereint. In Betrieben > 50 AN zudem ArbSchb. mgl.
BG	a) GW b) Betriebsversammlung wählt u.U. eigene Vertreter c) gewählte ANV für I/K	a) nach GW b) Gesamtbelegschaft c) U mind. 50 AN, selbständige Niederlassungen und Betriebe mind. 20 AN	a) nach GW b) Eigenorganisation, ggf. Übertragung auf Delegierte mgl. c) 20–50 AN: 1–3, 51–250 AN: 3–5, >250 AN: 5–9 , genaue Zahl von Betriebsversammlung festgelegt	a) nach GW b) Wahl durch Belegschaft mit >⅔, wenn gleichzeitig mind. ½ an Versammlung teilnimmt. c) Wahl mit einfacher Mehrheit durch Betriebsversammlung	a) Teilnahme an allen Entwürfen zur Arbeitsordnung b)–c) I/K, praktisch minimal, keine Mitbestimmungsmöglichkeiten oder Vetorechte	Übertragung der Befugnisse von c) auf a) oder b) mgl. und praktisch üblich; Befugnisse für b) und c) beschränken sich auf I/K-Rechte nach der RL 2002/14/EG. Praxis: entweder GW oder gar keine Vertretungsform im U.

MS	durch	Schwellenwert	Vertreterzahl	Bestellung	Befugnisse	Anmerkung
EE	a) GW b) „beson-dere ANV“ (der Begriff „Betriebs-rat“ wird im Gesetz konsequent vermieden)	a) nach GW, Grün-dung ab mind. 5 Personen mgl. b) auf Wunsch von GW oder einer Mehrheit von GWangehörigen einer im Unterneh-men nicht aktiven GW oder mind. 10% der Belegschaft	a) nach GW b) wird im Einvernehmen mit U geregelt; bei mehreren ANV wird aus deren Mitte ein „Hauptvertreter“ gewählt	a) nach GW b) geheime Wahl auf Betriebsver-sammlung, an der mind. ½ der Belegschaft teilnimmt; Vorschläge aus Belegschaft oder von GW	a) vor allem Tarifverhandlungen; I/K nach RL 2002/14/EG in U mit mind. 30 AN. b) Tarifverhandlungen, wenn keine GW, Einsichtsrechte, insbes. bzgl. Arbeitsbedingungen; I/K nach RL 2002/14/EG.	Regelungen zu I/K im Gesetz sehr offen gehalten und faktisch leicht zu umgehen. Grundsätzlich vorgegeben in allen U mit mind. 30 AN. Wenn keine ANVertretungsform besteht: Belegschaft direkt.
LV	a) GW b) „auto-risierte betriebliche ANV“ (der Begriff „Betriebs-rat“ wird im Gesetz konsequent vermieden)	a) nach GW; BetriebsGW ab 4 Personen mgl. Registrierung auf nationaler Ebene mgl., wenn sie ≤ 50 Mitglieder oder ¼ der Beschäftigten eines U, Institution, Organisation, Be-rufs oder Branche organisiert. b) mind. 5 AN	a) nach GW; bei mehreren GW für Verhandlungen mit U ggf. ein ANV pro GW. b) keine gesetzliche Vorgabe	a) nach GW b) Wahl durch Mehrheit der AN im Rahmen einer Versammlung, an der mind. ½ der Beschäftigten teilnehmen	nur a): Tarifverhan-dlungen; falls keine GW besteht, ausnahmsweise auch „autorisierte betriebliche ANV“ berufen a) und b): I/K. K aber begrenzt auf beschäftigungsrelevante Bereiche (konkret: Entlohnung, Arbeitsbedingungen und Beschäftigung)	Gesetz weist die Befugnisse einheitlich „den Arbeitneh-mervertretern“ zu.

MS	durch	Schwellenwert	Vertreterzahl	Bestellung	Befugnisse	Anmerkung
LT	a) GW oder b) BR	a) mind. 20 Personen bzw. „mindestens 1/10 aller Beschäftigten eines U, einer Institution od. einer Organisation, solange dieses Zehntel aller Beschäftigten nicht weniger als drei AN umfasst“ b) U > 20 AN und gleichzeitig keine GW in Betrieb oder Übertragung der Rechte auf BranchenGW In U ≤ 20 AN: ein einzelner ANV.	a) nach GW b) 21–50 AN: 3, maximal 15 für >700 AN	a) nach GW b) geheime Wahl durch Mehrheit der AN im Rahmen einer Betriebsversammlung, an der mind. ½ der Beschäftigten teilnehmen	Beide: I/K; insbesondere kann auch BR Tarifvereinbarungen treffen	Zuordnungsebene ist gerade nicht der Betrieb sondern das gesamte U; Vertretung eingliedrig, nur Vertretungsorgan kann gewählt werden. Praxis: nur wenige Vertretungen etabliert, Befugnisse dort werden häufig missachtet.

MS	durch	Schwellenwert	Vertreterzahl	Bestellung	Befugnisse	Anmerkung
NL	BR	mind. 50 AN; bei 10–49 AN auf Mehrheitswunsch Personalvertretung mgl.	50 AN: 5, bis 2.000 AN: 15, darüber je weitere 1.000 AN: +2; maximal 25. Personalvertretung: mind. 3	Listenwahl durch die Belegschaft, keine Externe; Vorschlagsberechtigt sind GW oder ⅓ der nichtgewerkschaftlich organisierten AN	Sehr weitreichende Rechte auf I/K/M. M vor allem bei Rentenversicherung, Gehaltsstufen, Einstellungen/Entlassungen. Besonderes Anhörungsrecht in wirtschaftlichen Angelegenheiten, das ggf. Verzögerung bis 1 Monat bewirken kann. Personalvertretung genießt ggf. abgeschwächte Befugnisse.	Jede unabhängige Betriebsstätte gilt als U. Betriebsübergreifend Zentral- oder GruppenBR mgl. BR ist theoretisch gerichtlich erzwingbar, was aber praktisch selten vorkommt. In U < 50 AN und ohne Personalvertretung muss 2x/Jahr eine Betriebsversammlung abgehalten werden.

MS	durch	Schwellenwert	Vertreterzahl	Bestellung	Befugnisse	Anmerkung
2. Romanischer Rechtskreis						
BE	a) BR b) GW c) Ausschuss für Gefahrenverhütung und Schutz am Arbeitsplatz	a) > 100 AN b) nach GW und Branchentarifvertrag c) mind. 50 AN	a) Besteht aus Vertretern der AN und des U; je nach Ugröße 6–25 ANV und eine stets niedrigere Zahl von Vertretern des U. Leitung durch Vertreter des U, Sekretär durch ANV. b) nach GW c) Vertreter von AN und U, die im jeweiligen U für Gesundheit und Sicherheit verantwortlich sind.	a) Listenwahl durch die Belegschaft im Zuge der Sozialwahlen, Kandidaten werden von jeweils repräsentativer GW ernannt. b) nach GW c) Wahl durch Belegschaft im Zuge der Sozialwahlen.	a) I/K; M nur bei gravierenden Ereignissen (Massenentlassungen, Fusionen). Auf etwaige Vorschläge muss U nicht reagieren. b) nach GW; Tarifverhandlungen auf Uebene; Interventionsrecht in Konfliktfällen Arbeitgeber-AN c) I/K in U 50–100 AN	GW vertritt grundsätzlich ausschließlich die Rechte der GWmitglieder, in U < 50 AN übernehmen GW die I/K für alle AN. In größeren U personelle Überschneidungen zw. GW und BR üblich. I/K-Rechte nach der RL 2002/14/EG wurden den Gefahrenverhütungsausschüssen zugewiesen. Unklar, was in U 20–49 AN gilt.

MS	durch	Schwellenwert	Vertreterzahl	Bestellung	Befugnisse	Anmerkung
LU	a) Personal-delegation b) Unter-nehmens-ausschuss	a) mind. 15 AN b) mind. 150 AN	a) 15–25 AN: 1 Personaldelegierter, darüber gestaffelt, nach oben nicht begrenzt; jeweils ein Mitglied zuständig für Gesundheitsschutz bzw. Gleichberechtigung b) paritätisch aus ANV und Uvertretern; bei 150–499 AN: 3 ANV, darüber gestaffelt, maximal bei >5.000 AN: 8 ANV; Vorsitz bei U, Sekretär AN	a) Wahl durch Gesamtbelegschaft aus ihrer Mitte; Vorschläge von GW oder 5% der Gesamtbelegschaft (faktisch nur GW) b) ANV: geheime Listenwahl durch Mitglieder der Personaldelegation Uvertreter durch Uleitung bestimmt.	a) I/K; Verfahren im Einzelnen zwischen den Sozialpartnern verhandelbar b) I/K bei allen unternehmerischen Maßnahmen, die Auswirkungen auf die Unternehmensstruktur oder die Beschäftigungslage haben könnten. M v.a. bei Arbeitsordnung.	Betriebsübergreifend in U > 3 Betriebe und ≥ 100 AN: zentrale Personaldelegation mit max. 5 ANV; ansonsten U mit mehreren Betrieben: zentrale Personaldelegation mit je 3 ANV pro Einheit. Gesetzgeberische Konzeption: Trennung. → Personaldelegation wahrt und verteidigt ANpositionen allgemein, Unternehmensausschuss dient als Forum zur Verbesserung der Arbeitsbeziehungen insgesamt; GW haben lediglich Vorschlagsrechte und führen die Tarifverhandlungen. Ab Sommer 2013: Zusammenführung der Aufgaben in der Personaldelegation, Abschaffung des Unternehmensausschusses, MB aber weiterhin nur bei mind. 150 AN.

MS	durch	Schwellenwert	Vertreterzahl	Bestellung	Befugnisse	Anmerkung
FR	a) GW b) Belegschaftsvertreter c) BR	a) nach GW, seit 2008 verschärfte Vss, um als „repräsentativ" anerkannt zu sein, u.a. 10% Stimmen bei BR-Wahl; bei U > 50 AN genießt GW weitergehende Rechte, sonst nur einzelner Vertreter. b) mind. 11 AN	a) nach GW; U > 50 AN und GW repräsentativ: 1 ANV; U > 500 AN oder U aus mind. 2 Betrieben je > 50 AN und insgesamt > 2.000 AN: 1 zentraler GWdelegierter durch repräsentative GW b) 11–25 AN: 1, darüber nicht linear gestaffelt, nach oben nicht begrenzt	a) GWdelegierter wird von der jeweiligen GW vorgeschlagen und muss mind. 10% der Stimmen auf sich vereinen, um „repräsentativ" zu sein. Verfahren bei b) und c): Wahl durch Belegschaft; je nach Betriebsgröße ein Wahlkollegium für Gesamtbelegschaft oder mehrere Wahlkollegien je nach ANkategorie.	a) Interessenvertretung der GW; wenn GW repräsentativ: 1x/Jahr Verhandlungen mit U über Verbesserung der Arbeitsbedingungen, hierzu I. b) Gesetzlich nur allgemein umrissen; Interessenvertretung der AN im Betrieb, Verhandlung über konkrete Anliegen; wenn keine GW vorhanden ist: zusätzlich Rechte von a).	Bereits individuelles „*Droit d'expression*", nach näherer Ausgestaltung durch Tarifvereinbarung. Betriebsübergreifend bei mehreren BR: ZentralBR aus Mitgliedern der EinzelBR, im Konzern: KonzernBR, Mitglieder aus EinzelBR von GW ausgewählt. In U 50–200 AN kann Arbeitgeber entscheiden, b) und c) zu einem gemeinsamen Vertretungsgremium zusammenzuschließen; I /K bei BR soll vor allem einen „garantierten Dialog" ermöglichen.

MS	durch	Schwellenwert	Vertreterzahl	Bestellung	Befugnisse	Anmerkung
		c) mind. 50 AN (darunter durch Tarifvertrag mgl.)	c) immer auch 1–3 Uvertreter; 50–74 AN: 3, darüber gestaffelt, maximal bei ≥ 10.000 AN: 15; plus jeweils gleiche Zahl Stellvertreter, die an Sitzungen teilnehmen, aber nicht mitstimmen; bei U >300 AN ist GWdelegierter zugleich Mitglied BR; Vorsitz bei Arbeitgeber, Sekretär AN	Maximal 2 Wahlgänge: 1. Wahlgang: Listen mit bestimmten GWvorschlägen, Kandidaten erhalten ≥ 50% der Stimmen: Wahl gültig, Sitze nach Ergebnis verteilt. Anderenfalls binnen 15 Tagen 2. Wahlgang, hier auch GWexterne mgl. b) nur AN c) AN und 1–3 Uvertreter, diese vom U bestimmt.	c) I/K, vor allem im sozialen und wirtschaftlichen Bereich, z.T. recht detailliert, K aber allgemeiner, insbesondere bei unternehmerischen Maßnahmen mit Auswirkungen auf Größe und Struktur der Belegschaft, auch Rechte aus RL 2002/14/EG; BR muss aber nur Stellungnahme abgeben können, U bleibt in Entscheidungen frei	Ab 2013 Einführung einer zentralen Unternehmensdatenbank mit den relevanten Informationen für I/K; hierdurch Ersetzung der Regelberichterstattung. BR erhält ein eigenes Budget in Höhe von 0,2% der gesamten jährlichen Lohnkosten BRmitglieder haben Teilnahmerecht bei Sitzungen des Verwaltungs-/Aufsichtsrats. Sie erhalten dort die selben Informationen wie die anderen Mitglieder, können bestimmte Punkte auf die Tagesordnung setzen lassen und haben Recht auf Antwort, aber kein Stimmrecht; personell zw. 1 und 4 ANV.

MS	durch	Schwellenwert	Vertreterzahl	Bestellung	Befugnisse	Anmerkung
ES	a) Personal-delegation bzw. BR (nur begriffliche Unterscheidung nach Ugröße) b) GW	a) Personaldelegation: 11–49 AN, BR: mind. 50 AN; ggf. in Betrieben mit mind. 6 AN ein einzelner Personaldelegierter mgl. b) nach GW	a) ≤ 30AN: 1 Personaldelegierter, 31–49 AN: 3, 50–100 AN: 5 Betriebsräte; darüber gestaffelt, maximal 75; zusätzlich zum BR kann in U > 250 AN jede GW, die Mitglieder im BR stellt, jeweils einen Gewerkschaftsdelegierten wählen. b) nach GW	a) geheime und direkte Listenwahl durch Belegschaft, getrennt nach Arbeitern und Angestellten; Vorschläge durch GW oder AN (dann 3x mehr Unterstützer, als Mandate zu vergeben sind) b) nach GW	a) I/K; Rechte aus RL 2002/14/EG; auch Tarifverhandlungen, wenn GWmitglieder im BR eine Mehrheit haben, keine M. b) GW haben das Recht, vor einer geplanten unternehmerischen Maßnahme gegen die AN im Allgemeinen und ihre eigenen Mitglieder im Besonderen angehört zu werden; BR diesbezüglich nur nachträglich vom Arbeitgeber zu unterrichten	Betriebsübergreifend auf tarifvertraglicher Grundlage KonzernBR mit maximal 13 ANV mgl. BR faktisch durch GW dominiert. Daneben in U ≥ 100 AN paritätische Arbeitsschutzausschüsse; diese auch kleineren U, wenn sie in einer gefahrintensiven Branche tätig sind.

MS	durch	Schwellenwert	Vertreterzahl	Bestellung	Befugnisse	Anmerkung
PO	a) GW b) BR	a) grds. nach GW, Gesetz bestimmt aber Höchstwerte dahin, wie viele GWvertreter auch Schutzrechte genießen → nach Mitgliederzahl im Betrieb. b) kein Schwellenwert, Einrichtung BR erfolgt „auf Wunsch“ der Belegschaft. In jedem U kann nur ein einziger BR eingerichtet werden, so dass ggf. auf betrieblicher Ebene UnterBR gebildet werden.	a) geschützte GWmitglieder: <50 AN: 1, darüber nicht linear gestaffelt, nach oben nicht begrenzt b) <50 AN: 2, maximal bei >1.000 AN: 11; UnterBR: 1 – maximal 5 Mitglieder (bei >201 AN)	a) nach GW b) geheime Listenwahl durch Belegschaft aus ihren Reihen; Vorschläge durch GW oder von mind. 100 AN oder 20% der Belegschaft	a) I/K aus RL 2002/14/EG; GW ausschließlich für Tarifverhandlungen zuständig. b) I/K, in bestimmten Bereichen Gegenvorschläge und Stellungnahmen mgl, die U aber nicht binden	GW vertreten ausschließlich ihre Mitglieder, BR die Gesamtbelegschaft. Bei „ausreichender“ Zahl von GWvertretern, können diese einen eigenen Ausschuss einrichten, mehrere GWvertretungen bilden einen gemeinsamen GWausschuss. Für BR unterschiedlicher U Koordinierungsausschüsse mgl, praktisch aber selten.

MS	durch	Schwellenwert	Vertreterzahl	Bestellung	Befugnisse	Anmerkung
IT	GW	Gründung einer GW schon ab 1 Person mgl. BetriebsGW ab >15 AN	≤ 200 AN: 3, darüber gestaffelt, 3 pro 300 AN; bei >3.000 AN: 3 pro 500 AN; nach oben nicht begrenzt, ausschließlich AN	⅔ geheime Listenwahl durch Belegschaft an der mind. 50% der Stimmberechtigten teilnehmen müssen; Kandidaten vorgeschlagen von den „befugten" GW ⅓ Bestimmung durch GW	I/K, auch aus RL 2002/14/EG (für alle Betriebe mit mind. 50 AN). K begrenzt (v.a. Arbeitssicherheit, Massenentlassungen, Umstrukturierungen). K in der Regel in paritätischen Ausschüssen von U und GW; Tarifverhandlungen	Vertretungsanspruch der GW ist universell, Selbstverständnis geht aber ausschließlich auf Vertretung der GWangehörigen. Bestehen in einem Betrieb mehrere GW, wird eine einheitliche GWvertretung gebildet. Betriebsübergreifend sind auf tarifvertraglicher Grundlage Koordinierungsgremien mgl.

MS	durch	Schwellenwert	Vertreterzahl	Bestellung	Befugnisse	Anmerkung
GR	a) GW b) BR	a) mind. 21 AN; kein eigentlicher Höchstwert, Gesetz bestimmt Höchstwerte nur dahin, wie viele GWmitglieder auch Schutzrechte genießen → nach Betriebsgröße b) mind. 21 AN, wenn gleichzeitig keine GW, sonst U > 50 AN; Einrichtung auf Initiative der GW oder von 10% der Belegschaft	a) geschützte GWmitglieder: U ≤ 200 AN: 7, maximal in U > 1.000 AN: 11 b) 3–7 Mitglieder	a) nach GW b) geheime Wahl durch Belegschaft aus ihren Reihen in Belegschafts-versammlung	a) I/K, praktisch sehr begrenzt; Verhandlungsprivileg, über das sich Rechte des BR aushebeln lassen; Tarifverhandlungen b) I/K; BR hat Recht, nicht bindende Vorschläge für die Verbesserung der Produktivität und der Arbeitsbedingungen zu unterbreiten; M in einigen engen Bereichen „in Einvernehmen mit U".	U ohne GW: für maximal 6 Monate Bildung einer ANgruppe mgl., der mind. drei Fünftel der Gesamtbelegschaft des jeweiligen Betriebs angehören müssen. Diese Vereinigung kann ggf. Tarifvereinbarungen schließen. Betriebsübergreifend Ernennung von einzelnen „koordinierenden BR" aus Reihen der BR mgl. Praxis: sowohl GW als auch BR im privaten Sektor selten. BR aber außerordentlich gering verbreitet; überhaupt nur 3% aller griechischen U vom Gesetz erfasst; tatsächlich von diesen mehr als 98% ohne BR.

MS	durch	Schwellenwert	Vertreterzahl	Bestellung	Befugnisse	Anmerkung
3. Angelsächs. Rechtskreis						
UK	a) GW b) IuK-Verhand-lungen, sofern noch kein IuK-System besteht; ggf. Aus-schuss	a) grds. nach GW, aber nur eingeschränkte Vertretung, solange nicht „anerkannt“ b) mind. 51 AN, aber nur auf Wunsch; Verfahren wird durch Arbeitgeber od. 10% der AN (mind. 15, max. 2.500) eingeleitet	a) GW b) nach Verhand-lungsergebnis, Auffanglösung: Ausschuss 1 Aus-schussmitglied pro 50 AN, max. 25	a) nach GW b) nach Verhand-lungsergebnis, Auffanglösung: Urabstimmung durch Gesamtbe-legschaft	a) nach „Anerkennungs-reichweite“ durch den Arbeitgeber, haupt-sächlich Tarifverhand-lungen (hier vor allem Lohnfragen); K bei Massenentlas-sungen und Unterneh-mensverkäufen; grds. vorrangige I u K-Rechte nach der Richtlinie 2002/14/EG b) nach Verhandlungs-ergebnis; wenn keine GW besteht, I u K nach Richtlinie 2002/14/EG	a) Vertretungsbefugnis der GW an vorherige Anerkennung durch Arbeitgeber geknüpft. Anerkennung mgl., wenn GW mind. 10% der AN in relevanter Einheit (Betrieb, Betriebsteil od. mehrere Betriebe) vertritt. Anerkennung in Betrieben mit mehr als 21 AN gesetzlich durchsetzbar. Vertretungsanspruch der GW grds. auf GWmitglieder beschränkt; einzelne GWvertreter schließen sich in der Regel zu einem gemeinsamen Gremium zusammen b) praktisch selten; Betriebsübergreifend ggf. situative Treffen von ANvertretern auf Initiative entweder der GW oder des Arbeitgebers.

MS	durch	Schwellenwert	Vertreterzahl	Bestellung	Befugnisse	Anmerkung
IE	a) GW b) IuK-Verhandlungen, ggf. Ausschuss c) *Joint Consultative Committee, JCC* d) *excepted bodies*	a) nach GW b) mind. 50 AN, aber nur auf Wunsch; Verfahren wird durch Arbeitgeber od. 10% der AN (mind. 15, max. 100) eingeleitet; wenn im Betrieb GW bestehen müssen auch im Verhandlungsgremium GWvertreter sitzen c) auf freiwilliger Basis d) keine Vorgabe, Zusammenschluss von AN, die vom selben Arbeitgeber beschäftigt werden, aber keine GW bilden	a) keine absoluten Vorgaben, Zahl soll sich „in vernünftigem Maße" nach Größe des Unternehmens oder Betriebs, Anzahl der GWmitglieder und Anzahl der beteiligten EinzelGW bemessen b) nach Verhandlungsergebnis, Auffanglösung: Ausschuss mit mind. 3 und max. 30 Mitgliedern c) paritätisch aus Arbeitnehmer- und Arbeitgebervertretern d) keine Vorgabe	a) nach GW b) nach Verhandlungsergebnis, Auffanglösung: entweder in vom Arbeitgeber organisierten Verfahren gewählt oder direkt von Belegschaft ernannt, keine Externe c) nach Vereinbarung d) keine Vorgabe	a) Aufgabe ist Interessenvertretung der GWmitglieder → Verhandlungen mit Arbeitgeber; wenn ministerielle Verhandlungslizenz: zudem Verhandlungen über Entlohnung und andere Arbeitsbedingungen. b) nach Verhandlungsergebnis, Auffanglösung: I u K nach Richtlinie 2002/14/EG. c) Erörterung von Betriebsorganisation, Arbeitsbedingungen, Produktivität und Strategie. d) Verhandlungen für die individuelle Gruppe.	Betriebsübergreifend ggf. situative Treffen von ANvertretern auf Initiative entweder der GW oder des Arbeitgebers, praktisch vor allem dann, wenn auf dieser Ebene Tarifverhandlungen stattfinden a) Verfassung schützt GWfreiheit, Arbeitgeber aber frei darin, ob er GW anerkennt; kein Verfahren zur zwangsweisen Anerkennung. Mehrere GWvertreter schließen sich in der Regel zu gemeinsamen Gremien zusammen. Bis 2011 zudem *Joint Labour Committee, JLC*, zusammengesetzt aus AN- und Arbeitgebervertretern als System zur Festsetzung von Mindestlöhnen und der Regulierung von Arbeitsbedingungen in bestimmter Gruppe; nach Urteil des *High Court* vom Juli 2011 aber verfassungswidrig; sollen seitdem reformiert werden.

MS	durch	Schwellenwert	Vertreterzahl	Bestellung	Befugnisse	Anmerkung
CY	GW	nach GW, „repräsentativ" nur bei mehr als 20 AN. Gewählte Vertreter bilden meist einen Ausschuss.	nach GW und jeweiligen betrieblichen Gegebenheiten	nach GW	Bestimmte Rechte insbesondere bei der Arbeitsordnung, Anhörungsrecht bei geplanten Massenentlassungen; bei entsprechender Vereinbarung: I u K aus der Richtlinie in Betrieben mit mehr als 30 AN.	Ggf. noch Ausschüsse für Gesundheitsschutz und Sicherheit am Arbeitsplatz in Betrieben mit mind. 10 AN mgl. Praxis: Umsetzungsgesetz zur Richtlinie 2002/14/EG sieht eigtl. verpflichtende Vereinbarungen zu I/K vor, faktisch geschieht dies aber allenfalls auf Initiative der GW.
MT	a) GW b) nicht gewerkschaftliche Vertretung c) Vertreter für Unterrichtung und Anhörung (nach Richtlinie 2002/14/EG), nur wenn keine GWvertretung besteht	a) nach GW; „repräsentativ" nur bei Registrierung → mind. 7 GWmitglieder notwendig; Anerkennung durch Arbeitgeber b) kann auch eine GWvertretung sein, allerdings eine nicht-anerkannte; sonst: keine Vorgaben c) mind. 50 AN	a) nach GW b) keine Vorgaben c) Keine Mindestgröße, aber: mindestens ein Vertreter pro anerkannter GW plus ein weiterer Vertreter für jede Kategorie von AN, die ihrerseits nicht von der anerkannten GW vertreten wird; Mandat endet, sobald sich eine GWvertretung bildet.	a) nach GW b) geheime Wahl aus den Reihen der nichtgewerkschaftlich organisierten Belegschaft, im Einzelnen organisiert durch den Arbeitgeber c) geheime Wahl durch die Belegschaft, im Einzelnen organisiert durch den Arbeitgeber	a) Tarifverhandlungen; wenn b) und c) nicht bestehen: I u K aus den Richtlinien b) ggf. I u K aus den Richtlinien c) I u K aus der Richtlinie 2002/14/EG, aber nur solange keine GW besteht	Keine betriebsübergreifenden Gremien. a) Kein formelles Verfahren zur ggf. zwangsweisen Anerkennung, praktisch aber kein Problem. b) und c): praktisch außerordentlich selten

MS	durch	Schwellenwert	Vertreterzahl	Bestellung	Befugnisse	Anmerkung
4. Nordischer Rechtskreis						
DK	a) GW b) Kooperationsausschuss	a) grds. nach Tarifvertrag, üblich: Betrieb > 5 AN b) mind. 35 AN im U „im selben räumlichen Gebiet“ (Zuordnungsobjekt ist nicht der Betrieb sondern das U). Errichtung auf Vorschlag des Arbeitgebers oder durch eine Mehrheit der AN.	a) nach Tarifvertrag, üblich: 50 AN: 1 b) paritätisch aus ANV und Arbeitgebervertretern; gestaffelt nach Belegschaftsgröße 35–50 AN: je 2; >500 AN: je 6; >1.000 AN: Vereinbarung, Vorsitz bei Arbeitgeber, Stellvertreter von AN	a) nach Tarifvertrag, üblich: Wahl durch GWmitglieder, bisweilen auch Nicht-GWmitglieder wahlberechtigt b) Arbeitgebervertreter werden von Uleitung ernannt, hierbei haben die Leitenden Angestellten bestimmte Sonderrechte; ANV werden von Belegschaft gewählt, zunächst aus den Reihen der GWvertretungen, dann aus Reihen der Gesamtbelegschaft	a) Überwachung der Tarifverträge; zunehmend Tarifverhandlungen. b) I/K; vor allem kooperative Möglichkeiten aber keine Mitentscheidungsrechte.	Betriebsübergreifend bilden die jeweiligen GWvertretungen einen gemeinsamen Ausschuss. Bestehen mehrere Kooperationsausschüsse wird ein Hauptkooperationsausschuss eingesetzt; in kleineren U sollen sich die Beteiligten über entsprechende I/K – Verfahren einigen. ANV im Kooperationsausschuss haben gesetzliche Pflicht, ihrerseits die Uleitung über die Angelegenheiten am Arbeitsplatz zu unterrichten, die „für das Klima der Kooperation von Bedeutung“ sind.

MS	durch	Schwellenwert	Vertreterzahl	Bestellung	Befugnisse	Anmerkung
SW	GW; gibt es in einem Betrieb keine lokale GW können die GW eine einzelne Kontaktperson für Verhandlungen bestimmen	nach GW	nach GW; als Orientierung: 200–300 AN: 3–4 ANV für die Arbeiter plus eine „geringere Zahl“ für Angestellte und für Leitende Mitarbeiter	nach GW, meist von der lokalen GW im Rahmen der Jahreshauptversammlung gewählt	I/K, eingeschränkt M (eingeschränktes Vetorecht für Beschäftigung von Subunternehmen). Erhöhte Reichweite für diejenigen GW, mit denen der Arbeitgeber Tarifvereinbarungen abgeschlossen hat („Anerkennung“ im weiteren Sinne); vor „bedeutenden Veränderungen der Arbeitsbedingungen der gewerkschaftlichen AN“ muss der Arbeitgeber von sich aus Verhandlungen aufnehmen (→ schon, sobald nur 1 AN betroffen ist), Verhandlungen zunächst auf lokaler, ggf. auf nationaler Ebene, erst danach abschließende Entscheidung durch Arbeitgeber mgl.	Betriebsräte bestanden zwischen 1966 und 1977, konnten sich aber in Schweden nicht durchsetzen. GWvertretungen basieren auf einem nationalen Rahmengesetz und werden auf betrieblicher Ebene individuell ausgehandelt. GW vertreten jeweils nur ihre Mitglieder; schließen sich die im Betrieb vorhandenen „anerkannten“ GW nicht zu einer gemeinsamen Vertretung zusammen muss ggf. mit jeder einzeln verhandelt werden. Ggf. ernennen die GW betriebsübergreifend eine Gruppe von Vertretern, die für Gespräche mit der Konzernleitung befugt ist.

MS	durch	Schwellenwert	Vertreterzahl	Bestellung	Befugnisse	Anmerkung
FI	a) GW b) „besonderer ANV“	a) nach GW; gewisse weitergehende Rechte in U mit mind. 20 AN und mit mind. 30 AN b) wenn Mehrheit der AN im jeweiligen U nicht gewerkschaftlich organisiert ist (faktisch selten)	a) nach GW und Tarifvertrag; in der Regel ein leitender GWvertreter pro Betrieb plus weitere Vertreter für die jeweiligen Abteilungen und Berufsgruppen, differenziert nach Arbeitern, Angestellten und Leitenden Angestellten b) nach U	a) nach GW b) Wahl durch Mehrheitsentscheidung aus Reihen der nichtgewerkschaftlich organisierten Belegschaft; Verfahren wird von den Beteiligten so organisiert, dass jeder nichtgewerkschaftlich organisierte AN daran teilnehmen kann	beide: I/K, eingeschränkt M (bei der Beschäftigung von Leiharbeitern); nähere Ausgestaltung im Rahmen von Kooperationsverhandlungen	Betriebsübergreifend gelten Sonderregeln für U mit mind. 500 AN in Finnland, grds. Verhandlungen über konkrete Form der Zusammenarbeit, Auffangregelung sieht jeweils 1 ANV für jedes U mit mind. 20 AN vor, diese haben dann Informationsrechte, die dann zu Kooperationsverhandlungen auf der untergeordneten Ebene führen; Gesetz sieht Pflicht zu Kooperationsverhandlungen vor, bindet sie aber nicht an bestimmte Gruppen; grundsätzlich sollen sie anlassbezogen zw. dem betroffenen

MS	durch	Schwellenwert	Vertreterzahl	Bestellung	Befugnisse	Anmerkung
						AN und seinem Vorgesetzen stattfinden, ggf. auch in gemeinsamen Sitzungen zwischen ANgruppen und dem entsprechenden Gegenpart, auf Wunsch aller Beteiligten Einsetzung eines paritätischen Gemeinsamen Ausschusses mgl.; faktisch meist GW Praxis: wegen zögerlicher Umsetzung seit 2010 „Ombudsmann für die Zusammenarbeit“ mit Informations- und Einsichtsrechten

Die faktisch jeweils verbreitetste Vertretungsform ist in der Darstellung vorangestellt.

Legende

AN: Arbeitnehmer	ANV: Arbeitnehmervertreter
ArbSchb: Arbeitschutzbeauftragte	BR: Betriebsrat
GW: Gewerkschaft	I: Information
IuK: Information und Konsultation	K: Konsultation
M: Mitwirkung	MS: Mitgliedstaat
U: Unternehmen	Vss: Voraussetzungen

B. Unternehmerische Mitbestimmung in der kleinen Kapitalgesellschaft

Rechtskreis /MS	Kapitalgesellschaft	Abkg.	Org.	VSS	Anzahl ANV	Bestellung	Anmerkungen
1. Zentral- u. Osteuropa							
DE	*Gesellschaft mit beschränkter Haftung*	*GmbH*	D	a) > 500 AN b) > 2.000 AN	a) ⅓ des AR b) ½ des AR, ARvorsitzender durch Anteilseigner bestellt, er hat ggf. Doppelstimmrecht; AN-Bank: faktisches Entsenderecht der GW für 2–3 Sitze, 1 Sitz reserviert für Leitende Angestellte	a) Mehrheitswahl durch Belegschaft; Vorschläge von BR, AN (10%) oder 100 AN; bei mehr als 2 ANV im AR Wahl von Externen mgl. b) Direktwahl; bei > 8.000 AN Delegiertenwahl Vorschläge je nach Kategorie AN (20%), GW, Ltd. Angestellte	MB rechtsformbezogen, gilt insbes. auch für AG; Sonderregeln für die Montanindustrie; Sonderregeln zur Konzernmitbestimmung (u.U. Zurechnung der AN, nicht aber beim faktischen GmbH-Konzern nach DrittelbG); ergänzend je nach Rechtsgrundlage eigene Wahlordnungen; bei gewerkschaftlich bestimmten ANV: faktischer Abführungszwang für Großteil der ARVergütung; Praxis: Drittelbeteiligungslücke

Rechtskreis /MS	Kapitalgesellschaft	Abkg.	Org.	VSS	Anzahl ANV	Bestellung	Anmerkungen
AU	*Gesellschaft mit beschränkter Haftung*	*GmbH* oder *GesmbH*	D	> 300 AN (als Tochter einer Mutter mit MB: >500 AN)	⅓ des AR	Wahl durch BR aus dessen Reihen, keine Externe	komplizierte Auswahlverfahren, insbes. im Konzern; keine MB in herrschendem U, das seine Tätigkeit auf Verwaltung von Uanteilen der beherrschten U beschränkt; keine Vergütung für ANV
CZ	*Společnost s ručením omezeným*	*s.r.o.* oder *spol. s.r.o.*	D				Bis Ende 2013: MB nur in AG mit mind. 50 AN; dort 1/3 des AR; Vorschläge von BR, GW, AN (10 %), Vorstand; Direkt- od. Delegiertenwahl, Externe mgl. Mit Neukodifizierung zum 01.01.2014 MB im privaten Sektor insgesamt abgeschafft.
SK	*Spoločnosť s ručením obmedzeným*	*s.r.o.*	D				MB nur in „großer“ AG, d.h. wenn > 50 AN und Kapital > 25.000 Euro; dort ⅓ des AR. Vorschläge von GW oder AN (10%), Externe nicht wählbar.

Rechtskreis /MS	Kapitalgesellschaft	Abkg.	Org.	VSS	Anzahl ANV	Bestellung	Anmerkungen
SI	*Družba z omejeno odgovornostjo*	*d.o.o.*	D/ (AG auch M)				MB ursprünglich nach deutsch-österreichischem Vorbild, Anknüpfungspunkt AR, dessen Einführung verpflichtend bei gewissen Kriterien (v.a. > 500 AN); Gesetzeswortlaut nicht eindeutig, aber „Einigkeit“, dass nur AG erfasst sein sollte; MB mittlerweile nur noch in „großer“ AG: wenn AR besteht, ist U mitbestimmt, dann ⅓ bis ½ des AR, ARvorsitzender ist immer Vertreter der Anteilseigner u. hat ggf. entscheidende Stimme. Monistisches U nur mitbestimmt, wenn es „groß“ ist → kumulativ zwei von drei Kriterien: a) U > 50 AN, b) Umsatz >7,3 Mio. €,

Rechtskreis /MS	Kapitalgesellschaft	Abkg.	Org.	VSS	Anzahl ANV	Bestellung	Anmerkungen
							c) Inventar >3,65 Mio. €, dort je nach Größe des Verwaltungsrats 1–3 ANV; maximal ⅓, *Board*-Vorsitzender niemals ein ANV; Wahl durch BR, Externe mgl.; in U > 500 AN: zusätzlich Arbeitsdirektor
HR	*društvo s ograničenom odgovornošću*	*d.o.o.*	D	Spezialgesetz; v.a.: > 200 AN	1 ANV	Benennung und Abberufung durch BR; falls BR fehlt: Direktwahl durch Belegschaft, keine Externen	MB knüpft an Vorhandensein eines Aufsichtsorgans an. Aktiengesellschaft (*d.d.*) stets mitbestimmt; *d.o.o.* wenn: 1) U > 200 AN; 2) Spezialgesetz; 3) Stammkapital >600.000,– HRK (ca. 84.000,– Euro) und (kumulativ) > 50 Gesellschafter;

Rechtskreis /MS	Kapitalgesellschaft	Abkg.	Org.	VSS	Anzahl ANV	Bestellung	Anmerkungen
							4) konzernleitende *d.o.o.* (=ihrerseits Aktiengesellschaften oder Gesellschaften mit beschränkter Haftung mit einem obligatorischen Aufsichtsrat von einem bestimmten Punkt führt bzw. wenn sie am Stammkapital solcher Gesellschaften mit > 50% beteiligt ist und (kumulativ) die ø-ANzahl in einer der Gesellschaften oder in allen Gesellschaften zusammen insgesamt > 200) ; 5) wenn die *d.o.o.* Komplementärin in einer Kommanditgesellschaft ist (*Komanditno društvo*, abgekürzt *k.d.*), wobei die ø-ANzahl in *d.o.o.* und *k.d.* zusammen > 200 AN. ANV hat gleiche Rechte und Pflichten wie sonstige Gremiumsmitglieder.

Rechtskreis /MS	Kapitalgesellschaft	Abkg.	Org.	VSS	Anzahl ANV	Bestellung	Anmerkungen
HU	*korlátolt felelősségű társaság*	*kft.*	D/(börsen-notierte AG auch M)	> 200 AN	⅓ des AR	Benennung durch BR nach vorheriger Konsultation der GW; Anteilseig-nerversammlung zur Ernennung verpflichtet	Gesetzl. MB erfasst alle ungarischen Wirtschaftsge-sellschaften (d.h. OHG, KG, AG und GmbH). Seit 2006 gilt gesetzl. MB nur noch, falls BR und Ulei-tung nichts Abweichendes vereinbaren; vollkommener Verzicht mgl. Börsennotierte AG kann sich seit 2006 monistisch organisieren; ANBeteiligung wird hier in einer Vereinbarung zwischen BR und U festgelegt, wobei jedoch keine Mindestanfor-derungen vorgeschrieben sind.
PL	*Spółka z ograniczoną odpowiedzialnością*	*Sp. z o.o.*	D				MB nur in staatlichen und teilweise privatisierten U; entscheidend: Grad der Kommerzialisierung

Rechtskreis /MS	Kapitalgesellschaft	Abkg.	Org.	VSS	Anzahl ANV	Bestellung	Anmerkungen
RO	*Societate cu răspundere limitată*	*SRL* oder *S.r.l.*	M/(AG auch D)				Keine MB; unter bestimmten Umständen Teilnahmerecht für bestimmte gewählte Vertreter der repräsentativen GW an den Sitzungen des Leitungsorgans, um über „Fragen von beruflichem, wirtschaftlichem, sozialem, kulturellem und sportlichem Interesse“ zu diskutieren; kein Stimmrecht.
BG	*družestvo s ograničena otgovornost*	*OOD*	M/D				Keine MB, aber Teilnahme-recht an den Gesellschafter-versammlungen für gewählte ANV, dort Rederecht für soziale Fragen.
EE	*osaühing*	*OÜ*	D				MB theoretisch auf tarifver-traglicher Grundlage mgl., praktisch aber nicht etabliert. Nach Zustimmung der Uleitung Teilnahmerecht für GWvertreter an Sitzungen des Leitungsorgans bei besonderen ANanliegen.
LV	*Sabiedrība ar ierobežotu atbildību*	*SIA*	D				Keine MB; Praxis: „kein Interesse“.

Rechtskreis /MS	Kapitalgesellschaft	Abkg.	Org.	VSS	Anzahl ANV	Bestellung	Anmerkungen
LT	*Ŭzdaroji akcinė bendrovė*	*UAB*	M/D				Keine MB; theoretisch auf Satzungsgrundlage mgl.
NL	*Besloten vennootschap met beperkte aansprakelijkheid*	*BV*	M/D	Gesellschaft gilt 3 Jahre nacheinander als „groß“ → kumulativ 3 Vss: a) EK > 16 Mio. €, b) BR verpflichtend, c) Gesellschaft plus Töchter hat in den NL mind. 100 AN → *„Strukturgesellschaft“*	bis zu ⅓ des VerwR als nicht-geschäftsführende Direktoren/des AR	Vorschlagsrecht BR (2009: GW-Forderung auf ⅓ der ARsitze in börsennotierten Gesellschaften als „parteiische“ ANV)	Seit 2013 optional auch monistisches Modell mgl. MB-System, sog. *„Strukturregelung“* grds. einheitl. für alle *„Strukturgesellschaften“*, Vorschriften für AR grds. entspr. auch für nicht-geschäftsführende Direktoren im VerwR. Einsetzung BR ist für alle Betriebe mit mind. 50 AN Pflicht. Bei MB viele Ausnahmen und Sonderregelungen, insbes. für intern. Konzerne. ARmitglieder wurden bis Ende 2004 kooptiert, seitdem nach Vorschlag des AR durch Anteilseignerversammlung ernannt. ARmitglieder dürfen weder Beschäftigte des jeweiligen U noch Vertreter von solchen GW sein, die an Tarifverhandlungen mit dem U beteiligt sind.

Rechtskreis /MS	Kapitalgesellschaft	Abkg.	Org.	VSS	Anzahl ANV	Bestellung	Anmerkungen
2. Romanischer Rechtskreis							
BE	*Société privée à responsabilité limitée/Besloten vennootschap met beperkte aansprakelijkheid*	*S.p.r.l /bvba*	M				MB nur in einigen staatl. U; für Private in den 1970er Jahren diskutiert, nie umgesetzt; GW ablehnend.
LU	*Société à responsabilité limitée*	*S.a.r.l.*	M/(AG auch D)				MB im privaten Sektor nur bei AG mit in drei aufeinander folgenden Jahren mindestens 1.000 AN; dort ⅓ des Verwaltungsrats/AR; ANV werden direkt von den Mitgliedern des BR aus den im U seit mindestens zwei Jahren beschäftigten AN in geheimer Listenwahl gewählt, praktisch ausschließlich Mitglieder des BR. Sonderregeln für U mit mind. 25% Staatsbeteiligung/staatl. Konzessionen. Praxis: vereinzelt MB auf Satzungsgrundlage.

Rechtskreis /MS	Kapitalgesellschaft	Abkg.	Org.	VSS	Anzahl ANV	Bestellung	Anmerkungen
FR	*Société à Responsabilité Limitée*	*SARL* oder *S.a.r.l.*	M/(AG auch D)				MB in staatlichen U ≤ 200 AN. In privatisierten U kann sie freiwillig beibehalten, im privaten Sektor kann sie auf Satzungsgrundlage ausschließlich bei der AG (*Société anonyme, S.A.*) eingeführt werden. Ggf. ist die Zahl der ANV auf Leitungsebene auf vier (in börsennotierten U auf fünf) begrenzt, darf aber höchstens ⅓ der Gesamtsitze des jeweiligen Gremiums umfassen. Großunternehmen mit ≥ 5.000 AN in Frankreich oder ≥ 10.000 AN weltweit in der Rechtsform *S.A.* oder *S.C.A.* müssen ab 2013 eine MB im strategiedefinierenden UGremium einführen. Dazu wird, je nach Größe des Restgremiums, 1 ANV (bei bis zu 12 sonstigen Mitgliedern) sonst 2 ANV entsandt.

Rechtskreis /MS	Kapitalgesellschaft	Abkg.	Org.	VSS	Anzahl ANV	Bestellung	Anmerkungen
							Wählbar sind nur Beschäftigte des U selbst oder eines TochterU und nur diejenigen, die in Frankreich selbst arbeiten. Unterschieden wird hierbei noch zwischen den Leitenden Angestellten und den sonstigen AN. Kandidaten dürfen im U kein weiteres Wahlamt bekleiden. Ggf. gleiche Rechte und Pflichten wie die übrigen Mitglieder. Praktisch selten. Daneben: Mitglieder des BR (*Comité d'Entreprise, CE*) haben Teilnahmerecht an den Sitzungen von VerwR/AR, sie erhalten dort dieselben Informationen wie die anderen Mitglieder, können bestimmte Punkte auf die Tagesordnung setzen lassen und haben Recht auf Antwort, aber kein Stimmrecht; personell zw. 1 und 4 ANV.

Rechtskreis /MS	Kapitalgesellschaft	Abkg.	Org.	VSS	Anzahl ANV	Bestellung	Anmerkungen
ES	*Sociedad de Responsabilidad Limitada*	*S.L.* oder *S.R.L.*	M				MB ausschließlich aufgrund bestimmter nationaler Vereinbarung in einigen wenigen staatlichen Unternehmen mit > 1.000 AN; dort 2 GWvertreter im Leitungsgremium; Sonderregeln für lokale Sparkassen.
PT	*Sociedade por Quotas*, kurz *„Limitada"*	*L.*^{da}	M /(AG auch D)				MB nur für den öffentlichen Sektor vorgesehen, faktisch nie umgesetzt.
IT	*Società a responsabilità limitata*	*S.r.l.*	M/(AG auch D)				MB in Verfassung vorgesehen, faktisch nie umgesetzt; insbesondere GW ablehnend.
GR	*Eteria Periorismenis Efthinis/εταιρεία περιορισμένης ευθύνης*	*E.P.E /E.Π.E.*	M				MB nur in einigen wenigen staatlichen U. Weitere Deregulierungen geplant.

Rechtskreis /MS	Kapitalgesellschaft	Abkg.	Org.	VSS	Anzahl ANV	Bestellung	Anmerkungen
3. Angel-sächs. Rechts-kreis							
UK	*private company limited by shares*	*Ltd.*	M				Keine MB; Weißbuch aus 1978 sah MB für U > 2.000 AN vor, dort ⅓ des Verwaltungsrats oder eines neu zu schaffenden *policy board.*
IE	*private company limited by shares*	*Ltd./ teoranta*	M				MB nur in einigen staatlichen U; dort ⅓ des Verwaltungsrats. Wahl durch Belegschaft nach Vorschlag der bestehenden betrieblichen ANvertretungen.
CY	*private company*	*Ltd.*	M				Keine MB; sehr vereinzelt auf freiwilliger Basis/Tradition GWmitglieder im Leitungs-gremium, diese dann unab-hängig; keine Einführung gesetzl. Regelung geplant.

Rechtskreis /MS	Kapitalgesellschaft	Abkg.	Org.	VSS	Anzahl ANV	Bestellung	Anmerkungen
MT	*private company*	*Ltd.*	M				MB sehr vereinzelt auf tarifvertraglicher/freiwilliger Basis
4. Nordischer Rechtskreis							
DK	*Anpartsselskab*	*ApS*	M/D/ Satzung	Ø mind. 35 AN in den letzten 3 Jahren	½ des Werts der durch die Anteilseigner in das oberste Leitungsorgan bestellten Mitglieder, mind. 2; faktisch idR ⅓	Wahl durch Belegschaft aus ihrer Mitte über Wahllisten nach Vorschlägen aus der Belegschaft	MB rechtsformunabhängig; Schwellenwert bis 1987 bei 50 AN. Einführung der MB hängt von positivem Ausgang einer „Ja/Nein-Abstimmung" ab, Antrag hierzu durch 10% der AN bzw. Repräsentanten (dieses Antragsrecht ist gleichzeitig für die GW die einzige Einflussnahmemöglichkeit im Rahmen der MB). ANV dürfen nicht über Arbeitskonflikte abstimmen; Sonderregelung zur Konzernmitbestimmung; Praxis: MB nahezu ausschließlich in Aktiengesellschaften (*Aktieselskab*, *A/S*)), *ApS* zu weniger als 0,5% mitbestimmt.

Rechtskreis /MS	Kapitalgesellschaft	Abkg.	Org.	VSS	Anzahl ANV	Bestellung	Anmerkungen
SW	*privat aktiebolag*	*AB*	M	mind. 25 AN in Schweden	grds. 2 ANV, bei U in mehreren Branchen und ≤ 1.000 AN: 3 ANV, aber nie Mehrheit des Verwaltungsrats, faktisch meist ⅓; zusätzlich gleiche Anzahl an Stellvertretern, diese haben im Verwaltungsrat Teilnahme- und Rederecht, auch wenn der eigentliche ANV anwesend ist, aber kein Stimmrecht	Ernennung durch die GW, mit der U einen Tarifvertrag geschlossen hat im Zuge einer GWversammlg, alternative Verfahren mgl. Externe mgl., praktisch aber sehr ungewöhnlich.	MB gilt für nahezu alle privaten schwedischen Unternehmen, auch für Konzerne. ANV schon bei Diskussion bestimmter Themen ausgeschlossen (wenn evt. wesentliches Eigeninteresse bzw. wo GW u. U entgegengesetzte Positionen vertreten, sowie bei Beschlussfassung über religiöse, wissenschaftliche, künstlerische oder ähnliche Themen, solange hierbei keine Gewinnerzielungsabsicht). Praxis: MB trotz des niedrigen Schwellenwerts außerordentlich selten (unter 2%); Hauptrolle bei Tarifvereinbarungen und den Informations- und Anhörungsrechten nach nat. Rahmengesetz; MB wird nur als ein weiterer Informationskanal wahrgenommen. Vergütung für ANV unüblich.

Rechtskreis /MS	Kapitalgesellschaft	Abkg.	Org.	VSS	Anzahl ANV	Bestellung	Anmerkungen
FI	*yksityinen osakeyhtiö/privat aktiebolag*	*Oy/Ab*	M/D	mind. 150 AN	Wo und Wie der MB wird grds. zw. dem Arbeitgeber u. den GWvertretungen vereinbart. Falls Einigung nicht mgl. entscheidet das U über die Verortung: Verwaltungsrat oder AR oder Leitungsebene der einzelnen Geschäftseinheiten.	Wahl durch Belegschaft aus ihrer Mitte, Vorschläge durch GW	MB gilt für alle finnischen AG, Genossenschaften und andere wirtschaftliche Vereinigungen, Banken und Versicherungen, keine Sondervorschriften für Konzerne.

Rechtskreis /MS	Kapitalgesellschaft	Abkg.	Org.	VSS	Anzahl ANV	Bestellung	Anmerkungen
					Quantitativ: 1–4 ANV, maximal ¼ des jeweils ausgewählten Gremiums; findet MB im Verwaltungsrat statt und wird dort nur ein regulärer ANV bestellt, darf dessen Stellvertreter anwesend sein, aber nicht mit abstimmen.	(ggf. unter Rückgriff auf das Verfahren zur Bestellung der Arbeitsschutzbeauftragten)	MB seit 1992 erzwingbar, wenn nach Scheitern der Verhandlungen entsprechendes Verlangen von mindestens 2 GW, die zusammen die Mehrheit der AN im jeweiligen U organisieren. ANV ausgeschlossen bei Beschlussfassung über Einstellung, Entlassung und Vertragsbedingungen von Führungskräften sowie über Beschäftigungsbedingungen des Personals und Arbeitskampfmaßnahmen. Praxis: MB hauptsächlich in größeren Unternehmen und auf denkbar unterster Ebene. Wg. zögerlicher Umsetzung seit 2010 Ombudsmann.

Rechtskreis /MS	Kapitalgesellschaft	Abkg.	Org.	VSS	Anzahl ANV	Bestellung	Anmerkungen
5. EWR/CH							
NO	*aksjeselskap*	*AS*	M/ Satzg.	mind. 30 AN	a) 1 ANV im Leitungsorgan b) in U mit 50–200 AN: ⅓ der Sitze c) in U > 200 AN: zusätzliches Organ „Betriebsversammlung“, die ⅔ der Mitglieder des Leitungsorgans auswählt; hierin: ⅓ ANV	Wahl durch Belegschaft aus ihrer Mitte	MB erfasst nahezu alle Gesellschaftsformen und staatlichen Einrichtungen, Sonderregeln für bestimmte Wirtschaftszweige. MB wird erst auf Antrag von mind. 50% der Belegschaft eingeführt, alternativ nach Mehrheitsabstimmung nach Initiative von GW oder BR. Praxis: MB vor allem in größeren U; „Betriebsversammlung“ nur in 20% der theoretisch erfassten U.
IS	*Einkahlutafélag*	*ehf.*	M/ Satzg.				Keine MB; Fehlen derartiger Regelungen „charakteristisch“.

Rechtskreis /MS	Kapitalgesellschaft	Abkg.	Org.	VSS	Anzahl ANV	Bestellung	Anmerkungen
LI	*Gesellschaft mit beschränkter Haftung*	*GmbH*	D				Keine MB.
CH	*Gesellschaft mit beschränkter Haftung*	*GmbH*	D				Keine MB.

Legende:

Abkg.: Abkürzung	AN: Arbeitnehmer	ANV: Arbeitnehmervertreter	AG: Aktiengesellschaft
AR: Aufsichtsrat	BR: Betriebsrat	D: Dualistisch	EK: Eigenkapital
GW: Gewerkschaft	idR: in der Regel	M: Monistisch	MB: Mitbestimmung
Mgl: möglich	MS: Mitgliedstaat	Org: Organisationsstruktur	U: Unternehmen
VerwR: Verwaltungsrat	Vss: Voraussetzungen		

C. Entwicklungsschritte der Arbeitnehmerbeteiligung in den SPE-Vorschlägen

Entwurf, Datum, Dok.-Nr.	Sitztrennung	U + A	MB	Sitzverlegung	Anmerkungen
SPE-VOE-KOM, 25.06.2008, KOM(2008)369	(+)	Anknüpfung an Belegenheit des Betriebs; Erwgr. 16; Einbeziehung der europ. Richtlinien	Art. 34: Grundsatz: Anknüpfung an Sitzstaat → nationale Vorgaben für Ansatzpunkt der MB, Kompetenzen der ANVertreter, Verfahren etc. gelten entspr. auch für SPE	Art. 38: Grundsatz: Anknüpfung an Bestimmungen im AufnahmeMS, Ausnahme: MBgefälle durch Sitzverlegung → wenn a) niedrigeres Maß an MB im AufnahmeMS oder b) AN von Niederlassungen in anderen MS büßen MBrechte ein und c) mind. ⅓ der GesamtAN im HerkunftsMS → Verhandlg. für einheitliches MBsystem; Verfahren v.a. nach Recht des HerkunftsMS, Mindestinhalt nach SPE-VO. Auffanglsg.: Bestimmungen des HerkunftsMS	„MBgefälle“ bemisst sich nach „Maß der MB“: → Vergleich des Anteils von ANVertretern im jew. Verw.-/Aufsichtsorgan in HerkunftsMS und AufnahmeMS Bei Sitzverlegung kein direkter Rückgriff auf Auffanglsg. mgl. Kritik: keine Größendifferenzierungen, kein einheitlicher Ansatzpunkt der MB; Verhandlungsverfahren lückenhaft.

Entwurf, Datum, Dok.-Nr.	Sitztrennung	U + A	MB	Sitzverlegung	Anmerkungen
SPE-VOE-Fr, 11.12.2008, 17152/08	(-)		Inhaltlich unverändert, durch Einfügung eines neuen „Art. 25 – Finanzielle Unterstützung“ nun Art. 35.		einheitliche Definition für MB: Einflussnahme eines Organs der ANvertretung und/oder der ANvertreter auf die Angelegenheiten der SPE durch das Recht, einige Mitglieder des Aufsichtsgremiums oder des Verwaltungsgremiums des Unternehmens zu wählen bzw. zu bestellen oder das Recht, deren jeweilige Bestellung zu empfehlen oder abzulehnen

Entwurf, Datum, Dok.-Nr.	Sitztrennung	U + A	MB	Sitzverlegung	Anmerkungen
EP-EMPL, 05.11.2008, PE412.345v03–00	(-)		Grds.: SPE < 50 AN: Sitzstaat; für Tochtergesellschaften u Zweigniederlassung: jeweiliger Arbeitsort Verhandlungspflicht: a) bei mind. 50 AN, oder b) Forderung von mind. ⅓ GesamtAN (inkl. Tochtergesellschaften) in mind. 2 MS → Verfahren nach SCE-RL	Verhandlungspflicht → eigenes Verfahren; gilt auch bei „sonstigen“ strukturellen Veränderungen, sofern dadurch bestehende MBregeln „erheblich“ beeinflusst werden	ungeachtet der Anknüpfung an SCE-RL: zusätzliche Forderung nach eigener SPE-RL zur Regelung von U + A und MB SPE > 250 AN = „große Kapitalgesellschaft“ → Aufsichtsorgan verpflichtend
EP-ECON, 03.12.2008, (in: Bericht Rechtsausschuss)	(-) Mglk. zur Sitztrennung „birgt Missbrauchs- u. Umgehungspotential“, insbes. bei Neugründungen			Allgem. Begrenzung: nur in solchen MS, in dem SPE effektiv wirtschaftl. tätig ist u nur bei wirtschaftlich. od. rechtl. Gründen	Forderung: v.a. einheitliches SPE-System ohne Verweise ins nat. Recht der MS

Entwurf, Datum, Dok.-Nr.	Sitztrennung	U + A	MB	Sitzverlegung	Anmerkungen
EP-JURI, 04.02.2009, A6-0044/2009 (PE 412.151v02-00)	(+)		SPE > 500 AN und MBgefälle → Verfahren nach SE-RL	Technisch: Def. „Maß der MB" aus Art. 38 in Art. 2 verschoben	Bei MBgefälle zw. Sitzstaat und Arbeitsort durch Sitzaufspaltung → neuer Art. 34 Ia: Umgehungsschutz → Verhandlung um SPE-einheitliche MB; Entwurf: doppelter Schwellenwert (> 500 AN, die gleichzeitig mind. ¾ der GesamtAN entspr. u die in ein od. mehr MS arbeiten, wo mehr MB als in Sitzstaat), eigenes Verfahren, orientiert an den europ. RiLi, darin: einheitliche europ. Auffangregelung: Drittelparität

Entwurf, Datum, Dok.-Nr.	Sitztrennung	U + A	MB	Sitzverlegung	Anmerkungen
EP-Legislative Entschließung, 10.03.2009, P6_TA(2009)0094	(+)	zusätzlich jew. nat. Umsetzungsgesetze einbezogen	Art. 34: GesamtAN ausdrücklich einbezogen; Verhandlungen nach Ia, wenn „großer Teil" von MBgefälle betroffen → Differenzierung nach Gesamtzahl u Anteil GesamtAN, die gewöhnlich in MS mit weitergehender MB arbeiten, als im Sitzstaat. SPE in verschiedene Klassen geteilt: 1) SPE > 1.000 AN und > ¼ 2) SPE: 500–1.000 AN und > ⅓ 3) SPE < 500 AN und entstanden durch Umwandlung, Verschmelzung od. Spaltung und > ⅓ 4) SPE < 500 AN und ex nihilo entstanden und > ½ Verfahren nach SE-RL, ggf. direkte Auffanglösung nach VerscmelzungsRL	Verhandlungspflicht, wenn nach Sitzverlegung MBgefälle, Verfahren nach Art. 34 Ia	Neuer Art. 34a: Anpassungsklausel für strukturelle Veränderungen; falls keine Regeln über MB: Verhandlung nach 34 Ia, wenn Änderung ANzahl ↑; direkter Rückgriff auf Recht des Sitzstaats mgl., wenn ANzahl ↓; Verfahrensgleichlauf bei Art. 34 und 38 *„aus Gründen der Konsistenz und um die Entstehung von Schlupflöchern zu vermeiden"* Neue Def. „Umfang der MB" in Art. 2 I ea) nach Anteil von ANvertretern unter den Mitgliedern des Verwaltungs- od. Aufsichtsorgans → rein quantitativ.

Entwurf, Datum, Dok.-Nr.	Sitztrennung	U + A	MB	Sitzverlegung	Anmerkungen
SPE-VOE-Cz, 27.04.2009, 9065/09	(+)		Verhandlung wenn MBgefälle zw. Sitzstaat u Arbeitsort und > 500 AN, die gleichzeitig mind. ¾ der GesamtAN darstellen, außerhalb Sitzstaat; eigenes Verhandlungsverfahren Art. 35a–35d, alternativ: direkte Auffanglösung nach Arbeitsort des Hauptteils der GesamtAN	Verbot von gleichzeitiger Sitzverlegung u. Gründung durch Umwandlung; grds. MB nach AufnahmeMS, Verhandlung, wenn a) AN des HerkunftsMS mind. ⅓ der GesamtAN und b) diese in HerkunftsMS MBrechte hatten und c) diese durch Sitzverlegung verloren gehen Verfahren nach 35a–35d	35a–35d: Rahmenregelung, Einzelheiten durch MS; v.a.: Konstitution des Besonderen Verhandlungsgremiums binnen 3 Monaten, Verhandlungsdauer grds. 6 Monate, verlängerbar auf 1 Jahr MS können bei Auffanglsg. Anteil der ANvertreter im Verwaltungsrat (nicht aber im Aufsichtsorgan) begrenzen

Entwurf, Datum, Dok.-Nr.	Sitztrennung	U + A	MB	Sitzverlegung	Anmerkungen
SPE-VOE-Sw-ArbGr1, 09.09.2009, 13048/09	(+); div. Änderungsanträge nat. Delegationen (Ausweitung bis Streichung)		Verhandlungen bei MBgefälle, wenn SPE für 3 Monate nach Registrierung > 650 AN und davon mind. ¾ in MBgünstigerem MS Verfahren nach 35a–35d, Auffanglösung nach jeweiligem höchstem Niveau des/der jeweils betroffenen MS	Verhandlungen nach 35a–35d, wenn a) mind. ⅓ der GesamtAN in HerkunftsMS und b) HerkunftsMS mehr MB als AufnahmeMS; ggf. Einigung auf bestehendes grenzüberschreitendes MBsystem mgl.	Gründungsmöglichkeit Spaltung aufgegeben, Verschmelzung zukünftig nach VerschmelzungsRL 2005/56/EG, Gründung durch Umwandlung detailliert geregelt. Neu: a) „Ausstiegsklausel" für nationale Belegschaften aus Beteiligung bei Etablierung des Besonderen Verhandlungsgremiums; b) Überprüfungsklausel Schwellenwert: alle 3 Jahre oder Bestellung neues Organ MS können bei Auffanglsg. Anteil der ANvertreter im Verwaltungsrat nicht unter Drittelbeteiligung legen

Entwurf, Datum, Dok.-Nr.	Sitztrennung	U + A	MB	Sitzverlegung	Anmerkungen
					Allgemein: sprachliche Abweichung in engl./frz./ … und deutscher Fassung zu Sonderrecht bei Sitzverlegung (engl./frz./…) bzw. formwechselnder Umwandlung (dt.) in 35 Ia (b), UAbs. 2., Bezug auf Umwandlung wohl Übersetzungsfehler in dt. Fassg.
SPE-VOE-Sw-ArbGr2, 22.10.2009, 14783/09	(+); Sitz notw. in EU, i.Ü. nach MSrecht im Einklang mit Gemein-schaftsR				div. Änderungsanträge der nat. Delegationen, v.a. bzgl. Schwellenwerten und Berechnungsmethoden

Entwurf, Datum, Dok.-Nr.	Sitztrennung	U + A	MB	Sitzverlegung	Anmerkungen
SPE-VOE-Sw-ArbGr3, 09.11.2009, 15355/09 ADD 1	(+); aber: MS kann in seinem Hoheitsgebiet eingetragener SPE Sitzgleichlauf vorschreiben		Verhandlungen nach 35a–35d, wenn SPE während 3 Monaten nach Registrierung a) 600–1.000 AN und davon mind. ½ gewöhnlich in MBgünstigerem MS als dem Sitzstaat, oder b) mind. 1.000 AN, von denen mind. 500 gewöhnlich in MBgünstigerem MS als dem Sitzstaat		Überprüfung der Schwellenwerte nur noch alle 3 Jahre, nicht mehr bei Bestellung eines neuen Organs; obliegt dem Geschäftsführungsorgan. Neuer Art. 35 IV: MS werden auf Verhinderung von Missbrauch der SPE zur Vorenthaltung von ANrechten verpflichtet.
SPE-VOE-Sw-ArbGr4, 20.11.2009, 16155/09 und 16155/09 ADD 1	Erweiterter Erwgr. 4; Einführung einer Übergangsfrist: 3 Jahre nach Inkrafttreten der SPE-VO: MS, in dem SPE Hauptverwaltung und Hauptniederlassung hat kann vorschreiben, dass auch Sitz in diesem MS; danach nationales Recht der MS			Klarstellung: maßgeblicher Zeitpunkt für Größenberechnung ist Registrierung im AufnahmeMS	

Entwurf, Datum, Dok.-Nr.	Sitztrennung	U + A	MB	Sitzverlegung	Anmerkungen
SPE-VOE-Sw-ArbGr5, 24.11.2009, 16606/09	Geänderter Erwgr 4, grds. Gleichlauf zw. Sitz und Hauptverwaltung, Übergangsfrist auf 2 Jahre verkürzt		Verhandlungen nach 35a–35d nur noch, wenn SPE während 3 Monaten nach Registrierung mind. 500 AN, von denen mind. ½ gewöhnlich in MBgünstigerem MS als dem Sitzstaat		
SPE-VOE-Sw (finaler Vorschlag Sw), 27.11.2009, 16115/09, 16115/09 ADD 1, 16115/09 ADD 1 COR 1			zur Klarstellung zusätzlicher Erwgr., dass SPE-MB nicht für Personengesellschaften mbH nach nat. R		div. Änderungsanträge der nat. Delegationen, v.a. bzgl. Übergangsfrist bei Sitzfrage, Schwellenwerten und Berechnungsmethode
SPE-VOE-Hu-ArbGr1, 15.02.2011, 6572/11	Übergangsfrist: 3 Jahre	RL 2002/14/EG zur Unterrichtung und Anhörung klarstellend in Auffanglsg. einbezogen; MBbefugnisse bestehen davon unbeschadet	Verhandlungen nach 35a–35d nur noch, wenn SPE während 3 Monaten nach Registrierung ⅓ der AN, aber nicht weniger als 500 gewöhnlich in MBgünstigerem MS als dem Sitzstaat	gleiche Schwellenwerte wie bei MB: ⅓ der AN, aber nicht weniger als 500 gewöhnlich im Herkunftsstaat	

Entwurf, Datum, Dok.-Nr.	Sitztrennung	U + A	MB	Sitzverlegung	Anmerkungen
SPE-VOE-Hu-ArbGr2, 25.03.2011, 8083/11 und 8084/11		Neben Unterrichtungs- und AnhörungsRL auch EBR-RL, Massen-entlassungsRL und BetriebsübergangsRL ausdrücklich in Auffanglsg. einbezogen	Verhandlungen nach 35a–35d nur noch, wenn SPE während 3 Monaten nach Registrierung ½ der AN, aber nicht weniger als 500 gewöhnlich in MBgünstigerem MS als dem Sitzstaat		
SPE-VOE-Hu-ArbGr3, 06.05.2011, 9684/11	Keine Vorgaben mehr, alleine nat. Recht der MS maßgeblich.	Neuer Art. 35e: MS sollen länderübergreifende Rechte auf Unterrichtung und Anhörung gewährleisten, wenn SPE AN in verschiedenen MS oder wenn AN in anderem MS als dem Sitzstaat beschäftigt sind.	doppelte Schwelle aufgegeben: Verhandlungen nach 35a–35d nur noch, wenn SPE während 3 Monaten nach Registrierung mind. 500 AN, die gewöhnlich in MBgünstigerem MS als dem Sitzstaat	Verhandlungen nach 35a–35d, wenn a) mind. ⅓ der GesamtAN, aber nicht weniger als 500 gewöhnlich in HerkunftsMS und b) HerkunftsMS mehr MB als AufnahmeMS	Deutsche Delegation begrüßt insbes. Verzicht auf zweiten Schwellenwert bei der MB; fordert als Schutz vor Briefkastenfirmen und „Seriositätsbeweis“ bei gespaltenem Sitz gleichzeitig ein Mindestkapital von 8.000,– Euro.

Entwurf, Datum, Dok.-Nr.	Sitztrennung	U + A	MB	Sitzverlegung	Anmerkungen
SPE-VOE-Hu-ArbGr4, 16.05.2011, 9713/11	nur noch Vorgabe, dass Sitz und Hauptverwaltung oder Hauptniederlassung in EU; neuer Erwgr. 6a: ob Gleichlauf bemisst sich nach nat. Recht der MS für nat. GmbH; MS sollen aber Missbrauch verhindern			doppelte Schwelle aufgegeben: Verhandlungen nach 35a–35d, wenn a) mind. ⅓ der GesamtAN gewöhnlich in HerkunftsMS und b) HerkunftsMS mehr MB als AufnahmeMS	Deutsche Forderung nach erhöhtem Mindestkapital bei gespaltenem Sitz nicht übernommen. Statt dessen Bestimmungen über Mindestkapital und Schwellenwerte von 35 Ia in allgemeine Überprüfungsklausel gem. Art. 48 einbezogen (5 Jahre nach Inkrafttreten der SPE-VO).

Entwurf, Datum, Dok.-Nr.	Sitztrennung	U + A	MB	Sitzverlegung	Anmerkungen
SPE-VOE-Hu (finaler Vorschlag Hu, gleichzeitig aktueller Diskussionsstand), 16.05.2011, 10611/11 (Vorschlag identisch mit 11786/11)	(+); nur noch Vorgabe, dass Sitz und Hauptverwaltung bzw. Hauptniederlassung im Einklang mit nat. Recht in EU; leicht geänderter Erwgr. 6a: MS sollen sicherstellen, dass SPE nicht zur Umgehung sitzstaatlicher Auflagen missbraucht wird	MS tragen dafür Sorge, dass die entsprechenden „geltenden“ Rechte gewahrt werden, wenn länderübergreifend AN beschäftigt werden bzw. wenn sie nicht im Sitzstaat beschäftigt sind	Grds: Anknüpfung an Sitzstaat. Bei MBgefälle: Verhandlungen nach eigenem Verfahren: Art 35a–35d; → wenn SPE während 3 Monaten nach Registrierung mind. 500 AN, die gewöhnlich in MBgünstigerem MS, als dem Sitzstaat. GForgan prüft mind. alle 3 Jahre, ob diese Vss. noch erfüllt sind.	Doppelte Schwelle wieder eingeführt: Verhandlungen nach Art. 35a–35d; wenn: a) mind. ⅓ der AN, wenigstens aber 500, arbeiten zum Ztpkt der Registrierung im AufnahmeMS gewöhnlich im HerkunftsMS und b) für die AN im HerkunftsMS galt ein höheres MBNiveau als im AufnahmeMS	Einheitliche Definition der MB: Einflussnahme eines Gremiums der Arbeitnehmervertretung und/oder der Arbeitnehmervertreter auf die Angelegenheiten einer SPE durch das Recht, einige Mitglieder des Aufsichtsorgans oder des Verwaltungsorgans der Gesellschaft zu wählen oder zu bestellen oder das Recht, eine solche Bestellung zu empfehlen und/oder abzulehnen. Eigenes Verhandlungsverfahren, aber nur Rahmenregelung. Wesentliche Ausgestaltungen durch MS. Wohl kein direkter Rückgriff auf Auffanglsg. ohne vorherige Etablierung eines Besonderen Verhandlungsgremiums mgl.

Entwurf, Datum, Dok.-Nr.	Sitztrennung	U + A	MB	Sitzverlegung	Anmerkungen
					Auffanglsg. bemisst sich nach jeweiligem höchstem MBniveau, die MS können aber den Anteil der ANvertreter im Verwaltungs- oder Aufsichtsorgan auf ein Drittel beschränken. Forderungen nach Anknüpfung am Arbeitsort konnten sich nicht durchsetzen. Falls SPE an Verschmelzung beteiligt ist, gilt VerschmelzungsRL. Schwellenwerte und Mindestkapitalerfordernis in allgemeiner Überprüfungsklausel gem. Art. 48 (5 Jahre nach Inkrafttreten).

Schriften zum Arbeitsrecht und Wirtschaftsrecht

Herausgegeben von Abbo Junker

Band 1 Christoph-N. Lerche: Der Europäische Betriebsrat und der deutsche Wirtschaftsausschuß. Eine vergleichende Analyse der betrieblichen Mitwirkung der Arbeitnehmer vor dem Hintergrund der Globalisierung der Märkte. 1997.

Band 2 Christian Walter Mecke: Zur rechtlichen Verbindlichkeit kollektiver Vereinbarungen in England. 1997.

Band 3 Katja Francke: Die betriebliche Mitwirkung der Arbeitnehmer in Belgien. Unter Berücksichtigung vergleichender Aspekte zum deutschen Betriebsverfassungsrecht. 1997.

Band 4 Christian Schulze: Die Zulässigkeit einstweiliger Verfügungen gegen Betriebsänderungen. 1998.

Band 5 Stefan Miersch: Die Rechtsfolgen mitbestimmungswidriger Maßnahmen für das Arbeitsverhältnis. Eine zivilrechtsdogmatische Untersuchung. 1998.

Band 6 Heike Wegner: Internationaler Verbraucherschutz beim Abschluß von Timesharingverträgen: § 8 Teilzeitwohnrechtegesetz. 1998.

Band 7 Julia Wichmann: Dienstleistungsfreiheit und grenzüberschreitende Entsendung von Arbeitnehmern. 1998.

Band 8 Johann-Volker Peter: Société par actions simplifiée (S.A.S.). Die Vereinfachte Aktiengesellschaft in Frankreich, eine Rechtsform für die Kooperation von Unternehmen. 1999.

Band 9 Sylvia Schnelle: Der Europäische Betriebsrat in Spanien. Zugleich eine Einführung in das spanische Recht der Arbeitnehmervertretung. 1999.

Band 10 Viktoria Bornhagen: Die Zumutbarkeit als Rechtsgedanke im Arbeitsrecht. 1999.

Band 11 Thorsten Schacht: Der Übereilungsschutz beim arbeitsrechtlichen Aufhebungsvertrag. Arbeitnehmerschutz bereits de lege lata? 2000.

Band 12 Marcus Hellmann: Immobilienkauf nach spanischem Recht. 1999.

Band 13 Nicolaus Johannes Ehinger: Die juristischen Personen des öffentlichen Rechts als herrschende Unternehmen. 2000.

Band 14 Alexander Lentz: Das kollektive Arbeitsrecht der Republik Südafrika. Eine Untersuchung mit Bezügen zum deutschen Recht. 2000.

Band 15 Michaela Brunssen: Der Arbeitgeberverbandswechsel. Tarifrechtliche und arbeitskampfrechtliche Konsequenzen. 2000.

Band 16 Morten Petersenn: Das Recht des Grundstückskaufs in Südafrika. 2000.

Band 17 Stefan Krüger: Die umwandlungsrechtliche Haftungsregelung bei der Betriebsaufspaltung und ihre Analogiefähigkeit. 2001.

Band 18 Jürgen Kitzinger: Der GmbH-Geschäftsführer zwischen Arbeits- und Gesellschaftsrecht. Im Blickpunkt: Zuständigkeit der Arbeitsgerichte. 2001.

Band 19 Anja Ruge: Die Lohnersatzansprüche ehemaliger Zwangsarbeiter gegen deutsche Industrieunternehmen. 2001.

Band 20 Michael Knoll: Die Sozialauswahl im Arbeitsrecht. 2001.

Band 21 Britta Albrecht: Mediation im Arbeitsrecht. Individualarbeitsrecht und Betriebsverfassungsrecht. 2001.

Band 22 Annusch Barten: Das System der Arbeitnehmervertretung in Frankreich. 2001.

Band 23 Diane Westera: Der Wiedereinstellungsanspruch nach wirksamer Kündigung. 2001.

Band 24 Kristin Doerlich: Die Tariffähigkeit der Gewerkschaft. Eine Analyse der Mächtigkeitsrechtsprechung des Bundesarbeitsgerichts im Lichte neuerer Erfahrungen. 2002.

Band 25 Tina Witten: Vertragsgestaltung und Gesetzesbindung im Recht der Zeitarbeit. 2002.

Band 26 Martin Hellfeier: Die Leistungszeit im Arbeitsverhältnis. Eine Untersuchung zum Fixschuldcharakter der Arbeitspflicht und zu den Folgen ihrer Nichterfüllung. 2003.

Band 27 Almut Maulshagen: Betriebliche Arbeitskampfregelungen. 2003.

Band 28 Maren Band: Tarifkonkurrenz, Tarifpluralität und der Grundsatz der Tarifeinheit. 2003.

Band 29 Manuela Schulz: Der Bereitschaftsdienst in öffentlich-rechtlich organisierten Krankenhäusern. Eine rechtliche Bewertung. 2003.

Band 30 Felix Benedikt: Die Kürzung von Tariflöhnen zur Sanierung. Eine verfassungskonforme Auslegung des § 3 III TVG entsprechend § 626 BGB. 2003.

Band 31 Tim Kaden: Individuelle Bündnisse für Arbeit und Günstigkeitsprinzip. 2003.

Band 32 Simone Kreiling: Die Erstreckung betrieblicher und betriebsverfassungsrechtlicher Tarifnormen auf Außenseiter. 2004.

Band 33 Carsten Beck: Betriebliche Mitbestimmung und Kündigungsschutz. Die Funktionen betrieblicher Mitbestimmung im und deren Einfluß auf den Kündigungsschutz nach dem KSchG. 2004.

Band 34 Jost Eder: Die Regelungsabrede als Alternative zur Betriebsvereinbarung bei der Gestaltung materieller Arbeitsbedingungen. 2004.

Band 35 Christian Pfab: Wirkungsweise und Reichweite tarifvertraglicher Öffnungsklauseln. 2004.

Band 36 Julia Amlang: Die unternehmerische Entscheidungsfreiheit bei „betriebsbedingten Kündigungen" im europäischen Rechtsvergleich. Kündigung aus wirtschaftlichen Gründen in Deutschland, Frankreich, Spanien, Großbritannien und Schweden. 2005.

Band 37 Alida Milthaler: Das Fragerecht des Arbeitgebers nach den Vorstrafen des Bewerbers. 2006.

Band 38 Doreen Peter: Nebentätigkeiten von Arbeitnehmern. Interessenkollisionen von Arbeitgebern und Arbeitnehmern. 2006.

Band 39 Julia V. C. Bartlog: Das Verhältnis von Gesetz und Tarifvertrag. 2006.

Band 40 Michael Fuhlrott: Der geschädigte Arbeitnehmer. Zur Verfassungsmäßigkeit des Ausschlusses von Schmerzensgeld in der Unfallversicherung sowie zur Herleitung der Haftung bei Eigenschäden im Hinblick auf das Verschuldensprinzip. 2006.

Band 41 Femke Reinecke: Leistungsbestimmung des Arbeitnehmers. 2006.

Band 42 Maria M. Bausback: Der Bestandsschutz des Arbeitsverhältnisses auf europäischer und internationaler Ebene. Entwicklungen vom Mittelalter bis zur Gegenwart. Teil 1 / Teil 2. 2007.

Band 43 Jens Günther: AGB-Kontrolle von Arbeitsverträgen. Analyse der deutschen Rechtslage nach der Schuldrechtsreform und vergleichende Betrachtung des österreichischen Kontrollsystems. 2007.

Band 44 Claudiana Triskatis: Ethikrichtlinien im Arbeitsrecht. 2008.

Band 45 Annette Bruder: Die Weitergabe von Insiderinformationen durch Arbeitnehmervertreter. 2008.

Band 46 Ute Dietrich: Nichtraucherschutz am Arbeitsplatz. 2008.

Band 47 Markus Ebert: Übertragung und Zuordnung von Versorgungsverpflichtungen gegenüber Arbeitnehmern im Rahmen einer umwandlungsrechtlichen Spaltung. 2008.

Band 48 Susanne Schneider: Broad-based Black Economic Empowerment in der Republik Südafrika. 2008.

Band 49 Mandy Reichel: Die Einbeziehung des Außenseiter-Arbeitgebers in den Verbandsarbeitskampf. 2008.

Band 50 Abbo Junker (Hrsg.): Betriebsübergang in Europa. Symposion aus Anlass des 10-jährigen Bestehens der Schriften zum Arbeitsrecht und Wirtschaftsrecht am 10.10.2008 in München. 2009.

Band 51 Till Bender: Vorschläge zur Neuordnung des Sonderkündigungsschutzes nach MuSchG und SGB IX. 2009.

Band 52 Manuela Rauch: Die geschlechtsbezogene Diskriminierung am Arbeitsplatz nach kalifornischem Recht. 2009.

Band 53 Tina Luise Allenberg: Das französische règlement intérieur d'entreprise. Die Arbeitsordnung im französischen Arbeitsrecht. 2009.

Band 54 Bernd Haas: Anwaltliches Mandatsverhältnis zum Betriebsrat. 2009.

Band 55 Martin Fröhlich: Die erweiterte Weisungsbefugnis des Arbeitgebers im spanischen Recht. 2009.

Band 56 Stefanie Lorenzen: Inhaltskontrolle beim Betriebsübergang. Die Anpassung tariflicher Arbeitnehmerpflichten nach Privatisierungen. 2009.

Band 57 Oliver E. Aldea: Das französische Kündigungsrecht im Spannungsfeld von Abfindungen und Bestandsschutz. 2010.

Band 58 Wolfgang Stock: Die Einsetzung einer Transfergesellschaft. Unter besonderer Berücksichtigung betriebsverfassungs- und arbeitsförderungsrechtlicher Vorgaben. 2010.

Band 59 Claudia Hagedorn: Zulässigkeit und Grenzen von Tarifsozialplänen. 2010.

Band 60 Daniela Quink: Inhaltskontrolle von Freiwilligkeitsvorbehalten in Arbeitsverträgen. 2010.

Band 61 Kathrin Kentner: Arbeitskampfmittel der Arbeitgeber. 2010.

Band 62 Angela Nunes Fernandes Gil Wolf: Arbeitnehmereinsatz im Ausland. Das auf doppelte Arbeitsverhältnisse anwendbare Recht am Beispiel der Vertragsgestaltung eines internationalen Konzerns. 2010.

Band 63 Annemarie Berthold: Whistleblowing in der Rechtsprechung des Bundesarbeitsgerichts. 2010.

Band 64 Malte Koch: Die Beteiligung von Arbeitnehmervertretern an Aufsichtsrats- und Verwaltungsratsausschüssen einer Europäischen Aktiengesellschaft. 2011.

Band 65 Agnes Maria Kollerbaur: Die französische Arbeitsinspektion. Eine Untersuchung unter besonderer Berücksichtigung ihrer Rolle bei Kündigungen. 2011.

Band 66 Marcus Christian Leinenweber: Landesschlichtungsgesetze? 2011.

Band 67 Frederike Cathérine Gärtner: Die gesetzliche Regulierung von Bahnstreiks in Frankreich. Arbeitskampf vs. Kontinuität öffentlicher Dienstleistungen. 2011.

Band 68 Carolin van Straelen: Der Rollenkonflikt des Arbeitnehmervertreters zwischen Betriebsratsmitglied und Gewerkschaftsfunktionär. 2012.

Band 69 Anna Maria Jordan: Entgeltdiskriminierung in Frauenberufen? 2012.

Band 70 Dominic Köstner: Compliance-Richtlinien im Unternehmen. Arbeits- und datenschutzrechtliche Implementierungsaspekte. 2012.

Band 71 Michael Kobler: Fremdeinflüsse auf die tarifliche Willensbildung. 2012.

Band 72 Anne Kraas: Zulässigkeit und Grenzen der arbeitsvertraglichen Entgeltflexibilisierung. 2012.

Band 73 Melanie Amann: Die Belegschaftsabstimmung. 2012.

Band 74 Christina Mennemeyer: „Dritter Weg" und rechtliche Grenzen der Flexibilisierung des Arbeitsrechts der katholischen Kirche. 2012.

Band 75 Joël Philipp Hofmann: Rechtsmissbrauch und Verwirkung bei Widerspruch gegen den Übergang des Arbeitsverhältnisses nach § 613a BGB. 2013.

Band 76 Jennifer Junker: Das Recht der Arbeitnehmerüberlassung in Japan. 2013.

Band 77 Gabriele Geiselhart: Tarifliche Regelungsmacht bei Haustarifverträgen und Unternehmerfreiheit. Dargestellt am Beispiel von Standortgarantien und Zeitarbeitsquoten. 2013.

Band 78 Lorenz Sylvester Mitterer: AGB-Korrektur in Dauer- und Langzeitschuldverhältnissen. 2013.

Band 79 Janina Morgenweck: Die Arbeitsgerichtsbarkeit in England. 2013.

Band 80 Christoph B. Kistler: Die Rechtmäßigkeit von Spartenstreiks. Alte Kriterien in neuem Licht. 2013.

Band 81 Julia Strasser: Die Haftung bei Lohnwucher im Arbeitsrecht der USA. 2014.

Band 82 Stephanie Amschler: Constructive dismissal. Fingierte Arbeitgeberkündigung im englischen Kündigungsschutzrecht. 2014.

Band 83 Felix Berding: Die Urabstimmung im britischen Arbeitskampfrecht im Licht der EMRK. 2014.

Band 84 Christine Kumpf: Multinationalität der SE-Mitbestimmungsordnung. 2014.

Band 85 Florian Schiffer: Der Leistungsmaßstab im Arbeitsverhältnis. 2014.

Band 86 Stefan Hoffmann: Unterrichtungspflicht und Widerspruchsrecht bei Betriebsübergang gemäß § 613a Abs. 5 und 6 BGB – Grenzen, weitere aktuelle Rechtsprobleme und Strategien zur Risikominimierung. 2015.

Band 87 Marie-Theres Boetzkes: Die Konzernmutter als Mitarbeitgeberin im französischen Recht. 2015.

Band 88 Ines Kranz: Landesarbeitskampfgesetze? 2015.

Band 89 Hendrik Schulte-Wrede: Die Beteiligung der Arbeitnehmer in der Europäischen Privatgesellschaft – SPE. 2015.

www.peterlang.com

www.ingramcontent.com/pod-product-compliance
Ingram Content Group UK Ltd.
Pitfield, Milton Keynes, MK11 3LW, UK
UKHW021824290926
8980IPUK00004B/248